Phasenmodelle und Investmentstilanalyse von Hedge- und Investmentfonds

Europäische Hochschulschriften
Publications Universitaires Européennes
European University Studies

Reihe V
Volks- und Betriebswirtschaft

Série V Series V
Sciences économiques, gestion d'entreprise
Economics and Management

Bd./Vol. 3311

PETER LANG
Frankfurt am Main · Berlin · Bern · Bruxelles · New York · Oxford · Wien

Katharina Seiler

Phasenmodelle und Investmentstilanalyse von Hedge- und Investmentfonds

PETER LANG
Internationaler Verlag der Wissenschaften

Bibliografische Information der Deutschen Nationalbibliothek
Die Deutsche Nationalbibliothek verzeichnet diese Publikation in der Deutschen Nationalbibliografie; detaillierte bibliografische Daten sind im Internet über <http://www.d-nb.de> abrufbar.

Zugl.: Bremen, Univ., Diss., 2007

D 46
ISSN 0531-7339
ISBN 978-3-631-57305-1

www.peterlang.de

Meinen Eltern Lidia und Sergej

Мои милые мама и папа!

Наконец-то настал этот день, когда я могу вложить в Ваши руки мою книгу. Мою диссертацию я посвящаю Вам за Вашу любовь, за моё счастливое и беззаботное детство, за постоянную поддержку на каждом этапе моей жизни. Но в целом, это даже не знак благодарности, а признание в любви. Вы – это самое дорогое, что у меня есть на этом свете!

С этого момента я хочу, чтобы Вы всегда помнили, чего достигла Ваша дочь, а значит и Вы сами! Я не хочу, чтобы Вы мной гордились, а хочу, чтобы Вы почувствовали в себе силу и уверенность.

Вы - мои родители, которые меня всему научили. Помните об этом и дайте каждому понять, что ни болезнь, ни минутная слабость, ни разочарование не смогут Вас сломить, потому что в Вас есть особая сила - сила успеха Ваших детей - это Ваша сила!

С любовью. Катя

Geleitwort

Hedge Fonds stehen seit einiger Zeit im Fokus der Politik und einer breiteren Öffentlichkeit, wird ihnen doch angelastet, wesentlich zur Instabilität der Finanzmärkte beigetragen zu haben. Seit der damalige SPD-Generalsekretär Franz Müntefering in diesem Zusammenhang das Bild der Heuschreckenplage prägte und sich Alt-Bundeskanzler Gerhard Schröder in die Diskussion um schärfere Kontrollen derartiger Fonds zu Wort meldete, ist in der Öffentlichkeit das Bild entstanden, dass deutsche Firmen und Arbeitsplätze unter Bedrohung unkontrolliert international agierender Finanzinvestoren geraten sind. Jenseits des in der Öffentlichkeit entstandenen Zerrbildes stellen sich Hedge Fonds bei wissenschaftlicher Betrachtung als eine höchst uneinheitliche, neue Klasse von Investmentfonds dar. Tatsache ist, dass diese neue „Asset-Klasse" (Hedge Fonds) weniger gesetzlichen Rahmenbedingungen und Regulierungen unterliegt als traditionelle Investmentfonds. Damit stehen Hedge Fonds im Vergleich zu traditionellen Investmentfonds ein viel breiteres Spektrum an Finanzanlageinstrumenten und Strategiemöglichkeiten zur Verfügung, das sogar Gewinnmöglichkeiten in fallenden Marktphasen (sog. Baisse-Phasen) gestattet. Wie bei klassischen Investmentfonds handelt es sich bei Hedge Fonds um sog. Sondervermögen einer Kapitalanlagegesellschaft, die nach bestimmten festgelegten Richtlinien angelegt werden. Hedge Fonds können hiernach als spezielle Investmentfonds aufgefasst werden, die sich aufgrund der angesprochenen, weniger restriktiven gesetzlichen Rahmenbedingungen im Wesentlichen durch 3 Kriterien von traditionellen Investmentfonds unterscheiden: Die Verwendung verschiedenster Anlageinstrumente und Hilfsmittel zur Zielerreichung (z.B. durch Einsatz von Derivaten wie Futures und Optionen), die Möglichkeit des Leerverkaufs (Short-Selling) sowie die Erzielung einer Hebelwirkung durch Fremdfinanzierung (Leverage). Dadurch haben Hedge Fonds höhere Freiheitsgrade: Der Hedge-Fonds-Manager kann in Anleihen, Aktien, Rohstoffen, Devisen, Optionen oder Futures investieren und mittels Einsatz dieser Finanzinstrumente sowohl von steigenden als auch von fallenden Märkten profitieren. Durch die vielfältigen Möglichkeiten dieses breit gefächerten Anlagespektrums können Hedge Fonds weitgehend unabhängig von Aktienmärkten agieren und entkoppeln sich somit vom Auf und Ab der Kapitalmärkte.

Die Tatsache, dass Hedge Fonds im Vergleich zu traditionellen Investmentfonds ein viel größeres Spektrum an Anlagemöglichkeiten besitzen und ihre Handelsstrategien damit in einem hohen Maße dynamischen Veränderungen unterliegen, hat zu einer Reihe von viel diskutierten „Effekten" geführt. Unter „praktischen" Kapitalanlagegesichtspunkten wird die Unabhängigkeit der Hedge-Fonds-Performance von den allgemeinen Marktbewegungen auf Aktien- oder Rentenmärkten hervorgehoben. Hedge Fonds werden als gute und sinnvolle Kapitalanlagealternative angesehen, da ihre Renditen gering korreliert mit denen traditioneller Assets sind und sie insofern einen wichtigen Diversifikationsbeitrag für Portfolios liefern. Außerdem würde ihre höhere Performance zu einer Renditesteigerung führen, so dass insgesamt eine Beimischung von Hedge Fonds zu bestehenden Portfolios Risiken senkt und die erwartete Rendite steigert.

Aus rein wissenschaftlicher Sicht ist ferner das Scheitern orthodoxer kapitalmarkttheoretischer Modelle beim Versuch einer Erklärung des Renditegenerierungsprozesses von Hedge Fonds interessant. In derartigen Modellen wird versucht, anhand werttreibender Faktoren die Rendite eines Assets (auch Investmentfonds) systematisch zu beschreiben. In Bezug auf Hedge-Fonds-Renditen ist es aber für die Wissenschaft ausgesprochen schwer, adäquate Faktoren zu identifizieren. Die Ursachen liegen in der angesprochenen großen Vielfalt unterschiedlicher Anlagestrategien und in der schnellen Dynamik, mit denen diese Strategien verändert werden. Orthodoxe Faktormodelle scheitern daher beim Versuch, die Rendite-Risiko-Strukturen in dieser Asset-Klasse abzubilden. Die daraus resultierende Fragestellung nach dem Verhalten und der Struktur der Rendite-Risikoeigenschaften dieser neuen Asset-Klasse bleibt also untersuchungsbedürftig.

Genau in diesem Kontext setzt die Dissertation an, in dem sie sich intensiv mit der Modellierung und Erklärung der Rendite- und Risikostruktur von Hedge Fonds auseinander setzt. Dabei wählt die Verfasserin einen bemerkenswerten, wenig beachteten Ansatz. Sie versucht nämlich, die Phasenabhängigkeit der Rendite- und Risikostruktur näher zu analysieren. Faktisch bedeutet dies einen Ansatz der nichtlinearen Analyse, Erklärung und Modellierung der Hedge-Fonds-Renditestruktur, bei dem nicht von einem stationären Renditegenerierungsprozess ausgegangen wird. Vielmehr nimmt die Verfasserin einen phasenabhängig wechselnden Renditegenerierungsprozess an. Sie fragt, ob Hedge-Fonds-Renditen überhaupt (oder zumindest besser) phasenabhängig erklärt werden können, wenn ja, wie derartige Modelle aussehen würden und welche Implikationen dieses für das Verständnis von Hedge Fonds hätte. Neben einem verbesserten theoretischen Verständnis von Hedge-Fonds-Renditen besitzt die Arbeit wichtige praktische Implikationen. Sollte sich z.B. erweisen, dass auch Hedge-Fonds-Renditen einer Phasenabhängigkeit ausgesetzt sind, würde der Glaube an die Überlegenheit von Hedge Fonds doch deutlich relativiert werden. In diesem Falle müssten Investoren auch bei Hedge Fonds phasenabhängig mit erheblichen Verlustrisiken rechnen, die eventuell sogar deutlich höher als bei traditionellen Anlagen ausfallen könnten. Möglicherweise treten diese Verlustrisiken bisher nur unzureichend in der Wahrnehmung der Investoren auf, da sich die Hedge-Fonds-Phasen von den Phasen traditioneller Investments deutlich unterscheiden und daher kaum als solche erkannt werden.

Um die Ergebnisse für Hedge Fonds besser einordnen und interpretieren zu können, betrachtet die Verfasserin zugleich gewöhnliche Investmentfonds, welche sie denselben Analysen unterzieht. Beide Typen von Fonds (Hedge Fonds, gewöhnliche Investementfonds) werden dabei aber nicht nur auf ihre Phasenabhängigkeit hin untersucht. Es wird zudem eine Investmentstilanalyse durchgeführt, mit der geklärt werden soll, ob und wie sich der extern beobachtete Investmentstil phasenabhängig ändert. Besonders interessant ist der Vergleich: Unterscheiden sich die Phasen von Hedge- und Investmentfonds? Wenn ja, wie? Lassen sich phasenabhängig Unterschiede im Investmentstil feststellen? Wenn ja, wie ändert sich dieser bei Hedge- versus Investmentfonds.

Angesichts des beeindruckenden Umfangs der vorliegenden Dissertation und der unglaublichen Vielzahl an Untersuchungsansätzen ist es im Rahmen eines Geleitwortes weder möglich noch sinnvoll auf die zahllosen Ergebnisse im Detail einzugehen. Hier sollen nur exemplarisch zwei wesentliche Erkenntnisse hervorgehoben werden. (i) Der Verfasserin ist es gelungen, eine erhebliche Weiterentwicklung der externen Stilanalyse in Bezug auf den Umgang mit dynamischen Portfolioumschichtungen und der Ermittlung von Phasenabhängigkeiten zu leisten. Die erzielten Ergebnisse sind sehr bedeutsam für die Weiterentwicklung der Performancemessung, attribution und externen Investmentstilanalyse, insbesondere und gerade in Bezug auf Hedge Fonds. (ii) Die Ergebnisse zur phasenabhängigen Performance von Fonds „entmystifizieren" die Hedge-Fonds-Industrie. Nach den vorliegenden Untersuchungsergebnissen gibt es eine phasenabhängige Performance von Hedge Fonds, wobei die Performance-Phasen von Hedge Fonds sich von denen gewöhnlicher Investmentfonds unterscheiden und nicht synchron mit den Performancephasen der wichtigsten Assetklassen verlaufen. Auch bei Hedge Fonds treten Phasen dramatischer Verluste auf, ebenso wie Phasen hoher Gewinne. Hedge Fonds scheinen im Mittel diesen Phasenverläufen eher „hilflos" ausgesetzt zu sein, wobei allerdings unklar bleibt, worin die konkreten Auslöser dieser Phasenverläufe bestehen. Dies kann bei Investmentfonds zweifelsfrei auf die Performancephasen der Assetklassen zurückgeführt werden, in welche sie investieren. Aufgrund der sehr heterogenen, sehr dynamischen Anlagestile von Hedge Fonds ist dies hier nicht mehr so eindeutig möglich. Die Hedge-Fonds-Performancephasen ergeben sich anscheinend aus einer schwer überschaubaren Überlagerung der Performancephasen sehr verschiedener Assetklassen, wobei der Niederschlag dieser Überlagerung in der einzelnen Hedge-Fonds-Performancephase auch von dessen spezifischen Anlagestil abhängig ist. Insofern sind Gesamtaussagen nur schwer möglich. Hedge Fonds besitzen also (im Mittel) eine phasenabhängige Performance, die konkreten Phasenverläufe sind aber eher individuell auf den einzelnen Hedge Fonds bezogen. Denen gegenüber scheint das Management aber tendenziell eher „hilflos" gegenüber zu stehen - ein etwas enttäuschender Befund für die Hedge-Fonds-Industrie, die sich selbst als „Oberliga" der Fondsindustrie betrachtet. Ihre noch verbleibende (scheinbare) Performanceüberlegenheit scheint eher Ergebnis einer geringeren externen Regulierung als überlegenes Können der Manager zu sein. Vor dem Hintergrund des sehr heterogenen Hedge-Fonds-Universums sind aber generelle Aussagen sehr schwierig.

Die vorliegende Arbeit ist eine sehr empfehlenswerte Dissertation für alle diejenigen, die sich mit den Rendite-Risiko-Eigenschaften der Hedge-Fonds-Industrie näher auseinander setzen möchten und dabei eine kritische Betrachtungsweise nicht scheuen. Die vorgelegten empirischen Ergebnisse lassen diese teilweise in einem anderen Licht erscheinen, als üblicherweise dargestellt und behauptet wird. Für die Einschätzung von Hedge-Fonds-Investments ist die vorliegende Arbeit ein „Muss".

Prof. Dr. Thorsten Poddig

Vorwort

"It is astonishing what foolish things one can temporarily believe, if one thinks too long alone ... particularly in economics." J. M. Keynes

Die vorliegende Arbeit entstand während meiner Tätigkeit als wissenschaftliche Mitarbeiterin am Lehrstuhl für Finanzwirtschaft von Prof. Dr. Thorsten Poddig an der Universität Bremen. Zum Gelingen dieser Arbeit haben unterschiedliche Menschen beigetragen, denen ich meinen herzlichen Dank aussprechen möchte.

Herrn Prof. Dr. Thorsten Poddig bin ich für die mir gegebene Chance zu promovieren und die Zielführung durch seine Anregungen, Ideen und Vorschläge zu Dank verpflichtet. Ebenfalls danke ich ihm für die offenen und ehrlichen Diskussionen. Herrn Prof. Dr. Martin Missong danke ich für seine Unterstützung und die kompetenten Anregungen auf dem Weg zur Fertigstellung der Arbeit. Bei Prof. Dr. Franz Jürgen Marx und Ina Kronenberger möchte ich mich ebenfalls für jegliche Unterstützung während meiner ganzen Ausbildungszeit bedanken.

Für die gute Atmosphäre und ständige Unterstützung möchte ich mich bei meinen Kollegen am Lehrstuhl, namentlich Dr. Ulf Brinkmann, Marcus Deetz, Oxana Enns, Jan Hildebrandt, Annette Illgen, Dr. Andreas Oelerich und Petra Sebbes bedanken. Ein besonderer Dank gilt Dr. Armin Varmaz, auf den ich mich als einen interessierten und kompetenten Diskussionspartner und einen fürsorglichen Kollegen und Freund immer verlassen konnte. Auch Irina Schramm möchte ich für die Übernahme unterschiedlichster, zeitraubender Aushilfsarbeiten während der Fertigstellung der Dissertation sehr danken.

Einen großen Dank bin ich den Mitarbeitern von Feri Trust schuldig, die mir bei der Datenrecherche jegliche Unterstützung haben zukomme lassen. Benoît Bellone und Laurens Swinkels danke ich für ihre schnelle Beantwortung meiner Fragen, insbesondere für ihre Tipps zu den Modellen und zum Programmcode.

Für die kritische Durchsicht des Manuskriptes danke ich insbesondere Elisabeth Witzke, Jürgen Debus, Gerald Seiler und Armin Varmaz. Verbleibende Fehler im Text gehen zu meinen Lasten, weil ich deren Anmerkungen nicht richtig übernommen habe.

Die größte Beachtung und Danksagung gilt meiner Familie, ohne die es alles keinen Sinn gemacht hätte. Meinen Eltern Lidia und Sergej Boger und meinen Schwiegereltern Bronislawa Winnicka und Jürgen Debus bin ich für jedes unruhige Herzklopfen einen Dank schuldig, das sich aus Sorge oder Mitgefühl für mich ergeben hat. Für die liebevolle Unterstützung und Ermutigung während der guten und der schweren Zeiten bin ich euch für immer dankbar.

Ohne meine Schwester Oxana Enns und meinen Ehemann Gerald Seiler wäre es mir unmöglich gewesen das angestrebte Ziel zu erreichen. Oxana bin ich für alle Abende und Sonntage, die sie nicht ihrer Familie, sondern mir gewidmet hat, einen besonderen Dank schuldig. Vielen Dank unter anderem für das ständige Mitgefühl, die mathematische Beratung, jede Idee, jede hergeleitete Formel und jede Fehlersuche in meinem Programmcode.

Meinem Ehemann kann ich meinen Dank in einfachen Worten nicht ausdrücken. Dies sind nur einige wenige Zeilen meiner tiefsten Anerkennung. Danke, dass du mir nie böse warst, wenn ich dich statt mit „Guten Morgen" mit meinen Modellideen geweckt habe. Danke, dass du die Erreichung deiner Ziele zu meinen Gunsten zurückgestellt hast. Danke, dass du alles außer meiner Zweifel mit mir geteilt hast. Mit dir bin ich bereit in jedem neuen Tunnel nach Licht zu suchen. Ich freue mich auf unsere neue Pläne und unsere glückliche Zukunft!

Katharina Seiler

Inhaltsverzeichnis

Abbildungsverzeichnis

Tabellenverzeichnis

Abkürzungsverzeichnis

A	andere (Anlagestile)
Abb.	Abbildung
ABS	Asset-basierte Stilfaktoren
AF	Aktienfonds
AIC	Akaike-Methode
AMIR	Association for Investment and Research
ARIMA	autoregressive integrated moving average
B/P	Buchwert-Preis-Ratio
BAFin	Bundesanstalt für Finanzdienstleistungsaufsicht
BB-Methode	Methode nach Bry und Boschan
BHI	Baker und Hubert Index
BK	Baxter-King Filter
BXM	Buy and Write Index
CA	Convertible Arbitrage
CAI	Concordance of Affiliation Index
CAPM	Capital Asset Pricing Model
CCAPM	Consumption based Capital Asset Pricing Model
CCI	composite coincident indicator
CI	Konkordanzindex
Cl	Cluster
CLgI	composite lagging indicator
CLI	composite leading indicator
CrA	Credit Arbitrage
CRSP	Center for Research in Security Prices
CSFB	Credit Suisse First Boston/Tremont
CTA	Commodity Trading Advisor
CVaR	Conditional-Value-at-Risk
d.h.	das heißt
DEA	Data Envelopment Analysis
DF	Dachfonds
DS	Distressed Securities
EA	Equity Arbitrage
ECRI	Economic Cycle Research Institute
ED	Event Driven nicht klassifiziert
ED	Event Driven
EH	Equity Hedge

EHnk	Equity Hedge nicht klassifiziert
ELB	Equity Long Bias
EM	Emerging Markets
ENB	Equity No Bias
ESB	Equity Short Bias
ESTAR	Exponential STAR
EWMA	exponentially weighted moving average
FD	first difference
FI	Fixed Income
FIA	Fixed Income Arbitrage
FM	Faktormodell
FoF	Funds of Funds
GDP	Gross Domestic Product
GM	Global Macro
GMF	Geldmarktfonds
GSCI	Goldman Sachs Commodity Index
HF	Hedge Fonds
HFR	Hedge Funds Research
HML	high minus low
HP	Hodrick-Prescott Filter
i.d.R.	in der Regel
ICA	Investment Company Act
IF	Investmentfonds
IIA	Independence International Associates
InvG	Investmentgesetz
KAG	Kapitalanlagegesellschaft
KAGG	Gesetz über Kapitalanlagegesellschaften
KredWG	Kreditwesengesetz
KWG	Kreditwesengesetz
Lehm Gov k	Lehman Government Bond Index (kurzfristiger Anleihen)
Lehm Gov l	Lehman Government Bond Index (langfristiger Anleihen)
LehmGlBI	Lehman Global exclusive U.S. Bond Index
LehmUSBI	Lehman US Aggregate Bond Index
LLI	Long Leading Indizes
LO	Long Only
LPM	Lower Partial Momente
LSTAR	Logistic STAR
LTCM	Long-Term Capital Management
M	Median
M/B	Markt-Buchwert-Ratio
MA	Mixed Arbitrage
MAD	mittlere absolute Differenzen der Gewichte
MAR	Managed Account Reports

MD	maximaler Drawdown
MDT	Mixed Directional Trading
MED	Mixed Event Driven
MEH	Markteffizienzhypothese
MEH	Mixed Equity Hedge
MF	Mischfonds
MFM	Multi-Faktor-Modell
MFT	Mutual Fund Trading
MS	Multi Strategy
MSWM	Markov-Switching-Modell
MVaR	modifizierte Value-at-Risk
MW	Mittelwert
NAV	net asset value
NBER	National Bureau of Economic Research
NTP	number of trough to peak
o.g.	oben genannt
OLS	Ordinary Least Squares
OTC	over-the-counter
P/B	Preis-Buchwert-Ratio
P/G	Preis-Gewinn-Ratio
RA	Risk Arbitrage
RBS	Rendite-basierte Stilanalyse
RF	Rentenfonds
RV	Relative Value
RVnk	Relative Value nicht klassifiziert
S&P	Standard & Poor's
SA	Standardabweichung
SDS	Style Drift Score
SEC	Securities and Exchange Commission
SEM	simultaneous equations models
SETAR	self-exciting transition autoregressive
SMB	small minus big
sog.	so genannt
SS	Special Situation
ST	Stadium
St	(Anlage-)Stil
STAR	smooth transition autoregressive
Sys	Systematic
T-Bill	Treasury Bill Rate
Tab.	Tabelle
TAR	Threshold Autoregressive
TT	Tactical Trading
TTnk	Tactical Trading nicht klassifiziert

TUW	Time under the Water Maß
TWEX	Trade Weighted Exchange Index
u.a.	unter anderen(m)
VAR	Vektor-Autoregressive-Modelle
VaR	Value-at-Risk
VIX	Volatilitätsindex
z.B.	zum Beispiel
z.T.	zum Teil

1 Einleitung

1.1 Motivation und Problemstellung

Finanzmärkte bewegen sich in Phasen. Diese Annahme ist fester Bestandteil der heute gängigen Sichtweisen in der Finanzwirtschaft. Trotz der schwierigen Prognose des Anfangs oder des Endes einer aktuellen oder einer neuen Phase sind die Marktteilnehmer beständig daran interessiert, neue Kenntnisse über den aktuellen Phasenverlauf zu erhalten, um die Entwicklung verschiedener Anlagen vom Gesamttrend abzuleiten.

Nicht nur die Finanzmärkte selbst, sondern auch die Performance der Portfolios verschiedener Investorengruppen oder Fonds unterliegt einem zyklischen Verhalten. Häufig ist die Verbindung zwischen der Portfolioperformance und der Performance des Marktes direkt bzw. linear. Erfährt der Markt eine Abwärtsbewegung, sinkt auch die Portfolioperformance (und vice versa). Besitzt ein Portfoliomanager die Fähigkeit, Marktveränderungen rechtzeitig zu erkennen, wird er z.B. durch Timing Strategien sein Portfolio in einer Art und Weise umzuschichten versuchen, dass die negativen Einflüsse der Wertentwicklungen der Finanzmärkte auf sein Portfolio minimal sind.

Hedge Fonds behaupten von sich, eine neue Anlagealternative zu traditionellen Fonds darzustellen, da ihre Portfoliomanager in der Lage seien, Portfolios gegen negative Markteinflüsse abzusichern. Aufgrund schwächerer Regulierungen und der Verfolgung anderer Anlageziele im Vergleich zu traditionellen Investmentfonds behaupten sie, eine besondere Performance erzielen zu können. Und tatsächlich konnten sich einige Hedge Fonds eine Zeit lang als Outperformer beweisen. Andererseits sind aus der Vergangenheit auch negative Beispiele bekannt, in denen Hedge Fonds starke Verluste erlitten haben. Die Krise um Long-Term Capital Management (LTCM) und der Untergang anderer Fixed Income Fonds im Jahre 1998 sind dafür prominente Beispiele. LTCM spekulierte in Futures, Swaps und Optionen, als sich durch die Asienkrise die Erwartung einer Erweiterung von *Credit Spreads* nicht erfüllt hat. Die Probleme bei LTCM führten sogar dazu, dass die Finanzmarktstabilität unter Druck geriet, da viele Marktteilnehmer durch Geschäfte mit LTCM mit nicht gedeckten Positionen belastet wurden.[1] Als ein aktuelleres Beispiel ist der Untergang von Amaranth Advisors LLC im September 2006 zu nennen. Amaranth Advisors LLC war ein US-amerikanischer Multistrategy Hedge Fonds mit 9 Mrd. US$ Vermögen. Der Fonds verlor innerhalb einer Woche 6 Mrd. US$ durch eine Spekulation

---

[1] Für eine ausführliche Beschreibung der Long-Term Capital Management-Krise siehe HALSTEAD et al. (2005). Siehe ebenfalls FUNG und HSIEH (2000a).

mit Futures auf Naturgase. Trotz des weniger starken Einflusses auf die Stabilität des Finanzmarktes im Vergleich zu LTCM zählt der Untergang von Amaranth Advisors LLC zu den größten Konkursfällen unter den Hedge Fonds.[2]

Die Ursachen für solche Zusammenbrüche sind vielschichtig. Viele Fonds haben anhand ihres Anlagestils in der Vergangenheit bereits Erfolge erzielt und erhoffen mit der gleichen Vorgehensweise weiterhin Gewinne zu erwirtschaften. Verändert der Finanzmarkt jedoch seine Konditionen, kann eine Nichtberücksichtigung bestimmter Veränderungen zu starken Renditeeinbrüchen führen. Ein weiterer Grund kann in der Aufnahme lediglich *einer* sehr großen Handelsposition liegen, die z.T. durch Leverage ein noch höheres Risiko erfährt. Hedge Fonds sind ständig auf der Suche nach Marktunvollkommenheiten bzw. Ineffizienzen, die sie gewinnbringend auszunutzen suchen. Marktineffizienzen werden jedoch zumeist von mehreren Marktteilnehmern entdeckt, so dass z.B. Ineffizienzen in Aktien- und Zinsmärkten zeitnah vollständig ausgeschöpft werden[3] und Hedge Fonds auf eine Anlage in traditionelle Assetklassen angewiesen sind. Treten in den traditionellen Assetklassen große Schwankungen auf, werden die Hedge Fonds bei entsprechenden Investitionen an den Wertverlusten teilhaben. Einige Analysten behaupten sogar, dass Hedge Fonds mit der Zeit ihre gesonderte Stellung als Investitionsalternative verlieren werden, da sie z.B. sehr stark an die Aktienrenditen gekoppelt sind und sich dadurch immer häufiger wie traditionelle Anlagen verhalten.[4]

Da Hedge Fonds einerseits mit ihrem aktuellen Anlagestil die Entwicklungen des Finanzmarktes verfehlen können und andererseits immer wieder an die traditionellen Finanzinstrumente aufgrund unzureichender anderweitiger Gewinnchancen zurückgreifen müssen, ist davon auszugehen, dass sie nicht immer eine positive Performance liefern können. Aus diesem Grund ist auch bei Hedge Fonds von einem phasenabhängigen Ablauf der Wertentwicklung auszugehen. In diesem Kontext ist zu hinterfragen, ob Hedge-Fonds-eigenen Phasen unterliegen, ob diese erfassbar sind und ob sie von traditionellen Marktphasen abgeleitet sein können bzw. ob sie in einem bestimmten Zusammenhang zu ihnen stehen.

Zumeist bewerten Investoren ihre potentiellen Anlagealternativen (z.B. Fonds) anhand ihrer vergangenen Performance. Aber auch die Kenntnis des durch den Fonds verfolgten Stils ist von großem Interesse, da sie Einschätzungen über mögliche Risiken und Renditen vorgenommen werden können.

In diesem Zusammenhang sind insbesondere Hedge Fonds für ihre Investoren problematisch, da sie anstelle ihres angegebenen oft einen abweichenden Anlagestil verfolgen, um sich z.B. den ständig verändernden Marktgeschehen anzupassen. Aus diesem Grund sind Angaben zu dem aktuellen Anlagestil von Hedge Fonds nicht immer zuverlässig. Dies birgt insbesondere Risiken für Investoren, da die gehaltenen Portfolios dadurch den gewünschten Diversifikationsgrad nicht erreichen können.

---

2 Vgl. KOCH (2006) und SIEGEL (2006).
3 Vgl. Studie von LAURENT (2004).
4 Vgl. FTD (2006).

Es besteht eine direkte Verbindung zwischen dem Anlagestil eines Fonds und seiner Performance. Gleichzeitig beeinflussen ebenfalls die Fähigkeiten der Fondsmanager die Fondsperformance. Primär ergibt sich jedoch die Fondsperformance aus den Investitionserträgen der dem Fondsportfolio zugrunde liegenden Finanzinstrumente. Die Kenntnis über den aktuellen Anlagestil eines Fonds bzw. über seine Veränderung würden es dem Anleger ermöglichen, eine Anpassung des Portfolios zurück zu dem ursprünglich gewünschten Rendite-Risiko-Profil vorzunehmen. Zusätzlich ermöglicht die Kenntnis über den aktuellen Anlagestil eines Fonds die Projektion des Phasenverlaufs seiner Performance (bzw. Wertentwicklung), die dann mit den Phasen unterschiedlicher Finanzmärkte verglichen werden kann, um mögliche Abwärtsbewegungen der Wertentwicklung vorauszusehen und wenn möglich zu vermeiden.

In Bezug auf die Theorien der Finanzmärkte und -zyklen sowie Hedge- und Investmentfonds lassen sich folgende Hypothesen hervorheben:

- Hedge Fonds unterscheiden sich von traditionellen Investmentfonds in vielerlei Hinsicht und behaupten, Superiorität insbesondere in der Performance und in Diversifikationsmöglichkeiten zu bieten.
- Hedge Fonds könnten wie traditionelle Investmentfonds an die Finanzmarktphasen durch ihre Anlagen gekoppelt sein und im Zusammenhang zu Finanzmärkten stehende Phasenverläufe aufweisen.
- Anlagestile der Hedge Fonds sind primäre Einflussgrößen der Fondsperformance bzw. ihrer phasenabhängigen Wertentwicklung.

Diese Hypothesen sind jedoch noch nicht ausreichend belegt. Motivation dieser Arbeit ist es, sie zu untersuchen und zu hinterfragen. Abweichende Aussagen von den bisherigen Sichtweisen würden starke Auswirkungen auf das Verständnis von Hedge Fonds und ihrer Rolle innerhalb der Finanzmärkte bedeuten.

1.2 Zielsetzung

Diese Arbeit verfolgt das Ziel, neue Erkenntnisse in Bezug auf Hedge Fonds und ihre phasenabhängige Performance zu erbringen. Die Auswertung empirischer Studien aus der Literatur zeigt, dass bis zum jetzigen Zeitpunkt keine Erkenntnisse über Hedge Fonds und ihr phasenabhängiges Verhalten bekannt sind.[5] Die meisten Autoren beschränken sich auf eine Evaluation der Hedge-Fonds-Performance in vordefinierten Marktphasen. Die erste in dieser Arbeit zu beantwortende Frage lautet:

Frage 1 Verläuft die Wertentwicklung der Hedge Fonds nach eigenständigen Phasen?

[5] Vgl. Kap. 4.4.5, S. 154.

Die Feststellung von Hedge-Fonds-eigenen Phasen würde es ermöglichen, beim Phasenverlauf ein Muster zu identifizieren und es mit dem der traditionellen Finanzmärkte zu vergleichen. Daraus können mögliche Überlappungen der Auf- und Abwärtsphasen und ihre Ursachen festgestellt werden. Zusätzlich können stilisierte Eigenschaften der Phasen von Hedge Fonds ausgearbeitet und mit denen der traditionellen Phasen verglichen werden.

Hedge Fonds bedienen sich wie auch die traditionellen Investmentfonds der Anlagemöglichkeiten der Finanzmärkte. Hedge Fonds unterscheiden sich jedoch von Investmentfonds durch ihre dynamische Natur in Bezug auf die Anpassung ihres Anlagestils an die aktuelle Marktsituation sowie durch das breite Spektrum an unterschiedlichen Kombinationsmöglichkeiten aus Finanzinstrumenten und Anlagestrategien. Trotz alldem sind Hedge Fonds direkt an die von ihnen gehaltenen Finanzinstrumente gekoppelt und werden von den Preisentwicklungen dieser Finanzinstrumente beeinflusst. Aus diesem Grund wird die nächste durch die vorliegende Arbeit zu beantwortende Frage wie folgt definiert:

Frage 2 Wie kommen die Phasen von Hedge Fonds zustande?

Finanzmarkt- und Wirtschaftszyklentheorien untersuchen die Ursachen der Entstehung der Phasen von Finanzmärkten bzw. der Konjunktur. Für Hedge-Fonds- und Investmentfondswertentwicklung sind die Verläufe der Phasen der Finanzmärkte entscheidend. In der Arbeit wird die Hypothese aufgestellt, dass die Phasen der Hedge- und Investmentfonds aus dem Phasen-Mix unterschiedlicher Finanzmärkte resultieren, in die diese Fonds primär investieren. Diese Hypothese wird in der empirischen Untersuchung der Arbeit überprüft.

Der Phasen-Mix entsteht aus den Phasen der dem Fondsportfolio zugrunde liegenden Finanzinstrumente. Um die Finanzinstrumente zu identifizieren, in die Hedge Fonds investieren, wird eine Stilanalyse anhand des Kalman Filters eingesetzt, die die Zusammensetzung eines Portfolios mithilfe von Stilfaktoren, die diese Finanzinstrumente repräsentieren, zu ermitteln erlaubt. Zusätzlich werden anhand von einer festgelegten Phasendefinition für Hedge Fonds und für Stilfaktoren Phasen der Wertentwicklung ermittelt. Diese Phasen werden für Hedge Fonds und die ihren Portfolios zugrunde liegenden Stilfaktoren miteinander verglichen, um die aufgestellte Hypothese zu überprüfen. Zusätzlich werden Markov-Switching-Modelle eingesetzt. Mithilfe dieser Modelle werden simultan zwei Parameter identifiziert: Faktorsensitivitäten der Stilfaktoren, welche die Hedge-Fonds-Renditen treiben, sowie Phasen, in denen sich der Zusammenhang zwischen Hedge-Fonds-Renditen und den Stilfaktorenrenditen verändert.

Die bis jetzt aufgestellten Fragen führen zur zentralen Frage der Arbeit:

Frage 3 Wie hängen die Wertentwicklungen der Hedge Fonds mit den Finanzmarktphasen zusammen?

Die Beantwortung dieser Frage ist entscheidend, um Hedge Fonds als eine attraktive Anlagemöglichkeit zu identifizieren, die eine gute Diversifikationsmöglichkeit auch in schwachen Märkten bietet.

Um einen größeren Kontrast zu den Untersuchungen von Hedge Fonds in dieser Arbeit zu ermöglichen, wird im Gange der gesamten Arbeit ein Vergleich zu traditionellen Investmentfonds hergestellt. Darauf basierend kann als weiteres Ziel der Arbeit folgende Frage formuliert werden:

Frage 4 Wie unterscheiden sich Hedge Fonds und Investmentfonds?

Dieser Vergleich erlaubt, die Stellung von Hedge Fonds als eine neue Anlagealternative genauer zu definieren und abzugrenzen. Ausgehend von ihren Besonderheiten bzgl. Regulierung, verfolgten Zielen und Anlagestilen bis zu den Auswertungen der Performance und der Phasen der Wertentwicklung wird deutlich, ob Hedge Fonds tatsächlich lukrative Anlagemöglichkeiten darstellen und für die Einbeziehung in Portfolios geeignet sind.

Im Laufe der empirischen Untersuchungen werden zahlreiche Fragestellungen formuliert, die nicht primär an die Zielsetzung der Arbeit geknüpft sind, die jedoch die Auswertungen der empirischen Arbeit beeinflussen können und deshalb ebenfalls von großer Bedeutung sind. Diese Fragestellungen werden für jedes empirische Kapitel später ausführlich behandelt, wobei die zentralen Fragen wie folgt zusammengefasst werden können:

- Wie stark unterscheiden sich die Renditecharakteristika der Hedge Fonds von denen der Investmentfonds?
- Wie beeinflusst die Definition von Phasen die Evaluation der Performance der Fonds?
- Wie valide sind die vorgegebenen Fondsstilgruppen für die Evaluation von Phasen und die Performance von Hedge und Investmentfonds?

Die Ergebnisse dieser Arbeit bereichern die Kenntnisse über Hedge Fonds in vielerlei Hinsicht. Mit der vorgelegten Arbeit werden erstens die Besonderheiten von Hedge Fonds im Vergleich zu Investmentfonds herausgearbeitet. Von Interesse sind hierbei insbesondere die Renditecharakteristika der beiden Fondstypen. Es ist dabei anzumerken, dass ein so umfangreicher Vergleich bis jetzt in keinen Studien der empirischen Literatur stattgefunden hat.

Zweitens gehört diese Arbeit zu den ersten, die die Bildung von Hedge-Fonds-Phasen direkt untersucht. Diese Thematik ist für den Portfolio Management Prozess von besonderer Bedeutung, da die Bestimmung des Investmenthorizonts und die optimale Asset Allocation unmittelbar von den Kenntnissen über die aktuelle Marktsituation, bzw. in welcher Marktphase der Finanzmarkt und der Hedge Fonds sich gerade befinden, abhängen. Die Marktphasenbestimmung ist demnach eine entscheidende Determinante im Portfolio Management Prozess.

Drittens würde die Erkennung des Verhaltens unterschiedlicher Hedge-Fonds-Anlagestile in verschiedenen Marktphasen die Entscheidung nach der Allocation von Hedge-Fonds-Anteilen in ein Portfolio erleichtern und, was nicht weniger wichtig ist, es ermöglichen, die Risikodiversifikation optimaler zu gestalten.

Viertens versucht diese Studie, indem sie sich an mehrere Interessenten, wie z.B. Investoren und Portfoliomanager, richtet, auf verschiedene Probleme in Verbindung mit Hedge Fonds aufmerksam zu machen. Das größte Problem betrifft die Validität der Hedge-Fonds-Daten. Diese Daten können Fehler, Verzerrungen und falsche Fondsklassifikationen beinhalten. Jeder dieser Aspekte kann zu fehlerhaften Auswertungen und fälschlichen Interpretationen führen, so dass ein jeder Anwender zu großer Aufmerksamkeit verpflichtet wird.

1.3 Aufbau der Arbeit

In der vorliegenden Arbeit werden die drei eigenständigen Themenbereiche Hedge Fonds, Stilanalyse und Phasenmodelle miteinander verknüpft. Der Aufbau der empirischen Untersuchungen ist an diesen zentralen Bausteinen ausgerichtet. In einem ersten Schritt werden die theoretischen Grundlagen für jeden dieser Bausteine ausgearbeitet, eindeutige Begrifflichkeiten festgelegt und der notwendige Forschungsbedarf sowie die zentralen zu untersuchenden Fragestellungen formuliert.

Im ersten theoretischen Kapitel (Kap. 2) werden die Grundlagen für das Verständnis von Hedge Fonds als einer neuen Anlagemöglichkeit erarbeitet. Aufgrund der Definition und Eingrenzung von Geschäftsfeldern der Hedge Fonds wird deutlich, dass Hedge Fonds besondere Eigenschaften besitzen und sich von traditionellen Investmentfonds unterscheiden. Wegen der schwachen Regulierung und einer hohen Handlungsflexibilität der Hedge Fonds existiert eine enorme Vielfalt an verschiedenen Anlagestilen, die Hedge Fonds verfolgen können. Insbesondere die Anlagestile von Hedge Fonds machen sie zu einem besonderem und gleichzeitig riskanten Anlageinstrument. In Kapitel 2 werden Anlagestile von Hedge Fonds sowie die ihnen inhärenten Problematiken in Bezug auf ihre Klassifikation diskutiert. Um die Besonderheit der Hedge Fonds hervorzuheben, werden sie im Vergleich zu traditionellen Investmentfonds in Bezug auf unterschiedliche Merkmale diskutiert. Für die empirische Forschung sind Hedge Fonds insbesondere aufgrund ihrer Renditeverteilungseigenschaften interessant. Aus diesem Grund werden Hedge Fonds und Investmentfonds anhand ihrer Rendite und Risikoeigenschaften verglichen. Zusätzlich werden die Unterschiede auch im Portfolioallokationsprozess herausgearbeitet. Der Vergleich erfolgt anhand von Auswertungen zahlreicher Literaturquellen mit umfassenden und z.T. gegensätzlichen empirischen Ergebnissen.

Im zweiten theoretischen Kapitel (Kap. 3) werden die Grundlagen der Stilanalyse ausgearbeitet. Die Stilanalyse stellt für verschiedene Fondsarten ein besonders attraktives Verfahren dar, die Performance eines Fonds durch grundlegende die Performance treibende Faktoren zu entschlüsseln, um den von den Fonds verfolgten Anlagestil und die damit verbundenen Chancen und Risiken adäquat einschätzen zu können. Die bereits im ersten Kapitel angesprochene Problematik über die Klassifikation der Hedge Fonds und ihre Zuordnung zu verschiedenen Anlagestilen wird in Kapitel 3 erneut deutlich. Die angegebenen Anlagestile von Hedge Fonds können aus unterschiedlichen Gründen von den tatsächlich verfolgten abweichen. Die Ursachen dafür können in der Art und Weise der Erfassung von Fondsinformationen durch den Datenanbieter, in einem opportunistischen Verhalten der Fondsmanager und in der dynamischen Natur der Hedge Fonds gesehen werden. Das Kapitel 3 ist unterschiedlichen Arten der Stilanalyse gewidmet, wobei der Fokus insbesondere auf Faktormodell-basierten Verfahren liegt. Des Weiteren werden Stilfaktoren für traditionelle Anlagen wie Investmentfonds und nichttraditionelle Anlagen wie Hedge Fonds ausgearbeitet und diskutiert. Zum Schluss erfolgt eine Evaluation der neueren, modifizierten Verfahren der Stilanalyse.

Das dritte theoretische Kapitel (Kap. 4) wird dem letzten theoretischen Baustein gewidmet, welcher die Phasenmodelle und die ihnen zugrunde liegenden Sichtweisen umfasst. Die Theorien zu Schwankungen und Zyklen werden durch die drei zentralen Forschungsgebiete Wirtschaftszyklentheorie, Finanzmarktzyklentheorie und ökonometrische Phasenmodelle vertreten. Diese Theorien sind eng miteinander verknüpft. In Kapitel 4 werden die Besonderheiten und Gemeinsamkeiten jedes dieser Forschungsgebiete dargestellt. Dabei ist es wichtig, eine genaue Abgrenzung der Definitionen zu treffen. Für Hedge Fonds existiert keine grundlegende theoretische Betrachtung in Bezug auf Phasenentwicklungen. Vielmehr werden sie in verschiedenen empirischen Studien auf unterschiedliche Verhaltensweisen in vordefinierten Finanzmarktphasen untersucht. In diesem Kapitel wird eine Hypothese aufgestellt, die die Entstehung von Phasen der Hedge Fonds und Investmentfonds vermutet. Kapitel 4 wird mit der Diskussion zu ökonometrischen Phasenmodellen und einer Literaturübersicht zu Studien über Hedge Fonds sowie phasenbezogenen Fragestellungen abgeschlossen.

Die theoretischen Ausarbeitungen zeigen zahlreiche noch nicht beantwortete Fragen in Bezug auf Hedge Fonds und ihr phasenabhängiges Verhalten auf. In dem empirischen Teil der Arbeit werden zuerst die zentralen Ziele an die gesamte empirische Untersuchung definiert und danach die aus den theoretischen Ausarbeitungen abgeleiteten Fragen aufgestellt, die im Laufe der empirischen Kapitel sukzessiv bearbeitet werden. Der empirische Teil besteht aus vier Kapiteln.

In Kapitel 5 werden zuerst die zentralen Fragestellungen der gesamten empirischen Arbeit dargestellt. Im Folgenden befasst sich das Kapitel mit den in die Untersuchung einbezogenen Datensätzen und ihren eventuellen Verzerrungen. Ebenfalls erfolgen erste statistische Auswertungen der Daten, die einen deskriptiven Einblick in die Besonderheiten und Unterschiede von Renditeeigenschaften zwischen Hedge- und Investmentfonds verschaffen.

Kapitel 6 behandelt die Fragestellungen zu Phasenbestimmungen und zur Fondsperformance in vordefinierten Phasen. Wie in Kapitel 4 gezeigt wird, unterscheiden sich die in der Literatur diskutierten Definitionen der Phasen. Für die Untersuchung und die daraus abgeleiteten Schlussfolgerungen ist es jedoch entscheidend, wie die Phasen definiert werden. Anhand von drei verschiedenen Definitionen bzw. Phasenbestimmungsregeln wird gezeigt, wie unterschiedlich die daraus resultierenden Phasenabläufe ausfallen. Ebenfalls weichen die Aussagen über die Performance der Fonds in diesen unterschiedlich bestimmten Phasen voneinander ab. Die aus der Literatur bekannten Methoden zur Phasenbestimmung werden diskutiert und es wird auf deren Basis eine Auswahl für die weiteren Untersuchungen getroffen.

Kapitel 7 befasst sich mit der Klassifikation der Fonds aufgrund ihres phasenabhängigen Verlaufes. In der Arbeit wird die Problematik einer unzureichenden Klassifikation von Fonds nach ihren Anlagestilen ständig betont. Auch in den Untersuchungen des Kapitels 6 weisen die Ergebnisse bei den Auswertungen einzelner Anlagestilgruppen starke Streuungen auf, wodurch eine unzureichende Gruppenbildung durch vordefinierte Anlagestile zu vermuten ist. Aufgrund der Fokussierung der Arbeit auf die Identifikation von einem phasenabhängigen Verhalten der Fonds ist die Systematisierung von Fonds mit einem ähnlichen Phasenablauf entscheidend. Anhand einer Clusteranalyse werden Hedge Fonds und Investmentfonds in neue Gruppen zusammengefasst, wodurch eine bessere Gruppierung der Fonds in Bezug auf ihren Phasenablauf ermöglicht wird. Im Anschluss werden Vergleichsuntersuchungen zwischen den vordefinierten Anlagestilgruppen und den aus der Clusteranalyse resultierenden Gruppen anhand unterschiedlicher Aspekte durchgeführt.

In Kapitel 8 werden die theoretischen Grundlagen und die Voruntersuchungen aus den vorherigen empirischen Kapiteln zusammengeführt, um eine Modellierung von Fondsrenditen anhand von Stilfaktoren zu ermöglichen. Zur Modellierung werden zwei Verfahren angewandt: der Kalman Filter und die Markov-Switching-Modelle. Anhand des Kalman Filters werden im Rahmen der Stilanalyse für jeden Fonds seine Stilmerkmale identifiziert. Danach folgt die Identifikation von Stilrichtungen, die für jede aus Kapitel 7 resultierende Clustergruppe stattfindet. Mithilfe von Markov-Switching-Modellen werden Phasen bestimmt, in denen Fonds ihre Anlagestile verändern. Die Erfassung von Anlagestilen erfolgt anhand der Sensitivitäten zu den Stilfaktoren. Zusätzlich werden erweiterte Markov-Switching-Modelle implementiert, die eine Modellierung von Renditen in Abhängigkeit von extern vorgegebenen Phasen ermöglichen. Hieraus wird der Zusammenhang zwischen Hedge-Fonds-eigenen Phasen sowie Wirtschafts- und Finanzmarktphasen abgeleitet. Dieses Kapitel ermöglicht demzufolge, zentrale Fragestellungen in Bezug auf Fonds-eigene Phasen, ihre stilisierten Eigenschaften und auf die Zusammenhänge zu bestehenden Marktphasen zu beantworten.

Am Ende der Arbeit werden in Kapitel 9 die Erkenntnisse aus den durchgeführten empirischen Untersuchungen zusammengefasst und diskutiert sowie ein Ausblick für weiterführende Untersuchungen gegeben.

Abb. 1.1 veranschaulicht den Aufbau der Arbeit, wobei Kapitel 8 den Kern der empirischen Untersuchungen darstellt, der die einzelnen Merkmale verbindet.

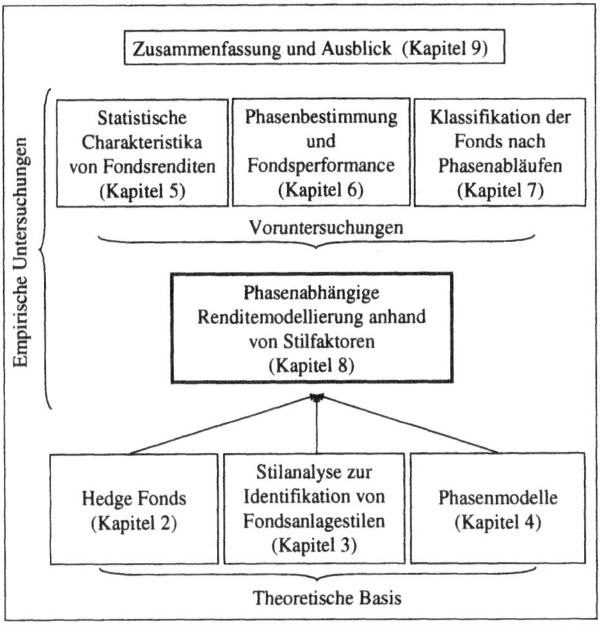

Abbildung 1.1: Aufbau der Arbeit

Die Abbildung veranschaulicht den Aufbau der Arbeit. Die Arbeit basiert auf drei theoretischen Kapiteln, die Grundlagen für die bevorstehenden empirischen Untersuchungen liefern. Kapitel 8 präsentiert das Kernstück der Arbeit, wobei andere empirische Kapitel die bedeutenden Voruntersuchungen beinhalten.

Teil I

Theoretische Grundlagen

2 Hedge Fonds

2.1 Einführung

Die ersten Hedge Fonds wurden bereits im Jahr 1949 gegründet. Erst in den 1990-er Jahren erlebten sie jedoch eine rasante Entwicklung. Die zentralen Faktoren dieser Entwicklung waren erstens ein besonders starker Vermögenszuwachs vieler Investoren während der Bull Phasen auf den Finanzmärkten. Zweitens drang eine neue Generation von Investoren auf den Markt, die ihr Vermögen zum Teil geerbt hatte und sich durch eine höhere Risikotoleranz sowie das Streben nach einer höheren Rendite auszeichnete. Drittens zeigten institutionelle Anleger ebenfalls ein steigendes Interesse für neue Investitionsmöglichkeiten.[1] Auch nach dem Jahr 2000, als bereits einige Hedge Fonds aufgrund zum Teil mangelnder Erfahrungen sowie unterschätzter Risiken aus dem Markt ausscheiden mussten, blieb der Trend zu neuen Gründungen ungebrochen. Die Investoren sahen in Hedge Fonds für sie notwendige neue Diversifikationsmöglichkeiten. In den letzten Jahren stieg die Anzahl neu gegründeter Hedge Fonds weiterhin an. Das Jahr 2005 zeigte mit insgesamt 2.073 neuen Hedge Fonds die höchste Anzahl an Gründungen der vergangenen Jahre.[2] Im Jahr 2004 fanden lediglich 1.435 Gründungen statt. Insgesamt sind im Jahr 2006 9460 Hedge Fonds (inklusive Dachfonds) weltweit verzeichnet.[3] In Europa wurden in dem selben Jahr 334 neue Fonds im Vergleich zu 250 Fonds im Vorjahr gegründet, wobei insgesamt 27,82 Milliarden Dollar in die neuen Hedge Fonds investiert wurden. Deutschland verzeichnet einen langsamen aber stetigen Zuwachs. Im Jahr 2006 wurden 26 Hedge Fonds gezählt (47 inklusive Dachfonds), die ein Vermögen von 1,5 (2,5) Milliarden Euro verwalten.[4] Weltweit verwalteten Hedge Fonds im Jahr 2006 1.430 Milliarden Dollar.[5]

Hedge Fonds stellen einen zentralen Baustein dieser Arbeit dar. In den folgenden Kapiteln werden die Grundlagen der Hedge-Fonds-Branche beschrieben. Zu Beginn stehen Begriffserklärungen und Definition, gefolgt von der Beschreibung zentraler Merkmale, und abschließend erfolgt ein Vergleich von Hedge Fonds mit traditionellen Investmentfonds.

---

1 Vgl. LHABITANT (2004), S. 3.

2 Vgl. HFR-Jahresbericht der Hedge-Fonds-Industrie 2006, zusammengefasst von ATZLER (2007). Aus der gleichen Quelle geht hervor, dass 848 Hedge Fonds weltweit ihre Tätigkeit aufgegeben haben.

3 Vgl. ATZLER (2007).

4 Die Angaben weichen in Abhängigkeit von den Quellen ab.

5 Vgl. FAZ (2006) und ATZLER (2007).

2.2 Definition und Merkmale

Der Name *Hedge Fonds* stand ursprünglich für *gesicherte* (engl. hedged) Fonds. Die Namensgebung orientierte sich an den abgesicherten Positionen dieser Fonds, durch die das systematische Risiko eliminiert wird. Aus diesem Grund werden Hedge Fonds auch als *marktneutral* bezeichnet. Es sind jedoch nicht sämtliche Hedge Fonds marktneutral, sondern sie tragen wie andere Investmentgesellschaften auch systematische Risiken. Die Bezeichnung „Hedge Fonds" spiegelt demnach nicht die tatsächliche Risikoposition des Fonds wider.[6]

In dieser Arbeit werden Hedge Fonds als privat gemanagte Investmentgesellschaften (sog. Investmentpools) definiert, die durch eine freie Wahl von Anlagestrategien und Finanzinstrumenten gekennzeichnet sind und nur einem begrenzten Kreis von Investoren zur Verfügung stehen. Hedge Fonds streben nach einer absoluten positiven Rendite unabhängig von aktuellen Marktkonstellationen. Die von den Hedge Fonds geforderten hohen performanceabhängigen Gebühren werden durch eine besonders starke in Aussicht gestellte Performance gerechtfertigt. Attraktivität gewinnen Hedge Fonds ebenfalls durch die Abwesenheit strenger Rahmenbedingungen und Regulierungen, wie sie z.B. von Banken und Versicherungen bekannt sind.[7]

Da in der Literatur keine einheitliche Definition für Hedge Fonds existiert, werden sie in Tab. 2.1 anhand ihrer Merkmale zusammenfassend charakterisiert.[8] Die Grenzen zwischen Hedge Fonds und Hedge-Fonds-ähnlichen Gesellschaften sind ebenfalls nicht eindeutig, da viele Typen unterschiedlicher Investmentgesellschaften bestehen. Diese ähneln sich in ihrem Profil, ihrer Anlagestrategie oder ihrer Risikoposition.[9]

Hedge Fonds werden oft für Off-Shore-Investmentgesellschaften gehalten. Tatsächlich existieren sie sowohl Off-Shore als auch On-Shore. Die Gründung eines Off-Shore-Fonds (Ansiedlung außerhalb des Heimatlandes) ist meistens durch Steuerbegünstigungen und eine garantierte Diskretion durch das Ansiedlungsland bedingt.[10]

---

6 Vgl. PICHL (2001), S. 5 und LHABITANT (2004), S. 4.

7 Siehe LOEYS und FRANSOLET (2004), S. 10, SCHÄFER (2004), S. 463, LHABITANT (2004), S. 4, DO et al. (2005), S. 378, MCCRARY (2005), S. 1, HEDGES IV (2005), S. 3, DOPFEL (2005), S. 9, BAQUERO et al. (2005), S. 493, siehe ELING (2006), S. 15 für eine Übersicht weiterer Definitionen aus der früheren Literatur.

8 Aufgrund der ungenauen Definition des Hedge-Fonds-Begriffes nutzt der deutsche Gesetzgeber die Bezeichnung „Sondervermögen mit zusätzlichen Risiken". Siehe weitere Erläuterungen in den folgenden Kapiteln. Vgl. auch KAAL (2006), S. 209.

9 Siehe PANCHOLI (2004) für eine Beschreibung von „Hybrid Investmentfonds". Managed Futures ähneln sehr stark den Hedge Fonds, da auch sie in ähnliche Anlageinstrumente investieren, wobei Managed Futures hauptsächlich auf Termin-Märkten ihre Geschäfte abwickeln und z.B. bezüglich Leerverkäufe und Kreditaufnahme stärker gesetzlich reguliert sind. In der Literatur wurden CTA (commodity trading advisors) oft synonym für Managed Futures verwendet, wobei unter CTA professionelle Vermögensverwalter auf Termin-Märkten verstanden werden. Siehe ausführlicher dazu FUNG und HSIEH (1998), S. 8, JONATHAN und ANSON (2002), S. 241 f. und BUSACK und KAISER (2006), S. 23 f.

10 Bekannte Off-Shore-Orte sind Bermuda und Cayman Islands.

Tabelle 2.1: Hedge-Fonds-Merkmale und ihre Auswirkungen

Merkmale	**Auswirkungen**
privat gemanagt	Impliziert minimale Einmischung des Staates und der Aufsicht durch Regulierung. Investitionen können sehr hohen Risiken ausgesetzt werden.
begrenzter Investorenkreis	Investoren müssen sich als *accredited investors* bzw. *qualified purchaser* klassifizieren. Diese Investorengruppe schließt vermögende Privatpersonen sowie institutionelle Anleger ein. Nichtvermögende Investoren sind dadurch vor möglichen großen Verlusten geschützt.
schwache rechtliche Regulierung	Der Fonds ist nicht verpflichtet, seine Performance sowie Portfoliostruktur offen zu legen. Die Gestaltung des Portfolios ist allein von den Entscheidungen des Managers abhängig.
freie Anlagenwahl	Die Anlageinstrumente werden vom Manager frei ausgesucht, wobei Leerverkäufe, der Einsatz von Derivaten und eine Kombination verschiedener Finanzinstrumente erlaubt sind.
Streben nach absoluten Renditen	Der Manager strebt nach einem unabhängig von den Marktentwicklungen hohen Renditeniveau. Managerfähigkeiten und freie Auswahl der Anlagen ermöglichen auch bei fallenden Finanzmärkten, die Zielrendite zu erreichen.
performance-abhängige Gebühren	Fondsmanager sind persönlich an den Investitionen beteiligt und erhalten bis zu 20% des absoluten Vermögenszuwachses als performanceabhängiges Honorar. Damit werden Anreize für die Erzielung einer hohen Performance gesetzt.

2.3 Rechtliche Grundlagen

2.3.1 Regulierungen

Da Hedge Fonds ihren Ursprung in den USA hatten, werden in der Literatur meistens die rechtlichen Grundlagen für Hedge Fonds aus den USA dargelegt. Aufgrund der existierenden Unterschiede der Regelungen in verschiedenen Ländern ist es für eine ganzheitliche Übersicht sinnvoll, auf Besonderheiten in den betrachteten Ländern zu achten.[11] Neben der US-amerikanischen Regulierung wird im Rahmen dieser Untersuchungen auch die deutsche Regulierung beschrieben.

In den USA unterliegen die meisten Investmentgesellschaften der Regulierung der *Securities and Exchange Commission* (SEC). Hedge Fonds bilden dabei eine Ausnahme. Die wichtigsten gesetzlichen Bedingungen in Bezug auf Hedge Fonds sind unter anderem durch den *Securities Act* von 1933, den *Investment Company Act* und den *Investment Advisors Act* von 1940 bestimmt.[12] Die SEC garantiert den Anlegerschutz durch ihre Gesetzgebung, durch die sie beabsichtigt, einen gerechten Finanzmarkt für alle Teilnehmer zu gewährleisten und Missbrauch zu verhindern. Jedoch nicht alle Investorengruppen brauchen diesen Schutz. Vermögende Investoren und Institutionen,

[11] Vgl. DO et al. (2005), S. 379 für einen Vergleich der Regelungen für Hedge Fonds in Australien und den USA. Vgl. PWC-REPORT (2006) für eine ausführliche Betrachtung der Besonderheiten der Regulierung und Besteuerung der Hedge Fonds europäischer Länder.

[12] Die drei benannten Regulierungen zählen zu den wichtigsten in Bezug auf Hedge Fonds. KAAL (2006), S. 175 gibt zusätzlich eine ausführliche Übersicht der Beschlüsse für den *Securities Exchange Act* von 1934 und den *Commodity Exchange Act* von 1974.

die Investmenterfahrungen und Wohlstand besitzen, werden als *akkreditierte Investoren* oder *qualifizierte Investoren* klassifiziert.[13] Diese Investoren können sich große Verluste leisten und somit mit ihren Investitionen frei umgehen.[14]

Laut dem *Securities Act* von 1933 unterliegt ein Fonds nicht den Regulierungen der SEC, wenn er nicht registriert ist. In diesem Fall wird der Verkauf nicht registrierter Wertpapiere mit der Einschränkung eines öffentlichen Werbeverbotes erlaubt. Die Produktwerbung darf somit nur informell erfolgen.[15]

Laut dem *Investment Company Act* von 1940 müssen alle Investmentgesellschaften (das impliziert auch Hedge Fonds) registriert werden. Jedoch können Hedge Fonds durch eine private Platzierung der Anteile (keine öffentliche Werbung), eine Beschränkung auf die Verwaltung von Portfolios von weniger als 100 Investoren (seit 1997 auf weniger als 500) und der Einbeziehung ausschließlich akkreditierter Investoren die Registrierung umgehen.[16]

Die Registrierung von Investmentfonds ist ebenfalls durch den *Investment Advisors Act* von 1940 geregelt, wonach sich nur diejenigen Vermögensverwalter registrieren müssen, die in den letzten zwölf Monaten Vermögen von mehr als vierzehn Klienten verwaltet haben.[17]

Aktuell versucht die SEC mehr Transparenz in der Hedge-Fonds-Industrie zu erreichen, indem sie neue Gesetze verabschiedet, die u.a. die Klassifikation zum akkreditierten Investor verschärfen und die Registrierung der Hedge Fonds neu regeln.[18]

Seit Anfang Januar 2004 sind Hedge Fonds durch das Inkrafttreten des Investment-Modernisierungsgesetzes (InvG) in Deutschland zugelassen.[19] Nach dem Investment-Modernisierungsgesetz werden Single-Hedge-Fonds (Sondervermögen mit zusätzlichen Risiken) und Dach-Hedge-Fonds (Dach-Sondervermögen mit zusätzlichen Risiken) unterschiedlich behandelt. Zu den erlaubten Anlagestrategien der Single-Hedge-Fonds zählen Leerverkäufe, die unbeschränkte Kreditaufnahme und der Einsatz von Derivaten. Stille Beteiligungen und sonstige Unternehmensbeteiligungen an Unternehmen, die an der Börse nicht zugelassenen sind, dürfen 30% des Fondsvermögens nicht überschreiten.[20]

Ebenso wie im US-amerikanischen Raum dürfen Single-Hedge-Fonds nicht öffentlich werben. Nach deutschem Recht dürfen private Anleger nicht direkt in Single-Hedge-Fonds investieren. Die Anteile an Single-Hedge-Fonds dürfen nur über Kreditinstitute oder Finanzdienstleistungsinstitute vertrieben werden, die über eine Er-

13 Als akkreditierter Investor wird eine Privatperson bezeichnet, die $ 200.000 (300.000 für verheiratete) jährlichen Einkommens oder $ 1.000.000 als Vermögen nachweisen kann. Als qualifizierte Investoren werden private Investoren mit einem Portfoliowert von $ 5.000.000 und Institutionelle Anleger mit $ 25.000.000 bezeichnet. Vgl. FUNG und HSIEH (1999b), S. 135.

14 Vgl. MCCRARY (2005), S. 127.

15 Vgl. PICHL (2001), S. 8.

16 Vgl. TAYLOR (2005), S. 10.

17 Ein Hedge Fonds wird als ein Klient gezählt. Vgl. KAAL (2006), S. 183.

18 Siehe BARNETT (2005) und www.sec.gov.

19 Vgl. §112 InvG.

20 Vgl. §112 InvG.

laubnis zur Anlage- und Abschlussvermittlung verfügen.[21] Die Anteile von Dach-Hedge-Fonds dagegen dürfen auch über sog. freie Vermittler erworben werden.[22]

Dach-Hedge-Fonds investieren in mehrere Single-Hedge-Fonds (Zielfonds) und dürfen dabei maximal 20 Prozent ihres Fondsvermögens in einen einzelnen Zielfonds und in nicht mehr als zwei Zielfonds vom gleichen Emittenten und Fondsmanager anlegen. Zwecks Reduzierung des Anlagerisikos dürfen Dach-Hedge-Fonds weiterhin maximal 40 Prozent des Fondswertes in Fonds mit identischen Anlagestrategien investieren. Grundsätzlich dürfen Dach-Hedge-Fonds keine Leverage und Leerverkäufe einsetzen. Maximal 49% des Fondsvermögens dürfen in Bankguthaben und Geldmarktinstrumente investiert werden.[23]

2.3.2 Rechtsform

Die Auswahl der Rechtsform eines Fonds wird in Abhängigkeit von dem Registrierungsort sowie der Zielgruppe der Investoren ausgesucht. Die häufigsten Rechtsformen sind Limited Partnership (deutsches Äquivalent ist die Kommanditgesellschaft), Limited Liability Partnership (Gesellschaft mit beschränkter Haftung), Corporation (Aktiengesellschaft) und Trust (Treuhandgesellschaft).[24]

On-Shore-Hedge-Fonds werden wie auch die anderen Investmentgesellschaften meistens nicht als Aktiengesellschaften (engl. corporations) registriert, um die Besteuerung minimal zu halten. Einnahmen und Ausgaben, Gewinne und Verluste werden an die Investoren weitergegeben und Steuerabgaben durch sie direkt abgewickelt (engl. flow-through tax). Eine verbreitete Rechtsform der On-Shore-Hedge-Fonds ist die Limited Partnership (Kommanditgesellschaft), wobei Investoren (Kommanditisten) in Höhe ihrer Anlagen haften und keine Führungsrechte besitzen. Fondsmanager nehmen meistens die Rolle der Komplementäre ein (auch *General Partner* genannt) und haften mit ihrem Gesamtvermögen.[25]

Off-Shore-Fonds werden oft als Corporations (Aktiengesellschaften) registriert, wobei die steuerlichen Abgaben meistens minimal oder z.T. überhaupt nicht vorhanden sind.[26]

In Deutschland sind Hedge Fonds meistens an Investmentfonds geknüpft, wobei das Anlageinstrumentarium der traditionellen Investmentfonds durch Leerverkäufe und Kreditaufnahmen erweitert wird. Damit unterscheiden sie sich von den im US-amerikanischen Raum verbreiteten Hedge Fonds, die tatsächlich *unabhängige, privat gemanagte* Investmenteinheiten darstellen.[27]

---

[21] Vgl. §2 Abs. 6 Nr. 8 KWG.

[22] Vgl. KAAL (2006), S. 209.

[23] Vgl. §113 InvG.

[24] Siehe dazu ausführlicher FABOZZI und PETERSON (2002), S. 10 und MCCRARY (2005), S. 75 f.

[25] Vgl. PICHL (2001), S. 10.

[26] Vgl. MCCRARY (2005), S. 2.

[27] Die meisten Unterschiede sind auf die verschiedenen Regulierungen bzw. die noch nicht ausreichende Ausarbeitung der Gesetzgebung durch den deutschen Gesetzgeber zurückzuführen. So lassen z.B. die deutschen Gesetze nur den Vertrieb der Anteile an Single-Hedge-Fonds durch eine Privatplat-

2.4 Anlageinstrumente

Um die Abgrenzung der Hedge Fonds von traditionellen Investmentfonds in ihrem Hauptgeschäft klarer darzustellen, werden zunächst drei zentrale Merkmale unterschieden: Anlageinstrumente, Anlagestrategien und Anlagestile.

Anlageinstrumente erfassen alle Finanzinstrumente, in die ein Fonds investiert und mit denen er am Finanzmarkt handelt. **Anlagestrategien** beschreiben einzelne Handlungen wie Kauf, Verkauf, Arbitrage und Hedging, anhand derer ein Fonds seine Geschäfte aufbaut. **Anlagestile** stellen einen Oberbegriff als Kombinationen aus Anlageinstrumenten und auf sie angepassten, zur Erreichung der Investitionsziele eingesetzten Anlagestrategien dar.[28]

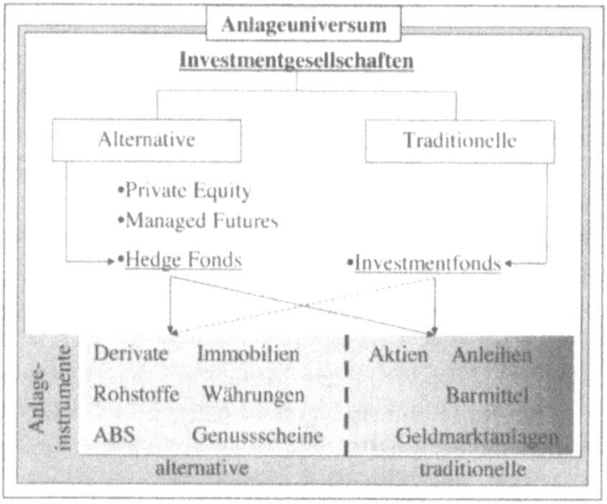

Abbildung 2.1: Alternative und traditionelle Investments

Die Abbildung veranschaulicht die zentralen Anlageinstrumente der traditionellen und alternativen Investmentgesellschaften.

Aufgrund der einbezogenen Anlageinstrumente werden Investmentgesellschaften oft in *traditionelle* und *alternative* Investmentgesellschaften aufgeteilt. Die Grenzen zwischen diesen Investmentgesellschaften sind nicht scharf. Abb. 2.1 veranschaulicht Unterschiede in den verwendeten Anlageinstrumenten für traditionelle Investmentfonds und Hedge Fonds. Alternative Investmentgesellschaften sind durch Investmentstile gekennzeichnet, die auf klassischen Aktien- und Rentenmärkten agieren und sich sowohl alternativer Strategien als auch alternativer Anlageinstrumente bedienen.[29]

zierung zu, jedoch nennen sie keine genauen Vorgaben in Bezug auf eine Abgrenzung zwischen öffentlichen und privaten Platzierungen. Vgl. KAAL (2006), S. 210.

28 Anlagestile werden im Kap. 2.6 (S. 24) behandelt.

29 Vgl. BUSACK und KAISER (2006) S. 5.

Traditionelle Investmentgesellschaften agieren dagegen meistens mit traditionellen Anlageinstrumenten wie Aktien, Anleihen und Barmittel (bzw. Geldmarktinstrumente).[30] Es existieren ebenfalls einige Investmentfonds, die in weniger verbreitete bzw. alternative Finanzinstrumente wie Immobilien, Rohstoffe, Asset Backed Securities und weitere anlegen. Alternative Investmentgesellschaften bedienen sich deutlich häufiger dieser Anlageinstrumente. Weitere Beispiele für alternative Investmentgesellschaften sind *Private Equity*[31] und *Managed Futures*. Zusätzlich werden Derivate als Finanzinstrumente in Portfolios alternativer Investmentgesellschaften einbezogen, deren Einsatz durch traditionelle Investmentfonds meistens nur eingeschränkt erlaubt ist.

Durch einen Einsatz von Derivaten wird das Anlagestrategiespektrum der Hedge Fonds deutlich erweitert. **Derivate** sind Anlageinstrumente, deren Preise von anderen Finanzinstrumenten wie Aktien, Renten, Rohstoffen und Indizes abgeleitet werden. Derivate werden auf Terminmärkten gehandelt, bei denen im Gegenteil zu Kassamärkten die Abwicklung und die Erfüllung des Geschäftes zeitlich auseinander liegen. In Abhängigkeit von dem Wahlrecht oder einer Verpflichtung zur Vertragserfüllung werden entsprechend bedingte (z.B. Optionen) und unbedingte (z.B. Forwards und Futures) Termingeschäfte unterschieden. Derivate werden sowohl als Hilfsinstrumente für die Absicherung (Hedging) anderer Positionen als auch als eigenständige Strategien für z.B. Spekulationszwecke eingesetzt. Des Weiteren werden Derivate bei Arbitragemöglichkeiten sowie bei der Umsetzung spezifischer Markterwartungen verwendet.[32]

Zusätzlich ist anzumerken, dass sich Hedge Fonds nicht nur verschiedener Anlageinstrumente bedienen, sondern ebenfalls unterschiedliche Beteiligungen und Anteile an Investmentgesellschaften (z.B. Private Equity Fonds) oder Unternehmen halten können.

2.5 Anlagestrategien

Hedge Fonds verfügen im Vergleich zu traditionellen Investmentfonds über eine große Freiheit in ihren Handlungsstrategien. Zur Verwirklichung der Anlageziele werden folgende zentrale Anlagestrategien einbezogen:

- Hedging
- Arbitrage
- Wertpapierkauf (Long)
- Leerverkauf (Short)
- Kreditaufnahme

[30] Vgl. HEDGES IV (2005), S. 2.

[31] Nichtbörsennotierte Unternehmen sind oft in frühen Phasen der Entwicklung (*Private Equity*) oder bei der Gründung (*Venture Capital*) auf Gelder von Investoren angewiesen. Diese Finanzierungsformen stellen eine Alternative gegenüber der klassischen Kreditfinanzierung dar und ermöglichen eine lukrative, aber nicht risikofreie Investitionsmöglichkeit. Für eine ausführliche Darstellung siehe BUSACK und KAISER (2006), S. 17 f.

[32] Ausführlicher dazu siehe HULL (2006).

Die ersten drei Strategietypen werden ebenfalls von traditionellen Investmentfonds eingesetzt. Die letzten zwei werden aber meistens nur in Verbindung mit Hedge Fonds gebracht, wobei Leerverkäufe ausschließlich von Hedge Fonds angewendet werden dürfen.

2.5.1 Hedging

Als eine **Hedging** Strategie wird die Absicherung einer offenen Position durch eine gegenläufige Position mit dem Ziel der Neutralisierung der systematischen Marktrisiken verstanden. Ursprünglich wurde Hedging auf Terminmärkten angewandt, um die Preise (meistens) von Rohstoffen vor Marktschwankungen abzusichern und nicht um Gewinne zu erzielen.[33] Anhand von Hedging können unterschiedliche Risikoquellen (z.B. Währungsrisiko) bewusst eliminiert werden. Der Einsatz von Derivaten wird oft mit dem Ziel der Absicherung eines spekulativen Kaufs bzw. Verkaufs von Wertpapieren, Rohstoffen, Währungen u.a. erbracht. Das Hedging geht auf Kosten der Rendite, sodass der Grad des Hedging mit der Risikotoleranz des Investors sowie seiner Renditeerwartung vereinbart werden muss.[34] Das Hedging kann in einer linearen (statisches Hedging) und einer nichtlinearen (dynamisches Hedging) Beziehung zum Basisgut stehen. Beim linearen Hedging ist das Verhältnis zwischen den (offenen und gehedgten) Positionen konstant und eine zeitliche Anpassung wird nicht benötigt. Beim dynamischen Hedging (z.B. durch Derivative) kann das Verhältnis zwischen den (offenen und gehedgten) Positionen verändert werden, weshalb eine ständige Kontrolle und Anpassung der gehedgten Position benötigt wird.[35] Hedge Fonds wenden Hedging Strategien vermehrt an, um von den Marktfluktuationen unbeeinflusst zu bleiben und ihre Anlagestile gewinnbringend zu gestalten. Von dieser Strategie wird auch der Name „Hedge Fonds" abgeleitet.

2.5.2 Arbitrage

Unter **Arbitrage** wird meistens ein simultaner Kauf und Verkauf von einem Finanzinstrument an zwei unterschiedlichen Märkten verstanden, auf denen Preisunterschiede bestehen. Arbitrage beinhaltet damit kein Risiko, da keine zeitliche Verzögerung entsteht, in der Preise variieren könnten.[36] Eine Arbitragemöglichkeit ist an Finanzmärkten für ein und dasselbe Wertpapier kaum vorhanden, da dies sofort ausgenutzt wird. Hedge Fonds nutzen Arbitrage deswegen meistens nicht für identische, sondern für zwei ähnliche Assets aus. TALEB (1997) unterscheidet vier Arten von Arbitrage: in gleichen Finanzinstrumenten, in unterschiedlichen Finanzinstrumenten mit gleichen Basiswerten, in ähnlichen Wertpapieren eines Finanzinstrumentes sowie in verschiedenen Wertpapieren verschiedener Finanzinstrumente (aber mit ähn-

---

[33] Vgl. JORION (2005), S. 311.

[34] Vgl. PEROLD und SCHULMAN (1988), S. 45 und CUSATIS und THOMAS (2005), S. 1 f.

[35] Vgl. JORION (2005), S. 311.

[36] Siehe TALEB (1997), S. 80 f. für unterschiedliche Definitionen von Arbitrage.

lichem Verhalten). Arbitrage Strategien bauen auf Preisunterschieden ähnlicher Assets wie Aktien, Renten und Derivaten auf. Die Ausübung der Strategie wird durch die Annahme getrieben, dass sich die Preise ähnlicher Assets über die Zeit annähern werden.[37]

2.5.3 Long/Short

Als **Long**-Position wird ein gewöhnlicher Kauf von Wertpapieren bezeichnet. Dabei geht der Anleger von steigenden Marktentwicklungen aus. Der Ertrag dieser Position resultiert aus der Differenz niedriger Einkaufspreise (am Anfang der Periode) und hoher Verkaufspreise (am Ende der Periode). Dabei besteht das Risiko, dass die Märkte fallen und die Wertpapiere ihren Wert verlieren. Einige Fonds verwenden ausschließlich eine Long Strategie und werden als *Long Only* bezeichnet.

Gegenteilig zu einer Long-Anlagestrategie verhält sich das Einnehmen einer Short-Position, bei der Wertpapiere zuerst am Markt verkauft und zu einem späteren Zeitpunkt zurückgekauft werden. Eine Short-Position bedeutet einen Leerverkauf von Wertpapieren. Ein **Leerverkauf** ist eine Anlagestrategie, anhand derer sich die Hedge Fonds von traditionellen Investmentfonds grundsätzlich unterscheiden, da die letzteren diese nicht einsetzen dürfen. Ein Leerverkauf wird entweder eigenständig oder in Verbindung mit einer entgegengesetzten Long-Position ausgeführt.

Die Strategie von Leerverkäufen wird bei Erwartung fallender Märkte eingesetzt. Dabei resultiert der Ertrag der Position aus der Differenz hoher Verkaufspreise (am Anfang der Periode) und niedriger Einkaufspreise (am Ende der Periode). In diesem Fall werden Wertpapiere z.B. über Zentralverwahrer (Banken, Pensionskassen, Versicherungen), Wertpapiersammelbanken oder Clearing-Häuser ausgeliehen und sofort zu dem bestehenden Marktpreis veräußert.[38] Am Ende der Leihfrist werden die Wertpapiere am Markt zurückgekauft und an den Verleiher zurückgegeben. Eine Risikoposition entsteht, wenn die Wertentwicklung der Wertpapiere positiv verläuft. Ein potenzielles Risiko besteht im Widerruf ausgeliehener Wertpapiere (engl. recall) durch den Verleiher, wodurch der Entleiher die Wertpapiere entweder am Markt oder anderweitig beschaffen muss. Wird ein großes Volumen der Wertpapiere am Markt zugekauft (engl. buy-in), kann dies zu starken Kurssteigerungen (engl. short squeeze) führen, was entgegen den Erwartungen bei einer Short-Position steht und zu Verlusten führt.[39] Für die Ausführung von Short-Position entstehen Kosten für den Wertpapierverleih sowie Transaktionskosten wie bei jedem Kauf/Verkauf von Wertpapieren. Zusätzlich müssen während der Leihfrist Sicherheiten (engl. collateral) hinterlegt werden. Einige Fonds verwenden ausschließlich eine Short-Strategie und werden

---

37 Vgl. LHABITANT (2004), S. 8.

38 Die tatsächliche Verleiher-Kette besteht aus drei Gruppen: Prime Brokern (bzw. Broker-Dealern, die den Entleiher mit den Wertpapieren versorgen), Verwahrbanken und tatsächlichen Verleihern (Banken, Pensionskassen, Versicherungen, Unternehmen, Privatkunden), die Wertpapiere besitzen. Vgl. PICHL (2001), S. 33 und KAUTER (2006), S. 98.

39 Vgl. KAUTER (2006), S. 96.

z.B. als *Equity Short* bezeichnet. Abb. 2.2 veranschaulicht Unterschiede bei der Abwicklung der Geschäfte in Long- und Short-Positionen. In den beiden Fällen sind die günstigen Marktkonstellationen für die Ausübung jeweiliger Strategien dargestellt.

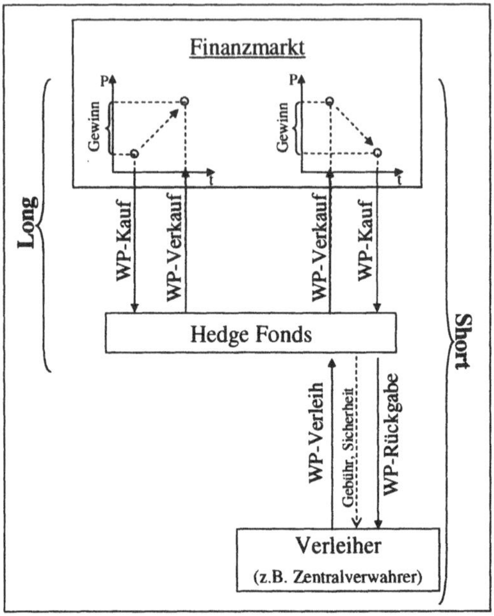

Abbildung 2.2: Long- und Short-Strategien

Die Abbildung veranschaulicht die Abwicklung der Geschäfte bei einer Long- und einer Short-Position mit Wertpapieren (WP). Abgebildet sind ideale Ausgangslagen für die beiden Positionen auf dem Finanzmarkt, wobei bei einer Long-Position auf steigende Preise und bei einer Short-Position auf fallende Preise spekuliert wird. Bei der Short-Position wird in den Transaktionskreis ein (Wertpapier) Verleiher einbezogen.

Parallel zu einem Leerverkauf bestehen auch andere alternative Strategien, bei denen ebenfalls auf fallende Marktpreise spekuliert wird. Tab. 2.2 veranschaulicht einige Alternativen, die zusammen mit einem oder anstelle eines traditionellen Leerverkaufs implementiert werden. Der zentrale Vorteil dieser Strategien liegt im Vermeiden der Recall-Risiken und bei einigen beim Vermeiden der Leihgebühr.[40]

Bei einem Long/Short Anlagestil werden die beiden beschriebenen Long- und Short-Positionen simultan ausgeführt, wobei bestimmte unterbewertete Assets gekauft (Long) und überbewertete leer verkauft (Short) werden.[41]

---

[40] Vgl. KAUTER (2006), S. 105.

[41] Vgl. Kap. 2.6.2, S. 26.

Tabelle 2.2: Alternativen eines Leerverkaufs

Die Tabelle veranschaulicht die Alternativen eines Leerverkaufs von Wertpapieren (WP). (Die Erklärung erfolgt in Anlehnung an KAUTER (2006), S. 102 f.)

Bezeichnung	**Erklärung**
Naked Short	Leerverkauf vom WP. Der Rückgabezeitpunkt ausgeliehener WP sowie Leihgebühr und Sicherheiten sind vereinbart.
Repurchase Agreement	Wertpapierpensionsgeschäft, bei dem der Rückkaufzeitpunkt und -preis der in Pension gegebenen WP fest vereinbart sind. Als Sicherheit wird Liquidität (der Kaufpreis) bereitgestellt, die nach dem Geschäftsende zuzüglich einer Zinszahlung (Repo-Rate) zurückbezahlt wird. Aus Sicht des Käufers von WP wird dies als Reversal (Reverse Repo) bezeichnet. Bei einer Wertpapierleihe wird dagegen kein Kaufpreis vereinbart.
Sell and Buy Back	Kombination aus Kassaverkauf und gleichzeitigem Terminkauf vom WP (z.B. als Future). Leihgebühr entfällt, da keine Leihe von Wertpapieren stattfindet.
Contract for Difference	Ein hypothetischer Kauf vom WP durch einen over-the-Counter-Vertrag. Die Differenz zwischen dem Eröffnungs- und dem Schlusspreis des WP werden durch einen Geldbetrag ausgeglichen. Der Käufer hinterlegt eine Sicherheit.
Put Option	Ein Termingeschäft, welches das Recht auf den Verkauf einer bestimmten Anzahl der WP zu einem bestimmten Zeitpunkt und Preis ermöglicht. Liegt bei der Ausübung der Option der Kassakurs des WP unter dem vereinbarten Preis, wird der Kauf des WP am Kassamarkt und der Verkauf durch den Put Gewinn erbringen. Im anderen Fall wird die Option nicht ausgeübt, wodurch ein beschränkter Verlust in Höhe des Optionspreises entsteht.
Single Stock Future	Ein Termingeschäft, bei dem beide Parteien sich zur Ausführung des Geschäftes verpflichten. Der Future-Verkauf von WP ist ähnlich zu einem Put, wobei der Verkauf vom WP in diesem Fall unbedingt erfolgen muss.

2.5.4 Leverage

Zur häufigen Praxis von Hedge Fonds zählt die Finanzierung aus Fremdkapital. Anstelle von Fremdfinanzierung wird oft der Begriff Leverage verwendet.

Als **Leverage** wird eine Strategie bezeichnet, bei der durch den Einsatz des Fremdkapitals eine die Fremdkapitalkosten übersteigende Rendite der ausgeübten Position erwartet wird.[42] Durch Leverage wird meistens eine Hebelwirkung (Leverage-Effekt[43]) erreicht, durch die die Ertragschancen des eingesetzten Kapitals überproportional zu den Kursveränderungen des Basiswertes erhöht werden können, wobei

[42] Vgl. NICHOLAS (2005), S. 197.

[43] Die klassische Definition des Leverage-Effektes besagt, dass bei einer steigenden Verschuldung durch Fremdkapital die Eigenkapitalrendite erhöht wird, solange der Fremdkapitalzins unter dem internen Zinsfuß der Gesamtkapitalrendite des eingesetzten Kapitals bleibt.

jedoch auch das Verlustrisiko steigt.[44] Das Risiko einer Position mit Leverage ist extrem hoch, da bei einem Verlust der Position nicht nur die Fremdkapitalkosten, sondern auch das Fremdkapital selbst gedeckt werden müssen.[45]

In der Literatur können verschiedene Definitionen für Leverage gefunden werden.[46] Die bereits präsentierte Definition des Leverage bezieht sich auf den in der Literatur am meisten verwendeten Begriff des Finanz-Leverage. Es existieren unterschiedliche Leverage-Arten und oft wird nicht vermerkt, welche Definition des Leverage gemeint ist. Die *Association for Investment and Research* (AMIR) erkennt die Problematik der Verwendung verschiedener Begriffe und formuliert diesbezüglich eine allgemeine Definition für Leverage:

Unter **Leverage** wird der Einsatz von Fremdkapital, Futures, Optionen oder anderer Derivate verstanden, mit dem Ziel einer Veränderung der Sensitivität der Portfoliorendite zur Marktrendite, die anderweitig nicht erreicht werden kann. Der Einsatz von Leverage kann sowohl zu einer Erhöhung als auch einer Senkung des Portfoliorisikos führen.[47]

Leverage wird bei einigen Hedge-Fonds-Anlagestilen wie z.B. Global Macro intensiv eingesetzt. Insbesondere nutzen ihn Anlagestile, die aus kleinen Assetpreisunterschieden (Spreads) nur durch einen großen Kapitaleinsatz Gewinn erbringen können.

2.6 Anlagestile

2.6.1 Anlagestilklassifikationen

Hedge Fonds können verschiedene *Anlageinstrumente* und *Anlagestrategien* beliebig kombinieren. Die daraus resultierenden Mischungen aus verwendeten Finanzinstrumenten und Strategieabfolgen werden meistens als **Anlagestile** bezeichnet. Da die Kombinationsmöglichkeiten unbeschränkt sind, fällt es schwer, vollkommen ähnliche Anlagestile zu identifizieren. Aus diesem Grund werden Hedge Fonds oft als intransparent im Vergleich zu klassischen Investmentfonds bezeichnet.[48]

Das Spektrum unterschiedlicher Anlagekombinationen bzw. -stile ist sehr groß. Dies erfordert eine Klassifizierung der Hedge Fonds nach den von ihnen angewandten Anlagestilen. In der Literatur finden sich Definitionen unterschiedlicher Anlagestile sowie deren Klassifikationen.[49] Die Problematik einer Definition von Anlagestilen in der Theorie sowie in der Praxis liegt darin, dass bis jetzt keine einheitliche Klassifikation verschiedener Anlagestile vereinbart wurde. Verschiedene

[44] Vgl. PICHL (2001), S. 93.

[45] LIANG (2000), AMIN und KAT (2003b) und BAQUERO et al. (2005) stellen fest, dass Einsatz von Leverage die Überlebenschancen eines Fonds verkürzt.

[46] Siehe z.B. VICKERS (1987), S. 31 und HORWITZ (2004), S. 37 f.

[47] Vgl. AIMR-REPORT (2002).

[48] Vgl. SCHÄFER (2004), S. 465, BRETZLER und RUDOLPH (2004), S. 20.

[49] Vgl. z.B. AGARWAL und NAIK (2000a), COTTIER (2000), BOOKSTABER (2003), ANSON (2003) und OHLMS (2006).

Datenbankanbieter der Hedge-Fonds-Indizes schlagen meistens ihre eigene Hedge-Fonds-Strukturierung vor. Ein zusätzliches Problem entsteht durch die Eintragung des Fonds-Stils durch die Hedge-Fonds-Manager selbst, wobei ein und derselbe Anlagestil unterschiedlich beschrieben und später falsch zugeordnet werden könnte.

In der Literatur wird die fehlende Klassifikation der Anlagestile stark diskutiert. Einige Autoren versuchen ihr eigenes Lösungssystem vorzuschlagen. OHLMS (2006) sieht die Ursache der fehlenden einheitlichen Klassifizierung der Fonds in der bisherigen empirisch-induktiven bzw. einer „bottom up" Vorgehensweise bei der Evaluation der Fonds, wobei ausgehend von empirisch beobachteten Charakteristika der Fonds bestimmte Hypothesen über Ähnlichkeiten im investmentstrategischen Verhalten aufgestellt werden. Er schlägt damit eine „top down" Herangehensweise vor, die auf Basis der Quelle der Ertragserzielung Hedge Fonds klassifiziert.[50] OHLMS stellt auf der ersten Stufe der Klassifikation die Frage, ob aktuelle preisliche Bewertungen eines Wertpapiers am Markt im Gleichgewicht oder im Ungleichgewicht liegen. In der nächsten Stufe wird gefragt, ob ein Investor einschätzen kann, wie sich das bestehende Gleichgewicht (gegebenenfalls Ungleichgewicht) mit der Zeit verändern und in welche Richtung es sich bewegen wird. Zuletzt erfolgt aufgrund unterschiedlicher Faktoren wie Volatilität, mikroökonomische Schocks, makroökonomische Trends u.a. eine feinere Klassifikation in acht Anlagestile, von denen zwei als „kein Handel des Wertpapiers" eingestuft werden. Die übrigen sechs Klassen beinhalten: Trend-Following (zwei mal), Arbitrage(ing), Selecting, Event-Hunting, Trend-Anticipating.

Die „top down" Idee von OHLMS (2006) benötigt eine weitere Auseinandersetzung und Erweiterung. Das Klassifikationsschema basiert auf einer Hypothesenaufstellung für ein Wertpapier. Hedge Fonds verfolgen simultan mehrere Anlagestrategien für verschiedene Anlageinstrumente, wobei unterschiedliche Klassifikationsergebnisse anhand einer vorgegebenen Strukturierung für ein und denselben Fonds erfolgen können. Somit bleibt das Problem nicht gelöst. Aus diesem Grund ist unklar, ob eine „top down" Methode tatsächlich Vorzüge zu einer „bottom up" Vorgehensweise aufweist.

BOOKSTABER (2003) sieht ebenfalls ein großes Problem in der fehlenden einheitlichen Klassifikation der Anlagestile bei Hedge Fonds und kritisiert die bestehenden Schemata besonders aufgrund der dynamischen Veränderung und Entstehung neuer Anlagestile, die von diesen Klassifikationen nicht erfasst werden können.[51] Er präsentiert eine andere Herangehensweise an die Klassifikation der Hedge Fonds, wobei die Einordnung der Fonds anhand von fünf Kriterien erfolgt: Assetklasse (Aktien, Anleihen, Rohstoffe o.a.), Strategierichtung (Long, Short, Long/Short, neutral), Strategietyp (Besonderheiten des Investments), Region (Industrieländer und Emerging Markets), Liquidität. Für jeden Fonds werden somit fünf Bezeichnungen angegeben, die somit eine Klassifikation (insgesamt 25 Kombinationsmöglichkeiten) ermöglichen. Auch diese Klassifikation garantiert jedoch keine adäquate Erfassung

---

[50] Vgl. OHLMS (2006), S, 56.
[51] Vgl. BOOKSTABER (2003), S. 20.

der Fonds, die ähnliche Charakteristika insbesondere in Bezug auf Rendite-Risiko-Profile aufweisen.[52]

Tabelle 2.3: Klassifikation der Anlagestile nach S&P und CSFB

Die Tabelle veranschaulicht die Klassifikation der Hedge Fonds nach einer zweidimensionalen Strukturierung. In Klammern sind weitere Stilrichtungen angegeben, die in den Klassifikationen anderer Datenbankanbieter verwendet werden.

Stilrichtung ——— **Instrument**	Opportunistische (Directional/ Tactical)	Marktneutrale (Relative Value/ Arbitrage)	Ereignisgetriebene (Event Driven)
Aktien	Long/Short Equity (Equity Market Timing) (Emerging Markets Equity)	Equity Market Neutral	Merger Arbitrage
Anleihen	(Emerging Markets Debt)	Fixed Income Arbitrage	Distressed
Futures	Managed Futures		
Gemischt	Macro	Convertible Arbitrage	Multi-Style

Solange keine alternative bzw. keine einheitliche Klassifikation von Hedge Fonds existiert, wird in der Literatur und Praxis häufig auf die Strukturierung der Fonds von *Credit Suisse First Boston/Tremont* (CSFB) und Standard & Poor's (S&P) zurückgegriffen (vgl. Tab. 2.3), die auf einer zueinander ähnlichen Klassifikation auf Basis der verfolgten Anlagestile der Hedge Fonds aufbauen.[53]

Diese Anlagestil-Strukturierung basiert auf zwei Dimensionen. In der ersten Dimension werden drei Stilrichtungen (opportunistische (*Directional/Tactical*), marktneutrale (*Relative Value/Arbitrage*) und ereignisgetriebene (*Event Driven*)) unterschieden (Benennung von S&P in Klammern). In der zweiten Dimension wird die Assetklasse (Aktien, Anleihen, Futures und gemischte) einbezogen.[54] In den nächsten Kapiteln folgt eine kurze Beschreibung der gängigen Anlagestile.[55]

2.6.2 Opportunistische Anlagestile

Der Anlagestil **Long/Short Equity** zählt bei Hedge Fonds zu den verbreitetsten Anlagestilen.[56] Ein Fondsmanager dieses Anlagestils identifiziert Wertpapiere, die durch den Markt unter- bzw. überbewertet sind. Durch die Antizipation zukünftiger Entwicklungen der Unternehmen bewerten Analysten die Wertpapiere anders

52 Vgl. BOOKSTABER (2003), S. 23.

53 Vgl. BOOKSTABER (2003), S. 20. ELING (2006) führt eine Auswertung von 125 Literaturquellen durch und findet heraus, dass die meisten Arbeiten die Klassifikation von Credit Suisse First Boston/Tremont einbeziehen. Diese Ergebnisse unterstützen die Feststellung von INDJIC und HEEN (2003), die eine ähnliche Untersuchung für Praktiker durchführen und unter den externen Datenbankanbietern CSFB als einen Favoriten identifizieren.

54 Vgl. SCHÄFER (2004), S. 465, HORWITZ (2004), S. 2

55 Siehe auch ACKERMANN et al. (1999), S. 843, EDWARDS und CAGLAYAN (2001a), S. 1022, HUBER und KAISER (2004), S. 55 f.

56 Siehe Erklärung in Kap. 2.5.3, S. 21.

als der Markt. Die überbewerteten Assets werden (in Erwartung fallender Preise) leer verkauft (Short) und unterbewertete (in Erwartung steigender Preise) gekauft (Long). Der Long/Short Anlagestil kann ebenfalls erfolgreich angewandt werden, wenn Fondsmanager Marktbewegungen adäquat identifizieren können, d.h. in steigenden Märkten eine Long- und in fallenden Märkten eine Short-Position eingehen. Werden die Marktveränderungen nicht rechtzeitig erkannt, trägt dieser Anlagestil das Marktrisiko.[57] Zusätzlich ist er dem unsystematischen Risiko in Bezug auf Unternehmensereignisse, dem Liquiditätsrisiko insbesondere für kleine Aktien (engl. small caps) und dem Diversifikationsrisiko im Falle veränderter historischer Korrelationen (der gehaltenen Finanzinstrumente zueinander oder zum Markt) ausgesetzt. Aufgrund der simultanen Einbeziehung meistens mehrerer Positionen und der daraus resultierenden höheren Komplexität tragen Manager der Long/Short Equity zusätzlich operationelle Risiken.[58] Fonds dieses Anlagestils besitzen meistens eine Neigung zu Long-Positionen (engl. long bias).[59]

Der Anlagestil **Equity Market Timing** baut auf einer rechtzeitigen Abwechslung von Positionen in Wertpapieren des Aktien- und des Geldmarktes im Einklang mit den Marktbewegungen auf, wobei das Aufspüren der Wertpapiere, die eine rückläufige Entwicklung erfahren, im Mittelpunkt steht. Das Marktrisiko, bei dem eine plötzliche Umkehrung des Trends auftritt, stellt die größte Gefährdung für den Anlagestilerfolg dar. Zusätzlich ist aufgrund der ständigen Abwechslung der Assets ein operationelles Risiko vorhanden.[60]

Der **Emerging Markets** Anlagestil fokussiert sich auf verschiedene Anlagen (Aktien, Industrie- und Staatsanleihen) in Schwellenländern. Die verfolgte Strategie dabei ist meistens Long, da in diesen Ländern Aktienmärkte oft nicht fortgeschritten sind bzw. über einige Finanzinstrumente nicht verfügen oder deren Handel nicht erlauben (z.B. Derivate und Leerverkäufe). Schwellenmärkte erfahren ein starkes Wachstum, wodurch hohe Renditen auf die Investitionen erwartet werden. Es bestehen aber auch hohe Risiken aufgrund der zum Teil schwachen allgemeinen Regulierungen und Standards, der nicht immer stabilen politischen und wirtschaftlichen Lagen sowie schwachen Infrastrukturen.[61] In Abhängigkeit von dem im Mittelpunkt stehenden Finanzinstrument werden *Emerging Markets Equity* für Anlage in Aktien und *Emerging Markets Debt* für Anlagen in festverzinsliche Wertpapiere unterschieden.

Der **Global Macro** Anlagestil basiert auf der Identifikation von Trends und Entwicklungen verschiedener Finanzinstrumente wie Währungen, Rohstoffe, Anleihen

---

57 Zu verschiedenen Risikoarten siehe Kap. 2.8.6, S. 57.

58 Vgl. JAEGER (2002), S. 353. Zur Identifikation systematischer Risiken dieses Anlagestils siehe FUNG und HSIEH (2004a).

59 Vgl. FUNG und HSIEH (2004a) S. 3 und BROOKS und KAT (2001), S. 27.

60 Vgl. JAEGER (2002), S. 353.

61 Vgl. LHABITANT (2004), S. 7. BREALEY und KAPLANIS (2001) untersuchen Marktsensitivitäten unterschiedlicher Anlagestile und stellen bei Emerging Markets das höchste Risiko (anhand der Volatilität) fest. Vgl. S. 166. Gleiche Ergebnisse erzielen KAT und LU (2002).

und Zinsindizes auf globalen Finanzmärkten mithilfe einer Fundamentalanalyse.[62] Unterschiedliche politische und wirtschaftliche Entwicklungen und Nachrichten in verschiedenen Ländern und Branchen werden ständig auf ihren Einfluss auf die Preise von Rohstoffen, Währungen, Zinsen, Immobilien, Anleihen und Aktien evaluiert, bevor einzelne Positionen eingegangen werden. Dieser Anlagestil implementiert eine *top down* Vorgehensweise, wobei die Evaluation und der Entscheidungsprozess zuerst auf der globalen und erst dann auf der Assetebene erfolgt. Dieser Anlagestil verwendet Handelsstrategien wie Long, Short, Leverage sowie den Einsatz von Derivaten. Er ist einer der spekulativsten Anlagestile, bei dem oft sehr große Portfolios gehalten werden.[63] Die größte Risikoquelle ist in den Fähigkeiten des Fondsmanagers zu sehen, der die Signale für die Aufnahme bestimmter Positionen gibt, die dem Marktrisiko unterliegen. Eine falsche Einschätzung oder eine Umkehrung des Trends kann große Verluste verursachen. Durch eine Verbreitung der Geschäfte auf OTC Märkten (engl. over-the-counter) steigen zusätzlich die Liquiditätsrisiken.[64]

Ein **Managed Futures** Anlagestil wird meistens von den *commodity trading advisors* (CTAs) verfolgt. CTAs handeln mit Rohstoffen und Futures auf Terminmärkten. Unterschieden werden *systematic Traders* und *discretionary Traders*. *Systematic Traders* verlassen sich auf die aufgrund der historischen Entwicklungen und anhand quantitativer Methoden geschätzten Marktpreise. Sie verwenden computergestützte Tradingsignale. *Discretionary Traders* vertrauen dagegen der Fundamentalanalyse und technischen Indikatoren sowie ihren eigenen über die Jahre gewonnenen Erfahrungen.[65] Die Renditen von Managed Futures korrelieren nur schwach mit traditionellen Aktien- und Bond-Faktoren, jedoch birgt eine plötzliche Trendumkehrung die größten Risiken.[66]

2.6.3 Marktneutrale Anlagestile

Die **Arbitrage** (Relative Value) Anlagestile bauen auf Preisunterschieden ähnlicher Assets wie Aktien, Renten und Derivaten auf. Die Ausübung des Anlagestils wird durch die Annahme geleitet, dass sich die Preise ähnlicher Assets über die Zeit annähern.[67] Mithilfe von statistischen, fundamentalen und technischen Methoden werden Preis-Bewertungsabweichungen entdeckt. Zentrale Anlagestile sind dabei *Market Neutral*, *Fixed Income* und *Convertible Arbitrage*. Diesen Anlagestilen ist gemeinsam, dass sie sich gegenüber dem Markt neutral zu stellen versuchen, indem sie das systematische Risiko reduzieren. Risikoquellen entstehen durch einen hohen

62 Vgl. PICHL (2001), S. 30 und KAT (2003), S. 73.

63 Vgl. LHABITANT (2004), S. 6.

64 Vgl. JAEGER (2002), S. 353.

65 Vgl. LHABITANT (2004), S. 6.

66 Vgl. GUPTA (2003), S. 90. Siehe EDWARDS und PARK (1996), MCCARTHY und SCHNEEWEIS (1997), IRWIN und YOSHIMARU (1999), GREGORIOU et al. (2002a) und CHANCE (2003) für eine Übersicht der Studien an CTA's und Managed Futures.

67 Vgl. LHABITANT (2004), S. 8.

Einsatz von Leverage (durch Fremdkapital oder Derivate). Diese Anlagestile sind oft langfristig.[68]

Ein **Market Neutral** Anlagestil baut nicht auf Marktentwicklungen, sondern auf Marktineffizienzen auf, wobei eine Position eingenommen wird, bei der das systematische Marktrisiko minimiert (nahe Null) wird.[69] Durch Aktienbewertungen werden über- und unterbewertete Wertpapiere entdeckt. Diese Wertpapiere müssen aus dem gleichen Land und der gleichen Branche stammen, damit das systematische Risiko keine Rolle spielt und die Wertpapiere auf Marktentwicklungen identisch reagieren. Überbewertete Wertpapiere werden leer verkauft und unterbewertete angekauft. Für die Planung der Position werden statistische Methoden angewendet und Derivate eingesetzt, um die systematischen Risiken adäquat zu steuern. Der Market Neutral Anlagestil zählt zu den größten Anlagestilen unter den Hedge Fonds.[70] Ein mathematisch intensiverer bzw. stärker quantitativer und weniger qualitativer *Market Neutral* Anlagestil wird auch als **Statistical Arbitrage** bezeichnet.[71] Mithilfe computergestützter Modelle werden Aktien identifiziert, in die später investiert wird, deren Preise vom langfristigen Mittelwert abweichen und die im Zeitablauf eine zum Mittelwert zurückkehrende Tendenz (Mean-Reverting) aufweisen.[72] Bei steigenden Märkten wird darauf spekuliert, dass die Long-gehaltenen Wertpapiere viel schneller und die Short-gehaltenen Wertpapiere dagegen viel langsamer als der Gesamtmarkt an Wert gewinnen. In fallenden Märkten wird dagegen erwartet, dass die Short-gehaltenen Wertpapiere viel schneller an Wert verlieren als die Long-gehaltenen Wertpapiere und der gesamte Finanzmarkt. Wertpapiere, die den Markt outperformen (underperformen), werden damit Long (Short) gehalten. Bei dem Market Neutral Anlagestil wird oft Leverage eingesetzt, um die günstigen Marktchancen schneller auszunutzen.[73] Als Risikoquellen sind Modellrisiken sowie plötzliche Veränderungen in den historischen Korrelationen der ausgesuchten Wertpapiere zu nennen, die aufgrund volatiler Märkte entstehen können und somit Diversifikationsrisiken verursachen.[74]

Ein **Fixed Income** Anlagestil zielt auf die Ausnutzung von Preisunvollkommenheiten in Rentenpapieren ab. Als Anlageinstrumente werden Derivate und Renten verwendet, wobei Kombinationen aus Long- und Short-Strategien zur Anwendung kommen. Die Marktunvollkommenheiten sind auf Faktoren wie unterschiedliche Investorpräferenzen oder ein disproportionales Verhältnis zwischen Angebot und Nachfrage zurückzuführen und wirken sich in vom Fundamentalwert abweichenden Preisen

---

[68] Vgl. PICHL (2001), S. 31. Siehe GATEV et al. (1999) für eine Studie über Relative Value Style.

[69] CAPOCCI (2006) untersucht 634 Market Neutral Fonds im Zeitraum zwischen 1993 und 2002 und kommt zum Ergebnis, dass die meisten Fonds tatsächlich keine (d.h. nichtsignifikante) Marktsensitivität aufweisen. Die Marktsensitivität steigt in Bear Märkten, wobei, wie vom Autor vermutet, keine negative Auswirkung auf die Fondsperformance beobachtet wird.

[70] Vgl. BROOKS und KAT (2001), S. 27.

[71] Vgl. JAEGER (2002), S. 355.

[72] Vgl. KAISER (2004), S. 142.

[73] Vgl. NICHOLAS (2005), S. 196-197.

[74] Vgl. JAEGER (2002), S. 355.

aus.[75] Durch eine Bewertung der Wertpapiere werden Paare mit einer hohen historischen Korrelation identifiziert, deren minimale Preisunterschiede sich aus Faktoren wie Laufzeit (Duration), Zinsstrukturkurve, Volatilität, Cash Flow usw. ergeben. Es wird erwartet, dass sich die Preisdifferenzen über die Zeit verändern werden. Analog zu den bei Aktien gegebenen Möglichkeiten werden im Fixed Income Anlagestil überbewertete Rentenpapiere leer verkauft und unterbewertete Rentenpapiere eingekauft. Wie auch bei den anderen Arbitrage Strategien wird angestrebt, eine neutrale Position am Markt einzunehmen. Beim Fixed Income Anlagestil geschieht dies durch die Minimierung der Sensitivität (des systematischen Risikos) zum Zinsniveau. Ausgehend von einer identischen Korrelation unterschiedlicher Wertpapiere zum allgemeinen Zinsniveau werden bei Zinsschwankungen parallele Bewegungen in Wertpapieren erwartet. Eine Zinssenkung bedeutet einen Verlust für die Short-Position und einen Gewinn für die Long-Position. Eine Zinserhöhung kehrt die Situation um. Beim Fixed Income Anlagestil werden Laufzeitrisiken oft durch Derivate abgesichert. Meistens sind die identifizierten Preisunterschiede sehr klein, so dass nur durch den Einsatz von Leverage deutliche Erträge zu erzielen sind.[76] Trotz des Strebens nach einer marktneutralen Position sind Risiken durch Veränderungen des Zinsniveaus, Marktvolatilität und Credit Spread gegeben.[77] Das größte Risiko liegt in einer möglichen Veränderung der historischen Korrelationen zweier für die Position ausgesuchter Wertpapiere, die auf politische, psychologische oder andere Ursachen zurückzuführen sind.[78]

Beim Fixed Income Anlagestil werden unterschieden:

- *Credit Spread Arbitrage* (Kreditrisiko-Arbitrage): Der Anlagestil baut auf Preisunterschieden von Wertpapieren mit überbewertetem Kreditrisiko und sensitiver Bonität auf.[79] Dieser Anlagestil weist eine mittlere bis schlechte Liquidität auf.[80]
- *Kapitalstruktur-Arbitrage*: Dieser Anlagestil nutzt Preisdiskrepanzen zwischen neuen und alten Anleihen desselben Emittenten aus.[81]
- *Yield Curve Arbitrage* (Zinsstrukturkurve- oder Renditekurve-Arbitrage): Bei diesem Anlagestil wird auf Preisunterschiede zwischen Staatsanleihen und Industrieanleihen gehandelt, die auf Entwicklungen der Zinsstrukturkurve zurückzuführen sind.[82] Die Absicherung der Position erfolgt durch Swaps, Swaptionen oder Futures. Dieser Anlagestil ist meistens liquide.[83]
- *Mortgage Backed Securities Arbitrage*: Dieser Anlagestil baut auf Risikoprämien von grundpfandrechtlich gesicherten Wertpapieren auf, die eine Option auf

75 Vgl. FUNG und HSIEH (2002c), S. 7 und LHABITANT (2004), S. 9.
76 Vgl. FANO-LESZCZYNSKI (2005), S. 104.
77 Vgl. HEDGES IV (2005), S. 125.
78 Vgl. JAEGER (2002), S. 354.
79 Vgl. KAISER (2004), S. 139.
80 Vgl. HEDGES IV (2005), S. 124.
81 Für eine Studie zu Rendite-Risiko Eigenschaften der Kapitalstruktur Arbitrage siehe YU (2006).
82 Vgl. KAISER (2004), S. 139 und DUARTE et al. (2005), S. 6.
83 Vgl. HEDGES IV (2005), S. 123.

eine frühzeitige Auflösung besitzen und deshalb nicht leicht zu bewerten sind.[84] Der Vorteil dieses Anlagestils liegt in einer höheren Verzinsung der Mortgage Backed Securities im Vergleich zu Schatzwechseln (engl. treasury notes) oder Anleihen, wobei mit einem zusätzlichen Kreditrisiko gerechnet werden muss. Der Kauf von Mortage Backed Securities wird durch Optionen und Swaps oder Leerverkauf von Treasury Bills abgesichert. Die Liquidität ist vollständig von der Struktur der aufgebauten Position abhängig und kann sehr stark variieren.[85]

Der **Convertible Arbitrage** Anlagestil wird mit dem Ziel eingesetzt, Preisdiskrepanzen in Bewertungen zwischen Wandelanleihen und den ihnen zugrunde liegenden Aktien auszunutzen. Wandelanleihen beinhalten das Recht, in Aktien desselben Emittenten zu einem im Vorfeld festgelegten Umtauschverhältnis gewandelt zu werden. Geht ein Investor von unterbewerteten Anleihen des Emittenten aus, nimmt er eine Long-Position für Wandelanleihen und eine Short-Position für die zugehörigen Aktien ein. Das Risiko der Anlage wird somit neutralisiert.[86] In fallenden Aktienmärkten soll der Ertrag aus der Short-Position den Verlust aus der Long-Position übersteigen. Dagegen soll in stark ansteigenden Aktienmärkten der Gewinn aus der Long-Position die Verluste aus der Short-Position abdecken.[87] Hauptsächlich ist der Investor unsystematischen Risiken in Bezug auf Unternehmensereignisse ausgesetzt. Zusätzlich trägt der Investor das Kreditrisiko, welches von der Bonität des Emittenten abhängig ist. Das Kreditrisiko kann jedoch durch Derivate abgesichert werden. In volatilen Märkten kann auch der Faktor Liquidität eine Quelle des Risikos sein.[88] Der Anlagestil erzielt hohe Gewinne bei fallenden Zinsen und hoch volatilen Aktienmärkten.[89]

2.6.4 Ereignisgetriebene Anlagestile

Die **Event Driven** bzw. ereignisgetriebenen Anlagestile erzielen ihre Renditen durch die Ausnutzung besonderer Ereignisse im Lebenszyklus eines Unternehmens, wie z.B. Konkurs, Übernahme, Fusionen, Reorganisation, Ausgliederung von Unternehmensteilen u.a. Die zentralen Risikoquellen sind auf Veränderung der Unternehmensereignisse (z.B. Scheitern des Geschäftes), Liquiditätsengpässe und rechtliche Klauseln (z.B. kartellrechtliche Einsprüche) zurückzuführen.[90]

Ein **Merger Arbitrage** Anlagestil (auch Risk Arbitrage genannt) erzielt seine Gewinne durch Investition in Aktien von Unternehmen, die eine Übernahme oder Fusion planen, wobei Aktien des Zielunternehmens (Übernahmekandidaten) Long und

84 Vgl. FUNG und HSIEH (2002c), S. 14, KAISER (2004), S. 139 und DUARTE et al. (2005), S. 7 f.
85 Vgl. HEDGES IV (2005), S. 124.
86 Vgl. KIHN (1996), S. 15 und KAHN (2002), S. 59.
87 Vgl. PICHL (2001), S. 31 und LHABITANT (2004), S. 8.
88 Vgl. JAEGER (2002), S. 354, SOGOLOFF (2002), S. 66 und SÖHNHOLZ (2003), S. 722.
89 Vgl. KAHN (2002), S. 59.
90 Vgl. JAEGER (2002), S. 355.

des Erwerberunternehmens Short gegangen werden.[91] Die Investition ist nur im Falle eines erfolgreichen Abschlusses vorteilhaft. Die Investoren profitieren vom sog. *Arbitrage-Spread* der Long-Position, der aus der Differenz des aktuellen Marktpreises und meistens eines höheren angebotenen Preises vom Erwerber erfolgt. Zusätzlich wird ein Gewinn aus der Short-Position erzielt.[92] Die Aktienpreise des Erwerberunternehmens gehen meistens leicht zurück, wodurch der Leerverkauf dieser Aktien vorteilhaft sein kann. Scheitert dagegen die Abwicklung des Geschäftes, gehen die Preise der beiden Unternehmen in die den Erwartungen entgegengesetzte Richtung. Es muss demnach das Risiko eines scheiternden Geschäftes und manchmal auch das rechtliche Risiko aufgrund veränderter gesetzlicher Regulierungen oder Vertragsklauseln in Kauf genommen werden.[93] Die Entwicklungen der Investments dieses Anlagestils sind von der Anzahl und der Häufigkeit der angekündigten Fusionen bzw. Übernahmen abhängig. In Zeiträumen ohne Transaktionen können Fondsmanager andere Anlagestile verfolgen. Merger Arbitrage Fonds sind meistens von Entwicklungen auf Bond- und Aktienmärkten unabhängig, dafür tragen sie ein hohes Ereignisrisiko bzw. das Risiko des Scheitern des Geschäftes, welches bei stark fallenden Märkten steigt.[94]

Der **Distressed Securities** Anlagestil zielt auf Erträge aus Wertpapiergeschäften mit Anteilen von Unternehmen, die finanzielle oder operationelle Schwierigkeiten (Konkurs, Reorganisation oder Liquiditätsprobleme) erleben. Die Wertpapierpreise dieser Unternehmen liegen häufig aufgrund psychologischer (Investorenängste), rechtlicher oder anderer Ursachen (z.B. fehlende Liquidität) unter dem tatsächlichen Wert der Unternehmen.[95] Durch Auswertungen und Bewertungen der Geschäftsfelder und des Unternehmens insgesamt werden die Chancen des Unternehmens auf eine erfolgreiche Zukunft evaluiert, bevor in die Anteile des Unternehmens investiert wird. Hedge Fonds, die einem Distressed Securities Anlagestil folgen, nehmen teilweise aktiv an der Wiederbelebung der Unternehmen teil, indem sie sich Mitspracherechte bei der Restrukturierung sichern.[96] Die zentralen Anlageinstrumente dieses Anlagestils sind Unternehmensverbindlichkeiten, Aktien und Gewinnanteilscheine.[97] Wenn die Reorganisation des Unternehmens erfolgreich verläuft, steigen die Aktienpreise des Unternehmens am Markt, wodurch Gewinne erzielt werden. Die Investition ist oft langfristig und beinhaltet hohe Risiken. Die größten Risikoquellen sind das Kreditrisiko, das Liquiditätsrisiko sowie das rechtliche Risiko.[98]

91 Für eine detaillierte Beschreibung der Merger Arbitrage Fonds siehe MITCHELL und PULVINO (2001), MITCHELL und PULVINO (2004) und BLOCK (2006).

92 Vgl. MCCRARY (2005), S. 36.

93 Vgl. NICHOLAS (2005), S. 42 und KAISER (2004), S. 144.

94 Vgl. KENNETH und SURZ (2003), S. 72 und MCCRARY (2005), S. 37.

95 Siehe dazu ausführlicher WEBER (2004), S. 99 f., LHABITANT (2004), S. 8 und NICHOLAS (2005), S. 28.

96 Vgl. KAISER (2004), S. 145. Im Gegensatz zu Private Equity wird beim Distressed Securities Anlagestil meistens nicht in früheren Stadien der Unternehmensentwicklung investiert.

97 Vgl. PICHL (2001), S. 28.

98 Vgl. JAEGER (2002), S. 355 und MCCRARY (2005), S. 41.

Der **Event Driven Multi-Style** Anlagestil basiert auf den zentralen, ereignisgetriebenen Anlagestilen, deren Ausübung in Abhängigkeit aktueller Marktchancen einem Wechsel unterzogen wird.

2.6.5 Andere Anlagestile

Der **Multi-Stil** verbindet unterschiedliche Anlageinstrumente und -strategien und verwendet meistens in Abhängigkeit von der aktuellen Marktsituation einen passenden Anlagestil. Die Risiken leiten sich von dem verfolgten Stil ab.[99]

Der **Funds of Funds** Anlagestil zielt auf die Einbeziehung von Fonds unterschiedlicher Anlagestile ab, welche verschiedene Rendite-Risiko-Profile besitzen und damit eine Möglichkeit zur Diversifikation bzw. Bildung eines effizienten Portfolios darstellen.[100] Dadurch können eine schwache Performance oder ein hohes Risiko einzelner Fonds gedämpft werden, jedoch nur, wenn einzelne Fonds nur sehr schwach oder gar nicht miteinander korrelieren. Funds of Funds verschaffen den Investoren oft Zugang zu einigen Fonds, in die sie selbst nicht direkt investieren könnten.[101] Funds of Funds können sich sowohl für nur eine Richtung des Anlagestils profilieren (engl. niche), als auch eine Kombination aus verschiedenen Anlagestilen einbeziehen (engl. diversified).[102]

2.7 Datenbanken

2.7.1 Datenbankenanbieter und Indizes

Hedge Fonds sind nicht wie traditionelle Investmentfonds rechtlich verpflichtet, ihre Jahresberichte oder Performanceübersicht offenzulegen. Über ihre Performance informieren Hedge Fonds in einem monatlichen bis jährlichen Takt ausschließlich ihre Kunden. Die Zurückhaltung der Hedge Fonds kann anhand zweier zentraler Ursachen begründet werden. Erstens kann durch die Offenlegung der Anlagestrategie bzw. des Anlagestils der Markt gegen den Fonds handeln. Meistens können Ineffizienzen des Marktes durch Anlage in illiquide Assets ausgenutzt werden. Werden die Positionen eines Fonds, der in diese Assets investiert, offengelegt, steigt das Risiko, dass andere Marktteilnehmer gegen die Position spekulieren und sie instabil machen. Zweitens glauben Hedge-Fonds-Manager einen Wettbewerbsvorteil gegenüber den anderen Marktteilnehmern zu besitzen, indem sie ihre Fähigkeiten besser als die der anderen einschätzen und indem sie ihr Vorhaben geheim halten.[103]

---

[99] Vgl. Kaiser (2004), S. 245.

[100] Vgl. Gregoriou (2004a), S. 61.

[101] Vgl. Edwards und Caglayan (2001a), S. 1022.

[102] Vgl. Lhabitant (2004), S. 9.

[103] Vgl. Ineichen (2002b), S. 441. Laurent (2004) stellen fest, dass durch bekannte Marktineffizienzen keine Überrenditen mehr erzielt werden können, da viele Hedge Fonds ihre Strategien darauf konzentrieren. Dazu zählen insbesondere Ineffizienzen in Aktien- und Zinsmärkten.

Eine der wenigen Möglichkeiten, Informationen über die Performance von Hedge Fonds zu erhalten, ist über bestimmte Datenbankanbieter gegeben, die in ihren Datenbanken Informationen über Anlagestile der Fonds, ihre Gebührenstruktur, die Höhe der minimalen Beteiligung, historische Monatsrenditen u.a. sammeln. Die Hedge Fonds teilen aus einem wichtigen Grund ihre Performance diesen Datenbankanbietern mit: Hedge Fonds unterliegen einem Werbeverbot. Durch die Datenbankanbieter entsteht die Möglichkeit, Informationen über den Fonds an potenzielle Investoren weiterzuleiten. Besonders interessant ist die Bereitstellung der Informationen an die Datenbankanbieter für vollkommen neue, noch nicht etablierte Fonds, die somit ihr durch die Gesetzgebung eingeschränktes Marketing betreiben können.

Datenbankanbieter verkaufen ihre Datenbanken mit Hedge-Fonds-Informationen an Investoren, Investmentgesellschaften und Forschungseinrichtungen. Zur Zeit existiert eine Reihe von Hedge-Fonds-Datenbankanbietern. Zu den bekanntesten zählen: Hedge Fund Research (HFR), Credit Suisse First Boston/Tremont (CSFB/Tremont basiert auf der TASS Datenbank), Eurekahedge, Hennessee, Feri u.a.[104] Sie bauen meistens für jede Stilgruppe einen Index auf, der die Performance unterschiedlicher Fonds einer Stilgruppe verdichtet und damit die aktuelle Performancelage repräsentiert. Die Indizes können für Zwecke der Asset Allocation, Benchmarking und einem Vergleich zu anderen Investmentalternativen wie traditionellen Fonds eingesetzt werden. Datenbankanbieter nutzen meistens unterschiedliche Daten und abweichende Definitionen der häufigsten Hedge-Fonds-Anlagestile. Die Qualität und der Umfang der Daten unterscheiden sich zwischen verschiedenen Datenbankanbietern genauso wie ihre Anforderungen für die Aufnahme eines Fonds in die Datenbank.[105]

Tab. 2.4 präsentiert eine Übersicht über einige Anbieter von Hedge-Fonds-Indizes. Die meisten Anbieter bestehen seit dem Ende der 1990-er Jahre und seit Anfang 2000 auf dem Markt, wobei die Indizeszeitreihen meistens zwischen 1995 und 2000 anfangen. Indizesanbieter verfügen meistens über eigene Datenbanken, in denen die Anzahl der Fonds zwischen 500 und 6000 variiert, wobei zur Bildung der Indizes zum Teil eine deutlich geringere Anzahl von Fonds einbezogen wird.[106] Die Indizes verdichten Informationen über verschiedene Hedge-Fonds-Stilgruppen, über geographische Platzierung der Fonds und Branchenkategorien, wobei die Gewichtung einzelner Fonds im Index entweder als arithmetisches Mittel oder größenbezogen erfolgt.[107]

---

[104] Vgl. BROOKS und KAT (2001), S. 28, KOH et al. (2002), S. 160 f.

[105] Vgl. BESSLER et al. (2005), S. 22. LIANG (2003) führt unterschiedliche Untersuchungen durch, um die Datenqualität unterschiedlicher Datenbankanbieter (TASS und Off-Shore Directory) zu vergleichen. Die meisten Unterschiede in Renditeabweichungen sind auf die Fonds selbst zurückzuführen, wobei ältere Fonds und die, die durch Wirtschaftsprüfer kontrolliert werden, zuverlässigere Informationen liefern.

[106] Vgl. GÉHIN und VAISSIÉ (2004), S. 11.

[107] Siehe zu einer Übersicht der Daten- bzw. Indizesanbieter GUPTA (2002), AMENC et al. (2002), GÉHIN und VAISSIÉ (2004) und LHABITANT (2004), S. 95 ff.

Tabelle 2.4: Hedge-Fonds-Indizes-Anbieter

Übersicht eines Teils der weltweit bestehenden Anbieter von Hedge-Fonds-Indizes in Anlehnung an KAISER (2004), S. 199, GÉHIN und VAISSIÉ (2004), S. 11 und Informationen aus Anbieter-Webseiten.

Anbieter	**Webseite**	**Indizes**	**Besonderheit**
Barclay Group	www.barclaygrp.com/indices/ghs	Barclay Hedge Fund Index (BHFI); 1 Composite und 17 Sub-Indizes	gleichgewichtet; über 2400 Fonds
Blue Chip (Austrian Stock Exchange „Wiener Börse AG" and Benchmark)	www.bluex.org	Blue Chip-Hedge Fund Index (Bluex); 1 Index (Euro oder US-Dollar)	Fokus auf Market Neutral Stile; gewichtet nach Anlageklassen; 400 Fonds
Credit Suisse First Boston	www.hedgeindex.com	Credit Suisse/Tremont Hedge Fund Index; 1 Composite und 13 Sub-Indizes	Gewichtet nach Anlageklassen (TASS Datenbank); Geprüfte Bilanzen der HF; über 3000 Fonds
Dow Jones Indexes/STOXX	www.djindexes.com/mdsidx	Dow Jones Hedge Fund Strategy Benchmarks (DJHFSB); 6 Indizes	gleichgewichtet
Edhec-Risk Asset Management Research	www.edhec-risk.com	EDHEC Alternative Indexes; 13 Indizes	gleichgewichtet
Eurekahedge	www.eurekahedge.com	170 Indizes	gleichgewichtet
Feri Alternative Assets GmbH	www.feri-alta.de	Absolut Return Investable Index (ARIX); 1 Composite und 4 Sub-Indizes	Nur HF eines hohen Ratings/ gleichgewichtet; über 6000 Fonds
Greenwich Alternative Investments (Früher Van Hedge.)	www.greenwichai.com	1 Composite und 24 Sub-Indizes	gleichgewichtet; über 5000 Fonds
Hedge Fund Research, Inc.	www.hedgefundresearch.com	Hedge Fund Research Indizes (HFRX und HFRI) 20 und 38 Indizes	gleich- und größengewichtet; über 2500 Fonds; globale Indizes, Stil-Indizes, Währungsindizes
Hennessee Group	www.hennesseegroup.com	Hennessee Hedge Funds Indizes; 23 Stil-Indizes	gleichgewichtet/ über 3000 Fonds
HF Intelligence/Invest-, Europe-, Asia-Hedge.	www.hedgefundintelligence.com	5 Composite und 46 Sub-Indizes	gleichgewichtet; Europa / Asien & Emerging Markets / Global / Absolute Return
Investorforce/Altvest	www.investorforce.com	1 Composite und 13 Sub-Indizes	gleichgewichtet; über 2600 Fonds; ein Fonds kann in mehreren Kategorien aufgelistet sein
Mondo Hedge Index	www.mondohedgeindex.com	Mondo Hedge Index (MH FdF); 2 Composite und 14 Sub-Indizes	8 Indizes als gleichgewichtet und 8 als größengewichtet
Morgan Stanley Capital International	www.msci.com	MSCI Hedge Fund Indices; 160-Stil-Indizes	Gleich-und kapitalgewichtete Indizes; Mindestgröße des Fonds $15 Mio.; über 1800 Fonds
Standard & Poor's	www.spglobal.com	1 Composite und 3 Sub-Indizes	gleichgewichtet
Talenthedge	www.talenthedge.com	Talenthedge Portable Alpha Capacity Index (TPAC)	neue Indizes

Nicht selten können Indizes für dieselbe Stilgruppe unterschiedlicher Datenbankanbieter eine vollkommen verschiedene Performance aufweisen.[108] Dies liegt daran, dass sich bis jetzt keine Standards in Bezug auf Anlagestilklassifikationen etabliert haben und verschiedene Indexberechnungen zugrunde liegen.[109] Grundsätzlich tragen alle Indizes Indikator- und Benchmarkfunktionen und müssen Mindestanforderungen gegenüber Repräsentativität und Aktualität (in Bezug auf Indexfunktion) sowie Nachbildbarkeit und Transparenz (in Bezug auf Benchmarkfunktionen) genügen.[110] Hedge-Fonds-Indizes entsprechen nicht immer diesen Anforderungen und sind deshalb mit verschiedenen Problemen behaftet:[111]

- Datenbankenverzerrungen (Bias)
- Nichtreplizierbarkeit (bzw. nicht investierbar)
- abweichende Anlagestildefinitionen
- unterschiedlicher Indexaufbau

Aufgrund einer nicht vollständigen Einbeziehung aller Hedge Fonds in eine Indexberechnung können verschiedene Verzerrungen entstehen, wodurch Indizes nicht repräsentativ sind bzw. nicht adäquat die Realität abbilden. Einige Indizes bauen auf einer kleinen Anzahl von Hedge Fonds auf und können somit nicht vollständig einen Anlagestil beschreiben.[112]

Wenn Indizes eine Mehrzahl von Hedge Fonds einbeziehen, die z.B. keine neuen Investoren akzeptieren, zählen sie zu den nicht replizierbaren Indizes. Die Nachbildung des Index ist somit nicht immer möglich.[113]

Das größte Problem bei der Einordnung von Hedge Fonds besteht in dem Fehlen einer einheitlichen Definition bzw. Klassifikation der Anlagestile. Aus diesem Grund können verschiedene Indizes-Anbieter ein und denselben Fonds unterschiedlich klassifizieren. Einige Datenbankanbieter lassen auch eine doppelte Zuordnung desselben Fonds zu unterschiedlichen Anlagestilen zu.

Ein zusätzliches Problem besteht in der Eintragung des Anlagestils durch den Fondsmanager. Einige Datensammler (engl. vendors) erstellen Fragenkataloge, auf deren Basis eine Zuordnung des Fonds zu bestimmten Stilgruppen erfolgt. Andere dagegen lassen Fondsmanager selbständig entscheiden, welchem Anlagestil ihr Investmentstil zugeordnet wird. Aus diesem Grund kann keine einheitliche Zuordnung der Fonds garantiert werden.[114]

Bei der Betrachtung der Tab. 2.5, die eine unterschiedliche Klassifikation der Anlagestile ausgesuchter Hedge-Fonds-Datenbankanbieter veranschaulicht, ist anzumerken, dass verschiedene Daten-(Indizes)Anbieter voneinander abweichende Systematisierungen besitzen. So beinhaltet z.B. *Greenwich* vier Hauptgruppen, dreizehn Sub-

---

108 Vgl. KAT (2003), S. 74.
109 Vgl. WEBER (2004), S. 30.
110 Vgl. SHARPE (1992), S. 16 und LHABITANT (2004), S. 96, 118.
111 Siehe dazu CLARK und WINKELMANN (2004), S. 39.
112 Siehe Kap. 2.7.2, S. 37.
113 Vgl. CLARK und WINKELMANN (2004), S. 39.
114 Vgl. KAT (2003), S. 73.

Gruppen und sieben Subsub-Gruppen. Die zentrale Unterteilung erfolgt nach Market Neutral, Long-Short Equity, Directional Trading und Specialty Strategies. Einige Datenbankanbieter weisen viel detailliertere Systematisierungen der Anlagestile für ihre Datenbanken auf. Hedge Fund Research besitzt z.B. zwei Arten von Indizes (gleichgewichtete HFRI und größengewichtete HFRX). Ihre Datenbank und HFR-Indizes haben eine detailliertere Klassifikation der Anlagestile, wobei sich die Indizes (HFRX) nur auf acht Gruppen beschränken. HFR, Barclay und Hennessee Klassifikationen beinhalten zusätzlich zu zentralen Anlagestilen Klassifikationen nach geographischen Regionen und Sektoren.[115]

Ebenfalls weicht die Definition von Hedge Fonds bei unterschiedlichen Datenbankanbietern voneinander ab, wodurch die Abgrenzung von Hedge Fonds zu Hedge-Fonds-ähnlichen Investmentgesellschaften verschieden ausfällt. Somit zählen einige Datenbankanbieter z.B. den Anlagestil *Managed Futures* nicht zu Hedge Fonds, da Manager dieses Stils meistens ausschließlich auf Terminmärkten operieren und Managed Futures strengeren Regulierungen unterliegen.

Auch die Methodik, auf der die Berechnung der Indizes basiert (gleichgewichtet oder größengewichtet), muss berücksichtigt werden. In Abhängigkeit von der Anzahl und Größe der Fonds kann jede Methode eine Verzerrung verursachen.[116]

Aufgrund der aufgelisteten Probleme ist die Vergleichbarkeit zwischen unterschiedlichen Indizes nicht immer möglich und kann zu falschen Rückschlüssen führen. Aus diesem Grund muss unabhängig von der Verwendung des Index als Indikator oder Benchmark eine genaue Analyse des Index in Bezug auf mögliche Verzerrungsquellen erfolgen.

2.7.2 Datenbankenverzerrungen

Wie in Kap. 2.7.1 angesprochen, sind Hedge-Fonds-Datenbanken und oft auch die Indizes mit einigen Problemen behaftet.[117] Ein zentrales Problem der Datenbanken liegt in nachweisbaren Verzerrungen (engl. bias), die aufgrund einer unvollständigen Repräsentanz der Hedge-Fonds-Daten in den Datenbanken zustande kommen. Die zentralen Quellen der möglichen Fehler bzw. Unvollkommenheiten in den Daten sind auf die Besonderheit der Organisation der Hedge-Fonds-Branche (*natural bias*) einerseits und auf die Struktur der Datenbanken (*spurious bias*) andererseits zurückzuführen.[118]

Aufgrund der wenig regulierten Organisation von Hedge Fonds können diese freiwillig entscheiden, ob sie ihre Performance veröffentlichen oder nicht. Oft unterbrechen Fondsmanager die Berichterstattung über ihre Fonds, weswegen die Datenbanken nicht mehr die Gesamtheit aller Fonds repräsentieren können. Die dadurch ent-

---

[115] Für Einzelheiten und Erklärungen der Anlagestile unterschiedlicher Datenbankanbieter siehe die zugehörigen Webseiten.

[116] Vgl. RIDLEY (2004), S. 27-28.

[117] Siehe Kap. 2.7.1, S. 33.

[118] Vgl. FUNG und HSIEH (2002a), S. 30.

Tabelle 2.5: Klassifikation der Anlagestile unterschiedlicher Datenbankenanbieter

Greenwich	HFR	EDHEC	Credit Suisse/Tremont	Barclay	Hennessee
Market Neutral Group					
Equity Market Neutral	Equity Market Neutral	Equity Market Neutral	Equity Market Neutral	Equity Market Neutral	Market Neutral
Event-Driven	Event-Driven	Event Driven	Event Driven	Event Driven	Event driven
Distressed Securities	Distressed Securities	Distressed Securities	Distressed	Distressed Securities	Distressed
Merger Arbitrage	Merger Arbitrage/Risk Arbitrage	Merger Arbitrage	Risk Arbitrage	Merger Arbitrage	Merger Arbitrage
Special Situations			Multi-Strategy		Multiple Arbitrage
Market Neutral Arbitrage	Relative Value Arbitrage	Relative Value			
Convertible Arbitrage	Convertible Arbitrage	Convertible Arbitrage	Convertible Arbitrage	Convertible Arbitrage	Convertible Arbitrage
Fixed Income Arbitrage	Fixed Income: (Total)	Fixed Income Arbitrage	Fixed Income Arbitrage	Fixed Income Arbitrage	Fixed Income
	Arbitrage				
	Convertible Bonds				
	Mortgage-Backed				
	Diversified				
	High-Yield				
Other/Statistical Arbitrage	Statistical Arbitrage				
Long/Short Equity Group	Equity Hedge	Long/Short Equity	Long/Short Equity	Equity Long/Short	
Aggressive Growth					Growth
Opportunistic	Equity Non-Hedge				Opportunistic
Short Selling	Short Selling	Short Selling	Dedicated Short Bias	Equity Short Bias	Short Bias
Value				Equity Long Bias	Value
Directional Trading Group					
Futures		CTA Global	Managed Futures		
Macro	Macro	Global Macro	Global Macro	Global Macro	Macro
Market Timing	Market Timing				
	Regulation D				
Specialty Strategies Group					
Emerging Markets	Emerging Markets (Total)	Emerging Markets	Emerging Markets	Emerging Markets	Emerging Markets
Income					High Yield
Multi-Strategy			Multi-Strategy	Multi Strategy	
	Funds of Funds	Funds of Funds		Funds of Funds	
	Conservative				
	Diversified				
	Market Defensive				
	Strategic				
	EM - Eastern Europe/CIS			European Equities	Europe
	EM - Asia			Pacific Rim Equities	Asia - Pacific
	EM - Global				International
	EM - Latin America				Latin America
	Technology			Technology	Technology
	Healthcare/Biotech			Healthcare & Biotech	Healthcare/Biotech
	Financial				Financial Equities
	Energy				
	Real Estate				Private Financing
	Miscellaneous				Telecom/Media

stehenden Datenbankverzerrungen sind auf die Organisation der Branche bzw. auf die Natur der Hedge Fonds (*natural bias*) zurückzuführen. Dazu zählen *survivorship bias, liquidation bias, termination bias* und *self-selection bias.*

Ein **survivorship bias** entsteht durch die ausschließliche Betrachtung der bis zum Ende des Datensatzes berichtenden Fonds. Fonds, die aus verschiedenen Gründen zu einem bestimmten Zeitpunkt mit der Berichterstattung aufhörten, werden aus der Datenbank entfernt oder erst gar nicht aufgenommen.[119] FUNG und HSIEH (2002a) zählen den *survivorship bias* zu den *natural bias*. Einerseits entsteht ein *survivorship bias* tatsächlich dadurch, dass eine Datenbank unmöglich alle existierenden Fonds einbeziehen kann. Einige Fonds, die eine Zeitlang existieren und dann verschwinden, werden oft nicht erfasst, da sie unbekannt sind oder da sie zur Zeit der Datenbankgründung nicht mehr bestanden. In diesem Fall ist der Ursprung des *survivorship bias* tatsächlich auf die Natur der Hedge-Fonds-Branche zurückzuführen, sodass der *survivorship bias* nie vollständig eliminiert werden kann.

Andererseits wirken Datenbankanbieter bei der Auswahl ausschließlich existierender Fonds aktiv mit. Der Grund dieser Selektion liegt an der Nachfrage der Datenbankkäufer an Informationen nur über bestehende Fonds. Die Datenbankanbieter versuchen lediglich ausschließlich noch operierende Fonds in die Datenbanken einzubeziehen.[120] In diesem Fall ist der Ursprung der Verzerrung allein auf die Datenaufbereitung der Datensammler zurückzuführen, wodurch der *survivorship bias* sowohl dem *natural bias* als auch dem *spurious bias* zugeordnet werden kann.

Besonders gravierend ist das Problem aufgrund des *survivorship bias* für Hedge-Fonds-Indizes, die aus diesem Grund keine *Repräsentativität* darstellen können. In der Literatur wurde zur Bildung von Indizes die Einbeziehung von *Funds of Funds* vorgeschlagen. Funds of Funds investieren in eine große Anzahl von Hedge Fonds, wobei für sie alle Fonds offen sind und die Auswirkung der Performance weniger erfolgreicher oder geschlossener Fonds durch die Performance von Funds of Funds widergespiegelt wird, d.h. diese Fonds sind im Hedge-Fonds-Universum beibehalten worden.[121] Aus diesem Grund ist die Performance von Funds of Funds meistens niedriger als bei anderen Anlagestilen, da Renditen unterschiedlicher Fonds in ihre Performance einfließen und keine Selektion aufgrund der Performance oder einer abgebrochenen Existenz vorgenommen wurde. Wie einige Studien zeigen, ist der *survivorship bias* bei Funds of Funds am kleinsten.[122]

Aufgrund einer schwachen Fondsperformance und einer möglichen baldigen Auflösung des Fonds, unterbrechen einige Hedge Fonds frühzeitig die Weiterleitung ihrer Performance an die Datensammler.[123] Daraus entsteht ein **liquidation bias**. Aus dieser Datenbankverzerrung resultiert eine überbewertete Hedge-Fonds-Performance

[119] Vgl. SCHNEEWEIS et al. (1996), ACKERMANN et al. (1999), S. 864, FUNG und HSIEH (2002a), S. 23, JAEGER und WAGNER (2005), S. 12 und DENVIR und HUTSON (2006), S. 6.

[120] Vgl. KAT (2003), S. 73.

[121] Vgl. LIEW (2003), S. 121.

[122] Vgl. AMIN und KAT (2003a), S. 73 und DENVIR und HUTSON (2006), S. 7.

[123] Vgl. KOH et al. (2002), S. 159 und BAQUERO et al. (2005), S. 495.

und ein unterbewertetes Risiko.[124] Wie bereits angemerkt, weisen *Funds of Funds* die kleinsten Datenbankverzerrungen (insbesondere in Bezug auf survivorship und liquidation bias) auf, da sie das größte Spektrum der Hedge Fonds erfassen.[125]

Ein anderer Grund für eine unterbrochene Fondsperformance kann in der Reorganisation, Umstellung, Fusion oder Übernahme des Fonds liegen. Die daraus entstehende Datenbankverzerrung wird als **termination bias** bezeichnet. Die Auswirkungen von liquidation und termination biases sind laut einigen Studien nicht gravierend, da diese Verzerrungen sich gegenseitig aufheben.[126]

Als **self-selection bias** wird die Datenbankverzerrung bezeichnet, die aufgrund der Managerentscheidung entsteht, die Performance nicht mehr zu berichten. Aufgrund der temporären negativen Performance oder aus Diskretion kann der Fonds seine Präsenz in der Datenbank unterbrechen. Da die Hedge-Fonds-Branche kaum Regularien unterliegt, berichten Fondsmanager die Performance ihrer Fonds auf einer freiwilligen Basis. Die aus diesem Grund entstehende Datenbankverzerrung kann nicht eliminiert werden.[127] Abb. 2.3 veranschaulicht exemplarisch die Entstehung unterschiedlicher Arten von Datenbankverzerrungen.

Datenbankenanbieter oder Analysten können unvollständige Performancereihen aus unterschiedlichen Gründen aus Datenbanken entfernen. Die entstehenden Datenbankverzerrungen wie z.B. *multiperiod sampling bias* und *backfill bias* sind somit zu Lasten der Analysten oder Datenbankanbieter zu legen.

Ein **multiperiod sampling bias** entsteht durch eine Auswahl von Fonds ausschließlich mit einer vollständigen Datengeschichte. Meistens werden Fonds aufgrund statistischer Auswertungen besonders ausgewählt. Einige Analysen lassen sich nur anhand vollständiger Daten durchführen. In diesem Fall werden sowohl Zeitreihen nicht mehr existierender Fonds als auch zu kurze Zeitreihen entfernt. Die verbleibende Datenbank kann Verzerrungen aufweisen, da sie die Gesamtheit aller Fonds nicht vollständig widerspiegelt.[128]

Eine Art von Verzerrung können Datenbankanbieter in ihren Datenbanken verursachen, wenn sie für die in die Datenbank neu eintretenden Fonds ihre gesamte vergangene Performance in die Datenbank einbeziehen. Ein hieraus entstehender **backfill bias** (auch als **instant history bias** bezeichnet) führt zu einer meist verbesserten Indexperformance, da auf freiwilliger Basis oft nur eine positive und keine negative Performance bereitgestellt wird.[129]

In der empirischen Literatur werden verschiedene Ansätze betrachtet, mit deren Hilfe unterschiedliche Datenbankverzerrungen gemessen werden können und Einflüsse dieser Verzerrungen auf die Evaluation der Hedge-Fonds-Performance unter-

---

[124] Vgl. ACKERMANN et al. (1999), S. 864.

[125] Vgl. FUNG und HSIEH (2000b), S. 301.

[126] Vgl. BROWN et al. (1999), S. 103 und ACKERMANN et al. (1999), S. 867.

[127] Vgl. FUNG und HSIEH (2000b), S. 298 und CAPOCCI et al. (2005), S. 373.

[128] Vgl. FUNG und HSIEH (2000b), S. 305, LHABITANT (2004), S. 95 und BESSLER et al. (2005), S. 27.

[129] Vgl. FUNG und HSIEH (2000b), S. 298, GREGORIOU (2004a), S. 69, CLARK und WINKELMANN (2004), S. 39.

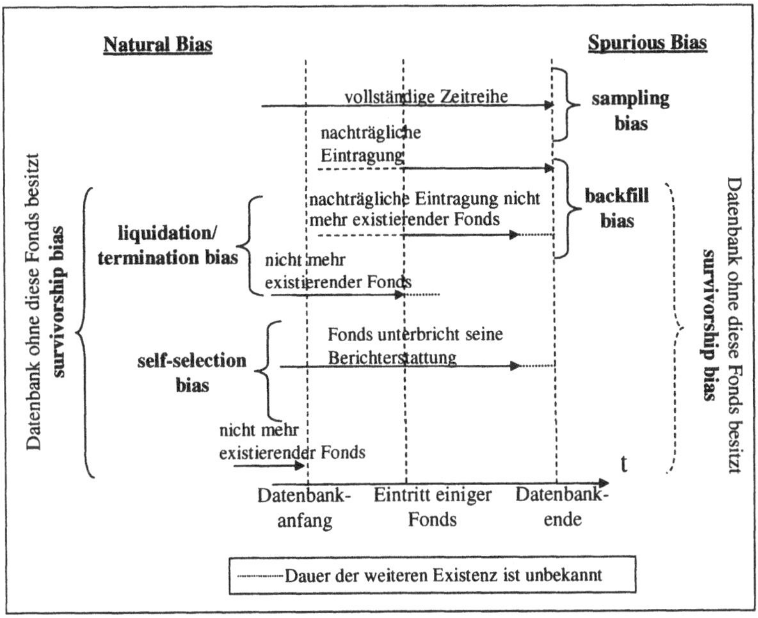

Abbildung 2.3: Entstehung der Datenbankverzerrungen

Die Abbildung veranschaulicht unterschiedliche Arten von Fonds und die in Abhängigkeit von ihrer Einbeziehung in Datenbanken resultierenden Datenbankverzerrungen. (Eigene Darstellung in Anlehnung an LHABITANT (2004), S. 94.)

sucht werden.[130] Kap. 5.4 befasst sich mit dieser Thematik, indem für eine vorgegebene Datenbank unterschiedliche Datenbankverzerrungen diskutiert und berechnet werden.[131]

2.8 Vergleich zwischen Hedge- und Investmentfonds

Hedge Fonds und Investmentfonds sind Finanzintermediäre im engeren Sinne, deren primäre Geschäftstätigkeit in der Erbringung einer Anlageleistung für die entgegengenommenen Mittel der Investoren besteht. Hedge Fonds weisen gegenüber den traditionellen Investmentfonds viele Ähnlichkeiten auf, da sie ebenfalls Kapitalsammelstellen darstellen, jedoch unterscheiden sie sich anhand ihrer rechtlichen Grundlagen, Anlagestrategien und -ziele sowie anhand weiterer Aspekte.

[130] Siehe auch CARHART (1997), FUNG und HSIEH (1997), ACKERMANN et al. (1999), FUNG und HSIEH (2000b), BROWN et al. (2001), LIANG (2001), CAPOCCI und HÜBNER (2004) und CAPOCCI et al. (2005).

[131] Siehe Kap. 5.4, S. 194.

Tab. 2.6 veranschaulicht zentrale Kriterien, in denen sich Hedge Fonds und Investmentfonds unterscheiden. Die folgenden Kapitel diskutieren die zentralen, in der Tabelle angegebenen Unterschiede.

Tabelle 2.6: Hedge-Fonds- und Investmentfondsvergleich

Die Tabelle erklärt zentrale Unterschiede zwischen Hedge und Investmentfonds in Bezug auf bestimmte Merkmale.

Merkmale	**Hedge Fonds**	**Investmentfonds**
Anlagestrategie/-stil	aktives Management Kombination traditioneller und alternativer Finanzinstrumente	eher passives (buy-and-hold) Management meistens traditionelle Finanzinstrumente
Leerverkauf	unbeschränkt	nicht erlaubt
Derivate	unbeschränkt	eingeschränkt
Leverage	unbeschränkt	eingeschränkt
Anlageziele	positive absolute Rendite	Tracking Error von Null oder positives Alpha (falls aktives Management)
Regulierung	kaum reguliert Werbeverbot keine Diversifikationsvorschriften (manchmal wenig diversifiziert) keine Geschäftsberichtveröffentlichung	streng reguliert kein Werbeverbot Diversifikationsvorschriften (meistens 5% des Fondsvermögen für eine Position) Geschäftsberichtveröffentlichung
Gebühren	Verwaltungsgebühr 1% und performanceabhängige Gebühr von etwa 20%	Verwaltungsgebühr (1-2%), Kommission (bis 6%), Managementgebühr
Mindestanlage	von 250.000 (100.000 Off-Shore) bis 1 Million $	niedrig (monatlich 50/einmalig 500-1000 $)
Liquidität	sehr liquide bis sehr illiquide	meistens liquide (Ausnahme: Small Caps und Emerging Markets Fonds)
Investorenzugang	nur für akkreditierte bzw. qualifizierte Investoren	allen Investoren zugänglich
Transparenz	niedrig	hoch
Markteinfluß	meistens niedrig	groß

2.8.1 Rechtliche Anforderungen

Investmentfonds

Investmentfonds sind Kapitalsammelstellen von Kapitalanlagegesellschaften, die durch den Verkauf von Fondsanteilen Investorengelder einsammeln, um Investitionen zu tätigen. Der Investorenvorteil durch den Kauf von Fondsanteilen wird durch Portfoliodiversifikation, professionelles Portfoliomanagement, niedrige Gebühren, Steuervorteile sowie meistens durch hohe Liquidität begründet.[132]

Investmentfonds in den USA und Europa unterliegen strengen Regulierungen. In den USA sind sie hauptsächlich durch die Gesetzgebung der SEC (*Investment Company Act* (ICA) 1940) reguliert, unter der sie sich z.B. einer Registrierung unterziehen müssen.[133] Ebenfalls existieren Vorschriften in Bezug auf die Verwahrung von Fondsvermögen, die Struktur des Kapitals, die Bestimmung der Dividenden, den Aufbau des Werbeprospektes und die Handlungsstrategien. Es gilt ein Leerverkaufsverbot, ein eingeschränkter Einsatz von Fremdkapital und von Derivaten sowie eine eingeschränkte Höhe von Beteiligungen. Die Fonds sind jährlich dazu verpflichtet, ihre Jahresberichte der SEC vorzulegen.[134]

Nach dem ICA werden zwei zentrale Typen von Investmentgesellschaften unterschieden: *Unit Investment Trusts* und *Management Investment Companies.*

Unit Investment Trusts sind Investmentgesellschaften, die eine relativ konstante, nicht aktiv gestaltete Struktur der Portfolios und eine begrenzte Lebenszeit besitzen.[135] Meistens besteht ein Portfolio des Trusts aus Anleihen und die Lebenszeit des Fonds ist somit an die Lebenszeit der Anleihen geknüpft. Es wird kein aktives Management betrieben und das Fondsportfolio ist meistens homogen, d.h. nur ein Typ von Wertpapieren, z.B. nur staatliche oder Unternehmensanleihen, ist im Portfolio vertreten. Aus diesen Gründen sind die Gebühren für Investitionen in Unit Investment Trusts meistens niedrig.[136]

Management Investment Companies sind die am meisten verbreiteten Investmentgesellschaften, welche Investorengelder mit dem Ziel eines Wertzuwachses anlegen. Die Gelder werden durch den Verkauf von Fondsanteilen (Fund-Raising) gesammelt. Durch die Fondsanteile werden somit die Eigentumsrechte (in Höhe der Anlage) der verwalteten Fondsportfolios veräußert. Investment Companies werden in offene Fonds (eng. open-end management companies) und geschlossene Fonds (eng. closed-end management companies) unterteilt.[137]

Offene Investmentfonds (im engl. auch als *mutual funds* bezeichnet) bieten einen ständigen Verkauf und Rückkauf von Fondsanteilen an. Die Anzahl der angebotenen Fondsanteile schwankt bedingt durch die abwechselnde Anzahl verkaufter und zurückgekaufter Anteile. Der Fonds berechnet täglich den Inventarwert (engl. net asset value (NAV)) der Fondsanteile, der aus dem Marktwert des Fondsportfolios abzüglich der Fondsverbindlichkeiten geteilt durch die Anzahl der emittierten Fondsanteile ermittelt wird. Dieser Wert bestimmt den Verkaufs- oder Rückkaufspreis der Fondsanteile, wobei eine Gebühr für die Transaktion zu entrichten ist.[138]

---

[132] Vgl. BEIKE und SCHLÜTZ (2001), S. 673-674.

[133] Vgl. FINK (1996), S. 3 f. und GRINBLATT und TITMAN (2002), S. 8 f.

[134] Vgl. HASLEM (2003), S. 3 f.

[135] Von der Konzeption ähnliche Fonds in Deutschland werden als *Laufzeitfonds* bezeichnet.

[136] Vgl. BODIE et al. (2002), S. 105 f.

[137] Vgl. HASLEM (2003), S. 11.

[138] Vgl. HASLEM (2003), S. 11, BODIE et al. (2002), S. 105 f.

Geschlossene Investmentfonds bieten eine begrenzte Anzahl an Fondsanteilen an, die nach erfolgter Emission nicht direkt durch die Fonds verkauft oder zurückgekauft werden. Die Fondsanteile werden in diesem Fall auf dem sekundären Markt bzw. dem Finanzmarkt gehandelt. Die Kauf- und Verkaufspreise weichen von dem Inventarwert der Fondsanteile ab, da sie von Angebot und Nachfrage am Finanzmarkt bestimmt werden.[139]

Die häufigsten Rechtsformen von Investmentfonds sind die *Corporation* (Aktiengesellschaft) und der Trust, wobei die Auswahl des letzteren oft durch Steuervorteile begründet wird.

Die in Deutschland zugelassenen Investmentfonds unterliegen der Aufsicht der Bundesanstalt für Finanzdienstleistungsaufsicht (BaFin). Sie gehören zu Spezialkreditinstituten und besitzen meistens die Geschäftsform einer Investment- oder Kapitalanlagegesellschaft. Gesetzlich sind Investmentfonds durch das Investmentgesetz (InvG) und die sie betreibenden Kapitalanlagegesellschaften durch das Gesetz über Kapitalanlagegesellschaften reguliert, wobei rechtlich Investmentfonds als Sondervermögen einer Kapitalanlagegesellschaft verstanden werden. Die Kapitalanlagegesellschaft verwaltet das angelegte Kapital der Investoren und muss dieses vom Vermögen der eigenen Gesellschaft streng getrennt halten. Der Fondsanleger ist damit Mitberechtigter am Fondsvermögen und nicht an der Kapitalanlagegesellschaft und haftet somit nicht für ihre Verbindlichkeiten.[140]

Auch in Deutschland werden Investmentfonds in offene und geschlossene Fonds unterteilt. Weiterhin werden in Deutschland zwei weitere zentrale Arten von Fonds unterschieden:

- Publikumsfonds, die hauptsächlich für die gesamte Öffentlichkeit zugänglich sind (meistens natürliche Personen), und
- Spezialfonds, die ausschließlich für institutionelle Anleger bestimmt sind.

Publikumsfonds werden nach dem InvG geregelt, wobei die Vorschriften für Spezialfonds im Gesetz über Kapitalanlagegesellschaften (KAGG) zu finden sind. Zentrale Arten von Investmentfonds nach unterschiedlichen Klassifikationen sind in Tab. 2.7 dargestellt.[141]

Hedge Fonds

Wie bereits erwähnt sind Hedge Fonds bisher nur wenig reguliert. In den USA sind die Vorschriften zur Registrierung von Hedge Fonds nicht streng, sodass die meisten Hedge-Fonds-Manager unregistriert bleiben und somit sämtliche Handlungsfreiheiten genießen. Die Regulierung beschränkt sich lediglich auf Vorschriften gegen

[139] Vgl. GRINBLATT und TITMAN (2002), S. 636

[140] Kapitalanlagegesellschaften fallen wie viele andere Investmentgesellschaften unter das Kreditwesengesetz (KredWG oder KWG) und unterliegen der Aufsicht der Bundesanstalt für Finanzdienstleistungsaufsicht (BAFin). Vgl. BEIKE und SCHLÜTZ (2001), S. 680-681.

[141] Vgl. Klassifikationen von BEIKE und SCHLÜTZ (2001), S. 689 ff.

Tabelle 2.7: Investmentfondsklassifikation

Die Tabelle veranschaulicht zentrale Investmentfondsarten nach unterschiedlichen Klassifikationsmerkmalen. (Mkkap. steht für Marktkapitalisierung)

Kriterien	**Fondsarten**
Alle	
Anlage	**Aktien**, **Renten**, **Immobilien**, **Dach** (Fondsvermögen wird hauptsächlich in andere offene Investmentfonds investiert), **Geldmarkt** oder **Money Market** (investieren in Geldmarktpapiere), **Mischfonds** und **Balanced** (Fondsvermögen wird hauptsächlich in Aktien und aktienähnliche Wertpapiere sowie Rentenpapiere investiert)
Ausschüttung	**ausschüttende** (schütten laufende Erträge wie Dividenden und Zinsen regelmäßig aus), **thesaurierende** (Erträge werden ständig angelegt)
Erwerbs- /Zugangsbeschränkung	**offene**, **geschlossene**, **Laufzeit-**, **Publikums-**, **Spezialfonds**
Geographie	**globale**, **internationale**, **regionale**, **Länderfonds**
Gebühren	**Loaded-Funds** (**Front-End-Loaded-Funds** berechnen Ausgabeaufschläge für ihre Anteilscheine, **Back-End-Loaded-Funds** berechnen Rücknahmegebühren beim Rückkauf der Anteilsscheine), **No-Load-Funds** berechnen keine Gebühren für Ausgabe und Rückgabe der Anteilsscheine
Aktien	
Marktkapitalisierung	**Large-Cap** (Aktien mit Mkkap. > 5Mrd. $), **Mid-Cap** (Aktien mit 0,5 ≤ Mkkap. ≤5 Mrd. $), **Small-Cap** (Aktien mit Mkkap. < 0,5 Mrd. $)
Anlagestil	**Value** (Aktien von Unternehmen mit hohem Substanzwert bzw. hohem Cash-Flow), **Growth** (Aktien von Unternehmen mit hohem Wachstum), **Blend** (Mischung aus Value und Growth), **Asset Allocation** (gemischte Fonds mit starker Market Timing Ausprägung), **Index** (replizieren einen bestimmten Marktindex)
Renten	
Anlage	**Staatsanleihen**, **Unternehmensanleihen** (auch Industrieanleihen oder Corporate Bonds genannt)

Täuschung.[142] Aktuell werden die Gesetze neu überarbeitet, wobei vermutet werden kann, dass strengere Regulierungen für Hedge Fonds eingeführt werden.[143]

In Deutschland werden Hedge Fonds im Investmentgesetz (InvG) geregelt. Privatanleger dürfen nur in Dach-Hedge-Fonds investieren. Hedge-Fonds-Manager der Zielfonds verfügen über dieselben Handlungsfreiheiten wie in den USA.[144] Oft wer-

[142] Vgl. BOUGES (2004), S. 70 f.

[143] Vgl. BLUMBERG et al. (2005), S. 98.

[144] Die Unterschiede in den Gesetzgebungen liegen in Details. Z.B. wird in den USA eine *Uptick Rule* (auch als Zero-Plus Tick Rule bezeichnet) eingehalten, die durch die SEC und die National Securities Dealers Incs. reglementiert ist. Nach dieser Regel darf eine Aktie nur dann verkauft werden, wenn sich ihr Marktpreis nicht im Rückgang befindet, d.h. wenn der aktuelle Preis höher oder gleich dem

den jedoch Hedge Fonds von einer Kapitalanlagegesellschaft parallel zu gewöhnlichen Investmentfonds geführt, sodass diese meistens im Gegensatz zu den USA nicht unabhängig und privat organisiert sind.

2.8.2 Anlageinstrumente, -strategien, -stile

Zunehmend wird in der Literatur angenommen, dass traditionelle Investmentfonds eine semi-aktive bis passive Anlagestrategie verfolgen, die sich auf eine buy-and-hold (Kaufen und Halten) Strategie beschränkt. Das zentrale Ziel einer passiven Anlagestrategie liegt darin, ein vorher bestimmtes Portfolio (einen Index oder Benchmark) in Bezug auf sein Rendite-Risiko-Profil möglichst genau und mit minimalen Kosten nachzubilden.[145] Dabei ist das Verhalten des Managers relativ passiv. Bei semi-aktiven Anlagestrategien gestalten Portfoliomanager ihre Portfolios flexibler als die vorgegebene Benchmark. Die Performance wird relativ zur Benchmark gemessen und gilt dann als erfolgreich, wenn sie ein positives Alpha aufweist. Dagegen erfolgt bei aktiven Anlagestrategien, die meistens von Hedge Fonds verfolgt werden, eine ständige Suche nach erfolgversprechenden Anlagen. Dabei werden im Zeitablauf unterschiedliche Anlagepositionen in Abhängigkeit von günstigen Marktkonstellationen eingenommen. Das Anlageziel liegt in einer möglichst hohen absoluten Rendite.

Wie bereits dargestellt, sind Investmentfonds stark reguliert, ihnen sind Leerverkäufe vollständig verboten und der Einsatz von Derivaten sowie Fremdkapital nur eingeschränkt gestattet. Investmentfonds nehmen lediglich eine Long-Position für bestimmte Finanzinstrumente ein und bedienen sich hauptsächlich traditioneller Anlageinstrumente. Jedoch sind sie nicht gezwungen, ausschließlich die buy-and-hold Strategie anzuwenden. Die Entscheidung zum Einsatz einer passiven oder aktiven Anlagestrategie kann einerseits mit den Fähigkeiten und dem Willen des Portfoliomanagers begründet werden, andererseits hängt sie auch von Annahmen über die Effizienz der Märkte ab.[146] Bei einer passiven Anlagestrategie wird von effizienten Märkten ausgegangen, bei denen alle Informationen bereits in den Wertpapierpreisen abgebildet sind und sich deshalb ein zusätzlicher Analyse- und Managementaufwand nicht lohnt, da keine Überrendite durch Marktanalysen oder ähnliche Methoden erwirtschaftet werden kann. Beim aktiven Portfoliomanagement wird dagegen von nicht informationseffizienten Märkten ausgegangen. Dabei können durch verschiedene Analysen und Methodiken Marktineffizienzen erkannt und Gewinn bringend verwendet werden.[147]

vorherigen Preis ist. Auf diese Weise werden künstliche Preisstürze verhindert. In Deutschland und UK wird diese Regel nicht praktiziert. Vgl. KAUTER (2006), S. 95.

145 Vgl. PODDIG et al. (2005). S. 28.

146 Der Arbeit von FAMA (1970) wird die Klassifikation der Märkte nach der Informations-Effizienz zugrunde gelegt. Siehe dazu Diskussionen von AUCKENTHALER (1994), S. 275 f. und SCHNEIDER (1992), S. 542.

147 Vgl. PODDIG et al. (2005). S. 28.

Die Auswahl einer passiven oder aktiven Strategie impliziert nicht direkt eine niedrigere oder höhere Performance. Wie BOGLE (1998) zeigt, können auch Fonds mit einer passiven Strategie, die lediglich einen Index replizieren, eine attraktive Rendite erzielen. Aufgrund höherer Kosten gehören aktive Manager oft zu Underperformern.[148]

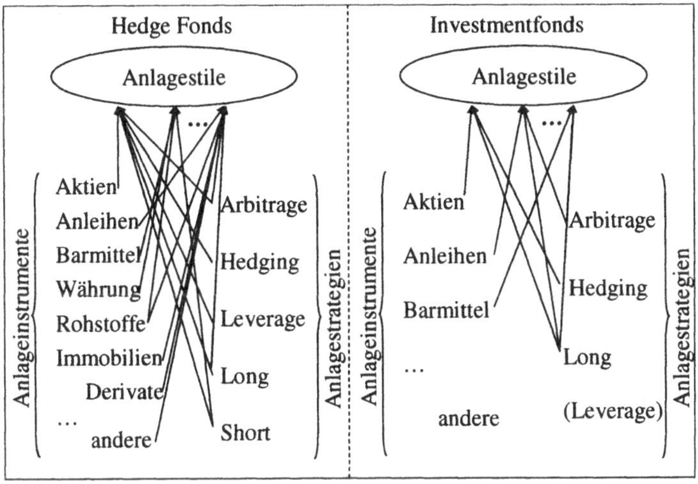

Abbildung 2.4: Entstehung der Anlagestile

Die Abbildung veranschaulicht exemplarisch die Entstehung unterschiedlicher Anlagestile bei Hedge- und Investmentfonds. Investmentfonds verfügen nicht nur über eine kleinere Auswahl an Anlageinstrumenten und -strategien, meistens bleiben sie auch über einen längeren Zeitraum bei einer Anlagestrategie und einem Anlageinstrument. Den Hedge Fonds stehen dagegen mehr Anlageinstrumente und -strategien zur Verfügung, was eine größere Kombinationsmöglichkeit erlaubt und somit in einer hohen Anzahl verschiedener Anlagestile resultiert.

Abb. 2.4 veranschaulicht die Entstehung von Anlagestilen bei Hedge Fonds und Investmentfonds. Hedge Fonds kombinieren verschiedene Anlageinstrumente und -strategien beliebig miteinander, wodurch eine hohe Anzahl von vorstellbaren Anlagestilen entsteht. Dagegen besitzen Investmentfonds einerseits eine deutlich kleinere Anzahl von möglichen Anlageinstrumenten und -strategien, andererseits bleiben sie ihrer Strategie und dem Anlageinstrument treu, d.h. Re-Kombinationen unter beiden sind eher selten. Dies resultiert in einer deutlich niedrigeren Anzahl von Anlagestilen bei Investmentfonds sowie einer nachhaltigeren Anlagestilverfolgung.

148 Vgl. BOGLE (1998), S. 38.

2.8.3 Gebühren

Investmentfonds

Investmentfonds besitzen eine organisierte Gebührenstruktur, die in den USA ebenfalls durch die SEC reguliert wird, wobei die Unterschiede in der Höhe der Gebühren unter den Investmentfonds sehr weit gestreut sind.[149] Gebühren werden für unterschiedliche Dienstleistungen wie Verwaltung, individuellen Service, Auswahl der Investition und als Verkaufskommission verlangt. Zu unterscheiden sind drei zentrale Gruppen von Gebühren: Kommissionen, Verwaltungsgebühr und Managementgebühr.[150]

Jede Transaktion beinhaltet bezüglich des Kaufs oder Verkaufs von Fondsanteilen im Preis eine Kommission. Die Höhe dieser Kosten hängt von dem Investmentprodukt ab. In Abhängigkeit davon, ob die Bezahlung der Gebühr beim Kauf oder Verkauf erfolgt, wird entsprechend zwischen *front-end* und *back-end* Kommissionen unterschieden.[151]

Eine Verwaltungsgebühr wird für verschiedene administrative Kosten erhoben. Diese Gebühr deckt unter anderem die Marketing- und Brokerausgaben ab.

In Abhängigkeit von einer passiv oder aktiv betriebenen Strategie des Fonds wird meistens die Managementgebühr fällig. Diese Kosten sind umso höher, je komplizierter das Investmentprodukt ist.[152] Der Anteil der Fonds, die eine performanceabhängige Gebühr verlangen, ist gering.[153] Das Bonussystem für Fondsmanager ist meistens auf die Größe der Fonds und nicht auf eine absolute Performance ausgerichtet. Solange die Fondsperformance keine Wirkung auf die Fondsgröße hat, streben Investmentfondsmanager die Nachbildung der Benchmarkrendite an.[154]

Hedge Fonds

Die Gebühren bei Hedge Fonds bestehen aus einem festgesetzten Anteil von 1-3% des Anlagevolumens (engl. asset management fee) sowie einem performanceabhängigen Anteil von 20% des absoluten Vermögenszuwachses (engl. incentive fee). Die Asset Management Gebühr wird für administrative (bzw. Verwaltungs-) Ausgaben monatlich oder vierteljährlich entrichtet. Die performanceabhängige Gebühr wird dagegen vom Nettogewinn des Fonds meistens jährlich erhoben. In diesem Zusammenhang stehen die Begriffe *Hurdle Rate* und *High Water Mark*.[155]

Als *Hurdle Rate* wird eine Benchmarkrate verstanden, aus der eine Überschussrendite abgeleitet wird, von der sich die performanceabhängige Gebühr berechnet. Ein Fonds sucht sich eine Benchmark aus, die durch einen Marktindex oder einen Zinssatz (z.B. Treasury Bill) dargestellt wird. Die Fondsperformance muss das Niveau

149 Vgl. HORTAÇSU und SYVERSON (2004), S. 404.
150 Vgl. ALAMUDDIN und CALLAHAN (2006), S. 64.
151 Vgl. ALAMUDDIN und CALLAHAN (2006), S. 64.
152 Vgl. HASLEM (2004), S. 10.
153 Vgl. ELTON et al. (2003), S. 781.
154 Vgl. ACKERMANN et al. (1999), S. 835.
155 Vgl. MCCRARY (2005), S. 15.

der Benchmark für eine bestimmte Periode übersteigen, damit der Manager die performanceabhängige Gebühr von der Überschussrendite berechnen kann.[156]

Als *High-Water-Mark* wird die Grenze des ursprünglich zu verwaltenden Vermögens bezeichnet (z.B. ursprünglicher Net-Asset-Value-Wert), unter der die Fondsmanager ihre performanceabhängige Gebühr (unabhängig von *Hurdle Rate*) nicht erheben können. Verluste vorheriger Perioden werden mit Gewinnen nachfolgender Perioden verrechnet, um eine Berechnung der Managerprovision nur auf Basis positiver Nettogewinne der kumulativen Performance (z.B. auf dem Niveau des ursprünglichen zu verwaltenden Vermögens) zu gewährleisten.[157]

In einem Hedge-Fonds-Prospekt wird z.B. Hurdle Rate und High-Water-Mark wie folgt definiert: „Die erfolgsabhängige Gebühr beträgt 10%, berechnet auf den Teil des Mehrertrages, der über den 3-Monats-Euribor-Satz hinausgeht und über dem letzten Höchststand der jeweiligen Fondswerte liegt." Der 3-Monats-Euribor-Satz repräsentiert die Hurdle Rate und der Höchststand der Fondswerte wird als High-Water-Mark definiert.

Bei den Hedge Fonds werden durch die Gebührenstruktur für Fondsmanager Anreize gesetzt, aktiv und im Interesse des Fonds zu arbeiten. Zusätzlich müssen sich die Fondsmanager auch oft an den Investitionen mit ihrem Privatvermögen beteiligen. Bei traditionellen Investmentfonds ist das nicht der Fall.

2.8.4 Investorengruppen

Investmentfonds können prinzipiell unterschiedliche Investorengruppen einbeziehen, denn sie sind für alle Investoren ohne besondere Einschränkungen zugänglich.

Hedge Fonds zielen auf zwei Klassen akkreditierter bzw. qualifizierter Anleger ab: vermögende Privatanleger und institutionelle Anleger. Privatpersonen klassifizieren sich als akkreditierte Investoren für den Fall, dass sie ein jährliches Einkommen (zwei Jahre in Folge) von $ 200.000 (300.000 für verheiratete) oder $ 1.000.000 als Vermögen nachweisen können. Als qualifizierte Investoren werden private Investoren mit einem Portfoliowert von $ 5.000.000 und institutionelle Anleger mit einem Portfoliowert von $ 25.000.000 bezeichnet.

In den letzten Jahren zeigen auch verschiedene institutionelle Anleger ein steigendes Interesse an Anlagen in Hedge Fonds. Zu dieser Gruppe von Investoren gehören unter anderem Banken, Versicherungen, Investmentfonds, Stiftungen, Pensionfonds, Privatbanken und Anlagegesellschaften vermögender Familien.[158] Die privaten Anleger besitzen den größten Anteil des in Hedge Fonds investierten Kapitals, da institutionelle Anleger meistens nur begrenzte Anteile von Hedge Fonds halten dürfen.

---

[156] Vgl. CLAIR (2003).
[157] Vgl. GOETZMANN et al. (2003), S. 1685 f., MCCRARY (2005), S. 15.
[158] Siehe dazu ausführlicher MCCRARY (2005), S. 35 ff.

2.8.5 Renditecharakteristika

Die Rendite steht im Mittelpunkt der Performancemessung. Eine ausschließliche Betrachtung der Rendite ermöglicht jedoch keine aussagefähige Bewertung einer Performance.[159] Von ihr ausgehend werden unterschiedliche Risiko- und andere Performancemaße abgeleitet. Anhand von Renditen wird die Renditeverteilung dargestellt, aus deren Eigenschaften ein vollständiges Bild über die Performance eines Fonds abgeleitet werden kann. Im Folgenden werden für Investmentfonds und Hedge Fonds ihre jeweiligen Renditebesonderheiten anhand der empirischen Literatur identifiziert. Dabei sind folgende Fragen zu beantworten:

- Erbringen Investment- oder Hedge Fonds eine Outperformance über der Marktrendite?
- Wie persistent ist die Fondsperformance im Vergleich?
- Wie erfolgreich sind die beiden Fondsarten im Market Timing?

2.8.5.1 Outperformance

Die beiden Fondsarten (Hedge- und Investmentfonds) messen ihre Performance anhand des Inventarwertes (engl. net asset value (NAV)) des Fonds. Die (diskrete) Rendite eines Fonds wird somit als Veränderungsrate der Inventarwerte zweier Zeitpunkte berechnet:

$$R_t = \frac{NAV_t - NAV_{t-1}}{NAV_{t-1}} \tag{2.1}$$

mit: R_t Fondsrendite
NAV_t und NAV_{t-1} Inventarwerte zu den Zeitpunkten t und $t-1$

Anzumerken ist, dass der Inventarwert bereits eine von verschiedenen realisierten und nicht-realisierten Gewinnen, anfallenden Dividenden und Zinserträgen sowie anderen Kosten und Erträgen bereinigte Größe darstellt.[160]

Investmentfonds

Investmentfonds besitzen die Eigenschaft, sich zusammen mit den Marktentwicklungen zu bewegen. Laut den empirischen Studien von SHARPE (1966), GRINBLATT und TITMAN (1989), TKAC (2001) und DRITSAKIS et al. (2006) konnten Investmentfonds für unterschiedliche Zeitintervalle eine im Vergleich zur Marktrendite oder Benchmark höhere Rendite erzielen. Nach Berücksichtigung der Transaktionskosten war die Überrendite allerdings meistens nicht signifikant.[161] Dagegen finden CUMBY und GLEN (1990), MALKEIL (1995), GRUBER (1996), GALLO und LOCKWOOD (1997b) und DAVIS (2001) eine Underperformance der Investmentfonds sogar noch vor Abzug der Transaktionskosten. Eine pauschale Aussage über die Under-

[159] Vgl. PODDIG et al. (2005), S. 9 f. stellen eine ausführliche Übersicht über Risikokomponenten vor.
[160] Vgl. LHABITANT (2004), S. 27.
[161] Vgl. CARHART (1997), S. 57.

oder Outperformance der Investmentfonds in Bezug auf ein Marktportfolio kann somit nicht getätigt werden. Die zitierten Studien legten den Fokus auf unterschiedliche Merkmale und Strategieausrichtungen der Fonds. So ist z.B. die Studie von TKAC (2001) auf der Untersuchung von internationalen (außerhalb der USA) Aktien-Fonds und die von GALLO und LOCKWOOD (1997b) auf Anleihen-Fonds basiert. OTTEN und BAMS (2002) zeigen, dass im Gegensatz zu US-Investmentfonds einige europäische Investmentfonds eine Outperformance erwirtschaften.[162] Ein Vergleich von Aussagen solcher teilweise sehr unterschiedlichen diversen Studien ist somit nicht immer sinnvoll.

Hedge Fonds

Insbesondere für Hedge Fonds ist die Feststellung einer Outperformance sehr bedeutend, da sie hohe Gebühren verlangen, die durch das aktive Management und eine hohe Rendite begründet werden. Viele Studien untersuchen die Renditestruktur von Hedge Fonds und vergleichen sie mit der von traditionellen Investmentfonds. Die Ergebnisse der empirischen Studien zu Hedge Fonds sind genauso kontrovers wie bei Investmentfonds. LIANG (1999), EDWARDS und CAGLAYAN (2001c) und FUNG et al. (2002) stellen fest, dass Hedge Fonds im Allgemeinen eine Überrendite erwirtschaften. Dagegen stellen ACKERMANN et al. (1999), ASNESS et al. (2001), FUNG et al. (2004) und ELING (2006) das Gegenteil fest. Die unterschiedlichen Ergebnisse der Untersuchungen sind hauptsächlich auf die großen Differenzen in den Geschäftsfeldern der verschiedenen Anlagestile zurückzuführen. ACKERMANN et al. (1999) zählen Event Driven und Global Macro zu den Outperformern und Market Neutral, Equity Short Bias (bzw. Short Sales) und Funds of Funds zu den Underperformern, was allerdings durch ihr Streben nach niedrigem Risiko begründet werden kann. Tatsächlich besitzen diese Anlagestile die kleinste Volatilität in den Renditen.[163] FUNG und HSIEH (2004b) stellen eine Outperformance des Long/Short Equity über den S&P 500 fest, wobei die Renditen dieses Anlagestils eine hohe Korrelation zum Marktindex aufweisen. ARAGON (2007) argumentiert, dass die Outperformance durch Hedge-Fonds-Renditen anhand des übernommenen Liquiditätsrisikos erklärt werden kann, für welches Investoren eine Prämie erhalten. Tatsächlich verlangen einige Hedge Fonds eine längere Sperrfrist (engl. lock-up period), in der das angelegte Geld eine Zeitlang nicht zurückverlangt werden kann.[164] In dieser Zeit können Hedge Fonds in illiquide Assets anlegen und jährlich eine 4-7%-Punkte höhere Rendite erwirtschaften.[165]

BAQUERO et al. (2005) stellen fest, dass Faktoren wie das Alter des Fonds, seine Rendite, sein Anlagestil und die performanceabhängige Gebühr das Überleben des Fonds beeinflussen. Fonds mit einer schlechten Performance besitzen eine hö-

---

162 Hauptsächlich wird eine Outperformance in Bezug auf Investmentfonds identifiziert, die in Small-Caps investieren. Vgl. die Studien von OTTEN und BAMS (2002) und HUIJ und VERBEEK (2006).

163 Vgl. ACKERMANN et al. (1999), S. 846.

164 Siehe dazu ausführlicher TAYLOR (2005), S. 11.

165 Vgl. ARAGON (2007), S. 33.

here Wahrscheinlichkeit, bald vollständig ihre Existenz aufzugeben, da Fondsmanager wegen ihrer Beteiligung am Fonds und der performanceabhängigen Bezahlung für ihren privaten Unterhalt nicht mehr aufkommen können und aus diesen Gründen meistens den Fonds schließen.[166]

LIANG (1999) vergleicht Hedge Fonds und Investmentfonds anhand ihrer Renditecharakteristika. Hedge Fonds weisen im Allgemeinen eine höhere Rendite auf. Im Zeitraum zwischen 1992 und 1996 erreichten Hedge Fonds monatlich im Durchschnitt 1,10% und Investmentfonds 0,85% Rendite. Allerdings kann anhand einer absoluten Renditebetrachtung kein Vergleich erfolgen, da die Risikokomponente ebenfalls berücksichtigt werden muss. LIANG (1999) findet bei Hedge Fonds auch eine höhere Volatilität der Renditen. Der Vergleich zwischen Hedge- und Investmentfonds anhand risikoadjustierter Renditen erfolgt in den weiter folgenden Kapiteln zu den Risikofaktoren.

2.8.5.2 Persistenz

Investmentfonds

Gegensätzliche Ergebnisse ergeben sich auch in den Studien zur Persistenz in der Investmentfondsperformance. Als *persistent* wird eine Fondsperformance dann bezeichnet, wenn für mehrere nacheinander folgende Perioden die Fondsrendite über (für Gewinner) bzw. unter (für Verlierer) dem mittleren Niveau (bzw. Median) der Rendite aller Fonds liegt.[167] GRINBLATT und TITMAN (1992), HENDRICKS et al. (1993), BROWN und GOETZMANN (1995), ELTON et al. (1996), CARHART (1997), DROMS und WALKER (2001), DROMS und WALKER (2006) und KESWANI und STOLIN (2006) finden Belege für eine persistente Investmentfondsperformance.[168] Wenn eine Persistenz in der Fondsperformance tatsächlich existiert, kann die historische Entwicklung der Fondsrendite eine Quelle für zukünftige Investorentscheidungen darstellen.[169] PHELPS und DETZEL (1997), RHODES (2000), OTTEN und BAMS (2002) und FLETCHER und FORBES (2002) finden jedoch keine Persistenz in der Investmentfondsperformance. RUSSEL (2006) stellt anhand der Ratings von *Morningstar* fest, dass die Persistenz in Investmentfonds sehr kurzfristig (1-3 Monate)

[166] Vgl. BAQUERO et al. (2005), S. 515. Ein Vergleich der Fondsperformance von Hedge Fonds unterschiedlichen Alters, Mindestinvestitionsvolumens, Gebühren und Kapitalbindungsfristen erfolgt in der Studie von KAISER und KISLING (2006). Für den Einfluss der Fondsgröße siehe AMMANN und MOERTH (2006).

[167] Vgl. DROMS und WALKER (2006), S. 347 und DE SOUZA und GOKCAN (2004), S. 55. Einfach ausgedrückt impliziert die Persistenz, dass die Gewinner (Fonds hoher Performance) der letzten Perioden als Gewinner der nächsten Perioden erhalten bleiben, bzw. die Verlierer (Fonds mit einer niedrigen Performance) der letzten Perioden auch in der Zukunft Verlierer bleiben.

[168] OTTEN und BAMS (2002) finden eine Persistenz nur in den Renditen der Fonds, die in UK investieren. Zur Messung der Persistenz werden Hypothesentests anhand unterschiedlicher Methoden implementiert (Hurst Koeffizient, Kontingenztafeln, Cross-Product Ratio, Regression, Stilanalyse, Rankkorrelation und Hauptkomponentenanalyse). Siehe dazu z.B. BARÉS et al. (2003), DE SOUZA und GOKCAN (2004) und HARRI und BRORSEN (2004).

[169] Vgl. DROMS (2006), S. 69.

ist. Ratings von *Morningstar* (ausgedrückt durch ein bis fünf Sterne) beschreiben die Höhe der vergangenen risikoadjustierten Fondsperformance, d.h. wie stark das Risiko eines Fonds durch seine Rendite kompensiert wurde.[170] Gleich den empirischen Untersuchungen auf die Erzielung von Überrenditen bei Investmentfonds sind die unterschiedlichen Aussagen der Studien zur Persistenz auf ungleiche Untersuchungsmerkmale wie Branchen, Regionen, Strategien und Assetklassen zurückzuführen.

Hedge Fonds

Der Nachweis einer Persistenz ist besonders wichtig in Bezug auf Hedge Fonds, da diese viel häufiger als Investmentfonds aus dem Markt ausscheiden.[171] Bei der Hedge-Fonds-Performance verlaufen die Ergebnisse zur Persistenz jedoch genauso gegensätzlich wie bei Investmentfonds. BROWN et al. (1999), SCHNEEWEIS et al. (2002), KAT und MENEXE (2003) und DE SOUZA und GOKCAN (2004) finden keine Persistenz in Hedge-Fonds-Renditen. BAQUERO et al. (2005) und MALKIEL und SAHA (2005) stellen dagegen eine positive Persistenz in der Performance von Hedge Fonds (TASS Datenbank) fest, obwohl sie auf Jahresbasis nicht immer signifikant ist. Bei den Untersuchungen werden die Renditen der Hedge Fonds in den Datenbanken in Bezug auf backfilling bias sowie andere Verzerrungen korrigiert, wodurch eine deutlich niedrigere Rendite zustande kommt. Eine kurzfristige Persistenz finden ebenfalls die Untersuchungen von PARK und STAUM (1998), AGARWAL und NAIK (2000b), EDWARDS und CAGLAYAN (2001a), BARÉS et al. (2003) und HARRI und BRORSEN (2004). AGARWAL und NAIK (2000a) finden eine Persistenz in der Hedge-Fonds-Rendite (HFR Datenbank) mit dem höchsten Wert auf Quartalbasis und fallend auf Jahresbasis, wobei die Persistenz am häufigsten bei Verlierer Hedge Fonds gefunden wird. BROWN et al. (1999) begründen eine mögliche Persistenz anhand unterschiedlicher Anlagestile und nicht anhand von außergewöhnlichen Fähigkeiten der Fondsmanager. EDWARDS und CAGLAYAN (2001a) argumentieren gegensätzlich, wobei sie neben der Vielfalt der Anlagestile hauptsächlich die Managerfähigkeiten zur Begründung der nachgewiesenen Persistenz einbeziehen.[172]

Die abweichenden Ergebnisse der Untersuchungen sind auf unterschiedliche Methoden, unterschiedliche Datenbanken und z.T. unterschiedliche Untersuchungsmerkmale zurückzuführen. Z.B. untersuchen DE SOUZA und GOKCAN (2004) die Persistenz nicht nur in Renditen, sondern auch noch in Standardabweichungen und in der Sharpe-Ratio. Sie finden bei allen Fonds eine nachweisbare Persistenz in den Standardabweichungen, jedoch auf Basis der Rendite und der Sharpe-Ratio nur eine schwache Persistenz abhängig von der Methode und dem Anlagestil.[173] Auch HARRI und BRORSEN (2004) bestätigen, dass in Abhängigkeit vom Anlagestil die Ergebnisse der Untersuchungen unterschiedlich ausfallen. So finden sie z.B. die höchste Per-

---

170 Vgl. HASLEM (2004), S. 211. Siehe BLAKE und MOREY (2000) für die Untersuchung an den *Morningstar Ratings*.

171 Vgl. CAPOCCI (2006), S. 310.

172 Vgl. EDWARDS und CAGLAYAN (2001a), S. 1021.

173 Vgl. DE SOUZA und GOKCAN (2004), S. 59.

sistenz in den Anlagestilen FoF und Market Neutral. Dagegen weisen Event Driven und Global Macro die kleinste Persistenz auf. Bei Short Selling ist sie überwiegend gar nicht vorhanden.

2.8.5.3 Selektion und Market Timing

Viele empirische Studien beschäftigen sich mit dem Nachweis von Selektions- und Timingfähigkeiten bei Hedge- und Investmentfonds. Als *Selektion* wird die Fähigkeit bezeichnet, Portfolioumschichtungen zugunsten renditestarker Assets vorzunehmen bzw. Assets mit steigender Wertentwicklung zu identifizieren und sie gegen renditeschwache Assets auszutauschen.[174] Die Selektionsfähigkeiten werden anhand eines Regressionsmodells, dem sog. *Jensen*-Modell (von JENSEN (1968)), identifiziert:

$$R_{Pt} - r_{ft} = \alpha + \beta(R_{Bt} - r_{ft}) + \epsilon_t \tag{2.2}$$

mit: R_{Pt}, r_{ft} und R_{Bt} Renditen des Fondsportfolios, des risikolosen Zinssatzes und der Benchmark zum Zeitpunkt t
α und β Regressionskoeffizienten
ϵ_t residuale Rendite zum Zeitpunkt t

Ein positiver und signifikanter Regressionskoeffizient Alpha aus der Gl. 2.2 wird als eine vorhandene Selektionsfähigkeit interpretiert und als *Jensen-Alpha* bezeichnet.[175]

Unter *Timing* wird die Fähigkeit verstanden, Marktentwicklungen rechtzeitig zu identifizieren und in einer dynamischen Portfolioumschichtung umzusetzen, mit dem Ziel, Auswirkungen einer negativen Marktentwicklung auf die Portfolioperformance zu vermeiden und die Portfoliorendite zu maximieren.[176] MERTON (1981) schlägt für ein erfolgreiches Timing vor, in Aufschwungphasen in Aktien und in Abschwungphasen in risikofreie Anlagen zu investieren.[177] DUMONT DE CHASSART und FIRER (2001) unterscheiden zwischen Bull und Bear Timing. Als *Bull-Timing* bezeichnen sie Investition in risikofreie Anlagen und den Kauf von Call-Optionen bei einer Erwartung steigender Märkte. Unter *Bear-Timing* wird dagegen eine Investition in das Marktportfolio und der Kauf von Put-Optionen bei einer Erwartung fallender Märkte verstanden. In einer Bull Phase ist Market Timing im Gegensatz zu einer einfachen buy-and-hold Strategie aufgrund der hohen Ansprüche an die Prognosefähigkeiten der Manager keine optimale Investmentstrategie. Dreht der Markt jedoch in eine Bear Phase um, ergeben sich gute Chancen für Market Timer aufgrund der geringen An-

174 Vgl. PODDIG et al. (2005), S. 615.

175 Der Signifikanztest kann anhand des t-Tests durchgeführt werden. Vgl. LILJEBLOM und LÖFLUND (2000), S. 72, PODDIG et al. (2005), S. 615 und GLASSMAN und RIDDICK (2006), S. 1045.

176 Vgl. PODDIG et al. (2005), S. 615.

177 GLASSMAN und RIDDICK (2006) bezeichnen die von MERTON vorgeschlagene Strategie als *internationales Timing* (engl. world timing), zusätzlich bezeichnen sie als *nationales Timing* (engl. national timing) Umschichtungen eines Portfolios in nationale bzw. internationale Assets in Abhängigkeit von Marktbewegungen. Vgl. GLASSMAN und RIDDICK (2006), S. 1048.

forderungen an die Prognosefähigkeiten, die buy-and-hold Rendite zu übertreffen.[178] Grundsätzlich weisen gute Market Timer eine hohe Sensitivität zum Finanzmarkt in Bull und eine niedrige Marktsensitivität in Bear Phasen auf und bieten dadurch dem Investor Schutz vor starken Marktfluktuationen. JIANG (2003) stellt eine Korrelation zwischen Timingfähigkeit und Fondsalter bzw. Managererfahrung fest. HESS (2006) entwickelt eine optimale Timing Strategie, bei der in ruhigen und steigenden Marktphasen in ein gut diversifiziertes Portfolio investiert wird, wobei in turbulenten Zeiten eine forcierte Investition vorgenommen werden muss. Diese Strategie wird durch eine stärkere Korrelation der Assets in schwachen Märkten begründet, in denen eine Diversifikation wenig Wirkung zeigt.[179]

Die klassische Untersuchung auf Timingfähigkeit von TREYNOR und MAZUY (1966) erfolgt anhand eines Signifikanztests des Koeffizienten Gamma (γ) eines quadratischen Terms der erweiterten Regression aus Gl. 2.2.:[180]

$$R_{Pt} - r_{ft} = \alpha + \beta(R_{Bt} - r_{ft}) + \gamma(R_{Bt} - r_{ft})^2 \qquad (2.3)$$

Bei nachweisbarer Timingfähigkeit ist γ positiv und signifikant. Allein aufgrund des Siginifikanztests sind Selektion- und Timingfähigkeit nicht immer einfach voneinander zu trennen. Aus diesem Grund werden zusätzlich zu Signifikanztests des Alphas und des Betas die Bestimmtheitsmaße der Modelle 2.2 und 2.3 berücksichtigt. Bei steigender Erklärungskraft des Modells 2.3 im Vergleich zur Erklärungskraft des Modells 2.2 und dem signifikanten γ-Koeffizienten kann die Timingfähigkeit bestätigt werden. Dagegen deutet ein signifikantes Alpha nicht unbedingt auf eine vorhandene Selektionsfähigkeit hin. Werden in Gl. 2.2 nicht alle adäquaten Benchmarks berücksichtigt, resultiert dies in einem signifikanten Alpha, das aber in diesem Fall keinen Nachweis für eine Selektionsfähigkeit liefert. Eine hohe Erklärungskraft des Modells bzw. eine adäquate Bestimmung der Benchmark verringern die Chance einer falschen Identifikation der Selektions- und Timingsfähigkeit.[181]

Im Folgenden werden Studien zu Market Timing und Selektionsfähigkeiten von Hedge und Investmentfonds präsentiert.

Investmentfonds

Die meisten Studien, wie die von HENRIKSSON (1984), KAO et al. (1998), BECKER et al. (1999), RAO (2000), LILJEBLOM und LÖFLUND (2000), JIANG (2003), GLASSMAN und RIDDICK (2006) und ROMACHO und CORTEZ (2006), finden keine oder nur sehr schwache Nachweise für Selektion und Timing in Investmentfondsrendi-

[178] Vgl. DUMONT DE CHASSART und FIRER (2001), S. 1 und 8 f.

[179] Vgl. HESS (2006), S. 190.

[180] In der letzten Zeit wurden auch andere Tests zur Identifikation von Timingfähigkeiten vorgeschlagen. Siehe dazu BEEBOWER und VARIKOOTY (1991), BAUER und DAHLQUIST (2001), CHANCE und HEMLER (2001), JIANG (2003) und SANCETTA und SATCHELL (2005).

[181] Vgl. LILJEBLOM und LÖFLUND (2000), S. 68 und PODDIG et al. (2005), S. 619.

ten.[182] Dagegen finden WEIGEL (1991), BELLO und JANJIGIAN (1997) und COMER et al. (2005) Belege für signifikante Timingfähigkeit bei Investmentfonds.

In einigen Studien wurden die Timingfähigkeiten von Investitionsempfehlungen (Newsletters) untersucht. GRAHAM und HARVEY (1997) zeigen, dass diese Informationen die Einschätzung zukünftiger Marktentwicklungen nicht verbessern.

Die unterschiedlichen Ergebnisse der Studien zum Market Timing sind hauptsächlich auf die verwendeten statistischen Methoden zurückzuführen. Wie z.B. BEEBOWER und VARIKOOTY (1991) zeigen, muss ein Manager jeden Monat innerhalb von 4 Jahren den Markt um 100 Basispunkte outperformen, damit ein Test Signifikanz aufweist. GOETZMANN et al. (2000), BOLLEN und BUSSE (2001) sowie BUSSE (2001) stellen fest, dass in Bezug auf die Timingfähigkeit falsche Schlussfolgerungen abgeleitet werden können, wenn in die Untersuchungen Monatsdaten einbezogen werden, das Timing jedoch tatsächlich auf Tagesbasis betrieben wird. Dies ist besonders wichtig für die Betrachtung von Hedge Fonds, da diese viel häufiger als Investmentfonds (z.B. auch auf Tagesbasis) ihre Portfolios an das Marktgeschehen anpassen und deswegen ihre Timingfähigkeit nur schwer eingeschätzt werden kann.

Hedge Fonds

Das Market Timing bei Hedge Fonds ist ebenso wie bei Investmentfonds von mehreren Forschern untersucht worden. Laut den Ergebnissen der Studien von FUNG et al. (2002) und DO et al. (2005) besitzen Hedge-Fonds-Manager keine Timingfähigkeiten, aber stattdessen weisen sie, wie die Studien von FUNG et al. (2002) und GREGORIOU et al. (2002b) feststellen, eine gute Selektionsfähigkeit auf. GREGORIOU (2004a) zeigt, dass in Abhängigkeit vom ausgewählten Modell und der Benchmark die Timingfähigkeit unterschiedlich eingestuft werden kann.[183]

Die zentralen Unterschiede zwischen Hedge- und Investmentfonds liegen in einer viel größeren Auswahl an Anlageinstrumenten, -strategien und -stilen für Hedge Fonds und einer viel einfacheren Gestaltung derselben bei Investmentfonds. Hedge Fonds können das Market Timing vollständig neu definieren, indem z.B. traditionelle Timing-Paare von Long-Positionen in Aktien und risikofreien Anlagen durch Short-Positionen, den Einsatz von Derivaten und Kombinationen von unterschiedlichen Anlageinstrumenten ersetzt werden. Um diese Timing-Strategien zu identifizieren, werden viel komplexere Strukturen von Benchmarks oder fortgeschrittenere (nichtlineare) Modelle benötigt.[184] Aus diesem Grund bleibt der Einsatz von traditionellen Methoden und Benchmarks zur Identifikation von Timingfähigkeiten bei Hedge-Fonds-Managern kritisch zu hinterfragen.

[182] Einige Studien identifizieren sogar negative Selektions- und Timingfähigkeiten. Vgl. z.B. LILJEBLOM und LÖFLUND (2000), S. 78.

[183] Vgl. GREGORIOU (2004a), S. 70 f.

[184] Vgl. FUNG und HSIEH (1998), S. 11.

2.8.6 Risikocharakteristika

Sowohl Investment- als auch Hedge Fonds sind unterschiedlichen Risiken ausgesetzt. Einige der Risikoquellen sind für beide Fondsarten identisch, jedoch sind Hedge- und Investmentfonds diesen Risiken z.T. aufgrund verschiedener Anlageziele unterschiedlich stark ausgesetzt. Der Ursprung der Risiken liegt in den Geschäftsfeldern der Fonds. Sie investieren zwar zum größten Teil am Finanzmarkt, jedoch können sie vollkommen unterschiedliche Anlagestrategien und -stile verfolgen, die ihre eigenen Risiken bergen. Aufgrund der relativ passiven Anlagehaltung der Investmentfondsmanager und wenig gesetzten performanceabhängigen Anreizen können sie nur einen Teil ihrer Risiken kontrollieren. Im Gegensatz dazu versuchen Hedge-Fonds-Manager durch aktives Management das totale Risiko zu kontrollieren.[185] Die Identifikation von Risiken bzw. Risikoquellen ist sowohl bei Hedge Fonds als auch bei Investmentfonds von großer Bedeutung. Eine adäquate Erfassung der Risiken erlaubt ihre Überwachung und ihre Diversifikation, wodurch sie minimiert werden können. Die Untersuchungen in der Literatur beziehen sich sowohl auf die Identifikation der Risikoquellen der Hedge- und Investmentfonds als auch auf eine adäquate Quantifizierung der Risiken durch entsprechende Maßzahlen.

2.8.6.1 Risikodefinition

Bevor einzelne Risiken der Hedge- und Investmentfonds untersucht werden, soll eine Differenzierung unterschiedlicher Risikobegriffe erfolgen. Der geläufige Risikobegriff bezieht sich auf eine mögliche Abweichung der zukünftigen Rendite einer Investition von ihrem Erwartungswert. Das Risiko wird anhand unterschiedlicher Maße quantifiziert, die als zweiseitige (z.B. Varianz), einseitige (z.B. Ausfallwahrscheinlichkeit) und andere Risikomaße (z.B. Tracking Error und Beta) klassifiziert werden.[186] PODDIG et al. (2005) stellen eine ausführliche Übersicht der Risikokomponenten dar.[187] Unter den *zweiseitigen* Risikomaßen werden Maßgrößen verstanden, die sowohl positive als auch negative Abweichungen von ihrem Erwartungswert messen. Dazu zählen die mittlere Abweichung, die Varianz bzw. Standardabweichung sowie die Schiefe und Wölbung. Dagegen wird bei *einseitigen* Risikomaßen isoliert der Bereich der Renditeverteilung unterhalb einer bestimmten, geforderten Mindestverzinsung berücksichtigt. Hierzu zählen die Ausfallwahrscheinlichkeit, das mittlere Ausfallrisiko, die Semivarianz, die Ausfallschiefe und die Ausfallwölbung.[188]

Im Rahmen dieser Arbeit nimmt die Betrachtung des Risikos eine wichtige Rolle ein. Das Verständnis des Begriffs *Risiko* ist jedoch von der speziellen Zielsetzung des Anlegers abhängig, wobei Risiko allgemein als die Gefahr einer Nichterfüllung ei-

---

185 Vgl. JAEGER (2006), S. 400.

186 Vgl. PODDIG et al. (2005), S. 606. Bei einseitigen Risikomaßen wird nicht der Erwartungswert, sondern ein bestimmtes Renditeniveau zur Berechnung einbezogen.

187 Vgl. PODDIG et al. (2005), S. 9 f.

188 Vgl. PODDIG et al. (2005), S. 606-608.

nes bestimmten Ziels definiert werden kann.[189] Die folgenden Ausführungen zeigen, dass auch für Investment- und Hedge Fonds der Begriff Risiko verschieden definiert und quantifiziert werden kann. Eine häufige Unterscheidung der Risiken erfolgt in Bezug auf systematische und unsystematische Komponenten. Während die systematische Komponente im Zusammenhang mit Marktrisiken gebracht wird und alle Anlagen eines Marktes gleichermaßen betrifft, bezeichnet das unsystematische Risiko eine anlagespezifische Risikokomponente.[190] Einige Anlagestile der Hedge Fonds zielen darauf hin, das systematische Risiko durch gegenläufige Anlagepositionen zu minimieren. Bei einer Portfoliobildung können sowohl Hedge Fonds als auch Investmentfonds durch geschickte Auswahl der Anlagetitel die unsystematischen Risiken ebenfalls minimieren. Das Gesamtrisiko resultiert aus der Summe der beiden Risikokomponenten.

In dieser Arbeit wird der allgemeine Begriff des Risikos analog dem gängigen Verständnis in der Literatur in Bezug auf mögliche Schwankungen der Rendite um ihren Erwartungswert verstanden.[191]

Parallel zu den Rendite- und Risikomaßen existieren Performancemaße, die diese beiden Komponenten simultan berücksichtigen. Zu diesen Maßen gehören z.B. die Sharpe-Ratio und das Treynor Maß. Eine große Bedeutung besitzt ebenfalls das Maß Value-at-Risk. Die Einschätzung der Fondsperformance hängt oft von der Auswahl eines Performancemaßes ab. Ebenfalls ist es sinnvoll, die Auswertung gleichzeitig anhand mehrerer Performancemaße durchzuführen. Die Performancemaße werden im weiteren Verlauf der Arbeit noch eingehend diskutiert.[192]

Im Folgenden werden die zentralen Risikoquellen von Investmentfonds und Hedge Fonds identifiziert. Im Anschluss daran folgt eine Übersicht der Literatur mit empirischen Untersuchungen, anhand derer ein Vergleich zwischen den quantifizierbaren Risiken und Performancemaßen der beiden Fondstypen ermöglicht wird.

2.8.6.2 Risikoquellen

Investmentfonds

Investmentfonds unterliegen unterschiedlichen Risiken, die in der Literatur eine Einordnung in diverse Systematisierungen von Risikoquellen finden. Generell unterscheidet JAEGER (2003) drei Renditequellen, von denen Risikoquellen von Investmentfonds abgeleitet werden können:[193]

- Finanzmarktveränderungen
- Anlagestilveränderung
- Managerfähigkeiten

---

[189] Vgl. PODDIG et al. (2003), S. 122.

[190] Siehe dazu ausführlicher PODDIG et al. (2003), S. 122-123.

[191] PODDIG et al. (2003), S. 122.

[192] Vgl. Kap. 2.8.6.3, S. 63.

[193] Vgl. JAEGER (2003), S. 5.

Für alle Investmentfonds stellt das Marktrisiko die zentrale Risikoquelle dar.[194] Investmentfonds investieren in traditionelle Assetklassen, die in einer direkten Verbindung zum Finanzmarkt stehen. Preiseinbrüche, eine steigende Volatilität oder veränderte Korrelationen der Assets auf den Finanzmärkten wirken sich überwiegend direkt auf die Performance der Investmentfonds aus, da die Anlagepositionen häufig nicht durch gegenläufige, das systematische Risiko verringernde Positionen (wie z.B. Leerverkäufe oder Optionen) abgesichert sind. Die im Marktrisiko inbegriffenen Risiken umfassen Zinsveränderungs-, Wechselkurs-, Assetkurs- und Rohstoffkursrisiken.

Die Risiken in Bezug auf die Veränderung des Anlagestils eines Fonds stellen die zweite zentrale Risikoquelle dar. In diesem Zusammenhang entstehen Risiken, wenn ein Manager von seinem ursprünglichen Anlagestil abweicht. Einerseits ist eine Stilabweichung dann als risikoreich einzustufen, wenn der Fondsmanager nicht notwendiges Expertenwissen im neuen Stil einbringt. Andererseits kann durch die Ausübung eines abweichenden Stils ein für den Investor unerwünschtes Rendite-Risiko-Profil entstehen.[195]

Die dritte Risikoquelle geht auf die Managerfähigkeiten zurück. Daraus entstehende Risiken beziehen sich hauptsächlich auf qualitative Eigenschaften des Managers oder auf die Organisation des Fonds. Zwischen den Investoren und Fondsmanagern besteht das klassische Principal-Agent-Problem, welches aufgrund des Informationsvorsprunges (und dadurch einer Informationsasymmetrie) des Agenten (Fondsmanager) gegenüber dem Principal (Investor) hervorgerufen wird.[196] Die Informationsasymmetrie wird durch unterschiedliche Situationen bedingt, wobei zwischen *adverse selection*, *moral hazard* und *hidden intention* zu unterscheiden ist.

Bei *adverse selection* besteht die Gefahr einer Überschätzung der Qualifikationen des Fondsmanagers, der ungenaue oder falsche Informationen über seine Fähigkeiten verbreitet. Der Principal kann die für ihn positiven sowie negativen Managereigenschaften nicht objektiv identifizieren.[197]

Als *Moral hazard* wird die Gefahr einer möglichen Veränderung des vereinbarten Risikoverhaltens nach dem Abschluss des Vertrages bezeichnet. In diesem Fall könnte ein Fondsmanager riskante Anlagepositionen eingehen, die der Principal nicht akzeptieren würde.[198] Das Problem ist durch zwei zentrale Eigenschaften charakterisiert:

- Versteckte Handlung (engl. hidden action) des Agenten, die für den Principal unsichtbar ist, und
- versteckte Information (engl. hidden information), über die der Agent verfügt aber an den Principal nicht weitergibt.

---

[194] Vgl. PAPADAMOU und STEPHANIDES (2004), S. 760.
[195] Siehe dazu ausführlicher Kap. 3, S. 87.
[196] Siehe dazu ROSS (1973) und HOLMSTROM (1979).
[197] Vgl. GRINBLATT und TITMAN (2002), S. 674, KAAL (2006), S. 46.
[198] Vgl. GREGORIOU und CHRISTOPHERSON (2003), S. 335.

Unter *hidden intention* wird die Situation verstanden, in der der Principal nach Vertragsabschluss die tatsächlichen Absichten des Agenten erkennt, wobei diese Aufdeckung keine Veränderung (z.B. Vetragsveränderung) ermöglicht und der Nachteil des Principals nicht mehr reduziert werden kann. Der Agent kann die entstehende Situation zu seinen Gunsten (z.B. Nachverhandlung des Vertrags) nutzen (Hold-up-Gefahr).[199]

Zur Vermeidung des Principal-Agent-Problems bieten einige Finanzmarktintermediäre Dienstleistungen in Bezug auf *Due Diligence* an, d.h. auf die Überprüfung und Offenlegung der für die Investoren notwendigen Informationen.[200] Die Finanzmarktintermediäre treten somit zwischen die Beziehung der Agenten und der Principals, wobei der Fonds (Agent) einen ausführlichen Fragebogen ausfüllen muss, bevor die Informationen dem Investor (Principal) zur Verfügung gestellt werden.[201]

Eine andere Möglichkeit, dem Principal-Agent-Problem zu begegnen, stellen Ratings dar. Moody's gehört zu Marktführern in Erstellung von Fondsratings. Zu unterscheiden sind z.B. Credit Ratings, Market Ratings, Fund Quality Ratings und Management Quality Ratings, die im Investitionsentscheidungsprozess eingesetzt werden können.[202]

Trotz unterschiedlicher Lösungsansätze zur Vorbeugung von Risiken sind Investmentfonds oft den beschriebenen negativen Einflüssen ausgesetzt. Auch Ratings besitzen einen limitierten Informationsgehalt, der nicht eigenständig, sondern nur in Evaluation mit anderen Faktoren betrachtet werden muss, um die tatsächlichen Risiken eines Fonds festzustellen.

Hedge Fonds

Hedge Fonds weisen gegenüber traditionellen Investmentfonds ein viel komplexeres Verhalten auf, welches auf die verwendeten Anlageinstrumente sowie auf die implementierten Anlagestrategien und -stile zurückzuführen ist.

JAEGER (2002) unterscheidet für alternative Investments inklusive Hedge Fonds sieben Risikoquellen: Markt-, Kredit-, Liquiditäts-, Diversifikations-, Modell-, Betrugs- und Unternehmensereignisrisiko sowie operationelles und rechtliches Risiko.[203] Zahlreiche Risikoquellen von Hedge Fonds werden ebenfalls von KAISER (2004) beschrieben und definiert. Grundsätzlich unterscheidet er zwischen *allgemeinen* und *speziellen* Risiken. Zu den allgemeinen Risiken zählen Struktur-, Markt-, Leverage- und Kreditrisiken sowie das rechtliche Risiko. Als spezielle Risiken werden Liquidität-,Geschäftsbeziehungs-, Schlüsselperson- (Key Person), Modell-, Stil-, Größen-, Reputations- und Transparenzrisiken sowie das operationelle Risiko be-

[199] ZENTERS et al. (2005), S. 565.
[200] Siehe dazu ausführlicher COTTIER und WESSLING (2006), S. 205.
[201] Vgl. BLACK (2004), S. 79.
[202] Siehe dazu ausführlicher VRIESENGA (2002), S. 332 f.
[203] Vgl. JAEGER (2002), S. 352.

zeichnet.[204] Tab. 2.8 fasst die wichtigsten Risikoquellen zusammen und stellt kurz die einzelnen Besonderheiten dar.

Tabelle 2.8: Hedge-Fonds-Risikoquellen

Die Tabelle fasst die zentralen Risikoquellen von Hedge Fonds zusammen. (In Anlehnung an JAEGER (2002), S. 352 und KAISER (2004), S. 152 f.)

Risikobezeichnung	**Erklärung**
Größenrisiko	Entsteht durch steigendes zu verwaltendes Kapital des Fonds. Einige Fonds realisieren, dass besonders bei einigen Anlagestilen die Übersicht durch die Größe des Fonds verloren geht. Aus diesem Grund werden Fonds nach Erreichung einer „optimalen" Größe für neue Investoren geschlossen.[205]
Korrelation/ Diversifikationsrisiko	Entsteht durch Veränderung historischer Korrelationen zwischen gehaltenen Wertpapieren oder zum Marktportfolio. Grundsätzlich entsteht das Diversifikationsrisiko durch Konzentration der Portfolioanteile an Assetklassen, die ähnliche unsystematische Risiken aufweisen.
Kreditrisiko	Entsteht aufgrund der Veränderung der Kreditwürdigkeit des Unternehmens, in deren Anlagen investiert wurde.
Leverage-Risiko	Entsteht, wenn Finanzierungskosten für das Fremdkapital durch die Gesamtkapitalrendite nicht gedeckt werden können.
Liquiditätsrisiko	Entsteht durch Anlage in Assets, die schwer veräußerbar sind. Am stärksten sind Anlagestile wie Distressed Securities, Merger Arbitrage, Special Situations und andere Anlagestile betroffen, die in Small Cap Aktien und Emerging Markets investieren. Dagegen weisen Market Neutral Anlagestile das kleinste Liquiditätsrisiko auf.
Marktrisiko	Entsteht aufgrund unerwarteter Marktfluktuationen, die zu Preiseinbrüchen in gehaltenen Positionen führen können.
Modellrisiko	Entsteht aufgrund des Versagens der Modelle zur Prognose der Marktentwicklung, Assetpreise, Investorverhalten oder Ereignisse, aufgrund derer Investitionsentscheidungen getroffen werden.
Stilveränderungsrisiko	Entsteht durch die Abweichung von dem vereinbarten Anlagestil. Das opportunistische Verhalten der Hedge Fonds, die in Abhängigkeit von aktuellen Ertragschancen ihren Anlagestil verändern, können keine Konsistenz des Anlagestils garantieren. Aus diesem Grund entspricht der in den Datenbanken angegebene Anlagestil einiger Hedge Fonds nicht immer dem aktuellen Anlagestil.[206]
Operationelles Risiko	Entsteht aufgrund des menschlichen, technologischen oder organisatorischen Versagens.
Rechtliches Risiko	Entsteht aufgrund der veränderten gesetzlichen Regulierungen oder Vertragsklauseln.
Unternehmens-ereignisrisiko	Entsteht aufgrund der veränderten geschäftlichen oder vertraglichen Situation des Unternehmens, in deren Anteile investiert wird.

[204] Vgl. KAISER (2004), S. 152.

Die aufgelisteten Risikoquellen sind zum größten Teil ebenfalls bei Investmentfonds zu finden, wobei jedoch die Ausprägung einzelner Risiken bei den Hedge Fonds deutlich stärker zutage tritt. Das größte Problem bei der Erfassung der Hedge-Fonds-Risiken bestehen aufgrund der Unterschiede in den Anlagestilen. Wie z.B. LO (2001) exemplarisch zeigt, sind die Risikoquellen von Long/Short und Fixed Income Hedge Fonds vollkommen unterschiedlich.[207] Abb. 2.5 veranschaulicht die Ausprägungen unterschiedlicher Risiken bei Investmentfonds, Funds of Funds und bei drei zentralen Hedge-Fonds-Anlagestilen (opportunistischen, marktneutralen und ereignisgetriebenen).

Hedge Fonds tragen insgesamt höhere Risiken. Die Quellen dieser Risiken unterscheiden sich jedoch nur teilweise von denen von Investmentfonds. GÉHIN und VAISSIÉ (2005) finden in ihren Untersuchungen, dass Hedge Fonds für die meisten Anlagestile dem Marktrisiko ausgesetzt sind. Des Weiteren ergibt sich aus der Studie, dass Hedge Fonds aufgrund der dynamischen Veränderung der Anlagestile und einer deutlich höheren Kombination verschiedener Anlageinstrumente und -strategien auch neben dem Marktrisiko weiteren alternativen Risiken ausgesetzt sind.[208]

Risikoarten / Fondsarten	**Investmentfonds**	**Funds of Funds**	**Directional**	**Relative Value**	**Event Driven**
Marktrisiko	↑	↔	↑	↓	↔
Managerrisiko	↕	↕	↕	↕	↕
Diversifikationsrisiko	↔	↑	↔	↔	↔
Liquiditätsrisiko	↓	↔	↓	↔	↑
Leverage Risiko	↓	↓	↑	↔	↔
Stilveränderungsrisiko	↓	↔	↑	↑	↑
Kreditrisiko	↔	↓	↔	↔	↔
Rechtliches Risiko	↓	↓	↓	↓	↑
Modellrisiko	↓	↓	↕	↕	↓
Unternehmensereignisrisiko	↔	↓	↔	↔	↑
Operationelles Risiko	↔	↔	↔	↔	↔

Abbildung 2.5: Zentrale Risiken verschiedener Fondsarten

Die Abbildung veranschaulicht die zentralen Risikoquellen und ihre Ausprägung bei verschiedenen Fondsarten. Folgende Bezeichnungen wurden verwendet: ↑ hohes, ↔ moderates, ↓ niedriges, ↕ in Abhängigkeit vom Anlagestil hohes oder niedriges Risiko. (In Anlehnung an JAEGER (2002), S. 353 f.)

Das Principal-Agent-Problem wurde bereits für Investmentfonds einleitend beschrieben. ACKERMANN et al. (1999) stellen vier Ansätze vor, durch die das Problem eingegrenzt werden kann: Performanceabhängige Vergütung, Beteiligung, Marktkräfte und Regulierungen. Die ersten zwei Komponenten werden verstärkt von Hedge Fonds eingesetzt, während bei Investmentfonds die letzten zwei greifen.[209] So kann z.B. dem *moral hazard* Problem besser durch Hedge Fonds als durch Investment-

205 Vgl. KOH et al. (2002), S. 166
206 Siehe dazu ausführlicher Kap. 3, S. 87.
207 Vgl. LO (2001), S. 18-19.
208 Vgl. GÉHIN und VAISSIÉ (2005), S. 2.
209 Vgl. ACKERMANN et al. (1999), S. 836.

fonds begegnet werden. Dies kann einerseits dadurch geschehen, dass sich die Fondsmanager an den Fondsanlagen persönlich beteiligen und somit zu den Eignern der Fonds zählen oder indem Fondsmanager ein performanceabhängiges Honorar erhalten.[210] Investmentfonds begegnen dagegen dem Principal-Agent-Problem durch gesetzliche Regeln, indem sie die Aufgaben von Managern klar definieren und evtl. einschränken. Des Weiteren kann ein Manager, der eine Zeit lang eine schwache Performance erzielt, seine Investoren an den Markt verlieren, wo sie bessere Rendite-Risiko-Konditionen erhalten. In diesem Fall wird der Fondsmanager von der Marktseite dazu getrieben, eine bessere Performance zu erzielen. Gelingt ihm dies nicht, kann er sogar von seiner Stellung suspendiert werden.[211]

Im Vergleich zu Investmentfonds fällt bei Hedge Fonds für die Investoren der Umfang einer Due Diligence größer aus.[212] Aufgrund der geringen Anzahl an verfügbaren Informationen über Hedge Fonds muss der Investor die Überprüfung der Hedge-Fonds-Daten entweder selbständig oder durch einen Finanzanalysten vornehmen. Dem gegenüber sind Investmentfonds deutlich transparenter.[213] Funds of Funds greifen stark auf Due Diligence zurück, bevor ein Fonds in das Portfolio einbezogen wird. Aufgrund der hohen Kosten für eine Due Diligence kommt es zu einer Beeinträchtigung der FoF's Rendite.[214]

Bis jetzt wurden die zentralen Risikoquellen der beiden Fondstypen beschrieben. In den folgenden Kapiteln erfolgt die Betrachtung quantitativer Maßzahlen zur Erfassung von Risiken. Einige der Risikomaße sind traditionell und haben bereits einen verbreiteten Einsatz in der Empirie und Forschung gefunden. Andere wurden ausschließlich für Hedge Fonds entwickelt, um den besonderen Risikoeigenschaften der Hedge Fonds zu begegnen. Im Folgenden werden zentrale Risikomaße und ihr Einsatz zur Evaluation von Investmentfonds- und Hedge-Fonds-Risiken beschrieben.

2.8.6.3 Risiko- und Performancemaße

Traditionelle Risikomaße

Anhand von Volatilität und höherer Momente der Verteilung können zusätzliche Informationen über Renditeeigenschaften gewonnen werden, die Aussagen über eine Vorteilhaftigkeit der Anlage bzw. Fonds ermöglichen.

Die *Volatilität* (Varianz) gehört zu den klassischen (traditionellen) Risikomaßen in der Portfoliotheorie. Durch Volatilität werden die Abweichungen vom Mittelwert (Erwartungswert) gemessen und sie wird als Verteilungseigenschaft zweiter Ordnung bezeichnet.

---

[210] Vgl. GREGORIOU und CHRISTOPHERSON (2003), S. 335.

[211] Vgl. ACKERMANN et al. (1999), S. 837.

[212] Siehe dazu ausführlicher COTTIER und WESSLING (2006), S. 205 f.

[213] Vgl. LAMM JR. (2004), S. 16.

[214] Eine im Vergleich zu anderen Hedge Fonds niedrigere Rendite der FoF's kann aufgrund eines abwesenden Survivorship Bias, hoher Kosten der Due Diligence und umfangreicherer Strategiallokationen erklärt werden. Vgl. LAMM JR. (2004), S. 20.

Durch die Volatilität können Risiken schnell und einfach quantifiziert werden. Die Volatilität gehört jedoch zu den zweiseitigen Risikomaßen und es ist fraglich, ob ein Investor an den positiven Abweichungen vom Mittelwert genauso interessiert ist wie an den negativen. Fraglich ist ebenfalls, ob anhand dieser Kennzahl extreme Wertveränderungen eine besondere Gewichtung erhalten, da sie höhere Risiken mit sich bringen. Die Kritik an der Volatilität beruht auf den besonderen (stilisierten) Eigenschaften der Renditeverteilung von Finanzzeitreihen.

Die *Schiefe* ist die Verteilungseigenschaft dritter Ordnung und beschreibt die Neigung der Verteilungskurve. Ein von Null abweichender Wert deutet auf eine Kurve mit einer nicht symmetrischen Renditeverteilung hin.

Die *Wölbung* (Kurtosis) ist die Verteilungseigenschaft vierter Ordnung. Sie beschreibt die Breite der Verteilungskurve um ihren Mittelwert. Anhand der Wölbung können Abweichungen von der Normalverteilung gemessen werden. Für die in der Tab. 2.9 angegebene Formel der Wölbung ist der Wert der Wölbung für eine Normalverteilung gleich Null.

Renditezeitreihen besitzen nicht wie häufig angenommen eine Normalverteilung, sondern eine leptokurtische Verteilung. Diese Verteilungskurve weist einen schlankeren Verlauf auf und besitzt *fat tails*, d.h. die Seiten fallen weniger steil ab als bei der Gausschen Glockenkurve. Die Renditereihen von Finanzzeitreihen besitzen eine hohe positive Kurtosis (Wölbung) und eine leichte negative Schiefe.[215]

Zur Beurteilung der Risikomaße wird häufig ebenfalls Autokorrelation einbezogen. Diese drückt lineare Abhängigkeit der Renditebeobachtungen einer Zeitreihe aus. Der Nachweis der Autokorrelation in Renditezeitreihen kann dazu führen, dass die zentralen statistischen Performancemaße wie z.B. Volatilität, Sharpe-Ratio und Korrelation nicht adäquat bestimmt werden.[216]

Bei der Evaluation der Eigenschaften von Fondsrenditen werden häufig die traditionellen Risikomaße wie Volatilität, höhere Momente der Verteilung oder Autokorrelation eingesetzt. Bereits anhand dieser Charakteristika können häufig Unterschiede zwischen Investmentfonds und Hedge Fonds festgestellt werden.

Investmentfonds

In mehreren Studien wird angenommen, dass Investmentfondsrenditen normalverteilt sind.[217] Die meisten Studien zu Investmentfondsrenditecharakteristika liegen jedoch Jahrzehnte zurück. Aktuelle Studien über Renditeeigenschaften konzentrieren sich dagegen oft ausschließlich auf Hedge Fonds oder führen Untersuchungen zu Investmentfonds lediglich als Vergleich am Rande durch. In der empirischen Literatur fehlen aktuelle Studien zu den Charakteristika der Renditeverteilungen von Investmentfonds und ein Vergleich zu den früheren Studien. LIANG (1999) identifiziert bei

215 Vgl. TAYLOR (1986), S. 26 ff., BOUCHAUD und POTTERS (2001), S. 61 und VERHOEVEN und MCALEER (2004), S. 356.

216 Vgl. GETMANSKY et al. (2004), S. 532.

217 Vgl. z.B. LO (2002), S. 36.

Investmentfonds im Vergleich zu Hedge Fonds eine kleinere mittlere Volatilität der Rendite.[218]

Hedge Fonds

Mehrere Untersuchungen wie die von BROOKS und KAT (2001) und LAMM JR. (2004), deuten darauf hin, dass für Hedge-Fonds-Renditen unterschiedlicher Anlagestile Asymmetrien bzw. eine signifikante Kurtosis und Schiefe in der Renditeverteilung nachweisbar sind. Diese Befunde haben eine große Auswirkung auf die Auswahl der Performancemaße bei der Performanceevaluation, da die klassischen Maßzahlen, die ausschließlich auf Rendite und Volatilität basieren, die extremen, am Rand der Verteilungskurve liegenden Risiken nicht erfassen können. Eine Ablehnung der Annahme einer Normalverteilung bzw. der Nachweis einer leptokurtischen Verteilung der Hedge-Fonds-Rendite konnte durch Studien von FUNG und HSIEH (1999a) und ALEXIEV (2005) bestätigt werden. Auch in der Verteilung der Hedge-Fonds-Indexrenditen kann keine Normalverteilung angenommen werden.[219] Eine hohe Kurtosis und negative Schiefe wurden insbesondere für Convertible Arbitrage, Merger Arbitrage und Distressed Securities bestätigt.[220] Dagegen beobachten DUARTE et al. (2005) bei Fixed Income Arbitrage Fonds Renditen eine positive Schiefe.[221] KAT und LU (2002) stellen dagegen nur bei Global Macro eine negative Schiefe fest.

In vielen Studien wird zusätzlich die Korrelation der Hedge-Fonds-Rendite zu der traditioneller Investmentfonds gemessen, wobei diese Korrelation sehr niedrig ist. Die Korrelation ist jedoch ein lineares Maß, welches nichtlineare Zusammenhänge nicht messen kann. Da Hedge Fonds ihre Strategien und Sensitivität im Verhältnis zum Markt sehr dynamisch verändern, ist die Anwendung der Korrelation in Bezug auf Hedge-Fonds-Renditen fraglich. Dabei ist besonders die Korrelationsmessung über längere Zeithorizonte zu hinterfragen.

Eine besondere Eigenschaft der Hedge-Fonds-Renditen im Vergleich zu Investmentfonds ist in Bezug auf Autokorrelation festzustellen. Zwar sind die Untersuchungsergebnisse teilweise kontrovers, jedoch scheinen Hedge-Fonds-Renditen öfter eine signifikante Autokorrelation aufzuweisen.

LO (2002) untersucht die Autokorrelation bei Hedge- und Investmentfonds. Er findet keinen Nachweis auf eine Autokorrelation bei Investmentfonds, dafür aber bei Hedge Fonds. Im Gegensatz dazu stellt IPPOLITO (1992) Autokorrelation in Investmentfondsrenditen fest. Laut KAT und LU (2002) weisen Merger Arbitrage, Distressed Securities, Convertible Arbitrage und Emerging Market eine hohe Autokorrelation erster Ordnung auf.[222] GETMANSKY et al. (2004) zeigen, dass die Autokor-

---

218 Im empirischen Teil der Arbeit werden Untersuchungen der Volatilität und der höheren Momente der Verteilung für beide Fondsarten durchgeführt.

219 Vgl. z.B. BROOKS und KAT (2001), S. 30 und MORTON et al. (2006), S. 512.

220 Siehe Studie von BROOKS und KAT (2001), S. 43.

221 Vgl. DUARTE et al. (2005), S. 14.

222 Vgl. auch DE SOUZA und GOKCAN (2004), S. 13.

relation in Hedge-Fonds-Renditen deutlich höher als bei Investmentfonds ausfällt. Eine Erklärung dafür sehen sie in den geglätteten Renditen und illiquiden Assets der Hedge Fonds.[223] OKUNEV und WHITE (2003) zeigen, dass das Risiko der Fixed Income Fonds von 60 bis 100% unterbewertet wird, wenn Anpassungen wegen der Autokorrelation (bzw. ihre Eliminierung) in Renditen dieses Anlagestils nicht vorgenommen werden.[224]

Werden bei nichtnormalverteilten Renditen ausschließlich die ersten beiden Momente der Verteilung zur Evaluation der Performance berücksichtigt, kommt es zu einer Unterbewertung des Risikos.[225] Durch die Einbeziehung von allen vier Momenten der Verteilung kann dagegen ein adäquateres Bild über die Renditeverteilung und dadurch über die realisierte Performance gewonnen werden. Oft ist es jedoch umständlich, unterschiedliche Anlagen oder Fonds anhand der vier Eigenschaften zu vergleichen. Aus diesem Grund werden in der Literatur unterschiedliche Performancemaße vorgestellt, die einige oder alle dieser vier Eigenschaften der Verteilung sowie andere Risikomaße miteinander kombinieren.

Häufig ist ein Investor an der ausschließlichen Betrachtung des Potentials eines negativen Ausganges seiner Anlage interessiert. In diesem Zusammenhang werden Abweichungen unter den Erwartungswert als *Downside-Risiken* bezeichnet. Die in den folgenden Kapiteln dargestellten Risikomaße VaR, Lower-Partial-Moments und Drawdown gehören zur Gruppe der Downside-Risiken.[226]

Value-at-Risk

Der Value-at-Risk (VaR) ist eine Risikokennzahl zur Erfassung des größtmöglichen Verlustes bei einer gegebenen Wahrscheinlichkeit für einen bestimmten Zeithorizont. Bei der Annahme normalverteilter Renditen kann VaR wie folgt berechnet werden:[227]

$$VaR_i = E(R_i) + z_\alpha \sigma_i \tag{2.4}$$

mit:
- VaR_i Value-at-Risk der Anlage i
- $E(R_i)$ Erwartungswert der Rendite der Anlage i
- σ_i Standardabweichung der Rendite der Anlage i
- z_α z-Wert der Standardnormalverteilung für die Wahrscheinlichkeit (1-α)

223 Vgl. GETMANSKY et al. (2004), S. 530. Ab S. 534 diskutieren sie auch andere Quellen der Autokorrelation.

224 Vgl. OKUNEV und WHITE (2003), S. 2.

225 Vgl. BROOKS und KAT (2001), S. 43.

226 Vgl. JORION (2001), S. 246. Siehe auch ANG et al. (2005).

227 Siehe JOHANNING (1998), S. 25 ff.

Der VaR ist ein Maß des Marktrisikos, das seinen Einsatz u.a. bei Banken[228], Versicherungen und im Portfolio Management gefunden hat. Trotz der einfachen Definition und Bestimmung des VaR ist eine praktische Erfassung dieser Risikokennzahl nicht unproblematisch. Eine optimale Schätzung des VaR ist nur bei einer genauen Kenntnis der zukünftigen Verteilung und der stilisierten Eigenschaften der Finanzzeitreihen gewährleistet. Die Verteilung der zukünftigen Renditen ist jedoch ungewiss. Die Einbeziehung von historischen Renditeverteilungen zur Berechnung des VaR ist nicht ausreichend, da die historischen Renditen stilisierte Fakten von Finanzzeitreihen, wie z.B. Verteilungseigenschaften oder Long-Memory, für die Zukunft nicht mit Sicherheit repräsentieren können. Eine große Auswahl an Methoden zur Berechnung des VaR bietet Betätigungsfelder sowohl für die theoretische als auch für die praktische Forschung an.[229] Als eine Benchmark zur Erfassung des VaR wird das im Jahre 1994 von J.P. Morgan entwickelte Modell RiskMetrics betrachtet.[230] Dieses Modell basiert auf einem *exponentiell gewichteten gleitenden Durchschnitt* (EWMA, engl. exponentially weighted moving average).[231] Dieses Verfahren kann als ein restriktiver Spezialfall eines GARCH-Modells aufgefasst werden.[232]

Der VaR wird in der Literatur für seine ausschließliche Erfassung der standardisierten Marktbewegungen kritisiert. Extreme Marktveränderungen bleiben dabei unberücksichtigt. Aus diesem Grund wird die Berechnungsformel für den VaR ständig verbessert, sodass das asymmetrische Verhalten der Verteilung berücksichtigt werden kann.[233]

Eine der ersten Erweiterungen, die eine asymmetrische Verteilung durch die Vorstellung des Conditional-Value-at-Risk (CVaR) (auch als Tail-Value-at-Risk bezeichnet) zu berücksichtigen versuchten, wurde von ARTZNER et al. (1997) vorgestellt.[234] Der CVaR misst den Verlust, der bei einer Überschreitung des VaR-Quantils durchschnittlich erwartet wird. Damit werden auch die extremen Werte der Verteilung außerhalb der VaR-Grenze berücksichtigt. Das CVaR wird wie folgt berechnet:

$$CVaR_i = E\left[R_i | R_i \leq \text{VaR}_i\right] \tag{2.5}$$

mit: $CVaR_i$ Conditional-Value-at-Risk der Anlage i

SIGNER und FAVRE (2002) und FAVRE und GALEANO (2002) schlagen eine Modifizierung des VaR anhand der Corner-Fisher-Approximation vor, um die asymme-

228 Aufgrund der internationalen Regulierungen zur Eigenkapitalunterlegung für Marktrisiken im Finanzsektor durch den Baseler Ausschuss (Basel II) können Banken ihre internen Risikomodelle anwenden, wobei sie mithilfe des VaR ihre Mindesteigenkapitalunterlegung berechnen können. Vgl. OELKER (2004), S. 216.

229 Für eine Übersicht unterschiedlicher Methoden der VaR-Bestimmung siehe z.B. JORION (2001), BILLIO und PELIZZON (2000), GUERMAT und HARRIS (2002) und BREDIN und HYDE (2004).

230 Vgl. RISKMETRICS-GROUP (1996).

231 Siehe Studie von GUERMAT und HARRIS (2002).

232 Vgl. PHELAN (1995).

233 Siehe JOHANNING (1998), S. 25 ff.

234 Vgl. auch ARTZNER et al. (1999).

trischen Eigenschaften einer Verteilung zu berücksichtigen. Das modifizierte Value-at-Risk (MVaR) besitzt die Form:

$$MVaR_i = W\left[E(R_i) + \left\{z_\alpha + \tfrac{1}{6}\left(z_\alpha^2 - 1\right)S_i + \tfrac{1}{24}\left(z_\alpha^3 - 3z_\alpha\right)K_i \right.\right. \\ \left.\left. - \tfrac{1}{36}\left(2z_\alpha^3 - 5z_\alpha\right)S_i^2\right\}\sigma\right] \quad (2.6)$$

mit:
- $MVaR_i$ modifizierte Value-at-Risk der Anlage i
- z_α Wert der Standardnormalverteilung für die Wahrscheinlichkeit (1-α)
- S_i Schiefe
- K_i Kurtosis (Wölbung)
- W Portfoliowert

Normalverteilte Renditen besitzen eine Kurtosis und Schiefe von Null, wodurch die Gl. 2.6 der klassischen VaR-Definition (2.4) entspricht. Wie LHABITANT (2004) anmerkt, kann MVaR bei starken Abweichungen von normalverteilten Renditen verzerrte Schätzungen liefern, da die Gl. (2.6) lediglich eine Approximation von der Normalverteilung nahen Verteilungen abbildet.[235]

Des Weiteren gewinnt der als *Extreme Values* (EVT) bezeichnete Bereich das Interesse der Forscher. Unter diesem Begriff werden Modelle und Methoden verstanden, die das Verhalten extremer Ereignisse auf statistischer Basis untersuchen. EVT unterscheidet sich von den klassischen statistischen Betrachtungen durch eine ausschließliche Fokussierung auf die extremen Enden der Verteilungskurve.[236]

Der VaR hat einen verbreiteten Einsatz sowohl für Hedge Fonds als auch Investmentfonds gefunden. Einige Erweiterungen des VaR wurden bei dem Streben nach einer adäquaten Risikoquantifizierung von Hedge Fonds entwickelt.

Investmentfonds

Die Value-at-Risk-Berechnung gewinnt auch unter Investmentfonds an Popularität, nachdem in den 1990-er Jahren einige Investmentfonds plötzliche Performanceeinbrüche erfahren haben.[237] Der VaR stellt eine für die Investoren und Fondsmanager greifbare Größe dar, die den potenziellen Verlust in Performance-schwachen Perioden abbildet. Allerdings kam der VaR bei Banken viel schneller zum Einsatz als bei Investmentfonds. Der Grund liegt in den deutlich kürzeren Anlagehorizonten sowie den größeren Umsätzen der Banken. Der Anlagehorizont und der Umsatz bei Investmentfonds verändern sich jedoch deutlich langsamer, wodurch sich keine Notwendigkeit zu einer übermäßigen Risikokontrolle ergibt. Ein weiterer Grund liegt in der großen Auswahl anderer Risikomaße, die vielleicht nicht immer eine leicht interpretierbare Größe wie der VaR darstellen, dafür aber deutlich robuster auf Modellfehlspezifikationen bei ihrer Berechnung reagieren.[238]

[235] Vgl. LHABITANT (2004), S. 299.

[236] Vgl. LHABITANT (2004), S. 299, LHABITANT (2006), S. 488 f. und HARMANTZIS et al. (2006), S. 118.

[237] Vgl. MADURA (2001).

[238] Vgl. JORION (2001), S. 408 f.

Hedge Fonds

Hedge Fonds ähneln im Risikoaspekt eher Investmentbanken, die einen relativ kurzen Anlagehorizont besitzen und größere Anlagevolumen umschlagen. Die Risiko-Positionen von Hedge Fonds sind zusätzlich durch den Einsatz von Derivaten und Leverage deutlich riskanter als bei Investmentfonds. In mehreren Studien zu Hedge Fonds wird das Risiko anhand des VaR quantifiziert.[239] Der Einsatz des VaR insbesondere für Hedge Fonds wird jedoch kritisiert. Der VaR kann z.B. die für Hedge Fonds wichtigen Anteile der Liquiditäts-, Ereignis- und Kreditrisiken nicht erfassen, sodass das Gesamtrisiko nicht vollständig widergespiegelt wird. Des Weiteren ist der VaR kein universelles Maß, welches verschiedene Risikoquellen unterschiedlicher Anlagestile gleichwertig zu erfassen vermag.[240]

Aus diesem Grund verwenden z.B. GREGORIOU (2004b), BALI und GOKCAN (2004) und KOOLI et al. (2005) unterschiedliche, angepasste VaR-Methoden zur Messung der Hedge-Fonds-Risiken.[241] Sie vergleichen Risikoparameter anhand traditioneller und modifizierter VaR Methoden und betonen, dass der modifizierte VaR eine deutlich bessere Anpassung als ein traditioneller VaR ermöglicht. KOOLI et al. (2005) kommen zu dem Ergebnis, dass der MVaR im Vergleich zum VaR (aufgrund historischer Renditen als Proxy für zukünftige Entwicklungen) das tatsächliche Risiko leicht unterbewertet, jedoch zu „konservativeren" modifizierten Sharpe-Ratios führt.[242]

Die Erweiterungen des traditionellen VaR sind notwendig, um den extremen Marktsituationen Rechnung tragen zu können. Insbesondere für Hedge Fonds sind die neuen VaR-Maße entscheidend, da sie asymmetrische Verteilungseigenschaften der Hedge-Fonds-Renditen berücksichtigen können.

Lower Partial Momente

Bei *Lower Partial Momenten* (LPM) werden Risiken in Bezug auf eine Mindestrenditeanforderung gemessen. Aufgrund einer ausschließlichen Berücksichtigung von Abweichungen unterhalb des geforderten Mindestrenditeniveaus werden diese Risikomaße als einseitige Risikomaße bezeichnet. Die Berechnungsformel ist in Tab. 2.9 abgebildet. Die zentralen Parameter sind dabei die geforderte Mindestrendite (τ) und die Ordnung (n) der LPM. Die Ordnung der LPM drückt aus, wie stark über- (für $n > 1$) oder unterproportional (für $n < 1$) eine Unterschreitung der Mindestrenditeanforderung gewichtet werden soll. In Abhängigkeit von der Ordnung werden folgende Maßzahlen unterschieden:[243]

---

239 Vgl. GUPTA und LIANG (2005). AGARWAL und NAIK (2004) nutzen den CVaR zur Bildung von Portfolios mit Hedge-Fonds-Anteilen.

240 Vgl. LO (2001), S. 19.

241 JORION (2000) verwendet den VaR zur Analyse des LTCM-Falles. Die Studie kommt zu dem Ergebnis, dass LTCM sein Risiko aufgrund der Betrachtung ausschließlich kurzfristiger historischer Entwicklungen unterbewertete.

242 Vgl. KOOLI et al. (2005), S. 382.

243 Für eine ausführliche Beschreibung der LPM siehe PODDIG et al. (2005), S. 304 f.

- *Ausfallwahrscheinlichkeit* ($n = 0$) erfasst die Wahrscheinlichkeit des Auftretens einer Unterschreitung der Mindestrendite γ;
- *Mittleres Ausfallrisiko* (engl. expected shortfall) ($n = 1$) erfasst die mittlere Höhe des Renditeausfalls bei einer Unterschreitung der Mindestrendite;
- *Semivarianz* ($n = 2$) erfasst überproportional (quadratisch) eine Unterschreitung der Mindestrendite γ;
- *Ausfallschiefe* ($n = 3$) und
- *Ausfallwölbung* ($n = 4$) ermöglichen eine stärkere Gewichtung des Auftretens einer Unterschreitung der Mindestrendite γ.

Meistens werden LPM-Maße anstatt von traditionellen Risikomaßen, wie z.B. Volatilität, bei der Konstruktion von Performancekennzahlen (z.B. Sortino-Ratio) verwendet. Ebenfalls haben sie einen verbreiteten Einsatz in empirischen Studien bei der Schätzung von Capital Asset Pricing Modellen gefunden, in denen Betas anhand der LPM konstruiert werden.[244] Die erweiterten (einseitigen) Risikomaße verlangen die Festlegung einer Mindestrendite (τ), die unterschiedlich definiert werden kann und daraus folgend eine subjektive Komponente darstellt.

Investmentfonds

Einseitige Risikomaße werden oft beim Ranking von Fonds verwendet. SRIVASTAVA und ESSAYYAD (1994) bauen LPM im Capital Asset Pricing Modell ein. Sie berechnen daraus Betas, die eine hohe Signifikanz aufweisen, und implementieren sie in das Treynor-Maß. Sie klassifizieren Investmentfonds anhand der neu berechneten Treynor-Maße, wobei jedoch das neue Ranking keine signifikant unterschiedlichen Ergebnisse liefert. Auch MISHRA und RAHMAN (2002) bilden LPM-Betas für Investmentfonds und kommen zu dem Ergebnis, dass CAPM-Betas das Risiko zum Teil überbewerten. Sie betonen, dass das LPM-Beta ein adäquates Risikomaß ist, wenn die Renditen nichtnormalverteilt sind.[245]

Hedge Fonds

Einige der in Tab. 2.9 präsentierten Performancemaße (z.B. Kappa 3) wurden auf Basis von LPM in Studien zu Hedge Fonds verwendet. Aufgrund der von der Normalverteilung stark abweichenden Renditeeigenschaften der Hedge Fonds bieten traditionelle Risikomaße unzureichend angepasste Risikomessungen. Die bei Hedge Fonds verdeckten extremen Risiken können anhand von LPM erfasst und überproportional gewichtet werden. KAPLAN und KNOWLES (2004) wenden zur Performancemessung der Hedge-Fonds-Indizes die Maße Omega, Sortino-Ratio und Kappa 3 an. Sie stellen fest, dass das Ranking der Indizes anhand dieser drei Kennzahlen sehr robust ausfällt.[246] Die meisten LPM-Maße werden jedoch im Rahmen der Sortino-Ratio oder des CAPM-Betas verwendet.

244 Für detaillierte Beschreibung siehe SRIVASTAVA und ESSAYYAD (1994).
245 Vgl. MISHRA und RAHMAN (2002), S. 14.
246 Vgl. KAPLAN und KNOWLES (2004), S. 7.

Tabelle 2.9: Performancemaße

Die Tabelle veranschaulicht unterschiedliche Risiko- und Performancemaße. Zur Notation siehe Kap. 2.8.6.3. bis 2.8.6.3. (Eigene Darstellung in Anlehnung an PEDERSEN und RUDHOLM-ALFVIN (2003) und ELING (2006), S. 94 f.)

Performancemaß	Berechnung	Autoren/Studien
Varianz/Volatilität	$\sigma_i^2 = \frac{1}{T}\sum_{t=1}^{T}(R_{it} - \bar{R}_i)^2$ $\sigma_i = \sqrt{\sigma_i^2}$	KLEMKOSKY (1973)
Schiefe	$S_i = \frac{\frac{1}{T}\sum_{t=1}^{T}(R_{it}-\bar{R}_i)^3}{\sigma_i^3}$	ALDERFER und BIERMAN (1970)
Wölbung (Kurtosis)	$K_i = \frac{\frac{1}{T}\sum_{t=1}^{T}(R_{it}-\bar{R}_i)^4}{\sigma_i^4} - 3$	DARLINGTON (1970)
Lower Partial Momente	$LPM_{ni,\tau} = \frac{1}{T}\sum_{t=1}^{T}\max\left[\tau - R_{it}, 0\right]^n$	ANG (1975)
Omega	$\Omega_i(\tau) = \frac{\bar{R}_i - \tau}{LPM_{1i,\tau}} + 1$	SHADWICK und KEATING (2002)
Sortino-Ratio	$SOR_i(\tau) = \frac{\bar{R}_i - \tau}{\sqrt[2]{LPM_{2i,\tau}}}$	SORTINO und VAN DER MEER (1991)
Kappa 3	$K3_i(\tau) = \frac{\bar{R}_i - \tau}{\sqrt[3]{LPM_{3i,\tau}}}$	KAPLAN und KNOWLES (2004)
Sharpe-Ratio (SR)	$SR_i = \frac{\bar{R}_i - r_f}{\sigma_i}$	SHARPE (1966)
Treynor-Maß	$TM_i = \frac{\bar{R}_i - r_f}{\beta_i}$	TREYNOR (1965)
Excess Return on VaR	$ERVaR_i = \frac{\bar{R}_i - r_f}{VaR_i}$	DOWD (2000)
Conditional SR	$CSR_i = \frac{\bar{R}_i - r_f}{CVaR_i}$	ARTZNER et al. (1997,1999)
Modifizierte SR	$MSR_i = \frac{\bar{R}_i - r_f}{MVaR_i}$	GREGORIOU und GUEYIE (2003)
Calmar-Ratio	$CR_i = \frac{\bar{R}_i - r_f}{MD_i}$	YOUNG (1991)
Sterling-Ratio	$STR_i = \frac{\bar{R}_i - r_f}{\frac{1}{T}\sum_{t=1}^{T} MD_{it}}$	KESTNER (1996)
Burke-Ratio	$BR_i = \frac{\bar{R}_i - r_f}{\sqrt{\sum_{t=1}^{T} MD_{it}^2}}$	BURKE (1994)

Wie die Studien zeigen, ergeben manchmal erweiterte Risikomaße, wie z.B. LPM-Betas, dann Sinn, wenn nichtnormalverteilte Renditeeigenschaften vorliegen. Aus diesem Grund eignen sie sich nicht immer bei der Modellierung von Investmentfondsrenditen.

Drawdown

Einen verbreiteten Risikobegriff stellt *Drawdown* dar, der im Allgemeinen eine Verlustperiode indiziert. Meistens wird jedoch der maximale Wertverlust einer Anlage (in Prozent) bis zur Erreichung ihres ursprünglichen NAV-Wertes berechnet, der als *maximaler Drawdown* (MD) bezeichnet wird. Oft wird der Drawdown bis zur Grenze der High-Water-Mark oder des höchsten Monatsschlusskurses (NAV) gemessen.[247] Die Berechnung des *maximalen Drawdown* innerhalb eines Beobachtungszeitraums erfolgt anhand der Differenz des höchsten Monatsschlusskurses (NAV) und des tiefsten NAV-Wertes aller Monate im Verhältnis zu dem höchsten Monatsschlusskurs:[248]

$$MD_{iT} = \frac{max(NAV)_{iT} - min(NAV)_{iT}}{max(NAV)_{iT}} \tag{2.7}$$

mit: MD_{iT} maximaler Drawdown im Zeitraum T der Anlage i
$max(NAV)_{iT}$ höchster Monatsschlusskurs im Zeitraum T der Anlage i
$min(NAV)_{iT}$ minimaler Monatsschlusskurs im Zeitraum T der Anlage i

Der Drawdown ist insbesondere für die Messung der Hedge-Fonds-Performance interessant, da der durch ihn quantifizierte negative Performancewert durch klassische Charakteristika wie Rendite und Volatilität nicht erfasst wird. Insbesondere durch die Beschreibung der Hedge-Fonds-Renditen anhand einer Normalverteilung werden die extremen negativen Werte nicht erfasst. Aus diesem Grund sollte für Hedge Fonds diese Annahme nicht getroffen werden, sowie die klassischen Performancemaße nur mit Bedacht zur Performancemessung angewendet werden.

Trotz der einfachen Bestimmung und Interpretation des Drawdown ist dieses Maß mit einigen Problemen behaftet. Dem Drawdown fehlt es an einer statistischen Basis, wie sie z.B. bei der Volatilität gegeben ist.[249] Bei der Messung des Drawdown sind bestimmte Flexibilitäten zu berücksichtigen, durch die der Wert dieses Maßes in Abhängigkeit vom Messzeitpunkt variiert. Wie LHABITANT (2004) vorschlägt, sollten für Drawdown-Vergleiche nur Durchschnittswerte betrachtet werden, da die Zeitperioden zwischen den Messungen unterschiedlich lang sein können.[250] JÖHRI (2004) weist darauf hin, dass adäquate Messungen vom Drawdown sehr datenintensiv sind. Um die Verteilungseigenschaften dieses Risikomaßes zu identifizieren, werden lange

[247] Für die Definition für Drawdown siehe auch MASLOV und ZHANG (1999), S. 233, MAGDON-ISMAIL et al. (2002), S. 1 und SANCETTA und SATCHELL (2004), S. 259.
[248] Vgl. BLACK (2004), S. 61
[249] Vgl. LHABITANT (2004), S. 57.
[250] Vgl. LHABITANT (2004), S. 57.

Zeitreihen benötigt, damit der Drawdown über längere Zeitfenster gemessen wird. Bei monatlichen Hedge-Fonds-Daten ist die Approximation des Drawdown äußerst schwierig, da die Tagesbewegungen des NAV verdeckt bleiben und die monatlichen Daten zu diskret sind.

Der Unterschied des Drawdown zum VaR liegt zum einen darin, dass der Drawdown einen prozentualen Wert und VaR einen absoluten Wert (auf einem bestimmten Konfidenzniveau) des Verlustes berechnet, und zum anderen darin, dass der Drawdown auf Basis von diskreten Renditebeobachtungen und VaR auf Basis von Renditeverteilungen berechnet wird.[251]

Trotz der Defizite des Drawdown gewinnt dieses Maß zunehmende Verwendung. WEISMAN und ABERNATHY (2000), SANCETTA und SATCHELL (2004), LÓPEZ DE PRADO und PEIJAN (2004) und JÖHRI (2004) setzten den Drawdown als Risikomaß in ihren Studien ein. LÓPEZ DE PRADO und PEIJAN (2004) definieren parallel zum Drawdown das *Time under the Water* Maß (TUW) (Zeit unter Wasser). TUW erfasst eine Zeitperiode, in der das Portfolio mit einer bestimmten Wahrscheinlichkeit unter der angestrebten Mindestrendite liegt. In ihrer Studie zeigen LÓPEZ DE PRADO und PEIJAN (2004), dass der VaR nicht vollständig alle Risiken erfassen kann, wenn die Annahmen der Normalverteilung und Unabhängigkeit der Renditen nicht eingehalten werden können. Im Fall von Hedge Fonds können diese beiden Annahmen jedoch nicht getroffen werden, was dazu führt, dass kleine VaR-Werte nicht die Abwesenheit von Risiken bedeuten, sondern eine Unterschätzung derselben. Dagegen ermöglichen ihrer Ansicht nach die Maße Drawdown und TUW eine vollständigere Erfassung der tatsächlichen Risiken.[252] Ähnlich zu dem konditionierten VaR definiert JÖHRI (2004) einen konditionierten Drawdown-at-Risk und TUW-at-Risk und verwendet diese Maße anstelle von traditionellen Risikomaßen bei der Optimierung von Portfolios.[253]

Sharpe-Ratio

Die Sharpe-Ratio repräsentiert eines der verbreitetsten Performancemaße. Die Popularität dieses Performancemaßes lässt sich auf die simultane Berücksichtigung der Rendite- und der Risikokomponente (bzw. der Volatilität) zurückführen. Definiert wird das Maß durch das Verhältnis der mittleren Überschussrendite ($\bar{R}_i - r_f$) zur Volatilität (σ_i):

$$SR_i = \frac{\bar{R}_i - r_f}{\sigma_i} \tag{2.8}$$

mit: SR_i Sharpe-Ratio der Anlage i $\quad r_f$ risikofreier Zinssatz
$\bar{R}_i$ mittlere Rendite der Anlage i $\quad \sigma_i$ Volatilität der Anlage i

251 Vgl. JÖHRI (2004), S. 65.
252 Vgl. LÓPEZ DE PRADO und PEIJAN (2004), S. 19.
253 Vgl. JÖHRI (2004), S. 61.

Die Sharpe-Ratio wird als eine Risikoprämie pro Einheit des übernommenen Gesamtrisikos interpretiert.[254] Aufgrund der simultanen Berücksichtigung der Rendite und des Risikos wird in diesem Zusammenhang oft von einer risikoadjustierten Rendite gesprochen.[255] Anhand der Sharpe-Ratio lassen sich unterschiedliche Fonds in Bezug auf ihr Rendite-Risiko-Profil vergleichen.

Kritik an der Sharpe-Ratio kam auf, als die Performance verschiedener Anlagealternativen evaluiert werden musste, deren Renditen keiner Normalverteilung folgten. Das klassische Risikomaß Volatilität kann die Risiken bei nichtnormalverteilten Renditeverteilungen nicht vollständig erfassen. Aus diesem Grund wurde die Sharpe-Ratio ständig erweitert, indem unterschiedliche Risikogrößen im Nenner der Sharpe-Ratio eingesetzt wurden. Z.B. wird beim Treynor-Maß das Risiko anstatt durch die Volatilität durch den Beta-Parameter erfasst. Aber auch dieses Maß ermöglicht nicht immer eine ausreichende Evaluation einer Performance. Das Treynor-Maß stellt eine risikoadjustierte Rendite in Bezug auf systematische Risiken dar. Wenn jedoch der Vergleich unterschiedlicher Anlagen auf Basis des Gesamtrisikos erfolgen muss, ist dieses Maß nicht geeignet.[256]

Die Erfassung des Risikos in den erweiterten Formen der Sharpe-Ratio basiert auf drei Aspekten:

- Erfassung des Risikos durch Lower Partial Momente
- Erfassung des Risikos anhand des Value-at-Risk
- Erfassung des Risikos anhand des Drawdown

Auch für dieses Maß stellt sich die Frage, ob erweiterte Formen zur Evaluation der Performance von unterschiedlichen Fonds implementiert werden müssen. Einige Studien zeigen, dass die traditionellen Formen der Performancemaße adäquate Ergebnisse liefern können.

Investmentfonds

LO (2002) argumentiert, dass die Renditecharakteristika der Investmentfonds denen der Normalverteilung ähneln, so dass die Anwendung der Sharpe-Ratio zur Evaluation der Fondsperformance angemessen erscheint. Investmentfonds weisen zum Teil eine höhere risikoadjustierte Rendite als Marktindizes auf.[257] Dieser Befund ist jedoch von den betrachteten Fonds und aktuellen Marktphasen abhängig und hat somit keine allgemeine Gültigkeit. Grundsätzlich besitzen jedoch Investmentfonds niedrigere Sharpe-Ratios als Hedge Fonds, wobei bei diesem Vergleich eine adäquate Risikokomponente zur Erfassung der Hedge-Fonds-Risiken eingesetzt werden muss.[258]

---

254 Vgl. PODDIG et al. (2005), S. 609.

255 Einige Autoren wie z.B. FEIBEL (2003) bezeichnen das Jensen-Alpha als risikoadjustierte Rendite. Vgl. FEIBEL (2003), S. 196.

256 Vgl. PODDIG et al. (2005), S. 642.

257 Vgl. DAMODARAN (2003), S. 147.

258 Vgl. LO (2002), S. 36.

Hedge Fonds

ACKERMANN et al. (1999) und LIANG (1999) stellen in ihren Studien eine höhere Performance der Hedge Fonds im Vergleich zu Investmentfonds fest. LIANG (1999) und ACKERMANN et al. (1999) meinen sogar, dass Hedge Fonds aufgrund der Sharpe-Ratio eine bessere risikoadjustierte Rendite als Investmentfonds bieten. Die Erklärung für die Feststellung einer hohen risikoadjustierten Rendite kann nach EDWARDS (1999) anhand drei Faktoren begründet werden:

- eine ständige Suche der Hedge-Fonds-Manager nach (Markt)Preisineffizienzen, die durch hohe Erträge belohnt wird;
- Expertenwissen der Manager sowie Performanceanreize durch die Gebührenstruktur und die private Beteiligung der Manager;
- unangemessene Performancemessung.

Die Unterschiede in der Performance können tatsächlich auf die höheren Anforderungen an die Hedge-Fonds-Manager zurückzuführen sein, wie EDWARDS (1999) betont. Zum einen gestalten Hedge-Fonds-Manager deutlich aktiver ihre Anlagestile als dies bei Investmentfonds der Fall ist. Hedge Fonds sind dabei ständig auf der Suche nach Marktineffizienzen und Anomalien, wogegen Investmentfonds eher passiv dem Finanzmarkt folgen. Zum anderen setzen Hedge Fonds für ihre Fondsmanager höhere Anreize an, indem die Gebührenstruktur durch die High-Water-Mark und die Hurdle Rate gesetzt wird sowie eine persönliche Beteiligung der Fondsmanager sie zum aktiven Management des Fonds bewegt.

Ein anderer zentraler Grund, für die Entstehung der Performanceunterschiede zwischen Hedge Fonds und Investmentfonds, kann in einer unangemessenen Auswahl der Performancemaße liegen. Hedge Fonds weisen oft eine hohe Sharpe-Ratio auf und werden sofort als vorteilhaftere Anlagealternativen in Bezug auf ihre Rendite-Risiko-Charakteristika beurteilt. Der Nachteil der gewöhnlichen Sharpe-Ratio liegt jedoch in der begrenzten Berücksichtigung des Risikos. In der Realität sind Hedge Fonds einer weiteren Reihe von unterschiedlichen Risiken ausgesetzt, die einerseits von anderen Investmentgesellschaften nur gering oder gar nicht getragen werden und andererseits von den traditionellen Performancemaßen nur teilweise erfasst werden.

Aufgrund nichtnormalverteilter Renditen kann die Sharpe-Ratio bei der Performancemessung verzerrte Ergebnisse liefern. FUNG und HSIEH (2000b) sowie AMIN und KAT (2003a) zeigen, dass die Renditestruktur von Hedge Fonds aufgrund des Options-ähnlichen Verhaltens nichtlineare Charakteristika beinhaltet. Der Vergleich der klassischen Sharpe-Ratio eines Hedge-Fonds-Portfolios zu einer Benchmark oder zu Investmentfonds, die solche Charakteristika in ihren Renditestrukturen nicht aufweisen, ist aus diesem Grund nicht gerechtfertigt. Dies betrifft insbesondere Hedge Fonds, die von der Normalverteilung abweichende Renditeeigenschaften besitzen. Bei Performancevergleichen anhand der Sharpe-Ratio ist die Manipulationsgefahr bei ihnen besonders hoch, da die options-ähnlichen Strukturen die Verteilungseigenschaften der Renditen verändern.[259] Werden z.B. die Performance einer Bench-

[259] Vgl. Studien von LHABITANT (2000), SPURGIN (2001), GOETZMANN et al. (2002) und LO (2002).

mark (traditioneller Asset, Long-Position) und eine gedeckte Kaufoption anhand der Sharpe-Ratio verglichen, besitzt die letztere Anlage eine niedrige Standardabweichung und eine hohe negative Schiefe. Auch wenn die Option zu dem Marktpreis des Basiswertes verkauft wird, produziert sie eine höhere Sharpe-Ratio. Aus diesem Grund befürworten Autoren der empirischen Forschung den Verzicht auf eine Performanceevaluation bei Hedge Fonds anhand der klassischen Sharpe-Ratio.[260]

MAHDAVI (2004) begegnet dem Problem bei der Messung der Hedge-Fonds-Performance anhand der Sharpe-Ratio, indem er zuerst die Verteilungseigenschaften der Benchmark und der Hedge-Fonds-Renditen aneinander anpasst, um dadurch eine Vergleichbarkeit zu ermöglichen. Er argumentiert, dass sich das Ergebnis der angepassten Sharpe-Ratio nicht signifikant von dem der klassischen Sharpe-Ratio unterscheidet.[261]

ELING (2006) führt eine ausführliche Performancemessung anhand von Hedge-Fonds-Indizes unterschiedlicher Anlagestile durch. Er benutzt unterschiedliche Erweiterungen der Sharpe-Ratio (Omega, Sortiono-Ratio, Kappa 3, Upside-Potential-Ratio, Calmar-Ratio, Sterling-Ratio, Burke-Ratio, Excess Return on Value-at-Risk, Conditional und Modifizierte Sharpe-Ratios) und kommt zur Schlussfolgerung, dass die erweiterten Sharpe-Ratio-Maße keine signifikant unterschiedliche Rangfolge der Hedge-Fonds-Anlagestile erbringen.[262] Leider fehlt in der Studie ein Vergleich der Ergebnisse zu anderen Assetklassen wie z.B. Investmentfonds, durch die die Aussage bekräftigt werden könnte. Ohne den Vergleich zu anderen Assetklassen und ohne die Evaluation einzelner Fonds kann jedoch - trotz der Schlussfolgerung von ELING (2006) - eine weitere Verwendung der klassischen Sharpe-Ratio nicht befürwortet werden.

Wie die Evaluation von verschiedenen Risiko- bzw. Performancemaßen in Studien zu Investment- und Hedge Fonds zeigt, wurden in der Literatur unterschiedliche Erweiterungen der traditionellen Performancekennzahlen vorgeschlagen (vgl. Tab. 2.9). Diese Erweiterungen ermöglichen es, unterschiedliche beobachtete Renditeeigenschaften hervorzuheben oder sie erst zu erfassen. Nicht immer ist eine Erweiterung sinnvoll, insbesondere wenn Renditeeigenschaften keine Abweichung von Normalverteilung aufweisen. In einigen Fällen kann sogar das Risiko überbewertet werden, wenn Renditen normalverteilt sind. Die Erfassung von Risiken ist nicht einfach, denn ein Analyst muss sich im Klaren sein, wie er das Risiko definiert und ob ein ausgewähltes Risikomaß tatsächlich dieses Risiko quantifizieren kann.

---

260 Vgl. MAHDAVI (2004), S. 47.

261 Anzumerken ist, dass MAHDAVI (2004) seine Analyse hauptsächlich für Indizes anwendet. Diese können im Vergleich zum Renditeniveau einzelner Fonds zum Teil unterschiedliche Ergebnisse liefern, da sie Hedge-Fonds-Renditen in einer verdichteten Form darstellen und die Verteilungseigenschaften der Renditen durch die Indexbildung verändert werden können.

262 Vgl. ELING (2006), S. 99 ff.

2.8.7 Portfolioallokation auf Fondsanteile

Hedge Fonds und Investmentfonds können von Investoren als lukrative Anlagequellen betrachtet werden. Eine Investition in beide Fondstypen kommt für die Investoren nur dann in Frage, wenn die Einbeziehung der jeweiligen Anteile in das Investorportfolio die Eigenschaften des Portfolios in die gewünschte Richtung lenkt.

In der modernen Portfolio Theorie gehört der Mean-Variance Ansatz von MARKOWITZ (1952) trotz andauernder Kritik zu den zentralen Methoden zur Bestimmung effizienter Anlagen.[263] Im Rahmen des Mean-Variance-Ansatzes müssen alle Portfolios auf der Effizienzkurve zwei Anforderungen in Bezug auf Rendite und Varianz erfüllen. Für jedes Niveau der Varianz muss die höchste Rendite erreicht werden, während für jedes Niveau der Rendite eine minimale Varianz sichergestellt werden muss.[264] Das *Nutzen-optimale* Portfolio eines Investors kann erst dann definiert werden, wenn seine Nutzenfunktion bekannt ist.

Die ersten Kritikpunkte an diesem Ansatz beziehen sich auf die Varianz (bzw. Standardabweichung), die ein zweiseitiges Risikomaß darstellt, während für die meisten Investoren lediglich negative Abweichungen vom Mittelwert relevant sind. Es ist ebenfalls fraglich, wie die Nutzenfunktion des Investors bestimmt wird.[265] Dieser Ansatz reagiert sehr sensitiv auf Schätzfehler der Inputparameter, wodurch keine stabilen Optimierungsergebnisse erreicht werden können.[266]

Aufgrund der besonderen Eigenschaften von Hedge Fonds wurden für sie z.T. unterschiedliche Lösungsansätze bei der Portfolioallokation ihrer Anteile im Vergleich zu Investmentfonds entwickelt. Zuerst wird die Portfolioallokation auf Investmentfonds diskutiert.

Investmentfonds

Investmentfonds gehören zu den traditionellen Assetkassen, da sie meistens entweder in Aktien, Bonds oder in eine Mischung aus diesen beiden investieren. PERAY (1999) und BERNSTEIN (2000) beschreiben unterschiedliche Techniken für eine optimale Allokation traditioneller Anlagen und Investmentfonds diverser Anlageprofile. Um dem Diversifikationsaspekt Rechnung zu tragen, können Portfolios aus reinen Investmentfondsanteilen gebildet werden, da unterschiedliche Investmentfonds in ein breites Spektrum an traditionellen Anlageinstrumenten, geographischen Orten und Branchen investieren, wodurch eine optimale Streuung der Risiken gewährleistet werden kann.[267] Dagegen wird nicht empfohlen, auch bei Hedge Fonds ein Portfolio aus 100% Anteilen von Hedge Fonds zu halten.[268] Bei der Anlage in einen bestimm-

---

[263] Vgl. LHABITANT und LEARNED (2002), S. 28.

[264] Vgl. PODDIG et al. (2005), S. 79.

[265] Vgl. BALLESTERO und PLA-SANTAMARIA (2004), S. 385-386 und PODDIG et al. (2005), S. 84.

[266] Siehe dazu MICHAUD (1998).

[267] ABY und VAUGHN (1995), S. 319 und PERAY (1999), S. 31. GOETZMANN und KUMAR (2002) stellen fest, dass viele Investoren im Durchschnitt nur 15% in Investmentfonds halten. Vgl. GOETZMANN und KUMAR (2002), S. 8 und SYRIOPOULOS (2002), S. 440.

[268] Vgl. AMIN und KAT (2003a), S. 271.

ten Fonds ist die Kenntnis des Anlagestils entscheidend, um die richtige Allokation der Anteile insbesondere in Bezug auf Diversifikation zu erreichen.

In der Literatur werden verschiedene Problemstellungen im Bereich Portfolioallokation auf Investmentfonds bearbeitet. Die zentralen Fragen der Allokation auf Investmentfondsanteilen können wie folgt zusammengefasst werden:

- Befinden sich Investmentfonds auf der Effizienzlinie bzw. sind sie Mean-Variance effizient?
- Welche alternativen Ansätze werden zur Allokation auf Investmentfonds vorgeschlagen?[269]
- Wann ist eine optimale Diversifikation der Portfolios durch Investmentfonds erreicht?

SENGUPTA (2003) führt verschiedene Effizienztests für die vier Investmentfondsgruppen Technologie, wachstumsorientierte, balanced und Income Fonds sowie für den S&P500 Index (Marktportfolio) durch. Er zeigen, dass einige Fonds (wie z.B. Technologie) das Marktportfolio dominieren können. Auch MURTHI et al. (1997) stellen fest, dass sich die meisten Investmentfonds in ihrer Untersuchung auf der Effizienzlinie befinden. Sie implementieren eine DEA-Methode und identifizieren Fonds unterschiedlicher Anlagestile, die die höchste Effizienz erreichen.[270]

Die Kritik zum Mean-Variance-Ansatz aufgrund der ausschließlichen Betrachtung von Rendite und Risiko[271] führte in der Literatur zu vielen neuen Ansätzen. Investoren, die ihre Portfolios aus Investmentfondsanteilen bilden, orientieren sich für die Auswahl der Fonds primär an Sharpe-Ratios oder an anderen Performancemaßen.[272] PÁSTOR und STAMBAUGH (2002) präsentieren einen Ansatz, nach dem frühere Beobachtungen und die empirische Evidenz in Bezug auf verschiedene Pricing Modelle, wie z.B. CAPM, Fama/French, sowie Managerfähigkeiten in eine Anlageentscheidung einbezogen werden. Sie bilden Portfolios anhand von *ex ante* Sharpe-Ratios, die auf einer Bayeschen prognostizierten Verteilung basieren. Dafür verwenden sie historische Renditen und Einschätzungen der Investoren, die durch verschiedene Marktmodelle (CAPM, Fama/French und Carhart) bekräftigt werden. Auch PENDARAKI et al. (2005) schlagen einen umfangreichen Ansatz zur Konstruktion von Portfolios aus Investmentfonds vor. Er basiert auf einer Klassifikation und Evaluation der Fonds sowie einem *Goal Programming* zur Bildung der Portfolios. Die Vorgehensweise bei der Portfoliobildung kann in den folgenden Schritten zusammengefasst werden:[273]

- Erhebung der Daten (z.B. Rendite und risikofreier Zinssatz)
- Auswahl der Evaluationskriterien (Performance- und Risikomaße)
- Auswahl der Evaluationsmethoden (Faktormodell, Faktoranalyse oder Expertenanalyse)

---

269 Siehe z.B. SHARPE (1967).

270 Vgl. MURTHI et al. (1997), S. 410.

271 Vgl. z.B. SARAOGLU und DETZLER (2002), S. 60.

272 Vgl. PÁSTOR und STAMBAUGH (2002), S. 352 und PENDARAKI et al. (2005), S. 469.

273 Vgl. PENDARAKI et al. (2005), S. 464.

- Klassifikation der Fonds
- Anwendung des Portfoliooptimierungsansatzes (z.B. Goal Programming)

SARAOGLU und DETZLER (2002) schlagen eine Alternative zum traditionellen Mean-Variance-Ansatz vor, indem sie einen *Analytic Hierarchy Process* für die Portfolioauswahl implementieren. Im Grunde ähnelt dieser Ansatz den beiden zuvor benannten, wobei bestimmte Auswahlkriterien zur Klassifikation der Fonds bestimmt und am Ende des Auswahlprozesses die jeweils besten Fonds ausgesucht werden. Der Auswahlprozess besteht aus mehreren hierarchischen Stufen. Dieser Ansatz richtet sich primär auf die Bildung eines den Investorpräferenzen genügenden Portfolios und nicht auf eine überdurchschnittliche zukünftige Performance.[274] Zwar kann in diesem Ansatz der Portfoliobildungsprozess gut nachvollzogen werden, durch das Fehlen einer Optimierung der Gewichte der ausgesuchten Assets kann jedoch keine optimale Allokation garantiert werden.

Bei der Allokation auf Investmentfonds ist es des Weiteren wichtig, die optimale Anzahl der Fonds im Portfolio zu betrachten, durch die eine ausreichende Diversifikation erreicht werden kann. O'NEAL (1997) stellt fest, dass aus mehr als einem Investmentfonds bestehende Portfolios die positiven Effekte der Diversifikation wesentlich erhöhen. Er zeigt, dass aus der gestreuten Portfoliobildung nur geringe Veränderungen in der Volatilität resultieren, während andere Risikomaße wie z.B. Downside-Risiken deutlich verringert werden können. In der Studie von LOUTON und SARAOGLU (2006) liegt die Mindestanzahl von Investmentfonds in einem Portfolio zwischen zehn und zwölf. POTTER (2001) betont, dass trotz der großen Anzahl von Assets[275] in Investmentfondsportfolios eine Diversifikation nicht garantiert ist.[276] POTTER (2001) bildet für jede Fondskategorie 3000 verschiedene zufällig generierte Portfolios, die zwischen zwei und zwanzig Fonds beinhalten. Der Tracking Error wird bei einem Portfolio aus fünf verschiedenen Fonds um 50% reduziert.[277] Es ist demnach möglich durch das Halten mehrerer Fonds einer Stilrichtung zu diversifizieren.[278]

Hedge Fonds

Hedge Fonds werfen aufgrund ihrer besonderen Eigenschaften bei der Portfoliobildung mehrere Fragen auf, die bei Investmentfonds erst gar nicht entstehen:

[274] Vgl. SARAOGLU und DETZLER (2002), S. 68.

[275] Laut O'NEAL (1997) (S. 37) hält ein Fonds im Durchschnitt 78 Assets in seinem Portfolio. In der Studie von SHAWKY und SMITH (2005) liegt die tatsächliche von den Fonds gehaltene Anzahl der Assets zwischen 40 und 120.

[276] Vgl. POTTER (2001), S. 10.

[277] POTTER (2001) (S. 4) argumentiert, dass der Tracking Error ein adäquateres Maß zur Messung der Diversifikation im Vergleich zur Standardabweichung ist. Den Tracking Error einer Stilgruppe definiert er als Mittelwert aus den Renditeabweichungen einzelner Fonds von dem Mittelwert der Fondsgruppe.

[278] Vgl. POTTER (2001), S. 8.

- Können durch die Beimischung von Hegde Fonds tatsächlich Diversifikationseffekte im Portfolio erreicht werden?
- Wie wirken sich die besonderen Renditeeigenschaften der Hedge Fonds auf die Portfoliobildung aus?
- Ist der traditionelle Mean-Variance-Ansatz für Hedge Fonds geeignet?
- Wie werden dynamische Charakteristika der Hedge-Fonds-Renditen bei der Portfoliobildung berücksichtigt?

Mehrere Autoren finden Belege dafür, dass die Einbeziehung von Hedge-Fonds-Anteilen (zumindest einiger Anlagestile) besondere Diversifikationseffekte bewirkt, die mit Investmentfondsanteilen nicht zu erreichen sind.[279] Dies wird durch eine schwache Korrelation der Hedge Fonds mit traditionellen Assetklassen begründet.[280]

LIEW (2003) stellt fest, dass Diversifikationsmöglichkeiten in extremen Marktsituationen durch Hedge-Fonds-Indizes nicht gegeben sind. Dagegen identifizieren FUNG und HSIEH (1997) Anlagestile wie Market Neutral, Systems/FX und Systems/Diversified,[281] die beständig eine gute Diversifikation ermöglichen, wobei die letzten zwei auch in schwachen Märkten eine positive Rendite erzielen.[282] Ein Preiseinbruchszenario für den Aktienmarkt und seine Auswirkung auf verschiedene Anlagestile, von denen die meisten den Einfluss eingebrochener Aktienmärkte zu spüren bekommen wird von KAT (2005) dargestellt. Eine ausführliche Diskussion der Auswirkung von Marktphasen auf die Performance von Hedge-Fonds findet in Kap. 4.4.6 statt.[283]

AMIN und KAT (2003a) stellen fest, dass eine ausschließliche Investition in Hedge Fonds kein attraktives Rendite-Risiko-Profil liefert, jedoch eine Beimischung von Hedge-Fonds-Anteilen zu traditionellen Anlagen wie z.B. dem S&P 500 eine deutlich attraktivere Investition darstellt. Ein optimaler Anteil der Hedge-Fonds-Gewichte in einem Portfolio soll nach ihren Berechnungen 10 bis 20% betragen. Auch die Studie von AMENC et al. (2002) betont einen wesentlichen Vorteil durch die Einbeziehung der Hedge-Fonds-Anteile in Portfolios. Sie zeigen, dass die Portfoliovolatilität durch die Einbeziehung von Hedge Fonds ohne eine Beeinträchtigung der Rendite verringert werden kann. FUNG und HSIEH (1998) veranschaulichen dieselben Ergebnisse an einfachen Beispielen[284] - genau wie COWELL (2003), der auf eine verbesserte Struktur des Rendite-Risiko-Profils hinweist, wenn Hedge Fonds den

279 Vgl. SCHNEEWEIS und SPURGIN (1998), AMENC und MARTELLINI (2003) und AGARWAL und NAIK (2004).

280 Siehe dazu Studien, die eine schwache Korrelation zwischen Renditen der Hedge Fonds und traditionellen Anlagen bestätigt haben: LIANG (1999), AGARWAL und NAIK (2000a) und CAPOCCI und HÜBNER (2004).

281 Mit Systems/FX und Systems/Diversified werden Anlagestile bezeichnet, deren Manager die Regeln der technischen Analyse entsprechend für Währung und Anleihen sowie Währung und Rohstoffe implementieren. Vgl. FUNG und HSIEH (1997), S. 13.

282 Vgl. FUNG und HSIEH (1997), S. 18.

283 Siehe Kap. 4.4.6, S. 158.

284 Vgl. FUNG und HSIEH (1998), S. 20.

Portfolios von Investmentfonds beigemischt werden. Bei der Untersuchung der höheren Momente der Verteilung wird jedoch festgestellt, dass die Beimischung von Hedge Fonds zu traditionellen Portfolios die Schiefe und Kurtosis der Portfolios verändern. Die Einbeziehung von Hedge-Fonds-Anteilen erhöht zwar einerseits die Portfoliorendite, geht aber andererseits auf Kosten einer erhöhten Kurtosis und negativen Schiefe.[285] Die letzten beiden Eigenschaften deuten jedoch auf potenziell höhere Verluste, die für Investoren unerwünscht sind.[286]

Mehrere Forscher weisen darauf hin, dass die Vorteile der Beimischung von Hedge Fonds aufgrund der unberücksichtigten höheren Momente der Verteilung von Hedge-Fonds-Renditen überschätzt werden können.[287] KAT (2005) merkt an, dass die extremen Eigenschaften der Renditeverteilung wie eine hohe Kurtosis und negative Schiefe, die auf unsystematische Risiken einzelner Hedge Fonds deuten, durch eine Portfoliobildung nicht gedämpft werden können. Zusätzlich dazu kann die Korrelation zu traditionellen Anlagen durch eine Portfoliobildung erhöht werden.[288] KAT (2005) zeigt, dass ein Hedge-Fonds-Portfolio eine deutlich höhere Korrelation zum Marktindex als einzelne Hedge Fonds aufweist. Um unerwünschte Effekte der Risikoeigenschaften von Portfolios zu vermeiden, empfiehlt der Autor (out-of-the-money) Put-Optionen auf Aktien, Anteile von Managed Futures, Equity Market Neutral und Global Macro in die Portfolios einzubeziehen, während Distressed Securities und Emerging Markets vermieden werden sollen.[289]

BRUNEL (2004) betont die Unangemessenheit der Implementierung des Mean-Variance-Ansatzes für die Allokation auf Hedge Fonds und schlägt ein eigenes Modell vor, in dem alle vier Momente der Verteilung berücksichtigt werden. Jedoch weist der Autor selbst darauf hin, dass sein Modell nur für *aktuelle* Renditeverteilung ausgearbeitet ist. Da die zukünftige tatsächliche Renditeverteilung aber unbekannt ist, liefern die Ergebnisse der Optimierung keine Garantie für eine erfolgreiche Allokation. Auch ADCOCK (2005) erweitert den Mean-Variance-Optimierungsalgorithmus, indem er die Schiefe in seine Optimierung einbezieht. Er zeigt, dass diese Vorgehensweise die Charakteristika eines optimierten Portfolios verbessern.

AGARWAL und NAIK (2004) und KOOLI et al. (2005) veranschaulichen, dass anhand einer Mean-VaR-Optimierung deutlich bessere Optimierungsergebnisse und ein besserer Schutz gegen eingebrochene Märkte erzielt werden können. Dies liegt daran, dass das Value-at-Risk (insbesondere das modifizierte VaR oder CVaR) eine adäquate Erfassung der Hedge-Fonds-Risiken im Vergleich zur Volatilität ermöglicht. KROKHMAL et al. (2002) implementieren unterschiedliche Maße zur Erfassung des Risikos, mit denen ein optimales Portfolio konstruiert werden kann. Anhand des CVaR erreichen sie die besten Out-of-Sample Ergebnisse.

[285] Vgl. AMIN und KAT (2002a), S. 54.
[286] Vgl. KAT (2005), S. 52.
[287] Vgl. FUNG und HSIEH (1999a), S. 21.
[288] Vgl. KAT (2005), S. 52.
[289] Vgl. KAT (2005), S. 57.

Für die Allokation der Hedge-Fonds-Anteile ist die Betrachtung der Risikopräferenz des Investors und seiner Nutzenfunktion entscheidend, da sich im Gegensatz zu Investmentfondsanlegern die Investorenprofile der Hedge-Fonds-Anleger unterscheiden. Im Streben nach hohen Gewinnen weisen die Hedge-Fonds-Anleger eine größere Toleranz für Risiko auf.[290] FUNG und HSIEH (1998) stellen fest, dass Investoren mit einer nichtquadratischen Nutzenfunktion in einem gewöhnlichen Mean-Variance-Ansatz von MARKOWITZ (1952) ihre Portfolioallokation nicht adäquat gestalten können. Dagegen soll der Mean-Variance-Ansatz bei Investoren mit einer quadratischen Nutzenfunktion keine Probleme verursachen.[291] CREMERS et al. (2005) untersuchen ebenfalls die Mean-Variance-Optimierung und definieren unterschiedliche Nutzenfunktionen der Investoren (z.B. bilineare oder S-förmige Nutzenfunktion). Sie zeigen, dass die Einflüsse der höheren Momente der Verteilung auf die Optimierungsergebnisse in Abhängigkeit von den implementierten Nutzenfunktionen unterschiedlich ausfallen. Dabei stellen sie fest, dass der Mean-Variance-Optimierungsansatz trotz der nichtnormalverteilten Renditen für Investoren mit einer logarithmierten Nutzenfunktion ausreichende Ergebnisse liefert, während er für andere Nutzenfunktionen ungeeignet ist.[292]

LAMM JR. (2004) schlägt vor, in Anteile von Funds of Funds zu investieren, um verschiedene für den Investor mit Hedge Fonds verbundene Probleme zu vermeiden. Hedge Fonds sind intransparent und oft illiquide, ihre Datenbanken besitzen Verzerrungen und in ihren Renditeverteilungseigenschaften können verborgene Risikoquellen aufgespürt werden. Zusätzlich sind die Renditen der On-Shore-Fonds nach Steuern nicht attraktiv.[293] Die meisten dieser Nachteile können durch eine Anlage in FoF eliminiert werden. DENVIR und HUTSON (2006) betonen die Vorteile der Einbeziehung von FoF-Anteilen insbesondere aufgrund von Diversifikationseffekten. Im Gegensatz zu FUNG und HSIEH (2002a) können sie keine Erhöhung der Korrelation der Portfolios zu traditionellen Anlagen nach der Beimischung von FoF bestätigen.[294] AMIN und KAT (2003a) weisen auf eine wenig vorteilhafte Investition in Funds of Funds hin, die sie mit den hohen Gebühren dieser Fonds begründen.[295] BRANDS und GALLAGHER (2005) führen eine ausführliche Studie für FoF durch, wobei sie den traditionellen Mean-Variance-Ansatz implementieren. Sie zeigen, dass die Schiefe des FoF Portfolios trotz der fallenden Volatilität und gleich bleibender Rendite bei der Einbeziehung mehrerer Fonds zu einem Portfolio negativ bleibt (bzw. sich weiter verschlechtert). MORTON et al. (2006) implementieren anstatt einer Mean-Variance-Optimierung eine stochastische Programmierung und zeigen, wie Funds of Funds am effizientesten konstruiert werden können.

Ein vollständig aus Hedge Fonds bestehendes Portfolio soll laut der Studie von AMIN und KAT (2002b) mindestens zwischen 10 und 20 Fonds und laut LHABITANT

290 Vgl. JOFP (2001), S. 24.
291 Vgl. FUNG und HSIEH (1998), S. 21.
292 CREMERS et al. (2005) schlagen eine *full-scale* Optimierung vor.
293 Vgl. LAMM JR. (2004), S. 19.
294 Vgl. FUNG und HSIEH (2002a), S. 21.
295 Vgl. AMIN und KAT (2003a), S. 266.

und LEARNED (2002) nur 5 bis 10 Fonds beinhalten, um die Diversifikationsvorteile auszuschöpfen.

Zu Recht merken GIAMOURIDIS und VRONTOS (2007) an, dass alle bis jetzt präsentierten Untersuchungen zur Portfoliobildung verschiedene Probleme der Hedge Fonds berücksichtigt haben. Eine Ausnahme bildet lediglich die dynamische Anlagestilveränderung, welche die zeitvariablen Charakteristika der Rendite- und Risikoeigenschaften der Hedge-Fonds-Portfolios verursacht. Aufgrund der dynamischen Natur der Hedge Fonds können Varianzen/Kovarianzen sowie Korrelationen zu verschiedenen Finanzinstrumenten nicht als konstant angenommen werden. GIAMOURIDIS und VRONTOS (2007) erreichen mit dem Regime Switching Dynamic Correlations Modell von PELLETIER (2006) und dem Multivariate-Factor GARCH Modell die besten Ergebnisse in Bezug auf Portfoliokonstruktion und Risikoerfassung. Diese beiden Modelle ermöglichen eine Konstruktion von Portfolios mit signifikant niedrigeren Tail-Risiken.[296]

Im Vergleich zu Investmentfonds sind bei der Portfoliobildung anhand von Hedge Fonds z.T. andere Probleme zu verzeichnen. Hauptsächlich aufgrund besonderer Risikoeigenschaften der Hedge Fonds ist Vorsicht bei ihrer Einbeziehung in Portfolios geboten. Eine höhere Platzierung der Effizienzkurve durch Einbeziehung von Hedge Fonds kann zum Teil durch unterschätzte Risiken (Nichtbetrachtung höherer Momente) begründet werden. Auch eine dynamische Natur der Hedge Fonds kann eine Veränderung der Portfolioeigenschaften, in denen Hedge-Fonds-Anteile enthalten sind, verursachen. Eine ausschließliche Haltung von einzelnen Hedge-Fonds-Anteilen ist nicht empfehlenswert, wogegen einzelne Investmentfonds oft ausreichende Diversifikationsmöglichkeiten bieten. Entscheidend ist für Portfolios in jeder Fondsgruppe nicht die Anzahl der einzubeziehenden Fonds, sondern die Kenntnis über den aktuellen Anlagestil sowie die sich daraus ableitenden potenziellen Risiken. Abschließend muss angemerkt werden, dass kaum Studien vorhanden sind, die Diversifikationseffekte zwischen Hedge- und Investmentfonds vergleichen. Zu überprüfen ist ebenfalls, ob die Hedge Fonds in schwachen Märkten eine Absicherung der Portfolios ermöglichen, die durch Investmentfonds meistens nicht erreicht werden kann, da diese sich mit dem Markt bewegen.

2.9 Zusammenfassung

In dem ersten theoretischen Kapitel der Arbeit wurden Hedge Fonds als alternative Anlagemöglichkeit vorgestellt und mit traditionellen Investmentfonds verglichen. Hedge Fonds stellen analog zu Investmentfonds sog. Investmentpools dar, die allerdings unterschiedlich reguliert sind und ihr Geschäft nach anderen Prinzipien aufbauen. Die zentralen Unterschiede zwischen Hedge- und Investmentfonds sind hauptsächlich auf unterschiedliche Anlageziele, gesetzliche Anforderungen, die Auswahl der Anlageinstrumente, -strategien und -stile, Investorengruppen und die Gebühren-

[296] Vgl. GIAMOURIDIS und VRONTOS (2007), S. 201.

struktur zurückzuführen. Tab. 2.6 (S. 42) fasst die zentralen Unterschiede der beiden Fondsarten zusammen. Ausgehend von drei zentralen Eigenschaften wie schwachen rechtlichen Regulierungen, freier Gestaltung der Anlagestile und Erstellung einer direkten Verbindung zwischen dem Fondsmanager und dem Fondserfolg (z.B. durch monetäre Anreize) besitzen Hedge Fonds von den Investmentfonds abweichende Rendite- und Risikocharakteristika. In mehreren Studien wurden Performanceunterschiede der beiden Fondsarten untersucht. Trotz fehlender einheitlicher Ergebnisse in Bezug auf die verschiedenen Untersuchungsmerkmale können folgende Unterschiede der Rendite-Risiko-Eigenschaften festgestellt werden:[297]

- Hedge-Fonds-Renditen sind nicht normalverteilt. Ihre Verteilungskurve besitzt eine negative Schiefe und hohe Kurtosis. Diese Eigenschaften sind bei Investmentfonds weniger stark ausgeprägt.
- Einige Hedge-Fonds-Anlagestile weisen gegenüber Marktrenditen eine Outperformance auf. Dagegen gehören Investmentfonds nur selten zu Outperformern. Hedge Fonds besitzen eine höhere absolute und risikoadjustierte Rendite als Investmentfonds.
- Hedge-Fonds- und Investmentfondsrenditen weisen normalerweise eine kurze Persistenz auf, die jedoch bei einigen Hedge-Fonds-Anlagestilen nicht vorhanden ist.
- Hedge Fonds sind bessere Market Timer als Investmentfonds. Allerdings konnten Selektion- und Market Timingfähigkeiten bei Hedge Fonds nur zum Teil nachgewiesen werden.
- Die Eigenschaften der Renditeverteilung deuten auf risikoreichere Anlagepositionen der Hedge Fonds im Vergleich zu Investmentfonds hin. Hedge Fonds besitzen mehr Risikoquellen als Investmentfonds und können deutlich höhere Verluste erleiden.
- Aufgrund der extremen Verteilungseigenschaften der Hedge-Fonds-Renditen garantieren traditionelle Risikomaße und Performancemaße keine adäquate Erfassung der Hedge-Fonds-Performance. Sie kann sogar durch diese Maße manipuliert werden. Aus diesem Grund müssen neuere Ansätze zur Erfassung der Risikoquellen, wie z.B. der konditionierte VaR, modifizierter VaR, Lower Partial Moments und Drawdown, einbezogen werden.
- Hedge-Fonds-Datenbanken leiden unter starken Verzerrungen (Bias), die eine große Auswirkung auf verschiedene Untersuchungsergebnisse und Performanceevaluationen besitzen können. Diese Verzerrungen sind bei Investmentfonds Datenbanken deutlich geringer.

[297] Die präsentierten Unterschiede zwischen Hedge- und Investmentfonds beziehen sich auf die Rendite- und Risikocharakteristika. Ausgelassen wurden andere Möglichkeiten der Performancevergleiche wie z.B. anhand einer Data Envelopment Analysis (DEA). Eine DEA wird zur Messung der Effizienz von Investmentfonds in Studien von SEDZRO und SARDANO (1999), MOREY und MOREY (1999) und CHEN und LIN (2006) sowie für Hedge Fonds von GREGORIOU (2003), GREGORIOU et al. (2005) GREGORIOU (2006) verwendet. In Bezug auf die Fondsperformance können anhand einer DEA verschiedene Fonds sowie Anlagestile unter Einbeziehung unterschiedlicher Variablen verglichen werden.

Hedge Fonds werfen im Vergleich zu Investmentfonds deutlich mehr offene Fragen auf, die bei der Portfoliobildung oder Performancemessung Schwierigkeiten bereiten. Diese können in folgenden Punkten zusammengefasst werden:

- Datenbankverzerrungen, anhand derer falsche Rückschlüsse auf die Beurteilung verschiedener Anlagestile gezogen werden können;
- Fehlende einheitliche Definition und Klassifikation der Hedge Fonds (meistens wird der Anlagestil nach der eigenen Einschätzung des Fondsmanagers eingetragen);
- Negative Schiefe und hohe Kurtosis, die bei der Risikomessung und Portfoliooptimierung eine entscheidende Rolle spielen können;
- Dynamische Veränderung der Anlagestile und damit der Portfoliocharakteristika, aufgrund derer die Risikomessung und Portfoliobildung betroffen sein können.

Die empirische Forschung bietet zahlreiche Ansätze zur Behandlung der genannten Probleme. Tab. 2.10 gibt eine Übersicht über unterschiedliche Studien für verschiedene Anlagestile von Hedge Fonds. Im Folgenden werden die einzelnen Aspekte erneut angesprochen und verschiedene Problemlösungen betrachtet.

Tabelle 2.10: Studienübersicht zu diversen Anlagestilen der Hedge Fonds

Die Tabelle gibt eine Übersicht über Studien aufgeteilt nach verschiedenen Hedge-Fonds-Stilen und diversen Themenbereichen.

Stil	**Studien**
Equity Long/Short	FUNG und HSIEH (2002a), FUNG und HSIEH (2004a) (Risikofaktoren)
Emerging Markets	HWANG und SATCHELL (1999) (Performancemessung), SANCETTA und SATCHELL (2005) (Market Timing)
Managed Futures	EDWARDS und PARK (1996) (Performance), MCCARTHY und SCHNEEWEIS (1997) (Konsistenz der Performance), IRWIN und YOSHIMARU (1999), GREGORIOU et al. (2002a) (Random Walk) und CHANCE (2003) (Auswirkung auf Volatilität der Futurepreise)
Market Neutral	NAVONE (1999) (Diversifikation), CAPOCCI (2006) (Marktneutralität), PATTON (2004) (Marktneutralität), AMENC et al. (2003b) (Stilanalyse), GREGORIOU (2005) (Survivol)
Merger Arbitrage	MITCHELL und PULVINO (2001) (Outperformance), OKUNEV und WHITE (2003) (Risikofaktoren), MITCHELL und PULVINO (2004) (Preisdruck), BRANCH und YANG (2006) (Cash und Stock Offer) und BLOCK (2006) (Allgemein)
Disstressed Securities	OKUNEV und WHITE (2003) (Risikofaktoren)
Convertible Arbitrage	KIHN (1996) (Pricing, Outperformance), KAHN (2002) (Allgemein), OKUNEV und WHITE (2003) (Risikofaktoren), CAPOCCI (2004) (Portfolio)
Fixed Income	FUNG und HSIEH (2002c) (ABS-Faktoren), YU (2006) (Capital Structure Arbitrage), DUARTE et al. (2005) (Rendite-Risiko), OKUNEV und WHITE (2003) (Risikofaktoren)
FoF	GREGORIOU (2004a) (Market Timing), INEICHEN (2002a) (Performance), AMENC (2004) (FoF in Europa)

3 Stilanalyse zur Identifikation von Fondsanlagestilen

3.1 Einführung

Die Untersuchung der Hedge-Fonds-Eigenschaften trifft auf mehrere Hindernisse. Wie im vorherigen Kapitel beschrieben, treten die meisten Probleme mit Hedge Fonds aufgrund ihrer speziellen Ausgestaltung auf. Die nur begrenzte Regulierung und die fehlende Nachhaltigkeit der erhobenen Daten z.B. in Bezug auf die erfassten Anlagestile führen im Gegensatz zu Investmentfonds zu z.T. größeren Problemen. Hedge Fonds sind häufig nicht registriert, sie berichten über ihre Performance auf freiwilliger Basis, wechseln dynamisch ihre Anlagestile (engl. style rotation) und können in Bezug auf den von ihnen angegebenen Anlagestil unterschiedlich klassifiziert werden. Die tatsächliche Investmentphilosophie der Hedge Fonds bleibt oft verdeckt oder unüberschaubar. Für Investoren ist jedoch die Kenntnis des tatsächlichen Anlagestils entscheidend. Die Kenntnis eines Anlagestils ermöglicht eine Einschätzung der zu erwartenden Rendite- und Risiko-Charakteristika einer Anlage, so dass Investoren eine ihrem eigenen Rendite-Risiko-Profil entsprechende Auswahl treffen und Diversifikationseffekte optimal ausnutzen können. Die Kenntnis des tatsächlichen Anlagestils ist des Weiteren notwendig, um die Managerfähigkeiten umfassend einzuschätzen.

Ein verbreitetes Werkzeug zur Identifikation des Anlagestils stellt die Stilanalyse dar. Oft wird eine Stilanalyse mit dem restriktiven Faktormodell von SHARPE (1992) assoziiert. Jedoch ist *Stilanalyse* ein Oberbegriff, der unterschiedliche quantitative und qualitative Methoden zur Identifikation eines Anlagestils umfasst. Die Stilanalyse wird zur Bestimmung und Einschätzung von Kreditrisiken sowie Ertragsquellen von Portfolios oder Fonds angewandt.[1] BROWN und GOETZMANN (1997) beschreiben zwei zentrale Fragestellungen, die den Einsatz der Stilanalyse fordern. Einerseits können Fonds ihre Anlagestile im Zeitablauf verändern, ohne dass Investoren davon erfahren. Andererseits können Fonds von vornherein falsch klassifiziert werden, sodass die Investoren bei einer Anlage in diese Fonds nicht die von ihnen gewünschte Asset Allokation erreichen.[2]

Die Arbeit von SHARPE (1992) markiert einen wichtigen Zweig der Stilanalyse. Diese spezielle Stilanalyse basiert auf einem Faktormodell, welche die Rendite in Abhängigkeit von einem oder mehreren Faktoren erklärt. Faktormodelle sind sehr intuitive und einfache Verfahren, die einen breiten Einsatz im Portfoliomanagement

---

1 Vgl. AGARWAL und NAIK (2006), S. 133.

2 Vgl. BROWN und GOETZMANN (1997), S. 374.

erfahren. Die Annahmen der Stilanalyse nach SHARPE (1992) entsprechen zum größten Teil denen der Faktormodelle. Aus diesem Grund wird zuerst das grundlegende Faktormodell präsentiert und darauf aufbauend die Stilanalyse nach SHARPE (1992) im Anschluss diskutiert.

3.2 Faktormodelle

Anhand empirischer Befunde konnte festgestellt werden, dass die Entwicklung und der Verlauf von Assetrenditen eine bestimmte Struktur besitzt.[3] Diese Struktur lässt sich durch unterschiedliche werttreibende Faktoren beschreiben. Modelle, die bestimmte Zusammenhänge durch Faktoren zu erklären versuchen, werden als *Faktormodelle* bezeichnet. Ein Faktormodell wird durch eine Regression geschätzt, die das Ausmaß der Einflüsse unabhängiger Faktoren auf eine abhängige Variable durch geschätzte Koeffizienten misst.[4]

$$R_{it} = \alpha + \beta_1 F_{1t} + \beta_2 F_{2t} + \ldots + \beta_k F_{kt} + \ldots + \beta_K F_{Kt} + \epsilon_{it} \tag{3.1}$$

mit: R_{it} Rendite des i-ten Assets zum Zeitpunkt t
F_{kt} k-ter Faktor zum Zeitpunkt t
α, β Regressionskoeffizienten
ϵ_{it} Störterm zum Zeitpunkt t

unter den Annahmen: $\mathrm{E}(\epsilon_{it}) = 0$, $\mathrm{Var}(\epsilon_i) = \sigma^2_{\epsilon i}$, $i = 1, \ldots, N$, $t = 1, \ldots, T$
$\mathrm{Var}(F_k) = \sigma^2_{F_k}$, $\mathrm{Cov}(\epsilon_i, \epsilon_j) = 0$, $j = 1, \ldots, N$, $i \neq j$
$\mathrm{Cov}(\epsilon_i, F_k) = 0$, $\mathrm{Cov}(F_k, F_m) = 0$
$k = 1, \ldots, K$, $m = 1, \ldots, M$, $k \neq m$

Als abhängige Variable wird z.B. die Assetrendite oder die Fondsrendite eingesetzt, die durch das Modell erklärt werden soll. Die Werte F_1 bis F_K repräsentieren die unabhängigen, erklärenden Faktoren. Risiken entstehen durch die zeitlichen Wertschwankungen der Faktoren. Die Größe β_k (auch als Beta, Sensitivitätsgröße oder Exposure bezeichnet) drückt aus, wie empfindlich die abhängige Variable (R_i) auf die Veränderung eines Faktors (F_k) reagiert. Das Vorzeichen des Betas zeigt die Richtung der Entwicklung z.B. der Assetrendite in Abhängigkeit von einem Faktor auf. Ein positives Beta deutet auf eine gleichgerichtete Veränderung der Erfolgskennzahl in Bezug auf den Faktor hin. Bei einem steigenden (sinkenden) Faktor erhöht (verringert) sich die abhängige Variable (z.B. Rendite). Für negative Betas verläuft die Abhängigkeit entgegengesetzt. Betas werden i.d.R. mithilfe einer Regression geschätzt und repräsentieren somit Risikosensitivitäten.[5]

Die Natur und die Anzahl der in ein Faktormodell einzubeziehenden Faktoren sind nicht vorgegeben. Die Auswahl der Faktoren kann mithilfe statistischer Ver-

---

3 Vgl. ALBRECHT et al. (1996), S. 3.
4 Vgl. PODDIG et al. (2003), S. 217 ff.
5 Vgl. PODDIG et al. (2005), S. 453.

fahren oder nach sachlogischen Überlegungen vorgenommen werden. Die Bestimmung der Faktoren nach sachlogischen Überlegungen ist jedoch nicht einfach. Genauso schwierig gestaltet es sich, die gemeinsamen Einflüsse der Faktoren inhaltlich voneinander abzugrenzen. Potenziell wichtig sind diejenigen Faktoren, die einen möglichst großen Anteil der Schwankungen der Rendite erklären können.[6] Die statistische Stabilität der Modelle sowie ihr Informationsgehalt ist im Regelfall dann hoch, wenn die Anzahl der Faktoren gering gehalten wird, damit die Wahrscheinlichkeit einer Abhängigkeit zwischen ihnen minimal ist. Durch den Einsatz einer Hauptkomponenten- oder Clusteranalyse ist eine Verdichtung der Informationen einer Vielzahl potenzieller Faktoren möglich.[7]

Tabelle 3.1: Faktorentypen

Die Tabelle veranschaulicht drei zentrale Typen von Faktoren und ihre Merkmale. Des Weiteren sind die zentralen Kritikpunkte beim Einsatz dieser Faktorentypen dargestellt. (In Anlehnung an PODDIG et al. (2005), S. 462.)

Faktorentyp	**Ausgangsdaten**	**Verfahren**	**Zentrale Defizite**
-(makro-)ökonomische	historische Renditen, (makro-) ökonomische Indikatoren	Zeitreihenregression	Subjektive Auswahl und Multikollinearität der Faktoren
- fundamentale	historische Renditen, unternehmensspezifische Kennzahlen	Querschnittsregression	Subjektive Auswahl der Faktoren; Aufwendig und kostenintensiv
- statistische	historische Renditen	Faktorenanalyse	Fehlende Interpretation synthetischer Faktoren

Grundsätzlich werden drei Typen von Faktoren unterschieden: (makro-)ökonomische, fundamentale und statistische. Tab. 3.1 veranschaulicht die zentralen Merkmalsunterschiede dieser Faktorentypen.[8] Des Weiteren existieren auch kombinierte Faktormodelle, die entweder unterschiedliche Faktorentypen oder Verfahren miteinander kombinieren.[9] Tab. 3.1 listet ebenfalls die zentralen Defizite der einzelnen Faktorentypen auf.

Ein Faktormodell kann unterschiedlich eingesetzt werden. Im Portfoliomanagementprozess spielt es sowohl bei der Finanzanalyse als auch bei der Performance-

6 Vgl. PODDIG et al. (2005), S. 406.

7 Vgl. TEMPLIN (1998), S. 217 f., 229 f.

8 Für eine ausführliche Betrachtung der unterschiedlichen Typen siehe z.B. PODDIG et al. (2005), S. 450 ff.

9 Vgl. PODDIG et al. (2005), S. 463 f.

messung eine große Rolle. Mehrere Autoren versuchen Hedge-Fonds-Renditen, Managerfähigkeiten sowie systematische Risiken anhand von Faktormodellen zu erklären.[10]

Die häufigsten Einsatzbereiche von Faktormodellen können somit wie folgt zusammengefasst werden:

- **Erklärung der Portfoliorendite** durch verschiedene *Risikofaktoren*. Das Modell basiert entweder auf einem Ein-Faktor-Modell (z.B. CAPM oder Single-Index-Modell) oder auf einem Multi-Faktor-Modell (MFM). Häufige Risikofaktoren sind: z.B. CRSP-Portfolio[11] für CAPM und imitierende (engl. mimicking) Portfolios wie z.B. SMB (small minus big), HML (high minus low) und Momentum für MFM.[12] Für Hedge Fonds werden zusätzlich z.B. Trading-Strategie-Faktoren eingesetzt.[13]
- **Performancemessung der Portfolios** bzw. Fonds, wodurch z.B. die Outperformance gegenüber der Benchmark, Managerfähigkeiten und Timingfähigkeiten evaluiert werden. Eine genaue Performancemessung ist nur möglich, wenn die zugrunde liegende Benchmark eindeutig definiert oder eingeschätzt sein kann. Eine unvollständige Berücksichtigung der Benchmark, die durch bestimmte Faktoren präsentiert werden kann, resultiert in einer verzerrten Performancemessung.[14] Erklärende Faktoren sind (makro-)ökonomische, fundamentale und statistische Faktoren.[15]
- **Erstellung einer Stilanalyse**, die eine Aufdeckung des Anlagestils ermöglicht. Erklärende Faktoren sind Stilfaktoren wie (makro-)ökonomische, fundamentale (imitierende Portfolios) und statistische Faktoren.[16]

Die Übergänge zwischen den einzelnen Einsatzbereichen sind nicht starr sondern eher fließend. So kann z.B. auch eine Stilanalyse zur Performancemessung angewandt werden.[17] Im Folgenden wird die Stilanalyse detaillierter betrachtet, da sie einen zentralen Baustein der Arbeit darstellt.

---

10 Vgl. z.B. Studien von AMMANN und MOERTH (2006).

11 CRSP entspricht einem Portfolio des *Center for Research in Security Prices*.

12 Siehe Erklärung in Kap. 3.4.2.1, S. 106.

13 Siehe dazu Studien von FAMA und FRENCH (1992), JEGADEESH und TITMAN (1993), CARHART (1997), OTTEN und BAMS (2004), AGARWAL und NAIK (2004), CAPOCCI und HÜBNER (2004) und CAPOCCI et al. (2005).

14 Vgl. LUCAS und RIEPE (1996), S. 5 und TER HORST et al. (2004), S. 51.

15 Für Studien der Performancemessung anhand einer Stilanalyse siehe DANIEL et al. (1997), FUNG et al. (2002), AMIN und KAT (2003a) und FUNG et al. (2004). Siehe auch Übersicht der Studien in Kap. 2.8.5.1, S. 50.

16 Für die dazugehörigen Studien siehe SHARPE (1992), FUNG und HSIEH (1997), BROWN und GOETZMANN (2003), CORIELLI und MEUCCI (2004), TER HORST et al. (2004) und SWINKELS und VAN DER SLUIS (2006).

17 Vgl. z.B. Studien von LUCAS und RIEPE (1996) und TER HORST et al. (2004).

3.3 Stilanalyse

3.3.1 Definition und Systematisierung

Als *Stil* wird das nachhaltige Beibehalten einer Kombination aus Anlageinstrumenten und -strategien über die Zeit durch den verantwortlichen Manager bezeichnet.[18] Wie die empirische Forschung feststellt, kann anhand des Stils der größte Teil der Varianz der Portfolioperformance erklärt werden.[19] Für einen Investor ist die Kenntnis des Anlagestils von großer Bedeutung, da dadurch eine adäquate Einschätzung des Rendite-Risiko-Profils seines Portfolios erfolgen kann. Portfoliomanager können anhand der Stilanalyse eine ihnen adäquate Benchmark identifizieren, anhand der die eigentliche Performancemessung erfolgen muss. Neben den Investoren sind auch Behörden und Ratingagenturen daran interessiert, Stilcharakteristika bzw. mögliche Abweichungen von ursprünglich angegebenen Fondsstilen rechtzeitig zu erkennen.[20] Aus diesem Grund wird in der theoretischen Forschung sowie der Praxis eine *Stilanalyse* eingesetzt, um anhand verschiedener quantitativer oder qualitativer Verfahren den von einem Portfoliomanager verfolgten Stil zu identifizieren.

In der Literatur werden verschiedene Ausprägungen von Stilanalysen benannt. Des Weiteren verwenden einige Autoren unterschiedliche Namen für dieselbe Art von Stilanalyse. Die Durchsicht unterschiedlicher Literaturquellen führt zur Identifikation zweier zentraler Stilanalysearten:[21]

- die **Portfolio-basierte Stilanalyse** baut auf einer Untersuchung des Asset Selection Prozesses und/oder der Portfoliostruktur und/oder der fundamentalen Charakteristika des Portfolios auf;
- die **Rendite-basierte Stilanalyse** baut auf einer Identifikation der Portfolioanteile anhand der Renditen des Portfolios und der Stilfaktoren auf.

Ein zentraler Unterschied der beiden Stilanalysearten liegt darin, dass bei der Portfolio-basierten Stilanalyse hauptsächlich *interne* Daten (z.B. Portfolioanteile) für die Auswertungen benötigt werden, während die Rendite-basierte Stilanalyse allein aufgrund historischer Renditen (*externer* Daten) erfolgt. Aus diesem Grund kann eine Rendite-basierte Stilanalyse von jedem Analysten durchgeführt werden, während die Portfolio-basierte Stilanalyse die Kenntnisse von *Insider*-Informationen voraussetzt.

Für die oberen Bezeichnungen der Stilanalysen werden oft unterschiedliche, nicht überschneidungsfreie Begriffe verwendet, die zu einer Verwechslung der Analysen führen können. Aus diesem Grund müssen verschiedene Stilanalysearten immer in Bezug auf ihre Merkmale betrachtet werden. Tab. 3.2 veranschaulicht verschiedene Charakteristika bzw. Merkmale der erwähnten Stilanalysearten. Aus der Tabelle ist ersichtlich, dass einige Stilanalysen in Bezug auf bestimmte Merkmale gleich sind.

[18] Vgl. Kap. 2.6, S. 24 sowie INDRO et al. (1998), S. 46 und CHRISTOPHERSON (1995), S. 33.

[19] Vgl. FABOZZI (1997), S. 72.

[20] Vgl. TIERNEY und WINSTON (1991), S. 33 und CORIELLI und MEUCCI (2004), S. 105.

[21] Für unterschiedliche Klassifikationsmöglichkeiten siehe CHRISTOPHERSON (1995), S. 33, TRZCINKA (1995), S. 44, HASLEM (2004), S. 198 und LHABITANT (2004), S. 215.

Tabelle 3.2: Stilanalysearten und ihre Merkmale

Die Tabelle veranschaulicht verschiedene Merkmale der Stilanalysearten. Die Klassifikation kann in Bezug auf Untersuchungsobjekt, Faktoren oder verwendete Methoden erfolgen. Diese Systematisierung vermeidet durch die Bezeichnung der Analysen erzeugte Begriffsüberschneidungen. (FM steht für Faktormodell)

Stilanalyse	**Untersuchungsobjekt**		**Faktoren**		**Methode**	
	Rendite	Portfolioanteile	Stilfaktoren	Fundamentalfaktoren	Regression (FM)	Korrelation
Portfolioanteile-basierte		×		×		
Charakteristik-basierte			×	×		
Synthetische	×		×		×	
Faktormodell-basierte	×			×	×	
Korrelation-basierte	×		×			×

Oft wird z.B. die *Portfolio-basierte* Stilanalyse als eine *Portfolioanteil-basierte* (engl. holding-based) oder als eine *Charakteristik-basierte* (auch *fundamentale*) Stilanalyse bezeichnet.[22] Ersteres bezieht sich allein auf das *Untersuchungsobjekt* der Analyse und letzteres impliziert einen Bezug auf die *Faktoren*, anhand derer die Analyse erfolgt. Bei den beiden Analysearten werden dennoch die fundamentalen Charakteristika der untersuchten Portfolios in den Mittelpunkt der Untersuchung gestellt. Die Portfolio-basierte Stilanalyse kann somit sowohl anhand einer Auswertung der Portfolioanteile und Fundamentalfaktoren einerseits sowie anhand des Vergleichs der Fundamentalfaktoren von untersuchten Portfolios mit imitierten (engl. mimicking) Benchmarks (Stilindizes) andererseits durchgeführt werden.[23]

Eine *Rendite-basierte* Analyse wird oft als *Korrelation-basierte* Stilanalyse bezeichnet.[24] Wie später gezeigt wird, entstammt diese Bezeichnung aus der Kritik an der Rendite-basierten Stilanalyse von CHRISTOPHERSON (1995). Die Unterschiede dieser beiden Ansätze liegen in den angewendeten Methoden. Die *Korrelation-basierte* Stilanalyse untersucht die linearen Abhängigkeiten anhand einer Korrelationsanalyse in Bezug auf Renditen zwischen Portfolios und Stilfaktoren, während die *Rendite-basierte* Stilanalyse ebenfalls lineare Zusammenhänge von Renditen zwi-

22 Vgl. LHABITANT (2004), S. 215.

23 Siehe dazu Studien von BROWN und GOETZMANN (1997), DANIEL et al. (1997), WERMERS (2000), CHEN et al. (2000) und CHAN et al. (2002).

24 Vgl. TRZCINKA (1995), S. 44.

schen Portfolios und Stilfaktoren jedoch anhand einer Regressionsanalyse (eines Faktormodells) aufbaut.

In der empirischen Forschung ist die *Rendite-basierte* Stilanalyse auf großes Interesse gestoßen und hat zu Kritik der Forscher geführt. Diese Stilanalyse könnte ebenfalls als eine *Faktormodell-basierte* Stilanalyse bezeichnet werden, da sie auf einem Faktormodell basiert, deren Faktoren als Stilfaktoren bezeichnet werden. Dieser Name ist jedoch ebenfalls nicht eindeutig, da er lediglich auf die angewendete Methode rückschließen lässt. Anhand eines Faktormodells kann ebenfalls eine Stilanalyse durchgeführt werden, bei der die Portfoliorendite in Abhängigkeit von bestimmten Fundamentalfaktoren (wie z.B. einer Preis-Buchwert-Ratio) des untersuchten Portfolios gesetzt wird.[25] Auch eine Stilanalyse, die auf synthetischen Faktoren basiert, kann als eine *Faktormodell-basierte* Stilanalyse bezeichnet werden.

FUNG und HSIEH (2002a) führen die Bezeichnung *Rendite-basierte Stilfaktoren* für die Hauptkomponenten einer Faktorenanalyse ein, die sie in ihrer früheren Untersuchung (FUNG und HSIEH (1997)) implementieren.[26] Diese Bezeichnung kann jedoch mit der *Rendite-basierten Stilanalyse* verwechselt werden, die zumeist nicht allein in Bezug auf eine Faktorenanalyse, sondern auf die allgemeine Faktormodell-basierte Stilanalyse zurückzuführen ist. Die Verwirrungen in der Begriffsverwendung können eliminiert werden, indem Stilfaktoren unterschiedlicher Art zu einer Stilanalyse zugelassen werden. So stellt z.B. eine *Rendite-basierte* Stilanalyse eine direkte Verbindung zwischen Portfoliorenditen und Renditen von Stilfaktoren dar. Die Herkunft der Stilfaktoren, die durch (makro-)ökonomische Indikatoren, fundamentale oder synthetische Faktoren definiert werden, hat keinen Einfluss auf die Bezeichnung. Um die Verwirrungen bei der Benennung der Stilanalysen oder Stilfaktoren zu vermeiden, sollten somit zur Bezeichnung der Analyse am besten mehrere Merkmale angegeben und die überschneidungsreichen Bezeichnungen der Stilfaktoren ausgelassen werden.

Die Zweckmäßigkeit einer Stilanalyse wurde bereits mehrfach betont. Zusammenfassend kann der Nutzen der Stilanalyse in folgenden Punkten wiedergegeben werden. Die Stilanalyse ermöglicht:

- die Identifikation einer tatsächlichen Benchmark, anhand derer der Portfoliomanager seine Performance evaluieren muss;
- eine Bewertung der Portfoliomanager;[27]
- die Gestaltung einer optimalen Asset Allocation, indem Assets mit den gewünschten Faktorsensitivitäten ausgesucht oder ausgetauscht werden können, um einen optimalen „Portfolio-Mix" zu erreichen;[28]
- die Identifikation potenzieller Stilabweichungen;
- die Einschätzung zukünftiger Renditen;

[25] Vgl. TRZCINKA (1995), S. 44.

[26] Vgl. FUNG und HSIEH (2002a), S. 18.

[27] Wie später angemerkt wird, kann die Evaluation der Portfoliomanager nur anhand tatsächlicher Benchmarks erfolgen.

[28] Vgl. LUCAS und RIEPE (1996), S. 6.

- eine adäquate Einschätzung tatsächlicher Risiken und des Grades der Diversifikation;
- eine adäquate Klassifikation der Fonds aufgrund ihrer Stilcharakteristika.

Die zentralen Unterschiede zwischen der Portfolio-basierten und der Rendite-basierten Stilanalyse können in Bezug auf ihre Zweckmäßigkeit benannt werden. Während die Portfolio-basierte Stilanalyse für eine Klassifikation von Fonds am besten geeignet ist, wird die Rendite-basierte Stilanalyse zur Evaluation des Anlagestils, der Rendite und Risikoquellen bzw. bei der Performancemessung eingesetzt.[29] Jedoch finden PATTARIN et al. (2004) ebenfalls eine elegante Anwendung zur Klassifikation von Investmentfonds für die Rendite-basierte Stilanalyse.

Die Stilanalyse wird meistens wegen der Einbeziehung *historischer* Renditen oder Fundamentalfaktoren kritisiert, weshalb zukünftige Einschätzungen nur unter der Annahme eines in der Zukunft gleich bleibenden Verhaltens erfolgen können. Des Weiteren können Datenreihen mit einem hohen Anteil an Rauschen eine Verzerrung der Ergebnisse verursachen. Bei Faktormodellen werden durch Abhängigkeiten unter den Faktoren Instabilitäten erzeugt, die ebenfalls dazu führen, dass keine verlässlichen Resultate geliefert werden können.[30]

Eines der zentralen Probleme der Stilanalyse ist eine dynamische Stilveränderung. Die Problematik einer Stilveränderung besteht insbesondere bei Hedge Fonds, die ihre berichteten Anlagestile nicht immer einhalten bzw. tatsächlich verfolgen. Aber auch bei den Investmentfonds konnten Stilverschiebungen identifiziert werden.[31] Stilveränderungen können aus verschiedenen Gründen auftreten. Es ist anzunehmen, dass einige Fonds in Stilkategorien mit kleineren Risiken eingestuft werden möchten, um durch einen Nachweis höherer Renditen als attraktive Investmentmöglichkeiten für Investoren zu erscheinen. In diesem Zusammenhang wird oft der Begriff *style creep* verwendet, der eine falsche Klassifikation von Fonds impliziert, die aufgrund des Wunsches der Hervorhebung der Fonds-eigenen Performance in Bezug auf die Gruppenperformance geschieht.[32] Andere Portfoliomanager nutzen Marktchancen aus und passen ihre Anlagestile demzufolge an oder hoffen eine vergangene schwache Performance durch eine Anlage in andere Bereiche auszugleichen, woraus ebenfalls Stilverschiebungen resultieren.[33]

ANNAERT und VAN CAMPENHOUT (2002) unterstützen nicht die Hypothese einer Stilverschiebung aufgrund des Managerverhaltens. Vielmehr sehen sie die Ursachen dafür in Anpassungen an das Marktverhalten, wobei aus Herding, Timing und Portfolioumstrukturierung (z.B. aufgrund bestimmter Marktprognosen) die Stilveränderungen resultieren.[34]

---

29 Vgl. BROWN und GOETZMANN (2003), S. 109-110.

30 Vgl. TRZCINKA (1995), S. 44 und CHRISTOPHERSON (1995), S. 34.

31 Vgl. BROWN und GOETZMANN (1997), DIBARTOLOMEO und WITKOWSKI (1997), KIM et al. (2000), OTTEN und BAMS (2000) und DETZEL (2006).

32 Vgl. BAGHAI-WADJI et al. (2005), S. 65.

33 Vgl. CHAN et al. (2002), S. 1410 und LHABITANT (2004), S. 214.

34 Vgl. ANNAERT und VAN CAMPENHOUT (2002), S. 24.

In der Literatur wurden unterschiedliche Ansätze dargelegt, wie eine dynamische Stilveränderung durch eine Stilanalyse erfasst werden kann. Diese werden im Laufe der Arbeit vorgestellt. Im Folgenden werden jedoch zuerst die zentralen Kategorien der Stilanalyse präsentiert.

3.3.2 Portfolio-basierte Stilanalyse

Die *Portfolio-basierte* Stilanalyse identifiziert den Anlagestil eines Portfoliomanagers oder Fonds anhand seiner Asset Allocation und der Portfolioanteile aufgrund von Ähnlichkeiten der fundamentalen Portfoliocharakteristika mit den etablierten Marktsegmentierungen.[35] Meistens werden die fundamentalen Größen des Portfolios wie z.B. Marktkapitalisierung (Größe), Preis-Buchwert-Ratio (engl. price-to-book ratio) und Preis-Gewinn-Ratio (engl. price-to-earnings ratio) mit den festgelegten Grenzwerten der einzelnen Asset-Segmente verglichen, um die Neigung des Anlagestils zu identifizieren. Auf diese Weise können Gewichtungen des Portfolios z.B. in Bezug auf Wert- oder Wachstum-orientierte Aktien festgelegt werden.[36] Die fundamentalen Charakteristika, die mithilfe der Portfolioanteile ermittelt werden, stellen sog. *Proximitätsmaße* dar, anhand derer unbeobachtete ökonomische Faktoren abgeleitet werden. Die Portfolio-basierte Stilanalyse zielt darauf hin, Faktorsensitivitäten zu diesen ökonomischen unbeobachteten Faktoren zu ermitteln.[37]

Mithilfe der Morningstar Stilklassifikationen kann die *Portfolio-basierte* Stilanalyse am besten veranschaulicht werden. Hierbei werden meistens Investmentfonds anhand ihrer Portfolioanteile (engl. holdings) evaluiert und Fonds zu bestimmten Stilkategorien zugeordnet. Für die Evaluation der Fonds nach der Größe werden die Portfolioanteile der Fonds ihrer Marktkapitalisierung nach sortiert. Die oberen und die unteren 40% der Assets werden in Bezug auf ihre Marktkapitalisierung z.B. als Small oder Large Caps unterschieden. Die *Marktkapitalisierung des Fonds* wird aus dem größengewichteten Mittelwert der verbleibenden (mittleren) 20% der Assets berechnet.[38] Als *Large Cap* werden Fonds mit einer durchschnittlichen Marktkapitalisierung größer-gleich der größten 250 US-Aktien bezeichnet. Als *Mid Cap* werden Fonds mit einer durchschnittlichen Marktkapitalisierung größer-gleich der größten 1000 und kleiner der größten 250 US-Aktien benannt. Als *Small Cap* werden Fonds mit einer durchschnittlichen Marktkapitalisierung kleiner der größten 1000 US-Aktien bezeichnet.[39]

Für die Evaluation der Fonds als wert-/wachstumsorientiert (engl. value/growth) werden dieselben Schritte wie oben beschrieben durchgeführt, jedoch nicht in Be-

[35] Vgl. DOR und JAGANNATHAN (2002), S. 6 und RADCLIFFE (2003), S. 79. Diese Stilanalyse wird häufig auch als *Portfolioanteile-basierte* (engl. holding-based) oder *fundamentale* Stilanalyse bezeichnet. Diese Bezeichnungen sind, wie bereits im vorherigen Kapitel erklärt, nicht überschneidungsfrei.

[36] Vgl. FABOZZI (1997), S. 73.

[37] Vgl. RADCLIFFE (2003), S. 82.

[38] Vgl. HASLEM (2004), S. 209.

[39] Vgl. HASLEM (2004), S. 209.

zug auf eine Marktkapitalisierung, sondern in Bezug auf eine Preis-Gewinn-Ratio (P/G) sowie anschließend auf eine Preis-Buchwert-Ratio (P/B). Für P/G und P/B werden die jeweiligen Scores für alle Portfolioanteile berechnet (z.B. $\text{Score}_{P/G_i} = \frac{P/G_i}{Median(P/G)}$). Es werden ebenfalls die Mittelwerte aus den mittleren 20% der Scores jeweils für P/G und P/B ermittelt, die danach zu einem gemeinsamen Score addiert werden. Als *Growth* werden Fonds mit einem Score von mehr als 2,25 bezeichnet. *Value* Fonds besitzen ein Score von unter 1,75 und *gemischte* Fonds (engl. blend) weisen ein Score zwischen 1,75 und 2,25 auf.[40]

Eine ähnliche Einstufung kann zusätzlich in Bezug auf z.B. den geographischen Schwerpunkt des Anlagestils oder den Industriezweig durchgeführt werden, wodurch ein erweitertes Verständnis in Bezug auf unterschiedliche Investitionsmerkmale entsteht.[41]

In den Studien von DANIEL et al. (1997) und CHEN et al. (2000) implementieren die Autoren eine mehrstufige Eingrenzung der Assets auf Basis von mehreren Fundamentalvariablen. Sie ordnen zuerst alle Assets eines bestimmten Universums (z.B. NYSE, AMEX und Nasdaq) nach ihrer Marktkapitalisierung und teilen sie in Quantile. Innerhalb eines jeden Quantils ordnen sie die Assets nach der Buchwert-Marktwert-Ratio und teilen sie wiederum in Quantile ein. Weiterhin sortieren sie alle Assets in Bezug auf die Renditen der zwölf letzten Monate (sog. Momentum). Am Ende haben sie 125 unterschiedliche Portfolios, für die sie die mittleren Renditen berechnen. Diese Portfolios werden als Benchmarks eingesetzt (passive Indizes), welche die Charakteristika von analysierten Portfolios imitieren.[42] Dieser Ansatz stellt somit eine Alternative zur Morningstar Stilklassifikationen dar.

Die *Portfolio-basierte* Stilanalyse wird oft zur Klassifikation von Fonds eingesetzt. KIM et al. (2000) klassifizieren anhand unterschiedlicher fundamentaler Faktoren Investmentfonds verschiedener Stile. Sie zeigen, dass 50% der untersuchten Fonds von ihren angegebenen Stilen abweichen, 33% davon weisen wesentliche Abweichungen auf. BROWN und GOETZMANN (1997), DIBARTOLOMEO und WITKOWSKI (1997), KIM et al. (2000) und OTTEN und BAMS (2000) betonen ebenfalls eine unzureichende Klassifikation von Investmentfonds.[43]

Bei Hedge Fonds ist die *Portfolio-basierte* Stilanalyse nur schwer einzusetzen, da die Hedge Fonds wenig transparent sind und kaum Informationen über ihre Portfolioanteile ermöglichen. Berichte über Portfolioanteile liegen, wenn überhaupt, dann häufig nur auf Quartals- oder jährlicher Basis vor und liefern aufgrund der dynamischen Stilveränderungen der Fonds nur einen geringen Einblick in die tatsächliche Portfoliophilosophie der Fondsmanager.[44] Selbst wenn die Portfolioanteile z.B. auf

40 Vgl. HASLEM (2004), S. 209.
41 Siehe dazu KAPLAN et al. (2003).
42 Vgl. DANIEL et al. (1997), S. 1057 und CHEN et al. (2000), S. 354.
43 Siehe auch GALLO und LOCKWOOD (1997a), die verschiedene bestehende Klassifikationsschema mit ihrem eigenen in Bezug auf Performance vergleichen.
44 Vgl. LHABITANT (2004), S. 215.

Quartalsbasis bekannt sind, bleiben die Veränderungen der Anlagestile in der Zwischenzeit verborgen.[45]

BROWN und GOETZMANN (2003) verwenden ihre eigene Generalized Style Classification (GSC) Prozedur zur Klassifikation von Hedge Fonds anhand ihrer Renditen. Mit GSC erreichen sie bessere Ergebnisse als mit der Stilanalyse nach Sharpe oder mit einer Faktoranalyse. Sie betonen, dass die letzten zwei Verfahren besser für eine Performancemessung als für die Klassifikation der Fonds geeignet sind. Dieselben Ergebnisse erzielten sie bereits in ihren Untersuchungen über Investmentfonds in einer früheren Studie.[46] Des Weiteren identifizieren BROWN und GOETZMANN (2003) anhand der TASS Datenbank mindestens acht unterschiedliche Hedge-Fonds-Anlagestile.

Die *Portfolio-basierte* Stilanalyse wird als eine leistungsstarke, aber auch kostenintensive Analyse bezeichnet, da die benötigten fundamentalen Charakteristika deutlich schwieriger zu erheben sind als einfache Renditen.[47] Als Nachteil dieser Analyse wird oft die Möglichkeit von *Window-dressing* genannt, worunter eine Manipulation von Portfolioanteilen verstanden wird. Am Ende eines Monats, wenn die Portfolioanteile berichtet werden, können diese beliebig vom Manager geändert werden, um den tatsächlichen Anlagestil zu verschleiern. Aus diesem Grund können keine adäquaten Rückschlüsse auf den Anlagestil des Managers gezogen werden.[48]

TER HORST et al. (2004) finden heraus, dass Portfolioanteile nicht unbedingt den tatsächlichen Portfoliostil widerspiegeln, da die Portfolioanteile nicht immer mit den Faktorsensitivitäten, die anhand dieser Portfolioanteile bestimmt werden, übereinstimmen.[49] In diesem Aspekt unterscheiden sich die Ergebnisse ihrer Untersuchungen von denen von REKENTHALER et al. (2004), die anhand der Portfolioanteile deutlich bessere Ergebnisse in Bezug auf die Stilbestimmung erzielen, als anhand der RBS (Rendite-basierte Stilanalyse). Während TER HORST et al. (2004) eine bessere Renditeprognose anhand einer RBS erzielen, kommen KAHN (1996), CHAN et al. (2002) und REKENTHALER et al. (2004) zu dem gegenteiligen Ergebnis, dass die Portfolio-basierte Stilanalyse in ihren Untersuchungen eine genauere Renditeprognose liefert.

3.3.3 Korrelation-basierte Stilanalyse

Die *Korrelation-basierte* Stilanalyse baut auf einer Untersuchung der Korrelation zwischen Renditen eines Portfolios und Stilfaktoren auf. Aufgrund eines ähnlichen Verhaltens der Rendite und der Stilfaktoren können Rückschlüsse auf die Portfoliozusammensetzung gezogen werden. Für bestimmte Zeitintervalle werden die Korrelationen zwischen den Portfoliorenditen und den Renditen der Stilfaktoren berechnet.

---

[45] Vgl. RADCLIFFE (2003), S. 80.
[46] Vgl. BROWN und GOETZMANN (1997).
[47] Vgl. FABOZZI (1997), S. 74 und DOR und JAGANNATHAN (2002), S. 6.
[48] Vgl. LHABITANT (2004), S. 215.
[49] Vgl. TER HORST et al. (2004), S. 37.

Auf Basis der Höhe der Korrelation zu einem oder mehreren Stilfaktoren können Zuordnungen in Bezug auf den aktuellen Anlagestil erfolgen.

CHRISTOPHERSON (1995) versucht anhand einer detaillierten Untersuchung einer Korrelation-basierten Stilanalyse Kritik an der Rendite-basierten Stilanalyse auszuüben, jedoch verfehlt er es, eine direkte Verbindung zur Rendite-basierten Stilanalyse herzustellen. Aus diesem Grund können die Kritikpunkte seiner Korrelation-basierten Untersuchung nicht ohne weiteres auf die Rendite-basierte Stilanalyse angewandt werden, da sich statistisch gesehen die Korrelationsanalyse und die Regressionsanalyse, insbesondere in der Modellaufstellung und den gemachten Annahmen, gravierend unterscheiden. Gemeinsam dagegen ist beiden Analysen die Erfassung von linearen Zusammenhängen.

Aus der Korrelationsanalyse von CHRISTOPHERSON (1995) geht hervor, dass diese Art der Stilanalyse aufgrund der großen Sensibilität gegenüber verrauschten Daten einerseits und dynamischen Stilveränderungen andererseits keine adäquaten Ergebnisse in Bezug auf eine Stilidentifikation ermöglicht. Verrauschte Renditedaten können eine künstliche Korrelation zu Faktoren aufweisen, die jedoch keinen tatsächlichen Anlagestil widerspiegeln.[50] Dagegen weisen tatsächliche Stilfaktoren lediglich eine niedrige Korrelation zu Portfoliorenditen auf. Mithilfe der Korrelationsanalyse können ferner keine Rückschlüsse auf systematische Risiken getroffen werden, da die Korrelationsanalyse nicht in der Lage ist, das Rauschen in den Datensätzen von systematischen Risiken zu trennen.[51] Auch Stilveränderungen werden durch die Korrelationsanalyse nur verzögert erfasst.[52]

In der Untersuchung von CHRISTOPHERSON (1995) sowie in Untersuchungen anderer Autoren, bei denen z.B. eine schwache Korrelation zwischen Hedge-Fonds-Renditen und denen der traditionellen Assetkassen nachgewiesen wurde,[53] ist die Vorgehensweise, die Korrelation über einen sehr großen Zeitraum zu betrachten, kritisch zu hinterfragen. Während viele Autoren das Vorliegen dynamischer Veränderungen der Anlagestile z.B. durch Hedge Fonds betonen, nutzen sie dennoch traditionelle lineare Maße zur Messung der Abhängigkeiten. An einem einfachen Beispiel (vgl. Abb. 3.1) kann gezeigt werden, dass zwei Zeitreihen mit je 36 Beobachtungen eine relativ niedrige Korrelation aufweisen, obwohl eine Analyse in 12er Schritten eine starke, abwechselnd positive und negative Korrelation aufzeigt. Daraus lässt sich schließen, dass Fonds ihre Portfolioanteile bzw. Anlagestile ständig derart anpassen können, dass sie im Gesamtbild keine Korrelationen zu traditionellen Assetklassen aufweisen, obwohl tatsächlich in bestimmten Perioden Zusammenhänge zu traditionellen Assetklassen bestehen.

Diesen Kritikpunkt unterstützen die Ergebnisse der Untersuchungen von BREALEY und KAPLANIS (2001), KAT und MIFFRE (2003) und MCGUIRE et al. (2005), die ebenfalls zeitvariable Faktorsensitivitäten zwischen Hedge-Fonds-Renditen und

---

50 Vgl. CHRISTOPHERSON (1995), S. 35.

51 Vgl. CHRISTOPHERSON (1995), S. 36.

52 Vgl. CHRISTOPHERSON (1995), S. 37.

53 Vgl. LIANG (1999), AGARWAL und NAIK (2000a) und CAPOCCI und HÜBNER (2004).

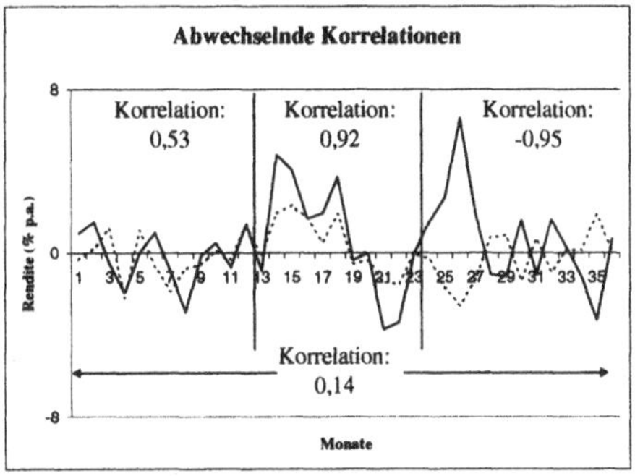

Abbildung 3.1: Abwechselnde Korrelation

Die Abbildung veranschaulicht den Verlauf zweier, über 36 Beobachtungen schwach korrelierter (künstlich generierter) Zeitreihen. Eine dynamische Veränderung der Zusammenhänge aller 12 Beobachtungen wird im Korrelationsmaß nicht widergespiegelt. Tatsächlich sind die Zusammenhänge zwischen den Zeitreihen stark, da die einzelnen Intervalle hohe Korrelationen mit zum Teil unterschiedlichen Vorzeichen aufweisen.

den Stilfaktoren bestätigen. Dies impliziert die Existenz einer dynamischen Veränderung der Abhängigkeiten zwischen Hedge-Fonds-Renditen und den Renditen der Stilfaktoren, die durch konstante Abhängigkeitsmaße nicht erfasst werden können.

Zusammenfassend sei festgehalten, dass die Korrelationsanalyse lediglich lineare Abhän-gigkeiten widerzuspiegeln vermag. Insbesondere im Bezug auf Hedge Fonds kann jedoch nicht immer ein linearer Zusammenhang zwischen Renditen und Stilfaktoren angenommen werden. Aus diesem Grund ist die Eignung der Korrelationsanalyse für die Analyse von Hedge Fonds in Frage zu stellen.

3.3.4 Rendite-basierte Stilanalyse

Die *Rendite-basierte* Stilanalyse (RBS) baut auf der Erklärung der Portfoliorendite anhand eines Faktormodells auf. Hierbei wird versucht, die Performance durch einen Mix verschiedener Stilfaktoren (z.B. Indizes) möglichst genau nachzubilden.[54] Nachdem sie von SHARPE (1988, 1992) vorgestellt wurde, findet sie in der Wissenschaft und Praxis einen verbreiteten Einsatz. Die Rendite-basierte Stilanalyse hilft dabei, die Performance eines Fonds auf mögliche, durch die Stilfaktoren abgebildeten Risikoquellen aufzuschlüsseln und somit die Portfoliocharakteristika zu verstehen. Der Anlagestil eines Fonds wird durch die Stilanalyse als eine lineare Kombination der zugrunde liegenden Stilfaktoren repräsentiert.[55] SHARPE (1992) führt den Ursprung der historischen Rendite eines Fonds einerseits auf den Anlagestil (passives Management) und andererseits auf die professionellen Fähigkeiten des Managers (aktives

[54] Vgl. LUCAS und RIEPE (1996), S. 14.

[55] Vgl. FUNG und HSIEH (2006), S. 532.

Management) zurück. Das Grundmodell besitzt die folgende Form:

$$R_i = \underbrace{\sum_{k=1}^{K} \beta_k F_k}_{\text{Stil}} + \underbrace{\epsilon}_{\text{Managerfähigkeit}} \qquad \text{mit} \quad \epsilon = \alpha_i + \epsilon_i \tag{3.2}$$

Die Rendite eines (Fonds-)Portfolios ist somit die Summe aus dem Wertzuwachs aufgrund des verfolgten Anlagestils, welcher die Anteile der Renditen (den sog. Portfolio-Mix) verschiedener, investierbarer Finanzinstrumente widerspiegelt, und dem Wertzuwachs aufgrund der Managerfähigkeiten.

Die Aufteilung der Portfoliorendite in zwei Komponenten ermöglicht einerseits die Bestimmung der Faktorsensitivitäten und andererseits die Evaluation der Fonds- bzw. Managerperformance.

Die Faktorsensitivitäten werden als Portfoliogewichte (in einem resriktiven Modell) interpretiert aus denen ein approximatives, replizierbares Portfolio zur Nachbildung der Renditeentwicklung erstellt werden kann. Die Kenntnis über die Faktorsensitivitäten ist notwendig, damit Investoren bei der Feststellung der tatsächlichen Fondsphilosophie eine, ihrer eigenen Rendite-Risiko-Struktur adäquate Auswahl von Fonds treffen bzw. ihre Diversifikationsmöglichkeiten ausnutzen können.

Bei der Evaluation der Fonds- bzw. Managerperformance stellen die Stilfaktoren Benchmarks dar, mit deren Hilfe der durch das aktive Management erwirtschaftete Wertzuwachs gemessen werden kann. Die Evaluation des aktiven Managements ist nur dann adäquat, wenn alle relevanten Stilfaktoren (Benchmarks oder Indizes) berücksichtigt werden und keine Stilverschiebungen stattfinden.[56]

Anhand der Erklärungskraft des Modells (R^2) kann eine Aussage getroffen werden, in wie weit die Portfoliorendite durch den verfolgten Stil erzielt wird. Das R^2 ergibt sich aus dem Verhältnis der durch das Modell erklärten Streuung zu der Gesamtstreuung:

$$R^2 = \frac{\sigma^2_{\hat{R}}}{\sigma^2_R} = \frac{\sum_{t=1}^{T}(\hat{R}_t - \bar{\hat{R}})^2}{\sum_{t=1}^{T}(R_t - \bar{R})^2} \tag{3.3}$$

mit: R^2 Bestimmtheitsmaß eines Faktormodells
$\sigma^2_{\hat{R}}$ durch das Faktormodell erklärte Varianz
σ^2_R Gesamtvarianz
$\hat{R}$ geschätzte Rendite
$\bar{R}$ Mittelwert der Renditen
$\bar{\hat{R}}$ Mittelwert der geschätzten Renditen

[56] Vgl. LUCAS und RIEPE (1996), S. 5.

Für Investmentfonds errechnet SHARPE (1992) ein R^2 von bis zu 90%.[57] Der von hundert verbleibende Anteil der Erklärungskraft (bei SHARPE (1992) demnach 10%) wird der Selektions- bzw. der Managerfähigkeit zugeordnet. Die Verwendung der Erklärungskraft zur Bestimmung der Selektionsfähigkeit kann jedoch nur dann erfolgen, wenn die Sicherheit besteht, dass die Stilfaktoren adäquat ausgesucht wurden. Trifft dies nicht zu, kann das R^2 nicht als Erklärungskraft für den Stil oder die Managerfähigkeit dienen.[58]

Den Faktorsensitivitäten (Betas) wird im Modell eine besondere Rolle übertragen. Für sie werden Nebenbedingungen eingeführt (vgl. Gl. 3.4), nach denen sie positiv sein müssen (Nichtnegativitätsbedingung) und sich zu Eins addieren (Budget-Restriktion). Dies erlaubt sie als Gewichte der zugehörigen Finanzinstrumente (Stilfaktoren) im Portfolio zu interpretieren.

$$\sum_{k=1}^{K} \beta_k = 1 \qquad \beta_k \geq 0 \tag{3.4}$$

TER HORST et al. (2004) unterscheiden in Abhängigkeit von den eingeführten Nebenbedingungen zwischen einer *schwachen*, *mittel-starken* oder *starken* Stilanalyse. Eine *schwache* Stilanalyse berücksichtigt keine Nebenbedingungen, eine *mittel-starke* Stilanalyse beinhaltet die Budgetrestriktion und eine *starke* Stilanalyse sieht noch zusätzlich die Nichtnegativitätsrestriktion vor. Für Hedge Fonds erscheint eine mittel-starke Stilanalyse aufgrund der Zulassung von Leerverkäufen sinnvoll, während für Investmentfonds eine starke Stilanalyse durchgeführt werden muss.

TER HORST et al. (2004) untersuchen die Auswirkung der Nebenbedingungen im Modell auf die Ergebnisse der Stilanalyse. Die Einschränkungen der Portfoliogewichte, sich zu Eins zu summieren, und die Nichtnegativitätsbedingung, führen in ihren Untersuchungen nur dann zu einer effizienten Bestimmung der Gewichte, wenn die Faktorwerte keine statistischen Abhängigkeiten aufweisen. Ist dies nicht der Fall, sind die ermittelten Portfoliogewichte verzerrt. In den empirischen Studien der Literatur werden dagegen nur selten Untersuchungen auf Multikollinearität durchgeführt, um die lineare Abhängigkeit der erklärenden Faktoren zu überprüfen. Aus diesem Grund sind die Ergebnisse dieser Studien nicht immer zuverlässig.

Das Modell nach Gl. 3.2 mit Nebenbedingungen nach Gl. 3.4 kann nicht anhand einer (OLS) Regression geschätzt werden, sondern entspricht einem quadratischen Optimierungsproblem. In der quadratischen Optimierung sind die Portfoliogewichte (Betas) die zu variierenden Parameter der Optimierung. Die zu minimierende Zielfunktion ist die Varianz der Residualrendite.[59] Durch die Optimierung wird die Abweichung der Portfoliorendite von der der Stilfaktoren minimiert, um das primäre Ziel einer Stilanalyse, die Entschlüsselung der Performance durch Stilfaktoren, zu

57 Vgl. SHARPE (1992), S. 14.

58 Vgl. LUCAS und RIEPE (1996), S. 24 und DOR und JAGANNATHAN (2002), S. 25.

59 Vgl. ATKINSON und CHOI (2001). Bei einer ordinären Regression wird dagegen die Summe quadrierter Residuen minimiert.

erreichen:[60]

$$var(\epsilon_i) = var(R_i - \sum_{k=1}^{K} \beta_k F_k) \rightarrow \min, \qquad \sum_{k=1}^{K} \beta_k = 1 \quad \beta_k \geq 0 \tag{3.5}$$

Im Vergleich zu einer fundamentalen Stilanalyse, ist die Rendite-basierte Stilanalyse deutlich einfacher und schneller durchzuführen, da sie auf historischen Renditedaten basiert. Aufgrund der reinen Renditebetrachtung ist sie zusätzlich kostengünstig. Dennoch besitzt die Stilanalyse auch ihre Grenzen. Der größte Nachteil liegt in der langsamen Anpassung der Analyse an Veränderungen im Stil. Des Weiteren ist auch die Betrachtung historischer Renditen zur Antizipation zukünftiger Entwicklungen kritisch zu sehen.[61]

Eine unvollständige und unvorsichtige Auswahl der Stilfaktoren kann zu einer falschen Interpretation der Ergebnisse führen. Aufgrund von Korrelationen zwischen den Stilfaktoren können starke Verzerrungen in der Analyse auftreten, sodass Ergebnisse unzuverlässig werden. Die Faktoren können zwar von den linearen Abhängigkeiten durch eine Orthogonalisierung bereinigt werden, jedoch ist die Festlegung der Reihenfolge der Bereinigung subjektiv.[62] Zusätzlich fehlen bisher verlässliche, etablierte Statistiken, anhand denen Betas auf ihre Signifikanz überprüft werden können.

Einige Autoren haben sich jedoch mit der Problematik auseinander gesetzt und präsentierten erste Vorschläge. DIBARTOLOMEO und LOBOSCO (1997) z.B. entwickeln eine Formel, nach der Konfidenzgrenzen für Betas approximiert werden können. Die Idee der Approximation baut auf dem Vergleich der residualen Varianz eines vollständigen und eines reduzierten Faktormodells der Stilanalyse auf. Das reduzierte Faktormodell beinhaltet einen Faktor weniger als das vollständige Modell. Für jeden Faktor wird diese Vorgehensweise einmal durchgeführt. Für das Beta des ausgelassenen Stilfaktors werden die Konfidenzgrenzen des 95% Konfidenzintervalls dabei wie folgt ermittelt:

$$\left[\beta_k - 2\left(\frac{1}{\sqrt{N-l-1}}\frac{\sigma_\epsilon}{\sigma_k}\right); \beta_k + 2\left(\frac{1}{\sqrt{N-l-1}}\frac{\sigma_\epsilon}{\sigma_k}\right)\right] \tag{3.6}$$

60 Vgl. CORNUÉJOLS und TÜTÜNCÜ (2007), S. 159.

61 Dynamische Stilveränderungen z.B. bei Investmentfonds wurden in mehreren Studien identifiziert. Siehe z.B. BROWN und GOETZMANN (1997), KIM et al. (2000), OTTEN und BAMS (2000), CHAN et al. (2002), ANNAERT und VAN CAMPENHOUT (2002) und SWINKELS und VAN DER SLUIS (2006).

62 Siehe dazu Kap. 8.2.3, S. 301.

mit:		
	β_k	Portfoliogewicht des k-ten Stilfaktors
	σ_ϵ	residuale Varianz des vollständigen Modells
	σ_k	residuale Varianz des um den k-ten Stilfaktor reduzierten Modells
	N	Anzahl der Beobachtungen
	l	Anzahl der Stilfaktoren mit Gewichten ungleich Null
	$\left(\frac{1}{\sqrt{N-l-1}}\frac{\sigma_\epsilon}{\sigma_k}\right)$	Standardfehler des Portfoliogewichtes vom k-ten Stilfaktor

DIBARTOLOMEO und LOBOSCO (1997) zeigen, dass, wenn das Konfidenzintervall die Null einschließt, das k-te Portfoliogewicht nichtsignifikant ist. Dieses Ergebnis gilt jedoch nur unter der Bedingung, dass alle weiteren Portfoliogewichte signifikant sind. Da die Signifikanzen der anderen Portfoliogewichte nacheinander bestimmt werden, herrscht in dem System eine gewisse Tautologie. Das Verfahren ist ebenfalls nur dann anwendbar, wenn keines der Betas den Wert Null oder Eins annimmt, weil dies zu einem Konflikt mit den Spezifikationen der Statistiken führen würde.[63] Aus diesen Gründen müssen Stilfaktoren mit nichtsignifikanten Koeffizienten, oder wenn sie gleich Null sind, entfernt werden und die Verifikation des Konfidenzintervalls neu durchgeführt werden. Dies ist eine umständliche Prozedur, besonders, wenn mehrere Faktoren und eine große Anzahl von Fonds untersucht werden. Des Weiteren muss beachtet werden, dass die Reihenfolge, in der die Faktoren eliminiert werden, einen Einfluss auf die Signifikanz haben kann.[64]

Auch andere Forscher versuchten, Konfidenzintervalle für Sharpe-Betas zu berechnen. OTTEN und BAMS (2000) z.B. bilden eine asymptotische Verteilung für Portfoliogewichte (Betas), indem sie die Kuhn-Tucker Optimierung[65] und die Monte Carlo Simulation verbinden. KIM et al. (2005) implementieren zwei Methoden zur Berechnung von Standardfehlern und Konfidenzintervallen für Sharpe-Betas. Eine der Methoden basiert auf Arbeiten von ANDREWS (1999) sowie ANDREWS (2000) und erlaubt mithilfe asymptotischer Verteilungseigenschaften, Konfidenzgrenzen für Beta-Schätzer abzuleiten. Die andere Methode geht auf die Arbeit von GEWEKE (1986) zurück, in der er einen Bayesschen Ansatz implementiert, der von KIM et al. (2005) zuerst verallgemeinert und dann ebenfalls zur Ermittlung der Konfidenzintervalle der Betas angewendet wird. Anhand dieser Methode vermeiden KIM et al. (2005) die Defizite des Ansatzes von DIBARTOLOMEO und LOBOSCO (1997), bei dem für Betas an den Grenzen von Null oder Eins keine verlässlichen Statistiken berechnet werden können. Weiterhin zeigen KIM et al. (2005) Vorteile der Verfahren nach ANDREWS und des Bayesschen Verfahrens in Bezug auf genauere Grenzen der Konfidenzinter-

63 Siehe dazu ausführlicher DIBARTOLOMEO und LOBOSCO (1997).

64 Eine alternative Identifikation der signifikanten Koeffizienten kann durch folgende Vorgehensweise motiviert werden. Zuerst kann ein nicht restriktives Modell geschätzt werden, deren Koeffizienten anhand vom t-Test auf Signifikanz überprüft werden. Im zweiten Schritt kann eine Stilanalyse allein anhand von signifikanten Faktoren geschätzt werden.

65 Der Kuhn-Tucker Algorithmus baut auf der Behandlung von Optimierungs-Nebenbedingungen auf, die als Ungleichungen für Faktorsensitivitäten angegeben werden. Vgl. OTTEN und BAMS (2000), S. 9 f.

valle auf. Da der Bayessche Ansatz sehr rechenintensiv ist, empfehlen sie das Verfahren von ANDREWS (1999).

Abschließend soll die tatsächliche Intention einer Stilanalyse noch einmal betont werden. Basierend auf statistischen Modellen wird durch eine Stilanalyse lediglich beabsichtigt, das Verhalten eines Fondsportfolios auf das Verhalten gemischter Assetklassen zurückzuführen. Zwar stellen BLAKE et al. (1993) für Bond-Investmentfonds fest, dass die Stilanalyse sehr ähnliche Ergebnisse zu der tatsächlichen Portfoliozusammensetzung liefert, jedoch zeigen TER HORST et al. (2004), dass die durch die Stilanalyse ermittelten Portfoliogewichte nicht unbedingt die tatsächlichen Portfolioanteile widerspiegeln. Trotzdem meinen sie, anhand einer RBS bessere Ergebnisse in Bezug auf die Stilbestimmung zu erzielen als dies die Portfolio-basierte Analyse tut. Dies ist überwiegend durch eine abwechselnde Korrelation zwischen verschiedenen Assetklassen und Anpassungen in den Faktorsensitivitäten durch die Portfoliomanager zu begründen.[66] Wie LHABITANT (2004) betont, zeigt eine Rendite-basierte Stilanalyse nur ein grobes Bild über eine mögliche Zusammensetzung eines Portfolios. Das identifizierte Portfolio verhält sich in einer ähnlichen Weise wie das tatsächliche Portfolio, sodass eine Parallele zwischen der Zusammensetzung der beiden Portfolios gesehen werden kann. In Wirklichkeit kann die Zusammensetzung des tatsächlichen Portfolios jedoch vollkommen anders sein. Solange das Verhalten und die Charakteristika der beiden Portfolios ähnlich sind, können Einschätzungen des zukünftigen Verhaltens (Rendite) anhand des „künstlichen" Portfolios erfolgen.[67] Dabei tritt die tatsächliche Zusammensetzung des Portfolios in den Hintergrund.[68]

3.4 Stilfaktoren

3.4.1 Klassifikation

Eine der zentralen Fragen bei der Stilanalyse betrifft die Auswahl der Stilfaktoren. Wie BUETOW JR. et al. (2000) begründen, ist die Inkonsistenz einer Stilanalyse primär auf eine unpassende Auswahl von Stilfaktoren zurückzuführen. Die Definition der Stilfaktoren wird in verschiedenen empirischen Studien divers dargestellt. Einige Autoren bezeichnen fundamentale Größen wie z.B. die Buchwert-Preis-Ratio als Stilfaktoren.[69] Andere verwenden verschiedene Indizes, um die Anlagestile zu identifizieren.[70] Außerdem werden synthetische Faktoren aus Renditereihen anhand einer Faktorenanalyse erzeugt oder verschiedene Faktorkonstrukte bestimmt, die später in die Stilanalyse einbezogen werden.[71] Zusammenfassend können Stilfaktoren durch

66 Vgl. TER HORST et al. (2004), S. 48.

67 TER HORST et al. (2004) zeigen, dass die RBS eine bessere Renditeprognose als die Portfolio-basierte Stilanalyse ermöglicht.

68 Vgl. LHABITANT (2004), S. 219.

69 Vgl. z.B. KUBEREK (1998) und ROLL (2003).

70 Vgl. z.B. SHARPE (1992), BUETOW JR. et al. (2000), DOR und JAGANNATHAN (2002) und REKENTHALER et al. (2004).

71 Vgl. FUNG und HSIEH (1998) und ALEXANDER und DIMITRIU (2004).

drei grundlegende Faktorentypen (vgl. Abb. 3.1) wie (makro-)ökonomische (z.B. Marktindizes), fundamentale (z.B. Buchwert-Preis-Ratio) und statistische (synthetische Faktoren aus der Faktorenanalyse) dargestellt werden. Weiterhin können traditionelle und aus der Literatur vorgeschlagene (oft konstruierte) Faktoren unterschieden werden. Tab. 3.3 veranschaulicht Beispiele von traditionellen und konstruierten Faktoren unterschiedlicher Faktortypen.

Tabelle 3.3: Beispiele von Stilfaktoren

Die Tabelle veranschaulicht Beispiele für verschiedene Stilfaktoren, die nach den zentralen Faktortypen klassifiziert sind.

Faktortypen	**traditionelle Stilfaktoren**	**Faktorkonstrukte**
(makro-) ökonomische	Marktindizes, Hedge-Fonds-Indizes	Differenz-basierte (Spread), Option-basierte (Asset-basierte Stilfaktoren)
fundamentale	Größe (Marktkapita-lisierung), P/B, M/B	SMB (small minus big), HML (high minus low),[72]Momentum
statistische	synthetische Faktoren der Faktoren-analyse (Rendite-basierte Stilfaktoren)	

Die zentrale Gruppe der Stilfaktoren stellen die Indizes dar. SHARPE (1992) verwendet zwölf Stilfaktoren, die unterschiedliche Assetklassen vertreten.[73] Der Ansatz liegt in der Erfassung unterschiedlicher Rendite-Risiko-Quellen im Faktormodell, die durch verschiedene Assets repräsentiert werden und damit einen ausreichenden *Asset-Mix* darstellen.[74] Wie bei einem traditionellen Faktormodell gestaltet sich die Auswahl der Stilfaktoren nicht einfach, da einerseits eine große Vielfalt unterschiedlicher Indizes existiert, die dadurch einen großen Assetbereich abdecken können, und andererseits darf die Anzahl der einzubeziehenden Faktoren nicht zu groß sein, um mögliche Abhängigkeiten zwischen den einzelnen Faktoren zu vermeiden. Nur wenn diese Bedingungen eingehalten werden, ist die Stabilität und Zuverlässigkeit der Modelle gewährleistet.[75] Die Anforderung an die Stilfaktoren kann durch die folgenden Punkte zusammengefasst werden:[76]

- gegenseitig ausschließend (Faktoren dürfen nicht Assetklassen-übergreifend, sondern müssen eindeutig abgrenzbar sein)
- erschöpfend (Faktoren sollen das Anlageuniversum ausreichend abdecken)
- statistisch unabhängig (Faktoren müssen von Multikollinearitäten frei sein)[77]

[72] Siehe Kap. 3.4.2.1, S. 106.

[73] Siehe auch andere Studien, die z.T. ähnliche Stilfaktoren auswählen: BROWN und GOETZMANN (1997), BUETOW JR. et al. (2000) und DOR und JAGANNATHAN (2002).

[74] Vgl. SHARPE (1992), S. 16.

[75] Vgl. PODDIG et al. (2005), S. 406.

[76] Vgl. SHARPE (1992), S. 8.

[77] Siehe AGUDO und VICENTE GIMENO (2005) und PODDIG et al. (2005), S. 442 zur Messung der Multikollinearität.

SHARPE (1992) unterscheidet zwischen zwei zentralen Assetklassen: Aktien und Bonds. Die verschiedenen Kategorien dieser beiden Assetklassen sind insbesondere bei der Erklärung der Performance und Anlagestile von Investmentfonds von großer Bedeutung. Nicht alle Hedge Fonds sind jedoch Einflüssen derselben (traditionellen) Assetklassen ausgesetzt. Aus diesem Grund werden die unterschiedlichen Stilfaktorengruppen, die für Investmentfonds und Hedge Fonds charakteristisch sind, separat erläutert.

3.4.2 Investmentfonds

Investmentfonds investieren hauptsächlich in traditionelle Anlageinstrumente. Da die meisten Fonds in die zwei zentralen Assetklassen (Aktien und Rentenpapiere) anlegen, werden im Folgenden unterschiedliche Klassifikationsmerkmale dieser Assetklassen präsentiert. Zusätzlich können als Stilfaktoren noch Währungs- und Rohstoffindizes sowie Zinssätze einbezogen werden, die allerdings von sekundärer Wichtigkeit sind.[78]

3.4.2.1 Aktien

Aktien sind eine traditionelle Assetklasse, die oft nach unterschiedlichen Segmenten in Bezug auf Marktkapitalisierung und/oder Wert-/Wachstumorientierung und/oder einer geographischen Abgrenzung unterteilt werden. Verbreitete Aktien-Segmente sind: wertorientierte (engl. value) und wachstumsorientierte (engl. growth) sowie kleine (engl. small cap) und große (engl. large cap) Aktien.[79] In Abhängigkeit von der primären Investition in eines dieser Segmente werden die Anlagestile im Einklang mit den Segment-Namen bezeichnet.

Der **Value** (wertorientierte) Anlagestil richtet sich auf eine Anlage in Aktien etablierter Unternehmen mit hohem innerem Wert aus. Die Preisentwicklung dieser Aktien ist stabil, jedoch ist der fundamentale Wert der Aktien höher als der Aktienpreis. Diese Aktien sind somit unterbewertet, weisen aber meistens eine hohe Dividende sowie niedrige Preis-Buchwert und Preis-Gewinn Verhältnisse auf.[80]

Der **Growth** (wachstumsorientierte) Anlagestil ist auf eine Investition in Aktien schnellwachsender Unternehmen mit hohem Cash-Flow ausgerichtet. Die Preisentwicklung dieser Aktien ist eher instabil. Meistens wird bei Growth-Aktien keine Dividende ausgezahlt, da das nicht ausgeschüttete Kapital reinvestiert wird. Diese Ak-

[78] Siehe z.B. empirische Studie in Kap. 8.2.2, S. 294.

[79] FAMA und FRENCH (1992) stellen in ihren Untersuchungen fest, dass die Buchwert-Preis-Ratio und die Marktkapitalisierung (Größe) die wichtigsten Faktoren zur querschnittlichen Erklärung der Aktienrenditen repräsentieren. Dagegen betonen KUBEREK (1998) und ROLL (2003) die Wichtigkeit der Gewinn-Preis-Ratio.

[80] Oft werden Ratios auch in der umgekehrten Form angegeben, z.B. statt Preis-Buchwert- als Buchwert-Marktwert-Ratio. In diesem Fall besitzen wertorientierte Aktien *hohe* Buchwert-Marktwert-Ratios. Vgl. SORENSEN et al. (2000), S. 24.

tien weisen in der Regel hohe Preise auf und es wird auch in Zukunft mit steigenden Preisen gerechnet.[81]

Ein im Zusammenhang mit *Growth* verwendeter Anlagestil ist *aggressive Growth*. Bei diesem Anlagestil wird in Aktien eines schnell wachsenden Unternehmens (z.B. eines Technologieunternehmens) investiert, von dessen Aktien starke Preisanstiege erwartet werden. Dazu zählen meistens keine große Unternehmen, sondern Unternehmen, die eine rapide Entwicklung erfahren haben und deren Trend weiter positiv eingeschätzt wird. Die Aktienpreise dieser Unternehmen sind meistens sehr instabil und volatil.[82]

Value und Growth Strategien werden in Abhängigkeit von der Marktkapitalisierung der zugrunde liegenden Aktien jeweils in *kleine* und *große* (engl. small und large caps) unterteilt. Das ganze Universum der Aktien wird in Segmente aufgeteilt, anhand derer die Klassifikation von Anlagestilen erfolgen kann.[83]

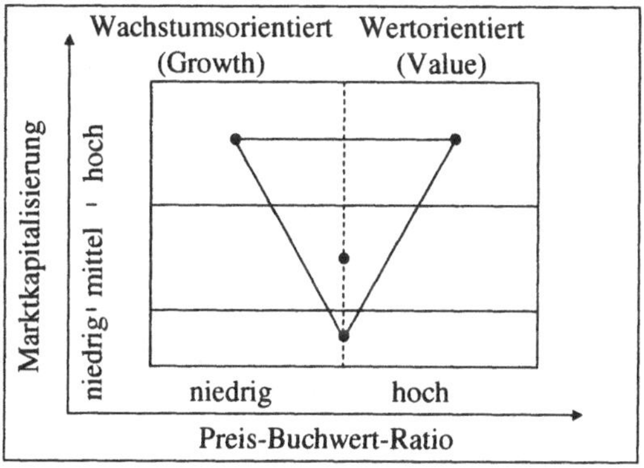

Abbildung 3.2: Segmentierung der Aktien

Die Abbildung veranschaulicht, wie das Universum von Aktien in unterschiedliche Segmente aufgeteilt werden kann. Die zentralen Faktoren sind dabei Preis-Buchwert-Ratio und Marktkapitalisierung. (In Anlehnung an SHARPE (1992), S. 9 und ARNOTT und LUCK (2003), S. 48.)

SHARPE (1992) verwendet eine Klassifikation der Aktien des S&P 500 in den zwei Dimensionen Buchwert-Preis-Ratio und Marktkapitalisierung. Alle Aktien werden zuerst in Abhängigkeit vom Buchwert-Preis (B/P) sortiert, wobei die 50% der Aktien mit dem niedrigeren B/P als *Growth* und die restlichen 50% der Aktien mit dem höheren B/P als *Value* klassifiziert werden.[84] In Bezug auf Marktkapitalisierung werden Aktien ebenfalls sortiert und in *hohe*, *mittlere* und *niedrige* unterteilt, wobei Aktien

[81] Vgl. SORENSEN et al. (2000), S. 25 und HEDGES IV (2005), S. 205.

[82] Vgl. ARFFA (2001), S. 154.

[83] Siehe Studien zu Aufteilung der Aktien in Value und Growth und ihre Performancevergleiche: WEI WEI SHI und SEILER (2002), CHAN et al. (2002) und SPEIDELL und GRAVES (2003).

[84] Einige Autoren führen die Einordnung anhand Buchwert-Marktwert Ratios. Vgl. z.B. CHAN et al. (2002).

mit *niedriger* Marktkapitalisierung z.B. den letzten 20% der klassifizierten Aktien entsprechen.[85] Abb. 3.2 veranschaulicht, wie das Universum der Aktien nach unterschiedlichen Segmenten unterteilt werden kann. SHARPE (1992) bezeichnet die Zentren jedes Anlagestils als schwarze Punkte.[86]

Die dargestellte Klassifikation der Aktien von SHARPE (1992) ist relativ grob, da die Aktien an den Grenzen der Segmente nur schwer einzuordnen sind. Aus diesem Grund werden meistens bei der Segmentierung der Aktien zusätzliche Faktoren wie z.B. Kurs-Gewinn-Verhältnis (engl. price-to-earnings-ratio), Dividenden, Gewinnzuwachs, Rendite des Eigenkapitals, Variabilität der Gewinne u.a. berücksichtigt.[87] Jedoch bestehen auch bei mehreren Klassifikationsmerkmalen Probleme wie z.B. eine doppelte Zuordnung oder gar keine Zuordnung einer Aktie, die meistens aufgrund einer Einführung fester Cut-off-Grenzwerte entstehen.[88] Bei der Bildung der Indizes (z.B. Russell 2000) wird die Problematik dadurch gelöst, dass das ganze Universum der Aktien nicht in zwei, sondern in drei gleich große Gruppen aufgeteilt wird. Der obere Teil wird als starke wertorientierte, der untere Teil als starke wachstumsorientierte und der Teil in der Mitte als gemischte Aktien darstellt. Für den mittleren Teil wird eine Wahrscheinlichkeit der Zugehörigkeit zu der oberen oder unteren Gruppe angegeben.[89] Auch komplexere Verfahren werden zur Klassifikation von Aktien einbezogen. SALOMON SMITH BARNEY verwenden z.B. eine Art logistische Regression, anhand derer Wahrscheinlichkeiten der Zugehörigkeit zu der einen oder der anderen Gruppe bei der Einbeziehung verschiedener Klassifikationsfaktoren berechnet werden.[90] In der Literatur existieren jedoch keine idealtypischen Merkmale der einzelnen Stilgruppen, so dass Definitionen unterschiedlicher Anbieter und Methoden voneinander abweichen können.

Morningstar entwickelte ebenfalls ein Klassifikationsschema für Aktien, welches dem von SHARPE ähnlich ist. Morningstar unterscheidet zwischen neun Segmenten in Bezug auf Preis-Gewinn-Ratio (P/G) und Preis-Buchwert-Ratio sowie Marktkapitalisierung (vgl. Abb. 3.3).[91] Die Aktien werden ebenfalls nach drei Marktkapitalisierungssegmenten und zusätzlich nach drei Segmenten in Bezug auf Preis-Gewinn-Ratio und Preis-Buchwert-Ratio sortiert. Die Klassifikation der Aktien kann in folgenden Schritten zusammengefasst werden:[92]

- jedes der drei Marktkapitalisierungssegmente wird nach P/G sortiert
- in jedem Marktkapitalisierungssegment wird der Median des P/G berechnet

85 SHARPE (1992) nennt keine Grenzwerte für die Einteilung der Aktien in Bezug auf Marktkapitalisierung.

86 Leider gibt SHARPE keine genaue Deutung der schwarzen Punkte. Seine Abbildung diente jedoch als Ausgangspunkt unterschiedlicher späterer Klassifikationen der Stile.

87 Vgl. MICHAUD (1998), S. 62 f.

88 Vgl. DIBARTOLOMEO und WITKOWSKI (1997), S. 34 und ARNOTT und LUCK (2003), S. 50.

89 Vgl. ARNOTT und LUCK (2003), S. 51.

90 Vgl. ARNOTT und LUCK (2003), S. 51-52.

91 Siehe KAPLAN et al. (2003) für eine detaillierte Beschreibung der Morningstar Style Box sowie BOGLE (1998) und DETZEL (2006) für die Untersuchungen anhand der Morningstar Style Box.

92 Vgl. HASLEM (2004), S. 208.

- in jedem Marktkapitalisierungssegment und für jede Aktie wird ein Score als Verhältnis von P/G zum Median ermittelt
- die bisherigen Schritte werden ebenfalls für Preis-Buchwert-Ratio durchgeführt, wonach dann die Scores der beiden Ratios aufaddiert werden und die Unterteilung der Marktkapitalisierungssegmente in jeweils drei Gruppen nach der Festlegung bestimmter Cut-offs für die Scores erfolgt. Damit erfolgt die Klassifikation anhand von aggregierten Werten von P/G und P/B.

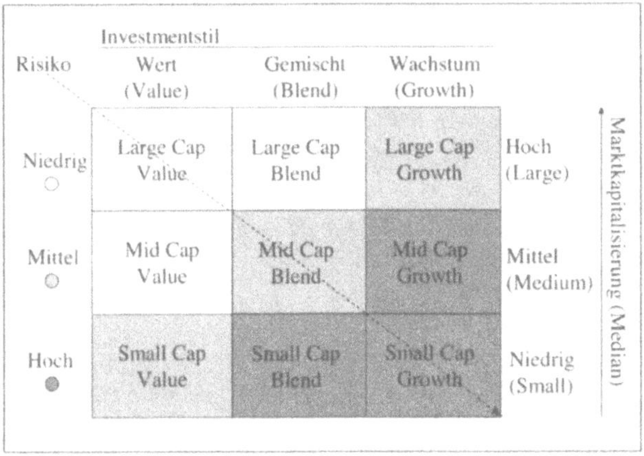

Abbildung 3.3: Morningstar Aktien Stilbox

Die Abbildung veranschaulicht, wie Morningstar das Universum von Aktien in unterschiedliche Segmente aufteilt. Die Klassifikationsfaktoren sind dabei Preis-Gewinn-Ratio, Preis-Buchwert-Ratio und Marktkapitalisierung. (In Anlehnung an DITERESA (1998), S. 9 und HASLEM (2004), S. 208.

SPEIDELL und GRAVES (2003) präsentieren eine Stilkarte, anhand derer ein neuer Rahmen für eine genauere Klassifikation eines Anlagestils erstellt wird. Diese Karte erfasst mehrere fundamentale Variablen und analytische Maße (z.B. Dividend Discount Modell) sowie verschiedene Investmentstile, die entlang der X (Growth) und Y (Trend) Achsen abgetragen werden. Durch die Berücksichtigung mehrerer Faktoren wird die Stilkarte jedoch unübersichtlich, sodass eine intuitive Einordnung erschwert wird. Laut SPEIDELL und GRAVES (2003) kann eine vereinfachte Klassifikation der Marktsegmente nicht immer eine ausreichende Einordnung der Assets ermöglichen.[93]

Viele Datenanbieter bilden Aktienindizes für unterschiedliche Marktsegmente, die als Stilfaktoren eingesetzt werden können. Diese Aktienindizes repräsentieren die Performance meistens großer Portfolios, die ein bestimmtes Anlageuniversum von Aktien umfassen.[94] Aufgrund einer großen Vielfalt unterschiedlicher Indizes ist je-

[93] Vgl. SPEIDELL und GRAVES (2003), S. 175.

[94] Siehe SHEA (2003) für eine ausführliche Beschreibung von Stilindizes unterschiedlicher Anbieter.

Tabelle 3.4: Strukturierung der Stilindizes

Indizes	**Faktoren für die Aufteilung**	**Anmerkung**
S&P Barra	Value/Growth: Buchwert-Preis-Ratio	Größengewichtet (Marktkapitalisierung). Etwa 50% des Kapitalisierungsvolumens beinhalten Value und Growth Indizes. Alle 6 Monate erfolgt eine Anpassung. Der S&P 500 beinhaltet die größten 500 Aktien der USA. Der S&P Mid Cap 400 erfasst die mittel-großen 400 Aktien der USA. Der S&P Small Cap 600 beinhaltet die kleinsten 600 Aktien der USA. Die Auswahl aller Indizes erfolgt anhand der Marktkapitalisierung, Liquidität und Branchenrepräsentation.
Frank Russell	Value/Growth: Preis-Buchwert-Ratio und IBES Prognose. (Gewinnprognosen durch Institutional/Broker/ Estimate/Service)	Größengewichtet (Marktkapitalisierung). Nach Größe aufgeteilt: Russell 1000 (die höchste Marktkapitalisierung), Russell 2000 (nächst größte Marktkapitalisierung). Der Russell 3000 repräsentiert 98% der Marktkapitalisierung des US-Finanzmarktes. Ein *composite value score* wird anhand der P/B und IBES ermittelt. Mithilfe eines nichtlinearen Wahrscheinlichkeitsalgorithmus wird die Zugehörigkeit zu Value oder Growth berechnet. 30% der Aktien werden als Value und Growth eingestuft. Die restlichen entweder als Value oder Growth.
Wilshire	Value/Growth: Preis-Buchwert-Ratio und prognostizierte Preis-Gewinn-Ratio.	Größengewichtet (Marktkapitalisierung). Nach Größe aufgeteilt: Large, Small, Mid und Micro. P/B ist dreimal stärker als P/G gewichtet. Wilshire Large Cap 750, Wilshire Mid-Cap 500 und Wilshire Small Cap 1750 werden jeweils in Value/ Growth als 50/50 der Marktkapitalisierung aufgeteilt.
Dow Jones	Prognostizierte und historische Preis-Gewinn-Ratio, prognostizierter und historischer Gewinnzuwachs, Preis-Buchwert-Ratio, Dividenden.	Größengewichtet (Marktkapitalisierung). Internationale Indizes. Alle 6 Monate (März und September) erfolgt eine Anpassung. Ranking nach Perzentilen sortierter Aktien. Anhand der Clusteranalyse werden fünf Cluster gebildet: Starkes Wachstum, schwaches Wachstum (beide zusammen bilden einen Growth-Index), starker Wert, schwacher Wert (beide zusammen bilden einen Value-Index) und neutral (bildet keinen Index). Der US Dow Jones Global Index repräsentiert 95% der Marktkapitalisierung.
Independence International Associates, Inc.	Value/Growth: Buchwert-Preis-Ratio.	Größengewichtet (Marktkapitalisierung). Internationale Indizes. Alle 6 Monate (Januar und Juli) erfolgt eine Anpassung. Die Aktien werden jeweils in Value und Growth als 50/50 der Marktkapitalisierung aufgeteilt. Large/Small: 70% der größten Marktkapitalisierung Large Cap und 30% Small Cap. Ausgehend von Large/Small werden alle Aktien abschließend in Value und Growth Indizes nach dem B/P aufgeteilt.
Morgan Stanley Capital International	Value/Growth: Preis-Buchwert-Ratio.	Größengewichtet (Marktkapitalisierung). Internationale Indizes. MSCI Small Cap erfasst 40% der Aktien mit der kleinsten Marktkapitalisierung (zwischen 200 und 500 Mio. US $) der Industrie und Länder.

doch bei ihrer Auswahl große Vorsicht geboten. Wie bei Hedge-Fonds-Indizes verhalten sich auch die traditionellen Indizes diverser Anbieter vollkommen verschieden.[95] Dies ist auf die Zusammensetzung, auf eine abweichende Definition der Stile, auf das Indexuniversum und auf eine unterschiedliche Anpassung der Indizes zurückzuführen.[96]

AMENC et al. (2003a) untersuchen Stilindizes unterschiedlicher Anbieter wie z.B. S&P BARRA, Frank Russell, Wilshire Associates, Dow Jones, MSCI und Independence International Associates (IIA) auf ihre Heterogenität. Die Konstruktion der Indizes unter den verschiedenen Anbietern verläuft vollkommen unterschiedlich (vgl. Tab. 3.4).[97] Aus diesem Grund wird eine hohe Heterogenität in den Indizes festgestellt. AMENC et al. (2003a) untersuchen die Auswirkung der Heterogenität der Indizes auf die Stilanalyse. Anhand des Minkowski Distanzmaßes berechnen sie die Heterogenität der aus der Stilanalyse resultierenden Portfoliogewichte, wenn Indizes unterschiedlicher Anbieter als Stilfaktoren eingesetzt werden. Die Ergebnisse weisen große Distanzen zueinander auf, was aufgrund der verwendeten Indizes verschiedener Datenanbieter impliziert, dass die jeweiligen Stilanalysen z.T. vollkommen entgegengesetzte Stilrichtungen ausgeben. Um dieses Problem zu umgehen, versuchen AMENC et al. (2003a) mithilfe des Kalman Filters, der Faktorenanalyse und der Minimum Varianz Analyse reine (engl. pure) Indizes zu konstruieren.[98] Diese Indizes sind jedoch nicht leicht zu interpretieren und nur schwer in die Zukunft fortzuschreiben.

Weitere wichtige Faktoren, die oft in einer Stilanalyse implementiert werden,[99] sind die Faktoren aus der Studie von FAMA und FRENCH (1992): **SMB** (small minus big) und **HML** (high minus low). Analog zu der oben beschriebenen Segmentierung der Aktien in Bezug auf Marktkapitalisierung und Buchwert-Marktwert-Ratio (B/M) werden vier Segmente aus einem Aktienuniversum gebildet: niedrige Marktkapitalisierung und hohe B/M (SH steht für small/high), niedrige Marktkapitalisierung und niedrige B/M (SL steht für small/low), hohe Marktkapitalisierung und hohe B/M (BH steht für big/high) und hohe Marktkapitalisierung und niedrige B/M (BL steht für big/low). Aus diesen vier Segmenten werden SMB und HML abgeleitet:[100]

$$SMB_t = \left(\frac{R_{SHt} + R_{SLt}}{2}\right) - \left(\frac{R_{BHt} + R_{BLt}}{2}\right) \tag{3.7}$$

95 Vgl. Kap. 2.7.1, S. 33.

96 Vgl. BUETOW JR. et al. (2000), S. 61.

97 Vgl. AMENC et al. (2003a), S. 27.

98 Auch MICHAUD (1998), FUNG und HSIEH (1998) und ALEXANDER und DIMITRIU (2004) schlagen eine Faktorenanalyse zur Extraktion von Stilfaktoren aus Renditen vor. RADCLIFFE (2003) extrahieren Hauptkomponenten (Faktoren) aus bereits bestehenden, beobachteten Faktoren bzw. Portfoliocharakteristika, die sie dann in einer Stilanalyse verwenden.

99 Siehe z.B. AGARWAL und NAIK (2001), VECCHI (2004) und HUBER und KAISER (2004).

100 Vgl. AMENC et al. (2003a), S. 12. Die unterschiedlichen Indizes können von der Seite http://mba.tuck.dartmouth.edu/pages/faculty/ken.french/data_library.html heruntergeladen werden.

$$HML_t = \left(\frac{R_{SHt} + R_{BHt}}{2}\right) - \left(\frac{R_{SLt} + R_{BLt}}{2}\right) \tag{3.8}$$

mit:

SMB_t	Small minus Big Portfoliorendite zum Zeitpunkt t
HML_t	High minus Low Portfoliorendite zum Zeitpunkt t
$R_{SHt}, R_{SLt}, R_{BHt}, R_{BLt}$	Renditen unterschiedlicher Aktiensegmente zum Zeitpunkt t

Zusätzlich wird ein **Momentum** Faktor einbezogen, welcher als „UMD" (Up minus Down, z.B. bei VECCHI (2004)) oder als „PR1YR" (bei CARHART (1997)) bezeichnet wird. Ein Momentum-Faktor wurde von JEGADEESH und TITMAN (1993) vorgeschlagen und von mehreren Autoren wie z.B. von CARHART (1997) zur Performancemessung eingesetzt. Dieser Faktor wird aus der Differenz zweier gleichgewichteter Portfolios mit jeweils 30% der Firmen mit den höchsten und den niedrigsten 11-monatigen Renditen (mit einem einmonatigen Lag) für jeden Monat gebildet.[101]

Faktoren wie SMB, HML und Momentum gehören zur Kategorie der *konstruierten* Faktoren. Wie auch andere Stilfaktoren besitzen konstruierte Stilfaktoren einige Defizite. Diese Stilfaktoren sind unter ökonomischen Gesichtspunkten nicht einfach interpretierbar. Auch die Zuordnung der Anlagestile auf Basis dieser Faktoren ist nicht immer eindeutig. Trotzdem werden diese Faktoren vermehrt auch in den Studien zur Stilanalyse eingesetzt.[102]

Auch synthetische Faktoren einer Faktorenanalyse werden in die Stilanalyse anstelle von Stilfaktoren eingesetzt. Auf Basis von Fondsrenditen verwenden PATTARIN et al. (2004) eine Faktorenanalyse zur Erzeugung statistischer Faktoren, welche sie in einem zweiten Schritt anhand der Stilanalyse nach Sharpe durch Stilfaktoren (acht Marktindizes) entschlüsseln und ihnen eine Stilrichtung zuweisen. Die sich daraus ergebenden Stilkategorien sind sehr zutreffend, insbesondere in Bezug auf vorgegebene Klassifikationen und die Erklärungskraft der Out-of-Sample Analyse der Renditen im Querschnitt.[103]

FUNG und HSIEH (1998) benutzen ebenfalls eine Faktoranalyse und identifizieren Anlagestile für Investmentfonds. Sie setzen bezüglich der Investmentfonds eine Annahme, nach der verschiedene Fonds mit ähnlichen Stilen eine stark korrelierte Rendite aufweisen sollten. Sie führen die Faktoranalyse für jede der 33 Stilkategorien der Morningstar-Klassifikationen durch. In 24 Stilgruppen identifizieren sie nur eine Hauptkomponente,[104] was darauf schließen lässt, dass diese Klassifikation überwiegend eine eindeutige Stilzuordnung impliziert. Die restlichen neun Kategorien weisen zwei Hauptkomponenten auf. Die insgesamt 39 identifizierten Stilrichtungen

[101] Vgl. CARHART (1997), S. 61.
[102] Siehe z.B. AGARWAL und NAIK (2001), VECCHI (2004) und HUBER und KAISER (2004).
[103] Vgl. PATTARIN et al. (2004), S. 367-368.
[104] Die Erklärungskraft einer Komponente soll 10% übersteigen. Vgl. FUNG und HSIEH (1998), S. 7.

(Hauptkomponenten)[105] besitzen starke Korrelationen mit traditionellen Assetklassen, wobei der Großteil der Stile einen Mix aus neun zentralen Assetklassen darstellt.

3.4.2.2 Rentenpapiere

Die Vielfalt von Rentenpapierarten ist sehr groß.[106] Die häufigsten Klassifikationen nehmen Bezug auf Emittenten, den geographischen Ort, Fristigkeit und Qualität. In Abhängigkeit vom Emittenten werden zwei zentrale Klassen - Staatsanleihen (engl. government bond) und Unternehmensanleihen (engl. corporate bond) - unterschieden. Nach der geographischen Platzierung existieren nationale (z.B. US-Bonds), internationale Bonds und Rentenpapiere der Emerging Markets.

Eine der am meisten verbreiteten Klassifikationen von Rentenpapieren stellt die Stilbox von Morningstar dar. Dabei werden Bonds entlang den Dimensionen Fristigkeit (Laufzeit) und Qualität (Rating) sortiert (vgl. Abb. 3.4). Für Rentenpapiere und für die in sie investierenden Fonds werden unterschiedliche Gruppen von Laufzeiten unterschieden. Meistens werden als *kurzfristig* Bonds mit einer Laufzeit unter $3\frac{1}{2}$ Jahren, als *mittelfristig* Bonds mit einer Laufzeit zwischen $3\frac{1}{2}$ und 6 Jahren und als *langfristig* Bonds mit einer Laufzeit von über 6 Jahren bezeichnet.[107] Als Qualitätskennzeichen gilt das vom Emittenten angegebene Rating. Als von höchster Qualität gelten Bonds mit Ratings von AA und höher, als mittlere mit Ratings zwischen BBB und A und Bonds der niedrigsten Qualität besitzen Ratings von BB und niedriger.[108]

COMER et al. (2005) überprüfen die Rentenpapierklassifikation von Morningstar, indem sie Investmentfondsrenditen unterschiedlicher Bond-Segmente (in Bezug auf Fristigkeit) auf Renditen von Bondindizes in einer Stilanalyse regressieren. Sie stellen fest, dass die Klassifikation von Morningstar eine gute Gruppierung der Investmentfonds darstellt.[109]

Einige Arten von Bonds lassen sich aufgrund ihrer speziellen Ausprägung nicht eindeutig klassifizieren. Dazu gehören *High-Yield* Bonds (Rentenpapiere mit hohem Kreditrisiko), Wandelanleihen (engl. convertible bonds) und Mortgage-Backed-Securities (Rentenpapiere zur Refinanzierung von Hypothekenkrediten).

Unterschiedliche Datenanbieter bilden für die meisten der genannten Bonds einen Index, der die aktuelle Lage des bestimmten Segmentes widerspiegelt. Die bekannten Bondsindizesanbieter sind JPMorgan (z.B. JPMorgan GBI Europe Index und JPMorgan GBI Global Index), Lehman Brothers (z.B. Lehman Brothers Corporate Bond, US Corporate High Yield und Mortgage-Backed Securities Index), FTSE (z.B. FTSE Euro Corporate Bond), Salomon Brothers (z.B. Salomon Brothers Treasury Bill Index) und Merrill Lynch (z.B. Merrill Lynch EMU Broad Market Index). Diese Indizes

[105] Nur 3 Stilrichtungen konnten nicht eindeutig verifiziert werden.

[106] Rentenpapiere werden auch als Anleihen oder Bonds bezeichnet. Für eine ausführliche Darstellung verschiedener Rentenpapiere siehe BEIKE und SCHLÜTZ (2001), S. 293 ff.

[107] Die Laufzeit zwischen einzelnen Gruppen kann bei anderen Klassifikationen um ein Jahr variieren.

[108] Vgl. HASLEM (2004), S. 209.

[109] Vgl. COMER et al. (2005), S. 16.

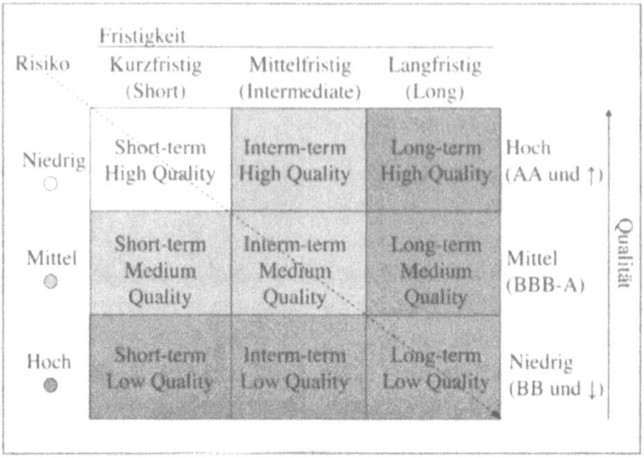

Abbildung 3.4: Morningstar Fixed Income Stilbox

Die Abbildung veranschaulicht, wie das Universum von Rentenpapieren in unterschiedliche Segmente aufgeteilt werden kann. Die Klassifikationsfaktoren sind dabei Fristigkeit und Qualität. (In Anlehnung an DITERESA (1998), S. 9 und HASLEM (2004), S. 209.

werden oft als Stilfaktoren in eine Stilanalyse eingesetzt, um den Anlagestil der in Rentenpapiere investierenden Fonds zu entschlüsseln.[110]

3.4.3 Hedge Fonds

3.4.3.1 Überblick verbreiteter Stilfaktoren

Für Hedge Fonds muss ein deutlich breiteres Spektrum an Stilfaktoren als bei Investmentfonds eingesetzt werden, obwohl sie meistens die gleichen Assets wie Investmentfonds verwalten. Wie in Kap. 2.8.2 bereits diskutiert, verfügen Hedge Fonds über eine nahezu unbegrenzte Anzahl an Anlagestilen, die durch traditionelle Assetklassen nicht leicht nachzubilden sind. Für Hedge Fonds unterscheiden FUNG und HSIEH (1997) zwei zentrale Klassen von Stilfaktoren: Rendite-basierte (Indizes oder synthetische Faktoren aus einer Faktorenanalyse) und Asset-basierte Stilfaktoren (Konstrukte aus verschiedenen Assetklassen). Laut Tab. 3.3 repräsentieren diese Stilfaktoren jedoch nur einen Teil diverser Stilfaktoren.

Die Betrachtung von *Hedge-Fonds-Indizes* anstelle von Stilfaktoren ist ein verbreiteter Ansatz zur Bildung einer Stilanalyse. Hedge-Fonds-Indizes werden für unterschiedliche Anlagestile gebildet.[111] DOR und JAGANNATHAN (2002) implementieren eine Stilanalyse für einzelne Hedge Fonds und Investmentfonds. Laut ihrer Untersuchung kann ein erster Schritt zur Evaluation der Performance anhand einer Bewertung von sog. *Stilgruppen* (engl. peer groups) erfolgen, die verschiedenen Kategorien

[110] Vgl. z.B. SHARPE (1992) und DOR und JAGANNATHAN (2002).
[111] Vgl. Kap. 2.7.1, S. 33.

aus selbstberichteten Zugehörigkeiten zu einem bestimmten Stil darstellen. Unterschiedliche Datenbankanbieter veröffentlichen historische Reihen für verschiedene Stilgruppen bzw. Indizes. Als erstes können Fondsrenditen auf die zugehörigen Indizes regressiert werden, um einen bestehenden Zusammenhang mit einer bestimmten Stilkategorie oder evtl. eine falsche Klassifikation eines Fonds zu identifizieren. Jedoch können, wie bereits im Kap. 2.7.1 diskutiert, Indizes verschiedener Datenanbieter eine unterschiedliche Performance aufweisen, sodass auch die Ergebnisse einer auf verschiedenen Indizes basierenden Stilgruppen-Analyse voneinander abweichen können.[112] Des Weiteren muss auch hier die Dynamik der Stilveränderung berücksichtigt werden, aufgrund derer für diese Analyse keine stabilen Ergebnisse garantiert werden können.[113]

Laut DOR und JAGANNATHAN (2002) erreichen einige Anlagestile wie z.B. Market Neutral auch durch die Einbeziehung von traditionellen Assetklassen eine hohe Erklärungskraft.[114] Jedoch ist die Erfassung der Portfoliorendite der meisten Hedge-Fonds-Anlagestile durch die traditionellen Indizes oder Hedge-Fonds-Indizes nicht ausreichend, um die Portfoliostruktur adäquat zu ermitteln.[115]

FUNG und HSIEH (1998) wenden für Hedge Fonds eine Stilanalyse anhand von synthetischen Stilfaktoren an. Wie die Autoren zeigen, gestaltet sich die Identifikation der Stilfaktoren für Hedge Fonds im Gegensatz zu Investmentfonds schwierig. Für Hedge Fonds können FUNG und HSIEH (1998) nur eine sehr schwache Erklärungskraft der Stilanalyse erreichen (45% der Hedge Fonds besitzen $R^2 \leq 30\%$), während Investmentfonds eine sehr hohe Erklärung der RBS aufweisen (über 90% der Investmentfonds besitzen $R^2 \geq 90\%$). Hedge Fonds besitzen demnach eine sehr schwache Korrelation mit traditionellen Assetklassen. FUNG und HSIEH (1998) erklären die Hedge-Fond-Renditen anhand der neun traditionellen Assetklassen und anhand von drei zusätzlichen Faktoren, die sie *dynamic-trading-strategies* nennen, und identifizieren fünf zentrale Stilrichtungen für Hedge Fonds.

Die Problematik bei der Abbildung der Hedge-Fonds-Rendite wird durch nachgewiesene nichtlineare Strukturen der Hedge-Fonds-Renditen erschwert. Wie bereits in Kap. 2.8.6.3 diskutiert, kann ein traditionelles Performancemaß oder ein lineares Modell zur Evaluation z.B. von Managerfähigkeiten nicht eingesetzt werden, um ein nichtlineares (Option-ähnliches) Verhalten der Hedge-Fonds-Renditen vollständig zu erfassen. Umgekehrt können Hedge Fonds auf diese Weise als ausgezeichnete Performer klassifiziert werden, da sich ihre Risikoquellen z.T. von denen der traditionellen Assets unterscheiden und auf einer linearen Basis nicht vollständig erfasst werden. Das gleiche Problem tritt bei der Stilanalyse auf. Eine traditionelle Stilanalyse nach

112 Zur Durchführung einer Stilanalyse anhand von Indizes sind zwei Szenarien vorstellbar: Renditen eines Fonds werden auf Indizes unterschiedlicher Anbieter aber eines Stils regressiert; Renditen eines Fonds werden auf Indizes eines Anbieters unterschiedlicher Stils regressiert. Hier ist der zweite Fall gemeint.

113 Vgl. DOR und JAGANNATHAN (2002), S. 30-31.

114 Vgl. DOR und JAGANNATHAN (2002), S. 30-31.

115 FUNG und HSIEH (2004b) (S. 65) begründen dies durch die in den Datenbanken vorhandenen Verzerrungen.

Sharpe, die auf einer Abbildung eines *linearen* Zusammenhanges basiert, kann nicht immer einen Erfolg beim Einsatz für Hedge Fonds garantieren. Der Grund liegt in der nachgewiesenen nichtlinearen Struktur der Hedge-Fonds-Rendite.[116]

Die nichtlineare Struktur der Hedge-Fonds-Rendite ist durch unterschiedliche Ursachen bedingt. Einerseits kann eine besondere Kombination aus Anlagestrategien und Anlageinstrumenten eine Portfoliorendite erzeugen, die sich im Verhältnis zu einem traditionellen Marktindex nicht linear verhält.[117] Wird der Anlagestil durch ein imitierendes Portfolio nachgebildet, kann die Performance (bzw. der Anlagestil) auch durch einen linearen Zusammenhang zwischen den Renditen des Hedge-Fonds-Portfolios und den Renditen des imitierenden Portfolios repliziert werden. Der Nachteil dieser Vorgehensweise liegt in der schwer nachzubildenden, enormen Vielfalt aller vorstellbaren Anlageinstrumente- und -strategie-Kombinationen.

Andererseits kann die nichtlineare Struktur der Hedge-Fonds-Rendite aus einer dynamischen Anlagestilveränderung resultieren. Dabei würde die Entwicklung der Portfoliorendite in Bezug zu einem bestimmten Marktindex ebenfalls nichtlinear verlaufen. Eine Erklärung kann in den abwechselnden Faktorsensitivitäten zu verschiedenen Marktindizes aufgrund veränderter Portfolioanteile gesehen werden. In diesem Fall kann die Zusammensetzung des Portfolios in einem bestimmten Zeitintervall linear aus traditionellen Stilfaktoren (Assetklassen) erklärbar sein, wobei bei der Betrachtung mehrerer Zeitintervalle unterschiedliche (lokale) lineare Zusammensetzungen in einem nichtlinearen (globalen) Verlauf der Zusammenhänge resultieren. Eine Stilanalyse, die auf einem traditionellen Faktormodell basiert, würde in dieser Situation keine ausreichende Stilidentifikation ermöglichen. Aus diesem Grund muss auf modifizierte oder nichtlineare Stilanalysen zurückgegriffen werden.

Meistens sind die Quellen nichtlinearer Renditestrukturen unbekannt, wodurch die Anwendung einer bestimmten Lösung zu falschen Ergebnissen der Analyse führen kann. Aus diesem Grund ist die Erkennung der Ursache des nichtlinearen Renditeverhaltens vor der Durchführung der Stilanalyse entscheidend.

FUNG und HSIEH (1997) schlagen vor, für Hedge Fonds sog. Asset-basierte (engl. asset-based) Stilfaktoren (ABS) zu verwenden, die nicht nur eine Long-Position in einer einzigen Assetklasse abbilden, sondern eher die besonderen Anlagestile der Hedge Fonds zu replizieren versuchen. Mit ihrem Ansatz adressieren sie das Problem der Nichtlinearität der Hedge-Fonds-Rendite durch spezielle Faktorkonstrukte, die allerdings die Hedge-Fonds-Renditen auf linearer Basis nachbilden. Unterschieden werden zwei Gruppen von Asset-basierten Stilfaktoren: Spread und Option-basierte Faktoren, die im Folgenden näher beschrieben werden.

---

[116] Siehe dazu FUNG und HSIEH (2001), FUNG und HSIEH (2002a) und FUNG und HSIEH (2004a).

[117] FUNG und HSIEH (1998) bezeichnen die Korrelation zwischen einer Hedge-Fonds-Rendite und traditionellen Assetklassen ebenfalls als nichtlinear. Vgl. S. 21.

3.4.3.2 Spread Stilfaktoren

Spread Stilfaktoren werden seit Langem zur Renditeerklärung auch für traditionelle Anlagen wie Investmentfonds verwendet. Jedoch haben sie in Studien zu Hedge Fonds eine besondere Popularität gewonnen, da Hedge Fonds oft verschiedene Anlageinstrumente kombinieren und damit eine andere Renditestruktur erzeugen, die durch Spread Faktoren besser als durch traditionelle Stilfaktoren erklärt werden kann.

FUNG und HSIEH (1998) und FUNG und HSIEH (2002a) betrachten Stilfaktoren für Hedge Fonds in zwei Dimensionen: Ort (engl. location) und Strategie. Unter *Ort* wird der Finanzmarkt bzw. die Assetklasse verstanden, in die ein Fonds primär investiert. Unter *Strategie* wird eine grundlegende Anlagestrategie (Long-Only, passives Spread Trading, Trend-following und Convergence Trading) verstanden wird. Die Fondsrendite wird somit abhängig von der Auswahl des Anlageinstrumentes und der Anlagestrategie bestimmt.[118] Für Long-Only nutzen die Autoren traditionelle Indizes, für andere Anlagestile bilden sie dagegen Indizes-Konstrukte aus verbreiteten Aktien- oder Bondindizes wie z.B. Mortgage Bond Index minus Treasury.[119] Diese Indizes werden als Differenzindizes oder *Spreads* bezeichnet. Für den Long/Short Equity Anlagestil schlagen FUNG und HSIEH (2002a) einen Spread-Faktor vor, der aus Small Caps minus Large Caps plus Growth Aktien resultiert.

MITCHELL und PULVINO (2001) generieren einen Index für Merger Arbitrage Fonds, die bei Fusionen oder Übernahmen mit Aktien beider Parteien spekulieren. Dieser Index repliziert den gewöhnlichen Anlagestil dieser Fonds, indem Aktien des Übernahmekandidaten als Long-Position und Aktien des zu erwerbenden Unternehmens als Short-Position gehalten werden. Die Autoren untersuchen 4750 Fusionen zwischen 1963 und 1998 und bilden den Anlagestil nach. Die Rendite ihres Index wird aus der Summe der beiden Positionen berechnet und kann die Rendite der Merger Arbitrage Fonds ausreichend erklären.[120]

Auch SCHNEEWEIS und SPURGIN (1998) implementieren Spread Stilfaktoren. In ihrer Studie verwenden sie unterschiedliche Multi-Faktor-Modelle zur Erklärung der Hedge-Fonds-Rendite und zeigen für Aktien-orientierte Fonds, dass ihre Risikoquellen durch den Marktindex (z.B. S&P 500) und einen Spread der Aktien mit niedriger (engl. small) und hoher (engl. large) Marktkapitalisierung erfasst werden können.

Wie die empirischen Studien zeigen, können ABS-Faktoren die Renditen von einigen Hedge-Fonds-Anlagestilen sehr gut erklären. Der größte Nachteil der Asset-based Stilfaktoren ist in der fehlenden ökonomischen Interpretation und der fehlenden Möglichkeit, ihre Entwicklung am Markt zu beobachten, zu sehen. Diese Stilfaktoren sind zwar aus Kombinationen anderer, z.T. traditioneller Stilfaktoren nachbildbar und können in die Vergangenheit verfolgt werden, die Fortschreibung in die Zukunft gestaltet sich jedoch problematisch. Auch durch eine dynamische Veränderung der Anlagestile, kann ein ABS seine Aktualität verlieren. Die Vielzahl der

---

118 Vgl. FUNG und HSIEH (1998), S. 8.

119 Vgl. FUNG und HSIEH (2002c), S. 8.

120 Siehe für Details die Studie von MITCHELL und PULVINO (2001).

Anlagestile kann ebenfalls schwerlich abgebildet werden. Aus diesem Grund bieten ABS nicht immer eine optimale Lösung zur Erfassung der Hedge-Fonds-Renditen und der Anlagestile an.

3.4.3.3 Option-basierte Stilfaktoren

Einige Autoren versuchen das Option-ähnliche Verhalten von Hedge Fonds durch solche Stilfaktoren abzubilden, die eine Anlage in Optionen widerspiegeln. GLOSTEN und JAGANNATHAN (1994) schlagen vor, aus Optionspreisen traditioneller Stilfaktoren ebenfalls Indizes zu bilden und die Stilanalyse durch sie zu erweitern.

AGARWAL und NAIK (2001) konstruieren einen Index, der Put- und Call-Optionen für den S&P500 repräsentiert. Zum Anfang eines Monats wird eine Option (Call oder Put) für den S&P500 mit einer Laufzeit von einem Monat gekauft. Zum Anfang des nächsten Monats wird diese Option veräußert und eine neue für den nächsten Monat gekauft. Die daraus resultierende Rendite bildet einen naiven Handel mit Optionen ab, wobei ein *at-the-money* und *out-of-the-money* Index jeweils für Call- und Put-Optionen generiert wird. Anhand dieser Indizes können AGARWAL und NAIK (2001) die Erklärungskraft der von ihnen durchgeführten Stilanalyse deutlich verbessern.[121] Die Autoren zeigen, dass sie mithilfe des Index die systematischen Risiken eines Optionen-ähnlichen Verhaltens der Hedge Fonds erfassen können.

FUNG und HSIEH (2001) schlagen vor, für Trend-Following-Anlagestile wie z.B. Managed Futures ein *Long Lookback Straddle* anzuwenden.[122] In einer weiteren Studie entwickeln FUNG und HSIEH (2002a) für Convergence-Trading-Anlagestile wie z.B. Fixed Income Arbitrage einen *Short Lookback Straddle*. Die Einbeziehung von Optionen-basierten Faktoren resultiert in einer deutlich höheren Erklärungskraft der Stilanalyse für Hedge Fonds.[123]

Ein Optionen-ähnliches oder nichtlineares Verhalten der Rendite von Hedge-Fonds kann jedoch nicht nur aus dem Handel mit Derivaten, sondern auch aus einer Kombination von unterschiedlichen Anlageinstrumenten und -strategien resultieren. Aus diesem Grund kann die Einbeziehung der Derivate-Indizes in eine Stilanalyse trotz der erreichten Verbesserung der Ergebnisse nicht ausreichend sein, um die möglichen nichtlinearen Strukturen der Renditen genügend abzubilden. Durch die in der Literatur präsentierten Faktorkonstrukte können jedoch kaum alle Anlagestile nachgebildet werden. Wie bereits oben betont, ist der Erfolg einer Stilanalyse nur dann

[121] Auch DOR und JAGANNATHAN (2002) berichten eine wesentliche Erhöhung der Erklärungskraft durch die Berücksichtigung von Optionen-basierten Stilfaktoren. Über die Erweiterung der Optionen-basierten Stilfaktoren siehe VECCHI (2004).

[122] Ein Lookback Straddle ist eine Kombination aus Strategien, bei denen ein simultaner Kauf (Verkauf) von Call- und Put-Optionsscheinen in gleicher Anzahl, von identischem Basiswert und Basispreis, denselben Fälligkeitsterminen und zu gleichen Kontraktspezifikationen stattfindet. Long Straddle bedeutet, dass die Call- und Put-Optionsscheine gekauft werden, ein Short Straddle, dass die Call- und Put-Optionsscheine verkauft werden. Vgl. GÖTTE (2001), S. 115 und HUBER und KAISER (2004), S. 51.

[123] Vgl. Studien von FUNG und HSIEH (1997), FUNG und HSIEH (1998), AGARWAL und NAIK (2001), FUNG und HSIEH (2001), FUNG und HSIEH (2002a) und DOR und JAGANNATHAN (2002).

gesichert, wenn die Quelle der nichtlinearen Struktur der Renditen bekannt ist. Im anderen Fall würde die Einbeziehung nichtadäquater Faktorkonstrukte zu falschen Schlussfolgerungen in Bezug auf den Anlagestil führen.

3.5 Modifizierte Stilanalyse

Einer der größten Kritikpunkte an der Stilanalyse nach Sharpe (oder auch der RBS) ist die fehlende Berücksichtigung zeitvariabler Portfoliogewichte, die aus Stilveränderungen resultieren. In der empirischen Literatur entstanden mehrere Ansätze, die diesen wesentlichen Kritikpunkt zu berücksichtigen versuchen. HARDY (2003) zählt unterschiedliche Ansätze auf, mit denen eine Stilanalyse auf veränderte Portfoliogewichte sensibilisiert werden kann. Grundsätzlich führen Untersuchungen anhand kleiner Zeitfenster (z.B. 20-36 Beobachtungen) zu einer besseren Anpassung der Portfoliogewichte. Anhand einer *exponentiellen Gewichtung* des Zeitfensters, welches durch die gesamte Zeitreihe ständig verschoben wird, kann eine größere Bedeutung der aktuellen Stilveränderung abgebildet werden. Weiterhin können die Untersuchungen anstatt mit monatlichen Beobachtungen mit Tagesbeobachtungen durchgeführt werden, wodurch eine deutlich schnellere Portfolioveränderung festgestellt werden kann.[124] Für Hedge Fonds sowie für einige Investmentfonds können allerdings keine Tagesrenditen erhoben werden, wobei jedoch insbesondere Hedge Fonds auch täglich ihre Portfolios umschichten können. Damit scheinen nicht alle Ansätze aus der Literatur in der Praxis umsetzbar zu sein.

Die Verwendung *rollierender Fenster* (engl. rolling windows) und der Einsatz des Kalman Filters repräsentieren zwei zentrale Alternativen zu den traditionellen Rendite-basierten Stilanalysen. Sie haben die Aufmerksamkeit der Forscher geweckt und werden im Folgenden näher vorgestellt und diskutiert.

3.5.1 Rollierendes Zeitfenster

Der Ansatz des *rollierenden Zeitfensters* basiert auf dem Faktormodell von Sharpe, welches jedoch nicht die gesamte Zeitreihe, sondern ein bestimmtes, sich ständig verschiebendes Zeitfenster untersucht. Eine Renditezeitreihe mit z.B. 100 Beobachtungen wird in der Stilanalyse nach Sharpe sofort vollständig analysiert, wodurch als Ergebnis ein Beta pro Faktor ermittelt wird. Beim Ansatz rollierender Zeitfenster wird ein Zeitintervall von z.B. 36 Beobachtungen festgelegt, welches von Anfang bis Ende der Zeitreihe ständig um eine Beobachtung verschoben wird, sodass 65 (100-36+1) Betas pro Faktor geschätzt werden. Anhand dieser Betas können die veränderten Portfoliogewichte und damit auch die Stilveränderungen identifiziert werden.

In mehreren Studien wurde der Ansatz des rollierenden Zeitfensters anstelle einer traditionellen RBS implementiert. LUCAS und RIEPE (1996), BUETOW JR. et al.

[124] Vgl. HARDY (2003), S. 126-127.

(2000) und DOR und JAGANNATHAN (2002) zeigen, dass auch das rollierende Zeitfenster zu verzerrten Ergebnissen führen kann, wenn die Auswahl der Stilfaktoren nicht adäquat ist. Wissen Portfoliomanager, dass sie anhand einer Stilanalyse bewertet werden, können sie ihren Anlagestil so anpassen, dass die von ihnen gewünschten Ergebnisse durch die Stilanalyse ausgewiesen werden. Andererseits kann die Auswahl der Portfoliomanager anhand der Ergebnisse einer Stilanalyse fälschlich begründet sein.[125] Eine RBS ergibt demnach nur dann Sinn, wenn die Stilfaktoren eindeutig definiert oder durch bestimmte Benchmarks (Indizes) nachbildbar sind.[126] Wie LUCAS und RIEPE (1996) feststellen, können jedoch die Instabilität und die Inkonsistenz der Ergebnisse durch

- Managerverhalten (z.B. Market Timing oder opportunistisches Verhalten) oder der Fondsphilosophie
- strukturelle Veränderungen in der Natur der Assets selbst
- verrauschte oder fehlerhafte Renditedaten
- eine inadäquate Auswahl der Stilfaktoren

begründet werden.[127]

Auch der Ansatz des rollierenden Zeitfensters weist einige Schwächen auf.[128] DOR und JAGANNATHAN (2002) sowie CORIELLI und MEUCCI (2004) zeigen, dass Stilveränderungen durch ein rollierendes Zeitfenster nur sehr langsam identifiziert werden und einige Anlagestile gar nicht entdeckt werden. Andererseits werden durch die Methode Anlagestile identifiziert, die tatsächlich nicht implementiert wurden. Diese Ergebnisse können aufgrund von „Scheinkorrelationen" auftreten.[129] Aufgrund des rollierenden Zeitfensters können auch nicht die genauen Zeitpunkte der Stilveränderung identifiziert werden.[130] Weiterhin betonen CORIELLI und MEUCCI (2004), dass aufgrund der Einführung von Nebenbedingungen wie Budgetrestriktionen und Nichtnegativitätsbedingungen es zu verzerrten Ergebnissen der Stilanalyse (anhand der Regression und der quadratischen Programmierung) kommen kann.[131] Auch die Auswahl der Länge des rollierenden Fensters ist kritisch zu betrachten. Verschiedene Autoren implementieren unterschiedliche Fensterlängen.[132] Es ist jedoch davon auszugehen, dass die Ergebnisse einer Stilanalyse sehr sensitiv auf die vordefinierte Fensterlänge reagieren, sodass keine verlässlichen Aussagen über die Stile getroffen werden können.[133]

[125] Vgl. BUETOW JR. et al. (2000), S. 76.
[126] Vgl. BUETOW JR. et al. (2000), S. 77.
[127] Vgl. LUCAS und RIEPE (1996), S. 16-17.
[128] Einen verbreiteten Einsatz in der Generierung zeitvariabler Betas erfahren konditionierte Faktormodelle. Dieser Ansatz wurde bis jetzt jedoch nur selten für eine Stilanalyse eingesetzt (vgl. BAUER et al. (2002)).
[129] Vgl. CHRISTOPHERSON (1995), S. 35.
[130] Vgl. BAUER et al. (2002), S. 12.
[131] Vgl. CORIELLI und MEUCCI (2004), S. 120.
[132] Vgl. DOR und JAGANNATHAN (2002), CORIELLI und MEUCCI (2004) und TER HORST et al. (2004).
[133] Auch in der empirischen Untersuchung dieser Arbeit wurde die Unzuverlässigkeit der Methode des rollierenden Zeitfensters im Rahmen der Stilanalyse nachgewiesen.

3.5.2 Kalman Filter

Der Kalman Filter ist ein Verfahren zur Schätzung nichtbeobachteter Prozesse, der sich für die Erfassung zeitvariabler Parameter sehr gut eignet. In Kap. 8.3.2 wird der Kalman Filter im Rahmen der empirischen Untersuchung ausführlich beschrieben.[134] In der Wirtschaftsforschung wird der Kalman Filter oft zur Schätzung von zeitvariablen Beta-Koeffizienten implementiert.[135] SWINKELS und VAN DER SLUIS (2006) setzen den Kalman Filter ein, um die zeitvariablen Portfoliogewichte von Stilfaktoren zu ermitteln. Sie zeigen, dass gegenüber dem Ansatz des rollierenden Zeitfensters eine erhebliche Verbesserung der geschätzten Portfoliogewichte anhand des Kalman Filters beobachtet werden kann.

CORIELLI und MEUCCI (2004) vergleichen fünf unterschiedliche Modelle der Stilanalyse: Die traditionelle RBS, das rollierende Zeitfenster mit RBS, die Niveau-basierte (engl. level-based) Stilanalyse,[136] den Kalman Filter und die Kernel Regression. Zwei künstlich generierte Portfolios (buy-and-hold Strategie) wurden anhand der Stilanalyse untersucht, wobei die traditionelle RBS einen Fehler für die Bestimmung der Gewichte (im Vergleich zu tatsächlichen Gewichten) zwischen 20 und 70% und das rollierende Zeitfenster einen Fehler zwischen 10 und 60% verzeichneten. Für andere Modelle wurden nur unwesentliche Abweichungen dokumentiert. Eine Simulation mit plötzlichen Veränderung der Portfoliogewichte zeigte für die traditionelle RBS und für die Stilanalyse anhand des rollierenden Zeitfensters wie im ersten Durchgang unzureichende Ergebnisse. Der Kalman Filter und die Kernel Regression lieferten jedoch ebenfalls nur wenig zufrieden stellende Ergebnisse. Demnach müssen auch die Ergebnisse nach der Implementierung des Kalman Filter mit Vorsicht interpretiert werden. Dieses Verfahren ist leistungsstark bei der Identifikation eher langsamer Stilveränderungen und schwächer bei der Identifikation von plötzlichen Stilveränderungen.

3.6 Zusammenfassung

In diesem Kapitel wurden die theoretischen Grundlagen der Stilanalyse ausgearbeitet. Für unterschiedliche Interessentengruppen, die den Anlagestil von Fonds nachzuvollziehen versuchen, ist die Stilanalyse ein wichtiges Hilfsmittel. Die Stilanalyse umfasst verschiedene qualitative und quantitative Methoden zur Erkennung des einem Fonds zugrunde liegenden Anlagestils, wobei die Portfolio-basierten und die Rendite-basierten Stilanalysen die am weitesten verbreiteten Ansätze darstellen. Oft werden unterschiedliche Begriffe zur Bezeichnung der Stilanalysetypen verwendet,

[134] Siehe Kap. 8.3.2, S. 306.

[135] Siehe Studie von WELLS (1994) und YAO und GAO (2004) und die dort angegebenen Literaturquellen. AMENC et al. (2003a) implementieren den Kalman Filter zur Extraktion eines „reinen" (engl. pure) Stilindexes.

[136] Der Fondswert wird auf den Wert der Indizes regressiert. Vgl. CORIELLI und MEUCCI (2004), S. 123.

die nicht immer eindeutig abgrenzbar sind. Aus diesem Grund ist eine Klassifikation der verwendeten Stilanalyse anhand mehrerer Merkmale erforderlich.

Hedge Fonds sind im Vergleich zu Investmentfonds deutlich zurückhaltender, ihre Portfoliozusammensetzung zu veröffentlichen, sodass die Portfolio-basierte Stilanalyse hauptsächlich bei Investmentfonds einen verbreiteten Einsatz findet. Die auf einer Quartal- oder einer jährlichen Basis berichteten Portfolioanteile der Hedge Fonds geben meist nur wenig Aufschluss über ihren tatsächlichen Anlagestil. Gründe hierfür sind u.a. eine dynamische Anlagestilveränderung und eine mögliche Manipulation der Portfoliogewichte (window dressing). Um dennoch Informationen über die Anlagestile von Hedge Fonds in Erfahrung zu bringen, stellt die Rendite-basierte Stilanalyse oft die einzige Möglichkeit dar.

Die von SHARPE (1992) vorgestellte Rendite-basierte Stilanalyse hat ihren Ursprung in einem Faktormodell, wodurch sie verschiedene Modellspezifikationen eines traditionellen Faktormodells beinhaltet.

Eine der schwierigsten Fragen bei der Durchführung einer Stilanalyse stellt die Auswahl der Stilfaktoren dar. Die empirische Forschung verwendet verschiedene Arten von Stilfaktoren, die jeweils Vor- und Nachteile besitzen.

Durch Marktindizes erfasste Stilfaktoren weisen oft Multikollinearitäten auf, durch die eine Stilanalyse aufgrund verzerrter Ergebnisse unbrauchbar wird. Des Weiteren gestaltet sich die Auswahl der Indizes aus der großen Vielfalt unterschiedlicher Anbieter schwierig. Mehrere empirische Untersuchungen deuten darauf hin, dass Marktindizes gleicher Segmente aber diverser Anbieter vollkommen unterschiedliche Performance aufweisen.

Die Deutung der Stilgruppen anhand konstruierter oder fundamentaler Stilfaktoren (in einem Faktormodell) ist oft aufgrund fehlender ökonomischer Interpretationen der Stilfaktoren nicht einfach. Insbesondere in den Studien zu Hedge Fonds wurden verschiedene Stilfaktoren vorgestellt, die bestimmte Faktorkonstrukte repräsentieren. Dabei werden zwei Gruppen von (Asset-basierten-) Stilfaktoren unterschieden: Differenz-(Spread)basierte und Option-basierte Faktoren. Durch die Differenz-basierten Stilfaktoren konnte die Erklärungskraft der Modelle für Anlagestile wie z.B. Long/Short Equity gesteigert werden. Anhand Option-basierter Stilfaktoren wurden Modelle für z.B. Merger Arbitrage Fonds und Trend Following (Managed Futures) deutlich verbessert.

Eine andere Möglichkeit, Stilfaktoren zu bilden, stellt die Faktorenanalyse dar, anhand derer synthetische Faktoren gebildet werden. Auch diesen Stilfaktoren fehlt es an einer ökonomischen Interpretation. Einen weiteren Nachteil dieser Faktoren stellt das nicht mögliche Fortschreiben der Faktorwerte in die Zukunft dar.

Die bestehenden empirischen Untersuchungen werfen die Frage auf, warum die Forscher trotz der Feststellung, dass Hedge Fonds nichtlineare Strukturen im Renditeverhalten und ständige dynamische Stilveränderungen aufweisen, oft ein starres, lineares Modell zur Erfassung der Hedge-Fonds-Renditen und zur Feststellung des Anlagestils benutzen. Hedge Fonds sind keine außergewöhnlichen Finanzmarktteilnehmer, da sie sich der gleichen Anlageinstrumente wie Investmentfonds bedienen.

Investmentfonds ist es zwar nicht erlaubt z.B. Leerverkäufe zu tätigen, sie können jedoch eine Short-Position, wie Tab. 2.2 zeigt, durch andere Anlageinstrumente nachbilden. D.h. Hedge Fonds bedienen sich vollkommen identischer Anlageinstrumente wie andere Marktteilnehmer auch und sind aus diesem Grund ebenfalls verschiedenen Marktrisiken ausgesetzt. Sie setzen jedoch in ihren Anlagestilen simultan mehrere Strategien bzw. Anlageinstrumente ein, wodurch der Renditebildungsprozess nichtlinear ist und die Sensitivitäten ihrer Portfolios zum Markt durch ein lineares Modell nicht erfasst werden können.

Eine andere Erklärung der nichtlinearen Struktur der Hedge-Fonds-Rendite kann durch eine dynamische Anlagestilveränderung begründet werden. Hedge Fonds können Market Timing als eine Strategie einsetzen oder gelegentlich die Portfolioumschichtung im Einklang mit einer günstigen Marktsituation vornehmen. Werden Renditen eines auf dieser Weise gehaltenen Portfolios betrachtet, können sie anhand eines linearen Modells mit konstanten Faktorsensitivitäten des Portfolios zum Marktindex nicht abgebildet werden.

Unterschiedliche Autoren präsentierten modifizierte Modelle zur Stilanalyse. Meistens richten sich diese Modelle dem Kritikpunkt aus, nach dem eine traditionelle Stilanalyse, wie die von SHARPE (1992), die Annahme eines konstanten Anlagestils voraussetzt. Das rollierende Zeitfenster und der Kalman Filter werden am häufigsten eingesetzt, um dem dynamischen Charakter der Hedge Fonds Rechnung zu tragen. Durch diese beiden Ansätze können Strukturbrüche erfasst werden, die aufgrund von Stilveränderung resultieren. Der Kalman Filter ist dabei ein fortgeschrittenes Verfahren, das bei einer adäquaten Auswahl der Stilfaktoren und keinen sprunghaften Stilveränderungen, ausreichende Ergebnisse zur Evaluation des Anlagestils liefert.

Auch die beiden modifizierten Stilanalysen basieren im Grunde auf linearen Modellen, die jedoch jedem Zeitpunkt ein neues lineares Modell zugrunde legen. Auf dieser Weise können dynamische Stilveränderungen erfasst werden.

Das Ziel der Arbeit liegt in der Untersuchung der Zusammenhänge zwischen Hedge Fonds und Finanzmärkten. Der Anlagestil eines Fonds ist für die Sensitivität der Fondsrendite zur Marktrendite entscheidend. Eine Stilanalyse ermöglicht es, die aktuelle Stilrichtung des Fonds zu ermitteln und damit die Ursachen für die Veränderung des Zusammenhangs zwischen Hedge Fonds und dem Markt zu identifizieren. Offen geblieben ist bis jetzt die Frage nach der Veränderung der Zusammenhänge zwischen dem Markt und den Hedge Fonds in unterschiedlichen Marktphasen. Aus diesem Grund werden im nächsten Kapitel theoretische Grundlagen zu Marktphasen und Phasenmodellen ausgearbeitet, auf deren Basis die empirischen Untersuchungen aufbauen.

4 Phasenmodelle

4.1 Einführung

Einige Studien berichten von einem unterschiedlichen Verhalten von Hedge Fonds in diversen Marktphasen.[1] Trotz der angenommenen Markt-neutralen Beziehung zwischen mehreren Hedge-Fonds-Anlagestilen und dem Finanzmarkt wurden in empirischen Untersuchungen, z.B. in Bear Phasen, stärkere Zusammenhänge nachgewiesen,[2] wobei insbesondere in diesen Marktsituationen Investoren eine Absicherung brauchen, die sie oft durch eine Anlage in Hedge Fonds zu erfüllen suchen. Zu untersuchen wäre es, wie sich Hedge Fonds tatsächlich in verschiedenen Marktphasen verhalten.

Das Theoriegebilde zu Marktphasen ist ein großer Forschungskomplex, der seit langer Zeit die empirische Forschung beschäftigt und aus mehreren Teilbereichen besteht. Investmentfonds und Hedge Fonds investieren auf Finanzmärkten, wodurch ihre Performance und ihr phasenabhängiges Verhalten einem direkten Einfluss der zyklischen Entwicklungen der Finanzmärkte unterliegt. Aus diesem Grund können die Theorien des zyklischen Verhaltens von Fonds aus den grundlegenden Theorien der Wirtschafts- und Finanzmarktzyklen abgeleitet werden. Bevor die Untersuchungen zu Marktphasen und zur Fondsperformance fortgeführt werden, werden deshalb zuerst die theoretischen Grundlagen zu den Phasenmodellen aus den zentralen Theoriekonstrukten ausgearbeitet.

In den folgenden Kapiteln wird das breite Spektrum an Phasenmodellen vorgestellt. Bevor die Modelle und Theorien näher beschrieben und diskutiert werden, soll zunächst eine klare Abgrenzung der Begrifflichkeiten erfolgen, da Phasen, Zyklen und Phasenmodelle unterschiedlich definiert werden können. Dies resultiert aus der großen Vielfalt an bestehenden Theorien. Ansätze der Wirtschaftszyklentheorie haben die Entwicklung der Finanzmarktzyklenansätze und unterschiedlicher ökonometrischer Verfahren beeinflusst. Im nächsten Kapitel werden zunächst die Definitionen ausgearbeitet, die für den weiteren Verlauf der Arbeit sowie für die empirische Untersuchung von Bedeutung sind. Später werden die Wirtschaftszyklentheorie, Theorien zur Erklärung der Finanzmarktzyklen sowie ökonometrische Verfahren der Zeitreihenanalyse vorgestellt.

---

1 Vgl. EDWARDS und CAGLAYAN (2001b) und CAPOCCI et al. (2005).

2 Vgl. z.B. EDWARDS und CAGLAYAN (2001b), JUNKUS (2004) und CAPOCCI et al. (2005).

4.2 Definition und Systematisierung der Phasenmodelle

Phasenmodelle umfassen grundlegend all diejenigen Theorien, die zyklische Bewegungen in Zeitreihen zu erklären versuchen. Sie existieren in der empirischen Forschung schon seit langer Zeit, jedoch erfuhren sie in den letzten Jahrzehnten ein steigendes Interesse der Wissenschaftler.[3] Die Entwicklung der Phasenmodelle[4] versprach einerseits die Beibehaltung der bis dahin ausgearbeiteten Eigenschaften der bestehenden, an die stilisierten Charakteristika der Finanzzeitreihen anknüpfenden Methoden, und andererseits eine bessere Anpassung der Modelle an die realen Abläufe der Finanzmärkte, in denen eine zyklische Struktur vorherrschen kann.

Phasen stellen den Ausgangspunkt für die Modellierung durch Phasenmodelle dar. In Abhängigkeit von der Phasendefinition fällt die Erklärungskraft der Modelle unterschiedlich aus. Eine geeignete Definition soll im Einklang mit dem Untersuchungsziel und dem Aussagewert stehen. Zu betonen sind drei grundsätzliche Sichtweisen, bei denen sich die Definition einer Phase unterscheiden kann:

- Wirtschaftszyklentheorie
- Finanzmarktzyklentheorie
- ökonometrische Zeitreihenanalyse

Alle drei Sichtweisen sind sehr eng miteinander verknüpft und weisen Zusammenhänge auf, weshalb diese Abgrenzung nicht trennscharf ist. Die Untersuchungsziele können jedoch bei Studien mit unterschiedlichen Sichtweisen differieren, sodass Vorsicht bei der Interpretation der Ergebnisse aufgrund verschiedener Begrifflichkeiten geboten ist.

Die Wirtschaftszyklentheorie bezieht sich meistens auf die von BURNS und MITCHELL (1947) vorgeschlagene, *klassische* Definition der Zyklen. Die von ihnen implementierte Phasenbestimmung basiert auf einer Reihe von makroökonomischen Indikatoren, die neben Einflüssen auf Wirtschaftszyklen auch Auswirkungen auf die Phasen der Finanzmärkte besitzen (oder vice versa).[5]

Abb. 4.1(a) veranschaulicht den Aufbau eines Wirtschaftszyklus. Ein Wirtschaftszyklus (auch als Konjunktur bezeichnet) kann anhand der Wertentwicklung eines Wirtschaftsindikators abgebildet werden. Der Zyklus besteht aus einer Hochphase, der sog. Expansion sowie einer Tiefphase, der sog. Rezession (bzw. Kontraktion). Als eine Phase wird eine Zeitspanne zwischen einem Hoch- und einem Tiefpunkt (und vice versa) bezeichnet. Eine Hochphase entspricht einer Aufwärtsbewegung des Marktes, während eine Tiefphase eine Abwärtsbewegung bedeutet. Der Wendepunkt trennt den Übergang von einer Rezession zu einer Expansion (und vice versa) in ihren

[3] Einen ergiebigen historischen Rückblick zu Phasenmodellen bieten NERLOVE et al. (1979); siehe auch den Klassiker der Wirtschaftszyklentheorie BURNS und MITCHELL (1947).

[4] Phasenmodelle werden in der Literatur auch als Regime-Wechsel-Modelle (engl. regime switching) oder Zustandswechsel (engl. state-dependent) Modelle bezeichnet. Vgl. FRANSES und VAN DIJK (2000), S. 69.

[5] Die Literatur liefert zahlreiche Befunde, dass Assetrenditen den Wirtschaftszyklen vorauslaufen. Vgl. BINSWANGER (2000) und GOMES et al. (2003), S. 781.

Tief- bzw. Hochpunkten, wobei dies einer ökonomischen Definition des Wendepunktes entspricht. Ein Wendepunkt aus mathematischer Sichtweise (Bereich der Kurvendiskussion) beschreibt einen Wechsel des Krümmungsverhaltens des Graphen, wobei dies bei einer Funktion eine Nullstelle der zweiten Ableitung voraussetzt.[6] In der Wirtschaftszyklentheorie und im weiteren Verlauf der Arbeit ist die ökonomische Definition eines Wendepunkts von Interesse.

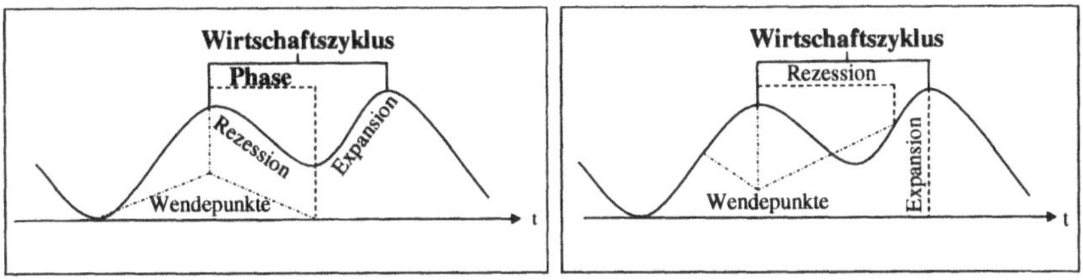

(a) (b)

Abbildung 4.1: Terminologie der Wirtschaftszyklen

Jeder Wirtschaftszyklus umfasst Phasen, Wendepunkte sowie eine Rezession und eine Expansion. In der klassischen Definition der Wirtschaftszyklen sind Rezession und Expansion symmetrisch definiert (vgl. Abb. 4.1(a)). Abb. 4.1(b) veranschaulicht eine abweichende Definition der Wirtschaftszyklen. Die Rezession und Expansion sind in Abb. 4.1(b) asymmetrisch definiert, wobei die Rezession deutlich länger dauert. Auch die Wendepunkte werden für die Expansion und Rezession unterschiedlich bestimmt. Sie repräsentieren eine Kombination aus der ökonomischen und der mathematischen Wendepunktbestimmung.

Die Verwendung einer eindeutigen Definition für Phasen und Zyklen ist entscheidend für die folgenden Untersuchungen und den Vergleich zu anderen Forschungsergebnissen. Einige Autoren wie z.B. HESS und IWATA (1997) verwenden ihre eigene Definition von Zyklen (vgl. Abb. 4.1(b)), sodass die Rezession und Expansion wiederum unterschiedlich definiert werden. Für den Fall divergierender Zyklendefinitionen sind die Ergebnisse verschiedener Studien nicht vergleichbar, da sie im Ergebnis zu vollkommen unterschiedlichen stilisierten Eigenschaften der Wirtschafts- sowie Finanzzyklen führen.

Die Phasendefinition für die Finanzmarktzyklentheorie kann durch die Abb. 4.2(a) veranschaulicht werden. Die Finanzmarktphasen werden meistens anhand der Wertentwicklung eines Marktindex bestimmt. Eine Aufwärtsbewegung des Marktes wird als Bull und eine Abwärtsbewegung als Bear Phase bezeichnet. Bei der Identifikation von Finanzmarktphasen werden zuerst die einzelnen Phasen in Abhängigkeit von fallenden oder aufsteigenden Märkten bestimmt und danach wird nach signifikanten Unterschieden zwischen den Phasen gesucht. In diesem Fall steht die ökonomische Plausibilität an erster Stelle.

6 HUBER (2000) beschreibt drei Möglichkeiten zur Bestimmung von Wendepunkten: eine mathematische Definition, lokale Extrempunktbestimmung nach BURNS und MITCHELL (1947) und Wendepunkte als Abweichungen von einem gleichgewichtigen Wachstumspfad einer Zeitreihe nach SCHUMPETER (1939).

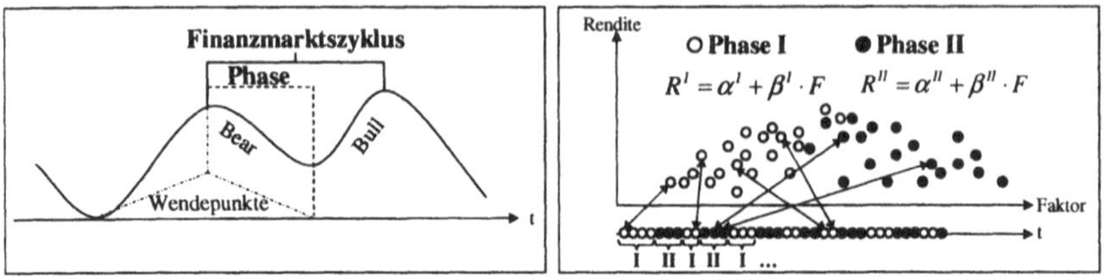

(a) (b)

Abbildung 4.2: Finanzwirtschafts- und ökonometrische Zyklen

Während die Definition von Finanzmarktzyklen der Definition von Wirtschaftszyklen ähnlich ist (vgl. Abb. 4.1(a) und 4.2(a)), unterscheidet sich die Bestimmung von Phasen bei den ökonometrischen Zeitreihenanalysen. Abb. 4.2(b) verdeutlicht die Phasenbestimmung für ökonometrische Zeitreihenanalysen. Die Datenabschnitte einer Zeitreihe unterliegen unterschiedlichen Datengenerierungsprozessen. Die Abbildung veranschaulicht eine Phasenbestimmung anhand struktureller Veränderungen in den Koeffizienten (α, β).

Die endgültig bestimmten Phasen der Finanzmärkte können mit den Phasen der ökonometrischen Methoden nicht übereinstimmen. Während bei der Bestimmung einer Finanzmarktphase der Anstieg bzw. Rückgang eines Marktindexes entscheidend ist,[7] definiert die ökonometrische Zeitreihenanalyse die Übergänge zwischen Phasen durch die Identifikation von Strukturbrüchen in Zeitreihen. Darüber hinaus unterscheiden sich die beiden Ansätze in ihren Vorgehensweisen.

Bei der ökonometrischen Zeitreihenanalyse werden Phasen als Datenabschnitte mit unterschiedlichen Datengenerierungsprozessen (z.B. in Bezug auf Rendite, Varianz oder Rendite-Varianz) bzw. unterschiedlichen Strukturparametern (z.B. Betas oder Betas/Varianz) definiert. Abb. 4.2(b) veranschaulicht die Phasendefinition für ökonometrische Zeitreihenanalysen. Im ersten Schritt werden einzelne Phasen anhand von statistischen Tests bestimmt, wobei signifikante Strukturbrüche in den Zeitreihen identifiziert werden. Im zweiten Schritt werden die gefundenen Phasen ökonomisch interpretiert.[8] Die finanzwirtschaftlichen und die Zeitreihen-basierten Ansätze der Phasenbestimmung besitzen einige Vor- und Nachteile.[9] Obwohl die Identifikation der Finanzmarktphasen eher heuristischer Natur ist, fehlen ihr jedoch kaum Interpretationen und Erklärungen im Rahmen der Gesamtmarktentwicklung. Die Zeitreihenanalyse basiert dagegen auf fundierten statistischen Verfahren, die eine „saubere" Identifikation von Strukturbrüchen in den Zeitreihen erlauben. Nicht immer lassen sich jedoch die gefundenen Umbrüche ökonomisch plausibel erklären. Das Vorhandensein identifizierter Strukturbrüche kann auf andere, nichtmarktspezifische Faktoren zurückzuführen sein, wie z.B. auf Ausreißer in den Zeitreihen.

7 Vgl. z.B. Definition einer Bear und Bull Phase bei PAGAN und SOSSOUNOV (2003), S. 30.

8 Als Beispiel können an dieser Stelle Markov Switching Modelle genannt werden. Vgl. die Kommentare von HARDING und PAGAN (2003), S. 1696.

9 Siehe dazu auch eine Diskussion zwischen HAMILTON (2003) und HARDING und PAGAN (2003).

Im weiteren Verlauf werden alle drei Sichtweisen zuerst separat betrachtet und danach in Bezug auf Fonds simultan evaluiert. Es wird gezeigt, dass sich sogar innerhalb einer Sichtweise die Definition bzw. Bestimmung von Phasen unterscheiden kann.

4.3 Die Wirtschaftszyklentheorie

Die Wirtschaftszyklentheorie ist eine der ältesten Theorien in der wirtschaftswissenschaftlichen Forschung. Sie versucht zu erklären, warum die Entwicklung der Wirtschaft sich nicht in einem kontinuierlich aufsteigenden Trend, sondern durch ständige Schwankungen vollzieht.[10] Es existieren viele unterschiedliche Denkrichtungen und Sichtweisen bezüglich der Natur sowie der Ursprungsquellen und der Modellierung von zyklischen Bewegungen in der Wirtschaft. Die Makroökonomie unterscheidet fünf unterschiedliche Theorierichtungen, die Wirtschaftszyklen erklären: Keynesianische Ökonomie, Monetarismus, Neoklassische Ökonomie, Realwirtschaftszyklentheorie (kurz RBC für *real business cycle*) und Neue Keynesianische Ökonomie. Die RBC Sichtweise dominiert in den modernen Veröffentlichungen, wobei die meisten Lehrbücher auf der Keynesianischen-monetaristischen oder der Neokeynesianischen Ökonomie basieren.[11] HUBER (2000) identifiziert im historischen Rückblick fünf Ansätze, die Wirtschaftszyklen erklären: Spinnwebtheorem (engl. cobweb theorem) sowie Ansätze von KITCHIN, JUGLAR, KUZNETS und KONDRATIEFF.[12] Die Wissenschaftler sind sich ebenfalls über die Ursachen der zyklischen Bewegungen nicht einig. Zusammengefasst können jedoch folgende, oft auch unter dem Stichwort „strukturelle Wirtschaftsveränderungen" zusammengefasste Auslösemechanismen von Wirtschaftszyklen aus der Literatur genannt werden: spontaner Rückgang im Verbrauchervertrauen (animal spirits), Sprünge in Ölpreisen, Einsatz automatischer Stabilisatoren oder vorsätzliche Disinflation durch die Zentralbank, negativer Technologieschock durch Veränderung der legitimen und regulatorischen Systeme, starke Vergrößerung des Dienstleistungssektors, Entwicklung eines regulierten Wirtschaftssystems und Globalisierung.[13]

Obwohl eine ausführliche Betrachtung der Ursachen und Erklärungsmodelle der Wirtschaftszyklentheorien nicht Gegenstand dieser Arbeit ist, werden die gängigen Sichtweisen der Wirtschaftszyklentheorien im Folgenden kurz vorgestellt, da sie die Forschungsarbeiten zu Finanzmarktzyklen beeinflusst haben.

---

[10] Die Evolution der Wirtschaftszyklentheorie betrachten HANSEN (1964) und TVEDE (1998) in einer ausführlichen Beschreibung der Stufen der geschichtlichen Entwicklung.

[11] Vgl. ARNOLD (2002), S. 2-3.

[12] Vgl. HUBER (2000), S. 25-27.

[13] Vgl. COCHRAN und DEFINA (1995), S. 317, BINSWANGER (2000), S. 386, DIEBOLD und RUDEBUSCH (2001), S. 11. und BRODY (2004), S. 447.

4.3.1 Ursprungsquellen von Fluktuationen

Einen für diese Arbeit wichtigen stilisierten Faktor stellen Fluktuationen in den ökonometrischen Zeitreihen dar. Fluktuationen werden oft als ein Oberbegriff für zyklische Bewegungen (bzw. Phasen) interpretiert. Sie können jedoch unterschiedliche Ursachen haben, die nicht unbedingt mit einer Phase (nach der oben aufgeführten Definition) in direkter Verbindung stehen. Fluktuationen werden auf eine der vier unterschiedlichen Ursprungsquellen bzw. Komponenten zurückgeführt, die noch in den frühen Forschungsarbeiten des letzten Jahrhunderts von PERSONS (1919) identifiziert wurden:[14]

- eine langfristige Tendenz oder langfristiger Trend
- zyklische Bewegungen
- saisonale Bewegungen
- residuale, irreguläre Fluktuationen, die auf zeitreihenspezifische Effekte oder auf einmalige Ereignisse wie Kriege oder Katastrophen, die alle Zeitreihen beeinflussen, zurückzuführen sind

Diese Unterscheidung in einzelne Komponenten ist insoweit wichtig, da die Arbeiten mehrerer Forscher darauf basieren, in Abhängigkeit von der Ursprungsquelle der Fluktuationen unterschiedliche Methodiken bzw. Vorgehensweisen bei der Untersuchung von Wirtschaftszyklen anzuwenden.

Nach Ansicht einiger Forscher sind Fluktuationen in jeder Zeitreihe nur auf zwei zentrale Komponenten zurückzuführen: einerseits auf eine *zyklische Komponente* und andererseits auf eine *Wachstumskomponente* bzw. Trendkomponente. Während sich die Trendkomponente auf eine langfristige Wachstumsentwicklung der Wirtschaft bezieht, repräsentiert die zyklische Komponente eine kurzfristige Veränderung um den Trend. Die Diskussion über die Zerlegung der Zeitreihen in mehrere Komponenten bzw. über die Bereinigung der Zeitreihen von nicht-zyklischen Bestandteilen wird seit längerem geführt.

Einige Forscher sind davon überzeugt, dass die beiden Komponenten getrennt untersucht werden müssen.[15] Zyklische Bewegungen in den ökonometrischen Zeitreihen werden als kurzfristige Abweichungen vom geglätteten Trend angesehen, wobei die Separierung der Zeitreihe in zwei Bestandteile durch die instabile Natur der Trendkomponente erschwert wird. Des Weiteren wird von einigen Forschern angenommen, dass der Trend deterministisch ist. Diese Annahme ist unter Berücksichtigung ständiger ökonomischer und struktureller Veränderungen sowie technischer Fortschritte umstritten.[16] Zusätzlich impliziert der Nachweis von Nichtstationarität

---

14 Siehe eine historische Übersicht der Entwicklung von Zeitreihenmodellen und insbesondere über die Forschung von unbeobachteten Komponenten in Zeitreihen bei NERLOVE et al. (1979), S. 11 f.

15 Die Trennung von Komponenten wird dadurch begründet, dass der tatsächliche Zyklus aus den Datenreihen extrahiert werden muss, damit andere, nicht-zyklische Komponenten der Zeitreihe die Ergebnisse nicht beeinflussen. Siehe z.B. die Studie von COOK (2000).

16 Die Diskussionen über die Natur der Trendkomponente werden ständig zwischen den Vertretern der deterministischen und stochastischen Theorien geführt. Die letzteren sind der Ansicht, dass durch

in den meisten Finanzzeitreihen, dass extern bedingte Schocks (stochastische Effekte) über einen längeren Zeitraum in den Zeitreihen erkennbar bleiben. Daraus folgt, dass jeder Schock einen langfristigen Effekt auf eine Zeitreihe besitzen kann. Somit könnten zyklische Bewegungen einer rein nichtstationären Reihe eine langfristige Trendveränderung repräsentieren. Aus diesem Grund werden zyklische Bewegungen nicht mehr als ein wiederkehrender Trend betrachtet und sollten deswegen auch nicht separiert werden.[17]

Ein weiteres Argument gegen eine Aufspaltung der einzelnen Komponenten liegt in einer möglichen „Entkernung" der untersuchten Daten aufgrund einer Bereinigung bzw. Glättung, was zu einer falschen Identifikation von Wendepunkten führen kann. Wie in einigen Studien angemerkt wird, kann das Filtern der Zeitreihen unerwünschte Nebeneffekte bewirken, so z.B. auch die Erzeugung künstlicher Zyklen.[18]

Einige Wissenschaftler wie COOLEY und PRESCOTT (1995) und ARTIS et al. (2004) befürworten immer noch eine separate Betrachtung der zyklischen Komponente in den Zeitreihen. Die am häufigsten angewandten Methoden zur Bereinigung der Zeitreihen sind erste Differenzen (engl. first difference (FD)), *Hodrick-Prescott* (HP) und *Baxter-King* (BK) Filter.[19]

Auf Basis der unterschiedlichen Behandlung der Zeitreihen lassen sich drei Typen der über Jahrzehnte in unterschiedlichen Arbeiten zu Untersuchungszwecken verwendeten Vorgehensweisen unterscheiden:[20]

- Untersuchung der Zeitreihen auf ihrem ursprünglichen Niveau, d.h. ohne Bereinigung und Differenzenbildung (Kategorie 1);
- Untersuchung der (trend-)bereinigten Zeitreihen, d.h. auf Basis einer vorherigen Zerlegung in eine zyklische und eine langfristige (Wachstums)Komponente (Kategorie 2);
- Untersuchung der Veränderungsraten von Zeitreihen (Kategorie 3).

Aus den vorgestellten Systematisierungen wird die häufig verwendete Unterscheidung in klassische Wirtschaftszyklen (Kategorie 1) und Wachstumszyklen (Kategorie 2) deutlich. Wachstumszyklen repräsentieren die Veränderung der andauernden Trends, wobei die permanente Komponente nicht betrachtet wird.

Die Systematisierung der bis jetzt vorgestellten Forschungsrichtungen in der Untersuchung von zyklischen Bewegungen ist in Abb. 4.3 veranschaulicht. Diese Ar-

---

eine stochastische Natur des Trends die strukturellen Veränderungen besser nachvollzogen werden können. Siehe DIEBOLD und RUDEBUSCH (2001), S. 8 und die dort angegebenen Verweise auf frühere Studien.

17 Vgl. BJORNLAND (2000), S. 370.

18 Eine detaillierte Diskussion und einen breiten Literaturüberblick über die Thematik bieten die Arbeiten von CANOVA (1994), CANOVA (1998), CANOVA (1999), KOZICKI (1999), BJORNLAND (2000) und AADLAND (2005).

19 In dieser Arbeit erfolgen keine Ausführungen bezüglich unterschiedlicher Filter und ihrer Klassifikationen. Aus diesem Grund wird auf die folgende Literatur verwiesen: KOZICKI (1999) (für den Vergleich von drei Methoden) und CANOVA (1999) (für den Vergleich von zwölf Methoden) sowie die zuvor oben genannten Quellen.

20 Vgl. HARDING und PAGAN (2005), S. 152 und NERLOVE et al. (1979), S. 17.

beit kann nicht das breite Spektrum der Untersuchungsbereiche umfassen, sondern betrachtet nur eine Auswahl. Die für diese Arbeit relevante Abgrenzung ist in der Abbildung durch die „fetten" Pfeile gekennzeichnet, wobei der untere Bereich hauptsächlich für den empirischen Teil der Arbeit relevant ist. Bei der Bestimmung von

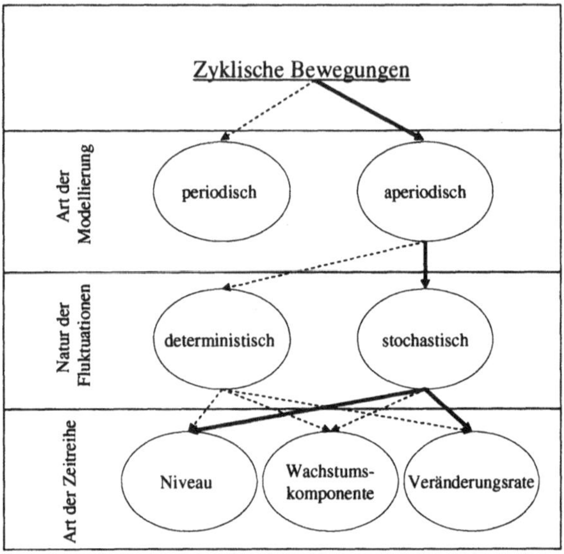

Abbildung 4.3: Pfad der Systematisierung

Zyklische Bewegungen werden aus unterschiedlichen Blickwinkeln in der Forschung untersucht. Fett gezeichnete Pfeile veranschaulichen den Pfad der für diese Arbeit vorgenommenen Abgrenzung.

Wirtschaftszyklen können in der *ökonometrischen* Wirtschaftszyklenforschung drei grundsätzliche Richtungen unterschieden werden:[21]

- *ökonometrische Modelle*: Zu dieser Klasse gehören Modelle (simultane Gleichungsmodelle (engl. simultaneous equations models) (SEM), auch als strukturelle makroökonomische Modelle bezeichnet,[22] sowie Vektor-Autoregressive-Modelle (VAR)[23]), welche mittels eines Gleichungssystems und anhand (historisch bestimmter) makroökonomischer Größen simultan regressionsanalytisch geschätzt werden. Die Vorteile dieser Modelle liegen in einer relativ einfachen und intuitiven Handhabung und Interpretation. Die relativ subjektive Auswahl der erklärenden Variablen sowie die über die Zeit konstanten Regressionskoeffizienten wirken sich als Nachteile dieser Modelle aus.

[21] Vgl. NERB (1995), S. 317 und JACOBS (1998), S. 4.
[22] Vgl. ZELLNER (2004).
[23] Vgl. CANOVA (1995) und GROEN (2004).

- *Iterativ-analytische Modelle*: Zu dieser Gruppe gehören Modelle, deren Schätzung nicht simultan, sondern für jede einzelne Erklärungsvariable separat erfolgt (z.B. Realwirtschaftszyklenmodelle[24]). Variablenschätzungen werden im Rahmen der volkswirtschaftlichen Rechnung angepasst. Das Verfahren zeichnet sich durch eine große Flexibilität in der Einbeziehung von unterschiedlichen Einflussfaktoren und zukunftsgerichteten Schätzungen aus.[25] Die Auswahl der erklärenden Faktoren beruht hier eher auf Expertenwissen.
- *Führende Indikatoren*: Diese Gruppe von Verfahren beruht auf der Identifikation eines oder mehrerer vorlaufender Indikatoren, die eine Vorwarnung zukünftiger Wirtschaftsentwicklungen ermöglichen.

Wie im Folgenden gezeigt wird, haben mehrere Forscher und Organisationen den letzten Ansatz sehr häufig in ihren Forschungsarbeiten implementiert und erweitert.

4.3.2 Zentrale Modellierungsansätze zu Wirtschaftszyklen

BURNS und MITCHELL (1947) gehören zu den Forschern der klassischen Wirtschaftszyklen, die eine simultane Bewegung mehrerer makroökonomischer Variablen entlang der Wirtschaftszyklen annehmen. Sie unternehmen keine Zerlegung der Zeitreihen in zyklische und langfristige Komponenten, jedoch führen sie eine saisonale Bereinigung der Reihen durch.[26] Sie basieren die Definition von Phasen bzw. Zyklen auf dem Konzept der Wendepunkte, die als lokale Extrempunkte einer Zeitreihe bestimmt werden. Diese Auffassung bezieht sich auf eine graphische Beschreibung und Identifikation der Zyklen.[27] BURNS und MITCHELL (1947) führen den Begriff *spezifischer Zyklen* (engl. specific cycle) ein, der sich auf Zyklen unterschiedlicher Indikatorvariablen bzw. makroökonomischer Faktoren bezieht. Spezifische Zyklen werden anhand von graphischen Methoden durch Hoch- und Tiefpunktebestimmung identifiziert. Der Begriff *Referenzzyklus* (engl. reference cycle) weist auf einen aggregierten Zyklus hin, der aus spezifischen Zyklen gebildet wird. Dem Referenzzyklus wurde die Rolle eines führenden (engl. composite leading) Indikators zugewiesen, anhand dessen Wirtschaftszyklen früh identifiziert werden können. Auf diesen Begriffen und der Vorgehensweise zur Identifikation von Referenzzyklen bauen die Arbeiten vieler Forscher immer noch auf.[28]

Eine der führenden Forschungsorganisationen, die Veröffentlichungen umfangreicher empirischer Studien und eine ständige Überwachung der Wirtschaftszyklen-

---

[24] Vgl. ENTORF (1995), S. 298-316.

[25] Vgl. NERB (1995), S. 318.

[26] Vgl. BURNS und MITCHELL (1947), S. 40.

[27] Diese Definition hat aufgrund der z.T. heuristischen Auffassung nicht unter allen Forschern Anerkennung gefunden. Sie wird oft als „Measurement without Theory" bezeichnet. Vgl. KLEIN (1995), S. 32.

[28] Siehe Arbeiten von PAGAN (1997), (2002), (2006), SILVAPULLE und SILVAPULLE (1999), KONTOLEMIS (2001) und SENSIERA et al. (2004).

entwicklung durchführt, ist das *National Bureau of Economic Research* (NBER).[29] Seit Anfang des letzten Jahrhunderts veröffentlicht das NBER eine chronologische Aufstellung der ökonomischen Zyklen für die US Wirtschaft.[30] Das Bruttosozialprodukt ist der wichtigste Indikator der Wirtschaftsentwicklung. Aufgrund der quartalen Erhebung des Indikators ist eine ständige Überwachung der Wirtschaft auf Basis nur dieser Größe nicht möglich. Aus diesem Grund werden andere, das Bruttosozialprodukt beeinflussende Indikatoren bestimmt, deren Werte jedoch im monatlichen Takt und eventuell mit einem Vorlauf erhoben werden können. Die Berechnungen der Wirtschaftszyklen bei dem NBER basieren auf vier Indikatorgrößen wie Privateinkommen (ohne Überweisungsgelder), Beschäftigung, Industrieproduktion, Verkaufsvolumen der Industrie und des Großhandels; es werden ebenfalls monatliche Schätzungen vom Bruttosozialprodukt berücksichtigt.[31] Für 20 europäische Länder berechnet das *Economic Cycle Research Institute* (ECRI) basierend auf der identischen Methode wie das NBER die Phasenübergänge.[32] Es sind ab 1988 ebenfalls die Wachstumszyklen für die europäische Zone bei dem *Centre for Economic Policy Research* abgebildet.[33]

Die Identifikation der Wirtschaftszyklen durch das NBER basiert auf der Idee von BURNS und MITCHELL (1947), die von einer simultanen Bewegung der makroökonomischen Variablen ausgehen und damit die Bestimmung von übereinstimmenden (engl. composite coincident indicators (CCI)) sowie führenden (engl. composite leading indicators (CLI)) und verzögerten (engl. composite lagging indicators (CLgI)) Indikatoren angehen. Das CONFERENCE BOARD (CB) führt die Berechnungen der CCI, CLI und CLgI für die US Wirtschaft durch.[34]

Die Algorithmen zur Identifikation der einzelnen Zyklen nach der Methodik des NBER und anderer Organisationen sind nicht vollständig bekannt. Mehrere Forscher haben sich mit der Berechnung der Indikatoren beschäftigt, indem sie unterschiedliche Variablen und Methoden vorgeschlagen haben. Die Arbeiten von STOCK und WATSON (1989), (1991) und (1993) haben eine Forschungswelle ausgelöst, nach dem sie Konzepte zur Konstruktion und Auswertung der führenden Indikatoren vorgestellt haben. Die Wendepunktbestimmung durch führende Indikatoren wurde durch dynamische Faktormodelle,[35] Markov Switching, Probit und nichtparametrische Mo-

[29] Das NBER ist eine private, gemeinnützige Organisation, die 1920 gegründet wurde. Die Arbeiten von BURNS und MITCHELL gehören zu den frühen Forschungsarbeiten bei NBER.

[30] Das NBER berechnet nur die Tief- und Hochpunkte der einzelnen Zyklen, ohne die Zeitpunkte des Übergangs jeder einzelnen Phasen anzugeben.

[31] Weitere Informationen siehe auf der Internetseite: http://www.nber.org. Für die Beschreibung der Methode siehe BRY und BOSCHAN (1971).

[32] Siehe die Internetseite von ECRI: http://www.businesscycle.com.

[33] Siehe die Internetseite von CEPR: http://www.cepr.org.

[34] Der CCI wird z.B. als ein unbeobachteter Index eines dynamischen Faktormodells anhand von ausgewählten makroökonomischen Variablen der Wirtschaftsaktivitäten berechnet. Die Berechnungen wurden früher durch das DEPARTMENT OF COMMERCE durchgeführt. Siehe ausführlicher dazu BOLDIN (1994), S.105. Die OECD publiziert die führenden Indikatoren (CLI) der Wachstumszyklen mehrerer Länder: http://www.oecd.org.

[35] Siehe dazu PROIETTI und MOAURO (2006).

delle unternommen. Als wichtige Beiträge sind Arbeiten von HAMILTON (1989) und (1996), eine Reihe von Veröffentlichungen von DIEBOLD und RUDEBUSCH (1989) und (1991) sowie ESTRELLA und MISHKIN (1996), (1997) und (1998) zu nennen.[36]

Eine frühzeitige Erkennung von Phasenübergängen ist immer wünschenswert. Jedoch veröffentlicht das NBER seine Ergebnisse in einer Weise, nach der die vergangenen Veränderungen, wie z.B. Zykluswechsel, keinen Informationsgehalt mehr in Bezug auf zukünftige Erwartungen erbringen. Aus diesen Gründen versuchen mehrere Forscher, die Methode zu replizieren und frühere Prognosen der Zyklenveränderung zu ermöglichen.

Aufgrund des ständigen Interesses der Forscher an der Untersuchung der Wirtschaftszyklen ist das Spektrum der bestehenden empirischen Ergebnisse sehr groß. Die Forschungsrichtungen umfassen die Ursachen zyklischer Bewegungen, die Identifikation zyklusbestimmender Faktoren sowie die Untersuchung der zyklusspezifischen Eigenschaften und ihrer Veränderungen in der Zeit und zwischen verschiedenen Ländern. Die Forschungsfelder zwischen Wirtschafts- und Finanzmarktzyklen sind, wie in Kap. 4.4.4 gezeigt wird, sehr stark miteinander verbunden.[37] Wegen dem überwiegenden Interesse dieser Arbeit an den Finanzmarktzyklen wird die Übersicht der Literatur zu Wirtschaftszyklen in Bezug auf Finanzmarktzyklen im folgenden Kapitel gegeben.

4.4 Finanzmarktzyklen

Die Theorie der Finanzmarktzyklen ist unmittelbar an die Theorie der Wirtschaftszyklen geknüpft. Viele Modelle und Ansätze wurden zuerst in der Wirtschaftszyklentheorie entwickelt und später auf die Zyklen der Finanzmärkte angewandt.

4.4.1 Definition von Marktphasen

Für Finanzmärkte herrschen andere Begrifflichkeiten bezüglich der Benennung von Marktphasen vor. Die mit fallenden Assetpreisen assoziierten Tiefphasen werden als *Bear* und die Hochphasen, die mit steigenden Assetpreisen in Verbindung gebracht werden, werden als *Bull* Märkte bezeichnet.[38] FRANKE und SETHI (1998) definieren Bear bzw. Bull Märkte in Bezug auf den Fundamentalwert und das aktuelle Niveau der Marktpreise, wobei Preise unter bzw. über ihrem Fundamentalwert auf Bear bzw. Bull Phasen deuten.[39] GUIDOLIN und TIMMERMANN (2005) definieren einen

---

36 MARCELLINO (2004) gibt eine umfangreiche Literaturübersicht und Beschreibung der Verfahren zur Berechnung von übereinstimmenden und führenden Indikatoren.

37 Siehe Kap. 4.4.4, S. 145.

38 Vgl. CHAUVET und POTTER (2000).

39 Vgl. FRANKE und SETHI (1998), S. 77. SHARPE (1975) definiert Aktienmarktrenditen in Abhängigkeit von dem Niveau zu den Bondrenditen als Bull, wenn sie über dem Niveau liegen bzw. als Bear, wenn sie unter dem Niveau liegen. CHAUVET und POTTER (1999) definieren Bull und Bear Phasen nach dem Vorzeichen der Überschussrendite.

Finanzmarktzyklus, der aus Bear Phasen (niedrige Assetrendite), „normal" Phasen (Rendite auf durchschnittlichem historischen Niveau) und Bull Phasen (hohe Rendite) besteht.[40] PAGAN und SOSSOUNOV (2003) weisen auf eine Praktiker-Definition von Marktphasen hin, nach der Bull und Bear Märkte bei einem Anstieg bzw. Rückgang der Marktpreise in Höhe von 20-25% über bestimmte Zeitintervalle vorliegen.[41] MAHEU und MCCURDY (2000) definieren Finanzmarktphasen nicht nur anhand von Renditen, sondern auch anhand der Volatilität. Bull Märkte sind mit einer niedrigen Volatilität und Bear Märkte mit einer hohen Volatilität verbunden, wobei diese Unterscheidung auf eine stilisierte Eigenschaft der beiden Marktphasen anspricht.[42]

Die Ursachen zyklischer Bewegungen der Finanzmärkte sind überwiegend auf den Einfluss der wirtschaftlichen Entwicklung zurückzuführen.[43] Die Erklärung der Entstehung von Marktphasen basiert auf zwei Ansätzen:

- Investorspezifischer Ansatz
- Fundamentalwert-Ansatz

Diese Ansätze sind eng miteinander verknüpft. Irrationales Verhalten und/oder Über- oder Unterreaktionen der Marktteilnehmer können bestimmte zyklische Schwankungen der Assetpreise am Finanzmarkt verursachen. Diese Schwankungen sind Reaktionen auf unterschiedliche Arten von Nachrichten, z.B. über die saisonalen Entwicklungen der Wirtschaft oder über politische Entscheidungen.[44] Einige kleine Fluktuationen werden nach einiger Zeit gedämpft, andere verursachen große Preisverschiebungen. Die Marktpreise können kurzfristig (im Monats- bis Jahresbereich) stark von dem fundamentalen Wert der Assets abweichen. Langfristig verbleiben die Werte jedoch in bestimmten, engeren Grenzbereichen um den fundamentalen Wert. Damit reflektieren unterschiedliche Marktphasen einerseits das Empfinden und die zukünftigen Erwartungen der Marktteilnehmer (investorspezifischer Ansatz) und andererseits die Rückkehr der Preise zu ihren Fundamentalwerten (Fundamentalwert-Ansatz). Kap. 4.4.4 gibt eine ausführlichere Erklärung von Finanzmarktzyklen und ihre Rückkopplung zu Wirtschaftszyklen.

Im Folgenden werden Zusammenhänge zwischen Wirtschafts- und Finanzmarktzyklen, Marktphasenparameter sowie theoretische Ansätze zu Finanzmarktzyklen diskutiert. Danach findet eine Einbettung der Zyklen von Hedge Fonds und Invest-

---

40 Vgl. GUIDOLIN und TIMMERMANN (2005), S. 112.

41 Vgl. PAGAN und SOSSOUNOV (2003), S. 24, auch BISCARRI und DE GRACIA (2004), S. 130.

42 Vgl. MAHEU und MCCURDY (2000), S. 101. Nach Berechnungen von BISCARRI und DE GRACIA (2004) weisen für den spanischen Aktienmarkt die Bear Phasen eine leicht erhöhte Volatilität auf (vgl. BISCARRI und DE GRACIA (2004), S. 136).

43 Vgl. Kap. 4.4.4, S. 145.

44 Vgl. eine interessante Studie von SANTA-CLARA und VALKANOV (2003), in der unterschiedliche stilisierte Fakten über Wirtschafts- und Finanzmarktzyklen in Abhängigkeit von politischen Zyklen identifiziert wurden. KAMSTRA et al. (2003) führen ebenfalls eine interessante Studie durch, in der signifikante Zusammenhänge zwischen der saisonal bedingten Investorstimmung und der Finanzmarktentwicklung nachgewiesen werden. Der Effekt ist besonders stark in nördlichen Ländern. Die Stimmung der Investoren ist von der Tageslichtdauer abhängig und beeinflusst deren Risikoaversion.

mentfonds in die bestehenden Theorien statt. Am Schluss wird eine umfangreiche Literaturübersicht zu Finanzmarktzyklen gegeben.

4.4.2 Marktphasenparameter

Die Beschreibung und die Vergleichbarkeit der Marktphasen wird durch die Festlegung bestimmter allgemeiner Charakteristika von Phasen ermöglicht, wobei in Abhängigkeit von der Phasenlänge nicht alle Charakteristika berechnet werden können. Phasen können durch die folgenden Größen beschrieben werden: Dauer, Amplitude, Steilheit, Form der Phase und Variabilität der Rendite innerhalb der Phase.[45] Diese Charakteristika werden für jede Phase einzeln berechnet und für jeweils alle Bull und alle Bear Phasen gemeinsam evaluiert.

Bei Phasenlängen von einer Periode können die beschriebenen Charakteristika in Bezug auf Rendite und Volatilität nicht bestimmt werden. Stattdessen können Renditeeigenschaften aus allen Beobachtungen der Bull oder der Bear Phasen ermittelt werden. Bei dieser Vorgehensweise werden zuerst alle jeweiligen Beobachtungen z.B. der Bull Phasen entnommen und nachher zur Bildung von Überschussrenditen und der Standardabweichung einbezogen. Nach gleicher Vorgehensweise werden die Überschussrenditen und Standardabweichung für Bear Phasen ermittelt.[46] Die annualisierte Überschussrendite einer Anlage (oder Portfolios) wird aus der annualisierten Differenz zwischen den monatlichen Renditen, die als eine Durchschnittsrendite aus den Renditebeobachtungen aller Bull bzw. Bear Phasen einer Anlage (oder Portfolios) resultiert, und der monatlichen risikofreien Rate gebildet:

$$\text{ÜR}_l = \left(\frac{1}{T_l} \sum_{t=1}^{T_l} (R_{t_l} - r_{ft_l}) + 1)^{12} \right) - 1 \tag{4.1}$$

mit: ÜR_l annualisierte Überschussrendite (engl. excess return) aller Bull ($l = 1$) oder der Bear ($l = 0$) Phasen
R_{t_l} Monatsrendite zum Zeitpunkt t der Bull ($l = 1$) oder Bear ($l = 0$) Phasen
r_{ft_l} risikofreier Zinssatz zum Zeitpunkt t der Bull ($l = 1$) oder Bear ($l = 0$) Phasen
T_l Anzahl der Perioden in Bull ($l = 1$) oder Bear ($l = 0$) Phasen

Die Volatilität wird aus den Renditebeobachtungen wie folgt berechnet:

$$\sigma^2_{\ddot{U}R_l} = \frac{1}{T_l} \sum_{t=1}^{T} (\ddot{U}R_{t_l} - \overline{\ddot{U}R_l})^2 \quad \sigma_{\ddot{U}R_l} = \sqrt{\sigma^2_{\ddot{U}R_l}} \quad \text{Vola}_l = \sqrt{12}\sigma_{\ddot{U}R_l} \tag{4.2}$$

45 Die hierzu folgenden Ausführungen basieren auf den Studien von MAHEU und MCCURDY (2000), PAGAN und SOSSOUNOV (2003), EDWARDS et al. (2003), BISCARRI und DE GRACIA (2004) und GONZALEZ et al. (2005).

46 Die hierzu folgenden Ausführungen basieren auf der Studie von EDWARDS und CAGLAYAN (2001b).

mit: $Vola_l$ annualisierte Volatilität der Überschussrendite aller Bull ($l = 1$) oder der Bear ($l = 0$) Phasen
$\overline{\ddot{U}R_l}$ mittlere Überschussrendite
$\sigma^2_{\ddot{U}R_l}$ Varianz der Überschussrendite

Alle folgenden Phasencharakteristika werden für jede Phase einzeln berechnet und nachher gemeinsam für Bull oder Bear Phasen evaluiert. Eine Approximation einer Phase ist in Abb. 4.4 durch ein Dreieck dargestellt.[47] **A** bezeichnet einen Hochpunkt und **C** einen Tiefpunkt der Phase. Durch die Seiten des Dreiecks werden die Dauer (**AB**) und die Amplitude (**BC**) beschrieben.

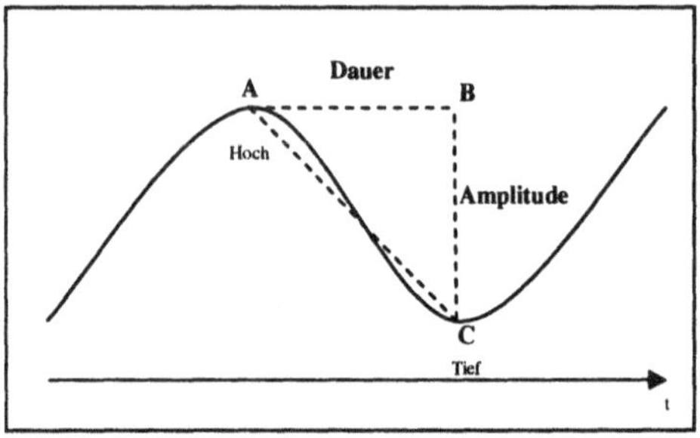

Abbildung 4.4: Approximation einer Phase

Durch das dargestellte Dreieck wird eine Phase approximiert. In diesem Beispiel ist eine Phase fallender Märkte gezeigt.

Die *Dauer* einer Phase wird durch die Anzahl der Perioden (häufig Monate) gemessen, wobei die mittlere Dauer der Bull oder Bear Phasen als die Anzahl der Perioden der entsprechenden Phase dividiert durch die Anzahl an Hochpunkten bzw. Tiefpunkten berechnet wird:

$$\overline{D}_l = \frac{1}{NTP_l}\sum_{t=1}^{T_l} S_t + \frac{1}{NTP_l}\sum_{t=1}^{T_l} B_t \tag{4.3}$$

mit: $\overline{D}_l$ mittlere Phasendauer in der Bull ($l = 1$) oder in der Bear ($l = 0$) Phase
S_t Indikatorvariable, die den Wert „1“ in der Bull Phase annimmt, sonst „0“
B_t Indikatorvariable, die den Wert „1“ in der Bear Phase annimmt, sonst „0“
NTP_l Anzahl der Hochpunkte (wenn Bull) und Tiefpunkte (wenn Bear)[48]

[47] Vgl. HARDING und PAGAN (2002b), S. 369-370.
[48] NTP steht für „number of trough to peak“.

Die mittlere *Amplitude* entspricht der mittleren Rendite während der Phase, d.h. die Differenz der logarithmierten Preise vom Anfang und Ende der Phase wird mit der mittleren Dauer der Phase multipliziert.

$$\overline{A}_l = \frac{1}{NTP_l}\sum_{t=1}^{T_l} S_t \Delta \ln P_t + \frac{1}{NTP_l}\sum_{t=1}^{T_l} B_t \Delta \ln P_t = \overline{D}_l \sum_{t=1}^{T_l} \Delta \ln P_{lt} \quad (4.4)$$

mit: $\overline{A}_l$ mittlere Amplitude
$\Delta \ln P_t$ Rendite während der Phase

Die *Steilheit* (ST_l) wird aus dem Verhältnis der Amplitude zur Dauer berechnet.

$$ST_l = \frac{\overline{A}_l}{\overline{D}_l} \quad (4.5)$$

mit: S_l Steilheit

Die Fläche $(0,5(D_l * A_l))$ des Dreiecks in Abb. 4.4 bezieht sich auf die Approximation der kumulierten Bewegungen innerhalb einer Phase. In der Realität können die kumulierten Bewegungen von der Approximation abweichen.[49] Mithilfe der mittleren kumulierten Veränderung der logarithmierten Preise über die einzelnen Phasen (Bull oder Bear) kann, wie in Gl. 4.6 dargestellt, ein Überschussindex der kumulierten Bewegungen berechnet werden.

$$\overline{C}_l = \frac{1}{NTP_l}\sum_{t=1}^{T_l}\sum_{j=1}^{t} S_j \Delta \ln P_j + \frac{1}{NTP_l}\sum_{t=1}^{T_l}\sum_{j=1}^{t} B_j \Delta \ln P_j \quad (4.6)$$

mit: $\overline{C}_l$ mittlere kumulierte Veränderung

Der Überschussindex der kumulierten Bewegungen beschreibt die *Form* der Phase und kann als Abweichung der Renditen von deren Dreiecks-Approximation (engl. triangle approximation) interpretiert werden.[50] Jede Phase erfährt eine eigene Dynamik, d.h. die Entwicklung der Preise während der einzelnen Phasen ist unterschiedlich. Die Form einer Phase beschreibt, wann die Preise innerhalb einer Phase (am Anfang oder am Ende) größere bzw. kleinere Werte annehmen (vgl. Abb. 4.5).

Mithilfe des Überschussindex können unterschiedliche Modelle evaluiert werden, inwieweit sie eine adäquate Beschreibung realer Eigenschaften von Zeitreihen ermöglichen.

$$\overline{EX}_l = \frac{\overline{C}_l - 0,5\overline{A}_l\overline{D}_l - 0,5\overline{A}_l}{\overline{D}_l} \quad (4.7)$$

mit: $\overline{EX}_l$ Überschussindex (*excess*) bzw. Form einer Phase

[49] Vgl. HARDING und PAGAN (2002b), S. 370.
[50] Vgl. EDWARDS et al. (2003), S. 931.

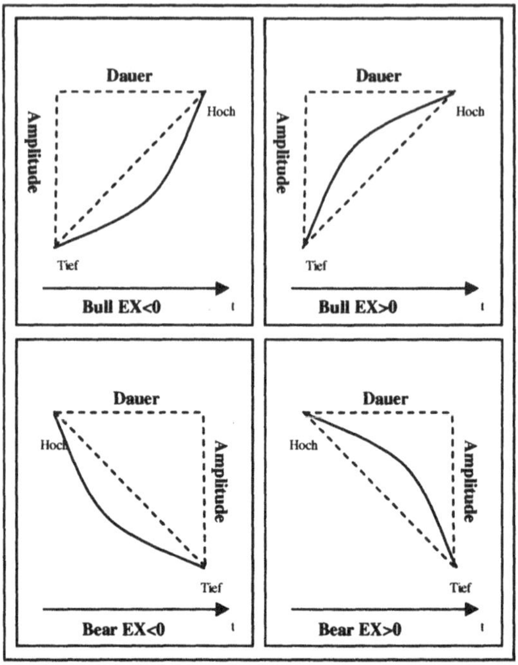

Abbildung 4.5: Überschussindex einer Phase

Der Überschussindex beschreibt die Form einer Phase. Ein positiver Index deutet auf eine konkave Form und eine höhere absolute Rendite am Anfang der Bull oder am Ende der Bear Phase hin. Ein negativer Index weist hingegen auf eine konvexe Form und eine höhere absolute Rendite am Ende der Bull oder am Anfang der Bear Phase hin.

Ein positiver (negativer) Überschussindex in Bull Märkten weist auf höhere positive Renditen während der ersten (letzten) Perioden der Phase hin. Ein positiver (negativer) Überschussindex in Bear Märkten weist hingegen auf höhere negative Renditen während der letzten (ersten) Perioden der Phase hin.[51]

Die letzte Charakteristik zur Beschreibung der Marktphasen ist die Variabilität der Rendite innerhalb einzelner Phasen, die in Anlehnung an EDWARDS et al. (2003) und BISCARRI und DE GRACIA (2004) folgend definiert wird:

$$V_l = \frac{1}{\sum_{t=1}^{T_l} S_t} \sum_{t=1}^{T_l} S_t \left|\Delta \ln P_t\right| + \frac{1}{\sum_{t=1}^{T_l} B_t} \sum_{t=1}^{T_l} B_t \left|\Delta \ln P_t\right| \tag{4.8}$$

mit: V_l Variabilität innerhalb der Phase

[51] Vgl. BISCARRI und DE GRACIA (2004), S. 133.

Um das Maß wenig sensitiv zu spontanen großen Renditeveränderungen zu machen, wird anstatt der quadrierten Abweichungen vom Mittelwert ein absoluter Wert der mittleren Rendite innerhalb der Phase berechnet.[52]

Mithilfe der dargestellten Maße können Finanzmarktphasen beschrieben und miteinander verglichen werden. Die Anwendung von Phasencharakteristika findet in den empirischen Kapiteln statt.

4.4.3 Zentrale Modellierungsansätze zu Finanzmarktzyklen

Für die Modellierung der Finanzmarktzyklen sind die folgenden zwei zentralen Ansätze hervorzuheben: die nicht-parametrische Methode nach BRY und BOSCHAN (1971) und die parametrische Methode von HAMILTON (1989).

BRY und BOSCHAN präsentierten 1971 einen theoretischen Ansatz zur Bestimmung von Wirtschaftszyklen, der einen breiten Einsatz in der Wirtschafts- und Finanzmarktzyklentheorie gefunden hat. Die BB-Methode (von BRY und BOSCHAN (1971)), welche die Identifikation von Wendepunkten nach der NBER Vorgehensweise repliziert, ist eine nicht-parametrische Methode. Eine binäre Variable S_t (mit den Werten „0" oder „1") signalisiert unterschiedliche Marktphasen, die durch Wendepunkte getrennt sind. Die Autoren wenden bei ihren Untersuchungen eine Reihe bestimmter qualitativer und quantitativer Regeln zur Identifikation der Rezessions- und Expansionsphasen an.

HARDING und PAGAN haben in den letzten zehn Jahren eine Reihe von Veröffentlichungen unternommen, in denen die Methode von BRY und BOSCHAN (1971) zuerst auf Wirtschaftszyklen und später auf Finanzmarktzyklen angewandt wurde. Diese Studien initiierten eine Welle von weiteren Untersuchungen anderer Forscher, die den vorgeschlagenen Ansatz ebenfalls implementiert haben.

An den Beispielen der auf der BB-Methode aufbauenden Studien von PAGAN und SOSSOUNOV (2003), BISCARRI und DE GRACIA (2004) sowie GONZALEZ et al. (2005), wird kurz die Vorgehensweise erklärt.

Zumeist wird ein Aktienmarktindex zur Identifikation der Finanzmarktphasen ausgewählt. Die Preis- bzw. Kurszeitreihe (z.T. auch die logarithmierte Kurszeitreihe) wird zur Identifikation der Wendepunkte herangezogen, die den Übergang zwischen Abwärts- und Aufwärtsphasen repräsentieren. Die Vorgehensweise kann in fünf zentralen Schritten zusammengefasst werden:

- Die ersten und die letzten acht bis zwölf Beobachtungen der Zeitreihe werden nicht zur Identifikation von Wendepunkten einbezogen.
- In einem rollierenden Zeitfenster von acht bis zwölf Beobachtungen werden Zeitpunkte mit dominanten (maximalen oder minimalen) Kurswerten identifiziert. Dabei gilt ein Zeitpunkt als dominant, wenn die benachbarten Zeitpunkte

[52] Vgl. BISCARRI und DE GRACIA (2004), S. 133.

keine höheren oder niedrigeren Kurse aufweisen. Ein Zeitpunkt mit einem maximal dominanten Kurswert muss folgende Bedingung erfüllen:

$$(P_{t-n}, \ldots, P_{t-1}) < P_t > (P_{t+1}, \ldots, P_{t+n}) \tag{4.9}$$

Ein Zeitpunkt mit einem minimal dominanten Kurswert wird dem entsprechend durch die Erfüllung folgender Bedingung identifiziert:

$$(P_{t-n}, \ldots, P_{t-1}) > P_t < (P_{t+1}, \ldots, P_{t+n}) \tag{4.10}$$

- Die Zeitpunkte mit maximalen und minimalen Kurswerten müssen einander abwechseln. Treten direkt nacheinander zwei oder mehrere Zeitpunkte mit einem maximalen (minimalen) Kurswert auf, wird aus dieser Folge maximaler (minimaler) Kurswerte wiederum der dominante ausgewählt.
- Die Zeitabschnitte zwischen den Zeitpunkten der dominanten Kurswerte werden als Bull oder Bear Phasen bezeichnet. Eine Bull Phase beginnt mit dem Zeitpunkt eines minimalen Kurswertes und hört mit dem Zeitpunkt eines maximalen Kurswertes auf. Eine Bear Phase fängt dementsprechend am Zeitpunkt eines maximalen Kurswertes an und endet am Zeitpunkt eines minimalen Kurswertes.
- Eine Phase darf nicht kürzer als 6 Perioden sein und ein Zyklus nicht weniger als 15 Monate andauern, es sei denn, die kumulierten Preisveränderungen übersteigen 20%. Falls zu kurze Phasen oder Zyklen identifiziert werden, müssen diese eliminiert werden.

Mehrere Autoren basieren ihre Untersuchungen zur Identifikation von Marktphasen auf der BB-Methode. GONZALEZ et al. (2005) verwenden unterschiedliche Aktienindizes, um einen einheitlichen Aktienpreisindex für den Zeitraum zwischen 1800 und 2000 zu erstellen. Für diesen bestimmen sie dann eine Reihe von Bull und Bear Marktphasen. PAGAN und SOSSOUNOV (2003) führen eine ähnliche Studie durch, in der sie für den S&P 500 im Zeitraum zwischen 1835 und 1997 Marktphasen untersuchen. Bull Märkte dauern tendenziell länger als Bear Märkte. Die mittleren Längen der Bull und Bear Märkte sind entsprechend 21 und 15 Monate.[53] Auch die Renditecharakteristika der beiden Phasen zeigen signifikante Unterschiede. Bear Phasen sind eindeutig als negative und Bull Phasen als positive Renditeperioden gekennzeichnet. Die Kurtosis der Renditen in Bull Phasen ist zwei bis drei mal höher als bei den Bear Märkten.

Die Identifikation von Bear Märkten ist besonders für risikoaverse Investoren von Interesse, um sich vor negativen Renditephasen rechtzeitig zu schützen. PAGAN und SOSSOUNOV (2003) betonen, dass die Bestimmung von Bull und Bear Märkten von dem zugrunde liegenden datengenerierenden Prozess abhängig ist. Wenn die Aktienpreise einem Random Walk folgen, sind die Charakteristika der Marktphasen allein

[53] Vgl. GONZALEZ et al. (2005), S. 482.

auf die Rendite und Volatilität der Kursgewinne zurückzuführen.[54] Sie finden aber, dass keines der ökonometrischen Modelle (Random Walk, GARCH, EGARCH, hidden layer Markov Chain) die zyklischen Charakteristika am Finanzmarkt vollständig replizieren kann. BISCARRI und DE GRACIA (2004) gelangen in ihrer Studie zu ähnlichen Ergebnissen bezüglich den Charakteristika von Finanzmarktphasen und den Schwächen ökonometrischer Verfahren zur Abbildung zyklischer Bewegungen. Sie führen ihre Untersuchungen an Daten des spanischen Finanzmarktes durch und vergleichen anschließend ihre Ergebnisse mit Industrieländern wie den USA, UK und Deutschland. Sie finden signifikante Unterschiede zwischen den Ländern in der Dauer der Bull Phasen und in den Werten für den Überschussindex. Übereinstimmungen der Marktphasen konnten für die Industrieländer in den letzten fünfzig Jahren nachgewiesen werden. Spaniens Marktphasen stimmten dagegen erst in den letzten Dekaden mit denen ihrer europäischen Nachbarländer überein, was auf eine spätere Integration der Märkte deutet.[55]

Die in diesen Studien angewandte BB-Methode ist sehr heuristisch. Die Identifikation der Phasen basiert auf einem Vergleich der Kurswerte, was dem Vorgehen bei der technischen Analyse ähnelt. Die Bestimmung der Marktphasen ist lediglich von einem Marktindex abhängig. Zwar wurde in den Studien die Absicht geäußert, Investoren vor einer Markttiefphase zu schützen, ein Frühwarnsystem anhand der beschriebenen Methode wurde jedoch nicht entwickelt. Die Vorteile der BB-Methode werden in einer einfachen Bestimmung der Phasen und einer intuitiven Interpretation gesehen.[56]

Den zweiten zentralen Ansatz zur Bestimmung von Finanzzyklen stellt die Methode von HAMILTON (1989) dar. Die von ihm erweiterten Markov Switching Modelle besitzen die Form eines Faktormodells, das zuerst aufgrund autoregressiver und in späteren Studien auch mithilfe von exogenen Faktoren geschätzt wurde.[57]

$$y_t = \begin{cases} \beta_1 y_{t-1} + \epsilon_{1t} & \text{wenn} \quad s_t = 0 \\ \beta_2 y_{t-1} + \epsilon_{2t} & \text{wenn} \quad s_t = 1 \end{cases} \tag{4.11}$$

Die Besonderheit dieser Modelle liegt in der Abbildung eines *unbeobachteten* Prozesses, der seine Zustände in der Zeit verändert. Der Übergang zwischen den Faktorgleichungen in Gl. 4.11 ist durch zwei Zustände bestimmt. Diese Zustände werden anhand von Übergangswahrscheinlichkeiten mithilfe von Markov-Ketten bestimmt.

$$P = (s_t | s_{t-1} = i, s_{t-2} = k, \ldots, y_{t-1}, y_{t-2}, \ldots) = P(s_t = j | s_{t-1} = i) = p_{ij} \tag{4.12}$$

---

[54] Vgl. PAGAN und SOSSOUNOV (2003), S. 24.

[55] Vgl. BISCARRI und DE GRACIA (2004), S. 142.

[56] Vgl. HARDING und PAGAN (2003), S. 1696 und 1698.

[57] Markov-Switching-Modelle wurden bereits von GOLDFELD und QUANDT (1973) und NEFTCI (1982) aufgestellt. Die Schätzung der Modelle durch Likelihood-Funktion und die Aufstellung der Algorithmen wurden erst von HAMILTON (1989) vorgeschlagen. Siehe PEREZ-QUIROS und TIMMERMANN (2000) zur Schätzung der Markov-Switching-Modelle anhand von exogenen Variablen.

Die Wahrscheinlichkeit der Regimeveränderung $P(s_t)$ hängt damit nur von dem Wert des letzten Regimes $s_{t-1} = i$ ab. Eine ausführliche Betrachtung der Modelle findet im Kap. 4.5.4 statt.[58]

Auch die Markov Switching Methoden haben in der Literatur einen verbreiteten Einsatz gefunden. GARDINI et al. (2003) untersuchen unterschiedliche Regime auf italienischen Aktienmärkten und versuchen Zusammenhänge zu Fundamentalfaktoren herzustellen. Sie identifizieren Regime mit hohen (niedrigen) Renditen und niedriger (hoher) Varianz. Die Wahrscheinlichkeit der Regimeveränderung wird von Fundamentalfaktoren (z.B. Dividend-Preis-Ratio) beeinflusst, wobei diese Fundamentalfaktoren keinen direkten Einfluss auf die erwarteten Renditen besitzen. MAHEU und MCCURDY (2000) untersuchen eine Phasenabhängigkeitshypothese anhand von Aktienrenditen und Markov Switching Modellen. Sie betonen die Stärke der MSWM, die darauf beruht, dass unterschiedliche Eigenschaften der Finanzzeitreihen in Bezug z.B. auf Kurtosis und Schiefe ausreichend erfasst werden können.[59] ENGEL (1994) verwendet ein Markov Switching Modell zur Modellierung von 18 Wechselkursen und vergleicht die Ergebnisse mit denen eines Random Walk Modells. Nach seinen Auswertungen erlaubt im Gegensatz zum Random Walk Modell das MSWM die Identifikation der Richtung der Veränderung. Allerdings wird die Prognose dieses Modell durch das Random Walk Modell outperformt.

HARDING und PAGAN (2003) verwenden in ihren Studien hauptsächlich die BB-Methode und kritisieren die ökonometrische Methode von HAMILTON (1989). Sie bemängeln hauptsächlich eine zu geringe Transparenz und die nachträgliche Interpretation der identifizierten Zyklen, wogegen die BB-Methode bereits während der Identifikation der Wendepunkte die einzelnen Phasen unterscheidet.[60] Der zentrale Unterschied der beiden Modellierungsansätze von Finanzmarktzyklen besteht darin, dass die BB-Methode für eine bestimmte Zeitreihe feste Phasenübergänge (oder Phasenzugehörigkeiten) berechnet, während bei den Markov-Switching-Modellen die Phasenübergänge (oder Phasenzugehörigkeiten) von den Modellspezifikationen abhängen, da sie im Modell endogen bestimmt werden. BOLDIN (1994) vergleicht u.a. die MSWM und die nicht parametrische BB-Methode zur Bestimmung von Marktzyklen in Bezug auf unterschiedliche Aspekte. Bei MSWM hebt er die Konsistenz der Phasenbestimmung hervor, während die nichtparametrische BB-Methode transparenter und weniger rechnungsintensiv erscheint.[61] Die beiden vorgestellten Methoden haben eine unterschiedliche theoretische Fundierung, sodass auch ihre Ergebnisse voneinander abweichen können. Wie BOLDIN (1994) betont, kann keine der Methoden als dominant klassifiziert werden, da sie in gleichem Maße Vor- und Nachteile aufweisen.[62]

58 Siehe Kap. 4.5.4, S. 173.
59 Siehe die Übersicht der Literatur zur Phasenabhängigkeitshypothese in Kap. 4.4.6, S. 161.
60 Vgl. HARDING und PAGAN (2003), S. 1967.
61 Vgl. BOLDIN (1994), S. 120.
62 BOLDIN (1994), S. 120.

4.4.4 Zusammenhänge zwischen Wirtschafts- und Finanzmarktzyklen

Wirtschafts- und Finanzmarktzyklen stehen in einem unmittelbaren Zusammenhang zueinander. Forschungsarbeiten u.a. von BLANCHARD (1981), CHEN et al. (1986), FAMA und FRENCH (1989), BINSWANGER (2000), CHIARELLA et al. (2002) und CAMPBELL und DIEBOLD (2005) haben einen direkten Zusammenhang zwischen der Wirtschaft und dem Finanzmarkt bestätigt. So bewirken Nachrichten über die ökonomische Entwicklung eines Landes die Assetpreisschwankungen auf dem nationalen Finanzmarkt.[63] Finanzmärkte werden diesbezüglich oft als frühe Indikatoren für die wirtschaftliche Entwicklung interpretiert.[64]

Finanzmärkte sind durch Investitionen an die Wirtschaft gekoppelt. Aktienrenditen reflektieren den Erfolg der Unternehmen bzw. die Erwartungen zukünftiger Gewinne. Firmengewinne sind unmittelbar von der Höhe der getätigten Investitionen abhängig, die ihrerseits von der aktuellen Wirtschaftslage beeinflusst werden.[65] Die aktuelle Finanzlage von Unternehmen beeinflusst ihren Zugang zu Krediten und kann somit eine positive oder negative Auswirkung auf Investitionen besitzen.[66] Mit der Veränderung der Wirtschaftskonditionen und Investmentmöglichkeiten verändern sich die erwarteten Renditen. Die wechselseitige Wirkung ist nicht konstant, sondern verändert sich ebenfalls in zyklischen Abläufen.

Die Auswirkung der wirtschaftlichen Entwicklung auf die Assetpreise wird in der Literatur durch verschiedene Theorien erklärt. In Rahmen des CAPM oder CCAPM (*consumption based capital asset pricing model*) werden die Interaktionen der Märkte durch drei Faktoren erklärt:[67]

- Konsumglättung
- variable Risikoprämie
- wirtschaftsphasenabhängige Risikoaversion

Die Nachfrage nach Finanzmarktanlagen ist von dem Wohlstand der Investoren abhängig bzw. verändert sich in unterschiedlichen Wirtschaftsphasen. Nach dem konsumbasierten Asset Pricing Modell wird angenommen, dass der Konsum vom Wohlstand und nicht vom Einkommen abhängt. Bei hohem Einkommen versuchen Investoren durch Sparen (Anlage auf dem Finanzmarkt) ihren Konsum zu glätten, damit zu einem späteren Zeitpunkt Konsum erfolgen kann. Wenn das Angebot an Investitionsmöglichkeiten in diesem Zeitpunkt nicht zu groß ist, führt eine hohe Nachfrage nach Anlagemöglichkeiten zu kleineren erwarteten Renditen. Bei niedrigerem Einkommen sind die Ersparnisse kleiner. Ohne eine gleichzeitige Reduktion von Inve-

[63] HARDOUVELIS (1987) und LOBO (2002) finden eine starke Beeinflussung der Assetpreise durch monetäre Nachrichten.

[64] Vgl. CHAUVET (1999), S. 236.

[65] Vgl. SIEGEL (1998), S. 79.

[66] In der Literatur spricht man von einem *finanziellen Beschleuniger (accelerator) Effekt*, vgl. HUBBARD (1998). Siehe auch die Studie von PEREZ-QUIROS und TIMMERMANN (2000), die einen direkten Zusammenhang zwischen kleinen Firmen und zyklischen Entwicklungen der Kapitalkosten untersuchen.

[67] Vgl. BALVERS et al. (1990), FAMA und FRENCH (1989) und CAMPBELL und COCHRANE (1999).

stitionsangeboten bedingt eine niedrige Nachfrage nach Anlagen einen Anstieg der erwarteten Renditen. Die umgekehrte Entwicklung der Wirtschaftszyklen und der erwarteten Renditen wird ebenfalls durch moderne Asset Pricing Modelle vertreten.[68]

Die zyklischen Bewegungen werden jedoch durch Konsumglättung allein nicht erklärt. Wie FAMA und FRENCH (1989) vermuten, ist die parallele Bewegung der Assetpreise mit den Wirtschaftszyklen durch eine variable Risikoprämie begründet. Der Rückgang der Risikoprämie verursacht durch den *Cost-of-Capital Effekt* einen Anstieg des Investitionsvolumens.[69] Diese Veränderungen bewirken ebenfalls einen Rückgang der Assetrenditen. LETTAU und LUDVIGSON (2002) argumentieren, dass der Cost-of-Capital Effekt schließlich verfällt, was eine Reduktion des zukünftigen langfristigen Investitionswachstums auslöst. Die Bewegungen der Marktrisikoprämie generieren kurzfristige Investitionsmöglichkeiten, wobei die langfristig prognostizierten Assetrenditen steigen oder fallen. Somit besteht eine negative Korrelation zwischen den aktuellen Assetrenditen und dem zukünftigen langfristigen Investitionswachstum.[70]

Die Fluktuationen in den Renditen reflektieren die Reaktion der Investoren auf zeitvariable Investmentmöglichkeiten, die durch zyklische Veränderung der Risikoaversion verursacht werden. In Expansionsphasen bzw. Phasen eines erhöhten Konsums ist ein Rückgang der Risikoaversion zu beobachten. Dieser Effekt führt zu einer steigenden Nachfrage nach risikoreicheren Assets und daraus folgend zu kleineren erwarteten Renditen bzw. Risikoprämien. In stagnierenden Phasen erhöht sich die Risikoaversion, die einen Rückgang der Anlagen und einen Anstieg der Risikoprämie bewirkt.[71] CAMPBELL und DIEBOLD (2005) zeigen eine Verbindung zwischen der Risikoaversion und dem Verhältnis zwischen Konsum und Wohlstand auf.[72] Diese Verbindung vereinigt alle drei Auswirkungen der wirtschaftlichen Entwicklung auf die Assetpreise.

Ebenfalls versucht die Theorie heterogener Agenten und heterogener Erwartungen die Fluktuationen am Finanzmarkt und Interdependenzen zu Wirtschaftszyklen zu erklären. Einerseits entsteht die Heterogenität der Agenten (z.B. Fundamentalisten und Chartisten) durch ihre unterschiedliche Auffassung über preistreibende Dynamiken, und andererseits durch die Vielfalt unterschiedlicher Investorziele, die aufgrund vom Investmenthorizont und dem Risikoprofil des Investors zustande kommen. Nicht zuletzt spielt auch irrationales Verhalten der Agenten eine Rolle (z.B. Herdenverhalten).

Im Folgenden werden zwei unterschiedliche Ansätze aus der Literatur zur Erklärung der Finanz- bzw. Aktienmarktbewegungen durch Wirtschaftszyklen genauer

---

68 Vgl. FAMA und FRENCH (1989), S. 42 und LETTAU und LUDVIGSON (2001), S. 817.

69 Als Cost-of-Capital Effekt wird die Reduktion der Kapitalkosten und des Zinses bedingt durch eine Erhöhung der Geldmenge bezeichnet. Siehe dazu ausführlicher LETTAU und LUDVIGSON (2002), S. 33.

70 Vgl. LETTAU und LUDVIGSON (2002), S. 33.

71 Siehe CAMPBELL und COCHRANE (1999) für die Erklärung der zeitvariablen Risikoaversion.

72 Siehe unten die Beschreibung der Studie von CAMPBELL und DIEBOLD (2005) und LETTAU und LUDVIGSON (2001).

vorgestellt. BOLTEN (2000) schlägt einen Ansatz in Anlehnung an das Dividend Discount Modell zur Erklärung von Aktienmarktzyklen vor. PRING (1992) und MURPHY (1992) präsentieren zwei ähnliche Ansätze zu einer viel umfassenderen Beschreibung der Finanzmarktzyklen. Alle Ansätze entwickeln ihre Empfehlung für eine Asset Allocation in unterschiedlichen Marktphasen. Trotz der chronologisch andersartigen Entwicklung der Ansätze wird zunächst die Theorie von BOLTEN (2000) vorgestellt.

Ansatz von Bolten

BOLTEN und WEIGAND (1998) und BOLTEN (2000) betrachten Finanzmarktzyklen aus der Perspektive eines Bewertungsmodells (Dividend Discount Modell). Aus der Sicht des Dividend Discount Modells werden Aktienpreisbewegungen durch die im Modell preisbestimmenden Faktoren wie zukünftige Gewinne und Zinssätze verursacht.

Für die Untersuchung werden vier Annahmen gemacht: 1. die Aktienpreise laufen den Wirtschaftszyklen voraus; 2. der Verlauf der Gewinne stimmt mit den Wirtschaftszyklen überein; 3. die Investoren bilden ihre Erwartungen über zukünftige Gewinne basierend auf den zyklischen Verläufen der Gewinne; 4. die Zinsen sind prozyklisch, verzögern sich allerdings leicht zu den Wirtschaftszyklen. Abb. 4.6 veranschaulicht den zyklischen Verlauf der Finanz- und Wirtschaftszeitreihen und Abb. 4.7 bildet den Verlauf der Zinssätze und den MSCI-Index für Europa ab. Nach BOLTEN (2000) wird ein Zyklus in vier Stadien unterteilt: frühe Expansion (St1), späte Expansion (St2), frühe Rezession (St3) und späte Rezession (St4). Die frühe Expansion (Rezession) beginnt im Tiefpunkt (Hochpunkt) des Finanzmarktzyklus (Bear bzw. Bull) und dauert ungefähr die Hälfte der Expansionsphase.[73] Danach folgt eine späte Phase der Expansion (Rezession), die in einem Hochpunkt (Tiefpunkt) endet. Diese Unterteilung ist wichtig für eine weitere Analyse der einzelnen Faktoren in jedem Stadium sowie zwischen den Stadien. Für jedes Stadium sind Investorerwartungen und das Verhalten von Zinssätzen, Gewinnen sowie Assetpreisen angegeben.

Das erste Stadium beginnt im Tiefpunkt des Finanzmarktzyklus und entwickelt sich zu einer frühen Expansion bzw. Bull Phase. Die Aktienpreise sind auf dem niedrigsten Niveau, da die fallende Veränderungsrate der erwarteten Firmengewinne gleich der fallenden Zinsveränderungsrate ist. Die Wirtschaft befindet sich in einer Rezession, die aber ihren Tiefpunkt noch nicht erreicht hat. In der Hoffnung auf eine baldige Erholung der Wirtschaftslage entwickeln Investoren positive Erwartungen über ein steigendes wirtschaftliches Wachstum und steigende Gewinne, die einen Anstieg der Aktienpreise bewirken. Die Kapitalkosten sind niedrig, da die Zinssätze auf ihrem Tiefstand sind. Aufgrund der niedrigen Renditen für Rentenpapiere strukturieren Investoren ihre Portfolios zugunsten von Aktien um. Diese Veränderungen haben einen preistreibenden Effekt auf die Aktienpreise, die sich schneller entwickeln als

[73] Vgl. BOLTEN (2000), S. 32 f.

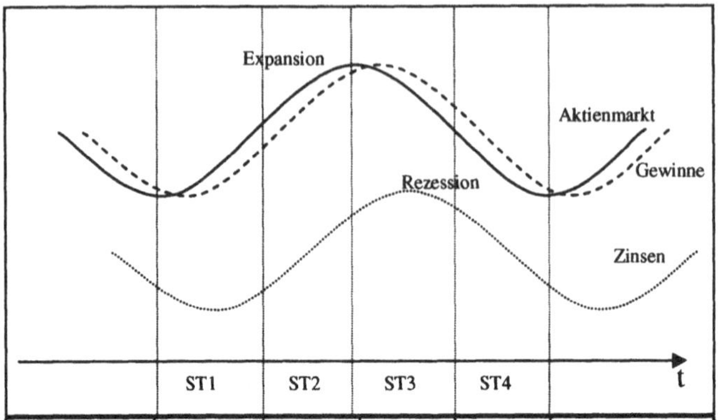

Erwartungen	+	+	-	-	
GDP	→	↗	→ ↘	↓	
Gewinne	- ↗+	+ ↑ +	+ ↘ -	- ↓ -	Industrie-produktion
Zinsen	↓	↗	↑	↘	T-Bill Rate
Aktienpreise	+ ↗+	+ ↑ -	- ↘ -	- ↓ +	Aktienindex

Abbildung 4.6: Verlauf der Wirtschafts- und Aktienzyklen

Die Entwicklung der Gewinne und der Zinsen folgt verzögert der Entwicklung der Aktienmärkte. Zinssatzfluktuationen verzögern sich am meisten. Die Pfeile zeigen das Niveau oder die Richtung der Entwicklung unterschiedlicher Indikatoren in den einzelnen Stadien an. +/− bei Gewinnen und Aktienpreisen indizieren das Vorzeichen der Veränderungsrate. (Abbildung in Anlehnung an BOLTEN und WEIGAND (1998), S. 79.)

die Erholung der Wirtschaft.[74] Die Aktienpreise stehen zu den erwarteten Renditen in einem negativen Zusammenhang, da ein schneller Aktienpreisanstieg fallende erwartete Renditen bewirkt. Die Korrelation zwischen Aktien und Rentenpreisen wechselt zwischen verschiedenen Stadien. Die Preise von Renten und Aktien korrelieren nur am Anfang des ersten Stadiums positiv. Am Ende des Stadiums ist die Korrelation negativ, da die Rentenpreise fallen.[75]

Im zweiten Stadium steigt langsam das wirtschaftliche Wachstum, was weiterhin positive Erwartungen bewirkt und die Nachfrage nach Kapital erhöht. Die Zinssätze fangen an zu steigen, sodass die Inflation im Rahmen gehalten wird. Die positiven Entwicklungen der Wirtschaft gleichen die Auswirkung der steigenden Zinssätze aus, sodass Aktienpreise weiterhin steigen (jedoch langsamer als im ersten Stadium) bis ihr Höchststand erreicht wird. Der negative Zusammenhang zwischen Aktienpreisen

74 Vgl. BOLTEN und WEIGAND (1998), S. 78.

75 Vgl. BOLTEN (2000), S. 58.

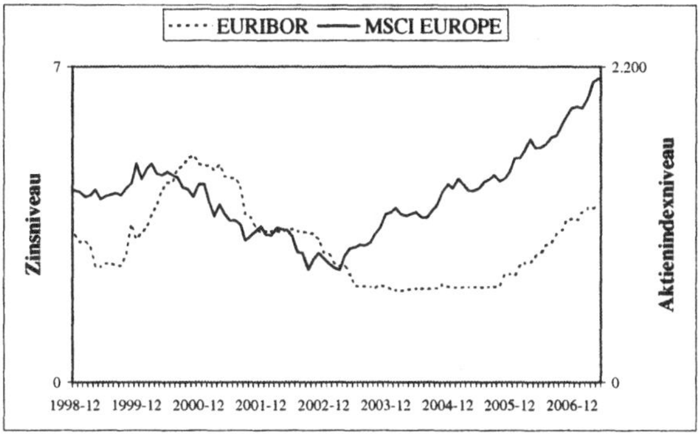

Abbildung 4.7: Verlauf der Zinssätze- und Finanzzyklen

Der versetzte Verlauf von Zinssätzen kann am Beispiel der EURIBOR und des MSCI EUROPE gut veranschaulicht werden. EURIBOR ist ein Pendant zur US amerikanischen Treasury Bill Rate für Europa und repräsentiert das aktuelle Zinsniveau.

und erwarteten Renditen bleibt bis zum Ende des Stadiums bestehen. Erst am Ende des Stadiums variieren die erwarteten Renditen parallel mit der Wirtschaftsentwicklung und wechseln vom negativen zum positiven Vorzeichen, da die wirtschaftlichen Entwicklungen ihren positiven Einfluss auf die Renditeentwicklung verbreitet haben und selbst ihren maximalen Stand noch nicht ganz erreicht haben.[76] Die Aktienpreise korrelieren weiterhin negativ mit den fallenden Rentenpreisen.[77]

Das dritte Stadium zeigt den Übergang der Bull Phase in die frühe Bear Phase. Die steigende Veränderungsrate der erwarteten Firmengewinne ist kleiner als die steigende Zinsveränderungsrate. Das wirtschaftliche Wachstum verlangsamt sich. Die Zinssätze sind auf ihrem Höchststand, da die expandierende Nachfrage nach Kapital schließlich zu großem Inflationsdruck führt. Die Zinsen werden weiterhin auf dem hohen Niveau gehalten, da der erreichte Hochpunkt bzw. die angefangene Rezession noch nicht erkannt ist. Aufgrund der fallenden Gewinne und negativer zukünftiger Erwartungen strukturieren Investoren ihre Portfolios zugunsten der Renten- und Geldmarktpapiere um und tätigen evtl. Leerverkäufe.[78] Rentenpreise korrelieren in diesem Stadium positiv mit den Aktienpreisen und fallen ebenfalls. Diese seltene Situation, in der beide Assetarten eine parallele Entwicklung erfahren, ist hauptsächlich durch die hohen Zinsen und die sich verlangsamende Wachstumsrate der erwarteten

[76] Vgl. DESTEFANO (2004), S. 544.

[77] BOLTEN (2000) weist auf einen möglichen abwechselnden Zusammenhang der Aktien- und Rentenpreise in bestimmten Stadien im historischen Rückblick hin. Z.B. in einigen Bull Phasen der US-Märkte haben Aktien- und Rentenpreise eine starke positive Korrelation, wobei Rentenpreise ebenfalls hohe Anstiege erlebt haben. Siehe S. 60.

[78] Vgl. BOLTEN und WEIGAND (1998), S. 78.

Gewinne bedingt.[79] Die steigenden erwarteten Renditen verlaufen wieder invers zu der Wirtschaftsentwicklung.[80]

Im vierten Stadium haben alle Entwicklungen und Erwartungen nur noch einen negativen Effekt auf Aktienpreise und bewirken steigende erwartete Renditen. Eine stagnierende Nachfrage nach Kapital zwingt die Zinssätze zum Rückgang. Die Gewinne befinden sich im Tiefstand. Nur langfristige Rentenpapiere mit hoher Bonität und Short-Positionen können positive Renditen erbringen. Die Korrelation zwischen Aktien- und Rentenpreisen ist wieder negativ. Erwartete Renditen wechseln ihr Vorzeichen erst am Ende der Tiefphase, wo sie für einige Zeit im positiven Zusammenhang zu der Wirtschaftsentwicklung stehen.[81]

Die Schlussfolgerungen aus den Arbeiten von BOLTEN und WEIGAND (1998) und später auch DESTEFANO (2004) lassen sich wie folgt kurz zusammenfassen. Assetpreise, die durch fundamentale Faktoren wie erwartete Gewinne und Zinssätze im Rahmen des Dividend Discount Modells bestimmt werden, interagieren mit diesen Faktoren in Abhängigkeit von der aktuellen Wirtschaftslage. Unterschiedliche Wechselwirkungen zwischen diesen Faktoren und den Assetrenditen in den Wirtschaftszyklen sind die führende Kraft der zyklischen Bewegungen der Renditen.

Ansätze von Pring und Murphy

PRING (1992) und MURPHY (1992) entwickeln zwei Ansätze für den US amerikanischen Markt, die im Rahmen einer *technischen Analyse* Finanzmarktzyklen zu erklären versuchen.[82] Genauso wie BOLTEN (2000) auch gehen die beiden Theorien von einem engen Zusammenhang zwischen Wirtschafts- und Finanzmarktzyklen aus. Sie unterteilen den Finanzmarktzyklus in sechs Stadien.[83] Diese Aufteilung ergibt sich aus Expansions- und Rezessionsphasen für die drei unterschiedlichen Assetklassen Renten, Aktien und Rohstoffe, wobei MURPHY (1992) auch Währungen in Betracht zieht. Die unterschiedlichen Assetklassen folgen ihrem eigenen Zyklus. Dabei führen Renten die Aktien- und Rohstoffzyklen an (siehe Abb. 4.8). Renten- und Rohstoffpreise sowie Rohstoff- und Wechselkurse bewegen sich überwiegend in entgegengesetzte Trendrichtung. Renten- und Aktienmärkte sind gleichläufig. Die Entwicklung des Dollars, wie in der Analyse von MURPHY (1992) gezeigt, steht in einer wechselseitigen Beziehung zu den Zinsen und damit zu der ganzen Konjunktur. Der Dollarzyklus folgt unmittelbar dem Zinszyklus, d.h. mit einer kleinen Verzögerung zu dem Wirtschaftszyklus.[84]

Das erste Stadium beginnt in der Rezessionsphase der Wirtschaft. Zu dieser Zeit befindet sich der Rentenmarkt im Aufschwung und der Rohstoffmarkt im Abschwung.

[79] Vgl. BOLTEN (2000), S. 58.
[80] Vgl. DESTEFANO (2004), S. 544.
[81] Vgl. DESTEFANO (2004), S. 544.
[82] Im weiteren Verlauf wird die deutsche Übersetzung der ursprünglichen Arbeit von MURPHY (1991) referenziert.
[83] Vgl. folgende Ausführungen mit PRING (1992), S. 163 f.
[84] Vgl. MURPHY (1992), S. 137.

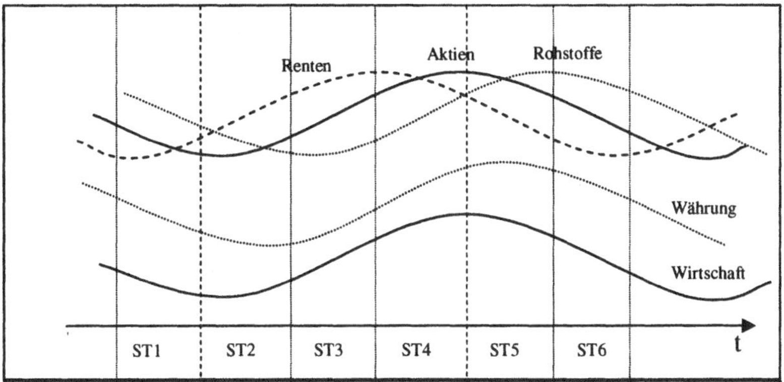

Renten	↗	↑	→	↘	↓	→	
Aktien	→	↗	↑	→	↘	↓	
Rohstoffe	↘	↓	→	↗	↑	→	
Währung	↓	→	↗	↑	→	↘	
Wirtschaft	→	↗	↑	→	↘	↓	

Abbildung 4.8: Verlauf der Wirtschafts- und Finanzmarktzyklen

Renten-, Aktien- und Rohstoffzyklen entwickeln sich in einem engen Zusammenhang mit den Wirtschaftszyklen. Sechs Stadien wurden von PRING und MURPHY identifiziert. In dieser Graphik werden Trendrichtungen für die einzelnen Assetklassen nicht berücksichtigt.

Zur Anregung der abgeschwächten Konjunktur werden die Zinsen gesenkt. Die Aktienmärkte erholen sich langsam. Portfolioanteile sollen erst langsam aus dem Geldmarkt entzogen werden. Anleihen hoher Bonität oder zinssensitive Aktien erbringen Gewinne.

Im zweiten Stadium verlässt die Wirtschaft den Tiefpunkt. Positive Erwartungen sowie anziehende Gewinne deuten auf eine baldige Erholung der Wirtschaft hin. Niedrige Zinsen verursachen einen niedrigen (Dollar-) Wechselkurs. Trotz einer Bewegung in die gleiche Trendrichtung und positiver Entwicklungen der Rentenmärkte steigen die Aktienpreise schneller als die Bondpreise. Geldmarktanteile sind wenig profitabel.

Im dritten Stadium verlangsamt sich der Anstieg der Rentenpreise, dagegen ziehen die Rohstoffpreise an. Gold agiert als Frühindikator bei der Rohstoffpreisentwicklung. Die Konjunktur erholt sich schnell. Alle drei Finanzmärkte entwickeln sich positiv. Dabei sind Anlagen in Aktienanteile und weniger in Renten- oder Geldmarktanteile zu empfehlen. Im vierten Stadium ist die Konjunktur auf dem Höchststand. Die Zinsen werden erhöht, um den Inflationsdruck zu begrenzen, womit die Rentenpreise zu sinken anfangen. Rohstoff- sowie Aktienpreise steigen weiterhin an. Umstrukturierungen des Portfolios zugunsten von Geldmarktanteilen sollen in diesem Stadium begonnen werden.

Nach der expansiven Entwicklung der Wirtschaft tritt ein Abschwung der Konjunktur auf. Im fünften Stadium steigen weiterhin die Zinsen und ziehen den (Dollar-) Wechselkurs nach oben. Anzumerken ist, dass sich der (Dollar-) Wechselkurs und die Rohstoffpreise in eine entgegengesetzte Trendrichtung entwickeln. Aktien treten nach den Renten in eine Abschwungphase ein. Aus diesem Grund sollten Anleihen und Aktien kleinere Anteile im Portfolio erhalten. Nur die Rohstoffmärkte befinden sich immer noch in einer Bull Phase.

Im letzten Stadium sind alle drei Finanzmärkte sowie die gesamte Wirtschaft im Abschwung. Zinsen werden langsam gesenkt. Aktienanteile müssen zugunsten von Geldmarkt- und Rentenanteilen umstrukturiert werden.

Den Ansätzen von PRING (1992), MURPHY (1992) und BOLTEN (2000) zur Erklärung von Finanzmarktzyklen ist die Rückführung auf Konjunkturschwankungen gemeinsam. Alle drei Ansätze betonen starke Interdependenzen zwischen Wirtschaft- und Finanzmärkten, wobei unterschiedliche Faktoren sowie wirtschaftliche Sektoren verschiedene Einflüsse besitzen.

PRING (1992) und MURPHY (1992) unternehmen eine feinere Aufteilung der Phasen in einzelne Stadien als BOLTEN (2000). Zwar sind nur minimale Abweichungen in der Beschreibung der einzelnen Stadien zu beobachten, jedoch sind die spezifischen Eigenschaften der einzelnen Stadien bei PRING (1992) und MURPHY (1992) einheitlicher. Auch die Einbeziehung der Rohstoffmärkte und Wechselkurse verschafft einen besseren Einblick in die Entwicklung der Finanzmärkte und ihre Interaktion zueinander. Die Betrachtung der Rentenmärkte erfolgt bei BOLTEN (2000) nur am Rande.

Eine von der Außenwirtschaft isolierte Betrachtung der Finanzmärkte bei PRING (1992) wird jedoch kritisiert.[85] MURPHY (1992) betont in seiner Intermarket-Analyse die Wichtigkeit einer simultanen Betrachtung der nationalen und internationalen Märkte.[86] PRING (1992) und BOLTEN (2000) gehen in ihren Analysen noch weiter und identifizieren unterschiedliche (technische und fundamentale) Indikatoren zur Erkennung der aktuellen Marktphasen, wobei sich MURPHY (1992) nur der technischen Indikatoren bedient.[87] BOLTEN (2000) spannt um seine Analyse der Aktienmarktzyklen einen theoretischen Rahmen, nämlich das Dividend Discount Modell.[88] In Arbeiten von PRING (1992) und MURPHY (1992) fehlt solch eine theoretische

---

85 Vgl. HUBER (2000), S. 31.

86 Vgl. MURPHY (1992), S. 174 f.

87 Als technische Indikatoren verwendet PRING (1992), S. 204 f.: Gleitender Durchschnitt, Veränderungsrate, Sektor-Oszillatoren, Relative Stärke. Fundamentale Indikatoren sind: Bond-, Aktien-, Inflationsbarometer, Zinsstrukturkurve. Ähnliche Faktoren (Durchschnitte, Sektor-Oszillatoren, Zinsstrukturkurve) benutzt auch BOLTEN (2000), S. 62.

88 CHIARELLA et al. (2002) entwickeln ebenfalls ein fundamentales Modell, welches auf der Arbeit von BLANCHARD (1981) basiert. Dieses dynamische makroökonomische Modell verbindet Aktienmärkte, Zinsen und Produktion. Das Modell ist jedoch noch nicht vollständig ausgearbeitet, da

Fundierung und die vorgeschlagenen Ansätze beschränken sich schließlich auf eine technische Analyse. Ihre Ansätze stellen keine Theorien sondern eher Beschreibungsgerüste dar, die auf empirischen Beobachtungen und auf „allgemein akzeptierten" wirtschaftlichen Zusammenhängen basieren. Dafür ist die Anzahl der berücksichtigten Faktoren in den zwei letzten Arbeiten deutlich größer. BOLTEN (2000) reduziert die Erklärung der Aktienmarktzyklen auf Gewinne und Zinsen. Der Einfluss anderer Komponenten, wie z.B. Währungsmärkte (bei MURPHY (1992)), bleibt unberücksichtigt. Der chronologische Ablauf der drei Assetzyklen folgt ferner nicht immer den vorgestellten starren Regeln. In der Praxis können die Verläufe von ihrem angenommenen Wiederholungsmuster abweichen. Die vorgestellten Analysen liefern damit einen Ausgangspunkt, wie sich die Märkte gewöhnlich entwickeln können.[89]

Auch Arbeiten anderer Forscher liefern einen Beitrag zur Beschreibung der wechselseitigen Wirkungen zwischen Wirtschafts- und Finanzmarktzyklen. Signifikante Unterschiede zwischen der Korrelation des Aktien- und Wirtschaftsmarktes in aufsteigenden und absteigenden Marktphasen finden ANG und CHEN (2002) und PEREZ-QUIROS und TIMMERMANN (2000). Die Korrelation ist größer, wenn sich die Märkte in der Rezession befinden und kleiner in der Expansion. Die Asymmetrien in den Korrelationen bestehen sowohl unter Aktien nationaler als auch internationaler Märkte. Weiterhin besteht ein großer Unterschied in den Korrelationsasymmetrien zwischen unterschiedlichen Assets in Abhängigkeit von querschnittlichen Firmencharakteristika wie Größe, Wertzuwachs oder Branche.[90]

CHAUVET und POTTER (1999) argumentieren, dass Bear und Bull Märkte viel öfter als Rezessionen und Expansionen eintreten, was durch eine temporäre Reaktion auf die Wirtschaftslage einzelner Wirtschaftssektoren erklärt werden kann.

Die Sensitivität der Zusammenhänge zwischen Wirtschafts- und Finanzmärkten sind allerdings im Querschnitt über verschiedene Länder variabel. Mehrere Studien zeigen, dass die führenden Industrieländer andere Zusammenhänge als z.B. Schwellenländer aufweisen. Auch ist die Reaktion der Länder auf internationale Veränderungen unterschiedlich.[91] Es bleibt festzuhalten, dass Finanzmärkte in einem engen Zusammenhang zu Wirtschaftszyklen stehen. Die wichtigen makroökonomischen Indikatoren sind dabei Unternehmensgewinne und die Zinsstruktur. Ebenfalls ist eine simultane Betrachtung der Entwicklung der nationalen und internationalen Märkte genauso wie der Konjunkturentwicklung und einzelnen Finanzmärkte von großer Bedeutung, wenn es um eine aussagekräftige Analyse der aktuellen Finanzmarktphase eines Marktes geht.

---

einige Anpassungen an die stilisierten Eigenschaften wie Preisdynamiken, Zinsstruktur und andere makroökonomische Größen noch fehlen. Vgl. CHIARELLA et al. (2002), S. 41.

89 Vgl. MURPHY (1992), S. 321.

90 Siehe auch ERB et al. (1994), RAGUNATHAN et al. (1999) und PEREZ-QUIROS und TIMMERMANN (2000).

91 Siehe Studien zu Schwellenländern von KWON und SHIN (1999) und EDWARDS et al. (2003); zu gegenseitigen Wirkungen der Industrieländer bei einer Ankündigung monetärer Entscheidungen EHRMANN und FRATZSCHER (2003).

4.4.5 Phasenerklärung für Hedge- und Investmentfonds

Aufbauend auf den Theorien der Wirtschafts- und Finanzmarktzyklen kann die Einbettung von Hedge Fonds und Investmentfonds in die Theorien der Zyklenverläufe erfolgen. Mehrere Forscher haben bereits versucht, im Rahmen bestehender Theorien und Methoden Hedge Fonds auf zyklische Entwicklungen zu untersuchen. Das zentrale Ziel mehrerer Studien besteht jedoch in der Überprüfung der Entwicklung von Hedge-Fonds-Renditen in unterschiedlichen Marktphasen bzw. in Bezug auf andere Assetklassen. Diese Untersuchungen sind insbesondere für Fragen über Diversifikationsmöglichkeiten durch Hedge-Fonds-Anteile bedeutend. Allerdings haben bis jetzt theoretische Ansätze gefehlt, die Hedge Fonds und Investmentfonds mit ihrem zyklischen Verlauf in die Umgebung der Finanzmarktzyklen einbeziehen würden. Der Grund liegt darin, dass Hedge Fonds und Investmentfonds in verschiedene Finanzinstrumente investieren, wodurch diese Fonds unterschiedliche Zyklen erfahren können und eine einheitliche Theorie für unterschiedliche Stilrichtungen der Fonds schwierig aufzustellen ist.

Der zentrale Unterschied in Bezug auf die Anlagestrategie zwischen Hedge Fonds und Investmentfonds liegt in der Dynamik der Anlagestilveränderung. Hedge Fonds versuchen ihre Rendite zu maximieren, indem sie ihre Anlagestile an die aktuellen Marktsituationen anpassen. Investmentfonds verfolgen dagegen meistens einen langfristigen Anlagestil, wobei sie ebenfalls wie Hedge Fonds einen Asset-Mix in ihre Portfolios einbeziehen.

Es ist zu vermuten, dass *Phasen der Hedge Fonds oder Investmentfonds aus einem Phasen-Mix unterschiedlicher Finanzmärkte resultieren*, in die diese Fonds primär investieren. Aufgrund ihrer Treue zum verfolgten Anlagestil besitzen Investmentfonds Phasen, die leichter nachzuvollziehen bzw. aus den Phasen der zugrunde liegenden Finanzmärkte direkt ableitbar sind. Dagegen gestaltet sich die Phasenbildung der Hedge Fonds schwieriger, da sie ihre Anlagestile dynamisch verändern und zusätzlich durch Leerverkäufe einen Ausgleich der Abwärtsbewegungen des Marktes erzielen können.

Aufgrund der Behauptung der Hedge Fonds, dass sie mehr Wissen und bessere Fähigkeiten im Vergleich zu Investmentfonds besitzen, kann erwartet werden, dass Hedge Fonds in ungünstigen Marktsituationen durch Veränderung des Anlagestils Gewinneinbrüche vermeiden und somit die Abwärtsphasen der ihnen zugrunde liegenden Finanzmärkte nicht erfahren. Die empirische Forschung liefert dagegen verschiedene Nachweise, die diese Vermutung nicht im Allgemeinen unterstützen.

EDWARDS und CAGLAYAN (2001b) identifizieren nur drei Anlagestile (Market Neutral, Event Driven und Macro), die in schwachen Aktienmärkten einen Schutz vor eingebrochenen Kursen bieten. Auch CAPOCCI et al. (2005) identifizieren Market Neutral Fonds als gute Outperformer in unterschiedlichen Marktphasen. JUNKUS (2004) argumentiert, dass Managed Futures aufgrund ihrer schwachen Korrelation zu Aktienmärkten in Bear Phasen eine gute Risikodiversifikation ermöglichen. FUNG und HSIEH (2000a) untersuchen die Performance von Hedge Fonds in verschiedenen, bekannten Marktkrisen und identifizieren eine wechselseitige Wirkung der Hedge Fonds und der Finanzmärkte aufeinander. Ereignisse wie die Aktienmarktkrise von 1987, die durch George Soros verursachte ERM-Krise (European Rate Mechanism) 1992, die turbulenten Entwicklungen auf globalen Bondmärkten in 1993, die Bondmarktkrise von 1994, die Mexikanische Peso-Krise von 1994-1995 und die asiatische Währungskrise von 1997 haben unterschiedliche Auswirkungen auf Hedge Fonds gehabt oder wurden durch Hedge Fonds beschleunigt. Die ERM-Krise sowie die Bondmarktschwankungen wurden durch Hedge Fonds vertieft, während bei den anderen Ereignissen Hedge Fonds keine direkten Einflüsse auf die Finanzmärkte ausgeübt haben. ANDERSEN (2005) betont, dass Short Sellers die Marktsituation in Bear Märkten beeinflussen können, da sie auf fallende Preise spekulieren und in schwachen Märkten den Rückgang der Preise beschleunigen können. In Abhängigkeit von den Marktsituationen nehmen Hedge Fonds unterschiedliche Positionen ein, wobei sich zu bestimmten Zeitpunkten die Strategien ähneln können. Im Jahr 1993 wurde z.B. eine Stilkonvergenz von Global Macro und Trend Following Fonds beobachtet, bei der Fonds beider Anlagestile sehr große ähnliche Positionen gehalten und in dieselbe Richtung gehandelt haben.[92]

KAT (2005) argumentiert, dass einbrechende Aktienmärkte einen Einfluss auf Performance von Hedge-Fonds ausüben, da fallende Aktienpreise eine schlechtere Marktliquidität und die Ausweitung von Spreads implizieren. Equity Market Neutral und Long/Short Fonds z.B., die eine Long-Position in Small Aktien und eine Short-Position in Large Aktien halten und ständig Liquidität benötigen, um Marktneutralität einzuhalten, würden in eingebrochenen Märkten dies nur schwer umsetzen können. Diese Argumentation wird jedoch durch die Ergebnisse der Studien von EDWARDS und CAGLAYAN (2001b) und CAPOCCI et al. (2005) nicht unterstützt. Weiterhin argumentiert KAT (2005), dass auch Merger Arbitrage Fonds durch schwache Aktienmärkte beeinflusst werden, da Fusionen und Übernahmen in schwachen Märkten oft verschoben oder abgesagt werden. Aufgrund der Ausweitung von Spreads würden auch die nicht in Aktien investierenden Fonds wie Fixed Income, Distressed Securities und Convertible Arbitrage dadurch beeinflusst werden.[93]

Bei den präsentierten Studien ist kritisch anzumerken, dass die verwendeten Definitionen von Marktphasen oft voneinander abweichen, wodurch die Ergebnisse der Studien nicht direkt vergleichbar sind. Nichtsdestotrotz kann aus den empirischen Untersuchungen in der Literatur abgeleitet werden, dass Hedge Fonds gleichfalls wie Investmentfonds Abwärtsphasen erfahren und insbesondere in schwachen Märkten sich gegen Marktrisiken absichern müssen.

Eine theoretische Ableitung der Zyklusabläufe von Investmentfonds und Hedge Fonds ist nicht einfach, da sie unterschiedliche Finanzinstrumente, die evtl. versetzte Zyklusverläufe aufweisen, kombinieren können. Wenig diversifizierte Anlagestile (im Sinne einer Assetklassen-übergreifenden Diversifikation) wie z.B. Aktien-, Renten- oder Geldmarktfonds würden den zyklischen Abläufen (in gleicher Reihen-

92 Vgl. FUNG und HSIEH (2000a), S. 23.
93 Vgl. KAT (2005), S. 53.

folge) der Aktien-, Renten- oder Geldmärkte entsprechen. Eine einheitliche Ableitung der Zyklen für alle Arten von Fonds ist nicht möglich, da die meisten Fonds im Allgemeinen verstärkt Diversifikationseffekte ausnutzen wollen. Eine Verlängerung von Bull und eine Verkürzung von Bear Phasen kann theoretisch dadurch erfolgen, dass unterschiedliche Finanzinstrumente geschickt kombiniert werden.

Wenn auch eine Abbildung der Zyklusabläufe für einzelne Anlagestile der Fonds nicht einfach ist, lässt sich jedoch für Investmentfonds eine Zeitperiode mit Abwärtsbewegungen der Wertentwicklung identifizieren. In dem theoretischen Modell von PRING und MURPHY (vgl. Abb. 4.8) wurden unterschiedliche Stadien beschrieben, in denen diverse Finanzmärkte einen Aufschwung oder Abschwung aufweisen. In den meisten Stadien sind die Verläufe der Zyklen verschiedener Märkte versetzt oder gegenläufig zueinander. Lediglich am Ende des Stadiums 5 und im ganzen Stadium 6 erfahren alle Finanzmärkte eine Stagnation. In dieser Zeit ist eine Steuerung gegen den Abwärtstrend kaum möglich. Nur eine rechtzeitige Erkennung der Marktbewegung würde eine Absicherung der Portfolios durch z.B. Short-Positionen (bzw. durch Derivate) ermöglichen. Da Investmentfonds meistens schlechte Market Timer sind und oft einer passiven Anlagestrategie folgen,[94] ist davon auszugehen, dass sie in den beiden Stadien (5 und 6) des Modells von PRING und MURPHY von den Entwicklungen auf den Finanzmärkten in eine Abwärtsphase mitgerissen werden. In Abhängigkeit von dem verfolgten Anlagestil und dem zugrunde liegenden Finanzmarkt setzt die Abwärtsbewegung noch früher an oder hört noch später auf.

Für Hedge Fonds ist eine endgültige Aussage in Bezug auf Zyklusverläufe nicht möglich, da die Vielfalt der Anlagestile sehr groß ist und Hedge Fonds ihre Anlagestile dynamisch verändern können. In den Stadien, in denen alle Finanzmärkte einen Abwärtstrend erfahren, können Hedge Fonds Leerverkäufe einsetzen. Jedoch müssen Hedge Fonds die aktuelle Marktsituation richtig einschätzen können, um Maßnahmen zu ergreifen und gegen die Abwärtsbewegungen des Marktes zu steuern. Es ist anzunehmen, dass in den ersten Perioden der Gesamtmarktstagnation die Hedge Fonds ebenfalls von den Entwicklungen der Märkte beeinflusst werden und eine Abwärtsentwicklung erfahren. Diese Zeit umfasst das Ende des Stadiums 5 und den Anfang des Stadiums 6 (vgl. Abb. 4.9). In Abhängigkeit von dem primären Anlagestil und den von ihm getragenen Risiken können selbstverständlich auch andere Abwärtsbewegungen für Hedge Fonds resultieren. Jedoch erfasst die identifizierte Zeit (zwischen den Stadien 5 und 6) eine Periode, in der die meisten Hedge Fonds voraussichtlich Schwierigkeiten erfahren werden.

Funds of Funds können Repräsentanten von Hedge Fonds in einer Gesamtansicht darstellen. Aufgrund der Einbeziehung von Fonds unterschiedlicher Anlagestile in Portfolios von FoF's, kann erwartet werden, dass FoF's wenige Abwärtsphasen als andere Anlagestile aufweisen, da sie eine höhere Diversifikation der Portfolios anstreben und die Abwärtsbewegungen einzelner Fonds im Gesamtbild auszugleichen versuchen. Trotzdem bleiben auch FoF's von den Abwärtsbewegungen nicht verschont. Abb. 4.9 veranschaulicht eine theoretische Ableitung des Zyklusverlaufs von

[94] Siehe dazu Kap. 2.8.5.3, S. 54.

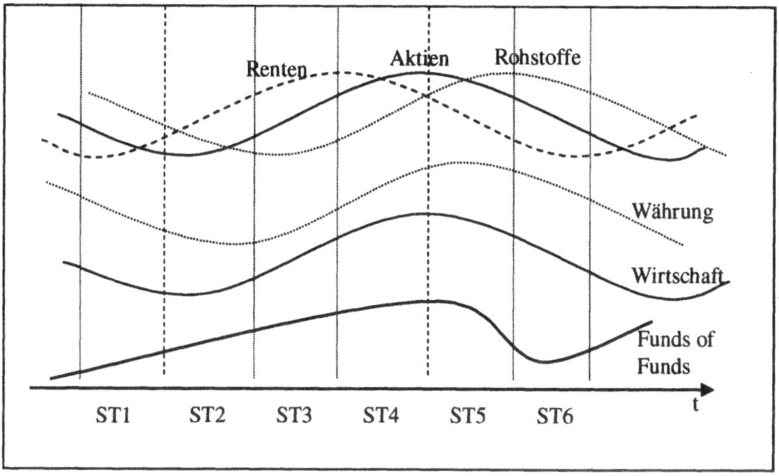

Abbildung 4.9: Verlauf der Zyklen von Funds of Funds

Zusätzlich zu den Zyklenverläufen unterschiedlicher Finanzmärkte in den identifizierten sechs Stadien von PRING und MURPHY kann der Verlauf von Funds-of-Funds-Zyklen abgeleitet werden. Der Zyklus ist asymmetrisch, da FoF Hedge Fonds unterschiedlicher Anlagestile einbeziehen, deren Abwärtsphasen zu diversen Zeitpunkten erfolgen und meistens heraus diversifiziert werden können. Zwischen den Stadien 5 und 6 erfahren alle Finanzmärkte eine Stagnation, die auch im Zyklusablauf der FoF's zu finden ist.

FoF's. Die Abwärtsbewegung von FoF's ist zwischen den Stadien 5 und 6 zu erwarten, wo die meisten Hedge Fonds kurzfristig von den Gesamtmarktentwicklungen beeinflusst werden. Verfolgen FoF's dagegen eine Fonds-Allokation mit einem bestimmten Stilschwerpunkt, würde der Phasenverlauf der FoF's im Vergleich zu anderen Fonds dieses Stils ähnlich aussehen. Eine Diversifikation durch die Einbeziehung von Fonds eines Stils erlaubt Risiken in Bezug auf Manager Fähigkeiten sowie andere unsystematische Risiken auszugleichen. Die systematischen Risiken werden vom FoF-Portfolio jedoch getragen, wodurch einige Abwärtsbewegungen der Wertentwicklung von FoF begründet werden.

DENVIR und HUTSON (2006) untersuchen die Entwicklung der Performance von Funds of Hedge Funds Indizes in verschiedenen Marktphasen. Sie finden eine deutlich schwächere Korrelation der FoF's zu traditionellen Assetklassen in verschiedenen Marktphasen im Vergleich zu der Korrelation von Hedge Fonds zu traditionellen Assetklassen. Dieses Ergebnis erscheint plausibel und ist zu den oberen Überlegungen schlüssig. Hedge Fonds sind einem Mix von Risiken der ihren Investitionen zugrunde liegenden Finanzmärkte ausgesetzt. Jedes Mal, wenn der entsprechende Markt in eine Abwärtsbewegung gerät, würden sich Hedge Fonds zuerst mitbewegen bis der Trend erkannt wird. Die Zyklenverläufe sind demzufolge an die darunter liegenden Finanzmarktzyklen gekoppelt. Bei den FoF's dagegen würden sich die

Abwärtsbewegungen einzelner Fonds ausgleichen, wodurch seltener Abwärtsbewegungen resultieren würden. Aus diesem Grund würden auch die Korrelationen von FoF's zu Finanzmärkten deutlich niedriger als die von Hedge Fonds ausfallen.

Bis jetzt wurden theoretische Vermutungen über den Verlauf zyklischer Bewegungen von Hedge Fonds und Investmentfonds aufgestellt. In dem empirischen Teil der Arbeit wäre demnach zu untersuchen, ob Hedge Fonds ihre eigenen Phasen erfahren, wie diese Phasen sich zusammensetzen und wie diese Phasen mit denen der anderen Assetklassen zusammenhängen. Wenn Hedge Fonds tatsächlich eigene Phasen besitzen, wäre die Identifikation von stilisierten Eigenschaften der Phasen von großem Interesse.

4.4.6 Literaturübersicht zu Finanzmarkt- und Wirtschaftszyklen

Untersuchungen zu Finanzmarktzyklen sind mittlerweile recht vielzählig, einige Themenbereiche jedoch scheinen ein stärkeres Interesse der Forscher zu wecken. Quer durch die aktuellen Studien können folgende Fragestellungen der empirischen Untersuchungen identifiziert werden:

- Identifikation der Zyklus-bestimmenden Faktoren
- Stilisierte Eigenschaften in Bezug auf Finanzmarktzyklen
- Synchronisierung der Zyklen
- Prognose der Finanzmarktzyklen

Zyklus-bestimmende Faktoren

Ein sehr umfassendes Forschungsfeld im Bereich der Wirtschafts- und Finanzmarktzyklen ist die Identifikation Zyklus-bestimmender Faktoren. Dieser Forschungsbereich gewann in der letzten Zeit ein besonderes Interesse der Wissenschaftler und umfasst eine Reihe weiterer Themenbereiche:[95]

- Identifikation zyklischer Bewegungen von unterschiedlichen makroökonomischen Variablen und deren Zusammenhang während der Zyklen;
- Entwicklung übereinstimmender (engl. coincident), führender (engl. leading) und verzögerter (engl. lagging) Indikatoren.

BURNS und MITCHELL (1947) hoben in ihrer Arbeit die simultane zyklische Entwicklung einer großen Anzahl makroökonomischer Variablen während der Wirtschaftszyklen hervor. Dies bewegte viele Forscher zur Identifikation makroökonomischer Variablen, die ständig zyklische Bewegungen erfuhren. In Arbeiten von FAMA und FRENCH (1989), STOCK und WATSON (1989), (1991) und (1993) sowie DIEBOLD und RUDEBUSCH (1991) und (1989) und HAMILTON und PEREZ-QUIROS

[95] Vgl. DIEBOLD und RUDEBUSCH (2001) , S. 1.

(1996) wurden unterschiedliche Variablen als führende Faktoren der Wirtschaftszyklen untersucht.[96] Die höchste Erklärungskraft der Zyklen wurde durch Zinsen, Dividenden,[97] Produktion, Zinsstruktur,[98] Ausfallrisikoprämie (engl. default premium) und Term Spread erreicht. Oft werden Proxies für unbeobachtete Kräfte (Variablen), die Renditeschwankungen und damit Finanzzyklen bestimmen, durch beobachtete Faktoren konstruiert. Das dynamische Single-Index-Modell von STOCK und WATSON (1993) extrahiert aus verschiedenen makroökonomischen Faktoren eine unbeobachtete Variable, welche die zyklischen Bewegungen der Wirtschaft beschreiben kann. Der Nachteil des Modells liegt in seiner linearen Natur, durch die spezifische Eigenschaften der Zyklen wie z.B. Asymmetrie (unterschiedliche Dauer und Amplitude der Zyklen) nicht erfasst werden können.[99]

BAI und NG (2006) argumentieren, dass Aktienrenditen am besten durch Proxy-Faktoren wie die von FAMA und FRENCH (1992) erklärt werden können. Dagegen zeigen makroökonomische Variablen nur eine schwache Erklärungskraft. Die Erklärungskraft war ursprünglich höher, schwächte dann jedoch in den letzten Jahren (ab 1980) stark ab.[100]

CAMPBELL und DIEBOLD (2005) erklären die erwarteten Aktienrenditen durch die in der Literatur etablierten Faktoren wie Dividend Yield, Default Premium und Term Premium. Diese Faktoren zeigen jedoch eine schwächere Erklärungskraft im Vergleich zu Faktoren wie *Erwartungen in der Wirtschaftsentwicklung*[101] und dem Konsum/Wohlstand Verhältnis (engl. consum wealth ratio). Das Konsum/Wohlstand Verhältnis ist ein unbeobachteter Faktor, der von LETTAU und LUDVIGSON (2001) vorgeschlagen und untersucht wurde. Das Konsum/Wohlstand Verhältnis erfasst die Abweichungen der drei Variablen Konsum, Vermögen und Einkommen von ihrem allgemeinen Trend.[102] Diese Variable zeigt eine stark signifikante Erklärungskraft für die erwartete Aktienrendite, die in den Wachstumsraten dieser einzelnen makroökonomischen Variablen nicht beobachtet wurde.[103] Die Erklärung liegt in der phasenabhängigen Anpassung des Konsums, der über die Jahre geglättet ist. In Abhängigkeit von den erwarteten Renditen passt der Investor seinen Konsum aus Einkommen und Vermögen über oder unter die langfristige Konsumtrendlinie an.

---

[96] Vgl. die Arbeiten von STOCK und WATSON (1993), ESTRELLA und MISHKIN (1998), GOMES et al. (2003), CICHOCKI et al. (2005), BAI und NG (2006).

[97] Zu Untersuchungen zur Dividend Yield siehe GOETZMANN und JORION (1993), GOYAL und WELCH (1999), BARBERIS (2000), ANG und BEKAERT (2001) und die Literaturübersicht im Asset Allocation Kontext bei GUIDOLIN und TIMMERMANN (2005), S. 128.

[98] Siehe die Untersuchungen zur Zinsstruktur bei ENGLE et al. (1987), ESTRELLA und MISHKIN (1996), RESNICK und SHOESMITH (2002), BANSAL et al. (2004).

[99] Vgl. auch STOCK und WATSON (1991).

[100] Vgl. BAI und NG (2006), S. 533.

[101] Der Faktor *Erwartungen in der Wirtschaftsentwicklung* entstammt dem *Livingston Survey*. Vgl. CROUSHORE (1997).

[102] Das Verhältnis entspricht den Residuen aus den auf Einkommen und Vermögen regressierten, logarithmierten Werten für Konsum.

[103] Vgl. LETTAU und LUDVIGSON (2001), S. 816.

Die Untersuchungen Zyklus-erklärender Faktoren überlappen sich oft mit der Identifikation unterschiedlicher Arten von Indikatoren. Die Bestimmung führender Indikatoren ist von besonderem Interesse für die Prognose von Finanzmarktzyklen, wobei übereinstimmende und verzögerte Indikatoren zur Erklärung und dem Verständnis von Zusammenhängen zwischen Wirtschafts- und Finanzmarktzyklen eingesetzt werden. BOEHM und MOORE (1991) und (1994) entwickeln führende Indikatoren als ein Signal System, das die Veränderungen (Zyklen) auf den Aktienmärkten melden soll. Aus der Anzahl neuer privater Hausbaugenehmigungen, der Geldmenge, der Price/Cost Ratio, Zinsen langfristiger Staatsanleihen, der geglätteten 6-monatigen Wachstumsrate des Verbraucherpreisindex und der Produktivität aus der Produktion bilden sie *Long Leading Indizes* (LLI) für die sechs Länder USA, UK, Japan, Australien, Deutschland und Frankreich.[104] Eine Bandbreite von $\pm 0{,}5$ wird um die Nullgerade geführt, wobei die Über- oder Unterschreitung dieser Grenze durch die Veränderungsrate des Indexes die Identifikation von Bull und Bear Phasen ermöglicht. In Abhängigkeit von der identifizierten Phase wird ein Portfolio zugunsten unterschiedlicher Assetklassen umgeschichtet.

CHAUVET und POTTER (1999) bestimmen in ihrer Studie zuerst einen übereinstimmenden und dann einen führenden finanzwirtschaftlichen Indikator. Diese Indikatoren repräsentieren die nichtbeobachtete, nichtlineare Risikoprämie, die durch ein dynamisches Modell anhand von verschiedenen Faktoren (Überschussrenditen des CRSP Index über die 3-Monats T-bill Rate, quadrierte Überschussrenditen über dem risikofreien Zinssatz (3-Monats T-bill rate) und Price/Earning Ratio des S&P 500 Index) und Markov-Switching-Modellen konstruiert ist.[105] Die Indikatoren reflektieren Marktbewegungen, die allgemeine Schocks in den Fundamentalfaktoren darstellen und es ermöglichen, unsystematisches Rauschen auszusortieren.[106] Dieser Ansatz hat eine bessere ökonomische Fundierung als der von BOEHM und MOORE (1991), jedoch würde die Tatsache, dass der von CHAUVET und POTTER (1999) vorgestellte Indikator durch eine unbeobachtete Variable beschrieben wird, deren Nachbau ebenfalls recht kompliziert ist, eine Replizierbarkeit durch Praktiker ausschließen. Zu überprüfen wäre, ob dieselbe Auswahl der Variablen auch ihre Gültigkeit nicht nur für die USA, sondern auch für andere Länder hat.

Die vorgestellten empirischen Arbeiten spiegeln die theoretischen Grundlagen von Autoren PRING (1992), MURPHY (1992) und BOLTEN (2000) wider, welche die Verbindung zwischen Finanzmärkten und Wirtschaftsmärkten herstellen. Über die Zyklus-bestimmenden Faktoren stimmen die Forschungslager der Autoren der theoretischen Arbeiten (wie z.B. PRING (1992), MURPHY (1992) und BOLTEN (2000)) und die der Autoren der empirischen Forschung (wie z.B. BOEHM und MOORE (1991), CHAUVET und POTTER (1999) und LETTAU und LUDVIGSON (2001)) zum größten Teil überein, wobei die empirischen Arbeiten eine größere Breite verschiedener Faktoren berücksichtigen. Jedoch unterscheiden sich die Zielsetzungen der

104 Vgl. BOEHM et al. (1994), S. 406.
105 Vgl. CHAUVET und POTTER (1999), S. 5.
106 Vgl. CHAUVET und POTTER (1999), S. 18.

beiden Forschungslager. Während die *theoretischen* Arbeiten die Zusammenhänge zwischen unterschiedlichen Märkten in zyklischen Abläufen beschreiben und durch Wechselwirkungen zu erklären versuchen, zielen die *empirischen* Arbeiten darauf ab, eine treibende Kraft zu finden, die die zyklischen Bewegungen auslöst. Diese treibende Kraft (z.B. das Konsum/Wohlstand Verhältnis von LETTAU und LUDVIGSON (2001)) ist oft nicht direkt sichtbar und kann durch beobachtbare Faktoren (z.B. Aktienindizes) nicht direkt abgebildet werden.

Die Frage nach der Identifikation der erklärenden, Zyklus-bestimmenden Faktoren ist zwar grundlegend, entscheidend ist jedoch zu wissen, welche Faktoren über die Zeit persistent bleiben. Aufgrund veränderter Zusammenhänge zwischen verschiedenen Faktoren über die Zeit scheint die Bestimmung unbeobachteter führender Indikatoren unvermeidbar. Ein universeller Indikator wurde jedoch bis jetzt nicht festgestellt, da die ökonomische und finanzwirtschaftliche Entwicklung sehr kompliziert ist und durch verschiedene Einflussgrößen bewegt wird.

Stilisierte Eigenschaften

Aus der in diesem Kapitel ausgewerteten Literatur können mehrere stilisierte Eigenschaften sowohl für Assetrenditen als auch für Finanzmarktzyklen zusammengefasst werden. Assetrenditen besitzen folgende stilisierte Eigenschaften:

- Erwartete Renditen beinhalten eine Risikoprämie, welche sich umgekehrt zur Wirtschaftslage verhält. Erwartete Renditen sind kleiner (größer), wenn die Wirtschaftsbedingungen gut (schlecht) sind.[107]
- Es besteht ein versetzter Verlauf der Renditen in Bezug auf Wirtschaftszyklen und eine asymmetrische Korrelation zwischen Renditen und (verzögerter bzw. führender) Volatilität. Verzögerte Renditen korrelieren negativ zur zukünftigen Volatilität und die verzögerte Volatilität ist zu den zukünftigen Renditen positiv korreliert.[108]

Als eine etablierte, stilisierte Eigenschaft der Assetrenditen wird der führende inverse Verlauf der erwarteten Aktienrenditen zu den Wirtschaftszyklen gesehen. Den Zusammenhang zwischen Aktienrenditen und makroökonomischen Indikatoren (BIP und Industrieproduktion) der US Wirtschaft untersucht BINSWANGER (2000) und kommt zu dem Fazit, dass die führende Kraft der Aktienrenditen in den letzten Jahrzehnten nachgelassen hat.

CAMPBELL und DIEBOLD (2005) erklären den inversen (azyklischen) Charakter der erwarteten Renditen zum Verlauf der Wirtschaftszyklen durch prozyklische Bewegungen der zeitvariablen Risikoaversion und des Risikos selbst, sowie durch

---

[107] Siehe die Studie von FAMA und FRENCH (1989), in der sie Wirtschaftsbedingungen durch Default Spread, Term Spread und Dividend Yield bestimmen.

[108] Siehe die Studie von WHITELAW (1994), in der vier erklärende Variablen (Baa-Aaa Corporate Bond Yield Spread, Commercial Paper-Treasury Yield Spread, One-Year Treasury Yield und Dividend Yield von S&P 500) der Untersuchung zugrunde gelegt worden sind.

Wachstumserwartungen. In Rezessionen sind Risikoaversion, Risikofaktor und negative Wachstumserwartungen höher als in Expansionen. Dagegen verläuft das Konsum/Wohlstand Verhältnis dazu antizyklisch und besitzt eine positive Korrelation zu den erwarteten Renditen.

Die Studie von DESTEFANO (2004) basiert auf der theoretischen Arbeit von BOLTEN und WEIGAND (1998), in der er den Zusammenhang zwischen zyklischen Verläufen auf dem Aktienmarkt (repräsentiert durch den S&P500) und den Wirtschaftszyklen untersucht (abgebildet durch die monatliche Industrieproduktion und die dreimonatige T-Bill Rate, die als Maße entsprechend für Gewinne und Zinssätze fungieren). DESTEFANO (2004) unterstützt ebenfalls die Hypothese einer negativen Korrelation der erwarteten Renditen und der Wirtschafstzyklen, identifiziert aber auch kurze Momente positiver Zusammenhänge in Hoch- und Tiefpunkten.

Für Finanzmarktphasen können somit folgende stilisierte Eigenschaften zusammengefasst werden:

- Wirtschaftszyklusabhängige (bzw. asymmetrische) Reaktion der Finanzmärkte auf makroökonomische Nachrichten. Positive Nachrichten über ein Wachstum verursachen kleinere Preisunterschiede in Bull Phasen als in Bear Phasen.[109]
- Mit der längeren Dauer einer Phase steigt die Wahrscheinlichkeit einer sofortigen Beendigung der Phase (Duration Dependence).
- Unterschiedliche Wirtschafts- und Finanzmarktphasen weisen signifikant verschiedene Risikosensitivitäten und Risikoprämien auf.[110]
- Finanzmarktzyklen sind meistens kürzer als die Wirtschaftszyklen.[111]

Mit der längeren Dauer einer Phase steigt die Wahrscheinlichkeit einer sofortigen Beendigung der Phase. Die Phasenabhängigkeitshypothese (engl. duration dependence) besagt, dass, wenn die Dauer einer Phase (bzw. der Zyklus) eine bestimmte (z.B. durchschnittliche) Phasendauer überschreitet, ein baldiger Abschluss der Phase eher zu erwarten ist, als wenn die Dauer der Phase unter der bestimmten Phasendauer (bzw. dem minimalen Wert der Dauer) liegt. COCHRAN und DEFINA (1995) untersuchen die Abhängigkeit der Phasendauer für den US Aktienmarkt und kommen zur Schlussfolgerung, dass dieser Effekt für Bear Phasen stärker als für Bull Phasen zu beobachten ist. Weitere Studien von DIEBOLD et al. (1999), KIM und NELSON (1998) und OHN et al. (2004) kommen zu ähnlichen Ergebnissen.

---

109 Vgl. die Studie von MCQUEEN und ROLEY (1993), in der Tagesrenditen des S&P 500 untersucht wurden. Siehe in dieser Studie auch Referenzen zu Studien mit unterschiedlichen makroökonomischen Variablen.

110 In ihrer Studie bestätigen AHMED und LOCKWOOD (1998) die Abhängigkeit der Risikosensitivität und der Risikoprämie von den Wirtschafts- und Finanzmarktzyklen sowie der Jahreszeit. Die erklärenden Faktoren der Studie sind Industrieproduktion, erwartete und unerwartete Inflation, Ausfallrisikoprämie und Zinsstruktur. Um die signifikanten Unterschiede in verschiedenen Marktphasen zu untersuchen, werden Dummyvariablen eingesetzt. Siehe auch OGDEN (2003) für eine ähnliche Studie.

111 Vgl. Studie von CHAUVET und POTTER (1999).

SCHWERT (1989) und HAMILTON und LIN (1996) finden eine signifikant höhere Volatilität der Aktienrenditen in Rezessionen als in Expansionen. Nach MAHEU und MCCURDY (2000) indiziert eine hohe Volatilität der Assetrenditen Bear Phasen.

Synchronisierung der Zyklen

Eine Reihe von Studien basieren auf Untersuchungen der Bereiche Marktintegration sowie der Synchronisierung der Wirtschafts- und Finanzmarktzyklen von unterschiedlichen Ländern. Synchronisierte Zyklen liegen dann vor, wenn ihre Phasenübergänge ungefähr in denselben Zeitpunkten auftreten, oder diese um ungefähr konstante Intervalle zueinander verschoben sind.[112] In empirischen Studien wurden zum Teil Zusammenhänge in den Zyklusverläufen der Märkte unterschiedlicher Länder festgestellt.

SMITH und SUMMERS (2005) untersuchen den Grad der Synchronisierung der Wirtschaftszyklen der sechs marktführenden Länder. Einen Nachweis einer Synchronisierung können sie jedoch nicht finden. Lediglich ein langfristiger Kointegrationstrend zwischen den USA und Kanada kann von ihnen festgestellt werden.

HARDING und PAGAN (2002b) präsentieren zwei Maße zur Überprüfung der Synchronisierung zweier Zeitreihen anhand der Übereinstimmung ihrer Zyklen. Dabei unterscheiden sie zwischen einem Konkordanzindex (CI) (engl. concordance index) und der Korrelation. Der Konkordanzindex beschreibt den Grad der Synchronisierung (bzw. Übereinstimmung) der Zyklen zweier Zeitreihen.[113]

$$CI_{ij} = \frac{1}{T}\sum_{t=1}^{T}[S_t^x S_t^y + B_t^x B_t^y] \tag{4.13}$$

mit: CI_{ij} Konkordanzindex der Zyklen zweier Zeitreihen x und y
S_t Indikatorvariable, die den Wert „1" in der Bull Phase annimmt, sonst „0"
B_t Indikatorvariable, die den Wert „1" in der Bear Phase annimmt, sonst „0"
T Anzahl der Perioden[114]

Der Konkordanzindex berechnet die durchschnittliche Anzahl der Perioden, bei denen zwei Zeitreihen übereinstimmende Phasen (Bull oder Bear) besitzen. Der Wert des Index liegt im Bereich $[0, 1]$, wobei „0" eine Nicht-Übereinstimmung (bzw. antizyklische) und „1" eine perfekte Synchronisation der Phasen (bzw. prozyklische Bewegung der Zeitreihen) bedeutet.

Die Korrelation misst dagegen die Nähe der Phasenübergänge zweier Zeitreihen. Die Korrelation liegt in dem Intervall $[-1, 1]$, wobei Werte nahe „-1" auf weit aus-

[112] Vgl. HARDING und PAGAN (2006), S. 59.
[113] Vgl. HARDING und PAGAN (2002b), S. 370 und HARDING und PAGAN (2006), S. 62 ff.
[114] Vgl. HARDING und PAGAN (2002b), S. 370 und EDWARDS et al. (2003), S. 941.

einander liegende Phasenübergänge und Werte nahe „1“ auf sehr eng beieinander liegende Phasenübergänge zweier Zeitreihen hindeuten.

ERB et al. (1994) finden eine wirtschaftszyklenabhängige Querschnittskorrelation der Assetrenditen in den G-7 Ländern, was auf zyklische Zusammenhänge zwischen den Finanzmärkten dieser Länder hindeutet. Die Korrelation verläuft in den Hoch- und Tiefphasen nicht symmetrisch. Sie fällt am höchsten aus, wenn sich zwei Länder in einer Rezession befinden. ANG und BEKAERT (1999) und CHESNAY und JONDEAU (2001) finden ebenfalls eine hohe Korrelation der Renditen in turbulenten (hochvolatilen) Marktphasen.

Bei der Untersuchung von Finanzmarktphasen in Schwellenländern (engl. Emerging Markets) folgen EDWARDS et al. (2003) dem Ansatz von HARDING und PAGAN (2002b). Sie bestimmen die Phasen von sechs Schwellenländern (Argentinien, Brasilien, Chile, Mexiko, Süd Korea und Thailand) und vergleichen diese anschließend mit den Phasen der führenden Finanzmärkte. In der Untersuchung erweisen sich die Bull Phasen kürzer und die Bear Phasen länger als die entsprechenden Phasen in den entwickelten Märkten. Nach einer Liberalisierungszeit besitzen die Marktphasen in den Schwellenländern, mit Ausnahme der asiatischen Märkte, ähnliche Eigenschaften wie die in den führenden Märkten. Die Schwellenländer zeigen in den letzten Jahren ebenfalls eine stärkere Übereinstimmung der Finanzmarktphasen auf. Zwar besitzen Bear Phasen in diesen Märkten eine stärkere Beschleunigung der negativen Renditen am Ende der Tiefphase, die Abweichungen von den entwickelten Märkten wurden aber signifikant verkleinert.

Prognose von Finanzmarktzyklen

Die Markteffizienzhypothese (MEH) wird in drei Ausprägungen gegliedert. Schon die schwache Form besagt, dass aktuelle Marktpreise alle bis dato verfügbaren Informationen über *vergangene Kursverläufe* widerspiegeln und der Verlauf der Preise als ob durch einen Random Walk generiert zu sein erscheint.[115] Dies impliziert, dass Prognosen aus historischen Preisen nicht möglich sind. Die Frage nach der Gültigkeit dieser Theorien (MEH und Random Walk) wird in der Literatur fortlaufend diskutiert. Aus diesem Grund geben Forscher ihre Prognoseversuche nicht auf und entwickeln neue Methoden, die eine adäquate Abbildung der Realität ermöglichen oder die Ineffizienzen entdecken, durch deren Ausnutzung sich eine Vorhersage lohnen würde.

Die Prognose von Finanzmarktzyklen knüpft an die Prognose der Assetrenditen im allgemeinen an, da letztere das eigentliche Ziel für die Identifikation der Zyklen darstellt. Mehrere Studien haben die Annahme eines zeitabhängigen Charakters der Risikoprämien, Risikoparameter (z.B. Betas, Korrelation, Kovarianz) und Renditen bestätigt und motivieren deshalb auch die Forschung über mögliche Prognosever-

[115] Vgl. FAMA (1970). Neben der schwachen wird die halbstrenge Form (alle *veröffentlichten* Informationen sind im Assetkurs enthalten) sowie die strenge Version der Markteffizienz (*alle* Informationen sind enthalten) unterschieden. Vgl. HUBER (2000), S. 88.

fahren.[116] Auch die traditionellen Modelle wie CAPM wurden an die zeitvariablen Strukturen angepasst.[117] FAMA und FRENCH (1989), COCHRANE (1991), GLOSTEN et al. (1993), ANG und BEKAERT (2001) und viele andere betonten den Zusammenhang zwischen Aktienrenditen und Wirtschaftszyklen und untersuchten eine Reihe von Variablen, die eine Prognose von Assetrenditen ermöglichen soll. Makroökonomische Variablen wie (verzögerte) Dividenden, Price-Earning Ratio[118] (bezogen auf einen Index), Zinsen, Term Premium oder Default Premium werden als Proxie für nichtbeobachtbare führende Kräfte, wie z.B. die variable Risikoprämie bei Finanzmarktzyklen, interpretiert. Mehrere Forscher wie z.B. BOEHM und MOORE (1991) und CHAUVET und POTTER (1999) versuchen anhand von Veränderungen in führenden Indikatoren, die oft nicht beobachtete Variablen repräsentieren, ihre Prognose der Finanzzyklen zu gestalten.

Die Frage nach der Prognostizierbarkeit von Assetrenditen beschäftigt Forscher seit langer Zeit. Während einige Studien wenige Nachweise für eine erfolgreiche Renditeprognose finden, stellen andere eine variable (phasenabhängige) Prognostizierbarkeit der Renditen fest. OGDEN (2003) kommt zu dem Schluss, dass eine Renditeprognose aufgrund der schwankenden Erklärungskraft der unabhängigen Variablen in verschiedenen Wirtschaftszyklen eine unterschiedliche Güte besitzt.[119] PESARAN und TIMMERMANN (1995) betonen, dass eine Prognose nur in hochvolatilen Marktphasen (d.h. Bear Märkten) erfolgreich sein kann.[120]

Eine zyklische Anpassung der Renditeprognose auf die aktuelle Marktsituation im Rahmen einer Asset Allocation erlaubt es, Portfolios besser zu gestalten und die verfolgten Anlegerziele, wie z.B. einer Risikominimierung durch Diversifikation, einzuhalten.[121] Trotz der umstrittenen Frage über die Vorhersagbarkeit der Renditen,[122] ist die Notwendigkeit für Prognosen unumstritten. KANDEL und STAMBAUGH (1996) zeigen in ihrer Studie, dass auch eine statistisch niedrige Vorhersagbarkeit der Renditen einen großen Effekt auf eine optimale Asset Allocation besitzt. Auch die Pro-

[116] Vgl. ENGLE et al. (1987), BOLLERSLEV et al. (1988), FERSON und HARVEY (1991), ERB et al. (1994), DE SANTIS und GERARD (1997), AHMED und LOCKWOOD (1998), ANG und BEKAERT (1999), LETTAU und LUDVIGSON (2002), FAMA und FRENCH (2002), BIBI (2003) und IBRAHIM (2004).

[117] Vgl. z.B. JAGANNATHAN und WANG (1996) und Literaturübersicht bei CAMPBELL (2000).

[118] Eine gute Übersicht der Studien zu Price-Earnings Ratio siehe bei SHAMSUDDIN und HILLIER (2004), S. 57.

[119] Vgl. OGDEN (2003), S. 60.

[120] PESARAN und TIMMERMANN (1995) begründen ihre Aussage durch veränderte strukturelle Zusammenhänge in volatilen Märkten, die von den meisten Investoren erst später erkannt werden und somit für Prognosezwecke ausgenutzt werden können.

[121] DE CHASSART und FIRER (2004) zeigen, dass während Bull Phasen eine höhere Timing Fähigkeit als unter „normalen“ Bedingungen erforderlich ist.

[122] Es kann keine allgemeine Aussage über die Vorhersagbarkeit der Assetrendite getroffen werden, da viele Studien auf jeweils unterschiedlichen Annahmen, erklärenden Faktoren, Assetklassen und Modellen ihre Untersuchungen aufbauen. CAMPBELL et al. (1997) betonen, dass Assetrenditen nur zu einem bestimmten Grad vorhersagbar sind. Siehe auch die Übersicht der Studien bei ANG und BEKAERT (2001).

gnose der Korrelation führt zu vollkommen unterschiedlichen Portfoliogewichten bei der Asset Allocation.[123]

Zu *Market Timing* und der Identifikation von Bull und Bear Phasen bestehen ebenfalls mehrere Studien, da die Market Timing Strategie unmittelbar von der Prognose einzelner Finanzmarktphasen abhängt.[124] In vielen Studien werden verschiedene Verfahren angewendet, um eine Prognose der fluktuierenden Zeitreihen zu ermöglichen. PEREZ-QUIROS und TIMMERMANN (2000) prognostizieren Aktienrenditen anhand von Markov-Switching-Modellen. SARANTIS (2001) prognostiziert in seiner Studie Finanzmarktzyklen der G-7 Länder anhand von STAR (engl. smooth transition autoregressive) Modellen. KANAS (2003) vergleicht parametrische (Probit und Markov Regime Switching Modelle) und nicht parametrische (Nearest-Neighbour und Künstliche Neuronale Netze) Methoden zur Prognose von Aktienrenditen. DIEBOLD und LOPEZ (1996) und GUIDOLIN und TIMMERMANN (2005) benutzen die Scoring Methoden von BRIER (1950) und ROSENBLATT (1952). Die am meisten verbreiteten Ansätze zur Identifikation und Prognose der Übergänge bzw. Wendepunkte zwischen Bull und Bear Phasen sind die Methoden von BRY und BOSCHAN (1971) sowie Markov-Switching-Modelle.[125] Aber auch andere Methoden werden zur Prognose von Finanzmarktphasen einbezogen.

FERNÁNDEZ-RODRÍGUEZ et al. (1999) setzen zur Prognose von Bull und Bear Märkten im Verlauf des Nikkei 225 (Index des Tokioter Aktienmarktes) die *nächster-Nachbar*-Methode (engl. nearest-neighbour) ein. Die nächster-Nachbar-Methode unterliegt jedoch z.T. in der Performance dem Random-Walk-Modell. Auf der anderen Seite kann durch die Umschichtung der gebildeten Portfolios auf Basis der Prognose der nächster-Nachbar-Methode eine bessere Performance als durch eine buy-and-hold Strategie erreicht werden.[126] RESNICK und SHOESMITH (2002) benutzen zur Vorhersage von Bear Märkten die von ESTRELLA und MISHKIN (1996) eingesetzte Methodik zur Prognose von Rezessionen. Anhand eines Probit-Modells mit dem Spread zwischen 10-jährigen T-Bonds und 3-jährigen T-Bills (Schatzanweisungen) als einer erklärenden Variablen prognostizieren sie Wendepunkte für den S&P500 einen Monat im Voraus. Die angewandte Strategie, die eine Umschichtung des Portfolios in Bear Phasen zugunsten von Geldmarktanlagen vorsieht, erzielt signifikant höhere Renditen als eine einfache buy-and-hold Strategie. Wie durch RESNICK und SHOESMITH (2002) angemerkt, kann sich die Erklärungskraft der Modelle aufgrund eines rückläufigen Angebots von Schatzanweisungen bei einer Reduktion der Staatsverschuldung verschlechtern.[127]

Kurz zusammengefasst lässt sich sagen, dass die Frage nach der Prognose von Finanzmarktzyklen nicht endgültig beantwortet ist. Forscher sind immer noch auf der

---

123 Vgl. ERB et al. (1994), S. 40.

124 Siehe die Studie von DE CHASSART und FIRER (2001) und (2004) und die dortige Übersicht der Literatur.

125 Siehe zahlreiche Studien von HARDING und PAGAN sowie Kap. 4.5.4, S. 173.

126 SENSIERA et al. (2004) benutzen zur Prognose von Wirtschaftszyklen die logistische Regression und erzielen bei einer 3-Monats-Prognose bessere Ergebnisse als mit Markov-Switching-Modellen.

127 Vgl. RESNICK und SHOESMITH (2002), S.88.

Suche nach adäquaten erklärenden Faktoren, besseren Methoden und passenden ökonomischen Bedingungen, durch die eine Prognose erfolgen kann. Eine der schwierigsten Aufgaben in der Prognose ist die Bestimmung der Prognosefaktoren (bzw. der führenden Indikatoren). Wie die Geschichte zeigt, fehlt vielen erklärenden Faktoren eine Persistenz, d.h. ein zukünftiger Prognoseerfolg ist nicht durch eine gute Prognose in der Vergangenheit gesichert, da die hierzu verwendeten Faktoren in der Zukunft an Relevanz verlieren können.[128] Es bleibt festzuhalten, dass eine Prognose die zyklische Struktur der Zeitreihen der erklärenden und der abhängigen Variablen sowie ihre für unterschiedliche Phasen voneinander abweichenden Interdependenzen berücksichtigen muss.

4.5 Ökonometrische Phasenmodelle

4.5.1 Systematisierung ökonometrischer Phasenmodelle

Finanzzeitreihen unterliegen ständigen strukturellen Veränderungen, die auf unterschiedliche Ursachen zurückzuführen sind. Diese strukturellen Veränderungen führen dazu, dass den Zeitreihen unterschiedliche statistische Eigenschaften in bestimmten Zeitintervallen nachgewiesen werden, die z.B. für die Betrachtung der kompletten Zeitreihen nicht charakteristisch sind. Ökonometrische Phasenmodelle sind darauf ausgerichtet, verschiedene Strukturzustände von Zeitreihen zu erfassen und zu modellieren.

Zyklische, nichtlineare Abläufe der Renditegenerierungsprozesse sind die Verursacher einer weiteren stilisierten Eigenschaft von Zeitreihen, nämlich der Existenz von Strukturbrüchen. Als Strukturbrüche werden bestimmte Werte bzw. Datenabschnitte in Zeitreihen bezeichnet, die unterschiedlichen Datengenerierungsprozessen unterliegen.[129] Die Datenabschnitte zwischen unterschiedlichen Strukturbrüchen können als Phasen betrachtet werden.[130] Diese Phasen (auch Regimes genannt) besitzen zumeist eine unterschiedliche Länge und müssen sich nicht innerhalb einer Zeitreihe wiederholen. Phasenmodelle beschreiben somit Zeitreihen, die aufgrund vorhandener Strukturbrüche nicht durch *einen* Renditegenerierungsprozess beschrieben werden können. Phasenmodelle können unterschiedlich definiert werden. Für diese Arbeit ist es notwendig, eine Abgrenzung der im weiteren Verlauf betrachteten Phasenmodelle zu schaffen. Die Definition darf nicht zu breit ausfallen, damit sie nur eine bestimmte Art von Modellen umfasst. Die folgenden Anforderungen an die Phasenmodelle grenzen das Spektrum der in Betracht gezogenen Modelle ein:

---

[128] Siehe dazu die Diskussion bei MARCELLINO (2004), S. 2.

[129] Vgl. HUBER (2000), S. 45.

[130] Diese Beschreibung stellt nur eine Möglichkeit dar, Phasen zu definieren und wird bei den Untersuchungen der Eigenschaften von Zeitreihen verwendet. Im späteren Verlauf der Arbeit werden auch andere Definitionen diskutiert.

- Erfassung zyklischer Bewegungen
- Erfassung nichtlinearer Abläufe[131]
- Einfachheit und intuitive Interpretation

Im Rahmen dieser Arbeit wird ein Phasenmodell in der Form der Gl. 4.14 verstanden, wobei diese eine Systemgleichung aus einfachen linearen Funktionen darstellt und der Übergang zwischen den einzelnen Gleichungen durch die Variable s beliebig definierbar ist, d.h. sie kann unterschiedlichen Bedingungen (Gleichungen oder Ungleichungen) unterliegen und/oder sich auf verschiedene Indikatortypen (einen bestimmten Wert, Zeit oder Wahrscheinlichkeiten) beziehen.

$$R_i = \begin{cases} \alpha_i^I + \sum\limits_{n=1}^{N} \beta_{in}^I F_n + \varepsilon_i^I, & \text{wenn } s = \theta_I \\ \alpha_i^{II} + \sum\limits_{n=1}^{N} \beta_{in}^{II} F_n + \varepsilon_i^{II}, & \text{wenn } s = \theta_{II} \\ \vdots & \\ \alpha_i^m + \sum\limits_{n=1}^{N} \beta_{in}^m F_n + \varepsilon_i^m, & \text{wenn } s = \theta_m \end{cases} \tag{4.14}$$

mit:	R_i und F_n	Assetrendite und erklärender Faktor
	α_i^m und β_{in}^m	Koeffizienten des m-ten linearen Faktormodells
	s und θ_m	Übergangsvariable und die m-te Bedingung des Übergangs

Gl. 4.14 wird im Allgemeinen als *Switching Regressionen* bezeichnet und vertritt ein breites Spektrum an Modellen dieser Art.

Phasenmodelle können nach unterschiedlichen Kriterien klassifiziert werden. Aufgrund der engen Verwandtschaft zu Faktormodellen können sie wie Faktormodelle nach dem Typ der erklärenden Faktoren (z.B. autoregressiv oder exogen) und nach der Art der Modellierung (z.B. Beschreibung der Rendite oder der Varianz) systematisiert werden.[132] Eine zentrale Unterscheidung erfolgt in Abhängigkeit von der Art der Bestimmung der Übergangsvariablen (engl. threshold oder switching parameter). Dabei werden Modelle mit exogen und endogen bestimmten Übergangsvariablen unterschieden.

In Modellen mit **exogen** bestimmten Übergangsvariablen ist die Variable beobachtbar, d.h. bei Erfüllung der einen oder der anderen Bedingung in Gl. 4.14 ist das Eintreten von bestimmten Phasen als sicher angenommen und beobachtbar. Die Übergangsvariable kann in jedem Teil der Faktorgleichung, d.h. in der Konstante, den Koeffizienten und den Faktorwerten eingebaut werden. Abb. 4.10 gibt eine Übersicht über die Modelle, bei denen eine *exogene* Bestimmung der Übergangsvariablen

[131] Wie später angemerkt wird, sind lineare Modelle nicht in der Lage, die Form und Abbildung der kumulierten Bewegungen in den Phasen zu reproduzieren.

[132] In dieser Arbeit liegt der Schwerpunkt auf der Modellierung der Rendite, wodurch Modelle zur Varianz nicht weiter betrachtet werden.

erfolgt. Die Beispiele zu diesem Modelltyp für die Modellierung der Rendite repräsentieren Switching Regressionen und TAR-Modelle.

Klassifikation		Beispiele der Phasenmodelle	
Art der Modellierung	Rendite	TAR, STAR, SETAR	Switching Regressionen
	Volatilität	GJR-GARCH, TGARCH, VS-GARCH	
		autoregressive	exogen
		Typ der erklärenden Variablen	

Abbildung 4.10: Beispiele zu Phasenmodellen nach Systematisierung

Hier aufgeführte Beispiele der Phasenmodelle gehören zur Klasse der Modelle mit einer exogenen Bestimmung der Übergangsvariablen. Die Systematisierung erfolgt nach *Art der Modellierung* und *Typ der erklärenden Variablen.*

Bei den Modellen mit **endogen** bestimmten Übergangsvariablen können einzelne Phasen nicht beobachtet werden, sie sind aber endogen, durch einen datengenerierenden Prozess bestimmt. Das Eintreten einer Phase kann nicht sicher festgestellt werden. Aus diesem Grund werden Wahrscheinlichkeiten für den Übergang zu einer neuen Phase angegeben. Als Beispiele für Modelle mit einer *endogenen* Übergangsvariablen können Markov-Switching-Modelle genannt werden.[133]

Phasenmodelle folgen (in diesem Kapitel) einer breiten Definition, die unterschiedliche Modelle umfasst. Die Vielfalt dieser Modelle bietet einerseits die Möglichkeit, diese Modelle zu vergleichen und somit eine adäquate Methode zur Beschreibung der Assetrendite auszusuchen. Andererseits besitzen die bestehenden Modelle einen unterschiedlichen Komplexitätsgrad und die Berechnung der Parameter ist nicht immer genau festgelegt. Eine Problematik stellt z.B. die Bestimmung der Übergangsvariablen dar. Wie im weiteren Verlauf der Arbeit angesprochen wird, hängt der Erfolg einiger Modelle von einer genauen Bestimmung der (exogenen) Threshold-Variablen ab, die aber z.B. bei TAR Modellen (engl. threshold autoregressive model) nicht eindeutig definiert ist. Auf diese Thematik wird im weiteren Verlauf der Arbeit nochmals detaillierter eingegangen.

In Anbetracht der oben gesetzten Anforderungen werden Phasenmodelle im Rahmen der ökonometrischen Betrachtung in dieser Arbeit folgendermaßen abgegrenzt: *Phasenmodelle sind nichtlineare, stochastische Faktormodelle, die auf zwei oder mehreren, durch Übergänge verknüpften, linearen Modellen basieren.*

Im Folgenden werden zwei zentrale Typen von Phasenmodellen, die dieser Definition entsprechen, ausführlicher diskutiert.

[133] Markov-Switching-Modelle werden im Kap. 4.5.4 (S. 173) näher betrachtet.

4.5.2 Threshold Autoregressive Modelle

Die *Threshold Modelle* von TONG (1978) und TONG und LIM (1980) beschreiben Zeitreihen durch ein autoregressives Faktormodell und haben eine mehrstufige Funktionsstruktur. Beim Erreichen eines bestimmten Threshold-Wertes zeigt das System ein verändertes Verhalten auf. Deshalb eignen sich solche Modelle auch zur Beschreibung zyklischer oder sprunghafter Bewegungen, denn auch hier werden nichtlineare Strukturen durch eine schrittweise Linearisierung modelliert. Ein TAR (AR(1) zwei-Phasenmodell) besitzt die Form:

$$y_t = \begin{cases} \beta_{0,1} + \beta_{1,1} y_{t-1} + \epsilon_1 & \text{wenn} \quad x_t > c \\ \beta_{0,2} + \beta_{1,2} y_{t-1} + \epsilon_2 & \text{wenn} \quad x_t \leq c \end{cases} \tag{4.15}$$

Dieses Modell impliziert, dass unterschiedliche Regime für die Variable y_t existieren, die von einem Übergangswert c abhängig sind. In der oberen Gleichung wird die Übergangsvariable durch die exogene Variable x_t vorgegeben, die für jegliche Einflussgröße stehen kann und einen Regimewechsel verursacht. Ein spezieller Fall, bei dem die Übergangsvariable durch die autoregressive Variable y_{t-d} ($d > 0$) bestimmt wird, ermöglicht die Aufstellung eines Self-Exciting TAR (SETAR). Beim SETAR werden die unterschiedlichen Zustände durch die Zeitreihe selbst bestimmt. Gl. 4.16 bildet einen 2-Regime-SETAR mit $d = 1$ und AR(1) für beide Regime ab.[134]

$$y_t = \begin{cases} \beta_{0,1} + \beta_{1,1} y_{t-1} + \epsilon_1 & \text{wenn} \quad y_{t-1} > c \\ \beta_{0,2} + \beta_{1,2} y_{t-1} + \epsilon_2 & \text{wenn} \quad y_{t-1} \leq c \end{cases} \tag{4.16}$$

Eine Zeitreihe wird beim TAR oder SETAR durch ein System mehrstufiger linearer Gleichungen dargestellt, deren Anzahl nicht begrenzt ist. Die linearen Gleichungen können einem mit autoregressiven Einflussgrößen definierten Faktormodell AR(p) einer beliebigen Ordnung p entsprechen. Nach der Vorstellung des TAR wurden auch andere Varianten eines TAR Modells präsentiert. Drei weitere Modelle wie STAR (Smooth Transition AR)[135], LSTAR (Logistic STAR)[136] und ESTAR (Exponential STAR)[137] wurden für die Darstellung eines, im Gegensatz zu dem bestehenden diskreten, fließenden Übergang zwischen den Regimen vorgestellt. Diese können z.B. die Phasenänderungen realitätsnäher beschreiben. Ein STAR Modell besitzt die fol-

[134] Vgl. FRANSES und VAN DIJK (2000), S. 71.

[135] Siehe dazu die Studien von LUUKKONEN et al. (1988), TERASVIRTA und ANDERSON (1992), MICHAEL et al. (1997), SARANTIS (1999), SARANTIS (2001) und TAYLOR et al. (2001).

[136] Siehe dazu z.B. die Studien von PERSSON und TERÄSVIRTA (2003) und WOODWARD und BROOKS (2006).

[137] Siehe dazu z.B. die Studien von ESCRIBANO und JORDÁ (2004), GREGORIOU und KONTONIKAS (2006) und BAHARUMSHAH und LIEW (2006).

gende Form:[138]

$$y_t = (\beta_{0,1} + \beta_{1,1} y_{t-1})(1 - G(y_{t-1}; \gamma, c)) + (\beta_{0,2} + \beta_{1,2} y_{t-1}) G(y_{t-1}; \gamma, c) + \epsilon_t \quad (4.17)$$

mit: $G(y_{t-1}; \gamma, c)$ Stetige Funktion
γ Glättungsparameter

Die Darstellungsweise in der Gl. 4.17 erfolgt anhand einer Indikatorfunktion G in ähnlicher Weise zu der Dummyvariablen im diskreten Fall, die allerdings einen Wert *zwischen* Null und Eins annehmen kann.

TAR Modelle sind nicht einfach zu bestimmen, da viele Parameter erst definiert werden müssen. Die zentralen Problembereiche entstehen bei diesen Modellen durch

- die Identifikation der autoregressiven Ordnung,
- die Feststellung der Anzahl der Gleichungen (Regime) sowie
- die Bestimmung der Schwellenvariablen und
- ihrer Lags.

Weiterhin sind die Werte für die Schwellenvariablen und Koeffizienten des Modells zu schätzen. Mit steigender AR-Ordnung erhöht sich die Komplexität der Modelle, da deutlich mehr Komponenten geschätzt werden müssen. Einen verbreiteten Einsatz zur Bestimmung der Schwellenwertkomponenten hat mittlerweile die Akaike-Methode (AIC) gefunden, nach der das optimale Modell einen minimalen AIC-Wert erreicht.[139] Für das SETAR-Modell mit zwei Regimen wird der AIC-Wert folgendermaßen berechnet:

$$AIC(p_1, p_2) = n_1 \log \hat{\sigma}_1^2 + n_2 \log \hat{\sigma}_2^2 + 2(p_1 + 1) + 2(p_2 + 1) \quad (4.18)$$

mit: p_1, p_2 AR-Ordnung in beiden Regimen
n Anzahl der Beobachtungen im jeweiligen Regime
$\hat{\sigma}_1^2$ Residuale Varianz der jeweiligen Regime

Im Falle einer niedrigen Autokorrelation der Reihen kann jedoch auch diese Methode keine adäquaten Lösungen erzeugen.[140]

TAR-Modelle haben sich, besonders wegen der komplexen Modellschätzung und der schwierigen Bestimmung des Schwellenwertes, in der Finanzanalyse wenig etabliert. Kritisch zu betrachten ist ebenfalls die ausschließliche Betrachtung der autoregressiven Einflüsse, wodurch exogene Faktoren unberücksichtigt bleiben. Trotz der Kritikpunkte wurden inzwischen einige Varianten der TAR-Modelle in unterschiedlichen Studien auf Finanzmärkte angewandt und erweitert.[141] DACCO und SATCHELL (1999) überprüfen die Eignung unterschiedlicher ökonometrischer Phasenmodelle zur Prognose von Wechselkursen, unter anderem SETAR(2,1,1). Sie zeigen, dass

[138] Siehe FRANSES und VAN DIJK (2000), S. 72 f. für eine ausführliche Darstellung.
[139] Vgl. TONG (1983), S. 136.
[140] Vgl. FRANSES und VAN DIJK (2000), S. 77.
[141] Vgl. z.B. LI und LI (1996), SARANTIS (2001), IMBS et al. (2003) und CLEMENTS et al. (2003).

schon eine kleine Fehlklassifikation bei der Vorhersage, in welchem Regime sich die Welt befinden wird, dazu führen kann, jegliche Vorteile aus dem Wissen der korrekten Modellspezifikation zu verlieren.[142] Insbesondere TAR-Varianten in Kombination mit unterschiedlichen ARCH-Modellen haben ein verbreitetes Interesse der Forscher gefunden.[143]

4.5.3 Switching Regressionen mit exogenem Regimeübergang

Switching Regressionen sind Modelle, die einen Datensatz durch zwei oder mehr unterschiedliche datengenerierende Prozesse abbilden.[144] Sie entsprechen mehrstufigen Faktormodellen, bei denen eine exogen bestimmte Indikatorvariable den Übergang von einem Modell zum anderen bestimmt. Dabei ermöglicht das ganze Modell nichtlineare Strukturen durch eine schrittweise Linearisierung zu modellieren.[145] Switching Regressionen mit einem exogenen Übergang stellen die am häufigsten verwendeten Regime-Switching-Modelle dar. Sie haben eine lange Geschichte in der Finanzökonomie, denn sie wurden bereits 1958 von QUANDT vorgestellt. Auf ihnen basieren andere bekannte Schwellenwert-Modelle wie z.B. TAR und Markov-Switching Regressionen.[146] Die folgende Systemgleichung präsentiert ein Beispiel für eine Switching Regression bestehend aus zwei Regimen (Phasen), wobei der Übergang von einer Regression zur anderen von dem Wert der Indikatorvariable (I) abhängt.[147]

$$y_t = \begin{cases} \beta_1 x_t + \epsilon_{1t} & \text{wenn} \quad I = 0 \\ \beta_2 x_t + \epsilon_{2t} & \text{wenn} \quad I = 1 \end{cases} \tag{4.19}$$

Wie auch bei anderen Phasenmodellen diesen Typs bereitet die Bestimmung der Phasenübergänge die meisten Schwierigkeiten. Die Identifikation von unterschiedlichen Regimen von Finanzzeitreihen kann anhand der Feststellung von Strukturbrüchen in den Daten erfolgen.[148] Zur Bestimmung von Strukturbrüchen wurden verschiedene statistische Verfahren entwickelt. BANERJEE und URGA (2005) geben eine breite Übersicht über die existierende Literatur (142 Artikel) und Tests zur Identifikation von Strukturbrüchen.

[142] Vgl. DACCO und SATCHELL (1999), S. 13.
[143] Siehe dazu ausführlicher LI und LI (1996).
[144] Vgl. JUDGE et al. (1985), S. 796.
[145] PODDIG et al. (2006) wenden Switching Regressionen zur Modellierung der Rendite von Merger Arbitrage Fonds an und implementieren unterschiedliche Möglichkeiten zum Aufbau der Übergänge zwischen den Switching Regressionen.
[146] Vgl. QUANDT (1958), GOLDFELD und QUANDT (1973), MADDALA und NELSON (1975).
[147] Vgl. JUDGE et al. (1985), S. 802.
[148] Eine theoretische Erklärung zum Vorhandensein der Strukturbrüche liefert die Theorie multipler Gleichgewichte von COOPER und JOHN (1988). Dieser Ansatz geht davon aus, dass nicht nur Fundamentalfaktoren an den Märkten eine Rolle spielen, sondern auch die psychologischen (nicht fundamentale) Faktoren, an denen sich viele Agenten orientieren.

Der Übergang zwischen unterschiedlichen Regimen kann durch Zeitpunkte, bestimmte Wertebereiche oder Funktionen modelliert werden. Wenn der Übergang zwischen den Regimen bekannt ist, kann das Modell für jedes Regime anhand von Beobachtungen mithilfe von OLS geschätzt werden. Da diese Modelle leicht anwendbar sind, sind sie sehr verbreitet.

Im empirischen Teil der Arbeit wird ein einfaches Switching-Regressionen-Modell mit einem exogenen Phasenübergang aufgestellt. Dabei werden zwei Regime zugrunde gelegt (Bull und Bear). Anhand der BB-Methode werden Zeitreihenabschnitte identifiziert, die unterschiedlichen Renditegenerierungsprozessen unterliegen. Alle Beobachtungen aus den Bull Phasen werden anhand eines Regressionsmodells und alle Renditebeobachtungen aus den Bear Phasen anhand eines zweiten Regressionsmodells geschätzt. Diese Modelle können als ein Vergleichsmaßstab zur Evaluation komplexerer Modelle dienen.

4.5.4 Markov-Switching-Modelle

Markov-Switching-Modelle (MSWM) wurden von HAMILTON (1989) entwickelt und besitzen die Form eines Faktormodells.[149] Das MSWM basiert ursprünglich auf einer autoregressiven linearen Regression, die aufgrund eines endogenen Zustandwechsels (Zustand $S_t = 0$ oder $S_t = 1$) unterschiedliche Koeffizientenwerte verwendet. Markov-Switching-Modell ist ein universelles Faktormodell, welches Renditeentwicklungen durch endogene (autoregressive) und/oder exogene Faktoren bzw. multivariate Einflüsse unter Berücksichtigung unsichtbarer struktureller Veränderungen abbilden kann. Zunächst sei folgendes Faktormodell betrachtet:[150]

$$R_t = \alpha + \beta F_t + \epsilon_t, \qquad \epsilon_t \sim N(0, \sigma^2) \tag{4.20}$$

mit: R_t Rendite zum Zeitpunkt t
F_t (autoregressiver und/oder exogener) Faktor zum Zeitpunkt t
α, β Regressionskoeffizienten
ϵ_t Störterm zum Zeitpunkt t

Die Koeffizienten dieses einfachen Modells werden mithilfe einer Regressionsanalyse (OLS) geschätzt. Gl. 4.20 beinhaltet keinen Zustandswechsel und die Koeffizienten sind im Zeitablauf konstant. Treten dagegen strukturelle Veränderungen auf, bleiben die Koeffizienten nicht unbedingt konstant. Ein Faktormodell mit strukturel-

---

[149] Markov-Switching-Modelle wurden bereits von GOLDFELD und QUANDT (1973) und NEFTCI (1982) aufgestellt. Jedoch wurde die Schätzung der Modelle durch die Likelihood-Funktion und die Aufstellung der Algorithmen erst von HAMILTON (1989) vorgeschlagen. Siehe PEREZ-QUIROS und TIMMERMANN (2000) zur Schätzung der Markov-Switching-Modelle anhand von exogenen Variablen.

[150] Folgende Darstellungen basieren auf SCHALLER und VAN NORDEN (1997), S. 178, KIM und NELSON (1999), S. 59 f., PEREZ-QUIROS und TIMMERMANN (2000), S. 1234 und HAMILTON (2005).

len Veränderungen besitzt somit folgende Form:

$$\begin{aligned} R_t &= \beta_{S_t} F_t + \epsilon_t, \qquad \epsilon_t \sim N(0, \sigma^2_{S_t}) \\ \beta_{S_t} &= \beta_0(1 - S_t) + \beta_1 S_t \\ \sigma^2_{S_t} &= \sigma^2_0(1 - S_t) + \sigma^2_1 S_t \end{aligned} \tag{4.21}$$

mit: S_t Zustandsvariable, die im Zeitpunkt t den Wert Eins oder Null annimmt, z.B. entsprechend dem Auftreten einer Bull oder Bear Phase

Gl. 4.21 beinhaltet strukturelle Veränderungen in unterschiedlichen Parametern, die anhand der Zustandsvariablen S_t gekennzeichnet sind. Tatsächlich können strukturelle Veränderungen auch nur in einem der Parameter auftreten und modelliert werden. Es werden vier grundsätzliche Typen struktureller Veränderungen (Strukturbrüche) unterschieden:

- Strukturbruch in der Rendite ($F_t = 1$), wobei z.B. Phasen hoher und niedriger Rendite unterschieden werden. Der Strukturbruch wird somit im Driftparameter modelliert.

$$R_t = \alpha + \beta_0(1 - S_t) + \beta_1 S_t + \epsilon_t, \qquad \epsilon_t \sim N(0, \sigma^2) \tag{4.22}$$

- Strukturbruch in der Varianz, wobei z.B. hoch volatile und gering volatile Phasen unterschieden werden.

$$R_t = \alpha + \beta F_t + \epsilon_t, \qquad \epsilon_t \sim N(0, \sigma^2_{S_t}) \tag{4.23}$$

- Strukturbruch in den Koeffizienten, wobei z.B. die Faktorsensitivitäten in verschiedenen Phasen unterschiedlich sind.

$$R_t = \alpha + \beta_0(1 - S_t)F_t + \beta_1 S_t F_t + \epsilon_t, \qquad \epsilon_t \sim N(0, \sigma^2) \tag{4.24}$$

- Strukturbruch in den Koeffizienten und in der Varianz.

$$R_t = \alpha + \beta_0(1 - S_t)F_t + \beta_1 S_t F_t + \epsilon_t, \qquad \epsilon_t \sim N(0, \sigma^2_{S_t}) \tag{4.25}$$

In Gl. 4.21 werden Koeffizienten und Varianzen z.B. in Abhängigkeit von dem Marktzustand geschätzt. Tritt eine Bull Phase auf, werden Renditen aus β_1 und σ^2_1 berechnet, in Bear Märkten sind es β_0 und σ^2_0. In dem hier dargestellten Fall sind die Phasen bekannt und die Rendite kann dementsprechend ermittelt werden. Gl. 4.20 unterscheidet sich von der Gl. 4.21 lediglich durch die Dummyvariable S_t, durch die unterschiedlich vorgegebene Marktphasen durch Nullen und Einsen kodiert sind.

In der Realität sind die Marktphasen jedoch nicht bekannt und die strukturellen Veränderungen können nicht mit Sicherheit angegeben werden. HAMILTON (1989) stellte ein Konzept vor, bei dem der Zustandsvariablen (S_t) die Werte der Wahrscheinlichkeiten von Zustandwechseln zugewiesen werden. Dabei wird der Begriff der sog. *Übergangswahrscheinlichkeiten* eingeführt, die einem Markov-Prozess erster Ordnung (AR(1)) folgen. Für den Fall zweier Marktzustände können die Übergangswahrscheinlichkeiten folgendermaßen definiert werden:

$$\begin{aligned}
\Pr(S_t = 1|S_{t-1} = 1) &= p = \tfrac{\exp(p_0)}{1+\exp(p_0)} \\
\Pr(S_t = 0|S_{t-1} = 0) &= q = \tfrac{\exp(q_0)}{1+\exp(q_0)} \\
\Pr(S_t = 0|S_{t-1} = 1) &= 1 - p \\
\Pr(S_t = 1|S_{t-1} = 0) &= 1 - q
\end{aligned} \tag{4.26}$$

Die Wahrscheinlichkeit in der Gl. 4.26, dass die Zustandsvariable S_t einen bestimmten Wert (Null oder Eins) annimmt, hängt von dem vorherigen Zustand bzw. S_{t-1} ab. Dabei besagt diese Wahrscheinlichkeit, ob sich der Zustand (Regime) im Zeitablauf verändert oder erhalten bleibt.

Im Gegensatz zu einem einfachen Faktormodell ist die Anzahl der renditegenerierenden Parameter bei einem Markov-Switching-Modell deutlich höher. Parallel zu der Schätzung der Koeffizienten (α und β) und/oder der Varianzen (σ^2) in verschiedenen Regimen, werden auch die Übergangswahrscheinlichkeiten (p und q) ermittelt. Die gesamten Parameter werden in einem Vektor $\boldsymbol{\Theta}$ zusammengefasst und mithilfe der Maximum-Likelihood-Schätzung berechnet.

Für die Schätzung der Wahrscheinlichkeiten ist die Bestimmung der Dichtefunktion notwendig. Die normalverteilte, an den vorherigen Informationen und dem vorherigen Zustand j konditionierte Dichtefunktion kann mithilfe der Maximum-Likelihood-Formel berechnet werden:

$$f(R_t|S_t = j, \Omega_{t-1}; \boldsymbol{\Theta}) = \frac{1}{\sqrt{2\pi\sigma_j^2}} \exp\left(\frac{-(R_t - \alpha_j - \beta_j F_{t-1})^2}{2\sigma_j^2}\right) \tag{4.27}$$

mit:
- S_t Zustandsvariable, die im Zeitpunkt t den Wert j annimmt, der entweder Eins oder Null für die aktuelle Phase entspricht
- Ω_{t-1} Informationsset aus R_{t-1} und F_{t-1}
- $\boldsymbol{\Theta}$ zu schätzender Vektor der Parameter (z.B. Betas, Varianzen und Übergangswahrscheinlichkeiten)

Die zu schätzenden Parameter nehmen unterschiedliche Werte für die beiden Regime an, wobei ein konstantes Verhalten innerhalb eines Regimes (z.B. einen gleichbleibenden Zusammenhang der Rendite und Faktorrendite) und ein unterschiedliches Verhalten zwischen den Regimes impliziert wird.

Bevor die Log-Likelihood-Funktion letztendlich aufgestellt wird, muss die Dichtefunktion $\phi(R_t|\Omega_{t-1}; \boldsymbol{\Theta})$ definiert werden, die die Summe der durch die Wahrscheinlichkeiten gewichteten Zustandsdichtefunktion $f(\cdot)$ für beide Regime wiedergibt:

$$\phi(R_t|\Omega_{t-1}; \boldsymbol{\Theta}) = \sum_{j=1}^{2} f(R_t|\Omega_{t-1}, S_t = j; \boldsymbol{\Theta}) \Pr(S_t = j|\Omega_{t-1}; \boldsymbol{\Theta}) \tag{4.28}$$

mit: $Pr(\cdot)$ Bedingte Zustandswahrscheinlichkeit zum Zeitpunkt t

Die Log-Likelihood-Funktion besitzt somit die Form:

$$LL(R_t|\Omega_{t-1};\mathbf{\Theta}) = \sum_{t=1}^{T} \ln(\phi(R_t|\Omega_{t-1};\mathbf{\Theta})) \tag{4.29}$$

mit: $LL(\cdot)$ Log-Likelihood-Funktion

Das primäre Ziel eines Markov-Switching-Modells ist die Schätzung der bedingten Zustandswahrscheinlichkeiten des Aufenthaltes in einem der Regime für jeden einzelnen Zeitpunkt, wobei ein Set von Informationen (Ω_t) über Rendite und Faktorrendite zu jedem Zeitpunkt vorliegt:

$$\Pr(S_t = j|\Omega_{t-1};\mathbf{\Theta}) \tag{4.30}$$

Bedingte Zustandswahrscheinlichkeiten bei Werten von Null und Eins implizieren, dass die Zustände sicher eintreten, abweichende Werte von Null und Eins drücken dagegen eine gewisse Unsicherheit der Einordnung der Zustände aus. Die bedingten Zustandswahrscheinlichkeiten für jeden Zeitpunkt können rekursiv fortgeschrieben werden:

$$\Pr(S_t = i|\Omega_{t-1};\mathbf{\Theta}) = \sum_{j=1}^{2} \Pr(S_t = i|S_{t-1} = j, \Omega_{t-1};\mathbf{\Theta})\Pr(S_{t-1} = j|\Omega_{t-1};\mathbf{\Theta}) \tag{4.31}$$

Durch die Anwendung der Baysschen Regel kann die bedingte Zustandswahrscheinlichkeit unter Berücksichtigung der oberen Gleichungen wie folgt geschrieben werden:

$$\Pr(S_{t-1} = j|\Omega_{t-1};\mathbf{\Theta}) = \frac{f(R_{t-1}|S_{t-1} = j, \Omega_{t-1};\mathbf{\Theta})Pr(S_{t-1} = j|\Omega_{t-1};\mathbf{\Theta})}{\sum_{j=1}^{2} f(R_{t-1}|S_{t-1} = j, \Omega_{t-1};\mathbf{\Theta})Pr(S_{t-1} = j|\Omega_{t-1};\mathbf{\Theta})} \tag{4.32}$$

Um die Iterationen zu starten, werden Anfangswerte der Parameter benötigt. Diese können mithilfe einer Maximum-Likelihoodschätzung ermittelt werden. Für die Übergangswahrscheinlichkeiten können unbedingte Wahrscheinlichkeiten berechnet werden:

$$\Pr(S_0 = 0|\Omega_0) = \frac{1-p}{2-p-q} \qquad \Pr(S_0 = 1|\Omega_0) = \frac{1-q}{2-p-q} \tag{4.33}$$

Die Abb. 4.11 veranschaulicht den Algorithmus des Markov-Switching-Modells, wobei zur Veranschaulichung der Filterprozedur der Matlab-Code angegeben ist.

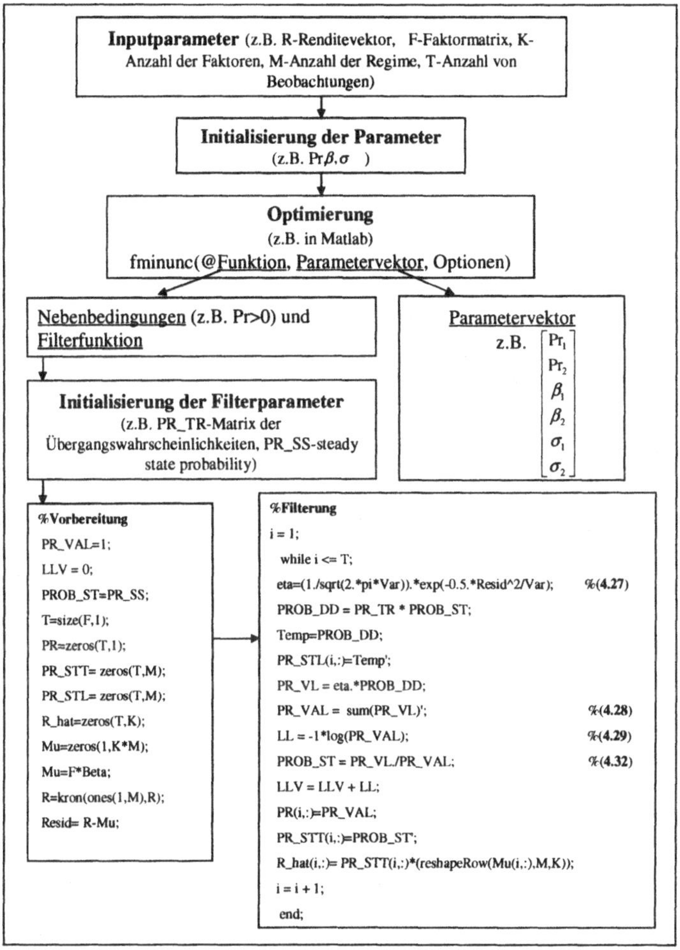

Abbildung 4.11: Algorithmus des Markov-Switching-Modells

Die Abbildung veranschaulicht anhand eines Flußdiagramms den Aufbau der Markov-Switching-Modellierung. Die Modellierung erfolgt in mehreren Stufen, wobei in die Optimierung Inputparameter und initialisierte Parameterwerte einbezogen werden. Die Parameterwerte werden bei der Optimierung solange verändert bis ein Optimum erreicht wird. Die Optimierungsfunktion setzt sich aus Nebenbedingungen und der Filterfunktion zusammen. Das Kernstück stellt die Filterung dar, die hier anhand des Matlab-Codes beschrieben ist. Vor dem Start des Filters werden notwendige Größen initialisiert. Die Filterfunktion stellt ein iteratives Verfahren dar, in dem z.B. Wahrscheinlichkeitswerte aufgrund der vorherigen Schätzer ermittelt werden.

In den bisherigen Ausführungen war die Übergangswahrscheinlichkeit des Regimewechsels allein von den vorherigen Werten des Regimes abhängig. In diesem Fall wurden Übergangswahrscheinlichkeiten als in der Zeit konstant definiert. Dies hat zur Auswirkung, dass die erwartete Dauer der Regime ebenfalls konstant ist. In der Realität kann jedoch nicht immer von konstanten Übergangswahrscheinlichkeiten ausgegangen werden. Aus diesem Grund wurde das bestehende Modell von DIEBOLD et al. (1994) und FILARDO (1994) erweitert, indem zeitvariable Übergangswahrscheinlichkeiten zugelassen wurden. Die Erweiterung des Markov-Switching-Modells erfolgt in der Gl. 4.26, wobei die Übergangswahrscheinlichkeiten nicht nur an den vorherigen Zuständen S_t, sondern auf eine zusätzliche Information konditioniert werden:

$$\begin{aligned} &\Pr(S_t = 1|S_{t-1} = 1, z_{t-1}) = p(z_{t-1}) \\ &\Pr(S_t = 0|S_{t-1} = 0, z_{t-1}) = q(z_{t-1}) \\ &\Pr(S_t = 0|S_{t-1} = 1, z_{t-1}) = 1 - p(z_{t-1}) \\ &\Pr(S_t = 1|S_{t-1} = 0, z_{t-1}) = 1 - q(z_{t-1}) \end{aligned} \tag{4.34}$$

mit: z_{t-1} Exogene Information zum Zeitpunkt $t-1$

Als exogene Informationen sind jegliche Einflüsse vorstellbar, die ebenfalls einen Strukturbruch bedingen könnten, so z.B. Konjunktur- oder Finanzmarktentwicklungen. Die Übergangswahrscheinlichkeit wird als eine logistische Funktion externer Einflüsse aufgebaut:

$$p_{ij,t} = \Pr(S_t = j|S_{t-1} = i, z_{t-1}) = \frac{\exp(\lambda_{ij,0} + \lambda_{ij,1} z_{t-1})}{1 + \exp(\lambda_{ij,0} + \lambda_{ij,1} z_{t-1})}, \tag{4.35}$$

Die Schätzung des Modells wird durch die Einführung zusätzlicher Parameter erweitert. Die Parameter $\lambda_{ij,0}$ und $\lambda_{ij,1}$ (im Falle zweier Zustände sind es vier zusätzliche Parameter, wobei p und q entfallen) werden im Vektor $\boldsymbol{\Theta}$ berücksichtigt, sodass sich die Herleitung des Modells nicht verändert.

Markov-Switching-Modelle wurden in der Finanzwirtschaft insbesondere zur Modellierung von Wirtschaftszyklen[151], Asset Allokation[152] und Trading Strategien[153] eingesetzt. Die Kritik an diesen Modellen stammt hauptsächlich von den Befürwortern der Herangehensweise zur Bestimmung von Zyklen durch nichtparametrische Methoden. HESS und IWATA (1997) und HARDING und PAGAN (2002a) z.B. implementieren Markov-Switching-Modelle zur Beschreibung von Wirtschaftszyklen und zeigen, dass diese Modelle Phasencharakteristika wie Amplitude und Dauer im Vergleich zu einfachen AR- oder ARIMA-Modellen nicht ausreichend beschreiben. Weiterhin betonen HARDING und PAGAN (2002a) eine niedrige Transparenz sowie eine

151 Vgl. z.B. FILARDO (1994), HAMILTON und LIN (1996), FILARDO und GORDON (1998), BODMAN und CROSBY (2000) und MILLS und WANG (2003).

152 Vgl. ANG und BEKAERT (2002), GRAFLUND und NILSSON (2003) und ANG und BEKAERT (2004).

153 Vgl. HWANG und SATCHELL (2000) und BROOKS und PERSAND (2001).

schwache Robustheit zu Datensatzgröße oder Modellspezifikationen der MSWM und drücken die Schwächen dieser Modelle in einer Reihe von Fragen aus, die die Aufstellung von MSWM erschweren:[154]

- Wo tritt der Übergang in der Rendite oder den Koeffizienten auf?
- Wieviele Regime sind tatsächlich vorhanden?
- Sind die Übergangswahrscheinlichkeiten konstant?
- Sind die Varianzen innerhalb bestimmter Regime konstant?
- Welcher kritische Wert soll für die Wahrscheinlichkeit der Phasenzugehörigkeit eingesetzt werden?[155]

Dagegen betonen MAHEU und MCCURDY (2000) und HESS (2002) die Vorteile der Anwendung von Markov-Switching-Modellen, u.a. in der Erfassung der in den empirischen Finanzdaten beobachteten Schiefe und Kurtosis.[156]

ALEXANDER und DIMITRIU (2005) implementieren Markov-Switching-Modelle zu der Identifikation von Switching-Strategien von Hedge Fonds. Sie stellen fest, dass Hedge Fonds beständig ihre Anlagestile verändern und abwechselnde Sensitivitäten zu Marktindizes aufweisen. Die meisten Hedge Fonds schalten dabei zwischen wertzuwachsorientierten Aktien und Barmitteln um. Jedoch wurden in der Studie die Anlagestilveränderungen nicht in eine Verbindung zu Marktphasen gebracht. Aus diesem Grund konnten die Ursachen für die Stilveränderungen nicht identifiziert werden.

CHAN et al. (2005) verwenden Markov-Switching-Modelle zur Indifikation von Risikoquellen in Hedge-Fonds-Renditen. Sie verwenden für die Analyse den S&P 500 und verschiedene weitere Hedge-Fonds-Indizes. Für verschiedene Anlagestile erreicht die Erklärungskraft der Modelle in etwa maximal 56% R^2. Die identifizierten Regime entsprechen Phasen mit hohen Renditen und niedrigen Volatilitäten sowie niedrigen Renditen und hohen Volatilitäten. Eine Ausnahme bilden die Fonds Equity Market Neutral, Global Macro sowie Long/Short Equity, bei denen Phasen hoher Rendite auch eine hohe Volatilität besitzen. Auch BILLIO et al. (2006) untersuchen Hedge-Fonds-Renditen ebenfalls anhand von Markov-Switching-Modellen in einer multivariaten Form. Sie verwenden in ihrer Studie Hedge-Fonds-Indizes und definieren drei Phasen (Abwärts-, Aufwärts- und eine normale Phase), in denen unterschiedliches Renditeverhalten beobachtet wird. Für unterschiedliche Anlagestile verifizieren sie anhand von konstruierten, aber traditionellen Faktoren, wie z.B. Fama/French-Faktor, Credit Spread, VIX (Volatilitätsindex) u.a., signifikante Faktorsensitivitäten in unterschiedlichen Marktphasen.

Die präsentierten Studien sind in mehrerer Hinsicht kritisch zu betrachten. Oft werden Hedge-Fonds-Indizes zu Untersuchungen einbezogen, die einerseits Aggregate

[154] Vgl. HARDING und PAGAN (2002a), S. 1689.
[155] Meistens wird die Grenze für die Wahrscheinlichkeit der Phasenzugehörigkeit auf 50 % gesetzt.
[156] Vgl. MAHEU und MCCURDY (2000), S. 101 und HESS (2002), S. 1.

aus den tatsächlichen Hedge-Fonds-Reihen darstellen, wodurch wichtige Renditeeigenschaften geglättet sein könnten, andererseits sind Indizes mit verschiedenen systematischen Fehlern (engl. Bias) behaftet. Außerdem wird die Auswahl der Faktoren allein dem Signifikanztest überlassen, während die Faktoren jedoch nicht auf Multikollinearität überprüft werden. In der breiten Anzahl verwendeter Faktoren sind jedoch starke Abhängigkeiten zu vermuten. Aus diesem Grund können die Ergebnisse der Untersuchungen unzuverlässig sein.

In den präsentierten Studien werden Hedge Fonds in Bezug auf Phasen anderer Assetklassen untersucht. Dabei werden die Untersuchungen häufig in den vordefinierten Regimen des S&P500 durchgeführt, wodurch die tatsächlichen Veränderungen der multiplen Faktorsensitivitäten nicht erfasst werden können, es sei denn, sie verändern sich simultan zum S&P500, was aber eher unwahrscheinlich ist. Dieser Kritikpunkt ist jedoch nicht modellspezifisch und richtet sich eher an die Herangehensweise der empirischen Studien.

4.6 Zusammenfassung

In diesem Kapitel wurde ein theoretischer Rahmen für das Verständnis der Phasenmodelle aufgestellt. Eine der ältesten Theorien der Wirtschaftswissenschaften ist die Wirtschaftszyklentheorie. Anhand dieser Theorie werden die Auf- und Abwärtsbewegungen der Wirtschaft erklärt und die Zyklen-treibenden Faktoren identifiziert. Die meisten Ansätze aus dieser Theorie wurden für die Theorie der Finanzmarktzyklen übernommen. Die beiden Theorien sind sehr eng aneinander gebunden, da die Wirtschafts- und Finanzmarktzyklen eine ständige Rückkopplung erfahren. Unterschiedliche Autoren entwickelten theoretische Konzepte, nach denen zyklische Bewegungen der Märkte erklärt werden. Die empirische Forschung findet z.T. unterstützende Befunde für die theoretischen Ansätze. Mehrere Autoren glauben, die treibende Kraft der Zyklen in nicht zu beobachtenden Faktoren wie z.B. Konsum/Wohlstand zu identifizieren. Andere sehen die Ursache der zyklischen Bewegungen der Märkte nicht nur in einem Faktor, sondern in der Kombination mehrerer Faktoren.

Parallel zu der Wirtschafts- und Finanzmarktzyklentheorie wurden ökonometrische Phasenmodelle durch verschiedene Forscher entwickelt und zur Erklärung und Prognose von Zyklen implementiert. Auch dieser Forschungszweig ist an die beiden anderen Forschungszweige sehr eng gebunden. Tab. 4.1 fasst die Klassifikationsmöglichkeiten von Phasenmodellen zusammen.

Hedge Fonds wurden als ein Studienobjekt in die präsentierten Theorien eingebunden. Hedge Fonds stellen keine eigenständige Assetklasse dar, da sie nicht als homogene Gruppe mit annähernd identischen Anlagen, die im Zeitablauf einen Vermögensstrom erzeugen sowie einen Marktwert besitzen, klassifiziert werden können.[157] Hauptsächlich verdanken die Hedge Fonds ihre Heterogenität der großen Vielfalt an Anlagestilen, die aus der Kombination von Anlagestrategien und Instrumenten resul-

157 Vgl. POSMECK (1994), S. 115.

Tabelle 4.1: Klassifikationsmöglichkeiten von Phasenmodellen

Klassifikationsart	**Methoden**	**Beispiele von Modellen und/oder Studien**
nach dem zugrunde liegenden Modell	-parametrisch - nichtparametrisch	HAMILTON (1989) HARDING und PAGAN (2002b)
nach der Art der Phasenbestimmung	-Wertentwicklung (Kurswert)	FRANKE und SETHI (1998), PAGAN und SOSSOUNOV (2003), HARDING und PAGAN (2003), Kap. 6.3
	-Rendite	HAMILTON (1989), CHAUVET und POTTER (2000), EDWARDS und CAGLAYAN (2001b), BILLIO et al. (2006), Kap. 6.2 und 6.4.1
	-Varianz	HAMILTON (1989), MAHEU und MCCURDY (2000), Kap. 6.4.1
	-Rendite-Varianz	HAMILTON (1989) 6.4.1 Kap. 6.4.1
	-Koeffizienten	HAMILTON (1989), PODDIG et al. (2006), Kap. 8.3.3
	-Koeffizienten/-Varianz	HAMILTON (1989), Kap. 8.3.3

tieren. Aus diesem Grund gestaltet es sich schwierig, einen theoretischen Rahmen für *einen* Phasenablauf für die große Vielfalt von Hedge Fonds aufzustellen.

In dem theoretischen Teil dieser Arbeit wurde die Hypothese aufgestellt, dass Phasen von Hedge Fonds und Investmentfonds aus dem Phasen-Mix unterschiedlicher Finanzmärkte, in die diese Fonds anlegen, resultieren. Eine Ableitung von Fondsphasen anhand der zugrunde liegenden Finanzinstrumente wird erschwert, wenn ein Fonds Diversifikationseffekte anstrebt und (im Falle von Hedge Fonds) Leerverkäufe einsetzt, wodurch einzelne Zyklenverläufe unterschiedlicher Finanzmärkte überlappen können. Trotzdem kann davon ausgegangen werden, dass sowohl Hedge Fonds als auch Investmentfonds einem zyklischen Ablauf folgen. Die Abwärtsbewegungen sind bei beiden Fondstypen in Zeiten einer Stagnation der meisten Finanzmärkte zu erwarten. Die kürzesten Abwärtstrends sind bei FoF's zu vermuten, da sie stark diversifizieren und die meisten Abwärtsbewegungen von Fonds ausgleichen.

Nach der Auswertung der empirischen Studien der Literatur zu Phasenabläufen und Hedge Fonds ist festzuhalten, dass Hedge Fonds überwiegend in Bezug auf das Marktgeschehen bzw. andere Assetklassen untersucht werden. Dies kann dadurch begründet werden, dass Hedge Fonds tatsächlich nicht als eine eigenständige Assetklasse betrachtet werden und hauptsächlich bei der Suche nach neuen Diversifikationsmöglichkeiten untersucht werden. Jedoch ist zu vermuten, dass Hedge Fonds eigenständige Phasen erfahren, die an die Phasen der ihren Investitionen zugrunde liegenden Finanzmärkte gekoppelt sind. Um die Zusammenhänge zwischen Fonds und

Finanzmärkten anhand von Sensitivitäten verschiedener Risikofaktoren adäquat feststellen zu können, müssen Phasen eindeutig definiert werden. Wie die Ausführungen dieses Kapitels zeigen, sind „Phasen" durch verschiedene Autoren unterschiedlich definiert, weswegen eine adäquate Definition festgelegt werden muss.

Der empirische Teil der Arbeit versucht, die zentralen Fragen dieser Arbeit in Bezug auf phasenabhängiges Verhalten der Hedge Fonds und die Zusammenhänge mit Finanzmarktzyklen zu beantworten.

Teil II

Phasenmodelle zur Erklärung der Fondsrendite (Empirische Untersuchungen)

5 Statistische Charakteristika von Fondsrenditen

5.1 Einleitung

Im theoretischen Teil der Arbeit wurden die wichtigsten Grundlagen zu Hedge Fonds, der Stilanalyse und Phasenmodellen präsentiert. Im empirischen Teil der Arbeit werden die einzelnen Aspekte zusammengeführt und simultan betrachtet. Aus den Auswertungen der bestehenden Literatur zu Hedge Fonds geht hervor, dass Hedge Fonds noch nicht vollständig erforscht sind. Hedge Fonds werden als eine neue Anlagealternative betrachtet, die evtl. Chancen auf eine höhere Rendite und eine bessere Absicherung der Risiken verspricht. Die Praxis hat jedoch genügend Beispiele geliefert, nach denen Hedge Fonds nicht immer attraktive Anlagemöglichkeiten darstellen. Zu untersuchen wäre, wie sich Hedge Fonds tatsächlich verhalten, wie sie sich in verschiedenen Finanzmarktphasen darstellen und ob ein bestimmtes (zyklisches) Muster, das dem der traditionellen Assetklassen gleicht, in ihrem Verhalten zu identifizieren ist. Entscheidend ist die Frage, ob Hedge Fonds in verschiedenen Marktsituationen ihre angebliche Superiorität über die traditionellen Anlagen wie den Investmentfonds beweisen können und ob sie einen Schutz vor Gewinneinbrüchen in schwachen Märkten zu leisten in der Lage sind.

Die in dieser Arbeit durchgeführten Untersuchungen unterscheiden sich in mehrerer Hinsicht von den bereits bestehenden Studien. Die folgenden Analysen basieren zum Einen auf einem großen Datensatz von Hedge- und Investmentfondsdaten. Die Auswertungen werden für alle Fonds einzeln durchgeführt, wobei lediglich die Ergebnisse z.T. verdichtet und aggregiert werden. Diese Vorgehensweise unterscheidet sich von den in der Literatur oft präsentierten Studien, in denen Fondsindizes für die empirischen Untersuchungen einbezogen werden. Wie bereits angemerkt, können anhand solcher Auswertungen keine pauschalen Aussagen über einzelne Hedge Fonds gemacht werden, da Hedge-Fonds-Indizes nicht immer repräsentativ für die ganze Hedge-Fonds-Branche sind und durch ihren Aufbau (die Aggregation der Zeitreihen) einige wichtige stilisierte Eigenschaften der Zeitreihen verloren gehen können. In den in dieser Arbeit durchgeführten Studien werden diese Defizite vermieden.

Weiterhin wird in der empirischen Forschung die Performance von Hedge Fonds meistens in verschiedenen Finanzmarktphasen untersucht. Dies wird durch die Notwendigkeit der Erkenntnis über die tatsächliche Absicherung durch Hedge-Fonds-Anteile in schwachen Märkten begründet. In der Tat kann die Performance der Hedge Fonds in sich abwärts bewegenden Märkten von Interesse sein, jedoch werden bei einer Betrachtung in vordefinierten Marktphasen die extremen Performanceentwicklungen von Hedge Fonds nicht identifiziert. Auch die Messung der variierenden systematischen Risiken in den vordefinierten Finanzmarktphasen kann nicht ausreichend sein. Vielmehr ist zu vermuten, dass Hedge Fonds ihre eigenen Marktphasen erfahren. Wenn dies tatsächlich der Fall ist, können die Phasen von Hedge Fonds und die der Finanzmärkte einen versetzten Verlauf aufweisen. Die Auswertung der Hedge-Fonds-Performance in z.B. Finanzmarktphasen würde es dann nicht ermöglichen, vollständige Informationen über die extremen Wertentwicklungen der Hedge Fonds in Erfahrung zu bringen. In den vorliegenden Studien werden deshalb die Wertentwicklung von Hedge Fonds ebenfalls auf eigene Marktphasen untersucht.

Die letzte Unterscheidung der vorliegenden Untersuchungen betrifft die erklärenden Faktoren und die Auswahl des Modells. In den aktuellen Studien zu Hedge Fonds werden oft neue Stilfaktoren konstruiert, die ein nichtlineares Verhalten der Hedge-Fonds-Renditen erfassen sollen. Auch im Rahmen der Erklärungsmodelle durch traditionelle Indikatoren werden oft Faktoren konstruiert, die z.T. als Stilfaktoren bezeichnet werden. Die Erklärungskraft dieser beiden Gruppen von Faktoren ist zwar nicht zu unterschätzen, jedoch ist die Interpretation der Faktoren nicht einfach. In der vorgelegten Studie wird eine andere Vorgehensweise angewandt, um den besonderen Eigenschaften der Hedge-Fonds-Rendite Rechnung zu tragen. Anhand von traditionellen Stilfaktoren und nichtlinearen Phasenmodellen wird versucht, einerseits die nichtlinearen Strukturen adäquat abzubilden und andererseits die Deutung der Ergebnisse durch eine direkte Verbindung zu den traditionellen Stilfaktoren zu erleichtern. Die Phasenmodelle ermöglichen eine intuitive und einfachere Modellierung, die mithilfe einer schrittweise Linearisierung kompliziertere Zusammenhänge abbilden kann.

Weitere einzelne Besonderheiten der vorgelegten Untersuchungen werden jeweils gesondert im Laufe der Studien betont. Im folgenden Kapitel werden zunächst die zentralen Ziele der empirischen Untersuchungen definiert und in einer feineren Strukturierung die Fragestellungen der einzelnen Kapitel aufbereitet.

5.2 Zielsetzung und Vorgehensweise der empirischen Untersuchungen

Das Hauptziel der Arbeit liegt in der Identifikation des Zusammenhangs zwischen Renditeentwicklungen von Hedge Fonds und Phasen der Finanzmärkte. Die Identifikation des Zusammenhangs ist entscheidend, um Hedge Fonds als eine attraktive oder weniger attraktive Anlagemöglichkeit zu identifizieren, woraus sich Charakteristika in Bezug auf Diversifikationsmöglichkeiten insbesondere in schwachen Märkten ableiten ließen. Parallel zum Hauptziel werden drei weitere zentrale Ziele für diese Arbeit definiert (vgl. Abb. 5.1):

- Vergleich von Hedge Fonds und Investmentfonds
- Hinterfragung der Validität der Anlagestilklassifikationen von Datenbanken
- Modellierung und Erklärung von Fondsphasen

Das erste Ziel wird in der ganzen Arbeit verfolgt, wobei in jedem theoretischen und in jedem empirischen Kapitel ein ständiger Vergleich zwischen Investment- und

Hedge Fonds erfolgt. Das zweite Ziel ist an die Problematik der Anlagestilklassifikationen gekoppelt, die bereits im theoretischen Teil der Arbeit mehrmals angesprochen wurde und die für die empirischen Auswertungen eine wichtige Rolle spielen. Das dritte Ziel vereinigt alle drei theoretischen Kapitel und knüpft direkt an das Hauptziel der Arbeit an. Abb. 5.1 veranschaulicht die zentralen Zielsetzungen der bevorstehenden empirischen Studien und ihre Verbindungen zu einzelnen empirischen Kapiteln. Um die zentralen Ziele der Arbeit zu erreichen, müssen mehrere Zwischenziele definiert werden.

Die empirischen Untersuchungen beginnen mit der Beschreibung von deskriptiven Statistiken der Hedge- und Investmentfondsrenditen. Damit wird das Ziel verfolgt, die theoretischen Vergleiche der beiden Fondstypen auszuweiten und die zentralen Unterschiede in Bezug auf die Renditeeigenschaften zwischen Investment- und Hedge Fonds auszuarbeiten.

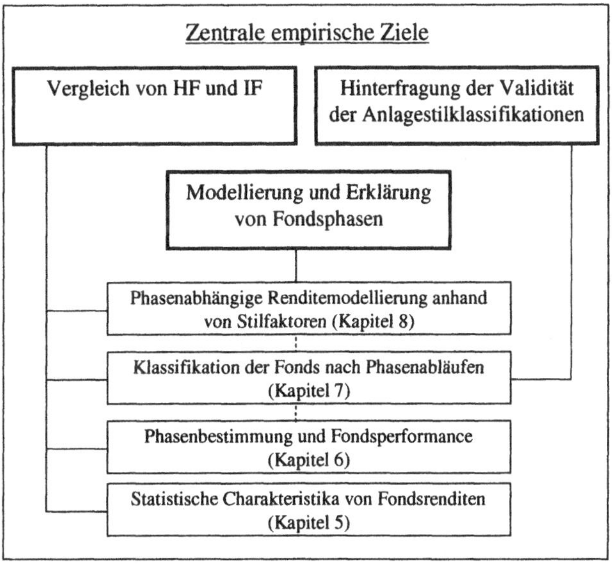

Abbildung 5.1: Empirische Zielsetzungen

Die Abbildung erfasst die zentralen Ziele der Untersuchungen und ihre Verbindungen zu den einzelnen Kapiteln der empirischen Untersuchungen.

Die Betrachtung von Phasen steht im Mittelpunkt der Arbeit und ihre Bestimmung ist zentral für die weiteren Untersuchungen. Wie bereits im theoretischen Teil der Arbeit erläutert, können sich die Forscher nicht einigen, wie Phasen einheitlich definiert werden können. Diese Problematik wird im empirischen Teil erneut aufgegriffen und untersucht. Dabei wird das Ziel verfolgt, die bestehenden Methoden zur Phasenbestimmung zu vergleichen und für die weiteren Untersuchungen eine geeignete Phasendefinition auszusuchen. Auch hier werden die Differenzen in der Performance zwischen Investment- und Hedge Fonds untersucht.

In der in dieser Arbeit aufgestellten Studie wird eine große Anzahl von Fonds ausgewertet. Da die Ergebnisse für alle Fonds einzeln nicht diskutiert werden können, werden sie für die vordefinierten Anlagestilgruppen erfasst. Die Aggregation der Fonds in Gruppen ergibt jedoch nur dann Sinn, wenn die Gruppen einen gewissen Grad an Homogenität aufweisen. Aus diesem Grund wird in dieser Arbeit den von den Datenbankanbietern vorgegebenen Stilklassifikationen der Fonds gesondert analysiert. Dabei wird das Ziel verfolgt, die bestehenden Anlagestilgruppen auf ihre Homogenität zu überprüfen und ggf. neue, homogenere Gruppen zu bilden.

Der Stil eines Fonds ist die entscheidende Komponente im Renditebildungsprozess und ebenfalls im Phasenbildungsprozess. Diese Prozesse basieren auf der Vielfalt der Anlagen, in die Fonds investieren. Eine Stilanalyse ermöglicht, die Struktur der Fondsportfolios festzustellen und daraus Stilschwerpunkte abzuleiten. Dadurch wird der Renditebildungsprozess von Hedge Fonds analysiert und die Gemeinsamkeiten mit traditionellen Assetanlagen identifiziert. Ein Verständnis des Renditebildungsprozesses würde eine adäquate Beschreibung der Renditemerkmale von Hedge Fonds verschiedener Anlagestile ermöglichen und zu einer schlüssigeren Assetallokation verhelfen. Ein hierbei wichtiger Aspekt ist das Risiko der Hedge Fonds, welches durch diese Studien zwar am Rande untersucht wird, jedoch aus den identifizierten, besonderen Eigenschaften der Hedge Fonds herausgearbeitet werden kann.

Weiterhin ist von allgemeinem Interesse, die bestehenden Phasenmodelle auf ihre Tauglichkeit bei der Modellierung der Hedge-Fonds-Rendite zu überprüfen. Zur Verfolgung des Hauptziels der Arbeit werden Kalman Filter und Markov-Switching-Modelle eingesetzt. Diese komplexen Verfahren werden auf ihre Tauglichkeit hin überprüft und einem Vergleich mit einfacheren Methoden unterzogen. Hierbei soll festgestellt werden, ob die komplexeren Methoden den einfachen überlegen sind.

Der Fokus der Arbeit liegt in der Modellierung eines phasenabhängigen Verhaltens der Rendite. Finanzmärkte entwickeln sich ebenso wie die Konjunktur in Phasen. Aktien-, Renten-, Währungs- und Rohstoffmärkte folgen dabei einem bestimmten Zyklus. Hedge Fonds gehören jedoch zu einem neuen Anlagekomplex, da sie sich unterschiedlicher Finanzinstrumente und Anlagestrategien bedienen. Zu überprüfen ist deshalb, ob Hedge Fonds den allgemeinen Phasenentwicklungen an Finanzmärkten unterliegen und wie sich diese Entwicklungen in Abhängigkeit von den verfolgten Anlagestilen verändern. Hieraus leiten sich die folgenden drei Ziele ab: Erstens, Identifikation der Finanzmarktzyklen; zweitens, Identifikation der Zyklen von Hedge- und Investmentfonds; sowie drittens, die Modellierung der Fondsrendite anhand von Phasenmodellen bzw. unter Berücksichtigung der Finanzmarktzyklen.

In den folgenden Kapiteln werden einzelne empirische Untersuchungen präsentiert, welche in sich abgeschlossene Studien darstellen und des Weiteren als Zwischenschritte zur Erreichung des Hauptziels der Arbeit dienen. Abb. 5.2 veranschaulicht den Aufbau der empirischen Untersuchungen und die Fragestellungen der einzelnen Kapitel.

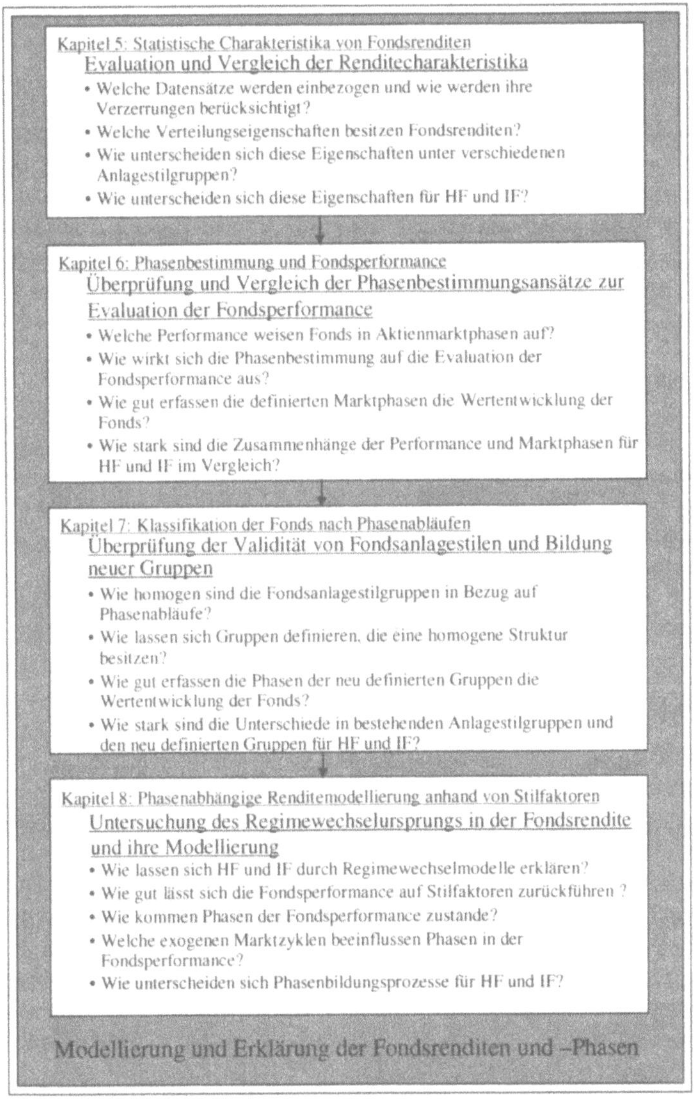

Abbildung 5.2: Empirische Zielsetzungen einzelner Kapitel

Die Abbildung erfasst die zentralen Ziele der empirischen Untersuchungen. Diese Ziele sind als Zwischenschritte zur Erreichung des Hauptziels der Arbeit zu verstehen. Für jedes Kapitel werden dessen zentrale Aufgabenstellung und die Zwischenfragen definiert. (HF und IF stehen für Hedge Fonds und Investmentfonds)

5.3 Datensätze

Die Untersuchungen von Hedge Fonds werden sehr stark durch einen beschränkten Zugang zu deren Daten erschwert. Zum Schutze der Anleger sind Hedge-Fonds-Daten nicht öffentlich zugänglich. Als Voraussetzung für einen unbeschränkten Zugriff auf die Datenbanken ist ein Status als *akkreditierter Investor* notwendig.[1] Die für die empirische Analyse verwendeten anonymisierten Daten entstammen den Datenbanken TASS, hedgefund.net und Eurekahedge.[2] Alle Fonds aus diesen drei Datenbanken werden in einer einzigen Datenbank zusammengefasst, wobei mehrfache Einträge gelöscht werden. Die Datenbank verfügt über 4.082 einzelne Hedge Fonds, deren historische Monatsrenditen eine unterschiedliche Länge besitzen, wobei ein Monat vor dem Stichtag (Dezember 2005) Monatsrenditen zu allen (4.082) Hedge Fonds vorliegen.[3]

Die vorhandenen Monatsdaten liegen im Zeitintervall vom 31. Januar 1990 bis zum 31. Dezember 2005. Für die Vergleichsstudien werden für den gleichen Zeitraum Datenreihen traditioneller Investmentfonds einbezogen, die einer Datenbank von 6.179 einzelner Fonds entnommen werden.[4] Die bereitgestellten Daten sind in Form einer monatlichen Fond-Performance dokumentiert. Diese Kennzahl basiert ebenso wie bei den Hedge Fonds auf den Inventarwerten der Fonds. Die Performance (P_F) eines Fonds wird als Abweichung über oder unter der 100% Marke (bzw. 1) bewertet. Damit ergibt sich die Rendite (R_F) des Fonds aus der Formel:

$$R_{F_t} = P_{F_t} - 1 \qquad \text{mit} \qquad P_{F_t} = \frac{NAV_t}{NAV_{t-1}} \tag{5.1}$$

Abb. 5.3 erfasst die Anzahl der Hedge Fonds und der Investmentfonds im Zeitablauf und präsentiert ein Histogramm mit der Anzahl der Fonds in Abhängigkeit von der Länge der historischen Renditen in den Datenbanken. Wie erwartet, verfügen Investmentfonds über eine größere Anzahl von Fonds mit einer längeren Datenhistorie. Die größere Zunahme der Hedge Fonds nach dem Jahr 2000 ist durch die Entstehung neuer Fonds und ihre Aufnahme in die Datenbank zu begründen. Aufgrund der ausreichenden Datenmenge in beiden Datenbanken werden für die Untersuchungen nur diejenigen Fonds einbezogen, die über eine Datenverfügbarkeit von mindestens fünf Jahren (60 Beobachtungsperioden) verfügen. Diese Mindestanforderung an die Daten ist insoweit notwendig, als die weiteren Untersuchungen eine Phasenentwicklung

[1] Ein akkreditierter Investor befindet sich in einer nachweisbar vermögenden Finanzlage und fällt damit nicht unter den Schutz des Anlegergesetzes. Der Begriff *accredited Investor* stammt aus den USA und wurde von der *Securities and Exchange Commission* zum Investorschutz eingeführt.

[2] Für weitere Informationen über die Datenbanken siehe u.a.: http://www.hedgeindex.com, http://www.hedgefund.net/, http://www.eurekahedge.com.

[3] Renditen werden bei Hedge Fonds wie diskrete Renditen, in diesem Fall als ein Wertzuwachs des *Inventarwertes* (*net asset value*) des Fonds zwischen zwei Perioden, berechnet.

[4] Der Datenbankanbieter für die traditionellen Investmentfonds ist die FERI Trust, eine Gesellschaft für Fondsanalyse, Managerselektion und Portfolioberatung.

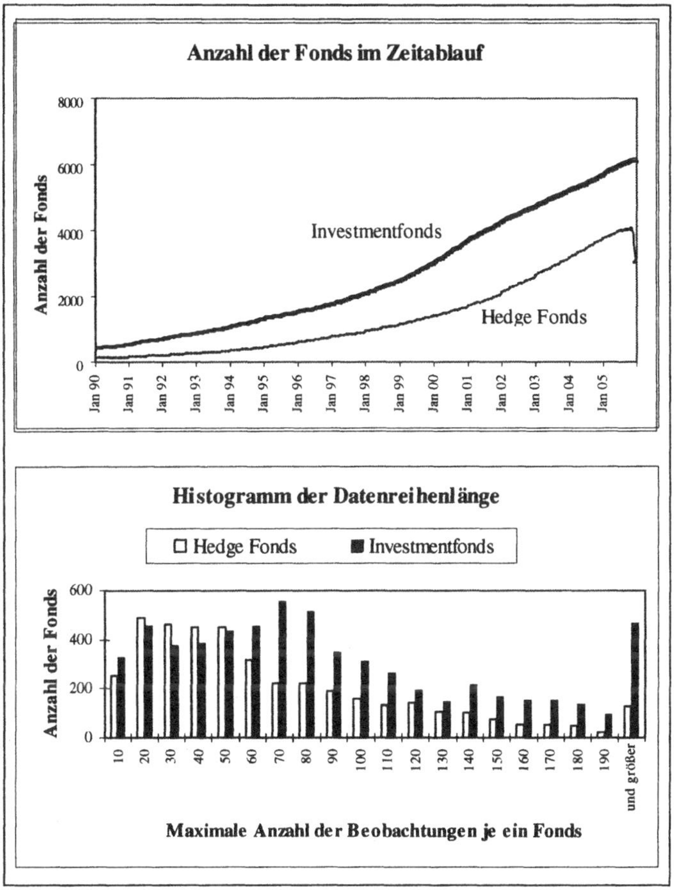

Abbildung 5.3: Datensätze der empirischen Untersuchung

Die Abbildung enthält zwei Diagramme zur Anzahl der Daten im Zeitablauf und der Datenlänge je Fonds. Hedge Fonds verfügen sowohl über eine kleinere Anzahl an Fonds als auch über eine kürzere Datengeschichte als die traditionellen Investmentfonds. Zum Stichtag Dezember 2005 war der Datensatz für Hedge Fonds noch nicht vollständig, wodurch die obere Graphik zu diesem Zeitpunkt einen Rückgang der Anzahl von Hedge Fonds zeigt.

zu überprüfen beabsichtigen, die bei kleineren Datensätzen nicht sinnvoll durchzuführen ist.

Abb. 5.4 zeigt die Anzahl der Fonds im Zeitablauf, die die Mindestanforderung von 60 Beobachtungen erfüllen. Insgesamt verbleiben nach der Selektion für die Untersuchung 1.706 Hedge Fonds und 3.788 Investmentfonds. Die ursprüngliche Datenbank beinhaltet keine unterbrochenen Zeitreihen sowie Zeitreihen von Fonds, die vor dem Stichtag aufgehört haben zu existieren, sodass zum Stichtag (Dezember 2005) sämtliche nach der Bereinigung in der Datenbank verbliebene Fonds am Markt weiterhin aktiv sind.[5]

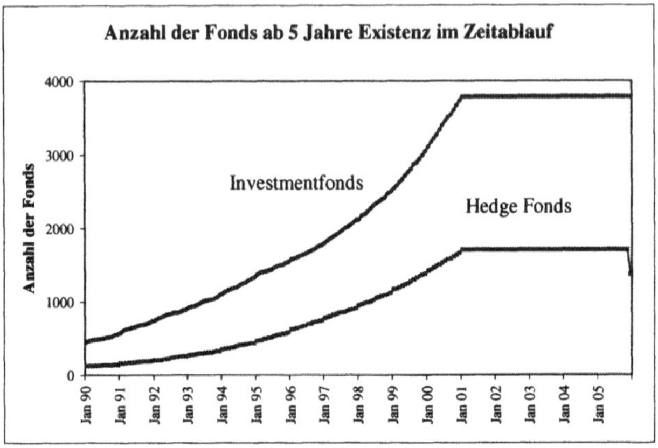

Abbildung 5.4: Übersicht der Zeitreihenlängen

Die Abbildung veranschaulicht die Anzahl der Fonds in den Datenbanken im Zeitablauf, wobei nur Fonds mit einer Mindestanzahl von 60 monatlichen Renditebeobachtungen (5 Jahre) betrachtet werden. Die gesamte Anzahl der Hedge Fonds und Investmentfonds in dem Gesamtzeitraum zwischen Januar 1990 und Dezember 2005 beträgt für den selektierten Datensatz 1.706 Hedge Fonds und 3.788 Investmentfonds.

Wie die Abb. 5.4 veranschaulicht, ist die maximale Anzahl der Fonds im Zeitraum zwischen den Jahren 2000 und 2005 zu beobachten. In den Jahren 1990 bis 2000 ist dagegen eine deutlich kleinere Anzahl von Fonds in den Datenbanken vertreten. Diese Erkenntnis kann die Interpretation der zukünftigen Ergebnisse beeinflussen, da in Anbetracht einer größeren Anzahl der Fonds zwischen den Jahren 2000 und 2005 einerseits und starker Marktfluktuationen in diesen Jahren andererseits eine eventuelle Verzerrung z.B. der gesamten Fondsperformance verursacht werden konnte.

Die Hedge Fonds werden in neun zentrale Anlagestilgruppen unterteilt: Equity Hedge, Event Driven, Fixed Income Investing/Trading, Fund of Funds, Long Only, Multi Strategy, Relative Value, Tactical Trading und „Andere“.[6] Tab. 5.1 gibt eine Übersicht über die Anzahl der Hedge Fonds sowie über ihre Verteilung auf die einzelnen Anlagestilgruppen für die jeweiligen Datensätze vor und nach der Selektion an.[7]

Die traditionellen Investmentfonds werden in sechs zentrale Anlagestilgruppen eingeteilt: Aktien, Renten, Dachfonds, Mischfonds, Geldmarkt und „Andere“. Die

[5] Einige wenige Hedge Fonds haben ihre Performance am Stichtag noch nicht berichtet. Dies bedeutet jedoch keine Einschränkung für die weiteren Auswertungen, da die verwendeten Methoden dies berücksichtigen.

[6] Die Unterteilung und die Beschreibung der einzelnen Subanlagestile ist im Anhang (A.1, S. 429 erläutert.

[7] Siehe die gleiche Tabelle für Investmentfonds im Anhang Tab. A.1, S. 442.

Tabelle 5.1: Anzahl der Hedge Fonds nach Anlagestilgruppen

Die Tabelle gibt eine Übersicht der Anzahl und Anteile der Hedge Fonds in den einzelnen Anlagestilgruppen für alle Fonds und mit der Mindestanzahl von 60 Beobachtungen (5 Jahre historischer Renditen). Die Summe aller Fonds ergibt sich aus den fett markierten Zahlen. *n.k.* steht für *nicht klassifizierte* Fonds innerhalb einzelner Anlagestilgruppen.

	Alle		**mind. 5 Jahre**	
Anlagestil	Anzahl	Anteile	Anzahl	Anteile
Equity Hedge	**1319**	**32,3%**	**519**	**30,4%**
n.k	925	22,7%	339	19,9%
Equity Long Bias	197	4,8%	112	6,6%
Equity No Bias	142	3,5%	40	2,3%
Equity Short Bias	20	0,5%	12	0,7%
Mixed Equity Hedge	35	0,9%	16	0,9%
Event Driven	**309**	**7,6%**	**141**	**8,3%**
n.k.	25	0,6%	8	0,5%
Distressed Securities	133	3,3%	47	2,8%
Mixed Event Driven	61	1,5%	28	1,6%
Risk Arbitrage	48	1,2%	38	2,2%
Special Situations	42	1,0%	20	1,2%
Fixed Income I/T	**40**	**1,0%**	**14**	**0,8%**
FoF	**993**	**24,3%**	**421**	**24,7%**
Long Only	**75**	**1,8%**	**35**	**2,1%**
Multi Strategy	**30**	**0,7%**	**12**	**0,7%**
Relative Value	**569**	**13,9%**	**206**	**12,1%**
n.k	52	1,3%	13	0,8%
Convertible Arbitrage	100	2,4%	50	2,9%
Credit Arbitrage	24	0,6%	1	0,1%
Equity Arbitrage	139	3,4%	49	2,9%
Fixed Income Arbitrage	185	4,5%	63	3,7%
Mixed Arbitrage	69	1,7%	30	1,8%
Tactical Trading	**656**	**16,1%**	**322**	**18,9%**
n.k.	8	0,2%	4	0,2%
Global Macro	178	4,4%	58	3,4%
Mixed Directional Trading	24	0,6%	15	0,9%
Mutual Fund Timing	10	0,2%	6	0,4%
Systematic	436	10,7%	239	14,0%
Andere	**91**	**2,2%**	**36**	**2,1%**
Summe der Hedge Fonds	4082	100%	1706	100%

weitere Unterteilung in Subanlagestile fällt bei Investmentfonds viel fragmentierter aus als bei Hedge Fonds, die maximal fünf Subanlagestile beinhalten. Im Gegensatz dazu besitzt bei den traditionellen Investmentfonds z.B. der Anlagestil „Aktien Fonds“ 58 Subanlagestilgruppen und der Anlagestil „Renten Fonds“ 31 Subanlagestile. Die Unterteilung und die Beschreibung der einzelnen Subanlagestile ist im Anhang (A.2, S. 431) genauer erläutert. Aus Gründen einer übersichtlicheren Darstellungsweise werden die folgenden Ergebnisse überwiegend nur für Hedge Fonds beschrieben. Die jeweiligen ausführlichen Auswertungstabellen für Investmentfonds sind im Anhang platziert.

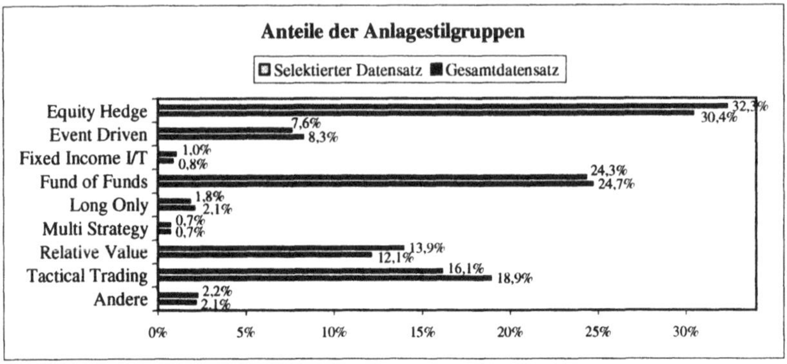

Abbildung 5.5: Anteile einzelner Anlagestile

Die Abbildung veranschaulicht Anteile einzelner Anlagestile der Hedge Fonds im vollständigen und selektierten Datensatz. Equity Hedge Fonds dominieren mit dem höchsten Anteil von 30, 4% andere Anlagestile im selektierten Datensatz, danach folgen Fund of Funds (24, 7%), Tactical Trading (18, 9%) und Relative Value (12, 1%). Die Rangfolge hat sich im selektierten Datensatz im Vergleich zum Gesamtdatensatz nicht verändert.

Abb. 5.5 stellt die Anteile der Anlagestilgruppen im Gesamtdatensatz sowie im selektierten Datensatz dar. Die Anteile haben sich nur marginal verändert (maximal 2, 8 Prozentpunkte bei Tactical Trading). Die Rangfolge der Anlagestile bleibt gleich, wobei Equity Hedge Fonds über den höchsten (30, 4%), Fund of Funds über den zweithöchsten (24, 7%), Tactical Trading über den dritthöchsten (18, 9%) und Relative Value über den vierthöchsten (12, 1%) Anteil verfügen (Angaben bezogen auf den selektierten Datensatz).[8]

5.4 Datenbanken Bias

Datenbanken können unterschiedliche Verzerrungen (engl. bias) beinhalten, die aufgrund einer überwiegenden Repräsentanz nur bestimmter, die Gesamtheit aller Fonds nicht widerspiegelnder Fonds, entstehen.[9] Eine Behandlung von Datenbankverzer-

[8] Siehe die gleiche Abbildung für Investmentfonds im Anhang Abb. A.1, S. 444.

[9] Wie FUNG und HSIEH (2000b) (S. 295) bemerken, können Fonds aufgrund einer Entscheidung der eigenen Fondsmanager, aufgrund der Selektion durch den Datenbankanbieter oder auch aufgrund einer Fusion von Fonds, Namensänderungen, einer Insolvenz oder aufgrund einer Liquidierung, aus der Datenbank entfernt werden.

rungen, insbesondere die dadurch entstehenden Beeinträchtigungen der Analyseergebnisse und die Auswirkungen auf statistische Auswertungen von Fondsdaten, findet sich in verschiedener empirischer Literatur.[10] Drei zentrale Klassen von Datenbankverzerrungen werden in der Literatur unterschieden: *survivorship bias*, *selection bias* und *instant history bias*.

Der **survivorship bias** kommt durch eine asymmetrische Zusammenstellung der Fonds durch die Datenbankanbieter zustande. Hierbei werden aktuell nicht mehr tätige Fonds durch ihre abgebrochene bzw. unterbrochene Berichterstattung nicht in die Datenbank aufgenommen bzw. wieder entfernt, so dass zum aktuellsten Zeitpunkt der Datenbank nur die noch operierenden Fonds in der Datenbank bestehen bleiben.[11] Der **survivorship bias** kann in einen *liquidation bias*, der aufgrund einer Auflösung der Fonds entsteht, und in einen *termination bias*, der aufgrund einer Reorganisation, Übernahme oder Fusion der Fonds zustande kommt, unterteilt werden.[12]

Da Hedge Fonds zum Schutze von Investoren nicht werben dürfen, beziehen die an Hedge Fonds interessierten Anleger alle für ihre Investitionsentscheidungen notwendigen Informationen aus den Datenbanken. Aus diesem Grund versuchen die Datenbankanbieter ausschließlich noch operierende Fonds in die Datenbanken einzubeziehen. Für eine Beurteilung der gesamten Branche könnte durch den Ausschluss der nicht mehr tätigen Fonds ein verzerrtes Gesamtbild entstehen. Insbesondere betrifft dies die Fondsperformance. Meistens besitzen zukünftig liquidierte Fonds eine andauernd negative Performance und die in den Datenbanken verbleibenden Fonds eine positive Performance. Wenn ausschließlich Fonds mit einer negativen Performance aus der Datenbank entfernt werden, entsteht ein verzerrtes Bild über die Gesamtperformance aller Fonds.[13]

Gemessen wird die Datenbankverzerrung in der empirischen Literatur anhand unterschiedlicher Techniken. BROWN et al. (1999) berechnen die Verzerrung aus der durchschnittlichen monatlichen Performancedifferenz der Fonds mit einer vollständigen Datengeschichte am Ende der Datenbank und Fonds mit einer abgebrochenen Datenstruktur. ACKERMANN et al. (1999) berechnen die Datenbankverzerrung aus der Differenz der Performance von erhaltenen (engl. surviving) und eliminierten (engl. dissolved oder defunct) Fonds, während LIANG (2000) sie als Differenz zwischen erhaltenen und allen Fonds bestimmt.

In der für die Untersuchung zur Verfügung stehenden Datenbank sind keine eliminierten Fonds enthalten, wodurch ein Vorkommen eines *survivorship bias* zu vermuten ist. Aufgrund fehlender Informationen kann die Datenbankverzerrung jedoch nicht quantitativ erfasst werden. In den bisherigen Studien liegen die Verzerrungen der Renditen in einer relativ hohen Spannbreite zwischen 0,4 und 3% p.a. Die starken

[10] Vgl. BROWN et al. (1992), CARHART (1997), FUNG und HSIEH (2000b), FUNG und HSIEH (2002b), AMIN und KAT (2003b) und BAQUERO et al. (2005).

[11] Siehe dazu FUNG und HSIEH (1997) sowie FUNG und HSIEH (2000b).

[12] Vgl. DENVIR und HUTSON (2006), S.6.

[13] LIANG (2000) zeigt, dass eine schwache Fondsperformance der zentrale Faktor für die Elimination des Fonds aus einer Datenbank ist.

Unterschiede der Auswertungen sind auf unterschiedliche Hedge-Fonds-Datenbanken mit verschiedener Datenqualität zurückzuführen.[14] In der Literatur werden für das erste Moment der Verteilung (Rendite) diese Werte der Verzerrungen jedoch als akzeptabel betrachtet.[15]

Für höhere Momente der Verteilung können die Auswirkungen des Bias stärker ausfallen, wobei hauptsächlich die Gefahr darin besteht, die Standardabweichung und Kurtosis zu unterschätzen sowie die Schiefe zu überschätzen. Basieren Auswertungen auf mit einem Bias behafteten Datenbanken, müssen die Ergebnisse mit Vorsicht interpretiert werden, da die Gesamtperformance der Fonds fälschlicherweise als besonders vorteilhaft eingeschätzt werden kann.[16]

Der **self selection bias** entsteht durch eine asymmetrische Berichterstattung von Fonds, wobei aufgrund einer eigenständigen Entscheidung der Fondsmanager die Fortsetzung der Veröffentlichung der Fondsperformance erfolgt.[17] Die Fondsinformationen werden nur mit dem Einverständnis der Fondsmanager in die Datenbank aufgenommen. Ist die Performance eines Fonds schwach, kann der Manager die Präsenz in der Datenbank verhindern. Aus diesem Grund wird vermutet, dass die Gesamtperformance der Fonds wegen der anzunehmenden Nichteinbeziehung von Fonds mit negativer Performance überhöht ausfällt.

Eine weitere Verzerrung kann dadurch entstehen, dass neue Fonds aus Marketingüberlegungen heraus ein größeres Interesse an der Veröffentlichung ihrer Fondsperformance besitzen, als bereits entwickelte, etablierte Fonds. Dabei stellen einige Fonds mit einer hohen Performance, die jedoch keine neuen Kunden mehr anwerben möchten, ihre Berichterstattung ein. Aus diesem Grund kann der zuvor beschriebene Effekt einer erhöhten Gesamtperformance durch den Ausschluss von performancestarken Fonds ausgeglichen werden.[18] Der *self selection bias* ist in den Datenbanken nur schlecht erkennbar und kann deshalb nicht genau gemessen werden. Durch den sich aufhebenden Effekt der extrem negativen und extrem positiven Renditen ist dieser Bias jedoch wenig bedeutend.[19]

Der **instant history bias** entsteht durch eine asymmetrische Berichterstattung von Fonds, die aufgrund der Einbeziehung ihrer historischen positiven Performancestruktur bei der Aufnahme in eine Datenbank zustande kommt.[20] Die meisten neuen Fonds veröffentlichen ihre bisherige Performance nachdem der Fonds die ersten positiven Renditen erzielt hat. Falls die erste Performance negativ war, werden die Renditen oft nicht veröffentlicht, um dem Image des Fonds nicht zu schaden. Aus diesem Grund

[14] Die in der Literatur publizierten Studien basieren überwiegend auf den Datenbanken: Managed Account Reports (MAR), Hedge Fund Research, Inc. (HFR) und TASS Management (TASS). Vgl. ACKERMANN et al. (1999), LIANG (2000), FUNG und HSIEH (2000b), AMIN und KAT (2003a) und CAPOCCI und HÜBNER (2004). Für Studien zu Investmentfonds siehe z.B. CARHART et al. (2002).

[15] Vgl. z.B. CAPOCCI et al. (2005), S. 373.

[16] Vgl. AMIN und KAT (2003b), S. 73.

[17] Vgl. ACKERMANN et al. (1999), S. 864.

[18] Vgl. FUNG und HSIEH (2000b), S. 299.

[19] Vgl. ACKERMANN et al. (1999), S. 872.

[20] Vgl. LHABITANT (2004), S. 92.

kann eine Verzerrung in dem Gesamtbild der Fondsperformance entstehen, bei der die historische Gesamtrendite erhöht ausfällt.

Bevor ein Fonds zum ersten Mal seine Performance bzw. die historischen Renditen meldet, vergehen häufig 15 bis 27 Monate.[21] Um die Verzerrung zu messen, werden zwei gleichgewichtete Portfolios gebildet, welche die Renditen aller Fonds und die Renditen der Fonds ohne die ersten 12, 24, 36, 48 und 60 Monate beinhalten. Es werden die durchschnittlichen Monatsrenditen der beiden Portfolios berechnet und ihre Differenz gemessen.[22] Liegt ein *instant history bias* vor, fällt die Performancedifferenz der Portfolios hoch aus.

Für die der Untersuchung zugrundeliegende Datenbank konnte ein *instant history bias* nach der Vorgehensweise von FUNG und HSIEH (2000b) ermittelt werden. Dabei werden die durchschnittlichen Renditen für einerseits ein monatliches, gleichgewichtetes Gesamtportfolio, sowie andererseits für eine Reihe verkürzter gleichgewichteter Portfolios berechnet. Bei den verkürzten Portfolios werden, ausgehend vom Gesamtportfolio, die ältesten 12 bis 180 Beobachtungen (in 12er Schritten) nicht berücksichtigt. Wenn im Durchschnitt eine Datenbank mit verkürzten Zeitreihen eine kleinere Rendite als eine Datenbank mit nicht verkürzten Zeitreihen aufweist, dann besteht ein Bias, der darauf hindeutet, dass überwiegend Fonds mit einer positiven, vergangenen Performance in die Datenbank aufgenommen werden. Die linke Seite der Tab. 5.2 veranschaulicht die Berechnung des *instant history bias* für den selektierten Datensatz von 1706 Hedge Fonds. Der annualisierte durchschnittliche Bias beträgt 1,42% p.a., was sich nicht wesentlich von verschiedenen empirischen Studien unterscheidet.[23] Dieselben Untersuchungen werden in einem weiteren Schritt zusätzlich anhand der Residualrendite berechnet, um den Einfluss der Marktentwicklung auszuschalten und somit eine mögliche Verzerrung der Bias-Berechnung zu vermeiden (vgl. die rechte Seite der Tab. 5.2).[24] Der Wert des Bias hat sich nach der Bereinigung von Markteinflüssen auf 1,57% p.a. leicht erhöht. Dies bekräftigt die Annahme eines *instant history bias*, der unabhängig von den Marktbewegungen lediglich durch die Aufnahmepräferenzen der Hedge-Fonds-Manager entsteht. Wie FUNG und HSIEH (2003) anmerken, ist der *instant history bias* für Hedge Fonds charakteristisch.[25] Dies wird indirekt durch die Auswertungen des Bias für Investmentfonds in Tab. A.2 (im Anhang, S. 445) bestätigt. Für Investmentfonds wurden abwechselnd positive und negative Renditedifferenzen der Portfolios berechnet. Dies deutet darauf hin, dass Fonds sowohl mit einer positiven als auch mit einer negativen, vergangenen Performance in die Datenbank aufgenommen werden. Insgesamt wird der negative Wert des Bias (sowohl für die Rendite (-1,11 %) als auch für die Residualrendite (-0,56%)) berechnet, was auf einen fehlenden Bias hindeutet.

---

21 Vgl. FUNG und HSIEH (2000b), S. 298.

22 Vgl. FUNG und HSIEH (2000b), S. 298, CAPOCCI et al. (2005), S. 374.

23 Vgl. u.a. FUNG und HSIEH (2000b) (1,4%) und CAPOCCI et al. (2005) (1,32%).

24 Die Residualrendite wurde als Störterm aus der Regression einer Fondsrendite gegen die Rendite des MSCIW berechnet.

25 Vgl. FUNG und HSIEH (2003), S. 5.

Tabelle 5.2: Berechnung des *instant history bias*

Die Tabelle veranschaulicht Berechnungen des *instant history bias*, die für den selektierten Datensatz von 1706 Hedge Fonds erfolgten. In der zweiten Spalte (der linken Hälfte der Tabelle) ist die durchschnittliche monatliche Rendite des gesamten Portfolios sowie mehrerer verkürzter Portfolios, die eine bestimmte Anzahl älterer Beobachtungen nicht berücksichtigen, angegeben. Die durchschnittliche annualisierte Differenz beträgt 1,42% p.a. (MW steht für Mittelwert). Für Residualrendite beträgt der Bias 1,57% p.a.

	Rendite			Residuale Rendite		
	MW (%)	Differenz (%)	p.a. (%)	MW (%)	Differenz (%)	p.a. (%)
Alle	1,06			0,00		
12M	1,05	0,00	0,04	-0,01	0,01	0,07
24M	1,05	0,01	0,12	-0,01	0,01	0,13
36M	1,05	0,01	0,13	-0,01	0,01	0,17
48M	1,03	0,03	0,35	-0,03	0,03	0,35
60M	1,04	0,02	0,18	-0,02	0,02	0,20
72M	1,03	0,03	0,36	-0,03	0,03	0,31
84M	1,00	0,06	0,72	-0,05	0,05	0,62
96M	0,96	0,10	1,16	-0,08	0,08	0,93
108M	0,99	0,06	0,76	-0,01	0,01	0,15
120M	0,86	0,20	2,41	-0,10	0,10	1,17
132M	0,81	0,25	3,00	-0,19	0,19	2,33
144M	0,83	0,23	2,75	-0,27	0,27	3,24
156M	0,98	0,08	0,92	-0,30	0,30	3,61
168M	0,73	0,33	4,02	-0,43	0,43	5,33
180M	0,70	0,35	4,31	-0,41	0,41	4,99
MW			1,42			1,57

Aus dem ursprünglich vorliegenden Datensatz werden Fonds mit historischen Renditen von unter 60 Perioden aus der Datenbank entfernt. Die reduzierte Datenbank kann aufgrund der vorgenommenen Selektion der Fonds eine Verzerrung enthalten, weshalb eine Untersuchung der Datenbankverzerrung auf Basis der Selektion vorgenommen wird. Die Verzerrung wird anhand der Differenz der durchschnittlichen monatlichen Rendite der Gesamtdatenbank und der selektierten Datenbank sowohl für Hedge Fonds als auch für Investmentfonds berechnet. Nach der Selektion beträgt die durchschnittliche annualisierte Verzerrung für Hedge-Fonds-Renditen 0,34% p.a. Tab. 5.3 veranschaulicht die Berechnung der Verzerrung für die unterschiedlichen Anlagestilgruppen. Die Verzerrung für Investmentfonds ist deutlich geringer und beträgt 0,04% p.a. (vgl. Tab. A.3 im Anhang, S. 445). Die Ursache für den Unterschied kann in dem größeren Anteil an entfernten Hedge Fonds liegen. Aus der ursprünglichen Datenbank wurden 38% der Investmentfonds und 58% der Hedge Fonds entfernt. Weiterhin gehören die entfernten kurzen Zeitreihen meistens zu denjenigen Fonds, die eine negative Performance aufweisen und die in Phasen negativer Marktentwicklungen verstärkt ihre Tätigkeit aufgeben. Aus diesem Grund kann der Renditeunterschied zwischen dem selektierten und dem vollständigen Datensatz bei Hedge Fonds höher ausfallen.

Tabelle 5.3: Berechnung der Datenselektionverzerrung

Die Tabelle veranschaulicht die Berechnung der *Datenbankverzerrung aufgrund der Selektion* anhand der Gesamtdatenbank (4082 Hedge Fonds) und dem selektierten Datensatz (1706 Hedge Fonds). In den ersten zwei Spalten ist die durchschnittliche monatliche Rendite der gesamten sowie der selektierten Datenbank für die einzelnen Anlagestile angegeben. Die Differenz aus den beiden Renditen sowie die absoluten (abs.) annualisierten Werte der Differenz sind in den weiteren Spalten angegeben. Die durchschnittliche annualisierte Datenbankverzerrung beträgt insgesamt 0,34% p.a. (MW steht für Mittelwert).

	MW Monatsrendite (%)		Differenz	
Hauptanlagestil	Alle Fonds (1)	Selektierte Fonds (2)	(1)-(2)	abs. p.a. (%)
Equity Hedge	1,43	1,44	-0,01	0,11
Event Driven	1,24	1,23	0,02	0,23
Fixed Income I/T	1,01	1,14	-0,12	1,07
FoF	0,87	0,88	-0,01	0,13
Long Only	1,27	1,24	0,03	0,40
Multi Strategy	0,97	1,00	-0,03	0,39
Relative Value	0,93	0,90	0,02	0,27
Tactical Trading	1,42	1,38	0,03	0,37
andere	1,51	1,51	0,00	0,05
MW				0,34

Zusammenfassend kann vermerkt werden, dass die durch unterschiedliche Auswahlkriterien der in der Datenbank verbleibenden Fonds entstehenden Verzerrungen grundsätzlich berücksichtigt werden müssen, unabhängig davon, dass diese Verzerrungen in akzeptablen Grenzen liegen. Durch eine bestimmte Selektion der Fonds können veränderte Renditeverteilungen in der Stichprobe entstehen. Die Renditen können dabei Unterschiede bis zu 5% p.a. z.B. aufgrund des *survivorship bias* aufweisen.[26] Viel gravierender sind die Auswirkungen auf die höheren Momente der Verteilung, wobei die Verzerrungen in der Standardabweichung, Schiefe und Kurtosis nicht immer messbar sind. Durch die Betrachtung z.B. der Standardabweichung eines Gesamtportfolios und eines reduzierten Portfolios können keine eindeutigen Rückschlüsse auf die Ursachen der unterschiedlichen Werte gezogen werden. Oft können *Diversifikationseffekte* von dem *survivorship bias* aufgrund einer unterschiedlichen Anzahl von Fonds in den untersuchten Portfolios kaum voneinander getrennt werden.[27]

Die Bias-Problematik wirkt sich jedoch auf die nachfolgenden Untersuchungen nur bedingt aus, da der Schwerpunkt der Arbeit darin liegt, allgemeinen Aussagen über die Phasenabhängigkeit und die Modellierung von Hedge-Fonds-Renditen zu treffen. Dabei besteht kein Interesse an der Bewertung der Vorteilhaftigkeit bzw. der Ertragsstärke der einzelnen Fondsanlagestile, für die die Auswirkung der Datenbankverzerrungen in viel stärkerem Maße zu berücksichtigen wären.

[26] Vgl. AMIN und KAT (2003b), S. 66.

[27] Vgl. AMIN und KAT (2003b) (S.69) für die Berechnung des Bias in höheren Momenten.

5.5 Deskriptive Statistiken

Anhand von deskriptiven Statistiken können erste Einblicke in die Verteilung der Hedge-Fonds-Rendite und über ihre besonderen Charakteristika im Vergleich zu traditionellen Investmentfonds erlangt werden. Tab. 5.4 zeigt die zentralen Statistiken Mittelwert, Standardabweichung, Median, Kurtosis und Schiefe. Die deskriptiven Statistiken wurden zuerst für jeden einzelnen Fonds ausgewertet und später durch Bildung von Mittelwerten und Standardabweichungen in einer Durchschnittsbetrachtung für jede Anlagestilgruppe aggregiert. Der Mittelwert, die Standardabweichung und der Median werden annualisiert, um eine greifbare Größe für eine einfachere Interpretation zu schaffen.[28]

Fund of Funds besitzen den kleinsten durchschnittlichen Mittelwert (9, 95% mit einer Standardabweichung von 4, 37%) und die Gruppe *Andere* Anlagestile den größten Mittelwert (18, 22% mit einer Standardabweichung von 14, 30%). Die höchste mittlere Standardabweichung (22, 03% mit einer Standardabweichung von 10, 16%) ist bei *Long Only* zu beobachten, was die höhere Streuung der Renditen der Fonds dieser Anlagestilgruppe widerspiegelt.

Die vergleichbar niedrigere Rendite (sowie ihre Standardabweichung) der Fund of Funds verwundert nicht. Wie bereits in Kap. 2.7.2 angemerkt, weisen FoF den kleinsten survivorship bias auf, da sie *alle* unterschiedlichen Fonds in ihr Portfolio einschließen, wodurch die Performance deutlich niedriger ausfällt, als bei den Datenbanken, die Fonds mit einer abgebrochenen und meistens negativen Performance nicht berücksichtigen.[29] Die niedrigeren Rendite der FoF's im Vergleich zu anderen Hedge-Fonds-Anlagestilen kann ebenfalls aufgrund hoher Kosten der Due Diligence und Strategieallokation bei FoF erklärt werden.[30]

An dieser Stelle muss angemerkt werden, dass wegen des in den Daten vorhandenen survivorship bias das absolute Niveau der Rendite mit Vorsicht beurteilt werden muss. MALKIEL und SAHA (2005) zeigen, dass die Differenz in den Renditen zwischen operierenden und verschwundenen Fonds sehr groß und viel signifikanter als dieselbe Differenz für Investmentfonds ist. Tatsächlich können in verschiedenen empirischen Studien z.T. abweichende Renditemittelwerte für unterschiedliche Anlagestile beobachtet werden.[31] Ein direkter Vergleich der Auswertungen anderer Studien ist aufgrund unterschiedlicher Datensätze und betrachteter Zeiträume nicht möglich.

Die Renditemittelwerte fallen bei den Investmentfonds tatsächlich deutlich niedriger aus (vgl. im Anhang Tab. A.4, S. 446). Die höchsten Werte für den durchschnittlichen Mittelwert (6, 39%, Standardabweichung 8, 04%) sowie die durchschnittliche Standardabweichung (22, 25%, Standardabweichung 6, 74%) gehören den Aktienfonds. Ebenfalls fällt der durchschnittliche Mittelwert für die gesamte Datenbank der

[28] Die Annualisierung erfolgt nach der Formel: $r_a = (1 + r_m)^{12} - 1$, wobei r_a und r_m entsprechend Jahres- und Monatsrendite sind. Für die annualisierte Volatilität werden die Monatswerte mit dem Faktor $\sqrt{12}$ multipliziert.

[29] Vgl. Kap. 2.7.2, S. 37.

[30] Vgl. LAMM JR. (2004), S. 20.

[31] Vgl. z.B. ACKERMANN et al. (1999), LIANG (1999) und DE SOUZA und GOKCAN (2004).

Tabelle 5.4: Deskriptive Statistiken von Hedge Fonds

Die Tabelle gibt eine Übersicht der Mittelwerte und Standardabweichungen von deskriptiven Statistiken für einzelne Anlagestilgruppen aller Hedge Fonds und Fonds mit der Mindestanzahl von 60 Beobachtungen (5 Jahre historischer Renditen). Der Mittelwert (MW), die Standardabweichung (SA) und der Median (M) der Renditen wurden annualisiert.

	MW % (p.a.)		SA % (p.a.)		M % (p.a.)		Kurtosis		Schiefe	
Anlagestil	MW	SA	MW	SA	MW	SA	MW	SA	MW	SA
Equity Hedge	**17,10**	**11,53**	**17,90**	**10,26**	**13,86**	**9,75**	**6,73**	**5,35**	**0,51**	**1,11**
n.k.	17,78	12,60	18,38	10,35	14,18	10,54	6,68	4,94	0,50	1,12
Equity Long Bias	18,17	8,89	19,54	10,31	15,21	7,73	7,36	6,41	0,60	1,16
Equity No Bias	12,37	7,73	10,09	6,78	10,31	6,55	5,53	3,30	0,47	0,79
Equity Short Bias	5,38	6,20	20,90	9,79	4,42	8,67	4,52	2,25	0,25	0,34
Mixed Equity Hedge	15,02	7,19	13,17	5,41	12,28	7,63	8,47	9,96	0,53	1,60
Event Driven	**15,01**	**11,38**	**9,81**	**8,53**	**14,00**	**10,15**	**8,39**	**7,26**	**-0,02**	**1,32**
n.k.	14,05	11,40	13,86	9,07	13,06	8,60	13,55	13,08	0,30	2,07
Distressed Securities	17,98	14,11	11,50	10,95	15,46	11,45	8,82	7,63	0,43	1,33
Mixed Event Driven	15,31	6,19	9,52	7,18	14,88	6,88	6,65	3,68	-0,34	0,96
Risk Arbitrage	11,39	11,94	6,55	5,37	11,32	11,96	6,85	3,39	-0,33	0,97
Special Situations	14,88	6,67	10,79	7,09	14,82	6,84	10,67	10,79	-0,19	1,73
Fixed Income I/T	**13,91**	**8,74**	**11,95**	**7,63**	**14,89**	**9,25**	**8,71**	**8,51**	**-0,75**	**1,24**
FoF	**9,95**	**4,37**	**7,23**	**5,01**	**9,40**	**4,40**	**7,64**	**6,92**	**-0,08**	**1,31**
Long Only	**16,94**	**11,74**	**22,03**	**10,16**	**20,81**	**18,67**	**7,64**	**8,48**	**-0,41**	**1,32**
Multi Strategy	**13,36**	**8,91**	**14,31**	**8,22**	**13,85**	**8,86**	**7,81**	**5,50**	**-0,61**	**1,10**
Relative Value	**10,50**	**5,68**	**7,15**	**4,83**	**10,12**	**5,02**	**8,31**	**11,17**	**-0,18**	**1,67**
n.k.	9,53	4,58	7,32	5,68	9,37	4,21	6,34	4,45	-0,49	0,82
Convertible Arbitrage	11,29	5,01	5,94	3,67	11,41	4,51	6,34	4,24	-0,08	1,04
Credit Arbitrage	7,95		3,79		8,41		4,61		-0,63	
Equity Arbitrage	9,65	5,11	8,73	4,61	8,24	3,36	5,74	4,10	0,27	0,96
Fixed Income Arbitrage	10,34	6,80	7,31	5,48	10,90	6,30	12,88	18,40	-0,88	2,41
Mixed Arbitrage	11,43	5,55	6,27	4,63	9,80	4,70	7,18	5,05	0,50	1,35
Tactical Trading	**14,10**	**8,67**	**17,66**	**9,44**	**9,63**	**8,59**	**5,48**	**4,53**	**0,47**	**0,84**
n.k.	15,61	7,28	12,15	2,63	13,75	8,16	18,91	17,07	1,80	2,63
Global Macro	14,61	9,21	13,04	8,15	10,77	7,95	6,08	3,00	0,49	0,81
Mixed Directional Trad.	10,61	4,92	12,99	6,53	7,55	3,16	4,05	1,18	0,26	0,52
Mutual Fund Timing	8,37	3,50	9,78	6,93	7,44	7,01	9,26	6,96	-0,75	1,64
Systematic	14,31	8,77	19,36	9,44	9,48	8,99	5,10	4,12	0,49	0,74
Andere	**18,22**	**14,30**	**16,98**	**16,07**	**11,18**	**7,37**	**8,94**	**7,43**	**0,64**	**1,79**
Alle	**13,76**	**9,53**	**13,25**	**9,93**	**11,61**	**8,62**	**7,14**	**6,94**	**0,19**	**1,28**

Hedge Fonds (13, 76%, Standardabweichung 9, 53%) deutlich höher aus als bei den Investmentfonds (5, 39%, Standardabweichung 6, 40%). Auch LIANG (1999) stellt bei Hedge Fonds im Allgemeinen eine um monatlich 0,25% Punkte höhere Rendite als bei Investmentfonds fest. Seine Untersuchungen basieren auf dem Zeitraum zwischen 1992 und 1996.[32]

Ähnlich stellen sich die Ergebnisse für den Median dar, wobei der durchschnittliche Median bei den Investmentfonds (7, 88%) über seinem durchschnittlichen Mittelwert liegt, was bei den Hedge Fonds (11, 61%) nicht der Fall ist. Die Übersicht

[32] Vgl. LIANG (1999).

der Renditen einzelner Anlagestile nach Quartilen unterscheidet sich in der Gesamtansicht für die beiden Fondstypen (siehe Tab. 5.5 und Tab. A.5, S. 448 im Anhang). Einzelne Anlagestile der Aktienfonds wie z.B. Emerging Markets zeigen sogar eine deutlich breitere Spanne als die der Hedge Fonds in der Renditeverteilung auf (siehe Spalte 5). Im Durchschnitt weisen Aktien eine höhere Quartilspanne (7,85%) als sie bei dem höchsten Wert für Equity Short Bias (7,04%) beobachtet wird auf. Dies deutet darauf hin, dass eine pauschale Aussage für den Vergleich der Hedge- und Investmentfondsrenditeeigenschaften nicht immer sinnvoll erscheint. In Abhängigkeit von dem ausgewählten Anlagestil von Hedge oder Investmentfonds können verschiedene Schlussfolgerungen gezogen werden. Investmentfonds mit dem Anlagestil Aktien besitzen eine breitere Renditeverteilungskurve als andere Investmentfonds und sogar als Hedge Fonds, was auf eine hohe Diversität der einzelnen Fonds innerhalb dieser Anlagegruppe sowie hohe Renditeschwankungen deutet.

Wesentliche Unterschiede zwischen Hedge- und Investmentfonds sind in den Statistiken der Kurtosis und Schiefe zu sehen. Die Kurtosis beschreibt die Wölbung der Verteilungskurve, während die Schiefe die Symmetrie einer Verteilung charakterisiert. Die Kurtosis und die Schiefe sind bei einer Normalverteilung entsprechend 3 und 0.[33] Eine Kurtosis höher als 3 deutet auf eine hohe Wahrscheinlichkeit relativ hoher Gewinne oder Verluste hin. Eine Kombination von hoher Kurtosis und negativer Schiefe ist besonders gefährlich, da sie mögliche hohe Verluste impliziert.[34]

Die mittlere Kurtosis für die gesamte Datenbank der Investmentfonds hat den Wert 3,91 (mit einer Standardabweichung von 2,91), während bei den Hedge Fonds die Kurtosis den Wert 7,14 (Standardabweichung 6,94) annimmt. Bei den nicht klassifizierten Fonds des Anlagestils *Tactical Trading* erreicht sie sogar den Wert 18,91 (Standardabweichung 17,07). Hohe Werte der Kurtosis bei den Investmentfonds sind nur im Einzelfall zu finden, wie z.B. bei Immobilienfonds (Mittelwert 11,31 und Standardabweichung 12,06), Renten Spezialitäten (Mittelwert 17,90 und Standardabweichung 11,34) und den Aktien- und Rentenfonds, die in Schwellenländer investieren. Die hohen Kurtosiswerte sind eindeutige Zeichen für das Fehlen einer Normalverteilung.

Die Schiefe ist bei den Investmentfonds überwiegend negativ mit einem durchschnittlichen Mittelwert von -0,14 (Standardabweichung 0,52) und bei den Hedge Fonds abwechselnd positiv und negativ mit einem durchschnittlichen Mittelwert von 0,19 (Standardabweichung 1,28). Die beiden Mittelwerte der Schiefe liegen nahe Null, was auf eine relativ symmetrische Verteilung hindeutet. Die Standardabweichung der Schiefe bei den Hedge Fonds übersteigt jedoch die der Investmentfonds um mehr als das Doppelte, so dass mehr Ausreißer bei der Schiefe in den einzelnen Anlagestilen der Hedge Fonds zu vermuten sind. Damit besitzen nicht alle Anlagestilgruppen der Hedge Fonds eine symmetrische Verteilung der Rendite. Wie be-

[33] Einige Definitionen für die Kurtosis beinhalten eine Subtraktion von 3, durch die der Wert der Kurtosis für die Normalverteilung auf 0 gesetzt wird. Der in dieser Arbeit verwendete Matlab-Algorithmus nutzt diese Form nicht.

[34] Vgl. KAT (2005), S. 52.

Tabelle 5.5: Quartile der Hedge-Fonds-Renditen

Die Tabelle gibt eine Übersicht der Quartile von mittleren Renditen der einzelnen Hedge-Fonds-Anlagestile und der Gesamtschau für Fonds mit der Mindestanzahl von 60 Beobachtungen (5 Jahre historischer Renditen). Die breiteste Quartilspanne (engl. inter-quartile-range) in der Renditeverteilung besitzen Equity Short Bias (7,04%) und die Long Only (6,98%). (N ist Anzahl der Fonds)

		Quartile %			
Anlagestil	N	1.	2.	3.	(1.)-(3.)
Equity Hedge	519	3,77	1,06	−1,48	5,24
n.k.	339	3,89	1,08	−1,50	5,38
Equity Long Bias	112	4,00	1,17	−1,62	5,62
Equity No Bias	40	2,41	0,81	−0,59	3,01
Equity Short Bias	12	3,69	0,34	−3,35	7,04
Mixed Equity Hedge	16	2,95	0,95	−0,79	3,74
Event Driven	141	2,48	1,07	−0,22	2,70
n.k.	8	2,67	1,01	−0,77	3,43
Distressed Securities	47	2,84	1,18	−0,21	3,05
Mixed Event Driven	28	2,62	1,15	−0,23	2,84
Risk Arbitrage	38	1,84	0,86	−0,08	1,92
Special Situations	20	2,58	1,15	−0,29	2,87
Fixed Income I/T	14	2,91	1,14	−0,66	3,57
FoF	421	1,82	0,75	−0,30	2,12
Long Only	35	4,72	1,51	−2,26	6,98
Multi Strategy	12	3,37	1,07	−1,33	4,71
Relative Value	206	1,81	0,80	−0,14	1,94
n.k.	13	1,81	0,74	−0,32	2,13
Convertible Arbitrage	50	1,79	0,90	0,06	1,73
Credit Arbitrage	1	1,30	0,68	0,14	1,17
Equity Arbitrage	49	1,95	0,66	−0,49	2,44
Fixed Income Arbitrage	63	1,75	0,85	−0,03	1,78
Mixed Arbitrage	30	1,74	0,78	−0,05	1,78
Tactical Trading	322	3,73	0,75	−1,91	5,64
n.k.	4	2,23	1,07	−0,02	2,25
Global Macro	58	2,92	0,84	−0,89	3,81
Mixed Directional Trading	15	3,01	0,61	−1,54	4,55
Mutual Fund Timing	6	2,26	0,59	−1,11	3,37
Systematic	239	4,03	0,73	−2,24	6,27
Andere	36	3,38	0,87	−1,08	4,46
Alle	1706	2,94	0,90	−1,00	3,94

reits angemerkt, implizieren hohe negative Werte der Schiefe eine besondere Gefahr für Investoren, da diese Werte auf erhöhte Risiken deuten. Hohe negative Werte der Schiefe wurden jedoch nur bei wenigen Anlagestilen der Hedge- und Investmentfonds festgestellt. Im Gegensatz zu den Auswertungen empirischer Studien aus der Literatur wurde hier für Fixed Income Fonds und Fixed Income Arbitrage Fonds eine hohe negative Schiefe (entsprechend -0,75 und -0,88) festgestellt.[35] Auch andere Anlagestile der Hedge Fonds wie z.B. Mutual Fund Timing, Credit Arbitrage und Multi Strategy besitzen erhöhte negative Werte der Schiefe. Vergleichbar hohe

[35] Vgl. z.B. DUARTE et al. (2005), S. 14.

negative Werte der Schiefe sind nur bei wenigen Anlagestilen der Investmentfonds, wie z.B. den Dachfonds Renten (-0,75), zu beobachten. Über 60% der Anlagestile der Investmentfonds weisen eine leichte negative Schiefe auf, während es bei Hedge Fonds nur knapp über 40% der Anlagestile sind. Auch hier zeigen die Auswertungen der deskriptiven Statistiken, wie divers unterschiedliche Anlagestile in Bezug auf ihre Renditecharakteristika ausfallen können. Es können keine mit der Literatur einheitlichen Auswertungsergebnisse geliefert werden. Der Grund hierfür liegt in den unterschiedlichen, den Untersuchungen zugrundeliegenden, Datenbanken.

Die Darstellung der normierten Häufigkeiten der Rendite-Ausreißer in Tab. 5.6 (Tab. A.6 (im Anhang, S. 450) für Investmentfonds) bekräftigt die Vermutung über eine nicht-normalverteilte Streuung der Hedge-Fonds-Rendite. Als Ausreißer werden hierbei die Werte angesehen, die mindestens die dreifache Standardabweichung vom Mittelwert entfernt liegen.[36] Aufgrund der unterschiedlichen Länge der Zeitreihen wird nicht die absolute Anzahl der Ausreißer, sondern der mittlere Anteil der Ausreißer einer jeden Zeitreihe berechnet. Die Anteile werden als Mittelwerte aus dem Quotienten der Anzahl der Ausreißer und der Anzahl der Beobachtungen der Zeitreihe berechnet. Trotz der großen Anzahl an Renditebeobachtungen bei den Investmentfonds ist die Anzahl der Ausreißer bei den Hedge Fonds deutlich höher als bei den Investmentfonds, bei denen lediglich einige Geldmarkt- und Rentenfonds eine erhöhte Anzahl von Ausreißern aufweisen. Damit besitzen Hedge Fonds mehr kritische Ausreißer (fat tails) als die Investmentfonds. Dieses Ergebnis bedingt, zusammen mit dem Nachweis einer höheren Kurtosis, die Annahme von unterschiedlichen Verteilungstypen für die beiden Fondsarten.

Die Ergebnisse des Mann-Whitney-U-Tests unterstützten die Folgerung, dass alle deskriptiven Statistiken der beiden Datenbanken zu unterschiedlichen Verteilungstypen gehören. Der Mann-Whitney-U-Test prüft, ob zwei Datensätze aus Verteilungen mit gleichen Medianen stammen. Dieser nichtparametrische Test wurde anstatt des t-Tests ausgewählt, da die Annahme einer Normalverteilung in den Datensätzen nicht getroffen werden kann. Für alle deskriptiven Statistiken der Hedge- und Investmentfonds konnte die Null-Hypothese gleicher Mediane auf einem 95%-Niveau verworfen werden.[37]

In der empirischen Forschung wird große Aufmerksamkeit der Autokorrelation in Hedge-Fonds-Renditen gewidmet.[38] Im Vergleich zu Investmentfonds weisen Hedge-Fonds-Renditen höhere Autokorrelationen auf, was meistens auf geglättete Renditen zurückzuführen ist.[39] Aufgrund von erhöhten Autokorrelationen kann das Risiko der Hedge Fonds unterbewertet werden, daher wird eine Bereinigung von Autokorrelationen empfohlen.[40] Die Untersuchung der Autokorrelationen von Hedge-Fonds-

[36] Drei Standardabweichungen vom Mittelwert entsprechen bei einer Normalverteilung in etwa dem 99% Konfidenzniveau. Vgl. OEHLER und UNSER (2002), S. 13.

[37] Für weitere Informationen zu Teststatistiken siehe SIEGEL (1957).

[38] Vgl. dazu die Übersicht der Studien in Kap. 2.8.6.3, S. 63.

[39] Vgl. GETMANSKY et al. (2004), S. 530.

[40] Vgl. OKUNEV und WHITE (2003), S. 2.

Tabelle 5.6: Häufigkeiten der Ausreißer

Übersicht der Häufigkeit von Ausreißern in der Hedge-Fonds-Rendite der einzelnen Anlagestilgruppen für alle Fonds mit der Mindestanzahl von 60 Beobachtungen (5 Jahre historischer Renditen). Die Ausreißer sind Werte, die ein k-Vielfaches der Standardabweichung vom Mittelwert entfernt liegen ($|r_t - \bar{r}| > k * SA$). Bei einer Normalverteilung wird normalerweise das Dreifache der Standardabweichung nicht überschritten. Da die Länge der Zeitreihen unterschiedlich ist, wurde der mittlere Anteil der Ausreißer pro eine Zeitreihe berechnet (sog. normierte Häufigkeit), indem ein Mittelwert aus dem Quotienten der Anzahl der Ausreißer und der Anzahl der Beobachtungen berechnet wurde.

	Häufigkeiten der Ausreißer (%) $k =$							
Anlagestil	**2**	**3**	**4**	**5**	**6**	**7**	**8**	**9**
Equity Hedge	3,94	0,92	0,28	0,07	0,02	0,03		
n.k	3,81	0,97	0,32	0,11	0,02	0,01		
Equity Long Bias	3,92	0,83	0,32	0,10	0,04	0,01	0,01	
Equity No Bias	3,89	1,02	0,18	0,04	0,05			
Equity Short Bias	4,07	0,75	0,19	0,08				
Mixed Equity Hedge	4,02	1,01	0,39			0,11		
Event Driven	3,77	1,03	0,35	0,10	0,03	0,03	0,03	
n.k.	4,29	0,54	0,53	0,14		0,07	0,07	
Distressed Securities	3,45	1,33	0,35	0,08	0,06	0,02	0,01	
Mixed Event Driven	3,52	1,17	0,34	0,02	0,07			
Risk Arbitrage	3,71	1,18	0,44	0,08		0,01		
Special Situations	3,89	0,94	0,08	0,18		0,05	0,08	
Fixed Income I/T	3,44	0,76	0,44		0,06		0,05	
FoF	3,66	0,89	0,34	0,12	0,04	0,02	0,01	
Long Only	3,57	0,81	0,30	0,08		0,04	0,03	
Multi Strategy	3,56	0,49	0,42	0,16		0,05		
Relative Value	3,83	1,09	0,29	0,07	0,05	0,01		0,01
n.k	3,83	1,11	0,27	0,06		0,04		
Convertible Arbitrage	4,32	1,01	0,17	0,03	0,08			
Credit Arbitrage								
Equity Arbitrage	4,32	1,20	0,17	0,08				
Fixed Income Arbitrage	3,35	0,97	0,45	0,09	0,06	0,03		0,05
Mixed Arbitrage	3,32	1,15	0,41	0,09	0,08			
Tactical Trading	3,50	0,80	0,30	0,11	0,07	0,07		
n.k.	2,62	0,80	0,56	0,41		0,35		
Global Macro	3,69	0,94	0,36	0,07	0,04			
Mixed Directional Trading	4,20	0,73	0,11					
Mutual Fund Timing	2,74	0,79	0,28		0,28			
Systematic	4,26	0,73	0,17	0,06	0,01			
Andere	3,21	0,96	0,50	0,05	0,08	0,06		

Renditen in dieser Arbeit ergibt unterschiedliche Ergebnisse für die verschiedenen Anlagestile. Abb. 5.6 und 5.7 sowie 5.8 zeigen Boxplots für Autokorrelationen der ersten drei Ordnungen sowie für die Autokorrelationen mit den Werten in einem halben und einem Jahr für die Hauptanlagestile der Hedge- und Investmentfonds. In der Gesamtdarstellung nimmt die Autokorrelation der Renditen mit höherer Ordnung bei beiden Fondstypen ab.

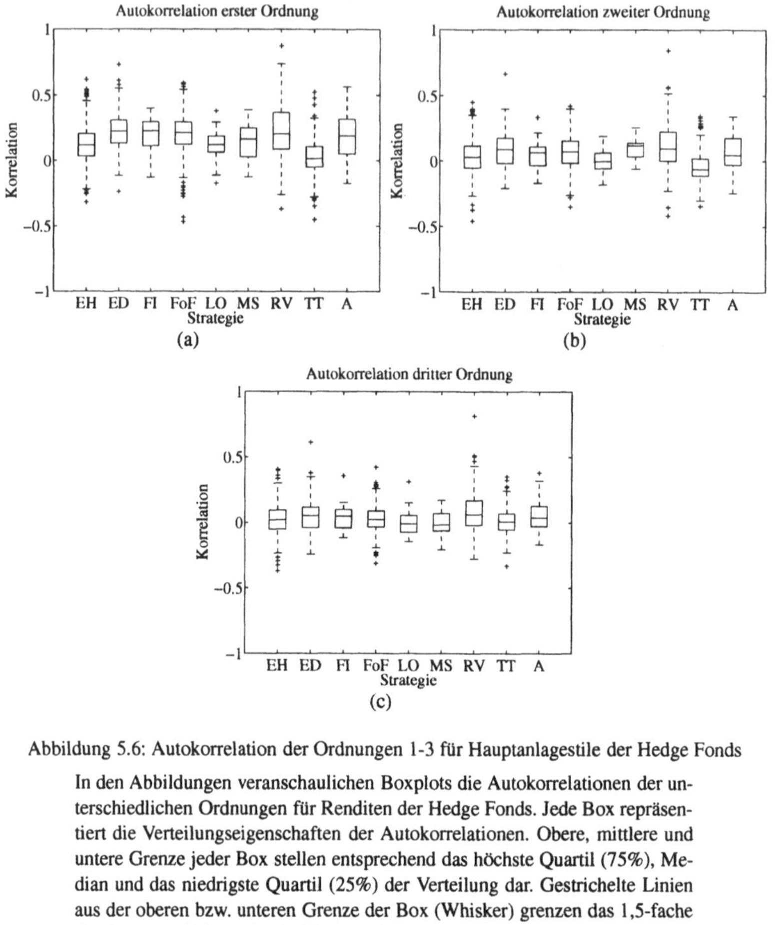

Abbildung 5.6: Autokorrelation der Ordnungen 1-3 für Hauptanlagestile der Hedge Fonds

In den Abbildungen veranschaulichen Boxplots die Autokorrelationen der unterschiedlichen Ordnungen für Renditen der Hedge Fonds. Jede Box repräsentiert die Verteilungseigenschaften der Autokorrelationen. Obere, mittlere und untere Grenze jeder Box stellen entsprechend das höchste Quartil (75%), Median und das niedrigste Quartil (25%) der Verteilung dar. Gestrichelte Linien aus der oberen bzw. unteren Grenze der Box (Whisker) grenzen das 1,5-fache des Interquartilabstands ab. Werte außerhalb dieser Striche deuten auf Ausbreitung der Daten über die Quartilsgrenzen hinaus, die s.g. Ausreißer, die durch '+' gekennzeichnet sind. Bei fehlenden Ausreißern weisen abschliessende Striche (Whisker) auf das Vorhandensein eines Maximums bzw. eines Minimums auf. Abkürzungen zu Anlagestilen siehe im Abkürzungsverzeichnis. Für die Wertetabelle siehe Anhang E.1 S. 503.

Bei den Hedge Fonds ist die größte Streuung der Autokorrelation bei *Relative Value* zu beobachten, was bereits in den Studien anderer Forscher festgestellt wurde.[41] Die Autokorrelation ist überwiegend positiv, wobei sie bei *Tactical Trading* in der ersten und der zweiten Ordnung zum Teil im negativen Bereich liegt. Diese Anlagestile erfahren ebenfalls fallende Autokorrelationswerte mit einer steigenden Ord-

41 Vgl. KAT und LU (2002), DE SOUZA und GOKCAN (2004) und JAEGER (2005).

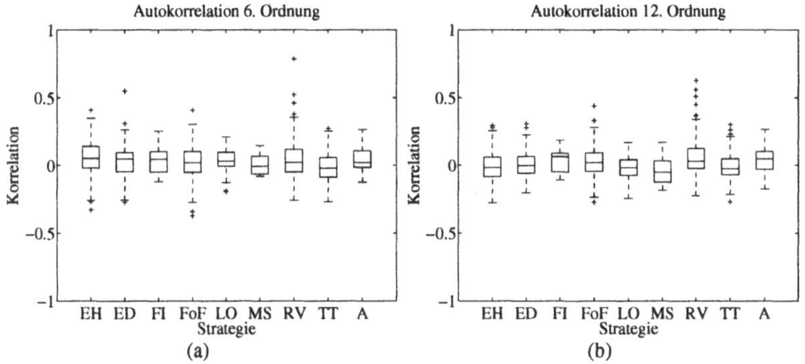

Abbildung 5.7: Autokorrelation der Ordnungen 6 und 12 für Hauptanlagestile der Hedge Fonds

nung der Autokorrelation. Bei Investmentfonds streuen die Autokorrelationswerte bei den Geldmarktfonds am stärksten, was auf eine starke Autokorrelation der Zinssätze zurückgeführt werden kann. In einigen empirischen Studien wird bei Hedge Fonds eine höhere Autokorrelation als bei Investmentfonds festgestellt.[42] Die vorliegenden Ergebnissen zeigen bei Hedge Fonds lediglich in den ersten Ordnungen der Autokorrelation höhere Werte an.

Um die Autokorrelationswerte auf ihre Signifikanz bis zu einer bestimmten Ordnung zu überprüfen, wird ein Ljung-Box-Pierce Q-Test angewandt.[43] Tab. 5.7 veranschaulicht die signifikanten Anteile der Autokorrelationswerte bis zu den unterschiedlichen Ordnungen in den Haupt- und Subanlagestilen der Hedge Fonds. Die Anteile signifikanter Tests fallen unterschiedlich aus, wobei Anlagestilgruppen mit einer kleinen Anzahl von Fonds zumeist höhere Anteile aufweisen. Über 50% der Fonds in *Event Driven*, *FoF* und *Relative Value* besitzen signifikante Autokorrelationen in der überwiegenden Anzahl der Ordnungen, wobei mit der 12. Ordnung die Anzahl signifikanter Autokorrelationen bei allen Anlagestilgruppen sinkt. Der durchgeführte Test ist signifikant, wenn mindestens eine der Ordnungen von Autokorrelationen signifikant ist. D.h., wenn eine Autokorrelation bereits in der ersten Ordnung vorhanden ist, wird der Test auch in höheren Ordnungen Signifikanz aufweisen.[44]

Die Investmentfonds zeigen eine ähnliche, überwiegend positive und fallende Tendenz in der Autokorrelation einzelner Anlagestilgruppen auf, wobei Geldmarktfonds eine relativ hohe positive Autokorrelation besitzen. Dieses Ergebnis kann auf eine

---

[42] Vgl. IPPOLITO (1992), LO (2002) und GETMANSKY et al. (2004).

[43] Die Null Hypothese des Ljung-Box-Pierce Q-Test lautet, dass keine Autokorrelation vorhanden ist. Ihre Ablehnung (Alternativhypothese) würde implizieren, dass mindestens eine Autokorrelation bis zu einer bestimmten Ordnung vorhanden ist. Vgl. BOX und PIERCE (1970).

[44] Da einige Werte bereits bei der Korrelation erster Ordnung an der Signifikanzgrenze liegen, liegen sie bei den Autokorrelationen höherer Ordnung nicht mehr in den Grenzbereichen. Dadurch können fallende Anteile signifikanter Korrelationen bei der höheren Ordnung erklärt werden.

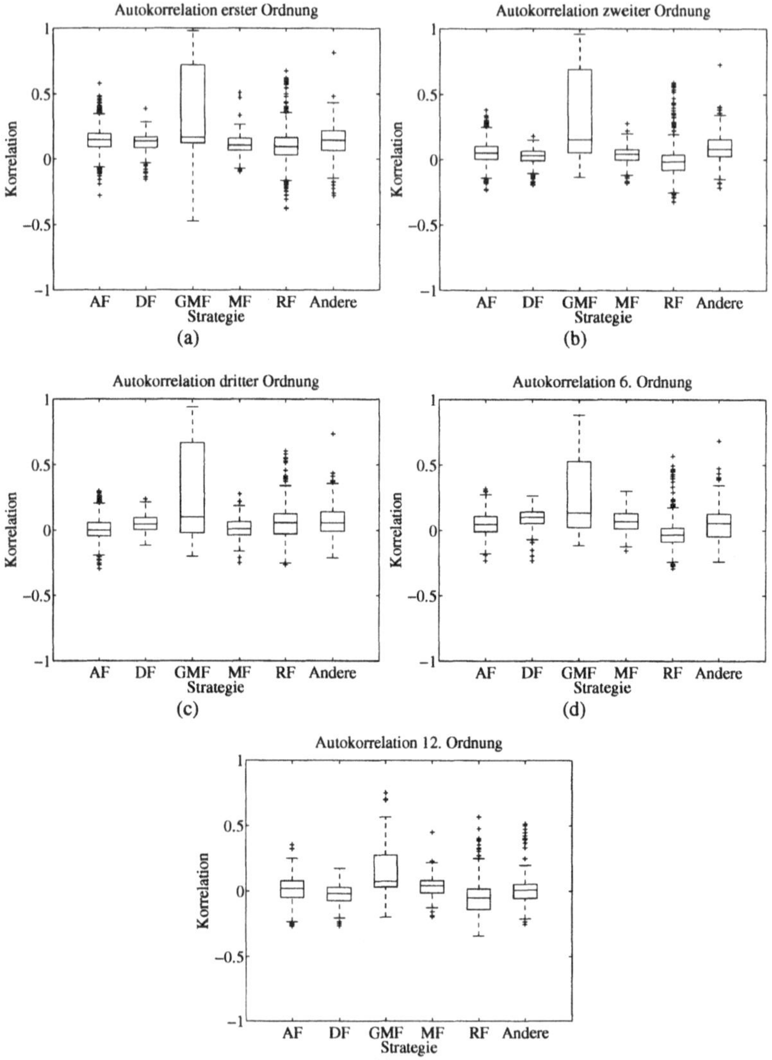

Abbildung 5.8: Autokorrelation der Ordnungen 1-3 sowie 6 und 12 für Hauptanlagestile der Investmentfonds

Die Abbildungen veranschaulichen Boxplots für Autokorrelation der unterschiedlichen Ordnungen für Renditen der Investmentfonds. Die Autokorrelation sinkt mit der Anzahl der Ordnungen. Bei Geldmarktfonds streut die Autokorrelation am stärksten. Für die Wertetabelle siehe E.1 S. 503.

Tabelle 5.7: Anteil signifikanter Autokorrelationen der Hedge-Fonds-Rendite nach Anlagestilgruppen

Die Tabelle gibt eine Übersicht der Anteile der Hedge Fonds mit signifikanten Autokorrelationen der ersten drei Ordnungen sowie der Ordnung 6 und 12 nach dem Ljung-Box-Pierce Q-Test auf dem 95% Konfidenzintervall für einzelne Anlagestilgruppen.

		Signifikante Anteile				
Anlagestil	N(Fonds)	ρ_1 %	ρ_2 %	ρ_3 %	ρ_6 %	ρ_{12} %
Equity Hedge	**519**	30	30	29	31	30
n.k.	339	31	29	27	30	30
Equity Long Bias	112	29	35	32	32	29
Equity No Bias	40	33	35	40	48	43
Equity Short Bias	12	17	25	25	25	17
Mixed Equity Hedge	16	13	13	19	13	6
Event Driven	**141**	62	57	55	54	43
n.k.	8	75	88	88	88	75
Distressed Securities	47	62	51	49	51	34
Mixed Event Driven	28	75	71	71	68	57
Risk Arbitrage	38	50	47	45	47	37
Special Situations	20	65	55	50	40	40
Fixed Income I/T	**14**	50	57	50	50	43
FoF	**421**	59	53	48	48	36
Long Only	**35**	29	23	23	14	11
Multi Strategy	**12**	42	42	33	25	33
Relative Value	**206**	57	57	57	54	51
n.k.	13	69	77	77	46	38
Convertible Arbitrage	50	82	78	78	78	68
Credit Arbitrage	1	0	0	0	0	0
Equity Arbitrage	49	39	37	43	45	47
Fixed Income Arbitrage	63	48	52	48	44	46
Mixed Arbitrage	30	57	57	57	57	50
Tactical Trading	**322**	12	16	16	22	21
n.k.	4	75	75	50	75	25
Global Macro	58	10	10	10	19	21
Mixed Directional Trading	15	7	13	7	33	33
Mutual Fund Timing	6	67	67	50	67	17
Systematic	239	11	15	16	20	20
Andere	**36**	44	50	53	42	42

starke Autokorrelation der Zinssätze zurückgeführt werden. Rentenfonds zeigen dagegen eine geringe und zum Teil negative Autokorrelation besonders bei den Autokorrelationen höherer Ordnung. Tab. 5.8 veranschaulicht die Anteile signifikanter Ergebnisse nach dem Ljung-Box-Pierce Q-Test, wobei auch hier keine hohen Anteile zu finden sind. Nur die Geldmarktfonds weisen einen Anteil von über 50% in allen Ordnungen auf.

Wie die Ergebnisse zeigen, können Autokorrelationen in Fonds-Renditen nur teilweise nachgewiesen werden. Die Werte der Autokorrelationen streuen bei Hedge Fonds stärker als bei Investmentfonds, was darauf schließen lässt, dass einige Hedge Fonds eine erhöhte Autokorrelation aufweisen, die z.B. durch geglättete Renditen und illiquide Assets der Hedge Fonds erklärt werden kann.[45] Insbesondere für die

[45] Vgl. GETMANSKY et al. (2004), S. 530.

Tabelle 5.8: Anteil signifikanter Autokorrelationen der Investmentfonds unterteilt nach Hauptanlagestilgruppen

Die Tabelle gibt eine Übersicht der Anteile der Investmentfonds mit signifikanten Autokorrelationen der drei ersten Ordnungen sowie der Ordnung 6 und 12 nach dem Ljung-Box-Pierce Q-Test auf dem 95% Konfidenzintervall für einzelne Anlagestilgruppen.

		Signifikante Anteile				
Anlagestil	N(Fonds)	ρ_1 %	ρ_2 %	ρ_3 %	ρ_6 %	ρ_{12} %
Aktien	1952	32	22	17	11	13
Dachfonds	243	7	2	2	0	0
Geldmarkt	202	54	50	50	52	54
Mischfonds	305	15	7	4	2	4
Renten	909	23	19	21	19	21
andere	191	38	36	35	32	29

Erfassung von Risiken ist das Auffinden von Autokorrelationen wichtig, da das Risiko von autokorrelierten Renditen unterbewertet werden kann. In den weiteren empirischen Untersuchungen dieser Arbeit werden Betas bestimmt, deren Schätzung ebenfalls durch autokorrelierte Renditen verzerrt werden kann. Aus diesem Grund werden die Residuen des Modells auf eine Autokorrelation erster Ordnung, z.B. anhand des Durbin-Watson-Tests, im späteren Verlauf überprüft.

5.6 Zusammenfassung

Wie die ersten Untersuchungen zeigen, besitzen die Renditecharakteristika der Hedge Fonds besondere Eigenschaften, die sich von denen der traditionellen Investmentfonds signifikant unterscheiden. Hedge Fonds weisen eine relativ hohe mittlere Rendite auf, deren Streuung (Standardabweichung) ebenfalls hoch ausfällt. Jedoch muss das absolute Niveau der Rendite mit Vorsicht interpretiert werden, da die untersuchte Datenbank einem survivorship bias unterliegt. Die Verteilung der Rendite kann nicht durch eine Normalverteilung beschrieben werden, da Hedge Fonds eine große Anzahl an Ausreißern aufweisen und *fat tails* besitzen. Eine Autokorrelation der Renditen ist lediglich in der ersten Ordnung spürbar, wobei Investmentfonds mit Ausnahme von Geldmarktfonds eine niedrigere Autokorrelation als Hedge Fonds aufweisen. Anzumerken ist, dass innerhalb einer Anlagestilgruppe die Ergebnisse für einzelne Fonds und Statistiken zum Teil sehr stark streuen, was auf eine Heterogenität der Fondscharakteristika innerhalb einzelner Anlagestilgruppen hindeutet.

Die höchste mittlere Rendite der Investmentfonds ist bei den Aktienfonds zu beobachten. Die Streuung innerhalb einzelner Subanlagestile ist hier zum Teil höher als bei den Hedge Fonds. Die Anzahl der Ausreißer ist bei den Rentenfonds groß, während die Autokorrelation bei Geldmarktfonds am höchsten ausfällt.

In der Gesamtansicht sind die Ergebnisse der Auswertungen mit denen aus den empirischen Studien der Literatur sehr ähnlich.[46] Die meisten Studien aus der Literatur beschäftigen sich jedoch mit einzelnen Anlagestilen. Die Auswertungen dieser Arbeit ermöglichen ein breites Spektrum unterschiedlicher Anlagestile von Hedge- und Investmentfonds zu untersuchen. Die ersten Befunde zeigen, dass eine pauschale Aussage über Hedge Fonds als einer Gruppe nicht immer einen Sinn ergibt, da Hedge Fonds eine große Vielfalt an Anlagestilen und daraus resultierend unterschiedlichen Renditeeigenschaften besitzen.

Nichtdestotrotz konnten die von den Investmentfonds abweichenden Verteilungseigenschaften der Hedge-Fonds-Renditen bestätigt werden. Hedge-Fonds-Anlagestile weisen z.T. hohe Renditen auf, können jedoch auch hohe Risiken bergen, die durch die Auswertungen von Schiefe, Kurtosis und Fat Tails für einige Anlagestile kritische Werte ergeben haben. Bereits anhand der ersten Untersuchungsergebnisse stellen sich für die folgenden Untersuchungen mehrere Fragen. Zu untersuchen wäre:

- ob die extremen Renditewerte eher zufällig bzw. Fonds-spezifisch oder eher aufgrund bestimmter Finanzmarktbewegungen entstehen;
- ob die hohe Streuung der unterschiedlichen Renditecharakteristika innerhalb vorgegebener Anlagestilgruppen auf eine unzutreffende Gruppierung der Fonds zurückzuführen ist, aufgrund der sich heterogene Fonds innerhalb einer Gruppe befinden;
- ob die untersuchten Renditeeigenschaften in der Zeit als konstant angenommen werden können oder
- ob sich die Renditecharakteristika aufgrund eines dynamischen Charakters der Hedge Fonds evtl. in verschiedenen Marktphasen unterscheiden.

[46] Vgl. Kap. 2.8.5, S. 50 und 2.8.6, S. 57.

6 Phasenbestimmung und Fondsperformance

6.1 Zielsetzung der Untersuchung

Hedge Fonds sind wie andere Investmentgesellschaften auch Akteure auf dem Finanzmarkt, die einerseits einen Einfluss auf das Finanzmarktgeschehen ausüben und andererseits von den ständigen Finanzmarktentwicklungen selbst beeinflusst werden. Die Finanzmärkte entwickeln sich in Auf- und Abwärtsbewegungen und diese Bewegungsmuster können ebenfalls für Hedge Fonds angenommen werden. In der Literatur existiert zwar die Vermutung, dass sich Hedge Fonds „neutral" zur Entwicklung des Marktes verhalten, diese Behauptung konnte jedoch nicht eindeutig für alle Anlagestilgruppen verifiziert werden.[1] Aus diesem Grund ist zu überprüfen, wie sich die Performance der Hedge Fonds in unterschiedlichen Finanzmarktphasen darstellt und wie sich die einzelnen Renditecharakteristika in verschiedenen Marktphasen verändern.

Für die Evaluation der Hedge-Fonds-Performance nach Phasen muss in einem ersten Schritt der Begriff der Finanzmarktphasen definiert werden. Wie bereits in Kap. 4.4 betont, sind Finanzmarktphasen (bzw. Bull und Bear Märkte) in der Literatur nicht eindeutig definiert.[2] Die Definition bzw. die Methoden zur Bestimmung von Finanzmarktphasen sind allerdings für die Evaluation der Performance entscheidend. In diesem Kapitel wird gezeigt, dass in Abhängigkeit von der Definition der Finanzmarktphasen die Performance von Hedge Fonds unterschiedlich beurteilt werden kann. Im Mittelpunkt der Untersuchung stehen die verbreiteten Marktphasendefinitionen aus der Literatur, die einen Marktindex zur Identifikation von Phasen verwenden. Diese Definitionen basieren auf der Identifikation von Phasen in Bezug auf eine Wertentwicklung sowie unterschiedliche Phasencharakteristika, wie z.B. Rendite, Varianz und Rendite-Varianz. Phasen aufgrund von strukturellen Veränderungen in Zusammenhängen (Phasenübergang bestimmt durch Koeffizienten oder Koeffizienten-Varianz) werden erst im Kap. 8 betrachtet.[3]

Um die Auswahl einer adäquaten Methode zur Phasenidentifikation zu erleichtern, muss eine Reihe von Anforderungen aufgestellt werden, da unterschiedliche Methoden aufgrund ihrer spezifischen Vorgehensweisen als Resultat vollkommen ver-

---

[1] Siehe dazu Studien von EDWARDS und CAGLAYAN (2001b), JUNKUS (2004), KAT (2005) und CAPOCCI (2006).

[2] Vgl. Kap. 4.4 , S. 135.

[3] Siehe Kap. 8, S. 291.

schiedene Phasenbestimmungen liefern können.[4] Als Phase wird eine *nachhaltige* Auf- oder Abwärtsbewegung des Marktes definiert. Unter *nachhaltig* wird eine längerfristige Zeitperiode verstanden, die einen aufsteigenden oder absteigenden Trend aufzeigt. Diese Abgrenzung ist notwendig, um kurzfristige Preisschwankungen aus der Phasendefinition auszugrenzen und dadurch die Einbeziehung sog. Scheinphasen zu vermeiden. In der Literatur existiert keine einheitliche Meinung in Bezug auf die Mindestdauer einer Phase. Grundsätzlich werden jedoch Phasen mit einer Dauer von unter 6 Monaten den kurzfristigen Schwankungen zugeordnet.[5] In dieser Arbeit werden jedoch auch kürzere Phasen berücksichtigt, wobei die Phasendauer nicht unter 2 Monaten liegen darf. Wie im weiteren Verlauf gezeigt wird, können auch diese kürzeren Phasen bereits bedeutende Marktentwicklungen aufzeigen, sodass eine Berücksichtigung sinnvoll erscheint. Aus diesem Grund dürfen die Phasen ebenfalls nicht über einen zu langen Zeitraum definiert werden, um kurzfristige Wertanstiege oder -rückgänge nicht zu übergehen. Hierdurch würde die Gefahr entstehen, starke aber nicht sehr lang anhaltende Wertveränderungen zu vernachlässigen.

Als nächstes Kriterium wird die Trennbarkeit der Phasen aufgrund der Phasencharakteristika wie z.B. Rendite, Variabilität der Phasenrendite, Amplitude und dem Anteil positiver Renditen berücksichtigt. Für Bull Phasen wurden in der Literatur als stilisierte Eigenschaften eine hohe positive Rendite, eine niedrige Variabilität der Phasenrendite, eine hohe positive Amplitude und ein hoher Anteil positiver Renditen festgestellt (für Bear Phasen vice versa).[6] Bei der Bestimmung von Phasen wird somit eine Balance angestrebt, die einerseits eine klare Trennung zwischen Bull und Bear Phasen anhand von Phasenchrakteristiken ermöglicht, andererseits aber keine zu kurzen oder zu langen Phasen identifiziert. Aufgrund der inhärenten Subjektivität bei der Auswahl der Einschränkungen müssen diese bei einem Vergleich mit anderen Studien Berücksichtigung finden.

Für die Evaluation der Fondsperformance werden in diesem Kapitel exemplarisch die Phasen des Aktienmarktes berücksichtigt. Hedge Fonds sind zwar den Einflüssen mehrerer Finanzmärkte ausgesetzt, jedoch stellen Aktien die zentrale Assetklasse dar, in die sowohl Hedge Fonds als auch Investmentfonds verstärkt investieren.[7] Die Verwendung von Aktienmarktphasen in diesem Kapitel ermöglicht es ebenfalls eine Konsistenz und Vergleichbarkeit mit früheren Studien aus der Literatur zu erreichen.[8] Im Kap. 8 werden die Einflüsse unterschiedlicher Finanzinstrumente auf die Hedge- und Investmentfondsperformance untersucht, indem die Zusammensetzung der Portfolios der Fonds identifiziert wird.[9] Zusätzlich werden Phasen für un-

---

4 Die hier präsentierten Methoden legen lediglich die Kurs- bzw. Renditezeitreihe der Phasenbestimmung zugrunde. Phasen aufgrund einer Exposure-Veränderung sind hier nicht Gegenstand der Untersuchung. Zur Phasenbestimmung aufgrund der Exposure-Veränderung siehe Kap. 8.3.3, S. 315.

5 Vgl. PAGAN und SOSSOUNOV (2003), BISCARRI und DE GRACIA (2004) sowie GONZALEZ et al. (2005).

6 Vgl. Kap. 4.4, S. 135.

7 Siehe auch Ergebnisse des Kap. 8, S. 291.

8 Siehe z.B. LIANG (2000), EDWARDS und CAGLAYAN (2001b) und CAPOCCI et al. (2005).

9 Vgl. Kap. 8, S. 291.

terschiedliche Finanzmärkte (Assetklassen) bestimmt. Aus diesem Grund dient das vorliegende Kapitel primär der Festlegung der Phasendefinition und der Anregung, die Hedge-Fonds-Performance in ihren eigenen Phasen zu evaluieren. Die zentralen Fragestellungen des sich anschließenden Kapitels lassen sich wie folgt zusammenfassen:

- Wie wirkt sich die Phasenbestimmung auf die Evaluation der Fondsperformance aus?
- Welche Performance weisen Fonds in Aktienmarktphasen auf?
- Wie gut erfassen die definierten Marktphasen die Wertentwicklung der Fonds?
- Wie stark sind die Zusammenhänge zwischen der Performance und den Marktphasen für Hedge- und Investmentfonds im Vergleich?

6.2 Marktphasenbestimmung nach EDWARDS und CAGLAYAN

6.2.1 Phasendefinition

Studien zu der Performance von Hedge Fonds in Bull und Bear Märkten kommen in der Literatur nur vereinzelt vor.[10] In den existierenden Studien werden zumeist die Definitionen von Marktphasen aus früheren Arbeiten zu den Wirtschafts- und Finanzmarktzyklen übernommen, die auf verschiedenen nichtparametrischen Phasenbestimmungen basieren. Im Folgenden wird die Vorgehensweise von EDWARDS und CAGLAYAN (2001b) untersucht und diskutiert.

EDWARDS und CAGLAYAN (2001b) definieren Finanzmarktphasen, indem sie Zeitpunkte mit monatlichen Kursveränderungen (Renditen) eines Marktindex von 1% und mehr einer Bull Phase und von weniger als 1% einer Bear Phase zuordnen. Die Auswahl des Schwellenwertes (θ) von 1% scheint jedoch willkürlich zu sein, da die Autoren ihre Bestimmung nicht begründen. Als plausibel erscheint auch die Festlegung anhand der Veränderungsraten ausgehend vom Schwellenwert 0%.[11] Aus diesem Grund wird die Vorgehensweise von EDWARDS und CAGLAYAN (2001b) zusätzlich für einen Schwellenwert von 0% durchgeführt und anhand des globalen Marktindexes MSCIW der Aktienmarktphasenübergang untersucht.[12] Abb. 6.1 veranschaulicht die Bestimmung der Bull und Bear Phasen nach dem Verlauf des MSCIW für

[10] Siehe z.B. LIANG (2000), EDWARDS und CAGLAYAN (2001b), FUNG und HSIEH (2002b) und CAPOCCI et al. (2005).

[11] Der Schwellenwert kann ebenfalls auf die Höhe der Inflationsrate, des risikofreien Zinssatzes oder einer langfristigen Wachstumsrate gesetzt werden.

[12] Die Auswahl des MSCIW ist durch das breite Aktienuniversum dieses Marktindex begründet, wodurch die potenziellen Aktienanlagen der Hedge Fonds am besten abdeckt werden. Der am häufigsten durch die Studien verwendete S&P 500 wäre aus diesen Überlegungen weniger geeignet, da er primär den US-amerikanischen Finanzmarkt repräsentiert, während Hedge Fonds in der Regel auf unterschiedlichen Finanzmärkten agieren.

zwei unterschiedliche Schwellenwerte (1% und 0%), wobei grau markierte Bereiche Bull und weiß markierte Bereiche Bear Phasen bezeichnen.

In Anlehnung an Abb. 6.1 ist anzumerken, dass der Übergang zwischen Bull und Bear Phasen nach dieser Vorgehensweise für beide Schwellenwerte sehr häufig auftritt. Bull und Bear Märkte wechseln in einigen Zeitintervallen bereits nach einem Monat ab. Die durchschnittliche Phasendauer liegt für Bull und Bear Phasen im Bereich von zwei Monaten (für beide Schwellenwerte θ). Die ausgewählte Vorgehensweise veranschaulicht damit zum Teil eher monatliche Schwankungen als zyklische Bewegungen im Sinne einer nachhaltigen Auf- oder Abwärtsbewegung des Marktes. Aus diesem Grund wird in der Literatur häufig ein Mindestzeitintervall für die Benennung einer Phase vorausgesetzt, das z.B. eine Mindestphasenlänge von sechs Monaten fordert.[13] Anzumerken ist, dass die Phasenbestimmung von der Auswahl der Schwellenvariablen stark abhängt und zur Identifikation voneinander abweichender Phasen führt. Ungeachtet der Kritik an diesem Ansatz wird zunächst die Hedge-Fonds-Performance nach der in EDWARDS und CAGLAYAN (2001b) vorgeschlagenen Phasenbestimmung für die Schwellenwerte von 1% und 0% evaluiert.

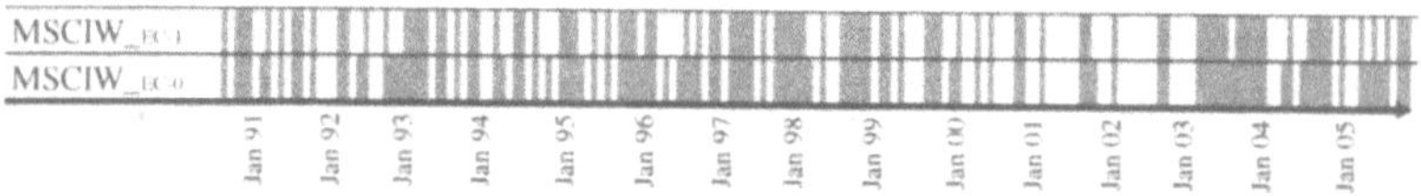

Abbildung 6.1: Bestimmung von Bull und Bear Phasen durch den MSCIW

Die Abbildung veranschaulicht die Phasenbestimmungen nach EDWARDS und CAGLAYAN. Eine MSCIW-Indexveränderung von ≥1% für die obere Abbildung (von ≥0% für die untere Abbildung) wurde als „1" und von weniger als 1% (für die untere Abbildung von weniger als 0%) als „0" kodiert. Die dadurch entstandenen grau markierten Bereiche deuten auf Bull („1") und weiss markierten Bereiche auf Bear („0") Marktphasen hin.

EDWARDS und CAGLAYAN (2001b) und CAPOCCI et al. (2005) bilden zur Evaluation der Hedge-Fonds-Performance gleichgewichtete Portfolios, die aus Renditen mehrerer Fonds einer Anlagestilgruppe berechnet werden. Durch diese Vorgehensweise können jedoch einzelne für die Untersuchung wichtige Renditecharakteristika eliminiert werden, da bei der Verdichtung mehrerer Zeitreihen in nur eine einzelne Zeitreihe eine „Normalisierung" der Gesamtrendite eintritt. Laut dem zentralen Grenzwertsatz nähern sich die Zeitreihencharakteristika einer Zeitreihe, die sich als Summe vieler voneinander unabhängiger einzelner Zeitreihen ergibt, den Eigenschaften einer Normalverteilung an. Aus diesem Grund werden im Folgenden keine gleichgewichteten Portfolios für jede Anlagestilgruppe gebildet, sondern jeder einzelne Fonds wird auf seine Phasenperformance hin separat überprüft. Im Anschluss daran werden zur Evaluation für jede Anlagestilgruppe Durchschnittswerte gebildet oder für bestimmte Maße Auszählungen vorgenommen. Zu Vergleichszwecken wird die identische Vorgehensweise auf Investmentfonds angewendet, deren Ergebnisse sich im Anhang B (S. 453) befinden.

13 Vgl. z.B. HARDING und PAGAN (2002b), S. 368 und BISCARRI und DE GRACIA (2004), S. 131.

6.2.2 Rendite und Risiko

Tab. 6.1 fasst die annualisierte Überschussrendite und die Volatilität der Hedge-Fonds-Anlagestilgruppen für den gesamten Zeitraum und für einzelne durch den MSCIW bestimmte Marktphasen zusammen. Die Auswertungen erfolgen für beide Schwellenwerte. Die Performance der Anlagestilgruppen wird mittels Durchschnittswerten aus den Statistiken einzelner Fonds abgebildet.[14]

Die Hedge-Fonds-Performance ist für die einzelnen Marktphasen im Vergleich zu der durchschnittlichen Gesamtperformance (siehe die ersten Wertespalten) stärker polarisiert, d.h. die Unterschiede zwischen der Überschussrendite von Bull und Bear Phasen sowie der Gesamtperformance sind auffallend groß. In Bull Phasen liegt die Performance der Hedge Fonds (fast ausschließlich) deutlich über der Performance der Bear Phasen. Anzumerken ist, dass der erste Schwellenwert ($\theta = 0,01$) eine bessere Abgrenzung der positiven Renditen in den Bull Phasen ermöglicht, während der zweite Schwellenwert ($\theta = 0$) die negative Performance in Bear Phasen deutlicher darstellt. Abhängig von der Wahl der Höhe des Schwellenwertes können dementsprechend die Ergebnisse der Untersuchung abweichen.

In Bull Phasen weisen mit Ausnahme von *Equity Short Bias* alle Anlagestilgruppen, deren Fonds auf fallende Assetpreise spekulieren und dadurch keine günstige Chancen zur Tätigung von Leerverkäufen bei steigenden Märkten erhalten, eine positive Performance auf. In Bear Phasen besitzen einige Anlagestilgruppen eine durchschnittlich negative Performance, wobei bei dem Schwellenwert $\theta = 0$ die Anzahl der Anlagestile mit negativer Performance deutlich höher ist. Am stärksten ist die negative Performance bei *Long Only* und *Multi Strategy* zu beobachten. Die negative Überschussrendite ist bei dem MSCIW viel stärker ausgeprägt, was auch plausibel erscheint, da die dargestellte Vorgehensweise alle Beobachtungen mit einer negativen MSCIW Rendite aussondert.

Investmentfonds weisen überwiegend eine positive Performance in Bull Märkten und eine starke negative Performance in Bear Märkten auf (vgl. im Anhang Tab. B.1, S. 454). Hier können ebenfalls Unterschiede in der Performanceevaluation in Abhängigkeit von der Festlegung der Schwellenvariablen θ beobachtet werden. $\theta = 0,01$ ermöglicht eine bessere Abgrenzung positiver Renditen, während $\theta = 0$ die negative Performance der Investmentfonds in Bear Phasen eindeutiger hervorhebt. Wie die Ergebnisse anschaulich zeigen, kann die Beurteilung der Fondsperformance anhand unterschiedlicher Renditegrenzen für die Phasenbestimmung sehr verschieden ausfallen.

Die Diskrepanz zwischen der Performance der beiden Phasen ist bei Aktienfonds und Dachfonds Aktien am stärksten zu beobachten. Dieser Befund ist plausibel, da die Performance dieser Fonds in Phasen des MSCIW erfasst wird, der ein guter Repräsentant der Preisbewegungen von Aktien ist und eine zentrale Anlage für

[14] Die annualisierte Überschussrendite wird aus der annualisierten Differenz zwischen monatlichen Hedge-Fonds-Renditen und monatlichen T-Bill Raten gebildet. Die Überschussrendite eines Fonds wird als eine Durchschnittsrendite aus den Renditebeobachtungen aller Bull bzw. Bear Phasen eines einzelnen Fonds berechnet.

Tabelle 6.1: Statistiken für MSCIW-Phasen für einzelne Hedge Fonds (nach EDWARDS und CAGLAYAN (2001b), $\theta = 0,01$ und $\theta = 0$)

Die Tabelle gibt eine Übersicht über die annualisierten Überschussrenditen (ÜR) und über die annualisierte Volatilität (Vola) in % p.a. unterschiedlicher Hedge-Fonds-Anlagestile für die gesamte Zeit und getrennt für Bull und Bear Phasen. Die Untersuchung erfolgte zunächst für jeden einzelnen Hedge Fonds. Die präsentierten Ergebnisse stellen Mittelwerte der Anlagestilgruppen dar. Die Phasenbestimmung erfolgte in Abhängigkeit von der MSCIW Entwicklung.

			1%				0%			
	Gesamt		Bull		Bear		Bull		Bear	
Anlagestil	ÜR (% p.a.)	Vola (% p.a.)	ÜR (% p.a.)	Vola (% p.a.)	ÜR (% p.a.)	Vola (% p.a.)	ÜR (% p.a.)	Vola (% p.a.)	ÜR (% p.a.)	Vola (% p.a.)
Equity Hedge	13,55	17,90	40,10	16,38	−4,30	16,50	36,36	16,64	−8,96	15,74
n.k.	14,27	18,39	43,52	16,93	−5,54	16,86	39,54	17,13	−10,77	16,10
Equity Long Bias	14,45	19,54	46,38	18,04	−8,50	17,86	41,08	18,28	−14,33	17,11
Equity No Bias	9,15	10,09	16,81	8,97	3,50	10,07	16,40	9,52	1,24	9,38
Equity Short Bias	1,82	20,90	−15,98	16,07	34,85	19,85	−13,73	16,94	47,35	18,76
Mixed Equity Hedge	11,66	13,17	23,97	11,94	2,66	12,95	23,44	12,35	−0,57	12,14
Event Driven	11,37	9,81	21,94	8,67	2,97	9,92	20,59	8,75	0,28	9,98
n.k.	10,31	13,86	17,79	12,69	3,99	14,02	17,36	13,30	1,65	13,86
Distressed Securities	14,32	11,50	23,46	10,49	7,32	11,73	22,66	10,66	4,69	11,69
Mixed Event Driven	11,61	9,52	24,77	8,21	1,07	9,56	22,68	8,35	−1,97	9,47
Risk Arbitrage	7,91	6,55	16,11	5,52	1,37	6,78	15,27	5,46	−0,94	6,95
Special Situations	11,09	10,79	27,17	9,39	−1,99	10,52	24,22	9,25	−5,20	10,87
Fixed Income I/T	10,47	11,95	27,22	10,72	−1,74	11,67	24,46	10,42	−5,34	12,10
FoF	6,51	7,23	14,98	6,60	−0,59	6,86	14,08	6,74	−2,98	6,48
Long Only	13,18	22,03	56,34	18,78	−15,94	20,60	50,54	18,65	−23,52	20,33
Multi Strategy	9,60	14,31	36,18	11,95	−10,99	13,54	30,12	12,26	−14,55	13,56
Relative Value	7,11	7,15	11,00	6,90	4,09	6,82	10,48	6,81	3,16	6,87
n.k.	6,16	7,32	9,50	6,57	3,83	7,31	9,06	6,42	2,92	7,55
Convertible Arbitrage	7,77	5,94	11,71	5,72	4,50	5,76	11,14	5,63	3,53	5,82
Credit Arbitrage	5,26	3,79	6,03	3,76	4,65	3,87	6,35	3,67	3,96	3,99
Equity Arbitrage	6,31	8,73	10,95	8,62	2,67	8,29	10,09	8,49	1,78	8,40
Fixed Income Arbitrage	6,99	7,31	10,27	7,17	4,57	6,70	10,09	7,01	3,58	6,77
Mixed Arbitrage	8,04	6,27	12,25	5,72	4,78	6,33	11,57	5,88	4,02	6,17
Tactical Trading	10,44	17,66	16,42	17,31	6,16	17,33	15,11	17,12	5,48	17,49
n.k.	12,53	12,15	12,36	10,13	12,79	13,01	11,48	10,53	14,05	13,68
Global Macro	11,06	13,04	25,23	12,54	0,89	12,11	23,28	12,49	−1,64	11,72
Mixed Directional Trading	6,99	12,99	16,23	12,73	−0,68	12,49	14,00	12,60	−1,71	12,62
Mutual Fund Timing	4,57	9,78	12,21	7,05	2,91	8,66	10,88	7,40	3,10	8,14
Systematic	10,62	19,36	14,47	19,14	7,84	19,19	13,37	18,89	7,57	19,50
Andere	14,62	16,98	33,61	16,02	3,08	15,86	29,70	16,64	0,22	14,99
Gesamt	10,23	13,25	24,48	12,33	0,09	12,58	22,43	12,41	−2,65	12,27
MSCIW	2,06	14,27	49,21	7,49	−30,48	10,38	39,43	8,04	−37,63	9,77

die beiden Fondsarten darstellt. Dagegen ist eine Betrachtung von der Performance der Renten- und Geldmarktfonds in den durch den MSCIW bestimmten Phasen inadäquat, da die Entwicklungen der entsprechenden Finanzmärkte mit dem Aktienmarkt nicht zusammen, sondern eher versetzt verlaufen. Dies ist eindeutig an den präsentierten Ergebnissen zu veranschaulichen. Renten- und Geldmarktfonds besitzen keine starke negative Performance in Bear Phasen, aber auch keine hohe Überschussrendite in Bull Phasen. Damit ist die Performancetrennung durch MSCIW Phasen für diese Fonds nicht gegeben.

Investmentfonds und der Marktindex haben in der Gesamtübersicht eine höhere positive Überschussrendite in Bull und eine deutlich niedrigere Überschussrendite in Bear Phasen. Diese Ergebnisse sind konsistent mit den Ausführungen der vorherigen (theoretischen) Kapitel, in denen ein stärkerer Zusammenhang zwischen der Investmentfonds- und Aktienmarktperformance (mit Ausnahme von Geld- und Rentenmarktfonds) als zwischen der Hedge-Fonds- und Aktienmarktperformance beschrieben wurde.

6.2.3 Korrelation zum Marktindex

Zusätzlich werden für Bull und Bear Marktphasen Korrelationen der Hedge-Fonds-Renditen mit dem Marktindex berechnet sowie die Erklärungskraft des MSCIW für Hedge- und Investmentfondsrenditen anhand des R^2 gemessen.[15] Die beiden Charakteristika werden aus den Durchschnittsanalysen für Renditebeobachtungen aller Bull bzw. Bear Phasen ermittelt. Abb. 6.2 veranschaulicht mithilfe von Boxplots die Streuung der Korrelation und des R^2 für einzelne Fonds innerhalb einer Hauptanlagestilgruppe. Die Auswertungen basieren auf der Bestimmung der Phasenübergänge mit einem $\theta = 0$, (für $\theta = 0,01$ sind Wertetabellen im Anhang E.2 und E.3, S. 504 und 505 abgebildet).[16] *Long Only* weist die höchste Korrelation und das höchste R^2 sowohl für Bull als auch für Bear Phasen auf, während andere Anlagestilgruppen relativ niedrige Werte für die Korrelation und das R^2 in beiden Phasen besitzen. Es besteht die Vermutung, dass einige Hauptanlagestile heterogene Subanlagestilgruppen beinhalten, deren Performance sich von den anderen Subanlagestilgruppen unterscheidet. Aus diesem Grund werden Untersuchungen für einzelne Subanlagestilgruppen durchgeführt.

Abb. 6.3 zeigt die Boxplots für die Subanlagestilgruppen. Es bestätigt sich die Annahme, dass *Equity Hedge* aus Subanlagestilgruppen besteht, deren Performance sich in den einzelnen Marktphasen von den anderen Subanlagestilgruppen unterscheidet. *Equity Short Bias* verhält sich z.B. invers zu den Marktbewegungen in den beiden Phasen. Dies lässt sich durch den besonderen Anlagestil dieser Gruppe begründen. *Mutual Fund Timing* aus der Hauptanlagestilgruppe *Tactical Trading* besitzt die

15 R^2 wird anhand einer linearen Regression der Fondsrendite auf den MSCIW gemessen.

16 Aus Platzgründen werden die Abbildungen hier nicht dargestellt. In der Tendenz sind die Ergebnisse für die beiden Schwellenvariablen identisch, wobei jedoch die einzelnen Werte der Korrelation und des R^2 in Abhängigkeit von der Schwellenvariablen stark unterschiedlich ausfallen.

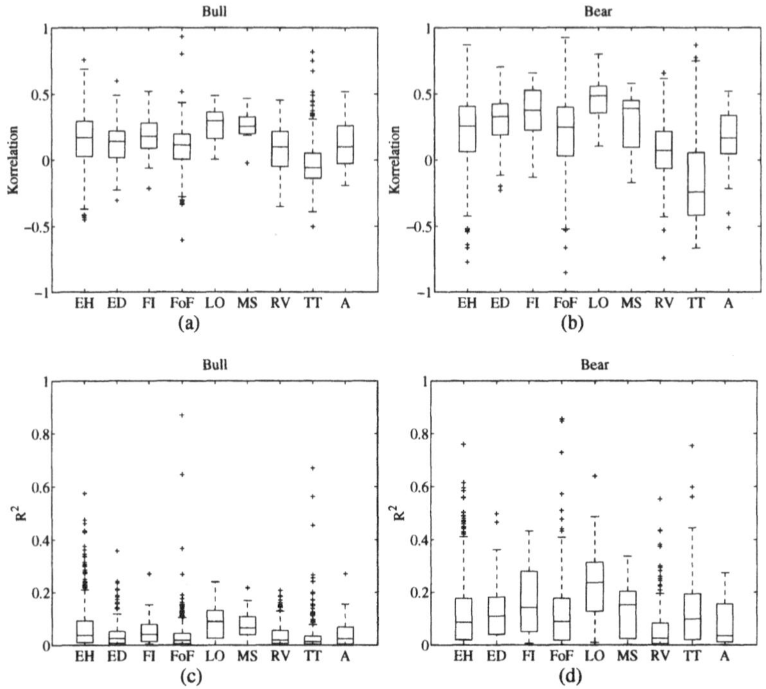

Abbildung 6.2: Korrelation und R^2 in Bull und Bear Phasen (nach EDWARDS und CAGLAYAN (2001b), $\theta = 0$) für Hedge-Fonds-Renditen und MSCIW Renditen von Hauptanlagestilen

Die Abbildung stellt die Korrelation und das R^2 für alle Hedge Fonds innerhalb einer Anlagestilgruppe durch Boxplots dar. Für eine Erklärung der Boxplots siehe die Beschreibung von Abb. 5.6. Erklärung zu Abkürzungen siehe im Abkürzungsverzeichnis. Für die Wertetabelle siehe Anhang E.2 S. 504.

höchste Korrelation zum Marktindex während der Bear Phase. Er weist zusammen mit *Equity Short Bias* und *Long Only* ebenfalls den höchsten R^2 in Bear Märkten auf.

Für Investmentfonds sieht das Gesamtbild anders aus, wobei mehrere Fondsanlagestile eine hohe Korrelation und eine mittlere Erklärungskraft durch den MSCIW besitzen (vgl. Abb. B.1 im Anhang, S. 458). Aktien, Dach- und Mischfonds weisen eine hohe Korrelation besonders in Bear Phasen auf. Für diese Fonds sind die R^2 in Bear Märkten ebenfalls am höchsten.

In der Gesamtansicht besitzen Hedge Fonds niedrigere Werte für die Korrelation und das R^2 als Investmentfonds. Außerdem ähnelt die Hedge-Fonds-Renditeentwicklung in der Gesamtansicht eher den Geldmarkt- und Rentenfonds.

Hedge Fonds und Investmentfonds weisen in Bear Märkten eine eindeutig stärkere (überwiegend positive) Korrelation sowie eine höhere Erklärungskraft durch den MSCIW als in Bull Märkten auf, was die Boxplots in Abb. 6.4 und Abb. B.2 (im An-

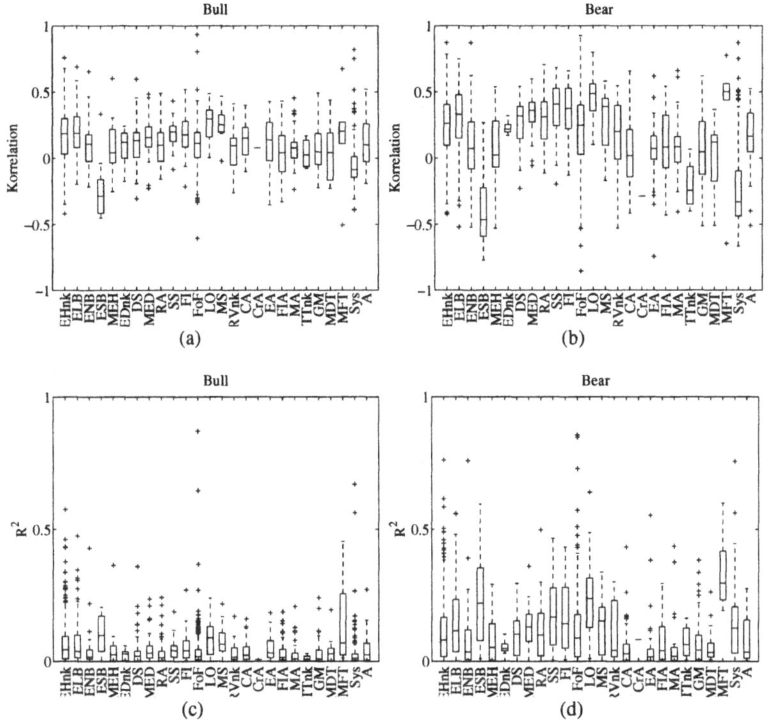

Abbildung 6.3: Korrelation und R^2 in Bull und Bear Phasen (nach EDWARDS und CAGLAYAN (2001b), $\theta = 0$) für Hedge-Fonds-Renditen und MSCIW Renditen von Subanlagestilen

Für Erklärungen zu den Abkürzungen siehe Abkürzungsverzeichnis. Für die Wertetabelle siehe Anhang E.2 S. 504.

hang, S. 459) verdeutlichen. Mithilfe der Boxplots kann ein t-Test für die Mediane der Bull und Bear Gruppen der Korrelation und des R^2 durchgeführt werden.[17] Der t-Test ergibt, dass sich die Mediane der Korrelation und des R^2 für Hedge-Fonds- (und Investmentfonds-) Renditen und mit den MSCIW Renditen in Bull und Bear Phasen auf dem 95%-Konfidenzniveau unterscheiden. Zusammenfassend lässt sich feststellen, dass Hedge Fonds, trotz der in der Literatur verbreiteten Annahme eines marktneutralen Verhaltens, sich an den Aktienmarktbewegungen orientieren bzw. sich zum Teil mit dem Markt bewegen. Diese Zusammenhänge sind in Phasen kleiner sowie negativer Renditen verstärkt.

[17] Aufgrund der hohen Anzahl von Analysen wird eine Normalverteilung der Ergebnisse (R^2 und Korrelation) angenommen.

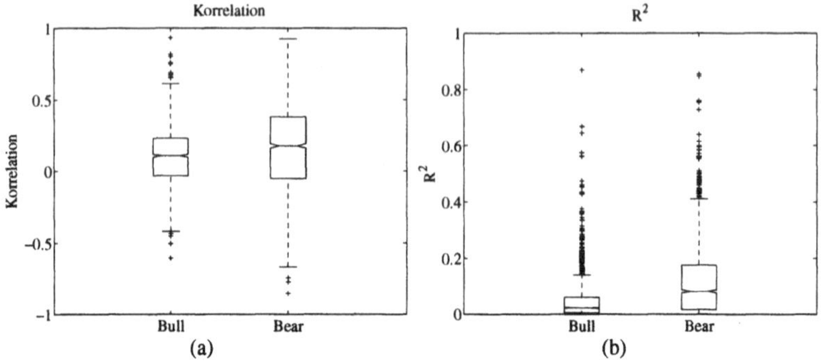

Abbildung 6.4: Medianvergleich durch Boxplots der Korrelation und R^2 für Hedge-Fonds-Renditen und MSCIW Renditen in Bull und Bear Phasen (nach EDWARDS und CAGLAYAN (2001b), $\theta = 0$)

Die Graphiken vergleichen zwei Boxplots für alle Hedge Fonds in Bull und Bear Phasen. Die Grübchen stellen eine robuste Schätzung des Medianvergleichs zweier Gruppen (entspricht dem t-Test) dar. In beiden Graphiken überlappen die Grübchen nicht, was daraus schliessen lässt, dass sich die Mediane jeweils der Korrelation und des R^2 für Hedge-Fonds-Renditen mit den MSCIW Renditen in Bull und Bear Phasen auf dem 95%-Konfidenzniveau unterscheiden. Für die Wertetabelle siehe Anhang E.2 S. 504.

6.2.4 Zwischenfazit

Die von EDWARDS und CAGLAYAN (2001b) präsentierte Marktphasenbestimmung ist wie schon oben bemerkt aus unterschiedlichen Gründen kritisch zu betrachten. Bull und Bear Phasen wechseln nach dieser Bestimmung sehr oft ab und sind nicht persistent. Im Bereich der Asset Allocation würde diese Phasenbestimmung eine häufige Umschichtung der Portfolios implizieren, um den Kursaufstiegen und -rückgängen Rechnung zu tragen. Die Portfoliomanager z.B. der Investmentfonds versuchen zwar, die Portfoliostrukturen an die aktuellen Marktphasen anzupassen, dabei nehmen sie aber aufgrund von Transaktionskosten nicht unbedingt Umschichtung auf monatlicher Basis vor. Bei Hedge Fonds ist dagegen eine monatliche (oder noch häufigere) Umschichtung der Portfolios durchaus vorstellbar.[18] Trotzdem ist eine Phasenbestimmung durch kurzfristige Marktindexveränderungen nicht sinnvoll, da sie lediglich kurzfristige Schwankungen erfasst und nicht die tatsächlichen, die anhaltenden Auf- und Abwärtsbewegungen des Marktes abbildenden Phasen. Nachhaltige Phasen werden durch ihre Dauer beurteilt. Nach der vorgestellten Methode wurden mehrere Phasen mit der Dauer von lediglich einem Monat identifiziert, was die Kriterien einer Phase nicht erfüllt. Weiterhin ist die subjektive Auswahl der Schwellenvariablen anzumerken, wodurch unterschiedliche Phasenbestimmungen erfolgen und die Evaluation der Fondsperformance in Marktphasen abweichen kann.

[18] Vgl. CAPOCCI (2006), S. 310.

Die Evaluation der Hedge-Fonds-Performance nach der präsentierten Methode liefert keinen überzeugenden Nachweis, dass die Bull und Bear Marktphasen der Hedge Fonds mit denen des Marktindex übereinstimmen. Der Nachteil der vorgestellten Vorgehensweise kann in einer möglicherweise fälschlichen Interpretation der Ergebnisse gesehen werden, da durch die ermittelten Phasen die tatsächliche Performance der Hedge Fonds nicht widergespiegelt werden kann. Nach einer ersten Durchsicht der Ergebnisse kann der Eindruck entstehen, dass Hedge Fonds im Durchschnitt eine starke Rendite in Bull und eine akzeptable Performance in Bear Märkten erzielen. Tatsächlich ist aber bekannt, dass Hedge Fonds bestimmte Performancephasen erfahren, in denen extreme positive und negative Renditen erzielt werden,[19] die jedoch in den vorliegenden Ergebnissen nicht zu erkennen sind. Zeitintervalle mit negativen Marktentwicklungen besitzen einen gewissen Einfluss auf die Hedge-Fonds-Performance, da die Renditen von Hedge Fonds in diesen Perioden deutlich niedriger als in den Zeitpunkten mit positiven Marktentwicklungen sind. Dieser Einfluss ist jedoch im Vergleich zu Investmentfonds nicht gravierend.

6.3 Marktphasenbestimmung nach BRY und BOSCHAN

6.3.1 Phasendefinition

Eine andere Vorgehensweise zur Bestimmung von Marktphasen ist einer früheren Arbeit von BRY und BOSCHAN (1971) (BB-Methode) zu entnehmen. Die beiden Autoren stellen eine nichtparametrische Methode vor, die nach bestimmten Regeln Phasen in einer Zeitreihe identifiziert. Die Marktphasen werden dabei als Perioden mit einem maximalen bzw. minimalen Anstieg bzw. Rückgang der Assetpreise verstanden.[20] Diese Methode gewann in den letzten Jahren beständig das Interesse der Forscher, da sie sehr einfach zu verstehen und zu implementieren ist.[21]

Die Methode wird jedoch oft in der Literatur kritisiert, da sie eine nichtparametrische Identifikation der Phasen einbezieht und eine Mindestanforderung an die Phasendauer stellt, wodurch kleine Zeitperioden als Phasen nicht betrachtet werden.[22] Kritisch wäre ebenfalls anzumerken, dass durch die beliebige Auswahl der Länge des rollierenden Zeitfensters zwischen acht und zwölf Beobachtungen sog. Scheinphasen bestimmt werden können, die keine tatsächlichen Auf- und Abwärtsbewegungen des Marktes bedeuten, sondern lediglich kurzfristige Schwankungen darstellen.

Um die zuvor genannten Kritikpunkte der BB-Methode zu berücksichtigen, wird eine Modifizierung vorgenommen. Die folgende Methode bedient sich einer sinnge-

---

[19] Vgl. z.B. FUNG und HSIEH (2000a).

[20] Siehe dazu ausführlicher Kap. 4.4.3, S. 141.

[21] Vgl. Kap. 4.4.3, S. 141. Vgl. auch PAGAN (1997), PAGAN (1999), HARDING und PAGAN (2002b), BODMAN und CROSBY (2002), MILLS und WANG (2003), SMITH und SUMMERS (2005), EDWARDS et al. (2003), ARTIS et al. (2004), BISCARRI und DE GRACIA (2004), HARDING und PAGAN (2005), GONZALEZ et al. (2005), KROLZIG und TORO (2005) und HARDING und PAGAN (2006).

[22] Siehe einige Kritikpunkte bei HAMILTON (2003).

mäß ähnlichen nichtparametrischen Vorgehensweise, die auf denselben Überlegungen wie die BB-Methode basiert. Im Gegensatz zur ursprünglichen Methode von BRY und BOSCHAN (1971) können durch die modifizierte Variante auch kürzere Phasen berücksichtigt werden. Die Vorgehensweise der modifizierten BB-Methode kann in drei Punkten zusammengefasst werden:[23]

- Aus einer Kurszeitreihe werden Sechsmonatsrenditen (d.h. in Bezug zum sechsten Monat (t-6)) gebildet. Dadurch werden starke monatliche sowie saisonelle Renditeschwankungen gedämpft.[24]

- Die Zeitreihe von Sechsmonatsrenditen ($r_t^{(6)}$) wird zuerst in eine Null- und Eins-Zeitreihe in Abhängigkeit vom Renditevorzeichen umkodiert (I_t^I). Im Anschluss wird die kodierte Zeitreihe durch ein rollierendes drei-Beobachtungen-Zeitfenster überprüft, wobei jede Beobachtung und zwei ihrer Nachfolger betrachtet werden. Wenn mindestens zwei von drei Beobachtungen unabhängig von der Reihenfolge der Werte der gleichen Kodierung gehören, wird der betrachtete Zeitpunkt als Periode positiver (1) bzw. negativer Rendite (0) bezeichnet (I_t^{II}).

$$I_t^I = \begin{cases} 1 & \text{wenn} \quad r_t^{(6)} > 0 \\ 0 & \text{wenn} \quad r_t^{(6)} \geq 0 \end{cases} \qquad I_t^{II} = \begin{cases} 1 & \text{wenn} \quad \sum_{i=t}^{i+2} I_t^I \geq 2 \\ 0 & \text{wenn} \quad \sum_{i=t}^{i+2} I_t^I < 2 \end{cases} \tag{6.1}$$

Die ganze Zeitreihe wird dadurch in Zeitfenster negativer bzw. positiver Renditen umkodiert. Ein Zeitfenster muss mindestens drei in der Folge gleiche (positive oder negative) Zuordnungen (I_t^I) beinhalten, um als Zeitfenster positiver bzw. negativer Renditen klassifiziert zu werden.

- In Bezug auf die ursprüngliche Kurswertzeitreihe werden Maxima (Hoch) bzw. Minima (Tief) für Zeitfenster positiver und negativer Renditen bestimmt. Diese Werte indizieren Hoch und Tiefpunkte. Zeitfenster zwischen einem Hoch und einem Tief werden als Bear Phasen und Zeitfenster zwischen einem Tief und einem Hoch als Bull Phasen bezeichnet.

Diese Vorgehensweise verlangt keine nachträglichen Einschränkungen der Phasenlänge. Nach der Implementierung der klassischen und der modifizierten Methode für den MSCIW haben sich ähnliche Phasen ergeben (vgl. Abb. 6.5), wobei nach der klassischen BB-Methode kleine Phasen nicht berücksichtigt worden sind.

---

23 Siehe im Anhang Abb. B.3, S. 459 zur Veranschaulichung der Vorgehensweise durch einen Excel-Screenshot.

24 Untersucht wurden unterschiedliche Zeitfenster. 12 Monate liefern eine zu starke Glättung, während kurze Zeitfenster nur wenig glätten. Die besten Ergebnisse liefern Zeitfenster zwischen 5 und 7 Monaten.

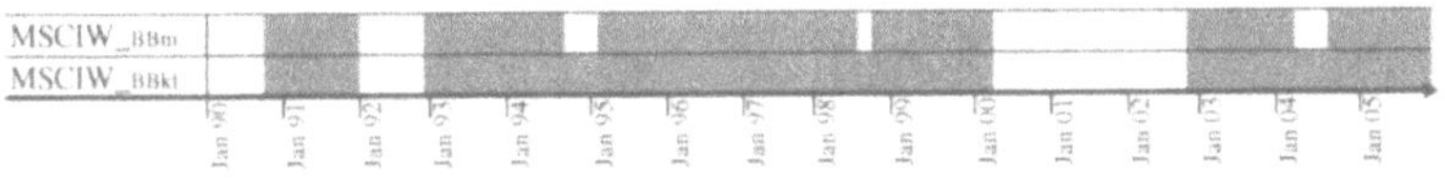

Abbildung 6.5: Bestimmung von Bull und Bear Phasen nach der BB-Methode für den MSCIW

Die Abbildung veranschaulicht die Bestimmung von Marktphasen in Abhängigkeit der MSCIW-Entwicklung. Der obere Teil stellt die Phasen nach der modifizierten (BB_m) und die untere nach der klassischen (BB_kl) Methode von BRY und BOSCHAN (1971) dar. Die obere Abbildung beinhaltet 6 Bull und 6 Bear Phasen (die erste und die letzte Phase sind unvollständig) und damit 11 Wendepunkte (angefangen mit einem Tiefpunkt: 30.09.1990, 31.12.1991, 31.10.1992, 31.08.1994, 31.01.1995, 30.06.1998, 31.08.1998, 31.03.2000, 30.09.2002, 29.02.2004 und 31.07.2004). Der untere Teil beinhaltet 3 Bull und 3 Bear Phasen (die erste und die letzte Phase sind unvollständig) und damit 5 Wendepunkte (angefangen mit einem Tiefpunkt: 30.09.1990, 31.12.1991, 31.10.1992, 31.03.2000 und 30.09.2002).

Um auch den bedeutenden kleinen Phasen Rechnung zu tragen, wird im späteren Verlauf der Arbeit ausschließlich die modifizierte BB-Methode angewendet, die jedoch weiterhin als BB-Methode bezeichnet wird.

Ähnlich wie bei der Vorgehensweise von EDWARDS und CAGLAYAN (2001b) werden hier Hedge- und Investmentfondsrenditen in den vordefinierten Phasen evaluiert. Zur Auswertung werden Überschussrendite und ihre Volatilität für eine Durchschnittsbetrachtung der Renditen in Bull bzw. Bear Phasen einbezogen. Es werden ebenfalls die in Kap. 4.4.2 präsentierten Durchschnittsmaße zur Beschreibung von Bull und Bear Phasen (Phasendauer, Amplitude, Variabilität der Rendite während der Phase, Überschussindex sowie der Anteil positiver Renditen) angewandt.[25]

6.3.2 Phasencharakteristika

Tab. 6.2 präsentiert die Phasencharakteristika für einzelne Anlagestilgruppen.[26] Die Mediane aller paarweisen Charakteristika unterscheiden sich auf dem 95%-Konfidenzniveau nach dem Mann-Whitney-U-Test.[27] Anzumerken ist, dass, wie in der Literatur betont, generell die Bull Phasen länger als die Bear Phasen andauern. Diese stilisierte Eigenschaft der Marktphasen ist hier ebenfalls zu beobachten, wobei im Durchschnitt Bull Phasen 22, 8 Monate und Bear Phasen 10, 4 Monate beim MSCIW dauern (siehe Tab. 6.3).

Die durchschnittliche Überschussrendite (ÜR) und ihre Volatilität (Vola) werden aus allen Beobachtungen der Bull oder Bear Phasen ermittelt, wogegen andere Phasencharakteristika für einzelne Phasen zuerst getrennt berechnet und erst dann zusammen evaluiert werden. Die Überschussrendite ist in Bull Phasen für die einzelnen

[25] Zur Berechnung der Maße siehe Kap. 4.4.2, S. 137.

[26] Siehe Kap. 4.4.2 (S. 137) für eine ausführliche Beschreibung der Charakteristika und ihrer Berechnungsformeln.

[27] Der Mann-Whitney-U-Test prüft, ob zwei Datensätze aus Verteilungen mit gleichem Median stammen.

Tabelle 6.2: Phasencharakteristika für einzelne HF-Anlagestilgruppen in MSCIW-Phasen (BB-Methode)

Übersicht der Phasencharakteristika für einzelne Anlagestilgruppen als Durchschnittswerte: **ÜR (% p.a.)** annualisierte Überschussrendite im Durchschnitt für alle (Bull oder Bear) Phasen, **Vola (% p.a.)** annualisierte Volatilität der Überschussrendite im Durchschnitt für alle (Bull oder Bear) Phasen, **A (%)** Amplitude der Rendite, **V (%)** Variabilität der Phasenrenditen, **ÜI** Überschussindex, **% pos.R.** Anteil der positiven Renditen.

Anlagestil	Bull						Bear					
	ÜR (% p.a.)	Vola (% p.a.)	A (%)	V (%)	ÜI	% pos.R	ÜR (% p.a.)	Vola (% p.a.)	A (%)	V (%)	ÜI	% pos.R
Equity Hedge	30.43	18.41	53.15	0.77	−0.28	69.64	−0.76	17.51	4.31	1.14	−0.02	54.39
n.k.	33.31	18.96	56.14	0.80	−0.29	70.23	−1.57	17.96	3.73	1.11	−0.02	53.55
Equity Long Bias	32.19	20.23	61.15	0.84	−0.32	69.86	12.83	−3.69	1.03	1.39	−0.01	52.21
Equity No Bias	16.54	10.03	29.60	0.38	−0.15	72.31	3.41	10.20	7.92	0.58	−0.04	61.30
Equity Short Bias	−7.92	19.78	−5.60	0.97	0.03	44.23	28.21	22.48	32.93	1.86	−0.17	64.63
Mixed Equity Hedge	20.54	14.09	36.77	0.54	−0.19	68.01	4.78	13.00	8.80	0.77	−0.05	62.62
Event Driven	21.52	9.03	39.83	0.40	−0.21	84.19	1.84	10.17	5.72	0.76	−0.03	65.78
n.k.	23.64	13.81	49.55	0.60	−0.26	82.83	0.46	11.79	5.32	0.88	−0.03	65.05
Distressed Securities	25.56	10.53	43.96	0.43	−0.23	84.45	4.78	12.33	8.11	0.84	−0.04	66.65
Mixed Event Driven	23.77	9.20	46.72	0.39	−0.24	85.73	0.15	9.39	3.28	0.79	−0.02	63.84
Risk Arbitrage	14.35	5.63	25.86	0.29	−0.13	83.71	0.94	6.85	5.57	0.49	−0.03	66.33
Special Situations	21.66	9.79	43.12	0.45	−0.22	82.85	−0.47	11.87	3.94	1.02	−0.02	65.72
Fixed Income I/T	21.91	11.41	46.54	0.40	−0.24	78.65	−0.44	13.00	3.48	0.94	−0.02	62.35
FoF	12.66	7.28	26.01	0.30	−0.14	79.35	−0.50	6.83	4.04	0.55	−0.02	62.95
Long Only	36.89	21.85	65.08	1.03	−0.34	70.55	−11.59	23.25	−7.79	2.01	0.04	46.47
Multi Strategy	19.98	12.94	44.11	0.56	−0.23	72.88	−5.93	14.62	−2.21	1.38	0.01	53.29
Relative Value	11.54	7.07	22.83	0.28	−0.12	79.76	4.86	7.08	9.64	0.40	−0.05	73.50
n.k.	9.15	6.51	17.65	0.31	−0.09	77.61	4.77	7.87	10.09	0.44	−0.05	65.92
Convertible Arbitrage	14.17	5.50	28.98	0.22	−0.15	87.00	4.48	5.82	8.57	0.40	−0.04	76.30
Credit Arbitrage	3.39	2.94	5.40	0.05	−0.03	70.59	7.17	3.43	15.35	0.13	−0.08	85.71
Equity Arbitrage	10.21	8.97	19.19	0.37	−0.10	70.00	4.10	8.81	8.23	0.43	−0.04	65.83
Fixed Income Arbitrage	10.45	7.37	20.46	0.27	−0.11	81.24	5.67	7.16	11.35	0.38	−0.06	78.27
Mixed Arbitrage	12.94	6.32	26.31	0.22	−0.14	81.77	4.97	5.94	9.77	0.41	−0.05	74.20
Tactical Trading	13.73	17.97	27.38	0.80	−0.14	61.31	8.05	17.69	14.46	1.43	−0.08	56.17
n.k.	21.90	9.82	27.03	0.39	−0.14	83.81	12.92	13.22	22.97	0.64	−0.12	76.53
Global Macro	19.41	13.57	34.36	0.54	−0.18	67.92	3.56	12.37	8.90	0.82	−0.05	58.79
Mixed Directional Trading	12.70	13.27	24.23	0.68	−0.13	65.38	−0.26	13.04	3.75	1.10	−0.02	50.40
Mutual Fund Timing	9.22	9.21	26.97	0.38	−0.14	75.16	−0.42	10.18	3.66	0.96	−0.02	55.70
Systematic	12.40	19.69	25.90	0.88	−0.13	58.73	9.80	19.53	16.61	1.63	−0.09	55.57
Andere	32.94	17.36	67.42	0.65	−0.35	77.58	1.89	14.93	8.26	0.89	−0.04	61.22
Gesamt	19.92	13.39	37.26	0.57	−0.19	73.17	1.66	13.05	6.70	0.94	−0.04	60.13
MSCIW	18.01	12.13	41.56	0.81	−0.21	72.81	−22.61	14.36	−14.53	2.07	0.07	34.62

Anlagestilgruppen überwiegend hoch und positiv, mit Ausnahme von *Equity Short Bias*, und gering (aber nur teilweise negativ) in Bear Phasen. Daraus kann abgeleitet werden, dass die identifizierten Phasen tatsächlich nicht nur Perioden mit hoher bzw. niedriger Rendite des Marktes, sondern teilweise auch der Hedge Fonds erfassen. Diese Vermutung wird durch die Ergebnisse aus der Amplitudenberechnung bestätigt. In Bull Phasen ist die Amplitude deutlich höher als in Bear Phasen. Die Amplitude misst die Höhe der Kursveränderung (in %) in Bezug auf den Kursanfangs- und Kursendwert einer Phase, d.h. sie erfasst den Anstieg bzw. den Rückgang der Preise während einer Phase. In Bear Märkten ist eine negative Amplitude zu erwarten, die einen hohen Kurswert am Anfang und einen niedrigen Kurswert am Ende einer Phase impliziert. Dies ist jedoch nur bei *Long Only* und *Multi Strategy* zu beobachten. Alle anderen Anlagestile weisen eine positive Amplitude in Bear Märkten auf, die jedoch nur für *Equity Short Bias* aufgrund ihrer auf diese Marktverhältnisse ausgelegten Strategie plausibel erscheint. Überwiegend positive Werte der Amplitude in Bear Phasen deuten auf eine mit dem MSCIW nicht übereinstimmende Phasenentwicklung hin, d.h., dass die Hedge-Fonds-Phasen nicht immer mit den MSCIW Phasen beginnen und enden.

Die Variabilität der Rendite unterscheidet sich ebenfalls in beiden Phasen, wobei Bull Phasen eine niedrigere und Bear Phasen eine leicht höhere Variabilität der Rendite aufweisen. Diese Erkenntnis stimmt mit der stilisierten Eigenschaft der Finanzmarktphasen aus der Literatur überein.[28]

Mithilfe eines Überschussindexes kann die Form einer Phase identifiziert und als Abweichung der Rendite von deren Dreiecks-Approximation (engl. triangle approximation) interpretiert werden.[29] Die Form einer Phase beschreibt, wann die Preise innerhalb einer Phase (am Anfang oder am Ende) größere bzw. kleinere Werte annehmen. Der positive (negative) Überschussindex in Bull Märkten weist auf höhere positive Renditen während der ersten (letzten) Perioden der Phase auf. Der positive (negative) Überschussindex in Bear Märkten weist hingegen auf höhere negative Renditen während der letzten (ersten) Perioden der Phase auf. In beiden Phasen besitzen alle Anlagestilgruppen einen negativen Überschussindex, wobei die absoluten Werte des Index während der Bull Phasen größer sind, was auf eine stärkere Abweichung von der Dreiecks-Approximation hindeutet. Aus den negativen Werten des Index geht hervor, dass Hedge Fonds eine höhere positive Rendite während der letzten Perioden einer Bull Phase und eine höhere negative Rendite während der ersten Perioden einer Bear Phase aufweisen. Der Anteil positiver Renditen unterscheidet sich meistens in Bull und Bear Phasen. Einige Anlagestilgruppen, wie z.B. *Relative Value*, weisen dagegen keine gravierenden Differenzen auf, was auf eine schlechte Abgrenzung der Auf- und Abwärtsbewegungen hindeutet.

Investmentfonds besitzen ebenfalls signifikante Unterschiede zwischen den ausgewerteten Charakteristika in Bull und Bear Phasen. Tab. B.2 (im Anhang, S. 460) veranschaulicht dieselben Statistiken für Investmentfonds. Die Überschussrendite ist

[28] Vgl. Kap. 4.4, S. 135.
[29] Vgl. EDWARDS et al. (2003), S. 931 und Kap. 4.4.2, S. 137.

bei den meisten Investmentfondsgruppen in Bull Phasen hoch und in Bear Phasen niedrig. Anzumerken ist, dass die Amplitude in Bear Märkten bei den Investmentfonds, mit Ausnahme einzelner Geldmarkt- und Rentenfonds, hohe negative Werte annimmt. Diese Erkenntnis deutet auf eine im Vergleich zu den Hedge Fonds bessere Übereinstimmung der Auf- und Abwärtsbewegungen der Investmentfondsperformance mit den MSCIW Phasen.

Aktienfonds besitzen in beiden Phasen eine höhere Variabilität der Rendite als die anderen Investmentfonds sowie die Hedge Fonds, wobei die Variabilität der Rendite in Bear Phasen höher ausfällt. Der Überschussindex ist in Bull Phasen negativ, was auf positive Renditen während der letzten Perioden dieser Bull Phase deutet. In Bear Phasen ist der Überschussindex überwiegend positiv, was eine höhere negative Rendite während der letzten Periode der Phase impliziert. Für alle Anlagestilgruppen, außer den Geldmarkt- und Rentenfonds, ist der Anteil positiver Renditen in Bull Phasen hoch und in Bear Phasen niedrig. Bei Geldmarkt- und Rentenfonds treten die Unterschiede zwischen den Phasen kaum auf, da die Betrachtung ihrer Performance in MSCIW Phasen, wie bereits angemerkt, die Auswertung verzerrt.

In Tab. 6.3 ist eine Gesamtübersicht über die Phasencharakteristika des MSCIW, der Investment- und der Hedge Fonds wiedergegeben. Hedge Fonds, gefolgt vom MSCIW, besitzen die höchste durchschnittliche Überschussrendite in Bull Phasen. In Bear Phasen besitzt der MSCIW die höchste negative Überschussrendite. Die Amplitudenunterschiede zwischen Bull und Bear sind ebenfalls beim MSCIW am stärksten.

Tabelle 6.3: Phasencharakteristika für MSCIW, Investment- und Hedge Fonds in MSCIW-Phasen (BB-Methode)

Die Tabelle gibt eine Übersicht der Phasencharakteristika für einzelne Anlagestilgruppen als Durchschnittswerte: **D (M)** Phasendauer in Monaten, **ÜR (% p.a.)** annualisierte Überschussrendite im Durchschnitt für alle (Bull oder Bear) Phasen, **Vola (% p.a.)** annualisierte Volatilität der Überschussrendite im Durchschnitt für alle (Bull oder Bear) Phasen, **A (%)** Amplitude der Rendite, **V (%)** Variabilität der Phasenrenditen, **ÜI** Überschussindex, **% p.a. pos.R.** Anteil der positiven Renditen.

Anlagestile	D (M)	ÜR (% p.a.)	Vola (% p.a.)	A (%)	V (%)	ÜI	% pos.R
				Bull			
Hedge Fonds	-	19,92	13,39	37,26	0,57	-0,19	73,17
Investmentfonds	-	16,40	14,69	31,73	0,65	-0,16	66,24
MSCIW	22,80	18,01	12,13	41,56	0,81	-0,21	72,81
				Bear			
Hedge Fonds	-	1,66	13,05	6,70	0,94	-0,04	60,13
Investmentfonds	-	-14,98	15,47	-12,61	1,09	0,06	47,28
MSCIW	10,40	-22,61	14,36	-14,53	2,07	0,07	34,62

Dieses Ergebnis ist plausibel, da die bestimmten Phasen auf die Auf- und Abwärtsbewegungen des MSCIW zugeschnitten sind. Hedge Fonds besitzen im Durchschnitt eine positive Amplitude in Bear Märkten, was auf eine ungenaue Phasenübereinstimmung der Hedge Fonds zum MSCIW hindeutet. Die Variabilität der Phasenrendite ist in Bear Märkten höher, wobei der MSCIW, gefolgt von den Investmentfonds, die höchste Variabilität besitzt. In Bull und Bear Märkten treten die extremen Renditeentwicklungen bei den Investmentfonds und dem MSCIW am Ende der Phase auf. Hedge Fonds weisen im Schnitt eine stärkere Renditeveränderung am Ende der Bull und am Anfang der Bear Märkte auf. Die kleinsten Unterschiede zwischen den Anteilen von positiven Renditen in Bull und Bear Märkten sind ebenfalls bei den Hedge Fonds zu beobachten. Anzumerken ist, dass Geldmarkt- und Rentenfonds von den Phasencharakteristika den Hedge Fonds am ähnlichsten erscheinen, wobei diese deutlich stärkere Bewegungen in den Überschussrenditen erleben. Aus diesem Grund ist zu vermuten, dass die Phasen des MSCIW zur Evaluation der Hedge-Fonds-Performance (zumindest bestimmter Anlagestilgruppen) genauso wie für Geldmarkt- und Rentenfonds, wenig adäquat sind.

Anhand erster Auswertungen können die bereits präsentierten Methoden zur Phasenbestimmung verglichen werden. Abb. 6.6 veranschaulicht Phasenabläufe, die anhand der BB-Methode und anhand der Phasenbestimmung nach EDWARDS und CAGLAYAN definiert wurden. Die Phasen nach der EDWARDS und CAGLAYAN Methode besitzen eine hohe Frequenz, d.h., dass innerhalb einer Phase nach der BB-Methode, die Phasen nach der EDWARDS und CAGLAYAN mehrfach wechseln.

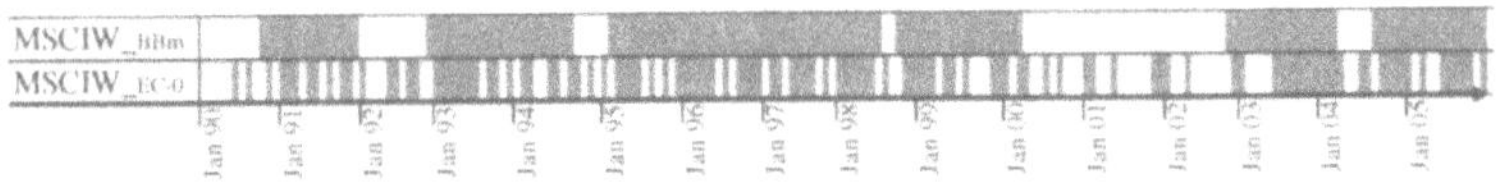

Abbildung 6.6: Bestimmung von Bull und Bear Phasen durch den MSCIW nach unterschiedlichen Methoden

Die Abbildung veranschaulicht die Phasenbestimmung nach der modifizierten BB-Methode und nach EDWARDS und CAGLAYAN (EC) hier abgebildet für $\theta = 0$). Die grau und weiss markierten Bereiche deuten auf entsprechend Bull und Bear Marktphasen hin.

Dafür ist die Performance (Überschussrendite) des MSCIW nach der EDWARDS und CAGLAYAN Phasenbestimmung stärker polarisiert. Dies ist auch plausibel, da diese Methode die starken Wertentwicklungen von den schwachen absondert. Auch Investmentfonds, die in Aktien investieren, erfahren eine bessere Performancetrennung in den Phasen nach EDWARDS und CAGLAYAN. Interessant ist zu beobachten, dass viele Hedge-Fonds-Anlagestile, die auf Aktienmärkten agieren, ebenfalls eine deutlich stärkere Polarisierung in den Phasen nach der EDWARDS und CAGLAYAN Methode erfahren. Dies verdeutlicht, dass Hedge Fonds dieser Anlagestile, wie z.B. Equity Hedge und Long Only, sehr stark von den Aktienmarktentwicklungen abhängen. Der hier dargestellte Vergleich erfolgt anhand von Überschussrenditen, deren Berechnung jeweils für alle Bull und Bear Phasen zusammengenommen erfolgt. Der Vergleich von weiteren Phasencharakteristika der beiden Methoden ist nicht möglich, da die weiteren Phasencharakteristika für die einzelnen Phasen getrennt berechnet werden müssen und erst dann zusammen evaluiert werden können. Bei der EDWARDS und CAGLAYAN Methode sind die einzelnen Phasen jedoch zu kurz, um die benötigten Charakteristika sinnvoll zu berechnen. Aus diesem Grund ist der Vergleich anderer Phasencharakteristika nicht möglich.

Einerseits ermöglicht es die EDWARDS und CAGLAYAN Phasenbestimmung, den starken Zusammenhang zwischen schwachen und starken Marktentwicklungen und der schwachen und starken Fondsperformance deutlicher zu identifizieren. So wird z.B. klarer, dass einige Anlagestilgruppen der Hedge- und Investmentfonds ohne Verzögerung auf Aktienmarktveränderungen reagieren. Andererseits erlaubt die EDWARDS und CAGLAYAN Methode es nicht, die andauernden Phasen der Werteentwicklung zu identifizieren und somit auch nicht, die stilisierten Eigenschaften der Phasen zu bestimmen. Aus diesem Grund ist die Methode wenig hilfreich, um die besonderen Eigenschaften von Hedge-Fonds-Phasen zu untersuchen. Nach der BB-Methode werden zwar auch positive sowie negative Kursschwankungen in einzelnen Phasen einbezogen, die Phasen erfassen jedoch auch den nachhaltigen Auf- oder Abwärtsverlauf des Finanzmarktes, der für die weiteren Untersuchungen vom Interesse ist.

6.3.3 Korrelation zum Marktindex

Der Blick auf die Korrelation zum Marktindex und die Erklärungskraft von Fondsrenditen durch den MSCIW ermöglicht die Zusammenhänge zwischen dem Aktienmarkt und den Fondsrenditeentwicklungen in einzelnen Phasen nachzuvollziehen. Im Gegensatz zum Ansatz von EDWARDS und CAGLAYAN (2001b) sind die Statistiken (zuerst) getrennt für jede einzelne Phase (und danach durch Mittelwerte aggregiert) und nicht im Durchschnitt über alle Bull bzw. Bear Phasen ermittelt worden. Die Abb. 6.7 und Abb. 6.8 veranschaulichen die Boxplots für die Korrelation und das R^2 einzelner Haupt- und Subanlagestilgruppen. Hedge Fonds weisen in der Gesamtansicht keine starke Korrelation zum Marktindex auf. Unter den Hauptanlagestilgruppen besitzen *Long Only* und *Multi Strategy* die höchste Korrelation und das höchste R^2 sowohl in Bull als auch in Bear Phasen. Unter den Subanlagestilgruppen korrelieren *Equity Short Bias* und *Mutual Fund Timing* am stärksten mit der Marktentwicklung. Wie schon aus den vorherigen Untersuchungen hervor geht, weisen unterschiedliche Subanlagestile innerhalb einer Hauptanlagestilgruppe verschiedene Zusammenhänge zum Marktindex auf. Besonders starke Diskrepanzen sind innerhalb von *Equity Hedge* und *Tactical Trading* zu beobachten. In Bear Phasen weisen die Hedge-Fonds-Renditen eine signifikant stärkere Korrelation und Erklärungskraft zu dem MSCIW auf.

Investmentfonds (vgl. Abb. B.4 im Anhang, S. 464) korrelieren stärker als Hedge Fonds mit den Aktienmarktentwicklungen. Die Korrelation und Erklärungskraft sind

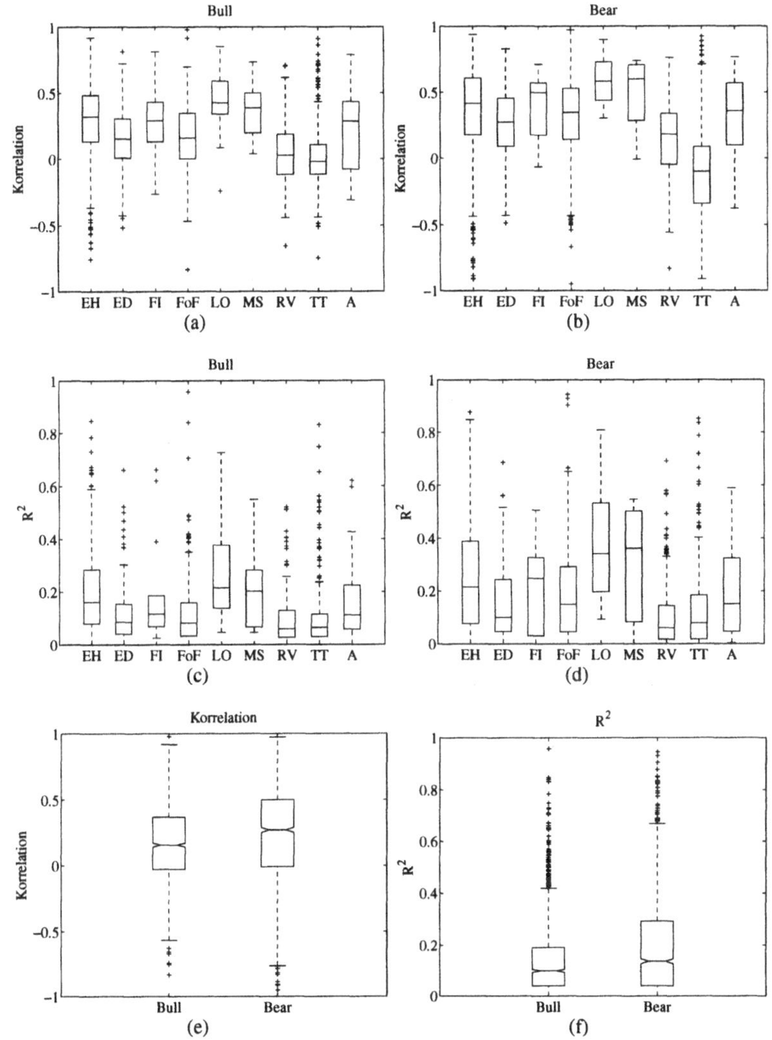

Abbildung 6.7: Korrelation und R^2 in Bull und Bear Phasen nach BRY und BOSCHAN (1971) für Hedge Fonds und MSCIW von Hauptanlagestilgruppen

Für die Wertetabelle siehe Anhang E.4 S. 506.

bei allen Anlagestilgruppen sowohl in Bull als auch in Bear Märkten mit Ausnahme von Geldmarkt- und Rentenfonds relativ hoch. Auch bei den Investmentfonds ist die Korrelation zwischen den Renditen der Fonds und dem MSCIW in Bear Phasen stärker.

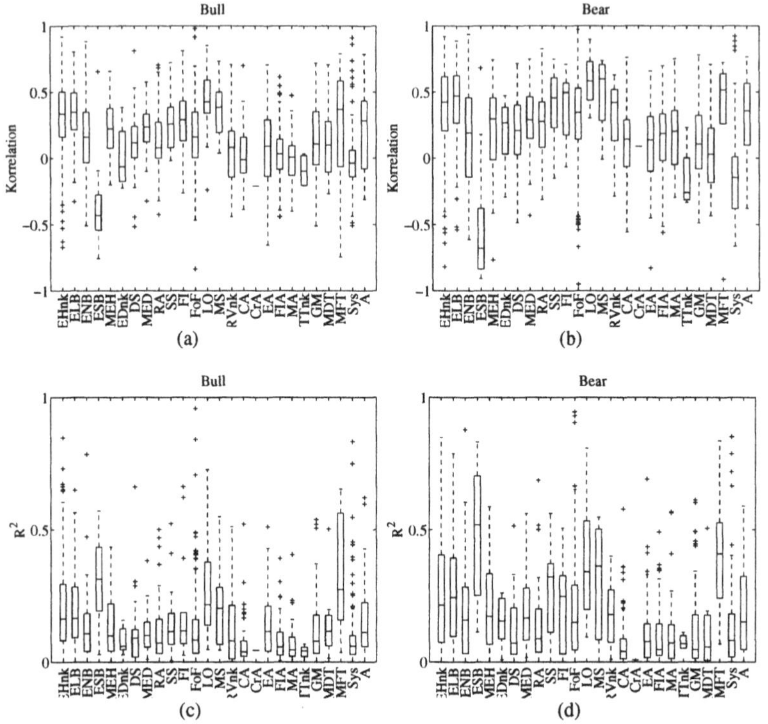

Abbildung 6.8: Korrelation und R^2 in Bull und Bear Phasen nach BRY und BOSCHAN (1971) für Hedge Fonds und MSCIW von Subanlagestilgruppen

Für die Wertetabelle siehe Anhang E.4 S. 506.

6.3.4 Wertentwicklungen

Im Anschluss an die Betrachtung der Korrelation zum Marktindex werden nun die Wertentwicklungen abgebildet. Sie werden aus dem Median der Wertentwicklung aller Fonds jeder Anlagestilgruppe berechnet, um durch die Mustervergleiche der Auf- und Abwärtsbewegungen der Wertentwicklungen einzelner Anlagestilgruppen und des Marktindexes visuelle Ähnlichkeiten zu identifizieren. Die Abb. 6.9 und 6.10 veranschaulichen die durch den gleitenden Durchschnitt geglättete Wertenwicklung der Hedge-Fonds-Performance im Verlauf der MSCIW-Phasen.[30]

Die Auf- und Abwärtsbewegungen der Wertentwicklungen des MSCIW entsprechen genau den identifizierten Phasen. Hedge Fonds weisen in der Gesamtansicht zum Teil eine eigenständige Phasenentwicklung auf, wobei die kleinen Bear-Marktphasen in der Wertentwicklung mehrerer Anlagestilgruppen wiedergefunden werden können. Starke Performanceeinbrüche sind bei *Fixed Income Investing/Trading*,

[30] Die Standardeinstellung der Matlabfunktion *smooth* (Glättung) entspricht fünf Beobachtungen.

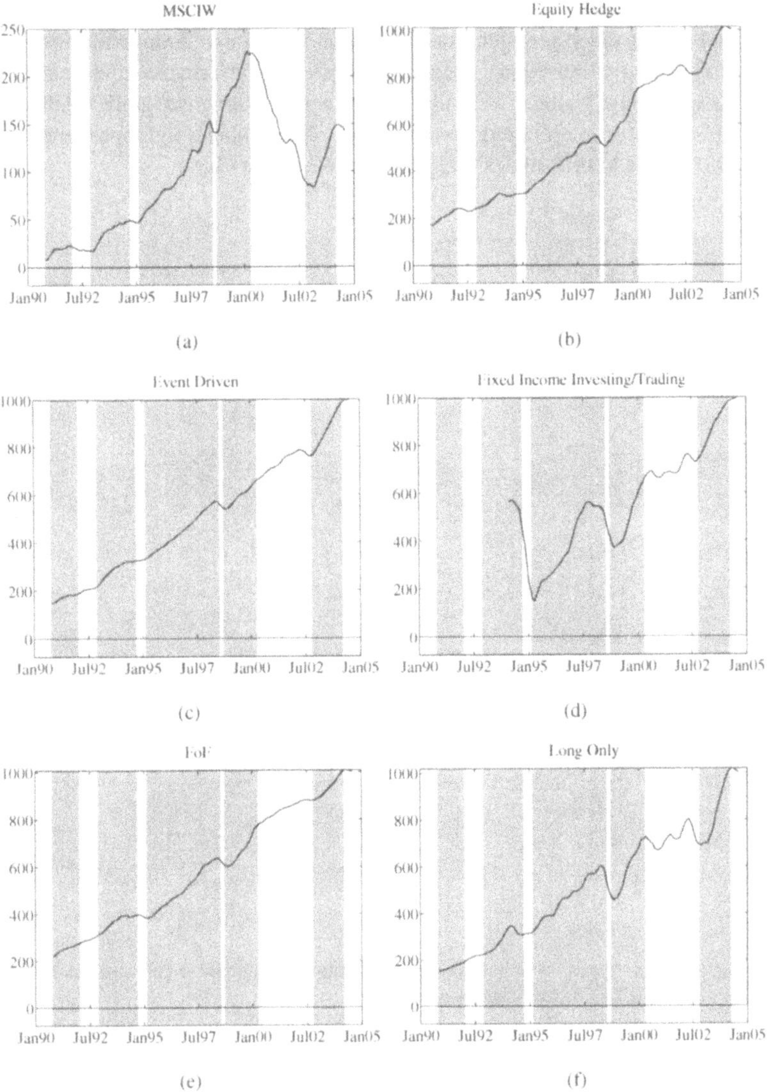

Abbildung 6.9: Werteentwicklung der Hedge-Fonds-Rendite in Bull und Bear Phasen des MSCIW für die Hauptanlagestile

Long Only und *Multi Strategy* zu beobachten. Diese Anlagestilgruppen repräsentieren Gruppen mit einer geringen Anzahl an Fonds. Bei den Anlagestilgruppen mit einer großen Anzahl an Fonds könnten dagegen die Performanceeffekte einzelner Fonds ausgeglichen werden, weshalb die Werteentwicklung der großen Anlagestilgruppen vorsichtig interpretiert werden muss. Alle Anlagestilgruppen entwickeln sich invers zu der Marktentwicklung in der größten Bear Phase.

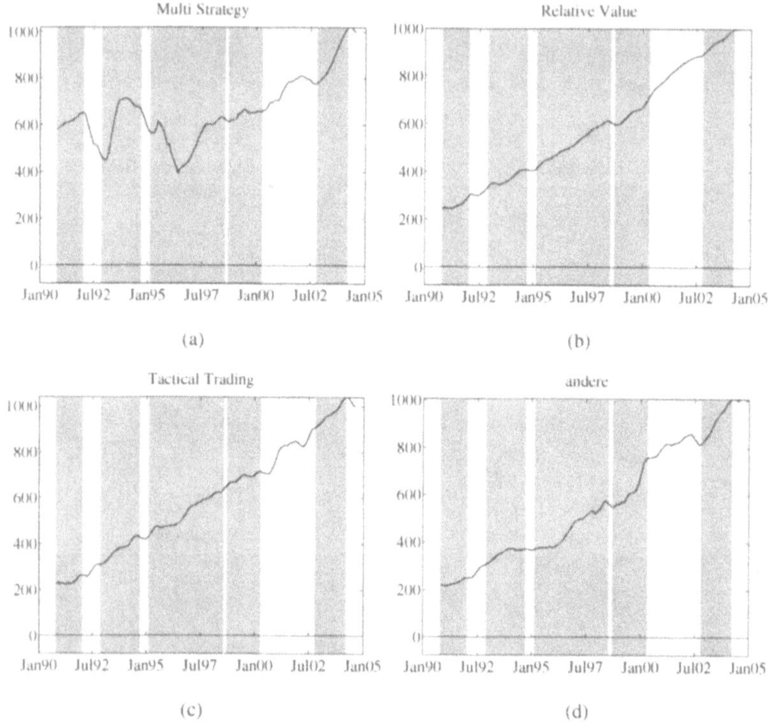

Abbildung 6.10: (Fortsetzung) Werteentwicklung der Hedge-Fonds-Rendite in Bull und Bear Phasen des MSCIW für die Hauptanlagestile

Die Abb. B.5 bis Abb. B.8 (im Anhang, S. 465 bis 468) veranschaulichen Wertentwicklungen von Fonds unterschiedlicher Subanlagestilgruppen innerhalb einer Hauptanlagestilgruppe. Auch hier ist der unterschiedliche Verlauf von Wertentwicklungen innerhalb einer Hauptanlagestilgruppe zu beobachten, was auf eine unzureichende Evaluation der Performance nach vorgegebenen Anlagestilgruppen hindeutet.

Investmentfonds zeigen in der Gesamtansicht eine bessere Übereinstimmung der Auf- und Abwärtsbewegungen der Renditewerteentwicklungen mit den MSCIW Phasen (vgl. Abb. 6.11), wobei jedoch eine frühzeitige Abwärtsbewegung in der zweiten Bull Phase zu beobachten ist (Ende 1992 bis Sommer 1994). Zu vermuten ist, dass

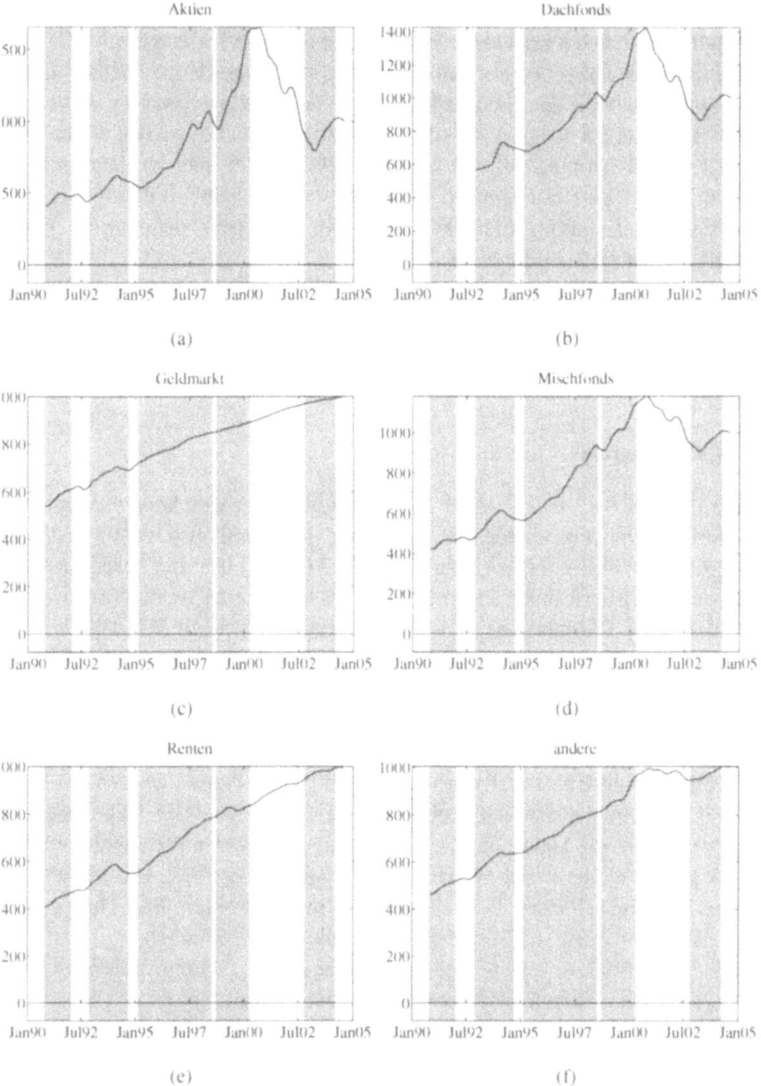

Abbildung 6.11: Werteentwicklung der Investmentfondsrendite in Bull und Bear Phasen des MSCIW erfasst für Hauptanlagestile

in dieser Phase die Investment- und Hedge Fonds den negativen Marktentwicklungen voraus laufen bzw. den Eintritt des Aktienmarktindex in eine Bear Phase andeuten. Diese Entwicklungen sind auf zwei globale Marktgeschehen zurückzuführen: die Bondmarktkrise von 1994 und die Mexikanische Peso-Krise von 1994-1995. Die Bondmarktkrise hat kaum eine Wirkung auf die Entwicklung des MSCIW, wohl aber auf die Geldmarkt- und Rentenfonds sowie auf einige Hedge Fonds.[31] Ebenfalls konnte eine Erhöhung der Geldmarktzinssätze dazu führen, dass die Aktienmärkte mit fallenden Kursen reagiert haben. Die mexikanische Peso-Krise sollte dagegen eine stärkere Auswirkung auf den MSCIW besitzen. Die meisten Investmentfonds beginnen ihre Abwärtsbewegungen früher, was wahrscheinlich durch eine stärkere Gewichtung der Emerging Markets Anlagen in den Fondsportfolios im Vergleich zum MSCIW-Index zu erklären ist.

Bei den Investmentfonds sind zwei grundsätzliche Mustertypen zu erkennen, wobei Aktien-, Dach- und Mischfonds sowie Geldmarkt- und Rentenfonds sich am ähnlichsten sind. Dies ist auch zu erwarten, da Aktienmarktphasen keine Evaluationskriterien für Geldmarkt- und Rentenfonds liefern.

6.3.5 Zwischenfazit

Mithilfe der von BRY und BOSCHAN entwickelten Methode konnten Marktphasen mit einem anhaltenden Anstieg bzw. Rückgang der Assetpreise identifiziert werden. Die Marktphasenbestimmung erfolgte für den MSCIW, dessen Phasen für die Evaluation der Fondsperformance einbezogen wurden. Die Methode ermöglichte eine nachvollziehbare Trennung der Phasen, in denen sowohl beim MSCIW als auch bei Hedge- und Investmentfonds verschiedene Rendite-Risiko-Charakteristika identifiziert werden konnten.

Wegen der ständig abwechselnden Phasen der EDWARDS und CAGLAYAN Methode konnten die stilisierten Eigenschaften der Phasen nicht sinnvoll ermittelt werden. Für die anhand von BRY und BOSCHAN identifizierten Phasen wurden dagegen verschiedene Phaseneigenschaften beobachtet. Es wurde eine klare Unterscheidung in hohe (positive) sowie kleine (und z.T. negative) Amplitudenwerte nicht nur für den MSCIW selbst, sondern auch für beide Fondstypen festgestellt. Die Variabilität der Renditen ist in Bear Phasen deutlich höher als in Bull Phasen. Bull Phasen erfassen höhere Anteile an positiven Renditen als dies die Bear Phasen tun.

Hedge Fonds besitzen eine gewisse Beziehung zu den Aktienmarktentwicklungen. Sie erzielen eine wesentlich höhere Performance in Bull Phasen und eine zum Teil negative Performance in Bear Phasen. Negative Marktentwicklungen scheinen einen stärkeren Einfluss auf die Fondsperformance zu besitzen. Der Einfluss des Aktienmarktes ist deutlich stärker bei Investmentfonds, wobei Geldmarkt- und Rentenfonds die schwächsten Zusammenhänge zum Aktienmarkt zeigen, da Aktienmärkte und Geldmärkte einen versetzten Verlauf zueinander besitzen. Die Anteile positiver Renditen bei Hedge Fonds in Bear Phasen sind zum Teil relativ hoch. Dieser Befund deutet darauf hin, dass die eigentliche negative Performance der Fonds nicht eindeutig durch Phasen des MSCIW getrennt wird. Aus diesem Grund kann die Abgrenzung

[31] Wie bereits in Kap. 4.4.5 beschrieben, haben Hedge Fonds eine gewisse Rolle in der Bondmarktkrise gespielt. Vgl. Kap. 4.4.5, S. 154.

der Phasen zur Evaluation der Fonds weiterhin verbessert werden, um die tatsächlichen Eigenschaften der Fondsperformance adäquat einschätzen zu können.

6.4 Marktphasenbestimmung durch Markov-Switching-Modelle

6.4.1 Phasendefinition

Markov-Switching-Modelle (MSWM) ermöglichen eine statistische Herangehensweise an die Bestimmung von Marktphasen und konkurrieren somit mit den nichtparametrischen Methoden wie z.B. der Methode nach BRY und BOSCHAN (BB) aus dem vorherigen Kapitel. Ausgehend von den Arbeiten von HAMILTON (1989) untersuchen mehrere Forscher mithilfe von Markov-Switching-Modellen Marktzustände, die aufgrund der unterschiedlichen Eigenschaften der Renditeverteilungen zustande kommen.[32] Marktphasen werden somit als Perioden mit verschiedenen Rendite- bzw. Risikoeigenschaften verstanden. Wie bereits in Kap. 4.5.4 beschrieben, werden vier grundsätzliche Typen von Markov-Switching-Modellen unterschieden.[33] Zustandsveränderungen können aufgrund der Rendite, der Varianz, der strukturellen Veränderungen im Zusammenhang mit bestimmten exogenen Parametern sowie aufgrund der Kombination aus strukturellen Veränderungen und Varianz auftreten. Für die Marktphasenbestimmung ist in erster Linie die Zustandsveränderung aufgrund der Rendite und Varianz vom Interesse.

Wird von zwei Marktphasen ausgegangen, die verschiedene Verteilungseigenschaften der Renditen aufweisen, kann die Modellierung der Renditen wie folgt erfolgen (sog. Mean-Switch):[34]

$$R_t = \beta_0(1 - S_t) + \beta_1 S_t + \epsilon_t, \qquad \epsilon_t \sim N(0, \sigma^2) \tag{6.2}$$

mit: S_t Zustandsvariable, die im Zeitpunkt t den Wert Eins oder Null annimmt und dem Markov-Prozess erster Ordnung folgt

Zu erwarten ist, dass Phasen hoher und niedriger Renditen damit abgebildet werden. Es können ebenfalls Phasen angenommen werden, die aufgrund unterschiedlicher Varianzeigenschaften zustande kommen (sog. Variance-Switch):

$$\begin{aligned} R_t &= \alpha + \epsilon_t, \qquad \epsilon_t \sim N(0, \sigma_{S_t}^2) \\ \sigma_{S_t}^2 &= \sigma_0^2(1 - S_t) + \sigma_1^2 S_t \end{aligned} \tag{6.3}$$

Hiermit können hoch und niedrig volatile Phasen identifiziert werden. Zusätzlich können noch Phasen angenommen werden, die sowohl aufgrund einer Rendite-

[32] Siehe Arbeiten von SCHWERT (1989), TURNER et al. (1989), HAMILTON und SUSMEL (1994), HAMILTON und LIN (1996), SCHALLER und VAN NORDEN (1997) und SUSMEL (2000).

[33] Siehe Kap. 4.5.4, S. 173.

[34] Siehe Kap. 4.5.4, S. 173.

als auch einer Varianzveränderung (Risiko) zustande kommen (sog. Mean-Variance Switch):

$$\begin{aligned} R_t &= \beta_0(1-S_t)+\beta_1 S_t+\epsilon_t, \qquad \epsilon_t \sim N(0,\sigma^2_{S_t}) \\ \sigma^2_{S_t} &= \sigma^2_0(1-S_t)+\sigma^2_1 S_t \end{aligned} \tag{6.4}$$

Dadurch wird erwartet Marktzustände zu identifizieren, die einerseits eine hohe Rendite und eine niedrige Volatilität (bzw. Varianz) und andererseits eine niedrige Rendite und eine hohe Volatilität (bzw. Varianz) aufweisen. Diese Charakteristika entsprechen stilisierten Eigenschaften von Bull und Bear Phasen.[35]

6.4.2 Phasencharakteristika

Wie in den bisherigen Kapiteln erfolgt auch hier die Marktphasenbestimmung anhand des MSCIW als Repräsentanten des weltweiten Aktienmarktes. Markov-Switching-Modelle werden anhand der Rendite und nicht anhand der Preisentwicklungen wie bei der Methode von BRY und BOSCHAN bestimmt. Es werden zuerst Phasen mit hoher und niedriger Rendite nach Gl. 6.2, dann Phasen aufgrund der Varianz nach Gl. 6.3 und anschließend Phasen aufgrund der Rendite und Varianz (Gl. 6.4) modelliert. Abb. 6.12 veranschaulicht die Phasenbestimmungen für den MSCIW nach diesen Methoden und zusätzlich nach der im vorherigen Kapitel beschriebenen Vorgehensweise von BRY und BOSCHAN.

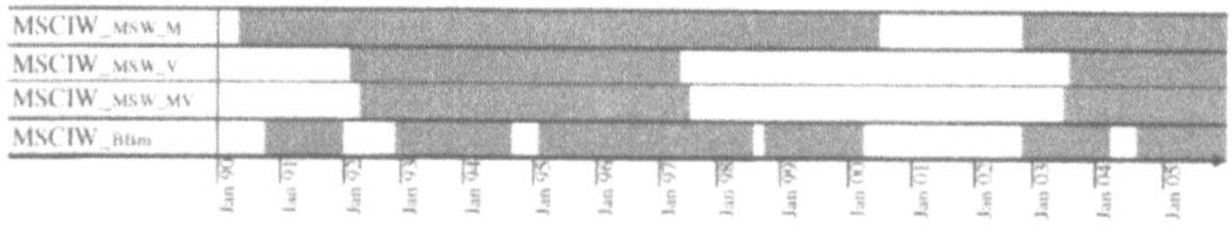

Abbildung 6.12: Bestimmung von Bull und Bear Phasen nach der MSW-Methode für den MSCIW

Die Abbildung veranschaulicht die Bestimmung von Marktphasen in Abhängigkeit von der MSCIW-(Rendite)Entwicklung. MSW_M ist ein Markov Switching Modell anhand der Rendite (Mean), MSW_V anhand der Varianz (Variance) und MSW_MV steht für ein Markov Switching Modell anhand der Rendite-Varianz-Kombination (Mean-Variance). BBm ist eine Abkürzung für die modifizierte BRY und BOSCHAN Methode. Bull Phasen sind durch die schattierten Flächen gekennzeichnet.

Wie die Abbildung veranschaulicht, unterscheiden sich die identifizierten Phasen der verschiedenen Methoden mit Ausnahme der Phasen aufgrund der Varianz und aufgrund der Rendite-Varianz-Kombination deutlich voneinander.[36] Die MSWM identifizieren dabei deutlich längere Bear Phasen insbesondere im Varianz und Rendite-Varianz Fall. Diese beiden Methoden identifizieren im Allgemeinen sehr ähnliche

[35] Vgl. Kap. 4.4, S. 135.

[36] Eine ausführliche Betrachtung der Markov-Switching-Modelle und ihrer Modellierung sowie Programmierung kann bei KIM und NELSON (1999) gefunden werden. Diese Quelle wird als eine grundlegende Basis der Untersuchungen verwendet.

Phasen, wodurch die Phasencharakteristika nur für den Mean-Variance-Ansatz betrachtet werden. MSWM auf Basis der Renditeveränderung besitzt fast identische Bear Phasen zur BB-Methode im Zeitraum zwischen 2000 und 2003. Kleinere Bear Phasen werden von dieser Methode jedoch meistens nicht erfasst.

Im nächsten Schritt werden die Phasencharakteristika untersucht, die die identifizierten Phasen nach dem MSWM beschreiben. Tab. 6.4 veranschaulicht verschiedene Phasencharakteristika für Hedge Fonds und MSCIW Renditen in den anhand der Rendite-MSWM identifizierten Bull und Bear Phasen. Tatsächlich können anhand des vorgestellten Modells Phasen mit hoher und niedriger Überschussrendite des MSCIW identifiziert werden (Bull 9,21% und Bear -28,63%). Ebenfalls sind die Renditeunterschiede für Hedge Fonds in Bull und Bear Phasen in der Gesamtansicht sowie für einzelne Anlagestilgruppen bemerkbar. Die Amplitude (Bull 110,60% und Bear -28,34%) und die Variabilität (Bull 0,09% und Bear 0,43%) bestätigen ebenfalls signifikante Unterschiede der MSCIW-Performance in Bull und Bear Phasen.[37] Dagegen können keine signifikanten Phasenunterschiede aufgrund der Variabilität der Hedge-Fonds-Phasenrenditen festgestellt werden, wobei anhand der Amplitude die Unterschiede eindeutig sind. Anzumerken ist, dass die durchschnittliche Anzahl der Monate pro Phase (Phasenlänge) im Vergleich zu den Auswertungen des vorherigen Kapitels mit der Phasenbestimmung nach der BB-Methode in beiden Phasen deutlich angestiegen ist (vgl. Tab. 6.5). Gleichzeitig ist der Anteil positiver Renditen in Bull und Bear Phasen gefallen.

Der Vergleich der Hedge-Fonds-Performanceevaluation der beiden Methoden zeigt eine stärkere Performancepolarisierung in den Auswertungen nach der BB-Methode. Nach der MSW-Methode weisen nur *Long Only* und *Mutual Fund Timing* eine negative Überschussrendite auf. Nach den Auswertungen der BB-Methode besaßen dagegen mehrere Anlagestilgruppen eine negative Überschussrendite in Bear Phasen und eine deutlich höhere positive Überschussrendite in Bull Phasen als dies in den MSWM-Auswertungen der Fall ist.

Ähnliche Ergebnisse werden für Investmentfonds erzielt. Tab. B.3 (im Anhang, S. 469) veranschaulicht die Ergebnisse des MSWM-Mean für die Phasencharakteristika der Investmentfonds. Auch hier ist die Trennbarkeit der Phasen aufgrund der Phasencharakteristika eindeutig. Somit erzielen Bull Phasen eine hohe positive Überschussrendite und Amplitude, während Bear Phasen eine negative Renditeperformance in der Gesamtansicht und für einzelne Anlagestilgruppen (mit Ausnahme von Geldmarkt- und Rentenfonds) aufweisen. Auch hier sind die Phasenunterschiede aufgrund der Volatilität nicht eindeutig. Im Gegenteil dazu lieferte die BB-Methode eine klarere Trennung der Phasen aufgrund der Phasencharakteristika, wie z.B. der Rendite und der Variabilität. Die Anteile der positiven Renditen in beiden Phasen fallen in den vorgestellten Methoden fast identisch aus.

Die Auswertungen der Phasen nach dem Rendite-Varianz-MSWM ergeben eine Trennung der Phasen sowohl aufgrund der Rendite als auch der Volatilität (Varia-

[37] Siehe Beschreibung der Phasencharakteristika in Kap. 4.4.2, S. 137. Da Fondszeitreihen bereits als Renditen vorliegen, werden sie zuerst in eine Wertentwicklungzeitreihe überführt.

Tabelle 6.4: Phasencharakteristika für einzelne HF-Anlagestilgruppen in MSCIW-Phasen (Mean-MSW-Methode)

Übersicht der Phasencharakteristika für einzelne Anlagestilgruppen als Durchschnittswerte: **ÜR (% p.a.)** annualisierte Überschussrendite im Durchschnitt für alle (Bull oder Bear) Phasen, **Vola (% p.a.)** annualisierte Volatilität der Überschussrendite im Durchschnitt für alle (Bull oder Bear) Phasen, **A (%)** Amplitude der Rendite, **V (%)** Variabilität der Phasenrenditen, **ÜI** Überschußindex, **% pos.R.** Anteil der positiven Renditen.

Anlagestil	Bull						Bear					
	ÜR (% p.a.)	Vola (% p.a.)	A (%)	V (%)	ÜI	% pos.R	ÜR (% p.a.)	Vola (% p.a.)	A (%)	V (%)	ÜI	% pos.R
Equity Hedge	18,47	17,55	111,57	0,27	−0,57	65,86	3,31	16,77	14,01	0,21	−0,07	56,93
n.k.	19,92	18,03	110,50	0,29	−0,56	66,05	2,91	17,25	13,28	0,21	−0,07	56,20
Equity Long Bias	19,81	19,28	145,80	0,26	−0,74	65,81	0,83	17,91	7,86	0,23	−0,04	54,67
Equity No Bias	11,15	9,63	71,20	0,15	−0,36	69,23	4,46	9,89	16,22	0,11	−0,08	63,72
Equity Short Bias	−4,37	20,05	1,30	0,28	−0,01	47,79	28,92	21,59	74,04	0,28	−0,38	66,54
Mixed Equity Hedge	13,96	13,24	78,46	0,17	−0,40	67,27	7,11	11,94	22,17	0,14	−0,11	64,26
Event Driven	14,66	9,33	108,50	0,13	−0,55	78,84	3,28	9,88	13,28	0,15	−0,07	67,52
n.k.	13,36	14,41	160,22	0,18	−0,81	76,48	2,45	9,88	14,00	0,13	−0,07	64,90
Distressed Securities	18,55	10,59	125,73	0,14	−0,64	79,69	5,49	12,64	15,65	0,17	−0,08	67,27
Mixed Event Driven	15,48	9,16	127,40	0,11	−0,65	79,97	1,83	8,83	10,23	0,16	−0,05	65,88
Risk Arbitrage	9,91	6,27	66,98	0,10	−0,34	77,75	1,98	6,81	11,73	0,12	−0,06	69,53
Special Situations	13,90	10,41	99,77	0,13	−0,51	78,27	2,94	10,69	14,63	0,16	−0,08	67,65
Fixed Income I/T	14,24	11,26	66,29	0,17	−0,34	74,20	4,31	11,56	15,39	0,12	−0,08	64,55
FoF	8,17	7,46	55,25	0,11	−0,28	73,70	2,40	5,68	12,79	0,07	−0,07	68,28
Long Only	20,19	21,79	109,80	0,31	−0,56	65,38	−4,02	21,02	−3,46	0,24	0,02	50,18
Multi Strategy	12,40	14,74	83,79	0,18	−0,43	67,77	1,00	12,23	9,88	0,14	−0,05	58,63
Relative Value	7,46	6,96	46,36	0,10	−0,24	75,51	6,31	6,62	21,76	0,07	−0,11	76,50
n.k.	6,28	7,04	39,40	0,10	−0,20	72,62	5,45	6,64	20,57	0,07	−0,11	69,86
Convertible Arbitrage	8,25	5,86	56,39	0,07	−0,29	77,88	6,04	5,52	20,97	0,07	−0,11	81,12
Credit Arbitrage	3,93	4,06	9,14	0,08	−0,05	73,17	7,31	3,26	24,16	0,03	−0,12	88,89
Equity Arbitrage	6,91	8,40	40,30	0,15	−0,21	67,92	4,86	8,45	17,42	0,09	−0,09	67,32
Fixed Income Arbitrage	6,87	6,95	36,74	0,10	−0,19	79,46	8,27	6,76	27,49	0,08	−0,14	81,09
Mixed Arbitrage	8,93	6,48	64,04	0,10	−0,33	76,98	5,36	5,26	18,56	0,06	−0,10	76,60
Tactical Trading	9,50	17,47	75,50	0,22	−0,38	58,83	14,14	17,04	38,85	0,25	−0,20	60,51
n.k.	10,63	9,90	46,39	0,18	−0,24	72,23	16,39	12,98	43,19	0,15	−0,22	86,62
Global Macro	13,03	12,77	83,48	0,17	−0,43	65,97	7,17	12,15	24,07	0,16	−0,12	61,15
Mixed Directional Trading	7,94	12,97	64,67	0,16	−0,33	61,91	4,02	13,15	16,16	0,22	−0,08	53,68
Mutual Fund Timing	5,97	9,60	61,80	0,10	−0,31	70,13	−0,12	9,36	11,94	0,17	−0,06	59,54
Systematic	8,81	19,22	75,08	0,24	−0,38	56,40	16,79	18,73	44,46	0,28	−0,23	60,37
Andere	20,54	16,37	128,81	0,23	−0,66	73,18	5,34	15,06	19,74	0,20	−0,10	62,24
Gesamt	12,59	13,08	82,50	0,19	−0,42	68,93	5,38	12,27	19,02	0,16	−0,10	63,69
MSCIW	9,21	13,21	110,60	0,09	−0,56	66,46	−28,63	15,44	−28,34	0,43	0,15	29,03

Tabelle 6.5: Phasencharakteristika für den MSCIW, Investment- und Hedge Fonds in MSCIW-Phasen (Mean-MSW-Methode)

Die Tabelle zeigt eine Übersicht der Phasencharakteristika für einzelne Anlagestilgruppen als Durchschnittswerte: **D (M)** Phasendauer in Monaten, **ÜR (% p.a.)** annualisierte Überschussrendite im Durchschnitt für alle (Bull oder Bear) Phasen, **Vola (% p.a.)** annualisierte Volatilität der Überschussrendite im Durchschnitt für alle (Bull oder Bear) Phasen, **A (%)** Amplitude der Rendite, **V (%)** Variabilität der Phasenrenditen, **ÜI** Überschussindex, **% p.a. pos.R.** Anteil der positiven Renditen.

Anlagestile	D (M)	ÜR (% p.a.)	Vola (% p.a.)	A (%)	V (%)	ÜI	% pos.R
				Bull			
Hedge Fonds	-	12,59	13,08	82,50	0,19	-0,42	68,93
Investmentfonds	-	10,56	13,61	63,78	0,20	-0,33	64,28
MSCIW	80,50	9,21	13,21	110,60	0,09	-0,56	66,46
				Bear			
Hedge Fonds	-	5,38	12,27	19,02	0,16	-0,10	63,69
Investmentfonds	-	-15,35	16,12	-23,91	0,21	0,12	48,04
MSCIW	15,50	-28,63	15,44	-28,34	0,43	0,15	29,03

bilität der Phasenrendite). Die Evaluation der Überschussrendite in allen Bull und allen Bear Phasen zeigt, dass die zugrundeliegende Phasenabgrenzung noch schlechter ausfällt als nach dem Mean-Ansatz. Tab. 6.6 zeigt die Phasencharakteristika für die Marktphasen der Hedge Fonds nach der Rendite-Varianz MSWM. Selbst für den MSCIW ist die Differenz in der Überschussrendite nicht so extrem wie es in den bisherigen Untersuchungen beobachtet wurde (Bull 10,73% und Bear -5,66%), wobei die durchschnittliche Überschussrendite in Bull und Bear Phasen höher als beim MSWM-Mean ausgefallen ist. Die Ursache liegt in dem höheren Anteil positiver Renditen sowohl in Bull als auch in Bear Phasen, was auf eine schlechtere Trennung der Phasen aufgrund der Rendite hindeutet. Ein ähnliches Bild entsteht bei der Betrachtung der Hedge-Fonds-Performance. Die Überschussrendite ist in der Gesamtansicht in den beiden Phasen angestiegen, was eine schlechtere Trennung der Phasen aufgrund dieser Eigenschaft bedeutet.

Die Phasenunterschiede aufgrund der Variabilität der Rendite (Bull 0,11% und Bear 0,21%) sind nur beim MSCIW vorhanden, wobei die Unterschiede jedoch nicht so stark wie beim Mean-Ansatz erscheinen. Die Hedge Fonds weisen eine deutlich niedrigere Variabilität im Vergleich zum Mean-Ansatz in den Bull und Bear Phasen auf. Die Unterschiede in Bezug auf Variabilität der Redntie sind in den Phasen zwar angestiegen, die Trennung der Phasen anhand der Variabilität ist aber auch hier nicht vorhanden.

Ähnliche Erkenntnisse können aus den Auswertungen der Investmentfonds gewonnen werden. Tab. B.4 (im Anhang, S. 473) veranschaulicht die Phasencharakteristi-

Tabelle 6.6: Phasencharakteristika für einzelne HF-Anlagestilgruppen in MSCIW-Phasen (Mean-Variance-MSW-Methode)

Übersicht der Phasencharakteristika für einzelne Anlagestilgruppen als Durchschnittswerte: **ÜR (% p.a.)** annualisierte Überschussrendite im Durchschnitt für alle (Bull oder Bear) Phasen, **Vola (% p.a.)** annualisierte Volatilität der Überschussrendite im Durchschnitt für alle (Bull oder Bear) Phasen, **A (%)** Amplitude der Rendite, **V (%)** Variabilität der Phasenrenditen, **ÜI** Überschußindex, **% pos.R.** Anteil der positiven Renditen.

Anlagestil	Bull						Bear					
	ÜR (% p.a.)	Vola (% p.a.)	A (%)	V (%)	ÜI	% pos.R	ÜR (% p.a.)	Vola (% p.a.)	A (%)	V (%)	ÜI	% pos.R
Equity Hedge	15,86	12,27	55,50	0,19	−0,29	67,78	12,19	20,52	85,88	0,12	−0,44	60,23
n.k.	17,40	12,68	58,81	0,19	−0,30	68,10	12,47	21,06	87,88	0,13	−0,45	59,73
Equity Long Bias	16,14	12,89	60,06	0,21	−0,31	68,05	13,32	22,64	92,29	0,13	−0,47	59,54
Equity No Bias	8,63	7,47	33,75	0,09	−0,17	68,98	9,43	11,25	67,67	0,07	−0,34	66,71
Equity Short Bias	−2,25	15,14	4,78	0,29	−0,02	50,02	4,92	23,89	39,07	0,13	−0,20	53,65
Mixed Equity Hedge	12,79	8,97	45,69	0,11	−0,24	69,49	10,87	14,99	79,22	0,09	−0,40	64,43
Event Driven	13,26	7,24	55,85	0,09	−0,29	78,40	9,80	11,24	74,46	0,08	−0,38	73,79
n.k.	7,32	9,15	57,36	0,10	−0,29	72,92	11,39	16,28	81,20	0,13	−0,41	72,98
Distressed Securities	17,95	8,27	73,16	0,10	−0,38	81,13	11,54	13,22	75,60	0,10	−0,39	72,63
Mixed Event Driven	13,24	7,37	54,57	0,10	−0,28	79,62	10,34	10,82	76,18	0,08	−0,39	73,51
Risk Arbitrage	8,76	5,36	37,53	0,07	−0,19	75,25	7,11	7,19	59,00	0,05	−0,30	75,90
Special Situations	13,21	7,48	51,18	0,11	−0,26	78,42	9,42	12,88	96,07	0,08	−0,49	73,20
Fixed Income I/T	17,09	8,31	60,73	0,13	−0,31	75,94	5,95	13,77	46,71	0,07	−0,24	67,43
FoF	7,38	5,71	29,50	0,08	−0,15	73,85	5,85	7,90	53,44	0,05	−0,27	71,00
Long Only	21,94	14,61	79,58	0,19	−0,41	69,09	7,58	25,59	53,18	0,13	−0,27	56,51
Multi Strategy	16,32	12,27	52,80	0,21	−0,27	71,30	4,92	14,91	46,78	0,07	−0,24	61,92
Relative Value	5,79	5,33	24,07	0,07	−0,12	72,95	8,17	7,80	67,16	0,05	−0,34	77,83
n.k.	6,31	5,32	25,04	0,08	−0,13	74,25	6,29	8,18	49,15	0,05	−0,25	70,47
Convertible Arbitrage	5,15	5,20	23,36	0,07	−0,12	70,74	9,65	6,08	80,46	0,03	−0,41	84,58
Credit Arbitrage	2,33	4,43	12,51	0,04	−0,06	70,00	7,62	3,03	36,51	0,02	−0,19	86,84
Equity Arbitrage	5,17	6,12	22,74	0,08	−0,12	66,33	7,28	9,72	59,87	0,06	−0,30	68,68
Fixed Income Arbitrage	6,53	5,05	23,46	0,08	−0,12	79,16	7,49	8,14	63,22	0,04	−0,32	80,02
Mixed Arbitrage	6,19	4,89	28,63	0,06	−0,15	73,96	9,42	6,83	74,02	0,05	−0,38	79,79
Tactical Trading	8,14	15,75	38,48	0,22	−0,20	58,14	12,24	18,44	90,51	0,13	−0,46	60,20
n.k.	7,55	7,76	33,53	0,07	−0,17	71,09	17,04	13,86	78,17	0,11	−0,40	83,27
Global Macro	12,22	11,19	43,24	0,15	−0,22	65,68	10,67	13,94	83,41	0,09	−0,42	63,81
Mixed Directional Trading	5,60	11,70	25,67	0,20	−0,13	60,67	7,61	13,68	67,08	0,10	−0,34	59,10
Mutual Fund Timing	5,16	7,28	22,99	0,16	−0,12	70,91	4,04	11,21	51,15	0,07	−0,26	65,65
Systematic	7,40	17,46	38,61	0,25	−0,20	55,62	13,04	20,10	94,90	0,14	−0,48	58,87
Andere	15,63	12,58	53,58	0,17	−0,28	72,71	15,49	18,68	138,20	0,13	−0,70	68,06
Gesamt	11,01	10,07	42,58	0,15	−0,22	69,18	9,82	14,68	75,38	0,09	−0,38	66,29
MSCIW	10,73	9,25	67,12	0,11	−0,34	72,34	−5,66	17,60	−11,03	0,21	0,06	48,98

Tabelle 6.7: Phasencharakteristika für den MSCIW, Investment- und Hedge Fonds in MSCIW-Phasen (Mean-Variance-MSW-Methode)

Die Tabelle zeigt eine Übersicht der Phasencharakteristika für einzelne Anlagestilgruppen als Durchschnittswerte: **D (M)** Phasendauer in Monaten, **ÜR (% p.a.)** annualisierte Überschussrendite im Durchschnitt für alle (Bull oder Bear) Phasen, **Vola (% p.a.)** annualisierte Volatilität der Überschussrendite im Durchschnitt für alle (Bull oder Bear) Phasen, **A (%)** Amplitude der Rendite, **Vola (%)** Variabilität der Phasenrenditen, **ÜI** Überschussindex, **% p.a. pos.R.** Anteil der positiven Renditen.

Anlagestile	D (M)	ÜR (% p.a.)	Vola (% p.a.)	A (%)	V (%)	ÜI	% pos.R
				Bull			
Hedge Fonds	-	11,01	10,07	42,58	0,15	-0,22	69,18
Investmentfonds	-	12,38	10,41	43,73	0,14	-0,22	67,04
MSCIW	47,00	10,73	9,25	67,12	0,11	-0,34	72,34
				Bear			
Hedge Fonds	-	9,82	14,68	75,38	0,09	-0,38	66,29
Investmentfonds	-	-4,90	17,28	-7,02	0,12	0,04	53,99
MSCIW	49,00	-5,66	17,60	-11,03	0,21	0,06	48,98

ka der Investmentfonds nach dem Mean-Variance-MSWM. Die Amplitude und die Überschussrendite sind in den beiden Phasen angestiegen, wodurch die Trennung der Phasen nicht mehr ganz extrem erscheint. Auch anhand der Volatilität können keine klaren Phasenunterschiede beobachtet werden. Die Anzahl der positiven Renditen ist ebenfalls insbesondere in den Bear Phasen angestiegen, was auf eine schlechtere Trennung der Phasen hindeutet.

In der Gesamtansicht (vgl. Tab. 6.5 und 6.7) scheint das MSWM-Mean zu der BB-Methode eine ähnlichere Auswertung der Phasen sowie der Fondsperformance zu besitzen als das MSWM-Mean-Variance. Die Trennung der Phasen ist aufgrund der Fondsperformance beim Mean-Ansatz deutlicher als bei dem Mean-Variance-Ansatz, wobei die BB-Methode die Trennung am besten zu meistern scheint (vgl. Tab. 6.3). Der Vergleich zwischen der Hedge- und Investmentfonds-Performance in den untersuchten Phasen ergibt ein ähnliches Bild wie bei den Auswertungen nach der BB-Methode. Investmentfonds besitzen in der Performanceevaluation eine größere Ähnlichkeit zum Aktienmarkt, wobei auch hier Geldmarkt- und Rentenfonds meistens in den vorgegebenen Phasen nicht sinnvoll beurteilt werden können. Dies liegt an den schwächeren Beziehungen zwischen Aktienmärkten und diesen speziellen Fonds als sie im Vergleich z.B. zu Aktienfonds bestehen. Allerdings kann in den präsentierten MSCIW-Phasen sowohl für Investmentfonds als auch für Hedge Fonds ihre Performance nicht ausreichend beschrieben werden. Wie bereits angemerkt, liefert die BB-Methode eine Phasenbestimmung, die im Vergleich zu MSW-Methoden eine klarer abgrenzbare Evaluation der Fondsperformance sowohl in Bezug auf die Rendite als auch die Varianz ermöglicht.

6.4.3 Korrelation zum Marktindex

Auch in den identifizierten Phasen nach dem MSWM werden Korrelationen und die Erklärungskraft von Fondsrenditen durch den MSCIW untersucht. Abb. 6.13 zeigt Boxplots für die Korrelation und das R^2 einzelner Hauptanlagestilgruppen für Hedge Fonds in den nach den MSW-Mean bestimmten Phasen.[38] Hedge Fonds weisen in der Gesamtansicht keine starke Korrelation zu dem Marktindex auf. Unter den Hauptanlagestilgruppen besitzen *Long Only* und *Multi Strategy* die höchste Korrelation und das höchste R^2 sowohl in Bull als auch in Bear Phasen. Dieselben Ergebnisse wurden in den Untersuchungen nach der BB-Methode erzielt. Bear Phasen weisen hier jedoch keine signifikant stärkere Korrelation auf, wie es in den Untersuchungen nach der BB-Methode der Fall war, wobei das R^2 für Hedge-Fonds-Renditen signifikant höher als in den Bull Phasen ausfällt.

Ähnliche Auswertungen zu den Ergebnissen nach der BB-Methode zeigen Investmentfonds (vgl. Abb. B.9, S. 477 im Anhang), die mit den Aktienmarktentwicklungen viel stärker als Hedge Fonds korrelieren. Die Korrelation und die Erklärungskraft sind relativ hoch bei allen Strategiegruppen sowohl in Bull als auch in Bear Märkten mit Ausnahme von Geldmarkt- und Rentenfonds. Bei den Investmentfonds ist die Korrelation zwischen den Renditen von Fonds und dem MSCIW in Bear Phasen signifikant stärker sowie die Erklärungskraft der Renditen durch den MSCIW. Damit zeigen Investmentfonds eine stärkere Ähnlichkeit zu Aktienmarktentwicklungen und erreichen identische Ergebnisse zu den Auswertungen nach der BB-Methode.

6.4.4 Zwischenfazit

Die Bestimmung der Marktphasen nach den Markov-Switching-Modellen ermöglicht es Marktzustände zu identifizieren, die unterschiedliche Renditecharakteristiken aufweisen. Diese Vorgehensweise unterscheidet sich sehr stark von den bis jetzt präsentierten nichtparametrischen Methoden. Es wurden Phasen bestimmt, die aufgrund der Rendite-, Varianz- und Rendite-Varianz-Unterschiede zustande kamen. Diese Phasen überlappen sich nur teilweise mit den Phasen der Wertentwicklung. Kleinere Phasen, die einen Rückgang der Wertentwicklung indizieren, werden bei dieser Methode nicht erkannt. Die identifizierten Marktphasen sind mehr oder weniger systematisch und periodisch.

Der MSCIW zeigt in den Phasen für das MSWM-Mean eine eindeutige Trennung hoher und niedriger Renditephasen. Zusätzlich ist auch die Volatilität (Variabilität der Phasenrenditen) in den vorhandenen Phasen scharf trennbar. Die Renditecharakteristika sind in den Phasen des MSWM-Mean-Variance weniger stark abgegrenzt,

[38] Die Auswertungen für den MSW-Mean-Variance Ansatz wurden hier aus Platzgründen nicht veranschaulicht. Sie zeigen aber keine abweichenden Ergebnisse von denen des MSW-Mean Ansatzes.

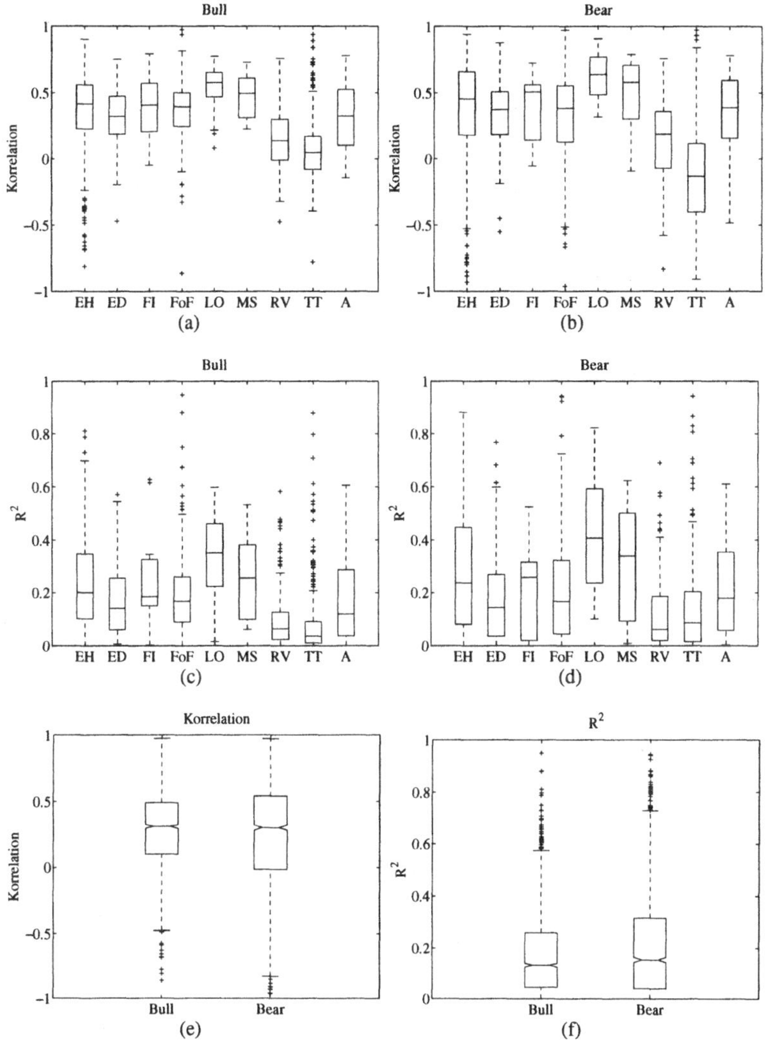

Abbildung 6.13: Korrelation und R^2 in Bull und Bear MSCIW Phasen nach MSWM-Mean für Hedge Fonds und MSCIW aufgeführt für Hauptanlagestilgruppen

Für Wertetabelle siehe Anhang E.5 S. 507.

wobei ebenfalls Phasen mit hoher Rendite und niedriger Volatilität (Variabilität der Phasenrenditen) sowie Phasen mit niedriger Rendite und hoher Volatilität (Variabilität der Phasenrenditen) identifiziert wurden.

Die Evaluation der Fondsperformance in den identifizierten Phasen zeigt eine eindeutige Beziehung zwischen Aktienmärkten und der Investmentfondsperformance. Investmentfonds haben einen stärkeren Bezug zu Aktienmärkten, wobei Geldmarkt- und Rentenmarktfonds, ähnlich wie Hedge Fonds, nur schwach mit den Aktienmärkten korrelieren.

6.5 Zusammenfassung

Die Evaluation der Hedge-Fonds-Performance anhand von vordefinierten Phasen gewährt erste Erkenntnisse über die tatsächliche Performance der Fonds. Eine Bewertung ohne eine Unterscheidung nach Phasen ermöglicht dagegen nur eine durchschnittliche Abbildung der Performance.

Wie die Untersuchungen in diesem Kapitel zeigen, beeinflusst die Wahl der Definition und der Methode zur Bestimmung der Phasen sehr stark die Beurteilung der Investment- und Hedge-Fonds-Performance und kann teilweise zu ungenauen Rückschlüssen führen. Es wurden drei unterschiedliche Vorgehensweisen zur Bestimmung der Phasen vorgestellt. Trotz unterschiedlicher Evaluationsergebnisse zeigen alle Vorgehensweisen, dass auch Hedge Fonds von negativen Aktienmarktentwicklungen beeinflusst werden. Bei Investmentfonds ist dieser Einfluss jedoch besonders stark.

Abb. 6.14 veranschaulicht die Phasenbestimmung für den MSCIW anhand der Methoden von EDWARDS und CAGLAYAN (2001b), der modifizierten BB-Methode und der Mean-MSWM. Alle drei vorgestellten Methoden lieferten weiterführende Einblicke in die tatsächliche Performance der beiden Fondsarten. Anhand der Methodik nach EDWARDS und CAGLAYAN (2001b) konnte festgestellt werden, dass sich die Anlagestilgruppen der Hedge Fonds, die in Aktien investieren, deutlich mit dem Aktienmarkt bewegen. Durch eine einfache Abgrenzung der Phasen konnte eine starke Polarisierung der Performance dieser Fonds erreicht werden. Jedoch ermöglicht es diese Methode, ausschließlich die kurzfristigen Schwankungen der Aktienmärkte zu erfassen (siehe Abb. 6.14). Anhand der kurzfristigen Schwankungen können jedoch keine Erkenntnisse über das Hedge-Fonds-Verhalten in langfristigen Marktphasen gewonnen werden.

Die Markov-Switching-Modelle trennen die Phasen aufgrund der Renditecharakteristika des MSCIW. Diese Phasen haben im Vergleich zu den identifizierten Phasen der anderen Methoden im Durchschnitt die längste Dauer. Die Phasenabgrenzung durch Markov-Switching-Modelle ermöglichte eine Trennung der Phasen anhand der Rendite, Varianz oder Rendite-Varianz-Kombination. Jedoch konnte in den identifizierten Phasen keine klare Trennung insbesondere für die Hedge-Fonds-Performance (Phasencharakteristika) erreicht werden. So wurden z.B. in Phasen hoher Volatilität (Varianz) des MSCIW keine sich von den anderen Phasen unterscheidende, besonders hohe Varianz der Fondsrendite gemessen. Die anhand dieser Methode identifizierten Phasen überlappen sich höchstwahrscheinlich mit den eigenen Phasen der

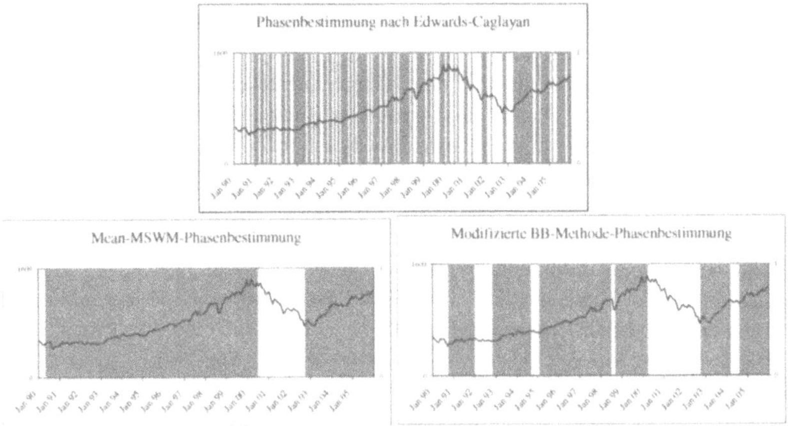

Abbildung 6.14: Bestimmung von Bull und Bear Phasen für den MSCIW

Die Abbildung veranschaulicht drei Methoden zur Bestimmung von Phasen: die Methode von EDWARDS und CAGLAYAN (2001b), die modifizierte BB-Methode und die Mean-MSWM. Bull Phasen sind durch grau schattierte Bereiche gekennzeichnet. Anhand der Wertentwicklung des MSCIW kann die Phasenabgrenzung gut nachvollzogen werden.

Hedge Fonds (den sog. Performancephasen), wodurch keine so starke Performanceabgrenzung, wie sie z.B. durch die modifizierte BB-Methode erreicht wurde, beobachtet werden konnte. Aufgrund zu langer Phasen können kürzere (evtl. turbulente) Zeitperioden nicht gesondert betrachtet werden, die jedoch einen wichtigen Beitrag zur Analyse des Verhaltens von Hedge-Fonds-Renditen ermöglicht hätten.

Die modifizierte Vorgehensweise nach BRY und BOSCHAN (1971) ermöglichte es, die (überwiegend) nachhaltigen Auf- und Abwärtsbewegungen des Aktienmarktes in Phasen zu erfassen. Auch hier wurde eine Trennung der Fondsperformance in verschiedenen Phasen erreicht. Aufgrund unterschiedlicher Phasencharakteristika konnten ebenfalls die stilisierten Eigenschaften der Phasen evaluiert werden. In den so bestimmten Phasen wiesen sowohl Hedge Fonds als auch Investmentfonds signifikante Unterschiede in ihren Phasencharakteristika auf, wobei Investmentfonds eine bessere Performancetrennung in den vorgegebenen Phasen erfuhren. Die modifizierte BB-Methode stellt somit eine sinnvolle Variante zur Phasenbestimmung dar, die sowohl längere als auch bedeutende kürzere Phasen der Wertentwicklung erfasst (siehe Abb. 6.14).

Investment- sowie Hedge Fonds besitzen einige Übereinstimmungen mit den Phasen des MSCIW, wobei die ersten eine bessere Übereinstimmung aufweisen. Zu bemerken ist, dass sich Hedge Fonds in den kleinen Bear Phasen parallel mit den negativen Marktverläufen entwickeln. Alle Hedge-Fonds-Anlagestilgruppen weisen dagegen in einer großen Bear Phase einen inversen Verlauf der Wertentwicklung auf. Zu vermuten ist, dass Hedge Fonds innerhalb längerer Phasen sich eine bessere Absicherung gegen negative Marktentwicklungen verschaffen können, als sie es während der kurzen Bear Phasen erreichen.

Weiterhin ist die Erkenntnis über eine höhere Korrelation der Hedge-Fonds-Renditen in Bear als in Bull Phasen interessant. Der Blick auf die Abbildungen mit den Wertentwicklungen verdeutlicht jedoch, dass dies nicht durchgängig bestätigt werden kann. In den MSCIW Bear Phasen fallen zwar die Hedge-Fonds-Werte, die Abwärtsbewegungen der Fondswerte setzen jedoch in einigen Phasen viel früher ein und/oder hören später auf. Einige Bull Phasen beinhalten damit sowohl die Auf- als auch die Abwärtsbewegungen der Fonds. Durch eine zuerst mitlaufende und später gegenläufige Bewegung der Fonds innerhalb einer Bull Phase könnten die kleineren Werte der Korrelation in den Bull Phasen resultieren.

Geldmarkt- und Rentenfonds sind den Hedge Fonds am ähnlichsten, wenn das Verhalten der Wertentwicklung in den MSCIW Phasen betrachtet wird. Diese Fonds beziehen sich weniger auf die Entwicklung der Aktienmärkte, sondern eher auf die gesamtwirtschaftliche Entwicklung bzw. die Konjunktur und die Zinsmärkte.

Der Aktienmarkt prägt aber nicht als einzige Einflussquelle die Hedge-Fonds-Performance. Hedge Fonds können sich ebenfalls an Geld- und Rentenmärkten orientieren. Der Verlauf anderer Einflussgrößen kann eine verzögerte oder eine gegenläufige Entwicklung zum Aktienmarkt aufweisen. Aus diesem Grund besteht demnach der Bedarf, die Einflussquellen der Fondsperformance weiter zu untersuchen. Für die einführenden Auswertungen in diesem Kapitel wurden ausschließlich die Aktienmarktphasen aufgrund ihrer Stellung als zentrale Assetklasse einbezogen, da das Hauptaugenmerk dieses Kapitels auf der Untersuchung der gängigen Methoden zur Phasenbestimmung liegt. Im Kap. 8 (S. 291) werden die Einflüsse anderer Finanzmarktsegmente sowie wirtschaftlicher Entwicklungen überprüft.Im Folgendem werden ebenfalls Ansätze betrachtet, die eine Phasenbestimmung anhand von Exposure-Veränderungen bzw. strukturellen Veränderungen in Zusammenhängen ermöglichen.

Im Folgenden soll aber zunächst die Zusammensetzung der einzelnen Hauptanlagestilgruppen diskutiert werden. Wie die Untersuchungen gezeigt haben, ist die Performance einzelner Subanlagestilgruppen innerhalb einer Hauptgruppe nicht homogen. Die Plausibilität der Einordnung der Fonds in Hauptanlagestilgruppen ist daher fraglich. Die Kritik wird durch eine breite Streuung der Ergebnisse innerhalb eines statistischen Maßes bekräftigt. Zu vermuten ist ebenfalls, dass einzelne Fonds nicht der richtigen Anlagestilgruppe zugeordnet wurden. Aufgrund der eigenen, subjektiven Einschätzung der Fondsmanager bezüglich der Zuordnung der eigenen Fonds zu bestimmten Anlagestilgruppen, kann eine Fondszuordnung entstehen, die zum Teil Fonds mit heterogenen Eigenschaften zusammenfasst. Die Validität der Zuordnung kann bei der Aufnahme in die Datenbank nicht kontrolliert werden. Mithilfe statistischer Verfahren kann die Zuordnung jedoch aufgrund von vordefinierten Eigenschaften der Gruppen überprüft werden. Im nächsten Kapitel werden anhand von statistischen Verfahren einzelne Fonds aufgrund ihrer Phasenentwicklungen in neue Gruppen zusammengefasst.

7 Klassifikation der Fonds nach Phasenabläufen

7.1 Zielsetzung der Untersuchung

Die bisherigen Untersuchungen haben gezeigt, dass sich die Hedge-Fonds-Performance nicht immer am Verlauf von Aktienmärkten orientiert. Stattdessen können Hedge Fonds innerhalb einer Aktienmarktphase versetzte Auf- oder Abwärtsbewegungen durchlaufen. Dies impliziert, dass die Aktienmarkt- und Hedge-Fonds-Phasen nicht grundsätzlich übereinstimmen. Die Evaluation und Beurteilung der Fondsperformance anhand zuvor definierter Aktienmarktphasen kann also zu fälschlichen Rückschlüssen führen. Um bezüglich der Fondsperformance eine klarere Aussage zu treffen, werden im Folgenden die Fonds-spezifischen Phasen bestimmt.

Die Bestimmung der Hedge-Fonds-eigenen Phasen kann sowohl für den gesamten Datensatz als auch für jeden einzelnen Fonds erfolgen. Aus den bisherigen Untersuchungen geht jedoch hervor, dass unterschiedliche Hedge-Fonds-Anlagestilgruppen verschiedene Wertentwicklungen aufweisen könnten. Um die anlagestilspezifischen Besonderheiten zu berücksichtigen, werden die Hedge Fonds nicht als Gesamtheit, sondern nach Anlagestilen gruppiert, untersucht.

Die Zuordnung der Fonds zu den einzelnen Anlagestilgruppen erfolgt durch die jeweiligen Fondsmanager, die ihre Daten jedoch lediglich auf freiwilliger Basis publizieren. Angaben zu der Zugehörigkeit eines Fonds zu einer bestimmten Anlagestilgruppe werden demnach nicht von unabhängigen Dritten validiert, wodurch nicht auszuschließen ist, dass einige Fonds nicht der richtigen Anlagestilgruppe zugeordnet wurden. So ergaben mehrere Studien zur Klassifikation von Hedge Fonds sowie Investmentfonds auf Basis ihrer Renditen eine Diskrepanz zwischen den ursprünglich angegebenen Anlagestilen und den durch statistische Verfahren bestimmten Zuordnungen.[1] Wenn in dem vorliegenden Datensatz einige Fonds ungenau klassifiziert sind, ergibt sich ein verzerrtes Bild von Wertentwicklungen der verschiedenen Anlagestilgruppen, was wiederum zu fälschlichen Schlussfolgerungen in den weiteren Untersuchungen führen würde. Aufgrund der Bedeutung einer zweifelsfreien Zuordnung der Fonds für die Validität der weiteren Ergebnisse, muss die ursprüngliche Klassifikation der Fonds überprüft und ggf. verbessert werden.

In dieser Arbeit ist der phasenabhängige Verlauf der Rendite und nicht das Niveau der Rendite vom primären Interesse. Aus diesem Grund stellen sich für die weiteren Untersuchungen folgende zentrale Fragen:

---

[1] Vgl. z.B. Studien von MARTIN (2002) und FERRUZ und ORTIZ (2005).

- Inwieweit bilden vordefinierte Anlagestilgruppen plausible Gruppierungen der Fonds in Bezug auf ihre Phasenverläufe?
- Lassen sich verbesserte Gruppen mit homogeneren Phasenverläufen bilden?
- Wie gut erfassen die Phasen der neu definierten Gruppen Wertentwicklungen von Hedge Fonds?

Zur Beantwortung dieser Fragen wird das statistische Verfahren der Clusteranalyse herangezogen, welches eine Zuordnung der Fonds in homogenere aber sich voneinander unterscheidende Gruppen ermöglicht.

7.2 Klassifikationsbestimmung durch eine Clusteranalyse

Die Clusteranalyse ist ein multivariates Verfahren, mit dem anhand einer Klassifikation der zu untersuchenden Objekte nach bestimmten Kriterien, eine Separation derselben in voneinander möglichst verschiedene Gruppen ermöglicht wird.[2] Dabei wird versucht, innerhalb einer Gruppe ähnliche Objekte in Bezug auf ihre Merkmale zusammenzufassen und die Unähnlichkeit zwischen den gebildeten Gruppen zu maximieren. Die Anzahl der Gruppen ist nicht vorbestimmt. In Abhängigkeit von der ausgewählten Methode wird anhand eines Maßes jedes Objekt der Datenbank einer ihm ähnlichen Gruppe zugeordnet, wobei die Ähnlichkeit der Objekte durch Distanzen zwischen den betrachteten Objektmerkmalen bestimmt wird. Die Spezifizierung der Merkmale erfolgt in Abhängigkeit von der untersuchten Fragestellung. Eine Gruppierung von bestimmten Objekten anhand unterschiedlicher Merkmale kann zu verschiedenen Clustern führen. Die Clusteranalyse findet allgemein einen breiten Einsatz in der Finanzwirtschaft.[3] Auch für die Klassifikation von Investment- und Hedge Fonds fand die Clusteranalyse bereits Verwendung.[4]

Mithilfe der Clusteranalyse wird in diesem Teil der Arbeit die Güte der vorliegenden Klassifikation der einzelnen Fonds in den Hauptanlagestilgruppen überprüft. Es wird angenommen, dass Fonds innerhalb einer Anlagestilgruppe einem gleich gearteten Anlagestil folgen und deshalb einen ähnlichen Performanceverlauf in bestimmten Marktphasen besitzen. Dennoch kann selbstverständlich die Performance verschiedener Fonds einer Anlagestilgruppe in Abhängigkeit von den Fähigkeiten der Fondsmanager etwas voneinander abweichen. Da für alle Akteure die Marktkonstellationen zu einem gegebenen Zeitpunkt gleich sind, wird in den weiteren Untersuchungen vereinfachend davon ausgegangen, dass Fondsmanager aktuelle Marktsituationen augenblicklich wahrnehmen und ausnutzen und somit innerhalb einer Anlagestilgruppe ähnliche Performanceverläufe erzielen. Falls dies bei bestimmten Fonds nicht der Fall ist, sind diese Fonds wahrscheinlich nicht optimal zugeordnet.

Bei der Durchführung der Clusteranalyse muss eine Reihe von Fragestellungen geklärt werden:

---

[2] Siehe eine kurze Beschreibung der Clusteranalyse im Anhang C.1, S. 479.

[3] Siehe z.B. DI MATTEO et al. (2004) und BASALTO et al. (2005).

[4] Vgl. z.B. Studien von MARTIN (2002), DAS (2003) und FERRUZ und ORTIZ (2005).

- Auf Basis welcher Merkmalsausprägungen werden Klassifikationen durch die Clusteranalyse durchgeführt?
- Wie werden die Daten vorbereitet?
- Wie werden evtl. fehlende Werte (missing values) in den Daten berücksichtigt?
- Welches Distanzmaß scheint für die Fragestellung sinnvoll?
- Welcher Clusteralgorithmus scheint für die Fragestellung geeignet?
- Welche Gütemaße werden zur Beurteilung der Clusterlösungen einbezogen?
- Wie wird die Anzahl der Gruppen (Cluster) bestimmt?
- Wie werden die Clusterlösungen mit den Anlagestilgruppen verglichen?

Diese Fragestellungen werden in den folgenden Kapiteln sukzessiv bearbeitet.

7.3 Vorbereitung der Daten

Vor der Durchführung einer Clusteranalyse müssen die Eingangsdaten sorgfältig vorbereitet werden. Die Klassifikationsvariablen müssen ausgesucht und von fehlenden Werten bereinigt und evtl. standardisiert werden. In den folgenden Kapiteln werden die für die Durchführung der Clusteranalyse notwendigen Datenanpassungen beschrieben, wobei die Besonderheiten der Fragestellung und des zur Verfügung stehenden Datensatzes hervorgehoben werden.

7.3.1 Bestimmung der Klassifikationsmerkmale

Für die weiteren Untersuchungen ist eine Abgrenzung der Klassifikationsmerkmale notwendig. Häufige Klassifikationsmerkmale in der Literatur sind die Rendite und Standardabweichung (Risiko).[5] In dieser Arbeit wird eine phasenabhängige Fondsperformance angenommen. Eine Klassifikation der Fonds nach den Rendite-Risiko-Merkmalen würde aber keine Phasenabhängigkeit berücksichtigen. Entscheidend für die Bildung der Clustergruppen ist stattdessen die Einbeziehung von Fonds mit übereinstimmenden Auf- und Abwärtsbewegungen der Rendite, wobei die Höhe der Rendite nebensächlich ist. Aus diesem Grund kann für die Untersuchungen statt der Renditewerte eine Zeitreihe, welche lediglich die Richtung der Wertentwicklung aufweist, einbezogen werden, z.B. durch die Betrachtung des Vorzeichens der Rendite in der Zeit.

Eine Umkodierung der Datenreihen in „0" und „1", entsprechend für negative und positive Renditen, würde es ermöglichen, z.B. zwei Fonds mit ähnlichen Wertentwicklungen unabhängig von der absoluten Höhe der Differenz zwischen ihren Renditen, demselben Cluster zu zuteilen. Die Umkodierung der Renditezeitreihen ausschließlich aufgrund ihres Vorzeichens würde jedoch dazu führen, dass aufgrund monatlicher, nicht phasenbedingter Schwankungen, ein Störfaktor beibehalten wird.

[5] Vgl. eine Übersicht von Studien bei LHABITANT (2004), S. 232 f.

Dieser würde es erschweren, die Fonds mit ähnlichen, auf Phasen basierenden Auf- und Abwärtsbewegungen der Wertentwicklungen zu identifizieren.[6]

Aus diesem Grund wird die im Kap. 6.3 beschriebene Methode von BRY und BOSCHAN (1971) auf die Renditezeitreihe jedes Hedge Fonds angewandt.[7] Um die Clusteranalyse durchzuführen wird somit die Datenbank der Renditezeitreihen in eine „0“ und „1“ Phasenzeitreihe überführt, wobei mit Null Bear und mit Eins Bull Phasen gekennzeichnet werden. Jeder Zeitpunkt stellt dabei eine Klassifikationsvariable dar, deren einzelnen Merkmalsausprägungen aus den jeweiligen Phasenkodierungen der unterschiedlichen Fonds bestehen.

Der Vorteil von kodierten Zeitreihen bzw. binären Variablen besteht in der fehlenden Notwendigkeit, die Datenreihen besonders vorzubereiten wie z.B. zu standardisieren oder umzuskalieren. Bei den binären Variablen muss jedoch die Auswahl von Proximitätsmaßen und Clusteralgorithmen im Hinblick auf die Plausibilität mit der behandelten Fragestellung getroffen werden.[8]

7.3.2 Fehlende Werte

Für eine statistische Analyse stellen fehlende Werte häufig ein Problem dar, sodass auch für die Clusteranalyse die Vorüberlegungen zur Behandlung von fehlenden Werten einen großen Einfluss auf die späteren Ergebnisse ausüben. In der vorliegenden Datenbank beginnen für zahlreiche Fonds die Zeitreihen zu unterschiedlichen Zeitpunkten. Wertleere Zeitfenster zwischen dem frühsten Zeitpunkt der Datenbank und dem Anfang einer bestimmten Datenreihe werden als fehlende Werte betrachtet.[9] Es ist das Ziel, die ungleichen Zeitreihen inkl. der fehlenden Werte in die Clusteranalyse einzubeziehen, damit sämtliche Zeitreihen in ihren jeweiligen Vollständigkeiten berücksichtigt werden können und so die Bildung von Gruppen am wenigsten beeinflusst wird.

Einige Forscher schlagen vor, nur mit vollständigen Datenreihen zu arbeiten und Reihen mit fehlenden Werten aus dem Datensatz zu entfernen.[10] Eine Eliminierung der Fonds mit unvollständigen Datenreihen würde die bestehende Datenbank jedoch bis auf einige wenige Fonds verkleinern.

Eine Möglichkeit das Problem zu umgehen, ist die Auswahl eines Zeitfensters, in dem alle Fonds vorhanden sind und nur anhand dieses verkürzten Datensatzes die Analyse durchzuführen. Ein solcher Zeitraum liegt in der Datenbank zwischen dem 31.01.2001 und dem 30.11.2005 vor. Dieser Zeitraum ist jedoch sehr kurz, was u.a. dazu führen würde, dass z.B. für den MSCIW in der Abb. 6.9(a) nur drei unvollstän-

6 Wie in Kap. 6 diskutiert, stehen im Fokus der Untersuchung nachhaltige Phasen und nicht kurzfristige Schwankungen.

7 Siehe Kap. 6.3, S. 223.

8 Siehe auch Anhang C.1, S. 479.

9 Wie in Kap. 5.3 (S. 190) beschrieben, sind alle Fonds bis zum Stichtag operierende Fonds. Aus diesem Grund unterscheiden sich Zeitreihen verschiedener Fonds anhand der Länge historischer Renditen.

10 Vgl. EVERITT et al. (2001), S. 53.

dige Phasen abgedeckt werden. Auch können nicht unbedingt Rückschlüsse aus der Analyse eines reduzierten Datensatzes auf den ganzen Datensatz im Rahmen einer Fortschreibung ausgeweitet werden. Die Aussagen einer solchen Analyse wären zu sehr beschränkt und damit für diese Arbeit unzureichend.

In einigen Statistikbüchern wird angeregt, die fehlenden Werte durch z.B. Mittelwerte aufzufüllen.[11] In dieser Studie kommt statt der absoluten Höhe der Renditen jedoch ausschließlich eine binäre Kodierung zum Tragen. In Verbindung mit dem häufigen Auftreten von fehlenden Werten in der der Arbeit zugrunde liegenden Datenbank liefert dieser Ansatz aufgrund einer in dieser Konstellation starken Sensitivität keine verwertbaren Ergebnisse und wird im Folgenden nicht weiter betrachtet.

Die Vorschläge aus der Literatur haben sich als ungeeignet für die untersuchten Daten erwiesen, die eine besondere Behandlung der fehlenden Werte benötigen. Aus den beschriebenen Sachverhalten ergeben sich zwei Anforderungen an die Analyse, um die Problematik der fehlenden Werte zu lösen:

- Bei der Analyse soll der gesamte Zeitraum der Datenbank Verwendung finden
- Cluster sollen nur aufgrund vorhandener Werte gebildet werden

Der erste Punkt bedeutet, dass jede Zeitreihe unabhängig von der Länge der Zeitperiode vollständig in die Analyse einbezogen wird. Der zweite Punkt impliziert, dass zwei Zeitreihen dem gleichen Cluster zugeordnet werden, wenn eine vollständige Zeitreihe (die Länge der Zeitreihe entsprechend dem Maximum der Datenbank) und eine unvollständige Zeitreihe vollkommen identische Variablenmerkmale im Zeitfenster der unvollständigen Zeitreihe aufweisen. Diese Anforderungen werden bei der Bildung der Distanzmaße berücksichtigt. Bei dieser Vorgehensweise ist jedoch nicht auszuschließen, dass eine Verzerrung bei der Bildung von Clustern entstehen kann, denn z.B. eine Übereinstimmung mit 120 Beobachtungen ist schwieriger als mit 60 Beobachtungen zu erreichen. Die ausgewählte Vorgehensweise erscheint jedoch sinnvoll, da in dem Zeitfenster der ersten Beobachtungen der Datenbank nur relativ wenige Zeitreihen vorhanden sind und die Überprüfung der Beeinflussung der Clusterbildung in Bezug auf evtl. fehlende historische Renditen nicht möglich ist.

Als eine Alternative zur der angestrebten Vorgehensweise könnte eine Berücksichtigung der Zeitreihenlänge z.B. bei der Bildung des Distanzmaßes darstellen. Diese würde jedoch die Problematik nicht vollständig entschärfen, da alle kürzeren Zeitreihen einen bestimmten Bias in ihren Distanzmaßen im Vergleich zu vollständigeren Zeitreihen erhalten, was dazu führen wird, dass kürzere Zeitreihen in einen Cluster fallen. Durch die verfolgte Gruppierung der Fonds wird jedoch beabsichtigt, unabhängig von der Zeitreihenlänge Fonds mit phasenähnlichen Verläufen zusammenzufassen und damit einen vollständigen Phasenverlauf der Cluster abzubilden. Bei der ausgesuchten Vorgehensweise besteht nach wie vor aufgrund der relativen Kürze der Zeitreihen die Gefahr, eine „zufällige" Übereinstimmung der Zeitreihen zu bewirken. Diese muss bei der Interpretation der Clusterlösungen berücksichtigt werden.

---

[11] Siehe z.B. EVERITT et al. (2001), S. 53, BACHER (2002), S. 230 zu Lösungsvorschlägen bei fehlenden Werten.

7.4 Methodisches Vorgehen

Für die Durchführung einer Clusteranalyse ist die Auswahl eines Proximitätsmaßes und eines Gruppierungsalgorithmus notwendig. Anhang C.1 (S. 479) gibt eine Übersicht über verbreitete Proximitätsmaße und Clusteralgorithmen. Die Festlegung der beiden Spezifikationen erfolgt in Bezug auf die Fragestellung, welche man mithilfe der Clusteranalyse beantworten möchte. In den folgenden Kapiteln wird die Auswahl des Proximitätsmaßes und der Gruppierungsalgorithmen für die aufgeworfene Fragestellung beschrieben.

7.4.1 Auswahl des Proximitätsmaßes

Die Wahl des *Proximitätsmaßes* wird in der Regel in Abhängigkeit von dem Skalenniveau der untersuchten Daten getroffen. Proximitätsmaße werden in *Ähnlichkeits-* und *Distanzmaße* unterschieden. In der Regel werden **Ähnlichkeitsmaße** für binäre Variablen gebildet. Sie repräsentieren relative Häufigkeitszahlen, die das Auftreten einer bestimmten Eigenschaft in ein Verhältnis zu der Größe eines Datensatzes stellen. Dazu bietet Anhang C.1 (S. 479) eine ausführlichere Beschreibung.

Ein **Distanzmaß** stellt ein Unähnlichkeitsmaß dar, welches ausdrückt, wie stark sich zwei Objekte anhand ihrer Merkmalsausprägungen voneinander unterscheiden. Kleine Werte des Distanzmaßes implizieren dabei eine Ähnlichkeit und große Werte eine Unähnlichkeit der Objekte.

Im Rahmen dieser Untersuchung sollen Fonds in Gruppen eingeordnet werden, die identischen Auf- und Abwärtsbewegungen folgen und die durch binäre Variablen („0" für Bear und „1" für Bull) kodiert sind. Das Proximitätsmaß soll aus diesem Grund einen kleinen Wert für ähnliche und einen großen Wert für unähnliche Fonds in Bezug auf ihre Zeitreihenverläufe annehmen. In Kap. 4.4.6 wurde ein Maß betrachtet, welches den Grad der Übereinstimmung von Zyklen zweier Zeitreihen, gemessen an der durchschnittlichen Anzahl der Perioden beschreibt. Dieses Maß wird als Konkordanzindex (CI) (engl. concordance index) bezeichnet. Unabhängig von der Bewegungsrichtung einer Phase, vergleicht es zwei Zeitreihen lediglich anhand der Häufigkeit der Perioden, in denen zwei Zeitreihen zu der gleichen Phase gehören.[12]

$$CI_{ij} = \frac{1}{T} \sum_{t=1}^{T} S_t(i,j) \tag{7.1}$$

mit:

CI_{ij}	Konkordanzindex für Zyklen zweier Zeitreihen X_i und X_j
$S_t(i,j)$	Indikatorvariable, die den Wert „1" annimmt, wenn zu dem Zeitpunkt t die Beobachtungen (x_i und x_j) zweier binär kodierter Zeitreihen X_i und X_j übereinstimmen ($x_i = x_j$)
T	Anzahl der Perioden

12 Vgl. Kap. 4.4.6, S. 163.

Aufgrund der fehlenden Werte kann es vorkommen, dass die Länge der betrachteten Perioden für zwei Zeitreihen unterschiedlich sind. In diesem Fall werden nur die Abschnitte der Perioden betrachtet, für die auch die kürzeste Zeitreihe besetzt ist. Aus diesem Grund indiziert T (Formel 7.1) die Anzahl der besetzten Perioden der kürzesten Zeitreihe.

Der Konkordanzindex entspricht dem häufig auf nominalskalierte Variablen angewandtem Simple-Matching Ähnlichkeitsmaß.[13] Dieses Maß erlaubt eine gleichgewichtete Berücksichtigung von Übereinstimmungsfällen (z.B. $0 - 0$ und $1 - 1$). Der Konkordanzindex liegt im Bereich zwischen 0 (keine Übereinstimmung der Zeitreihen) und 1 (vollständige Übereinstimmung der Zeitreihen). Durch eine Subtraktion von 1 kann er aus einem Ähnlichkeitsmaß in ein Unähnlichkeitsmaß überführt werden. In dem in dieser Arbeit untersuchten Fall entspricht diese Unähnlichkeit sinngemäß der *Hamming Distanz*.[14] Diese misst die Anzahl der nicht übereinstimmenden Beobachtungen zweier Zeitreihen und setzt diese in das Verhältnis zu der Anzahl aller Beobachtungen. Aufgrund der fehlenden Werte muss jedoch die Berechnung der *Hamming Distanz* durch $(1 - CI_{ij})$ erfolgen, damit für Fonds verschiedener Länge keine durch die fehlenden Werte bedingten Fehler entstehen (Paare mit einem fehlenden Wert sollen ignoriert werden).[15]

Neben der Hamming Distanz weist die Euklidische Distanz im Zusammenhang mit der behandelten Fragestellung eine ausreichend große Ähnlichkeit zum Konkordanzindex auf. Die Euklidische Distanz berechnet die Entfernung zweier Objekte anhand ihrer Koordinaten, die im gegebenen Fall für ein bestimmtes Objekt unterschiedliche Zeitpunkte darstellen.

$$ED_{ij} = \sqrt{\sum_{t=1}^{T}(x_{it} - x_{jt})^2} \tag{7.2}$$

mit: ED_{ij} Euklidische Distanz zweier Zeitreihen X_i und X_j
x_i und x_j Beobachtungen zweier Zeitreihen zum Zeitpunkt t
T Anzahl der Perioden

Wenn sich zwei Fonds zu einem bestimmten Zeitpunkt in gleichen Phasen befinden, entspricht der Term $(x_{it} - x_{jt})$ Null, sonst Eins. Bei einer vollkommenen Übereinstimmung der Zeitreihen nimmt die Euklidische Distanz den Wert „0" an und sie steigt an, je stärker sich die Zeitreihen unterscheiden. Wenn zu einem bestimmten Zeitpunkt eine oder beide Zeitreihen keine Beobachtungswerte besitzen (fehlende Werte), wird der Term $(x_{it} - x_{jt})$ Null gesetzt. Somit wird gewährleistet, dass Zeitreihen nur anhand tatsächlicher Beobachtungen verglichen werden und kein Bias für kürzere Zeitreihen eingebaut wird. Neben der einfachen findet häufig auch die quadrierte (engl. squared) Euklidische Distanz in der Clusteranalyse Verwendung. Bei

[13] Vgl. Anhang C.1, S. 479.

[14] Siehe Anhang C.1, S. 479.

[15] Nach der Formel $\#(x_i \neq x_j)/n$ werden Paare mit fehlenden Werte mitgezählt. Dies kann durch $1 - CI_{ij}$ umgangen werden.

einer Anwendung der Euklidischen Distanz auf binären Daten muss, wie in diesem Fall gezeigt, je nach Fragestellung eine ausreichende Eignung festgestellt werden.[16] Dies erlaubt im Anschluss die Durchführung einiger wichtiger Clusteralgorithmen, für die die Bildung der Euklidischen Distanz eine Voraussetzung darstellt.[17]

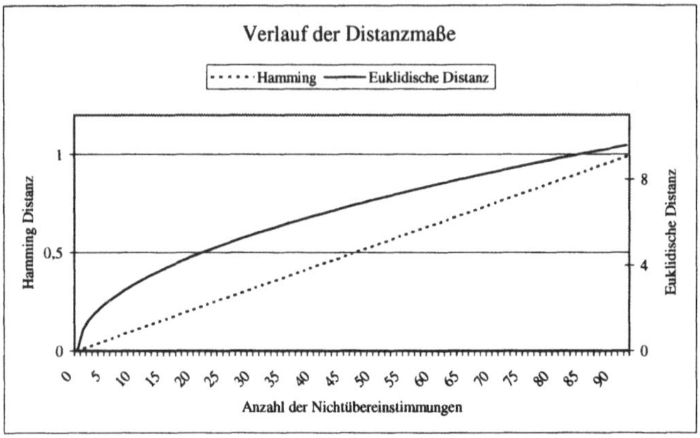

Abbildung 7.1: Verlauf der Distanzmaße

Die Abbildung veranschaulicht den Verlauf der Hamming und Euklidischen Distanzmaße in Abhängigkeit von der Anzahl der nichtübereinstimmenden Beobachtungen für ein konstruiertes Beispiel binärer Daten. Während die Hamming Distanz einen proportionalen Zusammenhang abbildet, baut die Euklidische Distanz auf einer nichtproportionalen Abhängigkeit auf. Hamming Distanz stellt ein auf [0,1] normiertes Maß dar, während die Euklidische Distanz im Bereich [0,∞] liegen kann.

Im Einklang mit den Zielen dieser Arbeit kommen demnach für die nachstehenden Untersuchungen die Hamming sowie die Euklidische Distanz zur Anwendung.[18] Abb. 7.1 veranschaulicht den Verlauf der beiden Maße in Abhängigkeit von der Anzahl der nichtübereinstimmenden Beobachtungen für ein konstruiertes Beispiel der binären Zeitreihen mit über 90 Beobachtungen. Während die Hamming Distanz einen proportionalen Zusammenhang abbildet, baut die Euklidische Distanz auf einer nichtproportionalen Abhängigkeit auf. Auch sind die Maße unterschiedlich normiert. Wie die späteren Untersuchungen zeigen, unterschieden sich die Clusterlösungen für die binären Variablen der vorliegenden Studie nur unwesentlich voneinander. Anhand dieser Distanzmaße werden die Entfernungen aller Objekte zueinander durch die paarweise Betrachtung aller möglichen Zeitreihenkombinationen berechnet. Diese Entfernungen werden dann im nächsten Schritt für die Clusterbildung verwendet.

16 Vgl. LEISCH et al. (1998).

17 Vgl. z.B. KAUFMAN und ROUSSEEUW (1990), S. 22 und BACKHAUS et al. (2006), S. 516.

18 Zu Untersuchungszwecken wurden ursprünglich unterschiedliche Distanzmaße einbezogen. Sinnvolle Ergebnisse wurden jedoch nur für Hamming und die Euklidische Distanz erreicht. Wie die späteren Untersuchungen zeigen, unterscheiden sich die Lösungen für die binären Variablen der vorliegenden Untersuchung anhand von Hamming und der Euklidischen Distanz am Ende der Clusteranalyse nicht stark voneinander. Siehe Kap. 7.5, S. 260.

Mithilfe von im nächsten Schritt näher zu bestimmenden Clusteralgorithmen, werden dann die Objekte anhand ihres Distanzmaßes bei der Erfüllung von bestimmten Bedingungen in einem Cluster zusammengefasst.

7.4.2 Auswahl des Clusteralgorithmus

Es werden zwei grundsätzliche Typen von Clusteralgorithmen unterschieden: hierarchische und nichthierarchische (oder partitionierende) Algorithmen. Bei hierarchischen Methoden werden bei der Erfüllung einer Bedingung, wie z.B. der minimalen Zunahme der Fehlerquadratsumme, Objekte zu bestimmten Clustern final zugeordnet. Bei der partitionierenden Methode wird dagegen eine Zielfunktion optimiert, so dass die einzelnen Objekte solange ständig ausgetauscht werden können, bis ein Optimum erreicht wird.[19]

Die meisten hierarchischen Methoden bilden ihre Cluster durch die Minimierung eines bestimmten Distanzmaßes. Ein davon abweichendes Verfahren stellt die Methode von *Ward* dar. Nach dieser Methode werden Objekte nur dann einem Cluster zugeordnet, wenn sie ein sog. Heterogenitätsmaß bzw. die *Fehlerquadratsumme* einer Gruppe auf einem minimalen Niveau halten:

$$FQS_g = \sum_{i=1}^{K_g} \sum_{t=1}^{T} (x_{itg} - \overline{x}_{tg})^2 \tag{7.3}$$

mit: FQS_g Fehlerquadratsumme der Gruppe g
x_{itg} Beobachtungswert der Variablen t, $(t = 1, \ldots, T)$ eines Objektes i $(i = 1, \ldots, K_g)$ in Gruppe g
$\overline{x}_{tg}$ Mittelwert der Beobachtungswerte der Variablen t in Gruppe g

Für die Anwendung des Ward Verfahrens ist die Minimierung der Fehlerquadratsumme der Euklidischen Distanz empfehlenswert.[20] Zu Anfang gehören alle Objekte zu einzelnen Clustern, wodurch die Anzahl der Cluster der Anzahl der Objekte entspricht. Im ersten Durchlauf der Clusteranalyse auf Basis des Ward Algorithmus werden nur zwei diejenigen Fonds in Cluster zusammengefasst, welche die kleinste Distanz aufweisen. Damit verringert sich die Anzahl der Cluster um Eins. Im nächsten Schritt wird die Fehlerquadratsumme als ein Kriterium für die Fusion von Fonds bzw. Clustern einbezogen. Dabei stehen die Fehlerquadratsumme und die Euklidische Distanz in folgendem Zusammenhang zueinander:

$$FQS_{ij} = \frac{ED_{ij}}{2} \tag{7.4}$$

mit: FQS_{ij} Fehlerquadratsumme zwischen zwei Fonds X_i und X_j
ED_{ij} Euklidische Distanz zwischen zwei Fonds X_i und X_j

[19] Vgl. BACKHAUS et al. (2006), S. 511.
[20] Vgl. BACKHAUS et al. (2006), S. 523-524.

Im nächsten Schritt wird ein (noch freie) Fonds oder ein (bereits gebildete) Cluster mit einem anderen Fonds oder Cluster zusammengefasst, wenn er den kleinsten Anstieg des Heterogenitätsmaßes bzw. der Fehlerquadratsumme verursacht. Die Fehlerquadratsumme nimmt bei jeder Iteration und Zuordnung eines Fonds zu einem Cluster in der Regel leicht zu, da nur wenige Fonds eine vollkommene Übereinstimmung aufweisen.

Die Anwendung des Ward Verfahrens für eine Clusterung von Fonds erscheint plausibel, da dieser Algorithmus zu der Euklidischen Distanz in einer direkten Verbindung steht. Fonds mit ähnlichen Phasenverläufen besitzen eine Euklidische Distanz in der Nähe von Null. Sie werden in einer Gruppe zusammengefasst und die Fehlerquadratsumme ihres Clusters bleibt minimal (auch im Bereich von Null). Weniger ähnliche Fonds besitzen größere Distanzwerte mit einer damit einhergehenden höheren Fehlerquadratsumme.

Das Ward Verfahren wird in der vorgelegten Untersuchung ebenfalls auf Basis der Hamming Distanz angewandt, um die Distanzen im ersten Schritt des Verfahrens zu bilden. Das Heterogenitätsmaß wird in diesem Fall nicht als eine minimale Zunahme der Fehlerquadratsumme bei der Fusion von Fonds interpretiert, sondern als eine minimale Zunahme der Zeitperioden, in denen Fonds keine übereinstimmenden Phasen aufweisen. Die Streuung wird nur dann minimal gehalten, wenn Phasenkodierungen einzelner Fonds über die Zeit übereinstimmen und somit im Mittel (über alle Fonds eines Clusters zum Zeitpunkt t) dem Wert von Null oder Eins entsprechen. Die Heterogenität der Phasenkodierungen zu jedem Zeitpunkt t entfernt den Mittelwert von den Werten Null oder Eins und erhöht den gesamten Wert der Streuung. Eine geringe Streuung deutet damit auf eine hohe Homogenität der phasenkodierten Zeitreihen eines Clusters.[21]

Zum Zwecke der Bestimmung einer *optimalen* Clusterstruktur, wird für die Clusterung der Fonds auch ein partitionierendes Verfahren verwendet.[22] Der K-means-Algorithmus ist ein verbreiteter, nicht hierarchischer Algorithmus, welcher bei der Clusterbildung eine Funktion optimiert bzw. die Fehlerquadratsumme minimiert. Im Gegensatz zum Ward-Verfahren bleiben Fonds nach einer ersten Zuordnung zu bestimmten Clustern nicht fixiert, sondern werden so lange zwischen den Clustern ausgetauscht, bis ein Optimum erreicht ist. Dabei spielen die Clusterzentroide eine entscheidende Rolle, da die Fehlerquadratsumme der Fonds in Bezug zu den Clusterzentroiden berechnet wird. Das Verfahren ordnet dabei jeden Fonds dem ihm nah liegenden Clusterzentroid zu, wobei als Distanzmaß oft die quadrierte Euklidische Distanz zugrunde gelegt wird.[23] Anhand von K-means wird somit eine Verbesserung der Clusterung im Vergleich zum Ward Verfahren angestrebt, die durch die Optimierungsfunktion erreicht wird, da das Ward Verfahren keine optimale Clusterlösung garantiert.

---

[21] Siehe Studie von HIRANO et al. (2004) zur Anwendung von Hamming Distanz und dem Ward Verfahren.

[22] Z.B. DAS (2003) wendet den K-means-Algorithmus zur Klassifikation der Hedge Fonds an.

[23] Im Folgenden wird die Bezeichnung *quadriert* z.T. ausgelassen.

Der Clusterzentroid kann anhand des Mittelwertes oder des Medians des Clusters ermittelt werden. Für binäre Variablen ist die Einbeziehung des Medians zur Bestimmung der Clusterzentroide jedoch in der Berechnung vorteilhafter. Im Gegensatz zum Mittelwert nimmt der Median in den untersuchten Fällen dieser Arbeit lediglich die Werte $0, 1$ oder $0, 5$ an. Der Median symbolisiert in diesem Zusammenhang den überwiegenden vorkommenden Wert (0 oder 1) innerhalb einer Periode. Der Wert $0, 5$ signalisiert dagegen eindeutig eine ausgeglichen besetzte Periode. Für die Abweichungen vom Median bei den 0 und 1 Kodierungen ergeben sich ebenfalls Werte von 0 und 1.[24]

Für die Durchführung des K-means-Algorithmus muss die Anzahl der Cluster *apriori* vorgegeben werden. Die optimale Anzahl der Cluster wird dabei im Nachhinein aus den Analyseergebnissen verschiedener Variationen bestimmt.

Das K-means-Verfahren ist für eine große Anzahl von Klassifikationsobjekten am besten geeignet.[25] Ein Nachteil dieses Verfahrens liegt jedoch in der zu variierenden Auswahl der Startwerte der vorzugebenen Clusterzentroide. Beim K-means-Algorithmus werden die Startwerte der Clusterzentroide standardmäßig aus einer zufälligen Auswahl der Fonds bestimmt, was zu unterschiedlichen Clusterlösungen bei einem erneuten Start des Verfahrens führen kann. Um dieses Problem zu umgehen, wird vor der Durchführung einer K-means-Clusterung das Ward Verfahren vorgeschaltet. Beide Methoden basieren auf derselben Herangehensweise bei der Clusterbildung, weshalb grundsätzlich ähnliche Ergebnisse erwartet werden. Demnach werden zuerst nach dem Ward Verfahren für eine bestimmte Clusteranzahl die Clusterzentroide berechnet und diese in einem zweiten Schritt als eine Startlösung für die Durchführung des K-means-Algorithmus eingegeben.[26]

Insgesamt werden vier Kombinationen von Distanzmaßen und Clusteralgorithmen untersucht: Ward Verfahren anhand der Euklidischen Distanz, Ward Verfahren anhand der Hamming Distanz, K-means anhand der quadrierten Euklidischen Distanz und K-means anhand der Hamming Distanz. Für das K-means-Verfahren werden die Startlösungen für die Zentroide aus den entsprechenden Lösungen des Ward Verfahrens übernommen. Das nächste Kapitel stellt die Ergebnisse der Clusterbildung nach den hier beschriebenen Clusteralgorithmen für Hedge- und Investmentfonds dar.

24 Der Median ist die in der Mitte einer geordneten Reihe stehende Zahl. Überwiegen Nullen (Einsen) in einer Reihe, nimmt der Median entsprechend den Wert Null (Eins) an. Besteht eine Zahlenreihe aus einer geraden Anzahl von Zahlen, wird der Median als Mittelwert der beiden mittleren Zahlen berechnet (0; 1 oder $0, 5$).

25 Siehe DAS (2003).

26 Aufgrund der hohen Anzahl unterschiedlicher Clusterkombinationen und der verwendeten großen Datenmenge kann mit dem derzeitigen Technologiestand ein globales Optimum nicht errechnet werden. Vgl. BACKHAUS et al. (2006), S. 516. Aus diesem Grund stellt zur Generierung einer Startlösung die Vorschaltung des Ward Verfahrens, mit dem Ziel dieselben Clusterungsergebnisse nach einer wiederholten Durchführung zu erhalten, im Sinn einer operativen Zielerreichung eine valide Vorgehensweise dar. Die Lösung ist in jedem Fall ein lokales Minimum, jedoch kann die Erreichung eines globalen Optimums nicht garantiert werden. Die Eingabe unterschiedlicher Startlösungen führt zu keinen stabilen Ergebnissen. Dies kann zu Unschärfen bei der späteren Bildung von Gütemaßen führen.

7.5 Ergebnisse der Clusteranalyse

In den folgenden Kapiteln werden die Ergebnisse der Clusteranalyse präsentiert. Die Qualität der Clusteranalyse wird dabei anhand verschiedener Gütemaße gemessen und dargestellt. Die Ergebnisse werden überwiegend für Hedge Fonds dargestellt, jedoch befinden sich zusätzlich dazu vergleichbare Abbildungen für Investmentfonds im Anhang C.2 (S. 491).

7.5.1 Clusterbildung und Gütemaße

Abb. 7.2 bis 7.3 veranschaulichen unterschiedliche Gütemaße für die durchgeführte Clusteranalyse in Abhängigkeit von der Clusteranzahl anhand von vier Distanzmaß-Verfahren-Kombinationen. *FQS*, *erklärte Streuung* und *F-Wert* sind Streuungsmaße, die auf Basis der Varianz innerhalb und zwischen den Clustern gebildet werden.[27] Wie die Abbildungen veranschaulichen, unterscheiden sich diese Maße für unterschiedliche Verfahren nur gering. Das war auch zu erwarten, da das Ward und K-means Verfahren bei der Bildung der Cluster das gleiche Heterogenitätsmaß bzw. die Fehlerquadratsumme einbeziehen. Insgesamt werden durch die maximale Anzahl von 50 Clustern bis 50% der Streuung für die Hedge-Fonds-Datenbank erklärt. Dies ist kein hohes Maß, was indiziert, dass eine noch größere Anzahl von Clustern ausgewählt werden muss, um die erklärte Streuung zu erhöhen.

Bei der Anwendung der ausgesuchten Gütemaße auf Cluster anhand von binären Variablen muss eine Besonderheit beachtet werden. Bei binären Variablen können Streuungsmaße auch bei einer unzureichenden Klassifikation der Fonds im akzeptablen Bereich liegen. Von einer *falschen* oder *unzureichenden* Klassifikation der Fonds wird dann ausgegangen, wenn die einzelnen Variablen (hier Zeitpunkte) innerhalb eines Clusters aus der gleichen Anzahl von Nullen und Einsen bestehen, d.h., dass aus der Klassifikation nicht eindeutig hervorgeht, ob sich Fonds dieses Clusters zu diesem Zeitpunkten in einer Bear oder Bull Phase befinden. Dies geschieht aufgrund des bei der Berechnung der Streuungsmaße zugrunde liegenden Konzeptes der mittleren Abweichungen. Bei einer geraden Anzahl von Fonds in einem Cluster nehmen die Zentroide der einzelnen Perioden bei einer unzureichenden Klssifikation den Wert $0,5$ an. Ein solcher Clusterzentroid verursacht eine kleinere FQS im Vergleich zu einem Clusterzentroid ohne einzelne Zentroide mit Wert $0,5$.[28] Aus diesem Grund müssen nach der Anwendung der ausgesuchten Verfahren die Zentroide auf die absolute Häufigkeit des Wertes $0,5$ in ihren einzelnen Perioden überprüft werden. Abb.

---

[27] Vgl. Anhang C.1, S. 479.

[28] Betrachtet man eine Zeitreihe aus sieben Einsen und drei Nullen, beträgt die FQS dieser Zeitreihe 2,1 ($7 \cdot (1-0,7)^2 + 3 \cdot (0-0,7)^2 = 2,1$). Eine schlecht klassifizierte Zeitreihe besteht aus fünf Einsen und fünf Nullen. Die FQS dieser Zeitreihe beträgt 2,5 ($5 \cdot (1-0,5)^2 + 5 \cdot (0-0,5)^2 = 2,5$). Trotz einer schlechteren Zuordnung der einzelnen Elemente im zweiten Beispiel, besitzt diese Zeitreihe eine marginal größere FQS. Der gleiche Effekt ist zu beobachten, wenn der Zentroid als Median der jeweiligen Variablenbeobachtungen berechnet wird.

7.2 veranschaulicht die durchschnittliche absolute Häufigkeit der Werte „0,5" pro Clusterzentroid für eine variierte Anzahl an Clustern für die ausgesuchten Verfahren.

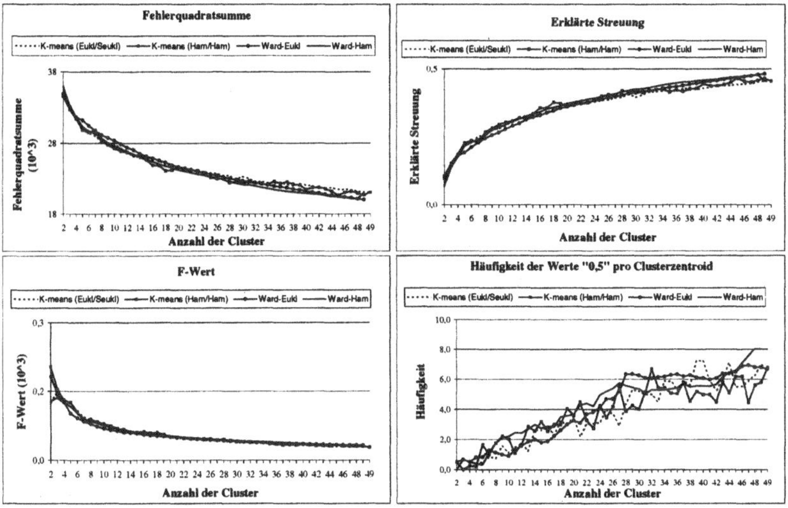

Abbildung 7.2: Gütemaße verschiedener Clusterlösungen

Die oberen Abbildungen zeigen die *Fehlerquadratsumme* sowie die *erklärte Streuung* mit einer ansteigenden Anzahl von Clustern für vier verschiedene Clusteranalysen (Ward Verfahren anhand der Euklidischen Distanz (Ward-Eukl), Ward Verfahren anhand der Hamming Distanz (Ward-Ham), K-means anhand der quadrierten (engl. squared) Euklidischen Distanz (K-means (Eukl/Seukl)) und K-means anhand der Hamming Distanz (K-means (Ham/Ham))).[29] Die Fehlerquadratsumme fällt mit der steigenden Anzahl der Clustern, während die erklärte Streuung steigt. Keine der Methoden ist der anderen überlegen. Die unteren Abbildungen stellen die *F-Werte* sowie die *Häufigkeit des Wertes „0,5" in den Clusterzentroiden* für eine ansteigenden Anzahl von Clustern für vier verschiedene Clusteranalysen dar. Die F-Werte fallen mit der steigenden Anzahl der Cluster, während die Häufigkeit des Wertes „0,5" in den Clusterzentroiden steigt. Keine der Methoden ist der anderen überlegen.

Keines der Verfahren weist eine durchgängig kleinste Häufigkeit während der Variation der Cluster auf. In der Gesamtbetrachtung steigt die absolute Häufigkeit der Werte „0,5" mit der Anzahl der Zentroide bzw. der Anzahl der Cluster. Dieser Effekt kann durch eine abnehmende Anzahl von Fonds innerhalb der Cluster bei der erhöhten Anzahl von Clustern erklärt werden, wobei bei einer kleineren Anzahl von Fonds eine Übereinstimmung von Nullen oder Einsen für bestimmte Perioden schwieriger zu erreichen ist.[30]

[29] Eukl/Seukl bezeichnet Erzeugung der Startlösung anhand von Ward Verfahren sowie der Euklidischen Distanz, wobei die endgültigen Ergebnisse der Clusterung anhand von K-means und der quadrierten Euklidischen Distanz erzielt werden. Im Analog ist die Bezeichnung Ham/Ham zu verstehen.

[30] Bei der kleineren Anzahl von Fonds in einem Cluster können Abweichungen der Kodierung stärker zur Geltung kommen, während bei der größeren Anzahl von Fonds in jeder Periode irgendwelche Fonds eine Übereinstimmung der Phasenkodierung aufweisen.

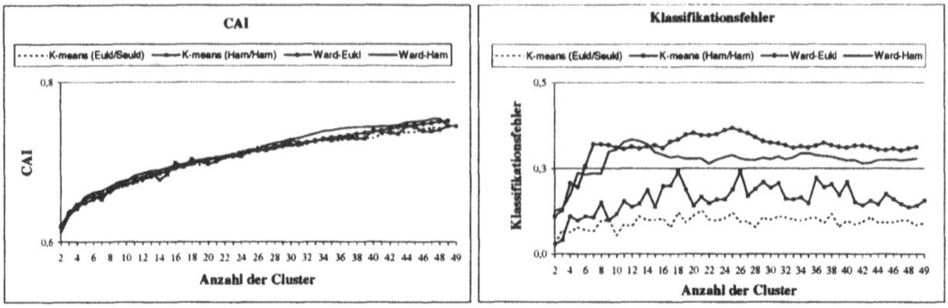

Abbildung 7.3: Gütemaße verschiedener Clusterlösungen
Die Abbildungen visualisieren den *Index der mittleren Anteile übereinstimmender Perioden* (CAI) und den *Klassifikationsfehler nach der Diskriminanzanalyse* für eine ansteigende Anzahl von Clustern für vier verschiedene Clusteranalysen. Der CAI steigt mit einer steigenden Anzahl von Clustern, wobei keine der Methoden einer anderen überlegen ist. Der Klassifikationsfehler nach der Diskriminanzanalyse ist am niedrigsten und stabilsten für das K-means Verfahren anhand der quadrierten euklidischen Distanz.

Zwei weitere Maße wurden zur Evaluation der Clusteranalysen implementiert: der *Concordance of Affiliation Index* (CAI) und der *Klassifikationsfehler nach der Diskriminanzanalyse*. Nach der Clusteranalyse sollen Fonds mit einer ähnlichen Abfolge von Nullen oder Einsen in einem Cluster vereinigt sein, wobei innerhalb eines Clusters zu jedem Zeitpunkt eine möglichst hohe Übereinstimmung von Nullen oder Einsen erreicht werden soll. Der einfache Konkordanzindex ist für eine *paarweise Übereinstimmung* der Beobachtungen von Zeitreihen konstruiert und eignet sich daher nicht für die Überprüfung einer Übereinstimmungen von Beobachtungen bezüglich den Kategorien Null und Eins innerhalb eines Clusters. Aus diesem Grund wird der Übereinstimmungsindex der Zugehörigkeit zu einer bestimmten Kategorie (*Concordance of Affiliation Index* (CAI)) konstruiert. Dieser Index kann als eine Erweiterung des Konkordanzindex betrachtet werden und ermöglicht die Übereinstimmung von Kategorien innerhalb eines Clusters zu überprüfen. Der CAI besitzt die Form:

$$CAI_g = \frac{1}{T}\sum_{t=1}^{T}\frac{|S_{0t} - S_{1t}|}{K} \tag{7.5}$$

mit:

CAI_g	Übereinstimmungsindex der Zugehörigkeit innerhalb des Clusters g
S_{0t} und S_{1t}	Anzahl der Fonds entsprechend mit den Kategorien Null und Eins zum Zeitpunkt t
T	Anzahl der Perioden
K	Anzahl der Fonds innerhalb des Clusters g

Der CAI gibt den durchschnittlichen prozentualen Anteil der netto übereinstimmenden Werte innerhalb eines Clusters an. Bei einer schlechten Clusterung gehen die CAI Werte gegen Null und bei einer guten Clusterung gegen Eins. Besteht ein

Cluster nur aus zwei Fonds, entspricht der CAI dem CI. Wenn unterschiedliche Clusterlösungen mit unterschiedlicher Anzahl von Fonds verglichen werden, muss der CAI gewichtet werden:

$$\hat{CAI}_G = \sum_{g=1}^{G} \frac{K}{N} CAI_g \tag{7.6}$$

mit: $\hat{CAI}$ gewichteter CAI der Clusterlösung G
K Anzahl der Fonds innerhalb des Clusters g[31]
N Anzahl der Fonds innerhalb des Datensatzes
G Anzahl der Cluster innerhalb einer Clusterlösung

Abb. 7.3 (links) zeigt den Verlauf des CAI in Abhängigkeit von der Anzahl der Cluster. Der CAI für den gesamten Datensatz beträgt 59% (nicht abgebildet), was impliziert, dass durchschnittlich zu 59% in jeder Zeitperiode eine Nettoübereinstimmung von Nullen oder Einsen herrscht.[32] Dieser Wert wird durch eine Clusteranalyse verbessert. Aus der Graphik ist zu entnehmen, dass für alle verwendeten Methoden nach der Clusterbildung es zu einer Verbesserung des Index kommt, wobei jedoch keine der Methoden den anderen überlegen ist. Insgesamt kann durch eine Clusterung mit 50 Clustern ein durchschnittlicher CAI von annähernd 75% erreicht werden.[33]

Das zweite eingesetzte Maß ist der *Klassifikationsfehler nach der Diskriminanzanalyse*. Die Diskriminanzanalyse ist wie die Clusteranalyse ebenfalls ein multivariates statistisches Verfahren, welches eine Zuordnung von Objekten in bestimmte Klassen ermöglicht, wobei die Anzahl der Klassen bzw. Gruppen *apriori* bekannt ist.[34] Die Diskriminanzanalyse ordnet Objekte ihren Clustern nach einem dem Ward oder K-means Algorithmus ähnlichen Prinzip zu, indem sie die Fehlerquadratsumme innerhalb der Gruppen auf ein Minimum und zwischen den Gruppen auf ein Maximum einzustellen versucht. Dabei wird ein Diskriminanzkriterium maximiert, bei dem eine optimale Trennung zwischen den Gruppen gewährleistet wird. Für jede Gruppe wird somit eine Funktion aufgestellt, die die Form einer Regression annimmt. Der Funktionswert für jedes Objekt wird geschätzt und das Objekt derjenigen Gruppe zugeordnet, für die der Funktionswert maximal ist.

Die Diskriminanzanalyse ist aufgrund der *fehlenden Werte* nicht auf den gesamten Datensatz anwendbar. Eine Berücksichtigung der fehlenden Werte analog den bereits angewendeten Verfahren ist im Diskriminanzalgorithmus nicht möglich. Aus diesem Grund wird die Diskriminanzanalyse lediglich zur Überprüfung auf den begrenzten Zeitraum, für den alle Fondsdaten vorhanden sind, angewandt. Als Eingangsparameter dient die Fondsmatrix mit den kodierten Zeitreihen und der Vektor der Grup-

31 Bei den Berechnungen mit fehlenden Werten wird K ständig angepasst.

32 CAI in Höhe von 0,6 ergibt sich für einen Zeitpunkt t z.B. aus dem Verhältnis von 80 Fonds (mit „1") und 20 Fonds (mit „0") ($\frac{80-20}{100}$).

33 CAI im Bereich von 75% ergibt sich z.B. aus dem Verhältnis von 88 und 13.

34 Siehe die Beschreibung der Diskriminanzanalyse bei BACKHAUS et al. (2006), S. 155 ff.

penzugehörigkeit der Fonds, die für unterschiedliche Clusterlösungen aus den unterschiedlichen Verfahren der Clusteranalyse resultieren. Die Diskriminanzanalyse berechnet für die bereits klassifizierten Fonds eine neue Klassenzugehörigkeit, die der alten gegenübergestellt wird. Alle Fonds, die eine unterschiedliche Klassenzugehörigkeit in den beiden Gruppenzugehörigkeitsvektoren besitzen, werden ausgezählt und durch die Gesamtanzahl der Fonds im Datensatz geteilt. Damit wird der Klassifikationsfehler nach der Diskriminanzanalyse berechnet. Mit diesem Maß muss jedoch vorsichtig umgangen werden, da die Clusteranalyse auf dem vollständigen Datensatz die Klassifikationen vorgenommen hat, während die Diskriminanzanalyse nur einen Ausschnitt des Datensatzes verwendete.

Abb. 7.3 (rechts) veranschaulicht den Verlauf des Klassifikationsfehlers nach der Diskriminanzanalyse in Abhängigkeit von der Anzahl der Cluster für vier unterschiedliche Clusteranalysen. Anzumerken ist, dass die beiden K-means Clusteranalysen durchgängig deutlich niedrigere Klassifikationsfehler als die hierachischen Verfahren (Ward) für eine unterschiedliche Anzahl von Clustern aufweisen. Zu vermuten ist, dass aufgrund der starren Struktur der hierarchischen Verfahren kein optimales Heterogenitätsmaß bzw. keine optimale Fehlerquadratsumme erreicht werden konnte. Im Gegensatz dazu wird durch eine flexiblere Struktur der partitionierenden Verfahren, nach der einzelne Fonds zwischen den Clustern ausgetauscht werden können, ein Optimum erreicht, bei dem die Fehlerquadratsumme minimiert wird. Aus diesem Grund werden im Weiteren nur die Ergebnisse der beiden K-means Clusteranalysen untersucht.

Ähnliche Ergebnisse wurden auch für Investmentfonds erzielt, wobei die K-means Methode ebenfalls bessere Gütemaße im Vergleich zum Ward-Verfahren aufweist. Aus Platzgründen werden für Investmentfonds nur die Ergebnisse der partitionierenden Verfahren präsentiert. Zu den Ergebnissen der Clusteranalyse für Investmentfonds siehe Anhang C.2 (S. 491).

7.5.2 Bestimmung der Clusteranzahl

Aus den beiden K-means Clusteranalysen werden die Clusterlösungen mit der optimalen Anzahl von Clustern bestimmt und miteinander verglichen. Zu der Bestimmung der optimalen Anzahl an Clustern können die im vorherigen Kapitel vorgestellten Gütemaße verwendet werden. Zusätzlich werden weitere Gütemaße implementiert, die primär für eine Clusterung anhand binärer Variablen konstruiert worden sind. Dazu zählen der Index von BAKER und HUBERT (1975) (im Weiteren als BHI bezeichnet) und ein in Anlehnung an BALAKRISHNAN und SANGHVI (1968) erweitertes CAI Maß für Zwischengruppenvergleiche ($CAIG$). Die Erweiterung zum $CAIG$-Gütemaß erlaubt eine bessere Interpretation der Ergebnisse aufgrund einer Normierung auf das Intervall $[0, 1]$.[35]

Bevor eine Clusterlösung mit der optimalen Anzahl ausgesucht wird, muss bestimmt werden, in welchem Bereich der Clusteranzahl nach einer Clusterlösung zu

[35] Für eine Beschreibung der Gütemaße siehe Anhang C.1, S. 479.

suchen ist. Da Hedge Fonds eine große Heterogenität in ihren Anlagestilen und ihrer Performance aufweisen, ist eine relativ hohe Anzahl von Clustern, in die Fonds mit einem ähnlichen Phasenverlauf gruppiert werden, zu erwarten. Diese Vermutungen bekräftigen die ersten Auswertungen der Gütemaße im vorherigen Kapitel. So steigt z.B. die erklärte Streuung durch eine zunehmende Clusteranzahl bei Hedge Fonds langsamer als bei Investmentfonds an. Andererseits muss die Anzahl der Fonds für die weiteren Untersuchungen in einem zu verarbeitenden Rahmen liegen. Aus diesem Grund wird nach einer optimalen Anzahl von Clustern bis maximal 20 Cluster gesucht.

Wie im Folgenden dargestellt wird, besteht das Problem der Bestimmung der Clusteranzahl bei den Investmentfonds nicht, da Investmentfonds eine höhere Homogenität in ihrer Performance aufweisen und dadurch einfacher zu klassifizieren sind. Die Gütemaße für Investmentfonds sind eindeutig, was die Entscheidung der Clusterauswahl deutlich erleichtert. Hedge Fonds besitzen dagegen unscharfe Gütemaße, welche lediglich eine marginale, wenn auch kontinuierliche Verbesserung mit einer steigenden Anzahl von Clustern erfahren. Dies signalisiert, dass Hedge Fonds im Vergleich zu Investmentfonds eine schlechtere Clusterstruktur aufweisen.

Abb. 7.4 veranschaulicht den Verlauf des BAKER und HUBERT (1975) Index für Hedge Fonds, der auf einem Vergleich der Unähnlichkeiten der Fonds innerhalb eines Clusters mit den Unähnlichkeiten zu den Fonds anderer Cluster basiert.[36] Der Index liegt im Bereich zwischen $[-1, 1]$, wobei diejenige Clusterlösung, die den höchsten positiven BHI-Wert erreicht, eine optimale Anzahl von Clustern anzeigt. Negative Werte deuten dagegen auf eine unzureichende Clusterlösung hin. Bei negativen Werten sind die Ähnlichkeiten zu den Fonds fremder Cluster größer als zu den Fonds des eigenen Clusters. Aus diesem Grund werden alle Clusterlösungen, die einen negativen BHI-Wert aufweisen nicht in die Auswahl der optimalen Anzahl von Clustern einbezogen. In den weiteren Abbildungen wird, um die Clusterlösungen mit negativen BHI-Werten auszugrenzen, die Y-Achse nach rechts verschoben.

Der BHI ist für K-means (Eukl) bei 19 Clustern und für K-means (Ham) bei 20 Clustern maximal. Ein hoher Anstieg in den BHI-Werten erfolgt ebenfalls für die Clusterlösungen mit 16 Clustern in den beiden Methoden. Diese Clusterlösungen werden ebenfalls beibehalten.

Abb. 7.5 veranschaulicht als weiteres Maß den $CAIG$. Basierend auf dem Aufbau des CAI vergleicht der $CAIG$ jedoch eine Übereinstimmung von Nullen und Einsen in jeder Zeitperiode nicht innerhalb einer Gruppe, sondern zwischen zwei Gruppen. Sind zwei Gruppen vollkommen verschieden, unterscheiden sich die jeweiligen Zeitperioden der Cluster durch eine genau entgegengesetzte Reihenfolge von Nullen und Einsen.

[36] Vgl. BAKER und HUBERT (1975) und Anhang C.1, S. 479.

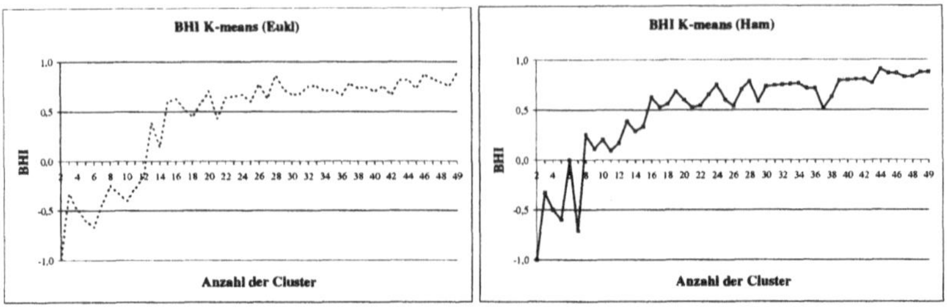

Abbildung 7.4: Gütemaße verschiedener Clusterlösungen

Die Abbildungen zeigen den Index nach BAKER und HUBERT (1975) (BHI) für zwei verschiedene Clusteranalysen: K-means (Euklidische Distanz) (links) und K-means (Hamming Distanz) (rechts) für eine ansteigende Anzahl von Clustern. Positive Werte des BHI implizieren, dass die Unähnlichkeit innerhalb einer Gruppe kleiner als die Unähnlichkeiten zu den anderen Gruppen ist. Für K-means (Eukl) fangen die Werte erst mit der Clusterlösung von 13 Clustern an positiv zu sein, während bei K-means (Ham) schon bei acht Clustern der BHI positiv ausfällt.

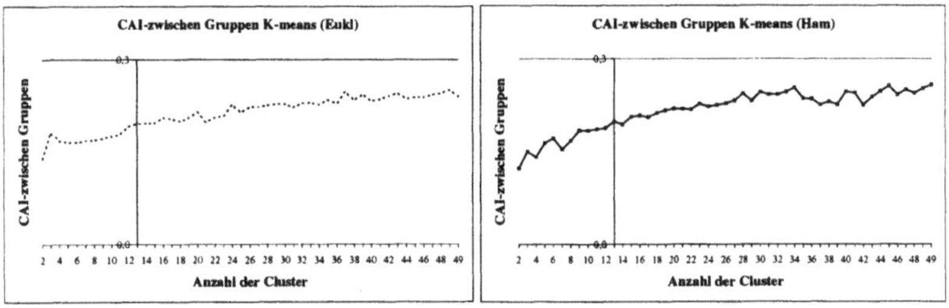

Abbildung 7.5: Gütemaße verschiedener Clusterlösungen

Die Abbildungen weisen den Übereinstimmungsindex der Zugehörigkeit für den Zwischengruppenfall ($CAIG$) für zwei verschiedene Clusteranalysen aus: K-means (Euklidische Distanz) (links) und K-means (Hamming Distanz) (rechts) mit ansteigender Anzahl von Clustern. Hohe Werte von $CAIG$ bedeuten, dass die Cluster unterschiedliche Übereinstimmung von Kategorien (Null oder Eins) aufweisen. Für K-means (Eukl) nehmen die Clusterlösungen mit 16 und 20 Clustern hohe Werte an, während bei K-means (Ham) die Clusterlösungen mit 13, 16 und 20 Clustern hohe Werte annehmen.

Der Index wird wie folgt berechnet:

$$CAIG_{ij} = \frac{1}{T} \sum_{t=1}^{T} \frac{\left| \frac{S_{0it}}{K_i} - \frac{S_{0jt}}{K_j} \right| + \left| \frac{S_{1it}}{K_i} - \frac{S_{1jt}}{K_j} \right|}{2} \tag{7.7}$$

mit:	$CAIG_{ij}$	Übereinstimmungsindex der Zugehörigkeit zwischen den Clustern i und j
	S_{0t} und S_{1t}	Anzahl der Fonds entsprechend mit Kategorien Null und Eins zum Zeitpunkt t in Clustern i und j
	T	Anzahl der Perioden
	K_i und K_j	Anzahl der Fonds innerhalb des Clusters i und j

Ist das Auftreten der Nullen und Einsen in zwei Clustern entgegengesetzt, entspricht der Index dem Wert Eins. Stimmen die Kategorien für jede Zeitperiode in jedem der Cluster überein, nimmt der Index den Wert Null an. Dieser Index wird für jeweils zwei Cluster berechnet. Für eine Clusterlösung wird ein Durchschnittswert aller paarweisen Clusterkombinationen angegeben.

In Abb. 7.5 wird ein maximaler $CAIG$-Wert von 0.25 bei 50 Clustern erreicht. Da dies keinem besonders hohen Wert entspricht, wird davon ausgegangen, dass in verschiedenen Clustern einige Phasen übereinstimmen. Dieser Befund erscheint plausibel, da der Phasenverlauf von Fonds sich nicht zwingend in jeder Phase unterscheiden muss. So reicht es aus, lediglich eine andere Phasenabfolge zu besitzen, um in einem anderen Cluster eingestuft zu werden. Der $CAIG$ erreicht hohe Werte für K-means (Eukl) bei 16 und 20 Clustern und für K-means (Ham) bei 13, 16 und 20 Clustern.

Unterschiedliche Clusterlösungen können anhand eines Maßes verglichen werden, welches die prozentuale Verbesserung (oder Verschlechterung) der Streuungen innerhalb eines Clusters durch die Einbeziehung einer weiteren Clusterlösung misst.[37] Abb. 7.6 veranschaulicht den Verlauf der Veränderungsraten für eine unterschiedliche Anzahl von Clustern. Auch hier zeigt die Clusterlösung mit 16 Clustern die höchste prozentuale Veränderung. Sie gehört nach allen Gütemaßen bis jetzt zu einer besseren Clusterlösung.

Als letztes werden die Clusterlösungen anhand ihrer Clusterzentroide verglichen, wobei der Konkordanzindex (CI) zur Evaluation der Clusterlösungen herangezogen wird. Der Konkordanzindex sollte hier möglichst niedrig ausfallen, was bedeutet, dass die Clusterzentroide miteinander nicht übereinstimmen und damit eine gut abgegrenzte Clusterlösung darstellen. Der Korkondanzindex wird paarweise für jede Zentroidkombination einer Clusterlösung gebildet. Parallel dazu wird die durchschnittliche Häufigkeit des Wertes „0,5“ pro Clusterzentroid angegeben, um eine fälschliche Interpretation der Werte zu vermeiden, da ein Wert des Clusterzentroides von „0,5“ das Gütemaß verzerren kann.

Abb. 7.7 und Abb. 7.8 veranschaulichen den Verlauf des durchschnittlichen Konkordanzindex jeder Clusterlösung und der Häufigkeit des Wertes „0,5“ pro Cluster-

[37] Vgl. Anhang C.1, S. 479.

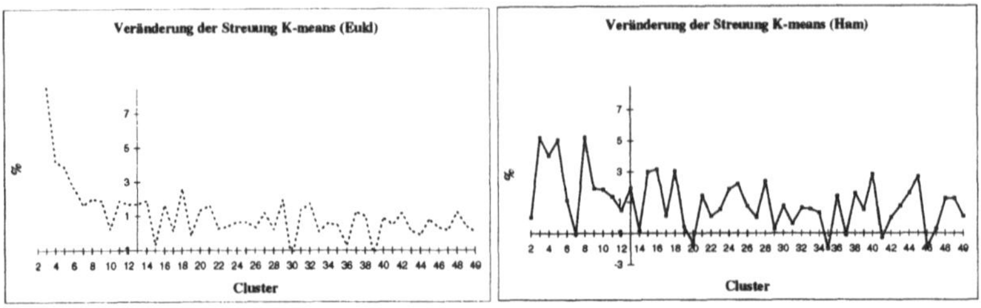

Abbildung 7.6: Gütemaße verschiedener Clusterlösungen

Die Abbildungen visualisieren die prozentuale Verbesserung (oder Verschlechterung) der Streuungen innerhalb der Cluster für zwei verschiedene Clusteranalysen: K-means (Euklidische Distanz) (links) und K-means (Hamming Distanz) (rechts) für eine ansteigende Anzahl von Clustern. Für K-means (Eukl) nehmen die Clusterlösungen mit 14, 16 und 18 Clustern hohe Werte an, während bei K-means (Ham) die Clusterlösungen mit 8, 16 und 18 Clustern hohe Werte annehmen.

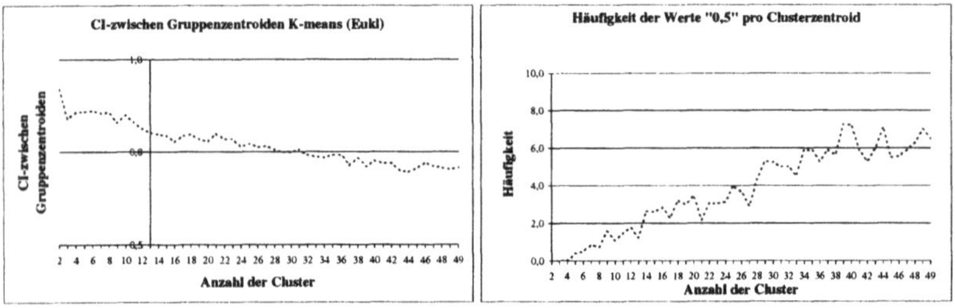

Abbildung 7.7: Gütemaße verschiedener Clusterlösungen

Die linke Abbildung zeigt den Konkordanzindex der Clusterzentroide für K-means (Euklidische Distanz) für eine ansteigende Anzahl von Clustern. Die rechte Abbildung zeigt die durchschnittliche Häufigkeit des Wertes „0,5“ pro Clusterzentroid. Die ersten beiden Senken des CI gehören zu den Clusterlösungen mit 16 und 20 Clustern , wobei die Clusterlösung mit 16 Clustern eine kleinere Häufigkeit des Wertes „0.5“ pro Clusterzentroid aufweist.

zentroid. Die CI-Werte sind relativ hoch, jedoch fallen sie mit der ansteigenden Anzahl der Cluster. Diese Erkenntnis bestätigt die Vermutung, dass einige Phasen für verschiedene Cluster übereinstimmen. Aus den vorgestellten Clusterlösungen werden diejenigen mit kleinen CI-Werten und diejenigen mit einer niedrigen Häufigkeiten des Wertes „0,5“ in ihren Clusterzentroiden ausgesucht. K-means (Eukl) bevorzugt eindeutig die Clusterlösung mit 16 Clustern, da der CI-Wert relativ niedrig ausfällt und lediglich 2,8 Werte pro Clusterzentroid dem Wert „0,5“ entsprechen. Bei K-means (Ham) ist die Bestimmung der optimalen Clusterlösung schwieriger, da die Clusterlösung mit 19 Clustern zwar einen relativ niedrigen CI-Wert, jedoch eine relativ hohe Häufigkeit des „0,5“-Wertes aufweist (4,1). Aus diesem Grund werden die bis jetzt in Frage kommenden Clusterlösungen mit 13, 16 und 20 Clustern einbezo-

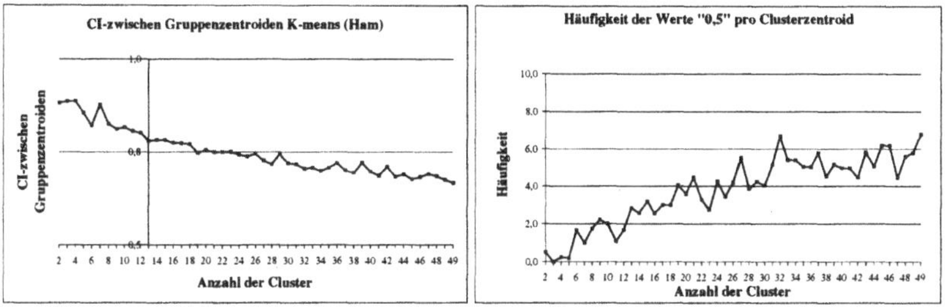

Abbildung 7.8: Gütemaße verschiedener Clusterlösungen

Die linke Abbildung weist den Konkordanzindex der Clusterzentroide für K-means (Hamming Distanz) für eine ansteigende Anzahl von Clustern aus. Die rechte Abbildung zeigt die durchschnittliche Häufigkeit des Wertes „0,5" pro Clusterzentroid. Eine klare Senke des CI gehört zu der Clusterlösung mit 19 Clustern, wobei diese Clusterlösung eine Häufigkeit des Wertes „0,5" von 4,1 pro Clusterzentroid aufweist.

gen, die die höchsten Werte bei den anderen Gütemaßen erreicht haben. Von diesen Clusterlösungen besitzt die Clusterlösung mit 16 Clustern die kleinste Häufigkeit des „0,5"-Wertes (2,6). Der CI Index liegt mittig zwischen den CI-Werten der Clusterlösungen mit 13 und 20 Clustern. Aus diesem Grund wird auch hier die Clusterlösung mit 16 Clustern beibehalten.

Aus den durchgeführten Analysen wird die Clusterlösung mit 16 Clustern ausgewählt. Aufgrund der unscharfen Ergebnisse kann eine führende Lösung nicht eindeutig identifiziert werden. Aus den beiden K-means Methoden wird jedoch nur die für die weiteren Untersuchungen relevantere ausgewählt. Tab. 7.1 veranschaulicht eine Gegenüberstellung unterschiedlicher Gütemaße für die Clusterlösung mit 16 Clustern für beide Methoden.

Die Verwendung der Hamming Distanz bei der K-means Clusterung führt im Vergleich zur Euklidischen Distanz zu marginal besseren Ergebnissen. Für Hedge Fonds wird aus diesem Grund eine K-means Clusterung anhand der Hamming Distanz für 16 Cluster für die weiteren Untersuchungen verwendet.

Für Investmentfonds werden dieselben Untersuchungen durchgeführt. Im Anhang C.2 sind die Streuungsmaße für die beiden K-means Clusterverfahren in den Abbildungen C.5 bis C.6 (S. 491 bis 491) aufgeführt. Die Euklidische Distanz erreicht in allen Abbildungen marginal bessere Ergebnisse als die Hamming Distanz . Die Anzahl des „0,5"-Wertes in den Clusterzentroiden ist bei Investmentfonds viel geringer als bei den Hedge Fonds (vgl. untere Abb. C.6 im Anhang, S. 491). Die Bestimmung der optimalen Anzahl von Clustern fällt bei Investmentfonds leichter. Für beide Verfahren erreicht schon die Clusterlösung mit 2 Clustern den maximalen BHI-Wert von Eins (vgl. Abb. C.7 im Anhang, S. 492). Auch weitere Clusterlösungen erreichen den maximalen BHI-Wert. Für K-means (Eukl) ist das die Clusterlösung mit vier Clustern und für K-means (Ham) die Clusterlösung mit sechs Clustern. Die Clusterlösung mit 4 Clustern bei K-means (Eukl) erzielt eine hohe Verbesserung in der Streuungser-

Tabelle 7.1: Vergleich der Clusterlösungen

Zwei Clusterlösungen werden verglichen: K-means (Eukl) und K-means (Ham). Beide Clusterlösungen beinhalten 16 Cluster. Die Verwendung der Hamming Distanz bei der K-means Clusterung führt im Vergleich zur Euklidischen Distanz zu marginal besseren Ergebnissen. Folgende Gütemaße wurden für die Clusterlösungen berechnet: Fehlerquadratsumme (FQS), erklärte Streuung (ES), prozentuale Verbesserung (oder Verschlechterung) der Streuungen innerhalb der Cluster gegenüber der vorherigen Clusterlösung (ΔG), F-Wert (F), ***Baker/Hubert Index*** (BHI), Übereinstimmungsindex der Zugehörigkeit (CAI), Konkordanzindex der Zentroide (CI-Z.) und Übereinstimmungsindex der Zugehörigkeit zwischen Gruppen ($CAIG$).

Method	FQS $\cdot 10^3$	ES	ΔG (%)	F $\cdot 10^3$	BHI	CAI	CI-Z.	$CAIG$
16 Cl. (Eukl)	25,655	0,336	1,645	0,057	0,625	0,694	0,777	0,206
16 Cl. (Ham)	24,869	0,357	3,134	0,062	0,625	0,699	0,775	0,209

klärung. Durch vier Cluster werden 47,1% der Streuung erklärt. Sechs Cluster der K-means (Ham) erklären 51,1% der Streuung. Die beiden Clusterlösungen besitzen relativ hohe Erklärungsmaße, jedoch nur die Clusterlösung mit 4 Clustern des K-means (Eukl) wird für die weiteren Untersuchungen ausgesucht, da K-means (Eukl) insgesamt bessere Ergebnisse für die Clusterung der Investmentfonds liefert und mit der geringeren Anzahl der Cluster einen relativ hohen Anteil der Streuung erklärt.

Somit wird für Hedge- und Investmentfonds das gleiche Verfahren für die Clusteranalyse mit verschiedenen Distanzmaßen ausgesucht. Eine optimale Clusterlösung mit 16 Clustern wurde für Hedge Fonds anhand der Hamming Distanz und für Investmentfonds mit 4 Clustern anhand der (quadrierten) Euklidischen Distanz ausgewählt. Im Folgenden werden die Ergebnisse der Clusteranalyse mit den bestehenden Anlagestilgruppen der Hedge- und Investmentfonds verglichen.

7.6 Überprüfung der Validität der Clusterergebnisse

Um eine Clusterlösung als brauchbar zu bezeichnen, muss sie eine Reihe von Kriterien erfüllen. In den folgenden Kapiteln werden verschiedene Tests durchgeführt, die die Güte der Clusterlösungen in Bezug auf die Homogenität der Cluster überprüfen und sie mit bestehenden Fondsanlagestilgruppen vergleichen.

7.6.1 Vergleich von Fondsanlagestilgruppen und Clustern

Mithilfe der Clusteranalyse wird beabsichtigt die Validität der Anlagestilgruppeneinteilung hinsichtlich einer Erfassung von Fonds mit ähnlichen Phasenverläufen zu überprüfen. Anlagestilgruppen können ebenfalls als Cluster betrachtet werden, deren Objekte (Fonds) nicht durch ein statistisches Verfahren, sondern durch Managervorgaben verschiedenen Clustern bzw. Anlagestilgruppen zugeordnet werden. Diese Zuordnung erscheint nur dann sinnvoll, wenn die daraus gebildeten Gruppen ein bestimmtes Maß an Homogenität aufweisen. Da im Rahmen dieser Arbeit eine Untersuchung in Bezug auf phasenabhängige Renditeabläufe erfolgt, ist die Überprüfung der vorgegebenen Anlagestilgruppe auf homogene Phasen innerhalb dieser Gruppe naheliegend.

Für jede Anlagestilgruppe werden dieselben Gütemaße der vorherigen Berechnungen gebildet, um einen Vergleich mit der ausgesuchten Clusterlösung zu ermöglichen. Da die Gütemaße von der Anzahl der Cluster nicht beeinflusst werden, können verschiedene Clusterlösungen untereinander und auch mit den vorgegebenen Anlagestilgruppen verglichen werden. Tab. 7.2 stellt drei verschiedene Clusterlösungen für Hedge Fonds gegenüber. Es werden 9 Anlagestilgruppen mit einer 9 und einer 16 Cluster umfassenden Lösung verglichen, die sich aus der Clusteranalyse anhand des K-means Verfahren (Hamming Distanz) ergaben.[38]

Tabelle 7.2: Vergleich der Clusterlösungen für Hedge Fonds

Die Tabelle enthält Gütemaße für Hedge-Fonds-Anlagestilgruppen (St. 9) und Clusterlösungen (Cl. 9 und 16). Die Durchführung der Clusteranalyse ergibt eine deutliche Verbesserung der Gütemaße, die eine verbesserte Klassifikation der Hedge Fonds in Clustern signalisieren. Für eine Erklärung der Notation für Gütemaße siehe Tab. 7.1 (S.270).

Anzahl Cluster/ Anlagestile	FQS $\cdot 10^3$	ES	F $\cdot 10^3$	BHI	CAI	CI-Z.	$CAIG$
9 St.	36,031	0,068	0,015	-0,556	0,622	0,869	0,139
9 Cl.	27,745	0,282	0,083	0,111	0,671	0,812	0,185
16 Cl.	24,869	0,357	0,062	0,625	0,699	0,775	0,209

Die Werte der Streuungsmaße für die Hedge-Fonds-Anlagestilgruppen beschreiben keine optimale Einordnung. Schon die Clusterlösung mit 9 Clustern erreicht mit Abstand bessere Gütemaße als die 9 Hedge-Fonds-Anlagestilgruppen. Z.B. ist die erklärte Streuung bei den Anlagestilgruppen sehr gering (6,8%). Dies deutet darauf hin, dass innerhalb einer Anlagestilgruppe Hedge Fonds mit heterogenen Phasenabläufen enthalten sind. Der negative BHI-Wert signalisiert ebenfalls, dass mehrere Hedge Fonds in ihren Anlagestilgruppen fehlklassifiziert sind. Auch die weiteren Übereinstimmungsmaße der Anlagestile besitzen niedrigere Werte als die Clusterlösungen. Es bleibt demnach festzuhalten, dass das statistische Verfahren der Clusteranalyse ei-

38 Neun Cluster wurden für den Vergleich ausgewählt, um den Hedge-Fonds-Anlagestilgruppen in Bezug auf ihre Anzahl eine vergleichbare Lösung gegenüber zu stellen.

ne bessere Klassifikation der Hedge Fonds in Gruppen aufgrund ihrer Phasenabläufe ermöglicht, welche von den vorgegebenen Anlagestilgruppen nicht ereicht wird.

Tabelle 7.3: Vergleich der Clusterlösungen für Investmentfonds

Die Tabelle enthält Gütemaße für Investmentfondsanlagestilgruppen (St. 6) und eine Clusterlösung (Cl. 4). Die Durchführung der Clusteranalyse ermöglicht trotz der Tatsache, dass Investmentfonds relativ gut in ihren Anlagestilgruppen klassifiziert sind, eine Verbesserung der Gütemaße. Für eine Erklärung der Notation der Gütemaße siehe Tab. 7.1 (S.270).

Anzahl Cluster/ Anlagestile	FQS $\cdot 10^3$	ES	F $\cdot 10^3$	BHI	CAI	CI-Z.	$CAIG$
6 St.	65,482	0,275	0,287	0,667	0,708	0,789	0,165
4 Cl.	47,805	0,471	1,121	1,000	0,759	0,722	0,247

Im Gegensatz zu Hedge Fonds sind Investmentfonds innerhalb ihrer Anlagestilgruppen viel besser klassifiziert (vgl. Tab. 7.3). Die sechs Investmentfondsanlagestilgruppen erklären 27,5% der Streuung im Vergleich zu 6,8% der Hedge-Fonds-Anlagestilgruppen. Auch andere Gütemaße, wie z.B. der BHI mit einem Wert von 0,667, sind bei den ursprünglichen Investmentfondsanlagestilen wesentlich höher. Die Clusteranalyse mit den ausgewählten vier Clustern ermöglicht dennoch eine wesentliche Verbesserung der Gütemaße und damit der Klassifikation selbst. Vier Cluster erklären 47,8% der Streuung und sind gut trennbar (BHI-Wert von Eins). Die CAI und $CAIG$ Werte sind relativ hoch, erreichen aber nicht ihr Maximum, was darauf hindeutet, dass sich auch bei Investmentfonds einige Phasen unterschiedlicher Cluster überlappen.

Tab. 7.4 stellt die Verteilung der Hedge Fonds verschiedener Anlagestile auf die einzelnen Cluster dar. Es sind ebenfalls die Größe der Cluster in Bezug auf die Anzahl der Fonds pro Cluster und ihre Anteile zur Gesamtanzahl der Hedge Fonds veranschaulicht. Cluster 5 und 12 (entsprechend mit 14,5% und 19,7%) sind die größten Cluster, während Cluster 3, 7 und 10 (entsprechend mit 2,6%, 2,1% und 2,8%) die kleinsten Cluster präsentieren. Anlagestile wie z.B. *Equity Hedge* und *FoF* verteilen sich fast gleichmäßig auf die einzelnen Cluster, was wiederum erneut auf eine schwache Validität der Anlagestilgruppenzuordnungen hindeutet.

Für Investmentfonds ergibt sich dagegen ein anderes Bild (vgl. Tab. 7.5). Alle Investmentfondsanlagestile verteilen sich auf jeweils zwei Cluster, wie z.B. die Aktienfonds auf Cluster 1 und 2 oder die Geldmarkt- und Rentenfonds auf Cluster 3 und 4. Bei Investmentfonds scheinen die einzelnen Fonds einen sich stark unterscheidenden Phasenverlauf in Abhängigkeit von der zugehörigen Anlagestilgruppe zu besitzen.

Tab. 7.6 veranschaulicht die Zusammensetzungen der Hedge-Fonds-Cluster, die durch die Anteile jeder Anlagestilgruppe in Bezug auf die Anzahl der Hedge Fonds in den entsprechenden Clustern angegeben sind. Die Cluster 1, 2, 6, 9, 10, 11 und 15

Tabelle 7.4: Verteilung der einzelnen Anlagestile auf Cluster

Die Tabelle enthält die Anzahl der Hedge Fonds jeder Anlagestilgruppe sowie ihre Anteile (in Bezug auf die Anzahl der Hedge Fonds pro Anlagestil) in den Clustern. Die untere Zeile enthält die Gesamtanzahl der Hedge Fonds pro Cluster sowie ihre Anteile in Bezug auf die Gesamtanzahl der Hedge Fonds im Datensatz. Cluster 5 und Cluster 12 sind die größten Cluster und beinhalten zusammen 34,2% aller Hedge Fonds. (Die Summe der Anteile kann aufgrund von Rundungen von 100 Abweichen.)

Anlagestil	**Cl 1**	**Cl 2**	**Cl 3**	**Cl 4**	**Cl 5**	**Cl 6**	**Cl 7**	**Cl 8**
Equity Hedge	36	42	13	28	71	48	0	10
%	6,9	8,1	2,5	5,4	13,7	9,2	0	1,9
Event Driven	1	3	1	5	46	10	0	3
%	0,7	2,1	0,7	3,5	32,6	7,1	0	2,1
Fixed Income	0	0	0	0	5	0	0	1
%	0	0	0	0	35,7	0	0	7,1
FoF	3	18	2	65	80	21	2	7
%	0,7	4,3	0,5	15,4	19,0	5,0	0,5	1,7
Long Only	1	4	0	0	8	2	0	0
%	2,9	11,4	0	0	22,9	5,7	0	0
Multi Strategy	0	0	0	0	2	0	0	0
%	0	0	0	0	16,7	0	0	0
Relative Value	1	4	5	20	22	4	0	5
%	0,5	1,9	2,4	9,7	10,7	1,9	0	2,4
Tactical Trading	8	17	22	26	9	6	32	58
%	2,5	5,3	6,8	8,1	2,8	1,9	9,9	18,0
andere	1	2	2	3	5	2	1	0
%	2,8	5,6	5,6	8,3	13,9	5,6	2,8	0
Fonds je Cluster	51	90	45	147	248	93	35	84
Anteil (%)	3,0	5,3	2,6	8,6	14,5	5,5	2,1	4,9

Anlagestil	**Cl 9**	**Cl 10**	**Cl 11**	**Cl 12**	**Cl 13**	**Cl 14**	**Cl 15**	**Cl 16**
Equity Hedge	49	19	22	67	23	30	46	15
%	9,4	3,7	4,2	12,9	4,4	5,8	8,9	2,9
Event Driven	1	2	2	43	11	10	2	1
%	0,7	1,4	1,4	30,5	7,8	7,1	1,4	0,7
Fixed Income	0	2	0	5	0	0	1	0
%	0	14,3	0	35,7	0	0	7,1	0
FoF	17	16	15	83	6	49	22	15
%	4,0	3,8	3,6	19,7	1,4	11,6	5,2	3,6
Long Only	6	2	1	3	1	3	3	1
%	17,1	5,7	2,9	8,6	2,9	8,6	8,6	2,9
Multi Strategy	1	0	0	3	1	4	0	1
%	8,3	0	0	25,0	8,3	33,3	0	8,3
Relative Value	6	4	2	85	3	3	9	33
%	2,9	1,9	1,0	41,3	1,5	1,5	4,4	16,0
Tactical Trading	14	1	13	38	8	3	4	63
%	4,3	0,3	4,0	11,8	2,5	0,9	1,2	19,6
andere	3	1	1	9	0	1	4	1
%	8,3	2,8	2,8	25,0	0,0	2,8	11,1	2,8
Fonds je Cluster	97	47	56	336	53	103	91	130
Anteil (%)	5,7	2,8	3,3	19,7	3,1	6,0	5,3	7.6

Tabelle 7.5: Verteilung der einzelnen Investmentfondsanlagestile auf die Cluster

Die Tabelle enthält die Anzahl der Investmentfonds jeder Anlagestilgruppe sowie ihre Anteile (in Bezug auf die Anzahl der Investmentfonds pro Anlagestil) in den Clustern. Die untere Zeile enthält die Gesamtanzahl der Investmentfonds pro Cluster sowie ihre Anteile in Bezug auf die Gesamtanzahl der Investmentfonds im Datensatz. (Die Summe der Anteile kann aufgrund von Rundungen von 100 Abweichen.)

Anlagestil	**Cl 1**	**Cl 2**	**Cl 3**	**Cl 4**
Aktien	860	1086	6	0
%	44,1	55,6	0,3	0
Dachfonds	85	150	8	0
%	35,0	61,7	3,3	0
Geldmarkt	7	1	111	83
%	3,5	0,5	55,0	41,1
Mischfonds	150	137	7	11
%	49,2	44,9	2,3	3,6
Renten	56	47	576	230
%	6,2	5,2	63,4	25,3
andere	39	58	67	13
%	22,0	32,8	37,9	7,3
Fonds je Cluster	1197	1479	775	337
Anteil (%)	31,6	39,0	20,5	8,9

werden von *Equity Hedge* dominiert, da diese Anlagestilgruppe die größte Anzahl der Fonds im Datensatz beinhaltet. Neben *Equity Hedge* dominieren in einigen Clustern die Anlagestile *FoF* und *Tactical Trading*, während andere Anlagestile mit kleinen Anteilen in mehreren Clustern beteiligt sind.

Tab. 7.7 liefert eine ähnliche Abbildung für Investmentfonds. In den ersten zwei Clustern dominieren Aktienfonds und in den anderen zwei Clustern die Rentenfonds. Hier ist eine klare Abgrenzung zwischen Renten- und Aktienmärkten zu sehen.

Als Nächstes werden Phasenbilder für jeden Cluster sowie die kumulierten Wertentwicklungen der Fondsrendite in den entsprechenden Clustern dargestellt. Abb. 7.9 bis 7.11 veranschaulichen die Phasenbilder für die Hedge-Fonds-Cluster, deren Phasen und Wertentwicklungen durch Clusterzentroide (Mediane) bestimmt sind. Die Phasenbilder bekräftigen die bis jetzt erbrachten Aussagen bezüglich der Phasenverläufe. Grundsätzlich dominieren Bull Phasen, wobei Fonds in den Clustern 2 und 7 häufig in Bear Phasen wechseln. Die Wertentwicklungsverläufe sind vollständig an die Phasenbilder angepasst. Die Wertentwicklung wurde aus dem Median der Fondsrenditen für jeden Cluster berechnet, während sich die Phasenbilder aus den phasenkodierten Fondszeitreihen eines Clusterzentroiden ergeben. Eine gute Anpassung der Wertentwicklungsverläufe an die Phasenbilder indiziert eine gute Klassifikation der Fonds unter den Clustern.

Die Phasenbilder für Investmentfondscluster sind im Anhang Abb. C.8 (S. 492) abgebildet. Auch hier wurde eine bessere Anpassung der Fonds an ihre Cluster erreicht. Diese Phasenbilder der Investmentfonds ähneln sehr stark den Phasenbildern

Tabelle 7.6: Anteile der einzelnen Hedge-Fonds-Anlagestile in Clustern

Die Tabelle enthält Anteile der Hedge Fonds jeder Anlagestilgruppe in Bezug auf die Gesamtanzahl der Hedge Fonds in den Clustern. Z.B. wird Cluster 7 von *Tactical Trading* dominiert, da dieser zu 91,4% aus ihren Fonds besteht. (Die Summe der Anteile kann aufgrund von Rundungen von 100 Abweichen.)

Anlagestil/(%)	**Cl 1**	**Cl 2**	**Cl 3**	**Cl 4**	**Cl 5**	**Cl 6**	**Cl 7**	**Cl 8**
Equity Hedge	70,6	46,7	28,9	19,0	28,6	51,6	0	11,9
Event Driven	2,0	3,3	2,2	3,4	18,5	10,8	0	3,6
Fixed Income	0	0	0	0	2,0	0	0	1,2
FoF	5,9	20	4,4	44,2	32,3	22,6	5,7	8,3
Long Only	2,0	4,4	0	0	3,2	2,2	0	0
Multi Strategy	0	0	0	0	0,8	0	0	0
Relative Value	2,0	4,4	11,1	13,6	8,9	4,3	0	6,0
Tactical Trading	15,7	18,9	48,9	17,7	3,6	6,5	91,4	69,0
andere	2,0	2,2	4,4	2,0	2,0	2,2	2,9	0
Summe Anteile (%)	100,0	100,0	100,0	100,0	100,0	100,0	100,0	100,0

Anlagestil/(%)	**Cl 9**	**Cl 10**	**Cl 11**	**Cl 12**	**Cl 13**	**Cl 14**	**Cl 15**	**Cl 16**
Equity Hedge	50,5	40,4	39,3	19,9	43,4	29,1	50,5	11,5
Event Driven	1,0	4,3	3,6	12,8	20,8	9,7	2,2	0,8
Fixed Income	0	4,3	0	1,5	0	0	1,1	0
FoF	17,5	34,0	26,8	24,7	11,3	47,6	24,2	11,5
Long Only	6,2	4,3	1,8	0,9	1,9	2,9	3,3	0,8
Multi Strategy	1,0	0	0	0,9	1,9	3,9	0	0,8
Relative Value	6,2	8,5	3,6	25,3	5,7	2,9	9,9	25,4
Tactical Trading	14,4	2,1	23,2	11,3	15,1	2,9	4,4	48,5
andere	3,1	2,1	1,8	2,7	0	1,0	4,4	0,8
Summe Anteile (%)	100,0	100,0	100,0	100,0	100,0	100,0	100,0	100,0

Tabelle 7.7: Anteile der einzelnen Investmentfondsanlagestilgruppen in den Clustern

Die Tabelle enthält Anteile der Investmentfonds jeder Anlagestilgruppe in Bezug auf die Gesamtanzahl der Investmentfonds in den Clustern. Cluster 1 und 2 werden von *Aktien-*, *Dach-* und *Mischfonds*, Cluster 3 und 4 von *Geldmarkt-* und *Rentenfonds* dominiert. (Die Summe der Anteile kann aufgrund von Rundungen von 100 Abweichen.)

Anlagestil/(%)	**Cl 1**	**Cl 2**	**Cl 3**	**Cl 4**
Aktien	71,8	73,4	0,8	0
Dachfonds	7,1	10,1	1,0	0
Geldmarkt	0,6	0,1	14,3	24,6
Mischfonds	12,5	9,3	0,9	3,3
Renten	4,7	3,2	74,3	68,2
andere	3,3	3,9	8,6	3,9
Summe Anteile (%)	100	100	100	100

der MSCIW-Phasen im Kap. 6.3.4,[39] was wiederum unterstreicht, dass innerhalb der Investmentfondsanlagestilgruppen eine deutlich bessere Zuordnung der Fonds im Vergleich zu den Hedge-Fonds-Anlagestilen zu finden ist.

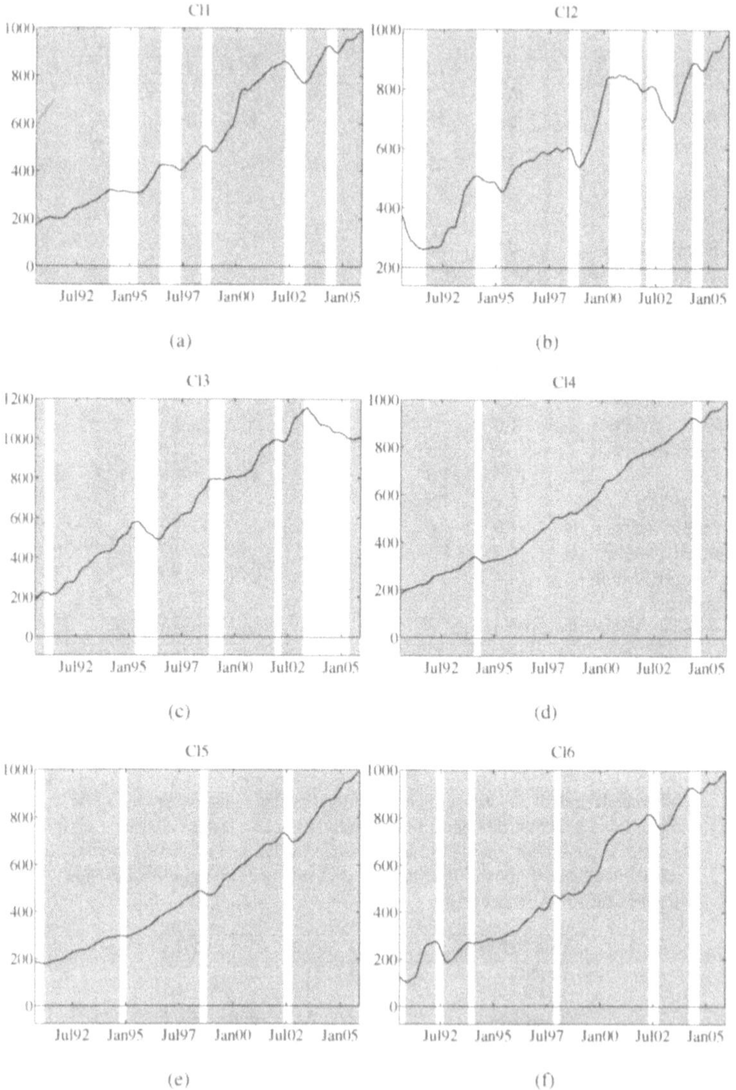

Abbildung 7.9: Wertentwicklung der Hedge-Fonds-Rendite in Bull und Bear Phasen erfasst für 16 Cluster (Cluster 1 bis 6)

[39] Vgl. Kap. 6.3.4, S. 232.

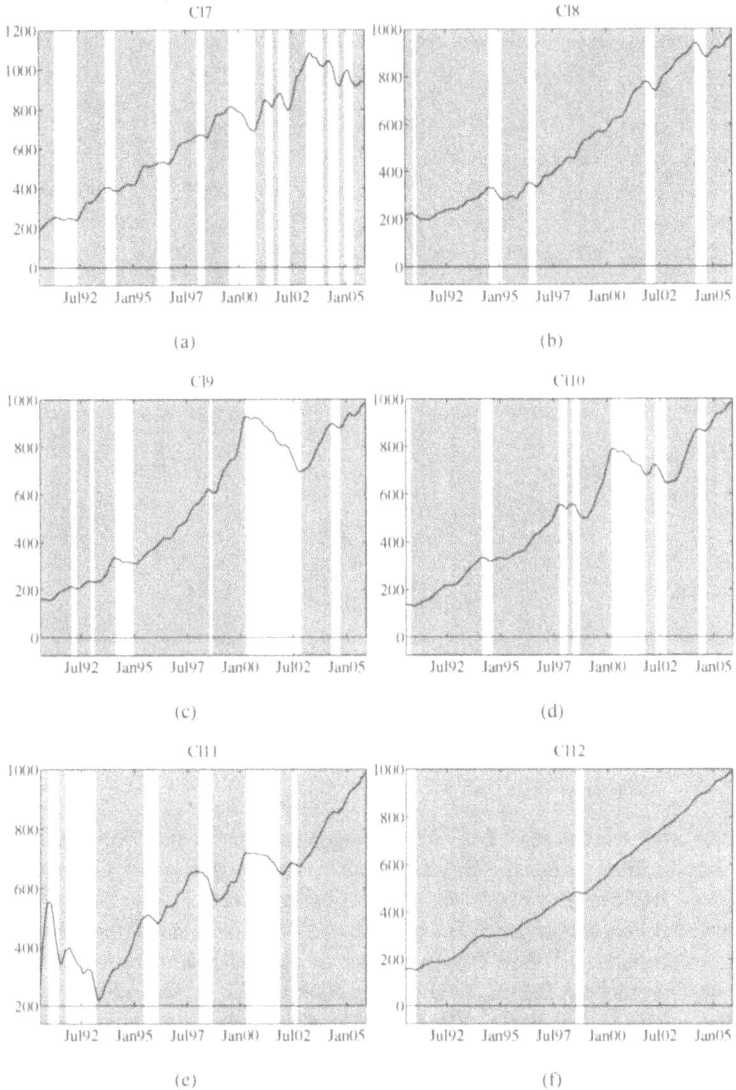

Abbildung 7.10: Wertentwicklung der Hedge-Fonds-Rendite in Bull und Bear Phasen erfasst für 16 Cluster (Cluster 7 bis 12)

Zuletzt werden die Phasencharakteristika für die Fonds-eigenen Phasen bestimmt. Tab. 7.8 (S. 280) veranschaulicht die zentralen Charakteristika der Bull und Bear Phasen in Fonds-eigenen Phasen, die nach der modifizierten Bry und Boschan Me-

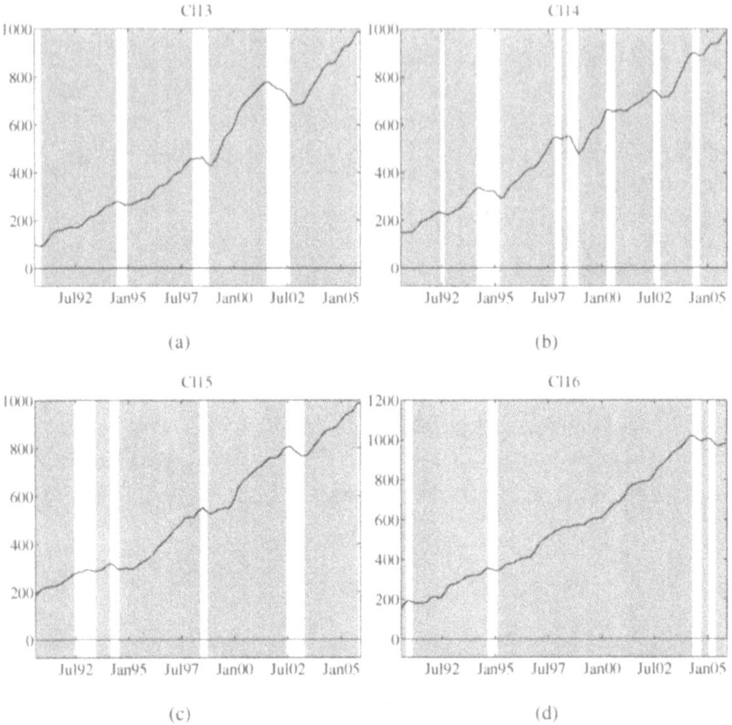

Abbildung 7.11: Wertentwicklung der Hedge-Fonds-Rendite in Bull und Bear Phasen erfasst für 16 Cluster (Cluster 13 bis 16)

thode ermittelt worden sind. Die Auswertungen wurden für jede Fondszeitreihe separat durchgeführt, wobei die Evaluation nach den neu gebildeten Clustern erfolgte. Sowohl für Investmentfonds als auch für Hedge Fonds ist eine deutlich klarere Trennung der Phasencharakteristika (in Bull und Bear) als in den Phasen der Aktienmärkte zu beobachten.[40] Bear Phasen sind kürzer als Bull Phasen, wobei Investmentfonds im Durchschnitt längere Bear Phasen erfahren (11,78 Monate gegenüber von 6,9 Monaten bei Hedge Fonds). Die Phasendauer variiert in verschiedenen Clustern. Bei Hedge Fonds besitzt Cluster 3 die längsten Bear Phasen (12,44 Monate) und bei Investmentfonds der Cluster 2 (16,85 Monate). Cluster 2 bei Investmentfonds weist nur marginale Unterschiede zwischen der Phasendauer von Bull und Bear auf. Die größten Hedge-Fonds-Cluster 5 und 12 weisen sowohl die kürzesten Bear als auch die längsten Bull Phasen auf.

Die Überschussrenditen unterscheiden sich für Investmentfonds (-25,59% in Bear und 26,18% in Bull) und Hedge Fonds (-23,08% in Bear und 25,19% in Bull) unwesentlich voneinander, wobei Investmentfonds sogar eine leicht höhere Überschussren-

40 Vgl. Kap. 6, S. 213.

dite in Bull Phasen aufweisen. Jedoch weisen Investmentfonds ebenfalls längere Bear Phasen auf. Dieser Befund unterscheidet sich von den Auswertungen des Kap. 6.3.2, in dem Fonds in Phasen des Aktienmarktes evaluiert wurden.[41] Investmentfonds besaßen eine deutlich niedrigere Überschußrendite als Hedge Fonds.

Bei Investmentfonds besitzt der Cluster 1 die niedrigste Überschussrendite in Bear (-32,68%) und die höchste in Bull (36,35%). Bei Hedge Fonds ist das der Cluster 7 (-30,95% in Bear und 50,06% in Bull). Die höchste Amplitude in Bull und die niedrigste in Bear besitzen entsprechend Fonds der Cluster 12 (103,55%) und 9 (-18,50%) für Hedge Fonds sowie Cluster 2 (48,52% in Bull und -29,04%) für Investmentfonds. Die durchschnittliche Amplitude in Bear Phasen bei Investmentfonds ist größer (absolut) als bei Hedge Fonds, da Investmentfonds durchschnittlich längere Bear Phasen besitzen.

Die Variabilität der Phasenrendite ist bei den beiden Fondstypen kleiner in Bull Phasen und höher in Bear Phasen. Im Durchschnitt liegen die Variabilitätswerte für Investment und Hedge Fonds sehr nah beieinander in Bull und Bear Phasen. Bei Investmentfonds weist Cluster 2 kaum Unterschiede der Variabilität der Phasenrendite in beiden Phasen auf. Bei Hedge Fonds erreicht Cluster 7 die höchste Variabilität der Phasenrendite in den beiden Phasen (4,33% in Bull und 4,23% in Bear).

Der Überschussindex beschreibt die Form der Phasen. Bei den beiden Fondstypen kann dieselbe Phasenform jeweils für Bull und Bear identifiziert werden. Während der Bull Phasen sind die höchsten Renditen in den letzten Zeitperioden der Phasen zu beobachten, da der Überschussindex einen negativen Wert annimmt. In den Bear Phasen sind die höheren negativen Renditen ebenfalls in den letzten Zeitperioden der Phasen zu verzeichnen, da der Überschussindex hier positiv ist.[42]

Eine gute Trennung zwischen Bull und Bear kann anhand von Anteilen positiver Renditen beurteilt werden. Bei den beiden Fondstypen ist ein sehr hoher Anteil der positiven Renditen in Bull und ein sehr niedriger in Bear zu beobachten.

Mit der Evaluation der Phasencharakteristik wird verdeutlicht, dass Fonds anhand ihrer eigenen Phasen in Bezug auf ihre Performance am besten evaluiert werden können. Mithilfe gebildeter Cluster kann eine Aggregation der Ergebnisse erfolgen, wodurch weniger Informationsverluste befürchtet werden müssen als bei ursprünglich gebildeten Anlagestilgruppen. Interessant ist ebenfalls die Tatsache, dass Investmentfonds eine längere durchschnittliche Bear Phase als Hedge Fonds besitzen. Dieser Befund unterstreicht die stilisierte Eigenschaft der Fondsphasen.

7.6.2 Überprüfung der Trennbarkeit der Cluster

Als letztes wird überprüft, wie gut die Clusteranalyse die einzelnen Cluster voneinander getrennt hat. Es werden zwei unterschiedliche Analysen durchgeführt, die einerseits die Klassenzugehörigkeit der Fonds zu ihren Gruppen und andererseits die

41 Vgl. Kap. 6.3.2, S. 225.

42 Siehe dazu ausführlicher Kap. 4.4.2, S. 137.

Tabelle 7.8: Phasencharakteristika für einzelne Cluster der Fonds in ihren eigenen Wertentwicklungsphasen

Übersicht der Phasencharakteristika für einzelne Anlagestilgruppen als Durchschnittswerte: **ÜR (% p.a.)** annualisierte Überschussrendite im Durchschnitt für alle (Bull oder Bear) Phasen, **Vola (% p.a.)** annualisierte Volatilität der Überschussrendite im Durchschnitt für alle (Bull oder Bear) Phasen, **A (%)** Amplitude der Rendite, **V (%)** Variabilität der Phasenrenditen, **ÜI** Überschußindex, **% pos.R.** Anteil der positiven Renditen.

Anlagestil	Bull							Bear						
	D (M)	ÜR (% p.a.)	Vola (% p.a.)	A (%)	V (%)	ÜI	% pos.R	D (M)	ÜR (% p.a.)	Vola (% p.a.)	A (%)	V (%)	ÜI	% pos.R
							Hedge Fonds							
CI1	16,22	31,00	14,81	50,19	1,34	−0,26	75,60	8,92	−20,77	11,96	−10,71	1,74	0,05	25,33
CI2	13,96	37,74	15,64	45,62	1,67	−0,23	77,79	9,23	−24,41	14,03	−14,98	2,11	0,07	25,96
CI3	15,03	35,15	16,93	45,58	1,84	−0,23	75,39	12,44	−21,14	13,16	−14,33	1,95	0,07	29,87
CI4	27,68	15,20	8,00	49,28	0,41	−0,25	78,34	5,49	−16,78	7,28	−5,54	1,03	0,02	19,67
CI5	30,73	19,41	9,20	63,52	0,41	−0,33	80,30	4,70	−26,01	11,22	−9,05	1,81	0,04	18,59
CI6	17,85	28,06	13,01	46,87	1,01	−0,24	77,75	5,82	−22,60	10,73	−9,41	2,11	0,04	21,04
CI7	10,66	50,06	21,62	38,65	4,33	−0,18	72,00	7,81	−30,95	17,44	−14,46	4,23	0,05	25,25
CI8	16,40	26,08	14,51	36,94	1,66	−0,19	73,39	6,35	−23,30	11,39	−8,82	2,49	0,03	22,03
CI9	18,32	39,34	16,61	64,64	1,36	−0,33	77,14	11,83	−24,52	16,49	−18,50	1,64	0,09	28,42
CI10	16,71	32,00	13,93	52,60	1,20	−0,27	78,07	7,78	−27,29	16,20	−14,88	2,42	0,07	26,12
CI11	24,02	38,90	15,94	83,80	1,13	−0,43	74,85	8,59	−26,67	17,72	−15,67	2,07	0,08	27,76
CI12	52,61	15,09	7,51	103,55	0,29	−0,53	82,00	4,80	−23,79	10,99	−7,97	1,50	0,04	21,10
CI13	22,38	28,63	15,04	60,65	0,96	−0,31	75,59	9,35	−21,61	12,89	−12,76	1,68	0,06	29,30
CI14	19,24	30,66	11,96	52,30	0,87	−0,27	80,54	5,58	−23,25	12,07	−9,21	1,96	0,04	20,28
CI15	21,42	19,89	10,87	44,42	0,55	−0,23	75,24	7,80	−18,38	9,87	−9,19	1,23	0,04	25,01
CI16	20,50	28,90	14,12	59,32	1,47	−0,30	76,86	7,71	−21,65	11,94	−9,68	2,05	0,04	23,66
Gesamt	27,68	25,19	11,79	63,49	0,92	−0,32	78,33	6,90	−23,08	11,96	−10,41	1,83	0,05	22,84
							Investmentfonds							
CI1	15,23	36,35	14,96	47,32	1,47	−0,24	75,20	9,29	−32,68	17,96	−21,90	2,24	0,11	23,77
CI2	17,28	32,85	14,66	48,52	1,02	−0,25	75,11	16,85	−28,28	19,44	−29,04	1,04	0,15	29,79
CI3	57,97	4,46	3,21	33,23	0,12	−0,17	80,51	5,80	−11,19	3,89	−3,10	0,59	0,01	23,58
CI4	18,54	10,76	7,39	22,23	0,57	−0,11	71,72	9,56	−15,47	6,97	−9,34	0,90	0,05	24,73
Gesamt	25,07	26,18	11,77	42,67	0,94	−0,22	75,94	11,78	−25,59	15,11	−20,39	1,34	0,10	26,27

Beziehung zu den Gruppenzentroiden überprüfen. Beide Analysen erfolgen anhand einer Regressionsanalyse.[43]

Durch die Gruppierung der Hedge- und Investmentfonds mithilfe einer Clusteranalyse wurde beabsichtigt, dass Fonds mit ähnlichen Phasenverläufen in einen Cluster zusammengeführt wurden. Es bleibt zu überprüfen, ob die Fonds verschiedener Cluster unterschiedliche Eigenschaften z.B. in Bezug auf ihre Renditestrukturen besitzen. Anhand einer Querschnittsregression der Fondsrendite und der Variablen,[44] welche die Fondszugehörigkeit zu den Clustern indizieren, kann die Nullhypothese: *Fonds unterschiedlicher Cluster besitzen eine ähnliche Renditestruktur und können von daher nicht getrennt werden* ($\beta_1 = \beta_2 = \ldots = 0$) überprüft werden. Folgende Gleichung beschreibt die durchgeführte Analyse, wobei die Klassenzugehörigkeiten der Fonds zu den Clustern durch Dummyvariablen kodiert werden.[45]

$$R_i = \alpha_i + \sum_{g=1}^{G-1} \beta_{ig} D_g + \epsilon_i \tag{7.8}$$

mit:
- R_i Rendite des Fonds i zum bestimmten Zeitpunkt t
- D_g Dummyvariable, welche die Klassenzugehörigkeit des Fonds i zum Cluster g indiziert
- α_i und β_{ig} Regressionskoeffizienten

Weist die Analyse signifikante Regressionen auf, kann die Nullhypothese verworfen werden. Dies würde implizieren, dass Fonds unterschiedlicher Cluster *keine* ähnliche Renditestruktur besitzen und die Clusteranalyse damit eine gute Trennung von Clustern ermöglicht. Dieselbe Analyse anhand von Dummyvariablen wird nicht nur für Renditereihen, sondern auch für die phasenkodierten Zeitreihen der Fonds durchgeführt:[46]

[43] Die im Weiteren aufgestellten Regressionsanalysen benutzen Dummyvariablen. Alle diese Modelle können mithilfe der OLS geschätzt werden und anhand ihrer Statistiken überprüft werden. Für eine ausführliche Betrachtung unterschiedlicher Modelle mit Dummyvariablen als abhängige und/oder unabhängige Variable siehe WOOLDRIDGE (2003), S. 218 ff.

[44] Die Querschnittsregression wird nur die Zeitreihen einbeziehen, die zu dem bestimmten Zeitpunkt t vorhanden sind. Für die ersten Zeitpunkte in der Datenbank sind weniger Datenreihen vorhanden als für die späteren Zeitpunkte. Dies beeinflusst jedoch nicht die Ergebnisse, da in jedem untersuchten Zeitpunkt eine ausreichende Anzahl von Beobachtungen vorhanden ist, um eine Regression durchzuführen.

[45] Die Anzahl der Dummies ist um Eins geringer als die Anzahl der Cluster, um Multikollinearität zu umgehen. In dieser Studie wurde eine Effektkodierung implementiert, da alle Cluster zueinander gleich stehen und es keinen Referenzcluster gibt. Vgl. PODDIG et al. (2005), S. 473 f.

[46] Auch eine Regression mit den abhängigen Variablen als Dummies kann mithilfe von OLS geschätzt werden. In diesem Fall wird das Modell als ein lineares Wahrscheinlichkeitsmodell (engl. linear probability model) bezeichnet, da Betas die Sensitivität zur Eintrittswahrscheinlichkeit (z.B. y=1) bei Veränderungen der unabhängigen Variablen messen. Das Defizit dieses Modells liegt daran, dass die Grenzen der geschätzten Wahrscheinlichkeiten (abhängigen Variablen) oft außerhalb 0 und 1 liegen. Ebenfalls können OLS-Statistiken verzerrt werden, wenn die Annahme der Homoskesdastizität nicht gemacht werden kann. Vgl. WOOLDRIDGE (2003), S. 240 f.

$$Rk_i = \alpha_i + \sum_{g=1}^{G-1} \beta_{ig} D_g + \epsilon_i \tag{7.9}$$

mit: Rk_i Phasenkodierte Zeitreihe des Fonds i zum bestimmten Zeitpunkt t

Dabei wird folgende Nullhypothese überprüft: *Fonds unterschiedlicher Cluster besitzen eine ähnliche Phasenstruktur und können von daher nicht getrennt werden* ($\beta_1 = \beta_2 = \ldots = 0$).

Tab. 7.9 veranschaulicht die Anteile signifikanter Regressionen (F-Test auf dem 90%- und 95%-Konfidenzniveau). In der Mehrheit der Fälle kann die Nullhypothese abgelehnt werden.[47] Insgesamt weisen die Modelle für Cluster höhere Anteile signifikanter Regressionen als die jeweiligen Modelle für Anlagestile auf. Ähnliche Ergebnisse werden auch bei den Investmentfonds erzielt, wobei die Anteile signifikanter Regressionen bei den Investmentfonds zum Teil höher sind. Die Anteile der signifikanten Regressionen sind für phasenkodierten Zeitreihen leicht geringer als bei der Renditestruktur.

Tabelle 7.9: Anteile signifikanter Regressionen mit Dummies

Die Tabelle zeigt die Anteile der signifikanten Regressionen für die Hedge-Fonds-Cluster bzw. -Anlagestile anhand des F-Tests (auf dem 90%- und 95%-Konfidenzniveau). Ebenfalls ist der Anteil der Regressionen mit allen signifikanten Koeffizienten der Dummies (ASR) sowie der durchschnittliche Anteil signifikanter Koeffizienten von Dummies pro Regression (ASD) angegeben.

Modelle	F-Test (90%) %	F-Test (95%) %	ASR %	ASD %
Hedge Fonds				
Cluster-Renditen	96,9	94,8	0,0	44,0
Cluster-Phasenkodierung	90,1	86,5	4,2	48,6
Anlagestil-Renditen	92,7	91,1	2,6	34,4
Anlagestil-Phasenkodierung	89,6	88,5	0,5	27,1
Investmentfonds				
Cluster-Renditen	100,0	99,0	72,4	89,4
Cluster-Phasenkodierung	89,1	88,5	62,0	80,2
Anlagestil-Renditen	96,4	95,3	18,8	55,7
Anlagestil-Phasenkodierung	89,1	87,0	24,0	51,1

Zusätzlich wurden Regressionen ausgezählt, in denen alle Dummyvariablen signifikante Koeffizienten aufweisen, und durch die Anzahl insgesamt durchgeführter Regressionen geteilt. Diese Zahl wird in der Spalte **ASR** der Tab. 7.9 ausgewiesen. Hedge Fonds besitzen kaum Regressionen, in denen alle Koeffizienten signifikant sind. Dagegen weisen Investmentfonds deutlich höhere Anteile auf. Für die Regres-

[47] Die Anteile ergeben sich aus dem Verhältnis der Anzahl der signifikanten Regressionen zu der Anzahl durchgeführten Regressionen.

sionen anhand der Cluster wurden für Investmentfonds zum Teil sehr hohe Anteile des ASR erzielt. Dies deutet darauf hin, dass die Trennung zwischen den einzelnen Clustern der Investmentfonds aufgrund der Rendite oder der Phasenkodierung eindeutig gegeben ist. In den Clustern der Hedge Fonds ist jedoch die Trennung nicht immer vorhanden.

Als nächste Kennzahl wird der durchschnittliche Anteil signifikanter Koeffizienten der Dummies pro Regression (ASD) berechnet. Auch hier weisen Hedge Fonds deutlich niedrigere Anteile als Investmentfonds auf. Im Durchschnitt ist weniger als die Hälfte der Koeffizienten einer Regression für Cluster der Hedge Fonds signifikant. Für die Cluster der Investmentfonds sind im Durchschnitt 89,4% der Koeffizienten einer Regression (Auf Basis von Renditen) signifikant.

Abb. 7.12(a) und Abb. 7.12(b) veranschaulichen Boxplots für R^2 der Regressionen im Vergleich zwischen Clustern und Anlagestilen. Es ist zu erkennen, dass Hedge Fonds durch eine Clusterung signifikant höhere R^2 als durch die vorgegebenen Anlagestile aufweisen, während bei den Investmentfonds dies nicht der Fall ist. Dieser Befund bekräftigt die früher erbrachten Erkenntnisse, dass Investmentfonds innerhalb ihrer Anlagestilgruppen deutlich besser als Hedge Fonds klassifiziert sind.

Auch die Abbildungen der R^2 durch Boxplots (Abb. 7.12(c) und 7.12(d)), die die Erklärung der Fondsklassifikation anhand der phasenkodierten Zeitreihen darstellen, sind den Ergebnissen der Renditezeitreihen ähnlich. Durch die Klassifikation der Fonds anhand der Clusteranalyse kann die Klassenzugehörigkeit der Hedge Fonds sichtbar verbessert werden, während bei den Investmentfonds viel kleinere Zuordnungsveränderungen stattgefunden haben. Anhand der Clusteranalyse konnten Gruppen geformt werden, die sich nicht nur in Bezug auf Phasenverläufe der Fonds, sondern auch auf Renditestrukturen sowohl für Hedge als auch für Investmentfonds unterscheiden.

Anhand einer weiteren Analyse wird ein Plausibilitätscheck gemacht, mit dessen Hilfe der Zusammenhang zwischen einzelnen Fonds und ihren Gruppenzentroiden überprüft wird. Die Gruppenzentroide werden als Median aus allen Fondszeitreihen innerhalb einer Gruppe berechnet. Durch eine Längsschnittregression[48] der Gruppenzentroide auf die jeweiligen Mitglieder der Gruppe wird die Erklärungskraft der Regressionen gemessen. Für die Untersuchungen kann die Nullhypothese *Fonds innerhalb der Cluster stehen in keinem Zusammenhang zu ihren Clusterzentroiden* aufgestellt werden. Folgende Gleichung beschreibt die durchgeführte Analyse für Renditezeitreihen:

$$R_{it} = \alpha_{it} + \beta_{it} Z_{gt} + \epsilon_i \tag{7.10}$$

mit:
- R_{it} Rendite des Fonds i zum Zeitpunkt t
- Z_{gt} Zentroid (Median) der Gruppe g zum Zeitpunkt t
- α_{it} und β_{it} Regressionskoeffiziente

[48] Längsschnittregression wird hier im Sinne einer Zeitreihenregression verwendet.

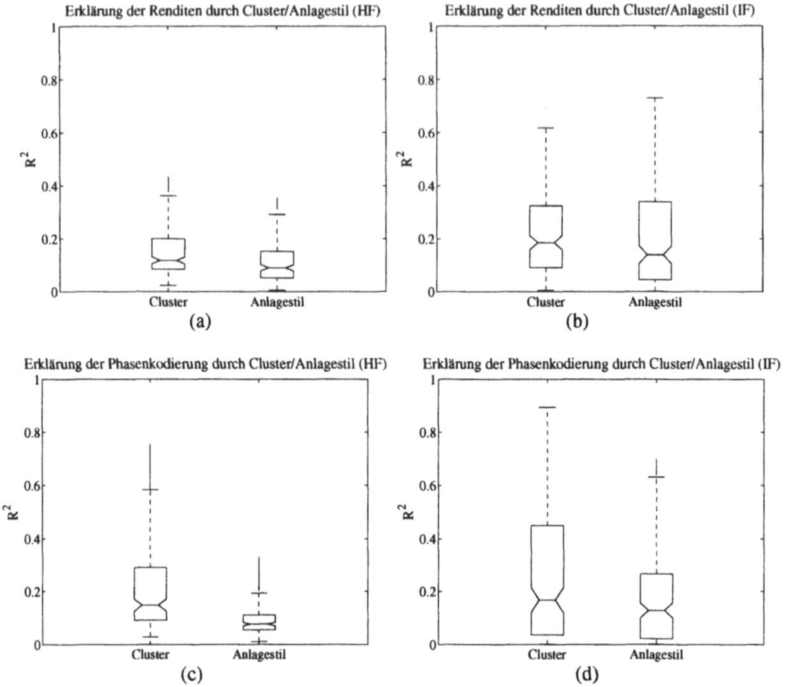

Abbildung 7.12: Erklärung der Hedge- und Investmentfondszeitreihen durch ihre Gruppenzugehörigkeit

Die Abbildung veranschaulicht Boxplots der R^2 für die Erklärung der Hedge- und Investmentfondszeitreihen durch Dummyvariablen, die ihre Zugehörigkeit zu Clustern bzw. Anlagestilgruppen ausdrücken. In 7.12(a) und 7.12(b) werden Renditezeitreihen erklärt. In 7.12(c) und 7.12(d) werden phasenkodierte Zeitreihen der Fonds erklärt. Jede Box repräsentiert die Verteilungseigenschaften der R^2. Obere, mittlere und untere Grenze jeder Box stellen entsprechend den höchsten Quartil, Median und den niedrigsten Quartil der Verteilung dar. Gestrichelte Linien aus der oberen bzw. unteren Grenze der Box (Whisker) grenzen das 1,5-fache des Interquartilabstands ab. Werte außerhalb dieser Striche deuten auf Ausbreitung der Daten über die Quartilsgrenzen hinaus, die s.g. Aussreißer, die durch $'+'$ gekennzeichnet sind. Bei fehlenden Ausreißern weisen abschliessende Striche (Whisker) auf das Vorhandensein eines Maximums bzw. eines Minimums hin. Die Grübchen stellen eine robuste Schätzung des Mediansvergleichs zweier Gruppen (entspricht dem t-Test) dar. In beiden Graphiken 7.12(a) und 7.12(c) überlappen die Grübchen nicht, was daraus schliessen lässt, dass sich die Mediane des R^2 für Cluster und Anlagestilgruppen auf dem 95%-Konfidenzniveau unterscheiden. Für die Wertetabellen siehe E.6 S. 507 und E.7 S. 508.

Die Signifikanz der Analyse kann anhand des F-Tests überprüft werden. Ist die Regression signifikant, kann die Nullhypothese verworfen werden, was bedeuten würde, dass die Fonds von ihren Clusterzentroiden abhängen.

Tabelle 7.10: Anteile signifikanter Regressionen mit Zentroiden

Die Tabelle zeigt die mittleren Anteile der signifikanten Regressionen für Hedge-Fonds-Cluster bzw. -Anlagestile für die Erklärung der Rendite- bzw. Phasenstruktur durch Gruppenzentroide anhand des F-Tests (auf dem 90%- und 95%-Konfidenzniveau).

Modelle	F-Test (90%) %	F-Test (95%) %
Hedge Fonds		
Cluster-Renditen	89,9	86,8
Cluster-Phasenkodierung	88,0	86,8
Stil-Renditen	88,7	86,5
Stil-Phasenkodierung	66,9	63,1
Investmentfonds		
Cluster-Renditen	97,7	97,3
Cluster-Phasenkodierung	97,5	97,3
Stil-Renditen	97,7	97,2
Stil-Phasenkodierung	90,6	89,6

Zuerst werden Untersuchungen für die Renditezeitreihen durchgeführt. Tab. 7.10 veranschaulicht die Anteile der signifikanten Regressionen (F-Test auf einem 90% und 95%-Konfidenzniveau) für Cluster bzw. Anlagestile, wobei in der Mehrheit der Fälle die Nullhypothese abgelehnt werden kann.[49] Die Anzahl der signifikanten Koeffizienten ist bei Clustern, aber auch bei Anlagestilen sehr hoch. Die Renditen der Gruppenzentroide stehen in einem Zusammenhang zu ihren Fonds sowohl in den Clustern als auch in den Anlagestilgruppen. Ähnliche Ergebnisse erzielen Investmentfonds, wobei die Anteile mit signifikanten Koeffizienten für Cluster bei den Investmentfonds deutlich höher sind. Wie die Tab. 7.11 für einzelne Cluster und Anlagestilgruppen veranschaulicht, ist die Anzahl der signifikanten Koeffizienten in den meisten Clustern sehr hoch. Anlagestilgruppen weisen ebenfalls eine hohe Anzahl der signifikanten Koeffizienten auf (mit dem kleinsten Anteil von 87,6% bei der Anlagestilgruppe *andere*).

Abb. 7.13(a) und Abb. 7.13(b) für Hedge Fonds sowie Abb. 7.13(c) und Abb. 7.13(d) für Investmentfonds veranschaulichen Boxplots für R^2 der Regressionen anhand von Gruppenzentroiden für einzelne Cluster bzw. Anlagestilgruppen. Nicht alle Cluster, aber auch Anlagestilgruppen, weisen bei den Hedge Fonds hohe R^2 auf. Eine deutlich höhere Erklärungskraft durch ihre Gruppenzentroide erzielen Investmentfonds sowohl in den Clustern als auch in den Anlagestilgruppen. Abb. 7.14(a) und Abb. 7.14(b) ermöglichen einen besseren Vergleich der Cluster und Anlagestilgruppen anhand der R^2. Die Zentroide der Cluster können keine signifikant bessere

[49] Die Anteile ergeben sich aus dem Verhältnis der Anzahl signifikanter Regressionen zu der Anzahl durchgeführter Regressionen.

Tabelle 7.11: Anteile signifikanter Regressionen mit Zentroiden

Die Tabelle präsentiert die Anteile der signifikanten Regressionen für die Hedge- und Investmentfondscluster (Cl) bzw. -Anlagestile (St) für die Erklärung der Rendite- bzw. Phasenstruktur durch Gruppenzentroide anhand des F-Tests (auf dem 90%-Konfidenzniveau). In der linken Hälfte der Tabelle sind signifikante Anteile für die Regression anhand von Renditen und in der rechten anhand von phasenkodierten Zeitreihen dargestellt.

Cluster	Zentroide/Rendite Cl (%)	Zentroide/Rendite St (%)	Zentroide/Phasen Cl (%)	Zentroide/Phasen St (%)	Anlagestil
Hedge Fonds					
1	84,3	90,6	96,1	75,7	Equity Hedge
2	91,1	96,5	94,4	79,4	Event Driven
3	88,9	100,0	86,7	85,7	Fixed Income
4	91,2	94,8	85,7	71,3	FoF
5	91,9	100,0	88,7	97,1	Long Only
6	90,3	91,7	90,3	83,3	Multi Strategy
7	91,4	83,5	97,1	9,2	Relative Value
8	88,1	75,5	91,7	72,7	Tactical Trading
9	91,8	94,4	91,8	77,8	andere
10	93,6		83,0		
11	92,9		94,6		
12	86,9		81,5		
13	90,6		92,5		
14	86,4		88,3		
15	94,5		89,0		
16	89,2		86,2		
Investmentfonds					
1	98,9	99,8	98,4	99,5	Aktien
2	99,2	99,6	99,5	99,6	Dachfonds
3	93,3	98,5	92,8	71,8	Geldmarkt
4	96,4	100,0	96,1	99,3	Mischfonds
5		93,5		73,5	Renten
6		87,6		74,0	andere

Erklärung der Hedge-Fonds-Rendite im Vergleich zu Anlagestilen erzielen. Dagegen sind Investmentfonds nicht nur sehr gut durch ihre Anlagestilgruppenzentroide erklärbar, sondern sie verbessern ihre Erklärungskraft durch die Zentroide der Cluster.

Auch für die phasenkodierten Zeitreihen werden dieselbe Untersuchungen durchgeführt. Clusterzentroide werden als Mediane ihrer phasenkodierten Fondszeitreihen innerhalb der Cluster berechnet. Die Tab. 7.10 veranschaulicht die Anteile der signifikanten Regressionen (F-Test auf dem 90%- und 95%-Konfidenzniveau) für Cluster bzw. Anlagestilgruppen, wobei auch hier in der Mehrheit der Fälle die Nullhypothese abgelehnt werden kann. Die Tab. 7.11 zeigt dieselben Ergebnisse aufgeteilt pro Cluster bzw. Anlagestilgruppe. Auffallende Ergebnisse erzielen die Anlagestilgruppen der Hedge Fonds. Ihre Anteile an signifikanten Koeffizienten pro Anlagestilgruppe sind z.T. sehr niedrig (z.B. *Relative Value* 9,2%). Dies weist auf eine völlig

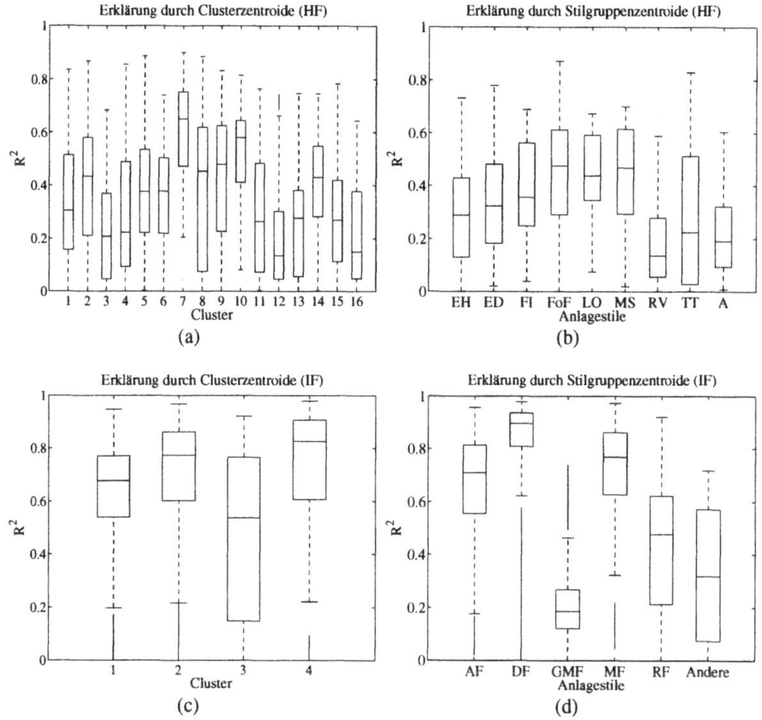

Abbildung 7.13: Erklärung der Rendite von Hedge- und Investmentfonds durch ihre Zentroide

Die Abbildung veranschaulicht Boxplots der R^2 für die Erklärung der Hedge- und Investmentfondsrenditezeitreihen durch ihre Cluster/Anlagestilzentroide. Für die Erklärung zu Boxplots siehe Abb. 7.12. Für die Wertetabellen siehe E.6 S. 507 und E.7 S. 508.

heterogene Zuordnung der phasenabhängigen Renditezeitreihen innerhalb dieser Anlagestilgruppe hin. Dieser Befund bestätigt ebenfalls die deutlich bessere Zuordnung der Fonds nach ihren Phasenabläufen in den Clustern als in den ursprünglichen Anlagestilgruppen, da die Anteile der signifikanten Regressionen in den Clustern höher sind. Diese Aussage bestätigt sich ebenfalls für Investmentfonds. Die Tab. 7.11 zeigt, dass auch hier die einzelnen Cluster eine höhere Anzahl signifikanter Regressionen aufweisen.

Abb. 7.15(a) und Abb. 7.15(b) für Hedge Fonds sowie Abb. 7.15(c) und Abb. 7.15(d) für Investmentfonds veranschaulichen Boxplots für R^2 der Regressionen anhand der phasenkodierten Gruppenzentroide für einzelne Cluster bzw. Anlagestilgruppen. Hier ist das Bild deutlich besser als bei den Renditen, da sowohl Cluster der Hedge Fonds als auch Cluster der Investmentfonds im Gesamtniveau höhere R^2 im Vergleich zu ihren Anlagestilgruppen erzielen. Cluster 12 bei den Hedge Fonds weist die kleinsten R^2-Werte auf. Insgesamt besitzen Investmentfonds auch hier eine

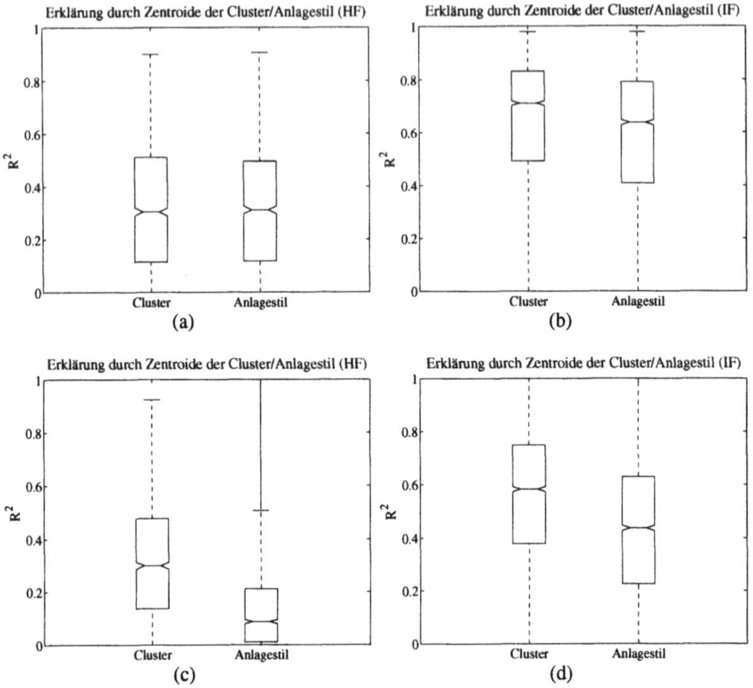

Abbildung 7.14: Erklärung der Hedge- und Investmentfondszeitreihen durch ihre Zentroide

Die Abbildung veranschaulicht Boxplots der R^2 für die Erklärung der Hedge- und Investmentfondszeitreihen durch Dummyvariablen, die ihre Zugehörigkeit zu Clustern bzw. Anlagestilgruppen ausdrücken. In 7.14(a) und 7.14(b) werden Renditezeitreihen erklärt. In 7.14(c) und 7.14(d) werden phasenkodierte Zeitreihen der Fonds erklärt. Für die Erklärung zu Boxplots siehe Abb. 7.12. Für die Wertetabellen siehe E.6 S. 507 und E.7 S. 508.

deutlich höhere Erklärungskraft durch ihre Gruppenzentroide als Hedge Fonds. Abb. 7.14(c) und Abb. 7.14(d) ermöglichen einen besseren Vergleich der Cluster und Anlagestilgruppen anhand der R^2. Die Zentroide der Cluster erzielen eine signifikant bessere Erklärung der phasenkodierten Zeitreihen der Hedge Fonds und der Investmentfonds im Vergleich zu Anlagestilen. Mit diesen Ergebnissen wird die Zweckmäßigkeit der Durchführung der Clusteranalyse bestätigt.

7.7 Zusammenfassung

In diesem Abschnitt der Arbeit wurden Hedge- und Investmentfonds anhand einer Clusteranalyse neu klassifiziert. Die Klassifikation erfolgte auf Basis der phasenkodierten Zeitreihen der Fonds, wobei die einzelnen Zeitpunkte mit der Phasenkodierungen die Merkmalsausprägungen darstellten. Bei der Berechnung der Distanzmaße

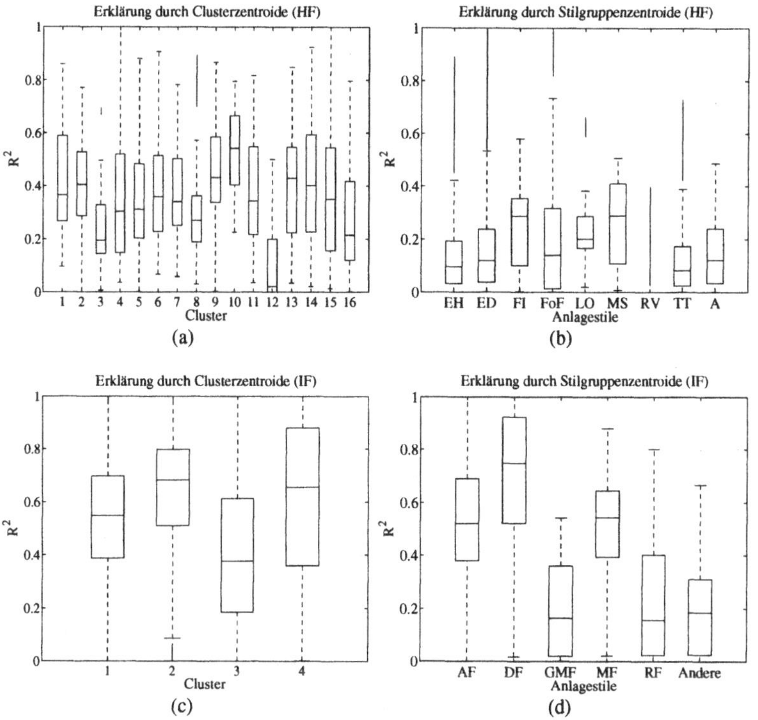

Abbildung 7.15: Erklärung der phasenkodierten Zeitreihen der Hedge- und Investmentfonds durch ihre Zentroide

Die Abbildung veranschaulicht Boxplots der R^2 für die Erklärung der phasenkodierten Zeitreihen der Hedge- und Investmentfonds durch ihre Cluster/Anlagestilzentroide. Für die Erklärung zu Boxplots siehe Abb. 7.12. Für die Wertetabellen siehe E.6 S. 507 und E.7 S. 508.

erfuhren fehlende Werte eine besondere Berücksichtigung, wodurch alle Zeitreihen in der Analyse vollständig berücksichtigt werden konnten. Eine optimale Clusterung wurde durch die K-means Methode anhand der Hamming- und der Euklidischen Distanz erreicht.

Die zentrale Fragestellung, die durch die Clusteranalyse zu beantworten war, lautet, inwieweit vordefinierte Anlagestile plausible Gruppierungen der Fonds in Bezug auf ihre Phasenverläufe bilden.

Die Anlagestile haben sich besonders bei den Hedge Fonds als wenig plausible Gruppierungen der Fonds erwiesen. Durch die Clusteranalyse wurde eine bessere Organisation der Fonds in ihren Clustern erzielt, so dass sie einen ähnlichen Phasenverlauf aufweisen. Insgesamt besaßen Investmentfonds eine deutlich bessere Clusterstruktur. Die Anzahl der relevanten Investmentfondscluster konnte von sechs (bei den Anlagestilen) auf vier verringert werden, während wegen der Heterogenität der

Hedge Fonds die Anzahl der Cluster (16) höher als die ursprüngliche Anzahl der Anlagestile (9) ist. 16 Hedge-Fonds-Cluster erklären 35,7% der Streuung, während von den vier Investmentfondsclustern 47,1% erklärt werden.

Die Schlussfolgerungen aus der Clusteranalyse sowie die Erkenntnisse aus der Überprüfung der Validität der Clusterlösungen im Vergleich zu den Anlagestilen können folgendermaßen zusammengefasst werden:

- Die Clusterbildung ermöglichte eine Verbesserung der Homogenität der Fondszeitreihen innerhalb der Cluster im Vergleich zu den ursprünglichen Anlagestilgruppen, wobei Hedge Fonds eine deutlich schlechtere ursprüngliche Zuordnung der Fonds innerhalb der Anlagestilgruppen besaßen.
- Die Cluster unterscheiden sich voneinander nicht nur in Bezug auf die Phasenstruktur der Fonds, sondern auch in Bezug auf die Renditecharakteristika.
- Die Clusterzentroide aus den Renditezeitreihen haben bei den Hedge Fonds keine signifikante Verbesserung der Erklärung der Rendite einzelner Fonds innerhalb ihrer Cluster bewirkt, jedoch eine signifikante Verbesserung bei den Investmentfonds.
- Durch die Bildung der Cluster haben die phasenkodierten Clusterzentroide eine signifikante Verbesserung der Erklärung von Phasenverläufen der Hedge- und Investmentfonds in den Clustern erzielt.
- Investmentfonds besitzen eine deutlich bessere Zuordnung der Fonds innerhalb ihrer ursprünglichen Anlagestilgruppen als Hedge Fonds. Ihre Gruppenzentroide sowohl für Rendite als auch für phasenkodierte Zeitreihen weisen eine hohe Erklärungskraft auf.

Mit der Clusteranalyse wurde das Ziel erreicht, für die Hedge- und Investmentfonds ihre spezifischen Phasen durch neu definierte Gruppen zu identifizieren, welche die Wertentwicklungen von Fonds verbessert abbilden.

8 Phasenabhängige Renditemodellierung anhand von Stilfaktoren

8.1 Zielsetzung und Aufbau der Untersuchung

In diesem Teil der Arbeit werden die zentralen empirischen Untersuchungen in Bezug auf die phasenabhängige Renditemodellierung von Hedge- und Investmentfonds durchgeführt. Die Notwendigkeit zur Renditemodellierung ergibt sich aufgrund vieler offener Fragen bezüglich der Eigenschaften von Hedge Fonds als einer neuen Anlagealternative. In der Literatur gewannen Hedge Fonds in der letzten Zeit zwar beständig Interesse, sodass auch zahlreiche Studien zur Modellierung von Hedge-Fonds-Renditen präsentiert wurden, jedoch bleibt das Verhalten der Hedge Fonds in unterschiedlichen Marktphasen weiterhin unerforscht.

Die wichtigsten Unterscheidungsmerkmale von Hedge Fonds im Vergleich zu traditionellen Fonds sind eine über die Zeit dynamische Veränderung von Anlagestilen sowie eine vielseitige Kombination verschiedener, auch nicht traditioneller Finanzinstrumente. Diese Merkmale erschweren die Modellierung von Hedge-Fonds-Renditen, da einerseits die erzeugten Renditen aus einem nichtlinearen Renditebildungsprozess resultieren und andererseits die Einflussfaktoren nicht vollständig bekannt bzw. nicht immer nachzubilden sind. Nicht alle Modelle können den dynamischen Charakter der Hedge-Fonds-Performance erfassen. Mithilfe einer rollierenden Stilanalyse haben es jedoch einige Forscher bereits geschafft, einen großen Teil der Renditevarianz zu erklären und damit die ständig abwechselnden Anlagestile im Zeitablauf zu verfolgen.[1] Eine rollierende Stilanalyse erlaubt eine Aufschlüsselung der vom Manager zur Bildung seines Portfolios verwendeten Finanzinstrumente und ihrer Anteile. Jedoch gelingt es ihr nicht, sofortige Veränderungen in der Portfoliostruktur und daraus folgend die genauen Zeitpunkte der Anlagestilveränderung zu identifizieren.[2] Um die Defizite der Analyse mit rollierenden Zeitfenstern zu vermeiden, wird im folgenden Teil der Arbeit die Stilanalyse für Hedge Fonds mithilfe des Kalman Filters durchgeführt, welcher die Identifikation der Anlagestilschwerpunkte in unterschiedlichen Finanzmarktphasen ermöglicht. Anhand Markov-Switching-Modelle werden die Ergebnisse des Kalman Filters überprüft und zusätzliche Erkenntnisse über den Einfluss der Wirtschafts- und Finanzmarktphasen auf die Phasen der Hedge-Fonds-Performance generiert.[3] Die durchgeführten Analysen erweitern

---

[1] Vgl. Kap. 3.5.1, S. 119.

[2] Vgl. Kap. 3.5.1, S. 119.

[3] Die Analysen werden in Matlab und Gauss durchgeführt.

die bestehenden Erkenntnisse über die von den Hedge Fonds verfolgten Anlagestile und ihre Veränderung in unterschiedlichen Marktphasen.

In der bevorstehenden Untersuchung steht die Aufschlüsselung der Fondsrenditen auf die ihnen zugrunde liegenden Stilfaktoren in verschiedenen Marktphasen im Vordergrund. Hier wird die im theoretischen Teil der Arbeit aufgestellte Hypothese überprüft, dass Phasen der Fonds aus dem Phasen-Mix unterschiedlicher Finanzmärkte resultieren, in die diese Fonds primär investieren.[4] Die Ergebnisse der Untersuchungen hängen somit sowohl von der Auswahl der erklärenden Stilfaktoren als auch von der Bestimmung der Phasen ab.

Von großer Bedeutung ist die Überprüfung der Stilfaktoren auf ihre Tauglichkeit für die Erklärung von Hedge-Fonds-Renditen. In den folgenden Analysen werden deshalb vordefinierte Stilfaktoren von gegenseitigen Einflüssen bereinigt, um eine unverzerrte Bestimmung der Faktorgewichte zu gewährleisten. Die Auswahl der Stilfaktoren wird im nächsten Kapitel beschrieben.

Eine zentrale Rolle bei der Untersuchung spielt die Bestimmung von Phasen. Die vorherigen Untersuchungen in Kap. 7 deuteten zwar darauf hin, dass Hedge Fonds nicht immer den Finanzmarktphasen folgen und eher eigenständige Performancephasen erfahren, der Einfluss von Finanzmarktfaktoren auf die Hedge-Fonds-Phasen blieb aber bis jetzt unerforscht. In diesem Teil der Arbeit werden parallel zur Modellierung von Fondsphasen ebenfalls die Einflüsse dreier unterschiedlicher Arten (Referenzen) von Phasen untersucht:

- Marktphasen aufgrund der wirtschaftlichen Entwicklungen
- Marktphasen aufgrund der Entwicklungen auf Finanzmärkten
- Marktphasen aufgrund der Fonds-eigenen Performance

Die Phasen unterschiedlicher Referenzzeitreihen werden anhand der Phasenkodierung der zugrundeliegenden Niveauzeitreihen ermittelt und die Ergebnisse werden für Cluster evaluiert, da die vorgegebenen Anlagestilklassifikationen der Datenbanken, wie in Kap. 7 gezeigt, als weniger sinnvolle Fondsgruppierungen erscheinen.

Die Ergebnisse der folgenden Untersuchungen sollen zeigen, an welchen Marktentwicklungen Fonds sich orientieren und welche Anlagestilschwerpunkte sie in unterschiedlichen Marktphasen besitzen. Dafür werden zwei unterschiedliche Vorgehensweisen angewandt. Einerseits wird eine Stilanalyse anhand des Kalman Filters in Kombination mit der Phasenbestimmung nach der (modifizierten) Bry und Boschan-Methode implementiert. Dadurch werden Anlagestilschwerpunkte von Fonds in Bull und Bear Phasen identifiziert und analysiert. Andererseits erfolgt eine Modellierung von Fondsrenditen anhand von Markov-Switching-Modellen. Diese Vorgehensweise ermöglicht die simultane Identifikation der Phasenübergänge und der Rendite treibenden Einflüsse (Betas), die ebenfalls als Anlagestilschwerpunkte gedeutet werden. Die Beurteilung der Leistungsstärke der Modelle erfolgt anhand des Bestimmtheitsmaßes.

[4] Vgl. Kap. 4.4.5, S. 154.

Wie in vorherigen Untersuchungen werden dieselben Analysen für Investmentfonds durchgeführt, wobei die Investmentfondsrenditen durch identische Stilfaktoren modelliert werden. Die Untersuchung soll einerseits zeigen, ob sich Investmentfonds an denselben Finanzmarktphasen wie Hedge Fonds orientieren, und andererseits, ob sich die Anlagestilschwerpunkte und damit die Risikoquellen der Hedge-Fonds- und Investmentfondsrenditen unterscheiden.

Die zentralen Fragestellungen der Untersuchung lassen sich damit wie folgt formulieren:

- Lassen sich Investment- und Hedge-Fonds-Renditen durch Regimewechselmodelle erklären?
- Besitzen die vordefinierten Stilfaktoren einen signifikanten Einfluss auf den Regimewechsel in den Fondsrenditen?
- Wie hängen die Phasen von Stilfaktorentwicklungen und von Fondsentwicklungen zusammen?
- Wie können unterschiedliche Phasen der Hedge Fonds und Investmentfonds erklärt werden?
- Von welchen Phasen wird der Phasenwechsel in Renditen der Hedge Fonds und Investmentfonds beeinflusst?
- Wie unterscheiden sich die Ergebnisse der Stilanalyse sowie der Markov-Switching-Modelle für Hedge- und Investmentfonds?

8.2 Vorbereitung der Daten

8.2.1 Auswahl der Referenzzeitreihen

Zur Durchführung der Analysen werden Renditezeitreihen einzelner Fonds einbezogen. Gegenüber den bisherigen Untersuchungen bleibt der Untersuchungszeitraum unverändert (von Januar 1990 bis Dezember 2005). Phasenkodierte Zeitreihen für wirtschaftliche Phasen werden aufgrund des Composite Leading Indicators (CLI) der dominierenden Wirtschaftsmacht USA anhand der im Kap. 6.3 beschriebenen (modifizierten BB-) Methodik ermittelt.[5] Die Auswahl ist durch den starken Einfluss der wirtschaftlichen Entwicklung der USA auf andere Länder begründet. Der Einfluss der Konjunktur der USA auf die Weltkonjunktur wird u.a. dadurch veranschaulicht, dass der allgemeine CLI für alle OECD Länder (etwa 30 Industrieländer) einen relativ ähnlichen Verlauf zu dem CLI der USA in dem untersuchten Zeitfenster aufweist (vgl. Abb. 8.1).

Finanzmarktphasen werden auf Basis der phasenkodierten Zeitreihe des MSCIW erfasst. Die Fonds-eigenen Phasen werden aus den jeweiligen Renditezeitreihen nach

[5] Zur BB-Methode siehe Kap. 6.3, S. 223. CLI ist ein aggregierter Index, der die wirtschaftliche Entwicklung eines Landes (oder Region) durch eine Zusammenfassung wirtschaftlicher Indikatoren beschreibt bzw. vorhersagt. Für weitere Informationen siehe die Dokumentation der OECD (Organisation for Economic Co-operation and Development) unter http://www.oecd.org.

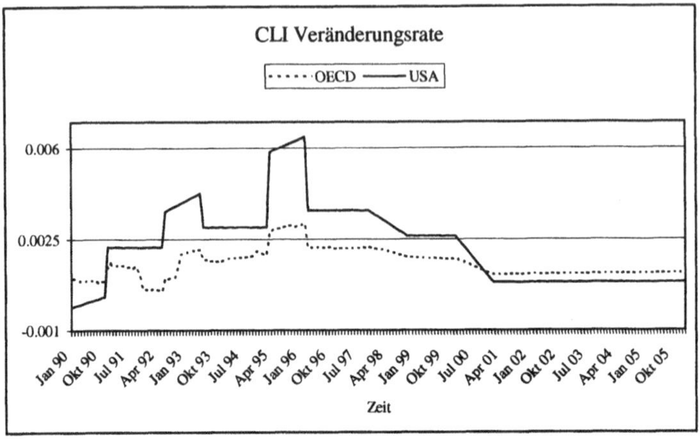

Abbildung 8.1: Veränderungsrate des CLI

Die Abbildung zeigt den Verlauf der Veränderungsrate für den CLI der OECD und den der USA. Der Verlauf der beiden Indizes ist sehr ähnlich.

derselben Methodik ermittelt. Auf die Clusterzentroide wird in diesem Fall nicht zurückgegriffen, um die Ermittlung der *genauen* Phasenübergänge und die Zusammensetzung der Stilfaktoren für jedes einzelne Fondsportfolio zu ermöglichen. Clusterzentroide präsentieren dagegen aggregierte Ergebnisse der Fondsreihen, von denen die Phasen der einzelnen Fonds abweichen können.

Für die weitere Untersuchung ist die Auswahl der erklärenden Faktoren notwendig, womit sich das nächste Kapitel befasst.

8.2.2 Auswahl der Stilfaktoren

Wie in jeder anderen Analyse auch hängt der Erfolg der empirischen Untersuchungen u.a. von der Auswahl der Inputparameter ab. In dieser Studie wird der phasenabhängige Verlauf der Fondsrenditen in Zusammenhang mit den dem Anlagestil unterliegenden Faktoren, den sog. Stilfaktoren, gebracht.

Stilfaktoren sind Äquivalente für die verfolgten Anlagestile der Fonds. Fondsmanager orientieren sich an den auf dem Finanzmarkt verfügbaren Assetklassen, wobei eine simultane Anlage in die ganze Breite der Assetklassen zwar nicht typisch, aber theoretisch vorstellbar ist. Die durch eine Investition in bestimmte Assetklassen aufgebaute direkte Beziehung zwischen dem Fondsportfolio und den Assetklassen führt zu einer von der Entwicklung dieser Assetklassen abhängigen Fondsperformance. Die meisten Assetklassen können durch Indizes bzw. Indikatoren abgebildet werden. Aufgrund der Anlage von Fonds in bestimmte Assetklassen ist ihre Performance anhand entsprechender Assetklassen-Indizes verfolgbar, d.h. die Fondsperformance kann auf eine kleine Anzahl von Faktoren, die den Anlagestil eines bestimmten Fonds widerspiegeln, aufgeschlüsselt werden.

Diese Arbeit fokussiert sich auf die Erklärung der phasenabhängigen Entwicklung der Fondsperformance. Es wird angenommen, dass die phasenabhängigen Verläufe der Fondsrendite primär aufgrund des verfolgten Anlagestils zustande kommen. Aus diesem Grund ist eine adäquate Auswahl der phasentreibenden Stilfaktoren entscheidend.

Zahlreiche Studien untersuchten die Einflüsse unterschiedlicher Faktoren auf Investment- und Hedge-Fonds-Renditen.[6] Auch unterschiedliche Stilfaktoren wurden im Rahmen der Stilanalyse sowohl für Investmentfonds als auch für Hedge Fonds präsentiert.[7] Für diese Studie werden Faktoren ausgewählt, die überwiegend auf den Arbeiten von SHARPE (1992) und DOR und JAGANNATHAN (2002) basieren, die ebenfalls eine Stilanalyse für Hedge- oder Investmentfonds durchgeführt haben.

Der zentrale Unterschied der folgenden Untersuchungen zu den bereits bestehenden Analysen der empirischen Forschung liegt darin, dass in dieser Arbeit keine Faktoren konstruiert werden, um dem nichtlinearen Verhalten der Hedge Fonds Rechnung zu tragen. Vielmehr wird Wert darauf gelegt, traditionelle, einfach zu interpretierende Faktoren in die Analyse einzubeziehen und mögliche nichtlineare Zusammenhänge durch nichtlineare Modelle zu erfassen.

Ausgehend von dem sehr breiten Spektrum an Anlageinstrumenten, die Hedge Fonds in ihren Portfolios verwenden können, wird versucht, ein ebenfalls breites Spektrum an Faktoren zu berücksichtigen. Allerdings besteht bei der Bestimmung der in das Modell einzubeziehenden Parameter ein Trade-off. Eine hohe Anzahl an Faktoren erlaubt einerseits, die Fondsrendite zu einem größeren Anteil zu erklären, andererseits besteht dabei die Gefahr, durch mehrere zusätzliche Faktoren einen hohen Anteil an Rauschen ins Modell einzubeziehen sowie durch mögliche Interdependenzen der Faktoren Verzerrungen bei der Schätzung der Faktorsensitivitäten zu bekommen. Wie später noch genauer erläutert wird, existiert aufgrund von Gewichtsrestriktionen bei der Schätzung des Kalman Filters nicht die Möglichkeit, Signifikanzen der geschätzten Parameter anzugeben, weswegen mögliche Verzerrungen von vornherein ausgeschlossen werden sollten.[8] Die Anzahl der Stilfaktoren ist ebenfalls aufgrund des hohen Rechenaufwandes beschränkt. Die Anzahl der zu bestimmenden Parameter in den nachfolgenden Analysen steigt überproportional zu der Anzahl der Inputparameter (bzw. der zu schätzenden Parameter).

Tab. 8.1 veranschaulicht die zentralen Assetklassen und die entsprechenden Indizes, welche in der späteren Stilanalyse eingesetzt werden.[9] Die T-Bill Rate wird als Äquivalent einer risikofreien Anlage bzw. für das aktuelle Zinsniveau verwendet. Der Goldman Sachs Commodity Index wird für Rohstoffe eingesetzt, während der Trade Weighted Exchange Index Wechselkurse repräsentiert. Die MSCI Aktienindizes ste-

---

[6] Siehe die Übersicht der Studien in Kap. 3.3.4, S. 99.

[7] Siehe die Übersicht der Studien in Kap. 3.3.4, S. 99.

[8] Vgl. DOR und JAGANNATHAN (2002), S. 22 und TER HORST et al. (2004), S. 32.

[9] Für Informationen über die Indizes der Datenanbieter siehe: http://www.federalreserve.gov, http://www2.goldmansachs.com/gsci/, http://www.mscibarra.com, http://www.lehman.com und http://www.cboe.com. Letzter Zugriff: April 2007.

Tabelle 8.1: Stilfaktorenbeschreibung

Die zwölf ausgesuchten Stilfaktoren decken unterschiedliche Assetklassen ab. Für weitere Informationen über die Konstruktionsmerkmale der Indizes wird auf die jeweiligen Anbieterseiten verwiesen.

Assetklasse	Index	Beschreibung
Risikofreier Zins	3-Monate Treasury Bill Rate (T-Bill)	Proxy für risikofreie Anlage.
Rohstoffe	Goldman Sachs Commodity Index (GSCI)	Erfasst die Preisentwicklung von bis zu 25 handelbaren Rohstoffen und Rohwaren aus den Bereichen Industriemetalle, Edelmetalle, Energie, Landwirtschaft und Viehzucht.
Währung	Trade Weighted Exchange Index (TWEX)	Gewichteter Durchschnitt der Wechselkurse des US Dollars gegen die wichtigsten Währungen weltweit: Europa, Kanada, Japan, Großbritannien, Schweiz, Australien und Schweden.
Aktien Industrieländer	MSCI EAFE	Erfasst 21 MSCI Indizes der Industrieländer aus Europa, Australien und Asien. Dieser Index ist bereinigt um die durch die USA erzeugte Trendentwicklung.
Aktien Schwellenländer	MSCI EM (Emerging Markets)	Ein Streuungsbesitz-angepasster Kapitalisierungsindex, der 25 Schwellenländer erfasst: Ägypten, Argentinien, Brasilien, Chilie, China, Columbien, Indien, Indonesien, Israel, Jordanien, Korea, Malaysia, Mexiko, Marokko, Pakistan, Peru, Phillipinen, Polen, Russland, Süd-Afrika, Taiwan, Thailand, Tschechien, Türkei, Ungarn. Dieser Index ist bereinigt um die durch die USA erzeugte Trendentwicklung.
Aktien USA	MSCI USA Growth und MSCI USA Value	MSCI USA wird durch zwei Segmente vertreten: „Value" (wertorientiert) und „Growth" (wachstumsorientiert) Aktienindizes. Der MSCI USA repräsentiert 99,5 % der Marktkapitalisierung in den USA und erfasst den MSCI US Investable Market 2500 Index und den MSCI US Micro Cap Index.
U.S. Unternehmensanleihen	Lehman US Aggregate Bond Index (LehmUSBI)	Erfasst US Unternehmensanleihen mit mindestens BAA Ratings.
Unternehmensanleihen außerhalb der USA	Lehman Global excl. U.S. Bond Index (LehmGlBI)	Erfasst Unternehmensanleihen der Emmitenten außerhalb der USA.
Staatsanleihen	Lehman Government Bond Indizes (Lehm Gov_k und Lehm Gov_l)	Erfassen kurzfristige und langfristige internationale Staatsanleihen.
Derivate	CBOE S&P 500 Buy and Write Index (BXM)	Erfasst (Call) Optionen-Strategien für den S&P500. Berechnung erfolgt für *at-the-money* Call-Optionen.

hen für Aktien der Industrie-, der Entwicklungsländer und der Growth und Value Aktien USA. Bondindizes von z.B. Unternehmensanleihen innerhalb und außerhalb der USA sowie kurzfristige und langfristige internationale Staatsanleihen werden durch die Lehman Bondindizes repräsentiert. Für Derivate wird der Buy-and-Write Index für den S&P500 (at-the-money) berücksichtigt.[10]

Auf die Einbindung weiterer Stilfaktoren wie z.B. „Small cap" und „Large cap" Aktienindizes wurde aufgrund der starken Korrelation mit den bereits ausgesuchten Faktoren verzichtet. Eine mögliche weitere Unterteilung z.B. von Aktien der Industrieländer in weitere Segmente unterbleibt aufgrund der Auswirkungen auf den Umfang der Berechnungen. Aus gleichem Grund ist hier ebenfalls die Einbeziehung von Branchenindizes unterlassen worden.

Aufgrund der beschränkten Anzahl an Faktoren müssen die Ergebnisse der Analyse vorsichtig interpretiert werden. Insbesondere kann der nicht erklärte Anteil der Fondsrendite nicht einfach als aktives Alpha, welches die Managerfähigkeiten widerspiegelt, gedeutet werden, da in dieser Analyse höchstwahrscheinlich nicht alle renditetreibenden Faktoren vollständig einbezogen werden.[11]

Noch vor der Durchführung der Stilanalyse soll die Auswertung der Phasen der Stilfaktoren erfolgen. Die ausgewählten Stilfaktoren decken die Entwicklungen auf den Finanzmärkten zum größten Teil ab. Aus diesem Grund ermöglicht die Betrachtung der Phasenabläufe dieser Faktoren, ein genaues Bild über die Phasendynamik der Finanzmärkte zu bekommen. Abb. 8.2 bis 8.3 veranschaulichen die Phasen der Stilfaktoren sowie ihre Wertentwicklungen. Verschiedene Stilfaktoren besitzen unterschiedliche Verläufe der Wertentwicklungen. Für T-Bill ist die Entwicklung der Zinssätze angegeben. Die Bull und Bear Märkte des T-Bill stehen dementsprechend für Phasen steigender und fallender Zinssätze.

Für alle Faktoren basiert die Definition der Bull und Bear Phasen auf der Wertentwicklung ihrer Zeitreihen. Die Bestimmung der Marktphasen erfolgt anhand modifizierter BB-Methode.[12] Abb. 8.4 veranschaulicht dieselben Phasenbilder der Stilfaktoren wie Abb. 8.2 bis 8.3, jedoch wurde hier eine kompakte Form der Darstellung durch eine übereinander liegende Anordnung gewählt. Die Abfolgen der Phasen zentraler Finanzmarktinstrumente, wie sie in den theoretischen Arbeiten von PRING (1992) und MURPHY (1992) vorkommen,[13] sind hier nur teilweise wieder erkennbar. In der Gesamtdarstellung befinden sich Bond Märkte häufiger in Bear Phasen als die Aktienmärkte.

In der Abbildung sind bekannte extreme Marktsituationen wiederzuerkennen. Starke Verluste erfahren Bonds im Jahre 1994, was auch als „Bond Crash" bezeichnet

---

10 Ein Buy-and-Write Index reflektiert die Werteentwicklung eines Portfolios, welches eine Kaufposition (engl. long) für einen Index annimmt und parallel einen Verkauf (engl. short) für einen Call (Kaufrechte) desselben Indexes vereinbart. Für weitere Information über die Konstruktion des Indexes siehe http://www.cboe.com.

11 Beispiele für die Einbeziehung nicht adäquater Faktoren siehe bei DOR und JAGANNATHAN (2002), S. 23.

12 Vgl. Kap. 6.3, S. 223.

13 Vgl. Kap. 4.4.4, Abb. 4.8, S. 151.

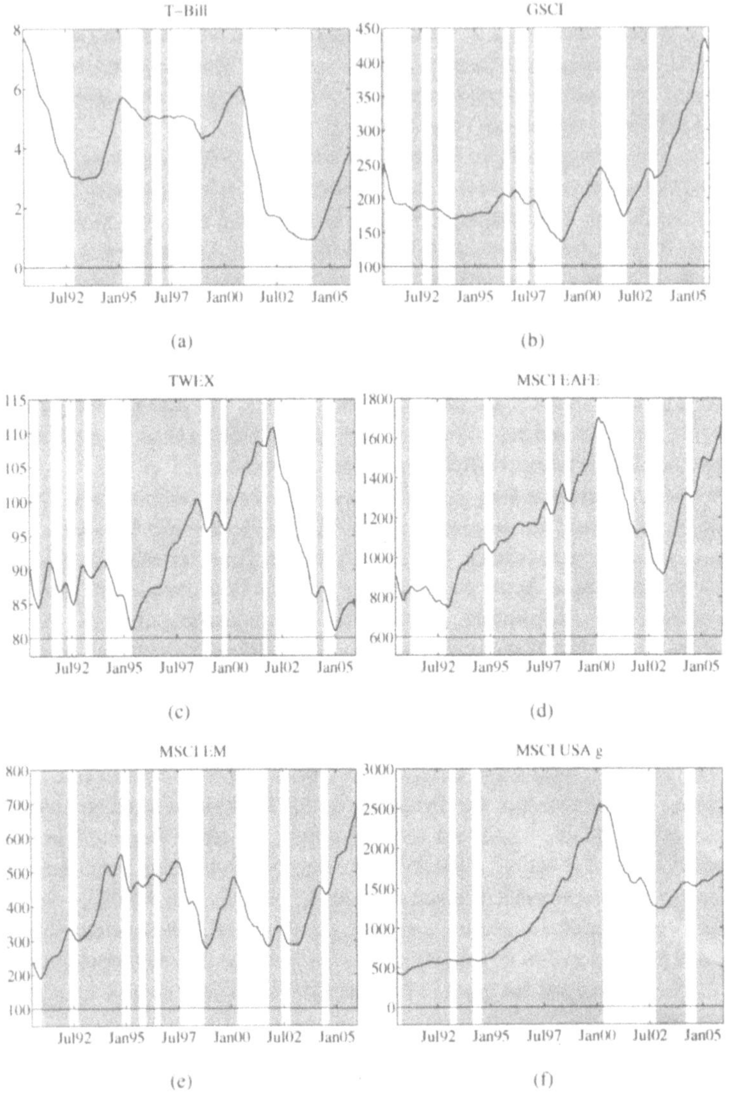

Abbildung 8.2: Werteentwicklung der Stilfaktoren in Bull und Bear Phasen

wird. Interessant sind ebenfalls die negativen Entwicklungen ab Sommer 1997. Im August 1997 treten die Aktien von Emerging Markets in eine Bear Phase ein, was auf den Anfang der Asienkrise deutet. Zum Frühjahr 1998 breitet sich die Bear Stimmung zuerst auf US Bonds und später auf alle Bondindizes aus. In diese Zeit fällt

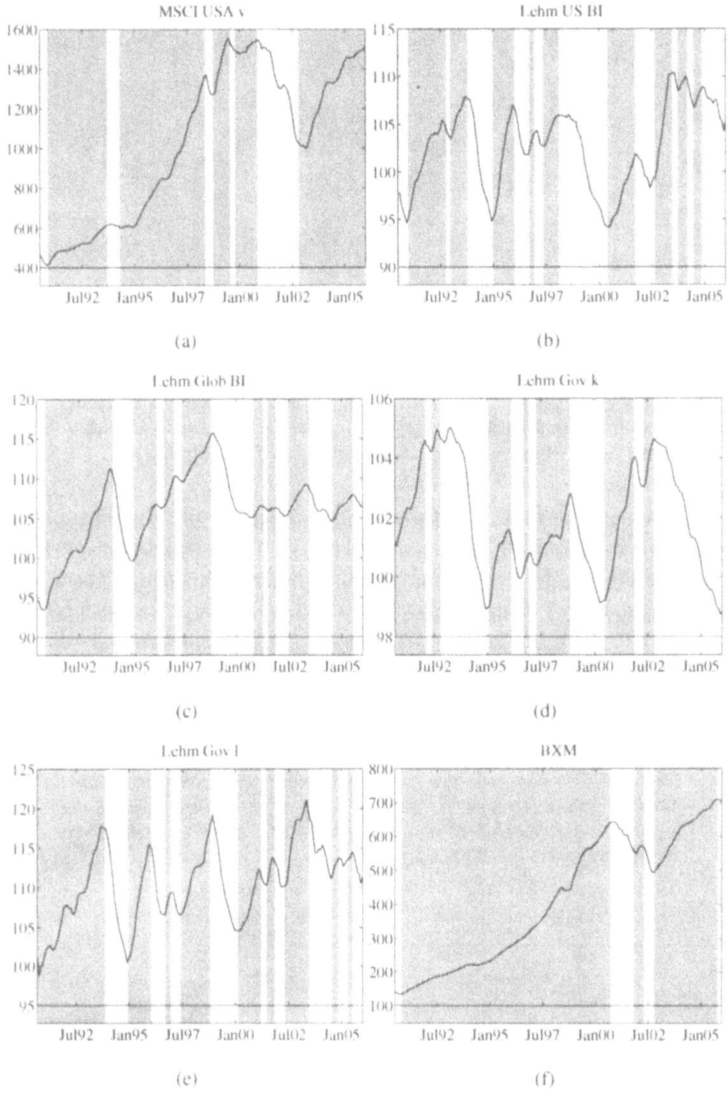

Abbildung 8.3: (Fortsetzung) Werteentwicklung der Stilfaktoren in Bull und Bear Phasen

auch die LTCM-Krise (Long-Term Capital Management), die für eine große Verunsicherung der Finanzmärkte sorgte. Ab Februar 2000 fallen die Aktien der Industrieländer in eine Rezession, die hauptsächlich durch eine geplatzte Technologieblase

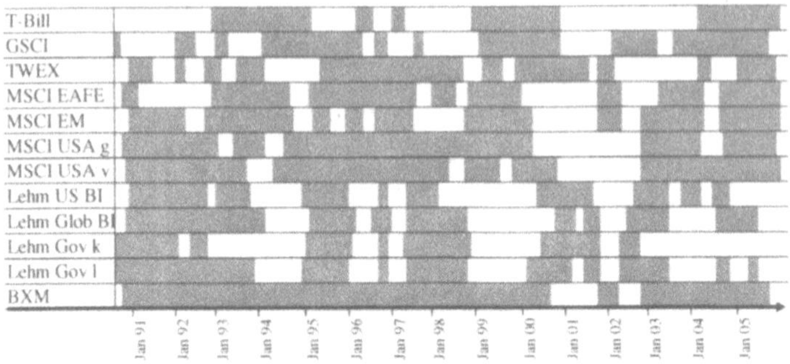

Abbildung 8.4: Phasenbilder der 12 Stilfaktoren

Die Abbildung erfasst in einer kompakten Form die Phasenbilder der Stilfaktoren, die zum größten Teil den gesamten Finanzmarkt abbilden. Damit entsteht ein vollständiges Bild des ständigen dynamischen Phasenwechsels am Finanzmarkt. Durch schattierte Bereiche sind Bull Phasen gekennzeichnet.

(New-Economy-Bubble) verursacht wurde. Kurz darauf ist eine Bull Phase bei Bonds zu verzeichnen, die durch eine Flucht aus Aktien in Bonds verursacht sein könnte.

Zueinander ähnliche Phasenverläufe sind unter den Finanzinstrumenten einer Assetklasse zu finden, so z.B. unter Aktien- bzw. Bondindizes. Dies bestätigt Tab. 8.2, welche die Werte des Konkordanzindex (untere Dreiecksmatrix) und der Korrelation (obere Dreiecksmatrix) der Stilfaktorphasen erfasst.[14]

Tabelle 8.2: Konkordanzindex und Korrelation der Stilfaktorphasen

Die untere Dreiecksmatrix der Tabelle repräsentiert Werte des Konkordanzindex der Stilfaktorphasen. Gerahmte Boxen markieren Zeitreihenpaare mit Werten über (absolut) 0,4. Die obere Dreiecksmatrix der Tabelle repräsentiert die Korrelation der Stilfaktorphasen.

	1 T-Bill	2 GSCI	3 TWEX	4 MSCI EAFE	5 MSCI EM	6 MSCI _G	7 MSCI _V	8 Lehm USBI	9 Lehm Gl BI	10 Lehm Gov_k	11 Lehm Gov_l	12 BXM
1	1	0,28	0,08	0,26	0,20	-0,05	0,19	-0,37	-0,43	-0,62	-0,42	0,16
2	0,63	1	-0,17	0,02	0,07	-0,09	0,18	-0,04	-0,26	-0,27	-0,16	0,11
3	0,53	0,44	1	0,11	-0,05	0,09	-0,01	-0,06	0,10	0,11	0	0,04
4	0,70	0,57	0,42	1	0,49	0,28	0,14	-0,33	-0,14	-0,38	-0,40	0,37
5	0,59	0,56	0,42	0,70	1	0,34	0,27	-0,17	-0,10	-0,50	-0,32	0,41
6	0,44	0,39	0,56	0,41	0,40	1	0,50	-0,02	0,19	-0,10	-0,03	0,58
7	0,56	0,63	0,56	0,49	0,51	0,50	1	0,19	0,02	-0,20	0	0,54
8	0,32	0,45	0,40	0,39	0,52	0,40	0,55	1	0,49	0,41	0,61	-0,06
9	0,36	0,38	0,63	0,36	0,44	0,59	0,61	0,65	1	0,42	0,67	0,01
10	0,29	0,31	0,49	0,26	0,31	0,59	0,33	0,61	0,57	1	0,59	-0,34
11	0,29	0,44	0,52	0,26	0,43	0,49	0,56	0,60	0,72	0,66	1	-0,12
12	0,68	0,53	0,53	0,56	0,61	0,40	0,60	0,42	0,48	0,35	0,50	1

[14] Zur Berechnung von Konkordanzindex siehe Kap. 7.4.1, S. 254.

8.2.3 Statistische Eignung der Variablen

Die vorbestimmten Stilfaktoren müssen einer Reihe von Tests unterzogen werden, damit für den Fall möglicher statistischer Unvollkommenheiten der Variablen spätere Analyseverzerrungen vorab ausgeschlossen werden. Aufgrund des globalen Trends sind z.B. starke Abhängigkeiten unter den Aktien- bzw. unter den Anleihenindizes zu vermuten.

In der unteren Hälfte der Tab. 8.3 sind die Korrelationwerte für paarweise Indizeszeitreihen der Renditen wiedergegeben. Wie erwartet bestehen unter den Aktien- sowie unter den Bondindizes starke Korrelationen. Diese Abhängigkeiten sind hauptsächlich auf den weltwirtschaftlichen Trend zurückzuführen.

Die späteren Untersuchungen basieren auf der Regressionsanalyse, für deren Anwendung eine Unabhängigkeit der erklärenden Faktoren vorausgesetzt wird. Insbesondere bei einer Stilanalyse ist die Sensitivität der Analyse zu korrelierenden Faktoren sehr hoch, was die Gefahr einer verzerrten Schätzung der Parameter erhöht.[15] Eine eindeutig bestimmte Lösung der Stilanalyse ist nur für untereinander unabhängige Faktoren garantiert.[16] Aus diesem Grund müssen die erklärenden Faktoren auf Multikollinearität überprüft werden.

Die Korrelationswerte deuten auf lineare Abhängigkeiten der Faktoren untereinander hin. Es können jedoch keine konkreten Aussagen darüber abgegeben werden, wie kritisch die Abhängigkeiten tatsächlich sind. Um diesem Problem zu begegnen, wird der *Variance Inflation Faktor* (VIF) berechnet, der die Multikollinearität misst. Auf der Diagonale der Matrix in Tab. 8.3 sind die Werte des VIFs für alle Stilfaktoren untereinander abgetragen. Der VIF dient als Indikator linearer Abhängigkeiten der Faktoren.[17] VIF-Werte unter 10 sind als nicht kritisch zu betrachten, wobei VIF-Werte über 2 auf eine erhöhte Abhängigkeit der Faktoren deuten.[18] Die obere Dreiecksmatrix der Tabelle veranschaulicht VIF-Werte für eine paarweise Betrachtung der Stilfaktoren (2-Faktor-Fall), wobei erhöhte VIF-Werte auf Paare deuten, die ebenfalls eine sehr hohe Korrelation aufweisen.

Wie die Ergebnisse zeigen, sind die Abhängigkeiten der Stilfaktoren nicht kritisch, aber bedenklich. Um Verzerrungen späterer Analysen zu vermeiden, werden die korrelierenden Zeitreihen der Stilfaktoren von gegenseitigen Einflüssen bereinigt. Die Bereinigung erfolgt durch eine Orthogonalisierung der Faktoren, wobei alle Aktien- und Bondindizes sowie der BXM orthogonalisiert werden, da sie erhöhte VIF- oder Korrelationswerte aufweisen.[19] Die Festlegung der Reihenfolge der Bereinigung soll aus sachlogischen Überlegungen geschehen. Um die Orthogonalisierung minimal zu halten, werden alle Faktoren nur einmalig bereinigt (Teil-Orthogonalisierung). Dies ist jedoch ausreichend, um die Korrelation deutlich zu verringern.

---

15 Vgl. TER HORST et al. (2004), S. 32.

16 Vgl. LHABITANT (2004), S. 219.

17 VIF-Werte werden als $VIF = 1/(1 - R^2)$ bzw. als Diagonale einer inversen Korrelationsmatrix berechnet. Vgl. PODDIG et al. (2005), S. 444.

18 Vgl. PODDIG et al. (2005), S. 445.

19 Vgl. PODDIG et al. (2005), S. 447.

Tabelle 8.3: Statistische Merkmale nichtbereinigter Stilfaktoren

Die untere Dreiecksmatrix der Tabelle repräsentiert die Korrelationsmatrix der Stilfaktoren. Gerahmte Boxen markieren Zeitreihenpaare mit Werten der Korrelation über 0,4. Auf der Diagonale (schattierte Boxen) sind VIF-Werte der Stilfaktoren untereinander abgebildet. Die obere Dreiecksmatrix der Tabelle repräsentiert paarweise VIF-Werte der Stilfaktoren.

	1 T-Bill	2 GSCI	3 TWEX	4 MSCI EAFE	5 MSCI EM	6 MSCI _G	7 MSCI _V	8 Lehm USBI	9 Lehm GlBI	10 Lehm Gov_k	11 Lehm Gov_l	12 BXM
1	**1,13**	1,01	1,02	1,01	1,02	1,00	1,00	1,00	1,00	1,02	1,00	1,00
2	-0,07	**1,06**	1,01	1,00	1,00	1,01	1,01	1,00	1,00	1,00	1,00	1,00
3	0,13	-0,10	**1,25**	1,07	1,01	1,00	1,00	1,03	1,01	1,03	1,03	1,00
4	-0,12	-0,04	-0,26	**2,17**	1,63	1,50	1,62	1,02	1,00	1,01	1,00	1,41
5	-0,15	-0,03	-0,09	0,62	**2,10**	1,51	1,55	1,01	1,00	1,03	1,01	1,46
6	0,05	-0,12	-0,05	0,58	0,58	**3,35**	2,47	1,01	1,00	1,01	1,00	2,71
7	0,01	-0,08	-0,07	0,62	0,60	0,77	**4,32**	1,01	1,00	1,01	1,00	3,39
8	-0,01	-0,01	-0,16	0,14	0,09	0,08	0,12	**3,67**	1,25	1,55	3,23	1,01
9	-0,02	-0,02	0,09	-0,01	0,03	-0,06	0,02	0,44	**1,53**	1,22	1,36	1,00
10	0,14	-0,03	-0,18	-0,08	-0,16	-0,08	-0,09	0,60	0,42	**2,35**	2,13	1,02
11	0,03	0,03	-0,17	0,00	-0,10	-0,04	-0,04	0,83	0,51	0,73	**5,08**	1,00
12	0,06	-0,02	-0,01	0,54	0,56	0,79	0,84	0,11	-0,06	-0,12	-0,04	**4,45**

Aufgrund der wirtschaftlich führenden Rolle der USA erscheint es plausibel, Aktienindizes der Entwicklungs- und Schwellenländer von Einflüssen des MSCI USA zu bereinigen und nicht vice versa. Der MSCI USA selbst wird nicht separat in die Analyse einbezogen, sondern durch den MSCI Value vertreten, da diese Indizes aufgrund der hohen Korrelation zwischen dem MSCI Value und MSCI USA in Höhe von 95% eine ähnliche Entwicklung durchlaufen.

Die Orthogonalisierung erfolgt durch Umstellung der folgenden Gleichung:

$$R_t = \alpha + \beta F_t + \epsilon_t \qquad R_t^* = R_t - \alpha - \beta F_t \tag{8.1}$$

mit: R_t Renditezeitreihe
R_t^* bereinigte Renditezeitreihe
F_t Faktor, um den die Renditezeitreihe bereinigt wird

Der MSCI Growth Index wird ebenfalls um die Einflüsse des MSCI USA Value bereinigt.

Bei den Bondindizes erscheint es plausibel, die Quelle der Einflüsse in staatlichen Anleihen zu betrachten, wobei längerfristige Anleihen die Entwicklung anderer festverzinslicher Papiere stärker als kurzfristige Anleihen beeinflussen. Eine Voruntersuchung (Ergebnisse hier nicht abgebildet) ergibt, dass die Korrelation zwischen langfristigen Staatsanleihen und Unternehmens- und Global Indizes nach der Bereinigung durch kurzfristige Staatsanleihen sehr hoch verbleibt. Damit besteht für diese Indizes untereinander eine viel stärkere Abhängigkeit als zu kurzfristigen Staatsanleihen. Somit wird der USA Unternehmens- und Global Bondindex (excl. USA) sowie der Index der kurzfristigen Staatsanleihen vom Einfluss des Index längerfristiger Staatsanleihen bereinigt.

Eine hohe lineare Abhängigkeit zu anderen Faktoren weist der Derivateindex BXM auf. Die hohe Korrelation kann durch die Entwicklung des Basiswertes (Aktienindex S&P500) erklärt werden, der eine identische Wertentwicklung wie der MSCI USA Value aufweist, da in den beiden Indizes zum Teil dieselben Unternehmen notiert sind. Aus diesem Grund wird der BXM ebenfalls um den MSCI USA Value bereinigt.

Für die orthogonalisierten Indizes werden erneut Korrelation- und VIF-Werte berechnet. Tab. 8.4 zeigt die Matrix mit den entsprechenden Werten. Die VIF-Werte schwanken alle um den Wert 1. Die erhöhte Korrelation und damit lineare Abhängigkeit der früher korrelierenden Faktoren wurde vollständig eliminiert.

Tabelle 8.4: Korrelation der Stilfaktoren

Die untere Dreiecksmatrix der Tabelle repräsentiert die Korrelationsmatrix der bereinigten Stilfaktoren. Gerahmte Boxen markieren Zeitreihenpaare mit erhöhter Korrelation. Auf der Diagonale (schattierte Boxen) sind VIF-Werte der Stilfaktoren untereinander abgebildet. Die obere Dreiecksmatrix der Tabelle repräsentiert paarweise VIF-Werte der Stilfaktoren. Der Index _b weist auf bereinigte Zeitreihen hin.

	1 T-Bill	2 GSCI	3 TWEX	4 MSCI EAFE _b	5 MSCI EM _b	6 MSCI _G_b	7 MSCI _V	8 Lehm US BI_b	9 Lehm Gl BI_b	10 Lehm Gov _k_b	11 Lehm Gov_l	12 BXM _b
1	**1,13**	1,01	1,02	1,04	1,05	1,00	1,00	1,00	1,00	1,03	1,00	1,00
2	-0,07	**1,06**	1,01	1,00	1,00	1,01	1,01	1,00	1,00	1,01	1,00	1,02
3	0,13	-0,10	**1,25**	1,09	1,00	1,00	1,00	1,00	1,04	1,01	1,03	1,01
4_b	-0,19	0,04	-0,29	**1,30**	1,16	1,01	1,00	1,01	1,00	1,01	1,00	1,00
5_b	-0,22	0,05	-0,07	0,37	**1,28**	1,00	1,00	1,04	1,02	1,01	1,01	1,00
6_b	0,07	-0,09	0,01	-0,09	-0,05	**1,07**	1,00	1,00	1,02	1,00	1,00	1,03
7	0,01	-0,08	-0,07	0,04	0,02	0,00	**1,12**	1,08	1,00	1,01	1,00	1,00
8_b	-0,05	-0,06	-0,02	0,10	0,20	0,00	0,27	**1,14**	1,00	1,00	1,00	1,01
9_b	-0,04	-0,05	0,21	-0,01	0,13	-0,13	0,04	0,04	**1,13**	1,01	1,00	1,01
10_b	0,18	-0,08	-0,07	-0,09	-0,09	0,00	-0,09	-0,02	0,09	**1,11**	1,00	1,02
11	0,03	0,03	-0,17	0,04	-0,10	-0,02	-0,04	0,00	0,00	0,00	**1,06**	1,00
12_b	0,05	0,14	0,09	-0,02	0,05	-0,17	0,07	0,07	-0,08	-0,14	0,00	**1,11**

8.3 Methodisches Vorgehen

8.3.1 Stilanalyse nach Sharpe

Das Ziel der Stilanalyse liegt in der Ermittlung der approximativen Zusammensetzung eines Portfolios, wobei die Gewichte (Anteile) einzelner Finanzinstrumente (Stilindizes) in einem Portfolio bestimmt werden. Vorgestellt von SHARPE (1988,

1992), basiert die Stilanalyse auf dem Grundkonzept der Regressionsanalyse:

$$R_i = \alpha_i + \sum_{k=1}^{K} \beta_{ki} F_k + \epsilon_i \tag{8.2}$$

mit: R_i Renditezeitreihe des Fonds i
α_i Eigenrendite
β_{ki} Sensitivität bzw. Gewicht des Stilfaktors k des Fonds i
F_k Stilfaktor k
ϵ_i Störterm

Aus Gl. 8.2 geht hervor, dass die Rendite eines Portfolios die Mischung der Renditen verschiedener Finanzinstrumente reflektiert, aus denen das Portfolio zusammengesetzt ist. Um die Interpretation der Faktorsensitivitäten (Betas) der Stilfaktoren zu den Portfoliorenditen zu erleichtern, werden die Faktorsensitivitäten als Gewichte der Stilfaktoren im Portfolio betrachtet, wobei folgende Gewichtungsrestriktionen berücksichtigt werden:[20]

$$\sum_{k=1}^{K} \beta_{ki} = 1 \qquad \beta_{ki} \geq 0 \tag{8.3}$$

Das zentrale Ergebnis der Stilanalyse ist die Separation der Portfoliorendite in zwei Teile, wobei $\sum_{k=1}^{K} \beta_{ki} F_k$ den Teil der Rendite in Bezug auf den Fondsanlagestil und $\alpha_i + \epsilon_i$ den Teil der Rendite in Bezug auf die Selektionsfähigkeit des Fondsmanagers darstellt. Der letzte Term drückt den Wertzuwachs aus, der aufgrund des aktiven Managements erreicht werden konnte. Damit ermöglicht eine Stilanalyse nicht nur die Bestimmung der Zusammensetzung eines Portfolios, sondern auch die Beurteilung und den Vergleich der Fähigkeiten der Fondsmanager, da der Wertzuwachs aufgrund des aktiven Managements ermittelt werden kann.[21]

Bei den folgenden Untersuchungen werden eine Reihe von Besonderheiten bzw. Abweichungen zu den in der Literatur präsentierten empirischen Studien eingeführt. In der Literatur werden häufig Überschussrenditen eines Portfolios auf die einzelnen Stilfaktoren regressiert, wobei der risikofreie Zinssatz sowohl von den Renditen des Fonds als auch von den einzelnen Faktoren substrahiert wird. Dadurch wird der Anteil risikofreier Anlagen im Portfolio nicht explizit ermittelt. Für die folgende Analyse ist jedoch der Anteil risikofreier Anlagen im Portfolio interessant, da die Zusammensetzung des Portfolios in einzelnen Marktphasen untersucht wird und die Ursachen der Phasenbildung in der Portfoliozusammensetzung bzw. den Portfolio-

[20] Aufgrund von Nebenbedingungen kann das Modell nicht anhand eines gewöhnlichen OLS-Ansatzes geschätzt werden. Das Problem kann mithilfe eines quadratischen Optimierungsalgorithmuses gelöst werden. Vgl. LHABITANT (2004), S. 218 und CORNUÉJOLS und TÜTÜNCÜ (2007), S. 159.

[21] Vgl. SHARPE (1992), S. 7-8.

anteilen liegen können. Aus diesem Grund wird für die Untersuchung keine Überschussrendite gebildet.

Die nächste Besonderheit der folgenden Analyse stellt die Einführung unterschiedlicher Restriktionen auf Portfoliogewichte bei Hedge- und Investmentfonds dar. Ein Hedge Fonds kann Leerverkäufe als eine mögliche Strategie verfolgt, während diese Strategie bei Investmentfonds gesetzlich untersagt ist. Leerverkäufe drücken sich in negativen Portfoliogewichten aus. Aus diesem Grund würde eine Nicht-Negativitätsrestriktion auf Portfoliogewichte der Hedge Fonds die Analyseergebnisse verzerren.[22] Bei Investmentfonds muss diese Bedingung dagegen berücksichtigt werden.

Während SHARPE (1992) die Analyse der Gewichte einzelner Fonds auf ein bestimmtes Zeitintervall beschränkt und in seiner Untersuchung davon ausgeht, dass die Portfolioanteile in dem betrachteten Zeintintervall konstant sind, untersuchen mehrere Forscher zeitvariable Portfolioanteile, die sie mithilfe von rollierenden Regressionen bestimmen. In Kap. 3.5.1 werden mehrere Schwächen einer rollierenden Stilanalyse identifiziert.[23] Die zentralen Defizite dieser Analyse können durch folgende drei Punkte reflektiert werden:[24]

- Eine rollierende Stilanalyse ermöglicht keine genaue Identifikation der Zeitpunkte von Stilveränderungen;
- Die Auswahl der Länge des zu rollierenden Fensters kann die Ergebnisse einer Analyse beeinträchtigen;
- Die dem rollierenden Zeitfenster zugrunde liegende quadratische Optimierung reagiert sehr sensibel auf hinzugefügte oder ausgelassene Restriktionen.[25]

SWINKELS und VAN DER SLUIS (2006) führen die Bestimmung zeitvariabler Portfolioanteile anhand von Kalman Filtern durch. Der Kalman Filter ermöglicht eine deutlich präzisere Identifikation der Zeitpunkte von Stilveränderungen und benötigt hierzu nicht die Spezifikation einer Fensterlänge. Aus diesem Grund wird der Kalman Filter in den weiteren Untersuchungen implementiert und im folgenden Kapitel methodisch beschrieben.

Anzumerken ist, dass die Anwendung einer Stilanalyse keine Garantie für eine tatsächliche Bestimmung der Portfoliozusammensetzung liefern kann. Basierend auf

---

22 Vgl. SWINKELS und VAN DER SLUIS (2006), S. 534.

23 Siehe Kap. 3.5.1, S. 119.

24 Vgl. auch SWINKELS und VAN DER SLUIS (2006), S. 233.

25 Die in dieser Arbeit präsentierten Analysen wurden im Vorfeld zusätzlich anhand eines rollierenden Zeitfensters durchgeführt. Für unterschiedliche Simulationsbeispiele (ohne Leerverkäufe) konnten anhand des Kalman Filters und des rollierenden Zeitfensters zwar ähnliche Gewichte identifiziert werden, jedoch reagiert die dem rollierenden Zeitfenster zugrunde liegende quadratische Optimierung sehr sensibel auf hinzugefügte oder ausgelassene Restriktionen. So hat der Optimierungsalgorithmus (ohne Leerverkaufrestriktion) für Simulationsbeispiele, in denen ursprünglich Leerverkäufe zugelassen wurden, sehr extreme Gewichte berechnet. Obwohl die Erklärungskraft des Modells sehr stark im Vergleich zu einem restriktiven Modell angestiegen ist, erscheinen die berechneten Gewichte unrealistisch. Auch DOR und JAGANNATHAN (2002) berechnen anhand der rollierenden Regression extreme Portfoliogewichte für Hedge Fonds, die sie jedoch nicht hinterfragen.

statistischen Modellen kann sie nur das Verhalten eines Portfolios auf das Verhalten gemischter Assetklassen zurückführen.

8.3.2 Kalman Filter

8.3.2.1 Zustandsraummodelle

Der Kalman Filter ist ein stochastisches Verfahren, welches eine iterative Fortschreibung des Zustandes eines linearen dynamischen Systems anhand eines Prognose-Korrektur-Mechanismus ermöglicht und auf der Minimierung der Schätzfehlervarianz basiert.[26] 1960 stellte KALMAN für ein lineares Filterungsproblem diskreter Daten eine rekursive Lösung - den Kalman Filter - vor. Seitdem fand dieser Filter besonders im Ingenieurwesen einen breiten Einsatz. In der Finanzwirtschaft wurde der Kalman Filter insbesondere für die Analyse der zeitvariablen Koeffizienten von Faktormodellen (Betas) eingesetzt.[27]

Der Kalman Filter gehört zu dem Bereich der *Zustandsraummodellierung*. **Zustandsraummodelle** (engl. state space models) stellen eine besondere Art dar, dynamische Systeme durch eine Systemgleichung zu beschreiben, und können als eine Verallgemeinerung von ARIMA Modellen (engl. autoregressive integrated moving average) betrachtet werden.[28] Dabei wird angenommen, dass die zeitliche Entwicklung eines Systems durch die Entwicklung einer oder mehrerer *nichtbeobachteter* Zeitreihen $(\beta_1, \ldots, \beta_T)$ erfolgt, die ihrerseits mithilfe einer *beobachteten* Zeitreihe $(R_1, \ldots, R_T)$ modelliert werden können. Die Beziehung zwischen diesen beiden Zeitreihen ist durch ein Zustandsraummodell beschrieben. Der Zweck der Zustandsraummodellierung liegt darin, die Information der nichtbeobachteten Zeitreihe aus den beobachteten Daten abzuleiten.[29]

Zustandsraummodelle gewannen in letzter Zeit ein sehr großes Interesse der Forscher im Bereich der Wirtschaftszyklentheorie.[30] Zustandsraummodelle präsentieren eine stochastische Version der klassischen Zerlegung von Zeitreihen in Trend, Saison und irreguläre Komponente. Der Vorteil dieser Modelle liegt darin, dass die einzelnen Komponenten einer Zeitreihe simultan modelliert werden können, während sie einzeln betrachtet werden.[31] Im Folgenden werden Zustandsraummodelle nur in Bezug auf den Kalman Filter beschrieben.

In den bevorstehenden Untersuchungen wird der Kalman Filter für die Durchführung der Stilanalyse eingesetzt. Mithilfe der Stilanalyse werden die Gewichtsanteile

---

26 Für eine ausführliche Beschreibung siehe WELLS (1996), KIM und NELSON (1999) und Lernmaterial von WELCH und BISHOP (2001).

27 Siehe WELLS (1996), S. 87 für eine Übersicht der früheren Literatur. Siehe auch die Studien von KÖNIG und MÖLLER (1990), BLACK et al. (1992), GROENEWOLD und FRASER (1999), MCKENZIE et al. (2000), CHELLEY-STEELEY (2001), YAO und GAO (2004) und BARASSIA et al. (2005).

28 Für eine ausführliche Beschreibung von Zustandsraummodellen siehe z.B. DURBIN und KOOPMAN (2001) und HARVEY et al. (2004).

29 Vgl. DURBIN und KOOPMAN (2001), S. 1.

30 Siehe die verschiedenen Aufsätze bei HARVEY et al. (2004).

31 Vgl. DURBIN (2004), S. 5.

einzelner Stilfaktoren (Betas) im Portfolio bestimmt, um die Stilrichtung des Portfolios zu identifizieren. Dazu werden die restringierten Betas eines Faktormodells wie in Gl. 8.2 anhand des Kalman Filters modelliert. Zunächst wird jedoch der Kalman Filter allgemein in Bezug auf die Fragestellung der Stilanalyse dargestellt. Die Restriktionen für die Betas werden dann anschließend eingeführt.

8.3.2.2 Zentrale Bestandteile

Der Kalman Filter besteht wie andere Zustandsraummodelle auch aus zwei zentralen Gleichungen:[32] **Beobachtungsgleichung** (engl. measurement)

$$R_t = \mathbf{F}_t\boldsymbol{\beta}_t + \epsilon_t, \qquad \epsilon_t \sim N(0, \sigma_\epsilon^2) \tag{8.4}$$

Zustandsgleichung (engl. transition)

$$\boldsymbol{\beta}_t = \boldsymbol{\Phi}\boldsymbol{\beta}_{t-1} + \boldsymbol{\nu}_t, \qquad \boldsymbol{\nu}_t \sim N(0, \mathbf{Cov}_{\boldsymbol{\nu}_k}) \tag{8.5}$$

mit:

R_t	Beobachtung des **R**-(T×1)-Vektors der Renditezeitreihe zum Zeitpunkt t ($t = 1, \ldots, T$)
$\mathbf{F}_t$	(1×K+1)-Vektor der Faktorrenditen der **F**-(T×K+1)-Matrix, zum Zeitpunkt t mit K Anzahl der Faktoren
$\boldsymbol{\beta}_t$	(K+1×1)-Vektor der Systemzustände (Faktorsensitivitäten inklusive Alpha) der $\boldsymbol{\beta}$-(K+1×T)-Matrix zum Zeitpunkt t
ϵ_t	Beobachtung des $\boldsymbol{\epsilon}$-(T×1)-Vektors der Residuen der Beobachtungsgleichung zum Zeitpunkt t
$\boldsymbol{\nu}_t$	(K+1×1)-Vektor der Residuen der Zustandsgleichung der $\boldsymbol{\nu}$-(K+1×T)-Matrix zum Zeitpunkt t
$\boldsymbol{\Phi}$	(K+1×K+1)-Zustandsmatrix
σ_ϵ^2	Varianz der Residuen aus der Beobachtungsgleichung
$\mathbf{Cov}_{\boldsymbol{\nu}_k}$	(K+1×K+1)-Diagonalmatrix der Kovarianz der Residuen aus der Zustandsgleichung

Diese Gleichungen unterscheiden sich dahingehend voneinander, dass in Gl. 8.4 der Zustand der Rendite **R** beobachtet werden kann, der Zustand der Faktorsensitivitäten $\boldsymbol{\beta}$ selbst jedoch nicht (Gl. 8.5). D.h., der Prozess der Sensitivitätenveränderung ist unsichtbar. Es wird jedoch angenommen, dass die Verteilung der Betas bekannt ist und sie einer Normalverteilung entspricht ($\boldsymbol{\beta} \sim N(\boldsymbol{\beta}_0, \mathbf{P_0})$, wobei **P** die Betavarianz ist).

Anzumerken ist, dass in der Modellgleichung 8.4 und 8.5 das Alpha berücksichtigt wird. Der Faktorvektor $\mathbf{F}_t$ enthält demnach eine (die erste) Beobachtung, die gleich Eins ist. Die Vektordimension (1×K) wird damit um Eins erhöht (1×K+1). Die erste Beobachtung im Beta-Vektor entspricht dem Alpha-Wert. Auch die Varianzwerte enthalten eine zusätzliche Beobachtung, die der Residualenvarianz von Alpha entspricht. Bei der Auslassung des Alpha in dem Grundmodell des Kalman Filters bleibt

[32] Im Anhang D.1 (S. 493) erfolgt die Herleitung des Filters in der allgemeinen Form.

die Modellgleichung unverändert, wobei die in der Notation angegebene Dimension der Faktormatrix, Betas, der Zustandsmatrix sowie der Kovarianzmatrix um Eins verringert wird.[33] Des Weiteren müssen folgende Annahmen berücksichtigt werden. Die Residuen ϵ_t und $\boldsymbol{\nu}_t$ sind *i.i.d.* normalverteilt und voneinander unabhängig.[34]

In Abhängigkeit von der Zustandsmatrix $\boldsymbol{\Phi}$ kann die Zustandsgleichung 8.5 unterschiedliche Formen annehmen. Ebenso wie der Prozess der Assetpreisbildung nicht eindeutig durch eine bestimmte statistische Gleichung festgelegt werden kann, sind sich Forscher auch nicht einig, welchem Prozess die Entwicklung der Betas folgt. WELLS (1996) diskutiert verschiedene Modelle, die der Gleichung 8.5 zugrunde liegen können. Darunter befinden sich die in Tab. 8.5 abgebildeten Modelle: *Random Walk Modell, Random Coefficient Modell, Mean Reverting Modell* und *Moving Mean Modell.*[35]

Für die folgenden empirischen Untersuchungen wird das Random Walk Modell für die Fortschreibung der Betas und des Alpha in der Zeit verwendet. Die Erklärungskraft der einzelnen Modelle variiert in den empirischen Untersuchungen der Literatur, weshalb auf das verbreitetste Modell zurückgegriffen wird.[36] In Matrizenform kann die Zustandsgleichung als Random Walk geschrieben werden:

[33] Zur Veranschaulichung kann die Gleichung (8.4) mit Berücksichtigung von Alpha in Matrizenform folgend geschrieben werden: $R_t = (1 \quad F_{1t}) \begin{pmatrix} \alpha_t \\ \beta_{1t} \end{pmatrix} + \epsilon_t$.

[34] In den folgenden empirischen Untersuchungen kann die *i.i.d.*-Annahme der Residuen für die überwiegende Anzahl der Fonds eingehalten werden. Der Test wird anhand von Durbin-Watson-Statistiken durchgeführt. Zu Teststatistiken siehe PODDIG et al. (2003), S. 313 f.

[35] Für eine detaillierte Beschreibung der Modelle siehe WELLS (1996), S. 94 ff. Weitere Modelle sind z.B. das *Ohlson-Rosenberg Modell* und *Mamaysky-Spiegel-Zhang-Modell.* Vgl. YAO und GAO (2004), S. 128, WELLS (1994), S. 96-97 und MAMAYSKY et al. (2003).

[36] WELLS (1994) untersucht zeitvariable Betas für zehn Aktien der Stockholm Exchange und bevorzugt für die Bestimmung der Betas das Random Walk Modell. YAO und GAO (2004) untersuchen ein zeitvariables Marktmodell, bei dem Marktsensitivitäten australischer Branchenindizes anhand unterschiedlicher Modelle von Zustandsgleichungen generiert wurden. Sie prüfen die beschriebenen Modelle von WELLS (1996) sowie zusätzlich das *Ohlson-Rosenberg Modell.* Die Ergebnisse der Analyse sind für unterschiedliche Branchen nicht eindeutig, obwohl das *Moving Mean Modell* und das *Ohlson-Rosenberg Modell* am häufigsten die zeitvariablen Betas ausreichend erfassen konnten.

Tabelle 8.5: Modelle der Zustandsgleichung des Kalman Filters

Die Tabelle präsentiert vier verbreitete Formen der Beta-Modelle für die Zustandsgleichung. Ebenfalls sind die enstsprechenden Hyperparameter (für das Modell meistens konstant bleibende Parameter) sowie die Initialisierung der Anfangsparameter für jedes Modell aufgelistet. (In Anlehnung an WELLS (1996), S. 94 f. und 108.)

Random Walk Modell (RWM)

Die Koeffizienten entwickeln sich in der Zeit zufällig (Random Walk). Die aktuellen Koeffizienten sind normalverteilte zufällige Variablen, die sich aus den Koeffizienten der vorherigen Periode und einem Rauschanteil zusammenstellen. **Hyperparameter**: σ_ϵ^2 und $\mathbf{Cov}_{\boldsymbol{\nu}_k}$. **Initialisierung**: Koeffizienten werden aufgrund der OLS-Schätzung der ersten zehn Beobachtungen und die Varianzen aus den ersten fünf Koeffizienten (als Resultat der Schätzung eines Rolling-Fensters) gesetzt.

$$\boldsymbol{\beta}_t = \boldsymbol{\beta}_{t-1} + \boldsymbol{\nu}_t,$$
$$\boldsymbol{\nu}_t \sim N(0, \mathbf{Cov}_{\boldsymbol{\nu}_k})$$

Random Coefficient Model (RCM)

Die Zustände der Koeffizienten variieren zufällig um ihren Mittelwert. **Hyperparameter**: σ_ϵ^2 und $\mathbf{Cov}_{\nu_k}$ (MLS-maximum-likelihood estimates) sowie $\overline{\boldsymbol{\beta}}$. **Initialisierung**: Koeffizienten werden gleich Null, ihre Varianzen einer großen Zahl und Mittelwerte als Koeffizienten aus der OLS-Schätzung aufgrund aller Beobachtungen gesetzt.

$$\boldsymbol{\beta}_t = \overline{\boldsymbol{\beta}} + \boldsymbol{\nu}_t,$$
$$\boldsymbol{\nu}_t \sim N(0, \mathbf{Cov}_{\boldsymbol{\nu}_k})$$

Mean Reverting Modell (MRM)

Die Koeffizienten erfahren einen Mean-Reverting Prozess, wobei Koeffizienten nicht um ihre Mittelwerte zufällig variieren, sondern sich über die Zeit ihnen annähern. **Hyperparameter**: σ_ϵ^2 und $\mathbf{Cov}_{\nu_k}$ (MLS), sowie $\overline{\boldsymbol{\beta}}$ und ϕ. **Initialisierung**: Koeffizienten werden gleich Null, ihre Varianzen einer großen Zahl und Mittelwerte als Koeffizienten aus der OLS-Schätzung aufgrund aller Beobachtungen sowie $\phi = 0.5$ gesetzt.

$$\boldsymbol{\beta}_t - \overline{\boldsymbol{\beta}} = \phi(\boldsymbol{\beta}_{t-1} - \overline{\boldsymbol{\beta}}) + \boldsymbol{\nu}_t,$$
$$\boldsymbol{\nu}_t \sim N(0, \mathbf{Cov}_{\boldsymbol{\nu}_k})$$

Moving Mean Modell (MMM)

Erlaubt im Gegenteil zu MRM zeitvariable Mittelwerte der Koeffizienten. **Hyperparameter**: $\sigma_\epsilon^2, \sigma_{\boldsymbol{\nu}_k}^2, \sigma_{\boldsymbol{\gamma}_k}^2$ (MLS) und ϕ. **Initialisierung**: Koeffizienten werden aufgrund der OLS-Schätzung der zehn ersten Beobachtungen und die Varianzen aus den fünf ersten Koeffizienten (als Resultat der Schätzung eines rollierenden Fensters) geschätzt; die Mittelwerte der Betas werden als OLS-Schätzer aufgrund aller Beobachtungen geschätzt und $\phi = 0.5$ gesetzt.

$$\boldsymbol{\beta}_t - \overline{\boldsymbol{\beta}}_t = \phi(\boldsymbol{\beta}_{t-1} - \overline{\boldsymbol{\beta}}_{t-1}) + \boldsymbol{\nu}_t,$$
$$\boldsymbol{\nu}_t \sim N(0, \sigma_{\boldsymbol{\nu}_k}^2)$$
$$\overline{\boldsymbol{\beta}}_t = \overline{\boldsymbol{\beta}}_{t-1} + \boldsymbol{\gamma}_t,$$
$$\boldsymbol{\gamma}_t \sim N(0, \sigma_{\boldsymbol{\gamma}_k}^2)$$

$$\begin{pmatrix} \alpha_t \\ \beta_{1t} \\ \vdots \\ \beta_{kt} \end{pmatrix} = \begin{pmatrix} 1 & 0 & \dots & 0 \\ 0 & 1 & \dots & 0 \\ \vdots & \vdots & \vdots & \vdots \\ 0 & 0 & \dots & 1 \end{pmatrix} \cdot \begin{pmatrix} \alpha_{t-1} \\ \beta_{1t-1} \\ \vdots \\ \beta_{kt-1} \end{pmatrix} + \begin{pmatrix} \nu_{\alpha_t} \\ \nu_{1t} \\ \vdots \\ \nu_{kt} \end{pmatrix} \tag{8.6}$$

$$\begin{pmatrix} \nu_{\alpha_t} \\ \nu_{1t} \\ \vdots \\ \nu_{kt} \end{pmatrix} \sim N \left(\begin{pmatrix} 0 \\ 0 \\ \vdots \\ 0 \end{pmatrix}, \begin{pmatrix} \sigma_\alpha^2 & 0 & \dots & 0 \\ 0 & \sigma_{\beta_1}^2 & \dots & 0 \\ \vdots & \vdots & \vdots & \vdots \\ 0 & 0 & \dots & \sigma_{\beta_k}^2 \end{pmatrix} \right) \tag{8.7}$$

In der Modellgleichung 8.4 und später in 8.6 wird α erfasst. In der Literatur wird eine große Diskussion darüber geführt, ob insbesondere Hedge Fonds eine absolute Rendite bzw. ein aktives Alpha erzielen.[37] Anhand des Alphas werden oft Managerfähigkeiten gemessen, so z.B. im Modell von SHARPE (1992). In den Gl. 8.4 und 8.6 wurde das Alpha berücksichtigt, jedoch liegt das primäre Ziel dieser Arbeit bei der Erklärung phasenabhängiger Fondsrenditen und nicht in der Beurteilung der Managerperformance. Ebenfalls wurde in mehreren Studien darauf hingewiesen, dass falsche Rückschlüsse über das aktive Alpha gezogen werden können, wenn ein Faktormodell unvollständig ist, d.h. nicht alle Risikofaktoren berücksichtigt werden.[38] In den folgenden Untersuchungen werden insgesamt zwölf zentrale Faktoren berücksichtigt. Es bleibt nicht auszuschließen, dass aufgrund der großen Vielfalt der Hedge-Fonds-Anlagestile einige Einflussfaktoren nicht erfasst werden. Aus diesem Grund kann eine ungenaue Schätzung (eine Über- oder eine Unteranpassung) des Modells eine große Auswirkung auf die Alpha-Werte haben, wodurch eine adäquate Alpha-Schätzungen letztendlich sehr unwahrscheinlich erscheinen.

Der Kalman Filter kann gestartet werden, wenn

- die **Initialisierungsparameter**, die den Anfangszustand beschreiben ($\boldsymbol{\beta}_0$ und $\mathbf{P}_0 = Var(\boldsymbol{\beta}_0)$), sowie
- die **Hyperparameter**, die das System beschreiben und meistens im Modellierungsablauf konstant bleiben ($\boldsymbol{\Phi}$, σ_ϵ^2 und $\mathbf{Cov}_{\boldsymbol{\nu}_k}$).

bekannt sind. In Abhängigkeit vom verwendeten Modell für das Beta können die Hyperparameter anhand des *Maximum Likelihood Schätzers* bzw. auch oft anhand einer einfachen OLS Regression geschätzt werden.[39]

Wenn die Hyperparameter bestimmt sind, erfolgt die Schätzung der *Initialisierungsparameter* für die Betas und ihre Varianzen für die Beobachtung 0, wobei am Anfang die erste Schätzung keine vorbestimmten Parameter einbeziehen kann. Auch

37 Siehe Übersicht der Literatur in Kap. 2.8.5.1, S. 50.

38 Vgl. JAEGER und WAGNER (2005).

39 Siehe dazu HAMILTON (1994), S. 385 und WELLS (1996), S. 107-108.

in diesem Fall werden für Betas und ihre Varianzen Schätzer aus der OLS Regression oder ihre Erwartungswerte eingegeben.

Die Bestimmung der Anfangswerte wird in der Fachliteratur als *Initialisierung* bezeichnet (z.B. $\boldsymbol{\beta}_0^i$, mit i für Initialisierung). Die Initialisierung der Werte wird in Abhängigkeit von der angenommenen Stationarität des Prozesses der geschätzten Zeitreihe bestimmt. Wenn die Betas einem stationären Prozess folgen, können sie als unbedingte Erwartungswerte:

$$\boldsymbol{\beta}_0^i = E[\boldsymbol{\beta}_0] \tag{8.8}$$

und ihre Varianz als unbedingte Varianz des Prozesses eingesetzt werden:

$$\mathbf{P}_0^i = E[(\boldsymbol{\beta}_0 - E[\boldsymbol{\beta}_0])(\boldsymbol{\beta}_0 - E[\boldsymbol{\beta}_0])']. \tag{8.9}$$

Bei einem Prozess mit Einheitswurzeln kann für die Varianz ein sehr großer Wert angegeben werden, da die Varianz eines solchen Prozess gegen Unendlich strebt.[40] Für das Random Walk Modell werden OLS-Schätzer der ersten zehn Beobachtungen einbezogen, um die Initialisierungsparameter zu bestimmen. Erst im zweiten Schritt entwickelt der Filter eine eigene Dynamik und modelliert die Parameter selbst.

Die Beta-Schätzungen anhand des Kalman Filters erfolgen durch drei grundlegende Schritte:

- erste Schätzung der Parameter
- Ermittlung des Kalman-Gewinns
- Korrektur der geschätzten Parameter

Nach dem Start unternimmt der Filter aufgrund der Anfangs- (bzw. zuletzt geschätzten) und Hyperparameterwerte $\boldsymbol{\beta}_0^i$ (bzw. $\boldsymbol{\beta}_{t-1}^l$) und $\mathbf{P}_0^i$ (bzw. $\mathbf{P}_{t-1}^l$), σ_ϵ^2 und $\mathbf{Cov}_{\boldsymbol{\nu}_k}$ sowie der Inputparameter R_t und $\mathbf{F}_t$ die erste Schätzung der Betaparameter ($\boldsymbol{\beta}_t^e$) und ihrer Varianzen ($\mathbf{P}_t^e$), wobei die Bezeichnung e für „estimated", n für „new" und l für „last" steht:

$$\boldsymbol{\beta}_t^e = \boldsymbol{\Phi} \cdot \boldsymbol{\beta}_{t-1}^l \qquad \mathbf{P}_t^e = \boldsymbol{\Phi} \cdot \mathbf{P}_{t-1}^l \cdot \boldsymbol{\Phi}' + \mathbf{Cov}_{\boldsymbol{\nu}_k} \tag{8.10}$$

mit: $\mathbf{P}_t$ (K×K) Matrix der Betavarianz zum Zeitpunkt t

Im nächsten Schritt berechnet das Verfahren den sog. Kalman-Gewinn, der den Grad der im darauf folgenden Schritt vorgenommenen Korrektur bestimmt:

$$\mathbf{K}_t = \mathbf{P}_t^e \cdot \mathbf{F}_t' \cdot (\mathbf{F}_t \cdot \mathbf{P}_t^e \cdot \mathbf{F}_t' + \sigma_\epsilon^2)' \tag{8.11}$$

mit: $\mathbf{K}_t$ (K× 1)-Vektor des Kalman-Gewinns zum Zeitpunkt t

[40] Vgl. DURBIN und KOOPMAN (2001), S. 99 f.

Der letzte Schritt besteht darin, die Korrekturen für die geschätzten Parameter ($\boldsymbol{\beta}_t^e$) und ($\mathbf{P}_t^e$) vorzunehmen:

$$\boldsymbol{\beta}_t^n = \boldsymbol{\beta}_t^e + \mathbf{K}_t \cdot (R_t - \mathbf{F}_t \cdot \boldsymbol{\beta}_t^e) \qquad \mathbf{P}_t^n = \mathbf{P}_t^e - \mathbf{K}_t \cdot \mathbf{F}_t \cdot \mathbf{P}_t^{e\prime} \tag{8.12}$$

Im nächsten Schritt wird die Prozedur für die nächsten Beobachtungen ($\boldsymbol{\beta}_{t+1}$) und ($\mathbf{P}_{t+1}$) durchgeführt und insgesamt, bis die Betas für jeden Zeitpunkt geschätzt sind, T Male wiederholt.

Im nächsten Schritt werden die neu geschätzten Werte im Zeitpunkt t für Betas und Varianz als zuletzt geschätzte Werte indexiert:

$$\boldsymbol{\beta}_t^l = \boldsymbol{\beta}_t^n \qquad \mathbf{P}_t^l = \mathbf{P}_t^n \tag{8.13}$$

Auf Basis dieser Werte erfolgt dann die erste Schätzung der Parameter zum nächsten Zeitpunkt $t+1$ wie in Gl. 8.10.

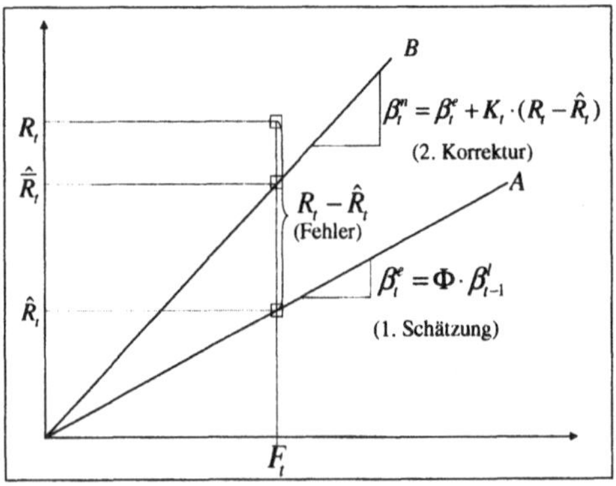

Abbildung 8.5: Kalman Filter

Die Abbildung visualisiert die Schätzung und die Korrektur des Betaparameters anhand des Kalman Filters. Die erste Schätzung der Steigung der Geraden resultiert in einem Fehler, der durch den Abstand zwischen dem tatsächlichen (R_t) und dem geschätzten Wert ($\hat{R}_t$) der Rendite ausgedrückt wird. Dieser Fehler wird mithilfe der Gewichtung (Kalman-Gewinn) verbessert. Dabei verändert sich die geschätzte Steigung und die Gerade verläuft viel näher an dem tatsächlichen Wert der Rendite (R_t). Der Fehler ($R_t - \hat{R}_t$) wird damit verkleinert. (Abbildung in Anlehnung an Kim und Nelson (1999), S. 25.)

Aus den Gleichungen des Kalman Filters (Gl. 8.10-8.12) ist zu erkennen, dass Kalman Filter einen Prognosefehler ($R_t - \mathbf{F}_t \cdot \boldsymbol{\beta}_t^e$ bzw. $R_t - \hat{R}_t$) zu minimieren versucht, indem er die Informationen für die Betas ($\boldsymbol{\beta}_{t-1}^l$) aus der vorherigen Schätzung des Filters verwendet und diesen Prognosefehler nur um einen bestimmten Anteil (Kalman-Gewinn) für die Korrektur der zuerst geschätzten Werte ($\boldsymbol{\beta}_t^e$ und $\mathbf{P}_t^e$) einsetzt. Die Abb. 8.5 visualisiert das Grundprinzip des Filters anhand der Regressionsgeraden.

Es werden zwei grundsätzliche Typen von Kalman Filtern unterschieden: Basisfilter (engl. basic filter) und Glättungsfilter (engl. smoother). Das Basismodell des Filters berücksichtigt die bis zum Zeitpunkt t verfügbare Information und wird Schritt für Schritt vorwärts in der Zeit modelliert (engl. foward filtering), während der Glättungsfilter auf den vollständig verfügbaren Daten die Schätzung der Betas basiert und damit am Ende der Zeitreihe anfängt und die Daten Schritt für Schritt rückwärts verarbeitet (engl. backward filtering).[41] Im Laufe der weiteren Untersuchungen wird der Basisfilter eingesetzt.

Der Kalman Filter ist ein relativ anwenderfreundliches Tool. Die Problemlösung des Filters ist rekursiv, d.h. die Schätzung der gesuchten Parameter erfolgt anhand der vorherigen Schätzung dieses Parameters sowie neuer zusätzlicher Inputdaten, so dass zwischen einzelnen Iterationen nur der vorherige Schätzer weitergegeben werden muss. Aus diesem Grund wird der Kalman Filter auch als sehr effizient angesehen.

8.3.2.3 Modellrestriktionen

Anhand des Kalman Filters kann eine Stilanalyse durchgeführt werden, mithilfe derer die Portfoliozusammensetzung eines Fonds nachverfolgt werden kann. Die geschätzten Betas aus dem Kalman Filter repräsentieren Faktorsensitivitäten, die keine Eigenschaften der üblichen Portfoliogewichte besitzen. Aus diesem Grund müssen zusätzliche Restriktionen eingeführt werden, damit sich die Betas zu Eins summieren (Budgetrestriktion) und evtl. positiv bleiben (Nichtnegativitätsbedingung). Bei Investmentfonds werden beide Nebenbedingungen berücksichtigt. Da Hedge Fonds negative Portfolioanteile halten können, die Leerverkäufe implizieren, wird bei ihnen keine Nichtnegativitätsbedingung eingeführt. Um die unrealistische Höhe der Leerverkäufe einzuschränken, werden die Leerverkäufe bis maximal 100% zugelassen. Auch die Portfolioanteile der Hedge Fonds werden der Budgetrestriktion unterzogen.

In den letzten Jahren haben sich viele Forscher intensiv mit den einzelnen Problemlösungen bezüglich des Kalman Filters und insbesondere mit der Einführung von Restriktionen beschäftigt, da die bis jetzt verwendeten Techniken sehr heuristisch sind.[42] Die Veröffentlichungen von SIMON und CHIA (2002), SIMON und SIMON (2006) und CHIA et al. (2006) behandeln die Einbindung von Restriktion im Kalman Filter. Auf diesen Beiträgen basieren die folgenden Ausführungen, die sich allerdings allein auf Faktorsensitivitäten (Betas) beschränken, da Alphas keinen Restriktionen unterzogen werden.

---

41 Glättungsfilter können unterschiedlich konzipiert werden. Eine Möglichkeit, einen Glättungsfilter zu erstellen, besteht in der Kombination von einem Vorwärts- und einem Rückwärtsfilter sowie einem separaten Glätter, der die Informationen aus den ersten zwei Filtern verwendet. Eine andere Möglichkeit präsentiert der *Rauch-Tung-Striebel* Glätter. Für eine tiefer gehende Analyse siehe HAYKIN (2001), S. 15 f. und die dort angegebene Literatur. Siehe Anhang D.1 (S. 493) für die Herleitung der Parametergleichung des Glättungsfilters.

42 Vgl. SIMON und SIMON (2006), S. 371.

Die Budgetrestriktion wird in Matrizenform folgendermaßen erfasst:

$$\mathbf{d}^* \boldsymbol{\beta}_t^n = d, \tag{8.14}$$

wobei $\mathbf{d}^* = (1, \ldots, 1)$ einen $(1 \times K)$-Einsenvektor[43] darstellt und $d = 1$ impliziert, dass die Gewichte $\boldsymbol{\beta}_t^n$ sich zu Eins summieren. Das allgemeine restriktive Modell kann in der folgenden Form geschrieben werden:

$$\min(\boldsymbol{\beta}_t^n - \bar{\boldsymbol{\beta}}_t^n)'\mathbf{W}(\boldsymbol{\beta}_t^n - \bar{\boldsymbol{\beta}}_t^n), \qquad \text{wobei} \qquad \mathbf{d}^*\boldsymbol{\beta}_t^n = d \tag{8.15}$$

mit: $\boldsymbol{\beta}_t^n$ der (Kx1)-Vektor der geschätzten Betas zum Zeitpunkt t

$\bar{\boldsymbol{\beta}}_t^n$ (Kx1)-Vektor ($\begin{pmatrix} 1 \\ \vdots \\ 1 \end{pmatrix} \cdot \bar{\beta}_t^n$) aus dem Mittelwert der geschätzten Betas zum Zeitpunkt t

Dabei ist $\mathbf{W} = \mathbf{I}$, wobei $\mathbf{I}$ eine Einheitsmatrix der Dimension $(K \times K)$ darstellt.[44] Gl. 8.15 verkörpert ein Optimierungsproblem, nach dem die optimalen Betas gefunden werden sollen, wobei die Abweichungen von den nichteingeschränkten Betas minimiert werden.[45]

Die Budgetrestriktion wird eingeführt, indem die *Projection Method* von SIMON und CHIA (2002) implementiert wird.[46] Dabei wird die nichteingeschränkte Version des Kalman Filters bzw. des Zustandvektors in eine restriktive Umgebung projiziert (b steht für Budgetrestriktion):

$$\boldsymbol{\beta}_t^b = \boldsymbol{\beta}_t^n - \mathbf{W}^{-1}\mathbf{d}^{*\prime}(\mathbf{d}^*\mathbf{W}^{-1}\mathbf{d}^{*\prime})^{-1}(\mathbf{d}^*\boldsymbol{\beta}_t^n - d) \tag{8.16}$$

Die Budgetrestriktion wird im Kalman Filter direkt nach Gl. 8.12 eingebaut. Die Einführung der Nichtnegativitätsbedingung erfolgt nach der gleichen Vorgehensweise, wobei ein Minimierungsproblem gelöst werden muss.[47] Die Nichtnegativitätsbedingung wird in Form einer Ungleichung erfasst:

$$\mathbf{D}\boldsymbol{\beta}_t^b \leq \mathbf{d}, \tag{8.17}$$

wobei $\mathbf{D} = (-1)\mathbf{I}$ eine Einheitsmatrix der Dimension $(K \times K)$ darstellt und $\mathbf{d}$ ein Nullvektor ist, was impliziert, dass die einzelnen Gewichte $\boldsymbol{\beta}_t^b$ positiv sein müssen.[48] Das allgemeine restriktive Modell kann in der folgenden Form geschrieben werden:

---

43 SIMON und SIMON (2006) verwenden die Bezeichnung $\mathbf{D}$ anstelle der hier verwendeten $\mathbf{d}^*$, da im allgemeinen Fall die Restriktion eine Matrix sein kann und nur in dieser Studie ein Vektor ist.

44 Die Matrix $\mathbf{W}$ kann einer anderen Restriktion folgen. In diesem Fall ist sie gleich der Einheitsmatrix.

45 Für die ausführliche Herleitung der Restriktion siehe SIMON und CHIA (2002).

46 SIMON und CHIA (2002) besprechen auch andere Methoden wie z.B. *Maximum Probability Method*, die allerdings zu ähnlichen Ergebnissen führen.

47 Vgl. SIMON und SIMON (2006).

48 Für Hedge Fonds stellt $\mathbf{d}$ ein Einsenvektor dar, da Leerverkäufe bis maximal 100% zugelassen werden. Daraus folgend erfüllen Betas die Bedingung: $\boldsymbol{\beta}_t^b \geq -1$

$$\min(\boldsymbol{\beta}_t^b - \bar{\boldsymbol{\beta}}_t^b)'\mathbf{W}(\boldsymbol{\beta}_t^b - \bar{\boldsymbol{\beta}}_t^b), \qquad \text{wobei} \qquad \mathbf{D}\boldsymbol{\beta}_t^b \leq \boldsymbol{d} \tag{8.18}$$

mit: $\boldsymbol{\beta}_t^b$ (Kx1)-Vektor der geschätzten (Budget)restriktiven Betas zum Zeitpunkt t

$\bar{\boldsymbol{\beta}}_t^b$ (Kx1)-Vektor ($\begin{pmatrix} 1 \\ \vdots \\ 1 \end{pmatrix} \cdot \bar{\beta}_t^b$) aus dem Mittelwert der geschätzten (Budget)restriktiven Betas zum Zeitpunkt t

Die Lösung des Optimierungsproblems nach Gl. 8.18 erfolgt mithilfe der quadratischen Optimierung, nach der die Betas ermittelt werden, die zusätzlich die Nichtnegativitätsbedingung erfüllen.[49] Abb. D.1 (im Anhang, S. 495) veranschaulicht durch ein Flussdiagramm den Aufbau der Kalman-Filter-Modellierung unter Berücksichtigung von Nebenbedingungen (Budget- und Nichtnegativitätsrestriktion).

Zur Evaluation der Ergebnisse des Kalman Filters wird die Erklärungskraft der Modelle anhand des Bestimmtheitsmaßes (bekannt aus der Regressionsanalyse) gemessen:

$$R^2 = \frac{\sigma_{\hat{R}}^2}{\sigma_R^2} \tag{8.19}$$

mit: R^2 Bestimmtheitsmaß

$\sigma_{\hat{R}}^2$ Varianz der geschätzten Rendite

σ_R^2 Varianz der beobachteten Renditewerte

8.3.3 Markov-Switching zur Modellierung der Fondsrenditen

Markov-Switching-Modelle gehören zu den stochastischen Modellen, die strukturelle Veränderungen bei der Modellierung der Zeitreihen erfassen können. Da die strukturellen Veränderungen in den Zeitreihen meistens nicht offensichtlich sind, können traditionelle Switching Regressionen sie nicht adäquat modellieren, denn in diesen Modellen müssen die Übergangswerte unterschiedlicher Regime vorgegeben werden. Dagegen gehen die Markov-Switching-Modelle von einer unbeobachteten Zustandsveränderung aus, die von diesen Modellen endogen bestimmt wird.

Unter der Vermutung struktureller Veränderungen in der Fondsrendite werden Markov-Switching-Modelle zur Erfassung der Rendite von Hedge- und Investmentfonds einbezogen. In dieser Arbeit wird zuerst das *traditionelle* Modell von HAMILTON angewandt, welches über die Zeit konstante Übergangswahrscheinlichkeiten verwendet.[50] Dieses Modell wird im Weiteren kurz als *traditionelles MSWM* bezeichnet.

[49] In Matlab wird das Problem mithilfe von $fmincon()$ gelöst. Diese Funktion ermöglicht eine Optimierung mit Restriktionen in Form einer Ungleichung.

[50] Für eine ausführlich Darstellung der Markov-Switching-Modelle siehe Kap. 4.5.4, S. 173.

Das traditionelle Markov-Switching-Modell (MSWM) baut auf einer multivariaten Regression bzw. einem Faktormodell auf:[51]

$$R_{it} = \alpha_{i,S_t} + \sum_{k=1}^{12} \beta_{ki,S_t} F_t + \epsilon_{it} \qquad \epsilon_t \sim N(0, \sigma^2_{S_t}) \tag{8.20}$$

mit: R_{it} Rendite des Fonds i zum Zeitpunkt t
F_t Faktorrendite zum Zeitpnukt t
α_i, β_{ki} Regressionskoeffizienten des Fonds i
ϵ_{it} Störterm zum Zeitpunkt t
S_t Regimezustand zum Zeitpunkt t

wobei die konstanten Übergangswahrscheinlichkeiten aufgrund der Regimezustände hier für einen Zwei-Regimen-Fall berechnet werden:[52]

$$\begin{aligned} p_{it} &= \Pr(S_t = 1 | S_{t-1} = 1) \\ q_{it} &= \Pr(S_t = 0 | S_{t-1} = 0) \end{aligned} \tag{8.21}$$

mit: p_{it} und q_{it} Übergangswahrscheinlichkeiten[53]des Fonds i zum Zeitpunkt t

Die strukturellen Veränderungen werden in Gl. 8.20 in den Koeffizienten der Stilfaktoren (sowie in der Varianz) erfasst. Damit nimmt das Modell die Existenz unterschiedlicher Regime an, die aufgrund der veränderten Zusammenhänge zwischen den Fonds- und den Stilfaktorrenditen bestehen.[54]

Der größte Nachteil dieses Modells liegt in einer starren Struktur der Modellierung, die aufgrund konstanter Übergangswahrscheinlichkeiten von einem Regime zum anderen eine periodisch konstante Regimedauer impliziert.[55] Ebenfalls könnte die Einschränkung durch die Festlegung auf nur zwei Regime (Zustände) kritisch betrachtet werden. In Wirklichkeit kann von einer größeren Anzahl der Zustände ausgegangen werden. Die Annahme von nur zwei Zuständen ermöglicht die Modellierung von zwei Portfolios für Bull und Bear Phasen, die unterschiedlich aussehen könnten.

Aufgrund ihrer hohen Popularität wurden diese Modelle ständig weiterentwickelt. Die Erweiterung des traditionellen MSWM durch zeitvariable Übergangswahrscheinlichkeiten, die von FILARDO (1994) und DIEBOLD et al. (1994) vorgeschlagen wur-

---

51 Siehe eine ausführlichere Darstellung im Kap. 4.5.4, S. 173.

52 Siehe Kap. 4.5.4 (S. 173) für eine ausführlichere Beschreibung.

53 Übergangswahrscheinlichkeiten können ebenfalls als „Verbleibewahrscheinlichkeit" bezeichnet werden.

54 Im Rahmen der Modellierung wurden Markov-Switching-Modelle sowohl aufgrund der strukturellen Veränderungen in Koeffizienten und Varianz als auch aufgrund der strukturellen Veränderungen in Koeffizienten angewandt. Die Ergebnisse der beiden Analyse sind fast identisch. Aus Platzgründen werden im Weiteren nur Ergebnisse für die Letzten präsentiert.

55 Vgl. KIM und NELSON (1999), S. 72.

den, ermöglicht den oben genannten Nachteil des Modells zu beseitigen.[56] Durch eine Konditionierung der Übergangswahrscheinlichkeiten an eine bestimmte Zeitreihe, die eine dynamische Veränderung der Regime widerspiegeln kann, wird das Modell gegenüber veränderten Umweltzuständen anpassungsfähiger und ermöglicht dadurch eine adäquate Abbildung der Regimedauer. Diese Modelle werden im Weiteren als *bedingte MSWM* bezeichnet. Die zeitvariablen Übergangswahrscheinlichkeiten eines solchen Modells werden aus der Funktion der exogenen Information bestimmt:

$$p_{it} = \frac{\exp(\lambda_{0i}+Z_{t-1}\lambda_{1i})}{1+\exp(\lambda_{0i}+Z_{t-1}\lambda_{1i})}$$
$$q_{it} = \frac{\exp(\lambda_{2i}+Z_{t-1}\lambda_{3i})}{1+\exp(\lambda_{2i}+Z_{t-1}\lambda_{3i})} \quad (8.22)$$

mit: Z_{t-1} Exogene Information (z.B. phasenkodierter Aktienindex) zum Zeitpunkt $t-1$
λ_{0i} bis λ_{3i} Koeffizienten des Modells für den Fonds i

Markov-Switching-Modelle erlauben die Modellierung mehrerer Zustände. In den folgenden Untersuchungen wird von zwei Zuständen ausgegangen. Diese Annahme kann zwar nicht grundsätzlich gesetzt werden, da die genaue Anzahl der Zustände unbekannt ist, jedoch bilden zwei Regime einen passenden Rahmen bezüglich Bull und Bear Phasen. Die zwei Zustände der modellierten Fondsrendite werden demnach auf zwei Marktphasen zurückgeführt, in denen Portfoliomanager wahrscheinlich zwei unterschiedliche Portfolios halten. Es wird demnach untersucht, ob sich Fonds bzw. ihre Portfoliomanager zwischen zwei Portfolios abwechseln, wonach die zwei Marktzustände zu unterscheiden wären.

Eine Stilanalyse auf Basis der Markov-Switching-Modelle ermöglicht damit die (zwei) Phasen zu identifizieren, in denen Fonds höchstwahrscheinlich unterschiedliche Portfolios halten. Damit werden zwei unterschiedliche Stilrichtungen jedes Fonds identifiziert, die in Abhängigkeit von der Anlageentscheidung des Fondsmanagers zustande kommen. Zu überprüfen ist, ob diese Phasen mit denen der Finanzmärkte übereinstimmen oder Fondsmanager aus anderen Gründen Portfolioumschichtungen vornehmen.

Zur Messung der Leistungsstärke der Modelle wird das Bestimmtheitsmaß (R^2) einbezogen. Die Erklärungskraft der Modelle wird mit der Erklärungskraft der einfachen linearen Faktormodelle und der der Switching Regression mit exogenem Phasenübergang nach Gl. 8.23 verglichen.

$$R_t = \begin{cases} \beta_1 F_t + \epsilon_{1t} & \text{wenn} \quad I = 0 \\ \beta_2 F_t + \epsilon_{2t} & \text{wenn} \quad I = 1 \end{cases} \quad (8.23)$$

[56] Die vorliegenden empirischen Untersuchungen basieren auf den Arbeiten und der entsprechenden Software von FILARDO (1994) und BELLONE (2005). Die Software wurde gemäß den Anforderungen dieser Arbeit umfassend angepasst.

Die Phasenübergänge in Gl. 8.23 sind durch eine Indikatorvariable reguliert, welche die Zugehörigkeit einer Renditebeobachtung zu einer Bull ($I = 1$) oder Bear ($I = 0$) Phase indiziert.

PODDIG et al. (2006) präsentieren eine Studie, in der sie ihrer Renditemodellierung strukturelle Veränderungen des Zusammenhangs zwischen Renditen der Merger Arbitrage Fonds und des MSCIW zugrunde legen. Zur Abbildung der Rendite von Merger Arbitrage Fonds implementieren sie Switching Regressionen. Die Autoren zeigen anhand unterschiedlicher Methoden, wie Übergänge für Switching Regressionen bestimmt werden können. Die besten Ergebnisse produzieren Modelle, deren Übergänge aufgrund der Zeitpunkte, in denen strukturelle Veränderungen beobachtet werden, modelliert werden. Diese Übergänge ermitteln sie anhand des Chow-Tests.[57] Die Autoren vergleichen die Phasenübergänge der Wertentwicklungsphasen des MSCIW und die Zeitpunkte struktureller Veränderungen miteinander. Sie stellen fest, dass strukturelle Veränderungen oft nicht in Hoch- oder Tiefpunkten der Phasen der Wertentwicklung vom MSCIW, sondern auch mitten in den Phasen stattfinden. Bei der in der Studie implementierten Vorgehensweise ist die zeitliche Abfolge der Beobachtungen von Bedeutung, denn die Übergangsvariable stellt einen bestimmten (beobachteten) Zeitpunkt dar.

Die vorliegende Arbeit untersucht unterschiedliche Möglichkeiten zur Entstehung von Phasen, die sowohl aufgrund der Wertentwicklung als auch der strukturellen Veränderungen zustande kommen können. Phasen aufgrund struktureller Veränderungen der Zusammenhänge werden hier anhand von Markov-Switching-Modellen bestimmt, die eine andere als die in dem Artikel von PODDIG et al. (2006) implementierte Herangehensweise darstellt. Bei dem Markov-Switching-Modell reguliert ein unbeobachteter Prozess die Übergänge zwischen verschiedenen Zuständen (Phasen). Die Zustandsübergänge werden zwar autoregressiv aufgebaut, die zeitliche Reihenfolge der Beobachtungen wird in diesem Modell jedoch (wie bei einer Regression) nicht beachtet. Das MSWM modelliert zwei (oder mehr) Zustände, deren Modellgleichungen sich durch Modellkoeffizienten unterscheiden. Die Durchführung des Tests auf strukturelle Veränderungen entfällt damit, denn die strukturellen Veränderungen der Zusammenhänge werden durch dieses Modell modelliert. Das MSWM bestimmt simultan Faktorkoeffizienten und Wahrscheinlichkeiten, welche die Zugehörigkeit zu dem einen oder dem anderen Zustand (Phase) ausdrücken.

Die vorliegende Untersuchung kann als eine Fortführung der Studie von PODDIG et al. (2006) betrachtet werden. In der Studie von PODDIG et al. (2006) wurde nur ein Faktor (MSCIW) zur Bestimmung der strukturellen Veränderungen einbezogen und die Anzahl der untersuchten Fonds war auf etwa 60 begrenzt. In den Untersuchungen dieser Arbeit werden deutlich mehr Fonds untersucht sowie 12 Stilfaktoren einbezogen, die Fondsrenditen beeinflüssen können. Die strukturellen Veränderungen werden demnach nicht zwischen der Markt- und Fondsrendite allein, sondern zwischen der Fondsrendite und den Renditen aller 12 Stilfaktoren simultan model-

[57] Der Chow-Test ermöglicht Zeitpunkte struktureller Veränderungen zu identifizieren. Vgl. CHOW (1960).

liert. Aus diesem Grund können verschiedene modellierte Zustände auf die Haltung von Portfolios, die eine unterschiedliche Performance erzielen, zurückzuführen sein.

8.4 Ergebnisse der Modellierung

8.4.1 Stilanalyse mit Kalman Filter

Mithilfe des Kalman Filters werden für jeden Hedge Fonds (Investmentfonds) seine Portfoliogewichte im Zeitablauf anhand der 12 Stilfaktoren ermittelt. Als Zustandsgleichung des Filters wird das Random-Walk Modell verwendet und die benötigten Parameter werden anhand der OLS Schätzung, wie in Kap. 8.3.2 beschrieben, ermittelt.[58] Laut der Studie von SWINKELS und VAN DER SLUIS (2006) erkennt der Basisfilter eine Anlagestilveränderung schneller als der Glättungsfilter. Da der Schwerpunkt der Modellierung in der Untersuchung des unterschiedlichen Fondsverhaltens in Bull und Bear Märkten liegt, ist eine sofortige Erkennung der Portfoliogewichtsveränderungen wichtig. Wenn die Gewichtsveränderungen mit einer Verzögerung erkannt werden, könnten ungenaue Rückschlüsse auf das Verhalten der Fonds in den Marktphasen gezogen werden. Aus diesem Grund wird der Basisfilter eingesetzt.

8.4.1.1 Erklärungskraft der Modelle

Die Erklärungskraft der Modelle wird anhand des R^2 bestimmt und liegt für Hedge Fonds im Mittel bei 88,3%, wobei 15% der Fonds eine Erklärungskraft von unter 80% besitzen. Die Erklärungskraft ist überraschend hoch, wobei die einbezogenen Stilfaktoren das Anlageuniversum der Hedge Fonds sicherlich nicht vollständig abdecken.[59] Die Erklärungskraft der Modelle für Investmenfonds ist im Durchschnitt deutlich niedriger und beträgt 75,0%. Die meisten Studien in der Literatur erreichten dagegen eine viel höhere Erklärungskraft durch die Stilanalyse für Investmentfonds als für Hedge Fonds.[60] Dieser Unterschied ist auf zwei grundlegende Ursachen zurückzuführen.

Erstens wurden in einigen Studien zur Stilanalyse Restriktionen in Bezug auf Leerverkäufe auch für Hedge Fonds eingeführt.[61] Dieses Vorgehen macht insbesondere für diesen Fondstyp keinen Sinn, da Hedge Fonds verbreitet Short-Positionen eingehen. Zu überlegen wäre eine Restriktion einzuführen, die unrealistische Höhe der Leerverkäufe einschränken würde. Voruntersuchungen zu dieser Arbeit haben gezeigt, dass Stilanalysen vollkommen unterschiedliche Ergebnisse liefern, wenn zusätzliche Optimierungsrestriktionen (wie z.B. Leerverkaufsverbote) eingeführt werden. In der vorliegenden Untersuchung wurden Leerverkäufe für Hedge Fonds bis

[58] Vgl. Kap. 8.3.2, S. 306.

[59] Auch POSTHUMA und VAN DER SLUIS (2005) weisen auf eine hohe Erklärungskraft ihrer Modelle hin, die beim Modell mit fünf Faktoren über 80% erreicht. Sie gehen auf die Ursachen jedoch nicht ein.

[60] Vgl. SHARPE (1992), DOR und JAGANNATHAN (2002) und SWINKELS und VAN DER SLUIS (2006).

[61] Vgl. SWINKELS und VAN DER SLUIS (2001), S. 13.

maximal 100% (für jedes Finanzinstrument) zugelassen. Die Berücksichtigung eines Leerverkaufsverbots für Hedge Fonds führte in der Voruntersuchung zu einer deutlich geringeren Erklärungskraft der Modelle (R^2 von 50,4%). Dies ist auf einen technischen Effekt der Stilanalyse zurückzuführen. Ein durch bestimmte Nebenbedingungen eingeschränkter Optimierungsalgorithmus kann nach den optimalen Lösungen nur in einem eingeschränkten Bereich suchen, während ein nicht eingeschränkter Optimierungsalgorithmus in einem unbeschränkten Lösungsraum sucht. Aus diesem Grund ist die Wahrscheinlichkeit einer besseren Anpassung der Ergebnisse bei einem nicht eingeschränkten Optimierungsalgorithmus deutlich höher. Für Investmentfonds wurde im Vergleich zu Hedge Fonds eine zusätzliche Restriktion eingeführt, die den Raum möglicher Optimierungslösungen einschränkt. Da Investmentfonds tatsächlich keine Leerverkäufe tätigen dürfen, ist eine relativ niedrige Erklärungskraft des Modells durch eine nicht vollständige Berücksichtigung aller weiteren erklärenden Stilfaktoren zu begründen. Bei Hedge Fonds sind zwar ebenfalls weitere Einflussgrößen vorstellbar, durch ein teilweise eingeschränktes Modell wurde jedoch eine deutlich höhere Erklärungskraft anhand der berücksichtigten Stilfaktoren erreicht, was nicht als eine beinah vollständige Erklärung der Fondsrendite gedeutet werden darf.

Zweitens ist die hohe Erklärungskraft der Modelle durch eine hohe finanzmarktübergreifende Korrelation der verschiedenen Finanzinstrumente zu deuten.[62] Zwar wurden die für die Untersuchung einbezogenen Stilfaktoren orthogonalisiert und dadurch von gegenseitigen Einflüssen bereinigt. Doch es bleibt trotzdem die Gefahr bestehen, dass diese Faktoren Korrelationen zu den in der Analyse nicht berücksichtigten Faktoren aufweisen, deren Einflüssen aber die untersuchten Fonds ausgesetzt sind. Aufgrund der ähnlichen Trendentwicklung der berücksichtigten und nichtberücksichtigten Faktoren können die berücksichtigten Faktoren stärker oder eventuell überhaupt erst gewichtet werden, obwohl die Fonds tatsächlich das entsprechende Anlageinstrument nicht in ihrem Portfolio halten. Da jedoch die tatsächlichen Portfoliogewichte der Fonds nicht bekannt sind, kann die Verzerrung aufgrund fälschlich zugewiesener Gewichte nicht gemessen werden.

Es sei an dieser Stelle erneut angemerkt, dass eine Stilanalyse nicht die Bestimmung einer tatsächlichen Zusammensetzung eines Portfolios ermöglicht, sondern lediglich die Faktoren und ihre Gewichte identifiziert, die die Portfoliorendite beeinflussen könnten. Wie jedoch SHARPE (1992) anmerkt, soll ein Tier, wenn es sich wie eine Ente verhält, auch wie eine Ente behandelt werden.[63] Diese Aussage impliziert, dass für einen Analysten primär das Verhalten und die treibenden Kräfte eines Portfolios von Interesse sind. Eine tatsächliche Zusammensetzung des Fondsportfolios wäre zwar ebenfalls von Interesse, jedoch ist sie nicht bekannt. Aus diesem Grund kann das Verhalten eines Portfolios nur durch verhaltensähnliche Faktoren nachvollzogen werden.

[62] Vgl. TER HORST et al. (2004), S. 48.

[63] Vgl. SHARPE (1988).

8.4.1.2 Validität der Ergebnisse

Im nächsten Schritt werden die aus dem Kalman Filter resultierenden Gewichte auf ihre Plausibilität untersucht. Da die tatsächlichen Zusammensetzungen der Portfolios nicht bekannt sind, kann die Validität der Ergebnisse des Kalman Filters nicht eindeutig überprüft werden. Mit folgenden Analysen wird sichergestellt, dass die Methode des Kalman Filters kein künstliches Artefakt erzeugt, das aufgrund einer reinen Anpassung an die Daten produziert wird. In diesem Fall würden die geschätzten Gewichte der Stilfaktoren ständige Sprünge erfahren. Es kann jedoch festgestellt werden, ob die ermittelten Stilfaktorgewichte sprunghaft abwechseln oder eher fließend ineinander übergehen. Hedge Fonds können zwar ihre Portfolios ständig umschichten, jedoch wird davon ausgegangen, dass ein vollkommener Stilrichtungswechsel (z.B. wegen hohen Transaktionskosten) nur selten erfolgt.

Anhand des *Style Drift Score* werden Variabilitäten der Portfoliogewichte über die Zeit überprüft und damit die Konsistenz des verfolgten Anlagestils festgestellt. Der Style Drift Score wurde von IDZOREK und BERTSCH (2004) vorgestellt und wird durch die folgende Formel für jeden Fonds berechnet:

$$\mathrm{SDS} = \sqrt{\frac{\sum_{k=1}^{K}\sum_{t=1}^{T}(G_{kt} - \overline{G}_k)^2}{K-1}} \tag{8.24}$$

mit: SDS Style Drift Score
G_{kt} Gewicht des k-ten Faktors ($k = 1, \ldots, K$) zum Zeitpunkt t
$\overline{G}_k$ der Mittelwert der Gewichte des k-ten Faktors über alle Zeitpunkte

Die dargestellte Formel drückt die durchschnittliche Euklidische Distanz der Portfoliogewichte zu ihren Mittelwerten aus.[64] Variieren bei Fonds die Portfoliogewichte im Zeitablauf nur gering, nähert sich der SDS Null. Eine starke Gewichtsveränderung resultiert in stark ansteigenden SDS-Werten, wobei die Grenze nach oben offen ist. IDZOREK und BERTSCH (2004) berechnen SDS-Werte für 812 Investmentfonds, deren Durchschnittswert 18,54 beträgt. Dieser Wert kann jedoch in Abhängigkeit von den Voreinstellungen der Stilanalyse stark variieren. Zum Vergleich dürfen deshalb nur solche SDS einbezogen werden, die anhand gleicher Parameter (z.B. Anzahl und Art der Stilfaktoren, Länge der betrachteten Zeiträume usw.) errechnet wurden.

Für die Untersuchungen dieser Studie werden unterschiedliche SDS-Werte ermittelt, wenn eine rollierende Regression zur Stilanalyse einbezogen wird. Die SDS-Werte schwanken in diesem Fall enorm, wenn für die Analyse unterschiedliche Zeitfenster der rollierenden Regression eingesetzt werden. Einerseits verändern sich die anhand kürzerer Zeitfenster ermittelten Gewichte viel häufiger und weichen deshalb stärker von ihrem Mittelwert ab. Andererseits werden anhand kürzerer Zeitfenster Gewichte für mehr Zeitpunkte ermittelt. In der SDS-Formel (8.24.) wird die An-

[64] Vgl. IDZOREK und BERTSCH (2004), S. 80.

zahl der untersuchten Perioden nicht berücksichtigt, sodass die Anzahl quadrierter Abweichungen bei einer größeren Anzahl von Perioden ansteigt und die Endsumme der Distanzen vergrößert wird. Aus diesem Grund und insbesondere aufgrund unterschiedlicher Zeitreihenlängen im untersuchten Datensatz muss die Gl. 8.24 an die Länge der Zeitreihen angepasst werden. In der folgenden Gleichung erfolgt die Anpassung:

$$\mathrm{SDS}^* = \sqrt{\frac{\sum_{k=1}^{K}\sum_{t=1}^{T}(G_{kt} - \overline{G}_k)^2}{(K-1)T}} \qquad (8.25)$$

mit: SDS* periodenangepasstes Style Drift Score
T Anzahl der Perioden

Abb. 8.6 veranschaulicht die Verteilungen der angepassten SDS-Werte für Hedge- (Mittelwert 43,2) und Investmentfonds (Mittelwert 13,2) für die Auswertungen des Kalman Filters. Anzumerken ist, dass die SDS-Werte der Investmentfonds erstens deutlich kleiner ausfallen und zweitens nicht so stark streuen wie die der Hedge Fonds. Diese Auswertung scheint auch plausibel zu sein, da Hedge Fonds Leerverkäufe tätigen können, wodurch die Streuungsbreite der einzelnen Gewichte deutlich höher als die der Investmentfonds ausfallen kann.

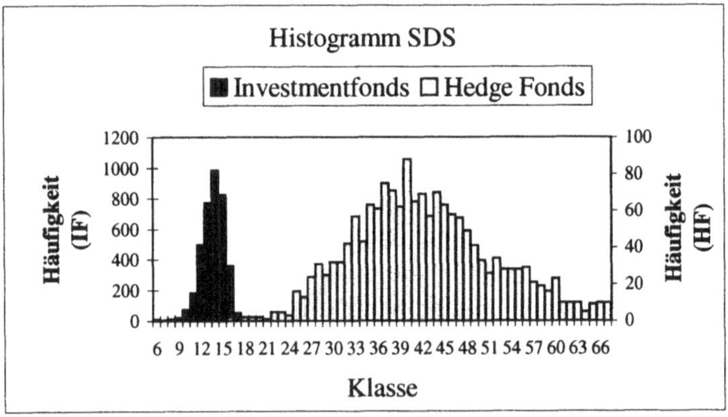

Abbildung 8.6: Häufigkeitsverteilung der angepassten SDS

Die Abbildung veranschaulicht Verteilung angepasster SDS für Investmentfonds und Hedge Fonds. Die SDS-Werte für Hedge Fonds sind deutlich stärker gestreut.

Anhand des SDS können jedoch keine Aussagen bezüglich der Plausibilität der ermittelten Portfoliogewichte gemacht werden. Der SDS ermöglicht einen Vergleich unterschiedlicher Fonds oder ihrer Gruppen auf Basis gleicher Voreinstellungen der Analysen. Er liefert keinen Referenzwert (nur die minimale Grenze), ab dem die

Konsistenz der Gewichte als kritisch bewertet werden kann. Ebenfalls ist die Berechnung von Distanzen in Bezug auf einen konstanten Mittelwert zu hinterfragen. Es ist durchaus vorstellbar, dass sich die Stilrichtung eines Fonds mit der Zeit verändern kann. Aus diesem Grund wäre bei der Berechnung der SDS-Werte die Einbeziehung eines *gleitenden* Durchschnitts geeigneter.

Auf der Suche nach einem Maß, welches die Plausibilität der ermittelten Portfoliogewichte hinterfragt, soll primär die Anforderung erfüllt werden, dass die aufgestellte Kennzahl die Portfoliogewichte zwischen einzelnen Perioden auf fließende Übergänge überprüft. Anhand einfacher absoluter Differenzen wird getestet, wie stark die Portfoliogewichte einzelner Anlagen (Stilfaktoren) von einer Periode zu der nächsten schwanken. Anhand aller Stilfaktoren werden somit für jeden Fonds mittlere absolute Gewichtedifferenzen (MAD) ermittelt:

$$\text{MAD} = \frac{1}{K}\frac{1}{T-1}\sum_{k=1}^{K}\sum_{t=2}^{T}|G_{kt} - G_{kt-1}| \tag{8.26}$$

mit: MAD mittlere absolute Differenzen der Gewichte
G_{kt} Gewicht des k-ten Stilfaktors ($k = 1, \ldots, K$) zum Zeitpunkt t ($t = 1, \ldots, T$)

Abb. 8.7 veranschaulicht die Verteilungen der mittleren absoluten Differenzen der Stilfaktorgewichte für Hedge- und Investmentfonds. Die Streuung der Werte innerhalb der Hauptquartilgrenzen ist nicht groß, wobei jedoch mehrere Ausreißer bei allen Stilfaktoren zu beobachten sind. Insbesondere der Faktor T-Bill weist bei Hedge- und Investmentfonds höhere absolute Differenzen der Stilfaktorgewichte auf. Sowohl Investmentfonds als auch Hedge Fonds verändern ihre Gewichte in risikofreien Anlagen am häufigsten. Dabei muss beachtet werden, dass Hedge Fonds insgesamt für alle Faktoren deutlich höhere absolute Gewichtedifferenzen besitzen (vgl. ihre Skalierung). Bei Investmentfonds werden Portfoliogewichte von Aktien (MSCI USA Value) ebenfalls oft verändert. Die Durchschnittswerte über alle Stilfaktoren für MAD betragen bei Investmentfonds 1%-Punkte (Median: 0,7%-Punkte) und bei Hedge Fonds 3,9%-Punkte (Median: 3,4%-Punkte). Die MAD-Werte sind für Investmentfonds niedriger als für Hedge Fonds, was darauf schließen lässt, dass Investmentfonds deutlich fließendere Übergänge in ihren Portfoliogewichten von einer Periode zu der nächsten aufweisen. Die Portfolioveränderungen sind bei Investmentfonds laut den Ergebnissen deutlich geringer als bei Hedge Fonds, was jedoch durch eine dynamische Natur der Hedge Fonds begründet wird und auch zu erwarten war.

Auf Basis der Ergebnisse des Kalman Filters werden unterschiedliche Analysen durchgeführt, um die Ursachen der phasenabhängigen Abläufe der Fondsrendite festzustellen. Im nächsten Schritt erfolgen Hypothesentests. Zuerst muss überprüft werden, ob die Zusammensetzung der Fondsportfolios mit der Phasenentwicklung der Fondsrendite zusammenhängt.

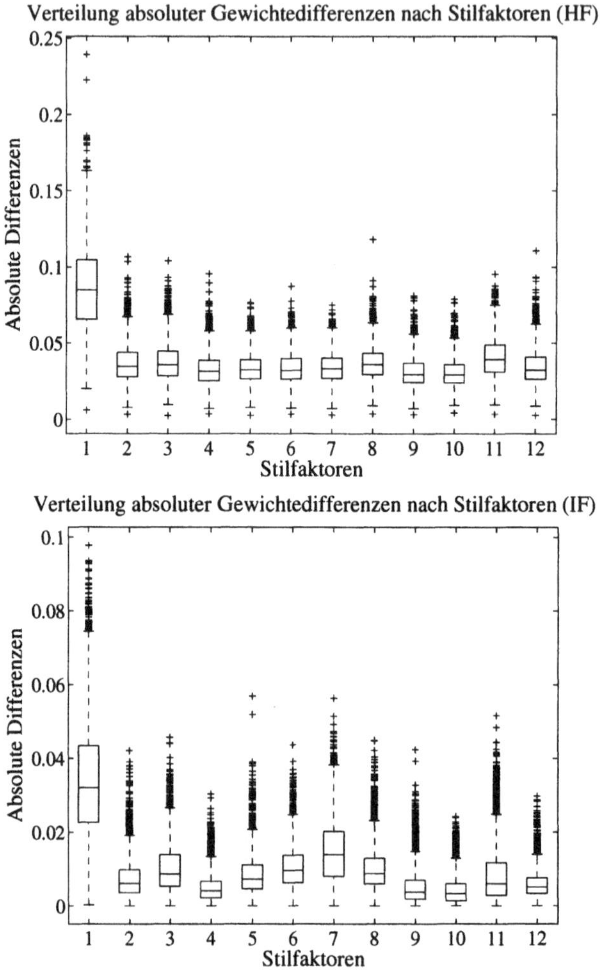

Abbildung 8.7: Boxplots der mittleren absoluten Differenzen

Die Abbildung veranschaulicht die Verteilung mittlerer absoluter Differenzen der Portfoliogewichte für Investmentfonds und Hedge Fonds anhand der Boxplots. Sowohl für Investmentfonds als auch für Hedge Fonds sind im Allgemeinen niedrige Gewichteveränderungen zu beobachten. Für die Wertetabelle siehe Anhang E.8 S. 508. Nummerierung der Stilfaktoren: 1. T-Bill; 2. GSCI; 3. TWEX; 4. MSCI EAFE; 5. MSCI EM; 6. MSCI_g; 7. MSCI_v; 8. Lehm USBI; 9. Lehm Glob BI; 10. Lehm Gov_k; 11. Lehm Gov_l; 12. BXM.

8.4.1.3 Phasenentwicklung und Portfoliozusammensetzung

Durch einen Plausibilitätscheck werden die ermittelten Gewichte überprüft. Die geschätzten Gewichte resultieren aus den Renditereihen der Fonds und Stilfaktoren. Damit ist die Rendite eines Fonds nichts anderes als die Summe der Produkte gewichteter Renditen der einbezogenen Anlagen. Auch die phasenkodierten Zeitreihen wurden aus Fondsrenditen ermittelt, jedoch könnte die Verbindung zwischen den Phasen und Portfoliogewichten einerseits durch die Konstruktion der phasenkodierten Zeitreihen und andererseits durch die Ermittlung der Portfoliogewichte beeinträchtigt werden. Mit dem folgenden Test wird somit überprüft, ob der Zusammenhang zwischen den phasenkodierten Zeitreihen und den Portfoliogewichten erhalten bleibt. In einem multivariaten Modell werden die phasenkodierten Zeitreihen der Fondsrendite auf die Betas aus der Stilanalyse unterschiedlicher Fonds zu verschiedenen Zeitpunkten im Querschnitt regressiert. Zusätzlich werden die Clusterdummyvariablen in die Analyse einbezogen. Das Modell besitzt folgende Form:

$$PR_i = \alpha + \sum_{k=1}^{12} \beta_{ik} G_{ik} + \sum_{c=1}^{15} \beta_{ic} D_c + \epsilon_i \qquad (8.27)$$

mit:

PR_i	Null und Eins phasenkodierte Renditebeobachtung des i-ten Fonds ($i = 1, \ldots, N$) zum Zeitpunkt t
G_i	Gewichte des Faktors k im Portfolio des i-ten Fonds zum Zeitpunkt t
D_c	Dummyvektor der Fondszugehörigkeit zum Cluster c
α_i, β_{ik} und β_{ic}	Regressionskoeffizienten zum Zeitpunkt t

Mit diesem Modell wird überprüft, ob die phasenkodierten Renditezeitreihen im Querschnitt tatsächlich mit den aufgrund des Kalman Filters ermittelten Gewichten der Fondsportfolios zusammenhängen und zusätzlich zu vordefinierten Fondsgruppen (Cluster) eine Verbesserung der Erklärungskraft der Phasenkodierung ermöglichen.

Um die Multikollinearität der Dummyvriablen zu umgehen, werden nur 15 Clusterdummyvariablen verwendet. Im Gegensatz zu Gewichten sind die Clusterzugehörigkeiten im Zeitablauf konstant, d.h. es werden nur 15 Zeitreihen erstellt, deren einzelne Elemente in Abhängigkeit von der Zugehörigkeit zum jeweiligen Cluster Null oder Eins entsprechen.[65]

Ebenfalls werden die Querschnittsregressionen allein anhand der Gewichte der Faktoren und allein anhand der Clusterdummies geschätzt. Zum Vergleich werden auch Renditezeitreihen statt phasenkodierter Zeitreihen verwendet. Anhand des aufgestellten Modells wird zuerst die Null-Hypothese überprüft:

[65] Da alle Cluster gleich gestellt sind, wird hier eine Effektkodierung angewendet. Zu verschiedenen Kodierungsarten der Dummyvariablen siehe PODDIG et al. (2005), S. 473 f.

Die ermittelten Portfoliogewichte und die Fondsphasen (phasenkodierte Renditereihen) sind voneinander unabhängig.

Die Annahme der Alternativhypothese bzw. Ablehnung der Nullhypothese würde einen Zusammenhang zwischen Fondsphasen und ihrer Portfoliostruktur bzw. dem Anlagestil bedeuten. Die Hypothese wird anhand des F-Tests überprüft.

Tabelle 8.6: Erklärungskraft der Querschnittsregressionen für HF

Die Tabelle veranschaulicht die durchschnittliche Erklärungskraft der Querschnittsregressionen für die Erklärung phasenkodierter Zeitreihen sowie der Renditen der Hedge Fonds anhand der Portfoliogewichte (G), den Dummies der Clusterzugehörigkeiten (DCl) sowie der Kombination der beiden analog Gl. 8.27. Ebenfalls sind die Ergebnisse für die Verwendung von Anlagestilgruppen (DS) anstelle der Clusterzugehörigkeiten präsentiert. Anhand von Anlagestilgruppen können im Vergleich zu Clustern überwiegend niedrigere R^2 erzielt werden.

	Phasen			Rendite		
	G (%)	DCl (%)	G+DCl (%)	G (%)	DCl (%)	G+DCl (%)
R^2	14,62	21,97	30,41	42,27	14,25	47,14
		DS (%)	G+DS (%)		DS (%)	G+DS (%)
		8,94	19,48		10,62	45,69

Tab. 8.6 veranschaulicht die durchschnittliche Erklärungskraft der Modelle für Hedge Fonds. Die Querschnittsregressionen erreichen im Durchschnitt eine Erklärungskraft von 30,41% (R^2) für phasenkodierte Zeitreihen, wobei alle Regressionen mit 10%-Irrtumswahrscheinlichkeit die Nullhypothese ablehnen. Daraus folgt, dass die Portfoliostruktur oder die Clusterzugehörigkeit mit Bull oder Bear Phasen zusammenhängen. Die Erklärungskraft der Rendite-basierten Modelle ist deutlich höher als die der phasenkodierten Zeitreihen, was auch plausibel erscheint, da die Portfoliorendite aus den aufsummierten Produkten der Portfoliogewichte und Renditen der in sie investierten Finanzinstrumente resultiert. Die Verbindung zwischen der Portfoliorendite und der Portfoliostruktur ist offensichtlicher als zwischen den Phasen und der Portfoliostruktur. Anzumerken ist ebenfalls, dass die Clusterzugehörigkeiten eine höhere Erklärungskraft für phasenkodierte Zeitreihen als für die Renditen aufweisen. Dies ist auch plausibel, da die Clusterbildung auf phasenkodierten Zeitreihen basierte und Fonds mit ähnlichen Phasenverläufen in gleiche Cluster gruppiert wurden.

Beim Vergleich der Erklärungskraft in Bezug auf Cluster oder vorgegebene Anlagestilgruppen weisen die Clusterzugehörigkeiten eine deutlich höhere Erklärungskraft als die vorgegebenen Anlagestilgruppen auf. Nur bei der Erklärung der Rendite ist die Erklärungskraft der Modelle durch Anlagestilgruppen bzw. Clusterzugehörigkeiten und Portfoliogewichte annähernd gleich.

Für Investmentfonds können ähnliche Ergebnisse erzielt werden. Tab. 8.7 veranschaulicht die Ergebnisse der durchschnittlichen Bestimmtheitsmaße für Investmentfonds. Für phasenkodierte Zeitreihen konnten höhere R^2 im Vergleich zu Hedge

Tabelle 8.7: Erklärungskraft der Querschnittsregressionen für IF

Die Tabelle veranschaulicht die durchschnittliche Erklärungskraft der Querschnittsregressionen für die Erklärung phasenkodierter Zeitreihen sowie der Renditen der Investmentfonds anhand der Portfoliogewichte (G), den Dummies der Clusterzugehörigkeiten (DCl) sowie der Kombination beider analog Gl. 8.27. Ebenfalls sind die Ergebnisse für die Verwendung von Anlagestilgruppen (DS) anstelle der Clusterzugehörigkeiten präsentiert. Anhand von Anlagestilgruppen können im Vergleich zu Clustern überwiegend niedrigere R^2 erzielt werden.

	Phasen			Rendite		
	G (%)	DCl (%)	G+DCl (%)	G (%)	DCl (%)	G+DCl (%)
R^2	20,54	26,42	34,26	34,48	21,95	42,70
		DS (%)	G+DS (%)		DS (%)	G+DS (%)
		18,38	29,28		20,66	43,90

Fonds erreicht werden. Anhand von Clustern können auch hier bessere R^2 im Vergleich zu den Stilgruppen erzielt werden.

8.4.1.4 Streuung der Portfoliogewichte

Die nächsten Untersuchungen der Ergebnisse aus dem Kalman Filter basieren auf der Überprüfung der Streuung der Portfoliogewichte einzelner Fonds in den Clustern in Bezug auf Bull und Bear Phasen, die für jeden Fonds einzeln nach der in Kap. 6.3 beschriebenen (modifizierten) BB-Methode bestimmt werden.[66] Damit wird das Ziel verfolgt, einerseits die Homogenität der Stilfaktorgewichte einzelner Fonds im Cluster zu überprüfen und andererseits Stilfaktoren zu identifizieren, die eine abweichende Gewichtestreuung in verschiedenen Phasen aufweisen. Die Portfoliogewichte werden zuerst anhand der Clusterzugehörigkeit der Fonds sortiert. Für jeden Stilfaktor eines Clusters bzw. seine Gewichtsanteile wird die Streuung im Zeitablauf folgendermaßen berechnet:

$$FQS_{gk} = \frac{1}{T}\frac{1}{N}\sum_{t=1}^{T}\sum_{i=1}^{N}(x_{tigk} - \overline{x}_{tgk})^2 \tag{8.28}$$

mit: FQS_g Abweichungsquadratsumme (bzw. Fehlerquadratsumme) der Portfoliogewichte im Cluster g des Faktors k

x_{tigk} Gewicht des Fonds i, $(i = 1, \ldots, N)$ zum Zeitpunkt t $(t = 1, \ldots, T)$ im Cluster g des Faktors k

$\overline{x}_{tgk}$ Median der Portfoliogewichte zum Zeitpunkt t im Cluster g des Faktors k

[66] Siehe Kap. 6.3, S. 223.

Die Streuung der Portfoliogewichte ist bezüglich der Unterscheidung nach Bull und Bear Phasen verschiedener Cluster interessant. Aus diesem Grund wird die Streuung für Bull und Bear Phasen getrennt berechnet, wobei alle Zeitpunkte der Bull Phasen und alle Zeitpunkte der Bear Phasen unter sich evaluiert werden. Aufgrund der unterschiedlichen Dauer der Bull und Bear Phasen (die Bear Phasen sind meistens kürzer) wird die Streuung der Portfoliogewichte normiert, indem sie durch die Anzahl der Bull bzw. Bear Perioden geteilt wird. Somit werden durchschnittliche Streuungswerte berechnet. Die Phasenevaluation erfolgt anhand der Phasen von Clusterzentroiden.

Wenn die durchschnittliche Streuung (FQS) klein ist, kann der Median der Portfoliogewichte für die Evaluation der Faktoranteile unterschiedlicher Cluster in Bull und Bear Phasen aufschlussreich sein, wodurch die Stilrichtung des Clusters in unterschiedlichen Marktphasen identifiziert werden kann. Im Falle einer großen durchschnittlichen Streuung kann jedoch keine eindeutige Aussage über die Homogenität des Fondsstils in einem Cluster gemacht werden.

Tab. 8.8 und 8.9 veranschaulichen die berechneten FQS-Werte entsprechend für Bear und Bull Phasen. Alle Cluster weisen eine sehr hohe Streuung für den Faktor T-Bill auf. Dieser Befund ist konsistent mit den Ergebnissen der Verteilung absoluter Differenzen in Kap. 8.4.1.2.[67] Zu vermuten ist eine ständige und wenig konsequente Veränderung der Anteile von risikofreien Anlagen, was auf eine eher geringe Market-Timing-Fähigkeit der Fondsmanager hindeutet. Cluster 1, 3, 7, 10, 11 und 13 besitzen eine relativ niedrige, die Cluster 4, 5, 9, 12 und 16 dagegen eine relativ hohe Streuung der Gewichte sowohl in Bull als auch in Bear Phasen. Dies ist auch zu erwarten, da die Cluster mit kleiner Streuung jeweils die kleinste und diejenigen mit großer Streuung die größte Anzahl von Fonds im Vergleich zu den anderen Clustern besitzen.[68] Die restlichen Cluster weisen eine mittlere bis hohe Streuung der einzelnen Faktorgewichte auf.

Die Clusteranalyse lieferte eine ausreichende, aber keine optimale Lösung. Trotz einer hohen Anzahl von Clustern ist die Struktur einiger Cluster nicht homogen, sodass Fonds verschiedener Anlagestilausrichtungen innerhalb dieser Cluster zu vermuten sind. Ein anderer Grund für hohe Streuungswerte innerhalb verschiedener Faktoren kann durch die ständige Dynamik bei der Veränderung der Hedge-Fonds-Anlagestile erklärt werden. Einige Fonds verändern ihre Anlagestile nicht nur entsprechend der Marktphasen, sondern auch zwischendurch, sodass die Evaluation aller Bear bzw. Bull Phasen untereinander wenig Sinn ergibt.

Bezüglich der Frage, ob die Streuung in Bull oder Bear Märkten höher ist, kann keine eindeutige Aussage getroffen werden. Bei den Clustern 4, 6, 12 und 16 weisen alle Faktoren in Bull Märkten eine höhere Streuung auf. Dagegen besitzen Cluster 9, 10 und 11 überwiegend in Bear Märkten eine höhere Streuung der Faktorgewichte. Die Faktoren anderer Cluster streuen ihre Gewichte unterschiedlich stark in Bull bzw. Bear Märkten.

---

67 Siehe Kap. 8.4.1.2, S. 321.

68 Vgl. Tab. 7.4.

Tabelle 8.8: FQS für Bear Phasen

Die Tabelle zeigt Streuungswerte (FQS) entsprechend für Cluster (Cl) und Faktoren (G_F) in Bear Phasen der Hedge Fonds. Zu lesen ist die Tabelle von links nach rechts. Z.B. besitzen Cluster 5 und 12 für die meisten Faktoren die höchste Streuung der Portfoliogewichte in Bear Phasen.

	Alpha	G _F1	G _F2	G _F3	G _F4	G _F5	G _F6	G _F7	G _F8	G _F9	G _F10	G _F11	G _F12
Cl1	0,2	22,8	3,5	4,5	3,5	2,9	6,5	6,8	5,2	2,3	2,8	5,2	3,3
Cl2	1,5	93,9	10,4	9,0	6,5	9,3	9,6	11,5	15,1	7,7	9,6	11,9	6,7
Cl3	0,4	43,2	4,1	3,2	3,6	4,2	5,8	5,5	8,8	3,9	3,2	4,3	3,4
Cl4	0,3	45,5	6,1	7,5	4,8	7,9	7,7	5,9	9,3	5,2	5,0	7,6	6,1
Cl5	1,5	93,3	17,3	19,1	11,0	16,3	29,0	22,9	33,2	10,6	14,3	28,5	16,9
Cl6	0,4	37,4	6,6	5,0	3,3	5,6	6,4	9,3	9,2	4,5	4,4	8,8	6,2
Cl7	0,3	34,7	3,7	2,5	3,0	3,2	3,6	3,0	3,6	2,8	3,3	3,3	2,5
Cl8	0,6	53,4	7,3	8,1	5,6	7,0	6,2	8,6	13,9	5,6	5,7	7,5	6,0
Cl9	2,6	111,6	7,6	13,3	7,5	10,6	10,3	13,1	16,7	7,4	14,0	13,9	7,0
Cl10	0,8	47,9	6,5	4,7	3,1	6,0	3,6	8,7	9,6	3,2	5,2	5,8	3,3
Cl11	0,8	40,0	5,9	6,5	3,1	5,1	6,0	7,0	5,4	4,5	7,3	12,9	4,4
Cl12	1,8	115,5	12,4	27,7	8,4	18,2	19,8	25,6	23,8	19,3	11,5	25,7	15,3
Cl13	0,6	29,7	5,2	5,3	3,7	4,7	4,3	7,3	6,6	5,0	9,0	13,0	6,4
Cl14	0,6	45,3	11,8	7,1	6,0	8,3	16,0	13,9	13,7	4,1	7,4	9,9	6,0
Cl15	0,3	29,6	5,0	4,9	3,3	4,8	4,8	8,0	12,5	3,3	5,2	7,2	5,9
Cl16	0,5	83,4	8,8	9,1	5,8	7,1	8,7	11,9	19,9	6,2	8,7	14,2	8,8

Tabelle 8.9: FQS für Bull Phasen

Die Tabelle veranschaulicht Streuungswerte (FQS) für die entsprechenden Cluster (Cl) und Faktoren (G_F) in Bull Phasen der Hedge Fonds. Zu lesen ist die Tabelle von links nach rechts. Z.B. besitzen Cluster 5, 12 und 16 für die meisten Faktoren die höchste Streuung der Portfoliogewichte in Bull Phasen.

	Alpha	G _F1	G _F2	G _F3	G _F4	G _F5	G _F6	G _F7	G _F8	G _F9	G _F10	G _F11	G _F12
Cl1	0,7	39,6	4,3	4,6	3,3	3,4	4,9	6,8	6,5	3,0	5,2	5,8	3,2
Cl2	0,7	76,8	7,4	6,1	6,0	7,4	10,7	13,6	10,4	5,7	8,3	8,7	7,3
Cl3	0,9	47,7	5,9	4,9	3,0	5,3	5,2	6,4	18,0	3,8	4,8	6,8	4,5
Cl4	1,3	73,3	13,9	11,3	10,2	12,5	12,8	16,0	16,2	10,8	11,8	16,5	10,2
Cl5	2,5	136,7	20,2	20,3	13,3	21,8	24,6	32,1	30,1	13,2	23,0	32,1	16,4
Cl6	1,0	55,3	8,2	8,6	5,6	8,6	7,8	10,3	13,4	6,6	9,2	8,9	6,7
Cl7	0,3	32,5	3,9	2,6	2,5	3,4	3,3	3,8	3,9	2,4	2,4	4,8	2,6
Cl8	0,7	48,3	7,5	8,5	6,1	8,3	7,8	10,5	10,9	7,4	6,2	11,8	8,8
Cl9	0,5	45,0	5,5	5,9	5,0	6,3	11,6	13,3	9,9	5,3	6,6	6,4	6,1
Cl10	0,2	20,3	5,0	2,8	2,1	4,7	5,0	5,2	6,4	2,0	3,6	3,2	3,0
Cl11	0,3	30,3	5,3	4,0	3,9	5,1	4,8	8,1	5,1	2,8	3,9	6,9	3,4
Cl12	3,5	234,1	31,8	29,6	21,5	31,2	27,2	38,0	36,3	21,7	27,4	39,0	26,7
Cl13	0,5	25,4	8,6	3,2	3,4	4,2	6,7	7,7	5,6	3,4	5,4	6,0	3,9
Cl14	0,8	49,4	9,6	7,3	5,6	7,4	10,4	11,2	10,4	4,4	6,0	7,8	6,7
Cl15	0,7	41,7	11,3	8,8	6,4	8,4	6,1	9,9	10,3	5,5	8,2	10,0	9,6
Cl16	1,6	101,5	14,2	15,5	10,8	11,4	15,2	20,3	20,2	11,1	11,6	16,7	12,8

Des Weiteren werden die Verteilungen der Portfoliogewichte durch Boxplots nach Clustern und Faktoren in Bull und Bear Phasen abgebildet. Anhand der Mediane können Vergleiche auf signifikant unterschiedliche Portfoliogewichte in verschiedenen Phasen und eine Festlegung der Anlagestilrichtung von Clustern erfolgen. Die Auswertungen anhand der ermittelten Portfolioanteile zum Zweck der Identifikation der Fondsstilrichtung müssen vorsichtig interpretiert werden, da die Evaluation anhand der Cluster ein verzerrtes Bild liefern könnte.

Abb. 8.8 bis 8.10 präsentieren die Verteilungen der Portfoliogewichte für unterschiedliche Cluster der Hedge Fonds anhand von Boxplots. Auch hier finden sich die bis jetzt besprochenen Ergebnisse wieder, wobei diese Abbildungen eine bessere Visualisierung der Verteilungen verschaffen.

Für Investmentfonds sind die Auswertungen für die FQS-Werte im Anhang Tab. D.2 und Tab. D.3 (S. 496) zu finden. Boxplots der Streuung der Gewichtsanteile einzelner Faktoren sind in Tab. 8.11 veranschaulicht. Aufgrund der kleinen Anzahl von Clustern sind die Ergebnisse bei den Investmentfonds deutlich übersichtlicher. Lediglich Cluster zwei besitzt bei allen Faktoren eine überwiegend höhere Streuung in Bear Phasen, alle anderen Cluster wechseln dagegen die Streuung in Bull und Bear Phasen unterschiedlich ab. Die höchste Streuung in den ersten zwei Clustern besitzen Aktien und T-Bill. Bei den Clustern drei und vier besitzt T-Bill die höchste Streuung.

Anhand des Mann-Whitney-U-Tests wird überprüft, ob die Portfoliogewichte in Bull und Bear Phasen aus Verteilungen mit gleichen Medianen stammen.[69] Die Test-Hypothese gleicher Mediane kann nicht für alle Gewichte der Faktoren unterschiedlicher Cluster paarweise für Bull und Bear Phasen auf dem 95% Niveau verworfen werden.[70] Tab. 8.10 zeigt die Faktoren jedes Clusters, die keine signifikant unterschiedlichen Gewichte in verschiedenen Marktphasen aufweisen können.

Laut Tab. 8.10 besitzen einige Faktorgewichte keine signifikanten Unterschiede in Bull und Bear Phasen. Die Ursache kann einerseits in einer kontinuierlichen Haltung der entsprechenden Finanzinstrumente unabhängig von Bull oder Bear Phasen oder andererseits in den sehr kleinen nichtsignifikanten Gewichten der entsprechenden Indizes liegen. Die Signifikanz der Portfoliogewichte nach Anwendung des Kalman Filters kann leider nicht angegeben werden. Bis jetzt existieren keine Statistiken, die die mithilfe des Kalman Filters berechneten Betas statistisch auswerten könnten.

Investmentfonds weisen mit Ausnahme von Cluster 3 und dem Faktor 12 für alle Cluster und Stilfaktoren signifikant unterschiedliche Mediane nach dem Mann-Whitney-U-Test auf. Aus diesem Grund wird auf die Darstellung der Ergebnisse in einer Tabelle verzichtet.

Die Streuung sowie Verteilung für Alpha weisen niedrige Werte in den beiden Phasen für Hedge- und Investmentfonds auf. In Clustern 1, 7, 10, 13 und 16 der Hedge Fonds ist kein signifikanter Unterschied in Alphas zwischen den Bull und Bear Phasen zu beobachten. Für Investmentfonds weist nur Cluster 1 keine signifikanten Unterschiede für Alphas auf, wobei Cluster 1 und 2 eine deutlich höhere Streuung von Alphas in Bear Phasen besitzen. Anzumerken ist, dass für Alphas keine Restriktionen eingeführt wurden und ihre absoluten (bzw. Verteilungs-) Werte mit deren der Betas nicht vergleichbar sind.

---

69 An dieser Stelle wurde ebenfalls ein t-Test angewandt. Die beiden Tests erzielen vergleichbare Ergebnisse.

70 Zur Teststatistiken siehe SIEGEL (1957).

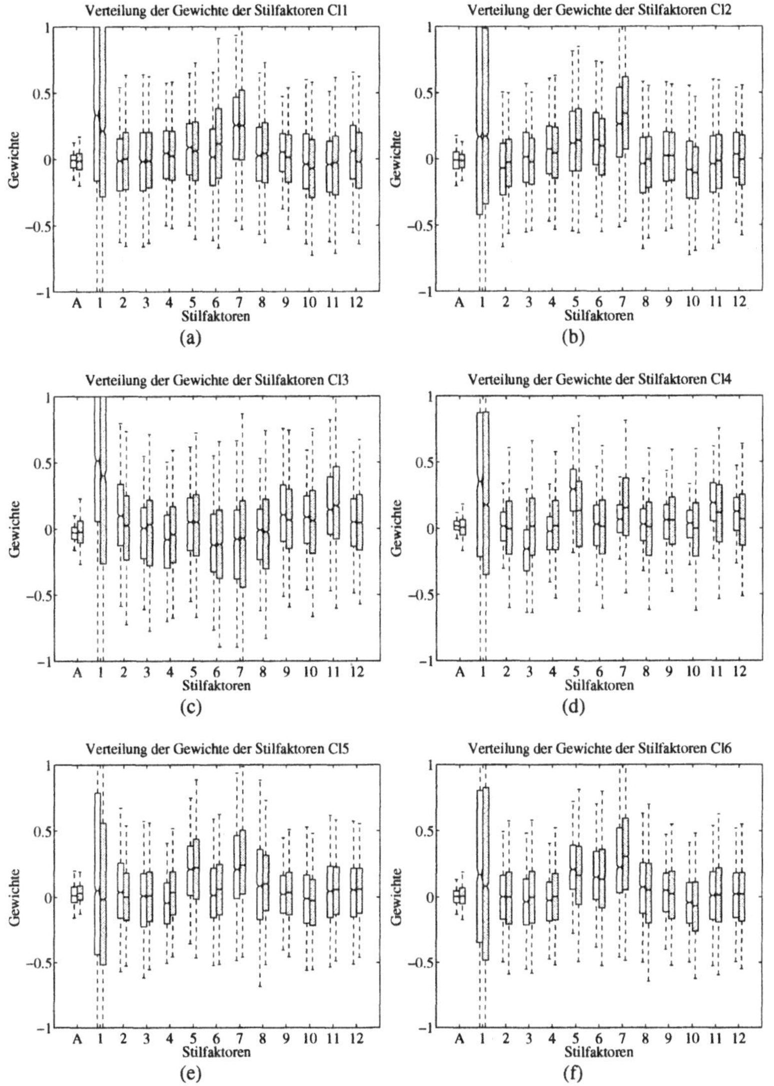

Abbildung 8.8: Verteilung der Gewichtsanteile einzelner Faktoren jeweiliger Cluster für Hedge Fonds (Cluster 1 bis 6)

Die Abbildungen veranschaulichen die Verteilung der Stilfaktorgewichte anhand der Boxplots in Bull (schattierte Boxen) und Bear (weiße Boxen) Phasen. Für die Wertetabelle siehe Anhang E.9 S. 509.

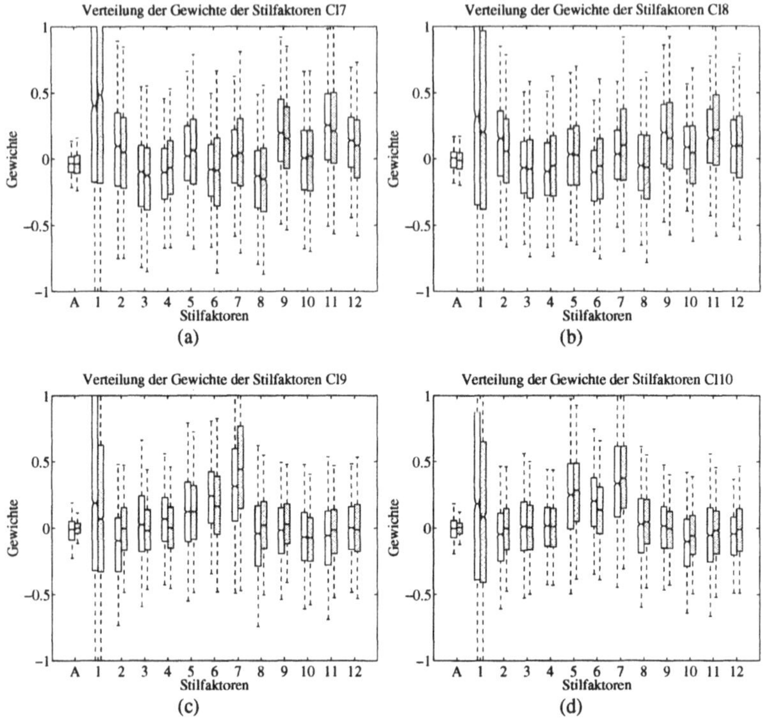

Abbildung 8.9: (Fortsetzung) Verteilung der Gewichtsanteile einzelner Faktoren jeweiliger Cluster für Hedge Fonds (Cluster 7 bis 10)

Die Abbildungen veranschaulichen die Verteilung der Stilfaktorgewichte anhand der Boxplots in Bull (schattierte Boxen) und Bear (weiße Boxen) Phasen. Für die Wertetabelle siehe Anhang E.9 S. 509.

Zusammenfassend lässt sich anmerken, dass Hedge Fonds tendenziell unterschiedliche Gewichte in Bull und Bear Phasen aufweisen. Für Investmentfonds ist dieser Befund jedoch deutlich ausgeprägter. Die hohe Streuung der Gewichte bei Hedge Fonds erschwert genauere Tendenzaussagen.

Anhand dieser Auswertungen können Evaluationen in Bezug auf eine Bestimmung des Anlagestilschwerpunktes erfolgen, die im nächsten Kapitel präsentiert werden.

8.4.1.5 Anlagestilschwerpunkte

Mithilfe der Ergebnisse aus den Auswertungen des Kalman Filters wird die in dem theoretischen Teil aufgestellte Hypothese überprüft, dass Phasen von Fonds aus einem Phasen-Mix unterschiedlicher Finanzmärkte resultieren, in die diese Fonds pri-

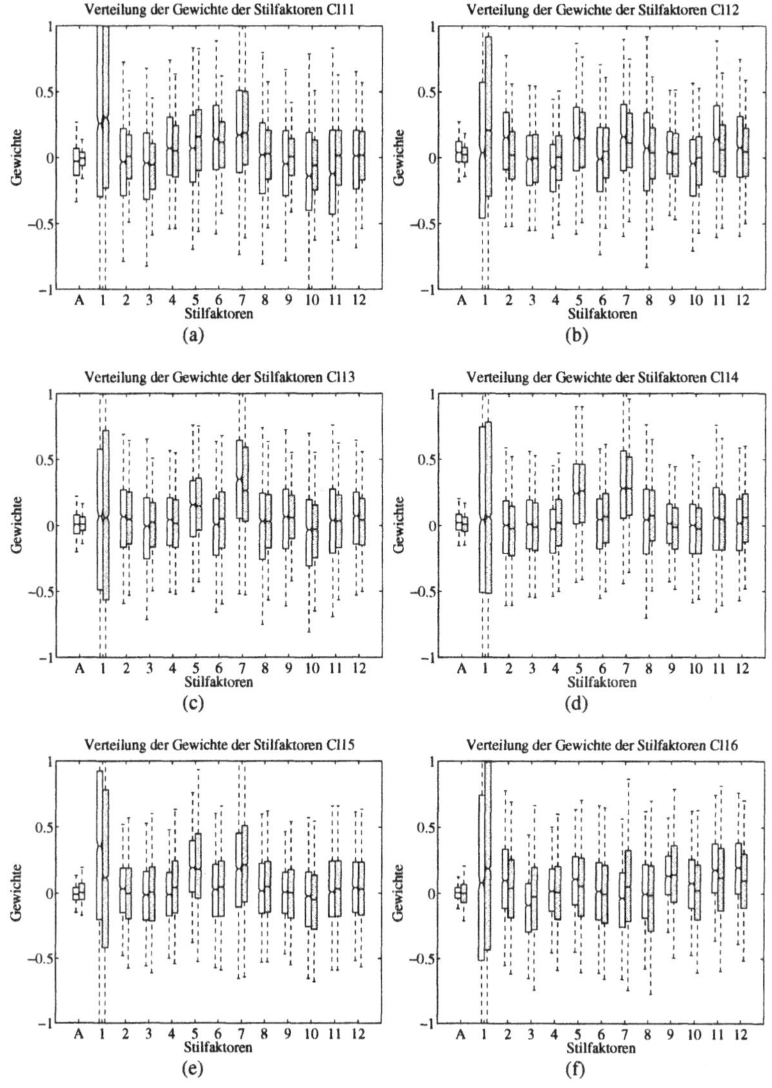

Abbildung 8.10: (Fortsetzung) Verteilung der Gewichtsanteile einzelner Faktoren jeweiliger Cluster für Hedge Fonds (Cluster 8 bis 16)

Die Abbildungen veranschaulichen die Verteilung der Stilfaktorgewichte anhand der Boxplots in Bull (schattierte Boxen) und Bear (weiße Boxen) Phasen. Für die Wertetabelle siehe Anhang E.9 S. 509.

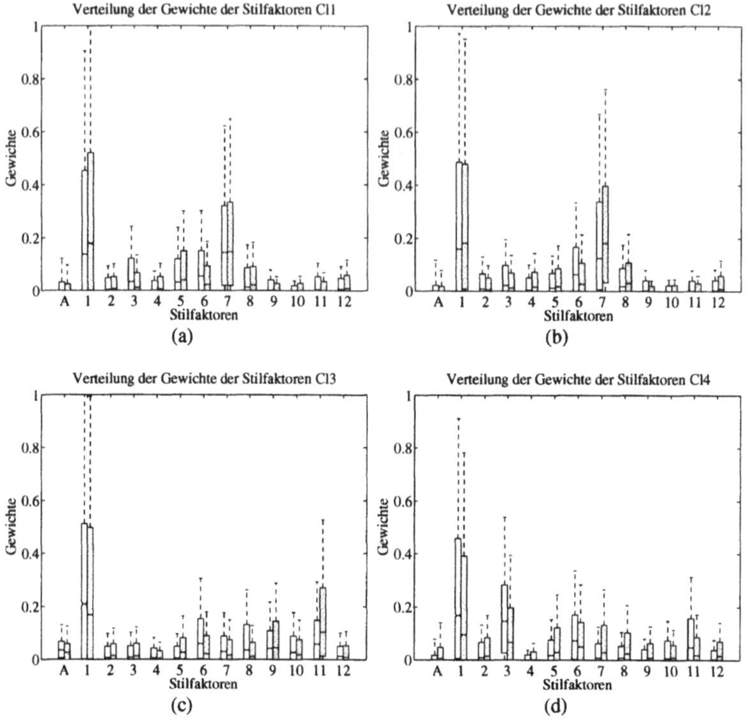

Abbildung 8.11: Streuung und Median der Gewichtsanteile einzelner Faktoren jeweiliger Cluster für Investmentfonds

Die Abbildungen veranschaulichen die Verteilung der Stilfaktorgewichte anhand der Boxplots in Bull (schattierte Boxen) und Bear (weiße Boxen) Phasen. Für die Wertetabellen siehe Anhang E.10 S. 510.

mär investieren.[71] Da Hedge Fonds in ihre Portfolios eine Vielzahl von verschiedenen Finanzinstrumenten diverser Finanzmärkte einbeziehen können, wodurch eine Phasenbildung unübersichtlich sein kann, wird diese Hypothese exemplarisch nur anhand der Stilfaktoren überprüft, die im Durchschnitt die größten Portfoliogewichte enthalten und somit als Anlagestilschwerpunkte bezeichnet werden können.

Im nächsten Schritt werden für alle Cluster die Schwerpunkte ihrer Anlagestile für Bull und Bear Phasen ermittelt. Die Phasen werden aus dem Clusterzentroid der phasenkodierten Fondszeitreihen, die eine Wertentwicklung darstellen, ermittelt. Aus den Medianen der Portfoliogewichte werden für jeden Cluster Faktoren bestimmt, die einen Anteil von größer als 20%, zwischen 10 und 20% sowie zwischen 5 und 10% in Bull oder Bear Phasen aufweisen. Tab. 8.11 enthällt die Aufstellung der Anlagestilschwerpunkte für alle Cluster der Hedge Fonds. Aufgrund der großen Streuung

[71] Vgl. Kap. 4.4.5, S. 154.

Tabelle 8.10: Nichtsignifikante Ergebnisse nach Mann-Whitney-U-Test

Die Tabelle veranschaulicht die Faktoren, die für entsprechende Cluster (Cl) keine signifikant unterschiedlichen Portfoliogewichte (G_F) in Bull und Bear Phasen nach dem Mann-Whitney-U-Test nachweisen können. Zu lesen ist die Tabelle von links nach rechts. Z.B. besitzt Cluster 16 signifikante Unterschiede der Portfoliogewichte in Bull und Bear Phasen für alle Faktoren außer den Faktoren 4 und 9 sowie Alpha.

	Alpha	G _F1	G _F2	G _F3	G _F4	G _F5	G _F6	G _F7	G _F8	G _F9	G _F10	G _F11	G _F12
Cl1	x			x	x	x		x	x			x	
Cl2		x				x				x			
Cl3				x		x	x	x	x			x	x
Cl4			x				x			x			
Cl5				x						x		x	x
Cl6			x				x					x	x
Cl7	x	x				x	x		x		x	x	
Cl8				x		x				x			x
Cl9						x							x
Cl10	x			x	x								
Cl11		x		x					x				
Cl12				x		x			x	x			
Cl13	x	x	x	x					x	x	x	x	
Cl14		x				x		x					
Cl15				x		x			x	x		x	x
Cl16	x				x					x			

einiger Faktorgewichte in bestimmten Clustern müssen die angegebenen Ergebnisse vorsichtigt interpretiert werden. Negative Portfolioanteile werden bei mehreren Stilfaktoren (wie z.B. GSCI und Lehm Gov_k bei Cluster 2) beobachtet. Die zahlreichen Portfolioschwerpunkte in jedem Cluster bei Hedge Fonds lassen eine starke Daten getriebene Anpassung der Performance durch den Kalman Filter vermuten. Dies kann hauptsächlich durch die Abschwächung der Nichtnegativitätsbedingung erklärt werden. Trotzdem verschafft Tab. 8.11 einen ersten Einblick in die verschiedenen Anlagestilausrichtungen der einzelnen Cluster, wodurch die Rückschlüsse auf die unterschiedlichen Phasenabläufe der Fondsrenditen gezogen werden können.

Anzumerken ist, dass die meisten Hedge Fonds T-Bill, Aktien Emerging Markets und Value Aktien USA halten. Einige Hedge-Fonds-Cluster weisen bis zu drei gleiche Finanzinstrumente sowohl in Bull als auch in Bear Phasen auf, wobei nur ein bis zwei Finanzinstrumente in Abhängigkeit von der Phase geändert werden.

Nach gleicher Vorgehensweise werden die Stilschwerpunkte für Investmentfonds identifiziert. Tab. D.4 im Anhang (S. 497) veranschaulicht die Ergebnisse. Die Zuordnungen für Investmentfonds sind, wie bereits angemerkt, eindeutiger als für Hedge Fonds. Die ersten zwei Cluster besitzen ihre Anlagestilschwerpunkte in Aktien. Laut den Ergebnissen der Clusteranalyse bestehen die ersten zwei Cluster tatsächlich aus Aktien, Misch- und Dachfonds. Die letzten zwei Cluster weisen eindeutig andere Anlagestilschwerpunkte wie z.B. langfristige Staatsanleihen und TWEX auf, wobei sie auch kleinere Anteile in Aktien besitzen. Laut Clusteranalyse setzen sich die letzten zwei Cluster aus Geldmarkt- und Rentenfonds zusammen. Die Ergebnisse sind plau-

Tabelle 8.11: Anlagestilschwerpunkte der Cluster in Bull und Bear Märkten

Die Tabelle präsentiert die Anlagestilschwerpunkte jedes Clusters in Bull und Bear Märkten. Die Anlageschwerpunkte werden anhand der Gewichte berechnet, wobei drei Grenzenbereiche (von über 20%, zwischen 10 und 20% sowie zwischen 5 und 10%) unterschieden werden. Am häufigsten werden T-Bill, MSCI EM und MSCI_v gehalten. (Bei der angegebenen Bezeichnung der Faktoren wurde die Anmerkung *bereinigt* (b) ausgelassen, gemeint sind aber die bereinigten Indizes wie in der Tab. 8.4.) „S" steht für Short-Position.

	Bear			Bull		
	ab 20%	10-20%	5-10%	ab 20%	10-20%	5-10%
Cl1	T-Bill; MSCI USA_v		MSCI EM; Lehm Glob BI; BXM	T-Bill; MSCI USA_v	MSCI USA_g	MSCI EM; Lehm Gov_k (S)
Cl2	MSCI USA_v	T-Bill; MSCI EM; MSCI USA g	GSCI (S); MSCI EAFE; Lehm Gov_k (S)	MSCI USA_v	T-Bill; MSCI EM; Lehm Gov_k (S)	MSCI USA_g
Cl3	T-Bill	GSCI; MSCI USA_g (S); Lehm Glob BI; Lehm Gov_l	MSCI EAFE (S); MSCI EM; MSCI USA_v (S); Lehm Gov k; BXM	T-Bill	MSCI USA_g (S); Lehm Gov_l	MSCI EM; MSCI USA_v (S); Lehm Glob BI; Lehm Gov_k
Cl4	T-Bill; MSCI EM	TWEX (S); Lehm Gov_l; BXM	MSCI USA_v; Lehm Glob BI		T-Bill; MSCI EM; MSCI USA_v; Lehm Gov_l	Lehm Glob BI; BXM
Cl5	MSCI EM; MSCI USA_v		T-Bill; Lehm US BI; BXM	MSCI EM; MSCI USA_v	Lehm US BI	MSCI USA_g; Lehm Gov_l; BXM
Cl6	MSCI EM; MSCI USA_v	T-Bill; MSCI USA_g	Lehm US BI; Lehm Glob BI	MSCI USA_v	MSCI EM; MSCI USA_g	T-Bill; Lehm US BI; Lehm Gov_k (S)
Cl7	T-Bill; Lehm Gov_l	MSCI EAFE (S); Lehm US BI (S); Lehm Glob BI; BXM	TWEX (S); MSCI EAFE (S)	T-Bill; Lehm Gov_l	TWEX (S); Lehm US BI (S); Lehm Glob BI; BXM	GSCI; MSCI EAFE (S); MSCI EM; MSCI USA_g (S)
Cl8	T-Bill	GSCI; MSCI USA_g (S); Lehm Glob BI; Lehm Gov_l	TWEX (S); MSCI EAFE (S); Lehm Glob BI (S); Lehm Gov_k; BXM	T-Bill; Lehm Gov_l	Lehm Glob BI	GSCI; TWEX (S); MSCI EAFE (S); MSCI USA_g; MSCI USA_v; Lehm US BI; BXM
Cl9	MSCI USA_v; MSCI USA_g	T-Bill; MSCI EM	GSCI (S); MSCI EAFE; Lehm Gov_k (S); Lehm Gov_l (S)	MSCI USA_v	MSCI EM; MSCI USA_g	T-Bill; Lehm Gov_k (S)
Cl10	MSCI EM; MSCI USA_v; MSCI USA_g	T-Bill; Lehm Gov k (S)	Lehm Gov l (S)	MSCI EM; MSCI USA_v	MSCI USA_g	T-BIll, Lehm Gov_k (S)
Cl11	T-Bill	MSCI USA_g; MSCI USA_v; Lehm Gov_k (S); Lehm Gov_l (S)	MSCI EAFE; MSCI EM	T-Bill	MSCI EM; MSCI USA_g; MSCI USA_v	TWEX (S); MSCI EAFE; Lehm Gov_k (S)
Cl12		GSCI; MSCI EM; MSCI USA_v; Lehm Gov_l	MSCI EAFE (S); LEhm US BI; BXM	T-Bill	MSCI EM; MSCI USA_v	Lehm Gov_l
Cl13	MSCI USA_v	MSCI EM	T-Bill; GSCI; Lehm Glob BI; BXM	MSCI USA_v	MSCI EM	T-Bill; Lehm Glob BI
Cl14	MSCI EM; MSCI USA_v		Lehm Gov l	MSCI EM; MSCI USA_v		T-Bill; MSCI USA_g; Lehm US BI; BXM
Cl15	T-Bill	MSCI EM; MSCI USA_v		MSCI USA_v	T-Bill; MSCI EM	Lehm Gov_k (S)
Cl16		MSCI EM;Lehm Glob BI; Lehm Gov_l; BXM	T-Bill; GSCI; TWEX (S); Lehm Gov_k		T-Bill; Lehm Glob BI; Lehm Gov_l	MSCI EM; MSCI USA_v; BXM

sibel und deuten auf eine adäquate Gewichtermittlung anhand des Kalman Filters. Anzumerken ist, dass Investmentfonds deutlich wenigere Anlagestilschwerpunkte als Hedge Fonds besitzen, was einerseits auf homogenere Cluster und auf eine einfachere Asset Allokation (oft lediglich eine passive Anlagestrategie mit wenigen Asset-Kombinationen) der Investmentfonds sowie andererseits auf die Einschränkung bei der Optimierung durch die Nichtnegativitätsbedingung hindeutet.

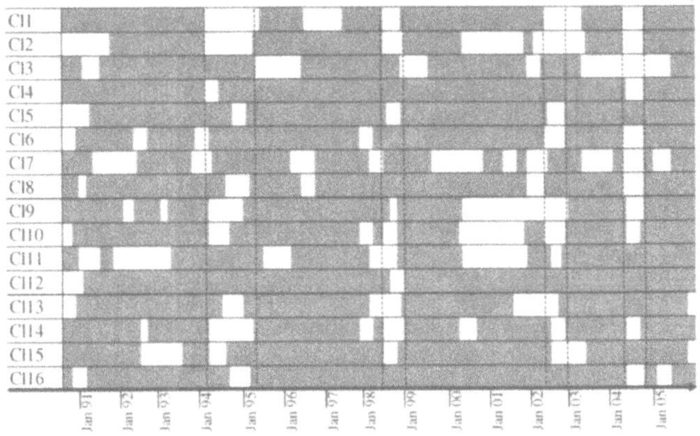

Abbildung 8.12: Phasenbilder aller Cluster der Hedge Fonds

Die Abbildung zeigt die Phasenbilder für jeden Cluster (vertreten durch die entsprechenden Clusterzentroide), wobei die grau markierten Bereiche Bull und die weiß markierten Bereiche Bear Phasen darstellen. Durch die gestrichelte Linien sind Zeitintervalle markiert, in denen die meisten Fonds eine Bear Phase erfahren. Diese Phasen entsprechen den zu der Zeit beobachteten Abwärtsbewegungen auf den Finanzmärkten.

Nachdem die Anlagestilschwerpunkte eines jeden Clusters identifiziert sind, kann im nächsten Schritt ein Vergleich der Phasenbilder der Cluster und der Stilfaktoren erfolgen. Zu untersuchen ist hierbei, ob sich die Phasenbilder der Stilfaktoren in den Phasenbildern der Cluster widerspiegeln. Abb. 8.12 veranschaulicht die Phasendiagramme der Cluster in einer kompakten Form.[72] Die Bull Märkte sind durch graue Bereiche und die Bear Phasen durch weiße Bereiche gekennzeichnet. Auf den ersten Blick scheinen die Phasen keine zeitliche Entsprechung unter den Clustern zu besitzen. Bei einer genauen Betrachtung lassen sich jedoch bestimmte Zeitintervalle (Säulen) identifizieren, in denen die meisten Cluster (einige mit Vorlauf, andere mit Verzögerung) in die Bear Phasen einsteigen (siehe gestrichelte Linie). Zu unterscheiden ist eine Bear Phase vom Frühjahr 1994 bis Frühjahr 1995. Danach kommt eine Bear Phase zwischen Sommer und Herbst 1998. Die letzten zwei Bear Phasen für die Mehrheit der Cluster befinden sich zwischen dem Frühjahr und dem Herbst 2002 und zuletzt zwischen dem Frühjahr und Ende Sommer 2004. Zum Vergleich werden

[72] Für Phasenbilder der Cluster von Investmentfonds siehe im Anhang Abb. D.2, S. 497.

diese Phasen den Finanzmarktphasen aus Abb. 8.4 gegenüber gestellt. Interessant ist die Tatsache, dass die erstgenannte Bear Phase der Cluster in den Bondmärkten wiedergefunden werden kann und die folgenden Bear Phasen sich hauptsächlich in den Aktienmärkten und dort insbesondere in den Aktien Emerging Markets wiederfinden. Auch in der Studie von FUNG und HSIEH (2000a) wird der Zusammenhang zwischen eingebrochenen Bondmärkten und der Hedge-Fonds-Performance (1994-1995) bestätigt. Diese Ergebnisse unterstützten nicht die vorherrschende Meinung in der Literatur bezüglich einer schwachen Abhängigkeit der Hedge Fonds von den Finanzmarktphasen (bzw. der Wertentwicklung traditioneller Assetklassen).[73] Vielmehr kann anhand der Phasenbilder das Gegenteil vermutet werden, nämlich, dass die meisten Hedge Fonds dieselben Bear Phasen wie einige Finanzmärkte aufweisen und somit ein Zusammenhang zwischen ihnen vermutet werden kann.

Die bisherigen Befunde können exemplarisch am Beispiel einiger einzelner Cluster und den Ergebnissen der Stilanalyse anhand des Kalman Filters überprüft werden. Die Phasenbilder der Cluster werden mit den Phasenbildern der Stilfaktoren, bei denen Hedge-Fonds-Portfolios die größten (über 10%) Gewichte nach Tab. 8.11 aufweisen, verglichen. Zuerst werden die Cluster untersucht, die nach Abb. 8.8 bis 8.10 eine kleine Streuung in den Portfoliogewichten unterschiedlicher Stilfaktoren aufweisen. Dazu zählen Cluster 7 und 10, sie beinhalten im Vergleich zu anderen Clustern ebenfalls die kleinste Anzahl von Fonds. Abb. 8.13 veranschaulicht die Phasenbilder zweier Cluster und die Phasenbilder der entsprechenden Stilfaktoren, bei denen die höchsten Portfoliogewichte (über 10%) beobachtet wurden.

Die Marktphasen des Clusters 10 sind leichter auf die Phasen der ihm zugrunde liegenden Stilfaktoren zurückzuführen als die Phasen des Clusters 7. In der Phasenabbildung des Clusters 10 ist das Muster der Bewegungen der Aktienindizes erkennbar.[74] Die rechte Hälfte der Abbildung für Cluster 10 ist fast vollkommen identisch zu dem Phasenverlauf der Aktien Emerging Markets. Anzumerken ist, dass in diesem Cluster die Anlagestilschwerpunkte in den Bull und Bear Märkten fast identisch sind, d.h. die Hedge Fonds dieses Clusters hauptsächlich in die Aktienmärkte, insbesondere Aktien Emerging Markets, investieren und von den Entwicklungen dieser Anlageinstrumente in den Bear Phasen beeinflusst werden. Die Phasen des T-Bills sind für die Bestimmung der Ursachen der Phasenverläufe in den Fondsrenditen weniger relevant, da sie lediglich Phasen mit hohen bzw. niedrigen Zinsen widerspiegeln. Die Portfolioanteile der T-Bill implizieren daher eher Anteile an risikofreien Anlagen.

Cluster 7 beinhaltet deutlich mehr Anlagestilschwerpunkte, die sich zum Teil in den Bull und Bear Phasen unterscheiden.[75] Aber auch hier können identische Phasenverläufe in den Phasenbildern der Stilfaktoren und des Clusters identifiziert werden. Die Phasen des Clusters sind dabei hauptsächlich auf die Entwicklungen in den

---

73 Siehe Studien von FUNG und HSIEH (1997), BROWN et al. (1999), BROOKS und KAT (2001), KAT und LU (2002) und DENVIR und HUTSON (2006).

74 Cluster 10 beinhaltet 47 Hedge Fonds, die zu 40,4% aus Fonds der Equity Hedge, 34% aus FoF und dem Rest aus Fonds anderer Anlagestile bestehen.

75 Cluster 7 beinhaltet 35 Fonds, die hauptsächlich dem Anlagestil Tactical Trading zugeordnet werden.

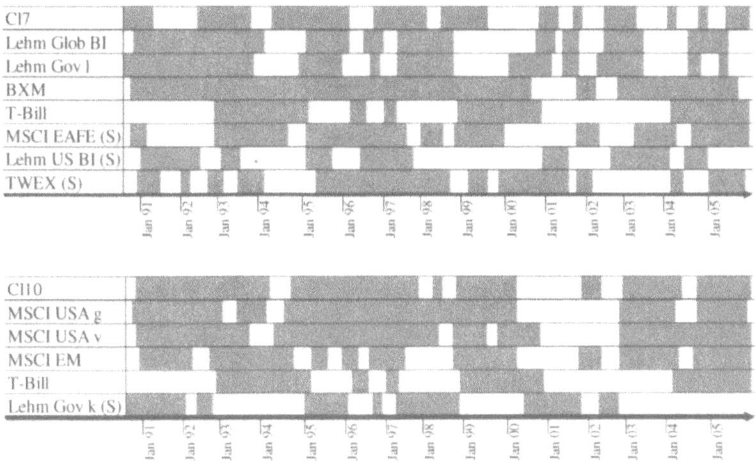

Abbildung 8.13: Phasenbilder der Cluster 7 und 10

Die Abbildung veranschaulicht die Phasenbilder zweier Cluster (Cluster 7 und 10). Laut den Ergebnissen der Stilanalyse liegen die Anlagestilschwerpunkte der Cluster in den darunter einbezogenen Stilfaktoren. Tatsächlich können Ähnlichkeiten der Phasenbilder der Cluster zu den Phasenbildern der entsprechenden Stilfaktoren erkannt werden.

Bondmärkten zurückzuführen. Laut Tab. 8.11 weist Cluster 7 in Bear Phasen auch hohe negative Gewichtsanteile in US-Anleihen, Aktien EAFE und Währung auf, bei denen eine Übereinstimmung mit den Phasen des Clusters aufgrund der Umkehrung der Phasen nur schwer zu identifizieren ist.

Abb. 8.14 präsentiert die Phasenbilder der größten Cluster bzw. der Cluster mit der größten Streuung der Gewichtsanteile einzelner Faktoren. Die Ähnlichkeiten der Phasenbilder der Cluster und der entsprechenden Stilfaktoren sind weniger eindeutig, insbesondere für Cluster 12,[76] als bei den Clustern mit einer kleineren Anzahl an Fonds wie im Beispiel oben. Anzumerken ist, dass die Phasenbilder der Cluster aufgrund der Clusterzentroide entstanden sind, die als Mediane aus den phasenkodierten Renditezeitreihen der Fonds berechnet werden, was eine starke Aggregation der Daten bedeutet. Abb. 8.14 weist z.B. im Zeitablauf nur zwei Bear Phasen für Cluster 12 auf. Dies bedeutet jedoch nicht, dass alle Fonds nur diese Bear Phasen erfahren. Tatsächlich bildet der Clusterzentroid die Phasenabläufe der Mehrheit der Fonds dieses Clusters ab. Es ist jedoch möglich, dass die einzelnen Phasenbilder der Fonds dieses Clusters vom Phasenbild des Clusterzentroides abweichen und zusätzliche Bear Phasen besitzen. Die Bear Phasen im Phasenbild des Clusters 5 sind überwiegend

[76] Cluster 12 beinhaltet 336 Fonds, die hauptsächlich aus Fonds der Stilrichtungen Equity Hedge (19,9%), Event Driven (12,8%), Funds of Funds (24,7%), Relative Value (25,3%) und Tactical Trading (11,3%) bestehen.

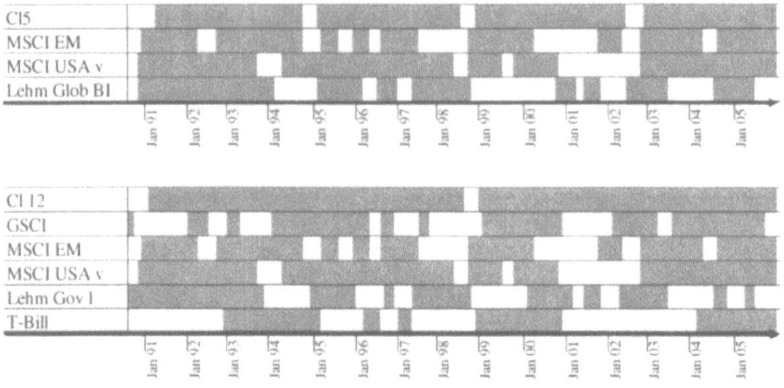

Abbildung 8.14: Phasenbilder der Cluster 5 und 12

Die Abbildung veranschaulicht die Phasenbilder dreier Cluster (Cluster 5 und 12). Laut den Ergebnissen der Stilanalyse liegen die Anlagestilschwerpunkte der Cluster in den darunter einbezogenen Stilfaktoren. Aufgrund der Größe der Cluster und der daraus resultierenden Streuung der Gewichte sind die Ähnlichkeiten der Phasenbilder der Cluster zu den Phasenbildern der entsprechenden Stilfaktoren weniger deutlich.

auf die Phasen der Aktienmärkte, und dabei insbesondere der Emerging Markets, zurückzuführen.[77]

In Kap. 4.4.5 wurde vermutet, dass Funds of Funds kleinere Bear Phasen im Vergleich zu Fonds anderer Anlagestile aufweisen, da sie unterschiedliche Fonds (auch diverser Anlagestile) in ihre Portfolios einbeziehen, wodurch ein Ausgleich der Abwärtsphasen stattfinden kann.[78] Die Abwärtsphasen werden demnach bei FoF nur in Perioden der Stagnationen verschiedener Finanzmärkte erwartet. Diese Vermutungen können zum Teil durch die Phasenbilder dreier Cluster in Abb. 8.12 bestätigt werden. Cluster 4, 5 und 12 bestehen zu großen Teilen aus Funds of Funds und tatsächlich weisen diese Cluster die wenigsten Bear Phasen auf. Ihre Bear Phasen befinden sich in den Zeitperioden, in denen die meisten Finanzmärkte deutliche Abwärtsbewegungen besaßen (1994-1995, 1998-1999, Ende 2002 und Mitte 2004).

Die Auswertungen der Phasenbilder werden ebenfalls für Investmentfonds durchgeführt. Abb. D.3 (im Anhang, S. 498) zeigt die Phasenbilder der vier Cluster der Investmentfonds zusammen mit den Phasen derjenigen Stilfaktoren, die als Schwerpunkte der Anlagen identifiziert wurden. Für Investmentfonds fällt die Erkennung der Fondsphasen in den einzelnen Phasen der Stilfaktoren deutlich leichter. Insbesondere in der zweiten Hälfte des betrachteten Zeithorizontes, wo die Anzahl der Fonds maximal ist, treten die Übereinstimmungen deutlicher hervor.

77 Cluster 5 beinhaltet 248 Fonds, die hauptsächlich aus Fonds der Stilrichtungen Equity Hedge (28,6%), Event Driven (18,5%), Funds of Funds (32,3%) und Relative Value (8,9%) bestehen.

78 Vgl. Kap. 4.4.5, S. 154.

Anhand der Phasenbilder der Fonds konnten die Phasen der ihnen zugrunde liegenden Stilfaktoren nur teilweise identifiziert werden. Anzumerken ist, dass Hedge Fonds Leerverkäufe einsetzen, die eine Umkehrung der Phasen der Stilfaktoren bedeuten würden. Die Ausübung von Short-Positionen (z.B. Leerverkäufen) kann bei Hedge Fonds eines Clusters zu verschiedenen Zeitpunkten erfolgen, wodurch die Anteile der Short-Positionen unterschiedlich stark ins Gewicht fallen. Ebenfalls kann eine Evaluation der Portfoliogewichte in den Clustern die Ergebnisse durch eine Aggregation der Gewichte unscharf werden lassen. Zusätzlich können aufgrund der Erfassung von Phasen in Bildern leichte Abwärtsbewegungen bei der Bestimmung von Phasen nicht erfasst sein, was zu einer Nichtübereinstimmung von Phasenbildern führt. Für Investmentfonds sind die Phasenbilder eindeutiger, was einerseits auf homogenere Cluster und andererseits auf eine direkte Verbindung zwischen der Portfoliozusammensetzung der Fonds und ihrer Performance hindeutet.

Bevor die Analyse fortgesetzt wird, werden die Ergebnisse der bisherigen Untersuchungen kurz zusammengefasst.

Anhand der Ergebnisse der Stilanalyse (Kalman Filter) können die Zusammensetzungen der Fondsportfolios in verschiedenen vordefinierten Marktphasen bestimmt werden. In einer Querschnittsanalyse wird die Hypothese, nach der die Portfoliostruktur der Fonds mit der Phasenentwicklung der Fondsperformance zusammenhängt, bestätigt. Im Anschluss daran werden Anlagestilschwerpunkte identifiziert. Mithilfe der Phasenbilder der Stilfaktoren, die Anlagestilschwerpunkte abbilden, können Ähnlichkeiten zu den Phasenbildern der Cluster zum Teil identifiziert werden. Damit bestätigt auch diese Untersuchung die Abhängigkeit der Phasenverläufe der Fonds von den Phasen der ihren Investitionen zugrunde liegenden Stilfaktoren, also dass die Phasenbilder der Fonds aus dem Phasen-Mix der Stilfaktoren resultieren. Diese Befunde deuten darauf hin, dass eine große Anzahl der untersuchten Hedge Fonds mit den Finanzmarktphasen in einem Zusammenhang steht. Die Hedge Fonds werden zwar nicht von jeder Bear Phase der dem Portfolio unterliegenden Finanzinstrumente beeinflusst, es bestehen jedoch trotzdem einige ungehedgte Zeitintervalle, in denen die Hedge Fonds den Marktrisiken stark ausgesetzt sind.

Die verwendeten Methodiken besitzen einige Unvollkommenheiten, die beachtet werden müssen. Wie CORIELLI und MEUCCI (2004) bemerken, kann der Kalman Filter spontane Anlagestilveränderungen nicht vollständig erfassen. Zwar ermöglicht der Kalman Filter eine viel schnellere Anpassung der Anlagestilveränderung als die rollierende Regression, grundsätzlich können aber diese Verfahren nur fließende Gewichtsveränderungen erfassen.[79] Die Erklärungskraft der Modelle für Hedge Fonds ist sehr hoch, was auf eine hohe Anpassung der unrestringierten Optimierungen an die Daten deutet. Als nachteilig sind beim Kalman Filter ebenfalls die fehlenden Signifikanzstatistiken anzusehen. Aufgrund dieser Defizite des Verfahrens sowie der zum Teil hohen Streuung der Faktorgewichte einiger Cluster müsen die Ergebnisse mit Vorsicht interpretiert werden und dienen vorerst als eine Orientierung.

[79] Vgl. CORIELLI und MEUCCI (2004), S. 124.

8.4.2 Renditemodellierung anhand von Markov-Switching-Modellen

8.4.2.1 Modellspezifikationen

Die in den vorherigen Kapiteln begonnene Stilanalyse wird in den weiteren Untersuchungen anhand von Markov-Switching-Modellen fortgesetzt. Hegde Fonds sind aufgrund ihrer Anlagestilveränderungen ständigen strukturellen Dynamiken ausgesetzt. Mithilfe von Markov-Switching-Modellen kann untersucht werden, ob aufgrund der Renditen einzelner Hedge Fonds bestimmte Anlagestilveränderungen anhand von Stilfaktoren identifizierbar sind. Aus den vorherigen Untersuchungen anhand des Kalman Filters ist bereits bekannt, dass Hedge Fonds ihre Portfoliostruktur dynamisch verändern. Mithilfe von Markov-Switching-Modellen sollen diese Ergebnisse bestätigt werden, wobei hier nur zwei Marktzustände, in denen Hedge Fonds ihre Sensitivität zu den Stilfaktoren verändern, modelliert werden.

Die Wahl des Markov-Switching-Modells, welches die Phasenbestimmung durch veränderte Koeffizienten modelliert, wird durch den Versuch einer genaueren Identifikation der Zeitpunkte der Anlagestilveränderungen begründet. Es wird nicht angestrebt, Phasen zu konstruieren, die bestimmte Renditeeigenschaften besitzen müssen. Vielmehr werden Phasen bestimmt, die strukturelle Veränderung des Zusammenhangs zwischen der Fondsrendite und den Stilfaktoren wiedergeben. Erst im Anschluss daran werden die Phaseneigenschaften evaluiert.

Vor der Durchführung der Untersuchung werden die Renditereihen der Stilfaktoren und der Fonds standardisiert. Im Gegensatz zum Kalman Filter werden die geschätzten Betas keinen Einschränkungen unterzogen, sodass sie nicht als Portfoliogewichte interpretiert werden können. Die Standardisierung ermöglicht jedoch die Vermeidung einer starken Streuung der Beta-Werte unterschiedlicher Fonds sowie eine bessere Interpretation der Ergebnisse.[80]

Der Kalman Filter hat es ermöglicht, die Gewichtsanteile der Fondsportfolios zu jedem Zeitpunkt zu identifizieren und sie untereinander in Bull und Bear Phasen zu vergleichen. Zur Evaluation der Gewichte wurden die Phasen der Wertentwicklung einbezogen. Bisher ließ sich jedoch nicht klären, ob der permanente Wechsel in den Anlagestilen genau in den Übergängen dieser Phasen erfolgt. Des Weiteren blieb der Einfluss der Finanzmarkt- und Wirtschaftsphasen unberücksichtigt. Mithilfe von Markov-Switching-Modellen wird nun zuerst untersucht, wie Hedge Fonds ihre Anlagestile unabhängig von den Einflüssen der Finanzmarktphasen wechseln. Wie unterscheiden sich diese Anlagestile? Wie schalten Fonds ihre Anlagestile um? Bestehen Ähnlichkeiten unter den Fonds eines Clusters? Dieselben Untersuchungen werden im Anschluss ebenfalls in Abhängigkeit der Finanzmarkt- und Wirtschaftsphasen durchgeführt. Durch die Modellierung der Fondsrenditen anhand von Markov-

[80] Zusätzlich wird der Durbin-Watson-Test auf Autokorrelation der Residuen durchgeführt. Für die meisten Hedge- und Investmentfonds kann eine Autokorrelation erster Ordnung der Residuen nicht nachgewiesen werden. Zu Teststatistiken siehe PODDIG et al. (2003), S. 313. Die Standardisierung der Renditereihen und die nachgewiesene Unabhängigkeit der Residuen ermöglichen die Einhaltung der Modellannahmen.

Switching-Modellen werden die Betas der Stilfaktoren in beiden Phasen, ihre Signifikanzen sowie die Wahrscheinlichkeiten der Phasenübergänge bestimmt, wodurch die Beantwortung der zuvor aufgestellten Fragen ermöglicht wird.

8.4.2.2 Modellierung der Rendite anhand des traditionellen MSWM

Die erste Modellierung der Fondsrendite erfolgt anhand des traditionellen Markov-Switching-Modells. Für jeden Fonds aus der Datenbank werden seine Renditen anhand der 12 Stilfaktoren modelliert, wobei nur zwei Marktzustände angenommen werden. Zum Vergleich werden einfache lineare Faktormodelle sowie einfache Switching Regressionen aufgestellt. Zur Modellierung der Rendite anhand von Switching Regressionen mit einem exogenen Switch werden wie beim Markov-Swichting-Modell zwei Regime zugrunde gelegt (Bull und Bear). Anhand der modifizierten BB-Methode werden Zeitreihenabschnitte identifiziert, die unterschiedlichen Renditegenerierungsprozessen unterliegen. Alle Beobachtungen aus den Bull Phasen werden anhand eines Regressionsmodells und alle Renditebeobachtungen aus den Bear Phasen anhand eines zweiten Regressionsmodells geschätzt.[81]

Aufgrund der großen Anzahl an Auswertungen werden die Ergebnisse gruppiert in Clustern präsentiert. Die Erklärungskraft der Modelle wird über das Bestimmtheitsmaß gemessen. Die mittlere Erklärungskraft der Hedge-Fonds- (Investmentfonds) Modelle anhand traditioneller MSWM beträgt 68,7% (77,2%), wobei die durchschnittliche Erklärungskraft der traditionellen Faktormodelle ohne Phasenübergang bei 36,9% (59,1%) und der Switching Regressionen mit einem exogenen Switch bei 49,8% (71,8%) liegt.

Abb. 8.15 veranschaulicht durch Boxplots die Verteilung der Bestimmtheitsmaße der einzelnen Modelle (evaluiert in Clustern), jeweils für ein einfaches multivariates Faktormodell, das traditionelle Markov-Switching-Modell sowie für Switching Regressionen mit einem exogenen Switch für Hedge- und Investmentfonds. Die Modelle für Investmentfonds weisen bereits für einfache lineare Modelle (ohne Switch) und Switching Regressionen mit einem exogenen Phasenübergang eine deutlich höhere Erklärungskraft auf als die für Hedge Fonds. Durch die Anwendung von MSWM konnte für beide Fondstypen eine Verbesserung in der Erklärungskraft der Modelle erreicht werden.

Die modellierten Marktzustände werden auf die strukturellen Veränderungen der Zusammenhänge zwischen Fondsrenditen und den Renditen der Stilfaktoren zurückgeführt. Diese Veränderungen in den Zusammenhängen können sowohl aufgrund der veränderten Portfoliostruktur der Fonds als auch aufgrund veränderter Marktkonstellationen auftreten. Die Modellierung der Fondsrenditen durch MSWM ermöglicht eine Bestimmung sowohl von Betas als auch von Phasenübergängen. Anhand von ermittelten Wahrscheinlichkeiten der Zugehörigkeiten zu einer oder der anderen Phase kann eine Phasenkodierung erfolgen. Alle Zeitpunkte, die eine Wahrscheinlichkeit von über 50% aufweisen, werden als Eins und alle unter 50% als Null kodiert.

[81] Vgl. Kap. 4.5.3, S. 172.

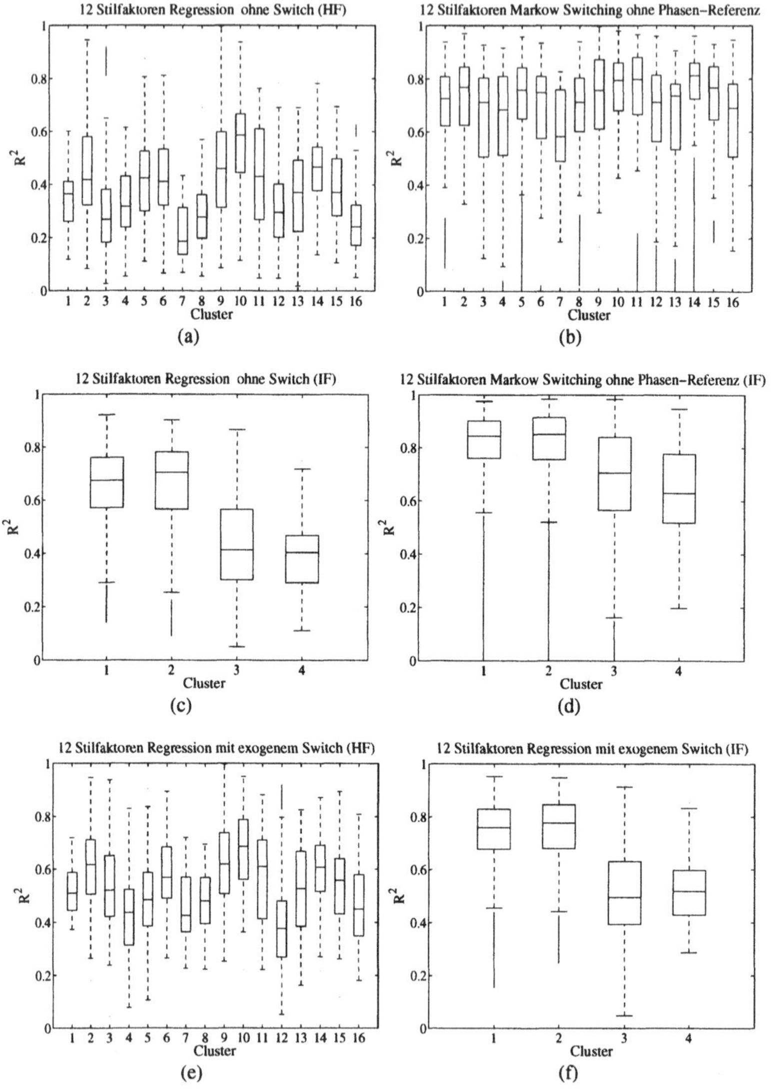

Abbildung 8.15: Erklärungskraft der Modelle des traditionellen MSWM

Die Abbildungen veranschaulichen Boxplots für die Bestimmtheitsmaße einzelner Cluster für ein einfaches multivariates Faktormodell (8.15(a) für Hedge Fonds und 8.15(c) für Investmentfonds), für das traditionelle MSWM (8.15(b) für Hedge Fonds und 8.15(d) für Investmentfonds) und für Switching Regressionen mit einem exogenen Phasenübergang (8.15(e) und 8.15(f)). Für die Wertetabelle siehe Anhang E.11 S. 511.

Besitzen alle Eins-kodierten Zeitpunkte eine durchschnittlich positive Rendite und alle Null-kodierten Zeitpunkte eine negative Rendite, dann ist diese Kodierung thematisch ähnlich zu der bis jetzt verwendeten Bull und Bear Kodierung. In einem anderem Fall (Null-kodierte Zeitreihen weisen eine positive Rendite auf) muss die Kodierung umgedreht werden.

Für die Auswertung der Analyse werden in einem ersten Schritt wechselnde Anlagestile anhand der Koeffizienten der Stilfaktoren (Betas) in verschiedenen Phasen ermittelt, wobei anhand einer Null- und Eins-Kodierung alle Fälle mit signifikanten (1) und nicht signifikanten (0) Koeffizienten ausgezählt werden. Wechselnde Signifikanzen der Faktorsensitivitäten deuten darauf hin, dass ein Fonds seinen Anlagestil in den Phasen umschaltet. Aufgrund eventuell wechselnder Vorzeichen können Anlagestilrichtungen (Long oder Short) bestimmt werden. ALEXANDER und DIMITRIU (2005) unterscheiden aufgrund der Signifikanz der Koeffizienten und ihres Vorzeichens folgende Fälle:[82]

- Der Koeffizient ist nur in einer Phase signifikant (0-1 oder 1-0):[83] Der Anlagestil wird im Übergang der Phasen gewechselt.
- Der Koeffizient ist in beiden Phasen signifikant (1-1): Der Anlagestil wird ständig ausgeübt.
- Der Koeffizient ist in beiden Phasen nicht signifikant (0-0): Der Anlagestil wird in keiner der Phasen ausgeübt.
- Das Vorzeichen des Koeffizienten wechselt im Übergang der Phasen: Die Strategie wechselt zwischen Long und Short.

Die Abb. 8.16 bis 8.21 veranschaulichen die Anteile signifikanter Koeffizienten jedes Faktors für keine/eine/beide Phasen (links) sowie die Verteilungen der ausschließlich signifikanten Betas jedes Faktors in beiden Phasen (rechts).[84] Jede Abbildung gibt die Ergebnisse für einen Cluster wieder. Die Ergebnisse innerhalb jedes Clusters werden in Bezug auf die ausgeübten Anlagestile evaluiert, wobei Stilfaktoren mit einem kleinen Anteil nichtsignifikanter Koeffizienten sowie mit im Durchschnitt hohen signifikanten Betas als Anlagestilschwerpunkte angesehen werden. Die Anteile der nichtsignifikanten Koeffizienten in beiden Phasen sind bei einigen Faktoren relativ hoch (bis max 40%), weshalb diese nicht näher betrachtet werden. Als Anlagestilschwerpunkt wird ein Faktor betrachtet, dessen Anteil nichsignifikanter Koeffizienten unter 20% liegt und dessen Median der signifikanten Betas eines Clusters zusäzlich den Median aller signifikanten Betas aller Cluster übersteigt. Auffällig ist, dass die Faktoren 7 (Value Aktien), 6 (Growth Aktien) und 5 (Aktien Emerging Markets) in mehreren Clustern als Anlagestilschwerpunkte oder als umgeschal-

---

[82] ALEXANDER und DIMITRIU (2005) untersuchen wechselnde Anlagestile der Equity Hedge Fonds in einem univariaten Fall.

[83] Die Fälle (0-1) und (1-0) werden zusammengezählt.

[84] Evaluiert werden ausschließlich signifikante Betas, auch wenn sie in nur einer der Phasen vorhanden sind.

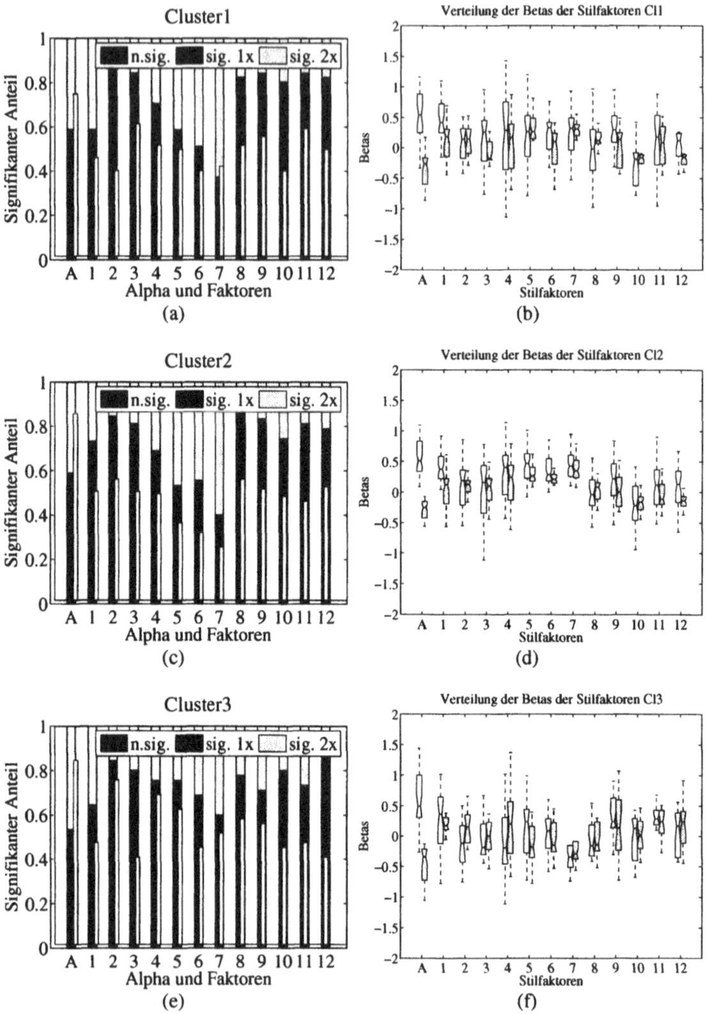

Abbildung 8.16: Anteile signifikanter Koeffizienten für einzelne Faktoren jedes Clusters und Verteilung von Betas (ohne Referenz)

Die linken Abbildungen veranschaulichen die Anteile nichtsignifikanter/nur in einer Phase signifikanter/in beiden Phasen signifikanter Koeffizienten der Stilfaktoren. Die Ergebnisse sind für Cluster zusammengefasst. Ebenfalls ist der Anteil der Koeffizienten, die im Übergang der Phasen das Vorzeichen wechseln durch weiße Säulen veranschaulicht. Die rechten Abbildungen veranschaulichen die Verteilungen der Betas anhand von Boxplots (Bear in weiss und Bull schattiert). Für die Wertetabellen siehe Anhang E.12, S. 512 und E.13, S. 514.

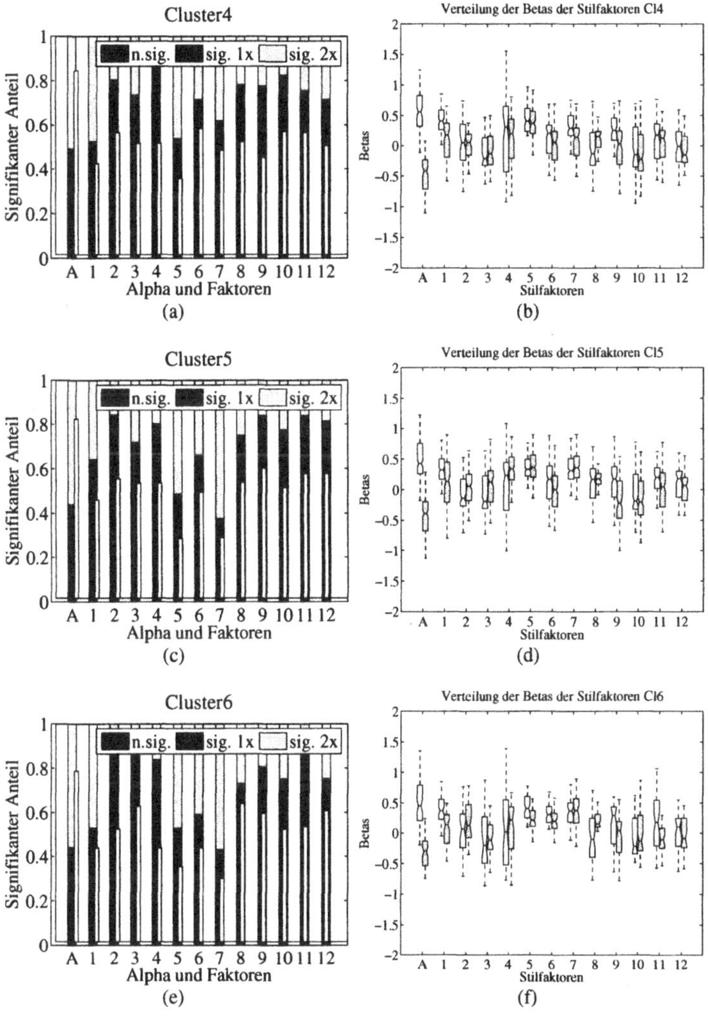

Abbildung 8.17: (Fortsetzung) Anteile signifikanter Koeffizienten für einzelne Faktoren jedes Clusters und Verteilung von Betas (ohne Referenz)

tete Anlagestile identifiziert werden. In diesem Aspekt ähneln die Ergebnisse der Markov-Switching-Modelle denen der Stilanalyse anhand des Kalman Filters.

ALEXANDER und DIMITRIU (2005) stellen in ihren Untersuchungen fest, dass die meisten Equity Hedge Fonds zwischen wertorientierten Aktien (Value) und Barmitteln umschalten. In den in dieser Arbeit durchgeführten Untersuchungen kann eine Umschaltung zwischen speziell Value Aktien und T-Bill nur zum Teil beobachtet

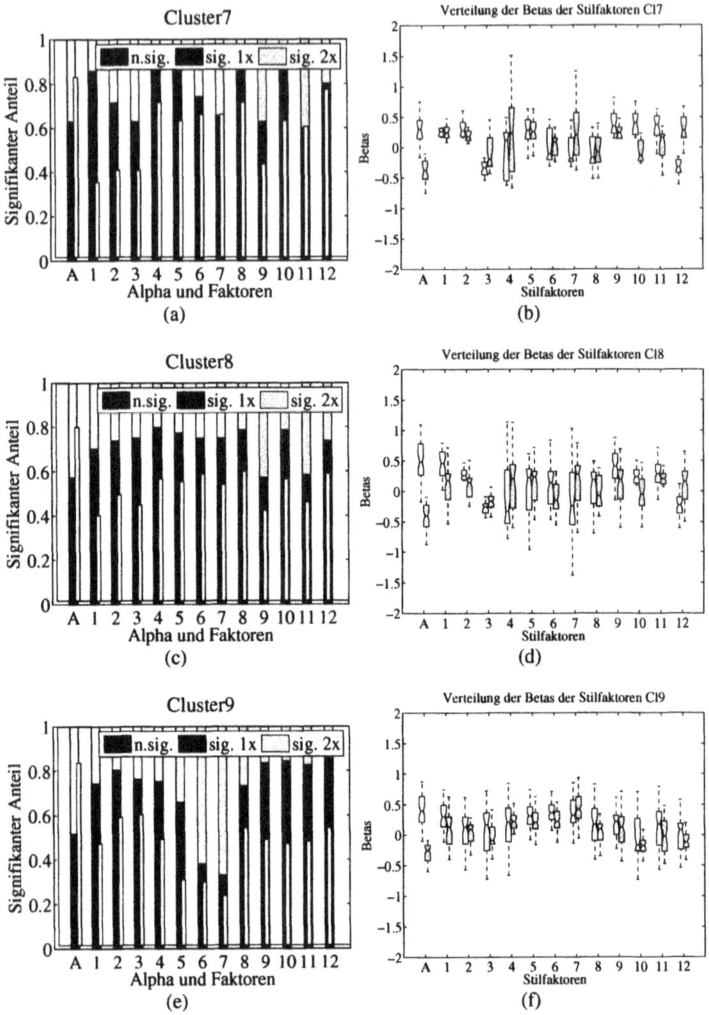

Abbildung 8.18: (Fortsetzung) Anteile signifikanter Koeffizienten für einzelne Faktoren jedes Clusters und Verteilung von Betas (ohne Referenz)

werden. Allgemein schalten jedoch die Fonds der meisten Cluster schon zwischen Aktien bzw. Bonds und der risikofreien Anlage (T-Bill) um, wobei eine Anlage in Aktien bzw. Bonds in beiden Phasen zu beobachten ist. Bei den Auswertungen des Kalman Filters konnte festgestellt werden, dass T-Bill in allen Clustern sehr stark gestreut hat. In den Abb. 8.16 bis 8.21 kann keine sehr hohe Streuung der T-Bill-Faktorgewichte beobachtet werden. Anzumerken ist die polarisierte Verteilung der

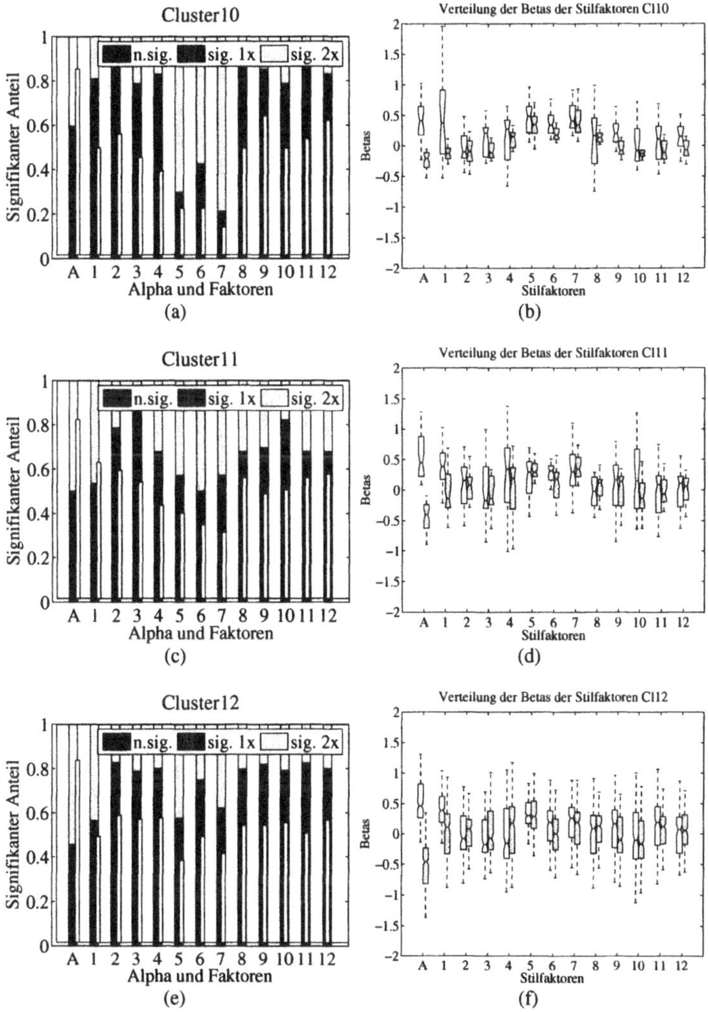

Abbildung 8.19: (Fortsetzung) Anteile signifikanter Koeffizienten für einzelne Faktoren jedes Clusters und Verteilung von Betas (ohne Referenz)

Boxplots dieses Faktors in Bull und Bear Phasen in allen Clustern (mit Ausnahme von Cluster 7). Zu vermuten ist ein starker Einfluss dieses Faktors in einzelnen Marktphasen, wo Fonds ihre Portfolioanteile in risikofreien Anlagen erhöhen. Es ist zu vermuten, dass Hedge Fonds eine Art Timimg Strategie anwenden, indem sie ihre Anteile in T-Bill in Bear Phasen deutlich erhöhen, jedoch ihre Anlagen in Aktien oder Bonds nur teilweise verändern.

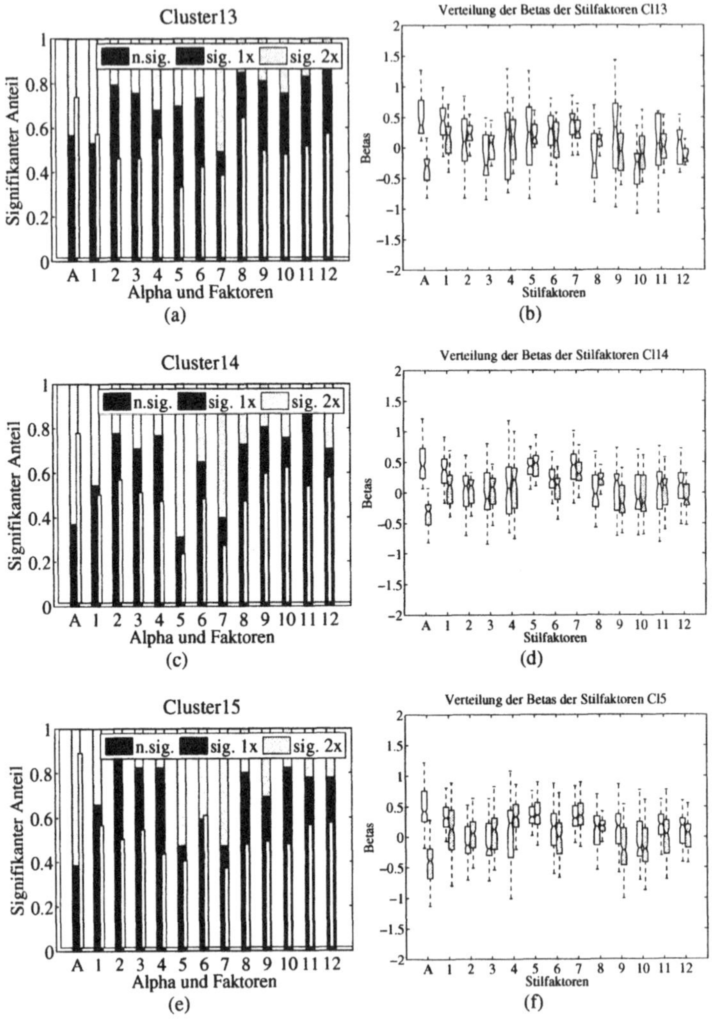

Abbildung 8.20: (Fortsetzung) Anteile signifikanter Koeffiziente für einzelne Faktoren jedes Clusters und Verteilung von Betas (ohne Referenz)

Im Folgenden werden die Anlagestilschwerpunkte für jeden Cluster anhand von MSWM bestimmt. Bei den Clustern 12 und 16 können nach der beschriebenen Vorgehensweise keine Stilschwerpunkte identifiziert werden. Die Ursache dafür kann in

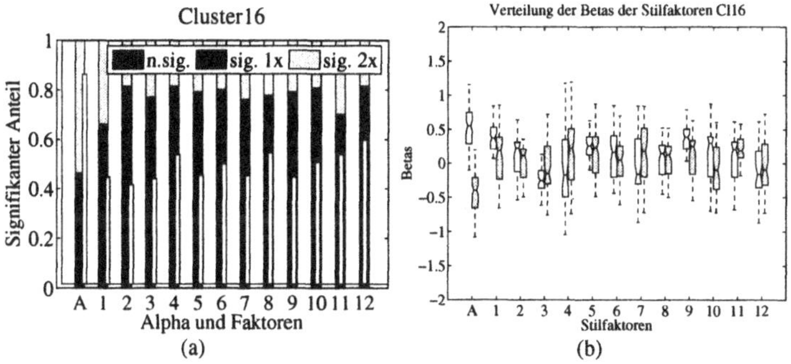

Abbildung 8.21: (Fortsetzung) Anteile signifikanter Koeffizienten für einzelne Faktoren jedes Clusters und Verteilung von Betas (ohne Referenz)

der starken Streuung der Betas liegen, was durch eine heterogene Struktur des Clusters bedingt sein kann.[85]

Für die zwei kleinsten Cluster 7 und 10 ergeben sich zum größten Teil identische Anlagestilschwerpunkte zum Kalman Filter. Laut Tab. 8.12 können die Faktoren 2 (GSCI), 9 (internationale Anleihen) und 11 (langfristige Staatsanleihen) als Anlagestilschwerpunkte des Clusters 7 identifiziert werden. In den vorangegangenen Untersuchungen wurden als Stilschwerpunkte T-Bill, internationale Anleihen, langfristige Staatsanleihen, BXM sowie Währungsindex, Aktien EAFE und Anleihen USA als Short-Position benannt.Anhand der Verteilungen der Betas (veranschaulicht durch die Boxplots in Abb. 8.18(b)) können nun die Anlagestile, zwischen denen umgeschaltet wird, eindeutig identifiziert werden. In der ersten Phase (Bear) weisen internationale Bonds sowie Staatsanleihen höhere Betas auf, während in der zweiten Phase die Stilfaktoren Aktien der Industrieländer (Faktor 4), Value Aktien (Faktor 7) und BXM (Faktor 12) erhöhte Beta-Werte besitzen. Der Cluster 7 besteht überwiegend aus Tactical Trading Fonds, die anscheinend zwischen Aktien und Bonds umschalten. Durch die oben präsentierte Regel zur Erkennung von Stilschwerpunkten wurden Aktien und BXM nicht als Stilschwerpunkte identifiziert. Dies liegt daran, dass z.B. Aktien Industrieländer (EAFE) zu hohe Anteile nichtsignifikanter Betas besitzen. Die Verteilung der Betas wurden jedoch aufgrund der signifikanten Betas abgebildet. Aus diesem Grund kann trotz hoher Beta-Werte keine Schlussfolgerung für den ganzen Cluster gezogen werden. Der Cluster 7 ist somit hauptsächlich den Bondmärkten ausgesetzt, wobei auch Anlagen in Aktienmärkten (z.B. Value und Growth Aktien) periodisch gehalten werden. Bei den Clustern 7 und 10 können keine Stilumschaltungen identifiziert werden, da in den beiden Phasen gleiche Finanzinterumente gehalten werden.

[85] Cluster 12 stellt tatsächlich den umfangreichsten Cluster dar, wodurch die hohe Streuung der Beta-Werte erklärt werden kann.

Tabelle 8.12: Anlagestilschwerpunkte der Cluster in Bear und Bull Märkten

Die Tabelle präsentiert die Anlagestilschwerpunkte eines jeden Clusters für die Bear und Bull Märkte. Die obere Zeile von jedem Cluster bezeichnet die Bear und die untere die Bull Phasen. Als Anlagestilschwerpunkt wird ein Faktor betrachtet, dessen Anteil nichsignifikanter Koeffizienten („0-0") unter 20% liegt und dessen Median der signifikanten Betas („1-1") eines Clusters (getrennt nach Bull und Bear) zusätzlich den Median aller signifikanten Betas aller Cluster übersteigt. Am häufigsten werden MSCI_v und MSCI_g als Schwerpunkte identifiziert (vgl. letzte Zeile „Summe"). (Bei der angegebenen Bezeichnung der Faktoren ist die Anmerkung *bereinigt* (b) ausgelassen, gemeint sind aber die bereinigten Indizes analog der Darstellung der Tab. 8.4.)

	(1) T-Bill	(2) GSCI	(3) TWEX	(4) MSCI EAFE	(5) MSCI EM	(6) MSCI _g	(7) MSCI _v	(8) Lehm USBI	(9) Lehm Glob BI	(10) Lehm Gov_k	(11) Lehm Gov_l	(12) BXM
Cl1	x			x		x	x					x
							x					
Cl2	x			x	x	x	x					
				x		x	x					
Cl3	x								x		x	x
											x	x
Cl4	x				x	x						
					x							
Cl5	x				x		x	x				
					x		x	x				
Cl6	x				x	x	x					
						x	x	x				
Cl7		x							x		x	
		x							x		x	
Cl8	x								x	x	x	
									x		x	
Cl9						x	x					
						x	x					
Cl10					x	x	x					
					x	x	x					
Cl11	x			x		x	x					x
						x	x					
Cl12	x											
Cl13	x					x	x		x			
										x		
Cl14	x		x		x	x	x					
			x		x		x	x				
Cl15				x	x	x	x		x			
				x	x					x		
Cl16												
Summe	11	2	2	6	12	15	18	4	7	3	6	4

Cluster 10 ist hauptsächlich dem Einfluss der Aktienmärkte ausgesetzt (Aktien Emerging Markets, Value und Growth Aktien), was wiederum die Ergebnisse des Kalman Filters bestätigt. Hier weist sogar keiner der Fonds in beiden Phasen nichtsignifikante Koeffizienten für diese Stilfaktoren auf.

Auch die größten Cluster 5 und 12 bestätigen großteils die Ergebnisse des Kalman Filters. Die Fonds des Clusters 5 sind hauptsächlich den Einflüssen der Aktienmärkte ausgesetzt, da sie höchstwahrscheinlich Portfolioanteile in diesen Marktsegmenten halten. Aufgrund der oben präsentierten Regel werden jedoch für Cluster 12 keine eindeutigen Stilschwerpunkte identifiziert. Wie bereits erwähnt ist dies durch eine breite Streuung der Betas zu begründen.

Für Investmentfonds können die Ergebnisse aus den Auswertungen des Kalman Filters ebenfalls zum größten Teil bestätigt werden. Die Abb. D.4 bis D.5 (im Anhang, S. 500 bis 501) veranschaulichen die Ergebnisse für die Investmentfonds. Für die ersten zwei Cluster weisen die Stilfaktoren 3 bis 7 (TWEX und Aktienmärkte) signifikante Koeffizienten und hohe Beta-Werte nach dem MSWM auf. Anhand des Kalman Filters wurden hauptsächlich Aktien Value, Growth Aktien und Emerging Markets identifiziert, wobei TWEX nur bei Cluster 1 als Anlagestilschwerpunkt festgestellt wurde. Anhand der oben vorgestellten Vorgehensweise können anhand der Abbildungen nur teilweise abweichende Ergebnisse beobachtet werden. Laut Tab. D.5 (im Anhang, S. 499) sind die ersten zwei Cluster tatsächlich den Einflüssen der Aktienmärkte ausgesetzt, wobei Cluster 2 zusätzlich Zusammenhänge zu TWEX und Bondindizes in Bear Phasen aufweist.

Im ersten Cluster können keine eindeutige Umschaltstile identifiziert werden, wobei Abb. D.4(b) (im Anhang, S. 500) erhöhte Faktorgewichte für T-Bill und internationale Bonds in der ersten Phase (Bear) zeigt, während Aktien (insbesondere Value Aktien) konstant gehalten werden. Die Veränderung im Anlagestil des zweiten Clusters kann aufgrund der Umschaltung zwischen T-Bill und Bonds in Aktien (insbesondere Value Aktien) begründet werden (siehe die Verteilung der Betas und Stilschwerpunkte in Tab. D.5, S. 499).

Cluster 3 erfährt nach den MSWM-Auswertungen signifikante Einflüsse durch Bonds (internationale Bonds und Staatsanleihen), während Einflüsse der Aktienmärkte klein ausfallen. Stilumschaltungen finden überwiegend in T-Bill statt (vgl. Abb. D.4(f), S. 500), während Bonds hauptsächlich konstant gehalten werden. Bei Cluster 4 sind die Umschaltungen eindeutiger. In der ersten Phase (Bear) weisen T-Bill, TWEX und Bonds hohe Beta-Werte und Signifikanzen auf, während die Aktienmärkte (insbesondere Aktien Emerging Markets) in der zweiten Phase (Bull) hohe signifikante Beta-Werte besitzen. Auffällig sind die hohen negativen Beta-Werte für den Faktor 4 (Aktien EAFE). Dieses Ergebnis deutet darauf hin, dass die Wertentwicklung der Fonds dieses Clusters entgegen den Entwicklungen von Aktien Industrieländer verläuft. Eine Erklärung könnte in der Ausübung von Short-Positionen (z.B. durch Derivate) durch Fonds dieses Clusters begründet werden. Da Investmentfonds z.B. Derivate nur eingeschränkt einsetzten, kann die starke negative Ausprägung der Faktorgewichte durch eine Gegenläufigkeit des EAEF Index gegenüber den Bonds erklärt werden, da die Bonds den Schwerpunkt der Portfolioanlagen der Fonds dieses Clusters präsentieren.

Auch hier sind die polarisierten Boxplots der T-Bill-Faktorgewichte in Bull und Bear Phasen zu beobachten. Dieser Befund deutet darauf hin, dass Hedge-Fonds- genauso wie Investmentfondsmanager meistens in Bear Phasen ihre Anteile in risikofreien Anlagen erhöhen.

Jede Abbildung besitzt ebenfalls einen weißen Balken, der den Anteil der Koeffizienten mit wechselnden Vorzeichen indiziert. Wechselnde Vorzeichen deuten auf einen Long/Short Anlagestil. Die Ergebnisse bezüglich der Long/Short Anlagestile sind überwiegend nicht aussagekräftig. In den meisten Clustern liegen die Anteile der Faktoren mit veränderten Vorzeichen zwischen 40% und 50%, sodass keine einheitliche Aussage über die Anlagestilschwerpunkte einzelner Cluster in Bezug auf Long und Short gemacht werden kann. Für Investmentfonds ist diese Auswertung von kleinerer Bedeutung, da Investmentfonds nicht zwischen Long/Short umschalten können (Leerverkaufsverbot), jedoch eine Short-Position z.B. durch Derivate ausüben können. Kleine negative Beta-Werte sind bei den meisten Auswertungen überwiegend nichtsignifikant.[86]

Da in den Analysen vermutlich nicht alle Performance treibenden Stilfaktoren berücksichtigt werden, sollten die Auswertungen des Alphas nicht zur Evaluation der Fähigkeiten der Fondsmanager verwendet werden. Das Alpha würde in diesem Fall einen Renditeanteil erfassen, der durch die nicht berücksichtigten Faktoren getragen wird. Dennoch ergeben sich in dieser Untersuchung für das Alpha interessante Ergebnisse. Wie die Abb. 8.16 bis 8.21 zeigen ist die Verteilung der Alphas in fast allen Clustern in Bull und Bear Phasen stark polarisiert. Auch liegen die Boxplots der Alpha-Werte zum großen Teil symmetrisch um Null. Dieser Befund deutet darauf hin, dass die Fondsmanager kaum über eine besondere Selektionsfähigkeit verfügen. Bei den Investmentfonds ist das gleiche Phänomen zu beobachten (vgl. Abb. D.4 bis D.5 im Anhang, S. 500 bis 501). Demnach ist kein Unterschied in den Selektionsfähigkeiten zwischen Hedge-Fonds- und Investmentfondsmanagern (im Durchschnitt) feststellbar.

Anhand der Markov-Switching-Modelle werden zusätzlich zu Faktorsensitivitäten auch die Wahrscheinlichkeiten der Zugehörigkeit zu einer bestimmten Phase berechnet. Diese Wahrscheinlichkeiten liegen im Bereich zwischen Null und Eins und können ebenfalls als phasenkodierte Zeitreihen interpretiert werden, deren Phasen sich von den phasenkodierten Renditezeitreihen wahrscheinlich unterscheiden, da sie nicht aufgrund der veränderten Wertentwicklung, sondern aufgrund der strukturellen Veränderungen in den Zusammenhängen zwischen Fonds- und Stilfaktorenrenditen zustande kommen.[87]

Die Phasen der strukturellen Zusammenhänge werden im Folgenden näher untersucht. Abb. 8.22 veranschaulicht die durchschnittliche Amplitude und die durchschnittliche Phasendauer als zwei zentrale Phasencharakteristika auf Basis des traditionellen MSWM.[88] Die durchschnittliche Amplitude wurde für beide Phasen ermittelt. Wie aus der Graphik ersichtlich ist, besitzt die zweite Phase für alle Cluster

86 Negative Betawerte bei Investmentfonds können ebenfalls als ein Indiz der Unzulänglichkeit der angewandten Methode gedeutet werden. Es ist zwar möglich, dass Investmentfonds durch Derivate Short-Positionen nachbilden können, trotzdem besteht hier die Gefahr, dass hegative Betas für die Faktoren identifiziert werden, in die die Fonds gar nicht investieren. Daraus entstehen sog. Scheingewichte. Aus diesem Grund müssen die Ergebnisse für Hedge Fonds ebenfalls mit Vorsicht interpretiert werden, denn bei Hedge Fonds werden negative Betawerte als Short-Position gedeutet.

87 Einige Wahrscheinlichkeitswerte liegen nur in der Nähe von Null oder Eins. Aus diesem Grund werden bei den weiteren Untersuchungen alle Wahrscheinlichkeitswerte (auf Null oder Eins) gerundet.

88 Zur Definition der Phasencharakteristika siehe Kap. 4.4.2, S. 137.

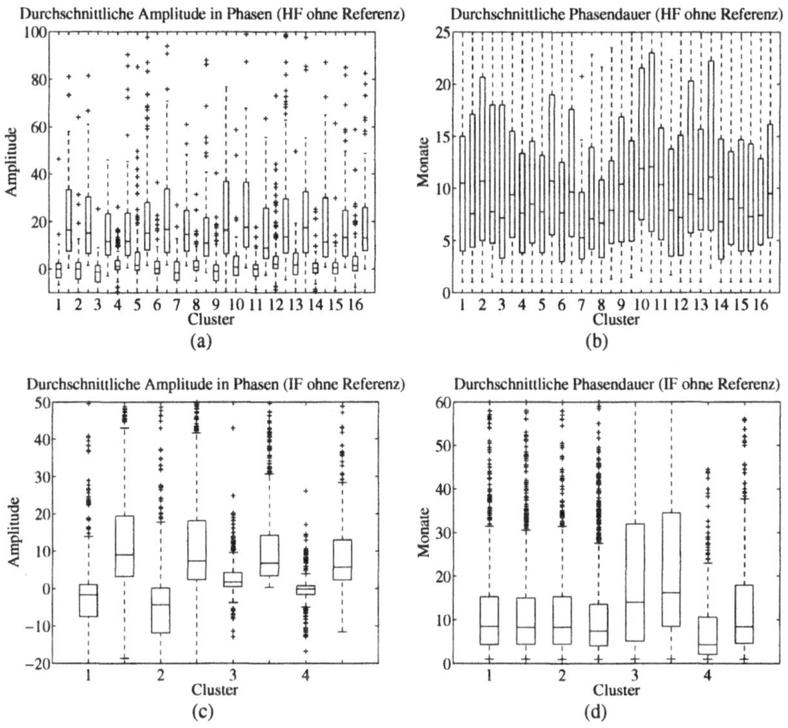

Abbildung 8.22: Phasencharakteristika für traditionelles MSWM

Die Abbildungen veranschaulichen die Amplitude der Rendite und die durchschnittliche Phasendauer für einzelne Cluster (jeweils für zwei Phasen). (*ohne Referenz* steht für das traditionelle MSWM). Für die Wertetabelle siehe E.14 S. 515 und Anhang E.15 S. 516.

eine deutlich höhere Amplitude als die erste Phase. Diese Erkenntnis deutet darauf hin, dass die Phasen aufgrund struktureller Veränderungen in den Zusammenhängen zwischen Fonds- und Stilfaktorenrenditen auch Phasen mit hoher und niedriger Rendite darstellen, sodass sie entsprechend als Bull und Bear Phasen bezeichnet werden können. Die Auswertung der Anteile positiver Renditen in den beiden Phasen deutet ebenfalls darauf hin, dass die Phasen unterschiedliche Renditecharakteristika besitzen, wobei die erste Phase niedrigere Anteile positiver Renditen aufweist.[89] Anhand der durchschnittlichen Volatilität kann jedoch keine eindeutige Aussage über die Phasenunterschiede gemacht werden (ebenfalls nicht abgebildet).

Die durchschnittliche Dauer der Phasen liegt bei allen Clustern auf relativ gleichem Niveau, wobei der Unterschied in der durchschnittlichen Phasendauer zwischen den Phasen bei allen Clustern nicht signifikant ist. Wie bereits angemerkt, werden in der

[89] Siehe Anhang E, S. 503.

Literatur Markov-Switching-Modelle aufgrund der konstanten Übergangwahrscheinlichkeiten und der daraus folgenden konstanten periodischen Phasendauer kritisiert. Die Ergebnisse zeigen, dass dies tatsächlich der Fall ist. Die erfassten Phasen sind periodisch und von relativ konstanter Dauer. Zu untersuchen ist, wie sich dieser Aspekt bei der Modellierung der zeitvariablen Übergangwahrscheinlichkeiten ändert.

Wie in den bisherigen Untersuchungen aufgezeigt, besteht eine gewisse Verbindung zwischen der Hedge-Fonds-Performance und der Entwicklung der Finanzmärkte. Da sich die Finanzmärkte beständig, aber nicht unbedingt periodisch fortbewegen, reagieren auch die Fonds auf diese Entwicklungen entsprechend. Die Wirtschafts- und Finanzmarktentwicklungen sind wiederum ebenfalls eng aneinander gebunden. In den folgenden Kapiteln werden die Ergebnisse aus den Untersuchungen der Markov-Switching-Modelle unter Berücksichtigung zeitvariabler Übergangwahrscheinlichkeiten präsentiert. Die exogenen Informationen in Gl. 8.22 werden durch verschiedene phasenkodierte Zeitreihen wie CLI und MSCIW erfasst. Die Einflüsse dieser Zeitreihen werden in separaten bedingten MSWM berücksichtigt und später verglichen. Aufgrund der bisherigen Auswertungen wird erwartet, dass sich die Ergebnisse der Modelle durch die Einbeziehung von Finanzmarktphasen verbessern werden, da sowohl Investmentfonds als auch Hedge Fonds starke Zusammenhänge zu Finanzmärkten aufweisen.

Im nächsten Kapitel wird ein bedingtes MSWM präsentiert, welches als Referenzzeitreihe einen führenden Indikator für die Wirtschaftslage einbezieht.

8.4.2.3 Modellierung der Rendite anhand von Wirtschaftsphasen

Markov-Switching-Modelle werden anhand zeitvariabler Übergangswahrscheinlichkeiten modelliert, wobei als Erstes der Einfluss der wirtschaftlichen Entwicklung der USA als Referenzvariable berücksichtigt wird. Der Composite Leading Indikator (CLI) USA ist ein aggregierter Index, der die wirtschaftliche Entwicklung der USA durch eine Zusammenfassung wirtschaftlicher Indikatoren beschreibt bzw. prognostiziert.[90]

Der CLI findet häufig als Indikator zukünftiger wirtschaftlicher Veränderungen Verwendung. In Abb. 8.23 ist der Verlauf der 6-monatigen CLI-Rate (umgerechnet auf Quartalbasis) zusammen mit der geglätteten GDP-Rate der USA abgebildet. Wie die Abbildung veranschaulicht, erfasst der Index in den meisten Fällen tatsächlich die Entwicklung der Wirtschaft. Im Hintergrund der Graphik sind die Marktphasen abgebildet, die aufgrund der CLI-Zeitreihe und der modifizierten BB-Methode ermittelt wurden.

Die mittlere Erklärungskraft der Markov-Switching-Modelle unter Berücksichtigung von Wirtschaftsphasen liegt für Hedge Fonds (Investmentfonds) bei 76,5%

[90] Der CLI wird auf Basis von acht Indikatoren gebildet: neue Auftragseingänge der Gebrauchsgüter, Aktienmarktindex, Veränderung in Werkstoffpreisen, neue Auftragseingänge vom Industrie- und Anlagenbau, Beschäftigung, Verbrauchervertrauensindex, Aufträge für Hausbau und die T-Bill-Rate. Für weitere Informationen siehe http://www.oecd.org.

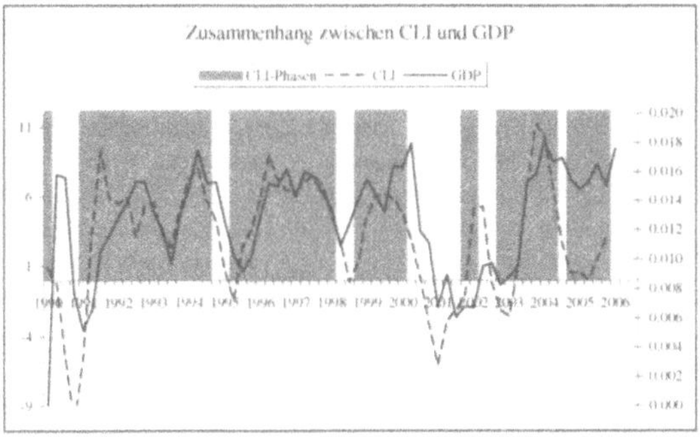

Abbildung 8.23: Zusammenhang des Composite Leading Indikators und des Bruttoinlandsproduktes der USA

Die Abbildung veranschaulicht den Verlauf der 6-monatigen Veränderungsrate des CLI und die CLI-Phasen (grau markierte Bereiche indizieren Aufschwungphasen) sowie die (3-monatige) geglättete GDP-Zeitreihe der Veränderungsrate für die USA. In den meisten Bereichen kann der CLI den Verlauf des GDP ausreichend beschreiben.

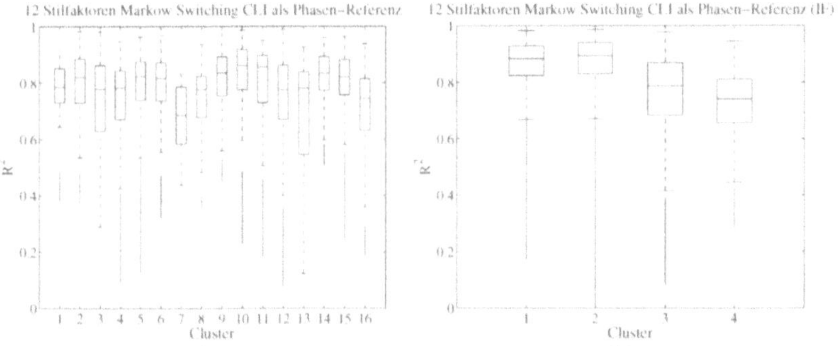

(a) (b)

Abbildung 8.24: Erklärungskraft der Modelle des bedingten MSWM mit Phasen des CLI als Referenz

Die Abbildungen zeigen die Boxplots für die Bestimmtheitsmaße einzelner Cluster für das bedingte MSWM mit Phasen des CLI als Referenz (8.24(a) für Hedge Fonds und 8.24(b) für Investmentfonds). Für die Wertetabelle siehe Anhang E.11 S. 511.

(83,5%). Abb. 8.24 veranschaulicht durch die Boxplots die Verteilung der Bestimmtheitsmaße einzelner Modelle innerhalb der Cluster für das bedingte Markov-Switching-Modell mit den CLI-Phasen als Referenz. Die Erklärungskraft der Modelle hat sich im Vergleich zu den einfachen Faktormodellen sowie zu den traditionellen Markov-Switching-Modellen im vorherigen Kapitel deutlich verbessert.

Tabelle 8.13: Anlagestilschwerpunkte der Cluster in Bear und Bull Märkten (CLI-Phasen als Referenz)

Die Tabelle präsentiert die Anlagestilschwerpunkte eines jeden Clusters für die Bear und Bull Märkte. Die obere Zeile von jedem Cluster bezeichnet die Bear und die untere die Bull Phasen. Als Anlagestilschwerpunkt wird ein Faktor betrachtet, dessen Anteil nichsignifikanter Koeffizienten („0-0") unter 20% liegt und dessen Median der signifikanten Betas („1-1") eines Clusters (getrennt nach Bull und Bear) zusätzlich den Median aller signifikanten Betas aller Cluster übersteigt. Am häufigsten werden MSCI_v, Aktien Emerging Markets, T-Bills und MSCI_g als Schwerpunkte identifiziert (vgl. letzte Zeile „Summe"). (Bei der angegebenen Bezeichnung der Faktoren wurde die Anmerkung *bereinigt* (b) ausgelassen, es sind jedoch die bereinigten Indizes analog Tab. 8.4 gemeint.)

	(1) T-Bill	(2) GSCI	(3) TWEX	(4) MSCI EAFE	(5) MSCI EM	(6) MSCI _g	(7) MSCI _v	(8) Lehm USBI	(9) Lehm Glob BI	(10) Lehm Gov_k	(11) Lehm Gov_l	(12) BXM
Cl1	x					x	x					
							x					
Cl2	x			x	x	x	x					
				x		x	x					
Cl3	x									x	x	
										x	x	
Cl4	x				x	x			x		x	
					x			x			x	
Cl5	x				x	x	x	x				
					x		x	x				
Cl6	x				x	x	x					
						x	x	x				
Cl7									x			
Cl8	x	x							x		x	
		x							x		x	x
Cl9	x			x		x	x				x	
						x	x					
Cl10	x			x	x	x	x					
					x	x	x					
Cl11			x	x		x	x					x
							x					
Cl12	x				x	x						
					x							
Cl13	x						x		x			
							x					
Cl14	x				x	x	x					x
					x		x	x				
Cl15	x			x	x	x	x				x	
				x	x							
Cl16	x											
Summe	14	2	1	7	14	15	19	5	5	2	8	3

Aus Platzgründen werden die Auswertungen der Signifikanzen und Beta-Verteilungen hier nicht präsentiert.[91] Tab. 8.13 veranschaulicht die Anlagistilscherpunkte für Hedge Fonds. Die Ergebnisse stimmen mit den Ergebnissen des MSWM ohne Referenz in einigen Clustern überein. Am häufigsten erreichen die Faktoren 7 (Value Aktien), 1 (T-Bill), 5 (Aktien Emerging Markets) und 6 (Growth Aktien) hohe signifikante Beta-Werte. Die konstanten Einflüsse einiger Faktoren, wie z.B. in Cluster 3 (Faktor BXM), Cluster 7 (Faktoren GSCI und langfristige Staatsanleihen) und

[91] Siehe Wertetabelle im Anhang E.16, S. 517 und E.17, S. 519.

Cluster 14 (Faktor TWEX), werden hier nicht bestätigt. Dagegen enthalten Cluster 4 (langfristige Staatsanleihen), Cluster 8 (GSCI) und Faktor 12 (Aktien Emerging Markets) konstante Einflüsse durch andere Stilfaktoren. Diese Einflüsse wurden jedoch bei den Auswertungen der Ergebnisse des Kalman Filters bereits identifiziert.

Für Investmentfonds sind die Anlagestilschwerpunkte in Tab. D.6 (im Anhang, S. 499) veranschaulicht. Auch hier können ähnliche Befunde wie bei den Auswertungen der MSWM ohne Referenz bestätigt werden. Bei Cluster 1 werden hier zusätzlich Einflüsse von T-Bill und GSCI in Bear Phasen deutlich, während TWEX einen stärkeres Gewicht in Bull Phasen besitzt. Dieser Befund ähnelt nicht den Ergebnissen des Kalman Filters. Nach den Auswertungen des Kalman Filters besitzt TWEX einen permanenten Einfluss auf die Fondsrenditen, während T-Bill und GSCI keinen starken Einfluss aufweisen. Für Cluster 2 stimmen dagegen die hier bestimmten Anlagestilschwerpunkte mit denen des Kalman Filters annähernd überein. Hier besitzt von den Bonds lediglich der Lehm US BI einen Einfluss, dagegen weisen internationale Anleihen, wie beim Kalman Filter, keine signifikante Einflüsse auf. In Cluster 3 sind keine Veränderungen zu verzeichnen. In Cluster 4 werden dagegen kleine Gewichtsverschiebungen beobachtet. An Gewicht gewinnt GSCI in Bear Phasen, während BXM seinen Einfluss verliert. In Bull Phasen werden Aktien Emerging Markets und langfristige Staatsanleihen nicht als Einflussquellen identifiziert, während Growth Aktien an Gewicht gewinnen. Diese Veränderungen können nur teilweise durch die Ergebnisse des Kalman Filters bestätigt werden.

Die Veränderungen in den Anlagestilschwerpunkten sind einerseits auf die Schätzung der Modelle selbst zurückzuführen und andererseits auf eine Verschiebung der mittleren Betas, auf deren Basis die Anlagestilschwerpunkte identifiziert werden.

Die Auswertung der Phasencharakteristika ergibt im Vergleich zu den Auswertungen im vorherigen Kapitel zum Teil ein anderes Bild (vgl. Abb 8.25). Wie im vorherigen Kapitel unterscheiden sich die Amplituden in den beiden identifizierten Phasen signifikant voneinander, wobei Phasen mit einer positiven und Phasen mit einer kleinen und zum Teil negativen Rendite unterschieden werden. Die Höhe der Amplitude in den Phasen positiver Renditen ist aber deutlich niedriger als in den Auswertungen des traditionellen MSWM. Die Ursache liegt darin, dass die Phasen deutlich kürzer und deshalb häufiger geworden sind, als in den Auswertungen des vorherigen Kapitels. Dies bestätigt Abb. 8.25, die durchschnittliche Phasendauer in den beiden identifizierten Phasen für unterschiedliche Cluster abbildet.

Der Unterschied in der durchschnittlichen Phasendauer zwischen den Phasen aller Cluster ist nicht signifikant und hält sich im Durchschnitt auf einer relativ niedrigen Anzahl von Monaten. Damit werden aufgrund der strukturellen Veränderungen zwischen den Renditen der Fonds und den Stilfaktoren viel häufiger Phasenübergänge bei der Berücksichtigung der Phasen der wirtschaftlichen Entwicklung der USA identifiziert.

Anzumerken ist, dass jede erste Phase bei den meisten Hedge Fonds sowie bei den ersten zwei Clustern der Investmentfonds eine deutlich höhere durchschnittliche Dauer besitzt. In diesen Phasen werden laut den Auswertungen der Amplituden nur

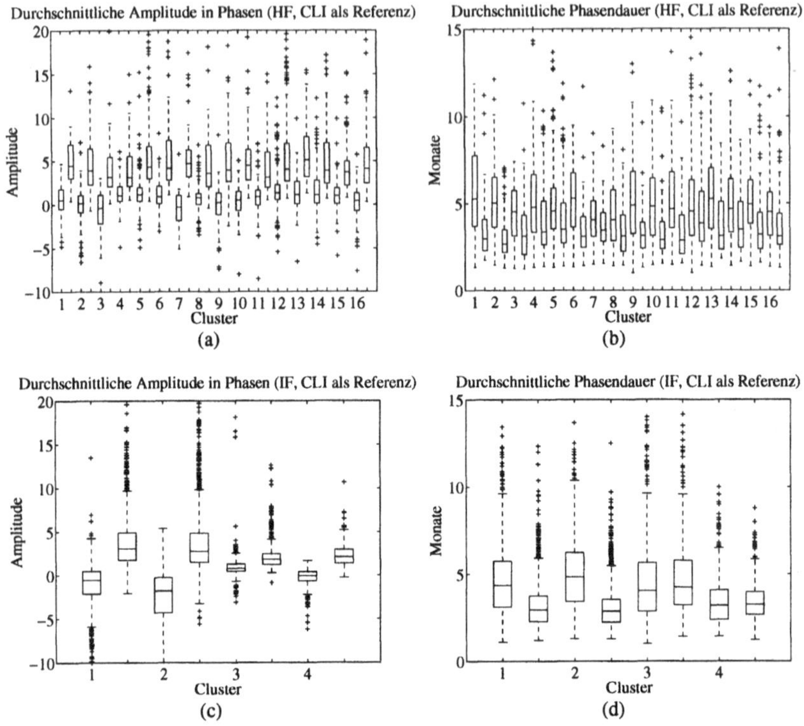

Abbildung 8.25: Phasencharakteristika für das an CLI bedingte MSWM

Die Abbildungen veranschaulichen die Amplitude der Rendite und die durchschnittliche Phasendauer erfasst für einzelne Cluster jeweils für zwei Phasen. Für die Wertetabelle siehe Anhang E.14 S. 515 und Anhang E.15 S. 516.

geringe Renditen erzielt. Die zweiten Phasen sind von einer deutlich kürzeren Dauer. Dagegen sind die Renditen in diesen Perioden deutlich höher. Somit ermöglicht das bedingte MSWM, starke, aber relativ kurze Aufschwungphasen von schwächeren, aber längeren Abschwungphasen (bzw. „Normalphasen") zu unterscheiden. In dieser Hinsicht verhalten sich die meisten Hedge Fonds sehr ähnlich zu Aktienfonds.

8.4.2.4 Modellierung der Rendite anhand von Finanzmarktphasen

Nachdem der Einfluss der Wirtschaftsphasen auf die Bestimmung der Phasenübergänge aufgrund struktureller Veränderung in den Renditen der Fonds und Stilfaktoren untersucht wurde, soll im nächsten Schritt der Einfluss des globalen Aktienmarktes gemessen werden. Die Phasen des globalen Aktienmarktes werden durch den MSCIW abgebildet.

Die Erklärungskraft der Modelle für Hedge Fonds liegt im Durchschnitt bei 76,0% (Investmentfonds 83,3%), was eine marginale Verschlechterung gegenüber den Modellen des vorherigen Kapitels bedeutet. Abb. 8.26 veranschaulicht durch die Boxplots die Verteilung der Bestimmtheitsmaße der einzelnen Modelle innerhalb der Cluster für das traditionelle Markov-Switching-Modell für beide Fondstypen.

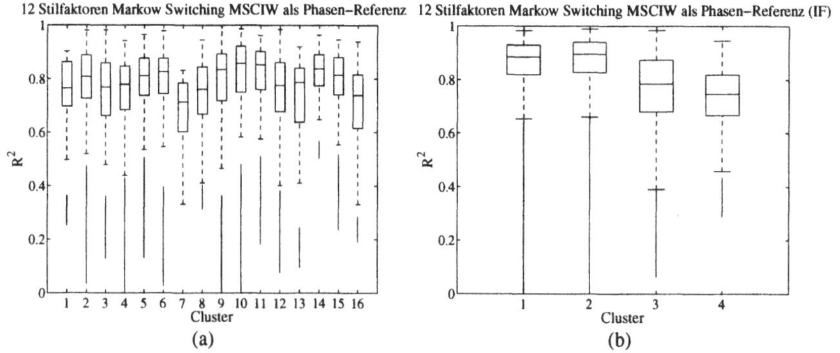

Abbildung 8.26: Erklärungskraft der Modelle des bedingten MSWM mit Phasen des MSCIW als Referenz

Die Abbildungen zeigen die Boxplots für die Bestimmtheitsmaße der einzelnen Cluster für das bedingte MSWM mit Phasen des MSCIW als Referenz (8.26(a) für Hedge Fonds und 8.26(b) für Investmentfonds). Die Erklärungskraft der Markov-Switching-Modelle steigt in allen Clustern im Vergleich zu Modellen ohne Switch deutlich an. Für die Wertetabelle siehe Anhang E.11 S. 511.

Die Auswertung der Anteile signifikanter Koeffizienten der Faktoren in den einzelnen Clustern ergibt ein zu den Auswertungen des vorherigen Kapitels identisches Bild. Aus Platzgründen werden die Auswertungen der Signifikanzen und Beta-Verteilungen hier nicht präsentiert.[92] Die Anlagestilschwerpunkte verändern sich nur teilweise im Vergleich zu den Auswertungen der Modelle mit den Phasen des CLI als Referenz, wobei die zentralen Stilausrichtungen unverändert bleiben. Tab. 8.14 veranschaulicht die aufgrund von hohen signifikanten Betas bestimmten Stilschwerpunkte.

Am häufigsten erreichen die Faktoren 7 (Value Aktien), 1 (T-Bill), 5 (Aktien Emerging Markets) und 6 (Growth Aktien) hohe signifikante Beta-Werte. Langfristige Staatsanleihen (Aktien Industrieländer) weisen für Cluster 3 (Cluster 15) hier keine so starken Einflüsse wie bei dem vorherigen Modell auf. Dagegen besitzt Cluster 7 stärkere Zusammenhänge zum Faktor T-Bill sowie Cluster 10 zum TWEX. Die meisten Verschiebungen in den Stilschwerpunkten geschehen innerhalb einer Assetklasse, z.B. bei Cluster 11 von Value Aktien (CLI-Modell) zu Aktien Emerging Markets (MSCIW-Modell).

[92] Siehe Wertetabelle im Anhang E.18, S. 520 und E.19, S. 522.

Tabelle 8.14: Anlagestilschwerpunkte der Cluster in Bear und Bull Märkten (mit MSCIW-Phasen als Referenz)

Die Tabelle präsentiert die Anlagestilschwerpunkte eines jeden Clusters für die Bear und Bull Märkte. Die obere Zeile von jedem Cluster bezeichnet die Bear und die untere die Bull Phasen. Als Anlagestilschwerpunkt wird ein Faktor betrachtet, dessen Anteil nichsignifikanter Koeffizienten („0-0") unter 20% liegt und dessen Median der signifikanten Betas („1-1") eines Clusters (getrennt nach Bull und Bear) zusätzlich den Median aller signifikanten Betas aller Cluster übersteigt. Am häufigsten werden MSCI_v und Aktien Emerging Markets als Stilschwerpunkte identifiziert (vgl. letzte Zeile „Summe"). (Bei der angegebenen Bezeichnung der Faktoren wurde die Anmerkung *bereinigt* (b) ausgelassen, es sind jedoch die bereinigten Indizes analog Tab. 8.4 gemeint.)

	(1) T-Bill	(2) GSCI	(3) TWEX	(4) MSCI EAFE	(5) MSCI EM	(6) MSCI _g	(7) MSCI _v	(8) Lehm USBI	(9) Lehm Glob BI	(10) Lehm Gov_k	(11) Lehm Gov_l	(12) BXM
Cl1	x				x	x	x					
Cl2	x			x	x	x	x					
				x		x	x					
Cl3	x								x	x		
		x								x		
Cl4	x				x	x			x	x	x	x
					x			x				
Cl5	x					x	x	x				
					x		x	x				
Cl6	x				x	x	x	x				
						x	x	x				
Cl7	x								x			
	x								x			
Cl8	x	x							x		x	
		x							x		x	x
Cl9	x					x	x				x	
						x	x					
Cl10			x	x	x	x	x					
			x		x	x	x					
Cl11				x	x	x					x	x
							x					
Cl12	x				x	x						
					x							
Cl13	x				x		x		x			
							x					
Cl14	x				x	x	x			x		x
					x		x	x				
Cl15	x				x	x	x					
					x		x					
Cl16	x											
Summe	15	3	2	4	16	15	18	6	7	4	5	4

Für Investmentfonds sind die Anlagestilschwerpunkte in Tab. D.7 (im Anhang, S. 501) veranschaulicht. Die Veränderungen in den Anlagestilschwerpunkten im Vergleich zu den Auswertungen des vorherigen Kapitels sind marginal. Für Cluster 1 weist der BXM in Bear Phasen einen stärkeren Einfluss auf, während das Gewicht vom TWEX in der Bull Phase nicht mehr sehr stark ist. Für Cluster 2 weist der Faktor Aktien Emerging Markets in der Bear Phase keinen starken Einfluss mehr auf.

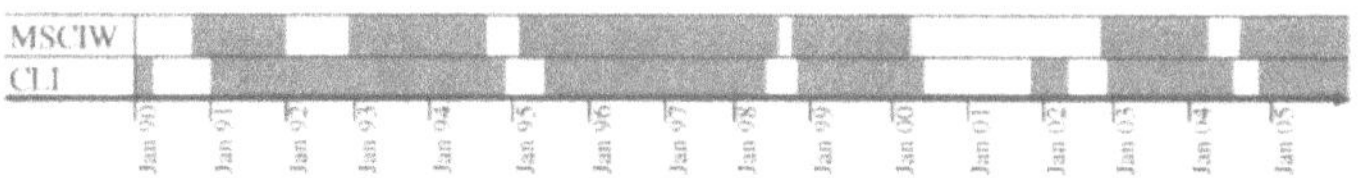

Abbildung 8.27: Phasen von MSCIW und CLI

Die Abbildung veranschaulicht den Phasenverlauf des MSCIW und des CLI. Grau markierte Bereiche indizieren Bull bzw. Aufschwungphasen.

Die beinah identischen Ergebnisse zu den Auswertungen des vorherigen Kapitels sind auf ähnliche Phasenabläufe des CLI und des MSCIW zurückzuführen.[93] Abb. 8.27 veranschaulicht die Phasenbilder der beiden Zeitreihen, die in den meisten Zeitintervallen sehr ähnlich sind, wobei die CLI Reihe zum Teil eine kleine Verzögerung gegenüber der Zeitreihe des MSCIW aufweist.

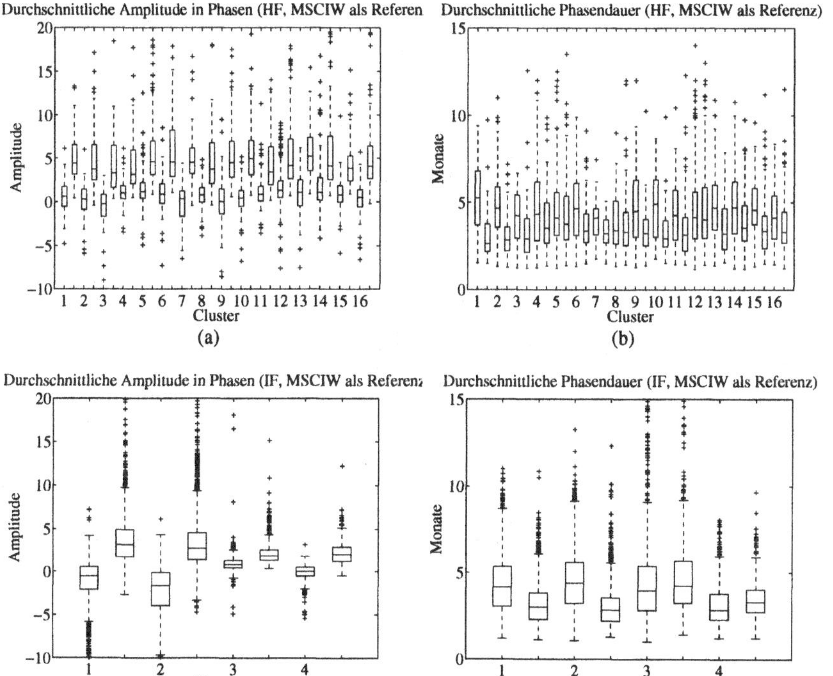

Abbildung 8.28: Phasencharakteristika für ein auf den MSCIW bedingtes MSWM

Die Abbildungen veranschaulichen die Amplitude der Rendite und die durchschnittliche Phasendauer für einzelne Cluster für jeweils zwei Phasen (Bear und Bull). Für die Wertetabelle siehe Anhang E.14 S. 515 und Anhang E.15 S. 516.

93 Vgl. Kap. 8.4.2.3, S. 356.

Die Phasencharakteristika ähneln ebenfalls denen des vorherigen Kapitels (vgl. Abb. 8.28). Die zwei modellierten Phasen unterscheiden sich anhand der Renditecharakteristika voneinander, wobei die zweite Phase eine höhere Amplitude sowie höhere Anteile an positiven Renditen verzeichnet. Auch hier sind starke, aber kurze Aufschwungphasen und die schwächeren, aber längeren Normalphasen bei den meisten Hedge Fonds sowie den Aktienfonds zu beobachten.

8.4.2.5 Renditemodellierung anhand Fonds-eigener Phasen

In den bisherigen Untersuchungen wurden externe Einflüsse durch die Wirtschaft und den Aktienmarkt berücksichtigt. Die folgenden Auswertungen betrachten dagegen die Fonds-eigenen Phasen der Wertentwicklung als Referenzzeitreihe.[94] Sollte dies zu einer deutlichen Verbesserung der Erklärungskraft führen, kann von einer schwachen Abhängigkeit der Fonds- und Marktphasen ausgegangen werden. In Anbetracht der Ergebnisse der bisherigen Untersuchungen wird dies jedoch nicht erwartet, da bereits mehrere Nachweise für einen Zusammenhang zwischen Fonds- und Marktentwicklungen geliefert wurden.

Die Markov-Switching-Modelle betrachten Marktphasen aus einer ökonometrischen
Sichtweise, die sich von der konventionellen Sichtweise der Finanzmarktzyklen (Bry und Boschan-Methode) unterscheidet und oft mit ihr bezüglich der Phasenbestimmung konkurriert. In der vorliegenden Untersuchung werden die beiden Methoden kombiniert. Zur Modellierung der bedingten MSWM jedes einzelnen Fonds werden seine eigenen phasenkodierten Fondszeitreihen einbezogen, die aufgrund der modifizierten Bry und Boschan-Methode ermittelt wurden. Dieses Vorgehen erweckt zuerst den Anschein einer gewissen Tautologie, da die Modellierung der Fondsrendite durch die Konditionierung der Modelle an die Fonds-eigenen Phasenverläufe nicht sinnvoll erscheint. Diese Vorgehensweise kann jedoch anhand zweier Aspekte begründet werden.

Erstens sind die anhand der traditionellen Bestimmung identifizierten Phasen auf die *Wertentwicklung* der Fondsperformance zurückzuführen, während die in den vorherigen Kapiteln präsentierten Markov-Switching-Modelle die Phasen auf strukturelle Veränderungen der *Zusammenhänge* in den Renditen zurückführen. Die beiden Ansätze basieren damit auf vollkommen unterschiedlichen Sichtweisen. Anhand der Modellierung der Fondsrendite bedingt durch die Phasen der Fondsperformance kann geprüft werden, ob die Ergebnisse der Phasenbestimmung dieser beiden Ansätze zusammenhängen, d.h. es ist zu untersuchen, wie die veränderten Zusammenhänge zwischen den Renditen der Fonds sowie den Stilfaktoren und Phasen der Fondsperformance aufeinander wirken.

Zweitens repräsentieren Hedge-Fonds-Phasen einzigartige Konstrukte, die aus der dynamischen Zusammensetzung verschiedener Finanzinstrumente resultieren und die durch keinen einheitlichen Index abgebildet werden können. Dies unterscheidet sie

[94] Auch hier erfolgt die Phasenkodierung der Referenzzeitreihe anhand der modifizierten BB-Methode.

von den Investmentfonds. Traditionelle Investmentfonds sind aufgrund einer engeren Streuung der Portfolioanteile auf eine begrenzte Anzahl von Finanzinstrumenten nur den Einflüssen einzelner Bereiche (Segmente) des Finanzmarktes ausgesetzt. Die Konditionierung der MSWM auf diese Marktsegmente würde eine ausreichende Modellierung der Rendite garantieren. Dagegen gestalten Hedge Fonds ihre Anlagestile eher variantenreich bzw. sind simultan unterschiedlichen Einflüssen von Finanzmarktfaktoren ausgesetzt. Die Konditionierung nur an einem Marktindex kann demnach nicht ausreichend sein, um die Dynamik des ganzen Finanzmarktes und dadurch der Hedge Fonds selbst zu erfassen.

Simultane Einflüsse der unterschiedlichen Finanzmarktsegmente auf Hedge-Fonds-Renditen können anhand verschiedener Alternativen berücksichtigt werden. Das univariate Modell der konditionierten Übergangswahrscheinlichkeiten des Markov-Switching-Modells in Gl. 8.22 kann durch ein multivariates Modell erweitert werden, bei dem mehrere Faktoren die Übergangswahrscheinlichkeiten beeinflussen. Dieses Modell wäre jedoch viel komplexer und würde eine deutlich höhere Rechenkapazität erfordern. Alternativ hierzu könnte aus den zentralen Finanzmarktsegmenten ein Indikator erstellt werden, der den Finanzmarkt in einer verdichteten Form darstellen würde. Aufgrund der unzähligen Möglichkeiten, die Finanzinstrumente zu verbinden und sie über die Zeit dynamisch auszutauschen, erscheint jedoch auch die Erstellung eines Finanzmarktindikators unmöglich zu sein. Eine weitere Alternative wäre, die phasenkodierten Zeitreihen der Fonds selbst als Gegenstücke der finanzmarktübergreifenden Phasen zu betrachten, die aufgrund der einzigartigen Zusammenstellung der Stilfaktoren zustande kommen. Eine höhere Erklärungskraft dieser Modelle im Vergleich zu den anderen konditionierten MSWM würde die Einzigartigkeit der Hedge-Fonds-Phasen bestätigen.

Die Erklärungskraft des Markov-Switching-Modells für Hedge Fonds (Investmentfonds) mit einer Fonds-eigenen Kodierung als Referenz liegt im Durchschnitt bei 77,57% (84,40%), was auf eine marginale Verbesserung gegenüber den Modellen mit den Phasen des CLI und des MSCIW als Referenzzeitreihen hindeutet. Dieses Ergebnis bekräftigt die Vermutung einer starken Abhängigkeit zwischen Konjunktur, Finanzmarkt- und Fondsentwicklungen, da die Berücksichtigung Fonds-eigener Phasen nur kleinere Veränderungen der Erklärugskraft im Vergleich zu den Modellen der vorherigen Kapitel verursachte. Abb. 8.29 veranschaulicht durch die Boxplots die Verteilung der Bestimmtheitsmaße des Modells (für Hedge Fonds und Investmentfonds) innerhalb der Cluster für das bedingte Markov-Switching-Modell mit Fonds-eignen Phasen als Referenz.

Die Auswertung der Faktoren anhand ihrer signifikanten Anteile im Modell ergibt ein sehr ähnliches Bild zu den Auswertungen in den vorherigen Kapiteln. Aus Platzgründen werden die Auswertungen der Signifikanzen und Beta-Verteilungen hier nicht präsentiert.[95] Die Anlagestilschwerpunkte verändern sich nur teilweise im Vergleich zu den Auswertungen der Modelle mit den Phasen von CLI und MSCIW als Referenzen, wobei die zentralen Stilausrichtungen unverändert bleiben. In Tab.

[95] Siehe Wertetabelle im Anhang E.20, S. 523 und E.21, S. 525.

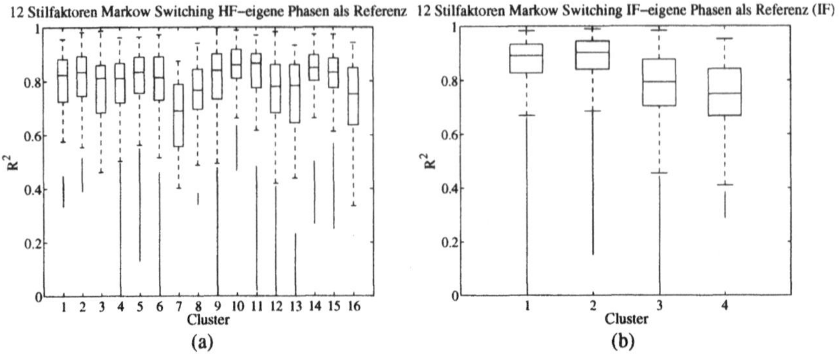

Abbildung 8.29: Erklärungskraft der Modelle des bedingten MSWM mit Hedge-Fonds-eigenen Phasen als Referenz

Die Abbildungen veranschaulichen Boxplots für Bestimmtheitsmaße einzelner Cluster für das bedingte MSWM mit Hedge-Fonds-eigenen Phasen als Referenz (8.29(a) für Hedge Fonds und 8.29(b) für Investmentfonds). Für die Wertetabelle siehe Anhang E.11 S. 511.

8.15 sind die Stilschwerpunkte abgebildet, die aufgrund hoher signifikanter Betas bestimmt wurden. Durch zusätzlich identifizierte Stilrichtungen kann eine stärkere Differenzierung der Betas beobachtet werden, die eine tatsächliche Umschaltung der Anlagestile bedeutet. Cluster 16 besitzt hier einen stärkeren permanenten Einfluss von internationalen Anleihen, Cluster 8 von GSCI und Cluster 10 von TWEX. Cluster 4 ist insbesondere in Bear Phasen dem Einfluss von Bonds ausgesetzt. Cluster 12 weist einen Einfluss von Emerging Markets in Bear Phasen auf.

Für Investmentfonds sind die Anlagestilschwerpunkte in Tab. D.8 (im Anhang, S. 502) veranschaulicht. Die Veränderungen in den Anlagestilschwerpunkten im Vergleich zu den Auswertungen des vorherigen Kapitels sind marginal. Fonds von Cluster 1 halten hauptsächlich konstant Aktien (außer EAFE), wobei in T-Bill Umschaltungen vorgenommen werden. In Cluster 2 sind Umschaltungen durch T-Bill, TWEX, Growth Aktien, US- und internationale Anleihen in Value Aktien zu beobachten, während Aktien EAFE permanent gehalten werden. In Cluster 3 werden konstant Bonds gehalten (außer US-Bonds). In Cluster 4 schalten Fonds zwischen Aktien und Bonds um, während Anlagen in Währungen ständig gehalten werden.

Auch die Phasencharakteristika unterscheiden sich nur unwesentlich von denen aus den vorherigen Kapiteln. Abb. 8.30 veranschaulicht die Verteilung der mittleren Amplitude und der mittleren Phasendauer unterschiedlicher Cluster jeweils in zwei Phasen. Anhand der Amplitude können Phasen mit höheren bzw. positiven sowie mit kleineren bzw. zum Teil negativen Renditen identifiziert werden. Die mittlere Phasendauer liegt im Bereich von drei Monaten und ist genauso kurz wie in den bisherigen Untersuchungen der bedingten MSWM. Starke, aber kurze Aufschwungphasen so-

Tabelle 8.15: Anlagestilschwerpunkte der Cluster in Bear und Bull Märkten (HF-eigene Phasen als Referenz)

Die Tabelle präsentiert die Anlagestilschwerpunkte eines jeden Clusters für die Bear und Bull Märkte. Die obere Zeile von jedem Cluster bezeichnet die Bear und die untere die Bull Phasen. Als Anlagestilschwerpunkt wird ein Faktor betrachtet, dessen Anteil nichsignifikanter Koeffizienten („0-0“) unter 20% liegt und dessen Median der signifikanten Betas („1-1“) eines Clusters (getrennt nach Bull und Bear) zusätzlich den Median aller signifikanten Betas aller Cluster übersteigt. Am häufigsten werden MSCI_v, Aktien Emerging Markets, T-Bills und MSCI_g als Stilschwerpunkte identifiziert (vgl. letzte Zeile „Summe“). (Bei der angegebenen Bezeichnung der Faktoren wurde die Anmerkung *bereinigt* (b) ausgelassen, jedoch sind die bereinigten Indizes analog Tab. 8.4 gemeint.)

	(1) T-Bill	(2) GSCI	(3) TWEX	(4) MSCI EAFE	(5) MSCI EM	(6) MSCI _g	(7) MSCI _v	(8) Lehm USBI	(9) Lehm Glob BI	(10) Lehm Gov_k	(11) Lehm Gov_l	(12) BXM
Cl1	x				x	x	x					
							x	x				
Cl2	x		x	x	x	x	x					
				x		x	x					
Cl3	x											
Cl4	x				x	x			x	x	x	
				x				x				
Cl5	x				x	x	x	x				
					x		x	x				
Cl6	x				x	x	x	x				
						x	x	x				
Cl7									x			
									x			x
Cl8	x	x							x		x	
		x							x		x	x
Cl9	x			x		x	x					
						x	x					
Cl10	x		x	x	x	x	x					
			x		x	x	x	x				
Cl11	x			x	x	x	x		x			x
			x	x			x					
Cl12	x				x							
Cl13	x						x		x			
		x					x					
Cl14	x				x	x	x		x			x
			x	x	x		x					
Cl15	x			x	x		x					
				x	x							
Cl16									x			
									x			
Summe	14	3	5	10	14	13	19	7	10	1	3	4

wie schwächere, aber längere Abschwungphasen sind nur bei den Hedge Fonds zu beobachten, die überwiegend in Aktien investieren.

8.4.2.6 Vergleich der Markov-Switching-Modelle

Im Folgenden werden die durchgeführten Analysen der Markov-Switching-Modelle anhand ihrer Erklärungskraft verglichen. Abb. 8.31 veranschaulicht die Erklärungskraft der vier Markov-Switching-Modelle für Investment- und Hedge Fonds. Das

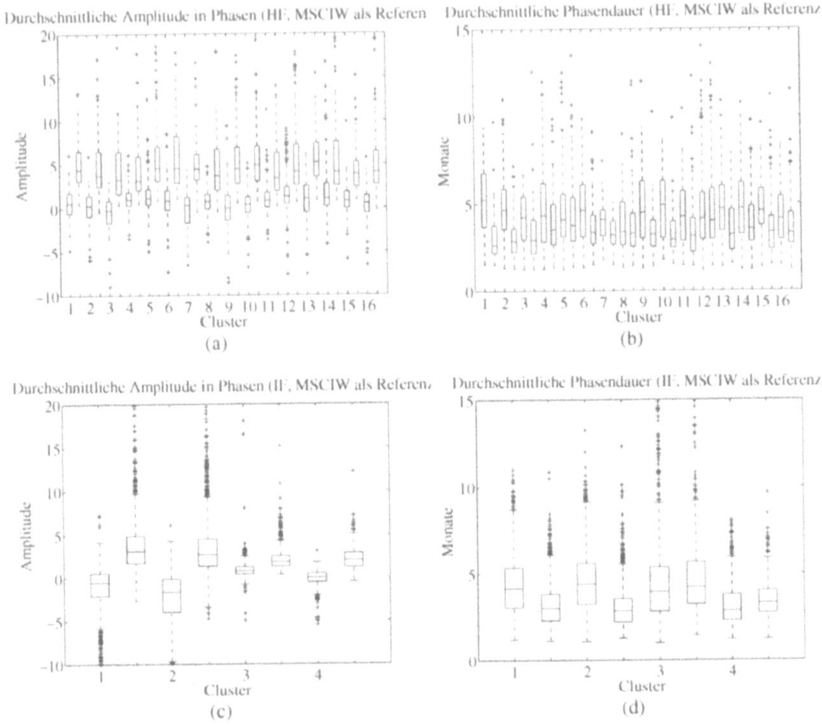

Abbildung 8.30: Phasencharakteristika für das durch Hedge-Fonds-Phasen bedingte MSWM

Die Abbildungen veranschaulichen die Amplitude der Rendite und die durchschnittliche Phasendauer für einzelne Cluster jeweils für zwei Phasen. Für die Wertetabelle siehe Anhang E.14 S. 515 und E.15 S. 516.

traditionelle Modell erreicht die kleinste Erklärungskraft für die beiden Fondstypen. Das starre Modell mit konstanten Übergangswahrscheinlichkeiten kann damit den dynamischen Charakter der Portfolioanpassung von Fonds nicht vollständig erfassen, hat aber ein relativ hohes R^2 sowohl für Hedge als auch Investmentfonds erreicht. Bei den bedingten MSWM liegt die Erklärungskraft der Modelle mit CLI und MSCIW als Referenzvariablen auf etwa gleichem Niveau, wobei die Modelle mit CLI als Referenzvariablen eine leicht höhere Erklärungskraft im Durchschnitt aufweisen. Dies kann durch die Zusammensetzung des CLI begründet werden. Der CLI verbindet unterschiedliche Indikatoren, die die aktuelle Wirtschaftslage abbilden. Fondsphasen können den Einflüssen dieser verschiedenen Indikatoren ausgesetzt sein bzw. eine parallele Entwicklung durchlaufen. Durch eine Verdichtung unterschiedlicher Indikatoren im CLI wird damit ein breiteres Spektrum der unterschiedlichen Einflussquellen berücksichtigt. Der MSCIW repräsentiert dagegen nur ein Segment des gesamten Finanzmarktes, das zwar die Entwicklung der Phasen beeinflusst, aber nicht alle Quellen möglicher Einflüsse widerspiegelt.

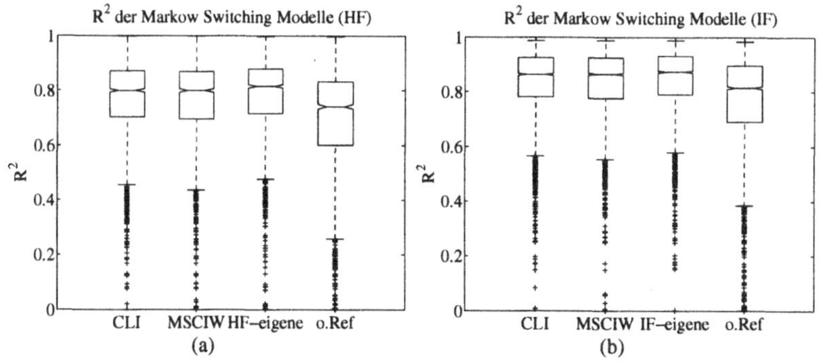

Abbildung 8.31: Erklärungskraft der Modelle im Vergleich

Die Abbildung veranschaulicht die R^2 für vier Markov-Switching-Modelle jeweils für Investment- und Hedge Fonds. Modelle mit zeitvariablen Übergangswahrscheinlichkeiten besitzen eine höhere Erklärungskraft als traditionelle Markov-Switching-Modelle. Ebenfalls erreichen alle Modelle für Investmentfonds eine höhere Erklärungskraft als für Hedge Fonds.

Die relativ hohe Erklärungskraft der Modelle bekräftigt die Erkenntnis über den Einfluss der Wirtschafts- und Finanzmarktphasen auf die Fondsperformance und insbesondere auf Hedge Fonds. Am höchsten ist die Erklärungskraft der MSWM mit Fonds-eigenen Phasen als Referenzvariablen.

Die implementierten MSWM unterstützen die Vermutung, dass Hedge-Fonds-Phasen aufgrund veränderter struktureller Zusammenhänge der Fondsrendite und Stilfaktoren eine gewisse Verbindung zu Wertentwicklungsphasen besitzen. Dies ist hauptsächlich durch die stilisierten Eigenschaften der Phasen, z.B. der Amplitude, die auf eine klare Unterscheidung zwischen Phasen positiver und negativer Rendite hindeutet, zu begründen. Ursprünglich wurden jedoch die strukturellen Veränderungen modelliert. Diese sind einerseits auf die zeitliche Anpassung der Portfoliostruktur und andererseits auf die veränderten Marktkonstellationen bzw. Zusammenhänge zwischen den Finanzmärkten untereinander zurückzuführen. Die Ergebnisse der Untersuchung verdeutlichen, dass die aufgrund von MSWM bestimmten Phasen der strukturellen Veränderungen zwischen Fonds- und Stilfaktorrendite sowohl eine Bestätigung für starke Zusammenhänge zwischen Fonds- und Marktentwicklung liefern als auch eine Abbildung von Renditephasen ermöglichen.

Investment- sowie Hedge Fonds orientieren sich demnach an der wirtschaftlichen und finanzwirtschaftlichen Lage. Dabei ist die Fondsperformance phasenabhängig. Die Phasen entstehen durch die Entwicklung der Preise der dem Portfolio zugrundeliegenden Finanzinstrumente. Oft sind Hedge Fonds genauso wie Investmentfonds einem direkten Einfluss bzw. dem Risiko der Finanzmärkte ausgesetzt und nicht gegen Bear Phasen abgesichert. Die Ursachen können einerseits in den schlechten Timing-Fähigkeiten der Portfoliomanager und andererseits in der wenig flexiblen Portfoliostruktur der Fonds liegen.

8.4.3 Vergleich zwischen Hedge- und Investmentfonds

Die durchgeführten Untersuchungen liefern ausreichend Anlass dafür, die Unterschiede bei der Renditemodellierung der Investment- und Hedge Fonds aufzuzeigen.

Um eine Vergleichbarkeit der Ergebnisse zu ermöglichen, basieren die Untersuchungen auf denselben Stilfaktoren. BXM, ein Derivateindex, besitzt bei der Renditemodellierung der Investmentfonds nur wenig Relevanz, da Investmentfonds nur eingeschränkt Derivate einsetzten. Da jedoch Investmentfonds mithilfe von Derivaten ihre Short-Positionen gestalten, kann dieser Index für einige Fonds ebenfalls eine renditebildende Größe repräsentieren.

Bei der Stilanalyse werden für alle Fonds die Gewichtsanteile der Stilfaktoren im Fondsportfolio bestimmt, anhand derer die Anlagestilschwerpunkte identifiziert werden. Die Auswertung der Streuung der Portfoliogewichte zeigt, dass Hedge Fonds ihre Gewichte im Zeitablauf deutlich stärker variieren, was auf eine dynamische Gewichtsveränderung bei Hedge Fonds hindeutet.

Trotz des insgesamt kleineren Anteils an den untersuchten Fonds weisen die Rendite- und Phasenstrukturen der Hedge Fonds eine größere Heterogenität auf. Die Untersuchungsergebnisse dieses Kapitels werden auf Basis der in Kap. 7 definierten Cluster zusammengefasst.[96] Die Evaluation der Ergebnisse gestaltete sich dabei für Investmentfonds im Vergleich zu Hedge Fonds durchgehend einfacher.

Die für Investmentfonds nach der Clusterbildung geformten Cluster weisen eine eindeutige Trennung zwischen Aktien- und nicht Aktienfonds auf. Cluster 1 und 2 beinhalten überwiegend Aktien-, Dach- und Mischfonds, während Cluster 3 und 4 aus Geldmarkt- und Rentenfonds bestehen. Die Stilrichtungen dieser Cluster können anhand der Ergebnisse der Stilanalyse (Kalman Filter) sowie der Markov-Switching-Modellierung bestätigt werden. Tatsächlich besitzen die genannten Cluster die größten Faktorgewichte bei den Stilfaktoren ihrer Stilausrichtungen.

Die Verwendung von Investmentfondsdaten hat sich für diese Arbeit als sehr nützlich erwiesen. Einerseits ermöglichen Investmentfonds ständige Vergleiche zu Hedge Fonds, wodurch eine gleiche oder besondere Stellung von Hedge Fonds hervorgehoben werden kann. Andererseits erlauben nachvollziehbare Ergebnisse bei Investmentfonds einen Plausibilitätscheck der für die Hedge Fonds implementierten Methoden und Hypothesen.

Bei den Hedge Fonds gestaltet sich die Analyse und insbesondere die Deutung der Ergebnisse nicht immer einfach. Bereits bei der Clusteranalyse kann festgestellt werden, dass Hedge Fonds aufgrund der großen Diversität der Fondsstile nur sehr schwierig in Gruppen zusammengefasst werden können. Die durch die Datenbank vorgegebene Fondsklassifikation hat sich als nicht sinnvoll herausgestellt, sodass

96 Vgl. Kap. 7, S. 249.

nach der Clusteranalyse aus 9 Hauptanlagestilgruppen 16 neue Cluster gebildet werden. Die Fonds der vorgegebenen Anlagestile werden dabei quer über die Cluster verteilt. Damit kann keine klare Trennung zwischen den Clustern in Bezug auf ihre vorgegebene Stilrichtung festgestellt werden. Anhand der Untersuchungen dieses Kapitels werden Anlagestilschwerpunkte für jeden Cluster identifiziert. Die meisten Cluster besitzen ihre Anlagestilschwerpunkte in Aktien Emerging Markets, Value Aktien und risikofreien Anlagen. Nur wenige Cluster weisen Bonds als ausschließliche Anlagestilschwerpunkte auf. Hohe Portfolioanteile in Bonds können bei mindestens neun Clustern identifiziert werden, jedoch meistens in Verbindung mit Aktien.

Anhand von Markov-Switching-Modellen können Umschaltungen in den Anlagestilen modelliert werden. Bei allen vier Clustern der Investmentfonds werden unterschiedliche Stilumschaltungen identifiziert. Den ersten zwei Clustern ist gemeinsam, dass oft in T-Bill umgeschaltet wird. In Cluster 3 liegen keine wesentlichen Anlagestilveränderungen vor. In Cluster 4 schalten Fonds eindeutig zwischen Aktien und Bonds um. Auch bei den meisten Hedge-Fonds-Clustern kann eine Stilumschaltung zwischen Aktien und Bonds beobachtet werden. Nur wenige Cluster schalten nicht eindeutig ihre Anlagestile in den beiden Phasen um, sondern variieren leicht ihre Portfoliogewichte, wobei die Stilrichtung mehr oder weniger konstant bleibt.

Bei den Investmentfonds kann die Hypothese, dass die Fondsphasen aus einem Phasen-Mix der zugrunde liegenden Finanzmärkte resultieren, überwiegend bestätigt werden. Bei Hedge Fonds ist die Überprüfung aufgrund der häufigen Umschaltung der Anlagestile und einer möglichen Umkehrung der Phasen durch Leerverkäufe schwierig. Jedoch kann für einige Fondscluster eine Ähnlichkeit zwischen ihren Phasenbildern und denen der Stilfaktoren identifiziert werden. Diese Auswertung deutet darauf hin, dass die überwiegende Anzahl der Hedge Fonds an die Phasen der Finanzmärkte gekoppelt ist und keine Absicherung vor Abwärtsbewegungen der Wertentwicklung ermöglicht.

In Tab. 8.16 sind die zentralen Unterschiede zwischen Investment- und Hedge Fonds, die sich aufgrund der empirischen Ergebnisse dieser Arbeit ergeben, zusammengefasst dargestellt.

8.4.4 Evaluation der Modelle und Phasen

In dieser Arbeit werden zwei unterschiedliche Verfahren - der Kalman Filter sowie Markov-Switching-Modelle - zur Identifikation der Anlagestile von Fonds und ihrer Veränderung in verschiedenen Phasen implementiert. Der Kalman Filter ermöglicht es, die Portfolioanteile zu jedem Zeitpunkt zu bestimmen, wobei die Evaluation der Portfoliogewichte nach den vordefinierten Phasen der Fondswertentwicklung erfolgt. Durch Markov-Switching-Modelle werden nur zwei Zustände modelliert, in denen sich die Portfoliogewichte bzw. Sensitivitäten von Stilfaktoren unterschieden. Dieses Modell ermöglicht es, die Phasenübergänge aufgrund der strukturellen Veränderungen zwischen den Renditen der Finanzmarktfaktoren und den Fondsrenditen zu ermitteln. Damit werden zur Modellierung der Renditen sowie zur Bestimmung

Tabelle 8.16: Empirische Unterschiede zwischen Investment- und Hedge Fonds

Die Tabelle zeigt die zentralen Unterschiede in Bezug auf verschiedene Untersuchungsmerkmale zwischen Investment- und Hedge Fonds, die aus den empirischen Ergebnissen dieser Arbeit resultieren.

Untersuchungsmerkmale	Investmentfonds	Hedge Fonds
Datensatz (Kap. 5.3.)	3788 Renditezeitreihen	1706 Renditezeitreihen
Renditecharakteristika (Kap. 5.5.)	Die Renditeverteilungseigenschaften liegen nah an einer Normalverteilung, wobei einige Unterschiede zwischen einzelnen Anlagestilen existieren. Insgesamt: relativ wenige Ausreißer Mittlere Kurtosis 3,91 (Standardabweichung 2,91) Mittlere Schiefe -0,14 (Standardabweichung 0,52)	Die Renditeverteilungseigenschaften ähneln einer leptokurtischen Verteilung, wobei starke Unterschiede zwischen einzelnen Anlagestilen existieren. Insgesamt: viele Ausreißer (Fat Tails) Mittlere Kurtosis 7,14 (Standardabweichung 6,94) Mittlere Schiefe 0,19 (Standardabweichung 1,28)
Performance in Aktienmarktphasen (Aktienmarktphasen aufgrund der Wertentwicklung) (Kap. 6.)	Eine positive, aber niedrigere mittlere Rendite als bei HF in Bull Phasen und eine negative mittlere Rendite in Bear Phasen In Bull Phasen eine überwiegend niedrigere Volatilität als in Bear Phasen	Eine hohe positive mittlere Rendite in Bull Phasen und eine kleine, aber nicht negative mittlere Rendite in Bear Phasen In Bull Phasen eine überwiegend niedrigere Volatilität als in Bear Phasen
Cluster (Kap. 7.6.1.)	Überwiegend homogene Stilgruppen in Bezug auf Phasenverläufe Aus 6 vorhandenen Stilgruppen wurden 4 Cluster gebildet	Sehr heterogene Stilgruppen in Bezug auf Phasenverläufe Aus 9 vorhandenen Hauptanlagestilgruppen wurden 16 Cluster gebildet
Phasen (Fonds-eigene Phasen) Durchschnittliche Phasendauer von Bear Phasen (Kap. 7.6.1.)	Phasenverläufe sind stark an Finanzmarktphasen gebunden 11,78 Monate (Phasendauer variiert in verschiedenen Clustern)	Phasenverläufe sind überwiegend an Finanzmarktphasen gebunden 6,9 Monate (Phasendauer variiert in verschiedenen Clustern)
Anlagestilschwerpunkte (Kap. 8.4.1.5. und 8.4.2.)	Klare Abgrenzung zwischen Fonds, die in Aktien oder Bonds anlegen. Die überwiegend in Aktien anlegenden Fonds schalten in T-Bill (in Bear Phasen) um.	Die meisten Fonds halten ihre Anlagen in Aktien oder kombinieren sie mit Bonds. Die meisten Fonds schalten in T-Bill (in Bear Phasen) um.

der Phasen jeweils zwei unterschiedliche Verfahren angewandt, wobei das Markov-Switching-Modell sowohl zur Renditemodellierung als auch zur Phasenbestimmung implementiert wird.

Die beiden Verfahren zur Renditemodellierung werden nicht mit dem Ziel eingesetzt, ein „besseres“ zu bestimmen, sondern um sich gegenseitig zu ergänzen und zusätzliche Erkenntnisse über Phasen von Investment- und Hedge Fonds zu erlangen. Beide Methoden sind einfachen linearen Verfahren überlegen, denn sie besitzen eine höhere Erklärungskraft und erlauben es, die dynamische Natur der Portfolioveränderung von Fonds nachzuvollziehen. Die beiden Methoden führen zum Teil zu ähnlichen Ergebnissen in Bezug auf die Stilanalyse bzw. die Anlagestilschwerpunkte, wobei einige Abweichungen des traditionellen und das bedingten MSWM zu den Ergebnissen aus dem Kalman Filter beobachtet werden. Diese Unterschiede sind durch die verschiedenen, den beiden Verfahren zugrunde liegenden Methodiken zu begründen. Der Kalman Filter ist ein stark Daten getriebenes Verfahren. Die Voraussetzung einer Normalverteilung der Parameter ist für ihn nur schwer einzuhalten, da die meisten Hedge-Fonds-Renditereihen diese Anforderung nicht erfüllen.[97] Die Abwesenheit von Signifikanztests für die geschätzten Koeffizienten erschwert zusätzlich die Evaluation der Ergebnisse. Dagegen repräsentiert das Markov-Switching-Modell ein Faktormodell, für welches die Statistiken eines traditionellen Faktormodells gelten. Tab. 8.17 fasst die zentralen Unterscheidungsmerkmale des Kalman Filters und der Markov-Switching-Modelle zusammen.

Markov-Switching-Modelle erzeugen andere Phasen verglichen mit den Phasen aufgrund der Wertentwicklung. Diesen Befund unterstützen die berechneten Werte der CAI- und CI-Maße aus Tab. 8.18.[98] Die beiden Maße besitzen für MSWM sehr niedrige Werte, was auf eine Heterogenität der Fondsphasen eines Clusters hindeutet. Die letzte Spalte der Tabelle zeigt die CAI- und CI-Werte für Phasen auf Basis der Wertentwicklung. Hier sind die Werte deutlich höher. Dies ist auch plausibel, denn die Cluster werden anhand von phasenkodierten Renditezeitreihen gebildet. Die Ergebnisse der Tabelle deuten darauf hin, dass einerseits die aus den Markov-Switching-Modellen resultierenden Phasen von den Phasen aufgrund der Wertentwicklung abweichen und dass andererseits die Phasenübergänge von Fonds eines Clusters zu unterschiedlichen Zeitpunkten stattfinden. Der letzte Befund impliziert, dass die Stilveränderungen der Fonds eines Clusters zu unterschiedlichen Zeitpunkten stattfinden, wenn strukturelle Veränderungen der Zusammenhänge auf die Veränderungen der Portfoliostruktur zurückzuführen sind.

Trotz der Tatsache, dass Phasen der Markov-Switching-Modelle von den Phasen der Wertentwicklung abweichen, sind die Phasen des MSWM ebenfalls wie die Pha-

[97] Obwohl anhand eines Vergleichs der Auswertungen mit den MSWM die Ergebnisse des Kalman Filters plausibel erscheinen, wird für zukünftige Forschungsvorhaben anstelle des Kalman Filters die Implementierung eines Bayeschen Verfahrens angeregt, bei dem keine Normaverteilung vorausgesetzt wird.

[98] Siehe zur Beschreibung der Maße Kap. 7.5.1, S. 260. Der CI resultiert aus dem Mittelwert der CI-Werte aller Paare der phasenkodierten Fondszeitreihen eines Clusters. Der CAI wird aus allen phasenkodierten Fondszeitreihen eines Clusters simultan berechnet.

Tabelle 8.17: Vergleich zwischen Kalman Filter und MSWM

Die Tabelle veranschaulicht zentrale Unterschiede bei der Schätzung der Modelle anhand des Kalman Filters und des Markov-Switching-Modells.

Parameter	Kalman Filter	Markov-Switching-Modell
Eingangsparameter	Fondsrendite und Stilfaktorrenditen	Fondsrendite und Stilfaktorrenditen
Dateneinbeziehung	Iterative Betrachtung, d.h. Einbeziehung von der letzten und der aktuellen Beobachtung	Alle Daten auf einmal, iterative Betrachtung innerhalb des Filters
Beta	Bestimmung zu jedem Zeitpunkt 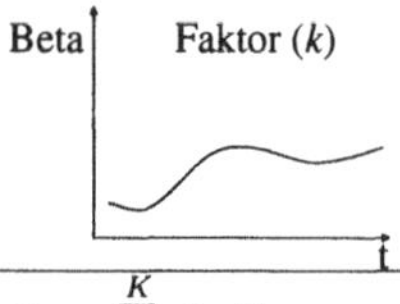	Bestimmung für zwei (oder mehr) Zustände 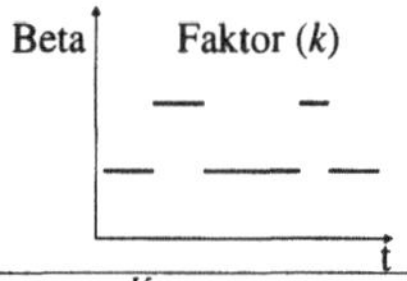
Modellgleichung	$R_t = \sum_{k=1}^{K} \beta_{kt} F_{kt}$	$R_t = \sum_{k=1}^{K} \beta_{S_t k} F_{kt}$
Nebenbedingungen	$\sum_{k=1}^{K} \beta_k = 1$ $(\beta_{kt} \geq 0)$	Keine
Signifikanzen der Koeffizienten	Keine	t-Test (wie bei der Regression)
Phasenbestimmung	Keine Phasenbestimmung	Simultane Phasenbestimmung (Wahrscheinlichkeiten)

sen der Wertentwicklung auf Phasen hoher und niedriger Renditen zurückzuführen. Tab. 8.19 veranschaulicht die aggregierten Phasencharakteristika der Investment- und Hedge Fonds, die für jedes aufgelistete Modell aufgrund der Auswertungen einzelner Fonds als Mittelwerte bestimmt werden. Aufgrund der Phasencharakteristika können Phasen unterschiedlicher Modelle untereinander verglichen werden.

Eine der stilisierten Eigenschaften von Phasen aufgrund der Wertentwicklung ist die Unterscheidung nach der Phasendauer zwischen Bull und Bear Phasen. Sowohl für Investment- als auch für Hedge Fonds besitzen Bear Phasen eine im Durchschnitt kürzere Phasendauer. Für Phasen aus den Markov-Switching-Modellen kann dieser Befund nicht unterstützt werden. Bei diesen Modellen werden Phasen erzeugt, die im Durchschnitt eine fast identische Phasendauer der Bull und Bear Phasen aufweisen, wobei in allen Modellen sogar eine längere Phasendauer von Bear Phasen identifiziert werden kann. Bei MSWM mit zeitvariablen Übergangswahrscheinlichkeiten (bedingte MSWM) ist eine sehr kurze Dauer der Phasen zu beobachten. Dies deutet

Tabelle 8.18: Homogenität der Phasen einzelner Cluster verschiedener Modelle

Die Tabelle veranschaulicht CAI- und CI-Maße zur Messung der Homogenität der Phasen innerhalb der Cluster. Die höchsten Maße werden für Phasen auf Basis der Wertentwicklung beobachtet, da Cluster aufgrund phasenkodierter Renditezeitreihen von Fonds gebildet wurden. Für die Phasen aus MSWM werden sehr niedrige Werte der CAI und CI ermittelt, was darauf hindeutet, dass Phasen der Fonds eines Clusters nicht untereinander gleich sind, wenn Phasen aufgrund von Veränderungen struktureller Zusammenhänge betrachtet werden. Wenn Veränderungen struktureller Zusammenhänge auf die Veränderung der Portfoliostruktur zurückzuführen sind, dann finden Stilveränderungen der Fonds eines Clusters zu unterschiedlichen Zeitpunkten satt.

	MSWM-oR		MSWM-CLI		MSWM-MSCIW		MSWM-Fe		Wertentwicklung	
	CAI	CI	CAI	CI	CAI	CI	CAI	CI	CAI	CI
Hedge Fonds										
Cl1	0,28	0,55	0,30	0,55	0,30	0,54	0,27	0,53	0,64	0,74
Cl2	0,19	0,53	0,24	0,53	0,22	0,53	0,26	0,54	0,58	0,72
Cl3	0,34	0,51	0,27	0,52	0,27	0,51	0,29	0,54	0,52	0,63
Cl4	0,29	0,50	0,22	0,51	0,22	0,51	0,20	0,50	0,76	0,83
Cl5	0,20	0,50	0,21	0,51	0,18	0,50	0,21	0,51	0,81	0,87
Cl6	0,23	0,52	0,21	0,52	0,20	0,51	0,25	0,52	0,73	0,77
Cl7	0,28	0,54	0,29	0,52	0,29	0,52	0,34	0,57	0,58	0,72
Cl8	0,23	0,51	0,24	0,52	0,26	0,52	0,25	0,52	0,59	0,74
Cl9	0,20	0,53	0,26	0,53	0,24	0,53	0,25	0,51	0,70	0,75
Cl10	0,32	0,57	0,29	0,54	0,29	0,54	0,28	0,54	0,73	0,84
Cl11	0,27	0,52	0,29	0,53	0,25	0,52	0,24	0,51	0,58	0,78
Cl12	0,17	0,50	0,15	0,50	0,14	0,50	0,15	0,50	0,76	0,87
Cl13	0,25	0,51	0,21	0,51	0,21	0,51	0,21	0,51	0,66	0,77
Cl14	0,27	0,52	0,29	0,53	0,31	0,53	0,30	0,52	0,79	0,81
Cl15	0,26	0,51	0,23	0,50	0,27	0,51	0,25	0,51	0,66	0,77
Cl16	0,17	0,51	0,16	0,51	0,16	0,51	0,20	0,52	0,55	0,71
Investmentfonds										
Cl1	0,17	0,53	0,21	0,53	0,19	0,53	0,22	0,53	0,72	0,81
Cl2	0,19	0,54	0,23	0,54	0,21	0,54	0,26	0,55	0,75	0,85
Cl3	0,37	0,55	0,24	0,53	0,25	0,53	0,25	0,53	0,83	0,85
Cl4	0,31	0,56	0,30	0,56	0,30	0,56	0,31	0,57	0,77	0,82

darauf hin, dass Phasen ständig abwechseln und manchmal aus wenigen Monaten bestehen. Das traditionelle MSWM weist dagegen längere Phasen auf.

Beim Vergleich der Überschussrenditen in verschiedenen Phasen kann für Investment- und Hedge Fonds ein abweichendes Bild beobachtet werden. In Bull Phasen des MSWM wird eine höhere Überschussrendite im Vergleich zu den Phasen aufgrund der Wertentwicklung berechnet. Bei Investmentfonds ist die Überschussrendite in Bull Phasen für die Phasen der Wertentwicklung am höchsten. In Bear Phasen besitzen alle Modelle des MSWM sowohl für Investment- als auch für Hedge Fonds niedrigere, leicht negative Überschussrenditen. In Phasen aufgrund der Wertentwicklung sind dagegen stärkere Performanceunterschiede in Bull und Bear zu beobachten. Diese Ergebnisse deuten auf eine schlechtere Trennung von positiven und negativen Renditen in Phasen von MSWM. Anteile positiver Renditen in Bear Phasen sind in allen Modellen des MSWM deutlich höher als in Phasen aufgrund der Wertentwicklung.

Auch die Amplitudenwerte werden durch kurze Phasenlängen beeinflusst. Für alle bedingten MSWM wird eine relativ niedrige Amplitude berechnet. In Bear Phasen

Tabelle 8.19: Phasencharakteristika der Fondsphasen im Gesamtüberblick

Übersicht der Phasencharakteristika für einzelne Anlagestilgruppen als Durchschnittswerte: **ÜR (% p.a.)** annualisierte Überschussrendite im Durchschnitt für alle (Bull oder Bear) Phasen, **Vola (% p.a.)** annualisierte Volatilität der Überschussrendite im Durchschnitt für alle (Bull oder Bear) Phasen, **A (%)** Amplitude der Rendite, **V (%)** Variabilität der Phasenrenditen, **ÜI** Überschußindex, **% pos.R.** Anteil der positiven Renditen. Die Charakteristika wurden anhand einzelner Fondszeitreihen bestimmt und für jedes Modell als Mittelwert berechnet.

	Bull							Bear						
Anlagestil	D	ÜR (% p.a.)	Vola (% p.a.)	A (%)	V (%)	ÜI	% pos.R	D	ÜR (% p.a.)	Vola (% p.a.)	A (%)	V (%)	ÜI	% pos.R
							Hedge Fonds							
Wertentwicklung	27,68	25,19	11,79	63,49	0,92	−0,32	78,33	6,90	−23,08	11,96	−10,41	1,83	0,05	22,84
MSWM-oR	13,35	30,03	14,86	26,98	4,12	−0,09	75,89	14,60	−0,50	10,91	14,01	3,05	−0,08	58,71
MSWM-CLI	3,64	30,57	14,57	4,98	12,31	0,13	76,48	4,25	−2,49	10,65	2,35	8,40	−0,02	58,40
MSWM-MSCIW	3,87	30,04	14,56	5,13	12,40	0,12	76,30	4,40	−2,48	10,70	2,67	8,59	−0,02	58,37
MSWM-HF-eigene	4,18	34,95	13,93	5,66	11,34	0,12	79,49	4,45	−4,18	10,64	3,78	8,08	−0,03	55,30
							Investmentfonds							
Wertentwicklung	25,07	26,18	11,77	42,67	0,94	−0,22	75,94	11,78	−25,59	15,11	−20,39	1,34	0,10	26,27
MSWM-oR	14,27	17,04	14,86	16,49	4,70	−0,05	67,37	17,55	−5,96	14,10	3,14	3,88	−0,02	53,59
MSWM-CLI	3,15	19,08	14,53	3,33	14,24	0,11	70,78	4,03	−10,14	13,72	−0,49	12,48	−0,04	50,57
MSWM-MSCIW	3,17	18,36	14,54	3,30	14,28	0,11	70,26	3,91	−9,97	13,74	−0,53	12,48	−0,04	50,76
MSWM-IF-eigene	3,33	21,23	14,44	3,43	13,38	0,11	71,53	4,22	−10,24	13,94	−0,80	11,77	−0,04	48,69

weisen sogar alle MSWM für Hedge Fonds und das traditionelle MSWM für Investmentfonds eine positive Amplitude auf. Dieser Befund lässt vermuten, dass entweder ein höherer Anteil positiver Renditen in Bear Phasen die Amplitude beeinflusst oder die Phasen mit einer niedrigeren Rendite anfangen und mit einer höheren Rendite enden. Diese Vermutung bekräftigen die Auswertungen des Überschussindex. Alle MSWM besitzen einen negativen Index in Bear Phasen. Dies impliziert, dass am Anfang einer Bear Phase niedrigere Renditen als am Ende zu beobachten sind.[99] Aufgrund der positiven Werte des Überschussindex in Bull Phasen für alle bedingten MSWM können am Anfang jeder Bull Phase höhere positive Renditen beobachtet werden. Nur traditionelle MSWM weisen in Bull Phasen eine gewöhnliche Form der Phase auf, wobei am Ende einer Bull Phase höhere Renditen platziert werden. Insgesamt besitzen jedoch die Phasen der MSWM eine andere Form als die Phasen der Wertentwicklung.

Als letztes wird die Volatilität (Variabilität der Phasenrendite) in den Phasen ausgewertet. Auch die Werte der Volatilität (Variabilität der Phasenrendite) weisen andere Eigenschaften für die Phasen nach MSWM auf. In allen Modellen ist die durchschnittliche Volatilität (Variabilität der Phasenrendite) in Bull Phasen höher als in Bear Phasen. Bei den Phasen der Wertentwicklung werden dagegen immer Bull Phasen mit einer niedrigen und Bear Phasen mit einer hohen Volatilität (Variabilität der Phasenrendite) assoziiert.

Anhand der durchgeführten Auswertungen kann somit die Schlussfolgerung gezogen werden, dass Phasen aus MSWM abweichende Eigenschaften im Vergleich zu Phasen der Wertentwicklung aufweisen. Nur in Bezug auf Renditen kann eine Gemeinsamkeit der Phasen identifiziert werden. Damit kann die Aussage bekräftigt werden, dass die Phasen der Wertentwicklung und die Phasen aus MSWM sich zum Teil überlappen. Die Phasen der MSWM stellen meistens Fragmente aus den Phasen der Wertentwicklung dar.

Die Interpretation der Phasen der MSWM fällt aufgrund der vorliegenden Ergebnisse nicht leicht. Ihre Phasen entstehen aufgrund struktureller Veränderungen von Zusammenhängen zwischen Fondsrenditen und den Renditen der Stilfaktoren. Diese Veränderungen können, wie bereits diskutiert, aufgrund von Umschichtungen der Portfolios oder aufgrund struktureller Veränderungen der Zusammenhänge von Finanzmärkten untereinander entstehen. Auch kann es in der Realität nicht nur zwei, sondern mehr Zustände geben. In den präsentierten Untersuchungen dieser Arbeit werden jedoch nur zwei Zustände angenommen, die als zwei von den Fonds gehaltene Portfolios interpretiert werden können und die zu unterschiedlichen Performanceergebnissen führen. Aufgrund der Auswertungen der Anlagestilschwerpunkte kann festgestellt werden, dass einige Fonds permanent Anlagen einer Assetklasse halten. Eine negative Performance kann damit durch eine langsame Reaktion auf häufige Marktschwankungen oder durch eine unpassende Umschichtung der Portfolios erklärt werden.

[99] Siehe Deutung des Index in Kap. 4.4.2, S. 137.

Die Erklärungskraft der Modelle zur Abbildung der Fondsrendite mithilfe von Phasenmodellen (oder Switching Regressionen) kann deutlich erhöht werden. Die strukturellen Veränderungen der Zusammenhänge zwischen der Rendite der Marktfaktoren und den Fonds können aufgrund der Umstrukturierung von Fondsportfolios, die aufgrund der Erwartung zukünftiger Marktveränderungen durch Fondsmanager vorgenommen wird, zustande kommen.

Im Anschluss werden die stilisierten Eigenschaften der Fonds-eigenen Phasen, die aufgrund von Wertentwicklung bestimmt worden sind, evaluiert. Diese Eigenschaften ähneln sehr stark den typischen Eigenschaften von Finanzmarktphasen. Zusammenfassend lassen sich folgende Eigenschaften hervorheben:

- Bull Phasen sind meistens durch eine hohe positive Rendite (Überschussrendite und Amplitude) und eine niedrige Volatilität (Variabilität der Renditen) gekennzeichnet, während Bear Phasen eine niedrige (negative) Rendite (Überschussrendite und Amplitude) und eine hohe Volatilität (Variabilität der Renditen) aufweisen.
- Bear Phasen besitzen einen niedrigen Anteil positiver Renditen.
- Bear Phasen sind meistens kürzer als Bull Phasen.
- Bull (Bear) Phasen erfahren am Ende der Phase höhere positive (niedrigere negative) Renditen

8.5 Zusammenfassung

In diesem Kapitel wurden die zentralen Untersuchungen der Arbeit präsentiert. Es wurde dabei beabsichtigt, mithilfe des Kalman Filters und der Markov-Switching-Modelle Anlagestilschwerpunkte von Fonds zu identifizieren und auf ihrer Basis die Ursachen des zyklischen Verhaltens der Fondsrendite zu bestimmen. Die eingesetzten Modelle, die eine dynamische Modellierung der Rendite ermöglichen, sind eindeutig leistungsstärker und den einfacheren linearen Modellen überlegen.

Die Stilanalyse anhand des Kalman Filters ermöglichte, insbesondere dem dynamischen Charakter der Stilveränderung von Hedge Fonds Rechnung zu tragen. Für jeden Fonds wurden seine Portfoliogewichte in Bezug auf vordefinierte Stilfaktoren bestimmt. Durch die Evaluation der Portfoliogewichte aller Fonds eines Clusters konnten Anlagestilschwerpunkte identifiziert werden. Für Investmentfonds wurden die Ergebnisse des Kalman Filters durch die bekannte Stilrichtung der Cluster (aufgrund der Clusterzusammensetzung) bestätigt. Für Hedge Fonds gestaltete sich die Evaluation schwieriger.

Die Phasenbilder der Fonds konnten teilweise in den Phasenbildern der zugrunde liegenden Stilfaktoren wiedergefunden werden, was auf eine direkte Abhängigkeit zwischen den Fondsphasen und den Phasen der Finanzmärkte hindeutet, in die diese Fonds investieren. Anlagestilschwerpunkte wurden in den Bull und Bear Phasen der Wertentwicklung untersucht. Einige Fonds weisen in beiden Phasen eine beständige Haltung von bestimmten Anlagen auf.

Anhand von Markov-Switching-Modellen wurden die Ergebnisse aus der Stilanalyse bestätigt. Anhand dieses Verfahrens konnten nicht nur Anlagestilschwerpunkte, sondern auch die Umschaltungen zwischen den Anlagestilen bestimmt werden. Phasen der strukturellen Veränderungen sind auf die Haltung zweier unterschiedlicher Portfolios zurückzuführen, die zu verschiedenen Performanceergebnissen führen. Markov-Switching-Modelle mit zeitvariablen Wahrscheinlichkeiten erzielen eine höhere Erklärungskraft als traditionelle MSWM. Die Ergebnisse deuten darauf hin, dass Fondsphasen und Phasen der Konjunktur und der Aktienmärkte nicht nur zusammenhängen, sondern auch dass die Phasen der Aktienmärkte und der Konjunktur eindeutige Einflüsse auf die Renditebildung nicht nur der Investmentfonds, sondern auch der Hedge Fonds besitzen. Des Weiteren überlappen sich die Phasen aus allen Markov-Switching-Modellen mit den Phasen der Wertentwicklung, da aufgrund der Phasencharakteristika Phasen mit hohen und niedrigen Renditen für beide Phasenbestimmungsmethoden identifiziert werden können.

Die gesamte Analyse dieser Arbeit basiert auf einer deskriptiven Untersuchung von Zusammenhängen zwischen Fonds und Finanzmärkten. Zu Analysezwecken wurden ex post Daten einbezogen. Des Weiteren basieren alle Modelle auf einer In-Sample Modellierung. Aus diesem Grund dürfen die hohen R^2 nicht verwundern. Die Modelle ermöglichen zwar eine starke Anpassung an die untersuchten Daten, jedoch werden die Ergebnisse im Rahmen dieser Arbeit nicht Out-of-Sample überprüft, weshalb eine Übertragung auf zukünftige Entwicklung der Zusammenhänge nicht garantiert werden kann.

Die wichtigsten Befunde dieses Kapitels können somit wie folgt zusammengefasst werden:

- Die Phasen der Fonds resultieren aus dem Phasen-Mix der Finanzmärkte, in die diese Fonds investieren.
- Viele Hedge-Fonds-Phasen sind sehr stark an die Konjunktur und die Phasen der Finanzmärkte und insbesondere der Aktienmärkte gekoppelt.
- Hedge Fonds verändern ihre Anlagestile deutlich häufiger als Investmentfonds.
- Hedge-Fonds- besitzen genauso wie die Investmentfondsmanager kaum Selektionsfähigkeiten.

Als zentraler Angelpunkt dieses Kapitels gilt die Frage nach den Ursachen der Phasenentstehung von Fonds: Warum entstehen letztendlich Fondsphasen? Zusammenfassend können folgende Aussagen aufgrund der präsentierten Ergebnisse gemacht werden:

- Sowohl Investment- als auch Hedge Fonds halten ihre Anlagen überwiegend in traditionellen Finanzmärkten und reagieren auf die Marktveränderungen oft zu spät, um den Einstieg in eine Bear Phase zu vermeiden.
- Sowohl Investment- als auch Hedge Fonds kombinieren ihre Anlagen hauptsächlich anhand von Aktien und Bonds. Die Bear Phasen der Fonds fanden oft in den Zeitperioden statt, in denen die meisten Finanzmärkte eine Stagnation erfahren haben.

- Einige Hedge Fonds erfahren deutlich kürzere Bear Phasen als Investmentfonds, was darauf hindeutet, dass sie auf Marktveränderungen schneller reagieren und eine Anpassung der Portfoliogewichte vornehmen.[100]
- Die wenigsten Bear Phasen besitzen FoF's, allerdings weisen sie ebenfalls eine relativ niedrigere Rendite auf.[101]

[100] Siehe Kap. 7.6.1, S. 270.
[101] Siehe Kap. 5.5, S. 200.

9 Zusammenfassung und Ausblick

9.1 Zusammenfassung

Das Ziel der vorliegenden Arbeit lag in der Identifikation der Zusammenhänge zwischen der Hedge-Fonds-Wertentwicklung und den Phasen der Finanzmärkte. Um dieses Ziel zu erreichen wurden zahlreiche Fragen aufgestellt, die in den einzelnen Zwischenschritten der Arbeit bearbeitet wurden. Die Arbeit wurde unter anderem dadurch motiviert, dass Hedge Fonds für sich eine Superiorität gegenüber traditionellen Investmentfonds insbesondere in Performance und Diversifikationsmöglichkeit behaupten. Dabei suchen Investoren hauptsächlich in schwachen Märkten nach einem Schutz vor den Abwärtsbewegungen der Wertentwicklung. Während Investmentfonds dabei stark an die Finanzmärkte gebunden sind, versprechen Hedge Fonds eine Möglichkeit zur Absicherung, die jedoch zu überprüfen ist.

Die theoretischen Ausarbeitungen des zweiten Kapitels legen die zentralen Unterschiede in den Geschäftsfeldern, Zielen und Regulierungen der Investment- und Hedge Fonds dar. Hedge Fonds sind schwach reguliert, flexibel und opportunistisch. Sie können eine Vielzahl unterschiedlicher Kombinationen aus Anlageinstrumenten und -strategien implementieren und ihre Anlagestile veränderten Marktchancen anpassen. Über diese Freiheiten verfügen Investmentfonds nicht, da sie meistens streng reguliert sind.

Die zentralen Eigenschaften der beiden Fondstypen prägen ihre Performance, die wiederum für die Investoren ein zentrales Investitionskriterium darstellt. Der Anlagestil eines Fonds steht im direkten Zusammenhang zu seinem Rendite-Risiko-Profil, denn aufgrund des verfolgten Anlagestils eines Fonds können die Quellen der Renditeschwankungen identifiziert werden. Hedge Fonds verbreiten nur wenige Informationen in Bezug auf ihre tatsächlichen Fondsgeschäfte und ihre Fonds-Philosophie, weswegen sie oft falsch klassifiziert werden können. Die Stilanalyse stellt meistens die einzige Möglichkeit dar, Informationen über den aktuellen Anlagestil eines Fonds in Erfahrung zu bringen. Die Beschreibung dieser Problematik und die entsprechenden Analysen umfasst das dritte theoretische Kapitel.

Um eine Superiorität der Hedge Fonds gegenüber traditionellen Investmentfonds zu bestätigen, muss eine Absicherung in schwachen Märkten durch eine Anlage in Hedge Fonds gewährleistet sein. Hedge Fonds passen sich ihrer Investmentumgebung an und versuchen, die Abwärtsbewegungen der Finanzmärkte rechtzeitig zu erkennen, um ihre Portfolios entsprechend anzupassen und somit Performanceeinbrüche zu vermeiden. Hedge Fonds sind genauso wie Investmentfonds Akteure an den Finanzmärkten. Da sie sich ihrer bedienen, unterliegen auch sie den zyklischen Schwankungen dieser Märkte. Warum Finanzmarktzyklen entstehen und wie sie die

Performance von Fonds und insbesondere Hedge Fonds beeinflussen, beantwortet das Kapitel vier, das die theoretischen Grundlagen dieser Arbeit abschließt.

Die Fondsphasen resultieren aus dem Phasen-Mix der Finanzmärkte, in die sie investieren. Durch die präsentierten Theorien und Methoden zur Erfassung von Finanzmarktzyklen und durch ihre Modellierung wird deutlich, dass die Theorien zu Wirtschafts- und Finanzmarktzyklen einen alten und ausgereiften Komplex darstellen, in den die Phasen der Fondsentwicklung bis jetzt nur rudimentär eingebettet wurden. Zumeist werden Fonds in Bezug auf ihre Performance in verschiedenen Marktphasen evaluiert, was jedoch die tatsächliche Fondsentwicklung nicht vollständig aufdeckt. Die Performance von sowohl Hedge- als auch der Investmentfonds muss von daher anhand ihrer eigenen Phasen evaluiert werden.

Der empirische Teil dieser Arbeit stellte die zyklischen Entwicklungen von Fonds in den Fokus und untersuchte ihre Entstehung sowie Zusammenhänge zu den Entwicklungen auf den Finanzmärkten. Für die Untersuchungen standen umfangreiche Datenbanken der Investment- und Hedge Fonds für den Zeitraum zwischen Januar 1990 und Dezember 2005 zur Verfügung. Bevor die Modellierung der Fondsphasen und ihre Erklärung erfolgte, wurden zahlreiche Voruntersuchungen vorgenommen, die einerseits eine deskriptive Grundlage der Daten geliefert (Kapitel 5) und andererseits entweder die zentralen Auswertungen motiviert haben (Kapitel 6) oder notwendig waren, um sinnvolle und aussagekräftige Ergebnisse zu erzielen (Kapitel 7). Aus allen empirischen Auswertungen konnten neue Erkenntnisse in Bezug auf die Performance von Investment- und Hedge Fonds, ihre Stilklassifikationen sowie über die Phasen der Wertentwicklung gewonnen werden. Zusammenfassend lassen sich die zentralen Ergebnisse dieser Arbeit wie folgt darstellen:

- Hedge Fonds erfahren genauso wie Investmentfonds Phasen in ihrer Wertentwicklung. Die Evaluation der Fondsperformance in den Fonds-eigenen Phasen verschafft ein klares Bild über die Phaseneigenschaften der Fonds, z.B. über Phasendauer, Überschussrendite oder die durchschnittliche Amplitude. Die Betrachtung von Fonds-eigenen Phasen ermöglicht ebenfalls einen Vergleich der tatsächlichen Performance von Hedge- und Investmentfonds. Anhand der Überschussrendite (in Bull und Bear Phasen der Fonds) lässt sich z.B. feststellen, dass im Durchschnitt zwischen den beiden Fondstypen kaum Unterschiede existieren, während auf Basis von Aktienmarktphasen Investmentfonds eine deutlich schlechtere Performance im Vergleich zu Hedge Fonds liefern. Hierbei muss berücksichtigt werden, dass Investmentfonds längere Bear Phasen aufweisen.
- Fondsphasen resultieren aus dem Phasen-Mix der Finanzmärkte, in die diese Fonds investieren. Für Investmentfonds kann ein deutlicher Zusammenhang zwischen den Phasenbildern der der Investition zugrunde liegenden Finanzmärkte und der Wertentwicklung der Fonds identifiziert werden. Für Hedge Fonds gestaltet sich die Erkennung der Phasenverläufe in den Phasenbildern der Finanzmärkte schwierig, da Hedge Fonds ihre Portfolios deutlich dynamischer

umschichten und sich die Phasenbilder aufgrund des Einsatzes von Leerverkäufen umkehren können.

- Die Hedge-Fonds-Wertentwicklung wird von Finanzmarktphasen beeinflusst. Hedge Fonds verzeichnen in zahlreichen Bear Phasen der Finanzmärkte ebenfalls Abwärtsbewegungen. Obwohl die Performance der Hedge Fonds z.B. in Aktienmarktphasen nicht so stark zurückgeht wie der Aktienmarkt selbst, besteht insbesondere in Bear Phasen ein Zusammenhang zwischen Fondsperformance und Marktphasen. FoF weisen die wenigsten Bear Phasen auf, wobei sie jedoch auch die kleinsten Renditen und Risiken besitzen.
- Hedge Fonds unterschieden sich von Investmentfonds durch eine schnellere Anpassung der Portfoliogewichte an aktuelle Marktsituationen, der Kombination mehrerer Anlageinstrumente und einer großen Heterogenität der Rendite- und Phasenstruktur.
- Hedge Fonds weisen eine leptokurtische Verteilung der Renditen auf, während Investmentfondsrenditen eher einer Normalverteilung folgen. Die Verteilungseigenschaften der Renditen unterscheiden sich jedoch in Abhängigkeit vom analysierten Anlagestil der jeweiligen Fondstypen.
- Die Definition von Phasen ist entscheidend für die Evaluation einer Fondsperformance. Die zwei zentralen Phasendefinitionen dieser Arbeit sind die Phasen aufgrund der Wertentwicklung und die Phasen aufgrund struktureller Veränderungen von Zusammenhängen. Die Phaseneigenschaften für die beiden Phasentypen sind nur in Bezug auf die Rendite (positive Rendite in Bull und zumeist negative Rendite in Bear-Phasen) gleich.
- Die ursprüngliche Klassifikation der Hedge Fonds nach Anlagestilen ist sehr heterogen in Bezug auf die Phasenverläufe der Fondsperformance. Investmentfonds sind in ihren vordefinierten Anlagestilgruppen deutlich homogener.

Die Befunde dieser Arbeit ermöglichen einen ersten Einblick in die phasenabhängige Performance von Hedge Fonds. Diese Sichtweise ist neu, denn bis jetzt wurde die Performance von Hedge Fonds lediglich in vordefinierten Finanzmarktphasen untersucht. Die Untersuchung der zyklischen Wertentwicklung von Hedge Fonds ist sowohl für die Portfolioplanung als auch für die Assetallokation entscheidend. Ein Investor muss nicht nur wissen, wie sich ein Hedge Fonds in schwachen Finanzmärkten verhält, sondern auch wann und wie oft Abwärtsbewegungen der Wertentwicklung der Fonds selbst einsetzen.

Diese Arbeit erstellt einen umfassenden Vergleich zwischen Hedge- und Investmentfonds und verschafft somit einen tiefen Einblick in die Unterschiede und Gemeinsamkeiten der Fondseigenschaften und -phasen. Hedge Fonds müssen dabei nicht grundsätzlich den Investmentfonds gegenüber als überlegen betrachtet werden, da sie nicht immer eine bessere Absicherung in Abwärtsphasen der Finanzmärkte bieten und in Anbetracht höherer Gebühren auch nicht unbedingt eine besonders höhere Rendite erzielen. Einige Anlagestile der Investmentfonds weisen sogar eine attraktivere Performance als einige Hedge-Fonds-Anlagestile auf. Des Weiteren sind Hedge Fonds mit deutlich mehr Problemen, z.B. einer undurchsichtigen Anlagephilisophie, als Investmentfonds behaftet. Die Performancezurechnung anhand einer Stilanalyse für Hedge Fonds ist ebenfalls kompliziert, da Hedge Fonds ihre Portfolios täglich oder wöchentlich umschichten können, während die Performancedaten einem Analysten immer nur auf Monatsbasis vorliegen. Auch können kompliziertere Handlungsstrategien durch eine Stilanalyse nicht erkannt werden. Aus diesen Gründen muss ein Investor sich über die Vor- und Nachteile einer Anlage in Hedge Fonds bewusst sein und eine Investition in Hedge Fonds gründlich überlegen.

9.2 Ausblick

Im Rahmen dieser Arbeit wurden zahlreiche Untersuchungen in Bezug auf Fondsphasen durchgeführt, die jedoch nur den Anfang eines großen Forschungskomplexes eröffnen können.

Aufgrund der Auswertungen einer großen Anzahl an Fonds und der erzwungenen Aggregation der Ergebnisse zu Clustern sind z.T. unscharfe Ergebnisse in Bezug auf verschiedene Untersuchungsmerkmale festgestellt worden. In einer kleineren Studie, z.B. nur einer Anlagestilgruppe, wäre eine Aggregation überflüssig, wodurch detailliertere Auswertungen durchgeführt werden könnten. Auch die Kenntnis genauer Handlungsstrategien von einer kleineren Fondsgruppe würde die Durchführung und die Überprüfung der Validität von Stilanalyse erleichtern.

Die verwendeten statistischen Methoden des Kalman Filters und der Markov-Switching-Modelle eignen sich tatsächlich sehr gut zur Identifikation von Anlagestilschwerpunkten und Umschaltanlagestilen für einzelne Fonds. In weiteren Schritten könnten entweder Auswertungen anhand anderer Methoden - wie z.B. der Spektralanalyse oder anhand konditionierter Faktormodelle - durchgeführt und miteinander verglichen werden oder erweiterte Modelle - wie der Extended Kalman Filter (für nichtlineare Systeme) oder Markov-Switching-Modelle mit einem multivariaten Faktormodell zur Berücksichtigung von zeitvariablen Wahrscheinlichkeiten - eingesetzt werden. Zur Verbesserung der Erklärungskraft der Modelle könnten ebenfalls zusätzliche Stilfaktoren berücksichtigt werden, die insbesondere für Geldmarkt- und Rentenfonds eine größere Bedeutung haben könnten, sowie neuerer Anlagealternativen wie Mortgage-Backed-Securities oder REIT's.

Im Rahmen einer Clusteranalyse wäre die Klassifikation der Fonds anhand phasenkodierter Zeitreihen interessant, die mithilfe anderer Methoden (als Phasenbestimmung aufgrund der Wertentwicklung) bestimmt werden. Eine Clusterbildung anhand phasenkodierter Zeitreihen, die Übergänge in strukturellen Zusammenhängen abbilden, würde es ermöglichen, Gruppen zusammenzufassen, die eine ähnliche Veränderung durch die Einflüsse der Finanzmärkte erfahren. Diese Gruppen könnten eine verbesserte und intuitive Klassifikation sowie höhere Homogenität in Bezug auf verfolgte Anlagestile aufweisen.

Eine besondere Aufmerksamkeit soll die Modellierung von Betas gewinnen. Anhand von Kalman Filter können verschiedene alternative Ansätze zu ihrer Modellierung untersucht werden. Aufgrund einer stetigen Ermittlung der Portfoliogewichte über die Zeit wäre eine Untersuchung von Beta-Phasen besonders interessant. Die Phasenbestimmung der Veränderung der Portfoliozusammensetzung ermöglicht, die Reaktion der Fondsmanager auf unterschiedliche Marktveränderungen zu überprüfen. Auf Basis der Ergebnisse dieser Arbeit kann vermutet werden, dass Fondsmanager verzögert und sogar meist verspätet auf Marktveränderungen reagieren.

Ebenfalls sehr wichtig erscheint der Schritt in Richtung einer Erweiterung von einer In-Sample- auf eine Out-of-Sample-Modellierung oder sogar die Erstellung eines Prognosemodells. Das ist eine nicht einfache Aufgabe, da die hier präsentierten Modelle erst erweitert werden müssen, um einen Schritt im Voraus eine Schätzung zu ermöglichen. Zusätzlich müssen Stilfaktoren identifiziert werden, die als Indikatoren zukünftiger Veränderungen ins Modell eingesetzt werden können.

Die Bestimmung von Phasenabläufen sowie die Phasenprognose würde es ermöglichen eine Auswahl von Fonds zu treffen, die z.B. eine antizyklische Bewegung zu den Märkten aufweisen. Aufgrund der Phasenüberlappung von Fonds und traditioneller Finanzmärkte kann eine Selektion von Fonds vorgenommen werden. Dabei können Maße definiert werden, die den Grad bzw. die Häufigkeit der Überlappung messen. Fonds mit einer kleineren Phasenüberlappung sind für Diversifikationszwecke am besten geeignet. Die Selektion von Fonds kann insbesondere für FoFs interessant sein. Mithilfe von Phasenbestimmung können Fonds identifiziert werden, die zwar einen ähnlichen Anlagestil verfolgen, deren Manager jedoch eine bessere Performanceabsicherung durch kürzere Abwärtsphasen ermöglichen.

Weiterhin können für Fonds unterschiedliche Handlungsstrategien ausgearbeitet werden, die zu wenigen Abwärtsbewegungen der Fondsperformance führen könnten. Mithilfe von Szenarioanalysen können unterschiedliche Varianten der Phasenbilder ausgewertet werden.

Literaturverzeichnis

Aadland, D.: Detrending time-aggregated data, in: *Economics Letters*, 89 (3), (2005), S. 287–293

Aby, C. D. und *Vaughn, D. E.*: Asset allocation techniques and financial market timing, Quorum Books, Westport, 1995

Ackermann, C., McEnally, R. und *Ravenscraft, D.*: The Performance of Hedge Funds: Risk, Return, and Incentives, in: *Journal of Finance*, 54, (1999), S. 833–874

Adcock, C. J.: Exploiting skewness to build an optimal hedge fund with a currency overlay, in: *European Journal of Finance*, 11 (5), (2005), S. 445–462

Agarwal, V. und *Naik, N.*: Risks and portfolio desicions involving hedge funds, in: *Review of Financial Studies*, 17, (2004), S. 63–98

Agarwal, V. und *Naik, N. Y.*: Multi-Period Performance Persistence Analysis of Hedge Funds, in: *Journal of Financial and Quantitative Analysis*, 35 (3), (2000a), S. 327–342

Agarwal, V. und *Naik, N. Y.*: On taking the 'alternative' route: risks, rewards style and performance persistence of hedge funds, in: *The Journal of Alternative Investments*, 2, (2000b), S. 6–23

Agarwal, V. und *Naik, N. Y.*: Characterizing Hedge Fund Risks with Buy-and-Hold and Option-Based Strategies, Working Papers Series G10, London Business School, London, 2001

Agarwal, V. und *Naik, N. Y.*: Eine Einführung in Hedgefonds, in: *M. Busack* und *D. Kaiser* (Hrsg.), Handbuch Alternative Investments, Band I, Gabler, Wiesbaden, 2006, S. 127–135

Agudo, L. F. und *Vicente Gimeno, L. A.*: Effects of multicollinearity on the definition of mutual funds' strategic style: the Spanish case, in: *Applied Economics Letters*, 12 (9), (2005), S. 553–556

Ahmed, P. und *Lockwood, L.*: Changes in Factor Betas and Risk Premiums Over Varying Market Conditions, in: *The Financial Review*, 33, (1998), S. 149–168

AIMR-Report: The Addition of Leverage & Derivatives Provisions and Guidance to the Global Investment Performance Standards (GIPS), AIMR, Virginia, 2002

Alamuddin, S. M. und *Callahan, S. M.*: The Next ERISA Battleground: Mutual Fund Fees and Expenses, in: *Benefits Law Journal*, 19 (4), (2006), S. 60–88

Albrecht, P., Maurer, R. und *Mayser, J.*: Multi-Faktormodelle: Grundlagen und Einsatz im Management von Aktien-Portefeuilles, in: *Zeitschrift für betriebswirtschaftliche Forschung*, 48 (1), (1996), S. 3–29

Alderfer, C. P. und *Bierman, H.*: Choice with Risk: Beyond the Mean and Variance, in: *Journal of Business*, (1970), S. 341–353

Alexander, C. und *Dimitriu, A.*: The Art of Investing in Hedge Funds: Fund Selection and Optimal Allocations, Discussion paper in finance, ISMA Centre, 2004

Alexander, C. und *Dimitriu, A.*: Detecting Switching Strategies in Equity Hedge Funds Returns, in: *The Journal of Alternative Investments*, 8 (1), (2005), S. 7–13

Alexiev, J.: The Impact of Higher Moments on Hedge Fund Risk Exposure, in: *Journal of Alternative Investments*, 7 (4), (2005), S. 50–65

Amenc, N.: Taking a Close Look at the European Fund of Hedge Funds Industry Comparing and Contrasting Industry Practices, in: *Journal of Alternative Investments*, (2004), S. 59–69

Amenc, N., Faff, R. und *Martellini, L.*: Desperately Seeking Pure Style Indexes, Working paper, Risk and Asset Management Research Centre, Edhec, 2003a

Amenc, N., Malaise, P., Martellini, L. und *Sfeir, D.*: Tactical Style Allocation. A New Form of Market Neutral Strategy, in: *Journal of Alternative Investments*, (2003b), S. 8–22

Amenc, N. und *Martellini, L.*: Optimal Mixing of Hedge Funds with Traditional Investment Vehicles, Working paper, Risk and Asset Management Research Centre, Edhec, 2003

Amenc, N., Martellini, L. und *Vaissié, M.*: Benefits and risks of alternative investment strategies, in: *Journal of Asset Management*, 4 (2), (2002), S. 96–118

Amin, G. S. und *Kat, H. M.*: Diversifikation and Yield Enhancement with Hedge Funds, in: *The Journal of Alternative Investments*, (2002a), S. 50–58

Amin, G. S. und *Kat, H. M.*: Portfolios of Hedge Funds: What Investors Really Invest In, Working paper, ISMA University of Reading, 2002b

Amin, G. S. und *Kat, H. M.*: Hedge Fund Performance: 1990-2000: do the „money machines" really add value?, in: *Journal of Financial and Quantitative Analysis*, 38 (2), (2003a), S. 251–274

Amin, G. S. und *Kat, H. M.*: Welcome to the Dark Side: Hedge Fund Attrition and Survivorship Bias over the Period 1994-2001, in: *Journal of Alternative Investments*, (2003b), S. 57–73

Ammann, M. und *Moerth, P.*: Wachstum von Hedge Fonds und die Auswirkung auf die Wertentwicklung, in: *M. Busack* und *D. Kaiser* (Hrsg.), Handbuch Alternative Investments, Band I, Gabler, Wiesbaden, 2006, S. 321–369

Andersen, J.: Could Short Selling Make Financial Markets Tumble?, in: *International Journal of Theoretical and Applied Finance*, 8 (4), (2005), S. 509–521

Andrews, D. W. K.: Estimation When a Parameter is on a Boundary, in: *Econometrica*, 67 (6), (1999), S. 1341–1383

Andrews, D. W. K.: Inconsistency of the Bootstrap When a Parameter is on the Boundary of the Parameter Space, in: *Econometrica*, 68 (2), (2000), S. 399–405

Ang, A. und *Bekaert, G.*: International Asset Allocation with Time-Varying Correlations, Working Paper 7056, NBER, 1999

Ang, A. und *Bekaert, G.*: Stock Return Predictability: Is it There?, Working paper, Columbia University and NBER, 2001

Ang, A. und *Bekaert, G.*: International Asset Allocation With Regime Shifts, in: *The Review of Financial Studies*, 15 (4), (2002), S. 1137–1187

Ang, A. und *Bekaert, G.*: How Regimes Affect Asset Allocation, in: *Financial Analysts Journal*, 60, (2004), S. 86–99

Ang, A. und *Chen, J.*: Asymmetric Correlations of Equity Portfolios, in: *Journal of Financial Economics*, 63, (2002), S. 443–494

Ang, A., *Chen, J.* und *Xing, Y.*: Downside Risk, Working paper, NBER, 2005

Ang, J. S.: A Note on the E, SL portfolio selection model, in: *Journal of Financial and Quantitative Analysis*, (1975), S. 849–857

Annaert, J. und *Van Campenhout, G.*: Style breaks in return-based style analysis, Working paper, University of Antwerp, 2002

Anson, M.: Registered Hedge Funds: Retail Investors Enter the Marketplace, in: *Journal of Financial Planing*, 16, (2003), S. 62–71

Aragon, G.: Share restriction and asset pricing: Evidence from the hedge fund industry, in: *Journal of Financial Economics*, 83 (1), (2007), S. 33–58

Arffa, R. A.: Expert Financial Planning: Investment Strategies from Industry Leaders, Wiley & Sons, Hoboken, 2001

Arnold, L. G.: Business Cycle Theory, Oxford Univ. Press, Oxford, 2002

Arnott, R. D. und *Luck, C. G.*: The Many Elements of Equity Style: Quantitative Management of Core, Growth, and Value Strategies, in: *T. Coggin* und *F. Fabozzi* (Hrsg.), The Handbook of Equity Style Management, Wiley & Sons, Hoboken, 3. Auflage, 2003, S. 47–74

Artis, M., Marcellino, M. und *Proietti, T.*: Dating Business Cycles: A Methodological Contribution with an Application to the Euro Area, in: *Oxford Bulletin of Economics & Statistics*, 66 (4), (2004), S. 537–565

Artzner, P., Delbaen, F., Eber, J.-M. und *Heath, D.*: Thinking Coherently, in: *Risk*, 10, (1997), S. 68–71

Artzner, P., Delbaen, F., Eber, J.-M. und *Heath, D.*: Coherent Measures of Risk, in: *Mathematical Finance*, 9 (3), (1999), S. 203–228

Asness, C., Krail, R. und *Liew, J.*: Do Hedge Funds Hedge?, in: *The Journal of Portfolio Management*, 28 (1), (2001), S. 6–19

Atkinson, S. M. und *Choi, Y. K.*: Investment Style of Portfolio Management, in: *Journal of Applied Finance*, (2001), S. 61–69

Atzler, E.: Hedge-Fonds sammeln 2006 weltweit Rekordsumme ein, in: *Financial Times Deutschland*, Internetausgabe (23. Januar 2007)

Auckenthaler, C.: Theorie und Praxis des modernen Portfolio-Managements, zugl. diss, Universität Zürich, Bern, 1994

Bacher, J.: Clusteranalyse: anwendungsorientierte Einführung, Oldenbourg, München, 2., ergänzte Auflage, 2002

Backhaus, K., Erichson, B. und *Plinke, W.*: Multivariate Analysemethoden. Eine anwendungsorientierte Einführung, Springer, Berlin, 11. Auflage, 2006

Baghai-Wadji, R., El-Berry, R., Klocker, S. und *Schwaiger, M.*: The Consistency of Self-Declared Hedge Fund Styles - A Return-Based Analysis with Self-Organizing Maps, in: *Financial Stability Report*, 9, (2005), S. 64–76

Baharumshah, A. Z. und *Liew, V. K. S.*: Forecasting Performance of Exponential Smooth Transition Autoregressive Exchange Rate Models, in: *Open Economies Review*, 17 (2), (2006), S. 235–251

Bai, J. und *Ng, S.*: Evaluating Latent and Observed Factors in Macroeconomics and Finance, in: *Journal of Econometrics*, 131, (2006), S. 507–537

Baker, F. B. und *Hubert, L. J.*: Measuring the power of hierarchical cluster analysis, in: *Journal of the American Statistical Association*, 70 (349), (1975), S. 31–38

Balakrishnan, V. und *Sanghvi, L. D.*: Distance between populations on the basis of attribute data, in: *Biometrics*, 24, (1968), S. 859–865

Bali, T. G. und *Gokcan, S.*: Alternative approaches to estimating VaR for hedge fund portfolios, in: *B. Schachter* (Hrsg.), Intelligent Hedge Fund Investing, Risk Books, Incisive Media PLC, 2004, S. 253–277

Ballestero, E. und *Pla-Santamaria, D.*: Selecting portfolios for mutual funds, in: *Omega*, 32 (5), (2004), S. 385–394

Balvers, R., *Cosimano, T.* und *McDonald, B.*: Predicting stock returns in an efficient market, in: *Journal of Finance*, 45, (1990), S. 1109–1128

Banerjee, A. und *Urga, G.*: Modelling structural breaks, long memory and stock market volatility: an overview, in: *Journal of Econometrics*, 129, (2005), S. 1–34

Bansal, R., *Tauchen, G.* und *Zhou, H.*: Regime Shifts, Risk Premiums in the Term Structure, and the Business Cycle, in: *Journal of Business and Economics Statistics*, 22 (4), (2004), S. 396–409

Baquero, G., *ter Horst, J.* und *Verbeek, M.*: Survival Look-Ahead Bias and Persistence in Hedge Fund Performance, in: *Journal of Financial and Quantitative Analysis*, 40 (3), (2005), S. 493–517

Barassia, M. R., *Caporaleb, G. M.* und *Hall, S. G.*: Interest rate linkages: a Kalman filter approach to detecting structural change, in: *Economic Modelling*, 22, (2005), S. 253–284

Barberis, N.: Investing for the long run when returns are predictable, in: *Journal of Finance*, 55, (2000), S. 225–264

Barés, P.-A., *Gibson, R.* und *Gyger, S.*: Performance in the Hedge Funds Industry: An Analysis of Short and Long-Term Performance, in: *The Journal of Alternative Investments*, 6 (3), (2003), S. 25–41

Barnett, S. D.: Registering a Hedge Fund Manager as an Investment Adviser A Practical Guide Through the Process, in: *Journal of Investment Compliance*, (2005), S. 18–25

Basalto, N., *Bellotti, R.*, *De Carlo, F.*, *Facchi, P.* und *Pascazio, S.*: Clustering stock market companies via chaotic map synchronization, in: *Physica A: Statistical Mechanics and its Applications*, 345 (1-2), (2005), S. 196–206

Bauer, R. J. und *Dahlquist, J. R.*: Market Timing and Roulette Wheels, in: *Association for Investment Management and Research*, (2001), S. 28–40

Bauer, R. J., *Koedijk, K.* und *Otten, R.*: International Evidence on Ethical Mutual Fund Performance and Investment Style, Working paper, Maastricht University, 2002

Becker, C., *Ferson, W.*, *Myers, D. H.* und *Schill, M. J.*: Conditional Market Timing with Benchmark Investors, in: *Journal of Financial Economics*, 52 (1), (1999), S. 119–148

Beebower, G. L. und *Varikooty, A. P.*: Measuring Market Timing Strategies, in: *Financial Analysts Journal*, (1991), S. 78–84

Beike, R. und *Schlütz, J.*: Finanznachrichten: lesen-verstehen-nutzen. Ein Wegweiser durch Kursnotierungen und Marktberichte, Schäffer-Poeschel, Stuttgart, 3. Auflage, 2001

Bello, Z. Y. und *Janjigian, V.*: A Reexamination of the Market-Timing and Security-Selection Performance of Mutual Funds, in: *Financial Analysts Journal*, 53 (5), (1997), S. 24–29

Bellone, B.: Classical Estimation of Multivariate Markov-Switching Models using MSVARlib, Working paper, 2005

Bernstein, W.: The Intelligent Asset Allocator: How to Build Your Portfolio to Maximize Returns and Minimize Risk, McGraw-Hill, New York, 2000

Bessler, W., *Drobetz, W.* und *Henn, J.*: Hedge Funds: Die „Königsdisziplin" der Kapitalanlage, in: *H. Dichtl, J. Kleeberg* und *C. Schlenger* (Hrsg.), Handbuch Hedge Funds. Chancen, Risiken und Einsatz in der Asset Allocation, Uhlenbruch Verlag, Bad Soden/Ts., 2005, S. 3–54

Bibi, A.: On the Covariance Structure of Time Varying Bilinear Models, in: *Stochastic Processes and Their Applications*, 21 (1), (2003), S. 25–60

Billio, M., *Getmansky, M.* und *Pelizzon, L.*: Phase-Locking and Switching Volatility in Hedge Funds, Working Paper 54, Ca' Foscari University of Venice, 2006

Billio, M. und *Pelizzon, L.*: Value-at-Risk: a multivariate switching regime approach, in: *Journal of Empirical Finance*, 7, (2000), S. 531–554

Binswanger, M.: Stock returns and real activity: is there still a connection?, in: *Applied Financial Economics*, 10, (2000), S. 379–387

Biscarri, G. J. und *de Gracia, F. P.*: Stock market cycles and stock market development in Spain, in: *Spanish Economic Review*, 6, (2004), S. 127–151

Bjornland, H. C.: Detrending methods and stylized facts of business cycles in Norway - an international comparison, in: *Empirical Economics*, 25 (3), (2000), S. 369–392

Black, A., *Fraser, P.* und *Power, D.*: UK unit trust performance 1980-1989: A passive time-varying approach, in: *Journal of Banking and Finance*, 16 (5), (1992), S. 1015–1033

Black, K.: Managing a hedge fund : a complete guide to trading, business strategies, operations, and regulations, McGraw-Hill, New York, 2004

Blake, C., *Elton, E.* und *Gruber, M.*: The Performance of Bond Mutual Funds, in: *Journal of Business*, 66, (1993), S. 371–403

Blake, C. A. und *Morey, M. A.*: Morningstar Ratings and Mutual Fund Performance, in: *Journal of Financial & Quantitative Analysis*, 35 (3), (2000), S. 451–483

Blanchard, O.: Output, the Stock Market, and Interest Rate, in: *American Economic Review*, 71 (1), (1981), S. 132–143

Block, S.: Merger Arbitrage Hedge Funds, in: *Journal of Applied Finance*, (2006), S. 88–96

Blumberg, J. R., *Fetzer, K. A.* und *Matteson, D. M.*: Investment Adviser Compliance Requirements for Managers of Hedge Funds, in: *Journal of Alternative Investments*, (2005), S. 98–103

Bodie, Z., *Kane, A.* und *Marcus, A. J.*: Investments, McGraw-Hill/Irwin, Boston, 5. Auflage, 2002

Bodman, P. M. und *Crosby, M.*: Phases of the Canadian business cycle, in: *Canadian Journal of Economics*, 33, (2000), S. 618–633

Bodman, P. M. und *Crosby, M.*: The Australian Business Cycle: Joe Palooka or Dead Cat Bounce, in: *Australian Economic Papers*, (2002), S. 191–207

Boehm, E. A. und *Moore, G. H.*: Financial market forecasts and rates of return based on leading index signals, in: *International Journal of Forecasting*, 7, (1991), S. 357–374

Boehm, E. A., *Moore, G. H.* und *Banerji, A.*: Using economic indicators to reduce risk in stock market investments, in: *International Journal of Forecasting*, 10 (3), (1994), S. 405–417

Bogle, J. C.: The Implications of Style Analysis for Mutual Fund Performance Evaluation, in: *Journal of Portfolio Management*, 24 (4), (1998), S. 34–42

Boldin, M. D.: Dating Turning Points in the Business Cycle, in: *The Journal of Business*, 67 (1), (1994), S. 97–131

Bollen, N. und *Busse, J.*: On the Timing Ability of Mutual Fund Managers, in: *Journal of Finance*, 56 (3), (2001), S. 1075–1094

Bollerslev, T., *Engle, R. F.* und *Wooldridge, J. M.*: A capital asset pricing model with time-varying covariances, in: *Journal of Political Economy*, 96, (1988), S. 116–131

Bolten, S. E.: Stock Market Cycles. A Practical Explanation, Quorum Books, Westport, 2000

Bolten, S. E. und *Weigand, R. A.*: The generation of stock market cycles, in: *The Financial Review*, 33, (1998), S. 77–84

Bookstaber, R.: Hedge Fund Existential, in: *Financial Analysts Journal*, 59 (5), (2003), S. 19–23

Bouchaud, J. P. und *Potters, M.*: More stylized facts of financial markets: leverage effect and downside correlations, in: *Physica A*, 299 (1-2), (2001), S. 60–70

Bouges, J. C.: Alternative Hedge Fund Product Performance: The Impact of Regulation on Performance, in: *Journal of Alternative Investments*, (2004), S. 70–80

Box, G. E. P. und *Pierce, D. A.*: Distribution of the Autocorrelations in Autoregressive Moving Average Time Series Models, in: *Journal of American Statistic Association*, 65, (1970), S. 1509–1526

Branch, B. und *Yang, T.*: A test of risk arbitrage profitability, in: *International Review of Financial Analysis*, 15 (1), (2006), S. 39–56

Brands, S. und *Gallagher, D. R.*: Portfolio selection, diversification and fund-of-funds: a note, in: *Accounting & Finance*, 45 (2), (2005), S. 185–197

Brealey, R. A. und *Kaplanis, E.*: Hedge Funds and Financial Stability: An Analysis of their Factor Exposures, in: *International Finance*, 4 (2), (2001), S. 161–187

Bredin, D. und *Hyde, S.*: FOREX Risk: Measurement and Evaluation Using Value-at-Risk, in: *Journal of Business Finance & Accounting*, 31 (9 & 10), (2004), S. 1389–1417

Bretzler, M. und *Rudolph, D.*: Hedge Fonds & Alternative Investments, Frankfurt am Main, 1. Auflage, 2004

Brier, G. W.: Verification of forecasts expressed in terms of probability, in: *Monthly Weather Review*, 78 (1), (1950), S. 1–3

Brody, A.: Pace, Pattern und Phase: a Morphology of Cycles, in: *Economic Systems Research*, 16 (4), (2004), S. 435–450

Brooks, C. und *Kat, H. M.*: The Statistical Properties of Hedge Fund Index Returns and Their Implications for Investors, in: *Journal of Alternative Investments*, 5 (2), (2001), S. 26–44

Brooks, C. und *Persand, G.*: The Trading Profitability of Forecasts of the Gilt-Fquity Yield Ratio, in: *Journal of International Forecasting*, 17, (2001), S. 11–29

Brown, S. J. und *Goetzmann, W.*: Mutual fund styles, in: *Journal of Financial Economics*, 43, (1997), S. 373–399

Brown, S. J. und *Goetzmann, W.*: Hedge funds with style, in: *Journal of Financial Economics*, 29 (2), (2003), S. 101–112

Brown, S. J., Goetzmann, W., Ibbotson, R. G. und *Ross, S. A.*: Survivorship bias in performance studies, in: *Review of Financial Studies*, 5, (1992), S. 553–580

Brown, S. J., Goetzmann, W., Ibbotson, R. G. und *Ross, S. A.*: Offshore Hedge Funds: Survival and Performance, 1989-1995, in: *The Journal of Business*, 72 (1), (1999), S. 91–117

Brown, S. J., Goetzmann, W. und *Park, J.*: Careers and survival: competition and risk in the hedge fund and CTA industry, in: *Journal of Finance*, 56, (2001), S. 1869–1886

Brown, S. J. und *Goetzmann, W. N.*: Performance persistence, in: *Journal of Finance*, 50, (1995), S. 679–698

Brunel, J.: Revisiting the Role of Hedge Funds in Diversified Portfolios, in: *The Journal of Wealth Management*, 7 (3), (2004), S. 35–48

Bry, G. und *Boschan, C.*: Cyclical Analysis of Time Series: Selected Procedures and Computer Programs, Technischer Bericht, New York Columbia University Press, 1971

Buetow Jr., G. W., Johnson, R. R. und *Runkle, D. E.*: The Inconsistency of Return-Based Style Analysis, in: *Journal of Portfolio Management*, 26 (3), (2000), S. 61–77

Burke, G.: A Sharpe Ratio, in: *Futures*, 23 (3), (1994), S. 56

Burns, A. F. und *Mitchell, W. C.*: Measuring business cycles, NBER, New York, 1947

Busack, M. und *Kaiser, D. G.*: Alternative Investment-Strategien. Definition, Klassifikation und Anlagetechniken, in: *M. Busack* und *D. Kaiser* (Hrsg.), Handbuch Alternative Investments, Band I, Gabler, Wiesbaden, 2006, S. 1–28

Busse, J.: Another Look at Mutual Fund Tournaments, in: *The Journal of Financial and Quantitative Analysis*, 36 (1), (2001), S. 53–73

Calinski, R. B. und *Harabasz, J.*: A dendrite method for cluster analysis, in: *Communications in Statistics*, 3, (1974), S. 1–27

Campbell, J. Y.: Asset Pricing at the Millennium, in: *Journal of Finance*, 55 (4), (2000), S. 1515–1567

Campbell, J. Y. und *Cochrane, J. H.*: By Force of Habit: A Consumption-Based Explanation of Aggregate Stock Market Behavior, in: *Journal of Political Economy*, 107, (1999), S. 205–251

Campbell, J. Y., Lo, A. W. und *MacKinlay, A. C.*: The Econometrics of Financial Markets, Princeton University Press, New York, 1997

Campbell, S. D. und *Diebold, F. X.*: Stock Returns and Expected Business Conditions: Half a Century of Direct Evidence, Technischer Bericht 11736, National Bureau of Economic Research, 2005

Canova, F.: Detrending and turning points, in: *European Economic Review*, 38, (1994), S. 614–623

Canova, F.: Economics of VAR Models, in: *K. Hoover* (Hrsg.), Macroeconometrics: developments, tensions, and prospects, Kluwer Academic Publishers, Boston, 1995, S. 57–97

Canova, F.: Detrending and business cycle facts, in: *Journal of Monetary Economics*, 41, (1998), S. 475–512

Canova, F.: Does detrending matter for the determination of the reference cycle and the selection of turning points?, in: *The Economic Journal*, 109, (1999), S. 126–150

Capocci, D.: Inserting convertible arbitrage funds in a classical portfolio. Hedge Funds: Strategies, Risk Assessment, and Returns, Beard Books, Washington, 2004

Capocci, D.: Neutrality of market neutral funds, in: *Global Finance Journal*, 17 (2), (2006), S. 309–333

Capocci, D., Corhay, A. und *Hübner, G.*: Hedge fund performance and persistence in bull and bear markets, in: *The European Journal of Finance*, 11 (5), (2005), S. 361–392

Capocci, D. und *Hübner, G.*: An Analysis of Hedge Funds Performance, in: *Journal of Empirical Finance*, 11, (2004), S. 55–89

Carhart, M. M.: On Persistence in Mutual Fund Performance, in: *Journal of Finance*, LII (1), (1997), S. 57–82

Carhart, M. M., Carpenter, J. N., Lynch, A. W. und *Musto, D. K.*: Mutual Fund Survivorship, in: *Review of Financial Studies*, 15 (5), (2002), S. 1439–1463

Chan, L. K. C., Chen, H.-L. und *Lakonishok, J.*: On Mutual Fund Investment Styles, in: *Review of Financial Studies*, 15 (5), (2002), S. 1407–1437

Chan, N., Getmansky, M., Haas, S. M. und *Lo, A. W.*: Systemic Risk and Hedge Funds, NBER Book On Risks of Financial Institutions, 2005

Chance, D. M.: The In(Stability) Of The Relationship Between Stocks, Bonds And Managed Futures, in: *Journal of Applied Business Research*, 19 (1), (2003), S. 75–96

Chance, D. M. und *Hemler, M. L.*: The performance of professional market timers: daily evidence from executed strategies, in: *Journal of Financial Economics*, 62 (2), (2001), S. 377–411

Dumont de Chassart, M. und *Firer, C.*: The effects of bull and bear periods on market timing strategies, in: *South African Journal of Business Management*, 32 (3), (2001), S. 1–9

de Chassart, M. D. und *Firer, C.*: The effects of bull and bear periods on market timing strategies, in: *South African Journal of Business Management*, 32 (3), (2001), S. 1–9

de Chassart, M. D. und *Firer, C.*: Risks associated with market timing under different market conditions, in: *Omega*, 32, (2004), S. 201–211

Chauvet, M.: Stock market fluctuations and the business cycle, in: *Journal of Economic and Social Measurement*, 25, (1999), S. 235–257

Chauvet, M. und *Potter, S.*: Coincident and Leading Indicators of the Stock Market, Working paper, 1999

Chauvet, M. und *Potter, S.*: Coincident and leading indicators of the stock market, in: *Journal of Empirical Finance*, 7, (2000), S. 87–111

Chelley-Steeley, P.: Opening Returns, Noise, and Overreaction, in: *The Journal of Financial Research*, XXIV (4), (2001), S. 513–521

Chen, H.-L., *Jegadeesh, N.* und *Wermers, R.*: The Value of Active Mutual Fund Management: An Examination of the Stockholdings and Trades of Fund Managers, in: *Journal of Financial & Quantitative Analysis*, 35 (3), (2000), S. 343–368

Chen, N., *Roll, R.* und *Ross, S.*: Economic Forces and the Stock Market, in: *Journal of Business*, 56, (1986), S. 383–403

Chen, Z. und *Lin, R.*: Mutual fund performance evaluation using data envelopment analysis with new risk measures, in: *OR Spectrum*, 28 (3), (2006), S. 375–398

Chesnay, F. und *Jondeau, E.*: Does Correlation Between Stock Returns Really Increase During Turbulent Periods?, in: *Economic Notes*, 30 (1), (2001), S. 53–80

Chia, T. L., *Simon, D.* und *Chizeck, H. J.*: Kalman Filtering with Statistical State Constraints, in: *Control and Intelegent Systems*, 34 (1), (2006), S. 73–79

Chiarella, C., *Semmler, W.*, *Mittnik, S.* und *Zhu, P.*: Stock Market, Interest Rate and Output: A Model and Estimation for US Time Series Data, in: *Studies in Nonlinear Dynamics and Econometrics*, 6 (1), (2002)

Chow, G. C.: Tests of Equality Between Sets of Coefficients in Two Linear Regressions, in: *Econometrica*, 28 (3), (1960), S. 591–605

Christopherson, J. A.: Equity style classifications, in: *Journal of Portfolio Management*, 21 (3), (1995), S. 32–43

Cichocki, A., *Stansell, S. R.*, *Leonowicz, Z.* und *Buck, J.*: Independent variable selection: Application of independent component analysis to forecasting a stock index, in: *Journal of Asset Management*, 6 (4), (2005), S. 248–258

Clair, C.: Fees make or break managers, in: *Pensions & Investments*, 31 (12), (2003)

Clark, K. A. und *Winkelmann, K.*: Active Risk Budgeting In Action: Understanding Hedge Fund Performance, in: *Journal of Alternative Investments*, (2004), S. 35–46

Clements, M. P., Franses, P. H. und *Smith, J.*: On SETAR Non-linearity and Forecasting, in: *Journal of Forecasting*, 22 (5), (2003), S. 359–375

Cochran, S. J. und *Defina, R. H.*: Duration dependence in the US stock market cycle: a parametric approach, in: *Applied Financial Economics*, 5, (1995), S. 309–318

Cochrane, J. H.: Production-based asset pricing and the link between stock returns and economic fluctuations, in: *Journal of Finance*, 46, (1991), S. 209–237

Comer, G., Boney, V. und *Kelly, L.*: High Quality Bond Funds: Market Timing Ability and Performance, Working paper, 2005

Cook, S.: Alternative diagnostic tests of asymmetric adjustment: a cross-country application and comparison, in: *Applied Economics*, 32, (2000), S. 1365–1371

Cooley, T. F. und *Prescott, E. C.*: Economic growth and business cycles, in: *T. Cooley* und *E. Prescott* (Hrsg.), Frontiers of Business Cycle Research, Princeton University Press, New York, 1995, S. 1–38

Cooper, R. und *John, A.*: Coordinating coordination failures in keynesian models, in: *Quarterly Journal of Economics*, 103, (1988), S. 441–463

Corielli, F. und *Meucci, A.*: Pitfalls in linear models for style Analysis, in: *Statistical Methods and Applications*, 13, (2004), S. 105–129

Cornuéjols, G. und *Tütüncü, R.*: Optimization methods in finance, Cambridge University Press, Cambridge, 2007

Cottier, P.: Hedge Funds und Managed Futures, Diss., 1997, Zugl.: St. Gallen, Univ.,, Bern, 2000

Cottier, P. und *Wessling, G.*: Funktionen, Formen und Investitionsprozesse von Dach-Hedgefonds, in: *M. Busack* und *D. Kaiser* (Hrsg.), Handbuch Alternative Investments, Band I, Gabler, Wiesbaden, 2006, S. 195–214

Cowell, F.: Investment mandates for hedge funds, in: *Pensions: An Alternative Journal*, 9 (2), (2003), S. 136–147

Cremers, J.-H., Kritzman, M. und *Page, S.*: Optimal Hedge Fund Allocations. Do higher moments matter?, in: *The Journal of Portfolio Management*, 31 (3), (2005), S. 70–81

Croushore, D.: The Livingston Survey: Still Useful After All these Years, Business review, Federal Reserve Bank of Philadellphia, 1997

Cumby, R. E. und *Glen, J. D.*: Evaluating the Performance of International Mutual Funds, in: *Journal of Finance*, 45 (2), (1990), S. 497–521

Cusatis, P. J. und *Thomas, M. R.*: Hedging instruments and risk management, McGraw-Hill, New York, 2005

Dacco, R. und *Satchell, S.*: Why do Regime-switching Models Forecast so Badly?, in: *Journal of Forecasting*, 18, (1999), S. 1–16

Damodaran, A.: Investment philosophies : successful strategies and the investors who made them work, Wiley, Hoboken, 2003

Daniel, K., *Grinblatt, M.*, *Titman, S.* und *Wermers, R.*: Measuring Mutual Fund Performance with Characteristic-Based Benchmarks, in: *Journal of Finance*, 52 (3), (1997), S. 1035–1058

Darlington, R. B.: Is Kurtosis Really „Peakedness?“, in: *The American Statistician*, 24 (2), (1970), S. 19–22

Das, N.: Hedge Fund Classification using K-means Clustering Method, in: *9th International Conference on Computing in Economics and Finance*, 11-13, (2003)

Davis, J. L.: Mutual Fund Performance and Manager Style, in: *Financial Analysts Journal*, 57 (1), (2001), S. 19–27

De Santis, G. und *Gerard, B.*: International asset pricing with time-varying risk, in: *Journal of Finance*, 52, (1997), S. 1881–1912

De Souza, C. und *Gokcan, S.*: Hedge Fund Investing: A Quantitative Approach to Hedge fund Manager Selection and De-Selection, in: *Journal of Wealth Management*, 6 (4), (2004), S. 52–73

Denvir, E. und *Hutson, E.*: The performance and diversification benefits of funds of hedge funds, in: *International Financial Markets, Institutions & Money*, 16, (2006), S. 4–22

DeStefano, M.: Stock Returns and the Business Cycle, in: *The Financial Review*, 39, (2004), S. 527–547

Detzel, F. L.: Determining a mutual fund's equity class, in: *Financial Services Review*, 15 (3), (2006), S. 199–212

Di Matteo, T., *Astea, T.* und *Mantegnab, R. N.*: An interest rates cluster analysis, in: *Physica A: Statistical Mechanics and its Applications*, 339 (1-2), (2004), S. 181–188

diBartolomeo, D. und *Lobosco, A.*: Approximating the Confidence Intervals for Sharpe Style Weights, in: *Financial Analysts Journal*, 53 (4), (1997), S. 80–85 *diBartolomeo, D.* und *Witkowski, E.*: Mutual Fund Misclassification: Evidence Based on Style Analysis, in: *Financial Analysts Journal*, 53 (5), (1997), S. 32–43

Diebold, F. X., *Lee, J. H.* und *Weinbach, G. C.*: Regime Switching with Time-Varying Transition Probabilities, in: *C. Hargreaves* (Hrsg.), Nonstationary Time Series Analysis and Cointegration, Oxford Univ. Press, 1994, S. 283–302

Diebold, F. X. und *Lopez, J. A.*: Forecast Evaluation and Combination, in: *G. Maddala* und *C. Rao* (Hrsg.), Handbook of Statistics, North-Holland, Amsterdam, 1996, S. 241–268

Diebold, F. X. und *Rudebusch, G. D.*: Scoring the leading indicators, in: *The Journal of Business*, 62 (3), (1989), S. 369–391

Diebold, F. X. und *Rudebusch, G. D.*: Forecasting output with composite leading index: a real-time analysis, in: *Journal of the American Statistical Association*, 86 (415), (1991), S. 603–610

Diebold, F. X. und *Rudebusch, G. D.*: Five Questions about Business Cycles, in: *FRBSF Economic Review*, (2001), S. 1–15

Diebold, F. X., *Rudebusch, G. D.* und *Sichel, D. E.*: Further Eviddence on Business Cycle Duration Dependence, in: *F. Diebold* und *G. Rudebusch* (Hrsg.), Durations, Dynamics and Forecasting, Kapitel 5, Princeton University Press, Princeton, 1999, S. 87–116

DiTeresa, P.: Refining Morningstar's Style Box, in: *Morningstar Fund Investor*, (1998)

Do, V., *Faff, R.* und *Wickramanayake, J.*: An empirical analysis of hedge fund performance: The case of Australian hedge funds industry, in: *Journal of Multinational Financial Management*, 15, (2005), S. 377–393

Dopfel, F. E.: How Hedge Funds Fit. The quest for institutional quality., in: *Journal of Alternative Investments*, (2005), S. 9–20

Dor, A. B. und *Jagannathan, R.*: Understanding Mutual Fund and Hedge Fund Styles Using Return Based Style Analysis, Working paper, National Bureau of Economic Research, Cambridge, 2002

Dowd, K.: Adjusting for Risk: An Improved Sharpe Ratio, in: *International Review of Economics & Finance*, 9 (3), (2000), S. 209–222

Dritsakis, N., *Grose, C.* und *Kalyvas, L.*: Performance aspects of Greek bond mutual funds, in: *International Review of Financial Analysis*, 15 (2), (2006), S. 189–202

Droms, W. G.: Hot Hands, Cold Hands: Does Past Performance Predict Future Returns?, in: *Journal of Financial Planning*, 19 (5), (2006), S. 60–69

Droms, W. G. und *Walker, D. A.*: Performance Persistence of International Mutual Funds, in: *Global Finance Journal*, 12, (2001), S. 237–248

Droms, W. G. und *Walker, D. A.*: Performance Persistence of Fixed Income Mutual Funds, in: *Journal of Economics & Finance*, 30 (3), (2006), S. 347–355

Duarte, J., *Longstaff, F. A.* und *Yu, F.*: Risk and Return in Fixed-Income Arbitrage: Nickels in Front of a Steamroller?, Working paper, University of California at Los Angeles, 2005

Durbin, J.: Introduction to state space time series analysis, in: *N. Shephard* (Hrsg.), State Space and Unobserved Component Models: theory and applications, Kapitel 1, Cambridge University Press, Cambridge, 2004, S. 3–25

Durbin, J. und *Koopman, S. J.*: Time Series Analysis by State Space Models, Oxford University Press, Oxford, 2001

Edwards, F.: Hedge Funds and the Collapse of Long Term Capital Management, in: *Journal of Economic Perspective*, 13 (2), (1999), S. 189–210

Edwards, F. R. und *Caglayan, O.*: Fund Performance and Manager Skill, in: *The Journal of Futures Markets*, 21 (11), (2001a), S. 1003–1028

Edwards, F. R. und *Caglayan, O.*: Hedge Fund and Commodity Fund Investments in Bull and Bear Markets, in: *Journal of Portfolio Management*, 27 (4), (2001b), S. 97–108

Edwards, F. R. und *Caglayan, O.*: Hedge Fund Performance and Manager Skill, in: *Journal of Futures Markets*, 21 (11), (2001c), S. 1003–1028

Edwards, F. R. und *Park, J. M.*: Do Managed Futures Make Good Investments?, in: *Journal of Futures Markets*, 16 (5), (1996), S. 475–517

Edwards, S., *Biscarri, J. G.* und *der Gracia, F. P.*: Stock market cycles, financial liberalizytion and volatility, in: *Journal of International Money and Finance*, 22, (2003), S. 925–955

Ehrmann, M. und *Fratzscher, M.*: Monetary Policy Announcements and Money Markets: A Transatlantic Perspective, in: *International Finance*, 6 (3), (2003), S. 309–328

Eling, M.: Hedgefonds-Strategien und ihre Performance, Dissertation, Zugl.: Westfälische Wilhelms-Universität Münster, Diss. 2005, Köln, 2006

Elton, E. J., *Gruber, M. J.* und *Blake, C. R.*: The Persistence of Risk-Adjusted Mutual Fund Performance, in: *Journal of Business*, 69, (1996), S. 133–157

Elton, E. J., *Gruber, M. J.* und *Blake, C. R.*: Incentive Fees and Mutual Funds, in: *The Journal of Finance*, LVIII (2), (2003), S. 779–804

Engel, C.: Can the Markov Switching Model Forecast Exchange Rates?, in: *Journal of International Economics*, 36, (1994), S. 151–165

Engle, R., *Lilien, D. M.* und *Robins, R. P.*: Estimating time-varying risk premia in the term structure: the ARCH-M model, in: *Econometrica*, 55, (1987), S. 391–407

Entorf, H.: Intersektorale Informationsdiffusion und sektorale Frühindikatoren, in: *K. Oppenländer* (Hrsg.), Konjunkturindikatoren, Kapitel 6.3, Oldenbourg, München, 1995, S. 298–316

Erb, C., *Harvey, C.* und *Viskanta, T.*: Forecasting international equaity correlations, in: *Financial Analysts Journal*, (1994), S. 32–45

Escribano, A. und *Jordá, O.*: Testing nonlinearity: Decision rules for selecting between logistic and exponential STAR models, in: *Spanish Economic Review*, 3 (3), (2004), S. 193–209

Estrella, A. und *Mishkin, F. S.*: The Yield Curve as a Predictor of US Recessions, in: *Current Issues in Economics and Finance*, 2 (7), (1996), S. 1–6

Estrella, A. und *Mishkin, F. S.*: Predicting U.S. Recessions: Financial Variables as Leading Indicators, in: *The Review of Economics and Statistics*, 80 (1), (1998), S. 45–61

Everitt, B. S., *Landau, S.* und *Leese, M.*: Cluster Analysis, Arnold, London, 4. Auflage, 2001

Fabozzi, F. J.: Pension fund investment management, Fabozzi Assoc., New Hope, 1997

Fabozzi, F. J. und *Peterson, P. P.*: Financial management and analysis, Wiley, Hoboken, 2. Auflage, 2002

Fama, E.: Efficient capital markets: Review of theory and empirical work, in: *Journal of Finance*, 25, (1970), S. 383–417

Fama, E. und *French, K.*: Business conditions and expected returns on stocks and bonds, in: *Journal of Financial Economics*, 25, (1989), S. 23–49

Fama, E. F. und *French, K. R.*: The cross-section of expected stock returns, in: *The Journal of Finance*, 10 (2), (1992), S. 427–465

Fama, E. F. und *French, K. R.*: The equity premium, in: *The Journal of Finance*, 57 (2), (2002), S. 637–659

Fano-Leszczynski, U.: Hedgefonds für Einsteiger, Springer, Berlin, 2005

Favre, L. und *Galeano, J. A.*: Mean-modified value-at-risk optimization with hedge funds, in: *Journal of Alternative Investments*, 5 (2), (2002), S. 21–25

FAZ: Europas Hedge-Fonds-Branche stemmt sich gegen den Welttrend, in: *Frankfurter Allgemeine Zeitung*, (18. April 2006)

Feibel, B. J.: Investment performance measurement, Wiley, Hoboken, 2003

Fernández-Rodríguez, F., *Sosvilla-Rivero, S.* und *García-Artiles, M.-D.*: Dancing with bulls and bears: Nearest-neighbour forecasts for the Nikkei index, in: *Japan and the World Economy*, 11, (1999), S. 395–413

Ferruz, L. und *Ortiz, C.*: Does Mutual Fund Management in India Correspond to its Investment Objective Classification?, in: *Review of Pacific Basin Financial Markets & Policies*, 8 (4), (2005), S. 659–685

Ferson, W. und *Harvey, C.*: The Variation of Economic Risk Premiums, in: *Journal of Political Economy*, 99, (1991), S. 385–415

Filardo, A.: Business-cycle Phases and their Transitional Dynamics, in: *Journal of Business & Economic Statistics*, 12, (1994), S. 299–308

Filardo, A. und *Gordon, S. F.*: Business Cycle Durations, in: *Journal of Econometrics*, 85, (1998), S. 99–123

Fink, M.: Mutual Fund Regulation: Forging a New Federal and State Partnership, Investment Company Institute Perspective, 2 (1), 1996

Fletcher, J. und *Forbes, D.*: An exploration of the persistence of UK unit trust performance, in: *Journal of Empirical Finance*, 9 (5), (2002), S. 475–493

Forgy, E.: Cluster Analysis of Multivariate Data: Efficiency versus Interpretability of Classifications, in: *Biometrics*, 21, (1965), S. 768

Franke, R. und *Sethi, R.*: Cautious trend-seeking and complex asset price dynamics, in: *Research in Economics*, 52 (1), (1998), S. 61–79

Franses, P. und *van Dijk, D.*: Non-linear time series models in empirical finance, Cambridge University Press, Cambridge, 2000

FTD: Hedge Fonds schieben Aktien an, in: *Financial Times Deutschland*, (29. Dezember 2006)

Fung, H.-G., *Xu, X. E.* und *Yau, J.*: Global Hedge Funds: Risk, Return and Market Timing, in: *Financial Analysts Journal*, (2002), S. 19–30

Fung, H.-G., *Xu, X. E.* und *Yau, J.*: Do Hedge Fund Managers Display Skill?, in: *The Journal of Alternative Investments*, 6 (4), (2004), S. 22–31

Fung, W. und *Hsieh, D.*: Performance Attribution and Style Analysis: From Mutual Funds to Hedge Funds, Working paper, 1998

Fung, W. und *Hsieh, D.*: Is Mean-Variance Analysis Applicable to Hedge Funds?, in: *Economic Letters*, 62, (1999a), S. 53–58

Fung, W. und *Hsieh, D.*: A primer on hedge funds, in: *Journal of Empirical Finance*, 6, (1999b), S. 309–331

Fung, W. und *Hsieh, D. A.*: Empirical characteristics of dynamic trading strategies : the case of hedge funds, in: *The Review of Financial Studies*, 10 (2), (1997), S. 275–302

Fung, W. und *Hsieh, D. A.*: Measuring the market impact of hedge funds, in: *Journal of Empirical Finance*, 7, (2000a), S. 1–36

Fung, W. und *Hsieh, D. A.*: Performance characteristics of hedge funds and commodity funds : natural vs. spurious biases, in: *Journal of Financial and Quantitative Analysis*, 35 (3), (2000b), S. 291–307

Fung, W. und *Hsieh, D. A.*: The risk in hedge fund strategies: theory and evidence from trend followers, in: *The Review of Financial Studies*, 14 (2), (2001), S. 313–341

Fung, W. und *Hsieh, D. A.*: Asset-based Style Factors for Hedge Funds, in: *Financial Analysts Journal*, 58 (5), (2002a), S. 16–27

Fung, W. und *Hsieh, D. A.*: Hedge-Fund Benchmarks: Information Content and Biases, in: *Journal of financial and quantitative analysis*, 58 (1), (2002b), S. 22–34

Fung, W. und *Hsieh, D. A.*: The Risk in Fixed Income Hedge Fund Styles, in: *Journal of Fixed Income*, 12 (2), (2002c), S. 6–27

Fung, W. und *Hsieh, D. A.*: Benchmarks for Alternative Investments, Working paper, The Security Analysts Association of Japan, 2003

Fung, W. und *Hsieh, D. A.*: Extracting Portable Alphas from Equity Long/Short Hedge Funds, in: *Journal of Investment Management*, 2 (4), (2004a), S. 57–75

Fung, W. und *Hsieh, D. A.*: Hedge Fund Benchmarks: A Risk-Based Approach, in: *Financial Analysts Journal*, 60 (5), (2004b), S. 65–80

Fung, W. und *Hsieh, D. A.*: Identifikation und Anwendung von Asset-basierten Stilfaktoren, in: *M. Busack* und *D. Kaiser* (Hrsg.), Handbuch Alternative Investments, Band I, Gabler, Wiesbaden, 2006, S. 529–554

Gallo, J. G. und *Lockwood, L. J.*: Benefits of proper style classification of equity portfolio managers, in: *Journal of Portfolio Management*, 23 (3), (1997a), S. 47–55

Gallo, J. G. und *Lockwood, L. J.*: The performance of international bond funds, in: *International Review of Economics & Finance*, 6 (1), (1997b), S. 17–35

Gardini, A., Cavaliere, G. und *Costa, M.*: Fundamentals and Asset Price Dynamics, in: *Statistical Methods & Applications*, 12, (2003), S. 211–226

Gatev, E., Goetzmann, W. und *Rouwenhorst, K.*: Pairs trading: performance of a relative value rule, Working paper, Yale School of Management, 1999

Géhin, W. und *Vaissié, M.*: Hedge Fund Indices: In-vestable, Non-Investable and Strategy Benchmarks, Working paper, Edhec Risk and Asset Management Research Center, 2004

Géhin, W. und *Vaissié, M.*: The right place for alternative betas in hedge fund performance: an answer to the capacity effect fantasy, Working paper, Edhec Risk and Asset Management Research Center, 2005

Getmansky, M., Lo, A. W. und *Makarov, I.*: An Econometric Analysis of Serial Correlation and Illiquidity in Hedge-Fund Returns, in: *Journal of Financial Economics*, 74 (3), (2004), S. 529–609

Geweke, J.: Exact Inference in the Inequality Constrained Normal Linear Regression Model, in: *Journal of Applied Econometrics*, 1, (1986), S. 127–141

Giamouridis, D. und *Vrontos, I. D.*: Hedge fund portfolio construction: A comparison of static and dynamic approaches, in: *Journal of Banking & Finance*, 31 (1), (2007), S. 199–217

Glassman, D. A. und *Riddick, L. A.*: Market timing by global fund managers, in: *Journal of International Money and Finance*, 25, (2006), S. 1029–1050

Glosten, L. und *Jagannathan, R.*: A Contingent Claim Approach to Performance Evaluation, in: *Journal of Empirical Finance*, 1, (1994), S. 133–160

Glosten, L., Jagannathan, R. und *Runkle, D. E.*: On the Relation between the Expected Value and the Volatility of the Nominal Excess Return on Stocks, in: *Journal of Finance*, 48 (5), (1993), S. 1779–1801

Goetzmann, W. N., Ingersoll, J. und *Ross, S. A.*: High-Water Marks and Hedge Fund Management Contracts, in: *Journal of Finance*, 58, (2003), S. 1685–1718

Goetzmann, W. N., Ingersoll, J., Spiegel, M. und *Welch, I.*: Sharpening Sharpe Ratios, Working paper, NBER, 2002

Goetzmann, W. N., Ingersoll Jr., J. und *Ivkovic, Z.*: Monthly Measurement of Daily Timers, in: *Journal of Financial and Quantitative Analysis*, 35 (3), (2000), S. 257–290

Goetzmann, W. N. und *Jorion, P.*: Testing the Predictive Power of Dividend Yields, in: *Journal of Finance*, 48 (2), (1993), S. 663–679

Goetzmann, W. N. und *Kumar, A.*: Equity portfolio diversification, Working paper, Yale International Center for Finance, 2002

Goldfeld, S. M. und *Quandt, R. E.*: A Markov Model for Switching Regressions, in: *Journal of Econometrics*, 1, (1973), S. 3–16

Gomes, J. F., *Yaron, A.* und *Zhangb, L.*: Asset prices and business cycles with costly external finance, in: *Review of Economic Dynamics*, 6, (2003), S. 767–788

Gonzalez, L., *Powell, J. G.*, *Shi, J.* und *Wilson, A.*: Two centuries of bull and bear market cycles, in: *International Review of Economics and Finance*, 14, (2005), S. 469–486

Götte, R.: Optionsscheine : das Kompendium Marburg, Tectum-Verlag, Marburg, 2001

Gower, J. C. und *Legendre, P.*: Metric and Euclidean properties of dissimilarity coefficients, in: *Journal of Classification*, 5, (1986), S. 5–48

Goyal, A. und *Welch, I.*: The Myth of Predictability: Does the Dividend Yield Forecast the Equity Premium?, Working paper, UCLA, 1999

Graflund, A. und *Nilsson, B.*: Dynamic Portfolio Selection: the Relevance of Switching Regimes and Investment Horizon, in: *European Financial Management*, 9 (2), (2003), S. 179–200

Graham, J. R. und *Harvey, C. R.*: Grading the performance of market-timing newsletters, in: *Financial Analysts Journal*, 53, (1997), S. 54–66

Gregoriou, A. und *Kontonikas, A.*: Inflation Targeting and the Stationarity of Inflation: New Results from an ESTAR Unit Root Test, in: *Bulletin of Economic Research*, 58 (4), (2006), S. 309–322

Gregoriou, G. N.: Performance Appraisal of Funds of Hedge Funds Using Data Evelopment Analysis, in: *Journal of Wealth Management*, 5 (4), (2003), S. 88–95

Gregoriou, G. N.: Are Managers of Funds of Hedge Funds Good Market Timers?, in: *The Journal of Wealth Management*, (2004a), S. 61–75

Gregoriou, G. N.: Performance of Canadian hedge funds using a modified Sharpe ratio, in: *Derivatives Use, Trading & Regulation*, 10 (2), (2004b), S. 149–155

Gregoriou, G. N.: The Market Neutral and Event Driven Cemetery, in: *The Journal of Wealth Management*, (2005), S. 67–77

Gregoriou, G. N.: Derivatives Trading. Trading efficiency of commodity trading advisors using Data Envelopment Analysis, in: *Derivatives Use, Trading & Regulation*, 12 (1/2), (2006), S. 102–114

Gregoriou, G. N. und *Christopherson, R.*: Corporate governance of hedge funds, in: *Derivatives Use, Trading & Regulation*, 10 (4), (2003), S. 331–337

Gregoriou, G. N. und *Gueyie, J.-P.*: Risk-Adjusted Performance of Funds of Hedge Funds Using a Modified Sharpe Ratio, in: *Journal of Wealth Management*, 6 (3), (2003), S. 77–83

Gregoriou, G. N., *Rouah, F.* und *Sedzro, K.*: Nonstationarity Tests of Managed Futures, in: *Journal of Wealth Management*, 5 (2), (2002a), S. 54–58

Gregoriou, G. N., *Rouah, F.* und *Sedzro, K.*: On the Market Timing of Hedge Fund Managers, in: *The Journal of Wealth Management*, 5 (1), (2002b), S. 26–38

Gregoriou, G. N., *Sedzro, K.* und *Zhu, J.*: Hedge fund performance appraisal using data envelopment analysis. By: Gregoriou, Greg N.; . , Jul2005, Vol. 164 Issue 2, p555-571, in: *European Journal of Operational Research*, 164 (2), (2005), S. 555–571

Grinblatt, M. und *Titman, S.*: Mutual Fund Performance: An Analysis of Quarterly Portfolio Holdings, in: *Journal of Business*, 62, (1989), S. 393–416

Grinblatt, M. und *Titman, S.*: The Persistence of Mutual Fund Performance, in: *Journal of Finance*, 47 (5), (1992), S. 1977–1984

Grinblatt, M. und *Titman, S.*: Financial markets and corporate strategy, McGraw-Hill, Boston, 2. Auflage, 2002

Groen, J. J. J.: Corporate credit, stock price inflation and economic fluctuations, in: *Applied Economics*, 36, (2004), S. 1995–2006

Groenewold, N. und *Fraser, P.*: Time-varying estimates of CAPM betas, in: *Mathematics and Computers in Simulation*, 48 (4-6), (1999), S. 531–539

Gruber, M. J.: Another Puzzle: The Growth in Actively Managed Mutual Funds, in: *Journal of Finance*, 51 (3), (1996), S. 783–810

Guermat, C. und *Harris, R. D. F.*: Forecasting value at risk allowing for time variation in the variance and kurtosis of portfolio returns, in: *International Journal of Forecasting*, 18 (3), (2002), S. 409–419

Guidolin, M. und *Timmermann, A.*: Implications of Bull and Bear Regimes in UK Stock and Bond returns, in: *The Economic Journal*, 115, (2005), S. 111–143

Gupta, A. und *Liang, B.*: Do hedge funds have enough capital? A value at risk approach, in: *Journal of Financial Economics*, 77, (2005), S. 219–253

Gupta, B.: New Hedge Fund Indices That Have Entered the Marketplace, in: *Journal of Alternative Investments*, 5 (2), (2002), S. 102–103

Gupta, B.: Quantitative Analysis of Hedge Fund, Managed Futures and Mutual Fund Return and Risk Characteristics, in: *Journal of Alternative Investments*, 6 (2), (2003), S. 89–90

Halstead, J. M., Hedge, S. und *Klein, L. S.*: Hedge Fund Crisis and Financial Contagion. Evidence from Long-Term Capital Management, in: *Journal of Alternative Investments*, (2005), S. 65–82

Hamilton, J. D.: A New Approach to the Economic Analysis of Nonstationary Time Series and the Business Cycle, in: *Econometrica*, 57, (1989), S. 357–384

Hamilton, J. D.: Time Series Analysis, Princeton University Press, Princeton, 1994

Hamilton, J. D.: Comment on „A comparison of two business cycle dating methods", in: *Journal of Economic Dynamics & Control*, 27 (9), (2003), S. 1691–1693

Hamilton, J. D.: Regime-Switching Models, Technischer Bericht, University of California, 2005

Hamilton, J. D. und *Lin, G.*: Stock market volatility and the business cycle, in: *Journal of Applied Econometrics*, 11 (5), (1996), S. 573–593

Hamilton, J. D. und *Perez-Quiros, G.*: What do the leading indicators lead?, in: *The Journal of Business*, 69 (1), (1996), S. 27–49

Hamilton, J. D. und *Susmel, R.*: Autoregressive conditional heteroskedasticity and changes in regime, in: *Journal of Econometrics*, 64 (1-2), (1994), S. 307–333

Hansen, A. H.: Business Cycles and National Income, W.W. Norton, New York, 1964

Harding, D. und *Pagan, A.*: A comparison of two business cycle dating methods, in: *Journal of Economic Dynamics & Control*, 27, (2002a), S. 1681–1690

Harding, D. und *Pagan, A.*: Dissecting the cycle: a methodological investigation, in: *Journal of Monetary Economics*, 49, (2002b), S. 365–381

Harding, D. und *Pagan, A.*: Rejoinder to James Hamilton, in: *Journal of Economic Dynamics & Control*, 27, (2003), S. 1695–1698

Harding, D. und *Pagan, A.*: A suggested framework for classifying the modes of cycle research, in: *Journal of Applied Econometrics*, 20, (2005), S. 151–159

Harding, D. und *Pagan, A.*: Synchronization of cycles, in: *Journal of Econometrics*, 132, (2006), S. 59–79

Hardouvelis, G. A.: Macroeconomics and Stock Prices, in: *Journal of Economics and Business*, 39, (1987), S. 131–140

Hardy, R. S.: Style Analysis: A Ten-Year Retrospektive and Commentary, in: *T. Coggin* und *F. Fabozzi* (Hrsg.), The Handbook of Equity Style Management, Wiley & Sons, Hoboken, 3. Auflage, 2003, S. 109–129

Harmantzis, F. C., *Miao, L.* und *Chien, Y.*: Empirical study of value-at-risk and expected shortfall models with heavy tails, in: *Journal of Risk Finance*, 7 (2), (2006), S. 117–135

Harri, A. und *Brorsen, B. W.*: Performance persistence and the source of returns for hedge funds, in: *Applied Financial Economics*, 14 (2), (2004), S. 131–141

Harvey, A. C., *Shephard, N.*, *Koopman, S. J.* und *Durbin, J.*: State Space and Unobserved Component Models: theory and applications, Cambridge University Press, Cambridge, 2004

Haslem, J. A.: Mutual Funds: Risk and Performance Analysis for Decision Making, Blackwell Publishing, Malden, 2003

Haslem, J. A.: Are Mutual Fund Expenses Too High? A Commentary, in: *Journal of Investing*, 13 (2), (2004), S. 8–12

Haykin, S.: Kalman Filtering and Neural Networks, John Wiley & Sons, New York, 2001

Hedges IV, J. R.: Hedges on Hedge Funds. How to Successfully Analyze and Select an Investment, John Wiley & Sons, Hoboken, 2005

Hendricks, D., *Patel, J.* und *Zeckhauser, R.*: Hot Hands in Mutual Funds: Short-Run Persistence of Relative Performance, 1974-1988, in: *The Journal of Finance*, 48 (1), (1993), S. 93–130

Henriksson, R. D.: Market Timing and Mutual Fund Performance: An Empirical Investigation, in: *Journal of Business*, 57 (1), (1984), S. 73–96

Hess, G. D. und *Iwata, S.*: Measuring and Comparing Business-Cycle Features, in: *Journal of Business & Economic Statistics*, 15 (4), (1997), S. 432–444

Hess, M.: What Drives Markov Regime Switching Behavior of Stock Markets? The Swiss Case, Working paper, ITAM, Mexico, 2002

Hess, M. K.: Timing and Diversification: A State-Dependent Asset Allocation Approach, in: *The European Journal of Finance*, 12 (3), (2006), S. 189–204

Hirano, S., *Sun, X.* und *Tsumoto, S.*: Comparison of clustering methods for clinical databases, in: *Information Sciences*, 159 (3-4), (2004), S. 155–165

Holmstrom, B.: Moral hazard and observability, in: *Bell Journal of Economics*, 10, (1979), S. 74–91 *ter Horst, J. R., Nijmana, T. E.* und *de Roon, F. A.*: Evaluating style analysis, in: *Journal of Empirical Finance*, 11, (2004), S. 29–53

Hortaçsu, A. und *Syverson, C.*: Product Differentiation, Search Costs and Competition in the Mutual Fund Industry, in: *Quarterly Journal of Economics*, 119 (2), (2004), S. 403–456

Horwitz, R.: Hedge fund risk fundamentals: solving the risk management and transparency challenge, Bloomberg Press, Princeton, 2004

Hubbard, G. R.: Capital-Market Imperfections and Investment, in: *Journal of Economic Literature*, 36, (1998), S. 193–225

Huber, C.: Wendepunkte in Finanzmärkten. Prognose und Asset Allocation, Dissertation, Zugl.: Bremen Univ., Diss. 1999, Bad Soden/Ts., 2000

Huber, C. und *Kaiser, H.*: Hedge Fund Risk Factors With Option-like Structures: Examples and Explanations, in: *The Journal of Wealth Management*, (2004), S. 49–60

Huij, J. und *Verbeek, M.*: Cross-sectional learning and short-run persistence in mutual fund performance, in: *Journal of Banking & Finance*, article in Press, (2006)

Hull, J. C.: Optionen, Futures und andere Derivate, Pearson Studium, München, 6 Auflage, 2006

Hwang, S. und *Satchell, S. E.*: Modelling emerging market risk premia using higher moments, in: *International Journal of Finance and Economic*, 4, (1999), S. 271–296

Hwang, S. und *Satchell, S. E.*: The Disappearance of Style in U.S. Equity- Market, Working paper, Cass Business School, 2000

Ibrahim, M. H.: Time-varying beta and volatility in the Kuala Lumpur stock exchange, in: *Gadjah Mada International Journal of Business*, 6 (1), (2004), S. 117–129

Idzorek, T. M. und *Bertsch, F.*: The Style Drift Score, in: *The Journal of Portfolio Management*, (2004), S. 77–83

Imbs, J., Mumtaz, H., Ravn, M. O. und *Rey, H.*: Nonlinearities and Real Exchange Rate Dynamics, in: *Journal of the European Economic Association*, 1 (2-3), (2003), S. 639–649

Indjic, D. und *Heen, A.*: AIMA Survey of Hedge Fund Classification Practice, in: *AIMA Journal*

Indro, D. C., Jiang, C. X., Hu, M. Y. und *Lee, W. Y.*: Mutual fund performance: A question of style, in: *Journal of Investing*, 7 (2), (1998), S. 46–53

Ineichen, A.: The Alpha in Funds of Hedge Funds, in: *Tlie Journal of Wealth Management*, 5 (1), (2002a), S. 8–25

Ineichen, A. M.: Absolute Returns: The Risk and Opportunities of Hedge Fund Investing, Wiley & Sons, New York, 2002b

Ippolito, R. A.: Consumer Reaction to Measures of Poor Quality: Evidence from the Mutual Fund Industry, in: *Journal of Law & Economics*, 35 (1), (1992), S. 45–70

Irwin, S. H. und *Yoshimaru, S.*: Managed Futures, Positive Feedback Trading, and Futures Price Volatility, in: *Journal of Futures Markets*, 19 (7), (1999), S. 759–776

Jacobs, J.: Econometric Business Cycle Research, Springer Verlag, New York, 1998

Jaeger, L.: Risk Management for Multi-Manager Portfollios of Alternative Investment Strategies, in: *E. Hehn* (Hrsg.), Asset Management in Kapitalanlage- und Versicherungsgesellschaften : Altersvorsorge, Nachhaltige Investments, Rating, 2002, S. 347–372

Jaeger, L.: Risiko-Eigenschaften von Hedge Fonds - Fat Tails, Nichtlinearitäten und die Auswirkungen auf das Hedge-Fonds-Portfolio-Management, in: *Absolutreport Alternative Investment Informationen für den institutionellen Anleger*, 24 (2), (2005), S. 8–21

Jaeger, L.: Aktives Risikomanagement in einem Hedgefonds-Portfolio, in: *M. Busack* und *D. Kaiser* (Hrsg.), Handbuch Alternative Investments, Band I, Gabler, Wiesbaden, 2006, S. 395–426

Jaeger, L. und *Wagner, C.*: Factor Modeling and Benchmarking of Hedge Funds: Can Passive Investments in Hedge Fund Strategies Deliver?, in: *The Journal of Alternative Investments*, 8 (3), (2005), S. 9–28

Jaeger, R. A.: All about hedge funds : the easy way to get started, McGraw-Hill, New York, 2003

Jagannathan, R. und *Wang, Z.*: The conditional CAPM and the cross-section of expected returns, in: *Journal of Finance*, 51, (1996), S. 3–53

Jardine, N. und *Sibson, R.*: Mathematical Taxonomy, Wiley, Chichester, 1971

Jegadeesh, N. und *Titman, S.*: Returns to Buying Winners and Selling Losers: Implications for Stock Market Efficiency, in: *Journal of Finance*, 48 (1), (1993), S. 65–91

Jensen, M. C.: The Performance of Mutual Funds in the Period 1945-1964, in: *Journal of Finance*, 23, (1968), S. 384–446

Jiang, W.: A nonparametric test of market timing, in: *Journal of Empirical Finance*, 10 (4), (2003), S. 399–425

JoFP: Clients Becoming Less Conservative?, in: *Journal of Financial Planning*, 14 (3), (2001), S. 24

Johanning, L.: Value-at-Risk zur Marktrisikosteuerung und Eigenkapitalallokation, Dissertation, Zugl.: München, Univ., Diss. 1998, Bad Soden/Ts., 1998

Jöhri, S.: Portfolio optimization With Hedge Funds: Conditional Value At Risk And Conditional Draw-Down At Risk For Portfolio Optimization With Alternative Investments, Diplomarbeit, Swiss Federal Institute of Technology, Zürich, 2004

Jonathan, M. und *Anson, P.*: The Handbook of Alternative Assets, The Frank J. Fabozzi series, Wiley Finance, Hoboken, 1. Auflage, 2002

Jorion, P.: Risk management lessons from long term capital management, in: *European Financial Management*, 6, (2000), S. 277–300

Jorion, P.: Value at risk : the new benchmark for managing financial risk, McGraw-Hill, New York, 2. Auflage, 2001

Jorion, P.: Financial risk manager handbook, Wiley Finance, Hoboken, 3. Auflage, 2005

Judge, G. G., *Griffiths, W. E.*, *Hill, R. C.*, *Lütkepohl, H.* und *Lee, T.-C.*: The Theory and Practice of Econometrics, Wiley, 2. Auflage, 1985

Junkus, J. C.: Futures in up and down markets, in: *Derivatives Use, Trading & Regulation*, 4, (2004), S. 321–330

Kaal, W. A.: Hedge Fund Regulation by Banking Supervision, Dissertation, Zugl.: Berlin, Humboldt-Univ., Diss. 2005, Frankfurt am Main, 2006

Kahn, R. N.: Forecasting Mutual Fund Risk: Current Holdings or Past Performance?, Barra research report, 1996

Kahn, S. A.: A Perspektive on Convertible Arbitrage, in: *The Journal of Wealth Management*, (2002), S. 59–65

Kaiser, D.: Hedgefonds: Entmystifizierung einer Anlageklasse ; Strukturen - Chancen - Risiken, Gabler, Wiesbaden, 1. Auflage, 2004

Kaiser, D. G. und *Kisling, K.*: Einflussfaktoren der risikoajustierten Wertentwicklung von Hedge Fonds, in: *M. Busack* und *D. Kaiser* (Hrsg.), Handbuch Alternative Investments, Band I, Gabler, Wiesbaden, 2006, S. 299–317

Kamstra, M., *Kramer, L. A.* und *Maurice, D. L.*: Winter Blues: A SAD Stock Market Cycle, in: *The American Economic Review*, 93 (1), (2003), S. 324–343

Kanas, A.: Non-linear Forecasts of Stock Returns, in: *Journal of Forecasting*, 22 (4), (2003), S. 299–315

Kandel, S. und *Stambaugh, R. F.*: On the Predictability of Stock Returns: An Asset-Allocation Perspective, in: *Journal of Finance*, 51 (2), (1996), S. 385–424

Kao, G. W., *Cheng, L. T. W.* und *Chan, K. C.*: International mutual fund selectivity and market timing during up and down market conditions, in: *The Financial Review*, 33, (1998), S. 127–144

Kaplan, P. D. und *Knowles, J. A.*: Kappa: A Generalized Downside Risk-Adjusted Performance Measuare, Working paper, 2004

Kaplan, P. D., *Knowles, J. A.* und *Philips, D.*: More Deph and Breath than the Style Box: The Morningstar Lens, in: *T. Coggin* und *F. Fabozzi* (Hrsg.), The Handbook of Equity Style Management, Wiley & Sons, Hoboken, 3. Auflage, 2003, S. 131–157

Kat, H. M.: 10 Things That Investors Should Know About Hedge Funds, in: *Journal of Wealth Management*, 5 (4), (2003), S. 72–81

Kat, H. M.: Integrating Hedge Funds into the Traditional Portfolio, in: *Journal of Wealth Management*, (2005), S. 51–57

Kat, H. M. und *Lu, S.*: An excursion into the statistical properties of hedge funds, discussion paper 2002-12, University of Reading, ISMA, 2002

Kat, H. M. und *Menexe, F.*: Persistence in Hedge Fund Performance: The True Value of a Track Record, in: *The Journal of Alternative Investments*, (2003), S. 66–72

Kat, H. M. und *Miffre, J.*: Performance Evaluation and Conditioning Information: The Case of Hedge Funds, Working paper, 2003

Kaufman, L. und *Rousseeuw, P. J.*: Finding Groups in Data. An Introduction to Cluster Analysis, John Wiley & Sons, New York, 1990

Kauter, C. D.: Short Selling als Handelstechnik alternativer Investmentstrategien, in: *M. Busack* und *D. Kaiser* (Hrsg.), Handbuch Alternative Investments, Band I, Gabler, Wiesbaden, 2006, S. 91–106

Kenneth, P. S. und *Surz, R. J.*: Hedge funds : definitive strategies and techniques, Wiley, Hoboken, 2003

Kestner, L. N.: Getting a Handle on True Performance, in: *Futures*, 25 (1), (1996), S. 44–46

Keswani, A. und *Stolin, D.*: Mutual Fund Performance Persistence and Competition: A Cross-Sector Analysis, in: *Journal of Financial Research*, 29 (3), (2006), S. 349–366

Kihn, J.: The Effect of Embedded Options on the Financial Performance of Convertible Bond Funds, in: *Financial Analysts Journal*, (1996), S. 15–26

Kim, C.-J. und *Nelson, C. R.*: Business Cycle Turning Points, A New Coincident Index, and Tests of Duration Dependence Based on a Dynamic Factor Model With Regime Switching, in: *The Review of Economics and Statistics*, 80 (2), (1998), S. 188–201

Kim, C. J. und *Nelson, C. R.*: State-space models with regime switching: classical and Gibbs-sampling approaches with applications, MIT Press, Cambridge, 1999

Kim, M., Shukla, R. und *Tomas, M.*: Mutual Fund Objective Misclassification, in: *Journal of Economics & Business*, 52 (4), (2000), S. 309–323

Kim, T.-H., White, H. und *Stone, D.*: Asymptotic and Bayesian Confidence Intervals for Sharpe-Style Weights, in: *Journal of Financial Econometrics*, 3 (3), (2005), S. 315–343

Klein, P. A.: Die Konjunkturindikatoren des NBER - Measurement without Theory?, in: *K. Oppenländer* (Hrsg.), Konjunkturindikatoren. Fakten, Analysen, Verwendung, Oldenbourg, München, 1995, S. 32–41

Klemkosky, R. C.: The Bias in Composite Performance Measures, in: *Journal of Financial and Quantitative Analysis*, 8, (1973), S. 505–514

Koch, T.: Erdgas statt Öl - Experten erwarten Wachablösung, in: *Financial Times Deutschland*

Koh, F., Lee, D. K. C. und *Phoon, K. F.*: Markets and Industry. An Evaluation of Hedge Funds: Risk, Return and Pitfalls, in: *Singapore Economic Review*, 47 (1), (2002), S. 153–171

König, P. und *Möller, J.*: Abweichungen von der Ungedeckten Zinsparität. Ein Kalman-Filter Ansatz für den DM/Dollar- und den SFr/Dollar-Wechselkurs, in: *Kredit & Kapital*, 23, (1990), S. 86–107

Kontolemis, Z. G.: Analysis of the US Business Cycle with a Vector-Markov-switching Model, in: *Journal of Forecasting*, 20, (2001), S. 47–61

Kooli, M., Amvella, S. P. und *Gueyié, J.-P.*: Hedge funds in a portfolio context: A mean-modified value at risk framework, in: *Derivatives Use, Trading & Regulation*, 10 (4), (2005), S. 373–383

Kozicki, S.: Multivariate detrending under common trend restrictions: Implications for business cycle research, in: *Journal of Economic Dynamics & Control*, 23 (7), (1999), S. 997–1028

Krokhmal, P., Uryasev, S. und *Zrazhevsky, G.*: Risk management for hedge fund portfolios: A comparative analysis of linear portfolio rebalancing strategies, in: *Journal of Alternative Investments*, 5 (1), (2002), S. 10–29

Krolzig, H.-M. und *Toro, J.*: Classical and modern business cycle measurement: The European case, in: *Spanish Economic Review*, 7, (2005), S. 1–21

Kuberek, R. C.: Using style factors to differentiate equity performance over short horizons, in: *Journal of Portfolio Management*, 24 (3), (1998), S. 33–40

Kwon, C. H. und *Shin, T. S.*: Cointegration and causality between macroeconomic variables and stock market returns, in: *Global Finance Journal*, 10 (1), (1999), S. 71–81

Lamm Jr., R. M.: Why Not 100% Hedge Funds Still a Viable Approach, in: *Journal of Investing*, (2004), S. 12–20

Laurent, L. J. F.: Have Hedge Funds Eroded Market Opportunities?, in: *Journal of Alternative Investments*, (2004), S. 10–33

Leisch, F., *Weingessel, A.* und *Dimitriadou, E.*: Competitive Learning for Binary Valued Data, Report 17, Vienna University of Economics and Business Administration, Austria, 1998

Lettau, M. und *Ludvigson, S.*: Consumption, Aggregate Wealth and Expected Stock Returns, in: *Journal of Finance*, LVI (3), (2001), S. 815–849

Lettau, M. und *Ludvigson, S.*: Time-varying riskpremia and the cost of capital: An alternative implication of the Q theory of investment, in: *Journal of Monetary Economics*, 49, (2002), S. 31–66

Lhabitant, F.-S.: Derivatives in Portfolio Management: Why Beating the Market Is Easy, in: *Derivatives Quarterly*, (2000), S. 39–45

Lhabitant, F.-S.: Hedge Funds. Quantitative Insights, John Wiley & Sons, Chichester, 2004

Lhabitant, F.-S.: Anwendungsmöglichkeiten der Extremwerttheorie bei Hedgefonds, in: *M. Busack* und *D. Kaiser* (Hrsg.), Handbuch Alternative Investments, Band I, Gabler, Wiesbaden, 2006, S. 487–504

Lhabitant, F.-S. und *Learned, M.*: Hedge Fund Diversification: How Much Is Enough?, in: *Journal of Alternative Investments*, 5 (3), (2002), S. 23–49

Li, C. W. und *Li, K. W.*: On a double-threshold autoregressive heteroscedastic time series model, in: *Journal of applied econometrics*, 11 (3), (1996), S. 253–274

Liang, B.: On the Performance of Hedge Funds, in: *Financial Analysts Journal*, (1999), S. 72–85

Liang, B.: Hedge Funds The Living and the Dead, in: *Journal of Financial and Quantitative Analysis*, 35 (3), (2000), S. 309–326

Liang, B.: Hedge funds performance: 1990-1999, in: *Financial Analysts Journal*, 57 (1), (2001), S. 11–18

Liang, B.: The Accuracy of Hedge Fund Returns, in: *The Journal of Portfolio Management*, 29 (3), (2003), S. 111–122

Liew, J.: Hedge Fund Indexing Examined, in: *The Journal of Portfolio Management*, (2003), S. 113–123

Liljeblom, E. und *Löflund, A.*: Evaluating mutual funds on a small market: is benchmark selection crucial?, in: *Scandinavian Journal of Management*, 16 (1), (2000), S. 67–84

Lo, A. W.: Risk Management for Hedge Funds: Introduction and Overview, in: *Financial Analysts Journal,*, 57 (6), (2001), S. 16–33

Lo, A. W.: The Statistics of Sharpe Ratios, in: *Financial Analysts Journal*, 58 (4), (2002), S. 36–52

Lobo, B. J.: Interest rate surprises and stock prices, in: *The Financial Review*, 37, (2002), S. 73–92

Loeys, J. und *Fransolet, L.*: Have Hedge Funds Eroded Market Opportunities?, in: *Journal of Alternative Investments*, (2004), S. 10–33

Louton, D. und *Saraoglu, A.*: How Many Mutual Funds Are Needed to Form a Well-Diversified Asset Allocated Portfolio?, Working paper, Bryant University, 2006

Lucas, L. und *Riepe, M. W.*: The Role of Returns-Based Style Analysis: Understanding, Implementing, and Interpreting the Technique, Working paper, Ibbotson Associates, Inc., 1996

Luukkonen, R., *Saikkonen, P.* und *Terasvirta, T.*: Testing linearity against smooth transition autoregressive models, in: *Biometrica*, 75 (3), (1988), S. 491–499

Maddala, G. S. und *Nelson, F.*: Switching Regression Models with Exogenous and Endogenous Switching, in: *Proceedings of the American Statistical Association*, (1975), S. 423–426

Madura, J.: Financial Markets And Institutions, Thomson/South-Western, Mason, 6. Auflage, 2001

Magdon-Ismail, M., *Atiya, A. F.*, *Pratap, A.* und *Abu-Mostafa, Y.*: The Sharpe ratio, range and maximal drawdown of a Brownian motion, Computer science technical report, Rensselaer Polytechnic Institute, 2002

Mahdavi, M.: Risk-Adjusted Return When Returns Are Not Normally Distributed: Adjusted Sharpe Ratio, in: *Journal of Alternative Investments*, 6 (4), (2004), S. 47–57

Maheu, J. M. und *McCurdy, T. H.*: Identifying Bull and Bear Markets, in: *Journal of Business & Economic Statistics*, 18 (1), (2000), S. 100–112

Malkeil, B. G.: Returns from Investing in Equity Mutual Funds 1971 to 1991, in: *Journal of Finance*, 50, (1995), S. 549–572

Malkiel, B. G. und *Saha, A.*: Hedge Funds: Risk and Return, in: *Financial Analysts Journal*, 61 (6), (2005), S. 80–88

Mamaysky, H., Spiegel, M. und *H., Z.*: Estimating the Dynamics of Mutual Fund Alphas and Betas, Working paper, Yale ICF, 2003

Marcellino, M.: Leading Indicators: What Have We Learned?, E-book, IEP-Bocconi University, IGIER and CEPR, 2004

Markowitz, H. M.: Portfolio Selection, in: *The Journal of Finance*, VII (1), (1952), S. 77–91

Martin, G.: Making Sense of Hedge Fund Returns: What Matters and What Doesn't, Working paper, University of Massachusetts, 2002

Maslov, S. und *Zhang, Y. C.*: Probability distribution of drawdowns in risky investments, in: *Physica, A*, 262 (1-2), (1999), S. 232–241

McCarthy, D. und *Schneeweis, T.*: Informational content in historical CTA performance, in: *Journal of Futures Markets*, 17 (3), (1997), S. 317–339

McCrary, S. A.: Hedge Fund Course, John Wiley & Sons, Hoboken, 2005

McGuire, P., Remolona, E. und *Tsatsaronis, K.*: Time-varying exposures and leverage in hedge funds, in: *BIS Quarterly Review*, (2005), S. 59–72

McKenzie, M. D., Brooks, R. D. und *Faff, R. W.*: The use of domestic and world market indexes in the estimation of time-varying betas, in: *Journal of Multinational Financial Management*, 10 (1), (2000), S. 91–106

McQueen, G. und *Roley, V. V.*: Stock prices, news and business conditions, in: *The Review of Financial Studies*, 6, (1993), S. 683–707

Merton, R.: On market timing and investment performance. An equilibrium theory of value for market forecasts., in: *The Journal of Business*, 54, (1981), S. 363–406

Michael, P., Nobay, A. R. und *Peel, D. A.*: Transactions Costs and Nonlinear Adjustment in Real Exchange Rates: An Empirical Investigation, in: *The Journal of Political Economy*, 105 (4), (1997), S. 862–879

Michaud, R. O.: Is value multidimensional? Implications for style management and global stock selection, in: *Journal of Investing*, 7 (1), (1998), S. 61–65

Mills, T. C. und *Wang, P.*: Multivariate Markov Switching Common Faktor Models for the UK, in: *Bulletin of Economic Research*, 55 (2), (2003), S. 177–193

Mishra, B. und *Rahman, M.*: Measuring Mutual Fund Performance Using Lower Partial Moment, Working paper, 2002

Mitchell, M. und *Pulvino, T.*: Characteristics of risk and return in risk arbitrage, in: *The Journal of Finance*, 56 (6), (2001), S. 2135–2175

Mitchell, M. und *Pulvino, T.*: Price Pressure around Mergers, in: *The Journal of Finance*, LIX (1), (2004), S. 31–63

Morey, M. R. und *Morey, R. C.*: Mutual Fund Performance Appraisals: A Multi-Horizon Perspective with Endogenous Benchmarking, in: *Omega*, 27, (1999), S. 241–258

Morton, D. P., *Popova, E.* und *Popova, I.*: Efficient fund of hedge funds construction under downside risk measures, in: *Journal of Banking & Finance*, 30 (2), (2006), S. 503–518

Murphy, J. J.: Technische Intermarket-Analyse, Campus Verlag, Frankfurt am Main, 1992

Murthi, B. P. S., *Choi, Y. K.* und *Desai, P.*: Efficiency of mutual funds and portfolio performance measurement: A non-parametric approach, in: *European Journal of Operational Research*, 98 (2), (1997), S. 408–418

Navone, M.: Diversifying market risk through market neutral strategies, Working paper, IEIF Bocconi University, 1999

Neftci, S. N.: Optimal prediction of cyclical downturns, in: *Journal of Economic Dynamics and Control*, 4, (1982), S. 225–241

Nerb, G.: Aussagefähigkeit ausgewählter Indikatoren an konjunkturellen Wendepunkten, in: *K. Oppenländer* (Hrsg.), Konjunkturindikatoren, Kapitel 6.4, Oldenbourg, München, 1995, S. 317–341

Nerlove, M., *Grether, D. M.* und *Carvalho, J. L.*: Analysis of economic time series: a synthesis, Academic Press, New York, 1979

Nicholas, J. G.: Investing in Hedge Funds, Bloomberg Press, New York, 2005

Oehler, A. und *Unser, M.*: Finanzwirtschaftliches Risikomanagement, Springer, Berlin, 2. Auflage, 2002

Oelker, J.: Modelle mit generalisierter bedingter autoregressiver Heteroskedastie und Anwendungen in der Kapitalmarkttheorie, Online-ressource: http://edocs.tu-berlin.de/diss/2004/oelker_jens.pdf, Zugl.: Berlin, Techn. Univ., Diss. 2004, 2004

Ogden, J.: The calendar structure of risk and expected returns on stocks and bonds, in: *Journal of Financial Economics*, 70 (1), (2003), S. 29–67

Ohlms, C.: Aktives Investmentportfolio-Management : Optimierung von Portfolios aus derivatebasierten dynamischen Investmentstrategien, Dissertation, Zugl.: Darmstadt, Techn. Univ., Diss. 2006, Wiesbaden, 2006

Ohn, J., *Taylor, L. W.* und *Pagan, A.*: Testing for Duration Dependence in Cycles in Economic Data, in: *Econometrics Journal*, 7, (2004), S. 528–549

Okunev, J. und *White, D. R.*: Hedge Fund Risk Factors and Value at Risk of Credit Trading Strategies, Working paper, 2003

O'Neal, E. S.: How Many Mutual Funds Constitute a Diversified Mutual Fund Portfolio?, in: *Financial Analysts Journal*, 53 (2), (1997), S. 37–46

Otten, R. und *Bams, D.*: Statistical Tests for Return-Based Style Analysis, Working paper, Maastricht University, 2000

Otten, R. und *Bams, D.*: European Mutual Fund Performance, in: *European Financial Management*, 8 (1), (2002), S. 75–101

Otten, R. und *Bams, D.*: How to measure mutual fund performance: economic versus statistical relevance, in: *Accounting & Finance*, 44 (2), (2004), S. 203–222

Pagan, A.: Towards an Understanding of Some Business Cycle Characteristics, in: *The Australian Economic Review*, 30 (1), (1997), S. 1–15

Pagan, A.: The econometrics of financial markets, in: *Mathematics and Computers in Simulation*, 48, (1999), S. 341–349

Pagan, A. R. und *Sossounov, K. A.*: A simple framework for analysing bull and bear markets, in: *Journal of Applied Econometrics*, 18 (1), (2003), S. 23–46

Pancholi, D.: The Benefits of Hybrid Mutual Funds, in: *The Journal of Alternative Investments*, 6 (4), (2004), S. 58–76

Papadamou, S. und *Stephanides, G.*: Evaluating the style-based risk model for equity mutual funds investing in Europe, in: *Applied Financial Economics*, 14 (10), (2004), S. 751–760

Park, J. M. und *Staum, J. C.*: Performance persistence in the alternative investment industry, PARADIGM Capital Management, Inc., 1998, unpublished manuscript

Pástor, L. und *Stambaugh, R. F.*: Investing in equity mutual funds, in: *Journal of Financial Economics*, 63 (3), (2002), S. 351–380

Pattarin, F., *Paterlini, S.* und *Minerva, T.*: Clustering Financial time series: an application to mutual funds style analysis, in: *Computational Statistics & Data Analysis*, 47, (2004), S. 353–372

Patton, A. J.: Are „Market Neutral" Hedge Funds Really Market Neutral?, Working paper, London School of Economics, 2004

Pedersen, C. S. und *Rudholm-Alfvin, T.*: Selecting a risk-adjusted shareholder performance measure, in: *Journal of Asset Management*, 4 (3), (2003), S. 152–172

Pelletier, D.: Regime switching for dynamic correlations, in: *Journal of Econometrics*, 131 (1-2), (2006), S. 445–473

Pendaraki, K., *Zopounidis, C.* und *Doumpos, M.*: On the construction of mutual fund portfolios: A multicriteria methodology and an application to the Greek market of equity mutual funds, in: *European Journal of Operational Research*, 163 (2), (2005), S. 462–481

Peray, K.: Investing in Mutual Funds Using Fuzzy Logic, St Lucie Press, Boca Raton, 1999

Perez-Quiros, G. und *Timmermann, A.*: Firm Size and Cyclical Variations in Stock Returns, in: *Journal of Econometrics*, 55 (3), (2000), S. 1229–1262

Perold, A. F. und *Schulman, E. C.*: The Free Lunch in Currency Hedging: Implications for Investment Policy and Performance Standards, in: *Financial Analysts Journal*, 44 (3), (1988), S. 45–50

Persson, A. und *Teräsvirta, T.*: The net barter terms of trade: A smooth transition approach, in: *International Journal of Finance & Economics*, 8 (1), (2003), S. 81–97

Pesaran, M. H. und *Timmermann, A.*: Predictability of stock returns: robustness and economic signifcance, in: *Journal of Finance*, 50, (1995), S. 1201–1228

Phelan, M. J.: Probability and statistics applied to the practice of financial risk management: the case of JP Morgan's RiskMetrics, Technischer Bericht, Working Paper Wharton School, 1995

Phelps, S. und *Detzel, L.*: The Non persistence of Mutual Fund Performance, in: *Quarterly Journal of Business, Finance and Economics*, 36, (1997), S. 55–69

Pichl, A.: Hedge Fonds: Eine praxisorientierte Einführung, Schäffer-Poeschel, Stuttgart, 2001

Poddig, T., *Brinkmann, U.* und *Seiler, K.*: Portfoliomanagement: Konzepte und Strategien: Theorie und praxisorientierte Anwendungen mit Excel, Uhlenbruch Verlag, Bad Soden/Ts., 2005

Poddig, T., *Dichtl, H.* und *Petersmeier, K.*: Statistik, Ökonometrie, Optimierung: Methoden und ihre praktische Anwendung in Finanzanalyse und Portfoliomanagement, Uhlenbruch Verlag, Bad Soden/Ts., 2003

Poddig, T., Seiler, K. und *Viebig, J.*: The Nonlinear Return and Risk Structure of Merger Arbitrage Funds, Working paper, Department of Finance, Bremen, 2006

Posmeck, A.: Futures Funds and Managed Futures: Konzeption und Performance, Gabler, Wiesbaden, 1994

Posthuma, N. und *Van der Sluis, P. J.*: Analysing Style Drift in Hedge Funds, in: *G. Gregoriou* (Hrsg.), Hedge Funds: Insights in Performance Measurement, Risk Analysis, and Portfolio Allocation, Kapitel 4, Wiley & Sons, Hoboken, 2005, S. 83–104

Potter, M.: What You See Is Not What You Get: Mutual Fund Tracking Error And Fund Diversification Properties, Working paper, Babson College - Finance Division, 2001

López de Prado, M. M. und *Peijan, A.*: Measuring Loss Potential of Hedge Fund Strategies, in: *Journal of Alternative Investments*, 7 (1), (2004), S. 7–31

Pring, M. J.: The all-season investor : successful strategies for every stage in the business cycle, Wiley, New York, 1992

Proietti, T. und *Moauro, F.*: Dynamic factor analysis with non-linear temporal aggregation constraints, in: *Applied Statistics*, 55 (2), (2006), S. 281–300

PWC-Report: The Regulation, Taxation and Distribution of Hedge Funds in Europe: Changes and Challenges, PWC, London, 2006

Quandt, R. E.: The Estimation of the Parameters of a Linear Regression System Obeying Two Separate Regimes, in: *Journal of the American Statistical Association*, 53, (1958), S. 873–880

Radcliffe, R.: Models of Equity Style Information, in: *T. Coggin* und *F. Fabozzi* (Hrsg.), The Handbook of Equity Style Management, Wiley & Sons, Hoboken, 3. Auflage, 2003, S. 75–108

Ragunathan, V., Faff, R. W. und *Brooks, R. D.*: Correlations, business cycles and integration, in: *Journal of International Financial Markets, Institutions and Money*, 9, (1999), S. 75–95

Rao, S. P. U.: Market timing and mutual fund performance, in: *American Business Review*, (2000), S. 75–79

Rekenthaler, J., Gambera, M. und *Charlson, J.*: Estimating Portfolio Style in US Equity Funds. A Comparative Study of Portfolio-Based Fundamental Style Analysis and Returns-Based Style Analysis, Morningstar research paper, 2004

Resnick, B. G. und *Shoesmith, G. L.*: Using the Yield Curve to Time the Stock Market, in: *Financial Analysts Journal*, (2002), S. 82–90

Rhodes, M.: Past imperfect? The performance of UK equity managed funds, Financial services authority occasional paper no. 9, 2000

Ridley, M.: How to invest in hedge funds : an investment professional's guide, Kogan Page, London, 2004

RiskMetrics-Group: RiskMetrics, Riskmetrics-technical document, Morgan J.P., 1996

Roll, R.: Style Return Differentials: Illusion, Risk, Premiums, or Investment Opportunities, in: *T. Coggin* und *F. Fabozzi* (Hrsg.), The Handbook of Equity Style Management, Wiley & Sons, Hoboken, 3. Auflage, 2003, S. 229–258

Romacho, J. C. und *Cortez, M. C.*: Timing and selectivity in Portuguese mutual fund performance, in: *Research in International Business and Finance*, 20 (3), (2006), S. 348–368

Rosenblatt, M.: Remarks on a multivariate transformation, in: *Annals of Mathematical Statistics*, 23, (1952), S. 470–472

Ross, S. A.: The economic theory of agency: The principal's problem, in: *American Economic Review*, 63, (1973), S. 134–139

Russel, P. S.: Do the Stars Foretell the Future?: The Performance of Morning Star Ratings, in: *Journal of American Academy of Business*, 10 (1), (2006), S. 85–89

Sancetta, A. und *Satchell, S. E.*: Calculating hedge fund risk: the draw down and the maximum draw down, in: *Applied Mathematical Finance*, 11 (3), (2004), S. 259–282

Sancetta, A. und *Satchell, S. E.*: New test statistics for market timing with applications to emerging markets hedge funds, in: *European Journal of Finance*, 11 (5), (2005), S. 419–443

Santa-Clara, P. und *Valkanov, R.*: The Presidential Puzzle: Political Cycles and the StockMarket, in: *The Journal of Finance*, LVIII (5), (2003), S. 1841–1872

Sarantis, N.: Modeling non-linearities in real effective exchange rates, in: *Journal of International Money and Finance*, 18 (1), (1999), S. 27–45

Sarantis, N.: Nonlinearities, cyclical behaviour and predictability in stock markets: international evidence, in: *International Journal of Forecasting*, 17 (3), (2001), S. 459–482

Saraoglu, H. und *Detzler, M. L.*: A Sensible Mutual Fund Selection Model, in: *Financial Analysts Journal*, 58 (3), (2002), S. 60–72

Schäfer, D.: Hedge-Fonds - eine gute Anlageform?, in: *Deutsches Institut für Wirtschaftsforschung, Wochenbericht*, (32), (2004), S. 463–468

Schaller, H. und *Van Norden, S.*: Regime switching in stock market returns, in: *Applied Financial Economics*, 7, (1997), S. 177–191

Schneeweis, T., *Kazemi, H.* und *Martin, G.*: Understanding Hedge Fund Performance: Research Issues Revisited-Part I, in: *The Journal of Alternative Investments*, (2002), S. 6–22

Schneeweis, T. und *Spurgin, R.*: Multi-Factor Models in CTA, Hedge Fund, and Mutual Fund Return Estimation, in: *Journal of Alternative Investments*, (1998), S. 1–25

Schneeweis, T., *Spurgin, R.* und *McCarthy, D.*: Survivor Bias in Commodity Trading Advisor Performance, in: *Journal of Futures Markets*, 16 (7), (1996), S. 757–772

Schneider, C.: Investition, Finanzierung und Besteuerung, Gabler, Wiesbaden, 7 Auflage, 1992

Schumpeter, J. A.: Business cycles, McGraw-Hill, New York, 1939

Schwert, G. W.: Why does stock market volatility change over time?, in: *Journal of Finance*, 44, (1989), S. 1115–1153

Sedzro, K. und *Sardano, D.*: Mutual Fund Performance Evaluation Using Data Envelopment Analysis, in: *B. Chowdry* (Hrsg.), The Current State of Business, Band 3, Spellbound Publications, 1999, S. 1125–1144

Sengupta, J. K.: Efficiency tests for mutual fund portfolios, in: *Applied Financial Economics*, 13 (12), (2003), S. 869–876

Sensiera, M., *Artisb, M.*, *Osborna, D. R.* und *Birchenhall, C.*: Domestic and international influences on business cycle regimes in Europe, in: *International Journal of Forecasting*, 20, (2004), S. 343–357

Shadwick, W. F. und *Keating, C.*: Universal Performance Measure, in: *Journal of Performance Measurement*, 6 (3), (2002), S. 59–84

Shamsuddin, A. F. und *Hillier, J. R.*: Fundamental determinants of the Australian price-earnings multiple, in: *Pacific-Basin Finance Journal*, 12, (2004), S. 565–576

Sharpe, W. F.: Mutual Fund Performance, in: *Journal of Business*, 39, (1966), S. 119–138

Sharpe, W. F.: A Linear Programming Algorithm for Mutual Fund Portfolio Selection, in: *Management Science*, 13 (7), (1967), S. 499–510

Sharpe, W. F.: Likely Gains from Market Timing, in: *Financial Analysts Journal*, (1975), S. 60–69

Sharpe, W. F.: Determining a Fund's Effective Asset Mix, in: *Investment Management Review*, (1988), S. 59–69

Sharpe, W. F.: Asset Allocation: Management Style and Performance Measurement, in: *The Journal of Portfolio Management*, (1992), S. 7–19

Shawky, H. A. und *Smith, D. M.*: Optimal Number of Stock Holdings in Mutual Fund Portfolios Based on Market Performance, in: *The Financial Review*, 40, (2005), S. 481–495

Shea, H. D.: An Analysis of U.S. and Non-U.S. Equity Style Index Methodologies, in: *T. Coggin* und *F. Fabozzi* (Hrsg.), The Handbook of Equity Style Management, Wiley & Sons, Hoboken, 3. Auflage, 2003, S. 359–405

Siegel, J. J.: Stocks for the long run, McGraw-Hill, New York, 2nd Auflage, 1998

Siegel, J. J.: Amaranth and Hedge Funds' Hidden Risks, http://finance.yahoo.com/expert/article/futureinvest/10116, 2006

Siegel, S.: Nonparametric Statistics, in: *American Statistician*, 11 (3), (1957), S. 13–19

Signer, A. und *Favre, L.*: The Difficulties of Measuring the Benefits of Hedge Funds, in: *The Journal of Alternative Investments*, 5, (2002), S. 31–42

Silvapulle, P. und *Silvapulle, M. J.*: Business cycle asymmetry and stock market, in: *Applied Financial Economics*, 9, (1999), S. 109–115

Simon, D. und *Chia, T. L.*: Kalman Filtering with State Equality Constraints, in: *IEEE Transactions on Aerospace and Electronic Systems*, 39 (1), (2002), S. 128–136

Simon, D. und *Simon, D. L.*: Kalman filtering with inequality constraints for turbofan engine health estimation, in: *Control Theory and Applications, IEE Proceedings*, 153 (3), (2006), S. 371–378

Smith, P. A. und *Summers, P. M.*: How well do Markov switching models describe actual business cycles? The case of synchronization, in: *Journal of Applied Econometrics*, 20, (2005), S. 253–274

Sogoloff, D.: Searching for True Absolute-Return Performance Through Arbitrage, in: *Journal of Financial Planing*, (2002), S. 64–69

Söhnholz, D.: Hedge Fonds in institutionellen Portfolios, in: *H. Leser* (Hrsg.), Institutionelles Investment als Managementaufgabe, Gabler, Wiesbaden, 2003, S. 717–736

Sorensen, E. H., *Miller, K. L.* et al.: Equity Style Investing and the Salomon Smith Barney World Equity Style Indices, Working paper, 2000

Sortino, F. A. und *van der Meer, R.*: Downside Risk, in: *Journal of Portfolio Management*, 17 (4), (1991), S. 27–31

Speidell, L. S. S. und *Graves, J.*: Are Growth and Value Dead?: A New Framework for Equity Investment Styles, in: *T. Coggin* und *F. Fabozzi* (Hrsg.), The Handbook of Equity Style Management, Wiley & Sons, Hoboken, 3. Auflage, 2003, S. 171–193

Spurgin, R. B.: How to Game your Sharpe Ratio, in: *The Journal of Alternative Investments*, (2001), S. 38–46

Srivastava, S. C. und *Essayyad, M.*: Investigating a New Methodology for Ranking International Mutual Funds, in: *Journal of Economics & Finance*, 18 (3), (1994), S. 241–260

Stock, J. H. und *Watson, M. W.*: New indexes of coincident and leading economic indicators, in: *O. Blanchard* und *S. Fischer* (Hrsg.), NBER Macroeconomics Annual, MIT Press, Cambridge, 1989, S. 351–394

Stock, J. H. und *Watson, M. W.*: A probability model of the coincident economic indicators, in: *K. Lahiri* und *G. Moore* (Hrsg.), Leading Economic Indicators: New Approaches and Forecasting Records, Cambridge University Press, New York, 1991, S. 63–95

Stock, J. H. und *Watson, M. W.*: A procedures for predicting recessions with leading indicators: Econometric issues and recent experiences, in: *J. Stock* und *M. Watson* (Hrsg.), Business Cycles, Indicators, and Forecasting, University of Chicago Press, Chicago, 1993, S. 95–156

Susmel, R.: Switching volatility in private international equity markets, in: *International Journal of Finance & Economics*, 5 (4), (2000), S. 265–283

Swinkels, L. und *Van Der Sluis, P. J.*: Return-Based Style Analysis with Time-Varying Exposures, Technischer Bericht 96, 2001

Swinkels, L. und *Van Der Sluis, P. J.*: Return-Based Style Analysis with Time-Varying Exposures, in: *The European Journal of Finance*, 12 (6-7), (2006), S. 529–552

Syriopoulos, T.: Risk aversion and portfolio allocation to mutual fund classes, in: *International Review of Economics & Finance*, 11 (4), (2002), S. 427–447

Taleb, N.: Dynamic hedging : managing vanilla and exotic options, Wiley, New York, 1997

Taylor, C. E.: Hedge Fund Managers Summary and Implications of New Rules Requiring SEC Registration, in: *The Journal of Investment Compliance*, (2005), S. 9–17

Taylor, M. P., *Peel, D. A.* und *Sarno, L.*: Nonlinear Mean-Reversion in Real Exchange Rates: Toward a Solution To the Purchasing Power Parity Puzzles, in: *International Economic Review*, 42 (4), (2001), S. 1015–1042

Taylor, S.: Modeling financial time series, John Wiley & Sons, New York, 1986

Templin, H.-U.: Unternehmensrisiko und Bilanzkennzahlen, Dissertation, Zugl.: Universität Halle-Wittenberg, Diss., Wiesbaden, 1998

Terasvirta, T. und *Anderson, H. M.*: Characterizing Nonlinearities in Business Cycles Using Smooth Transition Autoregressive Models, in: *Journal of Applied Econometrics*, 7, (1992), S. 119–136

Tierney, D. E. und *Winston, K.*: Using Generic Benchmarks to Present Manager Styles, in: *Journal of Portfolio Management*, 17 (4), (1991), S. 33–36

Tkac, P. A.: The Performance of Open-End International Mutual Funds, in: *Economic Review*, 86 (3), (2001), S. 1–18

Tong, H.: On a threshold model, in: *C. Chen* (Hrsg.), Pattern Recognition and Signal Processing, Sijhoff & Noordhoff, Amsterdam, 1978

Tong, H.: Threshold models in non-linear time series analysis, New York, 1983

Tong, H. und *Lim, K.*: Threshold autoregression, limit cycles and cyclical data, in: *Journal of the Royal Statistical Society*, 42 (3), (1980), S. 245–292

Treynor, J. und *Mazuy, K.*: Can mutual funds outguess the market?, in: *Harvard Business Review*, 44, (1966), S. 131–136

Treynor, J. L.: How to Rate Management of Investment Funds, in: *Harvard Business Review*, 43 (1), (1965), S. 63–75

Trzcinka, C. A.: „Equity style classifications": Comment, in: *Journal of Portfolio Management*, 21 (3), (1995), S. 44–46

Turner, C. M., *Startz, R.* und *Nelson, C. R.*: A Markov model of heteroscedasticity, risk and learning in the stock market, in: *Journal of Financial Economics*, 25, (1989), S. 3–22

Tvede, L.: Business cycles: the business cycle problem from John Law to chaos theory, Harwood Academic Pub, Amsterdam, 1998

Vecchi, S.: Mimicking Portfolios in the Hedge Funds Industry, in: *Finance India*, 18, (2004), S. 723–736

Verhoeven, P. und *McAleer, M.*: Fat tails and asymmetry in financial volatility models, in: *Mathematics and Computers in Simulation*, 64 (3-4), (2004), S. 351–361

Vickers, D.: Money Capital in the Theory of the Firm: A Preliminary Analysis, Cambridge University Press, Cambridge, 1987

Vriesenga, D. A.: The Moody's approach to rating funds-Rating ist nicht gleich Rating, in: *E. Hehn* (Hrsg.), Asset Management in Kapitalanlage- und Versicherungsgesellschaften : Altersvorsorge, Nachhaltige Investments, Rating, 2002, S. 331–346

Weber, T.: Das Einmaleins der Hedge Funds : Eine Einführung für Praktiker in hoch entwickelte Investmentstrategien, Campus Verlag, Frankfurt am Main, 2. Auflage, 2004

Wei Wei Shi, S. und *Seiler, M. J.*: Growth and Value Style Comparison of U.S. Stock Mutual Funds, in: *American Business Review*, 20 (1), (2002), S. 25–32

Weigel, E. J.: The Performance of Tactical Asset Allocation, in: *Financial Analysts Journal*, 47 (5), (1991), S. 63–70

Weisman, A. B. und *Abernathy, J. D.*: The Dangers of Historical Hedge Fund Data, Working paper, 2000

Welch, G. und *Bishop, G.*: An Introduction to the Kalman Filter, University of North Carolina at Chapel Hill, 2001, http://www.cs.unc.edu/ {welch, gb}

Wells, C.: Variable betas on the Stockholm exchange 1971-1989, in: *Applied Economics*, 4, (1994), S. 75–92

Wells, C.: The Kalman Filter in Finance, Kluwer Academic Publishers, Dordrecht, 1996

Wermers, R.: Mutual Fund Performance: An Empirical Decomposition into Stock-Picking Talent, Style, Transactions Costs, and Expenses, in: *Journal of Finance*, 55 (4), (2000), S. 1655–1695

Whitelaw, R. F.: Time Variations and Covariations in the Expectation and Volatility of Stock Market Returns, in: *Journal of Finance*, 49 (2), (1994), S. 515–541

Woodward, G. und *Brooks, R. D.*: Do Realised Betas Exhibit Up/Down Market Tendencies?, Working paper, Monash University - Department of Econometrics & Business Statistics, 2006

Wooldridge, J. M.: Introductory Econometrics: A Modern Approach, Thomson/South-Western, Mason, 2003

Yao, J. und *Gao, J.*: Computer-Intensive Time-Varying Model Approach to the Systematic Risk of Australian Industrial Stock Returns, in: *Australian Journal of Management*, 29 (1), (2004), S. 121–145

Young, T. W.: Calmar Ratio: a Smoother Tool, in: *Futures*, 20 (1), (1991), S. 40

Yu, F.: How Profitable Is Capital Structure Arbitrage?, in: *Financial Analysts Journal*, 62 (5), (2006), S. 47–62

Zellner, A.: The structural econometric time series analysis approach, Cambridge University Press, Cambridge, 2004

Zenters, J., *Swoboda, B.* und *Morschett, D.*: Kooperationen, Allianzen und Netzwerke. Grundlagen-Ansätze-Perspektiven, Gabler, Wiesbaden, 2005

A Anhänge zu Kap. 5

In diesem Anhang sind die Auswertungen sowie Begleitinformationen zu Kap. 5 zu finden. Zuerst erfolgt die Klassifikation und Beschreibung der Hedge-Fonds- und Investmentfondsanlagestile der zu den empirischen Untersuchungen verwendeten Datenbank (für eine ausführliche Beschreibung einzelner Anlagestile siehe Kap. 2.6). Im Anschluss daran sind die Ergebnisse zu den deskriptiven Statistiken der Investmentfonds wiedergegeben. Diese beinhalten Informationen über die Fondsanzahl in den Datenbanken und in den einzelnen Anlagestilen, über die Berechnung des Bias, über Renditecharakteristiken, über Quartile sowie über die Häufigkeit der Ausreißer.

A.1 Hedge-Fonds-Anlagestile

1. **Equity Hedge** (Auch **Long/Short Equity**).

   Dieser Anlagestil baut auf der Identifikation von Wertpapieren auf, die durch den Markt unter- bzw. überbewertet sind.

   - **Equity Long Bias** (Fonds mit einem Schwerpunkt in Long-Strategie)
   - **Equity No Bias** (Fonds mit keinem Schwerpunkt in Long- oder Short-Strategie)
   - **Equity Short Bias** (Fonds mit einem Schwerpunkt in Short-Strategie)
   - **Mixed Equity Hedge** (Fonds, die unterschiedliche Anlagestile der Equity Hedge implementieren)

2. **Event Driven**

   Dieser Anlagestil baut auf der Ausnutzung besonderer Ereignisse im Lebenszyklus eines Unternehmens, wie z.B. Konkurs, Übernahme, Fusionen, Reorganisation, Ausgliederung von Unternehmensteilen u.a., auf.

   - **Distressed Securities** (Fonds, die ihre Erträge aus Wertpapiergeschäften mit Anteilen von Unternehmen erzielen, die finanzielle oder operationelle Schwierigkeiten (Konkurs, Reorganisation oder Liquiditätsprobleme) erleben)
   - **Mixed Event Driven** (Fonds, die auf den zentralen Event Driven Anlagestilen basieren, deren Ausübung in Abhängigkeit aktueller Marktchancen einem Wechsel unterzogen wird)

- **Risk Arbitrage** (Auch **Merger Arbitrage**)(Fonds, die ihre Gewinne durch Investition in Aktien von Unternehmen erzielen, die eine Übernahme oder Fusion planen, wobei Aktien des Zielunternehmens (Übernahmekandidaten) Long und des Erwerberunternehmens Short gegangen werden)
- **Special Situations** (Fonds, die ihren Anlagestil auf gegenläufigen Positionen der Aktien, Anleihen usw. eines Unternehmens in besonderen Situationen wie Spin-offs (Ausgliederung), Stock Buybacks (Aktienrückkauf) usw. aufbauen)

3. **Fixed Income Investing / Trading**

   Fonds mit dem Schwerpunkt in festverzinslichen Wertpapieren

4. **Fund of Funds**

   Dieser Anlagestil baut auf die Einbeziehung von Fonds unterschiedlicher Anlagestile auf, welche verschiedene Rendite-Risiko-Profile besitzen.

5. **Long Only**

   Fonds mit einem Schwerpunkt in Aktien und Long-Strategien

6. **Multi Strategy**

   Fonds, die unterschiedliche Anlageinstrumente und -strategien verbinden und meistens in Abhängigkeit von der aktuellen Marktsituation einen passenden Anlagestil verwenden

7. **Relative Value**

   Dieser Anlagestil baut auf Preisunterschieden ähnlicher Assets wie Aktien, Renten und Derivaten auf, wobei quantitative (statistische) Modelle sowie Fundamentalanalysen beim Investitionsprozess verwendet werden. Das Marktrisiko wird durch gegenläufige Positionen minimiert.

   - **Convertible Arbitrage** (Fonds, die Preisdiskrepanzen in Bewertungen zwischen Wandelanleihen und den ihnen zugrundeliegenden Aktien ausnutzen)
   - **Credit Arbitrage / Capital Structure Arbitrage** (Fonds, die auf Bewertungsunterschieden in der Kapitalstruktur eines Unternehmens aufbauen. Zu Einsatzinstrumenten zählen z.B. Wandelanleihen versus gewöhnliche Anleihen, High Yield Anleihen versus Aktien oder Optionen, Anleihen versus CD's. u.a.)
   - **Equity Arbitrage** (Auch **Equity Market Neutral** Fonds)(Fonds, die auf Marktineffizienzen und weniger auf Marktentwicklungen aufbauen. Durch

gegenläufige Positionen (z.B. Long und Short) wird systematisches Marktrisiko minimiert.)

- **Fixed Income Arbitrage** (Fonds, die auf die Ausnutzung von Preisunvollkommenheiten in Zinswertpapieren aufbauen)

- **Mixed Arbitrage** (auch **Mixed Relative Value**) (Fonds, die unterschiedliche Anlagestile der Relative Value Kategorie implementieren)

8. **Tactical Trading** (auch **Directional Trading**)

   Dieser Anlagestil baut auf den Marktentwicklung-ausgerichteten Handelsstrategien auf. Anhand von quantitativen Modellen wird versucht, den zukünftigen Kurs des Gesamtmarktes (Macro) oder eines Marktsegments (Futures) zu setzen.

   - **Global Macro** (Dieser Anlagestil baut auf der Identifikation von Trends und Entwicklungen verschiedener Finanzinstrumente wie Währungen, Rohstoffe, Anleihen und Zinsindizes auf globalen Finanzmärkten mithilfe einer Fundamentalanalyse.)

   - **Mixed Directional Trading** (Fonds, die unterschiedliche Anlagestile der Tactical Trading implementieren)

   - **Mutual Fund Timing** (Fonds, die auf Ausnutzung von kurzfristigen Preisunterschieden der Investmentfondsanteile aufbauen.[1])

   - **Systematic** (auch **Managed Futures** oder **CTA's** (Commodity Trading Advisors)) (Fonds, die mit Rohstoffen und Futures auf Terminmärkten handeln)

A.2 Investmentfondsanlagestile

1. **Aktienfonds**

   Aktienfonds investieren mindestens 90% des Fondsvermögens in Aktien. Sie werden anhand der Region, Branche oder Markkapitalisierung kategorisiert.

   - **Aktien Asien Pazifik ex Japan** (Fonds, die mindestens 90% des Fondsvermögens in Aktien der Region Pazifik exkl. Japan investieren.)
   - **Aktien Asien Pazifik inkl. Japan** (Fonds, die mindestens 90% des Fondsvermögens in Aktien der Region Pazifik inkl. Japan investieren.)
   - **Aktien Australien** (Fonds, die mindestens 90% des Fondsvermögens in australischen Aktien investieren.)

[1] Mutual Fund Timing ist nicht mit Market Timing zu verwechseln, da diese Begriffe unterschiedliche Bedeutung besitzen.

- **Aktien Biotechnologie** (Fonds, die mindestens 90% des Fondsvermögens in Unternehmen der Biotechnologiebranche investieren. Dazu gehören Unternehmen, die in den Bereichen Entwicklung, Herstellung oder Distribution von Biotechnologieprodukten tätig sind. Die Peer Group ist nicht länderspezifisch.)
- **Aktien Branchen und Themen** (Fonds, die ihren Investitionsschwerpunkt auf eine/mehrere bestimmte Branchen oder Themen legen und keiner der anderen Branchen-Peer Groups zuzuordnen sind. Diese Peer Group ist nicht länderspezifisch.)
- **Aktien Deutschland** (Fonds, die mindestens 90% des Fondsvermögens in deutsche Aktien investieren.)
- **Aktien Deutschland Mid/Small Caps** (Fonds, die mindestens 90% des Fondsvermögens in deutsche Aktien investieren. Davon müssen mindestens 50% langfristig in kleine und mittlere Unternehmen investiert sein.)
- **Aktien Dänemark** (Fonds, die mindestens 90% des Fondsvermögens in dänische Aktien investieren.)
- **Aktien Energie** (Fonds, die mindestens 90% des Fondsvermögens in Aktien von Unternehmen mit Bezug zum Energiesektor investieren. Dazu zählen z.B. die Sektoren Energiezubehör und -dienste (Erdöl- & Erdgasförderung, -ausrüstung und - dienste) und Erdöl & Erdgas (Integrierte Erdöl- und Erdgasbetriebe, Exploration, Produktion, Raffinierung, Distribution & Transport). Diese Peer Group ist nicht länderspezifisch.)
- **Aktien Euroland** (Fonds, die mindestens 90% des Fondsvermögens in Aktien der Eurozone investieren.)
- **Aktien Euroland Konvergenz** (Fonds, die mindestens 90% des Fondsvermögens in Aktien der europäischen Konvergenzländer (Estland, Malta, Lettland, Litauen, Polen, Slowakei, Slowenien, Tschechei, Ungarn und Zypern) investieren.)
- **Aktien Euroland Mid/Small Caps** (Fonds, die mindestens 90% des Fondsvermögens in Aktien der Eurozone investieren. Mindestens 50% müssen langfristig in kleine und mittlere Unternehmen investieren sein.)
- **Aktien Europa** (Fonds, die mindestens 90% des Fondsvermögens in europäische Aktien investieren.)
- **Aktien Europa Mid/Small Caps** (Fonds, die mindestens 90% des Fondsvermögens in europäische Aktien investieren. Mindestens 50% müssen langfristig in kleine und mittlere Unternehmen investiert sein.)
- **Aktien Europa ex UK** (Fonds, die mindestens 90% des Fondsvermögens in europäische Aktien exkl. UK investieren.)
- **Aktien Finanzwerte** (Fonds, die mindestens 90% des Fondsvermögens in Unternehmen aus den Bereichen Banken, Versicherungen und Finanzdienstleistungen investieren. Diese Peer Group ist nicht länderspezifisch.)

- **Aktien Frankreich** (Fonds, die mindestens 90% des Fondsvermögens in französische Aktien investieren.)
- **Aktien Gesundheitswesen** (Fonds, die mindestens 90% des Fondsvermögens in Unternehmen der Gesundheitsbranche investieren. Dazu zählen z.B. die Sektoren Pharma, gesundheitsspezifisches Equipment und Zubehör, Distribution von Produkten und Dienstleistungen der Gesundheitsbranche und Einrichtungen des Gesundheitswesens. Ferner umfasst die Gesundheitsbranche den Sektor Biotechnologie (Entwicklung, Herstellung oder Distribution von Biotechnologieprodukten). Die Peer Group ist nicht länderspezifisch.)
- **Aktien Greater China** (Fonds, die mindestens 90% des Fondsvermögens in Aktien der Länder China, Hong Kong und Taiwan investieren.)
- **Aktien Großbritannien** (Fonds, die mindestens 90% des Fondsvermögens in Aktien aus Großbritannien investieren.)
- **Aktien Großbritannien Mid/Small Caps** (Fonds, die mindestens 90% des Fondsvermögens in Aktien aus Großbritannien investieren. Mindestens 50% müssen in kleine und mittlere Unternehmen investiert sein.)
- **Aktien Indien** (Fonds, die mindestens 90% des Fondsvermögens in indische Aktien investieren.)
- **Aktien Informationstechnologie** (Fonds, die mindestens 90% des Fondsvermögens in Aktien von Unternehmen aus den Bereichen IT, Software & Services sowie Technologie und Hardware investieren. Diese Peer Group ist nicht länderspezifisch.)
- **Aktien Italien** (Fonds, die mindestens 90% des Fondsvermögens in italienische Aktien investieren.)
- **Aktien Japan** (Fonds, die mindestens 90% des Fondsvermögens in japanische Aktien investieren.)
- **Aktien Japan Mid/Small Caps** (Fonds, die mindestens 90% des Fondsvermögens in japanische Aktien investieren. Davon müssen mindestens 50% langfristig in kleine und mittlere Unternehmen investiert sein.)
- **Aktien Konsumwerte** (Fonds, die mindestens 90% des Fondsvermögens in zyklische sowie nicht zyklische Konsumtitel investieren. Diese Peer Group ist nicht länderspezifisch.)
- **Aktien Korea** (Fonds, die mindestens 90% des Fondsvermögens in koreanische Aktien investieren.)
- **Aktien Lateinamerika** (Fonds, die mindestens 90% des Fondsvermögens in Aktien aus Lateinamerika (Mexiko, Zentral- und Südamerika) investieren.)
- **Aktien Mittel-/Osteuropa** (Fonds, die mindestens 90% des Fondsvermögens in mittel- und osteuropäischen Aktien investieren.)

- **Aktien Nachhaltigkeit/Ethik** (Fonds, die nur in Wertpapiere von Unternehmen investieren, die aus Sicht des Fondsmanagements gewissen Nachhaltigkeits- und Ethikstandards zur Förderung nachhaltiger und sozialverträglicher Wirtschaftsweisen genügen. Diese Peer Group ist nicht länderspezifisch.)
- **Aktien Niederlande** (Fonds, die mindestens 90% des Fondsvermögens in niederländischen Aktien investieren.)
- **Aktien Nordamerika** (Fonds, die mindestens 90% des Fondsvermögens in Aktien aus Nordamerika (USA und Kanada) investieren.)
- **Aktien Nordamerika EURO-hedged** (Fonds, die mindestens 90% des Fondsvermögens in Aktien aus Nordamerika (USA und Kanada) investieren. Das Fondsvermögen ist währungsgesichert.)
- **Aktien Nordamerika Mid/Small Caps** (Fonds, die mindestens 90% des Fondsvermögens in nordamerikanische Aktien investieren. Davon müssen mindestens 50% langfristig in kleine und mittlere Unternehmen investiert sein.)
- **Aktien Nordamerika Mid/Small Caps EURO-hedged** (Fonds, die mindestens 90% des Fondsvermögens in nordamerikanische Aktien investieren. Davon müssen mindestens 50% langfristig in kleine und mittlere Unternehmen investiert sein. Das Fondsvermögen ist währungsgesichert.)
- **Aktien Rohstoffe** (Fonds, die mindestens 90% des Fondsvermögens in Aktien von Unternehmen mit Bezug zum Rohstoffsektor investieren. Dazu zählen z.B. die Sektoren Metalle & Bergbau (Aluminium, Gold, Edelmetalle & Mineralien, Stahl) und Papier-& Forstprodukte. Diese Peer Group ist nicht länderspezifisch.)
- **Aktien Rohstoffe und Energie** (Fonds, die in Aktien von Unternehmen mit Bezug zum Rohstoff- und Energiesektor investieren. Dazu zählen alle mit der Erschließung, Förderung, Verarbeitung und dem Vertrieb von Rohstoffen aller Art (Metalle, Holz, Gold, Öl, Gas, etc.) befassten Unternehmen. Diese Peer Group ist nicht länderspezifisch.)
- **Aktien Russland** (Fonds, die mindestens 90% des Fondsvermögens in russische Aktien investieren.)
- **Aktien Schweiz** (Fonds, die mindestens 90% des Fondsvermögens in Aktien aus der Schweiz investieren.)
- **Aktien Schweiz Mid/Small Caps** (Fonds, die mindestens 90% des Fondsvermögens in Aktien aus der Schweiz investieren. Mindestens 50% müssen in kleine und mittlere Unternehmen investiert sein.)
- **Aktien Singapur** (Fonds, die mindestens 90% des Fondsvermögens in Aktien aus Singapur investieren.)

- **Aktien Skandinavien** (Fonds, die mindestens 90% des Fondsvermögens in Aktien der skandinavischen Länder (Dänemark, Finnland, Island, Norwegen und Schweden) investieren.)
- **Aktien Sonstige Länderfonds** (Fonds, die mindestens 90% des Fondsvermögens in Aktien eines Landes investieren und nicht in eine der anderen Länderkategorien fallen.)
- **Aktien Spanien** (Fonds, die mindestens 90% des Fondsvermögens in spanische Aktien investieren.)
- **Aktien Technologie** (Fonds, die mindestens 90% des Fondsvermögens in Aktien von Unternehmen sämtlicher Technologiebereiche (Telemedien, IT, Biotechnologie, etc.) investieren. Diese Peer Group ist nicht länderspezifisch.)
- **Aktien Telemedia** (Fonds, die mindestens 90% des Fondsvermögens in Aktien von Unternehmen aus den Bereichen Telekommunikationsdienstleistungen, -ausrüstungen und Medien investieren. Diese Peer Group ist nicht länderspezifisch.)
- **Aktien Thailand** (Fonds, die mindestens 90% des Fondsvermögens in thailändische Aktien investieren.)
- **Aktien Türkei** (Fonds, die mindestens 90% des Fondsvermögens in türkische Aktien investieren.)
- **Aktien Umwelttechnologie/Ökologie** (Fonds, die nur in Wertpapiere von Unternehmen investieren, die aus Sicht des Fondsmanagements gewissen Umweltstandards bezüglich der produzierten Produkte, der Produktionsprozesse sowie der Entsorgung bzw. Aufarbeitung von Abfällen genügen. Diese Peer Group ist nicht länderspezifisch.)
- **Aktien Versorger** (Fonds, die mindestens 90% des Fondsvermögens in Unternehmen investieren, die der Branche Versorger zugesprochen werden. Dazu gehören Unternehmen, die in den Sektoren Strom-, Gas-, Wasserversorgung oder diversifizierten Multiversorgung tätig sind. Diese Peer Group ist nicht länderspezifisch.)
- **Aktien Welt** (Fonds, die mindestens 90% in ein weltweit gestreutes Aktienportfolio investieren.)
- **Aktien Welt Mid/Small Caps** (Fonds, die mindestens 90% in ein weltweit gestreutes Aktienportfolio investieren. Davon müssen mindesten 50% in kleine und mittlere Unternehmen investiert sein.)
- **Aktien Österreich** (Fonds, die mindestens 90% des Fondsvermögens in österreichische Aktien investieren.)
- **Aktien Gold** (Fonds, die mindestens 90% des Fondsvermögens in Aktien von Unternehmen investieren, die in der Gewinnung, Verarbeitung und Vermarktung von Gold und anderen Edelmetallen tätig sind.)

- **Immobilienaktien** (Fonds, die mindestens 90% des Fondsvermögens in Aktien von Unternehmen in der Immobilienbranche investieren. Diese Peer Group ist nicht länderspezifisch.)

2. Dachfonds

   Grundsätzlich gelten Fonds als Dachfonds, wenn sie mindestens 51 % ihres Fondsvermögens in andere offene Investmentfonds investieren.

   - **Dachfonds Aktien Pazifik** (Dachfonds, die mindestens 90% des Fondsvermögens über Fonds, Aktien oder Zertifikate in der Pazifikregion anlegen.)
   - **Dachfonds Aktien Branchen und Themen** (Dachfonds, die mindestens 90% des Fondsvermögens über Fonds, Aktien oder Zertifikate in bestimmte Branchen und Themen anlegen.)
   - **Dachfonds Aktien Europa** (Dachfonds, die mindestens 90% des Fondsvermögens über Fonds, Aktien oder Zertifikate im europäischen Aktienmarkt anlegen.)
   - **Dachfonds Aktien Nordamerika** (Dachfonds, die mindestens 90% des Fondsvermögens über Fonds, Aktien oder Zertifikate im nordamerikanischen Aktienmarkt anlegen.)
   - **Dachfonds Aktien Welt** (Dachfonds, die mindestens 90% des Fondsvermögens über Fonds, Aktien oder Zertifikate weltweit anlegen.)
   - **Dachfonds Renten** (Dachfonds, die mindestens 90% des Fondsvermögens in Renten investieren.)
   - **Dachfonds Dynamisch** (Dachfonds, die mindestens 70% des Fondsvermögens in Aktien investieren.)
   - **Dachfonds Flexibel** (Dachfonds, die ein ausgeglichenes Verhältnis von Aktien und Renten anstreben. Typischerweise liegt die Aktienquote zwischen 40% und 60%.)
   - **Dachfonds Konservativ** (Dachfonds, die höchstens 30% des Fondsvermögens in Aktien investieren.)

3. Geldmarktfonds *Fonds, die mindestens 90 % des Fondsvermögens in Geldmarktinstrumente (z.B. Floating Rate Notes, Termingelder, etc.) investieren.*

   - **Geldmarkt AUD** (Fonds, die mindestens 90% des Fondsvermögens in AUD Geldmarktinstrumente investieren.)
   - **Geldmarkt CAD** (Fonds, die mindestens 90% des Fondsvermögens in CAD Geldmarktinstrumente investieren.)
   - **Geldmarkt CHF** (Fonds, die mindestens 90% des Fondsvermögens in CHF Geldmarktinstrumente investieren.)

- **Geldmarkt EURO** (Fonds, die mindestens 90% des Fondsvermögens in EUR Geldmarktinstrumente investieren.)
- **Geldmarkt GBP** (Fonds, die mindestens 90% des Fondsvermögens in GBP Geldmarktinstrumente investieren.)
- **Geldmarkt Skandinavische WHG** (Fonds, welche mindestens 90% des Fondsvermögens in Geldmarktinstrumente der skandinavischen Währungen (SEK, NOK und DKK) investieren.)
- **Geldmarkt USD** (Fonds, die mindestens 90% des Fondsvermögens in USD Geldmarktinstrumente investieren.)

4. **Mischfonds**

Mischfonds investieren in Aktien und aktienähnliche Wertpapiere sowie Rentenpapiere. Sie werden anhand des Anteils an Aktien bzw. Renten kategorisiert.

- **Mischfonds Dynamisch** (Mischfonds, die mindestens 70% des Fondsvermögens in Aktien und aktienähnliche Wertpapiere investieren.)
- **Mischfonds Flexibel** (Mischfonds, die ein ausgeglichenes Verhältnis von Aktien und Renten anstreben. Typischerweise liegt die Aktienquote zwischen 40% und 60%. Außerdem sind hier die „vermögensverwaltenden" Mischfonds enthalten. Bei ihnen kann die Aktienquote zwischen 0% und 100% schwanken.)
- **Mischfonds Konservativ** (Mischfonds, die höchstens 30% des Fondsvermögens in Aktien und aktienähnliche Wertpapiere investieren.)

5. **Rentenfonds**

Diese Fonds investieren mindesten 90% des Fondsvermögens in fest- bzw. variabel-verzinsliche Rentenpapiere.

- **Renten $-Raum** (Fonds, die mindestens 90% des Fondsvermögens in Rentenpapiere, die in Dollar Währungen (USD, CAD, HKD, etc.) denominiert sind, investieren. Der Anteil von Investment Grade Anleihen muss über 50% sein.)
- **Renten AUD** (Fonds, die mindestens 90% des Fondsvermögens in AUD denominierte Rentenpapiere investieren. Der Anteil von Investment Grade Anleihen muss über 50% sein.)
- **Renten CAD** (Fonds, die mindestens 90% des Fondsvermögens in CAD denominierte Rentenpapiere investieren. Der Anteil von Investment Grade Anleihen muss über 50 % sein.)
- **Renten CHF** (Fonds, die mindestens 90% des Fondsvermögens in CHF denominierte Rentenpapiere investieren. Der Anteil von Investment Grade Anleihen muss über 50% sein.)

- **Renten CHF kurz** (Fonds, die mindestens 90% des Fondsvermögens in CHF denominierte Rentenpapiere mit einer Duration von 6 Monaten bis 3 Jahre investieren. Der Anteil von Investment Grade Anleihen muss über 50% sein.)
- **Renten DKK** (Fonds, die mindestens 90% des Fondsvermögens in DKK denominierte Rentenpapiere investieren. Der Anteil von Investment Grade Anleihen muss über 50 % sein.)
- **Renten Euro** (Fonds, die mindestens 90% des Fondsvermögens in EUR denominierte Rentenpapiere von aus dem Euroland stammenden Emittenten investieren. Der Anteil von Investment Grade Anleihen muss über 50% sein.)
- **Renten EURO Corporate High Yield** (Fonds, die mindestens 90% des Fondsvermögens in EURO denominierte Unternehmensanleihen investieren. Der Anteil von Non-Investment Grade Anleihen muss höher als 50% sein.)
- **Renten EURO Corporate Investment Grade** (Fonds, die mindestens 90% des Fondsvermögens in EUR denominierte Unternehmensanleihen investieren. Der Anteil von Investment Grade Anleihen muss höher als 50% sein.)
- **Renten Euro Welt** (Fonds, die mindestens 90% des Fondsvermögens weltweit in EUR denominierte Rentenpapiere investieren oder in Euro währungsgesichert sind. Der Anteil von Investment Grade Anleihen muss über 50% sein.)
- **Renten Euro Kurz** (Fonds, die mindestens 90% des Fondsvermögens in EUR denominierte Rentenpapiere mit einer Duration von 6 Monaten bis 3 Jahre investieren. Der Anteil von Investment Grade Anleihen muss über 50% sein.)
- **Renten Euro Lang** Fons, die mindestens 90% des Fondsvermögens in EUR denominierte Rentenpapiere mit einer Duration von 7 (oder mehr) Jahre investieren. Der Anteil von Investment Grade Anleihen muss über 50% sein.)
- **Renten Euro Mittel** (Fonds, die mindestens 90% des Fondsvermögens in EUR denominierte Rentenpapiere mit einer Duration von 3 bis 5 Jahre investieren. Der Anteil von Investment Grade Anleihen muss über 50% sein.)
- **Renten Emerging Markets** (Fonds, die mindestens 90% des Fondsvermögen in Staats- und/oder Unternehmensanleihen der Emerging Markets investieren.)
- **Renten Europäische Währungen Corporate High Yield** (Fonds, welche mindestens 90% des Fondsvermögens in Unternehmensanleihen, die

in europäischen Währungen denominiert sind, investieren. Der Anteil von Non-Investment Grade Anleihen muss höher als 50% sein.)

- **Renten Europäische Währungen Corporate Investment Grade** (Fonds, die mindestens 90% des Fondsvermögens in Unternehmensanleihen, die in europäischen Währungen denominiert sind, investieren. Der Anteil von Investment Grade Anleihen muss höher als 50% sein.)
- **Renten Europäische Währungen** (Fonds, die mindestens 90% des Fondsvermögens in Rentenpapiere, die in europäischen Währungen denominiert sind, investieren. Der Anteil von Investment Grade Anleihen muss über 50% sein.)
- **Renten GBP** (Fonds, die mindestens 90% des Fondsvermögens in GBP denominierte Rentenpapiere investieren. Der Anteil von Investment Grade Anleihen muss über 50% sein.)
- **Renten Global High Yield and Emerging Markets** (Fonds, die mindestens 90% des Fondsvermögens in Staatsanleihen der Emerging Markets und Non-Investment Grade Unternehmensanleihen (ex Emerging Markets) investieren.)
- **Renten Globale Währungen** (Fonds, die mindestens 90% des Fondsvermögens in Rentenpapiere, die in globalen Währungen denominiert sind, investieren. Der Anteil von Investment Grade Anleihen muss über 50% sein.)
- **Renten Inflationsgeschützt** (Fonds, die mindestens 90% des Fondsvermögens in inflationsgeschützte Rentenpapiere investieren.)
- **Renten JPY** (Fonds, die mindestens 90% des Fondsvermögens in JPY denominierte Rentenpapiere investieren. Der Anteil von Investment Grade Anleihen muss über 50% sein.)
- **Renten Mittel-/Osteuropa** (Fonds, die mindestens 50% des Fondsvermögens in Rentenpapiere mittel- und osteuropäischer Emittenten oder in auf Währungen mittel- und osteuropäischer Länder lautende Anleihen investieren.)
- **Renten NOK** (Fonds, die mindestens 90% des Fondsvermögens in NOK denominierte Rentenpapiere investieren. Der Anteil von Investment Grade Anleihen muss über 50% sein.)
- **Renten SEK** (Fonds, die mindestens 90% des Fondsvermögens in SEK denominierte Rentenpapiere investieren. Der Anteil von Investment Grade Anleihen muss über 50% sein.)
- **Renten Skandinavische Währungen** (Fonds, die mindestens 90% des Fondsvermögens in Rentenpapiere investieren, die in skandinavischen Währungen (DKK, NOK und SEK) denominiert sind. Der Anteil von Investment Grade Anleihen muss über 50% sein.)

- **Renten USD** (Fonds, die mindestens 90% des Fondsvermögens in USD denominierte Rentenpapiere investieren. Der Anteil von Investment Grade Anleihen muss über 50% sein.)
- **Renten USD Corporate High Yield** (Fonds, die mindestens 90% des Fondsvermögens in USD denominierte Unternehmensanleihen investieren. Der Anteil von Non-Investment Grade Anleihen muss höher als 50% sein.)
- **Renten USD Corporate Investment Grade** (Fonds, die mindestens 90% des Fondsvermögens in USD denominierte Unternehmensanleihen investieren. Der Anteil von Investment Grade Anleihen muss höher als 50% sein.)
- **Renten USD kurz** (Fonds, die mindestens 90% des Fondsvermögens in USD denominierte Rentenpapiere mit einer Duration von 6 Monaten bis 3 Jahre investieren. Der Anteil von Investment Grade Anleihen muss über 50% sein.)

6. Andere Fonds

- **AS-Fonds** (Fonds, die die gesetzlichen Anlagevorschriften für Anlagevorsorge-Sondervermögen erfüllen.)
- **Absolute Return Multi Strategy mit Verlusttoleranz** (Fonds, die unabhängig von Marktbewegungen (-richtungen) ein absolutes Renditeziel anstreben, welches nach max. 3 Jahren erreicht werden soll und i. d. R. über dem des Geldmarktes liegt, unter der Nebenbedingung der Verlustbegrenzung auf max. 10% p.a. Zur Erreichung dieses Ziels können verschiedenste Strategien, Assetklassen und Performancequellen zum Einsatz kommen.)
- **Absolute Return Multi Strategy ohne Verlusttoleranz** (Fonds, die unabhängig von Marktbewegungen (-richtungen) ein absolutes Renditeziel anstreben, welches nach max. 3 Jahren erreicht werden soll und i.d.R. über dem des Geldmarktes liegt, unter der Nebenbedingung des Kapitalerhalts. Zur Erreichung dieses Ziels können verschiedenste Strategien, Assetklassen und Performancequellen zum Einsatz kommen.)
- **Absolute Return Single Strategy mit Verlusttoleranz** (Fonds, die unabhängig von Marktbewegungen (-richtungen) ein absolutes Renditeziel anstreben, welches nach max. 3 Jahren erreicht werden soll und i.d.R. über dem des Geldmarktes liegt, unter der Nebenbedingung der Verlustbegrenzung auf max. 10% p.a. Zur Erreichung dieses Ziels wird nur eine Strategie, Assetklasse oder Performancequelle eingesetzt.)
- **Absolute Return Single Strategy ohne Verlusttoleranz** (Fonds, die unabhängig von Marktbewegungen (-richtungen) ein absolutes Renditeziel anstreben, welches nach max. 3 Jahren erreicht werden soll und i.d.R. über dem des Geldmarktes liegt, unter der Nebenbedingung des Kapitalerhalts.

Zur Erreichung dieses Ziels wird nur eine Strategie, Assetklasse oder Performancequelle eingesetzt.)

- **Asset Backed Securities (ABS)** (Fonds, die mindestens 90% des Fondsvermögens in ABS investieren.) ABS werden hier i.w.S. definiert und umfassen somit auch Mortgage Backed Securities (MBS), Collateralized Debt Obligations (CDO), Collateralized Bond Obligations (CBO), Collateralized Loan Obligations (CLO) und andere ABS-Strukturen.)
- **Discountzertifikate** (Fonds, die mindestens 51% des Fondsvermögens in Discountzertifikate investieren.)
- **Dynamische Wertsicherungsfonds** (Fonds, die das Ziel des Kapitalerhaltes verfolgen, wobei keine formale Garantie durch die Kapitalanlagegesellschaft ausgesprochen wird.) Typischerweise wird das Wertsicherungsniveau dynamisch angepasst (Im Gegensatz zu einem vorab definierten Garantie-/ Wertsicherungsniveau am Laufzeitende).)
- **Genussscheine** (Fonds, die mindestens 51% des Fondsvermögens in Genussscheine und/oder genussscheinähnliche Wertpapiere investieren.)
- **Immobilien** (Offene Fonds, die mindestens 90% des Fondsvermögen direkt in Immobilienobjekte investieren.)
- **Laufzeitfonds Euroland** (Fonds, die mindestens 90% des Fondsvermögens in EUR denominierte Rentenpapiere mit einer begrenzten Laufzeit investieren.)
- **Sonstige Laufzeitfonds** (Fonds, die mindestens 90% des Fondsvermögens in Rentenpapiere mit einer begrenzten Laufzeit investieren.)
- **Spezialitäten** (Fonds mit einer speziellen Anlagestrategie, die keiner der obigen Kategorien zuzuordnen sind.)
- **Wandel- und Optionsanleihen** (Fonds, die mindestens 90% des Fondsvermögens in Wandel- und Optionsanleihen investieren.)

A.3 Deskriptive Statistiken zu Investmentfonds

Übersicht der Anzahl und der Anteile von Investmentfonds in den einzelnen Anlagestilgruppen für alle Fonds und Fonds mit der Mindestanzahl von 60 Beobachtungen (5 Jahre historischer Renditen). Die Summe aller Fonds ergibt sich aus den fett markierten Zahlen. Im weiteren Verlauf werden Anlagestile, in denen alle Fonds aufgrund einer zu geringen Anzahl an Beobachtungen ausfallen, nicht mehr weiter dokumentiert.

Tabelle A.1: Anzahl der Investmentfonds nach Anlagestilen

	Anzahl und Anteile (IF)			
Anlagestil	Alle		mind. 5 Jahre	
Aktien	**2917**	**47,3%**	**1952**	**51,5%**
Aktien Asien Pazifik ex Japan	115	1,9%	92	2,4%
Aktien Asien Pazifik inklusive Japan	39	0,6%	32	0,8%
Aktien Australien	11	0,2%	9	0,2%
Aktien Biotechnologie	32	0,5%	25	0,7%
Aktien Branchen und Themen	32	0,5%	18	0,5%
Aktien Deutschland	85	1,4%	74	2,0%
Aktien Deutschland Mid/Small Caps	18	0,3%	11	0,3%
Aktien Dänemark	5	0,1%	4	0,1%
Aktien Emerging Markets	92	1,5%	67	1,8%
Aktien Energie	21	0,3%	9	0,2%
Aktien Euroland	114	1,8%	74	2,0%
Aktien Euroland Konvergenz	10	0,2%	7	0,2%
Aktien Euroland Mid/Small Caps	10	0,2%	2	0,1%
Aktien Europa	350	5,7%	224	5,9%
Aktien Europa Mid/Small Caps	107	1,7%	64	1,7%
Aktien Europa ex UK	35	0,6%	24	0,6%
Aktien Finanzwerte	42	0,7%	27	0,7%
Aktien Frankreich	20	0,3%	18	0,5%
Aktien Gesundheitswesen	68	1,1%	45	1,2%
Aktien Greater China	48	0,8%	26	0,7%
Aktien Großbritannien	67	1,1%	49	1,3%
Aktien Großbritannien Mid/Small Caps	3	0,0%	3	0,1%
Aktien Indien	11	0,2%	7	0,2%
Aktien Informationstechnologie	35	0,6%	28	0,7%
Aktien Italien	18	0,3%	16	0,4%
Aktien Japan	149	2,4%	110	2,9%
Aktien Japan Mid/Small Caps	31	0,5%	22	0,6%
Aktien Konsumwerte	44	0,7%	28	0,7%
Aktien Korea	9	0,1%	6	0,2%
Aktien Lateinamerika	25	0,4%	22	0,6%
Aktien Mittel-/Osteuropa	49	0,8%	41	1,1%
Aktien Nachhaltigkeit/Ethik	55	0,9%	25	0,7%
Aktien Niederlande	13	0,2%	11	0,3%
Aktien Nordamerika	280	4,5%	166	4,4%
Aktien Nordamerika EURO-Hedged	24	0,4%	3	0,1%
Aktien Nordamerika (NA) Mid/Small Caps	61	1,0%	41	1,1%
Aktien NA Mid/Sm. Caps EURO-Hedged	10	0,2%	2	0,1%
Aktien Rohstoffe	11	0,2%	6	0,2%
Aktien Rohstoffe & Energie	21	0,3%	9	0,2%
Aktien Rußland	7	0,1%	2	0,1%
Aktien Schweden	7	0,1%	6	0,2%
Aktien Schweiz	49	0,8%	40	1,1%
Aktien Schweiz Mid/Small Caps	11	0,2%	9	0,2%
Aktien Singapur	5	0,1%	4	0,1%
Aktien Skandinavien	11	0,2%	10	0,3%
Aktien Sonstige Länderfonds	27	0,4%	22	0,6%
Aktien Spanien	11	0,2%	10	0,3%

Anlagestil	Anzahl und Anteile(IF)			
	Alle		mind. 5 Jahre	
Aktien Technologie	85	1,4%	63	1,7%
Aktien Telemedien	38	0,6%	29	0,8%
Aktien Thailand	5	0,1%	4	0,1%
Aktien Türkei	7	0,1%	3	0,1%
Aktien Umwelttechnologie/Ökologie	7	0,1%	2	0,1%
Aktien Versorger	9	0,1%	4	0,1%
Aktien Welt	389	6,3%	249	6,6%
Aktien Welt Mid/Small Caps	23	0,4%	15	0,4%
Aktien Österreich	11	0,2%	7	0,2%
Aktien Gold	15	0,2%	9	0,2%
Immobilienaktien	30	0,5%	17	0,4%
Dachfonds	**535**	**8,7%**	**243**	**6,4%**
Dachfonds Aktien Asien Pazifik	4	0,1%	1	0,0%
Dachfonds Aktien Branchen und Themen	5	0,1%	3	0,1%
Dachfonds Aktien Emerging Markets	3	0,0%	1	0,0%
Dachfonds Aktien Europa	15	0,2%	6	0,2%
Dachfonds Aktien Nordamerika	4	0,1%	0	0,0%
Dachfonds Aktien Welt	133	2,2%	77	2,0%
Dachfonds andere	20	0,3%	0	0,0%
Dachfonds Renten	20	0,3%	6	0,2%
Dachfonds dynamisch	61	1,0%	34	0,9%
Dachfonds flexibel	187	3,0%	69	1,8%
Dachfonds konservativ	83	1,3%	46	1,2%
Geldmarkt	**257**	**4,2%**	**202**	**5,3%**
Geldmarkt AUD	3	0,0%	3	0,1%
Geldmarkt CAD	4	0,1%	3	0,1%
Geldmarkt CHF	15	0,2%	14	0,4%
Geldmarkt EURO	136	2,2%	107	2,8%
Geldmarkt GBP	19	0,3%	15	0,4%
Geldmarkt Skandinavische WHG	3	0,0%	3	0,1%
Geldmarkt USD	66	1,1%	53	1,4%
Sonstige Geldmärkte	11	0,2%	4	0,1%
Mischfonds	**512**	**8,3%**	**305**	**8,1%**
Mischfonds dynamisch	76	1,2%	48	1,3%
Mischfonds flexibel	307	5,0%	176	4,6%
Mischfonds konservativ	129	2,1%	81	2,1%
Renten	**1392**	**22,6%**	**909**	**24,0%**
Renten $-Raum	5	0,1%	3	0,1%
Renten AUD	6	0,1%	6	0,2%
Renten CAD	5	0,1%	5	0,1%
Renten CHF	46	0,7%	36	1,0%
Renten CHF kurz	6	0,1%	3	0,1%
Renten DKK	9	0,1%	7	0,2%
Renten EURO	156	2,5%	122	3,2%
Renten EURO Corp. High Yield	46	0,7%	26	0,7%
Renten EURO Corp. Inv. Grade	71	1,2%	24	0,6%
Renten EURO Welt	111	1,8%	63	1,7%
Renten EURO kurz	126	2,0%	80	2,1%
Renten EURO lang	17	0,3%	14	0,4%
Renten EURO mittel	36	0,6%	24	0,6%
Renten Emerging Markets	81	1,3%	51	1,3%
Renten Europäische WHG Corp. High Yield	21	0,3%	10	0,3%
Renten Europäische WHG Corp. Inv. Grade	7	0,1%	4	0,1%
Renten Europäische Währungen	79	1,3%	64	1,7%
Renten GBP	36	0,6%	26	0,7%
Renten Global High Yield & Emerging Markets	30	0,5%	14	0,4%
Renten Globale Währungen	218	3,5%	170	4,5%
Renten Inflationsgeschützt	33	0,5%	3	0,1%
Renten JPY	7	0,1%	7	0,2%
Renten Mittel-/Osteuropa	25	0,4%	13	0,3%
Renten NOK	3	0,0%	3	0,1%
Renten SEK	12	0,2%	9	0,2%
Renten Skandinavische WHG	2	0,0%	2	0,1%
Renten Spezialitäten	25	0,4%	3	0,1%

Anlagestil	Anzahl und Anteile(IF) Alle		mind. 5 Jahre	
Renten USD	105	1,7%	78	2,1%
Renten USD Corp. High Yield	29	0,5%	17	0,4%
Renten USD Corp. Inv. Grade	16	0,3%	8	0,2%
Renten USD kurz	23	0,4%	14	0,4%
Andere	**556**	**9,0%**	**177**	**4,7%**
AS-Fonds	31	0,5%	30	0,8%
AR Multi Strategy mit Verlusttoleranz	20	0,3%	2	0,1%
AR Multi Strategy ohne Verlusttoleranz	15	0,2%	1	0,0%
AR Single Strategy mit Verlusttoleranz	7	0,1%	1	0,0%
AR Single Strategy ohne Verlusttoleranz	11	0,2%	4	0,1%
Asset Backed Securities	22	0,4%	4	0,1%
Discountzertifikate	10	0,2%	0	0,0%
Dynamische Wertsicherungsfonds	59	1,0%	22	0,6%
Garantiefonds	109	1,8%	4	0,1%
Genußscheine	9	0,1%	7	0,2%
Immobilien	31	0,5%	20	0,5%
Laufzeitfonds Euroland	62	1,0%	24	0,6%
Sonstige Laufzeitfonds	18	0,3%	3	0,1%
Spezialitäten	82	1,3%	17	0,4%
Wandel- und Optionsanleihen	70	1,1%	38	1,0%
Summe der Investmentfonds	6169	100%	3788	100%

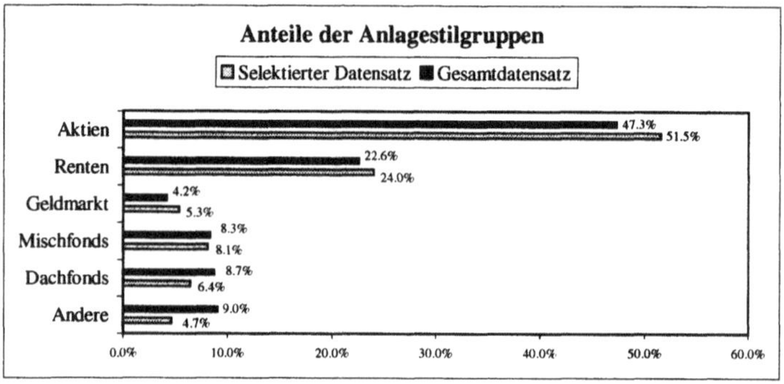

Abbildung A.1: Anteile einzelner Investmentfondsanlagestile

Die Abbildung stellt die Anteile der Anlagestilgruppen im Gesamtdatensatz und im selektierten Datensatz dar. Aktien und Renten Fonds dominieren andere Anlagestile in den beiden Datensätzen. Die Anteile der Aktienfonds verändern sich z.B. um $+4,2$ Prozentpunkte und bei der Kategorie „Andere" ist eine Veränderung von $-4,2$ Prozentpunkte zu beobachten. Die Rangfolge der Anlagestile hat sich im selektierten Datensatz im Vergleich zum Gesamtdatensatz verändert, wobei die „Anderen" Fonds an die letzte Rangstelle gerutscht sind.

Tabelle A.2: Berechnung des *instant history bias* für Investmentfonds

Die Tabelle veranschaulicht Berechnungen des *instant history bias*, die für den selektierten Datensatz der Investmentfonds erfolgten. In der zweiten Spalte (der linken Seite der Tabelle) ist die durchschnittliche monatliche Rendite des gesamten Portfolios sowie mehrerer verkürzter Portfolios, die eine bestimmte Anzahl älterer Beobachtungen nicht berücksichtigen, angegeben. Die durchschnittliche annualisierte Differenz beträgt -1,11% p.a. (MW steht für Mittelwert). Für Residualrendite beträgt der Bias -0,56% p.a.

	Rendite			Residuale Rendite		
	MW (%)	Differenz (%)	p.a. (%)	MW (%)	Differenz (%)	p.a. (%)
Alle	0,42			0,00		
12M	0,43	-0,01	-0,13	0,00	0,00	-0,04
24M	0,43	-0,01	-0,10	0,00	0,00	-0,06
36M	0,44	-0,01	-0,14	0,00	0,00	0,02
48M	0,40	0,02	0,28	-0,03	0,03	0,32
60M	0,44	-0,01	-0,15	0,00	0,00	-0,05
72M	0,44	-0,01	-0,17	0,02	-0,02	-0,27
84M	0,41	0,02	0,21	0,00	0,00	-0,02
96M	0,36	0,06	0,75	-0,02	0,02	0,24
108M	0,36	0,07	0,79	0,05	-0,05	-0,59
120M	0,10	0,33	4,01	-0,09	0,09	1,11
132M	0,14	0,28	3,42	-0,17	0,17	2,00
144M	0,31	0,11	1,35	-0,25	0,25	2,99
156M	0,99	-0,56	-6,55	-0,05	0,05	0,60
168M	1,04	-0,61	-7,10	0,30	-0,30	-3,55
180M	1,59	-1,16	-13,10	0,98	-0,98	-11,10
MW			-1,11			-0,56

Tabelle A.3: Berechnung der Datenselektionverzerrung für Investmentfonds

Die Tabelle veranschaulicht die Berechnung der *Datenbankverzerrung aufgrund der Selektion* anhand der Gesamtdatenbank. In den ersten zwei Spalten ist die durchschnittliche monatliche Rendite der gesamten sowie der selektierten (s.) Datenbank für einzelne Anlagestile angegeben. Die Differenz aus den beiden Renditen sowie die absoluten (abs.) annualisierten Werte der Differenz sind in den weiteren Spalten angegeben. Die gesamte durchschnittliche annualisierte Datenbankverzerrung beträgt 0,04% p.a. (MW steht für Mittelwert).

	MW Monatsrendite (%)		Differenz	
Hauptanlagestil	Alle Fonds (1)	S. Fonds (2)	(1)-(2)	abs. p.a. (%)
Aktien	0,69	0,69	0,00	0,05
Dachfonds	0,41	0,41	-0,01	0,07
Geldmarkt	0,37	0,37	0,00	0,02
Mischfonds	0,51	0,51	0,00	0,00
Renten	0,53	0,53	0,00	0,02
andere	0,45	0,46	-0,01	0,06
MW				0,04

Übersicht der Mittelwerte und Standardabweichungen von deskriptiven Statistiken für einzelne Anlagestilgruppen der Hedge Fonds, für alle Fonds und mit der Mindestanzahl von 60 Beobachtungen (5 Jahre historischer Renditen). Der Mittelwert (MW), die Standardabweichung (SA) und der Median (M) der Renditen wurden annualisiert.

Tabelle A.4: Deskriptive Statistiken zu Investmentfonds

	MW % (p.a.)		SA % (p.a.)		M % (p.a.)		Kurtosis		Schiefe	
Anlagestil	MW	SA	MW	SA	MW	SA	MW	SA	MW	SA
Aktien	**6,39**	**8,04**	**22,25**	**6,74**	**9,89**	**10,59**	**3,74**	**2,10**	**-0,16**	**0,44**
Aktien Asien Pazifik ex Japan	8,85	4,95	25,88	3,12	5,08	7,11	3,83	0,73	0,07	0,25
Aktien Asien Pazifik inklusive Japan	7,23	4,54	22,11	2,82	4,26	5,06	3,72	1,02	0,25	0,32
Aktien Australien	11,81	2,20	19,25	1,00	16,74	3,24	3,33	0,35	-0,33	0,21
Aktien Biotechnologie	1,99	11,15	33,45	5,06	3,80	8,71	4,12	1,24	0,23	0,44
Aktien Branchen und Themen	1,63	5,53	19,19	3,81	5,34	6,00	3,32	0,55	-0,34	0,30
Aktien Deutschland	8,66	4,16	21,98	2,18	12,93	5,82	4,71	0,76	-0,32	0,30
Aktien Deutschland Mid/Small Caps	11,32	2,84	18,55	3,66	16,32	6,54	4,32	0,57	-0,27	0,50
Aktien Dänemark	11,94	2,48	17,97	1,28	20,28	2,62	3,49	0,33	-0,44	0,13
Aktien Emerging Markets	11,07	4,60	25,42	2,41	17,07	8,12	3,87	1,90	-0,31	0,39
Aktien Energie	9,70	2,24	18,50	1,80	7,77	2,98	3,18	0,57	0,12	0,20
Aktien Euroland	3,99	4,82	19,69	2,44	9.07	8,11	3,75	0,59	-0,31	0,28
Aktien Euroland Konvergenz	16,89	6,72	26,47	2,68	39.46	12,87	4,54	1,96	-0,37	0,78
Aktien Euroland Mid/Small Caps	14,65	2,03	25,14	2,27	29,89	1,09	5,85	2,32	0,41	0,81
Aktien Europa	5,51	4,95	17,58	2,55	13,22	6.60	3,62	0,75	-0,39	0,30
Aktien Europa Mid/Small Caps	5,34	12,12	25.80	8,99	13.49	11,39	4,73	1,62	-0,04	0,67
Aktien Europa ex UK	9,34	5,93	18.41	1,23	15.31	5,11	3,84	0,51	-0,21	0,33
Aktien Finanzwerte	4,44	2,95	19,16	1,93	10.56	5,53	4,01	0,59	-0,48	0,28
Aktien Frankreich	9,74	4,46	19,90	2,39	15,77	4,24	3,41	0,41	-0,29	0,18
Aktien Gesundheitswesen	2,07	7,87	19,14	7,23	4,04	5,96	3,63	1,59	-0,03	0,53
Aktien Greater China	9,37	7,59	31,30	4,59	7,91	10,07	5,32	2,66	0,43	0,56
Aktien Großbritannien	8,93	3,84	15,87	1,19	14,11	5,28	3,07	0,44	-0,38	0,21
Aktien Großbritannien Mid/Small Caps	15,64	1,75	19,88	1,73	17,45	10,14	3.59	0,16	-0,22	0,13
Aktien Indien	20,09	9,73	31,17	2,30	16,90	11,91	2,79	0,38	0,17	0,12
Aktien Informationstechnologie	-4,05	10,61	38,83	7,49	-4,39	9,56	3,23	0,55	0,04	0,23
Aktien Italien	13,81	6,54	23,03	3,28	14,91	5,68	5,35	2,17	0,40	0,63
Aktien Japan	2,81	4,40	22,83	1,88	-0,05	4,07	2,96	0,38	0,30	0,12
Aktien Japan Mid/Small Caps	9,63	6,48	29,09	3,52	1,88	5,90	4,05	0,73	0,67	0,23
Aktien Konsumwerte	2,24	5,60	17,11	3,87	7,64	5,59	3,44	0,48	-0,35	0,26
Aktien Korea	13,96	7,46	41,55	3,21	0,52	4,56	5,72	1,94	0,78	0,45
Aktien Lateinamerika	16,83	4,42	31,13	3,02	34,60	7,37	4,13	0,77	-0,48	0,25
Aktien Mittel-/Osteuropa	21,36	7,06	28,51	3,33	36,26	12,42	4,64	1,61	-0,48	0,36
Aktien Nachhaltigkeit/Ethik	0,82	4,33	18,51	3,75	4,32	4,83	5,18	8,61	-0,21	0,82
Aktien Niederlande	10,15	3,17	19,89	1,53	17,39	3,31	4,02	0,38	-0,60	0,12
Aktien Nordamerika	4,96	7,51	20,16	4,17	6,62	7,45	3,52	5,31	-0,13	0,55
Aktien Nordamerika EURO-Hedged	-2,33	2,65	20,57	2,09	1,76	1,26	3,78	0,81	-0,09	0,34
Aktien Nordamerika Mid/Small Caps	10,98	6,93	23,52	5,59	11,84	8,27	3,48	0,67	-0,02	0,31
Aktien Nordamerika Mid/Small Caps EURO-Hedged	4,85	0,33	22,22	8,48	9,62	3,13	3,82	0,47	-0,64	0,25
Aktien Rohstoffe	9,19	6,07	22,01	2,89	12,34	12,16	3,48	0,68	0,08	0,14
Aktien Rohstoffe & Energie	10,18	2,81	20,77	4,24	14,17	7,12	3,23	0,76	-0,08	0,23
Aktien Rußland	44,38	1,53	61,28	1,14	45.93	5,35	5,08	0,13	-0,17	0,14
Aktien Schweden	8,95	4,60	24,41	2,00	8,96	7,15	3,10	0,20	-0,20	0,11
Aktien Schweiz	9,81	3,91	16,77	1,23	15.82	4,14	4,12	0,55	-0,65	0,16
Aktien Schweiz Mid/Small Caps	12,44	2,00	19,78	3,15	20,43	4.59	4,20	0,52	-0,63	0,15
Aktien Singapur	10,68	3,26	31,11	1,45	11,21	4,03	4,82	0,56	0,23	0,31
Aktien Skandinavien	12,00	5,32	22,50	1,97	10.56	7,95	3,68	0,75	-0,03	0,18
Aktien Sonstige Länderfonds	9,57	4,11	26,85	8,76	10,45	10,43	3,80	0,82	-0,13	0,44
Aktien Spanien	11,78	3,48	21,53	1,37	14,51	3,75	3,80	0,52	-0,23	0,24
Aktien Technologie	-3,63	11,09	33,95	4,68	-3,57	10,15	3,32	0,60	-0,02	0,22
Aktien Telemedien	-5,32	10,01	28,02	5,65	-0.35	7,68	3,74	0,55	-0,12	0,24
Aktien Thailand	10,13	2.60	39,56	1,43	4.53	4,73	3,91	0,38	0,39	0,08
Aktien Türkei	27,60	8,18	52,52	6,80	49,22	26.07	4,43	1,08	-0,05	0,74
Aktien Umwelttechnologie/Ökologie	2,57	8,77	17,45	3,31	10,42	3,99	2,69	0,04	-0,53	0,15
Aktien Versorger	1.80	3,07	14,03	0,27	13.94	5,16	3,13	0,22	-0,72	0,11
Aktien Welt	4,68	6,00	18,35	3,21	8,48	6,98	3,31	0,66	-0,30	0,25
Aktien Welt Mid/Small Caps	5.74	11,00	26,14	8,94	9.11	12,13	4,37	1,65	0,12	0,58
Aktien Österreich	13,69	2.89	17,66	1,49	16.50	5,01	3,77	0,66	-0,29	0,29
Aktien Gold	9,34	3,90	33,85	1,48	4.83	4,30	4,29	0,60	0,44	0,13

	MW % (p.a.)		SA % (p.a.)		M % (p.a.)		Kurtosis		Schiefe	
Anlagestil	MW	SA	MW	SA	MW	SA	MW	SA	MW	SA
Immobilienaktien	12,35	3,39	15,62	4,40	15,98	5,67	3,46	1,15	-0,24	0,44
Dachfonds	**0,11**	**4,47**	**12,72**	**6,31**	**5,29**	**4,20**	**3,37**	**1,46**	**-0,33**	**0,38**
Dachfonds Aktien Asien Pazifik	2,64		17,76		1,02		2,47		-0,04	
Dachfonds Aktien Branchen und Themen	-13,28	1,26	26,32	2,18	-7,86	6,07	4,02	1,77	-0,04	0,31
Dachfonds Aktien Emerging Markets	12,93		23,27		18,29		2,93		-0,19	
Dachfonds Aktien Europa	2,39	4,40	19,05	3,43	14,80	4,59	3,85	0,86	-0,28	0,46
Dachfonds Aktien Welt	-1,70	5,08	18,53	3,23	6,30	4,51	3,08	0,51	-0,39	0,24
Dachfonds Renten	3,54	0,55	2,00	0,71	4,15	0,86	5,39	5,27	-0,75	0,91
Dachfonds dynamisch	-0,46	3,82	14,53	1,62	5,96	3,64	3,25	0,62	-0,36	0,30
Dachfonds flexibel	0,61	3,24	10,31	3,39	4,70	2,68	3,41	1,99	-0,38	0,43
Dachfonds konservativ	2,59	2,09	4,60	1,72	3,56	1,49	3,54	0,76	-0,11	0,33
Geldmarkt	**3,48**	**1,71**	**4,19**	**4,28**	**3,20**	**1,51**	**4,29**	**4,88**	**0,23**	**0,63**
Geldmarkt AUD	6,19	0,83	11,02	0,30	4,72	0,89	2,77	0,02	-0,04	0,06
Geldmarkt CAD	5,18	0,71	10,65	0,35	6,14	0,23	3,36	0,45	0,20	0,13
Geldmarkt CHF	2,21	0,81	3,56	0,23	0,87	0,85	3,54	1,18	0,26	0,21
Geldmarkt EURO	3,12	0,71	0,56	0,50	2,77	0,52	5,10	6,54	0,50	0,71
Geldmarkt GBP	6,15	1,33	7,55	0,17	5,50	1,57	4,15	0,84	-0,37	0,19
Geldmarkt Skandinavische WHG	4,43	0,59	4,19	2,76	3,88	1,60	5,49	1,80	0,50	1,13
Geldmarkt USD	3,39	2,35	9,83	0,36	3,56	1,29	3,00	0,64	-0,09	0,26
Sonstige Geldmärkte	4,82	2,89	5,88	5,35	5,78	3,98	3,83	2,15	-0,34	0,37
Sonstige Laufzeitfonds	4,58	0,27	5,30	2,47	5,22	0,47	3,99	1,73	-0,18	0,40
Mischfonds	**4,23**	**3,25**	**9,63**	**4,54**	**6,29**	**4,03**	**3,65**	**1,49**	**-0,20**	**0,39**
Mischfonds dynamisch	3,92	3,82	13,62	2,52	7,55	4,08	3,42	1,08	-0,36	0,37
Mischfonds flexibel	4,31	3,51	10,58	4,28	6,50	4,53	3,65	1,32	-0,21	0,35
Mischfonds konservativ	4,24	2,14	5,21	1,74	5,09	2,14	3,77	1,98	-0,06	0,43
Renten	**5,69**	**2,69**	**5,78**	**3,80**	**6,47**	**3,80**	**4,19**	**3,73**	**-0,15**	**0,60**
Renten $-Raum	5,54	2,13	9,24	0,69	4,40	1,37	3,00	0,97	0,30	0,25
Renten AUD	7,35	1,51	10,43	1,35	8,01	2,45	3,33	0,33	-0,14	0,13
Renten CAD	9,04	1,49	10,08	0,77	7,32	0,54	2,75	0,52	0,08	0,15
Renten CHF	4,33	1,22	4,52	0,57	3,54	1,39	3,54	1,15	0,18	0,25
Renten CHF kurz	2,33	0,35	3,77	0,22	1,38	0,16	3,43	0,27	0,28	0,16
Renten DKK	6,12	1,06	3,38	0,79	7,84	1,34	4,39	2,14	-0,40	0,40
Renten EURO	5,86	1,04	3,13	0,68	7,34	1,30	3,81	2,84	-0,24	0,36
Renten EURO Corp. High Yield	3,54	2,69	9,24	2,07	8,38	2,30	6,01	3,14	-0,71	0,53
Renten EURO Corp. Inv. Grade	4,79	1,52	3,08	0,79	5,64	1,62	4,05	3,50	-0,40	0,49
Renten EURO Welt	5,45	1,23	3,34	0,64	6,62	1,47	3,70	2,24	-0,21	0,35
Renten EURO kurz	3,77	0,97	1,32	0,61	3,79	1,12	5,11	6,82	0,13	0,67
Renten EURO lang	7,07	0,84	4,51	0,66	10,06	1,37	2,91	0,32	-0,24	0,20
Renten EURO mittel	4,73	0,85	2,61	0,71	5,64	1,15	4,24	4,92	-0,23	0,48
Renten Emerging Markets	11,19	3,88	14,15	4,59	14,27	7,27	8,31	6,38	-1,11	0,91
Renten Europäische WHG Corp. High Yield	2,58	3,38	8,92	2,63	6,00	3,40	5,23	0,92	-0,65	0,25
Renten Europäische WHG Corp. Inv. Grade	3,71	2,05	3,36	0,73	4,45	2,30	3,82	1,63	-0,37	0,45
Renten Europäische Währungen	6,14	1,24	3,69	0,95	7,40	1,54	3,75	2,21	-0,27	0,42
Renten GBP	7,06	2,48	7,93	1,03	6,15	3,74	3,38	0,47	-0,09	0,26
Renten Global High Yield & Emerging Markets	9,36	5,75	10,85	4,57	12,23	6,52	5,41	2,92	-0,70	0,49
Renten Globale Währungen	5,61	1,61	5,31	1,46	5,23	2,05	3,66	2,46	0,12	0,41
Renten Inflationsgeschützt	6,97	0,87	4,95	1,88	8,69	0,87	3,37	0,48	-0,35	0,06
Renten JPY	1,72	4,03	11,01	1,15	-2,68	2,28	5,02	0,70	0,84	0,12
Renten Mittel-/Osteuropa	8,79	1,76	7,07	1,93	12,00	3,23	6,42	7,04	-0,84	1,05
Renten NOK	5,90	1,16	5,73	0,49	8,12	2,14	3,77	0,44	-0,33	0,37
Renten SEK	5,46	2,42	6,31	1,52	5,02	1,65	4,90	1,67	0,10	0,44
Renten Skandinavische WHG	4,45	0,83	3,90	0,02	2,84	1,04	4,38	0,65	0,46	0,11
Renten Spezialitäten	0,65	10,71	11,45	4,24	1,68	5,77	17,90	11,34	-0,06	3,56
Renten USD	5,49	1,94	9,60	0,71	5,56	2,60	2,74	0,71	0,15	0,23
Renten USD Corp. High Yield	3,82	3,03	11,92	0,71	4,29	3,76	3,22	0,45	-0,23	0,12
Renten USD Corp. Inv. Grade	4,71	2,13	9,17	0,92	4,88	3,13	2,51	0,26	0,02	0,14
Renten USD kurz	3,98	2,34	9,46	0,35	4,81	2,10	2,85	0,57	-0,13	0,24
Andere	**4,23**	**4,54**	**7,87**	**6,62**	**4,68**	**4,26**	**5,07**	**4,99**	**0,13**	**0,73**

Anlagestil	MW % (p.a.)		SA % (p.a.)		M % (p.a.)		Kurtosis		Schiefe	
	MW	SA	MW	SA	MW	SA	MW	SA	MW	SA
AS-Fonds	5,74	2,96	12,84	3,16	6,02	3,44	4,02	1,59	0,17	0,53
Absolute Return Multi Strategy mit Verlusttoleranz	1,56	4,43	3,67	0,94	3,55	3,05	3,27	0,26	-0,42	0,15
Absolute Return Multi Strategy ohne Verlusttoleranz	5,16	0,00	4,02	0,00	6,89	0,00	2,65		-0,38	
Absolute Return Single Strategy mit Verlusttoleranz	3,57	0,00	17,86	0,00	6,55	0,00	3,19		-0,29	
Absolute Return Single Strategy ohne Verlusttoleranz	5,39	6,75	8,51	3,63	6,42	4,42	3,89	1,21	-0,14	0,49
Asset Backed Securities	5,09	1,31	4,59	3,38	7,04	1,33	2,99	0,40	-0,43	0,23
Dynamische Wertsicherungsfonds	2,77	2,02	5,11	2,60	2,62	1,85	4,95	3,84	0,20	0,52
Garantiefonds	1,02	2,43	5,93	5,12	1,22	1,40	4,97	0,67	0,28	0,71
Genußscheine	5,37	1,37	3,10	0,24	6,98	1,17	5,58	2,98	-0,92	0,54
Immobilien	5,67	1,38	2,23	2,95	4,84	0,69	11,31	12,06	1,10	1,07
Laufzeitfonds Euroland	4,04	0,92	1,79	0,90	3,78	1,25	3,89	0,69	0,12	0,40
Sonstige Laufzeitfonds	4,58	0,27	5,30	2,47	5,22	0,47	3,99	1,73	-0,18	0,40
Spezialitäten	0,94	10,87	16,31	9,32	5,81	10,16	5,09	2,83	-0,25	0,71
Wandel- und Optionsanleihen	4,73	4,42	10,17	5,96	4,19	4,26	3,95	1,57	0,07	0,52
Alle	**5,39**	**6,40**	**15,04**	**9,64**	**7,88**	**8,34**	**3,91**	**2,91**	**-0,14**	**0,52**

Tabelle A.5: Quartile der Investmentfondsrenditen nach Anlagestilen

Anlagestil	N (Fonds)	Quartile % 1.	2.	3.	(1.)-(3.)
Aktien	**1952**	**4,49**	**0,75**	**-3,36**	**7,85**
Aktien Asien Pazifik ex Japan	92	5,33	0,40	-3,91	9,24
Aktien Asien Pazifik inklusive Japan	32	4,49	0,34	-3,54	8,03
Aktien Australien	9	4,62	1,30	-2,43	7,05
Aktien Biotechnologie	25	5,88	0,29	-5,45	11,32
Aktien Branchen und Themen	18	3,76	0,42	-3,06	6,81
Aktien Deutschland	74	4,65	1,01	-2,90	7,55
Aktien Deutschland Mid/Small Caps	11	4,24	1,26	-2,25	6,49
Aktien Dänemark	4	4,20	1,55	-1,90	6,09
Aktien Emerging Markets	67	5,73	1,30	-4,11	9,83
Aktien Energie	9	4,39	0,62	-2,81	7,20
Aktien Euroland	74	3,98	0,71	-3,13	7,11
Aktien Euroland Konvergenz	7	6,27	2,78	-3,96	10,23
Aktien Euroland Mid/Small Caps	2	4,75	2,20	-2,54	7,29
Aktien Europa	224	3,74	1,03	-2,66	6,40
Aktien Europa Mid/Small Caps	64	4,54	1,02	-3,61	8,15
Aktien Europa ex UK	24	4,09	1,19	-2,45	6,55
Aktien Finanzwerte	27	3,73	0,83	-2,50	6,22
Aktien Frankreich	18	4,45	1,22	-2,95	7,40
Aktien Gesundheitswesen	45	3,47	0,32	-3,13	6,60
Aktien Greater China	26	5,34	0,60	-4,70	10,04
Aktien Großbritannien	49	3,96	1,10	-2,15	6,11
Aktien Großbritannien Mid/Small Caps	3	5,03	1,33	-2,26	7,30
Aktien Indien	7	7,98	1,28	-4,87	12,85
Aktien Informationstechnologie	28	5,91	-0,41	-6,42	12,33
Aktien Italien	16	4,15	1,16	-2,70	6,84
Aktien Japan	110	4,41	-0,01	-4,65	9,06
Aktien Japan Mid/Small Caps	22	5,42	0,14	-5,21	10,63
Aktien Konsumwerte	28	3,21	0,61	-2,73	5,94
Aktien Korea	6	7,75	0,04	-6,43	14,18
Aktien Lateinamerika	22	6,62	2,50	-3,98	10,60
Aktien Mittel-/Osteuropa	41	7,10	2,58	-3,72	10,82
Aktien Nachhaltigkeit/Ethik	25	3,38	0,34	-2,98	6,36

Anlagestil	N (Fonds)	Quartile % 1.	2.	3.	(1.)-(3.)
Aktien Niederlande	11	4,47	1,34	-2,49	6,96
Aktien Nordamerika	166	4,06	0,52	-2,91	6,97
Aktien Nordamerika EURO-Hedged	3	3,32	0,14	-3,98	7,30
Aktien Nordamerika Mid/Small Caps	41	5,16	0,92	-3,39	8,55
Aktien Nordamerika Mid/Small Caps EURO-Hedged	2	4,78	0,77	-3,12	7,91
Aktien Rohstoffe	6	5,01	0,94	-3,61	8,62
Aktien Rohstoffe & Energie	9	4,77	1,10	-3,10	7,87
Aktien Rußland	2	12,18	3,20	-6,73	18,91
Aktien Schweden	6	5,29	0,70	-2,88	8,17
Aktien Schweiz	40	3,94	1,23	-1,67	5,61
Aktien Schweiz Mid/Small Caps	9	4,39	1,56	-1,93	6,33
Aktien Singapur	4	5,80	0,89	-3,67	9,47
Aktien Skandinavien	10	5,01	0,82	-2,66	7,67
Aktien Sonstige Länderfonds	22	5,52	0,80	-3,94	9,46
Aktien Spanien	10	4,61	1,13	-2,75	7,36
Aktien Technologie	63	5,07	-0,34	-5,68	10,75
Aktien Telemedien	29	3,99	-0,05	-4,55	8,54
Aktien Thailand	4	6,31	0,36	-5,53	11,84
Aktien Türkei	3	10,02	3,31	-7,44	17,46
Aktien Umwelttechnologie/Ökologie	2	3,95	0,83	-2,70	6,65
Aktien Versorger	4	2,88	1,09	-2,21	5,08
Aktien Welt	249	3,90	0,66	-2,72	6,62
Aktien Welt Mid/Small Caps	15	4,84	0,68	-3,89	8,73
Aktien Österreich	7	4,38	1,27	-2,11	6,49
Aktien Gold	9	6,42	0,39	-5,28	11,70
Immobilienaktien	17	3,91	1,23	-1,95	5,85
Dachfonds	**243**	**2,54**	**0,42**	**-2,43**	**4,97**
Dachfonds Aktien Asien Pazifik	1	3,52	0,08	-3,45	6,97
Dachfonds Aktien Branchen und Themen	3	3,41	-0,69	-5,61	9,01
Dachfonds Aktien Emerging Markets	1	5,28	1,41	-4,37	9,65
Dachfonds Aktien Europa	6	3,63	1,15	-2,98	6,62
Dachfonds Aktien Welt	77	3,63	0,50	-3,76	7,39
Dachfonds Renten	6	0,67	0,34	-0,05	0,72
Dachfonds dynamisch	34	3,01	0,48	-2,92	5,93
Dachfonds flexibel	69	2,06	0,38	-1,85	3,91
Dachfonds konservativ	46	1,05	0,29	-0,66	1,71
Geldmarkt	**202**	**1,07**	**0,26**	**-0,52**	**1,58**
Geldmarkt AUD	3	2,81	0,39	-1,42	4,23
Geldmarkt CAD	3	2,36	0,50	-1,60	3,96
Geldmarkt CHF	14	0,87	0,07	-0,54	1,41
Geldmarkt EURO	107	0,33	0,23	0,16	0,18
Geldmarkt GBP	15	1,91	0,45	-0,86	2,78
Geldmarkt Skandinavische WHG	3	1,07	0,32	-0,27	1,34
Geldmarkt USD	53	2,15	0,29	-1,66	3,81
Sonstige Geldmärkte	4	1,55	0,47	-0,70	2,25
Mischfonds	**305**	**2,14**	**0,50**	**-1,36**	**3,49**
Mischfonds dynamisch	48	2,98	0,60	-2,12	5,10
Mischfonds flexibel	176	2,29	0,52	-1,49	3,79
Mischfonds konservativ	81	1,29	0,41	-0,60	1,90
Renten	**909**	**1,70**	**0,38**	**-1,03**	**2,73**
Renten $-Raum	3	2,25	0,36	-1,52	3,78
Renten AUD	6	2,51	0,64	-1,44	3,95
Renten CAD	5	2,78	0,59	-1,25	4,03
Renten CHF	36	1,16	0,29	-0,43	1,59
Renten CHF kurz	3	0,91	0,11	-0,55	1,46
Renten DKK	7	1,11	0,63	-0,13	1,24
Renten EURO	122	1,05	0,59	-0,11	1,16
Renten EURO Corp. High Yield	26	1,57	0,67	-0,74	2,31
Renten EURO Corp. Inv. Grade	24	0,98	0,46	-0,16	1,14
Renten EURO Welt	63	1,05	0,53	-0,16	1,21
Renten EURO kurz	80	0,55	0,31	0,07	0,48
Renten EURO lang	14	1,43	0,80	-0,29	1,72
Renten EURO mittel	24	0,89	0,46	-0,11	1,01
Renten Emerging Markets	51	3,49	1,10	-1,35	4,84

Anlagestil	N (Fonds)	Quartile % 1.	2.	3.	(1.)-(3.)
Renten Europäische WHG Corp, High Yield	10	1,53	0,48	-0,74	2,27
Renten Europäische WHG Corp, Inv, Grade	4	0,96	0,36	-0,29	1,26
Renten Europäische Währungen	64	1,16	0,60	-0,15	1,31
Renten GBP	26	2,07	0,49	-0,91	2,98
Renten Global High Yield & Emerging Markets	14	2,75	0,95	-0,97	3,71
Renten Globale Währungen	170	1,45	0,42	-0,62	2,07
Renten Inflationsgeschützt	3	1,53	0,70	-0,32	1,85
Renten JPY	7	1,58	-0,23	-2,00	3,59
Renten Mittel-/Osteuropa	13	2,01	0,95	-0,58	2,60
Renten NOK	3	1,56	0,65	-0,45	2,00
Renten SEK	9	1,37	0,41	-0,59	1,97
Renten Skandinavische WHG	2	1,06	0,23	-0,31	1,37
Renten Spezialitäten	3	1,72	0,13	-1,13	2,85
Renten USD	78	2,42	0,45	-1,64	4,06
Renten USD Corp, High Yield	17	2,60	0,35	-1,79	4,38
Renten USD Corp, Inv, Grade	8	2,29	0,39	-1,53	3,82
Renten USD kurz	14	2,17	0,39	-1,62	3,78
Andere	**191**	**1,70**	**0,38**	**-1,03**	**2,73**
AS-Fonds	30	2,83	0,48	-1,94	4,77
Absolute Return Multi Strategy mit Verlusttoleranz	2	0,87	0,29	-0,43	1,30
Absolute Return Multi Strategy ohne Verlusttoleranz	1	1,26	0,56	-0,40	1,66
Absolute Return Single Strategy mit Verlusttoleranz	1	3,30	0,53	-2,62	5,92
Absolute Return Single Strategy ohne Verlusttoleranz	4	1,79	0,51	-0,82	2,61
Asset Backed Securities	22	1,30	0,57	-0,50	1,80
Dynamische Wertsicherungsfonds	4	1,08	0,21	-0,65	1,73
Garantiefonds	7	0,99	0,10	-0,80	1,79
Genußscheine	20	1,00	0,56	-0,04	1,04
Immobilien	24	0,72	0,39	0,12	0,60
Laufzeitfonds Euroland	3	0,63	0,31	0,04	0,60
Sonstige Laufzeitfonds	18	1,39	0,42	-0,64	2,02
Spezialitäten	17	2,94	0,44	-2,74	5,68
Wandel- und Optionsanleihen	38	2,07	0,34	-1,38	3,45
Alle	**3788**	**3,15**	**0,61**	**-2,21**	**5,36**

Tabelle A.6: Häufigkeit der Ausreißer

	Anteile der Häufigkeiten der Ausreißer (%) k =							
Anlagestile	**2**	**3**	**4**	**5**	**6**	**7**	**8**	**9**
Aktien	**4,40**	**0,61**	**0,10**	**0,01**				
Aktien Asien Pazifik ex Japan	4,46	0,72	0,04					
Aktien Asien Pazifik inklusive Japan	4,49	0,46	0,10	0,02				
Aktien Australien	4,29	0,26						
Aktien Biotechnologie	4,76	0,51	0,17					
Aktien Branchen und Themen	4,05	0,40						
Aktien Deutschland	3,99	1,26	0,14	0,01				
Aktien Deutschland Mid/Small Caps	3,75	1,64						
Aktien Dänemark	4,37	0,78						
Aktien Emerging Markets	3,66	0,35	0,21			0,01		
Aktien Energie	4,24	0,35						
Aktien Euroland	5,77	0,66	0,02					
Aktien Euroland Konvergenz	2,81		0,60					
Aktien Euroland Mid/Small Caps	5,19	0,41	0,57					
Aktien Europa	5,27	0,55	0,01	0,01				
Aktien Europa Mid/Small Caps	4,18	1,23	0,16	0,02				
Aktien Europa ex UK	5,25	0,76						
Aktien Finanzwerte	5,68	0,83						
Aktien Frankreich	5,65	0,40	0,03					

	Anteile der Häufigkeiten der Ausreißer (%)							
				$k =$				
Anlagestile	**2**	**3**	**4**	**5**	**6**	**7**	**8**	**9**
Aktien Gesundheitswesen	4,30	0,24	0,13					
Aktien Greater China	3,22	1,08	0,19	0,09				
Aktien Großbritannien	5,05	0,19	0,02					
Aktien Großbritannien Mid/Small Caps	3,72	0,75						
Aktien Indien	4,29	0,13						
Aktien Informationstechnologie	4,16	0,40						
Aktien Italien	3,67	1,28	0,26	0,06				
Aktien Japan	4,74	0,16						
Aktien Japan Mid/Small Caps	3,83	0,72	0,15					
Aktien Konsumwerte	4,54	0,50						
Aktien Korea	4,30	0,60	0,14	0,26				
Aktien Lateinamerika	4,63	0,29	0,33					
Aktien Mittel-/Osteuropa	2,53	0,45	0,44	0,02				
Aktien Nachhaltigkeit/Ethik	5,08	0,36		0,04				0,02
Aktien Niederlande	4,80	0,98						
Aktien Nordamerika	5,02	0,20						
Aktien Nordamerika EURO-Hedged	5,32	0,46						
Aktien Nordamerika Mid/Small Caps	4,47	0,63	0,02					
Aktien Nordamerika Mid/Small Caps EURO-Hedged	3,72	1,51						
Aktien Rohstoffe	2,78	0,50	0,17					
Aktien Rohstoffe & Energie	4,15	0,49						
Aktien Rußland	2,87	1,25	0,37					
Aktien Schweden	5,06	0,09						
Aktien Schweiz	4,04	1,06	0,02					
Aktien Schweiz Mid/Small Caps	3,73	1,10	0,07					
Aktien Singapur	5,54	1,68						
Aktien Skandinavien	4,74	0,47	0,08					
Aktien Sonstige Länderfonds	3,47	0,58	0,10					
Aktien Spanien	4,97	0,60	0,05					
Aktien Technologie	4,93	0,29						
Aktien Telemedien	5,55	0,61						
Aktien Thailand	4,76	0,82						
Aktien Türkei	3,93	0,51	0,40					
Aktien Umwelttechnologie/Ökologie	4,93	0,27						
Aktien Versorger	5,98							
Aktien Welt	4,70	0,40	0,01					
Aktien Welt Mid/Small Caps	3,73	1,00	0,13					
Aktien Österreich	4,25	0,44	0,16					
Aktien Gold	3,89	0,48	0,28					
Immobilienaktien	4,08	0,48	0,06					
Dachfonds	**3,75**	**0,57**	**0,07**					
Dachfonds Aktien Asien Pazifik	3,61	1,35	0,25					
Dachfonds Aktien Branchen und Themen	4,12	0,13	0,09					
Dachfonds Aktien Emerging Markets	4,21	1,03						
Dachfonds Aktien Europa	4,97	0,38		0,02				
Dachfonds Aktien Welt	4,36	0,49	0,10		0,01			
Dachfonds Renten	2,63		0,17					
Dachfonds dynamisch	2,89	0,88						
Dachfonds flexibel	2,08	0,55						
Dachfonds konservativ	4,84	0,35	0,03	0,01				
Geldmarkt	**4,02**	**0,58**	**0,09**	**0,01**	**0,01**			
Geldmarkt AUD	4,64	0,70						
Geldmarkt CAD	3,01	0,59	0,28					
Geldmarkt CHF	3,98	0,34	0,07	0,02		0,01		
Geldmarkt EURO	4,91	1,60	0,14		0,04			
Geldmarkt GBP	4,22	0,28	0,06	0,02	0,04			
Geldmarkt Skandinavische WHG	4,40	0,30	0,09	0,03	0,01			
Geldmarkt USD	3,32	0,64	0,12	0,03	0,02	0,01	0,01	0,01
Sonstige Geldmärkte	3,65	0,18						
Mischfonds	**3,66**	**0,83**	**0,14**	**0,06**	**0,06**	**0,01**		
Mischfonds dynamisch	3,06	0,50	0,11		0,05			
Mischfonds flexibel	2,93	0,47	0,14	0,18	0,13	0,02		
Mischfonds konservativ	4,99	1,51	0,16					
Renten	**3,69**	**0,62**	**0,11**	**0,03**	**0,04**			

	Anteile der Häufigkeiten der Ausreißer (%) $k =$							
Anlagestile	**2**	**3**	**4**	**5**	**6**	**7**	**8**	**9**
Renten $-Raum	3,40	0,31	0,42					
Renten AUD	4,01	0,27	0,11	0,03	0,01			
Renten CAD	3,66	0,70						
Renten CHF	3,66	0,86	0,21	0,11				
Renten CHF kurz	3,65	0,37	0,07	0,02	0,01			
Renten DKK	3,88	0,39						
Renten EURO	2,56	1,40	0,35					
Renten EURO Corp. High Yield	2,81	0,20	0,08	0,08	0,15			
Renten EURO Corp. Inv. Grade	3,66	1,16						
Renten EURO Welt	3,75	0,87	0,19	0,06				
Renten EURO kurz	3,02	1,01						
Renten EURO lang	2,43	0,52			0,77			
Renten EURO mittel	2,68	0,09	0,08	0,01				
Renten Emerging Markets	3,45	0,61						
Renten Europäische WHG Corp. High Yield	3,16							
Renten Europäische WHG Corp. Inv. Grade	3,90		0,08					
Renten Europäische Währungen	4,83	0,43	0,20					
Renten GBP	6,46							
Renten Global High Yield & Emerging Markets								
Renten Globale Währungen								
Renten Inflationsgeschützt	5,10	0,50	0,13					
Renten JPY	3,13	0,38						
Renten Mittel-/Osteuropa								
Renten NOK	4,31	0,58	0,06	0,11				
Renten SEK	2,91	1,82	0,14					
Renten Skandinavische WHG	3,39	0,73		0,22				
Renten Spezialitäten	3,44	1,22	0,43	0,21	0,06	0,03	0,05	
Renten USD	5,04	0,66	0,03					
Renten USD Corp. High Yield	3,28	0,67	0,22					
Renten USD Corp. Inv. Grade	3,35	1,01	0,28	0,05				
Renten USD kurz	4,51	0,64	0,06	0,01				
Andere	**0,53**	**0,09**	**0,01**	**0,71**	**0,84**	**0,90**	**0,89**	**0,87**
AS-Fonds								
AR Multi Strategy mit Verlusttoleranz								
AR Multi Strategy ohne Verlusttoleranz	4,98	0,46						
AR Single Strategy mit Verlusttoleranz								
AR Single Strategy ohne Verlusttoleranz	2,15	1,64						
Asset Backed Securities								
Dynamische Wertsicherungsfonds	2,90	0,40			0,18			
Garantiefonds	3,67	0,50						
Genußscheine	3,58	0,47		0,02				
Immobilien	4,36	0,60						
Laufzeitfonds Euroland	4,21							
Sonstige Laufzeitfonds	2,17	0,77						
Spezialitäten	4,30	0,34		0,05				
Wandel- und Optionsanleihen	3,65	0,46	0,14	0,06	0,03	0,01	0,01	

B Anhänge zu Kap. 6

In diesem Anhang werden Auswertungen aus dem Kap. 6 hauptsächlich für Investmentfonds präsentiert. Die folgenden Tabellen veranschaulichen Phasencharakteristika, die aus unterschiedlichen Methoden zur Phasenbestimmung (EDWARDS und CAGLAYAN (2001b), BB-Methode, Markov-Switching-Modelle) resultieren. Ebenfalls sind hier die Boxplots der Verteilung der Korrelation- und die R^2-Werte abgebildet. Die Abbildungen der Wertentwicklung sind hier für die Subanlagestile der Hedge Fonds sowie für die Hauptanlagestile der Investmentfonds zu finden.

Tabelle B.1: Statistiken für MSCIW-Phasen für Investmentfonds (nach EDWARDS und CAGLAYAN (2001b))

Anlagestil	Gesamt		1% Bull		1% Bear		0% Bull		0% Bear	
	ÜR (% p.a.)	Vola (% p.a.)	ÜR (% p.a.)	Vola (% p.a.)	ÜR (% p.a.)	Vola (% p.a.)	ÜR (% p.a.)	Vola (% p.a.)	ÜR (% p.a.)	Vola (% p.a.)
Aktien	3,01	22,25	57,03	17,37	−30,69	19,65	45,43	17,87	−36,88	19,52
Aktien Asien Pazifik ex Japan	5,17	25,88	68,53	21,91	−34,90	21,76	52,09	22,30	−40,83	21,90
Aktien Asien Pazifik inklusive Japan	3,64	22,11	52,19	20,31	−29,43	17,78	39,21	20,19	−33,66	18,33
Aktien Australien	7,90	19,25	52,20	15,12	−24,78	17,34	42,86	15,34	−31,05	17,61
Aktien Biotechnologie	−0,70	33,45	72,65	27,46	−39,90	31,33	57,65	28,85	−47,69	30,25
Aktien Branchen und Themen	−1,03	19,19	47,89	13,65	−29,91	17,38	37,07	14,44	−35,24	17,39
Aktien Deutschland	4,84	21,98	59,73	16,46	−31,74	19,67	46,98	17,18	−38,35	19,76
Aktien Deutschland Mid/Small Caps	7,67	18,55	44,90	14,12	−20,55	18,35	38,52	14,57	−27,67	18,31
Aktien Dänemark	8,31	17,97	44,76	14,88	−18,87	16,78	39,25	14,56	−24,90	17,13
Aktien Emerging Markets	7,49	25,42	75,58	19,52	−33,99	22,39	60,42	19,85	−41,10	22,72
Aktien Energie	6,26	18,50	39,43	16,81	−17,82	16,94	33,95	17,01	−23,86	16,32
Aktien Euroland	0,93	19,69	59,01	12,89	−33,54	16,73	47,62	14,11	−40,26	15,76
Aktien Euroland Konvergenz	13,56	26,47	81,07	17,98	−27,05	26,56	72,81	19,31	−36,96	25,65
Aktien Euroland Mid/Small Caps	11,01	25,14	62,92	17,06	−25,05	26,76	60,32	20,60	−36,97	22,73
Aktien Europa	2,17	17,58	48,08	12,12	−28,53	15,57	39,54	12,79	−35,16	15,06
Aktien Europa Mid/Small Caps	2,15	25,80	66,13	17,69	−33,20	24,96	56,50	19,59	−42,22	23,10
Aktien Europa ex UK	5,78	18,41	53,77	13,08	−26,58	16,35	44,81	14,17	−33,94	15,16
Aktien Finanzwerte	1,52	19,16	52,33	13,77	−29,93	16,89	41,01	14,03	−35,37	17,50
Aktien Frankreich	5,92	19,90	54,18	15,21	−28,08	17,56	42,99	15,89	−34,19	17,54
Aktien Gesundheitswesen	−0,77	19,14	28,12	15,93	−20,15	19,36	22,48	16,16	−24,10	19,73
Aktien Greater China	5,69	31,30	64,99	29,39	−32,69	26,73	50,21	28,66	−38,20	27,54
Aktien Großbritannien	5,10	15,87	42,57	11,29	−23,29	14,62	34,16	12,03	−28,77	14,62
Aktien Großbr. Mid/Small Caps	12,24	19,88	59,82	15,58	−19,42	18,70	50,39	15,62	−26,04	19,23
Aktien Indien	15,93	31,17	55,12	30,64	−14,86	29,20	49,10	30,62	−22,86	28,39
Aktien Informationstechnologie	−6,75	38,83	121,65	30,19	−57,54	31,11	91,92	30,78	−65,20	29,88
Aktien Italien	10,04	23,03	52,24	20,66	−20,91	21,07	45,31	21,75	−27,98	18,88
Aktien Japan	−0,60	22,83	40,53	22,06	−29,55	18,99	28,17	21,64	−32,42	20,04
Aktien Japan Mid/Small Caps	6,01	29,09	42,71	29,59	−21,35	25,87	30,41	28,62	−22,57	27,46
Aktien Konsumwerte	−0,67	17,11	36,05	13,07	−24,45	15,90	26,29	13,60	−27,37	16,56

Anlagestil	Gesamt		1%				0%			
			Bull		Bear		Bull		Bear	
	ÜR (% p.a.)	Vola (% p.a.)	ÜR (% p.a.)	Vola (% p.a.)	ÜR (% p.a.)	Vola (% p.a.)	ÜR (% p.a.)	Vola (% p.a.)	ÜR (% p.a.)	Vola (% p.a.)
Aktien Korea	9,97	41,55	111,31	41,92	−46,83	29,68	72,03	41,75	−48,17	31,34
Aktien Lateinamerika	13,04	31,13	93,13	24,65	−34,58	28,88	81,88	24,34	−45,48	28,35
Aktien Mittel-/Osteuropa	17,58	28,51	85,29	21,72	−25,36	28,22	78,05	21,28	−37,11	28,30
Aktien Nachhaltigkeit/Ethik	−2,06	18,51	42,56	12,57	−30,63	17,17	33,78	13,73	−36,82	16,72
Aktien Niederlande	6,26	19,89	54,39	14,46	−28,81	18,27	46,04	14,68	−36,80	18,07
Aktien Nordamerika	1,58	20,16	51,63	15,61	−30,87	17,44	39,44	16,12	−35,87	17,75
Aktien Nordamerika EURO-Hedged	−5,07	20,57	49,13	13,98	−36,09	18,08	41,71	15,44	−44,21	15,83
Aktien Nordamerika Mid/Small Caps	7,38	23,52	67,69	17,48	−30,33	21,42	54,61	18,98	−37,09	20,25
Aktien Nordam. M/S Caps EURO-Hedged	2,37	22,22	74,90	12,20	−35,43	20,07	63,75	13,70	−45,41	18,27
Aktien Rohstoffe	5,46	22,01	53,51	19,62	−27,33	18,70	41,61	19,54	−32,27	19,34
Aktien Rohstoffe & Energie	6,82	20,77	51,53	17,73	−23,99	18,40	42,14	17,84	−30,38	18,49
Aktien Rußland	39,45	61,28	140,97	61,19	−22,74	56,78	129,15	58,00	−39,05	59,32
Aktien Schweden	5,58	24,41	73,70	18,94	−35,86	20,23	61,47	18,99	−43,56	19,70
Aktien Schweiz	6,03	16,77	41,69	12,65	−21,10	15,98	33,93	12,75	−26,36	16,78
Aktien Schweiz Mid/Small Caps	8,59	19,78	45,35	15,12	−19,03	20,27	40,69	14,88	−27,76	20,77
Aktien Singapur	6,89	31,11	69,72	28,95	−34,34	26,95	53,02	28,57	−39,42	28,03
Aktien Skandinavien	8,21	22,50	66,85	18,45	−29,32	18,90	57,45	18,20	−38,75	17,95
Aktien Sonstige Länderfonds	6,15	26,85	55,76	23,09	−26,53	25,35	46,15	22,89	−32,75	25,73
Aktien Spanien	7,80	21,53	54,97	16,72	−25,96	20,44	46,22	17,49	−33,45	19,82
Aktien Technologie	−6,40	33,95	99,98	25,68	−54,01	27,20	76,12	26,37	−61,72	26,02
Aktien Telemedien	−8,07	28,02	70,24	20,76	−47,94	23,30	53,56	21,08	−55,05	22,80
Aktien Thailand	6,19	39,56	76,47	37,74	−37,24	35,13	52,03	37,95	−39,82	36,38
Aktien Türkei	24,54	52,52	207,45	42,03	−44,82	49,02	166,42	41,65	−56,56	49,59
Aktien Umwelttechnologie/Ökologie	−0,49	17,45	41,97	9,94	−28,69	17,31	33,29	11,45	−35,54	17,06
Aktien Versorger	−0,82	14,03	16,99	11,11	−14,03	15,06	16,65	10,66	−20,25	15,57
Aktien Welt	1,35	18,35	49,79	13,29	−30,54	15,63	39,41	13,83	−36,37	15,57
Aktien Welt Mid/Small Caps	2,43	26,14	67,58	19,36	−34,90	24,23	56,25	21,41	−42,71	21,91
Aktien Österreich	9,75	17,66	33,71	16,32	−9,89	17,09	29,20	16,13	−14,10	17,46
Aktien Gold	5,41	33,85	28,39	33,17	−13,78	33,71	31,36	31,45	−25,37	35,18
Immobilienaktien	8,94	15,62	32,28	12,89	−9,40	15,91	27,25	13,35	−12,38	16,22
Dachfonds	−2,53	12,72	31,10	8,24	−23,61	11,28	25,11	8,73	−28,69	10,96
Dachfonds Aktien Asien Pazifik	0,24	17,76	35,93	15,67	−23,28	15,99	28,35	15,60	−28,27	16,15
Dachfonds Aktien Br. & Th.	−15,42	26,32	50,01	16,78	−48,67	24,54	38,33	18,94	−56,58	23,00
Dachfonds Aktien Emerging Markets	9,90	23,27	73,79	17,96	−26,61	21,08	63,21	18,01	−35,94	20,53
Dachfonds Aktien Europa	−0,41	19,05	50,20	12,05	−31,01	17,73	43,72	12,92	−38,92	16,58
Dachfonds Aktien Welt	−4,22	18,53	47,12	11,77	−34,34	16,35	37,44	12,41	−41,06	16,06
Dachfonds Renten	0,69	2,00	0,23	1,96	1,11	1,97	0,71	2,00	0,68	1,96
Dachfonds dynamisch	−3,15	14,53	36,12	9,46	−28,20	12,59	28,78	10,01	−33,90	12,29
Dachfonds flexibel	−2,03	10,31	24,21	6,62	−19,98	9,19	19,73	7,05	−24,63	8,90
Dachfonds konservativ	−0,16	4,60	10,17	3,28	−8,25	4,13	8,81	3,45	−10,78	3,85

Anlagestil	Gesamt		1% Bull		1% Bear		0% Bull		0% Bear	
	ÜR (% p.a.)	Vola (% p.a.)	ÜR (% p.a.)	Vola (% p.a.)	ÜR (% p.a.)	Vola (% p.a.)	ÜR (% p.a.)	Vola (% p.a.)	ÜR (% p.a.)	Vola (% p.a.)
Geldmarkt	−0,01	4,19	0,72	4,07	−0,74	4,26	−0,04	3,96	0,01	4,47
Geldmarkt AUD	2,38	11,02	14,89	10,53	−9,51	10,47	10,51	10,28	−10,00	11,32
Geldmarkt CAD	1,39	10,65	5,98	9,92	−3,20	11,25	4,42	9,46	−3,42	12,29
Geldmarkt CHF	−1,24	3,56	−3,47	3,57	1,00	3,40	−3,63	3,44	2,52	3,45
Geldmarkt EURO	−0,31	0,56	−0,40	0,55	−0,23	0,56	−0,36	0,54	−0,24	0,57
Geldmarkt GBP	2,38	7,55	5,61	6,89	−0,88	8,08	4,51	6,74	−0,99	8,64
Geldmarkt Skandinavische WHG	0,82	4,19	2,74	4,41	−1,14	3,87	3,02	4,17	−2,56	3,94
Geldmarkt USD	−0,09	9,83	1,26	9,66	−1,51	10,02	−0,91	9,40	1,09	10,51
Sonstige Geldmärkte	1,21	5,88	3,56	5,67	−1,14	6,05	2,20	5,61	−0,37	6,30
Mischfonds	0,90	9,63	22,62	7,16	−15,64	8,51	18,39	7,49	−19,10	8,37
Mischfonds dynamisch	0,62	13,62	34,64	9,26	−23,92	12,04	28,02	9,88	−28,95	11,83
Mischfonds flexibel	0,98	10,58	25,08	7,93	−17,26	9,27	20,34	8,28	−21,06	9,12
Mischfonds konservativ	0,88	5,21	10,16	4,25	−7,20	4,75	8,44	4,36	−9,02	4,69
Renten	2,22	5,78	5,29	5,38	−0,44	5,88	4,72	5,35	−0,98	6,02
Renten $-Raum	1,88	9,24	4,08	9,20	−0,34	9,29	2,25	9,03	1,33	9,61
Renten AUD	3,74	10,43	16,55	9,34	−7,78	10,38	12,74	9,31	−8,94	11,03
Renten CAD	5,33	10,08	13,06	9,31	−2,08	10,46	11,95	9,32	−4,25	10,69
Renten CHF	0,72	4,52	−1,05	4,54	2,46	4,41	−1,38	4,42	3,93	4,46
Renten CHF kurz	−1,00	3,77	−3,81	3,67	1,68	3,69	−3,90	3,53	3,40	3,74
Renten DKK	2,64	3,38	3,06	3,25	2,17	3,46	2,98	3,39	2,09	3,28
Renten EURO	2,28	3,13	2,41	3,09	2,08	3,12	2,65	3,11	1,65	3,12
Renten EURO Corp. High Yield	0,87	9,24	17,94	7,03	−11,90	9,18	15,46	6,97	−15,53	9,43
Renten EURO Corp. Inv. Grade	1,86	3,08	2,62	3,00	1,19	3,11	3,11	3,04	0,25	3,05
Renten EURO Welt	1,96	3,34	2,57	3,29	1,32	3,33	2,77	3,33	0,72	3,29
Renten EURO kurz	0,30	1,32	0,35	1,29	0,23	1,29	0,39	1,29	0,16	1,29
Renten EURO lang	3,69	4,51	4,02	4,64	3,23	4,35	4,30	4,64	2,65	4,30
Renten EURO mittel	1,31	2,61	1,00	2,48	1,52	2,63	1,22	2,51	1,35	2,63
Renten Emerging Markets	7,86	14,15	23,31	11,17	−4,81	15,64	21,75	11,34	−8,74	16,14
Renten Europäische WHG Corp. HY	−0,22	8,92	15,32	6,91	−12,28	8,89	13,15	6,75	−15,61	9,23
Renten Europäische WHG Corp. Inv. Grade	1,29	3,36	3,53	3,02	−0,50	3,52	3,97	3,02	−2,00	3,52
Renten Europäische Währungen	2,59	3,69	3,96	3,65	1,22	3,62	4,02	3,67	0,46	3,57
Renten GBP	3,51	7,93	6,47	7,43	0,60	8,22	6,05	7,22	−0,37	8,74
Renten Global HY & Emerging Markets	6,11	10,85	19,43	9,16	−4,99	11,34	17,34	9,26	−7,80	11,62
Renten Globale Währungen	1,87	5,31	4,27	5,04	−0,50	5,45	3,45	5,06	−0,55	5,57
Renten Inflationsgeschützt	4,24	4,95	3,00	5,10	5,30	4,80	4,44	4,91	4,03	4,99

Anlagestil	Gesamt		1% Bull		1% Bear		0% Bull		0% Bear	
	ÜR (% p.a.)	Vola (% p.a.)	ÜR (% p.a.)	Vola (% p.a.)	ÜR (% p.a.)	Vola (% p.a.)	ÜR (% p.a.)	Vola (% p.a.)	ÜR (% p.a.)	Vola (% p.a.)
Renten Mittel-/Osteuropa	5,78	7,07	13,26	6,29	−0,54	7,30	13,64	6,12	−3,86	7,35
Renten NOK	2,79	5,73	2,78	6,52	2,68	4,91	3,61	6,06	1,62	5,27
Renten SEK	1,98	6,31	6,76	6,35	−2,71	5,84	7,32	6,33	−5,84	5,48
Renten Skandinavische WHG	1,15	3,90	4,26	3,99	−1,87	3,65	4,66	3,92	−3,66	3,49
Renten Spezialitäten	−2,13	11,45	16,40	8,85	−15,73	11,21	13,65	8,59	−19,36	11,48
Renten USD	1,92	9,60	2,55	9,52	1,22	9,65	1,41	9,25	2,61	10,11
Renten USD Corp. High Yield	0,75	11,92	13,02	11,53	−9,78	11,48	9,62	11,29	−10,66	12,05
Renten USD Corp. Inv. Grade	1,41	9,17	1,36	9,05	1,24	9,27	0,42	8,79	2,59	9,70
Renten USD kurz	0,52	9,46	1,92	9,41	−0,95	9,53	−0,11	9,17	1,38	9,93
Andere	0,95	7,87	15,31	6,48	−9,43	7,02	12,51	6,73	−11,41	6,73
AS-Fonds	2,68	12,84	37,81	8,58	−21,21	11,00	32,98	9,86	−26,96	9,15
Absolute Return Multi Strategy mit Verlusttoleranz	−1,02	3,67	3,36	3,33	−4,49	3,20	3,14	3,16	−6,00	3,25
Absolute Return Multi Strategy ohne Verlusttoleranz	1,50	4,02	11,89	2,40	−8,44	3,12	9,78	2,71	−10,69	2,94
Absolute Return Single Strategy mit Verlusttoleranz	0,22	17,86	45,02	12,53	−32,58	15,49	38,37	13,02	−38,76	14,74
Absolute Return Single Strategy ohne Verlusttoleranz	1,82	8,51	8,07	7,91	−3,24	8,53	5,95	7,63	−2,92	8,97
Asset Backed Securities	1,73	4,59	1,70	4,35	1,66	4,82	1,59	4,28	1,78	4,97
Dynamische Wertsicherungsfonds	−0,28	5.11	7,08	4,66	−6,44	4,48	5,37	4,71	−7,45	4,40
Garantiefonds	−1,91	5,93	11,26	4,33	−10,86	5,18	8,82	4,78	−13,23	4,92
Genußscheine	1,61	3,10	3,41	2,88	−0,21	3,24	2,86	2,92	−0,34	3,30
Immobilien	1,95	2,23	2,53	2,27	1,39	2,11	2,05	2,19	1.80	2,20
Laufzeitfonds Euroland	0,47	1,79	0,41	1,86	0,48	1,70	0,49	1,84	0,38	1,70
Sonstige Laufzeitfonds	0,71	5,30	3,25	5,25	−1,82	5,23	2,27	5,37	−1,71	5,14
Spezialitäten	−1,97	16,31	28,28	12,38	−22,15	15,61	21,49	12,77	−25,53	15,79
Wandel- und Optionsanleihen	1,51	10,17	18,33	9,56	−11,78	8,65	14,25	9,51	−14,01	8,64
Gesamt	2,04	15,04	35,23	11,87	−19,17	13,50	28,22	12,18	−23.15	13,43
MSCIW	2,06	14,27	49,21	7,49	−30,48	10,38	39,43	8,04	−37,63	9,77

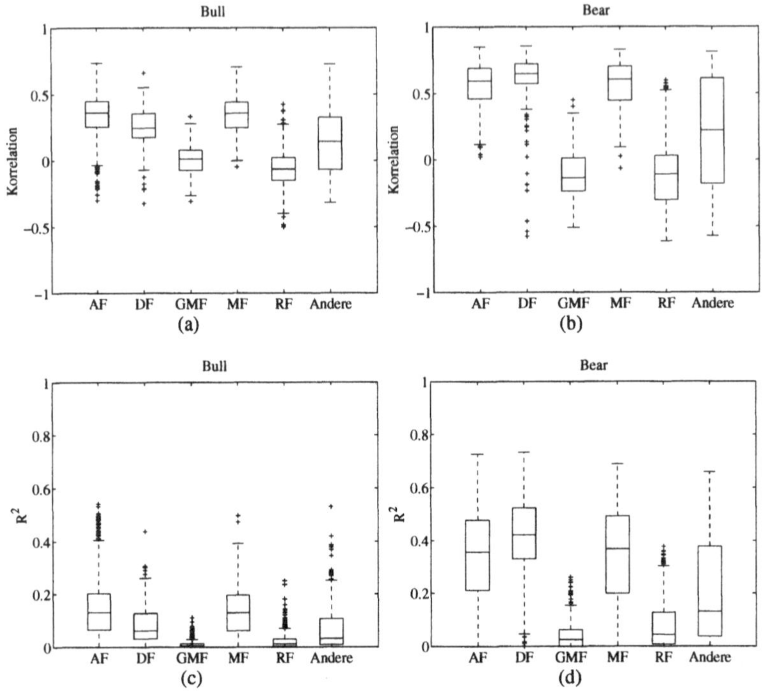

Abbildung B.1: Boxplots für Korrelation und R^2 für Investmentfonds und MSCIW Renditen in Bull und Bear Phasen (nach EDWARDS und CAGLAYAN (2001b), $\theta = 0$) erfasst für Hauptanlagestile

Darstellung der Korrelation und R^2 für alle Investmentfonds innerhalb einer Anlagestilgruppe durch Boxplots. Jede Box repräsentiert die Verteilungseigenschaften der beiden Charakteristika. Obere, mittlere und untere Grenze jeder Box stellen entsprechend das höchste Quartil (75%), den Median und das niedrigste Quartil (25%) der Verteilung dar. Gestrichelte Linien aus der oberen bzw. unteren Grenze der Box (Whisker) grenzen das 1,5-fache des Interquartilsabstands ab. Werte außerhalb dieser Striche deuten auf Ausbreitung der Daten über die Quartilsgrenzen hinaus, die s.g. Ausreißer, die durch '+' gekennzeichnet sind. Bei fehlenden Ausreißern weisen abschliessende Striche (Whisker) auf das Vorhandensein eines Maximums bzw. eines Minimums auf. Für die Wertetabelle siehe Anhang E.2 S. 504.

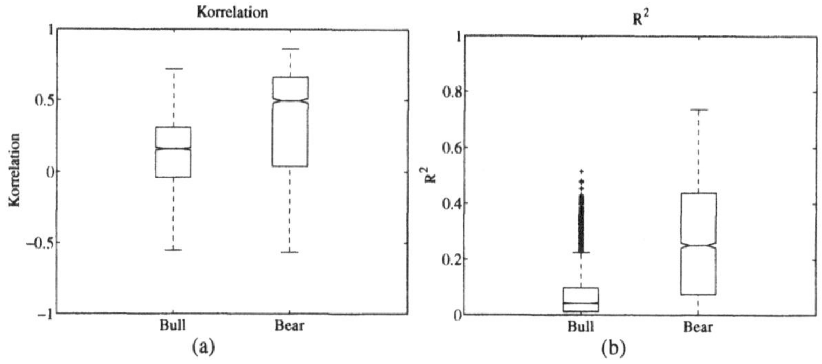

Abbildung B.2: Medianvergleich durch Boxplots der Korrelation und R^2 für Investmentfonds und MSCIW Renditen in Bull und Bear Phasen (nach EDWARDS und CAGLAYAN (2001b), $\theta = 0$) erfasst für Hauptanlagestile

Die Graphiken vergleichen zwei Boxplots für alle Investmentfonds in Bull und Bear Phasen. Die Grübchen stellen eine robuste Schätzung des Medianvergleichs zweier Gruppen (entspricht dem t-Test) dar. In beiden Graphiken überlappen die Grübchen nicht, was daraus schliessen lässt, dass sich die Mediane jeweils der Korrelation und des R^2 für Investmentfonds und MSCIW Renditen in Bull und Bear Phasen auf dem 95%-Konfidenzniveau unterscheiden. Für die Wertetabelle siehe Anhang E.2 S. 504.

	A	B	C	D	E	F	G
1	Datum	Kurszeitreihe	Renditebildung	Vorzeichenkodierung	Nebenbedingung	Max und Min	Phasenkodierung
2							
3	Jun-93	567,29					
4	Jul-93	578,02					
5	Aug-93	603,56					
6	Sep-93	591,44					
7	Okt-93	606,77	=(B9-B3)/B3	=WENN(C9>0;1;0)	=WENN(SUMME(D9:D11)>=2;1;0)		
8	Nov-93	571,49					
9	Dez-93	598,50	0,06	1	1		1
10	Jan-94	637,01	0,10	1	1		1
11	Feb-94	627,79	0,04	1	1		1
12	Mrz-94	599,74	0,01	1	1		1
13	Apr-94	617,30	0,02	1	1		1
14	Mai-94	617,91	0,08	1	1		1
15	Jun-94	615,19	0,03	1	1	=MAX(B9:B19)	1
16	Jul-94	625,89	-0,02	0	1		1
17	Aug-94	643,74	0,03	1	1	643,74	1
18	Sep-94	625,81	0,04	1	1		0
19	Okt-94	642,57	0,04	1	1		0
20	Nov-94	613,68	-0,01	0	0		0
21	Dez-94	618,59	0,01	1	0		0
22	Jan-95	608,26	-0,03	0	0	608,26	0
23	Feb-95	616,07	-0,04	0	1		1
24	Mrz-95	644,67	0,03	1	1		1
25	Apr-95	666,04	0,04	1	1		1
26	Mai-95	670,64	0,09	1	1	670,64	1

Abbildung B.3: Bestimmung von Bull und Bear Phasen nach der modifizierten BB-Methode für den MSCIW.

Die Abbildung veranschaulicht die Bestimmung von Marktphasen in Abhängigkeit von der MSCIW-Entwicklung nach der modifizierten BB-Methode anhand eines Excel-Screenshots. Die Vorgehensweise ist mithilfe von fünf Rechenschritten dargestellt. Aus der Kurszeitreihe werden Renditen in Bezug zum sechsten Monat gebildet. Anhand des Renditevorzeichens werden die Renditen durch „0" und „1" umkodiert. Zusätzlich wird eine Nebenbedingung eingeführt, nach der eine Zeitperiode mindestens 2 nahe liegende gleiche Kodierungen beinhalten muss. Aus der Kurszeitreihe werden für entsprechende Kodierungszeitfenster Maximum (für Kodierung „1") oder Minimum (für Kodierung „0") identifiziert. Diese Werte indizieren das Ende jeder Phase.

Tabelle B.2: Phasencharakteristika für einzelne IF-Anlagestilgruppen in MSCIW-Phasen (BB-Methode)

Übersicht der Phasencharakteristika für einzelne Anlagestilgruppen als Durchschnittswerte: **ÜR (% p.a.)** annualisierte Überschussrendite im Durchschnitt für alle (Bull oder Bear) Phasen, **Vola (% p.a.)** annualisierte Volatilität der Überschussrendite im Durchschnitt für alle (Bull oder Bear) Phasen, **A (%)** Amplitude der Rendite, **V (%)** Variabilität der Phasenrenditen, **ÜI** Überschußindex, **% pos.R.** Anteil der positiven Renditen.

Anlagestil	Bull						Bear					
	ÜR (% p.a.)	Vola (% p.a.)	A (%)	V (%)	ÜI	% pos.R	ÜR (% p.a.)	Vola (% p.a.)	A (%)	V (%)	ÜI	% pos.R
Aktien	26,17	21,77	48,21	0,98	−0,25	64,93	−24,50	22,91	−21,87	1,65	0,11	37,07
Aktien Asien Pazifik ex Japan	22,67	27,57	49,05	1,28	−0,25	60,62	−22,92	23,78	−18,69	1,73	0,10	33,13
Aktien Asien Pazifik inklusive Japan	20,20	23,29	49,75	1,11	−0,26	58,21	−23,32	20,51	−21,33	1,79	0,11	36,34
Aktien Australien	16,62	19,16	33,86	1,05	−0,17	62,42	−13,32	20,04	−11,36	2,29	0,06	48,04
Aktien Biotechnologie	36,86	29,42	43,77	0,95	−0,23	66,33	−28,39	38,64	−32,51	1,45	0,17	35,26
Aktien Branchen und Themen	17,95	19,08	19,38	0,79	−0,10	62,05	−20,14	20,30	−21,25	0,63	0,11	40,41
Aktien Deutschland	27,47	21,48	58,67	1,08	−0,30	67,54	−28,34	22,54	−20,50	2,43	0,10	35,38
Aktien Deutschland Mid/Small Caps	29,64	17,02	65,55	0,67	−0,34	69,79	−24,05	19,34	−17,45	1,74	0,09	37,98
Aktien Dänemark	24,84	16,15	41,28	0,97	−0,21	69,75	−18,89	20,18	−14,83	1,63	0,08	39,73
Aktien Emerging Markets	28,34	23,21	52,19	1,08	−0,27	64,19	−25,54	27,49	−25,27	2,52	0,13	36,29
Aktien Energie	11,48	17,37	22,10	0,99	−0,11	57,70	−9,41	18,62	−7,49	1,15	0,04	46,34
Aktien Euroland	28,46	20,69	36,67	0,86	−0,19	68,37	−26,48	18,99	−24,86	1,01	0,13	31,71
Aktien Euroland Konvergenz	32,46	24,72	39,93	1,06	−0,21	62,57	−15,21	28,47	−17,07	1,83	0,09	42.92
Aktien Euroland Mid/Small Caps	53,59	25,47	109,54	0,87	−0,57	75,88	−32,69	23,85	−28,24	1,16	0,15	36,14
Aktien Europa	23,28	17,75	43,35	0,82	−0,22	70.52	−24,63	17,28	−20,75	1,34	0,11	34,80
Aktien Europa Mid/Small Caps	50,77	24,63	74,92	1,01	−0,39	70,75	−34,99	25,44	−29,44	1,24	0,15	33,84
Aktien Europa ex UK	28,25	19,32	58,51	0,93	−0,30	71,40	−23,61	17,05	−19,84	1,57	0,10	34,07
Aktien Finanzwerte	18,21	20,92	21,52	0,87	−0,11	62,80	−18,54	19,67	−19,73	1,06	0,10	44,36
Aktien Frankreich	27,01	19,69	61,59	1,11	−0,32	68,34	−25,33	19,12	−17,70	2,03	0,09	38,38
Aktien Gesundheitswesen	13,82	18,32	18,22	0,79	−0,09	62,21	−16,57	21,19	−18,34	0,90	0,10	39,58
Aktien Greater China	27,31	34,72	48,54	1,53	−0,25	58,88	−23,74	27,87	−17,39	1,90	0,09	37,58
Aktien Großbritannien	19,66	15,35	52,35	0,82	−0,27	68,53	−19,93	16,30	−14,56	1,40	0,07	34,89
Aktien Großbr. Mid/Small Caps	44,27	19,10	84,89	0,56	−0,44	67,37	−15,76	21,47	−14,26	0,67	0,07	45,76
Aktien Indien	35,48	32,48	95,05	1,37	−0,49	58,73	−23,42	29,36	−18,63	2,20	0,10	40,11
Aktien Informationstechnologie	67,02	34,91	75,38	1,54	−0,40	62,69	−47,08	42,73	−43,00	1,53	0,22	29,97
Aktien Italien	30,09	25,63	63,33	1,26	−0,33	62,45	−18,19	19,68	−15,35	2,10	0,08	42,40
Aktien Japan	13,24	23,14	39,67	1,08	−0,21	54,13	−24,68	22,79	−24,13	2,19	0,12	35.59
Aktien Japan Mid/Small Caps	24,40	29,24	91,40	1,19	−0,48	54,16	−22,62	29,89	−23,71	2,49	0,12	37,73
Aktien Konsumwerte	10,21	17,68	16,99	0,74	−0,09	58,83	−14,24	18,30	−14,24	0,78	0,07	46,60

Anlagestil	Bull						Bear					
	ÜR (% p.a.)	Vola (% p.a.)	A (%)	V (%)	ÜI	% pos.R	ÜR (% p.a.)	Vola (% p.a.)	A (%)	V (%)	ÜI	% pos.R
Aktien Korea	12,96	45,75	69,92	1,78	−0,36	51,53	−13,40	38,84	−16,86	3,67	0,09	37,76
Aktien Lateinamerika	38,33	28,55	61,47	1,29	−0,32	65,00	−28,46	33,80	−27,55	3,43	0,14	44,54
Aktien Mittel-/Osteuropa	40,07	26,54	72,76	1,09	−0,38	67,82	−16,90	31,16	−19,43	2,82	0,10	43,47
Aktien Nachhaltigkeit/Ethik	15,47	18,06	20,29	0,68	−0,11	62,09	−23,59	19,85	−22,09	1,08	0.11	36,92
Aktien Niederlande	23,23	19,64	61,25	1,04	−0,32	69,31	−24,07	20,13	−16,88	2,16	0,08	40,80
Aktien Nordamerika	21,89	18,88	44,47	0,87	−0,23	64,52	−22,92	22,00	−20,72	1,35	0,11	39,06
Aktien Nordamerika EURO-Hedged	25,91	18,30	25,97	1,34	−0,14	70,63	−27,74	22,63	−28,26	0,86	0,15	34,52
Aktien Nordam. Mid/Small Caps	30,20	21,93	62,25	0,98	−0,32	65,51	−19,76	26,51	−17,15	1,78	0,09	40,94
Aktien Nordam. M/S Caps EURO-Hedged	42,31	17,27	43,41	0,87	−0,23	72,79	−20,79	26,40	−23,19	0,74	0,12	40,37
Aktien Rohstoffe	13,47	22,92	23,56	1,44	−0,12	57,14	−12,07	22,18	−10,60	2,06	0,05	47,55
Aktien Rohstoffe & Energie	16,22	19,55	26,52	0,77	−0,14	60.95	−12,38	20,19	−10,67	1,34	0,05	48,03
Aktien Rußland	89,00	66,99	291,20	2,31	−1,51	59,22	−23,77	58,89	−30,56	6,42	0,16	40,27
Aktien Schweden	40,39	23,66	62,00	1,20	−0,32	67,12	−31,14	24,97	−26,29	1,86	0,13	34,88
Aktien Schweiz	18,83	16,69	51,43	0,82	−0,27	69,17	−16,92	17,22	−14,80	1,98	0,08	45,06
Aktien Schweiz Mid/Small Caps	32,15	17,60	77,18	0,82	−0,40	73,79	−25,37	22,19	−19,32	2,06	0,10	41,03
Aktien Singapur	23,70	35,21	44,79	2,01	−0,23	56.68	−19,64	28,13	−19,67	2,79	0,10	45.09
Aktien Skandinavien	37,67	21,68	79,56	1,06	−0,41	68,37	−28,80	22,66	−23,48	2,25	0,12	34,30
Aktien Sonstige Länderfonds	28.60	26,51	47,52	1,23	−0,25	62,43	−22,58	27,38	−21,38	2,16	0,11	39,79
Aktien Spanien	30,60	20,93	74,51	1,16	−0,38	67,41	−26,69	20,99	−22,30	2,69	0,11	36,06
Aktien Technologie	49,32	30,26	59,99	1,15	−0,31	61,97	−43,34	38,24	−40,72	1,49	0,21	30,09
Aktien Telemedien	40,93	26,54	53,25	0,90	−0,28	67,77	−42,88	29,95	−37,23	1,32	0,19	28,55
Aktien Thailand	20,16	43,81	49,07	2,41	−0,25	56,49	−14,06	37,35	−12,80	3,46	0,07	40,62
Aktien Türkei	97,32	54,29	105,79	1,30	−0,56	71,02	−26,44	57,94	−41,45	1,98	0,22	43,56
Aktien Umwelttechnologie/Ökologie	15,25	14,81	29.71	0,56	−0,15	66,56	−26,60	18,82	−20,62	1,36	0,11	38,46
Aktien Versorger	6.62	9,80	8,30	0,41	−0,04	57,35	−14,96	16,74	−17,71	0.42	0,09	45,90
Aktien Welt	22,42	17,53	41,65	0,81	−0,22	66,73	−24,58	19,16	−21,47	1,37	0,11	36,36
Aktien Welt Mid/Small Caps	42,93	25,22	72,88	1,23	−0,38	65,63	−32,09	27,16	−27,76	1,55	0,14	34,71
Aktien Österreich	14,94	17,06	35,84	0,98	−0,19	62,97	−9,09	17,60	−7,42	2,17	0,04	48,69
Aktien Gold	5,49	35,76	9,62	1,90	−0,05	50,30	−1,21	32,49	2,60	3,77	−0,01	53,42
Immobilienaktien	11,18	15,35	20,97	0,76	−0,11	63.55	−0,92	16,19	−0,92	0,99	0,01	53,15
Dachfonds	13,44	11,33	16,05	0,39	−0,08	67,69	−18,46	13,66	−18,48	0,43	0,10	38,62
Dachfonds Aktien Asien Pazifik	8,67	17,79	15,23	0,30	−0,08	47,06	−16,18	18,94	−23,07	0,71	0,12	38,71
Dachfonds Aktien Branch. & Th.	22.89	22,59	18,61	0,98	−0,10	57,55	−41,48	29,84	−42,55	0,83	0,22	26,97
Dachfonds Aktien EM	42,77	18,70	29,17	0,87	−0,15	63,64	−18,04	25,75	−20,11	0,69	0,10	42,86
Dachfonds Aktien Europa	28,96	19,08	38,59	0,65	−0,20	74,05	−27,11	18,88	−27,77	0,48	0,14	36,87
Dachfonds Aktien Welt	19.68	16,26	22,05	0,54	−0,12	68,11	−26,81	20.30	−27,50	0,63	0,14	36,14
Dachfonds Renten	0,90	1,99	3,03	0,10	−0,02	71,55	0,68	1.96	4,68	0,10	−0,02	74,88
Dachfonds dynamisch	15,13	13,44	17,93	0,49	−0,09	67,97	−22,05	15,35	−23,09	0,51	0,12	36,77
Dachfonds flexibel	10,12	9,01	12,56	0,31	−0,07	68,48	−15,42	11,05	−15,48	0,36	0,08	38,34
Dachfonds konservativ	5,16	4,16	8,16	0,16	−0,04	65,46	−6,32	4,65	−4,61	0,15	0,02	40,70

Anlagestil	Bull						Bear					
	ÜR (% p.a.)	Vola (% p.a.)	A (%)	V (%)	ÜI	% pos.R	ÜR (% p.a.)	Vola (% p.a.)	A (%)	V (%)	ÜI	% pos.R
Geldmarkt	−0,13	4,20	7,71	0,19	−0,04	77,96	−0,18	4,38	2,28	0,37	−0,01	78,73
Geldmarkt AUD	5,88	11,57	22,01	0,48	−0,11	61,93	−6,48	11,12	−3,67	1,80	0,02	45,52
Geldmarkt CAD	3,19	10,65	14,58	0,69	−0,07	61,41	−5,17	11,19	−3,26	1,48	0,02	45,04
Geldmarkt CHF	−3,44	3,67	0,99	0,18	−0,01	44,31	2,58	3,26	4,65	0,39	−0,02	68,81
Geldmarkt EURO	−0,40	0,53	5,25	0,02	−0,03	97,36	0,26	0,49	3,51	0,03	−0,02	98,10
Geldmarkt GBP	5,05	7,42	20,32	0,35	−0,10	59,57	−2,11	8,61	0,28	0,91	0,00	51,16
Geldmarkt Skandinavische WHG	0,84	4,60	10,36	0,18	−0,05	69,80	0,48	3,77	3,66	0,32	−0,02	75,68
Geldmarkt USD	−0,94	9,91	9,02	0,45	−0,05	55,62	−0,63	10,43	0,40	0,76	0,00	54,79
Sonstige Geldmärkte	1,89	5,75	14,45	0,24	−0,07	71,97	−0,60	6,46	1,10	0,40	−0,01	68,65
Mischfonds	10,85	9,65	21,75	0,44	−0,11	67,79	−12,47	9,51	−10,15	0,65	0,05	40,51
Mischfonds dynamisch	14,88	13,36	29,01	0,61	−0,15	67,84	−19,60	13,88	−17,01	0,96	0,09	36,38
Mischfonds flexibel	12,65	10,57	24,05	0,47	−0,12	67,85	−13,95	10,45	−11,73	0,70	0,06	38,91
Mischfonds konservativ	4,56	5,48	12,45	0,25	−0,06	67,62	−5,02	4,88	−2,64	0,35	0,01	46,43
Renten	3,40	5,69	12,19	0,25	−0,06	64,49	0,75	6,03	3,29	0,50	−0,02	65,30
Renten $-Raum	1,81	9,35	11,23	0,50	−0,06	55,83	2,45	9,37	3,96	0,67	−0,02	52,70
Renten AUD	8,77	10,66	20,79	0,46	−0,11	62,40	−5,52	10,99	−3,69	1,46	0,02	51,76
Renten CAD	7,80	10,56	22,76	0,46	−0,12	61,17	−3,00	9,42	−1,30	0,76	0,01	45,56
Renten CHF	−1,77	4,68	4,42	0,23	−0,02	52,40	4,96	4,17	7,58	0,43	−0,04	72,54
Renten CHF kurz	−4,30	3,74	−0,46	0,14	0,00	44,23	3,88	3,51	7,36	0,28	−0,04	71,31
Renten DKK	2,83	3,76	9,64	0,20	−0,05	69,88	2,75	3,02	7,15	0,23	−0,04	74,17
Renten EURO	2,03	3,42	9,75	0,16	−0,05	67,04	3,00	2,91	6,19	0,27	−0,03	75,33
Renten EURO Corp. High Yield	15,78	5,89	25,04	0,17	−0,13	81,07	−10,46	11,65	−9,74	0,43	0,05	44,54
Renten EURO Corp. Inv. Grade	3,74	3,42	9,19	0,12	−0,05	67,52	0,83	3,05	4,79	0,16	−0,02	67,76
Renten EURO Welt	1,77	3,66	9,34	0,17	−0,05	64,95	2,25	3,10	5,68	0,27	−0,03	73,29
Renten EURO kurz	0,45	1,36	6,45	0,06	−0,03	82,11	0,85	1,30	4,06	0,10	−0,02	83,70
Renten EURO lang	2,68	5,08	9,86	0,21	−0,05	60,83	3,94	4,18	7,65	0,30	−0,04	72,42
Renten EURO mittel	1,10	2,74	7,96	0,12	−0,04	66,46	2,08	2,54	5,55	0,20	−0,03	74,35
Renten Emerging Markets	15,58	12,37	28,38	0,47	−0,15	64,20	−3,12	17,14	−1,90	1,43	0,01	54,93
Renten Europäische WHG Corp. HY	12,83	6,40	20,61	0,21	−0,11	75,99	−11,16	11,10	−9,20	0,34	0,05	45,56
Renten Europäische WHG Corp. Inv. Grade	5,19	3,23	10,01	0,07	−0,05	69,93	−1,61	3,75	0,13	0,12	0,00	57,84
Renten Europäische Währungen	2,58	4,15	10,94	0,20	−0,06	66,11	2,20	3,14	5,25	0,31	−0,03	72,77
Renten GBP	4,42	8,15	18,68	0,37	−0,10	57,98	0,67	8,40	3,05	0,89	−0,02	54,33
Renten Global High Yield & EM	12,87	9,40	24,53	0,40	−0,13	70,11	−2,89	12,89	−1,25	0,93	0,01	54,24
Renten Globale Währungen	2,59	5,47	13,08	0,28	−0,07	61,77	0,59	5,27	2,80	0,56	−0,01	58,79
Renten Inflationsgeschützt	5,87	5,95	10,07	0,25	−0,05	57,85	2,35	4,47	5,47	0,15	−0,03	71,08

Anlagestil	Bull						Bear					
	ÜR (% p.a.)	Vola (% p.a.)	A (%)	V (%)	ÜI	% pos.R	ÜR (% p.a.)	Vola (% p.a.)	A (%)	V (%)	ÜI	% pos.R
Renten JPY	1,11	11,41	10,12	0,54	−0,05	48,20	−6,60	11,17	−5,31	1,19	0,03	41,69
Renten Mittel-/Osteuropa	0,50	6,27	2,62	0,21	−0,01	57,46	6,98	7,69	13,03	0,51	−0,07	72,34
Renten NOK	−1,16	6,83	1,88	0,26	−0,01	52,93	5,87	4,93	12,21	0,31	−0,06	71,89
Renten SEK	4,59	7,17	17,14	0,31	−0,09	62,01	−1,72	4,87	0,41	0,45	0,00	51,84
Renten Skandinavische WHG	2,12	4,81	8,36	0,18	−0,04	62,13	−0,19	3,03	2,72	0,19	−0,01	56,76
Renten Spezialitäten	10,00	9,70	14,42	0,41	−0,08	61,80	−14,57	12,72	−12,30	0,81	0,06	37,64
Renten USD	0,80	9,45	11,14	0,45	−0,06	54,31	2,67	9,91	4,13	0,83	−0,02	56,46
Renten USD Corp. High Yield	5,30	11,80	13,91	0,45	−0,07	58,91	−6,46	13,53	−6,43	0,68	0,03	50,43
Renten USD Corp. Inv. Grade	−1,11	8,79	6,72	0,35	−0,03	52,07	2,65	9,53	4,64	0,63	−0,02	58,65
Renten USD kurz	−0,13	9,47	8,94	0,43	−0,05	55,73	0,70	9,92	1,83	0,60	−0,01	59,69
Andere	7,95	8,17	16,51	0,32	−0,09	71,61	−7,09	7,35	−5,16	0,44	0,03	55,01
AS-Fonds	23,33	14,08	32,27	0,50	−0,17	70,65	−17,60	11,13	−18,90	0,29	0,10	32,00
Absolute Return Multi Strategy mit Verlusttoleranz	1,26	3,48	2,64	0,11	−0,01	59,41	−3,73	3,92	−0,56	0,11	0,00	53,81
Absolute Return Multi Strategy ohne Verlusttoleranz	5,27	4,01	19,33	0,15	−0,10	73,91	−6,07	3,84	−3,24	0,30	0,02	43,24
Absolute Return Single Strategy mit Verlusttoleranz	23,75	18,53	37,66	0,97	−0,20	72,00	−28,11	16,95	−22,97	1,39	0,12	27,03
Absolute Return Single Strategy ohne Verlusttoleranz	6,07	7,78	17,95	0,37	−0,09	69,10	−0,75	9,40	−0,26	0,56	0,00	58,95
Asset Backed Securities	0,06	4,77	5,90	0,22	−0,03	67,84	3,27	4,67	6,29	0,27	−0,03	71,47
Dynamische Wertsicherungsfonds	2,06	5,15	8,02	0,21	−0,04	64,24	−4,52	4,46	−2,11	0,24	0,01	47,38
Garantiefonds	5,76	7,02	8,25	0,23	−0,04	70,48	−8,27	5,53	−7,01	0,15	0,04	51,86
Genußscheine	1,43	3,27	11,27	0,16	−0,06	70,26	2,36	2,76	5,44	0,29	−0,03	77,82
Immobilien	2,09	2,27	10,04	0,13	−0,05	91,44	2,24	1,97	5,25	0,18	−0,03	93,37
Laufzeitfonds Euroland	0,59	2,02	7,09	0,09	−0,04	79,61	0,93	1,70	4,35	0,14	−0,02	82,99
Sonstige Laufzeitfonds	0,99	5,46	11,15	0,29	−0,06	62,41	0,32	5,26	3,01	0,57	−0,02	63,68
Spezialitäten	9,64	16,30	16,69	0,58	−0,09	64,57	−17,61	17,37	−15,12	1,11	0,08	39,53
Wandel- und Optionsanleihen	9,23	10,31	21,57	0,42	−0,11	66,59	−9,15	9,27	−7,06	0,73	0,04	41,06
Gesamt	16,40	14,69	31,73	0,65	−0,16	66,24	−14,98	15,47	−12,61	1,09	0,06	47,28
MSCIW	18,01	12,13	41,56	0,81	−0,21	72,81	−22,61	14,36	−14,53	2,07	0,07	34,62

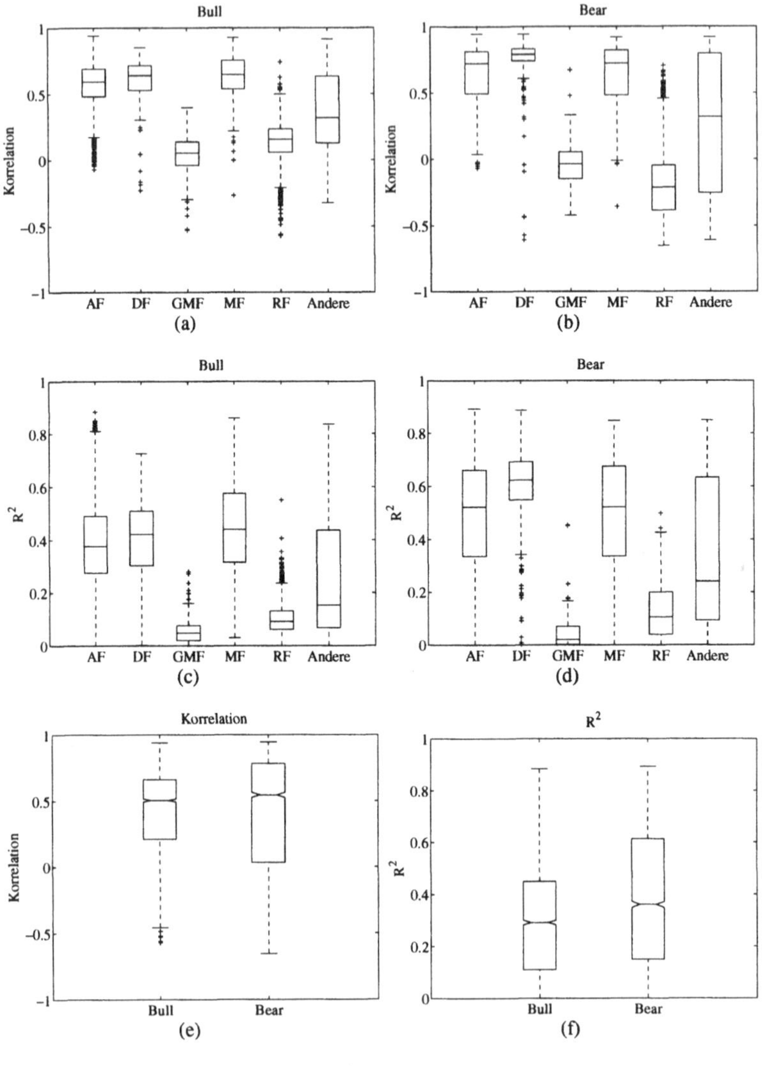

Abbildung B.4: Boxplots für Korrelation und R^2 für Investmentfonds und MSCIW Renditen in Bull und Bear Phasen nach BRY und BOSCHAN (1971) erfasst für Hauptanlagestile

Siehe Beschreibung zu den Boxplots bei der Abb. B.1 und B.2. Für die Wertetabelle siehe Anhang E.4 S. 506.

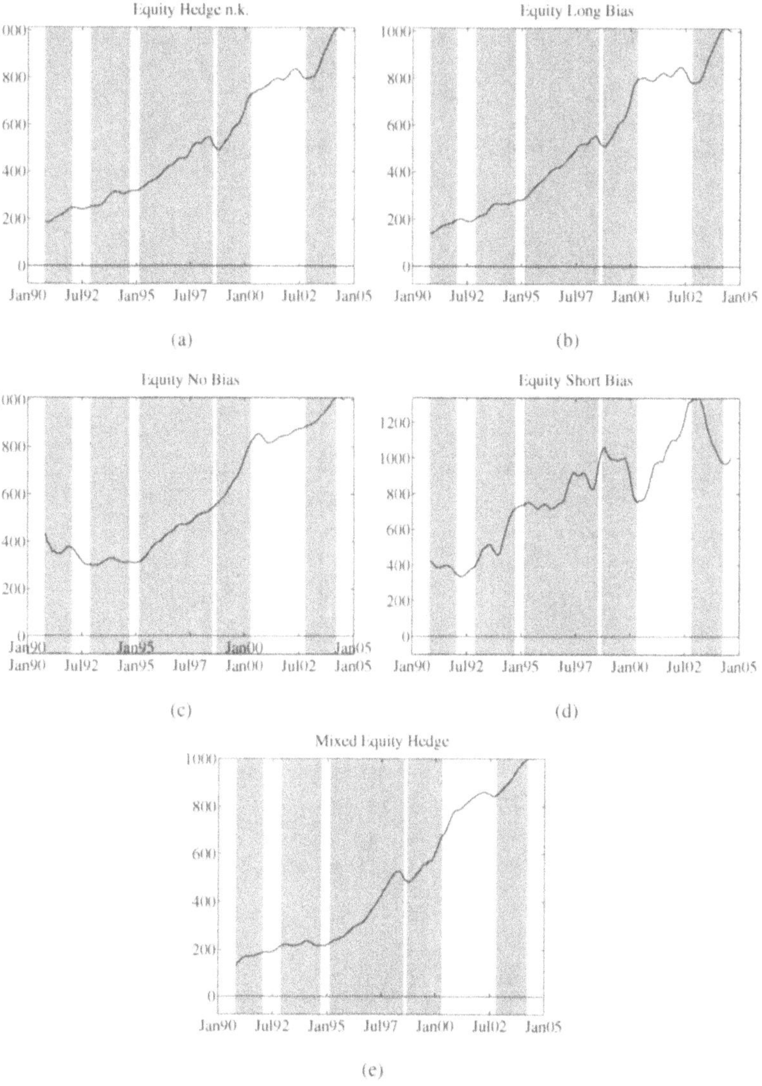

Abbildung B.5: Wertentwicklung der Hedge-Fonds-Rendite in Bull und Bear Phasen des MSCIW erfasst für Equity Hedge

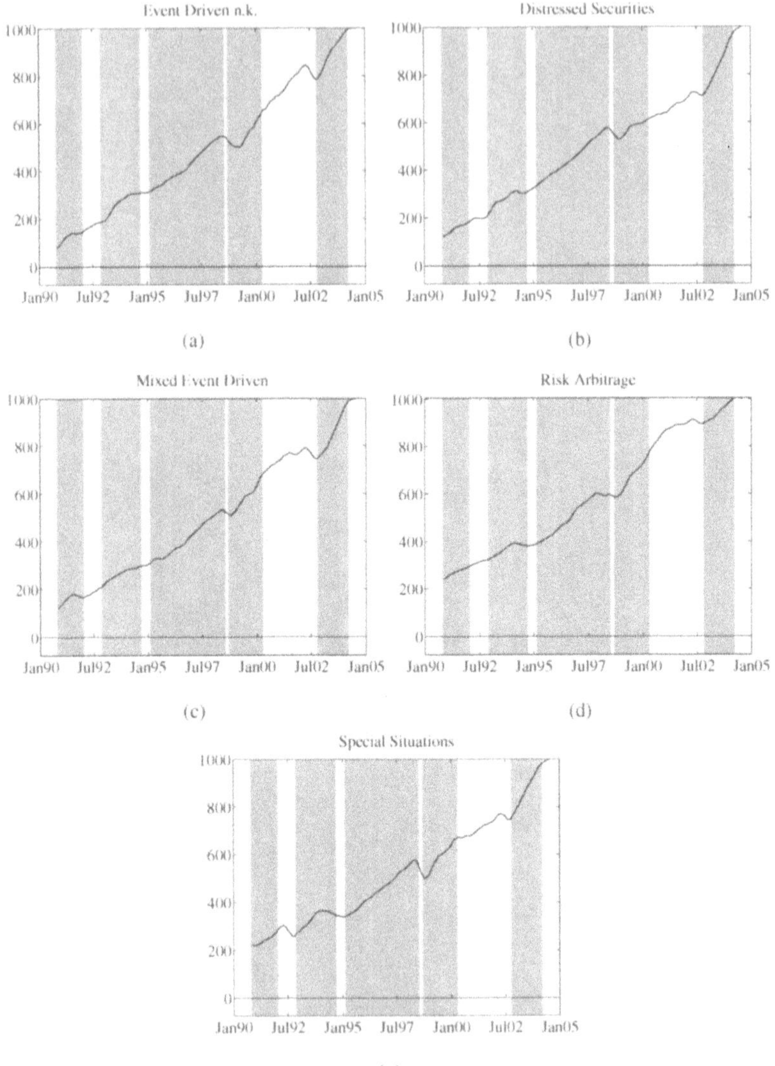

Abbildung B.6: Wertentwicklung der Hedge-Fonds-Rendite in Bull und Bear Phasen des MSCIW erfasst für Event Driven

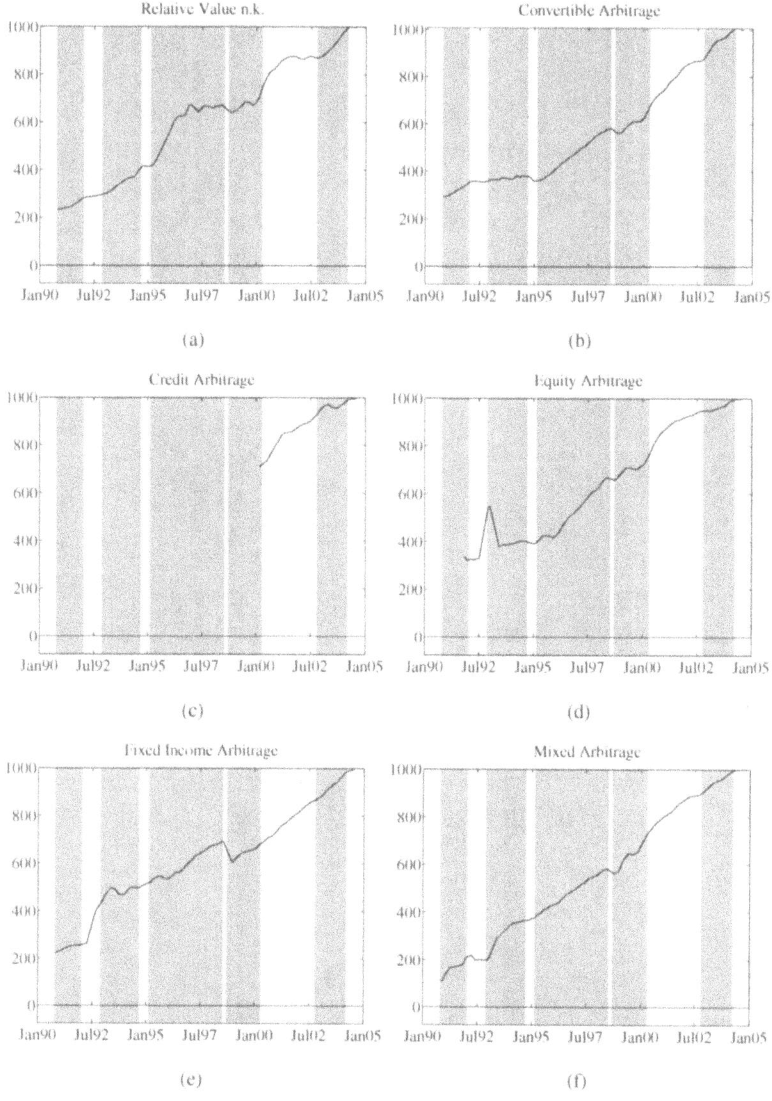

Abbildung B.7: Wertentwicklung der Hedge-Fonds-Rendite in Bull und Bear Phasen des MSCIW erfasst für Relative Value

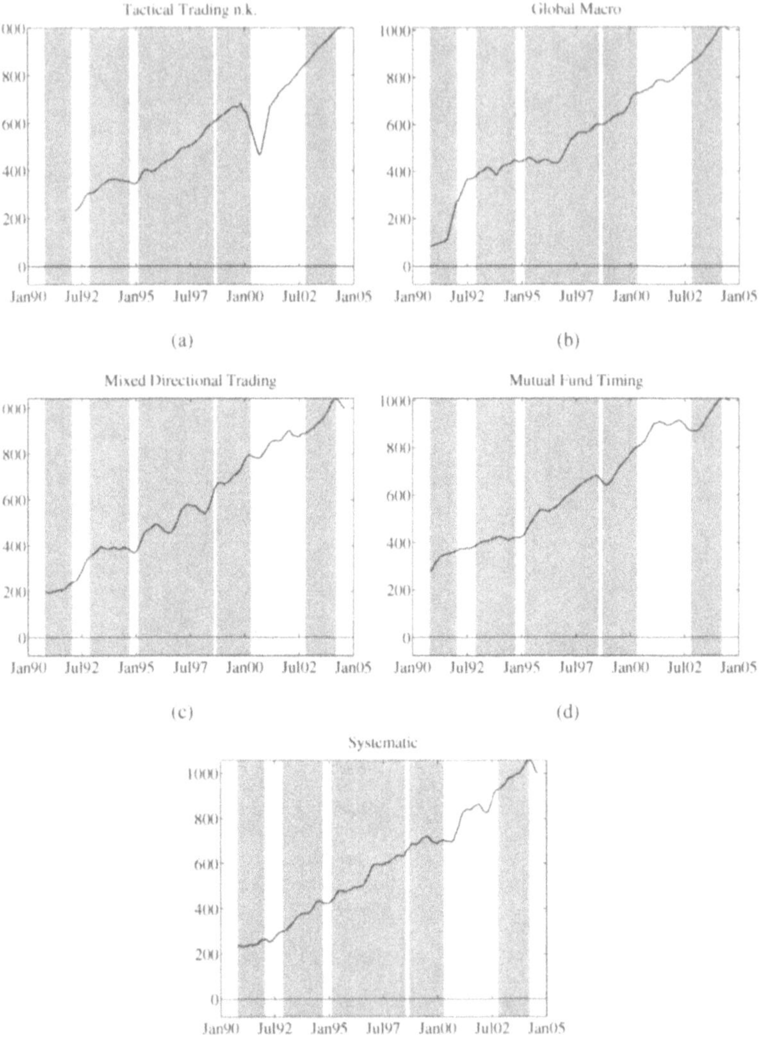

Abbildung B.8: Wertentwicklung der Hedge-Fonds-Rendite in Bull und Bear Phasen des MSCIW erfasst für Tactical Trading

Tabelle B.3: Phasencharakteristika der Renditeperformance für einzelne Anlagestilgruppen der Investmentfonds in MSCIW-Phasen bestimmt nach der Mean-MSW-Methode

Übersicht der Phasencharakteristika für einzelne Anlagestilgruppen als Durchschnittswerte: **ÜR (% p.a.)** annualisierte Überschussrendite im Durchschnitt für alle (Bull oder Bear) Phasen, **Vola (% p.a.)** annualisierte Volatilität der Überschussrendite im Durchschnitt für alle (Bull oder Bear) Phasen, **A (%)** Amplitude der Rendite, **V (%)** Variabilität der Phasenrenditen, **ÜI** Überschußindex, **% pos.R.** Anteil der positiven Renditen.

Anlagestil	**Bull**						**Bear**					
	ÜR (% p.a.)	Vola (% p.a.)	A (%)	V (%)	ÜI	% pos.R	ÜR (% p.a.)	Vola (% p.a.)	A (%)	V (%)	ÜI	% pos.R
Aktien	16,56	20,08	93,10	0,29	−0,47	61,72	−25,39	24,06	−43,07	0,31	0,22	37,19
Aktien Asien Pazifik ex Japan	13,44	25,51	68,21	0,29	−0,35	56,74	−17,50	25,21	−31,70	0,33	0,16	38,21
Aktien Asien Pazifik inklusive Japan	14,02	21,93	79,95	0,28	−0,41	57,69	−23,66	20,13	−37,60	0,26	0,19	35,54
Aktien Australien	13,25	18,84	92,10	0,19	−0,47	61,89	−10,86	20,07	−16,79	0,27	0,09	49,87
Aktien Biotechnologie	22,44	27,27	72,89	0,55	−0,37	60,37	−33,45	39,46	−61,40	0,44	0,32	33,93
Aktien Branchen und Themen	14,30	16,04	41,58	0,31	−0,21	61,10	−23,49	21,94	−42,07	0,24	0,22	40,18
Aktien Deutschland	16,48	20,05	132,11	0,20	−0,67	63,03	−30,01	25,59	−48,81	0,46	0,25	36,38
Aktien Deutschland Mid/Small Caps	20,71	16,55	140,32	0,17	−0,71	67,14	−26,14	20,75	−44,92	0,27	0,23	37,35
Aktien Dänemark	19,61	15,44	113,28	0,22	−0,58	67,33	−19,92	22,32	−41,32	0,24	0,21	41,67
Aktien Emerging Markets	19,29	23,87	89,63	0,33	−0,46	61,76	−19,16	27,22	−36,83	0,30	0,19	39,03
Aktien Energie	15,02	17,79	81,75	0,27	−0,42	60,57	−13,26	19,10	−19,99	0,34	0,10	41,12
Aktien Euroland	18,58	17,32	67,16	0,30	−0,34	64,36	−29,83	20,73	−51,07	0,26	0,26	30,98
Aktien Euroland Konvergenz	27,83	25,13	97,91	0,43	−0,50	65,29	−11,35	27,34	−23,96	0,30	0,12	44,64
Aktien Euroland Mid/Small Caps	34,54	22,81	169,12	0,37	−0,87	70,41	−35,32	25,68	−63,44	0,27	0,33	37,04
Aktien Europa	15,30	15,80	89,82	0,23	−0,46	65,95	−26,94	18,70	−45,59	0,25	0,24	34,56
Aktien Europa Mid/Small Caps	28,78	21,45	124,86	0,38	−0,64	66,53	−37,94	27,73	−61,58	0,33	0,32	34,75
Aktien Europa ex UK	19,11	17,12	144,07	0,22	−0,73	66,49	−25,67	18,27	−42,57	0,26	0,22	34,24
Aktien Finanzwerte	13,92	17,21	42,74	0,30	−0,22	62,90	−20,27	21,05	−38,26	0,26	0,20	43,47
Aktien Frankreich	17,43	18,49	145,27	0,19	−0,74	65,82	−29,81	21,19	−49,20	0,32	0,25	33,72
Aktien Gesundheitswesen	12,61	16,66	53,52	0,37	−0,27	61,48	−22,56	21,19	−39,98	0,26	0,21	37,56
Aktien Greater China	13,18	31,34	89,62	0,37	−0,46	55,66	−14,59	27,96	−33,39	0,34	0,17	44,07
Aktien Großbritannien	12,48	14,85	110,80	0,15	−0,56	64,05	−19,51	17,36	−33,64	0,29	0,17	36,87
Aktien Großbr. Mid/Small Caps	24,33	17,85	99,36	0,28	−0,51	64,30	−11,71	22,37	−25,48	0,24	0,13	50,62
Aktien Indien	28,58	31,27	176,20	0,35	−0,90	60,62	−20,68	28,58	−34,93	0,31	0,18	36,51
Aktien Informationstechnologie	28,19	30,51	118,95	0,76	−0,61	56,82	−50,54	46,50	−79,27	0,53	0,41	29,06
Aktien Italien	22,97	22,92	136,79	0,29	−0,70	63,55	−23,07	19,31	−41,61	0,23	0,22	40,41
Aktien Japan	11,01	22,34	60,32	0,28	−0,31	54,76	−29,40	21,53	−43,70	0,33	0,23	34,71
Aktien Japan Mid/Small Caps	20,83	28,84	117,05	0,38	−0,60	56,56	−28,65	26,66	−44,47	0,32	0,23	34,19
Aktien Konsumwerte	7,61	15,06	29,90	0,28	−0,15	60,55	−15,24	19,57	−27,71	0,22	0,14	45,57

Anlagestil	Bull						Bear					
	ÜR (% p.a.)	Vola (% p.a.)	A (%)	V (%)	ÜI	% pos.R	ÜR (% p.a.)	Vola (% p.a.)	A (%)	V (%)	ÜI	% pos.R
Aktien Korea	14,44	41,60	58,62	0,43	−0,30	52,82	−4,92	41,78	−9,55	0,45	0,05	40,12
Aktien Lateinamerika	29,24	29,86	127,96	0,41	−0,65	65,07	−22,93	31,98	−47,72	0,34	0,25	44,44
Aktien Mittel-/Osteuropa	28,18	27,74	121,50	0,39	−0,62	65,24	−5,06	28,70	−12,76	0,31	0,07	49,02
Aktien Nachhaltigkeit/Ethik	11,21	15,40	44,06	0,21	−0,23	61,19	−26,83	21,72	−46,80	0,26	0,24	35,76
Aktien Niederlande	17,05	18,18	181,25	0,19	−0,92	66,94	−29,53	22,75	−51,10	0,29	0,26	33,91
Aktien Nordamerika	13,14	17,41	101,83	0,26	−0,52	59,20	−25,10	24,14	−43,47	0,33	0,22	39,29
Aktien Nordamerika EURO-Hedged	10,33	17,07	26,43	0,52	−0,14	62,80	−28,20	23,91	−52,40	0,26	0,27	30,86
Aktien Nordam. Mid/Small Caps	18,34	21,15	142,35	0,25	−0,72	61,84	−19,14	27,91	−32,17	0,40	0,17	41,24
Aktien Nordam. M/S Caps EURO-Hedged	20,86	16,08	63,32	0,39	−0,33	64,44	−23,26	28,51	−42,44	0,33	0,22	38,55
Aktien Rohstoffe	9,66	21,55	52,97	0,29	−0,27	56,76	−5,90	23,38	−7,24	0,47	0,04	49,50
Aktien Rohstoffe & Energie	14,50	20,01	58,69	0,30	−0,30	60,38	−9,23	20,83	−16,61	0,23	0,09	48,30
Aktien Rußland	42,54	65,04	115,79	0,67	−0,59	56,77	28,63	46,50	28,70	0,50	−0,15	50,00
Aktien Schweden	25,06	21,66	130,46	0,29	−0,67	61,70	−33,50	26,67	−59,21	0,29	0,31	32,64
Aktien Schweiz	15,12	15,86	123,82	0,18	−0,63	67,82	−20,54	16,86	−37,34	0,22	0,19	40,67
Aktien Schweiz Mid/Small Caps	22,28	16,83	170,86	0,20	−0,87	70,44	−28,38	24,72	−55,19	0,26	0,29	39,09
Aktien Singapur	14,82	32,16	68,36	0,34	−0,35	58,13	−18,19	26,11	−39,62	0,28	0,20	42,59
Aktien Skandinavien	23,96	20,33	212,45	0,26	−1,08	62,32	−31,98	24,76	−52,25	0,35	0,27	35,99
Aktien Sonstige Länderfonds	19,53	25,16	83,09	0,35	−0,42	60,44	−20,91	27,80	−38,73	0,37	0,20	40,88
Aktien Spanien	17,30	20,92	135,88	0,20	−0,69	62,36	−23,72	20,68	−38,29	0,37	0,20	38,94
Aktien Technologie	22,26	25,90	93,07	0,52	−0,48	56,66	−46,97	42,14	−74,97	0,49	0,39	28,98
Aktien Telemedien	17,69	22,05	76,67	0,37	−0,39	59,40	−46,05	32,86	−74,55	0,36	0,38	28,94
Aktien Thailand	7,98	39,36	37,01	0,36	−0,19	53,09	1,37	41,22	6,11	0,60	−0,03	47,04
Aktien Türkei	69,05	44,19	253,40	0,57	−1,30	70,67	−29,85	61,76	−66,22	0,74	0,34	40,43
Aktien Umwelttechnologie/Ökologie	15,95	14,25	112,22	0,10	−0,57	67,57	−31,83	20,03	−51,51	0,25	0,27	34,66
Aktien Versorger	12,10	10,04	37,15	0,22	−0,19	67,47	−20,38	17,79	−38,12	0,20	0,20	41,50
Aktien Welt	13,85	16,07	84,34	0,23	−0,43	62,32	−26,55	20,79	−44,54	0,28	0,23	35,64
Aktien Welt Mid/Small Caps	22,34	22,73	120,39	0,39	−0,61	62,09	−33,08	29,24	−54,55	0,32	0,28	34,54
Aktien Österreich	15,01	17,67	131,05	0,18	−0,67	62,79	−6,11	16,61	−10,26	0,34	0,05	51,12
Aktien Gold	1,24	34,46	15,85	0,35	−0,08	50,84	23,45	31,41	58,96	0,65	−0,31	59,60
Immobilienaktien	13,53	15,72	60,88	0,25	−0,31	66,36	−0,75	14,60	−1,84	0,16	0,01	50,56
Dachfonds	9,53	10,16	29,89	0,22	−0,15	66,86	−20,16	14,54	−34,13	0,16	0,18	37,10
Dachfonds Aktien Asien Pazifik	14,52	15,91	63,05	0,12	−0,32	58,97	−18,14	19,23	−37,33	0,21	0,19	38,46
Dachfonds Aktien Branch. & Them.	9,79	18,86	26,11	0,38	−0,13	55,38	−44,26	31,61	−74,54	0,35	0,39	26,64
Dachfonds Aktien Emerging Markets	28,31	20,37	59,50	0,63	−0,31	65,96	−16,48	26,23	−33,53	0,28	0,17	40,74
Dachfonds Aktien Europa	19,00	16,18	56,38	0,34	−0,29	70,06	−29,34	20,44	−53,55	0,22	0,28	36,63
Dachfonds Aktien Welt	14,01	14,32	40,82	0,30	−0,21	66,10	−29,55	21,65	−51,04	0,24	0,26	33,87
Dachfonds Renten	0,45	1,99	6,15	0,04	−0,03	72,34	1,36	1,88	10,54	0,02	−0,05	78,40
Dachfonds dynamisch	10,40	11,91	30,93	0,29	−0,16	64,85	−24,19	16,46	−43,20	0,18	0,22	34,87
Dachfonds flexibel	7,60	8,34	25,86	0,17	−0,13	67,24	−16,81	11,69	−28,61	0,13	0,15	36,79
Dachfonds konservativ	3,66	4,00	15,38	0,09	−0,08	68,85	−6,66	4,93	−8,00	0,05	0,04	39,88

Anlagestil	Bull						Bear					
	ÜR (% p.a.)	Vola (% p.a.)	A (%)	V (%)	ÜI	% pos.R	ÜR (% p.a.)	Vola (% p.a.)	A (%)	V (%)	ÜI	% pos.R
Geldmarkt	−0,09	4,11	19,56	0,04	−0,10	78,49	0,11	4,25	5,83	0,05	−0,03	79,15
Geldmarkt AUD	3,88	11,17	43,00	0,10	−0,22	61,40	−4,18	10,29	−2,96	0,11	0,02	44,44
Geldmarkt CAD	2,34	10,88	39,43	0,08	−0,20	58,38	−3,51	9,36	−4,94	0,10	0,03	49,38
Geldmarkt CHF	−2,09	3,63	9,42	0,04	−0,05	49,86	1,68	3,05	10,67	0,03	−0,06	62,28
Geldmarkt EURO	−0,54	0,53	14,32	0,00	−0,07	97,51	0,40	0,34	7,98	0,00	−0,04	98,70
Geldmarkt GBP	2,48	7,53	42,97	0,08	−0,22	58,51	1,83	7,75	7,30	0,13	−0,04	52,76
Geldmarkt Skandinavische WHG	0,27	4,43	17,60	0,06	−0,09	70,72	2,19	3,10	13,16	0,03	−0,07	80,25
Geldmarkt USD	0,08	9,60	23,06	0,11	−0,12	56,34	−0,97	10,71	0,70	0,13	0,00	56,21
Sonstige Geldmärkte	1,78	5,56	30,07	0,07	−0,15	72,01	−0,67	6,90	3,19	0,07	−0,02	65,74
Mischfonds	6,90	8,78	44,43	0,13	−0,23	65,27	−13,12	10,22	−20,98	0,13	0,11	40,72
Mischfonds dynamisch	9,94	12,05	59,92	0,17	−0,31	64,08	−21,39	15,25	−36,65	0,20	0,19	36,59
Mischfonds flexibel	7,75	9,64	46,42	0,15	−0,24	64,76	−14,47	11,19	−23,85	0,15	0,12	39,24
Mischfonds konservativ	3,24	4,98	30,93	0,07	−0,16	67,09	−5,29	5,15	−5,47	0,07	0,03	46,40
Renten	2,60	5,56	32,51	0,07	−0,17	64,65	1,63	5,81	9,19	0,09	−0,05	68,07
Renten $-Raum	1,03	9,18	31,15	0,11	−0,16	52,81	4,35	9,31	12,41	0,15	−0,06	60,10
Renten AUD	5,53	10,65	38,90	0,13	−0,20	60,98	−1,95	9,12	2,79	0,10	−0,01	53,70
Renten CAD	7,02	10,48	49,42	0,13	−0,25	60,58	0,02	8,39	3,32	0,09	−0,02	46,67
Renten CHF	−0,54	4,53	20,04	0,05	−0,10	53,80	5,03	4,06	17,53	0,06	−0,09	78,32
Renten CHF kurz	−2,69	3,68	2,94	0,05	−0,01	48,94	3,80	3,54	15,94	0,04	−0,08	75,31
Renten DKK	1,81	3,45	27,92	0,05	−0,14	68,60	4,77	2,73	17,53	0,04	−0,09	83,34
Renten EURO	1,96	3,13	36,06	0,03	−0,18	69,05	2,95	3,09	12,70	0,08	−0,07	77,51
Renten EURO Corp. High Yield	9,18	5,67	38,27	0,09	−0,20	77,07	−12,52	12,33	−20,43	0,14	0,11	38,12
Renten EURO Corp. Inv. Grade	2,26	2,99	17,82	0,05	−0,09	66,38	1,36	3,00	10,24	0,04	−0,05	71,69
Renten EURO Welt	1,64	3,34	29,73	0,04	−0,15	66,84	2,71	3,19	12,91	0,06	−0,07	77,15
Renten EURO kurz	0,04	1,28	19,75	0,01	−0,10	80,24	1,11	1,22	9,41	0,02	−0,05	85,98
Renten EURO lang	3,51	4,56	29,09	0,06	−0,15	66,08	4,55	4,42	18,12	0,05	−0,09	74,34
Renten EURO mittel	0,69	2,48	19,81	0,03	−0,10	66,67	3,06	2,54	14,71	0,03	−0,08	80,23
Renten Emerging Markets	10,68	13,58	46,39	0,21	−0,24	63,78	2,03	14,51	5,31	0,16	−0,03	55,40
Renten Europäische WHG Corp. HY	6,94	5,98	27,82	0,12	−0,14	71,83	−12,98	11,95	−20,74	0,13	0,11	40,78
Renten Europäische WHG Corp. Inv. Grade	3,23	2,80	17,93	0,03	−0,09	67,31	−1,89	3,99	0,77	0,05	0,00	60,49
Renten Europäische Währungen	2,39	3,83	34,44	0,05	−0,17	68,00	3,04	2,96	13,18	0,06	−0,07	77,00
Renten GBP	3,46	7,93	49,56	0,07	−0,25	59,32	3,26	7,64	11,64	0,13	−0,06	55,29
Renten Global HY & Emerging Markets	9,13	9,61	48,09	0,14	−0,25	67,81	−0,86	12,59	0,63	0,13	0,00	53,44
Renten Globale Währungen	1,92	5,37	39,98	0,05	−0,20	60,92	1,39	4,88	8,59	0,09	−0,04	62,79
Renten Inflationsgeschützt	4,74	5,39	18,99	0,11	−0,10	66,74	3,19	4,04	12,87	0,05	−0,07	72,67

Anlagestil	Bull						Bear					
	ÜR (% p.a.)	Vola (% p.a.)	A (%)	V (%)	ÜI	% pos.R	ÜR (% p.a.)	Vola (% p.a.)	A (%)	V (%)	ÜI	% pos.R
Renten JPY	−0,07	10,80	33,38	0,10	−0,17	46,86	−8,64	11,58	−11,18	0,16	0,06	43,53
Renten Mittel-/Osteuropa	3,95	7,21	15,50	0,13	−0,08	64,46	9,58	6,42	28,33	0,07	−0,15	74,92
Renten NOK	0,44	6,21	7,71	0,12	−0,04	60,02	8,21	4,12	28,06	0,04	−0,15	75,31
Renten SEK	2,87	6,56	39,88	0,05	−0,20	60,59	−1,23	4,60	4,63	0,06	−0,02	55,66
Renten Skandinavische WHG	1,07	4,19	13,95	0,07	−0,07	58,93	1,28	3,06	10,98	0,03	−0,06	61,11
Renten Spezialitäten	4,18	9,98	17,49	0,17	−0,09	58,84	−11,87	10,10	−16,75	0,11	0,09	38,96
Renten USD	1,06	9,43	30,41	0,11	−0,15	53,94	4,53	10,03	13,02	0,13	−0,07	60,73
Renten USD Corp. High Yield	4,67	10,69	26,25	0,15	−0,13	55,73	−8,01	14,30	−14,79	0,16	0,08	48,14
Renten USD Corp. Inv. Grade	0,21	8,86	19,19	0,11	−0,10	53,98	4,50	9,97	13,03	0,11	−0,07	62,33
Renten USD kurz	0,34	9,15	20,94	0,11	−0,11	56,19	0,91	10,45	4,72	0,12	−0,02	61,23
Andere	5,08	7,45	31,36	0,11	−0,16	69,00	−6,74	7,40	−7,57	0,09	0,04	57,08
AS-Fonds	15,13	11,78	41,87	0,25	−0,22	65,66	−19,53	12,27	−35,02	0,13	0,18	32,59
Absolute Return Multi Strategy mit Verlusttoleranz	1,20	2,79	5,71	0,05	−0,03	64,72	−3,94	4,11	−1,11	0,04	0,01	53,70
Absolute Return Multi Strategy ohne Verlusttoleranz	3,50	3,82	32,89	0,04	−0,17	70,83	−5,31	4,11	−5,25	0,04	0,03	48,15
Absolute Return Single Strategy mit Verlusttoleranz	12,79	16,74	48,89	0,25	−0,25	68,83	−28,91	17,65	−51,49	0,19	0,27	25,93
Absolute Return Single Strategy ohne Verlusttoleranz	4,00	7,13	43,07	0,09	−0,22	66,94	−1,13	9,89	2,55	0,14	−0,01	59,77
Asset Backed Securities	0,56	4,54	18,30	0,08	−0,09	67,36	4,75	4,58	17,17	0,05	−0,09	75,00
Dynamische Wertsicherungsfonds	1,74	5,11	17,11	0,09	−0,09	63,49	−4,22	4,47	−2,66	0,05	0,01	47,17
Garantiefonds	2,90	5,54	15,05	0,11	−0,08	71,48	−8,60	5,88	−11,71	0,06	0,06	54,63
Genußscheine	1,24	3,21	28,43	0,03	−0,14	72,24	3,29	2,47	15,16	0,03	−0,08	80,42
Immobilien	1,70	2,21	37,09	0,02	−0,19	91,08	2,77	1,74	11,04	0,05	−0,06	94,99
Laufzeitfonds Euroland	0,07	1,80	17,24	0,02	−0,09	77,93	1,87	1,60	11,96	0,02	−0,06	87,81
Sonstige Laufzeitfonds	0,43	5,25	29,15	0,04	−0,15	60,19	2,15	5,60	8,61	0,10	−0,04	70,89
Spezialitäten	5,77	14,89	35,38	0,20	−0,18	61,04	−16,50	17,39	−27,63	0,20	0,14	41,35
Wandel- und Optionsanleihen	5,67	9,97	38,82	0,11	−0,20	61,55	−7,93	8,66	−9,85	0,12	0,05	43,78
Gesamt	10,56	13,61	63,78	0,20	−0,33	64,28	−15,35	16,12	−23,91	0,21	0,12	48,04
MSCIW	9,21	13,21	110,60	0,09	−0,56	66,46	−28,63	15,44	−28,34	0,43	0,15	29,03

Tabelle B.4: Phasencharakteristika der Renditeperformance für einzelne Anlagestilgruppen der Investmentfonds in MSCIW-Phasen bestimmt nach der Mean-Variance-MSW-Methode

Übersicht der Phasencharakteristika für einzelne Anlagestilgruppen als Durchschnittswerte: **ÜR (% p.a.)** annualisierte Überschussrendite im Durchschnitt für alle (Bull oder Bear) Phasen, **Vola (% p.a.)** annualisierte Volatilität der Überschussrendite im Durchschnitt für alle (Bull oder Bear) Phasen, **A (%)** Amplitude der Rendite, **V (%)** Variabilität der Phasenrenditen, **ÜI** Überschußindex, **% pos.R.** Anteil der positiven Renditen.

Anlagestil	Bull						Bear					
	ÜR (% p.a.)	Vola (% p.a.)	A (%)	V (%)	ÜI	% pos.R	ÜR (% p.a.)	Vola (% p.a.)	A (%)	V (%)	ÜI	% pos.R
Aktien	19,13	14,84	63,72	0,20	−0,33	65,28	−7,70	25,95	−23,13	0,17	0,12	47,36
Aktien Asien Pazifik ex Japan	21,67	19,27	74,72	0.27	−0,38	60,23	−7,06	29.91	−29,64	0,19	0,15	45,75
Aktien Asien Pazifik inklusive Japan	21,14	17,46	67,19	0,24	−0,34	63,43	−7,64	24,49	−25,86	0,16	0,13	43,96
Aktien Australien	21,22	16,24	72,28	0,23	−0,37	66,27	−0,75	20,62	4,58	0,13	−0,02	54,90
Aktien Biotechnologie	10,48	18,51	26,42	0,20	−0,14	58,87	−9,41	41,33	−21,43	0,30	0,11	44,44
Aktien Branchen und Themen	18,92	12,73	53,55	0,12	−0,28	65,59	−14,05	21,98	−35,53	0,15	0,18	44,57
Aktien Deutschland	18,72	13,84	72,98	0.21	−0,37	68,12	−5,85	27,01	−24,53	0,20	0,13	48,11
Aktien Deutschland Mid/Small Caps	23,84	12,56	76,26	0,22	−0,39	71,42	−4,08	22,01	−14,52	0,12	0,07	50,69
Aktien Dänemark	28,72	13,36	104,20	0,13	−0,54	70,52	−1,28	19,59	−2,51	0,12	0,01	56,02
Aktien Emerging Markets	29,90	19,41	94,54	0,27	−0,49	66,42	−6,42	28,58	−28,05	0,16	0,14	48,05
Aktien Energie	24,12	16,46	86,48	0,17	−0,44	67,28	−5,04	19,35	−8,66	0,15	0,04	46,33
Aktien Euroland	18,31	11,40	56,03	0,12	−0,29	70,20	−9,68	23,32	−28,73	0,15	0,15	42,81
Aktien Euroland Konvergenz	43,12	19,59	148,72	0,25	−0,77	73.39	−1,89	29,01	−11,87	0,16	0,06	49,26
Aktien Euroland Mid/Small Caps	30,05	10,89	84,98	0,18	−0,44	76,71	0,44	30,61	−5,84	0,14	0,03	51,95
Aktien Europa	17,09	10,40	59,38	0,13	−0,30	70,85	−7,72	20,97	−22,51	0,14	0,11	47,65
Aktien Europa Mid/Small Caps	26,07	13,56	84,81	0,16	−0,44	71,02	−12,37	31,04	−30,71	0,20	0,16	46.46
Aktien Europa ex UK	19,71	11,56	79,17	0,14	−0,41	71,23	−4,58	22,22	−10,58	0,17	0,05	47,35
Aktien Finanzwerte	18,50	11,05	55,05	0,11	−0,28	67,41	−9,12	22,73	−26,54	0,15	0,14	48,97
Aktien Frankreich	14,81	13,96	55,03	0,19	−0,28	67,86	−0,76	23,76	2,12	0,19	−0,01	51,55
Aktien Gesundheitswesen	10,30	12,07	30.33	0,13	−0,16	62,04	−8,76	22,68	−19,51	0,16	0,10	46,79
Aktien Greater China	24,07	22,01	81,34	0,34	−0,42	60,87	−6,57	36,15	−35,24	0,19	0,18	46.89
Aktien Großbritannien	16,58	11,47	62,86	0,16	−0,32	68,33	−3,88	18,42	−9,51	0,14	0,05	49,85
Aktien Großbr. Mid/Small Caps	27,71	15,28	78,59	0,19	−0,40	67,81	2,03	22,47	10,92	0,13	−0,06	54,49
Aktien Indien	34,82	26,33	93,92	0,57	−0,49	63,79	4,27	34,07	14,03	0,14	−0,07	49,30
Aktien Informationstechnologie	15,38	20,25	40,93	0,19	−0,21	54,89	−19,77	46.79	−60,74	0,30	0,31	41,55
Aktien Italien	16,81	15,24	48,02	0,28	−0,25	66,86	6,15	26,35	40,70	0,14	−0,21	52,30
Aktien Japan	20,50	20,41	65,44	0,27	−0,34	60,13	−14,71	23,66	−44,93	0,18	0,23	41,42
Aktien Japan Mid/Small Caps	27,18	24,71	92,47	0,38	−0,48	63,14	−7,36	31,51	−24,23	0,20	0,12	41,19
Aktien Konsumwerte	13,91	11,47	36,52	0,14	−0,19	65.91	−9,68	19,73	−23,76	0,12	0,12	48,32

Anlagestil	Bull						Bear					
	ÜR (% p.a.)	Vola (% p.a.)	A (%)	V (%)	ÜI	% pos.R	ÜR (% p.a.)	Vola (% p.a.)	A (%)	V (%)	ÜI	% pos.R
Aktien Korea	18,72	23,69	57,86	0,46	−0,30	57,33	4,80	52,01	−16,99	0,21	0,09	44,60
Aktien Lateinamerika	42,82	21,66	132,59	0,36	−0,68	73,31	−3,35	35,61	−28,45	0,17	0,14	50,41
Aktien Mittel-/Osteuropa	41,69	21,98	126,64	0,35	−0,65	69,94	3,81	31,58	15,18	0,16	−0,08	54,79
Aktien Nachhaltigkeit/Ethik	13,95	11,77	42,54	0,12	−0,22	66,10	−13,43	21,47	−33,80	0,17	0,17	43,22
Aktien Niederlande	21,70	13,17	102,17	0,21	−0,52	70,88	−5,81	23,98	−28,23	0,14	0,14	51,45
Aktien Nordamerika	12,31	13,40	44,18	0,19	−0,23	60,05	−6,09	23,90	−16,92	0,17	0,09	49,36
Aktien Nordam. EURO-Hedged	8,81	10,64	28,08	0,10	−0,14	63,44	−13,90	24,80	−38,04	0,16	0,19	42,43
Aktien Nordam. Mid/Small Caps	17,13	16,96	60,78	0,25	−0,31	62,68	−0,10	27,28	8,90	0,18	−0,04	51,81
Aktien Nordamerika M/S Caps EURO-Hedged	18,15	12,91	54,08	0,12	−0,28	67,74	−9,98	27,44	−30,53	0,22	0,16	43,17
Aktien Rohstoffe	23,50	18,01	76,85	0,24	−0,40	64,03	−5,52	24,17	−13,61	0,19	0,07	48,55
Aktien Rohstoffe & Energie	24,74	18,51	82,91	0,22	−0,43	65,45	−6,37	21,83	−22,38	0,15	0,11	49,46
Aktien Rußland	58,08	45,70	169,73	1,03	−0,88	61,92	26,42	70,05	−23,98	0,28	0,12	50,70
Aktien Schweden	25,17	13,70	77,40	0,18	−0,40	66,40	−4,82	28,45	−19,88	0,18	0,10	45,70
Aktien Schweiz	21,13	10,98	84,94	0,17	−0,44	70,60	−4,53	19,70	−14,19	0,12	0,07	54,77
Aktien Schweiz Mid/Small Caps	24,22	13,24	95,29	0,22	−0,49	71,87	−2,73	23,81	−8,92	0,10	0,05	56,85
Aktien Singapur	21,93	18,35	74,94	0,28	−0,38	65,96	−3,27	37,18	−25,06	0,29	0,13	47,20
Aktien Skandinavien	23,12	14,22	106,78	0,16	−0,55	64,47	−2,43	27,00	−10,41	0,20	0,05	49,76
Aktien Sonstige Länderfonds	27,02	18,67	88,86	0,25	−0,46	65,68	−6.17	31,02	−28,79	0,20	0,15	47,79
Aktien Spanien	20,83	15,92	79,73	0,23	−0,41	67,62	−1,16	24,74	−1.00	0,23	0,01	50,08
Aktien Technologie	13,00	18,23	34,11	0,22	−0,18	54,81	−19,07	41,36	−54,62	0,28	0,28	41,78
Aktien Telemedien	9,49	13,15	25,11	0,17	−0,13	58,65	−19,41	34,72	−54,02	0,22	0,28	42,63
Aktien Thailand	16,48	29,19	49,55	0,35	−0,25	53,10	−0,78	45,96	−23,60	0,34	0,12	51,28
Aktien Türkei	61,87	32,28	216,36	0,30	−1,12	70,97	−1,48	64,51	−32,42	0,52	0,17	50,37
Aktien Umwelttechnologie/Ökologie	23,51	12,91	93.14	0,14	−0,48	70,09	−19,53	18,55	−34,50	0,20	0,18	45,96
Aktien Versorger	17,89	9,03	54,39	0,08	−0,28	74,19	−13,63	15,97	−33,53	0,12	0,17	45.20
Aktien Welt	15,41	11,69	51,15	0,15	−0,26	65,04	−8,22	21,62	−23,51	0,15	0,12	47,84
Aktien Welt Mid/Small Caps	17,77	15,10	52,07	0,23	−0,27	63,75	−7,73	31,46	−15,98	0,20	0.08	47,17
Aktien Österreich	28,65	14,66	128,97	0,16	−0,66	68,91	−0,08	18,98	2.94	0,19	−0,01	55,18
Aktien Gold	11,75	30,00	41,45	0,48	−0,21	56,40	0,45	36,67	−1,59	0.26	0,01	49,89
Immobilienaktien	25,34	13,45	73,89	0,20	−0,38	77,03	0,44	16,29	16,57	0,09	−0,08	52,32
Dachfonds	12,32	7,95	35,91	0,08	−0,18	70,97	−12,73	14,68	−28,29	0,11	0,14	44,40
Dachfonds Aktien Asien Pazifik	26,69	15,77	71,30	0,15	−0,37	67,74	−19,36	17,47	−47,19	0,15	0,24	35,29
Dachfonds Aktien Branch. & Themen	9,32	13,96	22,28	0,13	−0,11	54,84	−32,54	32,30	−72,65	0,26	0,37	35,08
Dachfonds Aktien EM	34,23	16,46	103,43	0,15	−0,53	74,19	−5,05	26,59	−29,50	0,18	0,15	44,19
Dachfonds Aktien Europa	21,79	10,03	65,04	0,09	−0,34	75,81	−13,50	22,34	−39,10	0,14	0,20	46,03
Dachfonds Aktien Welt	17,98	11,12	49,90	0,11	−0,26	69,23	−19,21	21,59	−45,89	0,16	0,24	42,20
Dachfonds Renten	0,60	1,75	6,39	0,02	−0,03	70,43	0,74	2,07	16,75	0,01	−0,09	75,90
Dachfonds dynamisch	13,69	9,27	38,74	0,09	−0,20	68,53	−14,45	16,69	−36,55	0,11	0,19	43,42
Dachfonds flexibel	10,32	6,70	30,84	0,07	−0,16	71,65	−10,95	11,78	−23,68	0,09	0,12	44,12
Dachfonds konservativ	4,55	3,32	16,72	0,03	−0,09	75,16	−3,69	5,14	−0,77	0,04	0,00	45,74

Anlagestil	Bull						Bear					
	ÜR (% p.a.)	Vola (% p.a.)	A (%)	V (%)	ÜI	% pos.R	ÜR (% p.a.)	Vola (% p.a.)	A (%)	V (%)	ÜI	% pos.R
Geldmarkt	0,72	4,06	10,74	0,06	−0,05	79,64	−0,64	4,21	14,29	0,03	−0,07	77,77
Geldmarkt AUD	6,59	10,84	33,29	0,15	−0,17	61,40	−2,09	11,12	1,48	0,05	−0,01	54,93
Geldmarkt CAD	2,60	10,86	21,31	0,13	−0,11	55,77	−0,06	10,41	10,32	0,14	−0,05	58,37
Geldmarkt CHF	−1,27	3,70	8,59	0,04	−0,04	50,54	−1,31	3,33	10,21	0,03	−0,05	54,49
Geldmarkt EURO	−0,25	0,56	8,39	0,01	−0,04	97,46	−0,38	0,42	16,88	0,00	−0,09	97,76
Geldmarkt GBP	4,46	7,09	23,07	0,10	−0,12	60,95	0,66	7,91	19,05	0,05	−0,10	54,64
Geldmarkt Skandinavische WHG	1,04	4,46	12,64	0,06	−0,07	73,17	0,48	4,01	27,21	0,02	−0,14	72,63
Geldmarkt USD	1,54	9,48	10,19	0,14	−0,05	59,63	−1,43	10,17	8,74	0,07	−0,04	53,66
Sonstige Geldmärkte	2,58	5,30	15,66	0,08	−0,08	76,75	0,12	6,30	17,74	0,03	−0,09	65,95
Mischfonds	8,04	6,51	29,89	0,09	−0,15	69,01	−3,99	11,11	−3,35	0,07	0,02	51,10
Mischfonds dynamisch	11,46	8,64	40,64	0,11	−0,21	67,70	−6,71	15,98	−17,72	0,10	0,09	48,46
Mischfonds flexibel	8,87	7,06	31,33	0,10	−0,16	68,34	−4,39	12,26	−5,44	0,08	0,03	50,17
Mischfonds konservativ	4,19	4,05	20,37	0,06	−0,10	71,26	−1,50	5,73	9,70	0,04	−0,05	54,69
Renten	3,23	5,19	18,88	0,07	−0,10	65,39	1,44	6,01	24,50	0,04	−0,12	65,31
Renten $-Raum	1,39	9,49	10,28	0,25	−0,05	50,56	2,02	9,10	27,23	0,06	−0,14	56,95
Renten AUD	8,81	9,83	28,45	0,15	−0,15	65,68	−0,21	10,62	10,99	0,05	−0,06	54,29
Renten CAD	9,44	10,73	31,56	0,16	−0,16	59,18	2,34	9,40	31,02	0,04	−0,16	55,86
Renten CHF	0,62	4,36	15,91	0,07	−0,08	54,79	0,62	4,58	22,26	0,04	−0,11	62,74
Renten CHF kurz	−2,36	3,65	2,37	0,06	−0,01	49,03	0,02	3,80	18,64	0,02	−0,09	61,48
Renten DKK	2,35	3,47	17,81	0,04	−0,09	68,81	2,75	3,05	33,58	0,02	−0,17	74,72
Renten EURO	2,45	3,01	20,93	0,04	−0,11	69,84	2,08	3,18	28,17	0,03	−0,14	72,59
Renten EURO Corp. High Yield	7,90	4,19	24,77	0,04	−0,13	78,14	−4,29	11,60	−6,03	0,08	0,03	51,17
Renten EURO Corp. Inv. Grade	2,25	2,51	13,08	0,03	−0,07	67,65	1,61	3,39	20,95	0,02	−0,11	68,38
Renten EURO Welt	2,20	3,21	17,57	0,05	−0,09	68,19	1,72	3,35	27,70	0,03	−0,14	70,49
Renten EURO kurz	0,37	1,20	11,33	0,02	−0,06	78,77	0,22	1,32	19,87	0,01	−0,10	83,93
Renten EURO lang	3,68	4,17	18,22	0,07	−0,09	67,70	3,74	4,78	39,83	0,03	−0,20	68,30
Renten EURO mittel	1,05	2,51	12,45	0,04	−0,06	66,42	1,47	2,54	27,84	0,02	−0,14	72,95
Renten Emerging Markets	10,76	9,96	33,21	0,14	−0,17	62,95	5,71	16,29	43,51	0,09	−0,22	59,95
Renten Europäische WHG Corp. HY	7,49	4,37	20,88	0,04	−0,11	72,65	−5,25	10,74	−7,27	0,07	0,04	53,21
Renten Europäische WHG Corp. Inv. Grade	2,22	2,42	10,94	0,02	−0,06	65,32	0,77	3,95	8,14	0,03	−0,04	64,89
Renten Europäische Währungen	3,07	3,88	20,72	0,05	−0,11	68,91	2,20	3,38	30,21	0,03	−0,15	71,24
Renten GBP	5,64	7,50	26,45	0,09	−0,14	63,32	1,69	8,13	25,99	0,06	−0,13	54,47
Renten Global High Yield & EM	10,62	7,99	31,85	0,11	−0,16	66,79	3,37	12,31	27,62	0,07	−0,14	61,21
Renten Globale Währungen	2,59	5,38	20,41	0,07	−0,10	61,92	1,23	5,14	24,10	0,04	−0,12	61,05
Renten Inflationsgeschützt	5,02	4,62	17,93	0,04	−0,09	69,89	4,03	5,15	25,18	0,04	−0,13	69,40

Anlagestil	Bull						Bear					
	ÜR (% p.a.)	Vola (% p.a.)	A (%)	V (%)	ÜI	% pos.R	ÜR (% p.a.)	Vola (% p.a.)	A (%)	V (%)	ÜI	% pos.R
Renten JPY	0,55	10,04	14,96	0,13	−0,08	47,13	−3,84	11,76	−3,55	0,09	0,02	45,70
Renten Mittel-/Osteuropa	5,26	6,89	22,11	0,07	−0,11	66,23	6,30	7,07	44,95	0,04	−0,23	69,45
Renten NOK	0,88	5,94	11,28	0,08	−0,06	64,22	3,89	5,54	37,08	0,03	−0,19	64,73
Renten SEK	2,67	7,00	18,96	0,10	−0,10	59,23	1,41	5,48	22,69	0,05	−0,12	60,13
Renten Skandinavische WHG	0,91	3,42	6,61	0,07	−0,03	56,17	1,26	4,14	29,64	0,02	−0,15	61,49
Renten Spezialitäten	3,96	5,05	12,94	0,05	−0,07	61,29	−6,89	13,81	3,36	0,09	−0,02	44,18
Renten USD	1,90	9,75	12,41	0,14	−0,06	55,55	1,92	9,50	24,50	0,08	−0,12	55,59
Renten USD Corp. High Yield	7,48	9,66	17,36	0,14	−0,09	54,59	−3,56	13,16	−3,95	0,07	0,02	52,43
Renten USD Corp. Inv. Grade	1,43	9,23	9,31	0,11	−0,05	56,96	1,27	9,11	23,01	0,05	−0,12	55,45
Renten USD kurz	1,37	9,16	7,33	0,15	−0,04	59,09	−0,12	9,75	15,28	0,06	−0,08	56,17
Andere	5,84	5,80	23,26	0,07	−0,12	71,66	−2,26	8,71	7,32	0,05	−0,04	60,07
AS-Fonds	11,97	7,21	34,83	0,07	−0,18	70,32	−2,40	15,07	−2,89	0,08	0,01	46,09
Absolute Return Multi Strategy mit Verlusttoleranz	1,58	2,68	9,34	0,02	−0,05	67,74	−3,16	3,98	1,92	0,03	−0,01	53,25
Absolute Return Multi Strategy ohne Verlusttoleranz	5,46	3,01	19,37	0,06	−0,10	78,85	−1,31	4,51	12,41	0,02	−0,06	56,34
Absolute Return Single Strategy mit Verlusttoleranz	14,40	7,26	18,66	0,22	−0,10	78,79	−5,80	20,90	−27,49	0,08	0,14	47,89
Absolute Return Single Strategy ohne Verlusttoleranz	4,82	6,00	21,26	0,11	−0,11	70,11	−0,29	9,48	24,23	0,07	−0,12	58,84
Asset Backed Securities	1,85	4,24	12,22	0,06	−0,06	69,08	1,50	4,79	28,62	0,03	−0,15	69,71
Dynamische Wertsicherungsfonds	3,78	4,58	16,12	0,07	−0,08	68,81	−3,29	5,30	1,38	0,03	−0,01	49,15
Garantiefonds	3,61	3,70	16,03	0,03	−0,08	79,03	−6,06	6,88	−6,53	0,05	0,03	54,60
Genußscheine	2,47	3,25	18,46	0,05	−0,09	78,66	0,86	2,93	28,27	0,01	−0,14	69,14
Immobilien	2,17	2,03	21,92	0,02	−0,11	91,38	1,67	2,25	25,97	0,02	−0,13	92,35
Laufzeitfonds Euroland	0,43	1,72	11,41	0,02	−0,06	76,71	0,43	1,76	23,34	0,01	−0,12	83,23
Sonstige Laufzeitfonds	0,84	5,45	14,55	0,07	−0,07	59,96	0,52	5,10	21,45	0,04	−0,11	64,33
Spezialitäten	11,52	11,42	36,79	0,13	−0,19	64,22	−10,20	18,62	−21,57	0,11	0,11	47,26
Wandel- und Optionsanleihen	6,77	8,52	25,06	0,11	−0,13	63,24	−2,66	10,94	5,32	0,08	−0,03	50,01
Gesamt	12,38	10,41	43,73	0,14	−0,22	67,04	−4,90	17,28	−7,02	0,12	0,04	53,99
MSCIW	10,73	9,25	67,12	0,11	−0,34	72,34	−5,66	17,60	−11,03	0,21	0,06	48,98

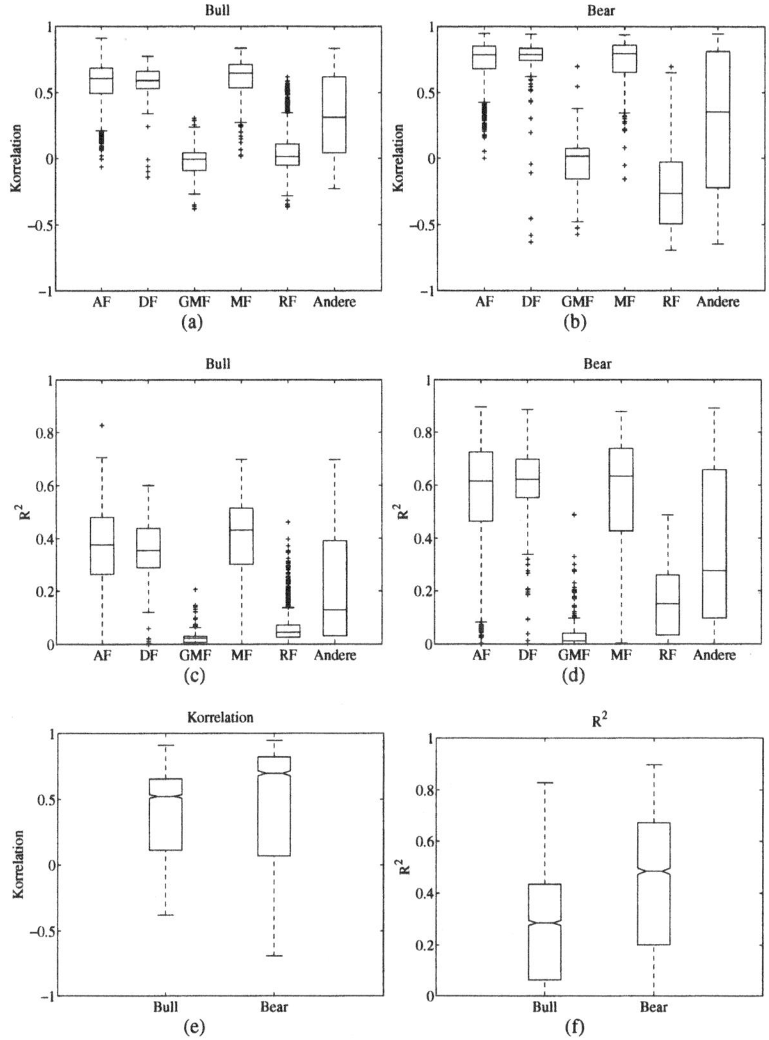

Abbildung B.9: Boxplots für Korrelation und R^2 für Investmentfonds und MSCIW Renditen in Bull und Bear Phasen des MSCIW nach MSW-Mean erfasst für Hauptanlagestile

Siehe Beschreibung zu den Boxplots bei der Abb. B.1 und B.2. Für die Wertetabelle siehe Anhang E.5 S. 507.

C Anhänge zu Kap. 7

In diesem Anhang sind die Grundlagen zur Clusteranalyse sowie die Ergebnisse der Auswertungen des Kap. 7 für Investmentfonds dargestellt. In den Abbildungen sind die Gütemaße verschiedener Clusterlösungen sowie die Wertentwicklungen für einzelne Cluster veranschaulicht.

C.1 Clusteranalyse

Die Clusteranalyse ist ein multivariates Verfahren, das eine Zuordnung bestimmter *Objekte* in Bezug auf ihre charakteristischen *Merkmale* in sich unterscheidende Gruppen (Cluster) vornimmt.[1] Zur Durchführung der Clusteranalyse ist die Bestimmung eines Proximitätsmaßes, das eine Quantifizierung der Ähnlichkeit der Objekte darstellt, und des Clusteralgorithmus, der eine Zuordnung der Objekte zu den bestimmten Clustern ermöglicht, notwendig.

Proximitätsmaße

Im ersten Schritt werden aus der ursprünglichen Datenmatrix statistische Maßzahlen bzw. *Proximitätsmaße* berechnet. Diese Maßzahlen tragen Informationen über die (Un)Ähnlichkeit aller paarweisen Kombinationen der Objekte zueinander, die aufgrund unterschiedlicher Merkmalsausprägungen entstehen und somit quantifiziert werden müssen. Proximitätsmaße können entweder die Unähnlichkeit oder die Ähnlichkeit der Merkmalsausprägungen ausdrücken. Anhand der Distanzmaße wird zum Ausdruck gebracht, wie unähnlich zwei Objekte zueinander sind, sodass sie auch als *Unähnlichkeitsmaße* bezeichnet werden. Im Gegensatz dazu messen *Ähnlichkeitsmaße* den Grad der Ähnlichkeit zwischen zwei Objekten. Ähnlichkeitsmaße können bei einer Normierung auf das [0,1] Intervall durch Subtraktion von 1 in Unähnlichkeitsmaße überführt werden.

In der Literatur existieren unterschiedliche Distanzmaße. Anzumerken ist, dass die Auswahl eines bestimmten Maßes für die empirischen Untersuchungen im Einklang mit dem verfolgten Ziel der Clusteranalyse und dem Skalenniveau der vorhandenen Daten stehen soll. In Abhängigkeit von dem Skalenniveau der Ausgangsdaten werden Proximitätsmaße in *nominale* und *metrische* Skalen unterschieden.

Im Weiteren werden *binäre Variablen* als ein Spezialfall **nominal skalierter** Merkmalsvariablen behandelt. Durch eine 0/1 Kodierung bringen binäre Variablen die Existenz („1") oder das Fehlen („0") einer Eigenschaft zum Ausdruck. Die in der

---

1 Diese Beschreibung der Clusteranalyse erfolgt in Anlehnung an EVERITT et al. (2001), BACHER (2002) und BACKHAUS et al. (2006), S. 489 ff.

Literatur beschriebene Vielzahl von Ähnlichkeitsmaßen für binäre Variablen lässt sich auf eine Variation von fünf Grundtypen zurückführen.[2] Die Bildungsvorschriften dieser Maße sind in Abb. C.1 dargestellt. Binäre Eigenschaften („vorhanden/nicht vorhanden") entsprechen bei einem Vergleich zweier Objekte einer der folgenden vier Kategorien: Zugehörigkeit zu beiden Objekten (a), nur zu dem einen (b), nur zu dem anderen (c) oder zu keinem Objekt (d). (Vgl. Abb. C.1 oberer Teil.)

Objekt 1	Objekt 2		Zeilensumme
	Eigenschaft vorhanden (1)	Eigenschaft nicht vorhanden (0)	
Eigenschaft vorhanden (1)	a	c	a + c
Eigenschaft nicht vorhanden (0)	b	d	b + d
Spaltensumme	a + b	c + d	m

	Gewichtungsfaktoren		
Name des Koeffizienten	δ	λ	Definition
Tanimoto	0	1	$\frac{a}{a+b+c}$
Simple Matching	1	1	$\frac{a+d}{m}$
Russel & Rao	-	-	$\frac{a}{m}$
Dice	0	0,5	$\frac{2a}{2a+(b+c)}$
Kulczynski	-	-	$\frac{a}{b+c}$

Abbildung C.1: Kombinationsmöglichkeiten binärer Eigenschaften und Bildungsvorschriften ausgewählter Ähnlichkeitsmaße

Die obere Tabelle gibt die vier Kombinationsmöglichkeiten binärer Eigenschaften wieder, wobei zwei Objekte auf Basis „vorhanden" oder „nicht vorhanden" einer Eigenschaft verglichen werden. Jede Eigenschaft muss in einem der Felder a, b, c oder d liegen. Die untere Tabelle veranschaulicht fünf ausgewählte Ähnlichkeitsmaße. (Vgl. BACKHAUS et al. (2006) S. 496.) In Abhängigkeit von der Wichtigkeit der Berücksichtigung einer oder der anderen Eigenschaft (a, b, c oder d) können entsprechend die Ähnlichkeitsmaße ausgesucht werden.

Bezeichnet man mit s_{ij} die Ähnlichkeit zwischen den Objekten i und j und mit δ und λ mögliche (konstante) Gewichtungsfaktoren, so lassen sich durch Formel C.1

[2] Vgl. BACKHAUS et al. (2006) S. 496.

viele repräsentative Ähnlichkeitsmaße beschreiben.[3]

$$s_{ij} = \frac{a + \delta \cdot d}{a + \delta \cdot d + \lambda(b + c)} \quad \text{(C.1)}$$

Abbildung C.1 zeigt beispielhaft für fünf Maße, wie sie aus den unterschiedlichen Faktoren aufgebaut werden. Ihr Definitionsbereich liegt dabei zwischen 0 (keine Ähnlichkeit) und 1 (vollständige Übereinstimmung). Anzumerken ist, dass in Abhängigkeit von den untersuchten Fragestellungen die Auswahl des Ähnlichkeitsmaßes die Gruppenbildungsergebnisse beeinflussen kann. So wird z.B. zwischen einer *symmetrischen* und einer *unsymmetrischen* Behandlung von Übereinstimmungfällen unterschieden. In einer *symmetrischen* Behandlung von Übereinstimmungfällen ist eine Berücksichtigung von d Fällen (vgl. obere Abb. C.1) genauso wichtig wie von a Fällen. In diesem Fall ist z.B. die Übereinstimmung von Bull Phasen $(1-1)$ und Bear Phasen $(0 - 0)$ in zwei Zeitreihen gleichbedeutend und sie wird für beide Fälle ausgezählt. *Simple Matching* ist hierfür ein geeignetes Maß. In einer *unsymmetrischen* Behandlung von Übereinstimmungfällen sind nur a Fälle $(1 - 1)$ relevant. Für diesen Anwendungsfall ist z.B. das Kulczynski Maß geeignet.[4]

Für metrische Variablen werden andere Proximitätsmaße gebildet, die oft als Distanzmaße klassifiziert werden. Tab. C.2 fasst die zentralen Distanzmaße zusammen. Für binäre Variablen können die *City-Block-Metrik*, die *quadrierte Euklidische Distanz* und das *Hamming* Distanzmaß verwendet werden. Das zuletzt benannte Maß misst die Anzahl nicht übereinstimmender Koordinaten zweier Objekte.[5]

Unterschiedliche Autoren aus der Forschungsliteratur wie z.B. GOWER und LEGENDRE (1986) schlagen bestimmte Regeln vor, die die Auswahl des Distanzmaßes für die meisten Fragestellungen erleichtern sollen. Oft sind die Fragestellungen jedoch einzigartig, sodass die Auswahl des Distanzmaßes nur nach einer genauen Abstimmung mit der Skalierung der Ursprungsdaten und den verfolgten Zielen erfolgen sollte.

Clusteralgorithmen

Im zweiten Schritt der Clusteranalyse werden Objekte anhand ihrer Distanzen nach einem bestimmten *Clusteralgorithmus* unterschiedlichen Clustern zugeordnet. In der empirischen Forschung existiert mittlerweile eine Vielzahl von Clusteralgorithmen. Clusteralgorithmen werden in hierarchische und nichthierarchische (oder partitionierende) Algorithmen unterschieden. Bei den hierarchischen Methoden werden nach der Erfüllung einer Bedingung, wie z.B. einer minimalen Zunahme der Fehlerquadratsumme, Objekte bestimmten Clustern zugeordnet und an sie festgebunden, während bei den partitionierenden Methoden eine Zielfunktion dahingehend optimiert

3 Vgl. BACKHAUS et al. (2006) S. 495.

4 Vgl. EVERITT et al. (2001), S. 36.

5 Siehe weitere Distanzmaße für binäre Variablen bei BACHER (2002), S. 200.

Name des Maßes	Bezeichnung	Definition
Euklidische Distanz	ED	$\sqrt{\sum_{n=1}^{N}(x_{in}-x_{jn})^2}$
Standardisierte euklidische Distanz	SED	$\sqrt{\sum_{n=1}^{N}\frac{(x_{in}-x_{jn})^2}{\sigma_{ij}^D}}$
Mahalanobis Distanz	MD	$\sqrt{\sum_{n=1}^{N}\frac{(x_{in}-x_{jn})^2}{\sigma_{ij}}}$
Minkowski Metrik	MM	$\left[\sum_{n=1}^{N}\left\|x_{in}-x_{jn}\right\|^r\right]^{\frac{1}{r}}$
Q-Korrelationskoeffizient	QK	$\frac{\sum_{n=1}^{N}(x_{in}-\overline{x}_i)(x_{jn}-\overline{x}_j)}{\left[\sum_{n=1}^{N}(x_{in}-\overline{x}_i)^2\sum_{n=1}^{N}(x_{jn}-\overline{x}_j)^2\right]^{\frac{1}{2}}}$
City-Block Metrik	CB	$\sum_{n=1}^{N}\left\|x_{in}-x_{jn}\right\|$
Hamming Distanz	HD	$(\#(x_{in}\neq x_{jn})/n)$

Abbildung C.2: Ausgewählte Ähnlichkeitsmaße metrischer Variablen

Die dargestellten Distanzmaße messen die Entfernung zwischen zwei Vektoren X_i und X_j anhand ihrer Koordinaten x_{in} und x_{jn}, wobei $n = 1, \ldots, N$ die Anzahl der Koordinaten ausdrückt. σ_{ij}^D bedeutet eine Diagonalmatrix der Kovarianzen und σ_{ij} eine voll besetzte Kovarianzmatrix der Vektoren. $\overline{x}_i$ und $\overline{x}_j$ sind die Mittelwerte der Vektoren X_i und X_j. r ist die Minkowski-Konstante, wobei $r \geq 1$. Bei $r = 1$ und $r = 2$ erhält man entsprechend die *City-Block-Metrik* und die *Euklidische Distanz*.

wird, dass die einzelnen Objekte so lange ständig ausgetauscht werden können, bis ein Optimum erreicht wird.[6]

Hierarchische Methoden werden weiterhin in *agglomerative* und *divisive* unterteilt. Die beiden Methoden unterscheiden sich anhand ihrer Vorgehensweise, wobei beim **agglomerativen** Vorgehen im ersten Schritt alle Objekte ihre eigenen Cluster bilden und erst später in wenige größere Cluster fusionieren (*bottom up* Vorgehensweise). Beim **divisiven** Vorgehen werden alle Objekte zuerst in ein Cluster eingeordnet (*top down* Vorgehensweise) und erst dann in mehrere kleinere Cluster unterteilt.

Am verbreitetsten sind agglomerative Verfahren. Nach der Berechnung der Distanzdatenmatrix werden alle Objekte in eigene, einzelne Cluster eingeordnet. Im ersten Durchlauf werden dann die Objekte ausgesucht, die die kleinste Distanz aufwei-

[6] Vgl. BACKHAUS et al. (2006), S. 511.

sen. Diese Objekte werden einem Cluster zugeordnet und danach nicht mehr separat, sondern als eine gemeinsame Gruppe betrachtet, sodass sich die Anzahl der betrachteten Objekte und somit ihre Distanzmatrix verringert. Im nächsten Schritt werden die Distanzmaße zu dem entstandenen Cluster neu berechnet. Das Verfahren wird wiederholt, sodass mit jedem neuen Durchlauf ein Objekt zu einem anderen Objekt oder einem Cluster zugefügt wird und die Distanz zu den verbleibenden Objekten und/oder Clustern neu berechnet wird. Diese Schritte werden solange wiederholt, bis alle Objekte bestimmten Clustern zugeordnet worden sind. Allen Algorithmen ist gemeinsam, dass sie zur Clusterbildung die Objekte mit der kleinsten Distanz einbeziehen.

Name des Verfahrens	**Konstante**				**Distanzberechnung** $D_{(R,P+Q)}$
	α	**β**	**θ**	**γ**	
Single Linkage	0,5	0,5	0	-0,5	$0{,}5*\{D_{(R,P)}+D_{(R,Q)}-\lvert D_{(R,P)}-D_{(R,Q)}\rvert\}$
Complete Linkage	0,5	0,5	0	0,5	$0{,}5*\{D_{(R,P)}+D_{(R,Q)}+\lvert D_{(R,P)}-D_{(R,Q)}\rvert\}$
Average Linkage (ungewichtet)	0,5	0,5	0	0	$0{,}5*\{D_{(R,P)}+D_{(R,Q)}\}$
Average Linkage (gewichtet)	$NP*(NP+NQ)^{-1}$	$NQ*(NP+NQ)^{-1}$	0	0	$(NP+NQ)^{-1}\{NP*D_{(R,P)}+NQ*D_{(R,Q)}\}$
Centroid	$NP*(NP+NQ)^{-1}$	$NQ*(NP+NQ)^{-1}$	$-NP*NQ*(NP+NQ)^{-2}$	0	$(NP+NQ)^{-1}\{NP*D_{(R,P)}+NQ*D_{(R,Q)}\}$ $-\{NP*NQ*(NP+NQ)^{-2}*D_{(P,Q)}\}$
Median	0,5	0,5	-0,25	0	$0{,}5*\{D_{(R,P)}+D_{(R,Q)}\}-0{,}25*D_{(P,Q)}$
Ward	$(NR+NP)*(NR+NP+NQ)^{-1}$	$(NR+NQ)*(NR+NP+NQ)^{-1}$	$-NR*(NR+NP+NQ)^{-1}$	0	$(NR+NP+NQ)^{-1}*\{(NR+NP)*\{D_{(R,P)}$ $+(NR+NQ*\{D_{(R,Q)}-NR\{D_{(P,Q)}\}$

Abbildung C.3: Distanzberechnung für ausgewählte Algorithmen

Die Abbildung veranschaulicht Berechnungsregeln der Distanzen für unterschiedliche hierarchische Clusteralgorithmen. NR, NP und NQ stehen für die Anzahl der Objekte in den jeweiligen Gruppen R,P und Q. (Vgl. BACKHAUS et al. (2006) S. 517.)

Die meisten Clusteralgorithmen unterscheiden sich aufgrund der Berechnung der Distanz der neu entstandenen Cluster zu den bestehenden Objekten. Werden zusammengefasste Objekte als $(P+Q)$ bezeichnet, kann ihre Distanz zu einem Objekt bzw. zu einer Gruppe R nach der folgenden Formel berechnet werden:

$$D_{(R,P+Q)} = \alpha * D_{(R,P)} + \beta * D_{(R,Q)} + \theta * D_{(P,Q)} + \gamma * \left| D_{(R,P)} - D_{(R,Q)} \right| \quad \text{(C.2)}$$

mit: $D_{(R,P+Q)}$ Distanz zwischen einem Objekt R und dem neu entstandenem Cluster $P+Q$
α, β, θ und γ algorithmustypische Konstanten
$D_{(R,P)}$, $D_{(R,Q)}$ und $D_{(P,Q)}$ alte Distanzen zwischen den Objekten P, R und Q

Die meisten Clusteralgorithmen unterscheiden sich nach Formel C.2 anhand der Konstanten (vgl. Abb. C.3). So unterscheidet sich das *Single Linkage* und *Complete Linkage* Verfahren lediglich durch das Vorzeichen des γ-Koeffizienten. Hierdurch ändert sich auch die Interpretation der Clusterung. Bei der Distanzbildung werden z.B. im *Single Linkage* Verfahren die kleinsten Abstände für die Zuordnung neuer Objekte zu Clustern verwendet (*Nearest-Neighbour-Verfahren*), während beim *Complete Linkage* Verfahren hierzu die größten Distanzen herangezogen werden (*Furthest-Neighbour-Verfahren*), wobei Clusterbildung ebenfalls anhand kleinster Distanzen erfolgt.[7]

Ein sich von den bisherigen Methoden unterscheidendes Verfahren stellt die Methodik von *Ward* dar. Bei diesem Verfahren wird bei jeder Iteration ein *Heterogenitätsmaß*, in diesem Fall die *Fehlerquadratsumme* (Varianz), jeder Gruppe berechnet. Ein Objekt wird einem Cluster nur dann zugeordnet, wenn die Varianz der Gruppe dadurch am geringsten (im Vergleich zu den anderen Gruppen) erhöht wird. Das Ausgangskriterium für die erste Iteration bilden auch hier Distanzmaße, wobei die euklidische Distanz für den Ward Algorithmus am besten geeignet ist.[8]

$$FQS_g = \sum_{k=1}^{K_g} \sum_{n=1}^{N} (x_{kng} - \overline{x}_{n_g})^2 \quad \text{(C.3)}$$

mit: FQS_g Fehlerquadratsumme der Gruppe g
x_{kng} Beobachtungswert der Variablen n, $(n = 1, \ldots, N)$ eines Objektes k $(k = 1, \ldots, K_g)$ in Gruppe g
$\overline{x}_{n_g}$ Mittelwert der Beobachtungswerte der Variablen n in Gruppe g

Die Streuung innerhalb jeder einzelnen Gruppe kann nach Formel C.3 berechnet werden. Die Streuung der Gruppen im Gesamtdatensatz (auch als Zwischenclusterstreuung bezeichnet) wird folgendermaßen gemessen:

$$FQSB_g = \sum_{n=1}^{N} N_g(\overline{x}_{ng} - \overline{x}_n)^2 \quad \text{(C.4)}$$

7 Siehe dazu ausführlicher BACKHAUS et al. (2006), S. 518 und 521.
8 Vgl. BACKHAUS et al. (2006), S. 522 f.

mit: $FQSB_g$ Fehlerquadratsumme von der Gruppe g im Gesamtdatensatz
$\overline{x}_{ng}$ Mittelwert der Beobachtungswerte der Variablen n, $(n = 1, \ldots, N)$ in Gruppe g
$\overline{x}_n$ Mittelwert der Beobachtungswerte der Variablen n im Datensatz
N_g Anzahl der Objekte in der Gruppe g

Den Ablauf der Clusterung kann anhand folgender Schritte beschrieben werden:[9]

- Jedes Objekt repräsentiert ein Cluster. Die Anzahl der Cluster bei der ersten Partition entspricht somit der Anzahl der Objekte.
- Für alle in die Untersuchung eingeschlossenen Objekte bzw. Cluster werden Distanzen berechnet.
- Es werden die Cluster zusammengefasst, die Fehlerquadratsumme eines entstehenden Clusters am wenigsten erhöhen. Damit verringert sich die Anzahl der Cluster um Eins.
- Distanzen werden erneut berechnet. Die Fehlerquadratsumme entspricht der Hälfte der quadrierten Euklidischen Distanz zwischen zwei Clustern. Die Iteration wird durch Bildung neuer Cluster wiederholt, wobei in jedem Schritt die Anzahl der Cluster fällt.

Durch die Wiederholung der Iterationsschritte verringert sich kontinuierlich die Anzahl der Cluster. Die Clusterbildung ist abgeschlossen, wenn alle Cluster zu einem Cluster zusammengefasst werden.

Den verbreitetsten **partitionierenden** Algorithmus stellt die *K-means* Methode von FORGY (1965) dar. Bei dieser Methode werden zur Bildung von Clustern bestimmte Clusterzentroide konstruiert. Die Clusterzentroide werden so ausgesucht, dass die Fehlerquadratsumme innerhalb der Cluster minimiert wird:

$$FQS_g \rightarrow \min \tag{C.5}$$

mit: FQS_g Fehlerquadratsumme einer Gruppe g

Dabei versucht das Verfahren Cluster zu bilden, deren innere Streuung (Formel C.3) minimal ist, während die Zwischenclusterstreuung (Formel C.4) maximiert wird. Werden mit dem Vektor **FQS** alle Streuungen innerhalb eines Clusters und mit dem Vektor **FQSB** aller Zwischenclusterstreuungen bezeichnet, ergibt sich die Gesamtstreuung aus der Summe von **FQS** und **FQSB**. Die Gesamtstreuung kann auch folgend berechnet werden:[10]

$$FQSG = \sum_{k=1}^{K} \sum_{n=1}^{N} (x_{kn} - \overline{x})^2 \tag{C.6}$$

[9] Vgl. BACKHAUS et al. (2006), S. 516 und BACHER (2002), S. 297.

[10] FQS wird z.T. auch mit W gekennzeichnet (*within sum of squares*) und $FQSB$ als B (*between sum of squares*).

mit: $FQSG$ Fehlerquadratsumme des Gesamtdatensatzes
x_{kn} Beobachtungswert der Variablen n, ($n = 1, \ldots, N$) eines Objektes k ($k = 1, \ldots, K_g$) in der Gruppe g
$\overline{x}$ Mittelwert der Beobachtungswerte der Variablen n im Datensatz

Diese Methode ist dem Ward-Algorithmus sehr ähnlich. Sie unterscheidet sich jedoch von den hierarchischen Methoden im Allgemeinen dadurch, dass bei K-means ein *Optimierungsproblem* der Bildung der Cluster zugrunde gelegt wird. Bei jedem Durchlauf des K-means Verfahrens muss die Anzahl der Cluster vordefiniert sein. Die erste Iteration beginnt mit der Auswahl der Objekte mit der minimalen Distanz zu den Clusterzentroiden. Bei jeder folgenden Iteration werden die einzelnen Objekte zwischen den Clustern solange ausgetauscht, bis die Fehlerquadratsumme der Cluster ein Minimum erreicht. Die Clusterzentroide werden demnach bei jeder Iteration neu berechnet. K-means startet jede Analyse mit zufällig ausgewählten Objekten und den daraus berechneten Clusterzentroiden,[11] so dass sich die Clusterlösungen bei jeder neuen Analyse unterscheiden können. Aus diesem Grund empfiehlt es sich, den Algorithmus mehrmals zu starten, um ein globales und nicht ein lokales Minimum des Gütekriteriums zu erreichen.

Zusammenfassend kann der Ablauf der Clusterung für K-means anhand folgender Schritte beschrieben werden:[12]

- Zu Anfang der Clusterung werden die Anzahl der Cluster und/oder Clusterzentroide vorgegeben.
- Wenn keine Clusterzentroide vorgegeben sind, werden Cluster durch zufällige Aufteilung und anschließend ihre Clusterzentroide gebildet.
- Für die gültige Zuordnung werden Fehlerquadratsummen berechnet.
- Objekte werden zu den Clustern verschoben, bei denen sich die Fehlerquadratsumme nur minimal erhöht.
- Für veränderte Cluster werden erneut Clusterzentroide berechnet.
- Wenn sich die Zuordnung der Objekte nicht mehr verändert, ist die Clusterbildung abgeschlossen.

Anzahl der Cluster

Nachdem eine Clusteranalyse mit vordefinierten Distanzmaßen und Clusteralgorithmen durchgeführt wurde, soll die Entscheidung bezüglich einer adäquaten Bestimmung der Anzahl der Cluster getroffen werden.

Bei hierarchischen Algorithmen werden die sich unterscheidenden Cluster oft visuell anhand eines hierarchischen Baumes, des sog. Dendrogramms bestimmt (vgl. Abb. C.4). Dazu wird eine Schnittgerade durch das Dendrogramm auf einer bestimmten Höhe gezogen. Die Anzahl der durchkreuzten vertikalen Ästen des Baumes markiert die Anzahl der Cluster. Die Höhe des Durschneidens wird anhand der Entfer-

[11] In Abhängigkeit vom ausgewählten Distanzmaß werden Clusterzentroide unterschiedlich berechnet.
[12] Vgl. BACKHAUS et al. (2006), S. 516.

nungen bzw. Distanzen zwischen den Objekten/Clustern bestimmt. Hohe Werte bedeuten dabei große Unähnlichkeiten zweier Objekte/Cluster, kleine Werte geringe Unähnlichkeiten. Im Dendrogramm werden Entfernungen bzw. Distanzen durch die Länge der vertikalen Striche visualisiert, in dem lange Striche auf hohe Entfernungen bzw. Distanzen deuten. Bei der Bestimmung der Clusteranzahl soll die Schnittgerade durch möglichst lange vertikale Striche gezogen werden. Diese Vorgehensweise wird jedoch nur selten angewandt werden, da sie zu einer subjektiven Clusterbestimmung führen kann, welche die Erwartungen eines Analysten widerspiegelt.

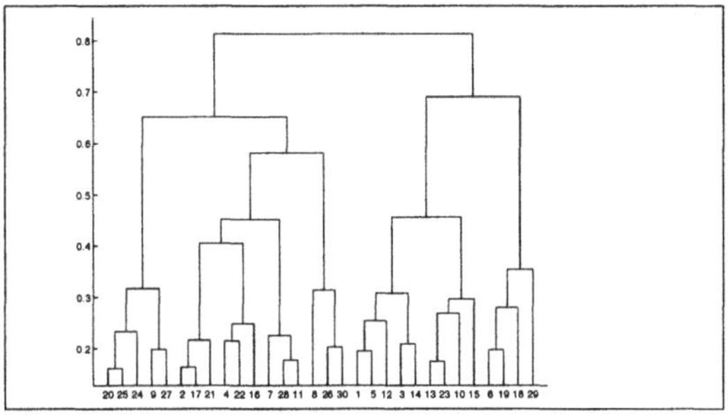

Abbildung C.4: Dendrogram

Cluster, die nach dem Ward oder K-means Verfahren gebildet wurden, können anhand der Streuungsmaße, die auf der Streuung innerhalb und zwischen den Clustern aufbauen, evaluiert werden. Innerhalb der Cluster wird eine minimale und zwischen den Clustern eine maximale Streuung angestrebt.

Als erstes kann die erklärte Streuung gemessen werden, die durch die Clusterbildung erreicht wird und aus der Streuung innerhalb der Cluster und der Gesamtstreuung berechnet wird:

$$ES(G) = 1 - \frac{FQS(G)}{FQSG(G)} \tag{C.7}$$

CALINSKI und HARABASZ (1974) schlagen einen F-Test ($F(G)$) vor, der ein Maximum bei einer optimalen Anzahl von Clustern g erreicht:

$$F(G) = \frac{FQSB(G)}{g-1} / \frac{FQS(G)}{N-g} \tag{C.8}$$

mit:

- $FQSB(G)$ Fehlerquadratsumme aller Zwischenclusterstreuungen für die Clusterlösung G
- $FQS(G)$ Fehlerquadratsumme aller Innerhalbclusterstreuungen für die Clusterlösung G
- N Anzahl der Objekte im Datensatz
- g Anzahl der Gruppen (Cluster)

Zwei Clusterlösungen können ebenfalls anhand eines Maßes verglichen werden, welches eine prozentuelle Verbesserung (oder eine Verschlechterung) durch die Einbeziehung einer neuen Clusterlösung misst:

$$\Delta G = 1 - \frac{FQS(G)}{FQS(G-1)} \tag{C.9}$$

mit: ΔG prozentuelle Verbesserung der Clusterlösung g zu einer vorherigen Clusterlösung $(G-1)$
$FQS(G)$ Fehlerquadratsumme aller Innerhalbclusterstreuungen für die Clusterlösung G
N Anzahl der Objekte im Datensatz

BAKER und HUBERT (1975) schlagen einen Übereinstimmungsindex vor, der die Entscheidung über die Bestimmung einer optimalen Anzahl von Clustern erleichtern soll und ebenfalls für binäre Variablen empfohlen wird. Die Idee basiert auf dem Vergleich der Streuung innerhalb einer Gruppe und der Streuung zwischen den Gruppen, die aus Fehlerquadratsummen (FQS_g) innerhalb jedes Clusters und den Fehlerquadratsummen zwischen den Clustern (Zwischenclusterstreuungen) $(FQSB_g)$ berechnet wird. Alle Fälle, bei denen die Streuung innerhalb einer Gruppe (FQS_g) kleiner als die für die Gruppe entsprechende Zwischenclusterstreuung $(FQSB_g)$ ist, werden für alle einzelne Gruppen zusammengezählt und als S_+ bezeichnet. Für den umgekehrten Fall, wenn die Streuung innerhalb einer Gruppe (FQS_g) größer als die für die Gruppe entsprechende Zwischenclusterstreuung $(FQSB_g)$ ist, werden die Fälle für alle einzelne Gruppen ebenfalls zusammengezählt und als S_- bezeichnet. Der Index nach BAKER/HUBERT wird folgendermaßen berechnet:[13]

$$\begin{aligned} BHI(G) &= \frac{S_+ - S_-}{S_+ + S_-} \\ S_+ &= \sum_{i=1}^{N} I_i \quad \text{mit} \quad I_i = \begin{cases} 1 & \text{wenn} \quad FQS_g < FQSB_g \\ 0 & \text{wenn} \quad FQS_g \geq FQSB_g \end{cases} \qquad \text{(C.10)} \\ S_- &= \sum_{i=1}^{N} I_i \quad \text{mit} \quad I_i = \begin{cases} 1 & \text{wenn} \quad FQS_g \geq FQSB_g \\ 0 & \text{wenn} \quad FQS_g < FQSB_g \end{cases} \end{aligned}$$

(C.11)

mit: $BHI(G)$ BAKER/HUBERT Index für G-te Clusterlösung
S_- und S_+ Anzahl der Paare, die aus dem Vergleich der (FQS_g) und $(FQSB_g)$ der jeweiligen Gruppen resultiert

[13] Für weitere Kriterien zur Bestimmung der Clusteranzahl siehe EVERITT et al. (2001), S. 102 f. und BACHER (2002), S. 316 f.

Anhand der oben präsentierten Gütemaße können die Clusterlösungen mit einer unterschiedlichen Anzahl von Clustern verglichen werden. Im Folgenden werden weitere Gütemaße beschrieben, die oft zum Vergleich verschiedener Clusterlösungen (auch anhand unterschiedlicher Verfahren) einbezogen werden.

Gütemaße

Für die Evaluation der Clusteranalyse werden Gütemaße einbezogen, die den Erfolg einer Clusterung messen. Dazu werden in der Literatur viele Maße vorgeschlagen, unter anderem auch die bereits zur Bildung der Cluster verwendeten.[14] Das Ziel einer Clusteranalyse liegt darin, möglichst ähnliche Objekte in Gruppen einzuordnen, während die Gruppen untereinander jedoch möglichst unähnlich sein müssen. Erst wenn die Evaluation der Clusteranalyse eine gute Trennung der Cluster indiziert, können die Ergebnisse der Clusteranalyse weiterverwendet und interpretiert werden.

Um die Konsistenz der Untersuchung beizubehalten, sollen zur Evaluation der Clusteranalyse sinngemäß ähnliche Gütemaße zu den in der Analyse selbst verwendeten Distanzmaßen und Algorithmen ausgesucht werden. Wird z.B. zur Evaluation der Cluster die Fehlerquadratsumme verwendet, beim Clustern jedoch kein Fehlerquadratsumme-minimierender Algorithmus verwendet, kann auch nicht erwartet werden, dass die Streuung innerhalb der gebildeten Cluster minimal ausfällt.

Als erstes können die nach der Clusterung resultierenden Gruppen anhand ihrer Unähnlichkeit zueinander verglichen werden. Dazu sind die klassischen Distanzmaße geeignet, die allerdings nicht Entfernungen zwischen Objekten, sondern zwischen Gruppen (A und B) messen. Für metrische Variablen werden die Mittelwerte der Variablen jeder Gruppe gebildet (entsprechend $\overline{x}_{An} = (\overline{x}_{A_1}, \ldots, \overline{x}_{A_n})$ und $\overline{x}_{Bn} = (\overline{x}_{B_1}, \ldots, \overline{x}_{B_n})$) und in die Formel der Distanzmaße eingesetzt. Für binäre Daten können Distanzmaße anhand von Gruppenzentroiden berechnet werden, die als Mediane der Clusterobjekte erfasst werden. Im Folgenden ist die Formel der euklidischen Distanz für die Berechnung der Zwischen-Gruppen-Distanz dargestellt:

$$ED_{AB} = \sqrt{\sum_{n=1}^{N} (\overline{x}_{An} - \overline{x}_{Bn})^2} \qquad \text{(C.12)}$$

mit:

ED_{AB}	Euklidische Distanz zwischen den Gruppen A und B
$\overline{x}_{An}$ und $\overline{x}_{Bn}$	Mittelwerte über die n-te Variable entsprechend in den Gruppen A und B
N	Anzahl der Variablen

Ein anderes verbreitetes Maß ist der *normal information radius* (NIR) von JARDINE und SIBSON (1971), der auf Basis der *Mahalanobis Distanz* berechnet wird:

$$NIR_{AB} = \frac{1}{2}\log_2(1 + \frac{1}{4}MD^2) \qquad \text{(C.13)}$$

[14] Vgl. EVERITT et al. (2001), S. 46 f.

mit: NIR_{AB} *normal information radius* zwischen den Gruppen A und B
MD Mahalanobis Distanz zwischen den Gruppen A und B

Bei den binären Variablen ist der Anteil jeder Kategorie (0 oder 1) in jeder Gruppe zu vergleichen. Ein Unähnlichkeitsmaß von BALAKRISHNAN und SANGHVI (1968) misst den Unterschied der Häufigkeiten der 0 und 1 Kategorien über alle Variablen in zwei Gruppen:

$$BS_{AB} = \sqrt{\sum_{n=1}^{N} \sum_{l=1}^{L} \frac{(p_{Anl} - p_{Bnl})^2}{p_{nl}}} \tag{C.14}$$

mit: BS_{AB} Distanz zwischen den Gruppen A und B nach BALAKRISHNAN und SANGHVI (1968)
p_{Anl} und p_{Bnl} Anteil der Kategorie l in den n-ten Variablen entsprechend den Gruppen A und B, $p_{nl} = \frac{1}{2}(p_{Anl} + p_{Bnl})$
L Anzahl der Kategorien (im binären Fall $L = 2$)
N Anzahl der Variablen

Dieses Maß zeigt eine hohe Ähnlichkeit der Gruppen bei Werten nahe Null und eine Unähnlichkeit der Gruppen bei hohen Werten auf. Da dieses Maß jedoch nicht auf ein bestimmtes Intervall normiert ist, fällt eine Interpretation schwer.

C.2 Statistiken zur Clusteranalyse

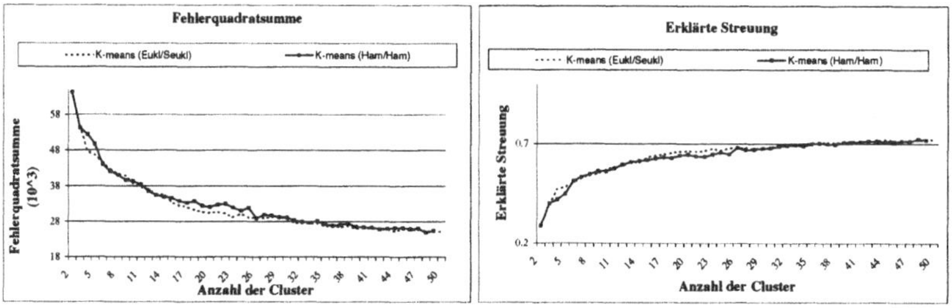

Abbildung C.5: Gütemaße verschiedener Clusterlösungen

Die Abbildungen präsentieren *Fehlerquadratsumme* (oben) und *erklärte Streuung* (unten) mit der ansteigenden Anzahl von Clustern für zwei verschiedene Clusteranalysen (K-means anhand quadrierter (engl. squared) Euklidischen Distanz (K-means (Eukl/Seukl)) und K-means anhand Hamming Distanz (K-means (Ham/Ham))). Die Fehlerquadratsumme fällt mit steigender Anzahl von Clustern, während die erklärte Streuung steigt. K-means (Eukl/Seukl) weist nur marginal bessere Ergebnisse auf. Eukl/Seukl bezeichnet Erzeugung der Startlösung anhand von Ward Verfahren sowie der Euklidischen Distanz, wobei die endgültigen Ergebnisse der Clusterung anhand von K-means und der quadrierten Euklidischen Distanz erzielt werden. Im Analog ist die Bezeichnung Ham/Ham zu verstehen.

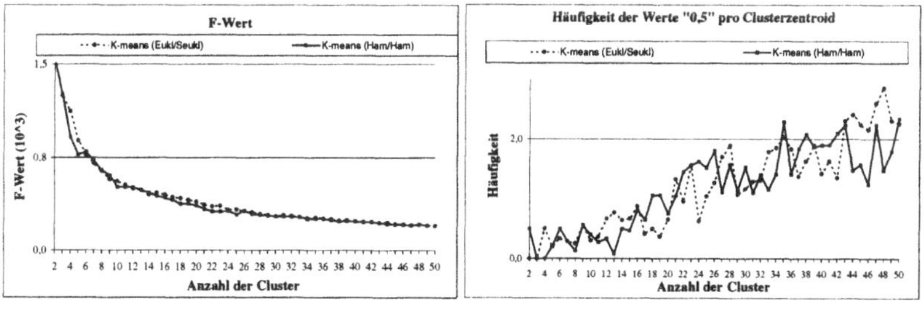

Abbildung C.6: Gütemaße verschiedener Clusterlösungen

Die Abbildungen präsentieren *F-Werte* (oben) und die absolute Häufigkeit der Werte „0,5" pro Clusterzentroid (unten) mit ansteigender Anzahl von Clustern für zwei verschiedene Clusteranalysen. Die F-Werte fallen mit steigender Anzahl von Clustern, während die absolute Häufigkeit der Werte „0,5" pro Clusterzentroid steigt. K-means (Eukl/Seukl) weist nur marginal bessere Ergebnisse auf. Die Anzahl der Werte „0,5" pro Clusterzentroid ist relativ gering.

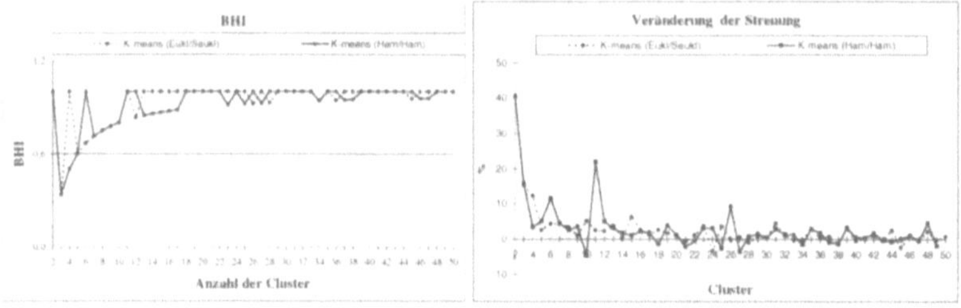

Abbildung C.7: Gütemaße verschiedener Clusterlösungen

Die Abbildungen präsentieren BAKER und HUBERT (1975) Index (BHI) sowie den Index der prozentualen Verbesserung (oder Verschlechterung) der Innerhalbclusterstreuungen für zwei verschiedene Clusteranalysen: K-means (Euklidische Distanz) und K-means (Hamming Distanz) mit ansteigender Anzahl von Clustern. Positive Werte von BHI implizieren, dass die Unähnlichkeit innerhalb einer Gruppe kleiner als ihre Unähnlichkeiten zu den anderen Gruppen ist. Schon bei der zweiten Clusterlösung erreichen die beiden Verfahren den maximalen Wert von Eins. Dies bedeutet, dass die Cluster gut trennbar sind. Die Veränderung der Streuung ist bei den ersten Clustern sehr hoch, was auf eine gute Erklärung der Streuung durch eine relativ kleine Anzahl der Cluster deutet.

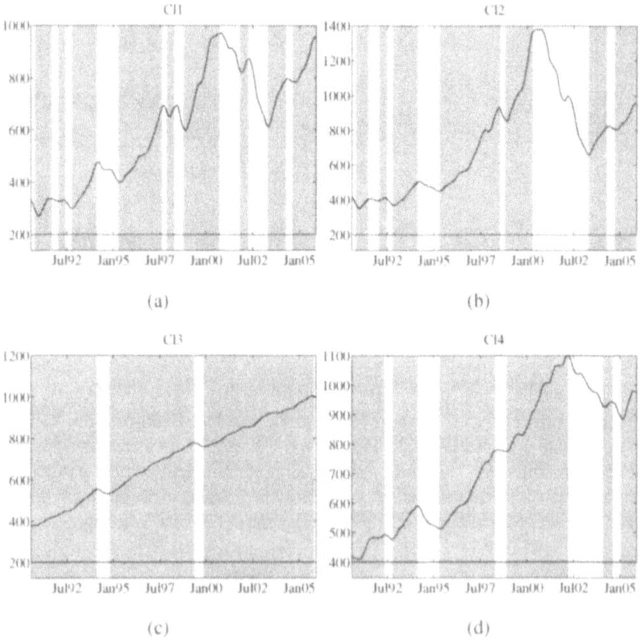

Abbildung C.8: Wertentwicklung der Investmentfondsrendite in Bull und Bear Phasen erfasst für 4 Cluster

D Anhänge zu Kap. 8

In diesem Anhang wird zuerst die Herleitung des Kalman Filters anhand einer bedingten Notation durchgeführt. Die Darstellung erfolgt in Anlehnung an KIM und NELSON (1999), S. 23. Die darauf folgenden Abbildungen und Tabellen fassen die Auswertungen aus dem Kap. 8 für Investmentfonds zusammen. Für den Kalman Filter werden Ergebnisse der Streuungswerte, der Phasenbilder und der Anlagestilschwerpunkte präsentiert. Für die Markov-Switching-Modelle sind die Auswertungen in Bezug auf Anlagestilschwerpunkte veranschaulicht.

D.1 Kalman Filter

Die Ausgangsgleichung des Kalman Filters ist das Zustandsraummodell der folgenden Form:

Beobachtungsgleichung

$$\mathbf{y}_t = \mathbf{H}_t\boldsymbol{\beta}_t + \boldsymbol{\epsilon}_t, \qquad \epsilon_t \sim N(0, R_t) \tag{D.1}$$

Zustandsgleichung (engl. *Transition*)

$$\boldsymbol{\beta}_t = \boldsymbol{\mu} + \mathbf{F}\boldsymbol{\beta}_{t-1} + \boldsymbol{\nu}_t, \qquad \boldsymbol{\nu}_t \sim N(0, \boldsymbol{Q}_t), \tag{D.2}$$

wobei $\beta_1 \sim N(\beta_0, P)$ und $t = 1, \ldots, T$. $\boldsymbol{\beta}_t$ folgt einem Random Walk, wenn in der Zustandsgleichung $\mu = 0$ und $\mathbf{F} = \mathbf{I}_k$, wobei $\mathbf{I}_k$ eine Einheitsmatrix ist. **H** ist Matrix exogenen Variablen.

Der Filter wird eingesetzt, um den bedingten Erwartungswert $(E(\beta_t|y_t))$ des nicht beobachteten Zustandes $(\beta_{t|t})$ zu bestimmen. Eine Iteration des Filters ist in einzelnen Schritten in dem oberen Teil der Tab. D.1 zusammengefasst.

Bei der Glättung (unterer Teil der Tab. D.1) wird die gesamte, zum Zeitpunkt T verfügbare Information berücksichtigt. Die Iteration fängt dabei im Zeitpunkt $t = T - 1$ (z.B. $t + 1 = T - 2$ usw.) an und erfolgt Rückwärts.

Um den Filter zu starten werden Anfangsparameter und Hyperparameter benötigt. Für normalverteilte Parameter können ihre Schätzer anhand des *Maximum Likelihood Verfahrens* berechnet werden. Die Log-Likelihood-Funktion wird durch die Gleichung beschrieben:

$$\ln L = -\frac{1}{2}\sum_{t=1}^{T} \ln(2\pi f_{t|t-1}) - \frac{1}{2}\sum_{t=1}^{T} \eta'_{t|t-1} \cdot f_{t|t-1}^{-1} \cdot \eta_{t|t-1} \tag{D.3}$$

Dabei erfolgt eine Maximierung der Funktion, bei der die unbekannten Parameter berechnet werden.

Tabelle D.1: Ablauf des Kalman Filters

Schätzung	
Schätzer des Zustandsparameters aufgrund der Information bis $t-1$	$\boldsymbol{\beta}_{t\|t-1} = \boldsymbol{\mu} + \mathbf{F}\boldsymbol{\beta}_{t-1\|t-1}$
Schätzer der Varianz des Zustandsparameters aufgrund der Information bis $t-1$	$\mathbf{P}_{t\|t-1} = \mathbf{F}\mathbf{P}_{t-1\|t-1}\mathbf{F}' + \mathbf{Q}$
Schätzfehler	$\boldsymbol{\eta}_{t\|t-1} = \mathbf{y}_t - \mathbf{y}_{t\|t-1} = \mathbf{y}_t - \mathbf{H}_t\boldsymbol{\beta}_{t\|t-1}$
Bedingte Varianz des Schätzfehlers	$f_{t\|t-1} = \mathbf{H}_t\mathbf{P}_{t\|t-1}\mathbf{H}_t' + R$
Kalman-Gewinn	$\mathbf{K}_t = \mathbf{P}_{t\|t-1}\mathbf{H}_t' f_{t\|t-1}^{-1}$
Korrektur	
Schätzer des Zustandsparameters aufgrund der Information bis t	$\boldsymbol{\beta}_{t\|t} = \boldsymbol{\beta}_{t\|t-1} + \mathbf{K}_t\boldsymbol{\eta}_{t\|t-1}$
Schätzer der Varianz des Zustandsparameters aufgrund der Information bis t	$\mathbf{P}_{t\|t} = \mathbf{P}_{t\|t-1} - \mathbf{K}_t\mathbf{H}_t\mathbf{P}_{t\|t-1}$
Glättung	
Schätzer des Zustandsparameters aufgrund der Information bis T	$\boldsymbol{\beta}_{t\|T} = \boldsymbol{\beta}_{t\|t} + \mathbf{P}_{t\|t}\mathbf{F}'\mathbf{P}_{t+1\|t}^{-1}(\boldsymbol{\beta}_{t+1\|T} - \mathbf{F}\boldsymbol{\beta}_{t\|t} - \boldsymbol{\mu})$
Schätzer der Varianz des Zustandsparameters aufgrund der Information bis T	$\mathbf{P}_{t\|T} = \mathbf{P}_{t\|t} + \mathbf{P}_{t\|t}\mathbf{F}'\mathbf{P}_{t+1\|t}^{-1}(\mathbf{P}_{t+1\|T} - \mathbf{P}_{t+1\|t})(\mathbf{P}_{t+1\|t}^{-1})'\mathbf{F}\mathbf{P}_{t\|t}'$

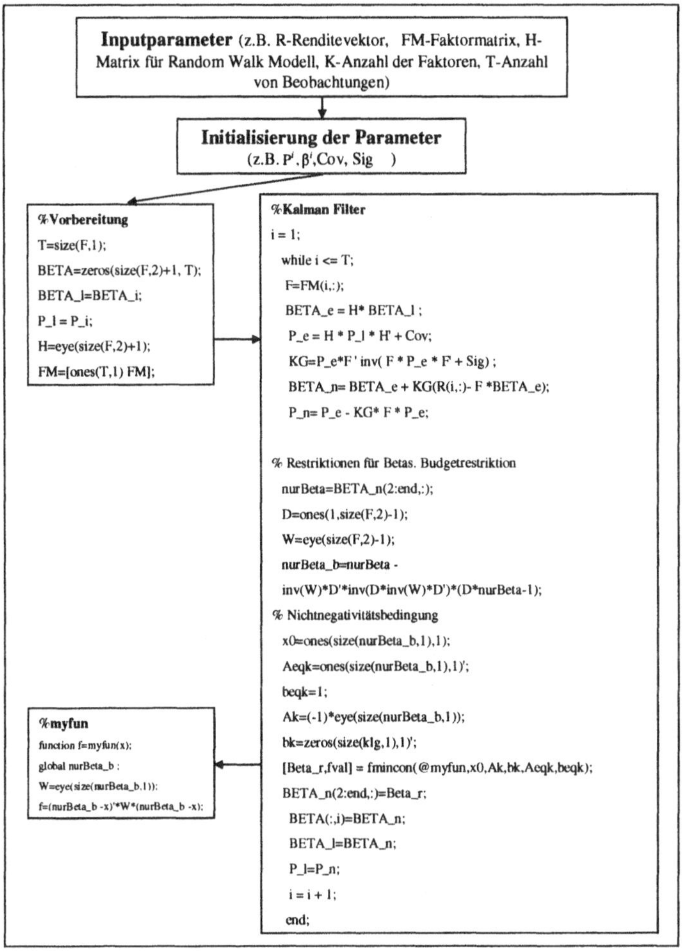

Abbildung D.1: Algorithmus des Kalman Filters

Die Abbildung veranschaulicht anhand eines Flussdiagramms den Aufbau der Kalman-Filter-Modellierung. Die Modellierung erfolgt in mehreren Stufen, wobei in die Optimierung Inputparameter und initialisierte Parameterwerte einbezogen werden. Die Parameterwerte werden für jeden Zeitpunkt iterativ bestimmt. Zusätzlich werden geschätzte Betawerte den Nebenbedingungen unterzogen. Hier ist die Implementierung von Budgetrestriktion sowie einer Nichtnegativitätsbedingung veranschaulicht.

D.2 Auswertungen aus dem Kalman Filter

Tabelle D.2: FQS für Bear Phasen

Die Tabelle veranschaulicht Streuungswerte (FQS) für entsprechende Cluster (Cl) und Faktoren (G_F) in Bear Phasen der Investmentfonds. Zu lesen ist die Tabelle von links nach rechts. Z.B. im Cluster 3 besitzt der Faktor 1 die höchste Streuung der Portfoliogewichte in Bear Phasen (37,6).

	Alpha	G _F1	G _F2	G _F3	G _F4	G _F5	G _F6	G _F7	G _F8	G _F9	G _F10	G _F11	G _F12
Cl1	8,3	65,8	4,2	9,3	2,2	9,0	9,3	25,2	8,1	2,2	2,3	4,3	3,0
Cl2	10,6	86,8	8,1	11,1	5,1	5,4	15,0	38,9	9,0	2,5	3,8	4,5	3,8
Cl3	1,5	37,6	3,6	3,8	1,1	2,4	6,1	4,0	7,8	3,5	6,4	5,9	1,6
Cl4	0,6	15,3	1,6	5,3	0,4	1,3	3,3	1,8	1,5	0,9	0,8	3,0	0,9

Tabelle D.3: FQS für Bull Phasen

Die Tabelle veranschaulicht Streuungswerte (FQS) für entsprechende Cluster (Cl) und Faktoren (G_F) in Bull Phasen der Investmentfonds. Zu lesen ist die Tabelle von links nach rechts. Z.B. im Cluster 3 besitzt die höchste Streuung der Portfoliogewichte in Bull Phasen der Faktor 1 (45,8).

	Alpha	G _F1	G _F2	G _F3	G _F4	G _F5	G _F6	G _F7	G _F8	G _F9	G _F10	G _F11	G _F12
Cl1	3,2	56,7	3,8	4,6	2,2	11,1	5,9	24,3	8,3	2,0	2,0	3,8	3,1
Cl2	1,9	53,1	3,8	4,3	5,1	5,9	7,7	31,9	8,6	1,8	2,1	3,3	3,4
Cl3	3,4	45,8	3,0	3,0	1,3	3,1	5,3	4,3	4,2	6,1	3,3	13,1	2,6
Cl4	1,6	16,5	2,0	3,9	0,4	1,7	2,4	2,8	2,0	1,3	1,4	1,9	1,6

Tabelle D.4: Anlagestilschwerpunkte der IF-Cluster in Bull und Bear Märkten

Die Tabelle präsentiert die Anlagestilschwerpunkte jedes Clusters in Bull und Bear Märkten. Die Ergebnisse resultieren aus der Modellierung anhand von Kalman Filter. Die Anlageschwerpunkte werden anhand der Gewichte berechnet, wobei drei Grenzenbereiche (von über 20%, zwischen 10 und 20% und zwischen 5 und 10%) unterschieden werden. Laut Clusteranalyse bestehen die ersten zwei Cluster aus Aktien-, Misch- und Dachfonds, während sich zwei letzte Cluster hauptsächlich aus Geldmarkt- und Rentenfonds zusammen setzen. (Bei der angegebenen Bezeichnung der Faktoren wurde die Anmerkung *bereinigt* (b) ausgelassen, gemeint sind aber die bereinigten Indizes wie in der Tab. 8.4.)

	Bear			Bull		
	ab 20%	10-20%	5-10%	ab 20%	10-20%	5-10%
Cl1		T-Bill; MSCI USA_v	MSCI USA_g		T-Bill; MSCI USA_v	
Cl2		T-Bill; MSCI USA_v	MSCI USA_g		T-Bill; MSCI USA_v	
Cl3	T-Bill		MSCI USA_g; Lehm Gov_l		T-Bill; Lehm Gov_l	
Cl4		T-Bill; TWEX	MSCI USA_g			T-Bill; TWEX

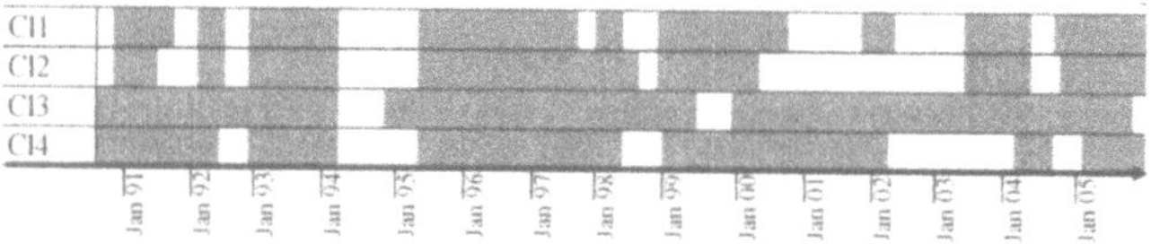

Abbildung D.2: Phasenbilder aller Cluster der Investmentfonds

Die Abbildung veranschaulicht Phasenbilder für jeden Cluster (vertreten durch entsprechende Clusterzentroide), wobei die grau markierten Bereiche Bull und weiß markierten Bear Phasen indizieren.

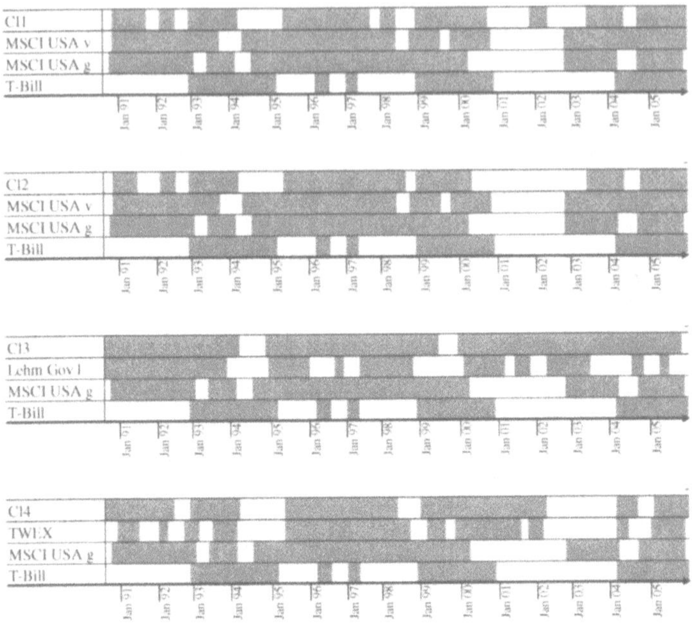

Abbildung D.3: Phasenbilder der IF-Cluster

Die Abbildung veranschaulicht die Phasenbilder der Investmentfondscluster. Laut der Ergebnissen der Stilanalyse liegen die Anlagestilschwerpunkte der Cluster in den darunter einbezogenen Stilfaktoren. Aufgrund der Größe der Cluster und daraus resultierenden Streuung der Gewichte sind die Ähnlichkeiten der Phasenbilder der Cluster zu den Phasenbildern der entsprechenden Stilfaktoren nicht immer vorhanden.

D.3 Auswertungen aus Markov-Switching-Modellen

Tabelle D.5: Anlagestilschwerpunkte der Cluster in Bear und Bull Märkten (IF)

Die Tabelle präsentiert die Anlagestilschwerpunkte eines jeden Clusters für die Bear und Bull Märkte. Die obere Zeile von jedem Cluster bezeichnet die Bear und die untere die Bull Phasen. Als Anlagestilschwerpunkt wird ein Faktor betrachtet, dessen Anteil nichsignifikanter Koeffizienten („0-0") unter 20% liegt und dessen Median der signifikanten Betas („1-1") eines Clusters (getrennt nach Bull und Bear) zusätzlich den Median aller signifikanten Betas aller Cluster übersteigt. Am häufigsten werden Bonds (langfristige Staatsanleihen und internationale Anleihen) als Stilschwerpunkte identifiziert (vgl. letzte Zeile „Summe"). (Bei der angegebenen Bezeichnung der Faktoren wurde die Anmerkung *bereinigt* (b) ausgelassen, gemeint sind aber die bereinigten Indizes wie in der Tab. 8.4.)

	T-Bill	GSCI	TWEX	MSCI EAFE	MSCI EM	MSCI _G	MSCI _V	Lehm USBI	Lehm Glob BI	Lehm Gov_k	Lehm Gov_l	BXM
Cl1					x	x	x					
				x	x		x					
Cl2	x		x	x		x		x	x			
				x			x					
Cl3									x	x	x	
									x	x	x	
Cl4			x						x		x	x
			x		x						x	
Summe	1	0	3	3	3	2	3	1	4	2	4	1

Tabelle D.6: Anlagestilschwerpunkte der Cluster in Bear und Bull Märkten (IF, CLI-Phasen als Referenz)

Die Tabelle präsentiert die Anlagestilschwerpunkte eines jeden Clusters für die Bear und Bull Märkte. Die obere Zeile von jedem Cluster bezeichnet die Bear und die untere die Bull Phasen. Als Anlagestilschwerpunkt wird ein Faktor betrachtet, dessen Anteil nichsignifikanter Koeffizienten („0-0") unter 20% liegt und dessen Median der signifikanten Betas („1-1") eines Clusters (getrennt nach Bull und Bear) zusätzlich den Median aller signifikanten Betas aller Cluster übersteigt. Am häufigsten wird TWEX als Stilschwerpunkt identifiziert (vgl. letzte Zeile „Summe"). (Bei der angegebenen Bezeichnung der Faktoren wurde die Anmerkung *bereinigt* (b) ausgelassen, gemeint sind aber die bereinigten Indizes wie in der Tab. 8.4.)

	T-Bill	GSCI	TWEX	MSCI EAFE	MSCI EM	MSCI _G	MSCI _V	Lehm USBI	Lehm Glob BI	Lehm Gov_k	Lehm Gov_l	BXM
Cl1	x	x			x	x	x					
			x	x	x		x					
Cl2	x		x	x	x	x		x				
				x			x					
Cl3									x	x	x	
									x	x	x	
Cl4		x	x						x		x	
			x			x						
Summe	2	2	4	3	3	3	3	1	3	2	3	0

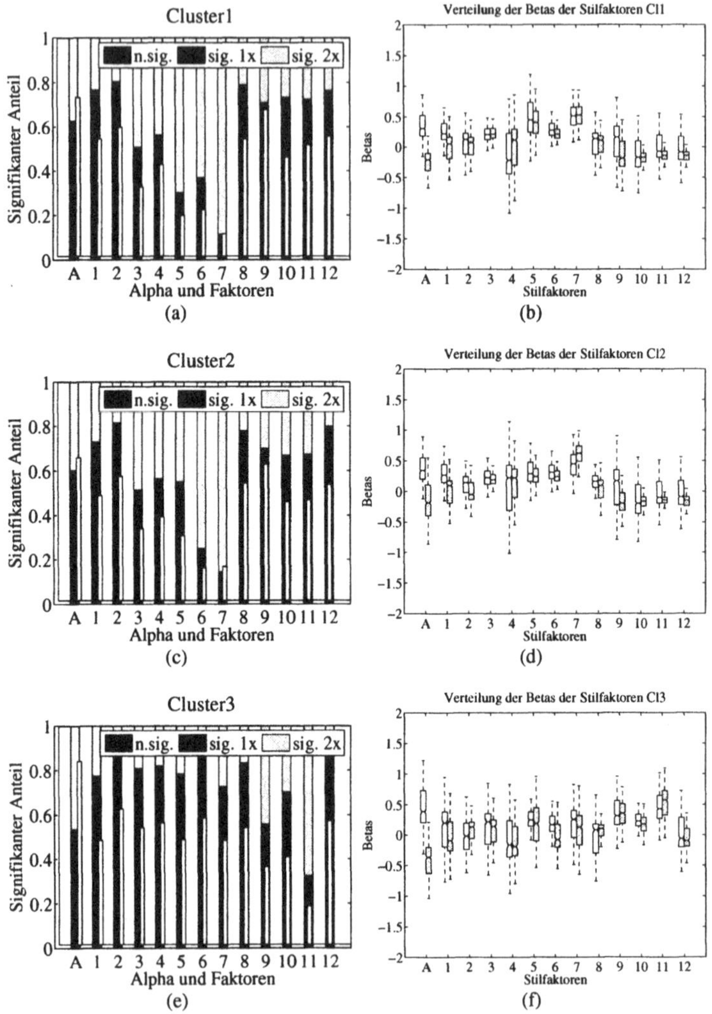

Abbildung D.4: Anteile signifikanter Koeffiziente für einzelne Faktoren jedes (IF) Clusters und Anteile der Faktoren mit wechselnden Vorzeichen (ohne Referenz)

Die linken Abbildungen veranschaulichen die Anteile nichtsignifikanter/nur in einer Phase signifikanter/in beiden Phasen signifikanter Koeffiziente der Stilfaktoren. Die Ergebnisse sind für Cluster zusammengefasst. Ebenfalls ist der Anteil der Koeffiziente, die im Übergang der Phasen das Vorzeichen wechseln durch weiße Säulen veranschaulicht. Die Rechten Abbildungen veranschaulichen Verteilungen der Betas anhand von Boxplots. Für die Wertetabelle siehe Anhang E.22 S. 526 und Anhang E.23 S. 528.

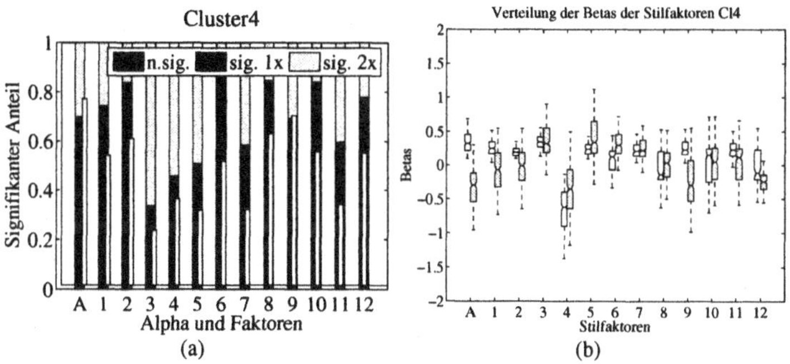

Abbildung D.5: Anteile signifikanter Koeffiziente für einzelne Faktoren jedes (IF) Clusters und Anteile der Faktoren mit wechselnden Vorzeichen (ohne Referenz)

(Fortsetzung)

Tabelle D.7: Anlagestilschwerpunkte der Cluster in Bear und Bull Märkten (IF, MSCIW-Phasen als Referenz)

Die Tabelle präsentiert die Anlagestilschwerpunkte eines jeden Clusters für die Bear und Bull Märkte. Die obere Zeile von jedem Cluster bezeichnet die Bear und die untere die Bull Phasen. Als Anlagestilschwerpunkt wird ein Faktor betrachtet, dessen Anteil nichsignifikanter Koeffizienten („0-0") unter 20% liegt und dessen Median der signifikanten Betas („1-1") eines Clusters (getrennt nach Bull und Bear) zusätzlich den Median aller signifikanten Betas aller Cluster übersteigt. Sowohl Aktien als auch Anleihen werden als Stilschwerpunkte identifiziert (vgl. letzte Zeile „Summe"). (Bei der angegebenen Bezeichnung der Faktoren wurde die Anmerkung *bereinigt* (b) ausgelassen, gemeint sind aber die bereinigten Indizes wie in der Tab. 8.4.)

	T-Bill	GSCI	TWEX	MSCI EAFE	MSCI EM	MSCI _G	MSCI _V	Lehm USBI	Lehm Glob BI	Lehm Gov_k	Lehm Gov_l	BXM
Cl1	x	x			x	x	x					x
				x	x		x					
Cl2	x		x	x		x		x				
				x			x					
Cl3									x	x	x	
									x	x	x	
Cl4		x	x						x		x	
			x			x						
Summe	2	2	3	3	2	3	3	1	3	2	3	1

Tabelle D.8: Anlagestilschwerpunkte der Cluster in Bear und Bull Märkten (IF, Fonds-eigene Phasen als Referenz)

Am häufigsten werden Bonds (Internationale Anleihen) und TWEX als Stilschwerpunkte identifiziert (vgl. letzte Zeile „Summe"). (Bei der angegebenen Bezeichnung der Faktoren wurde die Anmerkung *bereinigt* (b) ausgelassen, gemeint sind aber die bereinigten Indizes wie in der Tab. 8.4.)

	T-Bill	GSCI	TWEX	MSCI EAFE	MSCI EM	MSCI _G	MSCI _V	Lehm USBI	Lehm Glob BI	Lehm Gov_k	Lehm Gov_l	BXM
Cl1	x				x	x	x					
			x		x		x					
Cl2	x		x	x		x		x	x			
				x			x					
Cl3									x	x	x	
									x	x	x	
Cl4			x						x		x	
			x			x						
Summe	2	0	4	2	2	3	3	1	4	2	3	0

E Begleitende Wertetabellen

Im Folgenden werden Wertetabellen für die Quartile (1=75%, 2=50%, 3=25%) der Abbildungen mit Boxplots präsentiert.

Tabelle E.1: Autokorrelation (Abb. 5.6, 5.7 und 5.8)

Anlagestile Hedge Fonds	Abkürzung	Quartile (1. Ordnung) 1.	2.	3.	Quartile (2. Ordnung) 1.	2.	3.	Quartile (3. Ordnung) 1.	2.	3.
Equity Hedge	EH	0.20	0,12	0.03	0.11	0.03	-0.05	0,09	0.02	-0.05
Event Driven	ED	0.31	0.22	0.13	0,18	0,09	-0.02	0.12	0,05	-0.04
Fixed Income I/T	FI	0,30	0.23	0,11	0.11	0.06	-0.03	0.10	0,05	-0.04
FoF	FoF	0.30	0.21	0,12	0.15	0,07	-0.02	0.09	0,02	-0.03
Long Only	LO	0.18	0.12	0,06	0,06	0,00	-0.06	0.06	-0.01	-0.07
Multi Strategy	MS	0.25	0.16	0,03	0.14	0.12	0.03	0.07	-0,02	-0,06
Relative Value	RV	0,37	0.20	0,09	0,23	0.10	0,00	0.17	0.06	-0.02
Tactical Trading	TT	0.11	0.01	-0,05	0.02	-0.06	-0.11	0,07	0,01	-0.05
andere	A	0.32	0.19	0,05	0,18	0,05	-0.03	0.13	0,04	-0.03
Investmentfonds										
Aktien	AF	0.19	0.15	0,09	0.10	0,05	0.00	0.06	0.00	-0.04
Dachfonds	DF	0,17	0.14	0,09	0,06	0.03	-0.01	0.10	0.05	0.00
Geldmarkt	GF	0.72	0.17	0,12	0.69	0.15	0,05	0,67	0.10	-0.02
Mischfonds	MF	0.16	0.11	0.07	0.08	0,04	0.00	0.06	0,01	-0.04
Renten	RF	0,16	0.10	0,03	0,04	-0.02	-0.08	0,13	0,06	-0.03
andere	A	0,22	0.14	0,07	0.16	0,08	0.03	0.14	0.06	-0.01

Anlagestile Hedge Fonds	Abkürzung	Quartile (6. Ordnung) 1.	2.	3.	Quartile (12. Ordnung) 1.	2.	3.
Equity Hedge	EH	0,14	0.05	-0.02	0.06	-0.02	-0.08
Event Driven	ED	0,09	0.05	-0.05	0,06	0.00	-0,06
Fixed Income I/T	FI	0.10	0.05	-0.05	0.09	0.06	-0.05
FoF	FoF	0.10	0,02	-0.05	0,09	0.02	-0.04
Long Only	LO	0.10	0,03	-0,01	0.04	-0.02	-0.07
Multi Strategy	MS	0,07	-0,01	-0.06	0,03	-0.05	-0.12
Relative Value	RV	0.12	0.02	-0.05	0,12	0.03	-0.02
Tactical Trading	TT	0.06	-0.02	-0.09	0.05	-0.02	-0.07
andere	A	0,11	0.02	-0.02	0.10	0.05	-0.03
Investmentfonds							
Aktien	AF	0.11	0.05	-0,01	0,08	0.02	-0.05
Dachfonds	DF	0.14	0,10	0.05	0.03	-0.02	-0.07
Geldmarkt	GF	0.53	0.14	0,02	0.27	0.08	0.03
Mischfonds	MF	0,13	0.07	0.02	0.08	0.04	-0,01
Renten	RF	0,02	-0.03	-0,09	0.02	-0.05	-0.14
andere	A	0,13	0,06	-0,04	0.05	0.01	-0.05

Tabelle E.2: Korrelation und R^2 für $\theta = 0$ (Abb. 6.2, 6.4, 6.3, B.1 und B.2)

Anlagestile		Quartile (Kor. Bull)			Quartile (Kor. Bear)			Quartile (R^2 Bull)			Quartile (R^2 Bear)		
Hedge Fonds	Abkürzung	1.	2.	3.	1.	2.	3.	1.	2.	3.	1.	2.	3.
Equity Hedge	EH	0,29	0,17	0,03	0,41	0,26	0,06	0,09	0,04	0,01	0,18	0,09	0,02
Event Driven	ED	0,22	0,14	0,02	0,43	0,33	0,19	0,05	0,03	0,01	0,18	0,11	0,04
Fixed Income I/T	FI	0,28	0,18	0,09	0,53	0,38	0,23	0,08	0,04	0,01	0,28	0,14	0,05
FoF	FoF	0,20	0,11	0,01	0,40	0,25	0,03	0,04	0,02	0,00	0,18	0,09	0,02
Long Only	LO	0,36	0,30	0,16	0,56	0,49	0,36	0,13	0,09	0,03	0,31	0,24	0,13
Multi Strategy	MS	0,33	0,26	0,20	0,45	0,39	0,10	0,11	0,07	0,04	0,20	0,15	0,02
Relative Value	RV	0,22	0,10	-0,05	0,22	0,07	-0,06	0,06	0,02	0,01	0,08	0,03	0,00
Tactical Trading	TT	0,05	-0,06	-0,14	0,05	-0,24	-0,42	0,03	0,01	0,00	0,19	0,10	0,02
andere	A	0,26	0,10	-0,03	0,34	0,17	0,05	0,07	0,03	0,00	0,16	0,03	0,01
Substile													
Equity Hedge	EHnk	0,30	0,19	0,03	0,41	0,26	0,10	0,09	0,04	0,01	0,17	0,08	0,02
Equity Long Bias	ELB	0,32	0,19	0,08	0,48	0,33	0,15	0,10	0,04	0,01	0,23	0,11	0,04
Equity No Bias	ENB	0,18	0,11	-0,02	0,28	0,07	-0,08	0,04	0,02	0,01	0,12	0,04	0,01
Equity Short Bias	ESB	-0,16	-0,29	-0,41	-0,22	-0,47	-0,59	0,17	0,10	0,04	0,35	0,22	0,08
Mixed Equity Hedge	MEH	0,22	0,04	-0,03	0,28	0,02	-0,07	0,06	0,03	0,00	0,14	0,05	0,00
Event Driven	EDnk	0,19	0,12	0,00	0,25	0,22	0,20	0,04	0,03	0,00	0,06	0,05	0,04
Distressed Securities	DS	0,20	0,13	0,01	0,39	0,32	0,15	0,04	0,02	0,00	0,15	0,10	0,02
Mixed Event Driven	MED	0,24	0,16	0,09	0,42	0,36	0,27	0,06	0,03	0,01	0,18	0,13	0,08
Risk Arbitrage	RA	0,20	0,10	-0,02	0,43	0,31	0,14	0,04	0,01	0,00	0,18	0,10	0,02
Special Situations	SS	0,24	0,20	0,13	0,53	0,41	0,25	0,06	0,04	0,02	0,28	0,17	0,06
Fixed Income I/T	FI	0,28	0,18	0,09	0,53	0,38	0,23	0,08	0,04	0,01	0,28	0,14	0,05
FoF	FoF	0,20	0,11	0,01	0,40	0,25	0,03	0,04	0,02	0,00	0,18	0,09	0,02
Long Only	LO	0,36	0,30	0,16	0,56	0,49	0,36	0,13	0,09	0,03	0,31	0,24	0,13
Multi Strategy	MS	0,33	0,26	0,20	0,45	0,39	0,10	0,11	0,07	0,04	0,20	0,15	0,02
Relative Value	RVnk	0,15	0,10	-0,05	0,40	0,20	-0,01	0,05	0,02	0,01	0,23	0,04	0,02
Convertible Arbitrage	CA	0,24	0,15	0,02	0,22	0,02	-0,14	0,06	0,02	0,01	0,07	0,03	0,00
Credit Arbitrage	CrA												
Equity Arbitrage	EA	0,27	0,14	-0,02	0,17	0,07	-0,01	0,08	0,03	0,01	0,05	0,02	0,00
Fixed Income Arbitrage	FIA	0,17	0,04	-0,10	0,33	0,08	-0,07	0,05	0,02	0,00	0,13	0,04	0,01
Mixed Arbitrage	MA	0,12	0,08	0,00	0,16	0,09	-0,03	0,03	0,01	0,00	0,05	0,02	0,00
Tactical Trading	TTnk	0,13	0,02	-0,06	-0,06	-0,25	-0,35	0,02	0,01	0,00	0,12	0,06	0,02
Global Macro	GM	0,19	0,05	-0,05	0,28	0,05	-0,12	0,04	0,01	0,00	0,10	0,04	0,01
Mixed Directional Trading	MDT	0,19	0,04	-0,17	0,18	0,12	-0,17	0,05	0,03	0,00	0,07	0,03	0,02
Mutual Fund Timing	MFT	0,27	0,20	0,11	0,56	0,50	0,44	0,25	0,07	0,02	0,42	0,29	0,23
Systematic	Sys	0,01	-0,09	-0,15	-0,10	-0,33	-0,44	0,03	0,01	0,00	0,20	0,13	0,03
andere	A	0,26	0,10	-0,03	0,34	0,17	0,05	0,07	0,03	0,00	0,16	0,03	0,01
Gesamt		0,23	0,11	-0,03	0,38	0,18	-0,05	0,06	0,02	0,01	0,18	0,08	0,02
Investmentfonds													
Aktien	AF	0,45	0,36	0,26	0,69	0,60	0,46	0,20	0,13	0,07	0,48	0,36	0,21
Dachfonds	DF	0,36	0,25	0,17	0,72	0,65	0,57	0,13	0,06	0,03	0,52	0,42	0,33
Geldmarkt	GF	0,08	0,01	-0,07	0,01	-0,14	-0,24	0,01	0,01	0,00	0,06	0,03	0,00
Mischfonds	MF	0,44	0,36	0,25	0,70	0,61	0,45	0,20	0,13	0,06	0,49	0,37	0,20
Renten	RF	0,02	-0,06	-0,15	0,03	-0,11	-0,30	0,03	0,01	0,00	0,13	0,04	0,01
andere	A	0,33	0,14	-0,07	0,61	0,22	-0,18	0,11	0,03	0,01	0,38	0,13	0,04
Gesamt		0,40	0,25	0,03	0,66	0,48	0,03	0,16	0,07	0,01	0,43	0,24	0,09

Tabelle E.3: Korrelation und R^2 für $\theta = 0,01$

Anlagestile		Quartile (Kor. Bull)			Quartile (Kor. Bear)			Quartile (R^2 Bull)			Quartile (R^2 Bear)		
Hedge Fonds	Abkürzung	1.	2.	3.	1.	2.	3.	1.	2.	3.	1.	2.	3.
Equity Hedge	EH	0,27	0,15	0,01	0,45	0,30	0,11	0,08	0,03	0,01	0,21	0,10	0,03
Event Driven	ED	0,22	0,12	-0,01	0,41	0,32	0,20	0,06	0,02	0,00	0,17	0,10	0,04
Fixed Income I/T	FI	0,29	0,21	0,04	0,52	0,39	0,25	0,09	0,05	0,02	0,27	0,15	0,06
FoF	FoF	0,18	0,09	-0,03	0,44	0,29	0,11	0,04	0,02	0,00	0,19	0,09	0,02
Long Only	LO	0,36	0,29	0,19	0,61	0,50	0,41	0,13	0,08	0,04	0,38	0,25	0,16
Multi Strategy	MS	0,31	0,25	0,10	0,51	0,44	0,06	0,10	0,06	0,02	0,26	0,20	0,01
Relative Value	RV	0,20	0,08	-0,06	0,22	0,07	-0,05	0,06	0,02	0,00	0,08	0,03	0,00
Tactical Trading	TT	0,02	-0,09	-0,18	0,06	-0,17	-0,32	0,04	0,02	0,01	0,14	0,07	0,02
andere	A	0,22	0,04	-0,05	0,34	0,23	0,08	0,05	0,02	0,00	0,14	0,06	0,01
Substile													
Equity Hedge	EHnk	0,28	0,16	0,02	0,45	0,30	0,15	0,08	0,03	0,01	0,20	0,10	0,03
Equity Long Bias	ELB	0,28	0,18	0,07	0,48	0,37	0,20	0,08	0,03	0,01	0,23	0,14	0,05
Equity No Bias	ENB	0,16	0,06	-0,02	0,29	0,05	-0,03	0,03	0,01	0,00	0,10	0,04	0,00
Equity Short Bias	ESB	-0,16	-0,24	-0,35	-0,32	-0,47	-0,63	0,13	0,07	0,04	0,40	0,24	0,13
Mixed Equity Hedge	MEH	0,30	0,11	-0,08	0,29	0,17	-0,07	0,09	0,04	0,01	0,12	0,04	0,02
Event Driven	EDnk	0,21	0,11	-0,01	0,27	0,23	0,17	0,05	0,03	0,00	0,07	0,05	0,03
Distressed Securities	DS	0,22	0,11	-0,01	0,39	0,30	0,10	0,05	0,02	0,00	0,15	0,09	0,02
Mixed Event Driven	MED	0,23	0,13	0,01	0,41	0,37	0,29	0,08	0,02	0,01	0,17	0,14	0,08
Risk Arbitrage	RA	0,21	0,06	-0,05	0,43	0,31	0,20	0,06	0,02	0,00	0,19	0,09	0,04
Special Situations	SS	0,24	0,17	0,09	0,52	0,39	0,29	0,06	0,03	0,02	0,27	0,15	0,08
Fixed Income I/T	FI	0,29	0,21	0,04	0,52	0,39	0,25	0,09	0,05	0,02	0,27	0,15	0,06
FoF	FoF	0,18	0,09	-0,03	0,44	0,29	0,11	0,04	0,02	0,00	0,19	0,09	0,02
Long Only	LO	0,36	0,29	0,19	0,61	0,50	0,41	0,13	0,08	0,04	0,38	0,25	0,16
Multi Strategy	MS	0,31	0,25	0,10	0,51	0,44	0,06	0,10	0,06	0,02	0,26	0,20	0,01
Relative Value	RVnk	0,18	0,05	-0,17	0,39	0,21	0,01	0,06	0,03	0,01	0,15	0,07	0,03
Convertible Arbitrage	CA	0,26	0,15	0,02	0,23	0,05	-0,06	0,07	0,02	0,01	0,07	0,02	0,00
Credit Arbitrage	CrA												
Equity Arbitrage	EA	0,23	0,10	-0,05	0,16	0,06	-0,02	0,07	0,03	0,00	0,04	0,01	0,00
Fixed Income Arbitrage	FIA	0,15	0,03	-0,13	0,28	0,10	-0,06	0,04	0,02	0,01	0,11	0,04	0,01
Mixed Arbitrage	MA	0,20	0,04	-0,05	0,18	0,11	-0,06	0,04	0,01	0,00	0,04	0,02	0,01
Tactical Trading	TTnk	0,18	0,12	-0,04	-0,09	-0,19	-0,29	0,03	0,03	0,01	0,09	0,04	0,01
Global Macro	GM	0,17	0,03	-0,09	0,31	0,05	-0,09	0,04	0,01	0,00	0,11	0,04	0,00
Mixed Directional Trading	MDT	0,15	-0,06	-0,17	0,16	0,04	-0,18	0,05	0,03	0,01	0,07	0,03	0,02
Mutual Fund Timing	MFT	0,26	0,17	0,10	0,60	0,53	0,35	0,23	0,06	0,02	0,42	0,33	0,26
Systematic	Sys	-0,02	-0,12	-0,19	-0,05	-0,24	-0,34	0,04	0,02	0,01	0,15	0,08	0,02
andere	A	0,22	0,04	-0,05	0,34	0,23	0,08	0,05	0,02	0,00	0,14	0,06	0,01
Gesamt		0,22	0,08	-0,06	0,41	0,22	-0,01	0,06	0,02	0,01	0,18	0,08	0,02
Investmentfonds													
Aktien	AF	0,37	0,26	0,16	0,69	0,60	0,47	0,14	0,07	0,03	0,47	0,36	0,22
Dachfonds	DF	0,22	0,12	0,04	0,74	0,68	0,60	0,05	0,02	0,00	0,54	0,46	0,37
Geldmarkt	GF	0,06	-0,02	-0,18	-0,06	-0,12	-0,30	0,04	0,01	0,00	0,10	0,02	0,01
Mischfonds	MF	0,36	0,26	0,15	0,70	0,61	0,47	0,13	0,07	0,02	0,49	0,38	0,22
Renten	RF	-0,03	-0,12	-0,20	0,04	-0,09	-0,20	0,04	0,02	0,01	0,08	0,03	0,01
andere	A	0,27	0,05	-0,12	0,61	0,24	-0,15	0,09	0,03	0,01	0,37	0,11	0,03
Gesamt		0,31	0,16	-0,04	0,66	0,50	0,04	0,10	0,04	0,01	0,44	0,25	0,07

Tabelle E.4: Korrelation und R^2 (Abb. 6.7, 6.8 und B.4)

Anlagestile		Quartile (Kor. Bull)			Quartile (Kor. Bear)			Quartile (R^2 Bull)			Quartile (R^2 Bear)		
Hedge Fonds	Abkürzung	1.	2.	3.	1.	2.	3.	1.	2.	3.	1.	2.	3.
Equity Hedge	EH	0,48	0,32	0,13	0,61	0,42	0,18	0,28	0,16	0,08	0,39	0,22	0,08
Event Driven	ED	0,31	0,15	0,01	0,46	0,28	0,09	0,15	0,09	0,04	0,24	0,10	0,05
Fixed Income I/T	FI	0,43	0,29	0,13	0,57	0,50	0,17	0,19	0,12	0,07	0,33	0,25	0,03
FoF	FoF	0,35	0,16	0,00	0,53	0,35	0,14	0,16	0,08	0,03	0,29	0,15	0,05
Long Only	LO	0,59	0,43	0,34	0,73	0,58	0,44	0,38	0,22	0,14	0,53	0,34	0,20
Multi Strategy	MS	0,50	0,39	0,20	0,71	0,60	0,29	0,28	0,20	0,07	0,50	0,36	0,08
Relative Value	RV	0,19	0,03	-0,12	0,34	0,18	-0,05	0,13	0,06	0,03	0,14	0,06	0,02
Tactical Trading	TT	0,11	-0,02	-0,12	0,09	-0,10	-0,34	0,12	0,06	0,03	0,18	0,08	0,02
andere	A	0,43	0,29	-0,08	0,57	0,36	0,10	0,22	0,11	0,06	0,32	0,15	0,05
Substile													
Equity Hedge	EHnk	0,50	0,34	0,16	0,62	0,42	0,20	0,29	0,16	0,08	0,40	0,21	0,07
Equity Long Bias	ELB	0,50	0,35	0,22	0,63	0,47	0,27	0,28	0,16	0,09	0,39	0,24	0,10
Equity No Bias	ENB	0,35	0,16	-0,03	0,46	0,19	-0,14	0,18	0,11	0,04	0,28	0,16	0,03
Equity Short Bias	ESB	-0,28	-0,43	-0,54	-0,38	-0,68	-0,84	0,43	0,31	0,19	0,70	0,52	0,25
Mixed Equity Hedge	MEH	0,38	0,23	0,07	0,46	0,30	-0,01	0,22	0,10	0,04	0,33	0,17	0,07
Event Driven	EDnk	0,20	-0,07	-0,17	0,39	0,27	0,03	0,13	0,06	0,05	0,24	0,15	0,09
Distressed Securities	DS	0,24	0,12	0,00	0,40	0,21	0,03	0,12	0,09	0,02	0,20	0,07	0,03
Mixed Event Driven	MED	0,33	0,24	0,12	0,46	0,29	0,15	0,15	0,10	0,06	0,28	0,16	0,08
Risk Arbitrage	RA	0,27	0,08	0,00	0,42	0,28	0,08	0,16	0,07	0,03	0,20	0,09	0,04
Special Situations	SS	0,39	0,26	0,08	0,61	0,46	0,23	0,18	0,11	0,07	0,37	0,32	0,11
Fixed Income I/T	FI	0,43	0,29	0,13	0,57	0,50	0,17	0,19	0,12	0,07	0,33	0,25	0,03
FoF	FoF	0,35	0,16	0,00	0,53	0,35	0,14	0,16	0,08	0,03	0,29	0,15	0,05
Long Only	LO	0,59	0,43	0,34	0,73	0,58	0,44	0,38	0,22	0,14	0,53	0,34	0,20
Multi Strategy	MS	0,50	0,39	0,20	0,71	0,60	0,29	0,28	0,20	0,07	0,50	0,36	0,08
Relative Value	RVnk	0,20	0,08	-0,14	0,52	0,42	0,13	0,21	0,08	0,01	0,27	0,18	0,07
Convertible Arbitrage	CA	0,16	-0,01	-0,11	0,29	0,14	-0,06	0,08	0,04	0,02	0,09	0,04	0,01
Credit Arbitrage	CrA												
Equity Arbitrage	EA	0,29	0,09	-0,14	0,32	0,14	-0,10	0,21	0,11	0,04	0,14	0,08	0,02
Fixed Income Arbitrage	FIA	0,14	0,03	-0,08	0,34	0,19	-0,02	0,11	0,06	0,03	0,14	0,05	0,02
Mixed Arbitrage	MA	0,09	0,01	-0,13	0,36	0,20	-0,05	0,09	0,05	0,02	0,14	0,07	0,01
Tactical Trading	TTnk	0,02	-0,10	-0,21	0,00	-0,26	-0,31	0,06	0,04	0,02	0,10	0,07	0,05
Global Macro	GM	0,35	0,11	-0,05	0,32	0,10	-0,08	0,18	0,08	0,03	0,18	0,05	0,01
Mixed Directional Trading	MDT	0,28	0,10	-0,10	0,22	0,03	-0,18	0,18	0,11	0,06	0,18	0,06	0,01
Mutual Fund Timing	MFT	0,59	0,37	-0,06	0,64	0,52	0,26	0,56	0,27	0,16	0,53	0,41	0,24
Systematic	Sys	0,06	-0,04	-0,14	0,01	-0,15	-0,38	0,10	0,06	0,03	0,18	0,08	0,02
andere	A	0,43	0,29	-0,08	0,57	0,36	0,10	0,22	0,11	0,06	0,32	0,15	0,05
Gesamt		0,37	0,16	-0,03	0,50	0,27	-0,01	0,19	0,10	0,04	0,29	0,14	0,04
Investmentfonds													
Aktien	AF	0,69	0,59	0,48	0,81	0,72	0,49	0,49	0,38	0,28	0,66	0,52	0,33
Dachfonds	DF	0,71	0,64	0,53	0,83	0,79	0,74	0,51	0,42	0,30	0,69	0,62	0,55
Geldmarkt	GF	0,14	0,05	-0,04	0,05	-0,04	-0,15	0,08	0,05	0,02	0,07	0,02	0,00
Mischfonds	MF	0,76	0,65	0,54	0,82	0,72	0,48	0,58	0,44	0,31	0,68	0,52	0,33
Renten	RF	0,24	0,16	0,06	-0,05	-0,21	-0,39	0,13	0,09	0,06	0,20	0,11	0,04
andere	A	0,64	0,32	0,13	0,80	0,32	-0,25	0,44	0,15	0,07	0,63	0,24	0,09
Gesamt		0,66	0,50	0,21	0,78	0,54	0,03	0,45	0,29	0,11	0,61	0,36	0,15

Tabelle E.5: Korrelation und R^2 (Abb. 6.13 und B.9)

Anlagestile		Quartile (Kor. Bull)			Quartile (Kor. Bear)			Quartile (R^2 Bull)			Quartile (R^2 Bear)		
Hedge Fonds	Abkürzung	1.	2.	3.	1.	2.	3.	1.	2.	3.	1.	2.	3.
Equity Hedge	EH	0,56	0,42	0,23	0,66	0,45	0,18	0,35	0,20	0,10	0,45	0,24	0,08
Event Driven	ED	0,47	0,32	0,18	0,51	0,37	0,18	0,25	0,14	0,06	0,27	0,14	0,04
Fixed Income I/T	FI	0,57	0,41	0,21	0,56	0,51	0,14	0,32	0,19	0,15	0,31	0,26	0,02
FoF	FoF	0,50	0,39	0,25	0,55	0,38	0,13	0,26	0,17	0,09	0,32	0,17	0,04
Long Only	LO	0,65	0,58	0,47	0,77	0,64	0,49	0,46	0,35	0,22	0,59	0,41	0,24
Multi Strategy	MS	0,61	0,49	0,31	0,71	0,58	0,30	0,38	0,25	0,10	0,50	0,34	0,09
Relative Value	RV	0,30	0,14	-0,01	0,36	0,19	-0,07	0,13	0,06	0,02	0,19	0,06	0,02
Tactical Trading	TT	0,17	0,05	-0,08	0,11	-0,13	-0,40	0,09	0,04	0,01	0,20	0,09	0,01
andere	A	0,52	0,33	0,10	0,59	0,39	0,16	0,29	0,12	0,04	0,35	0,18	0,06
Substile													
Equity Hedge	EHnk	0,57	0,43	0,25	0,66	0,47	0,23	0,35	0,21	0,11	0,44	0,23	0,08
Equity Long Bias	ELB	0,61	0,46	0,30	0,71	0,51	0,29	0,37	0,23	0,12	0,50	0,27	0,11
Equity No Bias	ENB	0,41	0,24	0,01	0,49	0,20	-0,13	0,18	0,09	0,03	0,29	0,16	0,03
Equity Short Bias	ESB	-0,42	-0,53	-0,67	-0,44	-0,77	-0,83	0,48	0,38	0,22	0,70	0,59	0,35
Mixed Equity Hedge	MEH	0,42	0,37	0,17	0,50	0,29	-0,08	0,19	0,16	0,09	0,36	0,17	0,04
Event Driven	EDnk	0,29	0,15	0,12	0,48	0,43	0,23	0,21	0,07	0,05	0,23	0,18	0,05
Distressed Securities	DS	0,37	0,28	0,18	0,41	0,26	0,09	0,20	0,09	0,05	0,17	0,09	0,02
Mixed Event Driven	MED	0,51	0,43	0,27	0,58	0,38	0,26	0,27	0,20	0,08	0,34	0,15	0,07
Risk Arbitrage	RA	0,49	0,28	0,18	0,45	0,33	0,18	0,27	0,13	0,08	0,20	0,11	0,03
Special Situations	SS	0,54	0,48	0,29	0,61	0,58	0,36	0,30	0,24	0,12	0,37	0,33	0,13
Fixed Income I/T	FI	0,57	0,41	0,21	0,56	0,51	0,14	0,32	0,19	0,15	0,31	0,26	0,02
FoF	FoF	0,50	0,39	0,25	0,55	0,38	0,13	0,26	0,17	0,09	0,32	0,17	0,04
Long Only	LO	0,65	0,58	0,47	0,77	0,64	0,49	0,46	0,35	0,22	0,59	0,41	0,24
Multi Strategy	MS	0,61	0,49	0,31	0,71	0,58	0,30	0,38	0,25	0,10	0,50	0,34	0,09
Relative Value	RVnk	0,43	0,26	-0,06	0,52	0,49	0,09	0,26	0,13	0,06	0,27	0,24	0,16
Convertible Arbitrage	CA	0,28	0,16	0,06	0,27	0,14	-0,09	0,10	0,04	0,02	0,08	0,03	0,02
Credit Arbitrage	CrA												
Equity Arbitrage	EA	0,26	0,14	-0,06	0,33	0,20	-0,07	0,16	0,10	0,06	0,15	0,06	0,03
Fixed Income Arbitrage	FIA	0,26	0,06	-0,09	0,33	0,17	-0,01	0,11	0,04	0,02	0,15	0,06	0,02
Mixed Arbitrage	MA	0,31	0,15	0,04	0,44	0,20	-0,06	0,11	0,07	0,02	0,19	0,08	0,01
Tactical Trading	TTnk	0.16	0,11	-0,01	-0,03	-0,31	-0,34	0,05	0,03	0,01	0,12	0,10	0,07
Global Macro	GM	0,46	0,19	0,05	0,40	0,12	-0,09	0,22	0,08	0,03	0,21	0,05	0,01
Mixed Directional Trading	MDT	0,37	0,10	0,00	0,28	0,04	-0,14	0,15	0,06	0,03	0,20	0,06	0,01
Mutual Fund Timing	MFT	0,73	0,60	0,15	0,79	0,51	0,28	0,61	0,46	0,36	0,83	0,45	0,24
Systematic	Sys	0,11	0,02	-0,09	-0,03	-0,22	-0,43	0,06	0,03	0,01	0,20	0,09	0,02
andere	A	0,52	0,33	0,10	0,59	0,39	0,16	0,29	0,12	0,04	0,35	0,18	0,06
Gesamt		0,49	0,31	0,10	0,54	0,30	-0,02	0,26	0,13	0,04	0,32	0,15	0,04
Investmentfonds													
Aktien	AF	0,69	0,61	0,50	0,85	0,79	0,68	0,48	0,38	0,26	0,73	0,62	0,46
Dachfonds	DF	0,66	0,59	0,53	0,84	0,79	0,74	0,44	0,35	0,29	0,70	0,62	0,55
Geldmarkt	GF	0,04	-0,01	-0,09	0,07	0,02	-0,16	0,03	0,02	0,01	0,04	0,01	0,00
Mischfonds	MF	0,71	0,65	0,54	0,86	0,80	0,65	0,51	0,43	0,30	0,74	0,63	0,43
Renten	RF	0,11	0,01	-0,05	-0,03	-0,27	-0,49	0,07	0,04	0,03	0,26	0,15	0,03
andere	A	0,62	0,31	0,04	0,81	0,35	-0,22	0,39	0,13	0,03	0,66	0,28	0,10
Gesamt		0,65	0,52	0,11	0,82	0,70	0,07	0,43	0,29	0,06	0,67	0,48	0,20

Tabelle E.6: Korrelation und R^2 (Abb. 7.13 und 7.15)

Cluster	Quartile der R^2 (Cluster)			Quartile der R^2 (Cluster)			Anlagestile	Quartile der R^2 (Stil)			Quartile der R^2 (Stil)		
	1.	2.	3.	1.	2.	3.		1.	2.	3.	1.	2.	3.
	7.13(a)			7.15(a)				7.13(b)			7.15(b)		
Cl1	0.51	0,30	0.16	0,59	0,36	0,27	Equity Hedge	0,43	0,29	0,13	0,19	0,10	0,03
Cl2	0.58	0,43	0,21	0,53	0,40	0,29	Event Driven	0,48	0,32	0,18	0,24	0,12	0,04
Cl3	0.37	0,21	0,05	0,33	0,19	0,15	Fixed Income I/T	0,56	0,36	0,25	0,35	0,29	0,10
Cl4	0,49	0,22	0,09	0,52	0,30	0,15	FoF	0,61	0,48	0,29	0,32	0,14	0,01
Cl5	0,53	0,38	0,22	0,48	0,31	0,20	Long Only	0,59	0,44	0,34	0,29	0,20	0,17
Cl6	0,50	0,38	0,22	0,51	0,36	0,23	Multi Strategy	0,62	0,47	0,29	0,41	0,29	0,11
Cl7	0,75	0,65	0,47	0,50	0,34	0,25	Relative Value	0,28	0,14	0,06	0,00	0,00	0,00
Cl8	0,62	0,45	0,07	0,36	0,27	0,19	Tactical Trading	0,51	0,22	0,03	0,17	0,08	0,02
Cl9	0,63	0,48	0,23	0,58	0,43	0,34	andere	0,32	0,19	0,09	0,24	0,12	0,03
Cl10	0,65	0,58	0,41	0,67	0,54	0,40							
Cl11	0,48	0,26	0,07	0,55	0,34	0,22							
Cl12	0,30	0,14	0,05	0,20	0,02	0,00							
Cl13	0,38	0,28	0,06	0,55	0,43	0,22							
Cl14	0,55	0,43	0,28	0,59	0,40	0,23							
Cl15	0,42	0,27	0,11	0,54	0,35	0,16							
Cl16	0,38	0,15	0,05	0,42	0,22	0,12							
	7.13(c)			7.15(c)				7.13(d)			7.15(d)		
Cl1	0,77	0,68	0,54	0,70	0,55	0,39	Aktien	0,81	0,71	0,56	0,69	0,52	0,38
Cl2	0,86	0,77	0,60	0,80	0,68	0,51	Dachfonds	0,94	0,90	0,81	0,92	0,75	0,52
Cl3	0,77	0,54	0,15	0,61	0,38	0,19	Geldmarkt	0,27	0,19	0,12	0,36	0,16	0,02
Cl4	0,91	0.83	0,61	0,88	0,66	0,36	Mischfonds	0,86	0,77	0,63	0,65	0,54	0,39
							Renten	0,62	0,48	0,21	0,40	0,16	0,02
							andere	0,57	0,32	0,07	0,31	0,18	0,03

Tabelle E.7: Korrelation und R^2 (Abb. 7.12 und 7.14)

	Quartile der R^2 (Cluster)			Quartile der R^2 (Anlagestil)		
	1.	2.	3.	1.	2.	3.
7.12(a)	0,20	0,12	0,09	0,15	0,09	0,05
7.12(b)	0,32	0,19	0,09	0,34	0,14	0,05
7.12(c)	0,29	0,15	0,09	0,11	0,08	0,05
7.12(d)	0,45	0,17	0,04	0,27	0,13	0,02
7.14(a)	0,51	0,30	0,12	0,50	0,31	0,12
7.14(b)	0,83	0,71	0,49	0,79	0,64	0,41
7.14(c)	0,48	0,30	0,14	0,21	0,09	0,01
7.14(d)	0,75	0,58	0,38	0,63	0,44	0,23

Tabelle E.8: Mittlere absolute Differenzen (Abb. 8.7)

		Quartile (HF)			Quartile (IF)		
Abkürzung	Faktor	1.	2.	3.	1.	2.	3.
F1	T-Bill	0,105	0,085	0,066	0,043	0,032	0,023
F2	GSCI	0,044	0,035	0,028	0,010	0,006	0,004
F3	TWEX	0,045	0,036	0,029	0,014	0,009	0,005
F4	MSCI EAFE	0,039	0,032	0,025	0,007	0,004	0,002
F5	MSCI EM	0,039	0,032	0,027	0,011	0,007	0,005
F6	MSCI _G	0,040	0,032	0,026	0,014	0,010	0,006
F7	MSCI _V	0,040	0,033	0,027	0,020	0,014	0,008
F8	Lehm USBI	0,043	0,036	0,029	0,013	0,009	0,006
F9	Lehm Glob BI	0,037	0,029	0,024	0,007	0,004	0,002
F10	Lehm Gov_k	0,036	0,029	0,024	0,006	0,003	0,001
F11	Lehm Gov_l	0,049	0,039	0,031	0,012	0,006	0,003
F12	BXM	0,041	0,032	0,026	0,008	0,005	0,003

Tabelle E.9: Verteilung von Beta-Werten nach Kalman Filter (HF) (Abb. 8.8 bis 8.10)

Cluster/Fakor		Quartile (Betas in Bear)			Quartile (Betas in Bull)			Cluster/Fakor		Quartile (Betas in Bear)			Quartile (Betas in Bull)		
		1.	2.	3.	1.	2.	3.			1.	2.	3.	1.	2.	3.
Cl1	Alpha	0,03	-0,01	-0,06	0,05	-0,01	-0,08	Cl8	Alpha	0,05	0,01	-0,07	0,05	-0,01	-0,08
	F1	1,04	0,34	-0,16	1.04	0,22	-0,28		F1	1,05	0,32	-0,35	0,96	0,20	-0,38
	F2	0,16	-0,01	-0,24	0,21	0,00	-0,23		F2	0,36	0,15	-0,13	0,30	0,06	-0,18
	F3	0,21	-0,02	-0,23	0,21	-0,01	-0,21		F3	0,13	-0,07	-0,26	0,14	-0,08	-0,30
	F4	0,22	0,05	-0,14	0,21	0,02	-0,16		F4	0,12	-0,10	-0,28	0,17	-0,05	-0,28
	F5	0,27	0,09	-0,12	0,28	0,06	-0,16		F5	0,23	0,03	-0,20	0,25	0,03	-0,20
	F6	0,23	0,02	-0,20	0,39	0,12	-0,14		F6	0,06	-0,10	-0,32	0,15	-0,06	-0,30
	F7	0,47	0,26	0,00	0,52	0,26	0,00		F7	0,22	0,03	-0,15	0,38	0,10	-0,16
	F8	0,24	0,03	-0,17	0,28	0,04	-0,18		F8	0,18	-0,05	-0,24	0,17	-0,07	-0,31
	F9	0,19	0,05	-0,09	0,19	0,01	-0,17		F9	0,41	0,20	-0,04	0,42	0,15	-0,07
	F10	0,19	-0,04	-0,22	0,15	-0,07	-0,29		F10	0,24	0,09	-0,08	0,25	0,04	-0,19
	F11	0,13	-0,04	-0,25	0,18	-0,03	-0,27		F11	0,37	0,15	-0,03	0.48	0,22	-0,05
	F12	0,26	0,06	-0,15	0,20	-0,02	-0,22		F12	0,29	0,09	-0,11	0,32	0,10	-0,14
Cl2	Alpha	0,05	-0,01	-0,08	0,03	-0,01	-0,07	Cl9	Alpha	0,05	-0,01	-0,09	0,04	0,00	-0,04
	F1	1,06	0,17	-0,42	0,99	0,17	-0,34		F1	1,01	0,19	-0,32	0,62	0,07	-0,33
	F2	0,12	-0,07	-0,27	0,15	-0,03	-0,21		F2	0,08	-0,09	-0,33	0,15	0,00	-0,17
	F3	0,20	0,02	-0,18	0,16	-0,02	-0,19		F3	0,24	0,03	-0,18	0,14	-0,02	-0,16
	F4	0,25	0,08	-0,11	0,24	0,04	-0,15		F4	0,23	0,07	-0,10	0,16	0,00	-0,15
	F5	0,36	0,12	-0,09	0,38	0,14	-0,09		F5	0,35	0,12	-0,10	0,32	0,12	-0,08
	F6	0,35	0,15	-0,04	0,30	0,10	-0,12		F6	0,42	0,24	0,04	0,39	0,16	-0,05
	F7	0,54	0,27	0,01	0,62	0,34	0,07		F7	0,60	0,31	0,05	0,77	0,44	0,15
	F8	0,16	-0,04	-0,26	0,17	-0,01	-0,22		F8	0,17	-0,04	-0,29	0,20	0,02	-0,15
	F9	0,21	0,02	-0,17	0,20	0,02	-0,16		F9	0,15	-0,02	-0,19	0,18	0,03	-0,12
	F10	0,13	-0,08	-0,30	0,08	-0,11	-0,30		F10	0,12	-0,07	-0,25	0,08	-0,07	-0,25
	F11	0,17	-0,04	-0,26	0,18	-0,02	-0,23		F11	0,13	-0,06	-0,28	0,14	-0,02	-0,19
	F12	0,20	0,03	-0,14	0,18	-0,01	-0,20		F12	0,16	0,00	-0,16	0,18	-0,01	-0,18
Cl3	Alpha	0,01	-0,03	-0,07	0,06	-0,02	-0,10	Cl10	Alpha	0,06	0,00	-0,07	0,04	0,00	-0,04
	F1	1,43	0,51	0,06	1.37	0,40	-0,26		F1	0,87	0,18	-0,39	0,65	0,09	-0,41
	F2	0,34	0,10	-0,12	0,25	0,03	-0,24		F2	0,11	-0,05	-0,25	0,15	0,00	-0,16
	F3	0,16	0,01	-0,23	0,22	0,03	-0,28		F3	0,20	0,01	-0,17	0,17	0,00	-0,16
	F4	0,10	-0,08	-0,30	0,17	-0,04	-0,26		F4	0,16	0,02	-0,14	0,15	0,01	-0,14
	F5	0,24	0,05	-0,17	0,26	0,05	-0,21		F5	0,49	0,25	0,00	0,49	0,28	0,05
	F6	0,11	-0,12	-0,33	0,14	-0,12	-0,38		F6	0,38	0,20	0,01	0,31	0,14	-0,04
	F7	0,14	-0,08	-0,38	0,21	-0,07	-0,44		F7	0,62	0,34	0,08	0,61	0,37	0,15
	F8	0,15	-0,01	-0,24	0,22	-0,02	-0,30		F8	0,22	0,03	-0,19	0,22	0,05	-0,12
	F9	0,33	0,11	-0,10	0,30	0,07	-0,15		F9	0,16	0,02	-0,15	0,13	0,00	-0,15
	F10	0,25	0,09	-0,11	0,29	0,06	-0,19		F10	0,07	-0,10	-0,29	0,09	-0,06	-0,20
	F11	0,39	0,14	-0,04	0,47	0,18	-0,08		F11	0,15	-0,05	-0,26	0,13	-0,02	-0,20
	F12	0,22	0,05	-0,13	0,26	0,05	-0,16		F12	0,08	-0,04	-0,21	0,15	-0,01	-0,18
Cl4	Alpha	0,05	0,02	-0,01	0,07	0,01	-0,05	Cl11	Alpha	0,07	-0,03	-0,14	0,04	0,00	-0,06
	F1	0.87	0.35	-0,21	0.88	0,18	-0,35		F1	1,28	0,26	-0,30	1,00	0,31	-0,23
	F2	0,12	0,02	-0,10	0,20	0,00	-0,20		F2	0,22	-0,03	-0,29	0,17	0,01	-0,16
	F3	-0,01	-0,15	-0,32	0,23	0,02	-0,21		F3	0,19	-0,04	-0,32	0,10	-0,06	-0,24
	F4	0,09	-0,02	-0,16	0,21	0,02	-0,16		F4	0,31	0,07	-0,13	0,25	0,05	-0,15
	F5	0,44	0,29	0,13	0,35	0,13	-0,14		F5	0,32	0,07	-0,19	0,36	0,16	-0,10
	F6	0,18	0,03	-0,13	0,21	0,01	-0,20		F6	0,40	0,14	-0,09	0,27	0,11	-0,08
	F7	0,18	0,07	-0,03	0,38	0,15	-0,06		F7	0,51	0,17	-0,11	0,50	0,19	-0,05
	F8	0,14	0,03	-0,10	0,20	0,01	-0,21		F8	0,26	0,02	-0,27	0,21	0,03	-0,16
	F9	0,18	0,06	-0,08	0,23	0,06	-0,12		F9	0,20	-0,05	-0,29	0,14	0,01	-0,14
	F10	0,13	0,04	-0,08	0,19	0,00	-0,22		F10	0,19	-0,14	-0,40	0,13	-0,06	-0,25
	F11	0,34	0,19	0,05	0,32	0,12	-0,11		F11	0,21	-0,12	-0,43	0,21	0,01	-0,21
	F12	0,23	0,13	-0,02	0,25	0,07	-0,13		F12	0,21	0,01	-0,24	0,20	0,02	-0,17
Cl5	Alpha	0,08	0,01	-0,04	0,09	0,03	-0,02	Cl12	Alpha	0,12	0,04	-0,03	0,08	0,02	-0,03
	F1	0,79	0,05	-0,44	0,56	-0,01	-0,52		F1	0,57	0,04	-0,46	0,92	0,21	-0,29
	F2	0,26	0,04	-0,16	0,18	0,00	-0,17		F2	0,35	0,15	-0,09	0,20	0,02	-0,16
	F3	0,18	0,01	-0,22	0,19	0,01	-0,18		F3	0,17	-0,01	-0,21	0,18	0,00	-0,19
	F4	0,11	-0,04	-0,20	0,19	0,04	-0,13		F4	0,10	-0,07	-0,26	0,17	0,00	-0,17
	F5	0,39	0,21	0,02	0,44	0,22	-0,01		F5	0,39	0,15	-0,10	0,35	0,15	-0,07
	F6	0,22	0,01	-0,15	0,25	0,06	-0,13		F6	0,23	-0,01	-0,26	0,23	0,05	-0,15
	F7	0.46	0,21	-0,01	0,51	0,24	0,02		F7	0,40	0,16	-0,10	0,34	0,11	-0,07
	F8	0,36	0,08	-0,17	0,32	0,10	-0,10		F8	0,34	0,07	-0,25	0,23	0,04	-0,16
	F9	0,16	0,02	-0,12	0,19	0,04	-0,13		F9	0,20	0,04	-0,12	0,19	0,03	-0,14
	F10	0,17	-0,01	-0,20	0,13	-0,03	-0,21		F10	0,14	-0,05	-0,29	0,16	0,00	-0,20
	F11	0,23	0,05	-0,15	0,23	0,06	-0,13		F11	0,40	0,14	-0,11	0,25	0,06	-0,14
	F12	0,22	0,05	-0,15	0,22	0,06	-0,12		F12	0,32	0,08	-0,15	0,23	0,05	-0,14
Cl6	Alpha	0,05	0,01	-0,04	0,07	0,01	-0,05	Cl13	Alpha	0,08	0,01	-0,06	0,07	0,01	-0,04
	F1	0,80	0,17	-0,34	0,83	0,08	-0,48		F1	0,58	0,07	-0,49	0,72	0,06	-0,56
	F2	0,16	0,00	-0,17	0,19	0,00	-0,20		F2	0,27	0,07	-0,16	0,25	0,05	-0,14
	F3	0,14	-0,03	-0,21	0,19	0,00	-0,20		F3	0,21	-0,01	-0,25	0,17	0,02	-0,16
	F4	0,11	-0,02	-0,18	0,18	0,00	-0,17		F4	0,21	0,05	-0,15	0,20	0,02	-0,16
	F5	0,39	0,21	0,06	0,38	0,16	-0,06		F5	0,34	0,16	-0,08	0,36	0,15	-0,04
	F6	0,34	0,15	-0,02	0,36	0,13	-0,08		F6	0,20	0,01	-0,23	0,25	0,05	-0,17
	F7	0,52	0,22	0,03	0,59	0,30	0,05		F7	0,64	0,35	0,06	0,59	0,27	0,03
	F8	0,26	0,07	-0,13	0,25	0,05	-0,20		F8	0,24	0,03	-0,26	0,23	0,03	-0,17
	F9	0,18	0,05	-0,11	0,19	0,02	-0,16		F9	0,27	0,07	-0,18	0,23	0,06	-0,10
	F10	0,11	-0,04	-0,20	0,11	-0,07	-0,26		F10	0,20	-0,03	-0,31	0,16	-0,03	-0,25
	F11	0,19	0,01	-0,17	0,22	0,02	-0,19		F11	0,27	0,04	-0,21	0,23	0,03	-0,17
	F12	0,18	0,02	-0,16	0,18	0,02	-0,18		F12	0,25	0,07	-0,14	0,20	0,04	-0,15
Cl7	Alpha	0,02	-0,03	-0,10	0,03	-0,04	-0,11	Cl14	Alpha	0,08	0,02	-0,04	0,06	0,01	-0,04
	F1	1,34	0,40	-0,17	1.42	0,48	-0,18		F1	0,74	0,04	-0,51	0,78	0,07	-0,52
	F2	0,35	0,10	-0,20	0,32	0,05	-0,22		F2	0,19	0,00	-0,21	0,15	-0,02	-0,23
	F3	0,10	-0,10	-0,36	0,08	-0,13	-0,38		F3	0,19	0,01	-0,18	0,17	-0,01	-0,19
	F4	0,08	-0,10	-0,30	0,14	-0,07	-0,27		F4	0,12	-0,03	-0,21	0,20	0,02	-0,15
	F5	0,25	0,02	-0,16	0,30	0,06	-0,19		F5	0,47	0,24	0,02	0,46	0,26	0,03
	F6	0,11	-0,08	-0,28	0,16	-0,09	-0,35		F6	0,20	0,05	-0,18	0,24	0,07	-0,13
	F7	0,22	0,02	-0,18	0,30	0,04	-0,20		F7	0,56	0,28	0,06	0,52	0,28	0,08
	F8	0,06	-0,13	-0,37	0,08	-0,15	-0,40		F8	0,28	0,04	-0,21	0,27	0,08	-0,12
	F9	0,45	0,20	-0,02	0,39	0,15	-0,07		F9	0,16	0,01	-0,13	0,14	-0,01	-0,18
	F10	0,21	0,00	-0,23	0,22	0,02	-0,24		F10	0,16	0,00	-0,21	0,14	-0,02	-0,21
	F11	0,49	0,25	-0,01	0,50	0,21	-0,03		F11	0,29	0,06	-0,19	0,24	0,05	-0,19
	F12	0,32	0,14	-0,06	0,30	0,10	-0,14		F12	0,20	0,02	-0,19	0,24	0,06	-0,12

Verteilung von Beta-Werten nach Kalman Filter (HF) (Abb. 8.8 bis 8.10 (Fortsetzung))

Cluster/Fakor		Quartile (Betas in Bear)			Quartile (Betas in Bull)			Cluster/Fakor		Quartile (Betas in Bear)			Quartile (Betas in Bull)		
		1.	2.	3.	1.	2.	3.			1.	2.	3.	1.	2.	3.
Cl15	Alpha	0,04	-0,01	-0,05	0,07	0,00	-0,05	Cl16	Alpha	0,04	0,01	-0,04	0,07	0,00	-0,07
	F1	0,92	0,36	-0,20	0,78	0,12	-0,42		F1	0,74	0,08	-0,51	0,99	0,19	-0,43
	F2	0,19	0,03	-0,15	0,19	0,00	-0,19		F2	0,33	0,10	-0,11	0,25	0,04	-0,18
	F3	0,16	-0,01	-0,20	0,20	0,01	-0,21		F3	0,08	-0,09	-0,29	0,20	-0,03	-0,27
	F4	0,16	-0,01	-0,17	0,24	0,04	-0,15		F4	0,18	0,02	-0,13	0,20	0,01	-0,19
	F5	0,40	0,19	0,01	0,45	0,18	-0,04		F5	0,28	0,11	-0,08	0,27	0,06	-0,17
	F6	0,22	0,03	-0,18	0,24	0,05	-0,18		F6	0,23	0,02	-0,20	0,21	0,00	-0,22
	F7	0,45	0,19	-0,10	0,51	0,22	-0,07		F7	0,16	-0,04	-0,25	0,33	0,05	-0,21
	F8	0,22	0,02	-0,15	0,24	0,05	-0,14		F8	0,22	0,00	-0,18	0,21	-0,01	-0,28
	F9	0,16	0,01	-0,16	0,18	0,00	-0,19		F9	0,28	0,13	-0,01	0,36	0,14	-0,07
	F10	0,16	-0,02	-0,25	0,14	-0,05	-0,27		F10	0,26	0,08	-0,11	0,22	0,02	-0,20
	F11	0,24	0,01	-0,18	0,24	0,03	-0,18		F11	0,38	0,18	0,01	0,34	0,12	-0,13
	F12	0,23	0,04	-0,15	0,24	0,03	-0,17		F12	0,38	0,20	0,00	0,30	0,09	-0,11

Tabelle E.10: Verteilung von Beta-Werten nach Kalman Filter (IF) (Abb. 8.11)

Cluster/Fakor		Quartile (Betas in Bear)			Quartile (Betas in Bull)		
		1.	2.	3.	1.	2.	3.
Cl1	Alpha	0,03	-0,01	-0,06	0,02	-0,01	-0,05
	F1	0,45	0,14	0,00	0,52	0,18	0,00
	F2	0,05	0,00	0,00	0,05	0,01	0,00
	F3	0,12	0,03	0,00	0,07	0,01	0,00
	F4	0,04	0,00	0,00	0,05	0,01	0,00
	F5	0,12	0,03	0,00	0,15	0,04	0,00
	F6	0,15	0,05	0,00	0,09	0,02	0,00
	F7	0,32	0,14	0,02	0,33	0,15	0,02
	F8	0,09	0,01	0,00	0,09	0,02	0,00
	F9	0,04	0,00	0,00	0,03	0,00	0,00
	F10	0,02	0,00	0,00	0,03	0,00	0,00
	F11	0,05	0,00	0,00	0,03	0,00	0,00
	F12	0,05	0,00	0,00	0,06	0,01	0,00
Cl2	Alpha	0,02	-0,02	-0,08	0,02	-0,01	-0,04
	F1	0,49	0,16	0,00	0,48	0,18	0,01
	F2	0,06	0,01	0,00	0,05	0,00	0,00
	F3	0,10	0,02	0,00	0,07	0,01	0,00
	F4	0,05	0,00	0,00	0,07	0,02	0,00
	F5	0,07	0,01	0,00	0,09	0,02	0,00
	F6	0,17	0,06	0,00	0,11	0,03	0,00
	F7	0,34	0,13	0,01	0,40	0,18	0,03
	F8	0,09	0,02	0,00	0,11	0,03	0,00
	F9	0,04	0,00	0,00	0,02	0,00	0,00
	F10	0,02	0,00	0,00	0,02	0,00	0,00
	F11	0,04	0,00	0,00	0,03	0,00	0,00
	F12	0,04	0,00	0,00	0,06	0,01	0,00
Cl3	Alpha	0,07	0,03	0,01	0,06	0,03	-0,01
	F1	0,51	0,21	0,00	0,50	0,17	0,00
	F2	0,05	0,01	0,00	0,06	0,01	0,00
	F3	0,05	0,01	0,00	0,06	0,01	0,00
	F4	0,04	0,01	0,00	0,03	0,00	0,00
	F5	0,05	0,00	0,00	0,08	0,03	0,00
	F6	0,15	0,06	0,00	0,09	0,02	0,00
	F7	0,09	0,03	0,00	0,07	0,02	0,00
	F8	0,13	0,03	0,00	0,06	0,01	0,00
	F9	0,11	0,04	0,00	0,14	0,04	0,00
	F10	0,09	0,03	0,00	0,07	0,02	0,00
	F11	0,15	0,06	0,00	0,27	0,10	0,01
	F12	0,05	0,01	0,00	0,05	0,01	0,00
Cl4	Alpha	0,02	-0,01	-0,04	0,05	0,00	-0,05
	F1	0,46	0,17	0,00	0,39	0,10	0,00
	F2	0,07	0,01	0,00	0,08	0,02	0,00
	F3	0,28	0,15	0,03	0,20	0,07	0,00
	F4	0,02	0,00	0,00	0,03	0,00	0,00
	F5	0,08	0,02	0,00	0,12	0,03	0,00
	F6	0,17	0,07	0,00	0,14	0,05	0,00
	F7	0,06	0,01	0,00	0,13	0,03	0,00
	F8	0,05	0,01	0,00	0,10	0,02	0,00
	F9	0,04	0,00	0,00	0,06	0,01	0,00
	F10	0,07	0,01	0,00	0,06	0,01	0,00
	F11	0,16	0,05	0,00	0,09	0,02	0,00
	F12	0,04	0,00	0,00	0,07	0,02	0,00

Tabelle E.11: R^2 der MSWM (Abb. 8.15, 8.24, 8.26, 8.29 und 8.31)

Modell	Quartile (R^2) 1.	2.	3.	Modell	Quartile (R^2) 1.	2.	3.
Hedge Fonds							
oRef				lineare Regr.			
Cl1	0,81	0,72	0,62	Cl1	0,41	0,36	0,26
Cl2	0,84	0,77	0,62	Cl2	0,58	0,42	0,32
Cl3	0,80	0,71	0,51	Cl3	0,38	0,27	0.18
Cl4	0,81	0,68	0,51	Cl4	0,43	0,32	0,24
Cl5	0,84	0,76	0,65	Cl5	0,53	0,42	0,30
Cl6	0,81	0,75	0,57	Cl6	0,53	0,41	0,32
Cl7	0,76	0,58	0,49	Cl7	0,31	0,19	0,14
Cl8	0,80	0,71	0,60	Cl8	0,36	0,28	0,20
Cl9	0,87	0,76	0,61	Cl9	0,60	0,46	0,31
Cl10	0,86	0,79	0,68	Cl10	0,67	0,58	0,44
Cl11	0,88	0,80	0,67	Cl11	0,61	0,43	0,27
Cl12	0,81	0,71	0,56	Cl12	0,40	0,30	0,20
Cl13	0,78	0,74	0,53	Cl13	0,49	0,37	0,22
Cl14	0,86	0,81	0,72	Cl14	0,54	0,47	0,38
Cl15	0,85	0,77	0,65	Cl15	0,50	0,37	0,28
Cl16	0,78	0,69	0,51	Cl16	0,32	0,24	0,17
CLI				MSCIW			
Cl1	0,85	0,78	0,73	Cl1	0,86	0,77	0,70
Cl2	0,88	0,82	0,73	Cl2	0,89	0,81	0,73
Cl3	0,86	0,78	0,63	Cl3	0,86	0,77	0,66
Cl4	0,84	0,78	0,67	Cl4	0,85	0,78	0,68
Cl5	0,88	0,82	0,74	Cl5	0,88	0,81	0,74
Cl6	0,87	0,82	0,74	Cl6	0,88	0,83	0,74
Cl7	0,79	0,68	0,58	Cl7	0,78	0,71	0,60
Cl8	0,82	0,78	0,68	Cl8	0,84	0,76	0,67
Cl9	0,89	0,84	0,75	Cl9	0,89	0,83	0,72
Cl10	0,92	0,86	0,78	Cl10	0,92	0,86	0,75
Cl11	0,90	0,86	0,73	Cl11	0,90	0,85	0,76
Cl12	0,86	0,77	0,67	Cl12	0,86	0,78	0,68
Cl13	0,84	0,78	0,55	Cl13	0,84	0,79	0,64
Cl14	0,89	0,84	0,77	Cl14	0,89	0,84	0,77
Cl15	0,88	0,82	0,76	Cl15	0,88	0,81	0,74
Cl16	0,81	0,74	0,63	Cl16	0,82	0,74	0,62
HFe				exog. Switch			
Cl1	0,88	0,82	0,72	Cl1	0,59	0,51	0,45
Cl2	0,89	0,83	0,75	Cl2	0,71	0,62	0,51
Cl3	0,86	0,81	0,68	Cl3	0,65	0,52	0,42
Cl4	0,87	0,81	0,72	Cl4	0,52	0,44	0,31
Cl5	0,89	0,83	0,76	Cl5	0,59	0,48	0,39
Cl6	0,89	0,81	0,73	Cl6	0,68	0,57	0,49
Cl7	0,79	0,69	0,56	Cl7	0,57	0,43	0,36
Cl8	0,84	0,77	0,70	Cl8	0,57	0,48	0,40
Cl9	0,90	0,84	0,73	Cl9	0,74	0,62	0,51
Cl10	0,92	0,86	0,81	Cl10	0,79	0,68	0,56
Cl11	0.90	0,87	0,78	Cl11	0,71	0,61	0,41
Cl12	0,86	0,78	0,68	Cl12	0,48	0,38	0,27
Cl13	0,86	0,78	0,65	Cl13	0,67	0,53	0,39
Cl14	0,90	0,85	0,80	Cl14	0,69	0,61	0,52
Cl15	0,88	0,83	0,77	Cl15	0,64	0,56	0,43
Cl16	0,85	0,75	0,64	Cl16	0,58	0,45	0,35
Investmentfonds							
oRef				lineare Regr.			
Cl1	0.90	0,84	0,76	Cl1	0,76	0,68	0,57
Cl2	0,91	0,85	0,76	Cl2	0,78	0,70	0,57
Cl3	0,84	0,71	0,57	Cl3	0,57	0,41	0,30
Cl4	0,78	0,63	0,52	Cl4	0,47	0,40	0,29
CLI				MSCIW			
Cl1	0,93	0,88	0,82	Cl1	0,93	0,89	0,82
Cl2	0.94	0.89	0,83	Cl2	0,94	0,90	0,83
Cl3	0,87	0,79	0,68	Cl3	0,87	0,78	0,68
Cl4	0,81	0,74	0,66	Cl4	0,82	0,75	0,67
IFe				exog. Switch			
Cl1	0,93	0,89	0,83	Cl1	0,83	0,76	0,68
Cl2	0,94	0,90	0,84	Cl2	0,85	0,78	0,68
Cl3	0,88	0,79	0,70	Cl3	0,63	0,50	0,39
Cl4	0,84	0,75	0,67	Cl4	0,60	0,52	0,43

Tabelle E.12: Verteilung von Beta-Werten nach MSWM (ohne Referenz HF) (rechte Seite der Abb. 8.16 bis 8.21)

Cluster/Fakor		Quartile (Betas in Bear)			Quartile (Betas in Bull)			Cluster/Fakor		Quartile (Betas in Bear)			Quartile (Betas in Bull)		
		1.	2.	3.	1.	2.	3.			1.	2.	3.	1.	2.	3.
Cl1	Alpha	0.88	0.54	0,25	-0,17	-0,26	-0,60	Cl6	Alpha	0.79	0.45	0.21	-0.14	-0,31	-0.53
	F1	0,73	0.42	0.25	0,31	0,18	-0,14		F1	0.56	0,37	0.23	0.31	0,14	-0,17
	F2	0.32	0.14	-0.17	0,32	0,15	-0,09		F2	0,32	0,07	-0,24	0.47	0,13	-0,08
	F3	0.45	0.26	-0,22	0,10	-0.17	-0,20		F3	0.28	-0.20	-0,50	0.14	-0.12	-0,27
	F4	0,75	0,29	-0,36	0,39	0,17	-0,34		F4	0,55	0,02	-0,52	0,44	0,22	-0,26
	F5	0,53	0,26	-0.15	0,49	0,27	0.14		F5	0.60	0.41	0.26	0.37	0,22	0.11
	F6	0.42	0.34	-0,03	0,24	0.10	-0.27		F6	0.44	0.31	0.18	0.33	0,20	0.08
	F7	0,49	0.33	-0,04	0.39	0.32	0,20		F7	0,51	0,37	0.19	0,57	0,38	0.17
	F8	0.30	-0,02	-0,37	0,26	0,12	0,07		F8	0,25	-0.10	-0.40	0,31	0,16	0,10
	F9	0,53	0,30	0,09	0,25	0,13	-0,33		F9	0.44	0,29	-0.18	0.19	0,04	-0,32
	F10	-0.08	-0,18	-0,62	-0,11	-0.16	-0,26		F10	0,25	-0,22	-0,34	0.30	-0,13	-0,29
	F11	0.54	0,18	-0.28	0,36	0.09	-0.26		F11	0,55	0.18	-0,21	0,08	-0,11	-0.25
	F12	0.24	0.12	-0.13	-0,11	-0,15	-0,27		F12	0.25	0,10	-0,22	0,25	-0,09	-0,24
Cl2	Alpha	0.84	0,51	0,34	-0.16	-0,25	-0.42	Cl7	Alpha	0.45	0,30	0.15	-0.22	-0,37	-0.52
	F1	0,59	0,37	0,22	0,22	0,12	-0,19		F1	0.32	0,26	0,18	0,34	0.24	0.16
	F2	0,36	0.19	-0.21	0.19	0,13	0,01		F2	0.42	0,28	0,18	0,28	0,18	0,12
	F3	0.44	0.16	-0,35	0,22	0,10	-0,13		F3	-0,25	-0.33	-0,45	0,16	-0,19	-0,31
	F4	0,60	0.40	-0,04	0,44	0,24	-0,14		F4	0,24	0,12	-0.54	0.66	0,23	-0.40
	F5	0,63	0.47	0.23	0,41	0,26	0,18		F5	0,46	0,28	0,13	0,42	0.26	0.14
	F6	0,55	0,29	0,18	0,29	0,21	0.15		F6	0.32	-0,11	-0,20	0,15	0,09	-0.14
	F7	0,61	0,42	0,26	0,52	0,35	0,24		F7	0.16	-0,19	-0,23	0,57	0,20	-0,13
	F8	0,21	-0,04	-0,22	0,16	0,08	-0,11		F8	0.17	-0,16	-0,27	0,15	-0,08	-0,25
	F9	0,47	0,22	-0,06	0,24	0,00	-0,24		F9	0,55	0,35	0,23	0,33	0,24	0,14
	F10	0,10	-0,22	-0,46	-0,07	-0,17	-0,29		F10	0,55	0,41	0,21	0,11	-0,14	-0,22
	F11	0,37	0,12	-0,20	0,13	-0,11	-0,20		F11	0,52	0,38	0,19	0,20	0,16	-0,13
	F12	0,35	0,13	-0,16	-0,07	-0,14	-0,22		F12	-0,21	-0,32	-0,42	0,49	0,28	0,15
Cl3	Alpha	1,00	0,50	0,31	-0,21	-0,34	-0,73	Cl8	Alpha	0,78	0,49	0,27	-0,22	-0,40	-0,57
	F1	0,65	0,36	-0,12	0,31	0,17	0,10		F1	0,65	0,46	0,26	0,29	0,17	-0,14
	F2	0,17	-0,12	-0,43	0,36	0,15	-0,11		F2	0,35	0,26	0,20	0,22	0,14	-0,09
	F3	0,20	-0,19	-0,30	0,23	0,00	-0,22		F3	-0,20	-0,26	-0,35	-0,08	-0,17	-0,26
	F4	0,31	-0,19	-0,46	0,57	0,19	-0,29		F4	0,35	-0,33	-0,53	0,44	0,21	-0,28
	F5	0,44	0,24	-0,28	0,16	-0,18	-0,36		F5	0,37	0,22	-0,31	0,33	0,24	-0,15
	F6	0,29	0,08	-0,21	0,22	-0,15	-0,26		F6	0,32	0,14	-0,21	0,11	-0,15	-0,29
	F7	-0,15	-0,35	-0,52	-0,09	-0,29	-0,38		F7	0,30	-0,24	-0,55	0,41	0,27	-0,16
	F8	0,18	-0,16	-0,32	0,24	-0,14	-0,24		F8	0,31	0,18	-0,20	0,25	-0,07	-0,25
	F9	0,63	0,24	0,14	0,60	0,13	-0,23		F9	0,61	0,41	0,20	0,35	0,19	-0,13
	F10	0,29	0,12	-0,41	0,25	0,01	-0,21		F10	0,35	0,24	0,13	0,19	-0,05	-0,24
	F11	0,43	0,29	0,19	0,43	0,24	0,04		F11	0,44	0,29	0,14	0,28	0,20	0,12
	F12	0,39	0,17	-0,35	0,42	0,23	-0,11		F12	-0,10	-0,23	-0,36	0,32	0,16	-0,14
Cl4	Alpha	0,83	0,56	0,32	-0,23	-0,42	-0,72	Cl9	Alpha	0,64	0,40	0,22	-0,17	-0,25	-0,42
	F1	0,59	0,41	0,27	0,37	0,18	-0,19		F1	0,49	0,31	0,14	0,30	0,13	-0,14
	F2	0,36	0,05	-0,24	0,19	0,05	-0,16		F2	0,30	0,13	-0,14	0,16	0,09	-0,10
	F3	0,13	-0,22	-0,32	0,15	-0,14	-0,31		F3	0,37	0,17	-0,26	0,13	-0,09	-0,15
	F4	0,65	0,31	-0,43	0,44	0,21	-0,21		F4	0,44	0,21	-0,11	0,32	0,22	0,12
	F5	0,62	0,41	0,24	0,57	0,37	0,20		F5	0,46	0,31	0,17	0,37	0,20	0,10
	F6	0,34	0,21	-0,13	0,24	0,05	-0,24		F6	0,50	0,37	0,26	0,39	0,22	0,12
	F7	0,50	0,29	0,17	0,30	0,14	-0,16		F7	0,57	0,32	0,20	0,63	0,43	0,27
	F8	0,22	-0,13	-0,32	0,24	0,15	-0,03		F8	0,43	0,17	-0,10	0,17	0,09	-0,09
	F9	0,46	0,26	0,09	0,25	0,03	-0,31		F9	0,32	0,21	0,00	0,30	0,13	-0,13
	F10	0,31	-0,15	-0,35	0,18	-0,22	-0,42		F10	0,27	-0,17	-0,26	-0,09	-0,18	-0,27
	F11	0,36	0,18	-0,21	0,25	0,12	-0,19		F11	0,38	0,18	-0,17	0,22	-0,02	-0,27
	F12	0,23	-0,01	-0,27	0,16	-0,15	-0,28		F12	0,18	0,08	-0,24	0,00	-0,12	-0,21
Cl5	Alpha	0,76	0,43	0,26	-0,19	-0,39	-0,68	Cl10	Alpha	0,65	0,41	0,18	-0,11	-0,21	-0,36
	F1	0,50	0,32	0,17	0,45	0,13	-0,20		F1	0,92	0,38	-0,13	-0,04	-0,12	-0,21
	F2	0,17	-0,14	-0,27	0,25	0,06	-0,18		F2	0,16	-0,10	-0,20	0,08	-0,09	-0,26
	F3	0,22	-0,19	-0,31	0,31	0,13	-0,20		F3	0,30	0,21	-0,18	0,04	-0,11	-0,19
	F4	0,44	0,23	-0,34	0,54	0,34	0,16		F4	0,43	0,28	-0,23	0,22	0,15	-0,03
	F5	0,49	0,33	0,22	0,56	0,36	0,20		F5	0,65	0,49	0,22	0,48	0,35	0,21
	F6	0,38	0,17	-0,15	0,22	0,00	-0,28		F6	0,51	0,34	0,21	0,29	0,18	0,10
	F7	0,51	0,31	0,17	0,55	0,36	0,19		F7	0,66	0,41	0,30	0,59	0,35	0,23
	F8	0,34	0,17	-0,14	0,26	0,18	0,09		F8	0,46	0,17	-0,29	0,21	0,14	0,06
	F9	0,37	0,17	-0,12	0,14	-0,22	-0,47		F9	0,36	0,21	0,06	0,07	-0,08	-0,14
	F10	0,25	-0,19	-0,32	0,14	-0,20	-0,42		F10	0,28	-0,08	-0,25	-0,08	-0,13	-0,17
	F11	0,36	0,20	0,02	0,27	0,05	-0,28		F11	0,32	0,11	-0,22	0,08	-0,11	-0,22
	F12	0,30	0,18	-0,12	0,20	0,07	-0,18		F12	0,32	0,15	-0,01	0,08	-0,07	-0,17
Cl11	Alpha	0,88	0,45	0,22	-0,24	-0,40	-0,62	Cl14	Alpha	0,73	0,44	0,24	-0,19	-0,29	-0,52
	F1	0,61	0,39	0,18	0,26	-0,15	-0,29		F1	0,56	0,39	0,16	0,29	0,13	-0,17
	F2	0,37	0,16	-0,22	0,21	0,09	-0,15		F2	0,28	0,11	-0,22	0,21	0,12	-0,17
	F3	0,39	-0,17	-0,30	0,23	-0,14	-0,24		F3	0,33	-0,10	-0,28	0,24	0,09	-0,18
	F4	0,69	0,34	-0,20	0,37	0,19	-0,31		F4	0,42	0,07	-0,34	0,41	0,21	-0,26
	F5	0,46	0,29	-0,05	0,43	0,29	0,22		F5	0,56	0,43	0,30	0,61	0,48	0,26
	F6	0,40	0,31	0,16	0,30	0,18	-0,12		F6	0,38	0,22	0,07	0,23	0,13	-0,11
	F7	0,59	0,30	0,07	0,54	0,34	0,22		F7	0,63	0,46	0,21	0,49	0,31	0,20
	F8	0,21	-0,02	-0,25	0,17	0,12	-0,09		F8	0,28	-0,03	-0,24	0,31	0,22	0,12
	F9	0,40	0,17	-0,26	0,22	0,14	-0,26		F9	0,30	0,19	-0,30	0,11	-0,18	-0,34
	F10	0,67	0,15	-0,30	0,11	-0,13	-0,30		F10	0,28	-0,11	-0,28	0,28	-0,17	-0,31
	F11	0,23	0,09	-0,37	0,17	-0,07	-0,19		F11	0,33	0,13	-0,28	0,22	0,11	-0,21
	F12	0,22	0,11	-0,27	0,19	0,06	-0,16		F12	0,32	0,15	-0,11	0,13	-0,13	-0,21
Cl12	Alpha	0,82	0,46	0,27	-0,23	-0,46	-0,82	Cl15	Alpha	0,80	0,58	0,34	-0,21	-0,40	-0,65
	F1	0,62	0,39	0,19	0,33	0,11	-0,33		F1	0,60	0,43	0,18	0,28	0,10	-0,25
	F2	0,29	-0,08	-0,26	0,24	0,07	-0,21		F2	0,22	0,02	-0,21	0,22	-0,10	-0,22
	F3	0,24	-0,18	-0,30	0,38	-0,07	-0,26		F3	0,41	0,19	-0,22	0,28	0,11	-0,24

Cluster/Fakor		Quartile (Betas in Bear)			Quartile (Betas in Bull)			Cluster/Fakor		Quartile (Betas in Bear)			Quartile (Betas in Bull)		
		1.	2.	3.	1.	2.	3.			1.	2.	3.	1.	2.	3.
	F4	0,42	-0,16	-0.40	0.45	0,18	-0.32		F4	0,63	0,37	-0,28	0,67	0,46	0,08
	F5	0,51	0.30	0,17	0,54	0,29	0,09		F5	0,52	0,34	0,11	0,56	0,35	0,16
	F6	0,38	0,19	-0,12	0,25	0.00	-0,26		F6	0,44	0,25	-0.17	0,17	-0.10	-0,25
	F7	0,44	0,26	-0,06	0,36	0,19	-0,17		F7	0,62	0,47	-0,21	0,43	0,27	-0,03
	F8	0,31	0,09	-0,32	0,30	0,13	-0,14		F8	0,21	0,07	-0,28	0,21	0,13	-0,06
	F9	0,39	0.17	-0,23	0,28	-0,11	-0,32		F9	0,38	0,17	-0,34	0,16	-0,16	-0,35
	F10	0,36	-0.10	-0,41	0,22	-0,16	-0,40		F10	0,19	-0,21	-0.52	0,27	-0,13	-0,26
	F11	0,45	0,19	-0,19	0,29	0,12	-0,17		F11	0,42	0,17	-0,26	0,29	0,08	-0,21
	F12	0,28	0,07	-0,32	0,31	0,05	-0,18		F12	0,36	0,17	-0,20	-0,07	-0,18	-0,32
Cl13	Alpha	0,78	0,38	0,24	-0,18	-0,29	-0,53	Cl16	Alpha	0,75	0,55	0,29	-0,21	-0,40	-0,65
	F1	0,66	0,45	0,22	0,35	0,20	-0,09		F1	0,53	0,37	0,21	0,38	0,18	-0,24
	F2	0,48	0,10	-0,22	0,37	0,22	0,11		F2	0,31	0,22	-0,12	0,21	0,11	-0,21
	F3	0,21	-0,29	-0,45	0,20	0,08	-0,19		F3	-0,11	-0,25	-0,37	0,26	-0,15	-0,30
	F4	0,58	0,30	-0,52	0,46	0,18	-0,20		F4	0,35	-0,18	-0,49	0,51	0,23	-0,25
	F5	0,67	0,25	-0,29	0,39	0,16	0,06		F5	0,39	0,26	0,12	0,39	0,23	-0,14
	F6	0,53	0,31	0,03	0,42	0,11	-0,17		F6	0,41	0,16	-0,20	0,26	0,05	-0,19
	F7	0,56	0,46	0,21	0,45	0,26	0,15		F7	0,36	-0,16	-0,30	0,52	0,18	-0,20
	F8	0,22	-0,26	-0,50	0,20	0,14	0,01		F8	0,27	0,15	-0,16	0,26	0,12	-0,15
	F9	0,72	0,34	-0,35	0,22	-0,06	-0,38		F9	0,51	0,39	0,22	0,34	0,25	-0,16
	F10	-0,11	-0,24	-0,61	0,18	-0,11	-0,36		F10	0,39	0,30	-0,20	0,25	-0,10	-0,38
	F11	0,56	0,06	-0,30	0,22	0,00	-0,18		F11	0,32	0,21	-0,20	0,36	0,19	0,08
	F12	0,28	0,12	-0,28	-0,02	-0,18	-0,24		F12	0,18	-0,16	-0,36	0,29	-0,10	-0,32

Tabelle E.13: Anteile signifikanter Koeffizienten nach MSWM (ohne Referenz HF) (linke Seite der Abb. 8.16 bis 8.21)

Cluster	Anteile	Alpha	F1	F2	F3	F4	F5	F6	F7	F8	F9	F10	F11	F12
Cl1	nicht sign.	0,04	0,06	0,37	0,25	0,20	0,16	0,06	0,02	0,27	0,27	0,25	0,25	0,18
	1x sign.	0,55	0,53	0,49	0,59	0,51	0,43	0,45	0,35	0,55	0,57	0,55	0,59	0,65
	2x sign	0,41	0,41	0,14	0,16	0,29	0,41	0,49	0,63	0,18	0,16	0,20	0,16	0,18
	Wechsel im Vorz.	0,75	0,45	0,39	0,61	0,51	0,49	0,39	0,41	0,51	0,55	0,39	0,59	0,49
Cl2	nicht sign.	0,16	0,19	0,23	0,30	0,17	0,09	0,13	0,06	0,33	0,37	0,32	0,22	0,22
	1x sign.	0,43	0,54	0,61	0,51	0,52	0,44	0,42	0,34	0,52	0,47	0,42	0,59	0,57
	2x sign	0,41	0,27	0,16	0,19	0,31	0,47	0,44	0,60	0,14	0,17	0,26	0,19	0,21
	Wechsel im Vorz.	0,86	0,50	0,56	0,50	0,49	0,36	0,31	0,24	0,56	0,51	0,48	0,46	0,52
Cl3	nicht sign.	0,18	0,16	0,29	0,36	0,27	0,16	0,20	0,18	0,24	0,16	0,22	0,16	0,18
	1x sign.	0,36	0,49	0,56	0,44	0,49	0,60	0,49	0,42	0,53	0,56	0,58	0,58	0,78
	2x sign	0,47	0,36	0,16	0,20	0,24	0,24	0,31	0,40	0,22	0,29	0,20	0,27	0,04
	Wechsel im Vorz.	0,84	0,47	0,76	0,40	0,69	0,62	0,44	0,51	0,58	0,56	0,44	0,47	0,40
Cl4	nicht sign.	0,07	0,12	0,24	0,22	0,26	0,09	0,17	0,15	0,21	0,27	0,19	0,24	0,22
	1x sign.	0,41	0,40	0,56	0,51	0,61	0,45	0,54	0,47	0,57	0,51	0,63	0,51	0,49
	2x sign	0,51	0,48	0,20	0,27	0,14	0,46	0,29	0,38	0,22	0,22	0,18	0,24	0,29
	Wechsel im Vorz.	0,84	0,41	0,56	0,51	0,51	0,35	0,58	0,48	0,52	0,44	0,56	0,56	0,50
Cl5	nicht sign.	0,09	0,17	0,23	0,25	0,29	0,08	0,19	0,06	0,18	0,26	0,26	0,27	0,27
	1x sign.	0,35	0,47	0,62	0,47	0,51	0,40	0,47	0,31	0,57	0,58	0,52	0,56	0,54
	2x sign	0,56	0,36	0,16	0,28	0,20	0,51	0,34	0,63	0,25	0,16	0,23	0,16	0,19
	Wechsel im Vorz.	0,82	0,45	0,55	0,53	0,53	0,27	0,49	0,28	0,53	0,60	0,51	0,57	0,57
Cl6	nicht sign.	0,08	0,06	0,32	0,27	0,28	0,08	0,10	0,12	0,15	0,26	0,31	0,22	0,28
	1x sign.	0,37	0,46	0,54	0,61	0,56	0,45	0,49	0,31	0,58	0,55	0,44	0,67	0,47
	2x sign	0,56	0,47	0,14	0,12	0,16	0,47	0,41	0,57	0,27	0,19	0,25	0,12	0,25
	Wechsel im Vorz.	0,78	0,43	0,52	0,62	0,43	0,34	0,43	0,29	0,63	0,59	0,52	0,53	0,60
Cl7	nicht sign.	0,17	0,26	0,17	0,14	0,49	0,11	0,17	0,09	0,40	0,11	0,29	0,17	0,29
	1x sign.	0,46	0,60	0,54	0,49	0,43	0,74	0,57	0,57	0,46	0,51	0,57	0,43	0,51
	2x sign	0,37	0,14	0,29	0,37	0,09	0,14	0,26	0,34	0,14	0,37	0,14	0,40	0,20
	Wechsel im Vorz.	0,83	0,34	0,40	0,40	0,71	0,63	0,66	0,66	0,71	0,43	0,63	0,60	0,77
Cl8	nicht sign.	0,12	0,17	0,26	0,17	0,29	0,32	0,29	0,19	0,27	0,10	0,18	0,10	0,21
	1x sign.	0,45	0,54	0,48	0,58	0,51	0,45	0,46	0,56	0,51	0,48	0,61	0,49	0,52
	2x sign	0,43	0,30	0,26	0,25	0,20	0,23	0,25	0,25	0,21	0,43	0,21	0,42	0,26
	Wechsel im Vorz.	0,80	0,39	0,49	0,44	0,56	0,55	0,58	0,54	0,60	0,42	0,56	0,45	0,58
Cl9	nicht sign.	0,13	0,27	0,25	0,34	0,29	0,15	0,06	0,06	0,25	0,30	0,27	0,34	0,28
	1x sign.	0,38	0,47	0,56	0,42	0,46	0,51	0,32	0,27	0,48	0,54	0,58	0,48	0,58
	2x sign	0,48	0,26	0,20	0,24	0,25	0,34	0,62	0,67	0,27	0,16	0,15	0,18	0,14
	Wechsel im Vorz.	0,84	0,46	0,59	0,60	0,48	0,30	0,29	0,23	0,54	0,48	0,46	0,47	0,54
Cl10	nicht sign.	0,11	0,28	0,28	0,28	0,21	0,00	0,00	0,00	0,30	0,34	0,38	0,43	0,34
	1x sign.	0,49	0,53	0,64	0,51	0,62	0,30	0,43	0,21	0,60	0,51	0,40	0,45	0,49
	2x sign	0,40	0,19	0,09	0,21	0,17	0,70	0,57	0,79	0,11	0,15	0,21	0,13	0,17
	Wechsel im Vorz.	0,85	0,49	0,55	0,45	0,38	0,21	0,21	0,13	0,49	0,64	0,49	0,53	0,62
Cl11	nicht sign.	0,07	0,11	0,21	0,30	0,14	0,11	0,05	0,07	0,16	0,25	0,21	0,25	0,18
	1x sign.	0,43	0,43	0,57	0,55	0,54	0,46	0,45	0,50	0,52	0,45	0,61	0,43	0,50
	2x sign	0,50	0,46	0,21	0,14	0,32	0,43	0,50	0,43	0,32	0,30	0,18	0,32	0,32
	Wechsel im Vorz.	0,82	0,63	0,59	0,54	0,43	0,39	0,34	0,30	0,55	0,48	0,50	0,55	0,57
Cl12	nicht sign.	0,06	0,12	0,28	0,24	0,28	0,13	0,22	0,15	0,21	0,27	0,24	0,23	0,24
	1x sign.	0,40	0,44	0,55	0,54	0,52	0,45	0,53	0,48	0,58	0,55	0,56	0,59	0,57
	2x sign	0,54	0,43	0,17	0,21	0,20	0,43	0,25	0,38	0,20	0,18	0,21	0,18	0,20
	Wechsel im Vorz.	0,84	0,49	0,58	0,57	0,57	0,38	0,49	0,41	0,54	0,54	0,55	0,50	0,56
Cl13	nicht sign.	0,11	0,15	0,21	0,26	0,25	0,26	0,19	0,09	0,21	0,17	0,13	0,26	0,26
	1x sign.	0,45	0,38	0,58	0,49	0,43	0,43	0,55	0,40	0,64	0,64	0,62	0,57	0,64
	2x sign	0,43	0,47	0,21	0,25	0,32	0,30	0,26	0,51	0,15	0,19	0,25	0,17	0,09
	Wechsel im Vorz.	0,74	0,57	0,45	0,45	0,55	0,32	0,42	0,38	0,64	0,49	0,47	0,51	0,57
Cl14	nicht sign.	0,05	0,11	0,27	0,18	0,20	0,04	0,10	0,05	0,17	0,22	0,25	0,23	0,24
	1x sign.	0,32	0,44	0,50	0,52	0,56	0,27	0,55	0,35	0,56	0,58	0,50	0,64	0,47
	2x sign	0,63	0,46	0,22	0,29	0,23	0,69	0,35	0,60	0,27	0,19	0,24	0,13	0,29
	Wechsel im Vorz.	0,78	0,50	0,56	0,50	0,47	0,22	0,48	0,26	0,47	0,59	0,62	0,53	0,57
Cl15	nicht sign.	0,08	0,26	0,27	0,30	0,18	0,12	0,16	0,16	0,32	0,18	0,18	0,22	0,24
	1x sign.	0,31	0,40	0,63	0,53	0,65	0,35	0,43	0,31	0,48	0,52	0,65	0,56	0,54
	2x sign	0,62	0,34	0,10	0,18	0,18	0,53	0,41	0,53	0,20	0,31	0,18	0,22	0,22
	Wechsel im Vorz.	0,89	0,56	0,49	0,54	0,43	0,40	0,60	0,36	0,47	0,48	0,47	0,56	0,57
Cl16	nicht sign.	0,11	0,21	0,32	0,22	0,30	0,21	0,35	0,24	0,25	0,25	0,38	0,27	0,27
	1x sign.	0,35	0,45	0,50	0,55	0,52	0,58	0,45	0,52	0,53	0,55	0,43	0,43	0,55
	2x sign	0,54	0,34	0,18	0,23	0,18	0,21	0,20	0,24	0,22	0,21	0,19	0,30	0,18
	Wechsel im Vorz.	0,86	0,44	0,41	0,43	0,53	0,45	0,49	0,45	0,54	0,44	0,50	0,53	0,59

Tabelle E.14: Phasencharakteristika (HF) (Abb. 8.22, 8.25, 8.28 und 8.30)

Modell	Quartile (Amplitude Bear)			Quartile (Amplitude Bull)			Quartile (pos.Rend. Bear)			Quartile (pos.Rend. Bull)			Quartile (Dauer Bear)			Quartile (Dauer Bull)		
	1.	2.	3.	1.	2.	3.	1.	2.	3.	1.	2.	3.	1.	2.	3.	1.	2.	3.
Cl1 - oR	2.36	-0.05	-3.82	33.36	16.35	7.49	57.58	51.46	45.16	79.87	71.43	63.33	15.00	10.49	4.00	17.13	7.56	4.38
Cl2	2.65	-0.05	-4.41	30.23	15.12	6.45	59.70	53.26	46.94	74.64	66.95	58.85	20.67	10.69	5.00	18.02	7.75	4.75
Cl3	1.50	-1.40	-5.58	23.28	11.60	5.97	51.52	43.57	37.78	72.97	62.93	55.74	18.03	7.18	3.33	15.50	9.38	5.29
Cl4	3.67	1.23	-0.07	23.60	11.71	5.87	71.75	62.71	50.98	89.50	78.05	68.43	13.35	7.63	3.83	14.51	8.50	4.78
Cl5	7.21	1.63	-0.36	28.04	15.15	8.05	73.72	64.52	55.80	90.11	81.90	69.91	13.15	7.75	3.83	19.00	10.71	5.58
Cl6	3.24	0.31	-1.99	33.71	16.65	7.01	66.51	59.62	48.82	80.30	70.04	64.71	12.50	7.67	3.00	17.63	9.67	5.40
Cl7	3.08	-1.59	-4.79	24.63	14.62	7.54	50.00	42.78	35.06	67.46	62.70	58.69	9.63	5.28	3.25	13.94	7.11	4.23
Cl8	3.53	0.80	-0.51	21.54	10.90	5.46	60.72	51.30	44.40	76.92	65.16	59.49	10.82	6.69	3.37	12.67	7.92	4.73
Cl9	1.70	-0.95	-4.98	36.75	16.32	6.45	59.68	54.05	48.02	72.73	66.67	60.53	16.87	10.40	4.88	14.55	7.81	4.94
Cl10	5.43	0.76	-2.82	36.42	17.55	9.24	62.05	56.34	52.14	75.73	69.30	63.46	21.54	11.88	7.00	23.00	12.06	5.88
Cl11	1.81	0.06	-2.95	25.62	8.92	4.50	66.53	60.42	51.29	78.87	71.13	64.52	15.81	10.35	5.07	13.75	7.89	3.50
Cl12	5.38	2.06	0.27	29.59	13.50	6.83	80.33	69.44	57.20	93.19	84.65	73.87	15.11	7.20	3.56	20.29	9.43	5.71
Cl13	6.73	1.72	-2.45	32.50	17.41	6.92	62.99	58.82	49.25	82.53	71.43	64.93	15.69	9.00	6.00	22.25	11.08	6.00
Cl14	2.50	0.42	-1.59	30.03	11.32	5.16	69.43	60.71	49.29	88.77	75.86	66.72	14.75	6.79	3.23	13.53	9.00	4.64
Cl15	2.74	0.49	-2.04	24.67	13.35	5.43	62.41	57.14	46.05	82.86	73.07	66.67	14.68	8.13	4.00	14.25	7.28	4.00
Cl16	5.29	1.46	-0.77	25.94	13.19	7.73	59.11	51.92	45.80	85.71	72.73	61.29	12.85	7.40	4.59	16.17	9.50	5.26
Cl1 - CLI	1.83	0.54	-0.49	7.18	4.32	3.10	60.93	54.79	46.19	82.48	71.81	62.95	4.72	3.86	2.48	3.49	2.65	2.19
Cl2	1.31	0.06	-0.92	6.54	4.00	2.26	56.10	49.56	41.27	78.79	71.83	60.65	4.86	3.72	2.50	3.37	2.66	2.19
Cl3	1.03	-0.39	-1.96	5.49	3.16	2.13	52.97	42.86	34.83	80.22	67.12	59.47	3.71	3.14	2.48	3.70	2.64	2.07
Cl4	2.11	1.09	0.48	5.67	3.18	2.09	70.45	61.83	52.27	89.47	81.48	70.96	4.45	2.85	1.94	4.19	3.25	2.56
Cl5	2.02	1.27	0.47	6.75	4.36	3.01	73.33	63.79	55.59	93.49	82.50	75.00	4.00	3.03	2.08	4.59	3.40	2.71
Cl6	2.06	0.90	0.07	7.36	4.17	2.78	63.04	57.45	48.58	84.88	77.53	71.06	4.21	3.50	1.99	4.03	2.93	2.49
Cl7	1.13	0.05	-1.80	6.30	4.85	3.53	47.92	41.89	31.58	70.90	65.52	61.09	4.25	3.04	2.26	4.21	3.25	2.76
Cl8	1.27	0.79	-0.12	6.85	3.68	2.20	61.23	47.79	37.09	80.88	71.43	63.39	3.97	2.75	1.88	3.78	2.92	2.21
Cl9	1.41	0.13	-1.20	7.06	3.99	2.65	57.67	51.84	46.11	75.38	68.00	62.44	4.75	3.46	2.16	3.77	3.04	2.36
Cl10	1.63	0.42	-0.95	6.06	4.36	2.80	63.24	54.91	49.30	81.85	70.97	62.78	4.58	3.73	2.48	3.91	2.82	2.31
Cl11	1.54	0.78	-0.38	5.92	3.12	1.81	63.49	57.52	50.00	81.58	73.38	64.63	4.34	3.05	2.31	3.69	2.82	2.10
Cl12	2.35	1.32	0.63	7.00	3.98	2.63	80.77	67.72	56.85	94.12	87.10	77.78	4.00	2.80	2.00	5.00	3.61	2.64
Cl13	2.45	1.18	0.08	7.81	5.13	3.10	66.07	60.00	49.37	83.47	73.03	63.10	4.98	3.29	2.41	4.68	3.11	2.38
Cl14	2.72	1.14	0.01	7.47	3.74	2.39	69.33	59.09	51.66	88.57	80.00	70.97	4.29	3.13	2.14	4.26	3.07	2.44
Cl15	1.85	1.00	0.10	4.71	3.65	2.15	62.50	55.94	45.70	84.05	75.61	66.67	4.22	3.07	2.23	3.93	3.00	2.25
Cl16	1.34	0.50	-0.49	6.71	4.11	2.45	57.74	48.36	41.72	88.99	75.86	67.01	4.05	3.06	2.25	4.08	2.97	2.54
Cl1 - MSCIW	1.76	0.57	-0.44	6.56	4.41	3.14	58.09	51.16	45.41	84.76	75.61	64.90	4.59	3.74	2.44	3.30	2.58	2.11
Cl2	1.41	0.29	-0.78	6.51	3.74	2.30	57.73	51.45	45.61	76.88	69.68	61.73	4.63	3.76	2.68	3.51	2.75	2.23
Cl3	0.84	-0.35	-1.82	6.56	3.32	1.86	48.60	40.19	32.97	81.48	70.97	64.30	4.06	3.05	2.25	3.64	2.76	2.03
Cl4	1.78	0.98	0.34	5.98	3.18	2.07	71.74	62.15	51.22	89.90	81.26	70.69	4.14	2.95	1.79	4.35	3.38	2.59
Cl5	2.28	1.31	0.41	6.83	4.54	3.13	72.93	63.38	55.37	92.93	82.76	75.00	4.00	3.00	2.08	4.78	3.53	2.80
Cl6	1.62	0.89	-0.15	8.19	4.51	2.90	63.73	57.22	47.38	85.40	76.33	69.62	4.00	3.10	1.85	4.12	3.37	2.76
Cl7	1.35	0.31	-1.42	6.25	4.63	3.49	50.42	41.70	37.04	71.01	63.64	59.11	4.10	3.17	2.14	3.91	3.14	2.49
Cl8	1.66	0.77	-0.09	6.70	3.73	2.26	61.26	47.60	37.59	79.77	69.70	62.03	3.78	2.21	1.66	4.19	3.22	2.54
Cl9	1.60	0.23	-1.39	7.02	4.52	2.82	59.24	49.68	43.68	77.27	70.05	62.50	4.81	3.52	2.06	3.87	3.11	2.50
Cl10	1.59	0.48	-0.54	6.89	4.91	3.07	61.04	54.27	48.98	80.80	71.74	63.28	5.25	3.87	2.56	3.79	2.89	2.41
Cl11	1.41	0.81	0.17	6.08	3.21	1.96	64.69	58.90	50.40	80.42	71.43	63.90	4.25	2.97	1.85	3.77	2.87	2.16
Cl12	2.44	1.34	0.49	7.05	4.01	2.63	82.48	68.00	56.00	94.12	86.21	77.78	3.92	2.78	2.00	5.14	3.68	2.75
Cl13	2.45	1.20	-0.28	7.32	5.21	3.47	67.05	58.34	48.48	83.33	73.00	64.52	4.26	3.25	2.47	4.30	3.14	2.44
Cl14	2.67	1.09	0.05	7.77	4.06	2.56	66.86	60.00	51.22	88.62	78.17	70.44	4.50	3.21	2.33	4.52	3.36	2.67
Cl15	1.85	0.79	0.02	4.93	3.79	2.42	62.10	55.56	46.69	83.95	76.19	66.67	4.30	3.25	2.38	3.84	3.11	2.33
Cl16	1.42	0.65	-0.44	6.52	4.13	2.71	60.00	49.14	43.04	87.67	75.00	65.85	4.08	3.09	2.25	3.95	3.10	2.63
Cl1 - HFe	1.43	0.26	-0.73	6.89	4.32	2.66	60.32	49.68	43.75	79.78	72.97	64.95	4.22	3.00	2.53	3.72	2.90	2.50
Cl2	0.88	-0.14	-1.56	6.11	4.12	2.50	56.90	50.00	40.00	78.26	71.82	65.81	4.80	3.98	2.91	3.19	2.70	2.16
Cl3	0.66	-0.79	-2.97	5.32	3.82	2.57	48.92	37.14	28.57	80.81	72.15	64.64	4.15	3.36	2.10	3.56	2.92	2.34
Cl4	1.62	0.77	0.25	5.64	3.59	2.39	70.00	61.04	50.00	89.47	80.60	71.05	3.98	2.85	2.09	4.27	3.45	2.64
Cl5	1.95	0.95	0.25	6.69	4.34	3.03	72.44	62.86	53.57	93.07	85.19	75.00	4.00	3.00	2.32	4.57	3.57	2.92
Cl6	1.74	0.55	-0.23	7.62	4.10	2.40	61.95	54.90	45.92	86.84	79.49	71.76	4.39	3.54	2.24	3.75	3.01	2.45
Cl7	1.06	-1.77	-4.33	8.37	5.58	3.91	43.42	37.33	28.75	76.32	70.30	66.67	4.28	3.52	2.40	3.26	2.94	2.66
Cl8	1.21	0.35	-0.41	6.49	3.99	2.68	55.47	46.81	37.48	82.31	73.81	65.20	3.66	3.09	2.09	4.07	3.09	2.43
Cl9	1.09	-0.03	-1.51	6.95	4.42	2.37	58.59	48.80	40.00	76.92	70.27	63.17	4.54	3.32	2.28	3.59	3.00	2.27
Cl10	1.80	0.52	-0.15	5.82	4.30	2.87	60.44	55.14	47.54	81.63	73.96	66.67	4.82	4.03	2.64	3.47	2.87	2.30
Cl11	1.49	0.46	-0.36	7.00	3.83	2.47	63.75	56.31	47.85	80.56	72.14	66.67	4.17	3.59	2.45	3.64	3.00	2.54
Cl12	2.32	1.32	0.62	7.32	4.41	2.72	80.54	67.57	56.18	94.74	87.50	78.07	3.91	3.09	2.30	4.81	3.60	2.84
Cl13	1.76	0.69	-1.10	7.93	4.57	3.04	60.63	56.33	45.25	86.53	76.74	68.75	4.06	3.23	2.29	4.56	3.33	2.48
Cl14	1.71	0.74	0.08	6.99	3.84	2.24	64.50	57.14	51.34	89.38	80.85	73.13	4.35	3.35	2.67	4.12	3.17	2.25
Cl15	1.17	0.69	-0.03	5.54	3.72	2.45	58.56	52.70	44.20	85.71	78.11	69.50	4.28	3.27	2.38	3.69	3.00	2.40
Cl16	1.33	0.26	-1.01	7.79	4.50	2.79	59.29	46.30	38.88	91.11	80.00	69.92	3.97	3.38	2.41	4.17	3.23	2.58

Tabelle E.15: Phasencharakteristika (IF) (Abb. 8.22, 8.25, 8.28 und 8.30)

Modell	Quartile (Amplitude Bear)			Quartile (Amplitude Bull)			Quartile (pos.Rend. Bear)			Quartile (pos.Rend. Bull)			Quartile (Dauer Bear)			Quartile (Dauer Bull)		
	1.	2.	3.	1.	2.	3.	1.	2.	3.	1.	2.	3.	1.	2.	3.	1.	2.	3.
oR																		
CI1	1.05	-1.75	-7.55	19.46	8,99	3,25	57.05	51.52	45,45	69,80	62,79	57.49	15.29	8.50	4.35	15.00	8.26	4.40
CI2	0,17	-4.31	-11,83	18.16	7.30	2,40	55,93	49.21	41.67	68.75	61.97	57,14	15.33	8,33	4,50	13.55	7.40	4.10
CI3	4.21	1.71	0,47	14.34	6.75	3,43	81,06	68,22	60.00	88.24	75.61	69.14	32.00	14.00	5.13	34,50	16.14	8,50
CI4	0,72	-0.14	-1.56	13.05	5,68	2.33	55.56	47.45	40.34	66,67	61.44	58.27	10,63	4,33	2,13	17,93	8.40	4.64
CLI																		
CI1	0,47	-0,53	-2,04	4.92	3.10	1.75	55.00	49.12	42.86	74,33	66,28	58,90	4.09	3.15	2.12	3.45	2.81	2.18
CI2	-0,21	-1.66	-4,09	4.79	2.72	1,47	53,09	46,67	38.49	73,58	66,14	59,70	4.14	3,28	2.21	3,33	2.73	2.13
CI3	1,27	0.77	0,44	2.42	1,79	1,22	84.41	66,67	57.76	91,95	77.87	69,67	4.31	3,13	2.07	5.03	3.86	3.00
CI4	0.39	-0,05	-0,63	2.94	2.08	1.36	52,30	44.44	33.16	73.33	66,94	61.80	3.32	2.18	1.73	3,86	3.17	2.57
MSCIW																		
CI1	0,52	-0,55	-2,00	4.93	3.15	1.74	54,91	49.24	42,86	73.75	65.71	59.18	4,09	3.14	2.10	3.58	2.90	2.18
CI2	-0.09	-1.54	-3,72	4,55	2,69	1.35	53.85	46.88	38,62	72.31	65,22	58.82	4.11	3.17	2.15	3.38	2.72	2.09
CI3	1,26	0.77	0,42	2,50	1.83	1.29	82,07	65.75	56.70	92,55	78,40	70,42	4.40	3.11	2,09	5,05	3,95	3.00
CI4	0.45	0.00	-0.49	2.86	2,01	1.19	52,94	46,15	33,33	72.39	66.17	59.62	3.00	2,05	1.74	3.88	3,24	2.57
IFe																		
CI1	0.38	-0.81	-2.56	5.55	3.31	1.81	53.93	48.11	41.18	75.76	67.80	60.00	4.14	3.28	2.29	3.50	2.81	2.18
CI2	-0.38	-2.10	-4,71	4.87	2.68	1,26	52.27	45.16	37,21	75.86	67.42	60,00	4.15	3.33	2.36	3.33	2.67	2.15
CI3	1.17	0,72	0.43	2.69	1.91	1.34	82.35	65.18	55.07	91.98	80.10	72.41	4.41	3.33	2.32	5.00	3.90	3.17
CI4	0,26	-0.24	-0.80	3.02	2.21	1.54	50,86	40.82	28,67	77.23	69,59	63.37	3,31	2.19	1.80	3.79	3.05	2.45

Tabelle E.16: Verteilung von Beta-Werten nach MSWM (CLI-Phasen als Referenz HF) (nicht abgebildet)

Cluster/Fakor		Quartile (Betas in Bear)			Quartile (Betas in Bull)			Cluster/Fakor		Quartile (Betas in Bear)			Quartile (Betas in Bull)		
		1.	2.	3.	1.	2.	3.			1.	2.	3.	1.	2.	3.
Cl1	Alpha	0.82	0,59	0.38	-0.17	-0,25	-0.47	Cl6	Alpha	0,72	0,54	0,35	-0.20	-0,31	-0.49
	F1	0,62	0.43	0,26	0,36	0,25	0.09		F1	0.62	0,44	0,28	0,31	0,15	-0.13
	F2	0.41	0.16	-0,16	0,30	0.15	-0,09		F2	0,25	-0.06	-0,27	0.15	-0,08	-0.18
	F3	0,18	-0.14	-0,31	0,01	-0,14	-0.22		F3	0.16	-0,19	-0,33	0,13	-0.06	-0,20
	F4	0.55	0,35	-0.29	0,40	0.14	-0.24		F4	0.46	0,15	-0,35	0,47	0,28	-0.18
	F5	0,51	0,43	0.13	0,35	0,25	0,15		F5	0,58	0,36	0,21	0,38	0,28	0.20
	F6	0,56	0.30	0,09	0,25	0,14	-0,25		F6	0.41	0,30	0,13	0,29	0,20	-0.04
	F7	0.52	0.37	0,09	0,44	0,31	0.21		F7	0.49	0,31	0,14	0.43	0,34	0.18
	F8	0,33	-0.12	-0,25	0,18	0.13	0.01		F8	0,31	0,10	-0,20	0.28	0.16	0.11
	F9	0,51	0,25	-0.12	0,24	0.11	-0.19		F9	0,36	0,27	0.15	0.17	-0.12	-0.35
	F10	0,28	-0.18	-0.47	0,03	-0.18	-0.32		F10	-0,10	-0,27	-0,47	0.13	-0.14	-0.28
	F11	0.32	0.16	-0.31	0.23	0.12	-0,17		F11	0,27	0.11	-0.22	0,14	-0.15	-0.23
	F12	0,25	-0.12	-0.32	0,01	-0,14	-0,24		F12	0.24	0,09	-0,20	0.20	0,10	-0.15
Cl2	Alpha	0.69	0.44	0,25	-0,22	-0,31	-0,45	Cl7	Alpha	0.60	0,35	0,26	-0,24	-0.33	-0.47
	F1	0,58	0,38	0.23	0,24	0,08	-0,22		F1	0,33	0,27	-0,09	0,44	0,30	0,16
	F2	0,32	0.16	-0.20	0,17	0,10	-0.07		F2	0,32	0,21	0,15	0,27	0.20	0,11
	F3	0,30	0.15	-0.34	0.20	0,11	-0,14		F3	-0,26	-0.37	-0.47	0.05	-0.20	-0.32
	F4	0.57	0,35	0,16	0.40	0,25	-0,13		F4	0.32	-0,29	-0,36	0.15	-0,19	-0,35
	F5	0.69	0.50	0,25	0.42	0.27	0.17		F5	0,40	0,25	-0,27	0,36	0,30	0.20
	F6	0.50	0.30	0.23	0,26	0.20	0.10		F6	0,32	0.19	-0.09	0.14	-0,12	-0,23
	F7	0,53	0,36	0,27	0,50	0,38	0,19		F7	0,34	-0.16	-0,23	0,27	0.02	-0,22
	F8	0,26	0,17	-0.20	0.16	0.07	-0,12		F8	-0,02	-0,21	-0.30	0.04	-0,17	-0,21
	F9	0,59	0,33	0.17	0.19	-0.10	-0,22		F9	0,54	0,36	0,27	0,37	0.16	-0.12
	F10	0.20	-0.20	-0.43	0,08	-0.15	-0,29		F10	0,37	0,32	0,19	0,25	0.02	-0.33
	F11	0.32	0,19	-0.22	0.12	-0.04	-0.20		F11	0,46	0,38	0,21	0,35	0,28	0.13
	F12	0,40	0.14	-0.19	-0,05	-0.15	-0,21		F12	-0,11	-0,27	-0,35	0,25	0.20	0.02
Cl3	Alpha	0,81	0,51	0,30	-0,21	-0,34	-0,55	Cl8	Alpha	0,74	0,50	0,32	-0.23	-0,39	-0.63
	F1	0,71	0,35	0.21	0.21	0,12	-0.25		F1	0,54	0,40	0,23	0,39	0.21	-0,12
	F2	0,24	-0,06	-0,22	0.40	0,27	0,15		F2	0,31	0,24	0,13	0,23	0,14	-0,11
	F3	0,16	-0,20	-0,39	0.20	-0,07	-0,30		F3	-0.15	-0,25	-0,35	0,06	-0.20	-0.38
	F4	0,22	-0,29	-0,61	0,25	-0.04	-0.30		F4	0,34	-0,25	-0.41	0.41	0.24	-0.22
	F5	0,34	0.17	-0,23	0.30	-0,17	-0,51		F5	0,39	0.15	-0.29	0.38	0.26	0.16
	F6	0.25	-0,11	-0,27	0.08	-0.14	-0.33		F6	0,27	0,09	-0,19	-0.07	-0.16	-0.27
	F7	-0.17	-0.34	-0.57	-0.18	-0,29	-0.46		F7	0.32	-0,02	-0,33	0.36	0.16	-0.22
	F8	0,23	0,00	-0,24	0,15	-0.17	-0.22		F8	0,34	0.21	-0.15	0.18	0.03	-0.18
	F9	0.70	0.32	-0.13	0,41	0,21	0,04		F9	0,64	0,42	0,26	0,31	0,21	-0,21
	F10	0.36	0.18	-0,41	0,26	0.17	-0,19		F10	0,44	0,29	0,22	0,24	-0.11	-0,26
	F11	0,40	0,21	-0.13	0,32	0,25	0,13		F11	0,38	0,24	-0.18	0,37	0.20	0.07
	F12	0,28	0.13	-0,24	0,31	-0,12	-0,17		F12	0,10	-0,25	-0,35	0.33	0.13	-0,15
Cl4	Alpha	0,84	0,62	0,34	-0,25	-0,40	-0,68	Cl9	Alpha	0,69	0,39	0,23	-0.17	-0,26	-0.39
	F1	0,61	0,42	0,28	0,37	0,21	-0.16		F1	0,52	0,32	0,17	0,18	0,09	-0.18
	F2	0,24	-0,07	-0,26	0.18	0,08	-0,19		F2	0,31	0,20	0,08	0,14	0,08	-0,14
	F3	-0,06	-0,23	-0,38	0,10	-0,16	-0,31		F3	0,39	0,17	-0,25	0.04	-0.13	-0,18
	F4	0,51	-0,07	-0,40	0,33	0,16	-0,33		F4	0,45	0,26	-0,17	0,33	0,19	-0,12
	F5	0,63	0,36	0,22	0,53	0,35	0,25		F5	0,45	0,29	0,15	0,34	0,22	0,12
	F6	0,40	0,20	-0,09	0,20	-0,01	-0,24		F6	0,51	0,36	0,22	0,41	0,25	0,10
	F7	0,51	0,25	0,07	0,32	0,18	-0,13		F7	0,57	0,35	0,19	0,61	0,44	0,26
	F8	0,25	-0,13	-0,28	0,25	0,15	-0,07		F8	0,23	0,08	-0,24	0,20	0,11	0,02
	F9	0,44	0,27	-0,11	0,23	-0,04	-0,29		F9	0,29	0,19	-0,07	0,23	0,14	-0,09
	F10	0,35	0,04	-0,28	0,17	-0,15	-0,26		F10	0,20	-0,09	-0,22	0,07	-0,14	-0,21
	F11	0,38	0,20	-0,19	0,24	0,14	-0,24		F11	0,29	0,20	-0,08	0,18	-0,01	-0,17
	F12	0,27	0,09	-0,23	0,17	-0,14	-0,24		F12	0,22	0,07	-0,25	0,11	-0,12	-0,18
Cl5	Alpha	0,74	0,50	0,33	-0,24	-0,35	-0,53	Cl10	Alpha	0,60	0,42	0,18	-0,17	-0,26	-0,41
	F1	0,52	0,34	0,17	0,32	0,16	-0,20		F1	0,48	0,32	0,11	-0,11	-0,17	-0,27
	F2	0,15	-0,13	-0,26	0,23	0,06	-0,18		F2	0,21	0,13	-0,16	0,18	0,04	-0,11
	F3	0,13	-0,18	-0,31	0,29	0,15	-0,13		F3	0,33	0,16	-0,17	-0,08	-0,13	-0,18
	F4	0,39	-0,07	-0,32	0,48	0,27	-0,05		F4	0,47	0,32	0,13	0,28	0,08	-0,19
	F5	0,46	0,32	0,20	0,51	0,36	0,21		F5	0,70	0,50	0,27	0,45	0,32	0,18
	F6	0,40	0,20	-0,11	0,20	-0,11	-0,28		F6	0,47	0,37	0,27	0,31	0,20	0,13
	F7	0,52	0,31	0,18	0,52	0,34	0,22		F7	0,66	0,45	0,28	0,52	0,37	0,22
	F8	0,31	0,14	-0,22	0,30	0,18	0,13		F8	0,12	-0,08	-0,36	0,21	0,14	0,05
	F9	0,41	0,21	0,08	0,12	-0,23	-0,43		F9	0,26	0,15	-0,14	-0,03	-0,16	-0,25
	F10	0,14	-0,19	-0,32	0,02	-0,20	-0,34		F10	0,35	0,20	-0,01	-0,05	-0,15	-0,19
	F11	0,32	0,16	-0,14	0,23	-0,04	-0,19		F11	0,24	0,12	-0,20	0,11	-0,04	-0,12
	F12	0,28	0,17	-0,08	0,22	0,02	-0,17		F12	0,27	0,20	-0,12	0,12	-0,13	-0,19
Cl11	Alpha	0,72	0,46	0,30	-0,21	-0,39	-0,54	Cl14	Alpha	0,76	0,47	0,30	-0,26	-0,37	-0,56
	F1	0,43	0,25	-0,15	0,16	-0,16	-0,24		F1	0,54	0,44	0,24	0,33	0,14	-0,19
	F2	0,31	0,16	-0,12	0,23	0,13	0,06		F2	0,26	0,08	-0,19	0,18	0,13	-0,11
	F3	0,30	-0,11	-0,22	-0,06	-0,16	-0,22		F3	0,24	-0,14	-0,30	0,22	-0,02	-0,15
	F4	0,68	0,30	-0,16	0,48	0,17	0,02		F4	0,36	0,13	-0,32	0,42	0,24	-0,24
	F5	0,71	0,31	0,00	0,32	0,21	0,14		F5	0,62	0,42	0,28	0,60	0,43	0,27
	F6	0,45	0,33	0,19	0,24	0,13	-0,14		F6	0,40	0,24	0,09	0,23	0,11	-0,14
	F7	0,54	0,33	0,10	0,54	0,33	0,10		F7	0,57	0,36	0,19	0,48	0,32	0,20
	F8	0,20	-0,17	-0,33	0,19	0,14	-0,03		F8	0,24	-0,17	-0,26	0,34	0,22	0,12
	F9	0,29	0,21	0,08	0,24	0,17	-0,19		F9	0,33	0,21	-0,14	0,09	-0,18	-0,27
	F10	0,39	0,26	-0,03	-0,11	-0,21	-0,36		F10	0,30	-0,05	-0,24	0,20	-0,13	-0,41
	F11	0,25	0,16	-0,29	0,20	0,01	-0,17		F11	0,34	0,14	-0,14	0,20	0,12	-0,12
	F12	0,27	0,18	-0,20	0,19	-0,09	-0,17		F12	0,28	0,12	-0,16	-0,10	-0,17	-0,24
Cl12	Alpha	0,82	0,51	0,33	-0,26	-0,43	-0,71	Cl15	Alpha	0,82	0,61	0,40	-0,25	-0,43	-0,67
	F1	0,56	0,41	0,23	0,28	0,07	-0,29		F1	0,67	0,51	0,27	0,26	-0,14	-0,25
	F2	0,24	-0,11	-0,25	0,24	0,11	-0,14		F2	0.16	-0,09	-0,25	0,26	0,00	-0,15
	F3	0,23	-0,16	-0,34	0,20	-0,09	-0,24		F3	0,30	0,14	-0,18	0,25	-0,04	-0,28
	F4	0,37	-0,10	-0,42	0,38	-0,14	-0,38		F4	0,54	0,31	-0,26	0,61	0,38	0,10
	F5	0,54	0,32	0,05	0,54	0,33	0,13		F5	0,58	0,36	0,14	0,69	0,36	0,23
	F6	0,38	0,18	-0,10	0,19	-0,10	-0,26		F6	0,41	0,24	-0,23	0,20	-0,01	-0,23

Cluster/Fakor		Quartile (Betas in Bear)			Quartile (Betas in Bull)			Cluster/Fakor		Quartile (Betas in Bear)			Quartile (Betas in Bull)		
		1.	2.	3.	1.	2.	3.			1.	2.	3.	1.	2.	3.
	F7	0,42	0,26	-0,07	0,35	0,18	-0,13		F7	0,56	0,40	0,17	0,44	0,28	0,13
	F8	0,26	-0,05	-0,30	0,32	0,17	-0,09		F8	0,21	-0,11	-0,24	0,25	0,11	-0,16
	F9	0,34	0,18	-0,21	0,23	-0,13	-0,34		F9	0,34	0,19	-0,28	-0,05	-0,26	-0,35
	F10	0,31	-0,10	-0,34	0,20	-0,13	-0,30		F10	0,26	0,04	-0,30	0,25	0,06	-0,31
	F11	0,32	0,15	-0,21	0,26	0,12	-0,16		F11	0,45	0,18	-0,17	0,27	0,04	-0,13
	F12	0,22	-0,07	-0,31	0,25	-0,09	-0,22		F12	0,25	0,08	-0,21	0,09	-0,16	-0,26
Cl13	**Alpha**	0,96	0,52	0,32	-0,17	-0,29	-0,40	Cl16	**Alpha**	0,79	0,56	0,36	-0,23	-0,40	-0,60
	F1	0,80	0,49	0,37	0,35	0,16	-0,16		F1	0,55	0,38	0,20	0,42	0,22	-0,14
	F2	0,41	-0,06	-0,29	0,29	0,13	-0,06		F2	0,31	0,20	-0,06	0,24	0,15	-0,14
	F3	-0,09	-0,21	-0,36	0,24	0,00	-0,19		F3	-0,15	-0,26	-0,40	0,12	-0,22	-0,29
	F4	0,51	0,19	-0,58	0,31	0,17	-0,22		F4	0,29	-0,09	-0,47	0,41	0,19	-0,26
	F5	0,58	0,36	0,11	0,45	0,26	0,12		F5	0,43	0,22	-0,13	0,43	0,21	-0,16
	F6	0,36	0,18	-0,11	0,16	0,06	-0,28		F6	0,31	0,12	-0,23	0,25	0,08	-0,21
	F7	0,47	0,37	0,28	0,49	0,35	0,19		F7	0,30	0,15	-0,28	0,35	0,20	-0,18
	F8	0,17	-0,18	-0,27	0,19	0,13	0,01		F8	0,29	0,15	-0,16	0,34	0,18	-0,11
	F9	0,66	0,37	0,20	0,12	-0,15	-0,37		F9	0,51	0,37	0,20	0,34	0,19	-0,26
	F10	0,34	-0,13	-0,34	0,23	0,08	-0,39		F10	0,40	0,28	-0,15	0,28	0,07	-0,29
	F11	0,32	0,07	-0,38	0,27	-0,01	-0,15		F11	0,31	0,19	-0,20	0,35	0,19	0,09
	F12	0,37	0,16	0,07	0,17	-0,17	-0,32		F12	0,20	-0,17	-0,29	0,27	0,02	-0,24

Tabelle E.17: Anteile signifikanter Koeffizienten nach MSWM (CLI-Phasen als Referenz HF) (nicht abgebildet)

Cluster	Anteile	Alpha	F1	F2	F3	F4	F5	F6	F7	F8	F9	F10	F11	F12
Cl1	nicht sign.	0,10	0,08	0,25	0,35	0,24	0,25	0,08	0,06	0,25	0,27	0,16	0,22	0,29
	1x sign.	0,31	0,45	0,55	0,43	0,55	0,49	0,47	0,43	0,55	0,59	0,69	0,59	0,47
	2x sign	0,59	0,47	0,20	0,22	0,22	0,25	0,45	0,51	0,20	0,14	0,16	0,20	0,24
	Wechsel im Vorz.	0,80	0,37	0,57	0,51	0,47	0,37	0,37	0,29	0,59	0,55	0,35	0,51	0,53
Cl2	nicht sign.	0,09	0,14	0,21	0,23	0,16	0,06	0,12	0,03	0,26	0,34	0,28	0,21	0,22
	1x sign.	0,22	0,52	0,60	0,52	0,41	0,47	0,39	0,31	0,49	0,50	0,41	0,62	0,52
	2x sign	0,69	0,33	0,19	0,24	0,43	0,48	0,49	0,66	0,26	0,16	0,31	0,17	0,26
	Wechsel im Vorz.	0,91	0,57	0,46	0,56	0,46	0,31	0,29	0,21	0,60	0,50	0,51	0,59	0,57
Cl3	nicht sign.	0,02	0,09	0,27	0,29	0,24	0,22	0,22	0,18	0,31	0,24	0,16	0,18	0,27
	1x sign.	0,20	0,42	0,47	0,49	0,51	0,53	0,56	0,40	0,49	0,47	0,60	0,53	0,62
	2x sign	0,78	0,49	0,27	0,22	0,24	0,24	0,22	0,42	0,20	0,29	0,24	0,29	0,11
	Wechsel im Vorz.	0,93	0,53	0,56	0,64	0,51	0,62	0,47	0,38	0,58	0,44	0,62	0,42	0,42
Cl4	nicht sign.	0,07	0,06	0,24	0,17	0,23	0,07	0,16	0,14	0,17	0,18	0,17	0,18	0,18
	1x sign.	0,27	0,51	0,59	0,53	0,54	0,39	0,52	0,56	0,50	0,54	0,62	0,56	0,48
	2x sign	0,66	0,43	0,18	0,30	0,22	0,53	0,32	0,30	0,33	0,28	0,21	0,26	0,34
	Wechsel im Vorz.	0,90	0,43	0,52	0,52	0,56	0,37	0,60	0,46	0,55	0,57	0,53	0,52	0,56
Cl5	nicht sign.	0,05	0,13	0,26	0,24	0,21	0,10	0,17	0,06	0,17	0,25	0,23	0,27	0,24
	1x sign.	0,26	0,44	0,55	0,47	0,52	0,42	0,51	0,36	0,51	0,59	0,55	0,51	0,51
	2x sign	0,69	0,43	0,19	0,29	0,27	0,48	0,33	0,58	0,31	0,15	0,21	0,22	0,25
	Wechsel im Vorz.	0,92	0,47	0,55	0,57	0,60	0,26	0,49	0,23	0,49	0,57	0,49	0,54	0,60
Cl6	nicht sign.	0,03	0,08	0,29	0,27	0,28	0,12	0,13	0,09	0,19	0,26	0,19	0,28	0,25
	1x sign.	0,22	0,44	0,54	0,60	0,52	0,46	0,40	0,30	0,49	0,49	0,52	0,57	0,47
	2x sign	0,75	0,48	0,17	0,13	0,20	0,42	0,47	0,61	0,31	0,25	0,29	0,15	0,28
	Wechsel im Vorz.	0,90	0,51	0,47	0,57	0,51	0,32	0,37	0,31	0,48	0,57	0,52	0,55	0,66
Cl7	nicht sign.	0,11	0,20	0,26	0,17	0,40	0,11	0,31	0,11	0,54	0,03	0,31	0,20	0,31
	1x sign.	0,51	0,63	0,54	0,40	0,40	0,66	0,49	0,60	0,34	0,60	0,51	0,49	0,43
	2x sign	0,37	0,17	0,20	0,43	0,20	0,23	0,20	0,29	0,11	0,37	0,17	0,31	0,26
	Wechsel im Vorz.	0,91	0,46	0,37	0,34	0,60	0,66	0,66	0,69	0,60	0,46	0,60	0,57	0,74
Cl8	nicht sign.	0,02	0,15	0,15	0,18	0,21	0,18	0,29	0,21	0,20	0,12	0,24	0,13	0,14
	1x sign.	0,32	0,45	0,55	0,56	0,58	0,60	0,42	0,51	0,55	0,44	0,46	0,48	0,55
	2x sign	0,65	0,39	0,30	0,26	0,20	0,23	0,30	0,27	0,25	0,44	0,30	0,39	0,31
	Wechsel im Vorz.	0,92	0,43	0,50	0,44	0,50	0,58	0,50	0,56	0,58	0,43	0,55	0,55	0,63
Cl9	nicht sign.	0,05	0,12	0,24	0,27	0,18	0,11	0,05	0,03	0,15	0,23	0,20	0,15	0,16
	1x sign.	0,28	0,52	0,55	0,43	0,53	0,49	0,35	0,28	0,55	0,56	0,53	0,58	0,58
	2x sign	0,67	0,36	0,22	0,30	0,30	0,39	0,60	0,69	0,30	0,22	0,28	0,27	0,26
	Wechsel im Vorz.	0,89	0,58	0,45	0,56	0,56	0,30	0,25	0,25	0,59	0,56	0,57	0,55	0,71
Cl10	nicht sign.	0,04	0,17	0,34	0,21	0,19	0,00	0,06	0,00	0,30	0,30	0,30	0,32	0,30
	1x sign.	0,21	0,53	0,55	0,45	0,66	0,28	0,34	0,21	0,47	0,60	0,53	0,51	0,47
	2x sign	0,74	0,30	0,11	0,34	0,15	0,72	0,60	0,79	0,23	0,11	0,17	0,17	0,23
	Wechsel im Vorz.	0,94	0,51	0,49	0,60	0,45	0,15	0,13	0,13	0,60	0,53	0,51	0,53	0,43
Cl11	nicht sign.	0,07	0,11	0,23	0,18	0,14	0,09	0,11	0,07	0,30	0,34	0,32	0,23	0,20
	1x sign.	0,38	0,45	0,55	0,61	0,50	0,46	0,34	0,52	0,41	0,46	0,54	0,50	0,38
	2x sign	0,55	0,45	0,21	0,21	0,36	0,45	0,55	0,41	0,29	0,20	0,14	0,27	0,43
	Wechsel im Vorz.	0,88	0,66	0,48	0,59	0,41	0,36	0,36	0,41	0,54	0,46	0,52	0,46	0,63
Cl12	nicht sign.	0,04	0,12	0,29	0,19	0,24	0,13	0,18	0,16	0,21	0,22	0,24	0,24	0,20
	1x sign.	0,28	0,40	0,50	0,53	0,55	0,49	0,54	0,47	0,55	0,55	0,54	0,52	0,54
	2x sign	0,68	0,49	0,21	0,28	0,21	0,38	0,29	0,37	0,24	0,23	0,23	0,24	0,26
	Wechsel im Vorz.	0,89	0,48	0,52	0,58	0,56	0,36	0,50	0,42	0,55	0,57	0,49	0,53	0,54
Cl13	nicht sign.	0,00	0,17	0,23	0,19	0,26	0,21	0,25	0,08	0,32	0,19	0,15	0,19	0,25
	1x sign.	0,49	0,42	0,57	0,55	0,55	0,45	0,57	0,45	0,47	0,66	0,66	0,66	0,62
	2x sign	0,51	0,42	0,21	0,26	0,19	0,34	0,19	0,47	0,21	0,15	0,19	0,15	0,13
	Wechsel im Vorz.	0,91	0,49	0,45	0,42	0,58	0,43	0,49	0,28	0,68	0,51	0,68	0,60	0,58
Cl14	nicht sign.	0,06	0,13	0,24	0,20	0,21	0,05	0,13	0,04	0,19	0,23	0,20	0,26	0,14
	1x sign.	0,28	0,45	0,54	0,51	0,52	0,27	0,61	0,37	0,49	0,54	0,55	0,48	0,53
	2x sign	0,66	0,43	0,21	0,28	0,26	0,68	0,26	0,59	0,32	0,22	0,24	0,26	0,33
	Wechsel im Vorz.	0,88	0,45	0,56	0,55	0,51	0,14	0,48	0,31	0,52	0,59	0,55	0,51	0,61
Cl15	nicht sign.	0,03	0,14	0,20	0,22	0,19	0,13	0,13	0,07	0,22	0,22	0,25	0,16	0,18
	1x sign.	0,23	0,53	0,67	0,48	0,55	0,31	0,48	0,42	0,57	0,54	0,52	0,55	0,54
	2x sign	0,74	0,33	0,13	0,30	0,26	0,56	0,38	0,52	0,21	0,24	0,23	0,29	0,29
	Wechsel im Vorz.	0,90	0,52	0,55	0,55	0,53	0,29	0,48	0,30	0,47	0,52	0,46	0,53	0,49
Cl16	nicht sign.	0,05	0,15	0,32	0,22	0,24	0,23	0,23	0,25	0,24	0,22	0,33	0,30	0,30
	1x sign.	0,26	0,51	0,48	0,53	0,55	0,49	0,52	0,44	0,56	0,49	0,48	0,42	0,42
	2x sign	0,69	0,34	0,20	0,25	0,22	0,28	0,25	0,31	0,20	0,28	0,19	0,28	0,28
	Wechsel im Vorz.	0,94	0,48	0,48	0,47	0,54	0,45	0,50	0,46	0,45	0,52	0,48	0,51	0,59

Tabelle E.18: Verteilung von Beta-Werten nach MSWM (MSCIW-Phasen als Referenz HF) (rechte Seite der Abb. 8.16 bis 8.21)

Cluster/Fakor		Quartile (Betas in Bear)			Quartile (Betas in Bull)			Cluster/Fakor		Quartile (Betas in Bear)			Quartile (Betas in Bull)		
		1.	2.	3.	1.	2.	3.			1.	2.	3.	1.	2.	3.
Cl1	Alpha	0,85	0,69	0,44	-0,17	-0,24	-0,44	Cl6	Alpha	0,73	0,53	0,35	-0,17	-0,35	-0,49
	F1	0,68	0,43	0,26	0,39	0,26	0,09		F1	0,67	0,45	0,30	0,24	0,14	-0,16
	F2	0,44	0,29	-0,16	0,33	0,18	-0,07		F2	0,20	-0,02	-0,24	0,13	0,00	-0,12
	F3	0,29	-0,15	-0,22	0,15	-0,14	-0,22		F3	0,20	-0,19	-0,33	0,22	-0,06	-0,18
	F4	0,55	0,37	-0,22	0,34	0,16	-0,27		F4	0,50	0,15	-0,34	0,50	0,28	-0,17
	F5	0,53	0,37	0,13	0,42	0,25	0,15		F5	0,59	0,36	0,21	0,38	0,25	0,15
	F6	0,50	0,25	-0,02	0,25	0,15	-0,26		F6	0,43	0,30	0,14	0,27	0,19	-0,09
	F7	0,51	0,38	0,20	0,39	0,28	0,12		F7	0,50	0,32	0,18	0,54	0,36	0,20
	F8	0,41	0,10	-0,23	0,16	0,09	-0,02		F8	0,29	0,18	-0,20	0,29	0,18	0,12
	F9	0,51	0,25	0,09	0,39	0,07	-0,21		F9	0,32	0,22	-0,11	0,20	-0,12	-0,33
	F10	0,33	-0,13	-0,39	-0,11	-0,18	-0,32		F10	-0,11	-0,32	-0,58	0,10	-0,14	-0,23
	F11	0,23	-0,14	-0,31	0,21	0,02	-0,31		F11	0,28	0,02	-0,23	0,15	-0,11	-0,20
	F12	0,24	-0,11	-0,31	-0,01	-0,14	-0,23		F12	0,24	0,04	-0,22	0,19	0,09	-0,18
Cl2	Alpha	0,71	0,50	0,33	-0,18	-0,30	-0,43	Cl7	Alpha	0,64	0,41	0,31	-0,21	-0,33	-0,46
	F1	0,63	0,43	0,33	0,22	0,07	-0,22		F1	0,45	0,28	0,25	0,41	0,29	0,16
	F2	0,34	0,16	-0,20	0,17	0,11	-0,14		F2	0,38	0,20	0,00	0,27	0,21	0,15
	F3	0,32	0,09	-0,33	0,21	0,09	-0,13		F3	-0,26	-0,34	-0,48	-0,05	-0,19	-0,30
	F4	0,61	0,42	0,18	0,39	0,21	-0,16		F4	0,29	0,01	-0,32	0,19	0,11	-0,33
	F5	0,67	0,47	0,22	0,41	0,25	0,17		F5	0,41	0,22	-0,27	0,41	0,28	0,16
	F6	0,51	0,34	0,23	0,26	0,18	0,10		F6	0,41	0,21	-0,22	0,14	-0,10	-0,20
	F7	0,58	0,36	0,26	0,51	0,38	0,19		F7	0,32	0,18	-0,22	0,25	-0,06	-0,24
	F8	0,38	0,21	-0,17	0,17	0,08	-0,12		F8	-0,20	-0,28	-0,47	0,12	-0,15	-0,21
	F9	0,52	0,34	0,18	0,18	-0,12	-0,20		F9	0,56	0,34	0,28	0,39	0,21	-0,10
	F10	0,15	-0,21	-0,51	0,13	-0,14	-0,27		F10	0,37	0,30	0,11	0,20	0,02	-0,26
	F11	0,45	0,19	-0,18	0,13	-0,03	-0,14		F11	0,49	0,34	0,10	0,32	0,26	0,14
	F12	0,34	0,17	-0,20	-0,07	-0,15	-0,23		F12	-0,01	-0,24	-0,33	0,23	0,19	0,03
Cl3	Alpha	0,83	0,49	0,25	-0,25	-0,34	-0,55	Cl8	Alpha	0,67	0,46	0,28	-0,23	-0,42	-0,62
	F1	0,75	0,37	0,20	0,21	0,08	-0,27		F1	0,52	0,41	0,22	0,36	0,21	-0,09
	F2	0,26	0,09	-0,22	0,28	0,16	0,01		F2	0,30	0,24	0,15	0,21	0,14	-0,09
	F3	0,05	-0,21	-0,33	0,11	-0,13	-0,27		F3	-0,16	-0,25	-0,35	-0,02	-0,22	-0,34
	F4	-0,14	-0,28	-0,60	0,28	-0,04	-0,34		F4	0,38	-0,12	-0,36	0,39	0,24	-0,24
	F5	0,35	0,24	-0,28	0,29	-0,02	-0,36		F5	0,37	0,18	-0,25	0,38	0,22	0,13
	F6	0,31	-0,11	-0,25	0,05	-0,12	-0,32		F6	0,31	-0,02	-0,23	0,00	-0,17	-0,26
	F7	0,09	-0,33	-0,49	-0,19	-0,33	-0,51		F7	0,21	-0,19	-0,36	0,32	0,15	-0,22
	F8	0,20	-0,14	-0,28	0,17	-0,14	-0,21		F8	0,33	0,19	-0,15	0,17	-0,08	-0,21
	F9	0,65	0,34	-0,14	0,37	0,15	-0,05		F9	0,65	0,42	0,27	0,31	0,20	-0,18
	F10	0,37	0,19	-0,40	0,24	0,17	-0,14		F10	0,52	0,33	0,25	0,23	-0,05	-0,26
	F11	0,49	0,27	-0,05	0,30	0,22	0,11		F11	0,39	0,23	-0,17	0,37	0,21	0,07
	F12	0,36	0,16	-0,33	0,34	0,04	-0,18		F12	-0,12	-0,25	-0,40	0,36	0,14	-0,15
Cl4	Alpha	0,87	0,62	0,36	-0,26	-0,40	-0,63	Cl9	Alpha	0,66	0,37	0,23	-0,19	-0,29	-0,42
	F1	0,64	0,42	0,26	0,38	0,20	-0,16		F1	0,52	0,34	0,21	0,15	-0,11	-0,19
	F2	0,24	-0,09	-0,29	0,21	0,11	-0,17		F2	0,29	0,17	0,00	0,17	0,10	-0,13
	F3	-0,07	-0,22	-0,35	0,13	-0,15	-0,32		F3	0,37	0,16	-0,25	-0,02	-0,13	-0,17
	F4	0,53	0,05	-0,55	0,38	0,15	-0,30		F4	0,41	0,28	-0,18	0,31	0,19	-0,17
	F5	0,62	0,39	0,21	0,54	0,37	0,25		F5	0,40	0,31	0,21	0,34	0,21	0,09
	F6	0,40	0,25	0,00	0,21	-0,11	-0,25		F6	0,49	0,36	0,26	0,40	0,25	0,12
	F7	0,45	0,26	0,04	0,29	0,20	-0,10		F7	0,58	0,36	0,22	0,60	0,44	0,24
	F8	0,25	-0,16	-0,28	0,24	0,16	-0,05		F8	0,25	0,12	-0,21	0,20	0,10	-0,09
	F9	0,50	0,29	-0,08	0,24	-0,10	-0,31		F9	0,29	0,20	-0,05	0,21	0,13	-0,17
	F10	0,39	0,12	-0,25	0,13	-0,20	-0,29		F10	0,18	-0,13	-0,21	0,09	-0,13	-0,23
	F11	0,38	0,20	-0,18	0,23	0,13	-0,22		F11	0,28	0,19	0,00	0,20	0,05	-0,16
	F12	0,27	0,11	-0,18	0,14	-0,14	-0,24		F12	0,21	0,11	-0,22	0,13	-0,12	-0,18
Cl5	Alpha	0,73	0,49	0,33	-0,23	-0,35	-0,51	Cl10	Alpha	0,57	0,38	0,17	-0,17	-0,25	-0,41
	F1	0,52	0,35	0,20	0,32	0,17	-0,19		F1	0,50	0,36	0,16	-0,09	-0,15	-0,25
	F2	0,15	-0,12	-0,23	0,24	0,07	-0,16		F2	0,28	0,14	-0,17	0,16	0,04	-0,10
	F3	0,09	-0,20	-0,32	0,31	0,15	-0,18		F3	0,38	0,21	-0,09	-0,01	-0,14	-0,19
	F4	0,38	-0,07	-0,34	0,49	0,29	0,11		F4	0,44	0,28	-0,10	0,28	0,12	-0,16
	F5	0,46	0,32	0,20	0,51	0,36	0,21		F5	0,69	0,51	0,27	0,49	0,33	0,18
	F6	0,41	0,19	-0,10	0,20	-0,07	-0,24		F6	0,49	0,36	0,25	0,34	0,23	0,13
	F7	0,51	0,29	0,18	0,54	0,35	0,23		F7	0,61	0,42	0,26	0,56	0,39	0,23
	F8	0,33	0,15	-0,19	0,29	0,18	0,12		F8	0,29	0,12	-0,17	0,21	0,16	0,07
	F9	0,38	0,24	0,06	0,15	-0,18	-0,39		F9	0,34	0,21	-0,01	0,05	-0,13	-0,21
	F10	0,17	-0,18	-0,34	-0,07	-0,21	-0,33		F10	0,27	0,11	-0,27	-0,05	-0,15	-0,18
	F11	0,30	0,15	-0,13	0,23	-0,03	-0,21		F11	0,34	0,15	-0,17	0,12	-0,10	-0,18
	F12	0,28	0,17	-0,07	0,23	0,10	-0,18		F12	0,30	0,12	-0,19	0,08	-0,13	-0,20
Cl11	Alpha	0,69	0,47	0,26	-0,25	-0,41	-0,60	Cl14	Alpha	0,75	0,48	0,29	-0,27	-0,37	-0,50
	F1	0,46	0,28	-0,11	0,16	-0,14	-0,25		F1	0,52	0,41	0,22	0,32	0,16	-0,18
	F2	0,29	0,15	-0,18	0,23	0,14	-0,05		F2	0,23	-0,04	-0,18	0,19	0,15	-0,14
	F3	0,36	0,02	-0,24	0,02	-0,15	-0,21		F3	0,32	-0,14	-0,30	0,20	0,09	-0,16
	F4	0,66	0,29	0,00	0,44	0,19	-0,07		F4	0,46	0,10	-0,33	0,43	0,24	-0,20
	F5	0,64	0,34	0,23	0,32	0,21	0,10		F5	0,61	0,43	0,30	0,61	0,44	0,27
	F6	0,45	0,31	0,18	0,23	0,12	-0,12		F6	0,39	0,25	0,03	0,16	0,10	-0,14
	F7	0,51	0,22	0,11	0,51	0,28	0,10		F7	0,52	0,37	0,20	0,48	0,32	0,20
	F8	0,18	-0,16	-0,36	0,17	0,13	-0,06		F8	0,25	-0,13	-0,25	0,35	0,23	0,12
	F9	0,30	0,25	0,13	0,25	0,03	-0,23		F9	0,30	0,22	-0,24	0,12	-0,16	-0,25
	F10	0,36	0,25	-0,21	-0,09	-0,19	-0,36		F10	0,34	0,12	-0,27	0,18	-0,21	-0,42
	F11	0,25	0,17	-0,27	0,16	-0,09	-0,19		F11	0,32	0,15	-0,15	0,18	0,12	-0,14
	F12	0,26	0,13	-0,20	0,24	0,05	-0,17		F12	0,29	0,15	-0,09	0,09	-0,15	-0,24
Cl12	Alpha	0,82	0,53	0,35	-0,24	-0,42	-0,70	Cl15	Alpha	0,83	0,60	0,39	-0,25	-0,42	-0,74
	F1	0,60	0,40	0,23	0,29	0,11	-0,28		F1	0,66	0,52	0,29	0,27	-0,04	-0,27
	F2	0,27	-0,08	-0,24	0,27	0,13	-0,13		F2	0,20	-0,10	-0,22	0,22	-0,10	-0,17
	F3	0,22	-0,17	-0,34	0,17	-0,08	-0,24		F3	0,33	0,18	-0,19	0,26	-0,08	-0,26
	F4	0,36	-0,17	-0,46	0,36	0,07	-0,40		F4	0,48	0,30	-0,26	0,64	0,48	0,15

Cluster/Fakor		Quartile (Betas in Bear)			Quartile (Betas in Bull)			Cluster/Fakor		Quartile (Betas in Bear)			Quartile (Betas in Bull)		
		1.	2.	3.	1.	2.	3.			1.	2.	3.	1.	2.	3.
	F5	0,59	0,34	0.15	0,55	0,33	0,18		F5	0,57	0,39	0.20	0,69	0,35	0.19
	F6	0,42	0.20	-0,11	0,20	-0,11	-0,27		F6	0.40	0,24	-0.21	0,20	0,06	-0,20
	F7	0,40	0,25	-0.04	0,36	0,18	-0,14		F7	0,54	0,34	-0.15	0,48	0,31	0,14
	F8	0,24	-0.07	-0,28	0,29	0.15	-0,10		F8	0,25	0.05	-0,23	0,22	0,08	-0.24
	F9	0.34	0,18	-0,25	0,20	-0.16	-0,35		F9	0,34	0,18	-0,29	-0,07	-0.25	-0,35
	F10	0,34	0,08	-0,32	0,23	-0,13	-0,33		F10	0,23	-0,18	-0,43	0.26	0.04	-0,27
	F11	0,34	0.18	-0,18	0,28	0,13	-0.18		F11	0,45	0,21	-0,12	0,29	0,09	-0,13
	F12	0.24	0,00	-0,30	0,27	0,00	-0,20		F12	0,24	-0,14	-0.26	0.18	-0,14	-0,25
Cl13	Alpha	0,99	0,61	0,39	-0.19	-0,30	-0,47	Cl16	Alpha	0.81	0,53	0,30	-0,22	-0,42	-0,62
	F1	0,78	0,55	0,41	0,35	0,18	-0,12		F1	0,56	0,38	0,25	0,41	0,23	-0,13
	F2	0,18	-0,11	-0,41	0,33	0,13	0,02		F2	0.33	0.20	-0,09	0,24	0,15	-0.14
	F3	0,00	-0.20	-0,37	0.20	0,08	-0,16		F3	-0.10	-0,24	-0,36	0,19	-0,21	-0,29
	F4	0,49	-0,18	-0,40	0,40	0.15	-0,18		F4	0,34	0,09	-0.38	0,52	0.20	-0,28
	F5	0,65	0.38	0,20	0,42	0,23	0,15		F5	0,38	0,22	0,06	0.40	0,20	-0,17
	F6	0,36	0,20	-0.13	0,20	0,05	-0,24		F6	0,27	-0,05	-0,24	0,23	0,08	-0,20
	F7	0,50	0,36	0,27	0,75	0,38	0,18		F7	0,32	-0,02	-0,27	0,34	0,17	-0,22
	F8	0,29	0,03	-0,27	0,18	0,15	0,12		F8	0,24	0,14	-0.18	0,34	0,18	0,06
	F9	0.47	0,28	-0,28	0,18	-0,11	-0,27		F9	0,53	0,37	0,20	0,40	0,19	-0,22
	F10	0,20	-0,18	-0,38	0,24	0,03	-0,22		F10	0.40	0,27	-0.17	0,22	0,06	-0,27
	F11	0,29	0,12	-0,29	0,22	-0,03	-0,15		F11	0,30	0,13	-0,20	0,39	0,22	-0,10
	F12	0,37	0,14	-0,30	0,17	-0,11	-0,29		F12	0,20	-0,21	-0,31	0,23	-0,08	-0,22

Tabelle E.19: Anteile signifikanter Koeffizienten nach MSWM (MSCIW-Phasen als Referenz HF) (linke Seite der Abb. 8.16 bis 8.21)

Cluster	Anteile	Alpha	F1	F2	F3	F4	F5	F6	F7	F8	F9	F10	F11	F12
Cl1	nicht sign.	0,08	0,10	0,29	0,33	0,24	0,16	0,10	0,06	0,25	0,37	0,20	0,24	0,27
	1x sign.	0,39	0,51	0,51	0,45	0,63	0,53	0,43	0,43	0,61	0,45	0,57	0,51	0,49
	2x sign	0,53	0,39	0,20	0,22	0,14	0,31	0,47	0,51	0,14	0,18	0,24	0,25	0,24
	Wechsel im Vorz.	0,88	0,41	0,55	0,57	0,35	0,29	0,37	0,29	0,57	0,47	0,35	0,53	0,51
Cl2	nicht sign.	0,12	0,16	0,23	0,20	0,17	0,04	0,09	0,01	0,30	0,31	0,32	0,21	0,24
	1x sign.	0,26	0,52	0,56	0,58	0,44	0,49	0,42	0,38	0,47	0,54	0,40	0,68	0,50
	2x sign	0,62	0,32	0,21	0,22	0,39	0,47	0,49	0,61	0,23	0,14	0,28	0,11	0,26
	Wechsel im Vorz.	0,89	0,58	0,48	0,56	0,51	0,32	0,29	0,21	0,60	0,56	0,52	0,54	0,56
Cl3	nicht sign.	0,04	0,16	0,18	0,29	0,24	0,24	0,24	0,18	0,24	0,16	0,18	0,22	0,38
	1x sign.	0,20	0,29	0,56	0,53	0,47	0,49	0,49	0,47	0,56	0,62	0,58	0,47	0,51
	2x sign	0,76	0,56	0,27	0,18	0,29	0,27	0,27	0,36	0,20	0,22	0,24	0,31	0,11
	Wechsel im Vorz.	0,96	0,58	0,60	0,58	0,56	0,56	0,53	0,36	0,60	0,49	0,60	0,42	0,49
Cl4	nicht sign.	0,07	0,06	0,27	0,13	0,24	0,10	0,17	0,14	0,16	0,16	0,18	0,17	0,18
	1x sign.	0,22	0,46	0,56	0,60	0,61	0,35	0,49	0,54	0,60	0,58	0,61	0,54	0,52
	2x sign	0,71	0,48	0,18	0,27	0,14	0,55	0,34	0,31	0,24	0,26	0,22	0,29	0,30
	Wechsel im Vorz.	0,90	0,44	0,52	0,48	0,51	0,39	0,59	0,45	0,54	0,61	0,50	0,48	0,52
Cl5	nicht sign.	0,06	0,14	0,25	0,24	0,25	0,09	0,18	0,06	0,18	0,24	0,25	0,25	0,27
	1x sign.	0,27	0,42	0,56	0,47	0,53	0,40	0,52	0,33	0,55	0,59	0,54	0,54	0,48
	2x sign	0,67	0,44	0,19	0,29	0,23	0,51	0,30	0,60	0,27	0,17	0,21	0,21	0,25
	Wechsel im Vorz.	0,89	0,44	0,57	0,58	0,62	0,26	0,46	0,23	0,50	0,54	0,51	0,53	0,57
Cl6	nicht sign.	0,01	0,06	0,29	0,33	0,28	0,13	0,15	0,09	0,15	0,24	0,15	0,24	0,26
	1x sign.	0,25	0,43	0,51	0,53	0,54	0,41	0,39	0,28	0,57	0,53	0,56	0,60	0,46
	2x sign	0,74	0,51	0,20	0,14	0,18	0,46	0,46	0,63	0,28	0,24	0,29	0,16	0,28
	Wechsel im Vorz.	0,91	0,51	0,48	0,51	0,49	0,35	0,38	0,31	0,41	0,55	0,49	0,55	0,59
Cl7	nicht sign.	0,17	0,14	0,20	0,14	0,37	0,17	0,26	0,09	0,51	0,06	0,31	0,20	0,23
	1x sign.	0,46	0,66	0,60	0,49	0,46	0,57	0,57	0,57	0,40	0,60	0,49	0,49	0,49
	2x sign	0,37	0,20	0,20	0,37	0,17	0,26	0,17	0,34	0,09	0,34	0,20	0,31	0,29
	Wechsel im Vorz.	0,94	0,46	0,37	0,34	0,66	0,54	0,60	0,57	0,69	0,40	0,63	0,57	0,74
Cl8	nicht sign.	0,07	0,17	0,13	0,15	0,24	0,19	0,29	0,13	0,25	0,11	0,25	0,08	0,17
	1x sign.	0,27	0,46	0,52	0,57	0,52	0,50	0,43	0,61	0,49	0,43	0,51	0,52	0,58
	2x sign	0,65	0,37	0,35	0,27	0,24	0,31	0,29	0,26	0,26	0,46	0,24	0,39	0,25
	Wechsel im Vorz.	0,98	0,46	0,55	0,40	0,49	0,61	0,55	0,54	0,55	0,45	0,50	0,55	0,64
Cl9	nicht sign.	0,06	0,13	0,26	0,28	0,21	0,14	0,07	0,04	0,18	0,33	0,23	0,20	0,24
	1x sign.	0,27	0,45	0,54	0,45	0,54	0,48	0,39	0,31	0,59	0,49	0,57	0,57	0,52
	2x sign	0,67	0,41	0,21	0,27	0,26	0,37	0,54	0,65	0,24	0,18	0,21	0,24	0,25
	Wechsel im Vorz.	0,89	0,59	0,52	0,59	0,55	0,32	0,24	0,29	0,62	0,59	0,51	0,52	0,69
Cl10	nicht sign.	0,06	0,30	0,38	0,19	0,17	0,00	0,06	0,00	0,21	0,40	0,34	0,28	0,26
	1x sign.	0,17	0,43	0,45	0,51	0,66	0,32	0,34	0,23	0,60	0,43	0,51	0,57	0,47
	2x sign	0,77	0,28	0,17	0,30	0,17	0,68	0,60	0,77	0,19	0,17	0,15	0,15	0,28
	Wechsel im Vorz.	0,91	0,53	0,57	0,57	0,45	0,19	0,13	0,17	0,51	0,60	0,49	0,60	0,60
Cl11	nicht sign.	0,11	0,09	0,25	0,16	0,16	0,09	0,11	0,05	0,23	0,29	0,29	0,16	0,13
	1x sign.	0,38	0,43	0,48	0,63	0,43	0,39	0,41	0,45	0,50	0,50	0,57	0,55	0,52
	2x sign	0,52	0,48	0,27	0,21	0,41	0,52	0,48	0,50	0,27	0,21	0,14	0,29	0,36
	Wechsel im Vorz.	0,88	0,63	0,48	0,55	0,32	0,32	0,41	0,41	0,52	0,45	0,52	0,50	0,59
Cl12	nicht sign.	0,04	0,11	0,30	0,20	0,26	0,12	0,19	0,17	0,23	0,22	0,22	0,26	0,24
	1x sign.	0,28	0,42	0,51	0,53	0,54	0,51	0,51	0,45	0,52	0,55	0,55	0,52	0,53
	2x sign	0,68	0,47	0,18	0,27	0,21	0,37	0,29	0,38	0,26	0,22	0,22	0,23	0,23
	Wechsel im Vorz.	0,91	0,49	0,54	0,57	0,54	0,33	0,47	0,44	0,50	0,59	0,54	0,51	0,54
Cl13	nicht sign.	0,04	0,17	0,23	0,21	0,25	0,19	0,23	0,09	0,36	0,19	0,11	0,26	0,32
	1x sign.	0,53	0,47	0,47	0,53	0,62	0,43	0,55	0,45	0,40	0,66	0,62	0,53	0,55
	2x sign	0,43	0,36	0,30	0,26	0,13	0,38	0,23	0,45	0,25	0,15	0,26	0,21	0,13
	Wechsel im Vorz.	0,87	0,49	0,53	0,49	0,62	0,43	0,42	0,28	0,72	0,49	0,64	0,68	0,55
Cl14	nicht sign.	0,05	0,15	0,31	0,21	0,22	0,04	0,11	0,02	0,17	0,20	0,19	0,28	0,18
	1x sign.	0,26	0,39	0,49	0,53	0,52	0,29	0,58	0,42	0,54	0,59	0,59	0,47	0,52
	2x sign	0,69	0,47	0,20	0,25	0,25	0,67	0,31	0,56	0,28	0,20	0,21	0,25	0,29
	Wechsel im Vorz.	0,89	0,42	0,62	0,51	0,55	0,17	0,49	0,31	0,54	0,59	0,54	0,48	0,60
Cl15	nicht sign.	0,03	0,12	0,29	0,26	0,23	0,12	0,13	0,07	0,24	0,21	0,21	0,24	0,26
	1x sign.	0,25	0,59	0,59	0,49	0,52	0,36	0,46	0,45	0,55	0,53	0,56	0,44	0,47
	2x sign	0,71	0,29	0,12	0,24	0,25	0,52	0,41	0,48	0,21	0,26	0,23	0,32	0,26
	Wechsel im Vorz.	0,91	0,53	0,52	0,57	0,52	0,34	0,53	0,33	0,47	0,49	0,46	0,51	0,56
Cl16	nicht sign.	0,05	0,18	0,32	0,15	0,26	0,15	0,22	0,24	0,27	0,20	0,31	0,24	0,24
	1x sign.	0,30	0,43	0,50	0,59	0,57	0,58	0,52	0,48	0,51	0,59	0,50	0,52	0,51
	2x sign	0,65	0,38	0,18	0,25	0,17	0,26	0,26	0,28	0,22	0,21	0,19	0,24	0,25
	Wechsel im Vorz.	0,94	0,52	0,47	0,51	0,50	0,46	0,52	0,45	0,50	0,46	0,48	0,52	0,61

Tabelle E.20: Verteilung von Beta-Werten nach MSWM (Hedge-Fonds-eigene Phasen als Referenz) (nicht abgebildet)

Cluster/Fakor		Quartile (Betas in Bear)			Quartile (Betas in Bull)			Cluster/Fakor		Quartile (Betas in Bear)			Quartile (Betas in Bull)		
		1.	2.	3.	1.	2.	3.			1.	2.	3.	1.	2.	3.
Cl1	Alpha	0.87	0,56	0.38	-0.19	-0,37	-0,59	Cl6	Alpha	0,69	0,52	0,32	-0.15	-0.35	-0.55
	F1	0,58	0,42	0,23	0.37	0.16	-0.17		F1	0,54	0,42	0,28	0.38	0.16	-0,12
	F2	0.37	0,12	-0,22	0,21	0.01	-0.15		F2	0,29	0,13	-0,16	0,19	-0,07	-0,15
	F3	0,28	-0.15	-0,31	0,15	-0,15	-0,22		F3	0,18	-0,16	-0,27	0,21	-0,09	-0.18
	F4	0,67	0,26	-0,42	0,38	0,21	-0,18		F4	0,38	0,13	-0,35	0,40	0,28	-0,09
	F5	0,58	0,44	0.10	0,38	0,26	0.13		F5	0,57	0,37	0,22	0,35	0,25	0.15
	F6	0,58	0,30	-0,21	0,29	0,13	-0,19		F6	0,38	0,29	0,18	0,31	0,21	0,08
	F7	0,45	0,36	0,23	0,45	0,33	0.13		F7	0,49	0,30	0,16	0,50	0,37	0,19
	F8	0,34	-0,06	-0,28	0,21	0,14	-0,02		F8	0,31	0,22	-0,20	0,25	0,18	0,11
	F9	0,49	0,21	-0,23	0,23	-0,12	-0,49		F9	0,41	0,26	0,10	0,21	0,11	-0,18
	F10	0,19	-0,24	-0,42	-0,04	-0,16	-0,33		F10	0,21	-0,14	-0,27	0,14	-0,17	-0,27
	F11	0,23	-0,12	-0,31	0,23	0,03	-0,16		F11	0,25	0,11	-0,23	0,15	-0,13	-0,21
	F12	0,22	-0,13	-0,31	0,08	-0,17	-0,32		F12	0,22	0,09	-0,26	0,18	0,02	-0,18
Cl2	Alpha	0,66	0,43	0,33	-0,18	-0,30	-0,40	Cl7	Alpha	0,41	0,29	0,23	-0,30	-0,42	-0,50
	F1	0,49	0,34	0,23	0,20	-0,11	-0,19		F1	0,30	0,23	-0,35	0,35	0,25	0,15
	F2	0,32	0,13	-0,21	0,22	0,11	-0,02		F2	0,39	0,32	0,24	0,32	0,24	0,17
	F3	0,21	0,09	-0,33	0,17	0,08	-0,15		F3	-0,26	-0,34	-0,45	-0,14	-0,21	-0,26
	F4	0,56	0,42	0,22	0,39	0,25	-0,14		F4	0,35	-0,12	-0,32	0,32	0,14	-0,26
	F5	0,66	0,42	0,20	0,40	0,29	0,20		F5	0,40	0,22	-0,20	0,34	0,29	0,13
	F6	0,57	0,34	0,24	0,27	0,20	0,12		F6	0,35	0,16	-0,23	0,14	0,09	-0,20
	F7	0,58	0,41	0,28	0,53	0,39	0,18		F7	0,41	-0,10	-0,25	0,26	0,12	-0,21
	F8	0,25	0,12	-0,25	0,15	0,06	-0,16		F8	-0,20	-0,22	-0,43	0,13	-0,13	-0,18
	F9	0,38	0,17	-0,20	0,17	0,11	-0,25		F9	0,46	0,39	0,30	0,43	0,35	0,16
	F10	0,22	-0,14	-0,44	0,16	-0,17	-0,24		F10	0,40	0,30	0,21	0,15	-0,18	-0,28
	F11	0,31	0,12	-0,19	0,17	0,02	-0,16		F11	0,52	0,38	0,29	0,29	0,25	0,14
	F12	0,28	0,14	-0,25	0,10	-0,13	-0,21		F12	-0,19	-0,25	-0,29	0,37	0,22	0,13
Cl3	Alpha	0,63	0,50	0,32	-0,26	-0,37	-0,58	Cl8	Alpha	0,72	0,48	0,36	-0,32	-0,45	-0,59
	F1	0,64	0,28	0,17	0,21	0,10	-0,25		F1	0,55	0,37	0,23	0,33	0,17	-0,15
	F2	0,25	0,18	-0,21	0,25	0,11	-0,12		F2	0,32	0,25	0,15	0,23	0,14	-0,11
	F3	-0,16	-0,27	-0,48	0,16	-0,10	-0,22		F3	-0,18	-0,24	-0,34	0,07	-0,23	-0,33
	F4	0,21	-0,27	-0,50	0,39	0,05	-0,30		F4	0,53	-0,25	-0,38	0,37	0,26	-0,21
	F5	0,36	0,19	-0,18	0,27	-0,20	-0,33		F5	0,47	0,27	-0,28	0,34	0,24	0,06
	F6	0,29	-0,01	-0,27	-0,09	-0,18	-0,38		F6	0,23	-0,06	-0,23	0,17	-0,18	-0,29
	F7	-0,08	-0,36	-0,44	-0,01	-0,31	-0,49		F7	0,35	-0,15	-0,20	0,36	0,14	-0,22
	F8	0,12	-0,12	-0,37	0,21	-0,17	-0,25		F8	0,32	0,18	-0,17	0,18	-0,09	-0,22
	F9	0,59	0,32	-0,09	0,35	0,15	-0,23		F9	0,64	0,43	0,26	0,30	0,21	-0,21
	F10	0,35	0,18	-0,41	0,24	0,17	-0,10		F10	0,45	0,30	0,19	0,18	-0,08	-0,24
	F11	0,45	0,28	0,17	0,31	0,19	0,11		F11	0,41	0,20	-0,20	0,34	0,22	-0,08
	F12	0,23	0,02	-0,21	0,27	0,19	-0,14		F12	-0,14	-0,23	-0,31	0,29	0,14	-0,19
Cl4	Alpha	0,74	0,53	0,32	-0,29	-0,45	-0,72	Cl9	Alpha	0,64	0,40	0,26	-0,19	-0,32	-0,48
	F1	0,59	0,39	0,25	0,33	0,17	-0,21		F1	0,45	0,32	0,18	0,18	-0,08	-0,26
	F2	0,20	-0,09	-0,25	0,21	0,12	-0,13		F2	0,25	0,14	-0,12	0,16	0,08	-0,17
	F3	-0,09	-0,22	-0,36	0,11	-0,17	-0,34		F3	0,23	-0,13	-0,21	-0,01	-0,10	-0,16
	F4	0,40	0,13	-0,42	0,36	0,21	-0,28		F4	0,46	0,23	-0,15	0,32	0,20	-0,09
	F5	0,60	0,39	0,22	0,52	0,32	0,23		F5	0,43	0,28	0,20	0,37	0,27	0,13
	F6	0,38	0,22	-0,02	0,26	0,13	-0,17		F6	0,46	0,37	0,22	0,36	0,22	0,13
	F7	0,44	0,26	0,01	0,32	0,20	-0,13		F7	0,54	0,38	0,21	0,60	0,45	0,28
	F8	0,25	-0,11	-0,25	0,28	0,19	-0,13		F8	0,22	0,13	-0,13	0,21	0,11	-0,06
	F9	0,45	0,28	0,13	0,28	-0,12	-0,33		F9	0,37	0,20	0,09	0,27	0,13	-0,24
	F10	0,35	0,16	-0,27	0,19	-0,20	-0,35		F10	0,29	0,09	-0,21	0,12	-0,13	-0,26
	F11	0,38	0,21	0,08	0,27	0,15	-0,15		F11	0,35	0,22	-0,08	0,25	0,06	-0,16
	F12	0,25	-0,06	-0,25	0,17	-0,13	-0,26		F12	0,27	0,10	-0,17	0,09	-0,12	-0,19
Cl5	Alpha	0,69	0,46	0,31	-0,26	-0,38	-0,59	Cl10	Alpha	0,54	0,35	0,22	-0,17	-0,33	-0,46
	F1	0,46	0,33	0,19	0,36	0,16	-0,20		F1	0,42	0,30	-0,07	-0,08	-0,17	-0,28
	F2	0,10	-0,12	-0,23	0,27	0,08	-0,17		F2	0,19	-0,11	-0,37	0,08	-0,07	-0,12
	F3	0,14	-0,21	-0,32	0,29	0,12	-0,17		F3	0,26	0,18	-0,12	0,10	-0,11	-0,15
	F4	0,37	0,18	-0,25	0,51	0,26	-0,11		F4	0,47	0,30	0,17	0,25	0,09	-0,18
	F5	0,44	0,33	0,19	0,53	0,36	0,21		F5	0,64	0,49	0,30	0,48	0,37	0,23
	F6	0,35	0,20	-0,12	0,18	-0,05	-0,25		F6	0,48	0,37	0,24	0,33	0,19	0,11
	F7	0,50	0,31	0,20	0,51	0,34	0,21		F7	0,59	0,44	0,30	0,54	0,36	0,22
	F8	0,31	0,16	-0,18	0,30	0,21	0,11		F8	0,14	-0,08	-0,24	0,20	0,15	0,08
	F9	0,31	0,21	-0,06	0,15	-0,21	-0,38		F9	0,37	0,21	-0,02	-0,11	-0,25	-0,34
	F10	0,15	-0,17	-0,30	0,07	-0,21	-0,36		F10	0,33	0,09	-0,33	-0,10	-0,15	-0,20
	F11	0,27	0,16	-0,18	0,21	0,09	-0,21		F11	0,31	0,17	-0,13	0,09	-0,09	-0,19
	F12	0,27	0,17	-0,04	0,23	0,07	-0,18		F12	0,29	0,13	-0,14	0,13	-0,12	-0,19
Cl11	Alpha	0,69	0,49	0,25	-0,20	-0,41	-0,57	Cl14	Alpha	0,76	0,51	0,33	-0,22	-0,34	-0,46
	F1	0,49	0,34	0,12	0,19	-0,13	-0,32		F1	0,50	0,37	0,22	0,32	0,13	-0,14
	F2	0,38	0,20	-0,06	0,20	0,11	-0,11		F2	0,26	0,12	-0,20	0,19	0,09	-0,18
	F3	0,20	-0,15	-0,30	0,13	-0,12	-0,21		F3	0,24	-0,15	-0,26	0,21	-0,14	-0,27
	F4	0,51	0,22	-0,25	0,44	0,24	-0,20		F4	0,32	0,08	-0,28	0,38	0,22	-0,23
	F5	0,56	0,33	0,11	0,44	0,23	0,15		F5	0,57	0,43	0,26	0,62	0,46	0,35
	F6	0,41	0,25	0,01	0,26	0,16	0,00		F6	0,43	0,23	0,10	0,24	0,11	-0,17
	F7	0,53	0,38	0,11	0,50	0,33	0,14		F7	0,57	0,40	0,20	0,49	0,32	0,20
	F8	0,21	-0,13	-0,43	0,18	0,11	-0,11		F8	0,20	-0,14	-0,25	0,32	0,21	0,12
	F9	0,50	0,35	0,12	0,26	-0,04	-0,26		F9	0,31	0,21	-0,29	0,15	-0,17	-0,36
	F10	0,37	0,14	-0,17	-0,12	-0,19	-0,36		F10	0,35	0,05	-0,28	0,22	-0,22	-0,39
	F11	0,32	0,11	-0,28	0,21	-0,12	-0,24		F11	0,29	0,13	-0,16	0,26	0,16	-0,12
	F12	0,34	0,13	-0,25	0,22	-0,03	-0,21		F12	0,24	0,12	-0,14	0,06	-0,16	-0,24
Cl12	Alpha	0,75	0,48	0,30	-0,28	-0,46	-0,73	Cl15	Alpha	0,78	0,57	0,35	-0,31	-0,46	-0,77
	F1	0,54	0,37	0,21	0,31	0,04	-0,28		F1	0,65	0,47	0,21	0,20	-0,16	-0,32
	F2	0,22	0,02	-0,20	0,21	0,10	-0,17		F2	0,17	-0,07	-0,16	0,25	0,12	-0,16
	F3	0,21	-0,16	-0,32	0,26	-0,08	-0,23		F3	0,35	0,16	-0,24	0,23	0,14	-0,18
	F4	0,41	-0,10	-0,44	0,41	0,09	-0,36		F4	0,43	0,25	-0,36	0,55	0,28	-0,27

Cluster/Fakor		Quartile (Betas in Bear)			Quartile (Betas in Bull)			Cluster/Fakor		Quartile (Betas in Bear)			Quartile (Betas in Bull)		
		1.	2.	3.	1.	2.	3.			1.	2.	3.	1.	2.	3.
	F5	0,56	0,35	0,17	0,54	0,33	0,14		F5	0.60	0.41	0,26	0,53	0,36	0,19
	F6	0,35	0,19	-0,06	0,21	-0,02	-0,25		F6	0,34	0,17	-0,25	0,18	-0,11	-0,21
	F7	0,43	0,25	-0,10	0,38	0,21	-0,01		F7	0.56	0.40	0,15	0,53	0,29	0,15
	F8	0,25	-0,11	-0,28	0,27	0,12	-0,11		F8	0,22	-0.18	-0,29	0,21	0,12	-0,15
	F9	0,37	0,20	-0,24	0,15	-0,16	-0,42		F9	0,34	0,14	-0,28	0,19	-0,21	-0,26
	F10	0,33	-0,10	-0,28	0,20	-0,12	-0,32		F10	0,26	-0.18	-0,30	0,26	-0,01	-0,31
	F11	0,31	0,18	-0,16	0,22	0,11	-0,18		F11	0,39	0,22	-0,17	0,27	0,11	-0,12
	F12	0,23	0,08	-0,27	0,24	0,03	-0,20		F12	0,35	0,04	-0,33	0,21	-0,17	-0,27
Cl13	Alpha	0,73	0,49	0,32	-0,18	-0,35	-0,52	Cl16	Alpha	0,74	0,53	0,35	-0,29	-0,46	-0,69
	F1	0,60	0,43	0,26	0,34	0,19	-0,20		F1	0,50	0,39	0,23	0,49	0,21	-0,15
	F2	0,17	-0,21	-0,47	0,26	0,15	-0,05		F2	0,29	0,16	-0,14	0,18	0,06	-0,21
	F3	0.12	-0,16	-0,35	0,19	-0,05	-0,22		F3	-0,14	-0,24	-0,34	0,19	-0,18	-0,25
	F4	0.49	0,03	-0,39	0,39	0,21	-0,13		F4	0,31	-0,22	-0,45	0.52	0,24	-0,28
	F5	0,42	0,30	0,15	0,36	0,20	0,06		F5	0,37	0,25	-0,20	0,47	0,24	-0,15
	F6	0,33	0,16	-0,28	0,27	0,03	-0,14		F6	0,26	0,06	-0,22	0,26	0,09	-0,24
	F7	0,58	0,37	0,24	0,63	0,30	0,00		F7	0,31	0,10	-0,22	0,34	0,15	-0,20
	F8	0,26	-0,23	-0,43	0,31	0,18	0,14		F8	0,29	0,16	-0,17	0,35	0,16	0,01
	F9	0,45	0,30	-0,24	0,18	-0,15	-0,36		F9	0,49	0,33	0,19	0,33	0,22	-0,18
	F10	0,21	-0,23	-0,32	0,18	-0,04	-0,35		F10	0,38	0,22	-0,14	0,25	0,07	-0,22
	F11	0,45	0,11	-0,30	0,24	-0,09	-0,17		F11	0,31	0,21	-0,24	0,36	0,19	-0,11
	F12	0,21	0,13	-0,28	0,10	-0,12	-0,19		F12	0,19	-0,12	-0,26	0,23	0,05	-0,26

Tabelle E.21: Anteile signifikanter Koeffizienten nach MSWM (mit Hedge-Fonds-eigenen Phasen als Referenz) (nicht abgebildet)

Cluster	Anteile	Alpha	F1	F2	F3	F4	F5	F6	F7	F8	F9	F10	F11	F12
Cl1	nicht sign.	0,06	0,12	0,33	0,31	0,24	0,12	0,04	0,02	0,18	0,27	0,22	0,24	0,24
	1x sign.	0,35	0,35	0,51	0,29	0,49	0,41	0,43	0,47	0,55	0,49	0,39	0,47	0,49
	2x sign	0,59	0,53	0,16	0,39	0,27	0,47	0,53	0,51	0,27	0,24	0,39	0,29	0,27
	Wechsel im Vorz.	0,82	0,49	0,57	0,53	0,47	0,35	0,41	0,39	0,57	0,59	0,47	0,67	0,63
Cl2	nicht sign.	0,07	0,18	0,24	0,16	0,19	0,11	0,09	0,04	0,22	0,27	0,36	0,22	0,24
	1x sign.	0,20	0,50	0,52	0,57	0,46	0,47	0,42	0,31	0,62	0,57	0,38	0,56	0,52
	2x sign	0,73	0,32	0,23	0,28	0,36	0,42	0,49	0,64	0,16	0,17	0,27	0,22	0,23
	Wechsel im Vorz.	0,91	0,58	0,53	0,54	0,48	0,22	0,30	0,23	0,54	0,59	0,58	0,49	0,64
Cl3	nicht sign.	0,04	0,09	0,27	0,49	0,24	0,24	0,22	0,24	0,36	0,20	0,33	0,22	0,40
	1x sign.	0,09	0,53	0,42	0,36	0,53	0,49	0,47	0,40	0,53	0,56	0,36	0,56	0,47
	2x sign	0,87	0,38	0,31	0,16	0,22	0,27	0,31	0,36	0,11	0,24	0,31	0,22	0,13
	Wechsel im Vorz.	1,00	0,58	0,44	0,58	0,67	0,64	0,64	0,31	0,47	0,56	0,62	0,44	0,60
Cl4	nicht sign.	0,05	0,10	0,31	0,19	0,20	0,08	0,18	0,10	0,18	0,17	0,18	0,12	0,18
	1x sign.	0,24	0,42	0,52	0,45	0,59	0,44	0,48	0,53	0,52	0,54	0,59	0,58	0,50
	2x sign	0,71	0,48	0,17	0,36	0,22	0,48	0,35	0,37	0,29	0,29	0,23	0,31	0,31
	Wechsel im Vorz.	0,88	0,44	0,50	0,53	0,59	0,36	0,51	0,46	0,57	0,56	0,56	0,49	0,61
Cl5	nicht sign.	0,04	0,11	0,29	0,25	0,25	0,08	0,19	0,08	0,17	0,27	0,24	0,28	0,28
	1x sign.	0,28	0,49	0,54	0,46	0,51	0,36	0,51	0,33	0,56	0,54	0,49	0,52	0,53
	2x sign	0,68	0,40	0,18	0,29	0,23	0,56	0,30	0,59	0,27	0,19	0,27	0,21	0,19
	Wechsel im Vorz.	0,90	0,46	0,59	0,61	0,58	0,27	0,48	0,26	0,43	0,58	0,53	0,57	0,49
Cl6	nicht sign.	0,02	0,10	0,24	0,26	0,24	0,10	0,11	0,04	0,17	0,20	0,22	0,27	0,25
	1x sign.	0,24	0,51	0,57	0,54	0,54	0,44	0,39	0,33	0,57	0,54	0,49	0,55	0,51
	2x sign	0,74	0,40	0,19	0,20	0,23	0,46	0,51	0,62	0,26	0,26	0,29	0,18	0,25
	Wechsel im Vorz.	0,88	0,47	0,49	0,56	0,56	0,38	0,40	0,31	0,48	0,56	0,46	0,62	0,46
Cl7	nicht sign.	0,09	0,14	0,37	0,17	0,40	0,34	0,29	0,34	0,49	0,09	0,43	0,20	0,17
	1x sign.	0,34	0,66	0,46	0,51	0,34	0,54	0,60	0,34	0,43	0,69	0,26	0,51	0,54
	2x sign	0,57	0,20	0,17	0,31	0,26	0,11	0,11	0,31	0,09	0,23	0,31	0,29	0,29
	Wechsel im Vorz.	0,94	0,40	0,31	0,34	0,71	0,60	0,71	0,49	0,66	0,43	0,60	0,57	0,69
Cl8	nicht sign.	0,04	0,17	0,15	0,18	0,27	0,13	0,30	0,18	0,24	0,10	0,21	0,13	0,17
	1x sign.	0,43	0,37	0,60	0,49	0,55	0,52	0,49	0,61	0,54	0,50	0,57	0,42	0,54
	2x sign	0,54	0,46	0,25	0,33	0,18	0,35	0,21	0,21	0,23	0,40	0,21	0,45	0,30
	Wechsel im Vorz.	0,92	0,50	0,51	0,45	0,56	0,58	0,56	0,55	0,64	0,44	0,56	0,49	0,60
Cl9	nicht sign.	0,03	0,13	0,23	0,25	0,16	0,11	0,02	0,04	0,24	0,26	0,32	0,25	0,25
	1x sign.	0,26	0,48	0,58	0,45	0,54	0,53	0,41	0,28	0,45	0,53	0,46	0,56	0,42
	2x sign	0,71	0,38	0,20	0,30	0,30	0,36	0,57	0,68	0,31	0,22	0,22	0,20	0,33
	Wechsel im Vorz.	0,93	0,64	0,56	0,52	0,42	0,32	0,22	0,26	0,54	0,53	0,54	0,47	0,56
Cl10	nicht sign.	0,04	0,17	0,38	0,17	0,17	0,06	0,04	0,00	0,19	0,34	0,30	0,28	0,23
	1x sign.	0,19	0,43	0,47	0,53	0,66	0,23	0,32	0,21	0,55	0,45	0,53	0,51	0,55
	2x sign	0,77	0,40	0,15	0,30	0,17	0,70	0,64	0,79	0,26	0,21	0,17	0,21	0,21
	Wechsel im Vorz.	0,87	0,72	0,60	0,51	0,51	0,19	0,15	0,15	0,53	0,55	0,47	0,55	0,64
Cl11	nicht sign.	0,04	0,09	0,23	0,16	0,13	0,07	0,09	0,13	0,23	0,20	0,21	0,20	0,14
	1x sign.	0,32	0,52	0,52	0,54	0,50	0,43	0,25	0,41	0,54	0,61	0,57	0,61	0,54
	2x sign	0,64	0,39	0,25	0,30	0,38	0,50	0,66	0,46	0,23	0,20	0,21	0,20	0,32
	Wechsel im Vorz.	0,75	0,63	0,36	0,48	0,43	0,32	0,29	0,43	0,50	0,46	0,64	0,54	0,55
Cl12	nicht sign.	0,05	0,09	0,32	0,23	0,26	0,15	0,21	0,19	0,23	0,25	0,24	0,28	0,25
	1x sign.	0,28	0,46	0,50	0,49	0,54	0,45	0,51	0,44	0,58	0,52	0,52	0,49	0,53
	2x sign	0,67	0,44	0,18	0,28	0,20	0,39	0,27	0,37	0,20	0,23	0,25	0,24	0,22
	Wechsel im Vorz.	0,88	0,51	0,55	0,58	0,57	0,36	0,48	0,38	0,50	0,60	0,47	0,55	0,55
Cl13	nicht sign.	0,00	0,13	0,19	0,11	0,23	0,13	0,17	0,11	0,28	0,19	0,25	0,19	0,21
	1x sign.	0,43	0,40	0,66	0,60	0,55	0,55	0,51	0,32	0,55	0,64	0,51	0,60	0,51
	2x sign	0,57	0,47	0,15	0,28	0,23	0,32	0,32	0,57	0,17	0,17	0,25	0,21	0,28
	Wechsel im Vorz.	0,87	0,42	0,57	0,49	0,51	0,34	0,47	0,28	0,74	0,58	0,36	0,51	0,55
Cl14	nicht sign.	0,01	0,11	0,30	0,16	0,19	0,05	0,10	0,04	0,20	0,17	0,28	0,30	0,17
	1x sign.	0,26	0,48	0,47	0,52	0,51	0,19	0,56	0,34	0,48	0,64	0,47	0,53	0,54
	2x sign	0,73	0,42	0,23	0,32	0,29	0,76	0,34	0,62	0,32	0,19	0,25	0,17	0,29
	Wechsel im Vorz.	0,92	0,53	0,60	0,50	0,54	0,17	0,55	0,22	0,54	0,54	0,53	0,45	0,67
Cl15	nicht sign.	0,02	0,09	0,27	0,22	0,16	0,12	0,11	0,10	0,19	0,23	0,19	0,25	0,26
	1x sign.	0,25	0,55	0,56	0,47	0,55	0,34	0,52	0,42	0,62	0,44	0,54	0,47	0,51
	2x sign	0,73	0,36	0,16	0,31	0,29	0,54	0,37	0,48	0,20	0,33	0,27	0,27	0,23
	Wechsel im Vorz.	0,87	0,52	0,55	0,49	0,46	0,32	0,48	0,25	0,55	0,49	0,53	0,51	0,62
Cl16	nicht sign.	0,02	0,20	0,28	0,26	0,28	0,18	0,25	0,22	0,25	0,19	0,29	0,22	0,31
	1x sign.	0,29	0,47	0,52	0,55	0,48	0,52	0,52	0,48	0,59	0,62	0,50	0,48	0,48
	2x sign	0,68	0,33	0,21	0,19	0,24	0,30	0,22	0,29	0,15	0,19	0,21	0,30	0,21
	Wechsel im Vorz.	0,94	0,46	0,49	0,48	0,49	0,48	0,48	0,46	0,52	0,50	0,52	0,48	0,61

Tabelle E.22: Verteilung von Beta-Werten nach MSWM (IF) (rechte Seite der Abb. D.4 und D.5)

Cluster	Cl1						Cl2					
	Qunatile (Betas in Bear)			Qunatile (Betas in Bull)			Qunatile (Betas in Bear)			Qunatile (Betas in Bull)		
Faktor	1.	2.	3.	1.	2.	3.	1.	2.	3.	1.	2.	3.
MSWM-oR												
Alpha	0,52	0,31	0,18	-0,10	-0,21	-0,39	0,55	0,34	0,20	0,11	-0,19	-0,40
F1	0,39	0,23	0,12	0,16	0,05	-0,19	0,44	0,27	0,15	0,17	0,10	-0,19
F2	0,23	0,12	-0,12	0,16	0,07	-0,13	0,24	0,14	-0,02	0,14	-0,05	-0,14
F3	0,30	0,21	0,12	0,31	0,21	0,14	0,33	0,22	0,12	0,27	0,19	0,12
F4	0,23	-0,22	-0,44	0,30	0,11	-0,30	0,43	0,22	-0,31	0,36	0,22	-0,10
F5	0,73	0,45	0,25	0,59	0,41	0,22	0,47	0,29	0,16	0,37	0,24	0,15
F6	0,39	0,28	0,19	0,30	0,22	0,14	0,43	0,31	0,21	0,33	0,24	0,17
F7	0,66	0,52	0,36	0,66	0,53	0,38	0,60	0,45	0,27	0,74	0,62	0,49
F8	0,23	0,14	-0,12	0,18	0,11	-0,10	0,25	0,16	0,06	0,18	0,10	-0,11
F9	0,34	0,16	-0,17	0,09	-0,19	-0,32	0,35	0,17	-0,22	-0,03	-0,19	-0,31
F10	0,10	-0,17	-0,33	-0,10	-0,17	-0,25	0,11	-0,20	-0,36	-0,10	-0,17	-0,25
F11	0,20	-0,07	-0,17	-0,07	-0,14	-0,21	0,16	-0,10	-0,20	-0,10	-0,14	-0,19
F12	0,17	-0,09	-0,21	-0,09	-0,14	-0,22	0,17	-0,09	-0,22	-0,09	-0,15	-0,24
MSWM-CLI												
Alpha	0,55	0,37	0,23	-0,14	-0,24	-0,37	0,58	0,40	0,25	-0,12	-0,23	-0,43
F1	0,36	0,23	0,14	0,15	-0,10	-0,19	0,40	0,27	0,17	0,15	-0,04	-0,19
F2	0,19	0,11	-0,13	0,16	0,09	-0,11	0,21	0,14	0,05	0,13	-0,01	-0,13
F3	0,31	0,22	0,14	0,30	0,22	0,14	0,32	0,23	0,14	0,28	0,18	0,11
F4	0,22	-0,21	-0,44	0,30	0,13	-0,27	0,41	0,21	-0,28	0,37	0,24	0,08
F5	0,71	0,45	0,26	0,58	0,39	0,23	0,50	0,31	0,17	0,39	0,25	0,14
F6	0,38	0,28	0,19	0,29	0,20	0,13	0,44	0,33	0,23	0,32	0,22	0,15
F7	0,66	0,52	0,38	0,67	0,53	0,39	0,60	0,45	0,31	0,74	0,62	0,48
F8	0,19	0,11	-0,13	0,16	0,10	-0,11	0,24	0,17	0,10	0,17	0,09	-0,11
F9	0,32	0,17	-0,17	-0,06	-0,20	-0,32	0,33	0,17	-0,20	-0,06	-0,17	-0,29
F10	0,11	-0,16	-0,29	-0,05	-0,15	-0,22	0,02	-0,19	-0,30	-0,08	-0,16	-0,24
F11	0,20	-0,07	-0,17	-0,06	-0,13	-0,20	0,13	-0,12	-0,20	-0,11	-0,16	-0,21
F12	0,22	0,09	-0,15	-0,08	-0,14	-0,21	0,19	0,07	-0,18	-0,07	-0,14	-0,22
MSWM-MSCIW												
Alpha	0,56	0,37	0,23	-0,14	-0,24	-0,37	0,59	0,40	0,25	-0,12	-0,24	-0,43
F1	0,36	0,24	0,14	0,15	-0,10	-0,20	0,39	0,26	0,17	0,16	0,04	-0,18
F2	0,21	0,11	-0,14	0,16	0,08	-0,12	0,21	0,13	-0,03	0,13	0,02	-0,13
F3	0,30	0,21	0,12	0,30	0,21	0,13	0,33	0,23	0,14	0,28	0,19	0,11
F4	0,22	-0,22	-0,45	0,30	0,14	-0,27	0,40	0,20	-0,30	0,37	0,24	0,09
F5	0,71	0,45	0,25	0,58	0,39	0,23	0,51	0,30	0,17	0,38	0,24	0,15
F6	0,38	0,28	0,19	0,29	0,20	0,13	0,44	0,33	0,22	0,32	0,22	0,15
F7	0,64	0,52	0,38	0,67	0,53	0,39	0,59	0,45	0,30	0,75	0,62	0,48
F8	0,20	0,12	-0,13	0,17	0,10	-0,11	0,24	0,16	0,09	0,16	0,09	-0,12
F9	0,32	0,15	-0,17	-0,05	-0,20	-0,31	0,32	0,16	-0,20	0,03	-0,18	-0,29
F10	0,12	-0,15	-0,29	-0,06	-0,15	-0,22	0,04	-0,19	-0,30	-0,09	-0,16	-0,25
F11	0,20	-0,07	-0,18	-0,04	-0,13	-0,20	0,12	-0,12	-0,20	-0,10	-0,15	-0,21
F12	0,21	0,09	-0,16	-0,08	-0,14	-0,21	0,20	0,06	-0,18	-0,07	-0,14	-0,21
MSWM-IFe												
Alpha	0,54	0,36	0,23	-0,15	-0,26	-0,40	0,56	0,40	0,26	-0,14	-0,27	-0,46
F1	0,35	0,24	0,13	0,15	-0,10	-0,20	0,37	0,26	0,16	0,16	0,02	-0,18
F2	0,19	0,10	-0,15	0,16	0,08	-0,11	0,20	0,13	-0,03	0,14	0,06	-0,13
F3	0,31	0,21	0,12	0,31	0,22	0,13	0,33	0,22	0,13	0,28	0,18	0,11
F4	0,21	-0,23	-0,44	0,30	0,07	-0,28	0,42	0,21	-0,31	0,37	0,24	0,02
F5	0,73	0,46	0,26	0,59	0,40	0,24	0,49	0,30	0,18	0,40	0,24	0,15
F6	0,38	0,28	0,19	0,30	0,21	0,14	0,45	0,33	0,24	0,33	0,23	0,16
F7	0,65	0,51	0,36	0,67	0,54	0,40	0,61	0,47	0,31	0,75	0,62	0,48
F8	0,20	0,12	-0,12	0,16	0,10	-0,11	0,23	0,15	0,08	0,16	0,09	-0,11
F9	0,28	0,14	-0,19	-0,09	-0,21	-0,33	0,29	0,14	-0,23	-0,05	-0,18	-0,28
F10	0,12	-0,15	-0,29	-0,06	-0,15	-0,24	-0,06	-0,20	-0,31	-0,07	-0,15	-0,24
F11	0,17	-0,09	-0,18	-0,04	-0,14	-0,20	0,12	-0,12	-0,21	-0,10	-0,15	-0,21
F12	0,21	0,08	-0,17	-0,08	-0,15	-0,22	0,20	0,07	-0,18	-0,08	-0,14	-0,23

Verteilung von Beta-Werten nach MSWM (IF) (rechte Seite der Abb. D.4 und D.5) (Fortsetzung)

Cluster	Cl3						Cl4					
	Qunatile (Betas in Bear)			Qunatile (Betas in Bull)			Qunatile (Betas in Bear)			Qunatile (Betas in Bull)		
Faktor	1.	2.	3.	1.	2.	3.	1.	2.	3.	1.	2.	3.
MSWM- oR												
Alpha	0,73	0,39	0,21	-0,20	-0,37	-0,63	0,46	0,32	0,22	-0,12	-0,30	-0,54
F1	0,38	0,21	-0,19	0,22	-0,09	-0,25	0,35	0,25	0,17	0,18	-0,07	-0,32
F2	0,20	-0,02	-0,24	0,21	0,13	-0,06	0,25	0,19	0,14	0,19	-0,01	-0,23
F3	0,35	0,22	-0,16	0,25	0,14	-0,11	0,42	0,35	0,27	0,55	0,33	0,19
F4	0,24	-0,17	-0,36	0,14	-0,19	-0,34	-0,40	-0,62	-0,90	-0,07	-0,35	-0,64
F5	0,38	0,25	0,15	0,45	0,19	-0,10	0,31	0,24	0,17	0,65	0,34	0,18
F6	0,31	0,17	0,06	0,18	-0,08	-0,20	0,22	0,12	-0,07	0,46	0,30	0,18
F7	0,40	0,26	-0,04	0,32	0,13	-0,16	0,31	0,22	0,14	0,38	0,22	0,14
F8	0,18	0,08	-0,30	0,17	0,10	-0,02	0,21	-0,14	-0,21	0,19	0,04	-0,17
F9	0,56	0,31	0,16	0,51	0,36	0,19	0,35	0,23	0,16	0,07	-0,30	-0,53
F10	0,34	0,23	0,15	0,29	0,18	0,06	0,24	0,15	-0,25	0,26	0,05	-0,20
F11	0,65	0,43	0,27	0,73	0,57	0,33	0,33	0,23	0,14	0,25	0,12	-0,21
F12	0,29	-0,06	-0,20	0,10	-0,10	-0,19	0,23	-0,11	-0,21	-0,14	-0,24	-0,35
MSWM-CLI												
Alpha	0,68	0,40	0,26	-0,20	-0,36	-0,54	0,50	0,31	0,22	-0,22	-0,45	-0,77
F1	0,38	0,22	-0,12	0,18	-0,12	-0,24	0,33	0,26	0,18	0,19	-0,05	-0,22
F2	0,19	-0,06	-0,21	0,22	0,13	-0,08	0,23	0,19	0,14	0,18	0,06	-0,18
F3	0,32	0,18	-0,18	0,25	0,11	-0,14	0,45	0,34	0,26	0,51	0,36	0,18
F4	0,20	-0,20	-0,35	0,21	-0,17	-0,34	-0,44	-0,62	-0,83	-0,06	-0,32	-0,51
F5	0,40	0,27	0,14	0,37	0,19	-0,13	0,33	0,22	0,16	0,42	0,24	0,16
F6	0,24	0,15	0,06	0,12	-0,11	-0,20	0,19	0,10	-0,13	0,44	0,32	0,21
F7	0,34	0,21	-0,04	0,32	0,12	-0,15	0,29	0,20	0,12	0,28	0,20	0,10
F8	0,16	-0,08	-0,26	0,18	0,11	-0,05	0,18	-0,09	-0,18	0,18	-0,01	-0,22
F9	0,56	0,36	0,21	0,48	0,32	0,17	0,33	0,21	-0,13	0,18	-0,22	-0,40
F10	0,33	0,22	0,08	0,34	0,22	0,10	0,24	-0,18	-0,33	0,24	0,14	-0,14
F11	0,64	0,43	0,28	0,74	0,55	0,34	0,35	0,27	0,16	0,21	0,07	-0,19
F12	0,20	0,07	-0,16	0,10	-0,11	-0,19	0,22	-0,09	-0,20	-0,11	-0,21	-0,28
MSWM-MSCIW												
Alpha	0,68	0,41	0,25	-0,21	-0,36	-0,55	0,52	0,31	0,22	-0,22	-0,44	-0,74
F1	0,40	0,23	-0,11	0,18	-0,12	-0,25	0,33	0,24	0,17	0,20	-0,07	-0,22
F2	0,18	-0,10	-0,22	0,21	0,13	-0,09	0,22	0,18	0,14	0,18	0,02	-0,18
F3	0,31	0,19	-0,16	0,26	0,11	-0,14	0,47	0,37	0,28	0,48	0,33	0,14
F4	0,21	-0,20	-0,34	0,19	-0,17	-0,33	-0,41	-0,60	-0,83	-0,10	-0,33	-0,51
F5	0,38	0,26	0,14	0,37	0,18	-0,14	0,31	0,21	0,16	0,43	0,25	0,16
F6	0,24	0,15	-0,01	0,12	-0,11	-0,19	0,21	0,11	-0,13	0,45	0,30	0,18
F7	0,34	0,22	0,04	0,32	0,13	-0,15	0,30	0,20	0,13	0,31	0,20	0,08
F8	0,17	-0,06	-0,24	0,18	0,11	-0,05	0,17	-0,13	-0,20	0,18	-0,03	-0,23
F9	0,56	0,35	0,21	0,49	0,33	0,18	0,33	0,22	0,11	0,16	-0,22	-0,38
F10	0,33	0,22	0,07	0,35	0,21	0,11	0,23	0,03	-0,30	0,23	0,10	-0,15
F11	0,66	0,44	0,28	0,74	0,56	0,33	0,35	0,26	0,15	0,24	0,09	-0,22
F12	0,22	0,05	-0,18	0,10	-0,10	-0,19	0,22	-0,03	-0,18	-0,09	-0,19	-0,28
MSWM-IFe												
Alpha	0,63	0,39	0,26	-0,25	-0,42	-0,60	0,49	0,33	0,24	-0,27	-0,51	-0,77
F1	0,41	0,24	-0,03	0,19	-0,15	-0,27	0,37	0,25	0,19	0,22	0,10	-0,21
F2	0,20	-0,04	-0,19	0,23	0,14	-0,04	0,24	0,19	0,14	0,20	0,10	-0,13
F3	0,33	0,18	-0,15	0,26	0,11	-0,14	0,45	0,35	0,26	0,53	0,35	0,16
F4	0,19	-0,21	-0,36	0,23	-0,17	-0,35	-0,42	-0,62	-0,85	-0,12	-0,32	-0,49
F5	0,40	0,27	0,17	0,39	0,18	-0,13	0,37	0,23	0,16	0,42	0,25	0,16
F6	0,25	0,16	0,06	0,14	-0,12	-0,21	0,18	0,10	-0,12	0,44	0,30	0,19
F7	0,35	0,21	-0,01	0,34	0,13	-0,15	0,32	0,22	0,13	0,27	0,20	0,13
F8	0,20	0,09	-0,20	0,19	0,11	-0,04	0,15	-0,13	-0,22	0,16	0,09	-0,22
F9	0,58	0,35	0,20	0,48	0,31	0,17	0,33	0,22	-0,12	0,19	-0,22	-0,37
F10	0,30	0,21	-0,10	0,36	0,22	0,10	0,21	-0,15	-0,32	0,24	0,16	-0,11
F11	0,65	0,46	0,29	0,75	0,56	0,34	0,36	0,26	-0,06	0,22	0,07	-0,19
F12	0,20	-0,06	-0,19	0,09	-0,11	-0,21	0,20	-0,14	-0,24	-0,08	-0,19	-0,28

Tabelle E.23: Anteile signifikanter Koeffizienten nach MSWM (IF) (linke Seite der Abb. 8.16 bis 8.21)

Cluster	Anteile	Alpha	F1	F2	F3	F4	F5	F6	F7	F8	F9	F10	F11	F12
oR														
Cl1	nicht sign.	0,16	0,21	0,24	0,10	0,11	0,03	0,06	0,01	0,21	0,22	0,22	0,20	0,21
	1x sign.	0,47	0,56	0,56	0,41	0,46	0,28	0,31	0,11	0,58	0,49	0,52	0,52	0,55
	2x sign	0,37	0,23	0,20	0,49	0,44	0,70	0,63	0,88	0,21	0,29	0,27	0,28	0,24
	Wechsel im Vorz.	0,73	0,54	0,59	0,32	0,42	0,19	0,21	0,10	0,54	0,67	0,45	0,51	0,55
Cl2	nicht sign.	0,14	0,17	0,22	0,08	0,10	0,08	0,02	0,01	0,17	0,19	0,17	0,14	0,21
	1x sign.	0,46	0,56	0,59	0,43	0,47	0,47	0,23	0,13	0,60	0,51	0,50	0,53	0,59
	2x sign	0,40	0,27	0,19	0,49	0,44	0,45	0,75	0,86	0,22	0,30	0,33	0,33	0,20
	Wechsel im Vorz.	0,65	0,48	0,57	0,33	0,38	0,30	0,15	0,16	0,54	0,62	0,45	0,46	0,53
Cl3	nicht sign.	0,18	0,31	0,44	0,35	0,37	0,30	0,38	0,26	0,36	0,11	0,16	0,08	0,41
	1x sign.	0,36	0,46	0,43	0,46	0,45	0,49	0,47	0,46	0,47	0,44	0,54	0,25	0,45
	2x sign	0,47	0,23	0,13	0,19	0,18	0,22	0,14	0,27	0,17	0,44	0,30	0,68	0,14
	Wechsel im Vorz.	0,84	0,48	0,62	0,53	0,56	0,48	0,58	0,48	0,53	0,35	0,40	0,18	0,57
Cl4	nicht sign.	0,22	0,25	0,22	0,07	0,08	0,07	0,22	0,09	0,32	0,18	0,21	0,13	0,19
	1x sign.	0,48	0,50	0,61	0,27	0,37	0,44	0,69	0,49	0,53	0,51	0,63	0,47	0,58
	2x sign	0,30	0,26	0,16	0,66	0,54	0,49	0,09	0,42	0,15	0,31	0,16	0,40	0,22
	Wechsel im Vorz.	0,77	0,53	0,61	0,23	0,36	0,31	0,51	0,31	0,63	0,70	0,55	0,33	0,55
CLI														
Cl1	nicht sign.	0,07	0,17	0,19	0,08	0,09	0,02	0,04	0,00	0,21	0,22	0,22	0,19	0,18
	1x sign.	0,35	0,51	0,58	0,43	0,48	0,27	0,29	0,08	0,54	0,49	0,51	0,54	0,51
	2x sign	0,58	0,33	0,24	0,49	0,43	0,70	0,67	0,91	0,24	0,29	0,27	0,27	0,31
	Wechsel im Vorz.	0,85	0,62	0,61	0,29	0,44	0,18	0,20	0,07	0,55	0,63	0,47	0,47	0,59
Cl2	nicht sign.	0,07	0,15	0,21	0,07	0,08	0,10	0,02	0,00	0,15	0,21	0,22	0,15	0,19
	1x sign.	0,35	0,55	0,56	0,49	0,46	0,44	0,20	0,12	0,60	0,47	0,49	0,56	0,54
	2x sign	0,58	0,31	0,23	0,44	0,46	0,46	0,78	0,88	0,25	0,32	0,29	0,29	0,27
	Wechsel im Vorz.	0,79	0,55	0,56	0,34	0,38	0,29	0,12	0,11	0,49	0,59	0,44	0,42	0,58
Cl3	nicht sign.	0,08	0,22	0,35	0,26	0,28	0,21	0,30	0,22	0,29	0,10	0,11	0,06	0,33
	1x sign.	0,28	0,50	0,49	0,52	0,48	0,52	0,47	0,50	0,49	0,43	0,50	0,22	0,50
	2x sign	0,64	0,29	0,15	0,22	0,24	0,26	0,22	0,29	0,21	0,47	0,39	0,72	0,16
	Wechsel im Vorz.	0,91	0,54	0,64	0,55	0,58	0,44	0,62	0,46	0,54	0,29	0,43	0,16	0,60
Cl4	nicht sign.	0,07	0,23	0,19	0,04	0,05	0,14	0,13	0,10	0,29	0,15	0,27	0,11	0,20
	1x sign.	0,35	0,49	0,66	0,34	0,47	0,45	0,75	0,53	0,55	0,53	0,54	0,49	0,50
	2x sign	0,57	0,28	0,15	0,61	0,47	0,40	0,12	0,37	0,16	0,31	0,19	0,40	0,29
	Wechsel im Vorz.	0,90	0,51	0,58	0,26	0,36	0,31	0,50	0,36	0,58	0,64	0,48	0,38	0,66
MSCIW														
Cl1	nicht sign.	0,09	0,15	0,19	0,08	0,09	0,03	0,03	0,01	0,22	0,20	0,21	0,18	0,18
	1x sign.	0,34	0,52	0,57	0,42	0,48	0,27	0,30	0,09	0,53	0,50	0,52	0,54	0,49
	2x sign	0,58	0,32	0,23	0,50	0,43	0,70	0,67	0,91	0,24	0,30	0,27	0,28	0,33
	Wechsel im Vorz.	0,86	0,62	0,60	0,29	0,42	0,17	0,20	0,07	0,56	0,63	0,48	0,48	0,61
Cl2	nicht sign.	0,09	0,15	0,20	0,08	0,08	0,11	0,02	0,00	0,16	0,20	0,21	0,15	0,18
	1x sign.	0,34	0,55	0,58	0,49	0,45	0,43	0,20	0,11	0,58	0,49	0,49	0,54	0,53
	2x sign	0,57	0,31	0,22	0,44	0,47	0,47	0,78	0,88	0,26	0,31	0,31	0,30	0,28
	Wechsel im Vorz.	0,77	0,56	0,55	0,34	0,38	0,29	0,12	0,10	0,51	0,61	0,45	0,42	0,60
Cl3	nicht sign.	0,08	0,24	0,35	0,28	0,28	0,23	0,31	0,21	0,33	0,10	0,12	0,07	0,36
	1x sign.	0,27	0,46	0,48	0,49	0,46	0,51	0,46	0,52	0,47	0,44	0,50	0,22	0,48
	2x sign	0,65	0,30	0,16	0,23	0,26	0,25	0,22	0,27	0,20	0,45	0,38	0,71	0,16
	Wechsel im Vorz.	0,92	0,53	0,60	0,53	0,60	0,47	0,59	0,43	0,52	0,30	0,44	0,15	0,59
Cl4	nicht sign.	0,09	0,21	0,16	0,05	0,05	0,12	0,14	0,10	0,31	0,12	0,25	0,10	0,20
	1x sign.	0,35	0,54	0,65	0,31	0,41	0,46	0,73	0,52	0,52	0,56	0,56	0,52	0,45
	2x sign	0,56	0,25	0,18	0,64	0,54	0,42	0,13	0,38	0,17	0,32	0,19	0,38	0,35
	Wechsel im Vorz.	0,90	0,54	0,56	0,26	0,35	0,31	0,50	0,39	0,61	0,64	0,47	0,38	0,66
IFe														
Cl1	nicht sign.	0,05	0,16	0,21	0,09	0,09	0,03	0,05	0,01	0,21	0,21	0,22	0,19	0,17
	1x sign.	0,35	0,55	0,54	0,44	0,47	0,26	0,29	0,09	0,54	0,47	0,53	0,52	0,51
	2x sign	0,60	0,29	0,25	0,47	0,43	0,71	0,66	0,90	0,25	0,32	0,25	0,28	0,31
	Wechsel im Vorz.	0,86	0,60	0,58	0,32	0,40	0,16	0,19	0,08	0,53	0,62	0,48	0,48	0,58
Cl2	nicht sign.	0,07	0,18	0,24	0,07	0,10	0,08	0,03	0,01	0,19	0,19	0,23	0,15	0,18
	1x sign.	0,34	0,52	0,54	0,49	0,47	0,42	0,20	0,10	0,55	0,47	0,51	0,53	0,54
	2x sign	0,59	0,30	0,22	0,44	0,43	0,49	0,77	0,89	0,26	0,34	0,26	0,32	0,28
	Wechsel im Vorz.	0,80	0,55	0,53	0,33	0,38	0,26	0,12	0,10	0,50	0,58	0,45	0,42	0,60
Cl3	nicht sign.	0,07	0,27	0,38	0,33	0,29	0,26	0,34	0,23	0,31	0,11	0,10	0,08	0,34
	1x sign.	0,26	0,46	0,46	0,44	0,48	0,51	0,45	0,49	0,51	0,44	0,55	0,22	0,50
	2x sign	0,67	0,26	0,17	0,22	0,22	0,24	0,21	0,28	0,18	0,45	0,35	0,70	0,16
	Wechsel im Vorz.	0,92	0,57	0,63	0,55	0,59	0,47	0,62	0,44	0,55	0,30	0,46	0,17	0,58
Cl4	nicht sign.	0,05	0,22	0,22	0,06	0,06	0,13	0,13	0,13	0,32	0,15	0,29	0,11	0,20
	1x sign.	0,34	0,55	0,62	0,37	0,43	0,45	0,76	0,53	0,52	0,51	0,53	0,51	0,55
	2x sign	0,61	0,23	0,15	0,57	0,51	0,42	0,11	0,34	0,16	0,35	0,18	0,38	0,26
	Wechsel im Vorz.	0,92	0,53	0,58	0,28	0,34	0,32	0,51	0,32	0,57	0,60	0,45	0,38	0,68

Papier | Fördert gute Waldnutzung
FSC® C083411

Kolibri 360 GmbH
Ferdinand-Jühlke-Straße 7
99095 Erfurt, Deutschland
produktsicherheit@kolibri360.de

Druck:
CPI Druckdienstleistungen GmbH
im Auftrag der
Kolibri 360 GmbH
Ferdinand-Jühlke-Str. 7
99095 Erfurt